SOMMARIO

INHALTSVERZEICHNIS

CONTENTS

CARRETERAS PRINCIPALES

Autopista y accesos

Nº de carretera .... N 63, C 535

Distancia en kilómetros 12

Establecimientos administrados por el Estado

Período probable de nieve (ej : Nov. a Junio) 11-6

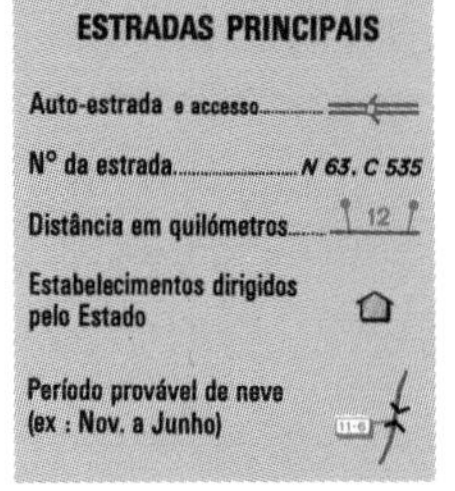

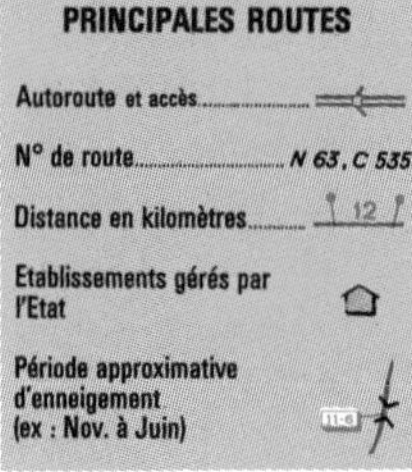

0 50 100 km

OCÉANO ATLÁNTICO

El Ferrol del Caudillo
Narón
Vivero
LA CORUÑA
Betanzos
Villalba
Carballo
Corcubión
SANTIAGO DE COMPOSTELA
Lugo
Noya
Puertomarín
Cambados
Sangenjo
Pontevedra
Río Miño
Río Sil
VIGO
Orense
Bayona
Túy
Valença do Minho
E
Verín
Viana do Castelo
Braga
Vieira do Minho
Vidago
Ofir
Pedras Salgadas
Póvoa de Varzim
Guimarães
Vila do Conde
Vila Real
Matosinhos
Amarante
PORTO
Espinho
Rio Douro
Lamego
PORTUGA
Murtosa
Aveiro
Albergaria-a-Velha
Viseu
Mangualde
Caramulo
Curia
Luso
Guarda
Rio Mondego
Póvoa das Quartas
Manteigas
Figueira da Foz
COIMBRA
Covilhã
Zêzere

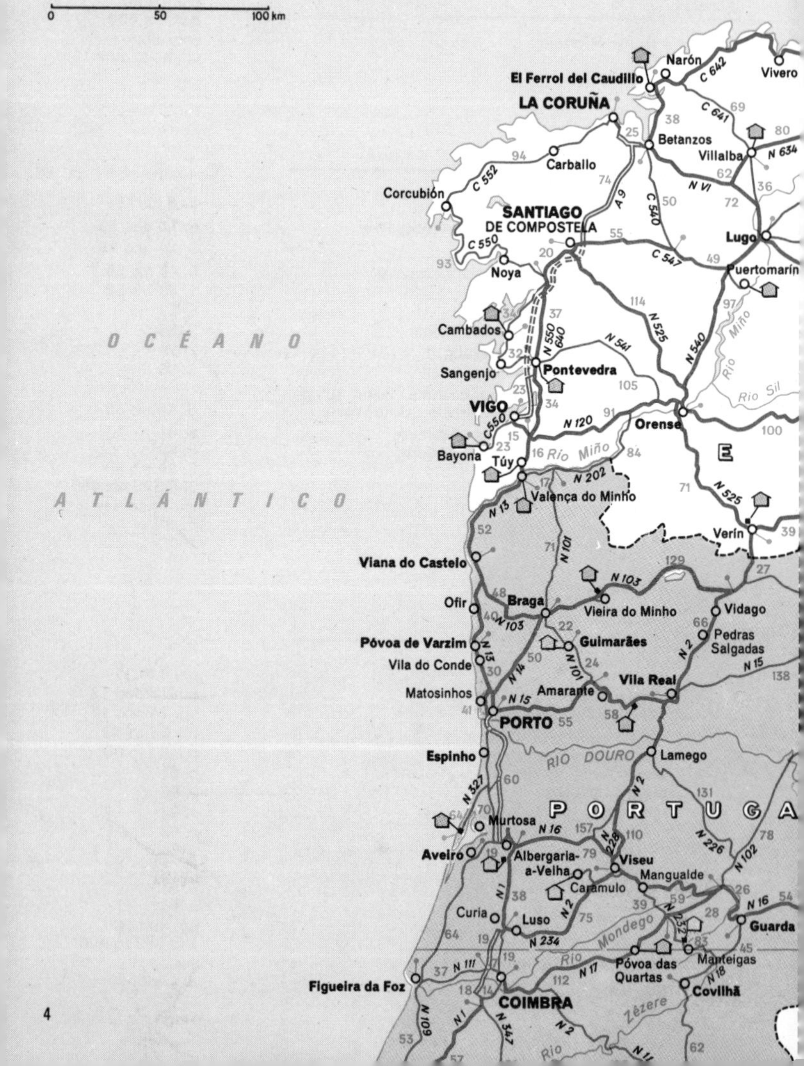

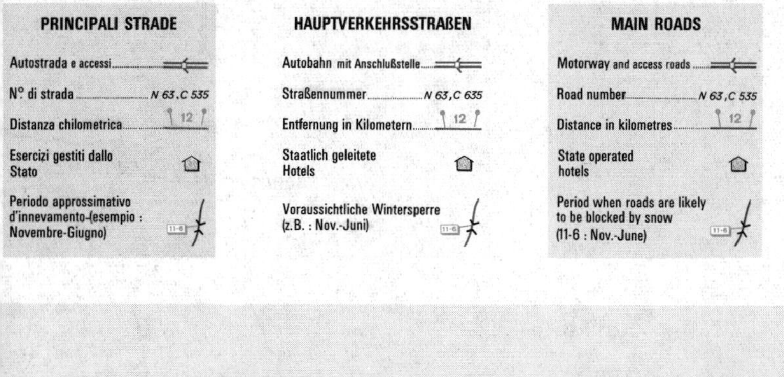

MAR CANTÁBRICO

Ribadeo
Gijón
Avilès
Pola de Siero
OVIEDO
Mieres
Puerto de Pajares
Llanes
Santillana del Mar
SANTANDER
Laredo
Fuente Dé
Reinosa
Cervera de Pisuerga
Villarcayo
Becerreá
Villafranca del Bierzo
Ponferrada
El Barco de Valdeorras
LEÓN
Astorga
La Bañeza
Osorno
BURGOS
ESPAÑA
Puebla de Sanabria
Benavente
Palencia
Bragança
Macedo de Cavaleiros
Miranda do Douro
Zamora
VALLADOLID
Aranda de Duero
Tordesillas
Río Duero
Medina del Campo
Cuéllar
Río Tormes
Río Eresma
Río Ebro
Río Pisuerga
Río Esla
Río Alagón
SALAMANCA
Madrigal de las Altas Torres
Segovia
Vilar Formoso
Fuentes de Oñoro
Ciudad Rodrigo
Villacastín
Ávila
El Escorial
Guadalajara
Alcalá de Henares
Béjar
Gredos
MADRID
Jarandilla

N 634, N 632, A 68, N 640, C 633, N 630, C 635, C 637, N 621, N 611, N 623, N 631, C 631, N VI, N 120, C 627, C 629, C 615, N 601, A 1, N 525, C 533, C 620, N 610, N 620, N 103, N 15, N 218, N 122, C 619, C 611, N 102, N 221, N 220, C 113, N 234, N 110, C 114, N 403, A 6, C 610, N 501, C 515, C 502, N I, N II, C 501

2

5

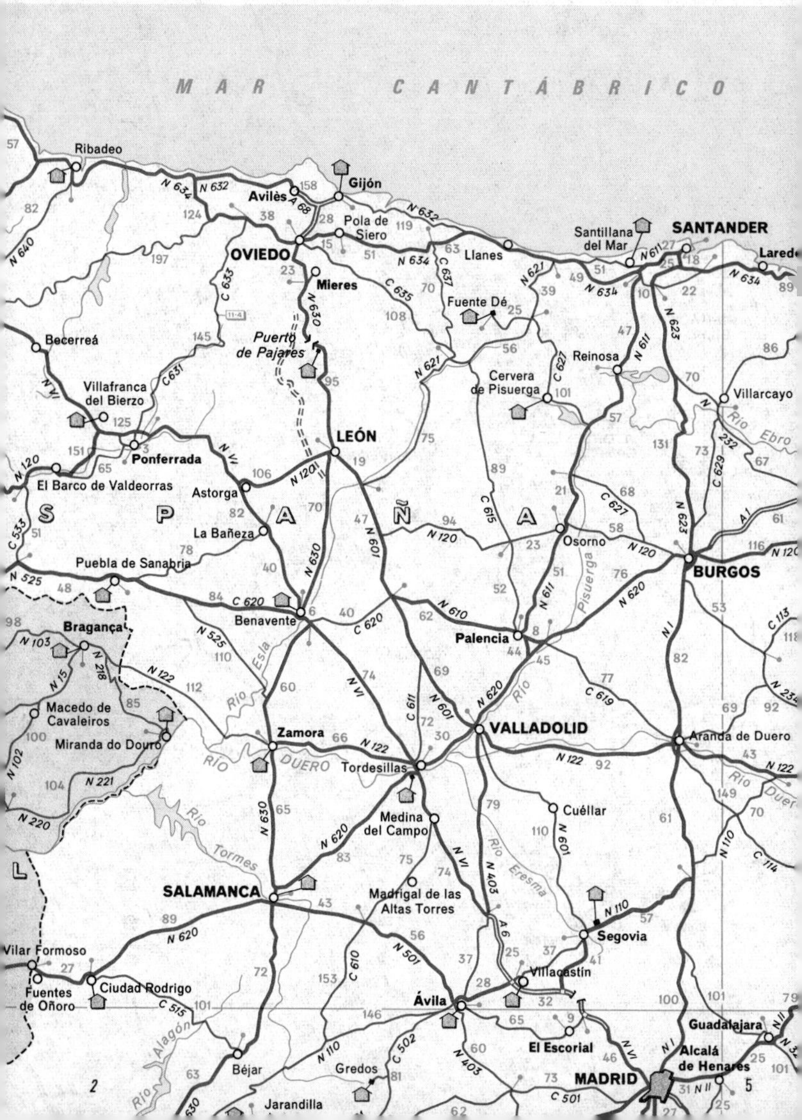

MAR
CANTÁBRICO
FRANCE
E S P A
BORDEAUX
Libourne
Dordogne
GARONNE
Langon
Marmande
Mont-de-Marsan
Bayonne
Orthez
Pau
Adour
Tarbes
Oloron-Ste-Marie
St-Jean-Pied-de-Port
Ochagavía
Montréjeau
B.-de-Luchon
Laredo
Lequeitio
Fuenterrabía
Irún
Baracaldo
BILBAO
BILBO
S. SEBASTIÁN
DONOSTIA
Azpeitia
Tolosa
VITORIA
GASTEIZ
Río Ebro
Miranda de Ebro
PAMPLONA
Estella
Logroño
Sto Domingo de la Calzada
Olite
Río Aragón
Sos del Rey Católico
Torla
Jaca
Bielsa
Calahorra
RÍO EBRO
Ejea de los Caballeros
Tudela
Huesca
Barbastro
Monzón
Río Cinca
Tarazona
Soria
ZARAGOZA
Lérida
Lleida
Río Duero
Almazán
Río Jalón
Calatayud
RÍO EBRO
Medinaceli
Sta Maria de Huerta
Sigüenza
Alcolea del Pinar
Daroca
Río Martín
Alcañiz
Montalbán
Guadalajara
Río Tajo
Tortosa
Benicarló
A 10
N 10
N 89
A 62
D 670
D 933
N 113
D 932
N 124
N 132
N 117
D 919
D 26
N 134
N 21
N 634
N 240
N 1
N 232
A 1
A 63
C 6212
C 6213
C 133
N 121
C 135
N 111
A 68
A 15
N 120
C 113
C 115
C 127
C 125
C 140
C 134
C 136
C 138
C 1311
C 101
N 122
N 234
N 330
A 2
C 1310
C 221
C 230
N 332
N 110
C 114
N II
C 202
N 211
N 420
N 320
C 200
N 232

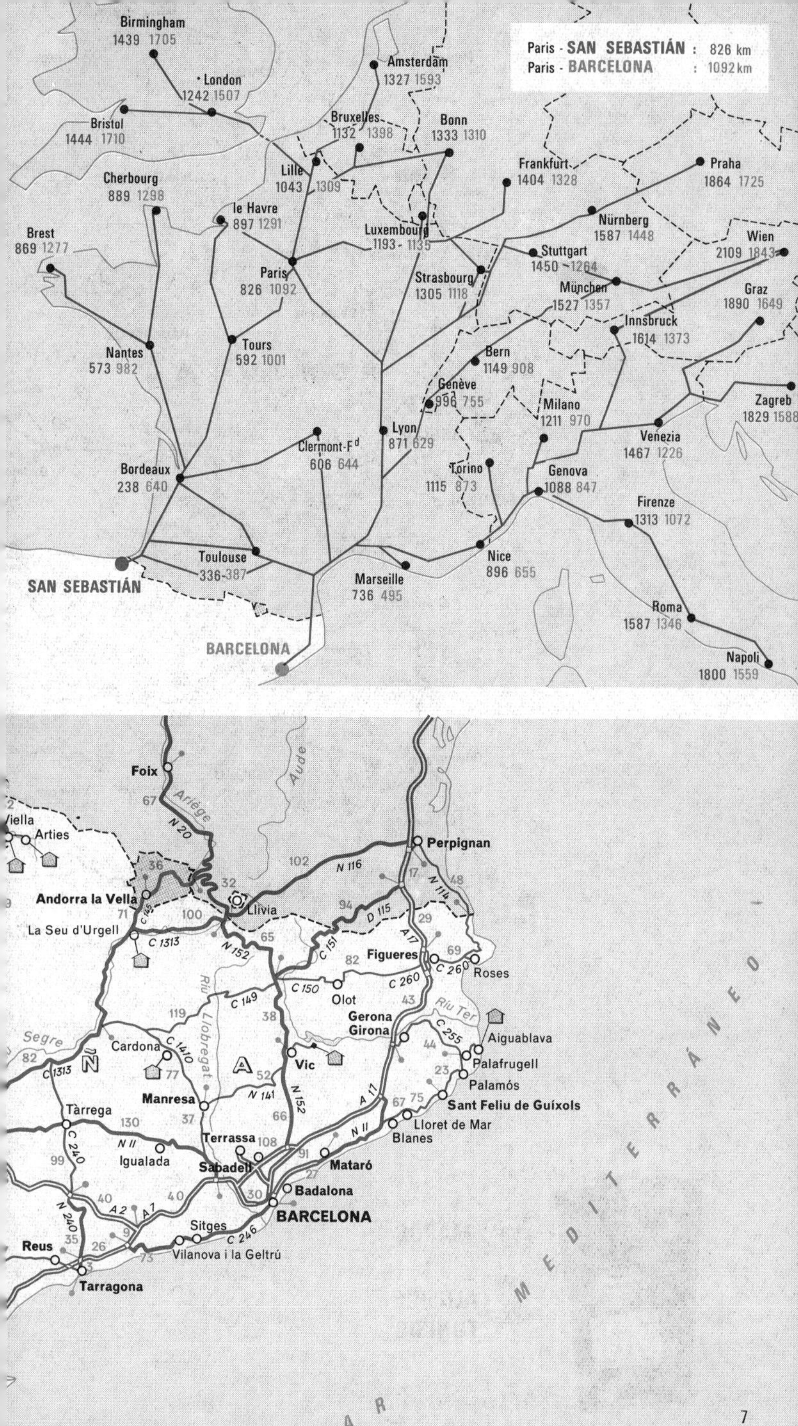

Paris - SAN SEBASTIÁN : 826 km
Paris - BARCELONA : 1092 km
Birmingham 1439 1705
London 1242 1507
Amsterdam 1327 1593
Bristol 1444 1710
Bruxelles 1132 1398
Bonn 1333 1310
Lille 1043 1309
Frankfurt 1404 1328
Praha 1864 1725
Cherbourg 889 1298
le Havre 897 1291
Nürnberg 1587 1448
Brest 869 1277
Luxembourg 1193 1135
Wien 2109 1843
Stuttgart 1450 1264
Paris 826 1092
Strasbourg 1305 1118
München 1527 1357
Graz 1890 1649
Innsbruck 1614 1373
Nantes 573 982
Tours 592 1001
Bern 1149 908
Genève 996 755
Milano 1211 970
Zagreb 1829 1588
Lyon 871 629
Clermont-Fd 606 644
Venezia 1467 1226
Bordeaux 238 640
Torino 1115 873
Genova 1088 847
Firenze 1313 1072
Toulouse 336 387
Nice 896 655
SAN SEBASTIÁN
Marseille 736 495
Roma 1587 1346
BARCELONA
Napoli 1800 1559
Foix
Aude
Ariège
N 20
Vielha
Arties
Perpignan
102
N 116
36
32
17
N 114
48
Andorra la Vella
Llívia
94
D 115
71
C 145
100
29
La Seu d'Urgell
C 1313
N 152
65
C 151
A 17
Figueres
69
82
C 260
Roses
C 150
Olot
C 260
Riu
C 149
43
Riu Ter
119
Llobregat
38
Gerona
Girona
C 255
Aiguablava
Segre
Cardona
C 1410
44
82
C 1313
Ñ
A
Vic
Palafrugell
77
23
Palamós
52
N 141
N 152
A 17
67
75
Manresa
Sant Feliu de Guíxols
Tàrrega
130
37
66
Lloret de Mar
N II
Terrassa
108
N II
Blanes
C 240
99
Igualada
Sabadell
91
Mataró
27
40
40
30
Badalona
A 2
A 7
BARCELONA
N 240
Sitges
35
26
9
C 246
Reus
73
Vilanova i la Geltrú
3
Tarragona
MAR MEDITERRÁNEO

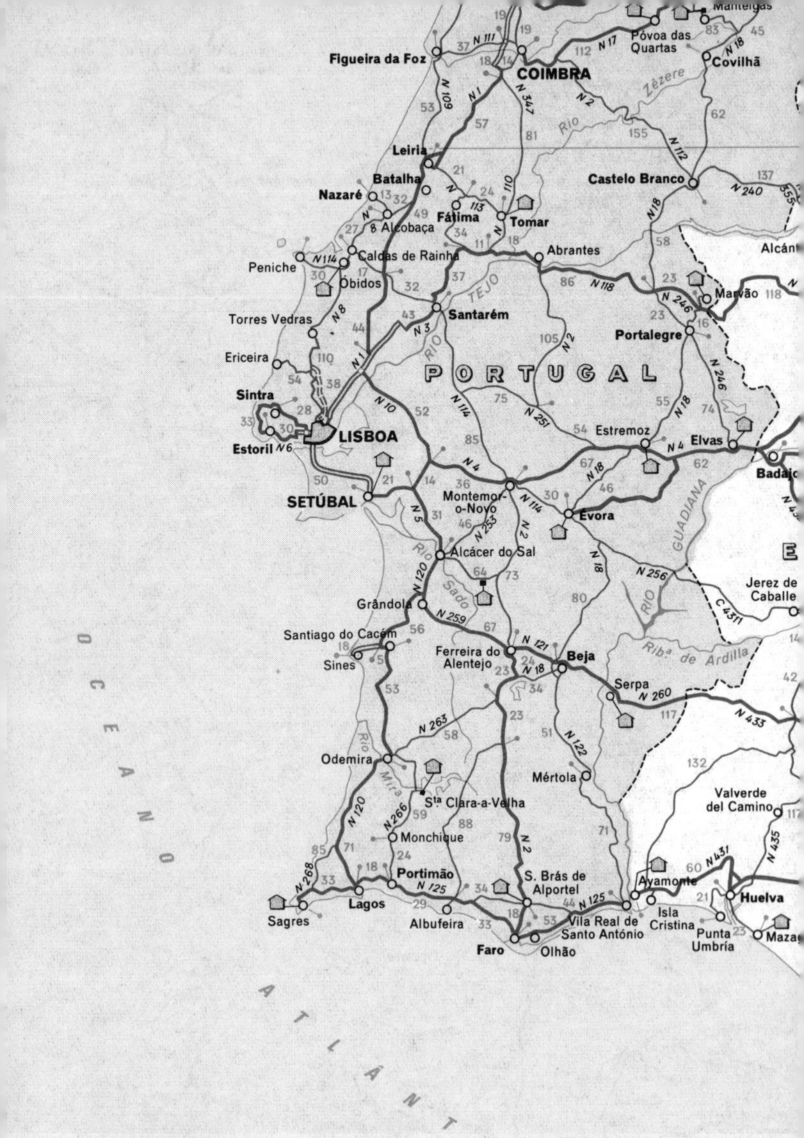

Manteigas
Póvoa das Quartas
Figueira da Foz
COIMBRA
Covilhã
Zêzere
Leiria
Castelo Branco
Batalha
Nazaré
Fátima
Tomar
Alcobaça
Caldas de Rainha
Abrantes
Alcánt
Peniche
Óbidos
Tejo
Marvão
Torres Vedras
Santarém
Portalegre
Ericeira
PORTUGAL
Sintra
LISBOA
Estoril
Estremoz
Elvas
Badajo
SETÚBAL
Montemor-o-Novo
Évora
Alcácer do Sal
Rio Sado
Guadiana
Jerez de Caballe
Grândola
Santiago do Cacém
Sines
Ferreira do Alentejo
Beja
Serpa
Rib.ª de Ardilla
OCEANO
Odemira
Rio Mira
Mértola
Valverde del Camino
Sta Clara-a-Velha
Monchique
Portimão
S. Brás de Alportel
Ayamonte
Huelva
Sagres
Lagos
Albufeira
Vila Real de Santo António
Isla Cristina
Punta Umbría
Mazag
Faro
Olhão
ATLANTICO

169 MAROC

172 ALGÉRIE TUNISIE

1/1000000

Avila
El Escorial
Guadalajara
MADRID
Alcalá de Henares
Arganda
Chinchon
Aranjuez
Tarancón
Béjar
Gredos
Jarandilla de la Vera
Plasencia
Talavera de la Reina
Oropesa
TOLEDO
Río Tajo
Río Alagón
Cáceres
Trujillo
Guadalupe
Zorita
Madridejos
Alcázar de San Juan
Puerto Lápice
Río Guadiana
Mérida
Ciudad Real
Almagro
Manzanares
Valdepeñas
Río Jabalón
Puertollano
S P A Ñ A
Zafra
Llerena
Peñarroya
Andújar
Bailén
Linares
Úbeda
Cazorla
Río Guadalquivir
R. Guadiana Menor
CÓRDOBA
Martos
Jaén
Río Guadalquivir
Carmona
Écija
Baena
Aguilar de la Frontera
Lucena
SEVILLA
Utrera
Estepa
Río Genil
Morón de la Frontera
GRANADA
Guadix
Baza
Loja
Sierra Nevada
Antequera
Alhama de Granada
Sanlúcar de Barrameda
Arcos de la Frontera
Jerez de la Frontera
El Puerto de Santa María
CÁDIZ
San Fernando
Ronda
MÁLAGA
Vélez-Málaga
Nerja
Motril
Torremolinos
Fuengirola
Marbella
Estepona
San Roque
La Línea de la Concepción
Sin comunicación de tierra
Algeciras
Gibraltar
Tarifa
TANGER
Ceuta
Tétouan
MAR MEDITERRÁNEO

Guadalajara
Montalbán
Tortosa
Teruel
Benicarló
Río Tajo
Río Júcar
Cuenca
Tarancón
Benicasim
Castellón de la Plana
Río Cabriel
Burriana
Sagunto
Alarcón
Motilla del Palancar
Río Turia
Requena
Alcázar de San Juan
VALENCIA
El Saler
RÍO JÚCAR
Cullera
E S P A Ñ A
Albacete
Gandía
Almansa
Jávea
Alcaraz
Alcoy
Yecla
Hellín
Elda
Benidorm
Río Segura
ALICANTE
Elche
Caravaca
Orihuela
MURCIA
Cazorla
Totana
Río Guadalentín
Lorca
Puerto-Lumbreras
Cartagena
Baza
Aguilas
Mojácar
M A R
ALMERÍA
Barlovento
LA PALMA
Puntagorda
Santa Cruz de la Palma
Los Llanos de Aridane
TENERIFE
La Laguna
Puerto de la Cruz
Icod de los Vinos
La Orotava
Vallehermoso
Las Cañadas del Te
Guía de Isora
San Sebastián
Granadilla de Abona
los Cristianos
HIERRO
GOMERA
Valverde
Frontera

ISLAS BALEARES

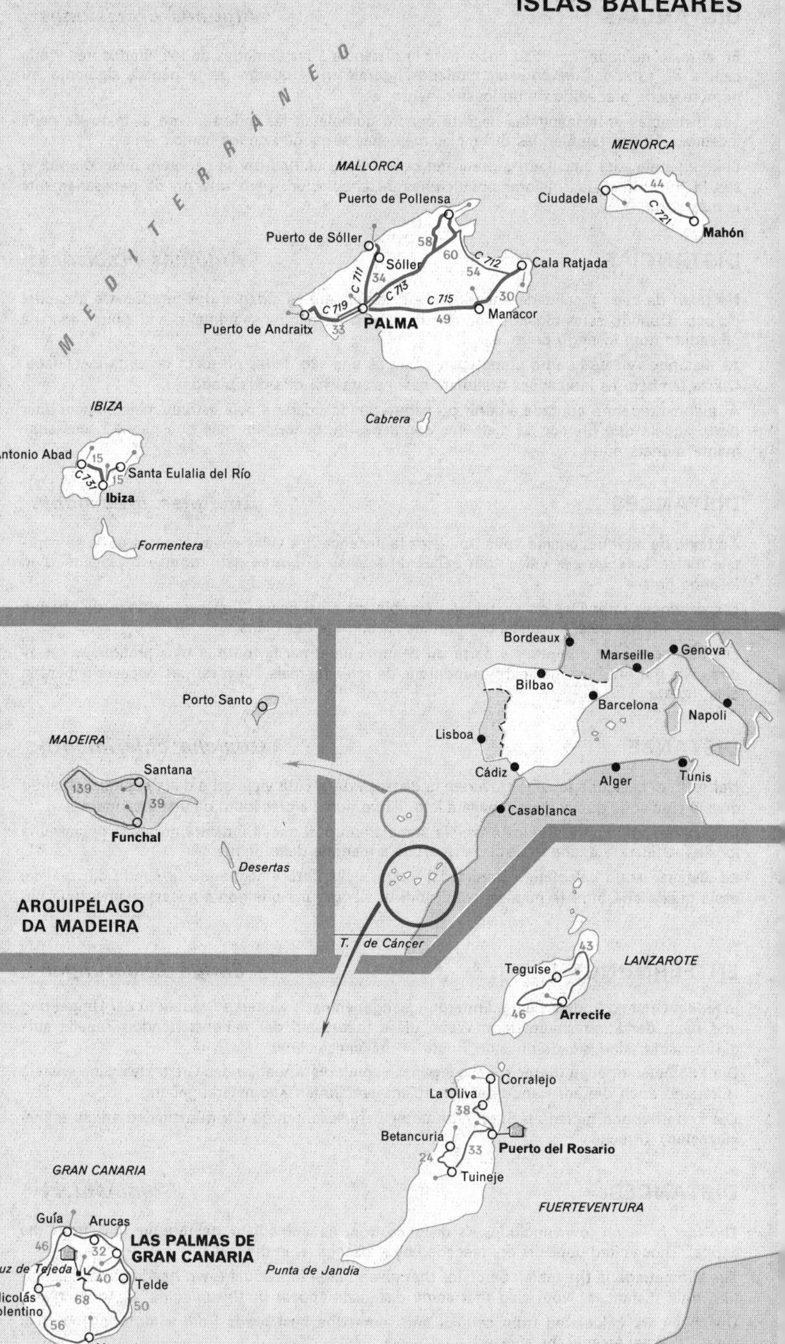

ISLAS CANARIAS

DISTANCIAS *Algunas precisiones:*

En el texto de cada localidad encontrará la distancia a las ciudades de los alrededores y a la capital de estado. Cuando estas ciudades figuran en el cuadro de la página siguiente, su nombre viene precedido de un losanje negro ◆.

Las distancias entre capitales de este cuadro completan las indicadas en el texto de cada localidad. Utilice también las distancias marcadas al margen de los planos.

El kilometraje está calculado a partir del centro de la ciudad por la carretera más cómoda, o sea la que ofrece las mejores condiciones de circulación, pero que no es necesariamente la más corta.

DISTÂNCIAS *Algumas precisões:*

No texto de cada localidade encontrará a distância até às cidades dos arredores e à capital do pais. Quando estas cidades figuram no quadro da pàgina seguinte, o seu nome aparece precedido dum losango preto ◆.

As distâncias deste quadro completam assim as que são dadas no texto de cada localidade. Utilize também as indicações quilométricas inscritas na orla dos planos.

A quilometragem é contada a partir do centro da localidade e pela estrada mais prática, quer dizer, aquela que oferece as melhores condições de condução, mas que não é necessàriamente a mais curta.

DISTANCES *Quelques précisions:*

Au texte de chaque localité vous trouverez la distance des villes environnantes et de sa capitale d'état. Lorsque ces villes sont celles du tableau ci-contre, leur nom est précédé d'un losange noir ◆.

Les distances intervilles de ce tableau complètent ainsi celles données au texte de chaque localité. Utilisez aussi les distances portées en bordure des plans.

Les distances sont comptées à partir du centre-ville et par la route la plus pratique, c'est-à-dire celle qui offre les meilleures conditions de roulage, mais qui n'est pas nécessairement la plus courte.

DISTANZE *Qualche chiarimento:*

Nel testo di ciascuna località troverete la distanza dalle città viciniori e dalla capitale. Quando queste città sono quelle della tabella a lato, il loro nome è preceduto da una losanga ◆.

Le distanze fra le città di questa tabella completano così quelle indicate nel testo di ciascuna località. Utilizzate anche le distanze riportate a margine delle piante.

Le distanze sono calcolate a partire dal centro delle città e seguendo la strada più pratica, ossia quella che offre le migliori condizioni di viaggio ma che non è necessariamente la più breve.

ENTFERNUNGEN *Einige Erklärungen:*

In jedem Ortstext finden Sie die Entfernungsangaben nach weiteren Städten in der Umgebung und nach der Landeshauptstadt. Wenn diese Städte auf der nebenstehenden Tabelle aufgeführt sind, sind sie durch eine Raute ◆ gekennzeichnet.

Die Kilometerangaben dieser Tabelle ergänzen somit die Angaben des Ortstextes. Eine weitere Hilfe sind auch die am Rande der Stadtpläne erwähnten Kilometerangaben.

Die Entfernungen gelten ab Stadtmitte unter Berücksichtigung der günstigsten (nicht immer kürzesten) Strecke.

DISTANCES *Commentary:*

The text on each town includes its distance from its immediate neighbours and from the capital. Those cited opposite are preceded by a lozenge ◆ in the text.

The kilometrage in the table completes that given under individual town headings in calculating total distances. Note also that some distances appear in the margins of town plans.

Distances are calculated from centres and along the best roads from a motoring point of view - not necessarily the shortest.

DISTANCIAS ENTRE LAS CIUDADES PRINCIPALES

DISTÂNCIAS ENTRE AS CIDADES PRINCIPAIS

DISTANCES ENTRE PRINCIPALES VILLES

DISTANZE TRA LE PRINCIPALI CITTÀ

ENTFERNUNGEN ZWISCHEN DEN GRÖSSEREN STÄDTEN

DISTANCES BETWEEN MAJOR TOWNS

	Albacete	Alicante	Andorra la Vella	Ávila	Badajoz	Barcelona	Bayonne	Bilbao	Burgos	Cáceres	Cádiz	Coimbra	Córdoba	La Coruña	Granada	León	Lérida	Lisboa	Logroño	Madrid	Málaga	Murcia	Oviedo	Pamplona	Perpignan	Porto	Salamanca	San Sebastian	Santander	Segovia	Sevilla	Valencia	Valladolid	Vigo	Vitoria
Alicante	171																																		
Andorra la Vella	646	637																																	
Ávila	353	524	728																																
Badajoz	522	693	1026	315																															
Barcelona	546	537	220	732	1030																														
Bayonne	678	769	405	538	839	590																													
Bilbao	647	786	555	394	695	607	150																												
Burgos	490	661	594	237	538	598	301	157																											
Cáceres	487	658	923	225	90	927	749	605	448																										
Cádiz	581	670	1253	619	344	1110	1175	1031	874	394																									
Coimbra	788	959	1108	435	310	1112	871	727	570	292	654																								
Córdoba	348	472	1020	504	264	877	942	798	641	314	233	574																							
La Coruña	848	1019	1111	535	729	1115	773	629	517	689	1083	419	999																						
Granada	336	367	1051	535	477	882	973	829	672	527	303	787	171	1030																					
León	564	735	788	251	505	792	495	351	194	415	809	537	715	328	746																				
Lérida	535	526	153	575	873	169	433	450	441	770	1100	955	867	958	898	635																			
Lisboa	764	935	1268	557	244	1272	1041	897	740	332	534	199	508	618	667	707	1115																		
Logroño	542	657	474	365	666	478	210	137	128	576	963	698	730	645	761	322	321	868																	
Madrid	247	418	622	106	404	626	544	400	243	301	631	541	398	601	429	317	469	646	332																
Málaga	453	493	1099	652	428	999	1090	946	789	478	254	738	174	1147	126	863	1015	618	878	546															
Murcia	143	84	721	496	665	621	798	790	633	630	586	931	428	991	283	707	610	907	685	390	409														
Oviedo	682	853	851	369	623	903	446	302	319	533	927	655	833	327	864	118	746	825	433	435	981	825													
Pamplona	560	651	468	446	747	472	118	161	209	657	1026	779	793	726	824	403	315	949	92	395	941	680	457												
Perpignan	718	709	166	904	1202	185	439	589	770	1099	1282	1284	1049	1287	1054	964	341	1444	650	798	1171	793	885	644											
Porto	845	1016	1163	492	426	1167	870	726	569	408	770	116	690	303	903	447	1010	315	697	598	854	988	565	778	1339										
Salamanca	452	623	772	99	304	776	535	391	234	214	608	336	528	475	634	201	619	506	362	205	692	595	319	443	948	393									
San Sebastian	654	745	459	487	788	566	54	99	250	698	1124	820	891	722	922	444	409	990	164	493	1039	774	395	94	493	819	484								
Santander	646	890	659	361	662	711	254	110	156	572	1030	694	797	532	828	265	554	864	241	399	945	789	205	265	693	686	358	203							
Segovia	334	505	648	65	380	652	498	354	197	290	718	500	485	542	516	245	495	622	325	87	633	477	363	362	824	557	164	447	353						
Sevilla	486	623	1158	496	221	1015	1080	936	779	271	123	531	138	960	256	686	1005	411	868	536	207	539	804	931	1187	647	485	1029	935	561					
Valencia	186	177	460	454	658	360	592	609	523	627	750	889	517	949	522	665	349	900	480	348	639	261	783	474	532	946	553	568	713	435	655				
Valladolid	429	600	659	116	417	663	422	278	121	327	721	449	580	443	611	135	506	619	249	182	728	572	253	330	835	459	113	371	245	110	598	530			
Vigo	852	1023	1134	538	579	1138	841	697	540	561	923	269	843	154	1034	385	981	468	668	605	1007	995	410	749	1310	153	439	790	615	546	800	953	447		
Vitoria	602	741	558	349	650	562	168	64	112	560	986	682	753	629	784	306	405	852	92	355	901	745	360	97	607	681	346	117	168	309	891	564	233	652	
Zaragoza	417	508	303	427	725	307	288	305	296	622	952	810	719	813	750	490	150	967	176	321	867	537	601	170	479	865	474	264	409	350	857	331	361	836	260

Ejemplo / Esempio
Exemplo / Beispiel
Exemple / Example

Madrid - Vitoria 355 km

ADUANAS	ALFÂNDEGAS	DOUANES
Oficinas abiertas :	**Escritórios abertos :**	**Bureaux ouverts :**
● a cualquier hora, día y noche	● a qualquer hora, dia e noite	● à toute heure, jour et nuit
● a ciertas horas solamente	● a certas horas sòmente	● à certaines heures seulement
● a ciertas horas solamente, pero cerradas en invierno.	● a certas horas sòmente, mas fechados no Inverno.	● à certaines heures seulement, mais fermés en hiver.
ver cuadro	*ver o quadro*	*voir tableau*

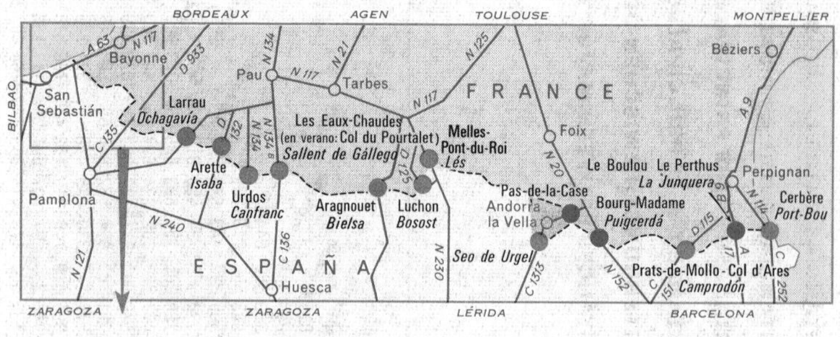

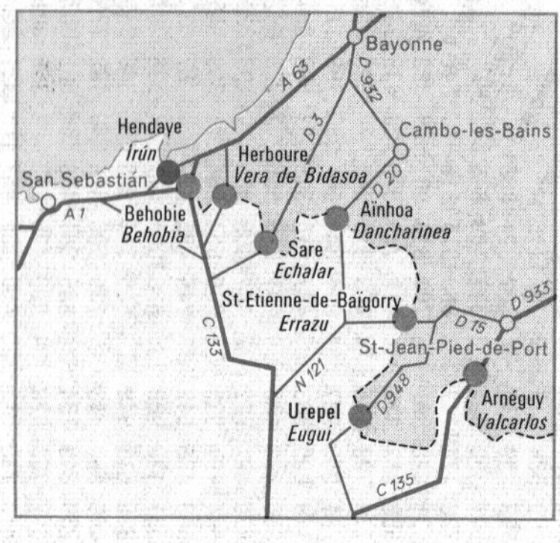

FRANCE	ESPAÑA	Verano - Verão - Été Estate - Sommer - Summer		Invierno - Hiver Inverno - Winter
●	●			
Behobie	Behobia	1.6-30.9	7 h-24 h	7 h-24 h
Herboure	Vera de Bidasoa	16.6-15.9	9 h-21 h	9 h-20 h
Sare	Echalar	16.6-15.9	9 h-21 h	9 h-21 h
Aïnhoa	Dancharinea	1.5-30.9	7 h-24 h	7 h-22 h
St-Etienne-de-Baïgorry	Errazu	16.6-15.9	9 h-21 h	9 h-21 h
Arnéguy	Valcarlos	1.5-30.9	7 h-24 h	7 h-22 h
Urdos	Canfranc	16.6-30.9	0 h-24 h	8 h-22 h
Les Eaux-Chaudes	Sallent de Gállego	1.6-30.9	7 h-24 h	8 h-20 h
Luchon	Bosost	1.6-30.9	8 h-22 h	8 h-22 h
Melles Pont du Roi	Les	1.5-30.9	0 h-24 h	8 h-24 h
Prats-de-M. Col d'Ares	Camprodón	1.6-30.9	9 h-20 h	9 h-17 h
Cerbère	Port-Bou	16.6-30.9	0 h-24 h	7 h-24 h
●	●			
Urepel	Eugui	1.3-31.10	9 h-19 h	—
Larrau	Ochagavía	16.6-31.10	9 h-22 h	—
Arette	Isaba	16.6-31.10	9 h-22 h	—
Aragnouet	Bielsa	22.3-15.11	8 h 30-21 h 30	—

DOGANE

Uffici aperti :

- a qualsiasi ora del giorno o della notte
- solo a determinate ore
- solo a determinate ore ma chiusi in inverno.

vedere tabella

ZOLL

Öffnungszeiten der Zollstationen :

- Tag und Nacht durchgehend
- nur während einiger Stunden
- nur während einiger Stunden; im Winter geschlossen.

Siehe Tabelle

CUSTOMS

Offices open:

- day and night, all year round
- only at certain hours
- only at certain hours, but closed in winter.

See table opposite

ESPAÑA PORTUGAL

Oficinas normalmente abiertas del 1 mayo al 30 septiembre de 8 h a 22 h; el resto del año abiertas de 9 h a 19 h. No obstante, algunas oficinas cierran a la 1 h en verano y a las 24 h en invierno.

Escritórios normalmente abertos do 1 de Maio ao 30 de Setembro das 9 h às 22 h; no resto do ano, abertos das 9 h às 19 h. Não obstante, alguns escritórios fecham à 1 h no verão e às 24 h no inverno.

Bureaux normalement ouverts du 1er mai au 30 septembre de 9 h à 22 h; le reste de l'année ouverts de 9 h à 19 h. Toutefois, certains bureaux ferment à 1 h en été et à 24 h en hiver.

Dal 1° maggio al 30 settembre uffici regolarmente aperti dalle ore 9 alle ore 19; per il resto dell'anno dalle ore 9 alle 19. Tuttavia certi uffici chiudono alle ore 1 in estate e alle 24 in inverno.

Die Zollstationen sind vom 1. Mai bis 30. September von 9-22 Uhr geöffnet; im Winterhalbjahr von 9-19 Uhr. Einige Grenzübergänge schließen jedoch im Sommer erst um 1 Uhr nachts und im Winter um 24 Uhr.

Customs offices open 1 May to 30 September 9 am to 10 pm; the rest of the year 9 am to 7 pm. However, certain offices close at 1 am in summer and midnight in winter.

conozca la guía...

Si sabe utilizarla, le sacará mucho partido.
La Guía Michelin no es sólo una lista de buenos restaurantes y hoteles, también es una multitud de informaciones de gran utilidad en sus viajes.

La clave de la Guía

La tiene Vd. en las páginas explicativas siguientes.
Sabrá que un mismo símbolo, que un mismo tipo de letra, en rojo o en negro, en fino o en grueso, no tienen el mismo significado, en absoluto.

La selección de los hoteles y restaurantes

Esta Guía no es una relación completa de los recursos hoteleros de España y de Portugal, sólo presenta una selección voluntariamente limitada. Esta se establece mediante visitas y encuestas efectuadas regularmente sobre el propio terreno. Es en estas visitas donde se examinan las opiniones y observaciones de nuestros lectores.

Los planos de la ciudad

Indican con precisión : las calles peatonales y comerciales, cómo atravesar o rodear la ciudad, dónde se sitúan los hoteles (en las grandes arterias o en los alrededores), dónde se encuentran correos, la oficina de turismo, los grandes monumentos, los lugares destacados, etc.

Para su vehículo

El texto de cada localidad incluye una lista de representantes de las grandes marcas de automóviles, con su dirección y número de teléfono.
Así, en ruta, Vd. puede hacer revisar o reparar su coche, si fuera necesario.

Sobre todos estos puntos y también sobre muchos otros, nos gustaría conocer su opinión. No dude en escribirnos. Nosotros le responderemos.

Gracias anticipadas.

Services de Tourisme Michelin

46, avenue de Breteuil, F-75341 PARIS CEDEX 07

Michelin le desea viajes felices.

La elección de un hotel, de un restaurante

Nuestra clasificación ha sido establecida para uso de los automovilistas de paso. Dentro de cada categoría se citan los establecimientos por orden de preferencia.

CLASE Y CONFORT

Hotel		Restaurante
🏨🏨🏨🏨🏨	Gran lujo y tradición	XXXXX
🏨🏨🏨🏨	Gran confort	XXXX
🏨🏨🏨	Muy confortable	XXX
🏨🏨	Bastante confortable	XX
🏨	Confortable	X
🏠	Sencillo pero decoroso	

M	Dentro de su categoría, hotel con instalaciones modernas	
sin rest	El hotel no dispone de restaurante	sem rest
con hab	El restaurante tiene habitaciones	com qto

LA INSTALACIÓN

Los hoteles de 🏨🏨🏨🏨🏨, 🏨🏨🏨🏨, 🏨🏨🏨 poseen toda clase de confort. Por eso no detallamos en el texto del hotel los símbolos de sus instalaciones.

Para las otras categorías, indicamos las instalaciones existantes, pero pueden faltar en algunas habitaciones.

Estos establecimientos disponen de duchas o cuartos de baño generales.

Distrito postal	✉ 16, ✉ 1200
Teléfono y número	☎ 12 90 01
Número de habitaciones (ver p. 21 : en el hotel)	**30 hab** **30 qto**
Ascensor	
Calefacción central, aire acondicionado	
Baño privado con wc, baño privado sin wc	wc
Ducha privada con wc, ducha privada sin wc	wc
Teléfono en la habitación, comunicando con el exterior	
Comidas servidas en el jardín o en terraza	
Tenis	
Piscina al aire libre o cubierta	
Jardín, golf y número de hoyos	18
Garaje gratuito (una noche solamente) a los portadores de a Guía 1983	
Garaje de pago	
Aparcamiento reservado a la clientela	P
El hotel dispone de una o varias salas de congresos (25 plazas mínimo)	
Prohibidos los perros : en todo el establecimiento	
en el restaurante solamente	rest
en las habitaciones solamente	hab qto
Período probable de apertura de un hotel de temporada	*mayo-octubre* *Maio-Outubre*
Apertura probable en temporada	*temp.*

Los hoteles cuyo nombre no va seguido de alguna mención, están abiertos todo el año.

La elección de un hotel, de un restaurante

EL ATRACTIVO

Ciertos establecimientos citados en esta Guía ofrecen una estancia particularmente agradable o descansada.

Esto puede depender de sus alrededores, de su decoración, de su situación, de la acogida o del servicio que procuran dichos establecimientos.

Se señalan en la Guía por medio de los símbolos rojos indicados a continuación.

...	Hoteles agradables
...	Restaurantes agradables
« Parque »	Elemento particularmente agradable
	Hotel muy tranquilo, o aislado y tranquilo
	Hotel tranquilo
mar	Vista excepcional
	Vista interesante o extensa

Los establecimientos citados con símbolos rojos ej : , (con hab, com qto) o muy tranquilos se señalan en un mapa (ver p. 64 a 67) con el fin de facilitar su búsqueda.

No pretendemos haber indicado todos los hoteles agradables, ni siquiera todos los tranquilos o los aislados y tranquilos.

Nuestras averiguaciones continúan. Vd puede ayudarnos enviándonos sus observaciones y sus descubrimientos.

LA MESA

Las estrellas : ver mapa p. 64 a 67.

Entre los numerosos establecimientos recomendados en esta Guía, algunos merecen ser señalados a su atención por la calidad de su cocina. Por eso les otorgamos unas estrellas de buena mesa.

Para atribuir una de esas ✿ o ✿✿, hemos tenido en cuenta las costumbres culinarias de cada país y de cada región. Indicamos casi siempre, para estos establecimientos, tres especialidades gastronómicas. Pruebelas, a la vez para su placer y también para animar al jefe de cocina en sus esfuerzos.

Una muy buena mesa en su categoría

✿

La estrella indica una buena etapa en su itinerario.

Pero no compare la estrella de un establecimiento de lujo, de precios altos, con la estrella de un establecimiento más sencillo, en el que, a precios razonables, se sirve también una cocina de calidad.

Mesa excelente, merece un rodeo

✿✿

Se trata de restaurantes muy reputados que sirven manjares de primerísima calidad. Por consiguiente, los precios son bastante elevados.

A pesar de todas las precauciones tomadas, puede ocurrir que coma Vd. medianamente en un restaurante recomendado por su cocina. No nos juzgue severamente, pero no deje de informarnos de ello. Sus opiniones y sugerencias relativas a las buenas mesas serán acogidas objetivamente y servirán para completar nuestras encuestas con el fin de presentarles una selección de establecimientos aún mejor.

Le rogamos nos devuelva, rellenado, el cuestionario incluído en esta guía.

La elección de un hotel, de un restaurante

LOS PRECIOS

Los hoteles y restaurantes figuran con caracteres gruesos cuando los hoteleros nos han señalado todos sus precios, comprometiéndose a respetarlos ante los turistas de paso, portadores de nuestra Guía.

Estos precios, establecidos a finales del año 1982 son susceptibles de variación si el costo de la vida sufre alteraciones importantes. En todo caso deben considerarse como precios de base.

Entre en el hotel o el restaurante con su guía en la mano, demostrando así que ésta le conduce allí con confianza.

Infórmenos de todo recargo que pueda parecerle injustificado. Cuando no figura ningun precio, le aconsejamos se ponga de acuerdo con el hotelero sobre las condiciones.

AE ◑ E VISA	Principales **tarjetas de crédito** aceptadas por el establecimiento : American Express – Diners Club – Eurocard – Visa.

Los precios están indicados en pesetas o en escudos. Tanto en España como en Portugal, el servicio y los impuestos están incluídos, salvo el I.G.T. que en España se podrá aplicar a la cuenta (aprox. 3 %).

Com 600/800 Ref 350/500	**Precio fijo** – Mínimo y máximo de las comidas servidas a las horas normales
Carta 1000 a 2 500 Lista 600 a 900	**Comidas a la carta** – El primer precio corresponde a una comida sencilla, pero esmerada, comprendiendo : entrada, plato fuerte del día, postre El segundo precio se refiere a una comida más completa, comprendiendo : entrada, dos platos y postre
☕ 250	Precio del desayuno
hab 1 500/2 500 **qto** 900/1 500	**Habitaciones** – Precio máximo de una habitación individual y de la mejor habitación o pequeño apartamento (incluído el cuarto de baño si ha lugar) ocupada por dos personas
hab ☕ 1 500/2 500 **qto** ☕ 1 250/2 000	El precio del desayuno está incluído en el precio de la habitación
P 2 000/3 000	**Pensión** – Precio mínimo y máximo de la pensión completa por persona y por día, en plena temporada (precios válidos para estancias superiores a dos días)

ALGUNAS INFORMACIONES ÚTILES

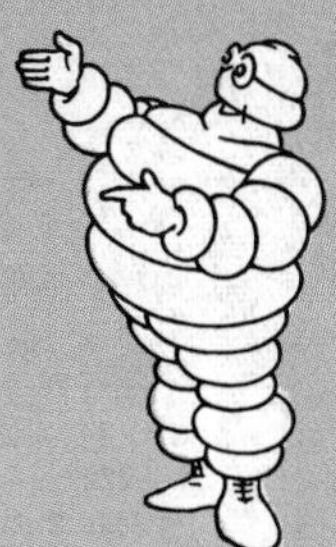

Paradores y Albergues

Son establecimientos dependientes del Estado. El Parador, a veces instalado en un castillo histórico o en un antiguo monasterio confortablemente amueblado, suele estar situado en poblaciones etapa o en centros de excursión y la estancia no está limitada. El Albergue es un alto en la carretera, generalmente alejado de poblaciones importantes : es esencialmente un restaurante con habitaciones para el turista de paso; no se permite una estancia superior a dos días.

Pousadas y Estalagens en Portugal

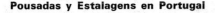

Las Pousadas son establecimientos dependientes de la Direcção Geral do Turismo. Generalmente construidas en un paraje agradable, a veces instaladas en un edificio histórico confortablemente amueblado, suelen estar situadas en poblaciones etapa o centros de excursión y ofrecen un servicio, una cocina y una decoración regionales. No se permite una estancia superior a cinco días. Los Estalagens son albergues que presentan las mismas características y el mismo estilo de construcción y decoración que las Pousadas. Estos albergues son de propiedad particular y la estancia no está limitada.

En el hotel

El hotelero tiene la obligación de alojarle sin exigir que utilice los servicios de cafetería o restaurante.

Si el hotelero no puede ofrecerle una habitación individual, la doble ocupada por una sola persona debe ser facturada con un descuento del 20 % sobre su precio de base.

En Portugal, en las " pensões " que practican generalmente la modalidad de " pension completa ", un aumento del 20 % sobre el precio de la habitación puede ser aplicado si el cliente no toma ninguna comida.

La pensión

La pensión completa incluye la habitación y la pensión alimenticia (el desayuno y las dos comidas).

Los precios de pensión completa en habitación doble ocupada por una persona son generalmente superiores a los indicados en la guía.

Reserva de plazas

Es conveniente reservar anticipadamente.

Pida al hotelero confirmación escrita de las condiciones de estancia así como todos los detalles útiles.

El hotelero puede exigir un anticipo en concepto de arras. No es pago adelantado sino garantía de que el contrato de reserva se cumplirá.

Para visitar una población y sus alrededores

LAS POBLACIONES

P	Capital de provincia
2200	Código postal
✉ **7800** Beja	Código postal y Oficina de Correos distribuidora
445 446 M 23	Mapas Michelin y cuadrícula
990 ⑩, 37 ②	Mapas Michelin y número del pliego
24 000 h.	Población
alt. 175	Altitud
☎ 918 ☎ 0023	Indicativo telefónico provincial (para las llamadas fuera de España, no se debe marcar el 9, tampoco el primero o los dos 0 para Portugal)
2	Teleféricos o telecabinas
7	Telesquís y telesillas
✉ Altea	Correos
AX **A**	Letras para localizar un emplazamiento en el plano
	Panorama, vista
18	Golf y número de hoyos
	Aeropuerto
22 98 36	Localidad con servicio Auto-Expreso
	Transportes marítimos (pasajeros y automóviles)
	Información turística
R.A.C.	Real Automóvil Club
A.C P.	Automóvil Club de Portugal

LAS CURIOSIDADES

Grado de interés

★★★	Justifica el viaje
★★	Merece un rodeo
★	Interesante

Situación de las curiosidades

Ver :	En la población
Alrededores :	En los alrededores de la población
Excursión :	Excursión en la región
N, S, E, O	La curiosidad está situada al norte, al sur, al este, al oeste
por ①, ④	Salir por la salida ① o ④, localizada por el mismo signo en el plano
6 km	Distancia en kilómetros
2 h 30 mn	Tiempo de andar, ida y vuelta
1 h 30 mn	Tiempo de recorrido, sólo ida, en barco, en teleférico etc... (h : horas, mn : minutos)

Los Planos

SIGNOS CONVENCIONALES

Características de las calles

Calle de travesía o de circunvalación – con calzadas separadas . . . .
Calle de sentido único – con escalera – en construcción – en proyecto . . . . . .
Calle prohibida, impracticable o con circulación reglamentada – bordeada de árboles
Paso de la calle : a nivel, superior, inferior al ferrocarril . . . .
Pasaje cubierto – Túnel – Puerta – Línea férrea y estación. . . . .
Tranvía o trolebús – Funicular . . . .
Calle peatonal – Calle comercial – Aparcamiento público . . . .
Plano completo – Plano simplificado . . . .

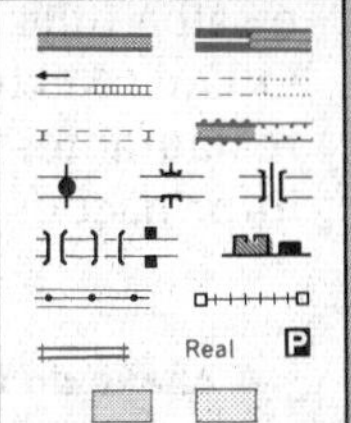

Curiosidades - Hoteles

Monumento interesante con la entrada principal } Letra de referencia en el plano .
Iglesia o capilla interesante . . . . }
Hotel, restaurante – Letra de referencia en el plano . . . .

Signos diversos

Referencia común a los planos y a los mapas detallados Michelin. . . . .
Iglesia o capilla – Lista de correos, telégrafos – Teléfonos . . . .
Edificios públicos localizados con letras :
Diputación – Gobierno civil – Ayuntamiento – Palacio de Justicia – Museo . . .
Policía (en las grandes ciudades : Jefatura) – Teatro – Universidad . . . . . .
Oficina de Información de Turismo . . . .
Estación de autobuses – Aeropuerto – Hospital – Mercado cubierto . . . .
Faro – Torre – Ruinas – Monumento, estatua – Fuente . . . .
Depósito de agua – Fábrica – Crucero – Jardin público, privado – Cementerio . . .
Estadio – Hipódromo – Golf – Vista – Panorama. . . . .
Embarcadero :
Transporte de pasajeros y vehículos – Transporte de pasajeros solamente . . . .

Sucursal Michelin . . . .

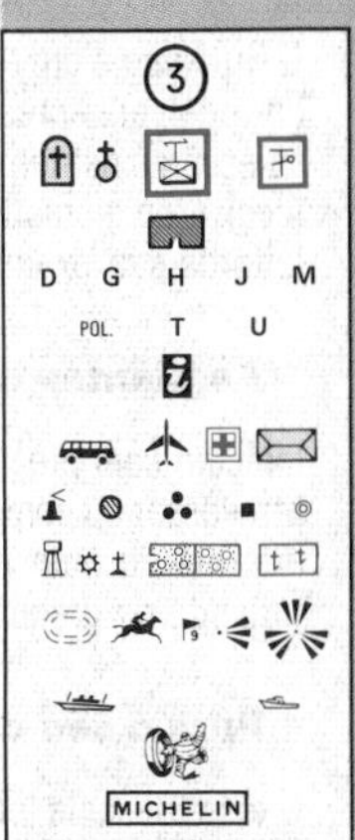

PARA SU COCHE
PARA SUS NEUMÁTICOS

En el texto de diversas localidades y a continuación de los hotels y restaurantes, hemos indicado los concesionarios de las principales marcas de automóviles, capacitados para efectuar cualquier clase de reparación en sus propios talleres. Cuando un agente de neumáticos carezca del artículo que Vd necesite, diríjase a la División Comercial Michelin en Madrid, o a cualquiera de sus Sucursales en las poblaciones siguientes : Albacete, Barcelona, Bilbao, Cáceres, Gerona, Granada, León, Lérida, Oyarzun, Pamplona, Santiago de Compostela, Sevilla, Valencia, Valladolid, Zaragoza. En **Portugal,** diríjase a la Dirección Comercial Michelin en Lisboa o a su Sucursal en Oporto.

La dirección y el número de teléfono figuran en el texto de estas localidades.

Ver también las páginas bordeadas de azul.

descubra o guia...

e saiba utilizá-lo para tirar dele o melhor proveito. O Guia Michelin não é sòmente um catálogo de bons restaurantes ou hotéis, é também uma imensa gama de informações para facilitar as vossas viagens.

A chave do Guia

É-vos dada pelas páginas explicativas seguintes.
Um mesmo símbolo, um mesmo carácter em encarnado ou em preto, em fino ou em grosso, não tem de modo algum, o mesmo significado.

A selecção dos hotéis e restaurantes

O Guia não é um repertório completo dos recursos hoteleiros de Espanha e do Portugal, ele apresenta sòmente uma selecção voluntáriamente limitada. Esta selecção é estabelecida após visitas e inquéritos efectuados regularmente no local. É no momento destas visitas que as opiniões e observações dos nossos leitores são examinadas.

As plantas de Cidades

Indicam com precisão: as ruas reservadas aos peões e comerciantes, como atravessar ou contornar a aglomeração, onde se situam os hotéis (em grandes artérias ou num lugar isolado), onde se situam os correios, repartição de turismo, os grandes monumentos, os pontos interessantes, etc.

Para o seu carro

O têxto de cada localidade comporta uma lista de representantes das grandes marcas automóveis com o seu endereço e número de telefone.
Na estrada, pode assim mandar reparar ou desempanar a sua viatura, se necessário.

Sobre todos estes pontos e ainda sobre muitos outros, nós desejamos vivamente conhecer a sua opinião. Não hesite em nos escrever, nós responder-vos-emos.

Antecipadamente gratos.

Services de Tourisme Michelin

46, avenue de Breteuil, F-75341 PARIS CEDEX 07

Bibendum deseja-vos agradáveis viagens.

A escolha de um hotel, de um restaurante

A nossa classificação está estabelecida para servir os automobilistas de passagem. Em cada categoria, os estabelecimentos são classificados por ordem de preferência.

CLASSE E CONFORTO

Grande luxo e tradição — XXXXX
Grande conforto — XXXX
Muito confortável — XXX
Bastante confortável — XX
Confortável — X
Simples, mas que convém

M — Na sua categoria, hotel de instalações modernas

sin rest — O hotel não tem restaurante — sem rest

con hab — O restaurante tem quartos — com qto

A INSTALAÇÁO

Os hotéis das categorias , , , possuem todo o conforto; os símbolos pormenorizados não aparecem, portanto, no texto destes hotéis.

Nas outras categorias, indicamos os elementos de conforto, pelo em certos quartos podem faltar.

Estes estabelecimentos dispôem de duches ou de quartos de banhos comuns.

Distrito postal — ✉ 16, ✉ 1200

Telefone e número — 12 90 01

Número de quartos (ver p. 29 : no hotel) — **30 hab** **30 qto**

Elevador

Aquecimento central, ar condicionado

Banho e wc privados, banho privado sem wc — wc

Duche e wc privados, duche privado sem wc — wc

Telefone no quarto, comunicando com o exterior

Refeiçoes servidas no jardim ou no terraço

Ténis

Piscina ao ar livre ou coberta

Jardim, golfe e número de buracos — 18

Garagem gratuita (só uma noite) para os portadores do Guia 1983

Garagem paga

Parque de estacionamento reservado à clientela

O hotel dispõe de uma ou várias salas de conferências (25 lugares mínimo)

Proibidos os cães : em todo o estabelecimento

só no restaurante — rest

só nos quartos — hab qto

Periodo de abertura provável dum hotel de época — *mayo-octubre* *Maio-Outubre*

Abertura provável na época — *temp.*

Os hotéis cujo nome não é seguido de qualquer menção, estão abertos todo o ano.

A escolha de um hotel, de um restaurante

ATRACTIVO

Certos estabelecimentos seleccionados neste Guia, são tais, que a estadia é particularmente agradável ou repousante.

Isto pode ser devido à ambiência exterior, à decoração, ao local onde se situam, ao acolhimento e ao serviço que aí são propostos.

Estes estabelecimentos distinguem-se no Guia, pelos símbolos abaixo indicados :

🏨🏨🏨🏨🏨 ... 🏨	Hotéis agradáveis
XXXXX ... X	Restaurantes agradáveis
« Parque »	Elemento particularmente agradável
🐎 (vermelho)	Hotel muito tranquilo, ou isolado e tranquilo
🐎	Hotel tranquilo
< mar	Vista excepcional
<	Vista interessante ou ampla

Os estabelecimentos assinalados a vermelho, ex : 🏨🏨🏨🏨🏨 XX (con hab o com qto) ou muito tranquilos 🐎 foram assinalados num mapa (p. 64 a 67), a fim de facilitar a vossa procura.

Não pretendemos ter assinalado todos os hotéis agradáveis, nem todos os tranquilos ou isolados e tranquilos.

Os nossos inquéritos continuam. Você pode facilità-los dandonos a conhecer as suas observações e descobertas.

A MESA

As estrelas : ver o mapa p. 64 a 67.

Entre os numerosos estabelecimentos recomendados neste guia, alguns merecem ser assinalados à sua atenção pela qualidade de cozinha. E o fim das estrelas de boa mesa.

Para a atribuição dessas ✿ ou ✿✿, tivemos em consideração os hábitos culinários próprios ao país e a cada região. Indicamos quase sempre, para esses estabelecimentos, três especialidades culinárias. Prove-as para o seu prazer e ao mesmo tempo para estimular o cozinheiro no seu esforço.

Uma muita boa mesa na sua categoria ✿

A estrela marca uma boa etapa no seu itinerário.

Mas não compare a estrela dum estabelecimento de luxo com preços elevados com a estrela duma casa mais simples onde, com preços moderados, serve-se tambem uma cozinha de qualidade.

Uma mesa excelente, merece um desvio ✿✿

São casas reputadas que oferecem produtos escolhidos com preparações cuidadas e onde os preços serão mais elevados.

A pesar de todas as precauções tomadas, poderá acontecer que não fique satisfeito com a conzinha de uma dessas casas. Não nos levem a mal, mas não deixem de nos informar. As vossas opiniões e sugestões sobre as boas mesas serão bem-vindas e completarão os inquéritos que continuamos a fazer para vos apresentar selecções cada vez melhores.

Agradecemos que nos devolva, preenchido, o questionário incluído neste guia.

A escolha de um hotel, de um restaurante

OS PREÇOS

Os hóteis e restaurantes figuram em caractéres espessos, quando os hoteleiros nos deram todos os seus preços e se comprometeram a aplicà-los aos turistas de passagem, portadores do nosso Guia.

Estes preços estabelecidos no final de 1982, são susceptíveis de ser alterados com autorização dos poderes públicos, se o custo de vida sofrer variações importantes. Devem, em todo o caso, ser considerados como preços de base.

Entre no hotel ou no restaurante com o guia na mão e assim mostrará que ele o conduziu com confiança.

Previna-nos de qualquer aumento que pareça injustificado. Quando um preço não está indicado, aconselhamo-lo a pedir as condições.

AE ⓓ E VISA — Principais **cartões de crédito** aceitados no estabelecimento : American Express – Diners Club – Eurocard – Visa.

Os preços indicados em pesetas ou em escudos, incluem, tanto em Espanha como em Portugal, serviço, taxas e impostos, à excepçâo do I.G.T. que em Espanha pode-se aplicar a totalidade da factura (aprox. 3 %).

Com 600/800 Ref 350/500	**Preço fixo** – Mínimo e máximo dos refeições servidos às horas normais (ver p. 29)
Carta 1 000 a 2 500 Lista 600 a 900	**Refeições à lista** – O primeiro preço corresponde a uma refeição simples, mas conveniente, compreendendo : entrada, prato do dia guarnecido e sobremesa O segundo preço, refere-se a uma refeição mais completa, compreendendo : entrada, dois pratos e sobremesa
☕ 250	Preço do pequeno almoço
hab 1 500/2 500 **qto** 900/1 500	**Quartos** – Preços máximos para um quarto de uma pessoa e para o melhor quarto ou pequeno apartamento (incluído a casa de banho, se houver) ocupado por duas pessoas
hab ☕ 1 500/2 500 **qto** ☕ 1 250/2 000	O preço do pequeno almoço está incluído no preço do quarto
P 2 000/3 000	**Pensão** – Preço mínimo e máximo da pensão completa por pessoa e por dia, em plena estação (preços geralmente aplicáveis a partir de três dias)

ALGUMAS PRECISÕES ÚTEIS

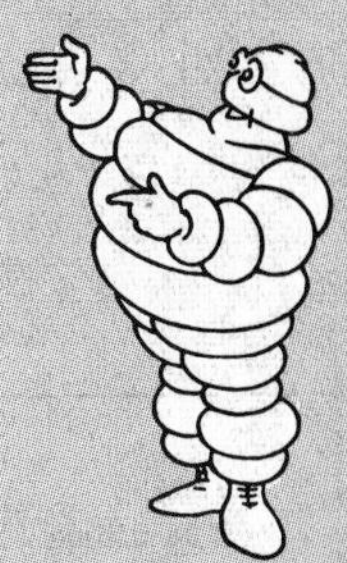

Pousadas e Estalagens

As Pousadas são estabelecimentos dependentes da Direcção-Geral do Turismo. Muitas vezes construídas num sítio escolhido, por vezes instaladas num edifício histórico confortàvelmente arranjado, estão situadas nas cidades de paragem ou nos centros de excursão e oferecem um serviço, uma cozinha, bem como uma decoração, característicos da região. Não se pode aí ficar mais de cinco dias. As Estalagens são albergues dotados de características semelhantes às das Pousadas, apresentando o mesmo estilo de construção e de decoração. Estes albergues são propriedades privadas e a duração da estadia não é limitada.

Paradores e Albergues em Espanha

São estabelecimentos dependentes do Estado. O Parador, por vezes instalado num castelo histórico ou num antigo mosteiro confortàvelmente arranjado, é situado numa cidade de paragem ou num centro de excursões e pode-se aí residir. O Albergue é uma paragem de estrada, em geral afastada dos centros importantes : é essencialmente um restaurante com quartos para o turista de passagem e onde não se passa muito mais que um dia ou uma noite.

No restaurante

Em Espanha, o almoço é geralmente servido a partir das 13,30 e o jantar a partir das 21 horas. Fora destas horas normais, as cafeterias das grandes cidades servem refeições rápidas a qualquer hora do dia e até às 2 horas da manhã.

No hotel

O hoteleiro é obrigado a alojar, sem exigir que se utilizem os serviços da " cafetería " ou do restaurante.

Em Espanha no caso em que o hoteleiro não possa ofrecer um quarto individual, o quarto para duas pessoas ocupado por uma só pessoa, deve beneficiar dum desconto legal de 20 % sobre o seu preço de base.

Em Portugal, nas pensões que praticam o regime de pensão completa, um aumento de 20 % sobre o preço do quarto pode ser aplicado se o cliente não toma nenhuma das refeições principais.

A pensão

Em Espanha, a pensão completa compreende o quarto e a " pensión alimenticia " : pequeno almoço e duas refeições.

Para as pessoas sós ocupando um quarto de casal, os preços indicados podem, por vezes, ser aumentados.

As reservas

Sempre que possível, faça a reserva antecipada.
Peça ao hoteleiro que lhe indique, no seu cartão, todas as indicações úteis sobre a reserva e as condições de estadia.

A qualquer pedido escrito, é aconselhàvel juntar um impresso internacional para resposta.

Certos hoteleiros pedem por vezes um sinal. Trata-se de um depósito-garantia que compromete, tanto o hoteleiro, como o cliente.

Para visitar uma cidade e seus arredores

AS CIDADES

P	Capital de distrito
2200	Código postal
✉ **7800** Beja	Código postal e nome do Centro de Distribuição Postal
445 446 M 23	Mapas Michelin e quadrícula
990 ⑩, 37 ②	Mapas Michelin e número da dobra
24 000 h.	População
alt. 175	Altitude
☎ 918 ☎ 0023	Indicativo telefónico provincial (para as chamadas fora de Espanha não deve marcar - se o 9, não tambén o primeiro ou os dois 0 para Portugal)
2	Teleféricos ou telecabines
7	Teleskis ou teleassentos
✉ Altea	Correios
AX **A**	Letras determinando um local no plano
✳ <	Panorama, vista
18	Golfe e número de buracos
✈	Aeroporto
🚗 ☎ 22 98 36	Localidade com serviço de Auto-Expresso
⛴	Transportes marítimos (passageiros e autos)
i	Informação turística
R.A.C.	Real Automóvel Clube
A.C.P.	Automóvel Clube de Portugal

AS CURIOSIDADES

Interesses

★★★	Vale a viagem
★★	Merece um desvio
★	Interessante

Situação das curiosidades

Ver :	Na cidade
Arredores :	Nos arredores da cidade
Excursão :	Excursão pela região
N, S, E, O	A cusiosidade está situada no Norte, no Sul, no Este, no Oeste
por ① ou ④	Lá chegaremos pela saída ① ou ④, assinalada pelo mesmo sinal sobre o plano
6 km	Distância em quilómetros
2 h 30 mn	Tempo de percuso a pé, ida e volta
1 h 30 mn	Tempo de percuso, sòmente ida, em barco, teleférico, etc (h : horas, mn : minutos)

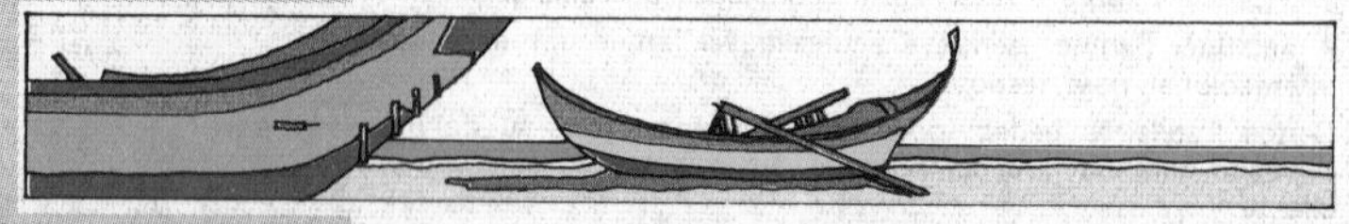

Planos

SÍMBOLOS CONVENCIONAIS

Vias de circulação

Vias de travessia ou desvios – Rua com faixas de rodagem separadas . . . . . .
Rua de sentido único – com escadas – em construção - em projecto . . . .
Rua proibida, impraticável ou de circulação regulamentada – ladeada de árvores . .
Passagem da via : de nivel, por cima ou por baixo da via férrea. . . . .
Passagem sob arco – Túnel – Porta – Via férrea e estação. . . . .
Eléctrico ou trólei – Funicular. . . . .
Via reservada aos peões – Rua comercial – Parque de estacionamento público . . .
Plano completo – Plano simplificado . . . .

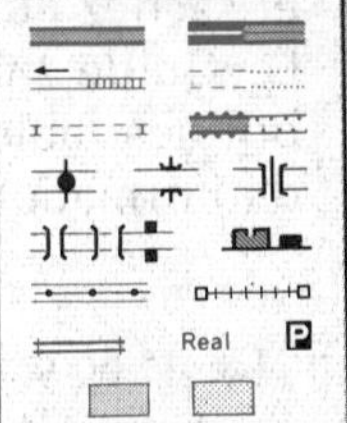

Curiosidades - Hotéis

Monumento interessante e entrada principal } Letra que os indica nos planos . . .
Igreja ou capela interessante . . . . . . }
Hotel – Restaurante – Letra que os indica nos planos. . . . .

Diversos símbolos

Referência comum aos planos e aos mapas Michelin detalhados . . . .
Igreja, capela – Posta restante, telégrafo – Telefone . . . .
Édifícios públicos indicados por letras :
  Conselho provincial – Governo civil – Câmara municipal – Tribunal – Museu . . .
  Polícia (nas cidades principais : comissariado central) – Teatro – Universidade . .
Centro de Turismo . . . .
Estação de autocarros – Aeroporto – Hospital – Mercado coberto . . . .
Farol – Torre – Ruínas – Monumento, estátua – Fonte . . . .
Mãe de água – Fábrica – Cruzeiro – Jardim público, privado – Cemitério . . . . .
Estádio – Hipódromo – Golfe – Vista – Panorama . . . .
Cais :
  Transporte de passageiros e automóveis – Transporte só de passageiros . . . .
Sucursal Michelin . . . .

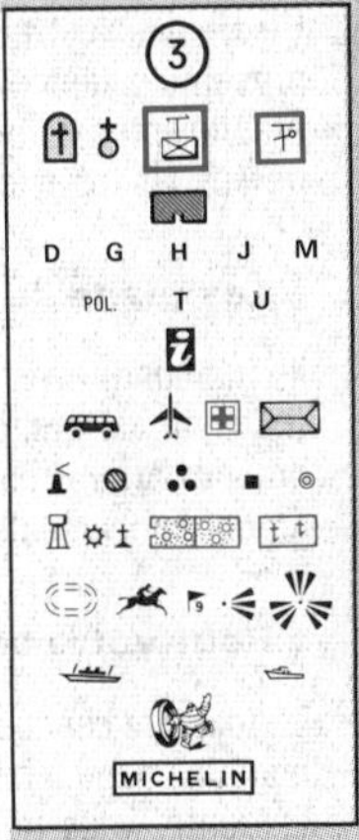

PARA O SEU CARRO
PARA OS SEUS PNEUS

No texto de muitas localidades, depois dos hotéis e restaurantes, indicámos os concessionários das principais marcas de viaturas, com possibilidades de reparar automóveis nas suas próprias oficinas. Desde que um agente de pneus não tenha o artigo de que V. tem necessidade, dirija - se : em **Espanha**, à Divisão Comercial Michelin, em Madrid, ou à Sucursal da Michelin de qualquer das seguintes cidades : Albacete, Barcelona, Bilbao, Cáceres, Gerona, Granada, León, Lérida, Oyarzun, Pamplona, Santiago de Compostela, Sevilha, Valença, Valladolid, Saragoça. Em **Portugal** : à Direcção Comercial Michelin em Lisboa ou à Sucursal do Porto. As direcções e os números de telefones das agências Michelin figuram no texto das correspondentes localidades.

Ver também as páginas debruadas a azul.

découvrez le guide...

et sachez l'utiliser pour en tirer le meilleur profit.
Le Guide Michelin n'est pas seulement une liste de bonnes tables ou d'hôtels, c'est aussi une multitude d'informations pour faciliter vos voyages.

La clé du Guide

Elle vous est donnée par les pages explicatives qui suivent.
Sachez qu'un même symbole, qu'un même caractère, en rouge ou en noir, en maigre ou en gras, n'a pas tout à fait la même signification.

La sélection des hôtels et des restaurants

Ce Guide n'est pas un répertoire complet des ressources hôtelières, il en présente seulement une sélection volontairement limitée. Cette sélection est établie après visites et enquêtes effectuées régulièrement sur place. C'est lors de ces visites que les avis et observations de nos lecteurs sont examinés.

Les plans de ville

Ils indiquent avec précision : les rues piétonnes et commerçantes, comment traverser ou contourner l'agglomération, où se situent les hôtels (sur de grandes artères ou à l'écart), où se trouvent la poste, l'office de tourisme, les grands monuments, les principaux sites, etc.

Pour votre véhicule

Le texte de chaque localité comporte une liste de représentants des grandes marques automobiles avec leur adresse et leur numéro d'appel téléphonique. En route, vous pouvez ainsi faire entretenir ou dépanner votre voiture, si nécessaire.

Sur tous ces points et aussi sur beaucoup d'autres, nous souhaitons vivement connaître votre avis. N'hésitez pas à nous écrire, nous vous répondrons.

Merci d'avance.

Services de Tourisme MICHELIN

46, avenue de Breteuil, 75341 PARIS CEDEX 07

Bibendum vous souhaite d'agréables voyages.

Le choix d'un hôtel, d'un restaurant

Notre classement est établi à l'usage des automobilistes de passage. Dans chaque catégorie les établissements sont classés par ordre de préférence.

CLASSE ET CONFORT

Hôtel		Restaurant
	Grand luxe et tradition	XXXXX
	Grand confort	XXXX
	Très confortable	XXX
	De bon confort	XX
	Assez confortable	X
	Simple mais convenable	
M	Dans sa catégorie, hôtel d'équipement moderne	
sin rest	L'hôtel n'a pas de restaurant	sem rest
con hab	Le restaurant possède des chambres	com qto

L'INSTALLATION

Les hôtels des catégories , , , possèdent tout le confort, les symboles de détail n'apparaissent donc pas au texte de ces hôtels.

Dans les autres catégories, nous indiquons les éléments de confort existants, mais certaines chambres peuvent parfois ne pas en être pourvues.

Ces établissements disposent de douches ou de salles de bains communes.

Arrondissement postal	⊠ 16, ⊠ 1200
Téléphone et numéro	12 90 01
Nombre de chambres (voir p. 37 : à l'hôtel)	**30 hab** **30 qto**
Ascenseur	
Chauffage central, air conditionné	
Bain et wc privés, bain sans wc	wc
Douche et wc privés, douche privée sans wc	wc
Téléphone dans la chambre communiquant avec l'extérieur	
Repas servis au jardin ou en terrasse	
Tennis	
Piscine : de plein air, couverte	
Jardin de repos, golf et nombre de trous	18
Garage gratuit (une nuit) aux porteurs du Guide 1983.	
Garage payant	
Parc à voitures réservé à la clientèle	P
L'hôtel dispose d'une ou plusieurs salles de conférences (25 places minimum)	
Accès interdit aux chiens : dans tout l'établissement	
au restaurant seulement	rest
dans les chambres seulement	hab qto
Période d'ouverture d'un hôtel saisonnier	*mayo-octubre* *Maio-Outubro*
Ouverture probable en saison mais dates non précisées	*temp.*

Les établissements, dont le nom n'est suivi d'aucune mention, sont ouverts toute l'année.

Le choix d'un hôtel, d'un restaurant

L'AGRÉMENT

Certains établissements sélectionnés dans ce guide sont tels que le séjour y est particulièrement agréable ou reposant.

Cela peut tenir à leur environnement extérieur, à leur décoration, à leur situation, à l'accueil et au service qui y sont proposés.

Ils se distinguent dans le guide par les symboles indiqués ci-dessous.

...	Hôtels agréables
...	Restaurants agréables
« Parque »	Elément particulièrement agréable
	Hôtel très tranquille ou isolé et tranquille
	Hôtel tranquille
mar	Vue exceptionnelle
	Vue intéressante ou étendue

Les établissements signalés en rouge, ex. : (con hab, com qto) ou très tranquilles ont été repérés sur une carte (p. 64 à 67) afin de faciliter vos recherches.

Nous ne prétendons pas avoir signalé tous les hôtels agréables, ni tous ceux qui sont tranquilles ou isolés et tranquilles.

Nos enquêtes continuent. Vous pouvez les faciliter en nous faisant connaître vos observations et vos découvertes.

LA TABLE

Les étoiles : voir la carte p. 64 à 67

Parmi les nombreux établissements recommandés dans ce guide certains méritent d'être signalés à votre attention pour la qualité de leur cuisine. C'est le but des étoiles de bonne table.

Nous indiquons presque toujours, pour ces établissements, trois spécialités culinaires. Essayez-les à la fois pour votre satisfaction et aussi pour encourager le chef dans son effort.

Une très bonne table dans sa catégorie

✿

L'étoile marque une bonne étape sur votre itinéraire.

Mais ne comparez pas l'étoile d'un établissement de luxe à prix élevés à celle d'une petite maison où, à prix raisonnables, on sert également une cuisine de qualité.

Table excellente, mérite un détour

✿✿

Il s'agit là de maisons réputées présentant des produits et des préparations de choix. Attendez-vous à une dépense en rapport.

Malgré toutes les précautions prises, il pourra vous arriver d'être déçu par une de ces maisons. Ne nous en tenez pas rigueur, mais ne manquez pas de nous en avertir. Vos avis et suggestions sur les bonnes tables seront les bienvenus et complèteront les enquêtes que nous continuons de mener pour vous présenter des sélections toujours meilleures.

Renvoyez-nous rempli le questionnaire encarté dans ce guide. Merci.

Le choix d'un hôtel, d'un restaurant

LES PRIX

Les hôtels et restaurants figurent en caractères gras lorsque les hôteliers nous ont donné tous leurs prix et se sont engagés à les appliquer aux touristes de passage porteurs de notre guide.

Ces prix établis en fin d'année 1982 sont susceptibles d'être modifiés sur autorisation des pouvoirs publics si le coût de la vie subit des variations importantes. Ils doivent, en tout cas, être considérés comme des prix de base.

Entrez à l'hôtel ou au restaurant le guide à la main, vous montrerez ainsi qu'il vous conduit là en confiance.

Prévenez-nous de toute majoration paraissant injustifiée.
Lorsque aucun prix n'est indiqué, nous vous conseillons de demander les conditions.

AE ◐ E VISA	Principales **cartes de crédit** acceptées par l'établissement : American Express – Diners Club – Eurocard – Visa.

Les prix sont indiqués en pesetas ou en escudos et s'entendent, en Espagne comme au Portugal, service, taxes et impôts compris, à l'exception de l'I.G.T., qui, en Espagne, sera éventuellement ajouté à la note (env. 3 %).

Com 600/800 Ref 350/500	**Prix fixe** – Minimum et maximum des repas servis aux heures normales (voir page 37)
Carta 1 000 a 2 500 Lista 600 a 900	**Repas à la carte** – Le 1er prix correspond à un repas simple mais soigné comprenant : petite entrée, plat du jour garni et dessert Le 2e prix concerne un repas plus complet comprenant : hors-d'œuvre, deux plats et dessert
☕ 250	Prix du petit déjeuner
hab 1 500/2 500 **qto** 900/1 500	**Chambres** – Prix maximum pour une chambre d'une personne et pour la plus belle chambre ou petit appartement (y compris salle de bains s'il y a lieu) occupée par deux personnes
hab ☕ 1 500/2 500 **qto** ☕ 1 250/2 000	Le prix du petit déjeuner est inclus dans le prix de la chambre
P 2 000/3 000	**Pension** – Prix minimum et maximum de la pension complète par personne et par jour, en saison (généralement applicables à partir de trois jours)

QUELQUES PRÉCISIONS UTILES

Paradores et Albergues en Espagne

Ce sont des établissements dépendant de l'Etat. Le Parador, parfois installé dans un château historique ou un ancien monastère confortablement aménagé, est situé dans une ville-étape ou un centre d'excursions et on peut y séjourner. L'Albergue est un relais de route en général éloigné des centres importants : c'est essentiellement un restaurant avec chambres pour le touriste de passage et on ne s'y arrête guère plus d'une journée ou une nuit.

Pousadas et Estalagens au Portugal

Les Pousadas sont des établissements dépendant de la Direcção-Geral do Turismo. Souvent construites dans un site choisi, parfois installées dans un édifice historique confortablement aménagé, elles sont situées dans des villes-étapes ou des centres d'excursion et offrent un service, une cuisine ainsi qu'une décoration propres à la région. On ne peut y rester plus de cinq jours. Les Estalagens sont des auberges dotées de caractéristiques semblables à celles des Pousadas, mais sont propriétés privées et la durée du séjour n'y est pas limitée.

Au restaurant

En Espagne, le déjeuner est généralement servi à partir de 13 h 30, et le dîner à partir de 21 h. En dehors de ces heures normales, les " cafeterías " des grandes villes servent des repas rapides à toute heure du jour jusqu'à 2 h du matin.

A l'hôtel

L'hôtelier est tenu de vous loger sans exiger que vous utilisiez les services de la " cafetería " ou du restaurant.

En Espagne, si l'hôtelier ne peut vous offrir une chambre individuelle, la chambre double occupée par une seule personne doit bénéficier d'une remise légale de 20 % sur son prix de base.

Au Portugal, dans les " pensões " qui pratiquent le régime de la pension complète, une augmentation de 20 % sur le prix de la chambre peut être appliquée si le client ne prend aucun des repas principaux.

La pension

En Espagne, la pension complète comprend la chambre et la " pensión alimenticia " : le petit déjeuner et deux repas.

Pour les personnes seules occupant une chambre de deux personnes, les prix indiqués peuvent parfois être majorés.

Les réservations

Chaque fois que possible, la réservation préalable est souhaitable. Demandez à l'hôtelier de vous fournir dans sa lettre d'accord toutes précisions utiles sur la réservation et les conditions de séjour.

A toute demande écrite, il est conseillé de joindre un coupon-réponse international.

Certains hôteliers demandent parfois le versement d'arrhes. Il s'agit d'un dépôt-garantie qui engage l'hôtelier comme le client.

Pour visiter une ville et ses environs

LES VILLES

P	Capitale de province
2200	Numéro de code postal
✉ **7800** Beja	Numéro de code postal et nom du bureau de poste distributeur
445 446 M 23	Cartes Michelin et carroyage
990 ⑩, 37 ②	Cartes Michelin et numéro du pli
24 000 h.	Population
alt. 175	Altitude
☎ 918 ☎ 0023	Indicatif téléphonique interprovincial (pour les appels extérieurs à l'Espagne, ne pas composer le 9, pour le Portugal le premier ou les deux 0)
2	Téléphériques ou télécabines
7	Remonte-pentes et télésièges
✉ Altea	Bureau de poste
AX **A**	Lettres repérant un emplacement sur le plan
	Panorama, point de vue
18	Golf et nombre de trous
	Aéroport
22 98 36	Localité desservie par train-auto
	Transports maritimes (passagers et voitures)
	Information touristique
R.A.C.	Royal Automobile-Club
A.C.P	Automobile-Club du Portugal

LES CURIOSITÉS

Intérêt

★★★	Vaut le voyage
★★	Mérite un détour
★	Intéressante

Situation des curiosités

Ver :	Dans la ville
Alrededores :	Aux environs de la ville
Excursión :	Excursion dans la région
N, S, E, O	La curiosité est située au Nord, au Sud, à l'Est, à l'Ouest
por ①, ④	On y va par la sortie ① ou ④, repérée par le même signe sur le plan
6 km	Distance en kilomètres
2 h 30 mn	Temps de marche à pied, aller et retour
1 h 30 mn	Temps de parcours, aller seulement, en bateau, en téléphérique, etc. (h : heures, mn : minutes)

Les Plans

SIGNES CONVENTIONNELS

Voirie

Rue de traversée ou de contournement – à chaussées séparées

Rue à sens unique – en escalier – en construction – en projet

Rue interdite, impraticable ou à circulation réglementée – bordée d'arbres

Passage de la rue : à niveau, au-dessus, au-dessous de la voie ferrée

Passage sous voûte – Tunnel – Porte – Voie ferrée et gare

Tramway ou trolleybus – Funiculaire

Rue piétonne – Rue commerçante – Parc de stationnement public

Plan détaillé – Plan simplifié

Real

Curiosités - Hôtels

Monument intéressant et entrée principale }
Église ou chapelle intéressante } Lettre les repérant sur le plan

Hôtel, restaurant – Lettre les repérant sur le plan

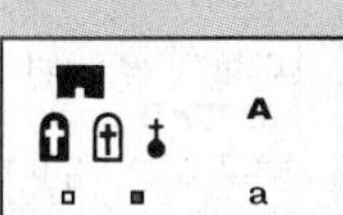

Signes divers

Repère commun aux plans et aux cartes Michelin détaillées

Église ou chapelle – Poste restante, télégraphe – Téléphone

Édifices publics repérés par des lettres :

Conseil provincial – Préfecture – Hôtel de ville – Palais de justice – Musée

Police (dans les grandes villes commissariat central) – Théâtre – Université

Information touristique

Gare routière – Aéroport – Hôpital – Marché couvert

Phare – Tour – Ruines – Monument, statue – Fontaine

Château d'eau – Usine – Calvaire – Jardin public, privé – Cimetière

Stade – Hippodrome – Golf – Vue – Panorama

Embarcadère :
Transport de passagers et voitures – Transport de passagers seulement

Agence Michelin

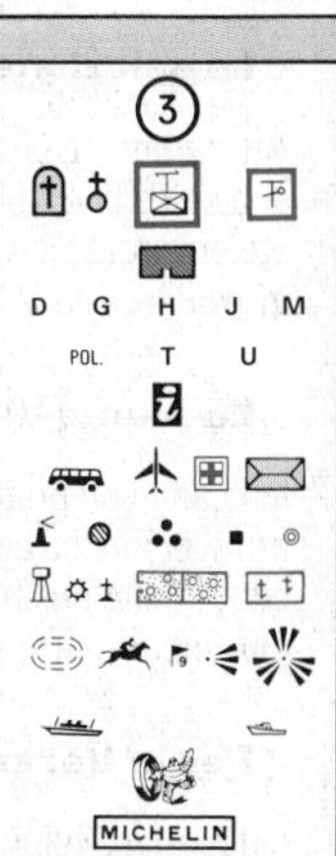

POUR VOTRE VOITURE - POUR VOS PNEUS

Dans le texte de beaucoup de localités, après les hôtels et les restaurants, nous avons indiqué les concessionnaires des principales marques de voitures en mesure d'effectuer dépannage et réparations dans leurs propres ateliers. Lorsqu'un agent de pneus n'a pas l'article dont vous avez besoin, adressez-vous : en **Espagne** à la Division Commerciale Michelin à Madrid ou à la Succursale Michelin de l'une des villes suivantes : Albacete, Barcelona, Bilbao, Cáceres, Gerona, Granada, León, Lérida, Oyarzun, Pamplona, Santiago de Compostela, Sevilla, Valencia, Valladolid, Zaragoza. Au **Portugal,** à la Direction Commerciale à Lisbonne ou à la Succursale de Porto.

Les adresses et les numéros de téléphone des agences Michelin figurent au texte des localités correspondantes.

Voir aussi les pages bordées de bleu.

scoprite la guida...

e sappiatela utilizzare per trarre il miglior vantaggio. La Guida Michelin è un elenco dei migliori alberghi e ristoranti, naturalmente. Ma anche una serie di utili informazioni per i Vostri viaggi !

La «chiave»

Leggete le pagine che seguono e comprenderete!
Sapete che uno stesso simbolo o una stessa parola in rosso o in nero,in carattere magro o grasso, non ha lo stesso significato?

La selezione degli alberghi e ristoranti

Attenzione! La guida non elenca tutte le risorse alberghiere. E' il risultato di una selezione, volontariamente limitata, stabilita in seguito a visite ed inchieste effettuate sul posto. E, durante queste visite, amici lettori, vengono tenute in evidenza le Vs. critiche ed i Vs. apprezzamenti!

Le piante di città

Indicano con precisione: strade pedonali e commerciali, il modo migliore per attraversare od aggirare il centro, l'esatta ubicazione degli alberghi e ristoranti citati, della posta centrale, dell'ufficio informazioni turistiche, dei monumenti più importanti e poi altre e altre ancora utili informazioni per Voi!

Per la Vs. automobile

Indirizzo e telefono delle principali marche automobilistiche vengono segnalati nel testo di ogni località. Così, in caso di necessità, saprete dove trovare il «medico» per la Vs. vettura.

Su tutti questi punti e su altri ancora, gradiremmo conoscere il Vs. parere. Scriveteci e non mancheremo di risponderVi!

Services de Tourisme Michelin

46, avenue de Breteuil, F-75341 PARIS CEDEX 07

Grazie e buon viaggio.

La scelta di un albergo, di un ristorante

La nostra classificazione è stabilita ad uso dell'automobilista di passaggio. In ogni categoria, gli esercizi vengono citati in ordine di preferenza.

CLASSE E CONFORT

	Gran lusso e tradizione	XXXXX
	Gran confort	XXXX
	Molto confortevole	XXX
	Di buon confort	XX
	Abbastanza confortevole	X
	Semplice ma conveniente	
M	Nella sua categoria, albergo con attrezzatura moderna	
sin rest	L'albergo non ha ristorante	sem rest
con hab	Il ristorante dispone di camere	com qto

INSTALLAZIONI

I , , offrono ogni confort, per questi alberghi non specifichiamo quindi il dettaglio delle installazioni.

Nelle altre categorie indichiamo gli elementi di confort esistenti, alcune camere possono talvolta esserne sprovviste; questi alberghi dispongono tuttavia di docce e bagni comuni.

Quartiere postale	✉ 16, ✉ 1200
Telefono e numero	12 90 01
Numero di camere (vedere p. 45 : all' albergo)	**30 hab** **30 qto**
Ascensore	
Riscaldamento centrale, aria condizionata	
Bagno e wc privati, bagno privato senza wc	wc
Doccia e wc privati, doccia privata senza wc	wc
Telefono in camera comunicante con l'esterno	
Pasti serviti in giardino o in terrazza	
Tennis	
Piscina : all'aperto, coperta	
Giardino da riposo, golf e numero di buche	18
Garage gratuito (una notte) per chi presenta la guida 1983	
Garage a pagamento	
Parcheggio per auto riservato alla clientela	P
L'albergo dispone di una o più sale per conferenze (minimo 25 posti)	
E' vietato l'accesso ai cani : ovunque	
soltanto al ristorante	rest
soltanto nelle camere	hab qto
Periodo di apertura previsto di un albergo stagionale	*mayo-octubre* *Maio-Outubro*
Apertura in stagione, ma periodo non precisato	*temp.*

Gli esercizi senza tali indicazioni sono aperti tutto l'anno.

La scelta di un albergo, di un ristorante

AMENITÀ

Il soggiorno in alcuni alberghi si rivela talvolta particolarmente ameno o riposante.

Ciò può dipendere dalle caratteristiche dell'edificio, dalle decorazioni non comuni, dalla sua posizione, dall'accoglienza e dal servizio offerti.

Questi esercizi sono così contraddistinti :

Alberghi ameni

Ristoranti ameni

Un particolare piacevole

Albergo molto tranquillo o isolato e tranquillo

Albergo tranquillo

Vista eccezionale

Vista interessante o estesa

Gli esercizi indicati in rosso es. : , (con hab, com qto) o molto tranquilli sono riportati sulla carta da p. 64 a 67 per facilitarne la ricerca.

Non abbiamo la pretesa di aver segnalato tutti gli alberghi ameni, nè tutti quelli molto tranquilli o isolati e tranquilli.

Le nostre ricerche continuano. Le potrete agevolare facendoci conoscere le vostre osservazioni e le vostre scoperte.

LA TAVOLA

Le stelle : vedere la carta tematica da p. 64 a p. 67.

Tra i numerosi esercizi raccomandati in questa guida, alcuni meritano di essere segnalati alla vostra attenzione per la qualità della cucina, di tipo prevalentemente regionale. Questo è lo scopo delle « stelle di ottima tavola ».

Per questi esercizi indichiamo quasi sempre tre specialità culinarie, che vi consigliamo di provare.

Un'ottima tavola nella sua categoria

✿

La stella indica una tappa gastronomica sul vostro itinerario.

Non mettete però a confronto la stella di un esercizio di lusso, dai prezzi elevati, con quella di un piccolo esercizio dove, a prezzi ragionevoli, viene offerta una cucina di qualità.

Tavola eccelente : merita una deviazione

✿✿

Trattasi di esercizi rinomati che presentano menu e vini scelti... Aspettatevi una spesa proporzionata.

Malgrado ogni nostra precauzione, potrà accadervi d'essere delusi da uno di questi esercizi. Non fatecene una colpa, ma non mancate di avvertirci.

I vostri pareri sulle buone tavole ci saranno graditi per completare le nostre informazioni e modificare, se del caso, i nostri giudizi.

Compilate e rinviateci il questionario inserito nella guida.

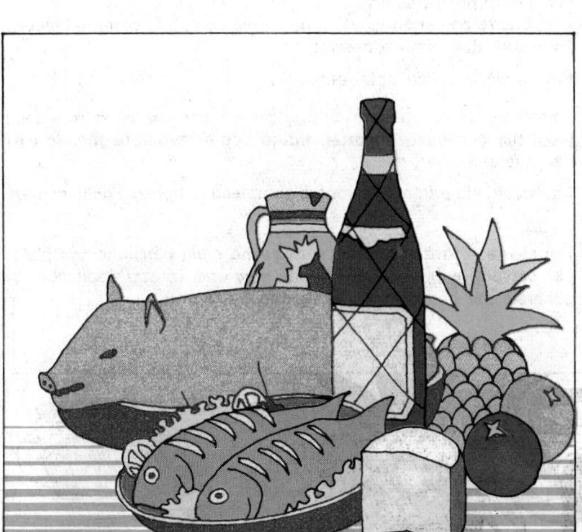

La scelta di un albergo, di un ristorante

I PREZZI

Gli alberghi e ristoranti figurano in carattere grassetto quando gli albergatori ci hanno comunicato tutti i loro prezzi e si sono impegnati ad applicarli ai turisti di passaggio in possesso della nostra pubblicazione.

I prezzi riportati, che devono essere considerati come prezzi base indicativi, sono stati stabiliti alla fine dell'anno 1982 e possono venire modificati nel corso dell'anno su autorizzazione degli Organismi competenti.

Entrate nell'albergo o nel ristorante con la guida alla mano, dimostrando in tal modo la fiducia in chi vi ha indirizzato.

Segnalateci eventuali maggiorazioni che vi sembrino ingiustificate. Quando i prezzi non sono indicati, vi consigliamo di chiedere preventivamente le condizioni.

AE D E VISA	Principali **carte di credito** accettate da un albergo o ristorante : American Express – Diners Club – Eurocard – Visa.

I prezzi indicati nella guida, in pesetas per la Spagna e in escudos per il Portogallo, sono sempre calcolati servizio, tasse ed imposte compresi, escluso l'I.G.T. che in Spagna sarà eventualmente aggiunta al conto (circa 3 %).

Com 600/800 Ref 350/500	**Prezzo fisso** – Minimo e massimo per pasti serviti ad ore normali (vedere p. 45)
Carta 1 000 a 2 500 Lista 600 a 900	**Pasti alla carta** – Il 1° prezzo corrisponde ad un pasto semplice ma accurato, comprendente : primo piatto, piatto del giorno con contorno e dessert Il 2° prezzo corrisponde ad un pasto più completo comprendente : antipasto, due piatti e dessert
☕ 250	Prezzo della prima colazione
hab 1 500/2 500 **qto** 900/1 500	**Camere** – Prezzi massimi di una camera per una persona e della più bella camera o appartamentino (compreso il bagno, se c'è) per due persone
hab ☕ 1 500/2 500 **qto** ☕ 1 250/2 000	Il prezzo della prima colazione è compreso nel prezzo della camera
P 2 000/3 000	**Pensione** – Prezzo minimo e massimo della pensione completa, per persona e per giorno, in alta stagione (prezzi applicabili in generale per permanenze di almeno tre giorni)

QUALCHE CHIARIMENTO UTILE

Paradores e Albergues in Spagna

Sono esercizi dipendenti dallo Stato. Il Parador, tavolta sistemato in un castello storico o in un antico monastero confortevolmente adattati, si trova in una città-tappa o in un centro di escursioni e vi si può soggiornare; l'Albergue è un posto di ristoro e di sosta lungo la strada, generalmente lontano dai centri importanti : si tratta essenzialmente di un ristorante con camere per il turista di passaggio dove non ci si sofferma più di una giornata o di una notte.

Pousadas ed Estalagens in Portogallo

Le Pousadas sono esercizi dipendenti dalla Direcção Geral do Turismo. Costruite in posizione particolarmente interessante, o sistemate in un castello storico o in un antico monastero confortevolmente adattato, nelle città-tappa o nei centri di escursioni, offrono un servizio, una cucina ed un ambiente tipici della regione. Non vi si può soggiornare più di 5 giorni. Gli Estalagens sono alberghi aventi caratteristiche simili alle Pousadas, che adottano lo stesso stile di costruzione e di ambientazione. Sono di proprietà privata ed in essi la durata del soggiorno non è limitata.

Al ristorante

In Spagna, la colazione è normalmente servita a partire dalle 13,30 ed il pranzo a partire dalle 21. Al di fuori di queste ore normali, le " cafeterías " delle grandi città servono pasti rapidi a tutte le ore del giorno e fino alle 2 di notte.

All'albergo

L'albergatore accetta di darvi alloggio senza esigere che voi utilizziate i servizi di caffetteria o del ristorante.

In Spagna, se l'albergatore non può darvi una camera singola, la camera doppia occupata da una persona sola deve beneficiare di uno sconto legale del 20 % sul prezzo base della stessa.

In Portogallo, nelle " pensões " che praticano la pensione completa, un aumento del 20 % sul prezzo della camera può venire applicato se il cliente non consuma nessuno dei pasti principali.

La pensione

In Spagna, la pensione completa comprende la camera e la " pensión alimenticia " : prima colazione e due pasti.

Per le persone sole che occupano una camera da due persone, i prezzi indicati sono suscettibili di maggiorazione.

Le prenotazioni

Appena possibile è consigliabile prenotare. Chiedete all'albergatore di fornirvi nella sua lettera di conferma ogni dettaglio sulle condizioni che vi saranno praticate.

Ad ogni richiesta scritta, è opportuno allegare un tagliando-risposta internazionale.

Alle volte alcuni albergatori chiedono il versamento di una caparra. E' un deposito-garanzia che impegna tanto l'albergatore che il cliente.

Per visitare una città ed i suoi dintorni

LE CITTÀ

Ⓟ	Capoluogo di provincia
2200	Codice di avviamento postale
✉ **7800** Beja	Numero di codice e sede dell'Ufficio Postale
445 446 M 23	Carte Michelin e riquadro
990 ⑩, 37 ②	Carte Michelin e numero della piega
24 000 h.	Popolazione
alt. 175	Altitudine
☎ 918 ☎ 0023	Prefisso telefonico interprovinciale (per le chiamate dall' estero alla Spagna, non formare il 9, per il Portogallo, il primo 0 i due 0)
2 🚡	Funivie o cabinovie
7 ⛷	Sciovie e seggiovie
✉ Altea	Sede dell'Ufficio Postale
AX **A**	Lettere indicanti l'ubicazione sulla pianta
☼ ⋖	Panorama, punto di vista
⛳18	Golf e numero di buche
✈	Aeroporto
🚗 ☎ 22 98 36	Località con servizio auto su treno
⛴	Trasporti marittimi (passeggeri ed autovetture)
ℹ	Ufficio informazioni turistiche
R.A.C.	Reale Automobile Club
A.C.P.	Automobile Club del Portogallo

LE CURIOSITÀ

Grado d'interesse

★★★	Vale il viaggio
★★	Merita una deviazione
★	Interessante

Dove si trovano le « curiosità »

Ver :	Nella città
Alrededores :	Nei dintorni della città
Excursión :	Nella regione
N, S, E, O	La " curiosità " è situata : a Nord, a Sud, a Est, a Ovest
por ①, ④	Ci si va dall'uscita ① o ④ indicata con lo stesso segno sulla pianta
6 km	Distanza chilometrica
2 h 30 mn	Tempo per percorsi a piedi, andata e ritorno
1 h 30 mn	Tempo, solo andata, per percorsi in battello, seggiovia, ecc. (h : ore, mn : minuti)

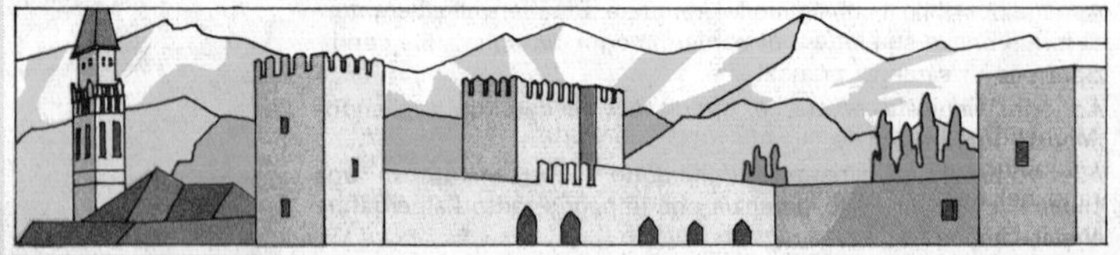

SEGNI CONVENZIONALI

Viabilità

Via di attraversamento o di circonvallazione – a doppia carreggiata . . . .
Via a senso unico – a scalinata – in costruzione – in progetto . . . .
Via vietata, impraticabile o a circolazione regolamentata - Via alberata. . . . . .
La via passa : a livello, al disopra, al disotto della ferrovia . . . .
Sottopassaggio – Galleria – Porta – Ferrovia e stazione . . . .
Tranvia o filovia – Funicolare . . . .
Via pedonale – Via commerciale – Parcheggio pubblico . . . .
Pianta particolareggiata – Pianta semplificata . . . .

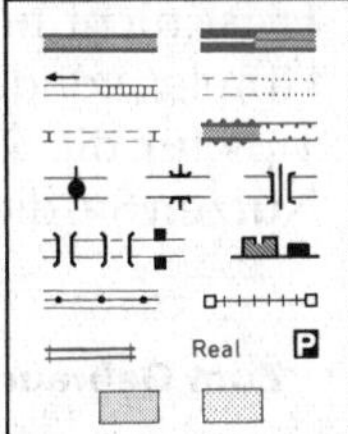

Curiosità - Alberghi

Monumento interessante ed entrata principale }
Chiesa o cappella interessante . . . . . . } Lettera di riferimento sulla pianta .
Albergo, Ristorante – Lettera di riferimento sulla pianta . . . .

Simboli vari

Simbolo di riferimento comune alle piante ed alle carte Michelin particolareggiate .
Chiesa o cappella – Fermo posta, telegrafo – Telefono . . . .
Edifici pubblici indicati con lettere :
Consiglio provinciale – Prefettura – Municipio – Palazzo di giustizia – Museo . .
Polizia (Questura, nelle grandi città) – Teatro – Università . . . .
Ufficio informazioni turistiche . . . .
Autostazione – Aeroporto – Ospedale – Mercato coperto. . . . .
Faro – Torre – Ruderi – Monumento, statua – Fontana . . . .
Torre idrica – Fabbrica – Calvario – Giardino pubblico, privato – Cimitero . . . . .
Stadio – Ippodromo – Golf – Vista – Panorama . . . .
Imbarcadero :
Trasporto passeggeri ed autovetture – Trasporto solo passeggeri . . . .

Centro di distribuzione Michelin . . . .

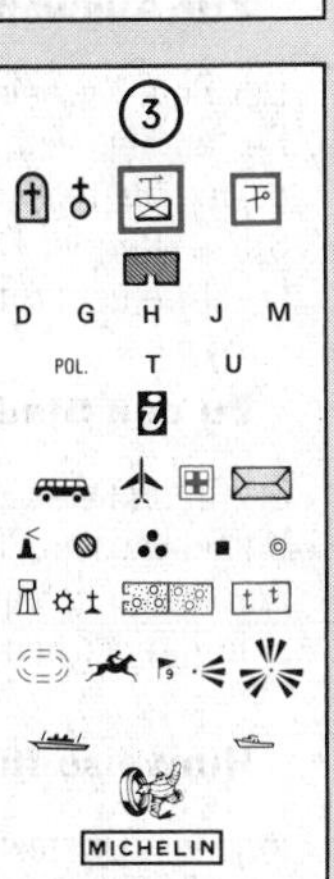

PER LA VOSTRA AUTOMOBILE
PER I VOSTRI PNEUMATICI

Nel testo di molte località, dopo gli alberghi ed i ristoranti, abbiamo elencato gli indirizzi dei concessionari delle principali marche di automobili, in grado di effettuare il rimorchio e di eseguire riparazioni nelle proprie officine. Se vi occorre rintracciare un rivenditore di pneumatici potete rivolgervi : in **Spagna** alla Divisione Commerciale Michelin di Madrid o alla Succursale Michelin di una delle seguenti città : Albacete, Barcelona, Bilbao, Cáceres, Gerona, Granada, León, Lérida, Oyarzun, Pamplona, Santiago de Compostela, Sevilla, Valencia, Valladolid, Zaragoza. Per il **Portogallo,** potete rivolgervi alla Direzione Commerciale Michelin di Lisboa o alla Succursale di Porto.
Gli indirizzi ed i numeri telefonici delle Succursali Michelin figurano nel testo delle relative località.
Vedere anche le pagine bordate di blu.

Der Michelin-Führer...

Er ist nicht nur ein Verzeichnis guter Restaurants und Hotels, sondern gibt zusätzlich eine Fülle nützlicher Tips für die Reise.
Nutzen Sie die zahlreichen Informationen, die er bietet.

Zum Gebrauch dieses Führers

Die Erläuterungen stehen auf den folgenden Seiten.
Beachten Sie dabei, daß das gleiche Zeichen rot oder schwarz, fett oder dünn gedruckt verschiedene Bedeutungen hat.

Zur Auswahl der Hotels und Restaurants

Der Rote Michelin-Führer ist kein vollständiges Verzeichnis aller Hotels und Restaurants. Er bringt nur eine bewußt getroffene, begrenzte Auswahl. Diese basiert auf regelmäßigen Überprüfungen durch unsere Inspektoren an Ort und Stelle. Bei der Beurteilung werden auch die zahlreichen Hinweise unserer Leser berücksichtigt.

Zu den Stadtplänen

Sie informieren über Fußgänger- und Geschäftsstraßen, Durchgangs- oder Umgehungsstraßen, Lage von Hotels und Restaurants (an Hauptverkehrsstraßen oder in ruhiger Gegend), wo sich die Post, das Verkehrsamt, die wichtigsten öffentlichen Gebäude und Sehenswürdigkeiten u. dgl. befinden.

Hinweise für den Autofahrer

In jedem Ortstext sind Adresse und Telefonnummer der Vertragshändler der großen Automobilfirmen angegeben. So können Sie Ihren Wagen im Bedarfsfall unterwegs warten oder reparieren lassen.

Ihre Meinung zu den Angaben des Führers, Ihre Kritik, Ihre Verbesserungsvorschläge interessieren uns sehr. Zögern Sie daher nicht, uns diese mitzuteilen... wir antworten bestimmt.

Services de Tourisme Michelin

46, avenue de Breteuil, F-75341 PARIS CEDEX 07

Vielen Dank im voraus und angenehme Reise!

Wahl eines Hotels, eines Restaurants

Unsere Auswahl ist für Durchreisende gedacht. In jeder Kategorie drückt die Reihenfolge der Betriebe eine weitere Rangordnung aus.

KLASSENEINTEILUNG UND KOMFORT

Hotel		Restaurant
	Großer Luxus und Tradition	XXXXX
	Großer Komfort	XXXX
	Sehr komfortabel	XXX
	Mit gutem Komfort	XX
	Mit ausreichendem Komfort	X
	Bürgerlich	
M	Moderne Einrichtung	
sin rest	Hotel ohne Restaurant	sem rest
con hab	Restaurant vermietet auch Zimmer	com qto

EINRICHTUNG

Für die , , geben wir keine Einzelheiten über die Einrichtung an, da diese Hotels jeden Komfort besitzen.

In den Häusern der übrigen Kategorien nennen wir die vorhandenen Einrichtungen. Diese können in einigen Zimmern fehlen, doch verfügen die Hotels im allgemeinen über ein Etagenbad oder eine Etagendusche.

Postzustellbezirk	✉ 16, ✉ 1200
Telefonnummer	☎ 12 90 01
Anzahl der Zimmer (siehe S. 53 : im Hotel)	**30 hab** **30 qto**
Fahrstuhl	
Zentralheizung, Klimaanlage	
Privatbad mit wc, Privatbad ohne wc	wc
Privatdusche mit wc, Privatdusche ohne wc	wc
Zimmertelefon mit Außenverbindung	
Garten-, Terrassenrestaurant	
Tennis	
Freibad - Hallenbad	
Liegewiese, Golfplatz und Lochzahl	18
Garage kostenlos (nur für eine Nacht) für die Besitzer des Michelin-Führers 1983	
Garage wird berechnet	
Parkplatz reserviert für Gäste des Hauses	P
Hotel verfügt über einen oder mehrere Konferenzräume für mindestens 25 Personen	
Das Mitführen von Hunden ist untersagt : im ganzen Haus	
nur im Restaurant	rest
nur im Hotelzimmer	hab qto
Vorgesehene Öffnungszeit eines Saisonhotels	*mayo-octubre* *Maio-Outubro*
Öffnungszeit während der Saisonmonate	*temp.*

Die Häuser, für die wir keinerlei Schließungszeiten angeben, sind das ganze Jahr hindurch geöffnet.

Wahl eines Hotels, eines Restaurants

ANNEHMLICHKEITEN

In manchen Hotels ist der Aufenthalt wegen der schönen, ruhigen Lage, der nicht alltäglichen Einrichtung und Atmosphäre und dem gebotenen Service besonders angenehm und erholsam.

Solche Häuser und ihre besonderen Annehmlichkeiten sind im Führer durch folgende Symbole gekennzeichnet :

...	Angenehme Hotels
XXXXX ... X	Angenehme Restaurants
« Parque »	Besondere Annehmlichkeit
	Sehr ruhiges oder abgelegenes und ruhiges Hotel
	Ruhiges Hotel
mar	Reizvolle Aussicht
	Interessante oder weite Sicht

Die Karten auf den Seiten 64 bis 67 geben Ihnen einen Überblick über die Orte, in denen sich mindestens ein angenehmes Haus , XX (con hab, com qto) oder ein sehr ruhiges Haus befindet.

Wir wissen, daß diese Auswahl noch nicht vollständig ist, sind aber laufend bemüht, weitere solche Häuser für Sie zu entdecken; dabei sind uns Ihre Erfahrungen und Hinweise eine wertvolle Hilfe.

KÜCHE

Die Sterne : Siehe Karten S. 64 bis 67.

Unter den zahlreichen, in diesem Führer empfohlenen Häusern verdienen einige wegen der Qualität ihrer Küche Ihre besondere Aufmerksamkeit. Auf diese Häuser weisen die Sterne hin.

Bei der Vergabe der Sterne haben wir die landesüblichen und regionalen Ess- und Kochgewohnheiten berücksichtigt. Wir geben drei kulinarische Spezialitäten an, die Sie probieren sollten.

Eine sehr gute Küche : verdient Ihre besondere Beachtung ✿

Der Stern macht Sie auf ein gutes Restaurant aufmerksam.

Vergleichen Sie aber bitte nicht den Stern eines sehr teuren Luxusrestaurants mit dem Stern eines kleineren oder mittleren Hauses, wo man Ihnen zu einem annehmbaren Preis eine ebenfalls vorzügliche Mahlzeit reicht.

Eine hervorragende Küche : verdient einen Umweg ✿✿

Ausgezeichnet sind solche Häuser, die erstklassige Produkte in ausgesuchten Zubereitungsarten anbieten. Erwarten Sie keine niedrigen Preise in diesen Häusern.

Trotzdem kann es vorkommen, daß Sie in einem Stern-Restaurant nur mittelmäßig essen. Es kann sich um eine Ausnahme handeln. Versäumen Sie aber nicht, uns davon Mitteilung zu machen. Ihre Meinung und Vorschläge sind uns immer willkommen, sie vervollständigen unsere eigenen Erfahrungen und helfen uns, in der nächsten Ausgabe eine noch bessere Auswahl an Stern-Restaurants anbieten zu können.

Senden Sie uns bitte den beiliegenden Fragebogen ausgefüllt zurück.

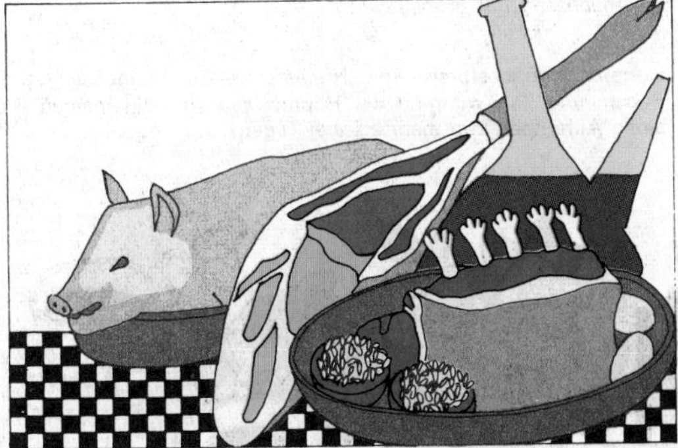

Wahl eines Hotels, eines Restaurants

PREISE

Die Namen der Hotels und Restaurants, die ihre Preise genannt haben, sind fett gedruckt. Gleichzeitig haben sich diese Häuser verpflichtet, diese Preise den Benutzern des Michelin-Führers zu berechnen.

Die genannten Preise sind als Richtpreise zu betrachten. Sie sind uns Ende 1982 angegeben worden und können nur nach amtlicher Entscheidung Veränderungen unterliegen.

Halten Sie beim Betreten des Hotels den Führer in der Hand. Sie zeigen damit, daß Sie aufgrund dieser Empfehlung gekommen sind.

Verständigen Sie uns von jeder Preiserhöhung, die unbegründet erscheint. Wenn kein Preis angegeben ist, raten wir Ihnen, sich nach den Bedingungen zu erkundigen.

AE ① E VISA	Von Hotels und Restaurants angenommene **Kreditkarten** : American Express – Diners Club – Eurocard – Visa.

Die Preise sind in Pesetas oder in Escudos angegeben. Sie enthalten, in Spanien wie in Portugal, MWSt. und Bedienungsgeld. In Spanien wird der Rechnung evtl. noch die I.G.T. (etwa 3 %) hinzugefügt.

Com 600/800 Ref 350/500	**Feste Menupreise.** Mindest- und Höchstpreis für die Mahlzeiten, die zu den normalen Tischzeiten serviert werden (s. S. 53)
Carta 1 000 a 2 500 Lista 600 a 900	**Mahlzeiten „ à la carte ".** Der 1. Preis entspricht einer einfachen, aber doch mit Sorgfalt zubereiteten Mahlzeit und umfaßt : kleine Vorspeise, Tagesgericht mit Beilage, Nachtisch Der 2. Preis entspricht einer reichlicheren Mahlzeit bestehend aus : Vorgericht, zwei Hauptgängen, Nachtisch
☕ 250	Frühstückspreis
hab 1 500/2 500 **qto** 900/1 500	**Zimmer.** Höchstpreise für ein Einzelzimmer und für das schönste Doppelzimmer oder ein kleines Appartement
hab ☕ 1 500/2 500 **qto** ☕ 1 250/2 000	Übernachtung mit Frühstück
P 2 000/3 000	**Pension.** Mindestpreis und Höchstpreis für Vollpension pro Person und Tag während der Hauptsaison (im allgemeinen für einen Aufenthalt von mehr als drei Tagen)

EINIGE NÜTZLICHE HINWEISE

Paradores und Albergues in Spanien

Diese Gasthäuser werden vom Staat betrieben. Der Parador, der manchmal in einem historischen Schloß oder einem Kloster untergebracht und komfortabel eingerichtet ist, liegt in einem Rastort oder Ausflugszentrum, und man kann dort Unterkunft finden. Die Albergue ist ein Rasthaus, im allgemeinen von den bedeutenden Zentren entfernt und hauptsächlich ein Restaurant mit Zimmern für durchreisende Touristen. Man hält sich hier kaum länger als einen Tag oder eine Nacht auf.

Pousadas und Estalagens in Portugal

Die Pousadas sind Hotels, die vom Direcção-Geral do Turismo betrieben werden. Sie sind komfortabel eingerichtet, an ausgesuchten Plätzen erbaut oder in historischen Gebäuden untergebracht und bieten landesübliche Dekoration, Küche und Service. Man kann in ihnen nicht länger als 5 Tage bleiben. Die Estalagens sind im gleichen Stil erbaut und eingerichtet, sind aber Privateigentum, auch wenn sie staatlich betrieben werden. Die Aufenthaltsdauer in diesen Häusern ist nicht begrenzt.

Im Restaurant

In Spanien wird das Mittagessen im allgemeinen ab 13.30 Uhr und das Abendessen ab 21 Uhr serviert. Außerdem bieten die „ cafeterías " der großen Städte schnelle Mahlzeiten den ganzen Tag über an - bis 2 Uhr morgens.

Im Hotel

Der Hotelier ist verpflichtet, Sie zu beherbergen, ohne daß Sie in der hoteleigenen Cafeteria oder dem Restaurant speisen müssen.

Falls kein Einzelzimmer mehr frei ist, ist der Hotelier **in Spanien** gesetzlich verpflichtet, bei Belegung eines Doppelzimmers durch eine Einzelperson einen Nachlaß von 20 % auf den Grundpreis zu gewähren.

In Portugal kann der Zimmerpreis in den „ Pensões ", die fast ausschließlich Vollpension abgeben, um 20 % erhöht werden, wenn der Gast keine Hauptmahlzeit einnimmt.

Die Pension

In Spanien umfaßt die Vollpension das Zimmer und die „ pensión alimenticia " : Frühstück und zwei Mahlzeiten.

Für Personen, die allein ein Doppelzimmer belegen, werden die angegebenen Pensionspreise manchmal erhöht.

Zimmerreservierung

Sie sollte, wenn möglich, rechtzeitig vorgenommen werden. Lassen Sie sich dabei vom Hotelier noch einmal die endgültigen Preise und sonstigen Bedingungen nennen.

Bei schriftlichen Zimmerbestellungen empfiehlt es sich, einen internationalen Antwortschein (beim Postamt erhältlich) beizufügen.

Einige Hoteliers verlangen gelegentlich eine Anzahlung. Diese ist als Garantie sowohl für den Hotelier als auch für den Gast anzusehen.

Besichtigung einer Stadt und ihrer Umgebung

STÄDTE

P	Provinzhauptstadt
2200	Postleitzahl
✉ 7800 Beja	Postleitzahl und zuständiges Postamt
445 446 M 23	Michelin-Karten und Koordinaten des Gratfeldes
990 ⑩, 37 ②	Michelin-Karten und Faltseite
24 000 h.	Einwohnerzahl
alt. 175	Höhe
☎ 918 ☎ 0023	Provinznetzkennzahl (vom Ausland aus für Spanien die 9, für Portugal die erste 0 oder beide 00 weglassen)
2	Schwebe- oder Gondelbahnen
7	Schlepp- und Sessellifts
✉ Altea	Zuständiges Postamt
AX A	Markierung auf dem Plan
※ ←	Rundblick, Aussichtspunkt
18	Golfplatz und Lochzahl
	Flughafen
☎ 22 98 36	Ladestelle für Autoreisezüge
	Personen- und Autofähre
i	Informationsstelle
R.A.C.	Royal-Automobil-Club
A.C.P.	Automobil-Club von Portugal

HAUPTSEHENSWÜRDIGKEITEN

★★★	Eine Reise wert
★★	Verdient einen Umweg
★	Sehenswert

Lage

Ver :	In der Stadt
Alrededores :	In der Umgebung der Stadt
Excursión :	Ausflugsziele
N, S, E, O	Im N : Norden, S : Süden, E : Osten, O : Westen der Stadt
por ①, ④	Zu erreichen über Ausfallstraße ①, die auf dem Stadtplan durch das gleiche Zeichen gekennzeichnet ist
6 km	Entfernung in Kilometern
2 h 30 mn	Zeitangabe : für Fußgänger hin und zurück
1 h 30 mn	Zeitangabe (nur Hinfahrt) : für Schiffsfahrt, Drahtseilbahn usw. (h : Stunden, mn : Minuten)

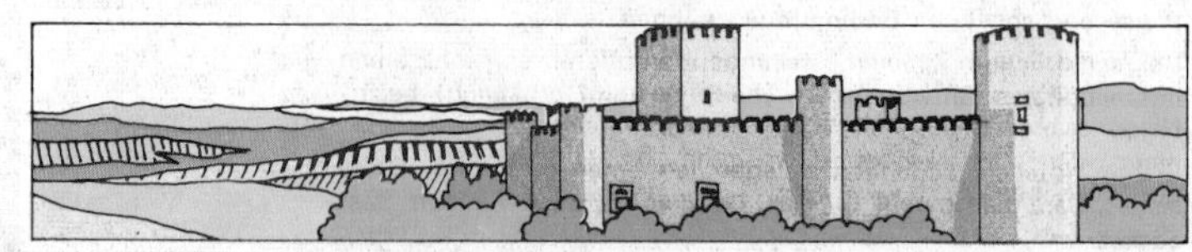

Stadtpläne

ZEICHENERKLÄRUNG

Straßen

Durchfahrts- oder Umgehungsstraße – Straße mit getrennten Fahrbahnen. . . . . .
Einbahnstraße – Treppenstraße – Straße im Bau – Straße geplant. . . . .
Straße für Kfz gesperrt, nicht befahrbar oder mit Verkehrsbeschränkungen – Allee . . .
Bahnübergang : schienengleich, Überführung, Unterführung. . . . .
Passage – Tunnel – Tor – Eisenbahn, Bahnhof . . . .
Straßenbahn oder O-Bus – Standseilbahn . . . .
Fußgängerzone – Einkaufsstraße – Öffentlicher Parkplatz, Parkhaus. . . . .
Detaillierter Stadtplan – Übersichts-Stadtplan . . . .

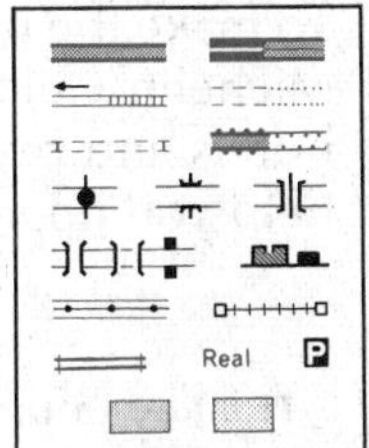

Sehenswürdigkeiten - Hotels

Sehenswertes Gebäude mit Haupteingang / Sehenswerte Kirche oder Kapelle . . . } Referenzbuchstabe der Sehenswürdigkeit. .
Hotel – Restaurant – Referenzbuchstabe des Hotels oder Restaurants. . . . . . .

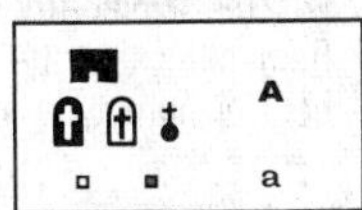

Sonstige Zeichen

Straßenkennzeichnung (identisch auf Michelin-Stadtplänen und -Abschnittskarten) .
Kirche oder Kapelle – Postlagernde Sendungen, Telegraph – Telefon . . . .
Öffentliche Gebäude (durch Buchstaben gekennzeichnet) :
Provinzrat – Präfektur – Rathaus – Gerichtsgebäude – Museum . . . .
Polizei (in größeren Städten Polizeipräsidium) – Theater – Universität. . . . . .
Informationsstelle . . . .
Autobusbahnhof – Flughafen – Krankenhaus – Markthalle . . . .
Leuchtturm – Turm – Ruine – Denkmal, Statue – Brunnen . . . .
Wasserturm – Fabrik – Bildstock – Öffentlicher Park – Privater Park – Friedhof . . .
Sportplatz – Pferderennbahn – Golfplatz – Aussicht – Rundblick . . . .
Anlegestelle :
Personen- und Autofähre – Personenfähre. . . . .

Michelin-Niederlassung . . . .

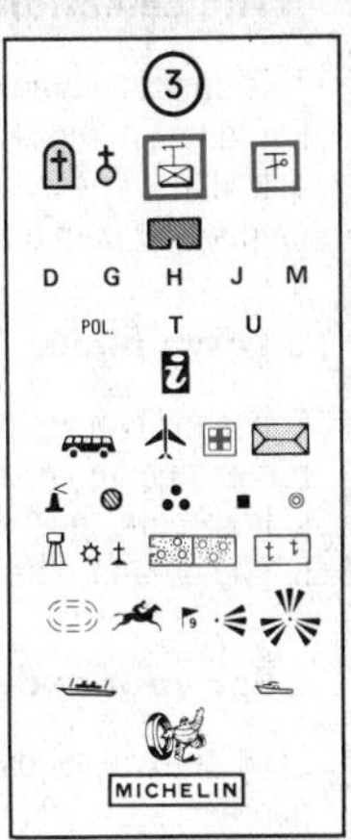

FÜR IHREN WAGEN - FÜR IHRE REIFEN

Bei vielen Orten haben wir nach den Hotels und Restaurants die Vertretungen der wichtigsten Automarken aufgeführt, die einen Abschleppdienst unterhalten bzw. Reparaturen in ihren eigenen Werkstätten ausführen können. Sollte ein Reifenhändler den von Ihnen benötigten Artikel nicht vorrätig haben, wenden Sie sich bitte in **Spanien** an die Michelin-Hauptverwaltung in Madrid, oder an eine der Michelin-Niederlassungen in den Städten : Albacete, Barcelona, Bilbao, Cáceres, Gerona, Granada, León, Lérida, Oyarzun, Pamplona, Santiago de Compostela, Sevilla, Valencia, Valladolid, Zaragoza. In **Portugal** können Sie sich an die Michelin-Hauptverwaltung in Lissabon oder an die Michelin-Niederlassung in Porto wenden. Die Anschriften und Telefonnummern der Michelin-Niederlassungen sind jeweils bei den entsprechenden Orten vermerkt.

Siehe auch die blau umrandeten Seiten.

discover the guide...

To make the most of the guide know how to use it. The Michelin Guide offers in addition to the selection of hotels and restaurants a wide range of information to help you on your travels.

The key to the guide

...is the explanatory chapters which follow.
Remember that the same symbol and character whether in red or black or in bold or light type, have different meanings.

The selection of hotels and restaurants

This book is not an exhaustive list of all hotels but a selection which has been limited on purpose. The final choice is based on regular on the spot enquiries and visits. These visits are the occasion for examining attentively the comments and opinions of our readers.

Town plans

These indicate with precision pedestrian and shopping streets ; major through routes in built up areas ; exact location of hotels whether they be on main or side streets ; post offices ; tourist information centres ; the principal historic buildings and other tourist sights.

For your car

Each entry includes a list of agents for the main car manufacturers with their addresses and telephone numbers. Therefore even while travelling you can have your car serviced or repaired.

Your views or comments concerning the above subjects or any others, are always welcome. Your letter will be answered.
Thank you in advance.

Services de Tourisme Michelin

46, avenue de Breteuil, F-75341 PARIS CEDEX 07

Bibendum wishes you a pleasant journey.

Choosing your hotel or restaurant

We have classified the hotels and restaurants with the travelling motorist in mind. In each category they have been listed in order of preference.

CLASS, STANDARD OF COMFORT

Hotels		Restaurants
	Luxury in the traditional style	XXXXX
	Top class comfort	XXXX
	Very comfortable	XXX
	Good average	XX
	Quite comfortable	X
	Modest comfort	
M	In its class, hotel with modern amenities	
sin rest	The hotel has no restaurant	sem rest
con hab	The restaurant has bedrooms	com qto

HOTEL FACILITIES

Hotels in categories , , , usually have every comfort : details are not repeated under each hotel.

In other categories, we indicate the facilities available, however they may not be found in each room; these hotels generally have a bathroom or a shower for general use.

Postal district	16, 1200
Telephone number	12 90 01
Number of rooms (see page 61 : hotels)	**30 hab** **30 qto**
Lift (elevator)	
Central heating, air conditioning	
Private bathroom with toilet, private bathroom without toilet	wc
Private shower with toilet, private shower without toilet	wc
External phone in room	
Meals served in garden or on terrace	
Hotel tennis court(s)	
Outdoor or indoor swimming pool	
Garden, Golf course and number of holes	18
Free garage (one night) for those having the 1983 Guide	
Charge made for garage	
Car park, customers only	P
Equipped conference hall (minimum seating : 25)	
Dogs are not allowed : in any part of the hotel	
in the restaurant	rest
in the bedrooms	hab qto
Period during which seasonal hotels are usually open	*mayo-octubre* *Maio-Outubro*
Probably open for the season—precise dates not available	*temp.*

Where no date or season is shown, establishments are open all year round.

Choosing your hotel or restaurant

AMENITY

A stay in certain hotels in this Guide will, without doubt, be particularly pleasant or restful.

Such a quality may derive from the hotel's fortunate setting, its decor, welcoming atmosphere and service.

Such establishments are distinguished in the Guide by the red symbols shown below.

🏨 ... 🏠	Pleasant hotels
XXXXX ... X	Pleasant restaurants
« Parque »	Particularly attractive feature
🐦	Very quiet or quiet secluded hotel
🐦	Quiet hotel
⋞ mar	Exceptional view
⋞	Interesting or extensive view

The establishments shown in red e.g. 🏨 XX (con hab, com qto) or in a very quiet situation 🐦 are indicated on a map (pp. 64 to 67) to help you find them more easily.

We do not claim to have indicated all the pleasant, very quiet or quiet, secluded hotels which exist.

Our enquiries continue. You can help us by letting us know your opinions and discoveries.

GOOD FOOD

The stars : refer to the map on pp. 64 to 67.

Among the numerous establishments recommended in this Guide certain of them merit being brought to your particular attention for the quality of their cooking. That is the aim of the stars for good food.

When awarding the ✿ or ✿✿ we have borne in mind the culinary customs particular to the country and its individual regions. We show 3 speciality dishes. Try them, both for your own pleasure and to encourage the chef in his work.

An especially good restaurant in its class ✿

The star indicates a good place to stop on your journey.

But beware of comparing the star given to a " de luxe " establishment with accordingly high prices, with that of a simpler one, where for a lesser sum one can still eat a meal of quality.

Excellent cooking, worthy of a detour ✿✿

First class products and preparations... do not expect meals of this quality to be cheap.

In spite of all possible precautions, it may happen that you will be disappointed by one of these establishments. Do not be too quick to condemn, but please do not hesitate to let us know of your experience. Your opinions and suggestions will be most welcome and will complete the inquiries that we are continually making in order to present you with the best possible selection.

Please complete and send to us the questionnaire you will find in the guide. Thank you.

Choosing your hotel or restaurant

PRICES

Hotels and restaurants whose names appear in bold type have supplied us with their charges in detail and undertaken to abide by them if the traveller is in possession of this year's Guide.

The rates given should be regarded as indicatory basic charges. Valid for late 1982, they may be liable to revision only on the decision of the authority concerned.

Your recommendation is self-evident if you always walk into a hotel, Guide in hand.

If you think you have been overcharged, let us know. Where no rates are shown it is best to enquire about terms in advance.

AE ⓓ E VISA	Principal **credit cards** accepted by establishments : American Express – Diners Club – Eurocard – Visa.
	Prices are given in pesetas or in escudos and in Spain as in Portugal, they are inclusive that is to say service and V.A.T. included. In Spain there is one exception, the I.G.T. (approx. 3 %) which will be added as an extra to the bill.
Com 600/800 Ref 350/500	**Set meals** – Lowest price and highest price for set meals served at normal hours (see p. 61)
Carta 1 000 a 2 500 Lista 600 a 900	**A la carte meals** – The first figure is for a plain but well prepared meal including: light entrée, main dish of the day with vegetables and dessert The second figure is for a fuller meal and includes: hors-d'œuvre, two main courses and dessert
☕ 250	Price of continental breakfast
hab 1 500/2 500 **qto** 900/1 500	**Rooms** – Highest prices of a comfortable single room and for the best double room or a small suite (including bathroom where applicable) for two persons
hab ☕ 1 500/2 500 **qto** ☕ 1 250/2 000	Breakfast is included in the price of the room
P 2 000/3 000	**Full board** – Lowest and highest full " en pension " rate per person, per day in the high season (generally apply for a stay of at least three days)

A FEW USEFUL DETAILS

Paradores and Albergues in Spain

These are establishments operated by the Spanish State. The Paradores, sometimes comfortably established in an historic castle or an old monastery, are to be found in towns, on main routes or in touring centres. One may stay in them for several days. The Albergue on the other hand is a roadside hotel, generally well away from important towns; in essence it is a restaurant with rooms for passing tourists and one rarely stops for more than a single day or night.

Pousadas and Estalagens in Portugal

The " Pousadas " are establishments run by the " Direcção-Geral do Turismo ", often built in well selected sites, or established in comfortably converted historic buildings; they are situated in towns, on main roads or in touring centres. They offer service, food and decor typical of the region. One may not stay more than five days. The " Estalagens " are inns. They have some of the characteristics of the " Pousadas ", especially in construction and decor, but are privately owned and the length of stay is not limited.

Meals

In Spain, lunch is normally served from 1.30 pm, and dinner from 9 pm. Outside these normal hours " cafeterías " in the large towns serve quick meals all day till 2 am.

Hotels

Hoteliers must offer accommodation without obliging the guest to use their cafeteria or restaurant.

In Spain, where a double room is let for single occupancy, the hotelier is legally obliged to make a reduction of 20 % in the basic price of the room.

In Portugal, the " pensões " which have a policy of full board (room, breakfast and two meals) an extra 20 % may be added to the price of the room if the guest does not take any of the main meals.

Full board

In Spain, the full board includes room and "pensión alimenticia": breakfast and two meals.

A single person in a double room may be charged more than for a single room.

Reservations

Reserving in advance, when possible, is advised. Ask the hotelier to provide you, in his letter of confirmation, with all terms and conditions applicable to your reservation.

It is advisable to enclose an international reply coupon with your letter.

Certain hoteliers require the payment of a deposit. This constitutes a mutual guarantee of good faith.

Seeing a town and its surroundings

TOWNS

P	Provincial capital
2200	Postal code
✉ **7800** Beja	Postal number and name of the post office serving the town
445 446 M 23	Michelin maps and co-ordinates
990 ⑩, 37 ②	Michelin Road maps and fold
24 000 h.	Population
alt. 175	Altitude (in metres)
☎ 918 0023	Dialling code for the province (when dialling from outside Spain omit the 9, from outside Portugal omit the first 0)
2	Cable-cars
7	Ski and chairlifts
✉ Altea	Post Office serving the town
AX **A**	Location on the town plan
✳ <	Panoramic view, viewpoint
⛳ 18	Golf course and number of holes
	Airport
☎ 22 98 36	Places with a motorail connection
	Boat services (passengers and cars)
i	Tourist Information Centre
R.A.C.	Royal Automobile Club
A.C.P.	Automobile Club of Portugal

SIGHTS

Star-rating

★★★	Worth a journey
★★	Worth a detour
★	Interesting

Finding the sights

Ver :	Sights in town
Alrededores :	On the outskirts
Excursión :	In the surrounding area
N, S, E, O	The sight lies north, south, east or west of the town
por ① o ④	Sign on town plan indicating the road leading to a place of interest
6 km	Distance in kilometres
2 h 30 mn	Walking time there and back
1 h 30 mn	Time to go there by boat or teleferic etc. (h : hours ; mn : minutes)

Town Plans

CONVENTIONAL SIGNS

Roads

Through route or by-pass – Dual carriageway . . . .
One-way street – Stepped street – Street under construction, planned. . . . .
No entry, unsuitable for traffic or subject to restrictions – Tree lined street . . . .
Railway crossing: Level crossing, road crossing rail, rail crossing road . . . . . .
Street passing under arch – Tunnel – Gateway – Railway and station. . . . .
Tram or trolleybus route – Funicular . . . .
Pedestrian street – Shopping street – Public car park . . . . Real P
Detailed plan – Plan showing a selection of streets . . . .

Sights - Hotels

Place of interest and its main entrance
Interesting church or chapel . . . . } Reference letter on the town plan . . . A
Hotel, restaurant – Reference letter on the town plan . . . . a

Various signs

Reference number common to town plans on large scale Michelin maps 3
Church or chapel – Poste restante, telegraph – Telephone . . . .
Public buildings located by letters:
Provincial Council – Prefecture – Town Hall – Law Courts – Museum. . . . . . D G H J M
Police (in large towns police headquarters) – Theatre – University . . . . POL. T U
Tourist Information Centre . . . .
Coach station – Airport – Hospital – Covered market . . . .
Lighthouse – Tower – Ruins – Monument, statue – Fountain . . . .
Water tower – Factory – Cross – Public garden, private garden – Cemetery . . . .
Stadium – Racecourse – Golf course – View – Panorama . . . .
Landing stage:
Passenger and car transport – Passenger transport only . . . .

Michelin Branch . . . . MICHELIN

FOR YOUR CAR
FOR YOUR TYRES

Following the lists of hotels and restaurants in many towns are to be found the names and addresses of agents for most makes of car. These agents offer a breakdown and repair service. When a tyre trader is unable to supply your needs, get in touch: in **Spain** with the Michelin Head Office in Madrid or with the Michelin Branch in one of the following towns: Albacete, Barcelona, Bilbao, Cáceres, Gerona, Granada, León, Lérida, Oyarzun, Pamplona, Santiago de Compostela, Sevilla, Valencia, Valladolid, Zaragoza. In **Portugal** with the Michelin Head Office in Lisbon or with the Michelin Branch in Oporto.

Addresses and phone numbers of Michelin Agencies are listed in the text of the towns concerned.

See also the pages bordered in blue.

Puente Arce
Santander
Oviedo
Comillas
La Franca
Castro Urdiales
Fuente Dé
Potes
Alto Campóo
Cervera de Pisuerga
León
Burgos
Monzón de Campos
Santiago de Compostela
Villagarcía de Arosa
Pontevedra
Sangenjo
Vigo
Valença do Minho
Verín
Carvalhelhos
Vieira do Minho
Zamora
Valladolid
Ofir (Praia de)
Laundos
Guimarães
Póvoa de Varzim
Lamego
La Barranca (Valle de)
El Paular
Ciudad Ducal
El Plantio
Murtosa
Fermentelos
Sangalhos
Curia
Buçaco
Manteigas
Covilhã
Gredos
Madrid
Hoyos de Espino
Navalcarnero
Monfortinho (Termas de)
PORTUGAL
E S P A
Toledo
con hab.
Ferreira do Zezere
Alcobaça
Tomar
Praia do Porto Novo
Torres Vedras
Sintra
Colares
Vila Franca de Xira
Estremoz
Almagro
Lisboa
Palmela
Setúbal
Evora
Alcácer do Sal
Serpa
Córdoba
Jaén
Sevilla
Carmona
Alcalá de Guadaira
La Rábida (Monasterio de)
Mazagón
Antequera
Granada
Alhama de Granada
Salobreña
D
C
ILHA DA MADEIRA
Ilha do Porto Santo
Funchal
MAROC

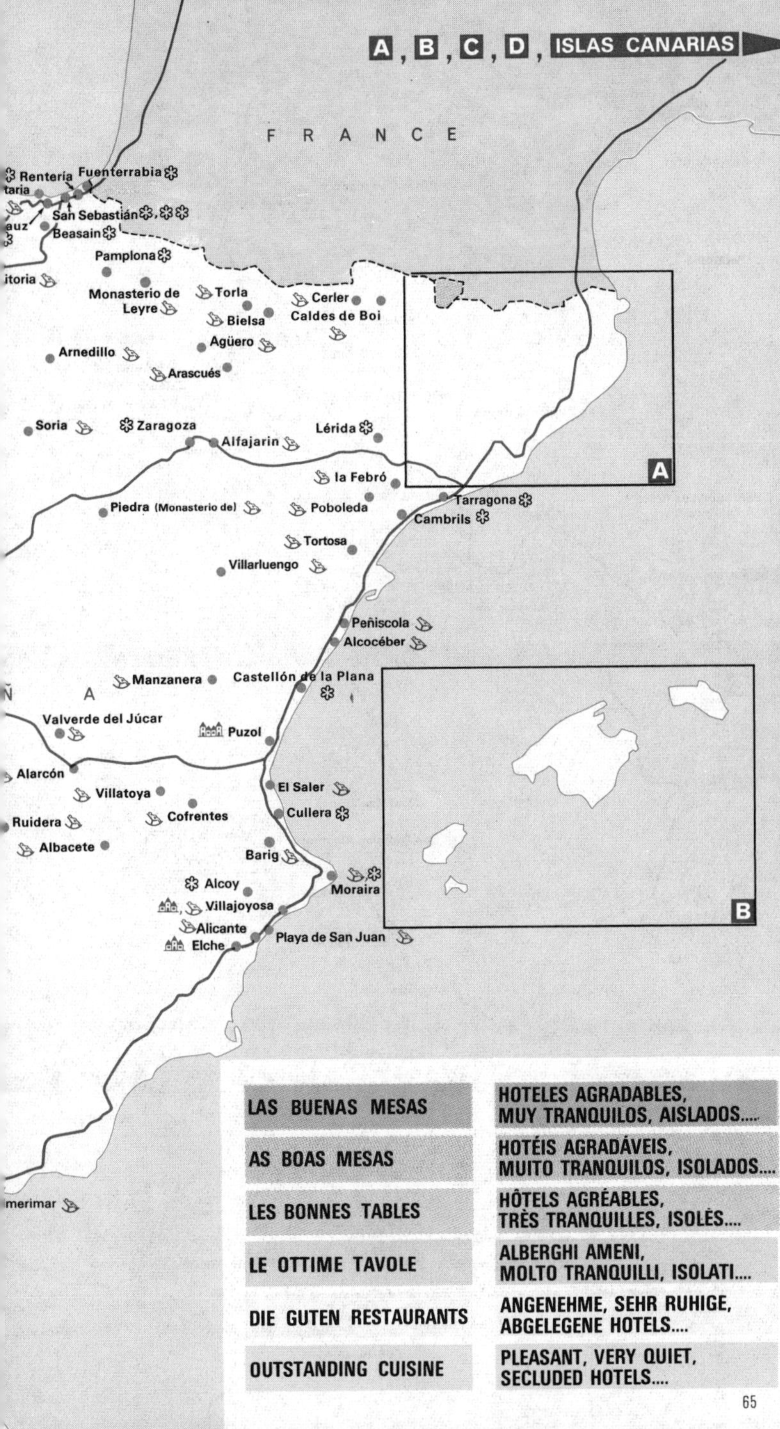
A, B, C, D, ISLAS CANARIAS
FRANCE
Rentería
Fuenterrabia
taria
San Sebastián
auz
Beasain
Pamplona
itoria
Monasterio de Leyre
Torla
Cerler
Bielsa
Caldes de Boi
Agüero
Arnedillo
Arascués
Soria
Zaragoza
Lérida
Alfajarin
la Febró
Tarragona
Piedra (Monasterio de)
Poboleda
Cambrils
Tortosa
Villarluengo
Peñiscola
Alcocéber
Manzanera
Castellón de la Plana
A
Valverde del Júcar
Puzol
Alarcón
El Saler
Villatoya
Cullera
Ruidera
Cofrentes
Albacete
Barig
Moraira
Alcoy
Villajoyosa
Alicante
Playa de San Juan
Elche
merimar
A
B
LAS BUENAS MESAS
HOTELES AGRADABLES, MUY TRANQUILOS, AISLADOS....
AS BOAS MESAS
HOTÉIS AGRADÁVEIS, MUITO TRANQUILOS, ISOLADOS....
LES BONNES TABLES
HÔTELS AGRÉABLES, TRÈS TRANQUILLES, ISOLÉS....
LE OTTIME TAVOLE
ALBERGHI AMENI, MOLTO TRANQUILLI, ISOLATI....
DIE GUTEN RESTAURANTS
ANGENEHME, SEHR RUHIGE, ABGELEGENE HOTELS....
OUTSTANDING CUISINE
PLEASANT, VERY QUIET, SECLUDED HOTELS....

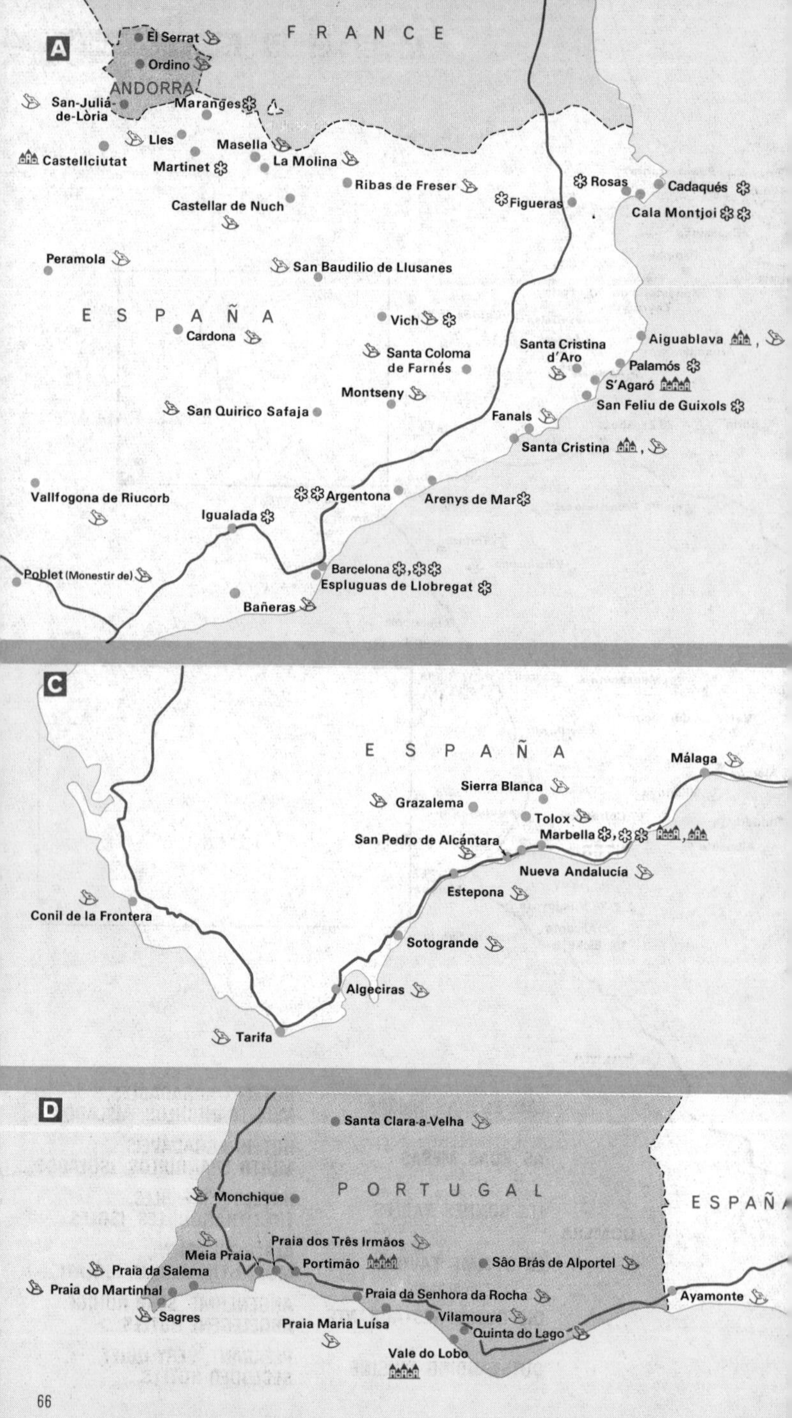
A
FRANCE
El Serrat
Ordino
ANDORRA
San-Juliá-de-Lòria
Maranges
Lles
Masella
Castellciutat
Martinet
La Molina
Ribas de Freser
Castellar de Nuch
Rosas
Cadaqués
Figueras
Cala Montjoi
Peramola
San Baudilio de Llusanes
ESPAÑA
Vich
Cardona
Aiguablava
Santa Coloma de Farnés
Santa Cristina d'Aro
Palamós
S'Agaró
Montseny
San Feliu de Guixols
San Quirico Safaja
Fanals
Santa Cristina
Vallfogona de Riucorb
Argentona
Arenys de Mar
Igualada
Poblet (Monestir de)
Barcelona
Espluguas de Llobregat
Bañeras
C
ESPAÑA
Málaga
Sierra Blanca
Grazalema
Tolox
San Pedro de Alcántara
Marbella
Nueva Andalucía
Estepona
Conil de la Frontera
Sotogrande
Algeciras
Tarifa
D
Santa Clara-a-Velha
Monchique
PORTUGAL
ESPAÑ
Praia dos Três Irmãos
Meia Praia
Portimão
São Brás de Alportel
Praia da Salema
Praia do Martinhal
Praia da Senhora da Rocha
Ayamonte
Sagres
Vilamoura
Praia Maria Luísa
Quinta do Lago
Vale do Lobo

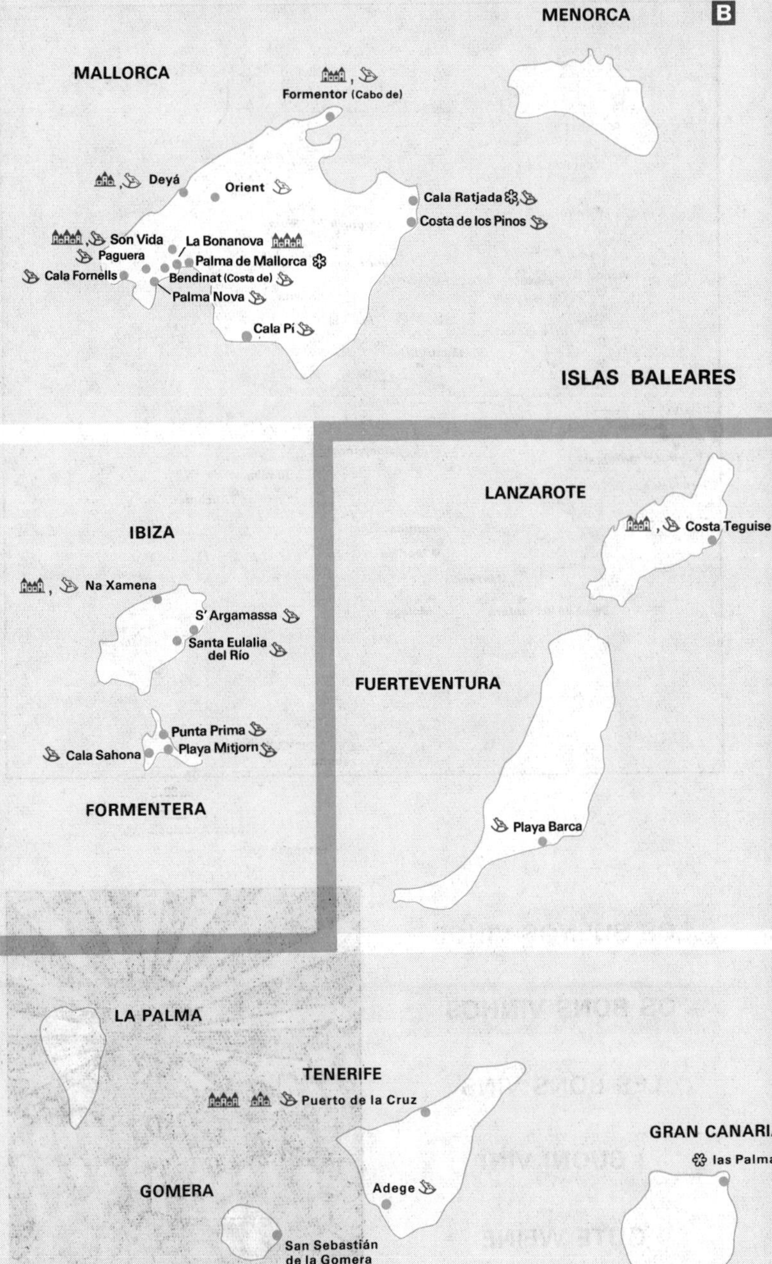
B
MENORCA
MALLORCA
Formentor (Cabo de)
Deyá
Orient
Cala Ratjada
Costa de los Pinos
Son Vida
La Bonanova
Paguera
Palma de Mallorca
Cala Fornells
Bendinat (Costa de)
Palma Nova
Cala Pí
ISLAS BALEARES
LANZAROTE
Costa Teguise
IBIZA
Na Xamena
S' Argamassa
Santa Eulalia
del Río
FUERTEVENTURA
Punta Prima
Playa Mitjorn
Cala Sahona
FORMENTERA
Playa Barca
LA PALMA
TENERIFE
Puerto de la Cruz
GRAN CANARIA
las Palma
Adege
GOMERA
San Sebastián
de la Gomera
Maspalomas
HIERRO
Valverde

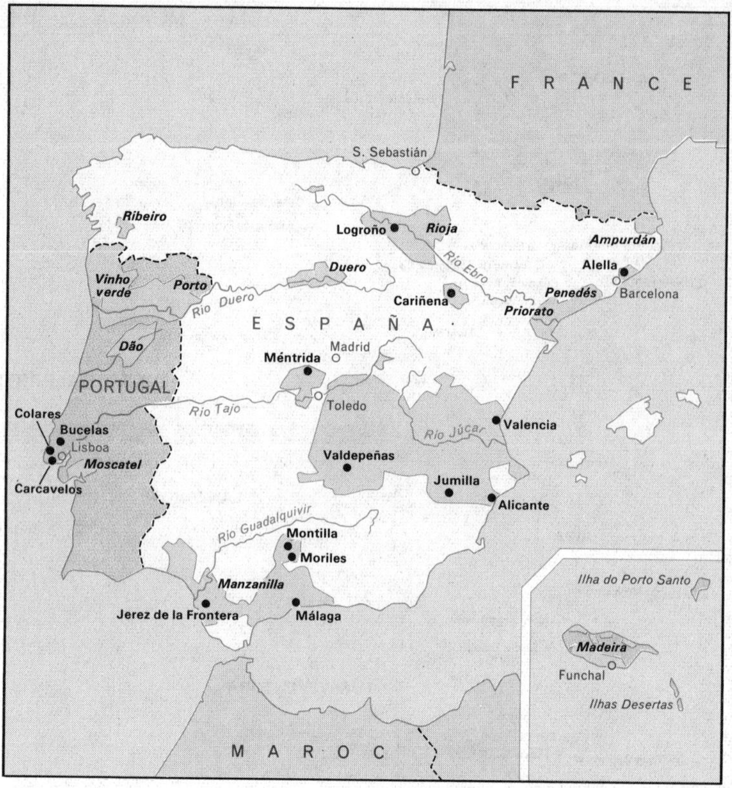

FRANCE
S. Sebastián
Ribeiro
Logroño
Rioja
Ampurdán
Alella
Barcelona
Vinho verde
Porto
Duero
Río Ebro
Cariñena
Penedés
Priorato
Río Duero
ESPAÑA
Madrid
Méntrida
Dão
PORTUGAL
Toledo
Río Tajo
Valencia
Río Júcar
Colares
Bucelas
Lisboa
Moscatel
Carcavelos
Valdepeñas
Jumilla
Alicante
Río Guadalquivir
Montilla
Moriles
Manzanilla
Jerez de la Frontera
Málaga
Ilha do Porto Santo
Madeira
Funchal
Ilhas Desertas
MAROC

LOS BUENOS VINOS

OS BONS VINHOS

LES BONS VINS

I BUONI VINI

GUTE WEINE

GOOD WINES

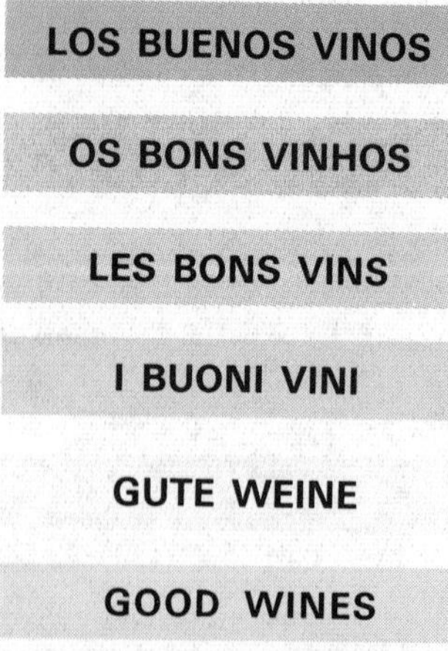

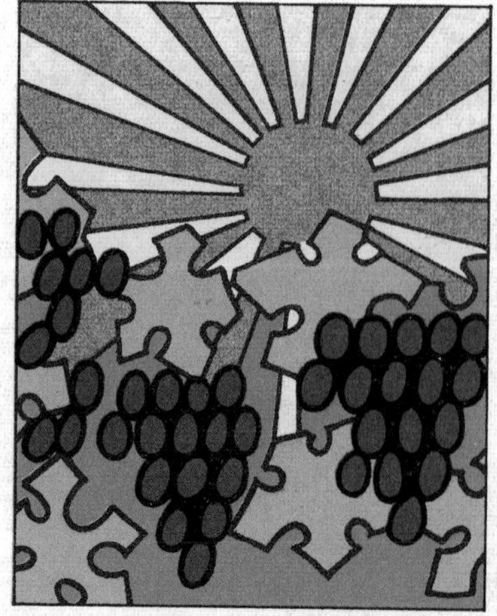

LÉXICO	LÉXICO	LEXIQUE	LESSICO	LEXIKON	LEXICON
EN LA CARRETERA	**NA ESTRADA**	**SUR LA ROUTE**	**LUNGO LA STRADA**	**AUF DER STRASSE**	**ON THE ROAD**
¡atención, peligro!	atenção! perigo!	attention! danger!	attenzione! pericolo!	Achtung! Gefahr!	caution! danger!
a la derecha	à direita	à droite	a destra	nach rechts	to the right
a la izquierda	à esquerda	à gauche	a sinistra	nach links	to the left
autopista	auto-estrada	autoroute	autostrada	Autobahn	motorway
bajada peligrosa	descida perigosa	descente dangereuse	discesa pericolosa	gefährliches Gefälle	dangerous descent
bifurcación	bifurcação	bifurcation	bivio	Gabelung	road fork
calzada resbaladiza	piso resvaladiço	chaussée glissante	fondo sdrucciolevole	Rutschgefahr	slippery road
cañada	rebanhos	troupeaux	gregge	Viehherde	cattle
carretera cortada	estrada interrompida	route coupée	strada interrotta	gesperrte Straße	road closed
carretera en mal estado	estrada em mau estado	route en mauvais état	strada in cattivo stato	Straße in schlechtem Zustand	road in bad condition
carretera nacional	estrada nacional	route nationale	strada statale	Staatsstraße	State road
ceda el paso	dê passagem	cédez le passage	cedete il passo	Vorfahrt achten	yield right of way
cruce peligroso	cruzamento perigoso	croisement dangereux	incrocio pericoloso	gefährliche Kreuzung	dangerous crossing
curva peligrosa	curva perigosa	virage dangereux	curva pericolosa	gefährliche Kurve	dangerous bend
despacio	lentamente	lentement	adagio	langsam	slowly
desprendimientos	queda de pedras	chute de pierres	caduta sassi	Steinschlag	falling rocks
dirección prohibida	sentido proibido	sens interdit	senso vietato	Einfahrt verboten	no entry
dirección única	sentido único	sens unique	senso unico	Einbahnstraße	one way
encender las luces	acender as luzes	allumer les lanternes	accendere le luci	Licht einschalten	put on lights
esperen	esperem	attendez	attendete	warten	wait, halt
hielo	gelo	verglas	ghiaccio	Glatteis	ice (on roads)
niebla	nevoeiro	brouillard	nebbia	Nebel	fog
nieve	neve	neige	neve	Schnee	snow
obras	trabalhos na estrada	travaux (routiers)	lavori in corso	Straßenbauarbeiten	road works
parada obligatoria	paragem obrigatória	arrêt obligatoire	fermata obbligatoria	Halt!	compulsory stop
paso de ganado	passagem de gado	passage de troupeaux	passaggio di mandrie	Viehtrieb	cattle crossing
paso a nivel sin barreras	passagem de nível sem guarda	passage à niveau non gardé	passaggio a livello incustodito	unbewachter Bahnübergang	unattended level crossing
peaje	portagem	péage	pedaggio	Gebühr	toll
peatones	peões	piétons	pedoni	Fußgänger	pedestrians

¡peligro!	perigo!	danger!	pericolo!	Gefahr!	danger!
precaución	prudência	prudence	prudenza	Vorsicht	caution
prohibido	proibido	interdit	vietato	verboten	prohibited
prohibido aparcar	estacionamento proibido	stationnement interdit	divieto di sosta	Parkverbot	no parking
prohibido el adelantamiento	proibido ultrapassar	défense de doubler	divieto di sorpasso	Überholverbot	no overtaking
puente estrecho	ponte estreita	pont étroit	ponte stretto	enge Brücke	narrow bridge
puesto de socorro	pronto socorro	poste de secours	pronto soccorso	Unfall-Hilfsposten	first aid station
salida de camiones	saída de camiões	sortie de camions	uscita di camion	LKW-Ausfahrt	lorry exit
travesía peligrosa	perigoso atravessar	traversée dangereuse	attraversamento pericoloso	gefährliche Durchfahrt	dangerous crossing

PALABRAS DE USO CORRIENTE	PALAVRAS DE USO CORRENTE	MOTS USUELS	PAROLE D'USO CORRENTE	GEBRÄUCHLICHE WÖRTER	COMMON WORDS
abierto	aberto	ouvert	aperto	offen	open
abril	Abril	avril	aprile	April	April
acantilado	falésia	falaise	scogliera	steile Küste	cliff
acceso	acesso	accès	accesso	Zugang, Zufahrt	access
acueducto	aqueduto	aqueduc	acquedotto	Aquädukt	aqueduct
adornado	adornado, enfeitado	orné, décoré	ornato	geschmückt	decorated
agosto	Agosto	août	agosto	August	August
agua potable	água potável	eau potable	acqua potabile	Trinkwasser	drinking water
alameda	alameda	promenade	passeggiata	Promenade	promenade
alcazaba	antiga fortaleza árabe	ancienne forteresse arabe	antica fortezza araba	alte arabische Festung	old Arab fortress
alcázar	antigo palácio árabe	ancien palais arabe	antico palazzo arabo	alter arabischer Palast	old Arab palace
almuerzo	almoço	déjeuner	colazione	Mittagessen	lunch
alrededores	arredores	environs	dintorni	Umgebung	surroundings
altar esculpido	altar esculpido	autel sculpté	altare scolpito	Schnitzaltar	carved altar
ambiente	ambiente	ambiance	ambiente	Stimmung	atmosphere
antiguo	antigo	ancien	antico	alt	ancient
aparcamiento	parque de estacionamento	parc à voitures	parcheggio	Parkplatz	car park
apartado	apartado, caixa postal	boîte postale	casella postale	Postfach	post office box
arbolado	arborizado	ombragé	ombreggiato	schattig	shady
arcos	arcadas	arcades	portici	Arkaden	arcades
artesanía	artesanato	artisanat	artigianato	Handwerkskunst	craftwork
artesonado	tecto de talha	plafond à caissons	soffitto a cassettoni	Kassettendecke	coffered ceiling
avenida	avenida	avenue	viale, corso	Boulevard, breite Straße	avenue
bahía	baía	baie	baia	Bucht	bay

bajo pena de multa	sob pena de multa	sous peine d'amende	passibile di contravvenzione	bei Geldstrafe	under penalty of fine
balneario	termas	établissement thermal	terme	Kurhaus	health resort
baños	termas	bains, thermes	terme	Thermen	public baths ,thermal bath
barranco	barranco, ravina	ravin	burrone	Schlucht	ravine
barrio	bairro	quartier	quartiere	Stadtteil	quarter, district
bodega	adega	chais, cave	cantina	Keller	cellar
bonito	bonito	joli	bello	schön	beautiful
bosque	bosque	bois	bosco, boschi	Wäldchen	wood
bóveda	abóbada	voûte	volta	Gewölbe, Wölbung	vault, arch
cabo	cabo	cap	capo	Kap	head
caja	caixa	caisse	cassa	Kasse	cash-desk
cala	enseada	crique, calanque	seno, calanca	Bucht	creek
calle	rua	rue	via	Straße	street
callejón sin salida	bêco	impasse	vicolo cieco	Sackgasse	no through road
cama	cama	lit	letto	Bett	bed
camarero	criado, empregado	garçon, serveur	cameriere	Ober, Kellner	waiter
camino	caminho	chemin	cammino	Weg	way, path
campanario	campanário	clocher	campanile	Glockenturm	belfry, steeple
campo, campiña	campo	campagne	campagna	Land	country, countryside
capilla	capela	chapelle	cappella	Kapelle	chapel
capitel	capitel	chapiteau	capitello	Kapitell	capital (of column)
carretera en cornisa	estrada escarpada	route en corniche	strada panoramica	Höhenstraße	corniche road
cartuja	cartuxa	chartreuse	certosa	Kartäuserkloster	monastery
casa señorial	casa senhorial	demeure seigneuriale	villa residenziale	Herrensitz	seignorial residence
cascada	cascata	cascade	cascata	Wasserfall	waterfall
castillo	castelo	château	castello	Burg, Schloß	castle
cena	jantar	dîner	pranzo	Abendessen	dinner
cenicero	cinzeiro	cendrier	portacenere	Aschenbecher	ash-tray
centro urbano	baixa, centro urbano	centre ville	centro città	Stadtzentrum	town centre
cercano	próximo	proche	prossimo	nah	near
cerillas	fósforos	allumettes	fiammiferi	Zündhölzer	matches
cerrado	fechado	fermé	chiuso	geschlossen	closed
certificado	registado	recommandé (objet)	raccomandato	Einschreiben	registered
césped	relvado	pelouse	prato	Rasen	lawn
circunvalación	circunvalação	contournement	circonvallazione	Umgehung	by-pass
ciudad	cidade	ville	città	Stadt	town
claustro	claustro	cloître	chiostro	Kreuzgang	cloisters
climatizada (piscina)	climatizada (piscina)	chauffée (piscine)	riscaldata (piscina)	geheizt (Freibad)	heated (swimming pool)

climatizado	climatizado	climatisé	con aria condizionata	mit Klimaanlage	air conditioned
cocina	cozinha	cuisine	cucina	Kochkunst	cuisine
colección	colecção	collection	collezione	Sammlung	collection
colegiata	colegiada	collégiale	collegiata	Stiftskirche	collegiate church
colina	colina	colline	colle, collina	Hügel	hill
columna	coluna	colonne	colonna	Säule	column
comedor	casa de jantar	salle à manger	sala da pranzo	Speisesaal	dining room
comisaría	esquadra de polícia	commissariat de police	commissariato di polizia	Polizeistation	police headquarters
conjunto	conjunto	ensemble	insieme	Gesamtheit	group
conserje	porteiro	concierge	portiere, portinaio	Portier	porter
convento	convento	couvent	convento	Kloster	convent
coro	coro	chœur	coro	Chor	chancel
correos	correios	bureau de poste	ufficio postale	Postamt	post office
crucero	transepto	transept	transetto	Querschiff	transept
crucifijo, cruz	crucifixo, cruz	crucifix, croix	crocifisso, croce	Kruzifix, Kreuz	crucifix, cross
cuadro, pintura	quadro, pintura	tableau, peinture	quadro, pittura	Gemälde, Malerei	painting
cuchara	colher	cuillère	cucchiaio	Löffel	spoon
cuchillo	faca	couteau	coltello	Messer	knife
cuenta	conta	note	conto	Rechnung	bill
cueva, gruta	gruta	grotte	grotta	Höhle	cave
cúpula	cúpula	coupole, dôme	cupola	Kuppel	dome, cupola
dentista	dentista	dentiste	dentista	Zahnarzt	dentist
deporte	desporto	sport	sport	Sport	sport
desembocadura	foz	embouchure	foce	Mündung	mouth
desfiladero	desfiladeiro	défilé	forra	Engpaß	pass
diario	jornal	journal	giornale	Zeitung	newspaper
diciembre	Dezembro	décembre	dicembre	Dezember	December
dique	dique	digue	diga	Damm	dike, dam
domingo	Domingo	dimanche	domenica	Sonntag	Sunday
embalse	lago artificial	lac artificiel	lago artificiale	künstlicher See	artificial lake
encinar	azinhal	chênaie	querceto	Eichenwald	oak-grove
enero	Janeiro	janvier	gennaio	Januar	January
entrada	entrada	entrée	entrata, ingresso	Eingang, Eintritt	entrance, admission
equipaje	bagagem	bagages	bagagli	Gepäck	luggage
ermita	eremitério, retiro	ermitage	eremo	Einsiedelei	hermitage
escalera	escada	escalier	scala	Treppe	stairs
escuelas	escolas	écoles	scuole	Schulen	schools

escultura	escultura	sculpture	scultura	Schnitzwerk	carving
espectáculo	espectáculo	spectacle	spettacolo	Schauspiel	show, sight
estanco	tabacaria	bureau de tabac	tabaccaio	Tabakladen	tobacconist
estanque	lago, tanque	étang	stagno	Teich	pond, pool
estatua	estátua	statue	statua	Standbild	statue
estrecho	estreito	détroit	stretto	Meerenge	strait
estuario	estuário	estuaire	estuario	Mündung	estuary
fachada	fachada	façade	facciata	Vorderseite	façade
farmacia	farmácia	pharmacie	farmacia	Apotheke	chemist
faro	farol	phare	faro	Leuchtturm	lighthouse
febrero	Fevereiro	février	febbraio	Februar	February
festivo	feriado	férié	festivo	Feiertag	holiday
florido	florido	fleuri	fiorito	mit Blumen	in bloom
fortaleza	fortaleza	forteresse, château fort	fortezza	Festung, Burg	fortress, fortified castle
fortificado	fortificado	fortifié	fortificato	befestigt	fortified
frescos	frescos	fresques	affreschi	Fresken	frescoes
frío	frio	froid	freddo	kalt	cold
friso	friso	frise	fregio	Fries	frieze
frontera	fronteira	frontière	frontiera	Grenze	frontier
fuente	fonte	source	sorgente	Quelle	source, stream
garganta	garganta	gorge	gola	Schlucht	gorge, stream
gasolina	gasolina	essence	benzina	Benzin	petrol
guardia civil	polícia	gendarme	gendarme	Polizist	policeman
habitación	quarto	chambre	camera	Zimmer	room
hermoso	belo, formoso	beau	bello	schön	beautiful
huerto (a)	horta	potager	orto	Gemüsegarten	kitchen-garden
iglesia	igreja	église	chiesa	Kirche	church
informaciones	informações	renseignements	informazioni	Auskünfte	information
instalado	instalado	installé	installato	eingerichtet	established
invierno	Inverno	hiver	inverno	Winter	winter
isla	ilha	île	isola, isolotto	Insel	island
jardín	jardim	jardin	giardino	Garten	garden
jueves	5ª. feira	jeudi	giovedì	Donnerstag	Thursday
julio	Julho	juillet	luglio	Juli	July
junio	Junho	juin	giugno	Juni	June

lago	lago	lac	lago	See	lake
laguna	lagoa	lagune	laguna	Lagune	lagoon
lavado	lavagem de roupa	blanchissage	lavatura	Wäsche, Lauge	laundry
lonja	bolsa de comércio	bourse de commerce	borsa	Handelsbörse	Trade exchange
lunes	2ª. feira	lundi	lunedì	Montag	Monday
llanura	planície	plaine	pianura	Ebene	plain
mar	mar	mer	mare	Meer	sea
martes	3ª. feira	mardi	martedì	Dienstag	Tuesday
marzo	Março	mars	marzo	März	March
mayo	Maio	mai	maggio	Mai	May
médico	médico	médecin	medico	Arzt	doctor
mediodía	meio-dia	midi	mezzogiorno	Mittag	midday
mesón	estalagem	auberge	albergo	Gasthof	inn
mezquita	mesquita	mosquée	moschea	Moschee	mosque
miércoles	4ª. feira	mercredi	mercoledì	Mittwoch	Wednesday
mirador	miradouro	belvédère	belvedere	Aussichtspunkt	belvedere
mobiliario	mobiliário	ameublement	arredamento	Einrichtung	furniture
molino	moinho	moulin	mulino	Mühle	windmill
monasterio	mosteiro	monastère	monastero	Kloster	monastery
montaña	montanha	montagne	montagna	Berg	mountain
muelle	cais, molhe	quai, môle	molo	Mole, Kai	quay
murallas	muralhas	murailles	mura	Mauern	walls
nacimiento	presépio	crèche	presepio	Krippe	crib
nave	nave	nef	navata	Kirchenschiff	nave
Navidad	Natal	Noël	Natale	Weihnachten	Christmas
noviembre	Novembro	novembre	novembre	November	November
obra de arte	obra de arte	œuvre d'art	opera d'arte	Kunstwerk	work of art
octubre	Outubro	octobre	ottobre	Oktober	October
oficina de viajes	agência de viagens	bureau de voyages	ufficio viaggi	Reisebüro	travel bureau
orilla	orla, borda	bord	orlo	Rand	edge
otoño	Outono	automne	autunno	Herbst	autumn
pagar	pagar	payer	pagare	bezahlen	to pay
paisaje	paisagem	paysage	paesaggio	Landschaft	landscape
palacio real	palácio real	palais royal	palazzo reale	Königsschloß	royal palace
palmera, palmeral	palmeira, palmar	palmier, palmeraie	palma, palmeto	Palme, Palmenhain	palm-tree, palm grove
pantano	barragem	barrage	sbarramento	Talsperre	dam
papel de carta	papel de carta	papier à lettre	carta da lettere	Briefpapier	writing paper

parada	paragem	arrêt	fermata	Haltestelle	stopping place
paraje, emplazamiento	local	site	posizione	Lage	site
parque	parque	parc	parco	Park	park
pasajeros	passageiros	passagers	passeggeri	Fahrgäste	passengers
Pascua	Páscoa	Pâques	Pasqua	Ostern	Easter
paseo	passeio	promenade	passeggiata	Spaziergang, Promenade	walk, promenade
patio	pátio interior	cour intérieure	cortile interno	Innenhof	inner courtyard
peluquería	cabeleireiro	coiffeur	parrucchiere	Friseur	hairdresser, barber
península	península	péninsule	penisola	Halbinsel	peninsula
peñón	rochedo	rocher	roccia	Felsen	rock
pico	pico	pic	pizzo, picco	Gipfel	peak
pinar, pineda	pinhal	pinède	pineta	Pinienhain	pine wood
piso	andar	étage	piano (di casa)	Stock, Etage	floor
planchado	engomado	repassage	stiratura	Büglerei	pressing, ironing
plato	prato	assiette	piatto	Teller	plate
playa	praia	plage	spiaggia	Strand	beach
plaza de toros	praça de touros	arènes	arena	Stierkampfarena	bull ring
portada, pórtico	portal, pórtico	portail	portale	Haupttor, Portal	doorway
prado, pradera	prado, pradaria	pré, prairie	prato, prateria	Wiese	meadow
primavera	Primavera	printemps	primavera	Frühling	spring (season)
prohibido fumar	proibido fumar	défense de fumer	vietato fumare	Rauchen verboten	no smoking
promontorio	promontório	promontoire	promontorio	Vorgebirge	promontory
propina	gorjeta	pourboire	mancia	Trinkgeld	tip
pueblo	aldeia	village	villaggio	Dorf	village
puente	ponte	pont	ponte	Brücke	bridge
puerta	porta	porte	porta	Tür	door
puerto	colo, porto	col, port	passo, porto	Gebirgspaß, Hafen	mountain pass, harbour
púlpito	púlpito	chaire	pulpito	Kanzel	pulpit
punto de vista	vista	point de vue	punto di vista	Aussichtspunkt	viewpoint
recinto	recinto	enceinte	recinto	Ringmauer	perimeter walls
recorrido	percurso	parcours	percorso	Strecke	course
reja, verja	grade	grille	cancello	Gitter	iron gate
reliquia	relíquia	relique	reliquia	Reliquie	relic
reloj	relógio	horloge	orologio	Uhr	clock
Renacimiento	Renascença	Renaissance	rinascimento	Renaissance	Renaissance
recepción	recepção	réception	ricevimento	Empfang	reception
retablo	retábulo	retable	postergale	Altaraufsatz	altarpiece, retable
río	rio	fleuve	fiume	Fluß	river

roca, peñón	rochedo, rocha	rocher, roche	roccia	Felsen	rock
rocoso	rochoso	rocheux	roccioso	felsig	rocky
rodeado	rodeado	entouré	circondato	umgeben	surrounded
románico, romano	românico, romano	roman, romain	romanico, romano	romanisch, römisch	Romanesque, Roman
ruinas	ruínas	ruines	ruderi	Ruinen	ruins
sábado	Sábado	samedi	sabato	Samstag	Saturday
sacristía	sacristia	sacristie	sagrestia	Sakristei	sacristy
sala capitular	sala capitular	salle capitulaire	sala capitolare	Kapitelsaal	chapterhouse
salida	partida	départ	partenza	Abfahrt	departure
salida de socorro	saída de socorro	sortie de secours	uscita di sicurezza	Notausgang	emergency exit
salón	salão, sala	salon, grande salle	sala, salotto, salone	Salon	drawing room, sitting room
santuario	santuário	sanctuaire	sacrario	Heiligtum	shrine
sello	selo	timbre-poste	francobollo	Briefmarke	stamp
septiembre	Setembro	septembre	settembre	September	September
sepulcro, tumba	sepúlcro, túmulo	sépulcre, tombeau	sepolcro, tomba	Grabmal	tomb
servicio incluído	serviço incluído	service compris	servizio compreso	Bedienung inbegriffen	service included
servicios	toilette, casa de banho	toilettes	gabinetti	Toiletten	toilets
sierra	serra	chaîne de montagnes	giogaia	Gebirgskette	mountain range
siglo	século	siècle	secolo	Jahrhundert	century
sillería del coro	cadeiras de coro	stalles	stalli	Chorgestühl	choir stalls
sobres	envelopes	enveloppes	buste	Briefumschläge	envelopes
sótano	cave	sous-sol, cave	sottosuolo	Keller	basement
subida	subida	montée	salita	Steigung	hill
tapices, tapicerías	tapeçarias	tapisseries	tappezzerie, arazzi	Wandteppiche	tapestries
tarjeta postal	bilhete postal	carte postale	cartolina	Postkarte	postcard
techo	tecto	plafond	soffitto	Zimmerdecke	ceiling
tenedor	garfo	fourchette	forchetta	Gabel	fork
tesoro	tesouro	trésor	tesoro	Schatz	treasure, treasury
torre	torre	tour	torre	Turm	tower
tribuna	tribuna, galeria	jubé	tramezzo	Lettner	roodscreen
valle	vale	val, vallée	val, valle, vallata	Tal	valley
vaso	copo	verre	bicchiere	Glas	glass
vega	veiga	vallée fertile	valle fertile	fruchtbare Ebene	fertile valley
verano	Verão	été	estate	Sommer	summer
vergel	pomar	verger	frutteto	Obstgarten	orchard
vidriera	vitral	verrière, vitra	vetrata	Kirchenfenster	stained glass windows
viernes	6ª. feira	vendredi	venerdì	Freitag	Friday

viñedos	vinhedos, vinhas	vignes, vignoble	vigne, vigneto	Reben, Weinberg	vines, vineyard
víspera, vigilia	véspera	veille	vigilia	Vorabend	preceding day, eve
vista pintoresca	vista pitoresca	vue pittoresque	vista pittoresca	malerische Aussicht	picturesque view
vuelta, circuito	volta, circuito	tour, circuit	giro, circuito	Rundreise	tour

COMIDAS Y BEBIDAS	COMIDAS E BEBIDAS	NOURRITURE ET BOISSONS	CIBI E BEVANDE	SPEISEN UND GETRÄNKE	FOOD AND DRINK
aceite, aceitunas	azeite, azeitonas	huile, olives	olio, olive	Öl, Oliven	oil, olives
agua con gas	água gaseificada	eau gazeuse	acqua gasata, gasosa	Sprudel	soda water
agua mineral	água mineral	eau minérale	acqua minerale	Mineralwasser	mineral water
ahumado	fumado	fumé	affumicato	geräuchert	smoked
ajo	alho	ail	aglio	Knoblauch	garlic
alcachofa	alcachofra	artichaut	carciofo	Artischocke	artichoke
almendras	amêndoas	amandes	mandorle	Mandeln	almonds
alubias	feijão	haricots	fagioli	Bohnen	beans
anchoas	anchovas	anchois	acciughe	Anschovis	anchovies
arroz	arroz	riz	riso	Reis	rice
asado	assado	rôti	arrosto	gebraten	roast
atún	atum	thon	tonno	Thunfisch	tunny
ave	aves, criação	volaille	pollame	Geflügel	poultry
azúcar	açúcar	sucre	zucchero	Zucker	sugar
bacalao	bacalhau fresco	morue fraîche, cabillaud	merluzzo	Kabeljau, Dorsch	cod
bacalao en salazón	bacalhau salgado	morue salée	baccalà, stoccafisso	Laberdan	dried cod
berenjena	beringela	aubergine	melanzana	Aubergine	egg-plant
bogavante	lavagante	homard	gambero di mare	Hummer	lobster
brasa (a la)	na brasa	à la braise	brasato	gedämpft, geschmort	braised
café con leche	café com leite	café au lait	caffè-latte	Milchkaffee	coffee and milk
café solo	café simples	café nature	caffè nero	schwarzer Kaffee	black coffee
calamares	lulas, chocos	calmars	calamari	Tintenfische	squids
caldo	caldo	bouillon	brodo	Fleischbrühe	clear soup
cangrejo	caranguejo	crabe	granchio	Krabbe	crab
caracoles	caracóis	escargots	lumaca	Schnecken	snails
carne	carne	viande	carne	Fleisch	meat
castañas	castanhas	châtaignes	castagne	Kastanien	chestnuts
caza mayor	caça grossa	gros gibier	cacciagione	Wildbret	game
cebolla	cebola	oignon	cipolla	Zwiebel	onion
cerdo	porco	porc	maiale	Schweinefleisch	pork
cerezas	cerejas	cerises	ciliege	Kirschen	cherries

cerveza	cerveja	bière	birra	Bier	beer
ciervo, venado	veado	cerf	cervo	Hirsch	deer
cigalas	lagostins	langoustines	scampi	Meerkrebse, Langustinen	crayfish
ciruelas	ameixas	prunes	prugne	Pflaumen	plums
cochinillo, tostón	leitão assado	cochon de lait grillé	maialino grigliato, porchetta	Spanferkelbraten	roast suckling pig
cordero	carneiro	mouton	montone	Hammelfleisch	mutton
cordero lechal	cordeiro	agneau de lait	agnello	Lammfleisch	lamb
corzo	cabrito montês	chevreuil	capriolo	Reh	venison
charcutería, fiambres	charcutaria	charcuterie	salumi	Aufschnitt	pork-butchers'meat
chipirones	lulas pequenas	petits calmars	calamaretti	kleine Tintenfische	small squids
chorizos	chouriços	saucisses au piment	salsicce piccanti	Pfefferwurst	spiced sausages
chuleta, costilla	costeleta	côtelette	costoletta	Kotelett	cutlet
dorada, besugo	dourada, besugo	daurade	orata	Goldbrassen	dory
ensalada	salada	salade	insalata	Salat	green salad
entremeses	entrada	hors-d'œuvre	antipasti	Vorspeise	hors d'œuvre
espárragos	espargos	asperges	asparagi	Spargel	asparagus
espinacas	espinafres	épinards	spinaci	Spinat	spinach
fiambres	carnes frias	viandes froides	carni fredde	kaltes Fleisch	cold meats
filete	filete, bife de lombo	filet	filetto	Filetsteak	fillet
fresas	morangos	fraises	fragole	Erdbeeren	strawberries
frutas	fruta	fruits	frutta	Früchte	fruit
frutas en almíbar	fruta em calda	fruits au sirop	frutta sciroppata	Früchte in Sirup	fruit in syrup
galletas	bolos sêcos	gâteaux secs	biscotti secchi	Gebäck	cakes
gambas	camarões grandes	crevettes (bouquets)	gamberetti	Garnelen	prawns
garbanzos	grão	pois chiches	ceci	Kichererbsen	chick peas
guisantes	ervilhas	petits pois	piselli	junge Erbsen	garden peas
helado	gelado	glace	gelato	Speiseeis	ice cream
hígado	fígado	foie	fegato	Leber	liver
higos	figos	figues	fichi	Feigen	figs
horno (al)	no forno	au four	al forno	im Ofen gebacken	baked in the oven
huevos al plato	ovos estrelados	œufs au plat	uova fritte	Spiegeleier	fried eggs
huevo pasado por agua	ovo quente	œuf à la coque	uovo al guscio	weiches Ei	soft boiled egg
huevo duro	ovo cozido	œuf dur	uovo sodo	hartes Ei	hard boiled egg
jamón (serrano, de York)	presunto, fiambre	jambon (cru ou cuit)	prosciutto (crudo o cotto)	Schinken (roh oder gekocht)	ham (raw or cooked)
judías verdes	feijão verde	haricots verts	fagiolini	grüne Bohnen	French beans

langosta	lagosta	langouste	aragosta	Languste	craw fish
langostino	gamba	crevette géante	gamberone	große Garnele	prawns
legumbres	legumes	légumes	verdure	Gemüse	vegetables
lenguado	linguado	sole	sogliola	Seezunge	sole
lentejas	lentilhas	lentilles	lenticchie	Linsen	lentils
limón	limão	citron	limone	Zitrone	lemon
lobarro, perca	perca	perche	pesce persico	Barsch	perch
lomo	lombo	filet, échine	lombata, lombo	Rückenstück	spine, chine
lubina	robalo	bar	ombrina	Barsch	bass
mantequilla	manteiga	beurre	burro	Butter	butter
manzana	maçã	pomme	mela	Apfel	apple
mariscos	mariscos	fruits de mer	frutti di mare	„ Früchte des Meeres "	sea food
mejillones	mexilhões	moules	cozze	Muscheln	mussels
melocotón	pêssego	pêche	pesche	Pfirsich	peach
membrillo	marmelo	coing	cotogna	Quitte	quince
merluza	pescada	colin, merlan	merluzzo	Kohlfisch, Weißling	hake
mero	mero	mérou	cernia	Rautenscholle	brill
naranja	laranja	orange	arancia	Orange	orange
ostras	ostras	huîtres	ostriche	Austern	oysters
paloma, pichón	pombo, borracho	palombe, pigeon	palomba, piccione	Taube	pigeon
pan	pão	pain	pane	Brot	bread
parrilla (a la)	grelhado	à la broche, grillé	(allo) spiedo	am Spieß	grilled
pasteles	bolos	pâtisseries	dolci, pasticceria	Süßigkeiten	pastries
patatas	batatas	pommes de terre	patate	Kartoffeln	potatoes
pato	pato	canard	anitra	Ente	duck
pavo	perú	dindon	tacchino	Truthahn	turkey
pepino, pepinillo	pepino	concombre, cornichon	cetriolo, cetriolino	Gurke, kleine Essiggurke	cucumber, gherkin
pepitoria	fricassé	fricassée	fricassea	Frikassee	fricassée
pera	pêra	poire	pera	Birne	pear
perdiz	perdiz	perdrix	pernice	Rebhuhn	partridge
pescados	peixes	poissons	pesci	Fische	fish
pimienta	pimenta	poivre	pepe	Pfeffer	pepper
pimiento	pimento	poivron	peperone	Pfefferschote	pimento
plátano	banana	banane	banana	Banane	banana
pollo	frango	poulet	pollo	Hähnchen	chicken
postres	sobremesas	desserts	dessert	Nachspeise	dessert
potaje	sopa	potage	minestra	Suppe mit Einlage	soup

queso	queijo	fromage	formaggio	Käse	cheese
rape	lota	lotte	rana pescatrice, pesce rospo	Aalrutte, Quappe	eel-pout, angler fish
raya	raia	raie	razza	Rochen	skate
relleno	recheado	farci	ripieno, farcito	gefüllt	stuffed
riñones	rins	rognons	rognoni	Nieren	kidneys
rodaballo	cherne, pregado	turbot	rombo	Steinbutt	turbot
sal	sal	sel	sale	Salz	salt
salchichas	salsichas	saucisses	salsicce	Würstchen	sausages
salchichón	salpicão	saucisson	salame	Wurst	salami, sausage
salmón	salmão	saumon	salmone	Lachs	salmon
salmonete	salmonete	rouget	triglia	Barbe, Rötling	red mullet
salsa	molho	sauce	sugo	Soße	sauce
sandía	melancia	pastèque	cocomero	Wassermelone	water-melon
sesos	miolos, mioleira	cervelle	cervella	Hirn	brains
setas, hongos	cogumelos	champignons	funghi	Pilze	mushrooms
sidra	cidra	cidre	sidro	Apfelwein	cider
solomillo	bife de lombo	filet	filetto	Filetsteak	fillet
sopa	sopa	soupe	minestra, zuppa	Suppe	soup
tarta	torta, tarte	tarte, grand gâteau	torta	Torte, Kuchen	tart, pie
ternera	vitela	veau	vitello	Kalbfleisch	veal
tortilla	omelete	omelette	frittata	Omelett	omelette
trucha	truta	truite	trota	Forelle	trout
turrón	torrão de Alicante, nougat	nougat	torrone	Nugat, Mandelkonfekt	nougat
uva	uva	raisin	uva	Traube	grapes
vaca, buey	vaca, boi	bœuf	manzo	Rindfleisch	beef
vieira	vieira	coquille St-Jacques	conchiglia di San Giacomo	Jakobsmuschel	scallop
vinagre	vinagre	vinaigre	aceto	Essig	vinegar
vino blanco dulce	vinho branco doce	vin blanc doux	vino bianco amabile	süßer Weißwein	sweet white wine
vino blanco seco	vinho branco sêco	vin blanc sec	vino bianco secco	herber Weißwein	dry white wine
vino rosado	vinho «rosé»	vin rosé	vino rosato	" Rosé "	" rosé " wine
vino corriente del país	vinho da região	vin courant du pays	vino nostrano	Landwein	local wine
vino de marca	vinho de marca	grand vin	vino pregiato	Prädikatswein	famous wine
vino tinto	vinho tinto	vin rouge	vino rosso	Rotwein	red wine
Zanahoria	cenoira	carotte	carota	Karotte	carrot
zumo de frutas	sumo de frutas	jus de fruits	succo di frutta	Fruchtsaft	fruit juice

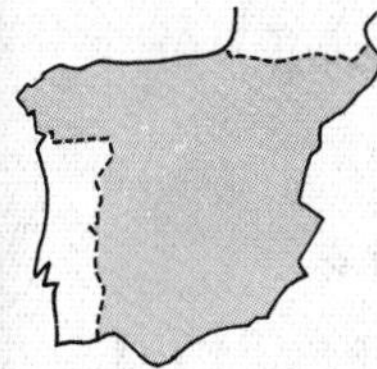

ESPAÑA

POBLACIONES

CIDADES

VILLES

CITTÀ

STÄDTE

TOWNS

ABADIANO Vizcaya 42 ④ y 990 ⑥ – 5 638 h. alt. 133 – ☎ 94.
♦Madrid 399 – ♦Bilbao 35 – Vitoria 43.

en la carretera N 634 N : 2 km – ✉ Abadiano – ☎ 94 :

San Blas, Laubidea 11 ☎ 681 42 00 – wc wc P. E VISA. rest
Com 475 – 100 – **17 hab** 1 150/1 825 – P 2 050/2 300.

TALBOT Barrio Matiena ☎ 681 17 23

ABÉJAR Soria 990 ⑯ – 464 h. alt. 1 138.
♦Madrid 256 – ♦Burgos 115 – Soria 30.

La Torre, carret. N 234 ☎ 7 – wc P
30 hab.

ADEJE Santa Cruz de Tenerife – ver Canarias (Tenerife).

ADEMUZ Valencia 445 L 26 – 1 922 h.
♦Madrid 275 – Cuenca 112 – Teruel 44 – ♦Valencia 121.

Casa Domingo, av. de Valencia ☎ 29, ≤ – wc P
38 hab.

ADRA Almería 446 V 20 – 15 549 h – ☎ 951.
18 Almerimar, El Ejido E : 17 km.
♦Madrid 560 – Almería 52 – ♦Granada 131 – ♦Málaga 169.

Abdera, carret. de Almería 26 ☎ 40 01 00 – wc P.
Com 520 – 115 – **38 hab** 775/1 500 – P 1 670/1 755.

Delfin, Natalio Rivas 106 ☎ 40 00 50 – rest wc wc
21 hab.

RENAULT carret. de Almería 53 ☎ 40 08 53

La ADRADA Ávila 990 ㉞ – 1 551 h.
♦Madrid 96 – ♦Ávila 83 – El Escorial 66 – Talavera de la Reina 52.

Mirador de Gredos, av. de Madrid ☎ 433 – wc P
40 hab.

AGAETE Las Palmas – ver Canarias (Gran Canaria).

AGRAMUNT Lérida 43 ⑯ y 990 ⑲ – 4 343 h. alt. 337 – ✆ 973.
Ver : Iglesia (portada★).
♦Madrid 520 – ♦Barcelona 123 – ♦Lérida 51 – Seo de Urgel 98.

XX **Kipps** M con hab, carret. de Tarragona ✆ 39 08 25, ⛱ de pago – |♦| ▥ ▤ ⌂wc ⋔wc ☎ ℗ – ♿. AE E VISA
Com *(cerrado martes)* 475 – ☕ 150 – **25 hab** 1 400/2 000 – P 1 950.

RENAULT carret. Tárrega ✆ 39 03 34
SEAT Santa Esperanza ✆ 39 02 86
TALBOT pl. del Pozo 9 ✆ 39 08 63

AGREDA Soria 990 ⑰ – 3 542 h. – ✆ 976.
♦Madrid 276 – ♦Logroño 115 – ♦Pamplona 118 – Soria 50 – ♦Zaragoza 107.

Doña Juana, av. de Soria 2 ✆ 64 72 17 – ▥ ⌂wc ⋔wc ☎ ℗. E VISA. ✗
Com 450 – ☕ 175 – **38 hab** 1 000/1 650.

FORD Estudíos ✆ 64 71 20
RENAULT Venerble ✆ 64 73 83

AGUADULCE Almería 446 V 22 – ver Almería.

AGÜERO Huesca 42 ⑰ y 43 ② – 246 h. – ✆ 974.
Alred. : Los Mallos★ (cerca de Riglos) E : 11 km.
♦Madrid 432 – Huesca 42 – Jaca 59 – ♦Pamplona 132.

La Costera ⛰, ✆ 38 03 30, ≤, ⛱ – ▥ (sólo agua fría) ℗. ✗
Semana Santa y 12 junio-10 septiembre – Com 525 – ☕ 175 – **12 hab** 1 000 – P 1 725.

AGUILAR DE CAMPÓO Palencia 990 ⑤ – 5 696 h. alt. 895 – ✆ 988.
ℹ pl. Mayor 32 ✆ 12 20 24.
♦Madrid 323 – Palencia 97 – ♦Santander 104.

Valentin, carret. N 611 ✆ 12 21 25 – |♦| ▥ ⌂wc ⋔wc ☎ 🚗 ℗. ⓓ E VISA. ✗
Com 950 – ☕ 215 – **47 hab** 3 050 – P 3 655.

AUSTIN-MG-MORRIS-MINI av. de Palencia 30 ✆ 12 28 09
CITROEN av. de Santander 19 ✆ 12 22 21
RENAULT av. Generalísimo 99 ✆ 12 20 30
SEAT av. Generalísimo 45 ✆ 12 21 21
TALBOT av. de Palencia 9 ✆ 12 28 71

AGUILAR DE LA FRONTERA Córdoba 446 T 16 – 14 619 h. alt. 372 – ✆ 957.
♦Madrid 451 – Antequera 76 – ♦Córdoba 53 – ♦Sevilla 159.

Las Viñas, carret. de Málaga ✆ 66 08 97, 🍴 – ▥ ⌂wc ⋔wc ℗
14 hab.

ÁGUILAS Murcia 445 T 25 – 18 900 h. – ✆ 968 – Playa.
ℹ av. José Antonio 20.
♦Madrid 494 – Almería 132 – Cartagena 84 – Lorca 42 – ♦Murcia 104.

Carlos III sin rest, con cafetería, Rey Carlos III - 22 ✆ 41 16 50 – ▥ ⌂wc ☎. VISA
☕ 200 – **30 hab** 2 400/3 500.

Madrid sin rest, Robles Vives 4 ✆ 41 05 00 – ▥ ⌂wc ⋔wc ☎. ✗
abril-septiembre – ☕ 150 – **33 hab** 2 000/3 000.

La Huerta, Barcelona 2 ✆ 41 14 00 – ▥ ⌂wc ☎. ✗
15 junio-15 septiembre – Com 550 – ☕ 100 – **18 hab** 1 800.

en Cala Calabardina NE : 8,5 km – ✉ Águilas :

X Ruano, urb. Kábyla.

FIAT-SEAT San Diego ✆ 41 01 75
RENAULT carret. de Lorca ✆ 41 06 51
TALBOT carret. de Lorca ✆ 41 12 36

AGUINAGA Guipúzcoa 42 ④ ⑤ – ✆ 943.
♦Madrid 489 – ♦Bilbao 91 – ♦Pamplona 92 – ♦San Sebastián 12.

XX Aguinaga, carret. N 634, ✉ Usurbil, ✆ 36 27 37 – ▤ ℗.

AIGUA BLAVA Gerona 43 ⑩ y 990 ⑳ – ver Bagur.

AIGUAFREDA Barcelona 43 ⑧ ⑱ – ver Ayguafreda.

AINSA Huesca 42 ⑲ y 990 ⑧⑱ – 1 109 h. alt. 589 – ✆ 974.
♦Madrid 510 – Huesca 120 – ♦Lérida 136 – ♦Pamplona 204.

Mesón de l'Ainsa, Sobrarbe 12 ✆ 50 00 28 – ▥ ⌂wc ℗
Com 575 – ☕ 105 – **24 hab** 1 000/1 500 – P 1 800/2 050.

Dos Ríos sin rest y sin ☕, av. Central 2 ✆ 50 00 43 – ▥ ⌂wc ⋔. E VISA. ✗
25 hab 600/1 200.

RENAULT Aragón 2 ✆ 50 01 14

AJO Cantabria 42 ② y 990 ⑤ – ✆ 942 – Playa.
♦Madrid 416 – ♦Bilbao 86 – ♦Santander 38.

✕ **La Casuca,** Benedicto Ruiz ☏ 62 10 54 – Ⓟ. ✂
cerrado miércoles y 10 diciembre-4 enero – Com carta 540 a 990.

ALAMEDA DE LA SAGRA Toledo – 2 403 h. – ✆ 925.
♦Madrid 52 – Toledo 31.

La Maruxiña, carret. de Ocaña ☏ 50 01 49 – wc Ⓟ
23 hab.

ALAMEDA DEL VALLE Madrid 990 ㉙ – 157 h. alt. 1 135 – ✆ 91.
♦Madrid 83 – Segovia 59.

✕ Del Marqués, carrret. de Navacerrada ☏ 869 30 43, , Agradable decoración interior.

ALARCÓN Cuenca 990 ㉖ – 322 h. alt. 845 – ✆ 966.
Ver : Emplazamiento★★.
♦Madrid 189 – ♦Albacete 94 – Cuenca 85 – ♦Valencia 163.

Parador Nacional Marqués de Villena, av. Amigos del Castillo ☏ 33 13 50, « Antiguo castillo medieval sobre un peñon rocoso, dominando el rio Júcar » – Ⓟ. AE Ⓓ E VISA. ✂
Com 1 100 – ☕ 300 – **11 hab** 3 200/4 000.

ALÁS Lérida 43 ⑥ – ver Seo de Urgel.

ALAYOR Baleares 43 ⑩ y 990 ㉚ – ver Baleares (Menorca).

Prévenez immédiatement l'hôtelier si vous ne pouvez pas occuper la chambre que vous avez retenue.

ALBACETE P 990 ㉖㉗ – 101 815 h. alt. 686 – ✆ 967 – Plaza de toros.
av. España 3 ☏ 22 33 80 – R.A.C.E. (A.C. de la Mancha) av. Isabel la Católica 39 ☏ 23 37 29.
♦Madrid 247 ① – ♦Córdoba 348 ④ – ♦Granada 336 ④ – ♦Murcia 143 ③ – ♦Valencia 186 ②.

Plano página siguiente

Los Llanos y Rest La Taberna, av. España 9 ☏ 22 37 50 – – . AE Ⓓ E VISA. ✂
☕ 275 – **99 hab** 2 850/4 250. BZ **a**

G. H. Bristol y Rest. Rincón de Ortega, Marqués de Molins 1 ☏ 21 37 87 – rest. E VISA BY **r**
Com 850 – ☕ 200 – **69 hab** 2 100/3 400 – P 3 600/4 000.

Albar, Isaac Peral 3 ☏ 22 52 08 – rest wc . VISA. ✂ BY **e**
Com 730 – ☕ 135 – **51 hab** 1 725/2 700 – P 2 785/3 160.

Altozano sin rest y sin ☕, pl. Altozano 6 ☏ 23 02 52 – wc . ✂ ABY **b**
40 hab 1 400/2 200.

Florida, Ibañez Ibero 12 ☏ 22 70 58 – rest wc AY **s**
55 hab.

Albacete, Carcelén 4 ☏ 22 61 50 – wc wc. ✂ BY **n**
Com 525 – ☕ 125 – **40 hab** 825/1 760 – P 1 725/1 780.

✕✕ **Surco 2,** pl. Altozano 5 ☏ 23 16 52 – . VISA. ✂ BY **d**
Com carta 1 195 a 1 900.

✕✕ **Ortega,** Concepción 15 ☏ 21 37 37 – . VISA BY **r**
Com carta 1 100 a 1 910.

✕✕ **Surco,** Capitán Cortés 120 ☏ 22 18 04 – Ⓟ. VISA. ✂ AZ **f**
Com carta 1 180 a 1 795.

✕✕ **Las Rejas,** Dionisio Guardiola 7 ☏ 22 72 42, Mesón típico – . ✂ AZ **v**
cerrado domingos en julio y agosto – Com carta 850 a 1 600.

✕ Nuestro Bar, Alcalde Conangla 102 ☏ 22 72 15, Cocina manchega – BZ **t**

✕ El Cocinero, El Cura 5 ☏ 23 01 21 – AY **u**

✕ Los Molinos, Marqués de Villores 10 ☏ 23 14 52 – AZ **p**

✕ Mesón Castellano, Concepción 25, Mesón típico – BYZ **f**

en la carretera N 430 por ② : 3 km – ✉ Albacete – ✆ 967 :

✕ **La Casita,** ☏ 22 72 44 – Ⓟ. ✂
Com carta 975 a 1 650.

al Sureste : 5 km por ② o ③ – ✉ Albacete – ✆ 967 :

Parador Nacional de la Mancha, ✉ apartado 384, ☏ 22 94 50, ←, « Conjunto de estilo regional », , ✕ – Ⓟ. AE Ⓓ E VISA. ✂
Com 1 100 – ☕ 300 – **70 hab** 2 800/3 500.

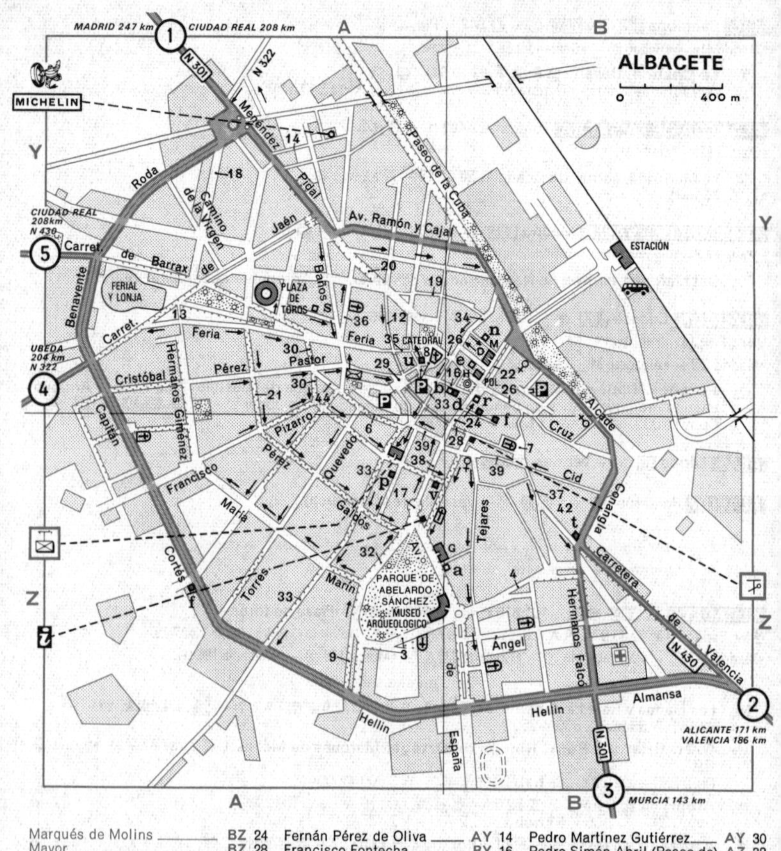

Marqués de Molins ...... BZ 24	Fernán Pérez de Oliva ...... AY 14	Pedro Martínez Gutiérrez ...... AY 30
Mayor ...... BZ 28	Francisco Fontecha ...... BY 16	Pedro Simón Abril (Paseo de) AZ 32
	G. Lodares (Pl. de) ...... AZ 17	Rosario ...... AYZ 33
Arcángel San Gabriel ...... AZ 3	Granada ...... AY 18	San Antonio ...... BY 34
Batalla del Salado ...... BZ 4	Iris ...... AY 19	San Julián ...... AY 35
Caba ...... AZ 6	Isabel la Católica ...... AY 20	San Sebastián ...... AY 36
Carretas (Pl. de las) ...... BZ 7	Joaquín Quijada ...... AY 21	Santa Quiteria ...... BZ 37
Catedral (Pl. de la) ...... AY 8	Libertad (Paseo de la) ...... BY 22	Tesifonte Gallego ...... AZ 38
Comandante Padilla ...... AZ 9	Marqués de Villena ...... AY 25	Tinte ...... ABZ 39
Don Saturnino López ...... AY 12	Martínez Villena ...... BY 26	Valencia (Puerta de) ...... BZ 42
Feria (Paseo de la) ...... AY 13	Mayor (Pl.) ...... AY 29	Virgen de las Maravillas ...... AY 44

S.A.F.E. Neumáticos MICHELIN, Sucursal, Fernán Pérez de Oliva 27 AY ☎ 22 57 00 y 22 57 04

AUSTIN-MG-MORRIS-MINI, FORD av. Ramón Menéndez Pidal 10 ☎ 23 41 11
CITROEN-PEUGEOT Polígono Ind. Campollano B.N. 3 ☎ 22 81 54
FIAT-SEAT Hellín 17 ☎ 22 22 40
FIAT-SEAT carret. de Madrid 8 ☎ 22 00 00
MERCEDES Menéndez Pidal 21 ☎ 22 42 00
RENAULT Polígono Ind. Campollano C. 12 ☎ 22 41 12
RENAULT paseo de la Cuba 19 ☎ 23 71 40
TALBOT carret. de Madrid 80 ☎ 22 09 50

ALBA DE TORMES Salamanca 990 ⑭ – 4 053 h. – ☎ 923.

Ver : Iglesia de San Juan (grupo escultórico★).

♦Madrid 191 – ♦Ávila 85 – Plasencia 123 – ♦Salamanca 19.

- **Benedictino,** Las Benitas 6 ☎ 30 00 25 – wc wc . rest
  marzo-octubre – Com *(todo el año)* 500/600 – 110 – **40 hab** 1 000/1 500.
- **Alameda,** carret. de Piedrahita ☎ 30 00 31 – wc Ⓟ. VISA.
  Com 400/500 – 125 – **10 hab** 850/1 400 – P 1 650/1 800.
- **El Trebol, pl. Santa Teresa** ☎ 30 00 89 – wc – **6 hab**.

FORD carret. de Peñaranda 69 ☎ 30 06 96
RENAULT carret. de Valdemiezque ☎ 30 02 95
SEAT carret. de Alba-Peñaranda 53 ☎ 30 05 18
TALBOT carret. de Peñaranda 47 ☎ 30 03 98

ALBAL Valencia 445 N 28 – ver Valencia.

ALBARRACÍN Teruel 990 ⑰ – 1 061 h. alt. 1 200 – ☎ 974.

Ver : Catedral (tapices*).

♦Madrid 268 – Cuenca 105 – Teruel 38 – ♦Zaragoza 191.

Albarracín ⛰, Azagra ☎ 71 00 11, ←, ⛱ – ▥ ⌂wc ☎. E. ✗ rest
Com 1 075 – ☕ 250 – **36 hab** 2 020/3 240 – P 3 660/4 060.

Olimpia, carret. de Teruel ☎ 71 00 83 – ▥ ⌂wc. ✗
Com 500 – ☕ 125 – **15 hab** 1 100/1 980 – P 2 055/2 165.

Mesón del Gallo, Los Puentes 1 ☎ 71 00 32 – ▥ ⌂wc. ✗
Com 600 – ☕ 110 – **22 hab** 650/980 – P 1 800/1 900.

en la carretera de Teruel NE : 1,5 km – ✉ Albarracín – ☎ 974 :

Montes Universales ⛰, ☎ 71 01 58 – ▥ ⌂wc Ⓟ
15 marzo-noviembre – Com 550 – ☕ 120 – **14 hab** 2 190 – P 1 950/2 200.

ALBENTOSA Teruel.

♦Madrid 349 – Teruel 48 – ♦Valencia 110.

en la carretera N 234 NE : 4 km – ✉ ☎ Estación de Rubielas :

Los Maños, ☎ 54 – ▥ ⌂wc Ⓟ
28 hab.

La ALBERCA Salamanca 990 ⑬ – 1 385 h. alt. 1 050.

Ver : Pueblo típico**.

Alred. : S : Carretera de Las Batuecas* – Peña de Francia ✳** O : 15 km.

♦Madrid 299 – Béjar 54 – Ciudad Rodrigo 49 – ♦Salamanca 94.

Las Batuecas ⛰, Fuente Canal ☎ 5 – ▥ ⌂wc ⌂wc ☎ 🚗 Ⓟ. VISA. ✗
cerrado 10 enero-10 marzo – Com 715 – ☕ 150 – **24 hab** 1 250/2 000 – P 2 350/2 550.

ALBERIQUE Valencia 445 O 28 – 8 723 h. alt. 28 – ☎ 96.

♦Madrid 392 – ♦Albacete 145 – ♦Alicante 126 – ♦Valencia 41.

en la carretera N 340 S : 3 km – ✉ Alberique – ☎ 96 :

Balcón del Júcar, ☎ 244 00 87, ←, ⛱ – ▥ ⌂wc ☎ Ⓟ. VISA. ✗
Com 750/1 200 – ☕ 165 – **15 hab** 950/1 350 – P 2 150/3 750.

La ALBUFERETA Alicante – ver Alicante.

ALCALÁ DE CHIVERT Castellón de la Plana 445 L 30 – 4 447 h. – ☎ 964.

♦Madrid 471 – Castellón de la Plana 49 – Tarragona 134 – Tortosa 73 – ♦Valencia 123.

Jacinto, carret. N 340 ☎ 41 02 86 – ▤ Ⓟ. AE E. ✗
cerrado domingos noche – Com carta 925 a 1 800.

CITROEN Baron Alcalali ☎ 41 02 10
FORD carret. N 340 ☎ 41 02 03
RENAULT carret. N 340 ☎ 41 01 12
SEAT carret. N 340 ☎ 41 01 90

ALCALÁ DE GUADAIRA Sevilla 446 T 12 – 38 733 h. – ☎ 911.

♦Madrid 529 – ♦Cádiz 117 – ♦Córdoba 131 – ♦Málaga 193 – ♦Sevilla 14.

Oromana ⛰ sin rest, con cafetería, pinares de Oromana ☎ 70 08 04, ←, « Edificio de estilo andaluz », ⛱ – ▤ Ⓟ – 🏛. VISA. ✗
☕ 250 – **30 hab** 3 000/3 800.

ALCALÁ DE HENARES Madrid 990 ⑮ y ㊵ – 101 416 h. alt. 588 – ☎ 91.

Ver : Antigua Universidad o Colegio de San Ildefonso (fachada plateresca*) – Capilla de San Ildefonso (mausoleo* del Cardenal Cisneros).

⛳ Club Valdeláguila SE : 8 km ☎ 885 96 59.

ℹ Callejón de Santa María 1 ☎ 889 26 94.

♦Madrid 31 – Guadalajara 25 – ♦Zaragoza 290.

El Bedel sin rest, con cafetería, pl. San Diego 6 ☎ 889 37 00 – ⬍ ▥ ⌂wc ☎. VISA
☕ 170 – **51 hab** 1 700/2 750.

Barí, carret. N II ☎ 888 14 50 – ⬍ ▥ ▤ rest ⌂wc ⌂ ☎ Ⓟ. ⓓ VISA. ✗
Com 790 – ☕ 185 – **48 hab** 1 600/2 700 – P 2 760/3 010.

sigue →

XXX **Hostería Nacional del Estudiante,** Colegios 3 ☏ 888 03 30, « Decoración de estilo castellano - claustro del siglo XV » – ▤. AE ⓓ E VISA. ✂
Com 1 100.

XX Oliver's Nuevo, Los Gallegos 15 ☏ 889 81 14 – ▤.

X Reinosa, Goya 3 ☏ 889 00 42 – ▤. VISA. ✂
cerrado martes del 15 al 30 agosto.

X Oliver's, paseo de la Estación 15 ☏ 888 22 75 – ▤.

CITROEN-PEUGEOT av. de Guadalajara 14 ☏ 888 03 60
FORD carret. N II km 26,5 ☏ 888 52 61
MERCEDES-BENZ av. Menéndez Pidal 21 ☏ 22 42 00
RENAULT Marqués de Ibarra 2 ☏ 888 19 15
RENAULT Polígono Azque-carret. Daganzo km 3,5 ☏ 889 23 89
RENAULT Puerta del Vado 3 ☏ 888 06 01
RENAULT av. Juan de Austria 24 ☏ 889 49 60
SEAT carret. N II km 31,6 ☏ 888 13 10
TALBOT carret. N II km 31,5 ☏ 888 08 68

ALCALÁ DE LA SELVA Teruel 990 ⑰ – 639 h. – ✆ 974.
♦Madrid 361 – Castellón de la Plana 127 – Teruel 60 – ♦Valencia 149.

en Virgen de la Vega S : 2 km – ✉ Alcalá de la Selva – ✆ 974 :

⌂ Ríos ⛰, ☏ 80 10 77 – ▥ Ⓟ
28 hab.

ALCALÁ DE LOS GAZULES Cádiz 446 W 12 – 6 608 h. – ✆ 956.
♦Madrid 646 – Algeciras 67 – ♦Cádiz 66 – Ronda 101 – ♦Sevilla 138.

⌂ Pizarro, José Antonio Primo de Rivera 9 ☏ 42 01 03 – ▥ ⍝wc
15 hab.

ALCANAR Tarragona 990 ⑱ – 8 241 h. alt. 72 – ✆ 977 – Playa.
♦Madrid 507 – Castellón de la Plana 85 – Tarragona 101 – Tortosa 37.

en Casas de Alcanar por N 340 NE : 4,5 km – ✉ Casas de Alcanar – ✆ 977 :

X El Pescador, Lepanto 5 ☏ 73 70 93, ≤, Pescados y mariscos.

en la carretera N 340 NE : 6 km – ✆ 977 :

🏨 **Biarritz** sin rest, ✉ apartado 17 Vinaroz, ☏ 73 70 25, ≤, ⛱ – ▥ ⛀wc ⍝wc ☎ Ⓟ. AE ⓓ. ✂
julio-agosto – ☕ 180 – **24 hab** 1 300/2 000.

CITROEN av. Virgen del Remedio 43-49 ☏ 73 02 40

ALCANTARILLA Murcia 445 S 26 – 21 891 h. – ✆ 968.
♦Madrid 397 – ♦Granada 276 – ♦Murcia 7.

X Mesón de la Huerta, carret. N 340 ☏ 80 23 90, ☂, Mesón típico – Ⓟ.

en la carretera N 340 SO : 5 km – ✉ Alcantarilla – ✆ 968 :

🏨 **Hostal de la Paz,** ☏ 80 13 37, ☂ – ▤ ⛀wc ⍝wc ☎ 🚗 Ⓟ
Com 550 – ☕ 140 – **40 hab** 2 500 – P 3 740.

CITROEN-PEUGEOT Santa Ana 58 ☏ 80 18 81
RENAULT carret. de Lorca ☏ 80 28 66
SEAT-FIAT Calvo Sotelo 19 ☏ 80 12 12

ALCAÑICES Zamora 990 ⑬ – ver aduanas p. 14 y 15.

ALCAÑIZ Teruel 43 ⑬⑭ y 990 ⑱ – 11 005 h. alt. 338 – ✆ 974 – Plaza de toros.
Ver : Colegiata (portada★).
♦Madrid 397 – Teruel 156 – Tortosa 102 – ♦Zaragoza 103.

🏨 **Parador Nacional de la Concordia** ⛰, castillo de los Calatravos ☏ 83 04 00, ≤ valle y colinas cercanas, « Bonito edificio medieval » – |$| ▤ Ⓟ. AE ⓓ E VISA. ✂
Com 1 100 – ☕ 300 – **12 hab** 3 200/4 000.

🏨 **Senante,** carret. de Zaragoza ☏ 83 05 50 – ▥ ▤ rest ⛀wc ⍝wc ☎ Ⓟ. ✂
cerrado 20 diciembre-11 enero – Com *(cerrado domingos noche)* 475 – ☕ 150 – **29 hab** 850/1 500 – P 1 700/1 800.

🏨 **Guadalope,** pl. de España 8 ☏ 83 07 50 – ▥ ▤ rest ⛀wc ⍝wc ☎
Com 550 – ☕ 150 – **15 hab** 800/1 300 – P 1 650/1 700.

X Meseguer, con hab, carret. de Castellón ☏ 83 10 02 – ▥ ▤ rest ⛀wc ⍝wc ☎
31 hab.

X **Calpe** con hab, Comunidad General de Aragón 1 ☏ 83 07 32 – ▥ ▤ rest ⛀wc. VISA. ✂ rest
Com *(cerrado domingos noche)* carta 650 a 1 200 – ☕ 150 – **20 hab** 500/1 200.

AUSTIN-MG-MORRIS-MINI, MERCEDES-BENZ av. de Bartolomé Esteban 28 ☏ 83 08 23
CITROEN carret. Zaragoza ☏ 83 09 11
FIAT-SEAT av. Maestrazgo 4 ☏ 83 09 86
FORD carret. Zaragoza ☏ 83 10 41
RENAULT av. Maestrazgo ☏ 83 14 90
TALBOT carret. Zaragoza 51 ☏ 83 02 14

ALCÁZAR DE SAN JUAN Ciudad Real 990 ㉕㉖ – 26 930 h. alt. 651 – ☎ 926 – Plaza de toros.
ℹ av. de Herencia 2 ☎ 54 00 59.
♦Madrid 149 – ♦Albacete 144 – Aranjuez 103 – Ciudad Real 87 – Cuenca 149 – Toledo 99.

- **Aldonza** sin rest, av. Alvárez Guerra 28 ☎ 54 15 54 – wc
  24 hab 1 700/2 000.
- **Casa Paco,** av. Alvárez Guerra 5 ☎ 54 10 15 – VISA.
  cerrado lunes del 15 al 30 septiembre – Com carta 600 a 1 475.
- **La Mancha,** vía Ronda ☎ 54 10 47, Cocina regional – VISA.
  cerrado miércoles y 28 julio-28 agosto – Com carta 740 a 915.

AUSTIN-MG-MORRIS-MINI av. Campo de Criptana 28 ☎ 54 13 74
CITROEN av. Herencia 28 ☎ 54 00 37
RENAULT pl. Santa Quinteria 14 ☎ 54 06 00
SEAT-FIAT av. Campo de Criptana 29 ☎ 54 07 40
TALBOT av. Campo de Criptana 20 ☎ 54 06 26

Los ALCÁZARES Murcia 445 S 27 – ☎ 968 – Playa.
♦Madrid 444 – ♦Alicante 85 – Cartagena 25 – ♦Murcia 54.

- **Corzo,** av. Aviación Española 8 ☎ 57 51 25 – wc
  Com 700/900 – 200 – **44 hab** 2 000/3 200 – P 2 700/3 100.
- **Mar Menor** sin rest, Santa Teresa 31 ☎ 57 51 25 – wc
  junio-septiembre – **23 hab** 1 080/2 200.

ALCIRA Valencia 445 O 28 – 38 428 h. alt. 24 – ☎ 96.
♦Madrid 387 – ♦Albacete 153 – ♦Alicante 127 – ♦Valencia 39.

- Avenida, sin rest, Patronos 36 ☎ 241 11 08 – wc wc
  19 hab.
- Kary, pl. Mayor 46 ☎ 241 00 07 –

en la carretera de Tabernes SE : 11 km – ✉ Alcira – ☎ 96 :

- **Monasterio,** La Barraca de Aguas Vivas ☎ 241 07 54, ≤, – wc wc
  – VISA.
  Com 950/1 350 – 175 – **30 hab** 1 420/2 505 – P 3 150/3 490.

CITROEN Virgen de la Murta 3 ☎ 241 71 61
FORD Júcar ☎ 241 21 00
RENAULT Júcar ☎ 241 20 11
SEAT-FIAT Júcar ☎ 241 24 11
TALBOT Júcar ☎ 241 23 51

ALCOCÉBER Castellón de la Plana 446 L 30 – ✉ Alcalá de Chivert – ☎ 964.
♦Madrid 471 – Castellón de la Plana 49 – Tarragona 139.

- Bristol, San José –
  temp.

en la playa – ✉ Alcalá de Chivert – ☎ 964 :

- **Aparthotel Jeremías-Romana** sin rest, con cafetería, S : 1,5 km ☎ 41 02 60, ≤, –
  wc
  marzo-octubre – 250 – **39 apartamentos** 3 000.
- **Jeremías** , S : 1 km ☎ 41 02 60, ≤, – rest wc wc
  marzo-octubre – Com 750 – 250 – **38 hab** 800/1 200.

en la urbanización las Fuentes NE : 2 km – ✉ Alcalá de Chivert – ☎ 964 :

- Eurhostal , ☎ 41 02 00, Telex 65559, ≤, – rest
  temp. – Com (sólo almuerzo) – **303 apartamentos**.
- El Figón, ☎ 41 00 00 –
  temp.

a la carretera N 340 NO : 2 km – ✉ Alcocéber – ☎ 964 :

- **Hostal d'El Tossalet** sin rest, con cafetería, ☎ 41 02 80, ≤ – wc
  julio-septiembre – 100 – **16 hab** 2 000.

ALCOLEA Córdoba 446 S 15 – pobl. ver Córdoba – ☎ 957.
♦Madrid 388 – ♦Córdoba 10 – Jaén 99 – Linares 108.

en la carretera N IV E : 3 km – ✉ Alcolea – ☎ 957 :

- **Las Vegas,** ☎ 32 03 80 – rest wc wc VISA.
  Com 700 – 150 – **38 hab** 1 050/1 525 – P 2 350/2 825.

ALCOLEA DEL PINAR Guadalajara 990 ⑯ – 708 h. alt. 1 205 – ☎ 911.
♦Madrid 135 – Soria 91 – Teruel 166 – ♦Zaragoza 186.

en la carretera N II O : 2 km – ✉ Alcolea del Pinar – ☎ 911 :

- **El Pinar,** ☎ 39 07 00 (ext. 49) – wc
  Com 400 – 150 – **22 hab** 850/1 100 – P 1 650/1 950.

FORD carret. Zaragoza km 133,4 ☎ 54
RENAULT carret. Zaragoza km 133,5 ☎ 56

ALCORISA Teruel 990 ⑱ – 2 888 h. – ☎ 974.
♦Madrid 349 – ♦Lérida 179 – Teruel 122 – ♦Zaragoza 109.

✗ **El Castillo,** Castillo 41 ☎ 84 00 87 – VISA. ✄
cerrado 13 junio-10 julio – Com carta 775 a 1 650.

ALCOY Alicante 445 P 28 – 60 336 h. alt. 545 – ☎ 965 – Plaza de toros.
Ver : Emplazamiento★.
Alred. : Puerto de la Carrasqueta★ S : 15 km.
ℹ av. Puente San Jorge 1 ☎ 33 28 57.
♦Madrid 399 – ♦Albacete 152 – ♦Alicante 56 – ♦Murcia 140 – ♦Valencia 111.

Reconquista, puente de San Jorge 1 ☎ 33 09 00, ≤ – |♦| ▤ rest – E VISA. ✄ rest
Com 750 – 225 – **70 hab** 2 035/3 625.

San Jorge, sin rest, San Juan de Ribera 11 ☎ 54 33 77 – |♦| wc Ⓟ –
86 hab.

✗ **Lolo,** Castalla 5 ☎ 33 69 42 – ▤. ✄
cerrado domingos noche y lunes noche – Com carta 710 a 1 700.

en la carretera de Valencia NE : 2,5 km – ✉ Alcoy – ☎ 965 :

✗✗ ✿ **Venta del Pilar,** ☎ 59 23 25, , Instalado en una venta del siglo XVIII, Decoración rústica – Ⓟ. AE E VISA
cerrado domingos y agosto – Com carta 1 400 a 2 100
Espec. Arroz costra, Mullaor de pescado.

CITROEN Polígono Cotes Baixes ☎ 33 05 22
FORD av. Elche ☎ 54 40 44
PEUGEOT Polígono Cotes Baixes ☎ 33 05 22
RENAULT prolongación carret. de Alicante ☎ 54 02 88
SEAT av. de Elche 40 ☎ 54 10 22
TALBOT carret. de Valencia km 136 ☎ 59 16 16

ALCOZ Navarra 42 ⑤ – alt. 588 – ☎ 948.
♦Madrid 425 – ♦Bayonne 94 – ♦Pamplona 30.

✗ **Anaiak** con hab, San Esteban ☎ 31 30 05 – wc Ⓟ. ✄
cerrado septiembre – Com 575 – 135 – **13 hab** 500/1 300 – P 1 750/1 950.

ALCUDIA Baleares 43 ⑳ y 990 ㉚ – ver Baleares (Mallorca).

ALCUDIA DE CARLET Valencia 445 O 28 – 9 021 h. – ☎ 96.
♦Madrid 362 – Albacete 153 – ♦Alicante 134 – ♦Valencia 33.

✗ Hostal Galbis, con hab, carret. N 340 ☎ 254 10 93 – ▤ rest wc wc. VISA. ✄ rest
Com *(cerrado domingos)* – **14 hab**.

ALCUDIA DE CRESPINS Valencia 445 P 28 – 4 004 h. – ☎ 96.
♦Madrid 372 – ♦Albacete 125 – ♦Alicante 115 – ♦Valencia 61.

✗ Grau, carret. N 340 ☎ 224 01 99 – ▤ Ⓟ.

ALDEANUEVA DE EBRO La Rioja 42 ⑮ y 990 ⑰ – 2 712 h. – ☎ 941.
♦Madrid 336 – ♦Logroño 69 – ♦Pamplona 79 – Soria 110 – ♦Zaragoza 115.

Aldea, General Vigón 52 ☎ 16 30 68, – |♦| wc wc Ⓟ
18 hab.

ALDEANUEVA DE LA VERA Cáceres 990 ⑭ – 3 047 h. – ☎ 927.
♦Madrid 217 – ♦Ávila 149 – ♦Cáceres 128 – Plasencia 49.

Chiquete, Maestro Aparicio 6 ☎ 56 08 62 –
16 hab.

ALELLA Barcelona 43 ⑱ – 2 644 h. – ☎ 93.
♦Madrid 641 – ♦Barcelona 15 – Granollers 16.

✗ **Niu,** rambla Angel Guimerá 14 (interior) ☎ 555 17 00 – ▤. E VISA. ✄
cerrado martes – Com carta 850 a 2 000.

ALFAJARÍN Zaragoza 43 ⑫ y 990 ⑰ – 1 232 h. alt. 199 – ☎ 976.
♦Madrid 342 – ♦Lérida 129 – ♦Zaragoza 23.

en la carretera N II SE : 1,5 km – ✉ Alfajarín – ☎ 976 :

Rausan Alfajarín, ☎ 10 00 02 – ▤ rest wc wc Ⓟ. ✄
Com 500 – 175 – **40 hab** 1 225/1 715.

por la carretera N II y camino particular E : 3 km – ✉ Alfajarín – ☎ 976 :

Montesblancos Ⓜ , ☎ 10 00 04, Telex 58311, , , – |♦| ▤ Ⓟ. AE E VISA. ✄ rest
Com 1 250 – 300 – **37 hab** 4 000/5 000 – P 5 300/6 800.

ALFARO La Rioja 42 ⑮ y 990 ⑰ – 8 308 h. alt. 301 – ☎ 941 – Plaza de toros.
♦Madrid 319 – ♦Logroño 78 – ♦Pamplona 81 – Soria 93 – ♦Zaragoza 102.

- **Palacios,** carret. N 232 ☎ 18 01 00, Museo del vino de Rioja, 🏊 – 🛗 📺 ▤ rest ⛶wc ⚲wc ☎ 🅟. E VISA
  Com 650 – ☕ 200 – **86 hab** 1 350/2 300 – P 2 200/2 300.

CITROEN Ramón Almazán ☎ 18 02 96
RENAULT carret. de Zaragoza ☎ 18 01 51
SEAT carret. de Zaragoza ☎ 18 00 65
TALBOT carret. de Zaragoza ☎ 18 01 56

ALFAZ DEL PI Alicante 445 Q 29 – 3 503 h. alt. 80 – ☎ 965.
♦Madrid 468 – ♦Alicante 50 – Benidorm 7.

- **Niza,** La Ferrería 9 ☎ 88 80 29, ⩽ – 📺 ⛶wc ⚲wc. E VISA. ✈
  abril-octubre – Com 600 – ☕ 100 – **24 hab** 1 000/1 700 – P 1 800/1 950.

SEAT carret. Alicante-Valencia km 126,8 ☎ 88 80 13

ALGECIRAS Cádiz 446 X 13 – 93 866 h. alt. 956 – Playa – Plaza de toros.
Ver : ⩽★★.
Alred. : Carretera★ de Algeciras a Ronda por ①.
🚗 ☎ 65 49 07.
⛴ para Tánger, Ceuta y Canarias : Cia. Aucona, Recinto del Puerto ☎ 66 52 00, Telex 78003.
ℹ av. de la Marina (Puente) ☎ 65 67 61.
♦Madrid 684 ① – ♦Cádiz 121 ② – Jerez de la Frontera 141 ② – ♦Málaga 138 ① – Ronda 100 ①.

ALGECIRAS

Calle	Plano	N°
Alta (Pl.)	BY	2
Emilio Santacana	BY	14
Monet	BZ	27
Regino Martinez	BY	31
Tarifa	BZ	37
Velarde	BZ	40
Cádiz (Carret. de)	BZ	3
Cayetano del Toro	BZ	4
Carteya	AZ	5
Conferencia (Pas. de la)	AYZ	8
Domingo Savio	AY	9
Duque de Almodovar	BZ	10
Fray Tomas del Valle	BY	17
Fuente Nueva	AY	18
Fuerzas Armadas (Av. de las)	BY	20
José Antonio	BY	21
José Santacana	BY	23
Juan de la Cierva	BZ	24
La Caña (Av.)	AY	25
Marina (Av. de la)	BZ	26
Muñoz Cobos	BY	28
N.S. de la Palma (Pl.)	BY	29
Ramón Puyol (Av.)	AY	30
Reyes Católicos	AZ	32
Salvador Allende	BY	33
San Bernardo	BZ	34
Santiago Ramón y Cajal	BY	35
Segismundo Moret (Av.)	BZ	36
Teniente Miranda	BY	39
Virgen de Europa (Av.)	BY	41

Reina Cristina 🔇, paseo de la Conferencia ☎ 65 00 61, Telex 78057, ≤, « Gran parque y bonito jardín », 🏊, 🎾 – 🛗 ▤ 🅟. AE ⓪ E VISA. ✗ rest AZ **k**
Com 1 100 – ☕ 375 – **135 hab** 4 100/6 800.

Octavio sin rest, San Bernardo 1 ☎ 65 24 61 – 🛗 ▤ 🚗. AE ⓪ VISA. ✗ BZ **h**
☕ 300 – **80 hab** 2 900/4 800.

Alarde sin rest, Alfonso XI - 4 ☎ 66 04 08, Telex 78009 – 🛗 📺 🛁wc ☎. AE ⓪ VISA. ✗
☕ 210 – **68 hab** 1 970/3 640. BY **b**

Las Yucas sin rest, av. Agustín Bálsamo 2 ☎ 66 32 50 – 🛗 📺 ▤ 🛁wc 🚿wc ☎ 🅟. AE E VISA. ✗
☕ 200 – **33 hab** 2 000/3 600. BZ **d**

El Estrecho piso 7, sin rest y sin ☕, av. Virgen del Carmen 15 ☎ 65 35 11, ≤ – 🛗 📺 🛁wc 🚿wc ☎. ✗ BY **m**
20 hab 1 850.

Versalles sin rest y sin ☕, Montero Ríos 12 ☎ 65 42 11 – 🚿 ☎. ✗ BZ **g**
21 hab 675/1 200.

Río sin rest y sin ☕, Río 2 ☎ 65 31 55 – 🛁wc 🚿. ✗ BZ **f**
25 hab 700/1 400.

XX **Marea Baja,** Trafalgar 2 ☎ 66 36 54, Pescados y mariscos – ▤. AE ⓪ E VISA. ✗ BY **s**
cerrado domingo – Com carta 1 200 a 2 225.

XX **Iris** piso 1, San Bernardo 1, ☎ 65 58 06 – ▤. AE ⓪ VISA BZ **e**
Com carta 725 a 1 525.

X Montes, Castelar 36 ☎ 65 69 05 – ▤ BY **c**

X Pazo de Edelmiro, pl. Miguel Martín 1 ☎ 66 63 55 BZ **r**

en la carretera N 340 par ① : 7,5 km – ✉ Los Barrios – ☎ 956 :

Guadacorte sin rest, ☎ 66 45 00, « En un parque », 🏊, 🌳, 🎾 – 🛗 🅟 – **118 hab**.

X Encajuan, ☎ 66 45 00 – 🅟.

en la playa de Palmones por ① : 8 km – ✉ Algeciras – ☎ 956 :

Posada de Terol 🔇 sin rest, con cafetería, ☎ 66 15 50, 🏊 – 🛗 📺 🛁wc ☎
☕ 175 – **24 hab** 1 800/3 200.

Ver también : *Tarifa* por ② : 22 km.

AUSTIN-MG-MORRIS-MINI carret. Málaga 21 ☎ 66 09 50
CITROEN-PEUGEOT carret. Málaga Los Pinos ☎ 66 35 12
FIAT-SEAT av. Virgen del Carmen 36 ☎ 66 00 08
FORD carret. Málaga Los Pinares ☎ 66 24 50
RENAULT av. Virgen del Carmen 30 ☎ 66 12 00
TALBOT carret. N 340 km 108 ☎ 66 01 74

ALGORTA Vizcaya 42 ③ y 990 ⑥ – 7 700 h. – ☎ 94 – Playa.

🏌18 de Neguri NO : 2 km ☎ 469 02 00.
♦Madrid 414 – ♦Bilbao 15.

Los Tamarises 🔇, playa de Ereaga ☎ 469 00 50, ≤, Pequeño museo del vino de Rioja – 🛗 ▤ rest. AE ⓪ E VISA. ✗
Com 1 000 – ☕ 300 – **42 hab** 3 600/4 800 – P 4 600/5 800.

X La Ola, playa de Ereaga ☎ 469 50 00, ≤.

en Neguri E : 2 km – ✉ Algorta – ☎ 94 :

XX **Jolastoki,** av. Los Chopos 31 ☎ 469 30 31, Decoración rústica – ▤. AE ⓪ E VISA. ✗
cerrado lunes y 15 julio-15 agosto – Com carta 1 600 a 2 830.

CITROEN-PEUGEOT av. Algortako 71 ☎ 460 00 00
FIAT-SEAT Barrio de Villamonte ☎ 460 11 37
RENAULT Sarrikobaso 28 ☎ 469 32 24
TALBOT Amesti 7 ☎ 469 12 46

ALHAMA DE ARAGÓN Zaragoza 990 ⑰ – 1 433 h. alt. 634 – ☎ 976 – Balneario.

♦Madrid 206 – Soria 99 – Teruel 166 – ♦Zaragoza 115.

Baln. Termas Pallares, General Franco 20 ☎ 84 00 11, « Hermoso estanque de agua termal en un gran parque », 🏊 de agua termal – 🛗 📺 🛁wc 🚿wc ☎ 🅟 – *temp.* – **148 hab**.

Ver también : *Piedra (Monasterio de)* SE : 17 km.

ALHAMA DE GRANADA Granada 446 U 17 18 – 7 093 h. alt. 960 – ☎ 958 – Balneario.

Ver : Emplazamiento★★.
♦Madrid 483 – ♦Córdoba 158 – ♦Granada 54 – ♦Málaga 82.

Balnearios 🔇, N : 3 km por carretera de Granada ☎ 35 00 11, « En un gran parque », 🏊 de agua termal – 🛗 🛁wc 🚿wc ☎ 🅟. ✗
10 junio-10 octubre – Com 920 – ☕ 230 – **101 hab** 1 265/2 400 – P 3 025/5 920.

ALHAURÍN EL GRANDE Málaga 446 W 15 – 13 049 h. – ☎ 952.

ℹ edificio Mercado de Mayoristas ☎ 49 00 58.
♦Madrid 577 – Antequera 65 – ♦Málaga 31 – Marbella 35.

en la carretera de Mijas SO : 2,5 km – ✉ Alhaurín El Grande – ☎ 952 :

XX El Postillón, ☎ 49 07 46 – 🅟.

ALICANTE P 445 Q 28 – 219 553 h. – 965 – Playa - Plaza de toros.

Ver : Explanada de España★ BCZ – Castillo de Santa Bárbara ≤★ CY.

18 de Peñas Rojas NO : 15 km por San Vicente del Raspeig ☎ 24 12 66 BY.

de Alicante por ② : 12 km ☎ 28 50 11 – Iberia : paseo de Soto 9 ☎ 20 60 00 BYZ.

☎ 22 50 47.

para Baleares y Canarias : Cía. Aucona, explanada de España 2 ☎ 20 60 11, Telex 66433 CZ **B**.

Explanada de España 2 ☎ 21 22 85 y Portugal 17 ☎ 22 38 02 – R.A.C.E. (A.C. de Alicante) Orense 3 ☎ 22 93 49.

♦Madrid 418 ③ – ♦Albacete 171 ③ – Cartagena 110 ② – ♦Murcia 84 ② – ♦Valencia (por la costa) 177 ①.

Plano página siguiente

Apartotel Meliá Alicante, playa del Postiguet, ✉ 1, ☎ 20 50 00, Telex 66131, ≤, climatizada – |‡| ▤ P. AE ◑ E VISA. ✂ CZ **r**
Com 900 – ☕ 450 – **545 hab** 3 260/5 500.

Gran Sol M sin rest, con cafetería, rambla Méndez Núñez 3, ✉ 2, ☎ 20 30 00, ≤ – |‡| ▤. AE ◑ E VISA. ✂ BZ **a**
☕ 300 – **150 hab** 3 000/6 200.

Maya y Rest. Mayapan, Canónigo Penalva, ✉ 13, ☎ 26 12 11, Telex 67594 – |‡| ▤ 🚗. AE ◑ E VISA. ✂ rest por ①
Com 600 – ☕ 225 – **200 hab** 1 860/3 250.

Leuka sin rest, con cafetería, Segura 23, ✉ 4, ☎ 20 27 44, Telex 66272 – |‡| ▤ 🚗. AE ◑ E VISA. ✂ AY **h**
☕ 220 – **108 hab** 1 860/3 240.

Resid. Palas sin rest, pl. Ayuntamiento 6, ✉ 2, ☎ 20 66 90 – |‡| ▤. AE ◑ E VISA CYZ **k**
☕ 190 – **53 hab** 2 050/3 350.

Palas, Cervantes 5, ✉ 2, ☎ 20 93 09 – |‡|. E VISA CYZ **e**
cerrado noviembre – Com 1 100 – ☕ 190 – **49 hab** 2 065/3 300 – P 3 150/3 565.

Cristal, sin rest, López Torregrosa 11 ☎ 20 96 00 – |‡| ▤ BY **z**
54 hab.

Covadonga sin rest, pl. de los Luceros 17, ✉ 4, ☎ 20 28 44 – |‡| ▥ ⛀wc ☎ 🚗. AE ◑ E VISA. ✂ BY **d**
☕ 180 – **83 hab** 1 575/2 650.

La Reforma sin rest, Reyes Católicos 7, ✉ 3, ☎ 22 21 47 – |‡| ▥ ⛀wc ☎ 🚗. AE E. ✂ BZ **h**
☕ 135 – **54 hab** 1 100/1 900.

La Balseta, sin rest, Manero Mollá 9, ✉ 1, ☎ 20 66 33 – |‡| ▥ ⛀wc ⛆wc ☎ BZ **b**
80 hab.

Cervantes sin rest, Pascual Pérez 19 ☎ 20 99 10 – |‡| ▥ ⛀wc ⛆wc ☎. ✂ BY **p**
☕ 170 – **34 hab** 1 320/2 075.

Maisonnave piso 1, sin rest, av. Maisonnave 5, ✉ 3, ☎ 22 59 45 – |‡| ▥ ⛀wc ⛆wc ☎. VISA. ✂ BZ **q**
☕ 130 – **40 hab** 975/1 950.

San Remo sin rest, Navas 30, ✉ 1, ☎ 20 95 00 – |‡| ▥ ⛀wc ⛆wc ☎. AE ◑ E VISA. ✂ BY **x**
☕ 140 – **28 hab** 1 350/2 000.

Cataluña piso 1, sin rest y sin ☕, Gerona 11, ✉ 1, ☎ 20 73 66 – |‡| ▥ ⛀wc ⛆wc ☎. AE VISA. ✂ BZ **n**
19 hab 750/1 300.

XXX **Delfín** piso 1, explanada de España 14, ✉ 1, ☎ 21 49 11, ≤, ⛱, Decoración moderna – ▤. AE ◑ E VISA. ✂ BZ **y**
Com carta 1 475 a 2 225.

XX **Nou Manolín** piso 1, Villegas 3, ✉ 1, ☎ 20 03 68 – ▤. AE ◑ E VISA. ✂ BY **m**
Com carta 1 025 a 2 475.

XX **La Masía,** Valdés 10, ✉ 1, ☎ 20 09 75 – ▤. AE ◑ E VISA BZ **r**
Com carta 1 200 a 3 225.

XX **Quo Venit,** pl. Santísima Faz 3, ✉ 2, ☎ 21 66 60, Decoración rústica – ▤. AE ◑ E VISA. ✂ CY **q**
Com carta 1 290 a 2 420.

X **Jumillano,** César Elguezabal 62 ☎ 21 29 64 – ▤. AE ◑ E VISA. ✂ BY **t**
cerrado domingo – Com carta 1 425 a 2 175.

X Darsena, muelle de Costa ☎ 20 75 89, ≤, ⛱ BZ **e**

X Mesón del Jamón 2, San Fernando 10, ✉ 2, ☎ 21 59 00 – ▤ CZ **x**

X La Goleta, explanada de España 6, ✉ 2, ☎ 21 43 92, ⛱ – ▤ CY **c**

X **Rincón Castellano,** Manero Mollá 12, ✉ 1, ☎ 21 90 02, ⛱ – ▤ BZ **s**
cerrado jueves – Com carta 735 a 1 440.

X **Mary Mar** piso 1, Bazán 7, ✉ 1, ☎ 20 07 75 – ▤ BYZ **v**
cerrado noviembre – Com 400/600.

X Berrenechea, Vasquéz de Mella 17 ☎ 20 43 07, Cocina vasca – ▤ CY **b**

sigue →

en la carretera de Valencia por ① – ☎ 965 :

Motel Abril, 10 km, ✉ **San Juan,** ☎ **65 34 08,** – rest
180 – **48 hab** 2 520/3 150.

XX Piel del Oso, Vistahermosa, 3,5 km, ✉ 15, ☎ 26 06 01, Cenas amenizadas al piano-órgano – Ⓟ.

X Marco Polo, Vistahermosa, 3,5 km, ✉ 15, ☎ 26 18 31, Cocina belga – Ⓟ.

en la carretera de Alcoy por ① : 7 km – ✉ San Juan – ☎ 965 :

X **La Côte de Bœuf,** ☎ 65 00 80, Pequeño jardín con arbolado, Cocina francesa – Ⓟ. E VISA.
cerrado lunes y 15 septiembre-15 octubre – Com carta 950 a 1 430.

X El Jabali, ☎ 65 39 12, Cocina francesa – Ⓟ.

en la playa de la Albufereta (por la costa) por ① – ✉ Alicante – ☎ 965 :

Adoc sin rest, 4 km ☎ 26 59 00, – Ⓟ. AE
225 – **93 hab** 2 000/3 000.

XX **Pizzeria Romana,** finca Las Palmeras, 6 km ☎ 26 06 02, En un pinar, Cocina francesa – Ⓟ. E VISA
cerrado martes y 24 octubre-21 noviembre – Com 1 150/1 600.

en Playa de San Juan por ① : 8 km par la costa – ✉ Playa de San Juan – ☎ 965 :

Sidi San Juan Sol ☎ 16 13 00, Telex 66263, playa y mar, « Amplias terrazas y zonas verdes », – Ⓟ – AE E VISA. rest
Com 1 350 – 350 – **176 hab** 3 850/6 000 – P 5 400/6 250.

Almirante y Rest. Pocardy av. de Niza 38 ☎ 65 01 12, – Ⓟ.
Com 800/1 100 – 175 – **64 hab** 2 010/3 275 – P 3 150/3 520.

Castilla, av. Paises Escandinavos 14, ✉ 16, ☎ 16 20 33, – Ⓟ. AE VISA.
Com 1 000 – 200 – **155 hab** 2 335/3 595 – P 3 620/4 160.

ALICANTE

Alfonso el Sabio (Av. de)	BY
Constitución (Av. de la)	BY 5
Mayor	CY
Méndez Núñez (Rambla)	BYZ
Ayuntamiento (Pl. del)	CY 2
Calvo Sotelo (Pl.)	BZ 3
Castaños	BYZ 4
Elche (Portal de)	BZ 6
Gabriel Miró (Pl. de)	BZ 7
General Goded	BY 8
Jijona (Av. de)	BY 9
Juan Bautista Lafora (Av. de)	CY 10
López Torregrosa	BY 12
Loring (Av. de)	ABZ 13
Poeta Carmelo Calvo (Av.)	BY 15
Puerta del Mar (Pl.)	CZ 16
Rafael Altamira	CZ 18
San Fernando	BCZ 19
Ten. Luciáñez (Pl.)	CY 20

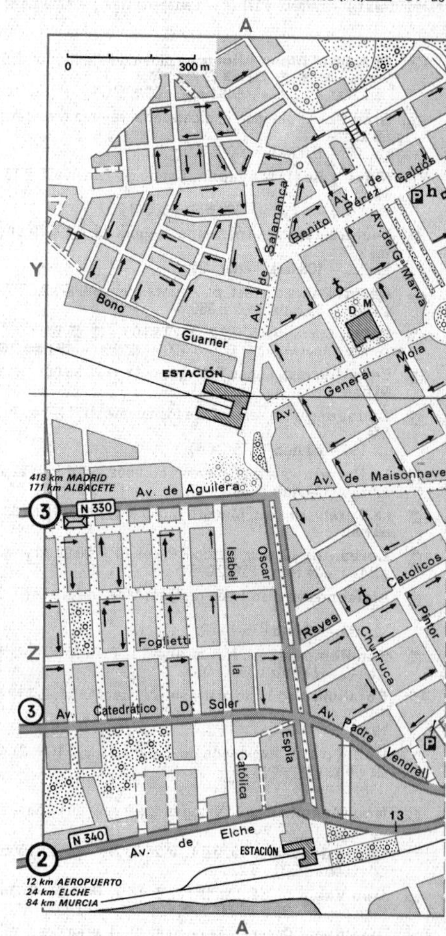

XX Marco Polo, ✉ Campelló, ☎ 65 67 03, Cocina francesa – .

X **Ranchito Vera-Cruz,** ☎ 65 22 36, Cocina francesa – E VISA
cerrado lunes y noviembre – Com carta 1 070 a 1 930.

X **Las Olas,** carret. de la Playa de San Juan ☎ 16 03 97, Cocina francesa y china – Ⓟ. AE E VISA
cerrado miércoles y del 15 al 30 mayo – Com carta 900 a 1 590.

X **Max's,** Cabo de las Huertas - Torre Estudio ☎ 16 59 15, Cocina francesa, – Ⓟ. AE VISA
cerrado lunes y 15 febrero-15 marzo – Com carta 1 075 a 1 645.

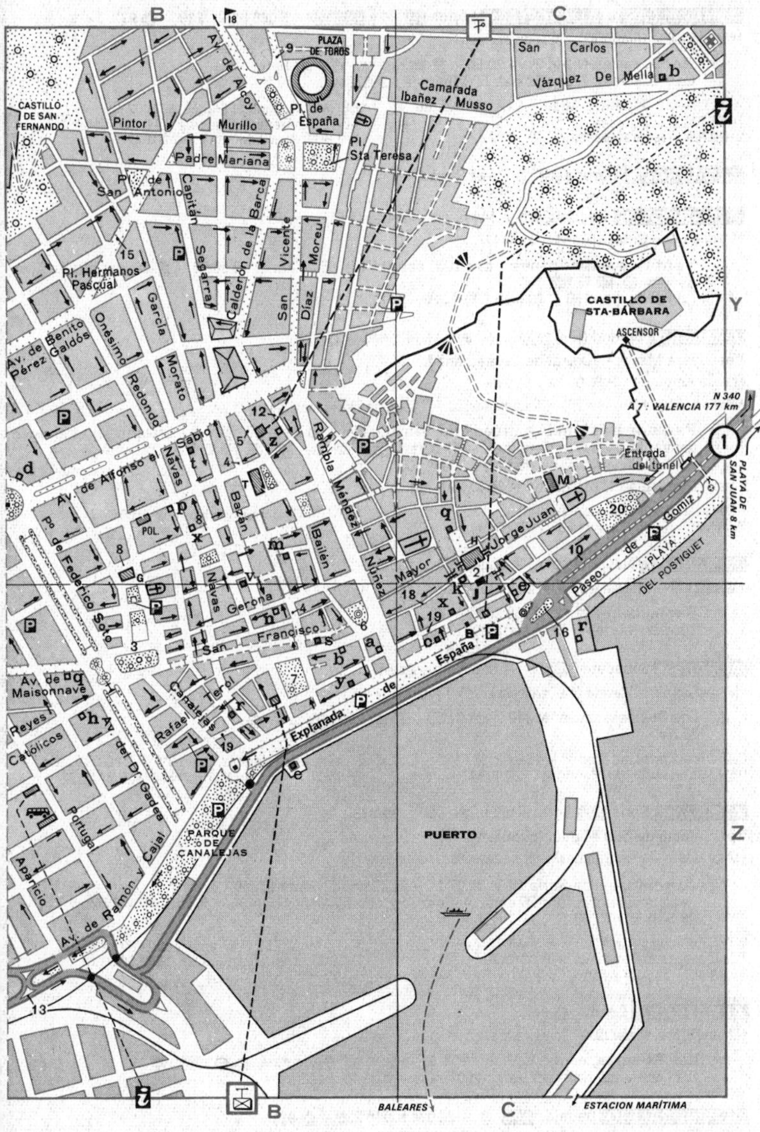

al norte **por la carretera de Villafranqueza : 16,5 km – ✉ Muchamiel :**

Mesón Valle del Sol ⛵, ☂, ⛱, 🌳, 🍴 – 🧳wc Ⓟ por av. de Jijona BY
26 hab.

CITROEN Mare Nostrum ☎ 28 60 00
FORD carret. de Murcia-Alicante km 73 ☎ 28 71 22
PEUGEOT-CITROEN av. de Denia 81 ☎ 26 50 11
RENAULT carret. de Madrid km 409 ☎ 28 95 33
SEAT carret. de Valencia km 84,5 - Vistahermosa ☎ 26 31 00
SEAT carret. de Madrid 39 ☎ 28 48 11
TALBOT Tomás Aznar Domenech 7 ☎ 28 39 43
TALBOT carret. de Murcia-Alicante km 73 ☎ 28 04 42

Pour un bon usage des plans de villes, voir les signes conventionnels p. 39.

ALMACELLAS o **ALMACELLES** Lérida 43 ⑭ y 990 ⑱ – 5 086 h. alt. 289 – ☎ 973.
♦Madrid 490 – Huesca 99 – ♦Lérida 21.

Roca, carret. N 240 ☎ 74 00 50 – ≡ rest. VISA. hab
Com 525 – 175 – **22 hab** 500/950 – P 1 585/1 660.

AUSTIN-MG-MORRIS-MINI San Jaime 86 ☎ 74 04 80
CITROEN General Franco 112 ☎ 74 02 42
RENAULT General Franco ☎ 74 02 90
SEAT av. General Franco ☎ 74 04 11
TALBOT San Jaime 111 ☎ 74 01 42

ALMADRABA Gerona 43 ⑨ – ver Rosas.

ALMADRONES Guadalajara – 144 h. alt. 1 054 – ☎ 911.
♦Madrid 100 – Guadalajara 44 – Soria 127.

Venta de Almadrones - km 103, carret. N II - E : 1 km ☎ 28 50 36 – ≡ rest wc wc . AE E VISA.
Com 550 – 150 – **40 hab** 590/1 380 – P 1 590/2 380.

ALMAGRO Ciudad Real 990 ㉕ – 8 680 h. alt. 643 – ☎ 926.
Ver : Plaza Mayor★ (Corral de Comedias★).
José Antonio 11 ☎ 86 07 17.
♦Madrid 189 – ♦Albacete 204 – Ciudad Real 23 – ♦Córdoba 230 – Jaén 165.

Parador Nacional, ronda de San Francisco ☎ 86 01 00, « Instalado en el antiguo convento de Santa Catalina - siglo XVI », – ≡ – . AE E VISA.
Com 1 100 – 300 – **55 hab** 3 600/4 500.

Chés, piso 1, pl. Mayor ☎ 86 07 13 – ≡.

CITROEN Ejido San Juan ☎ 86 08 82
RENAULT Ejido San Juan 38 ☎ 86 09 11
SEAT-FIAT carret. Valdepeñas ☎ 86 01 74

ALMANDOZ Navarra 42 ⑤ – ☎ 948.
♦Madrid 437 – ♦Bayonne 76 – ♦Pamplona 42.

Beola, carret. N 121 ☎ 58 50 13 – .
cerrado martes – Com carta 800 a 1 600.

ALMANSA Albacete 990 ㉗ – 18 596 h. – ☎ 967.
♦Madrid 321 – ♦Albacete 74 – ♦Alicante 97 – ♦Valencia 112.

Los Rosales, carret. N 340 ☎ 34 07 50 – ≡ rest wc
36 hab.

CITROEN carret. de Madrid km 320 ☎ 34 17 80
RENAULT carret. de Madrid km 320 ☎ 34 04 54
SEAT carret. de Madrid km 319 ☎ 34 08 50
TALBOT carret. de Madrid km 318 ☎ 34 08 72

ALMAZÁN Soria 990 ⑯ – 5 159 h. alt. 950 – ☎ 975.
Ver : Iglesia de San Miguel (cúpula★).
♦Madrid 191 – Aranda de Duero 107 – Soria 35 – ♦Zaragoza 179.

Antonio, av. de Soria 13 ☎ 30 07 11 – wc wc .
cerrado 24 diciembre-20 enero – Com *(cerrado festivos y domingo noche)* carta 1 025 a 1 675 – **28 hab** 800/1 600.

CITROEN carret. de Madrid ☎ 30 01 76
FORD Hurtado de Mendoza ☎ 30 05 20
RENAULT Salazar y Torres 18 ☎ 30 00 85
SEAT-MERCEDES Gran Vía 36 ☎ 30 14 78
TALBOT carret. Gomara km 0,5 ☎ 30 03 10

ALMAZCARA León – ☎ 987.
♦Madrid 385 – ♦León 103 – Ponferrada 9.

Los Rosales, carret. N VI ☎ 46 71 67 – ≡ wc wc . VISA.
Com 650 – 100 – **40 hab** 1 250/1 875 – P 2 540/3 165.

ALMENDRALEJO Badajoz 990 ㉓ – 22 074 h. alt. 336 – ☎ 924.
♦Madrid 368 – ♦Badajoz 56 – Mérida 25 – ♦Sevilla 172.

España sin rest y sin , av. San Antonio 77 ☎ 66 02 30 – wc
26 hab.

Los Angeles sin rest, Macarena ☎ 66 06 33 – ≡ wc . VISA.
80 – **21 hab** 1 080/1 800.

Salamanca, Méndez Núñez 10 ☎ 66 11 50 – ≡ rest wc wc
Com 475 – 125 – **25 hab** 900/1 800.

Danubio, carret. de Sevilla km 312 ☎ 66 10 84 – ≡ . VISA.
cerrado miércoles – Com carta 550 a 975.

RENAULT carret. de Sevilla ☎ 66 20 41
SEAT San Blás ☎ 66 02 66
TALBOT carret. de Sevilla ☎ 66 19 40

ALMERÍA P 446 V 22 – 121 302 h. (incl. El Alquian) – ☎ 951 – Playa - Plaza de toros.

Ver : Alcazaba★ (jardines★) Y – Catedral★ Z B.

Alred. : Ruta★ de Benahadux a Tabernas por ①.

18 Playa Serena, Roquetas de Mar por ② : 25 km ☎ 32 01 80 – 18 Almerimar, El Ejido por ② : 35 km.

✈ de Almería E : 8 km ☎ 22 19 54 – Iberia : paseo de Almería 42 ☎ 23 00 34.

⛴ para Melilla : Cía. Aucona, parque José Antonio 26 ☎ 23 63 56, Telex 78811.

ℹ Hermanos Machado - Edificio Multiple ☎ 23 47 05 – R.A.C.E. (A.C. de Almería) Rueda López 4 ☎ 23 89 80.

♦Madrid 548 ① – Cartagena 241 ① – ♦Granada 169 ① – Jaén 239 ① – Lorca 159 ① – Motril 113 ②.

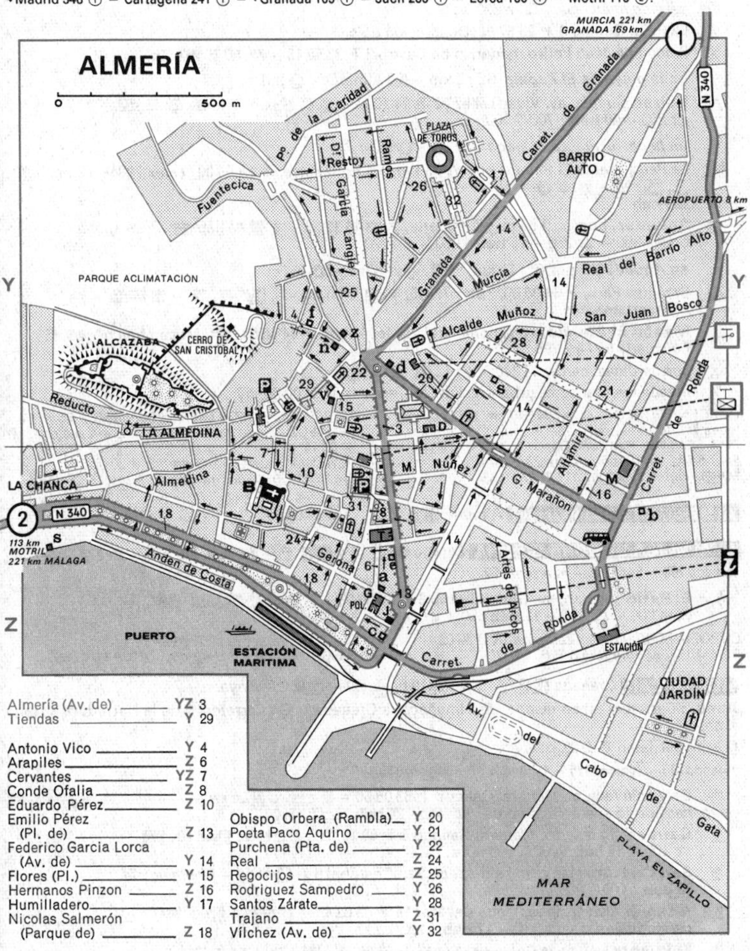

Almería (Av. de) .... YZ 3
Tiendas .... Y 29

Antonio Vico .... Y 4
Arapiles .... Z 6
Cervantes .... YZ 7
Conde Ofalia .... Z 8
Eduardo Pérez .... Z 10
Emilio Pérez (Pl. de) .... Z 13
Federico Garcia Lorca (Av. de) .... Y 14
Flores (Pl.) .... Y 15
Hermanos Pinzon .... Z 16
Humilladero .... Y 17
Nicolas Salmerón (Parque de) .... Z 18
Obispo Orbera (Rambla) .... Y 20
Poeta Paco Aquino .... Y 21
Purchena (Pta. de) .... Y 22
Real .... Z 24
Regocijos .... Z 25
Rodriguez Sampedro .... Y 26
Santos Zárate .... Y 28
Trajano .... Z 31
Vílchez (Av. de) .... Y 32

G. H. Almería sin rest, av. Reina Regente 4 ☎ 23 80 11, ≤, ⛱ – |♦| ▤ 🚗. AE ⓪ E VISA. ✻ — Z c
☐ 325 – **124 hab** 2 600/4 500.

Torreluz 2 sin rest, con cafeteria, pl. Flores 1 ☎ 23 47 99 – |♦| ▤ 🚗. AE ⓪ E VISA. ✻ — Y v
☐ 170 – **64 hab** 2 275/2 950.

Indálico sin rest, Dolores Sopeña 4 ☎ 23 11 11 – |♦| ▥ ⊟wc ⋒wc ☎. AE ⓪ VISA — Y s
☐ 150 – **100 hab** 1 600/2 600.

Costasol sin rest, av. de Almería ☎ 23 40 11 – |♦| ▤ ⊟wc ⋒wc ☎. AE ⓪ E VISA. ✻ — Z e
☐ 215 – **55 hab** 1 690/2 980.

Torreluz, pl. Flores 6 ☎ 23 47 99 – |♦| ▤ ⊟wc ☎ 🚗 — Y v
24 hab.

Embajador, Calzada de Castro 4 ☎ 25 55 11 – wc wc. VISA — Z b
Com 500 – 100 – **67 hab** 1 120/1 850 – P 1 860/2 055.

Nixar sin rest, Antonio Vico 14 ☎ 23 72 55 – wc wc. VISA. — Y f
65 – **38 hab** 750/1 400.

Rincón de Juan Pedro, pl. del Carmen 6 ☎ 23 53 79 – . AE E VISA. — Y n

Club de Mar, Muelle 1 ☎ 23 50 48, ≤, – AE E VISA — Z s
Com carta 1 010 a 1 625.

Impérial, Puerta de Purchena 5 ☎ 23 17 40 – — Y d
cerrado miércoles – Com 600/1 200.

La Reja, Gerona 8 ☎ 23 57 02, Decoración típica – — Z a

Rincón de Juan Pedro, Federico de Castro 2 ☎ 23 58 19 – . AE E VISA. — Z z

en la playa de El Zapillo SE : 2 km – ✉ Almería – 951 :

Hairan sin rest, av. Vivar Téllez 72 ☎ 24 20 11 – wc wc . E VISA
200 – **40 hab** 1 700/2 900.

en la carretera de Málaga por ② – 951 :

La Parra, Bahía El Palmer por ② : 6 km, ✉ Aguadulce, ☎ 34 05 00, Telex 78848, ≤ mar, , , , – –
156 hab.

Solymar, por ② : 2,5 km, ✉ Almería, ☎ 23 46 22, ≤ – hab wc
Com 1 350 – 350 – **15 hab** 4 600 – P 4 890.

en Aguadulce por ② : 11 km – ✉ Aguadulce – 951 :

Satélites Park, ☎ 34 06 00, Telex 78845, ≤, climatizada, , , – –
249 apartamentos.

Mesón El Abuelo, zona comercial - c/del Álamo ☎ 34 16 53, , Mesón típico – . E
Com carta 990 a 2 295.

Los Jardines, carret. N 340 ☎ 34 14 05, – .

Mesón los Mariscos, urbanización Las Terrazas ☎ 34 00 06, .

CITROEN-PEUGEOT carret. N 340 km 117 Los Callejones ☎ 30 00 14
FIAT-SEAT av. San Juan Bosco 3 ☎ 25 76 33
FIAT-SEAT av. Cabo de Gata 22 ☎ 24 15 22
FORD carret. N 340 km 117 ☎ 23 70 33
MERCEDES-BENZ carret. de Ronda 55 ☎ 25 71 44
PEUGEOT carret. N 340 km 117 Los Callejones ☎ 30 00 14
RENAULT carret. N 340 km 119 ☎ 30 02 51
TALBOT carret. de Granada 2 - Tramo ☎ 23 78 78

ALMERIMAR (Urbanización) Almería 446 V 21 – ver El Ejido.

La ALMUNIA DE DOÑA GODINA Zaragoza 43 ⑪ y 990 ⑰ – 5 065 h. alt. 320 – 976.

♦Madrid 269 – Soria 126 – ♦Zaragoza 52.

El Patio con hab, av. Generalísimo 6 ☎ 60 06 08 – rest wc . VISA
Com 600 – 125 – **11 hab** 650/1 450.

CITROEN-PEUGEOT av. Zaragoza 19 ☎ 60 02 41
RENAULT av. Zaragoza 6 ☎ 60 01 92
SEAT av. Zaragoza 17 ☎ 60 02 32
TALBOT carret. de Madrid km 270 ☎ 60 02 86

ALMUÑÉCAR Granada 446 V 18 – 15 419 h. alt. 59 – 958 – Playa.

Alred. : Carretera en cornisa★★ de Almuñécar a Granada – O : Carretera★ de la Herradura a Nerja ≤★★.

Bajos del paseo ☎ 39 03 33.

♦Madrid 516 – Almería 136 – ♦Granada 87 – ♦Málaga 85.

Goya sin rest, av. General Galindo ☎ 63 05 50 – wc wc
cerrado 15 enero-15 febrero – 120 – **24 hab** 1 250/1 800.

Carmen sin rest, av. General Galindo 8 ☎ 63 14 13 – wc wc . VISA
100 – **18 hab** 1 000/1 600.

San Cristóbal sin rest y sin , pl. San Cristóbal 5 ☎ 63 11 12 – wc.
18 hab 1 400/1 800.

Altamar piso 1, sin rest, alta del Mar 15 ☎ 63 03 46 – wc wc. VISA
cerrado febrero – 110 – **17 hab** 1 100/1 700.

El Puente, av. de la Costa del Sol 12 ☎ 63 00 65 – wc .
Com 400 – 100 – **26 hab** 800/1 200 – P 1 600.

Rocamar, Córdoba 1 ☎ 63 00 23 – wc.
Com (sólo de junio a septiembre) 500 – 100 – **17 hab** 650/1 300 – P 1 650.

Donosti piso 1, sin rest, Santa Cristina 3 ☎ 63 06 84 – wc.
100 – **9 hab** 950/1 500.

Los Geranios, placeta de la Rosa 4 ☎ 63 07 24, Decoración típica regional – AE E VISA
cerrado martes y 10 noviembre-10 diciembre – Com carta 605 a 1 345.

Vecchia Firenze, pl. de la Fabriquilla ☎ 63 19 04, , Rest. italiano – . VISA
cerrado febrero – Com carta 1 000 a 1 450.

Picadilly, carret. de Málaga O : 1,5 km, ≤, – . VISA
cerrado martes y noviembre – Com carta 700 a 1 250.

✗ La Ultima Ola, Manila 17 ☎ 63 00 18, ≤, terraza
temp.

✗ **Vizcaya,** playa de San Cristóbal ☎ 63 00 13, ≤, terraza – DC E VISA. ✗
cerrado 15 octubre-6 enero – Com carta 725 a 1 115.

✗ El Calabré, playa de San Cristóbal ☎ 63 00 80, ≤, terraza.

en la playa de Velilla – ✉ Almuñécar – ☎ 958 :

Velilla, sin rest, E : 2,5 km - Edificio Inti - Yan ☎ 63 07 58, ≤ – |ascensor| wc
temp. – **28 hab**.

✗ Casa Paco, E : 2 km ☎ 63 10 29, terraza.

RENAULT av. Costa del Sol 2 ☎ 63 02 52
SEAT La Paloma ☎ 63 02 26
TALBOT carret. de Málaga (edificio Las Sirenas) ☎ 63 13 86

ALMURADIEL Ciudad Real 990 ㉕ – 1 068 h. alt. 800 – ☎ 926.
♦Madrid 229 – Ciudad Real 85 – Jaén 103 – Valdepeñas 30.

Los Podencos, carret. N IV ☎ 33 90 00, piscina – aire wc ☎ P. E VISA
Com 800 – ☕ 200 – **64 hab** 1 500/2 500.

✗ Casa Marcos, carret. N IV ☎ 33 90 34 – aire P.

ALP Gerona 43 ⑦ y 990 ⑲ – 1 073 h. (incl. La Molina) alt. 1 158 – ☎ 972 – Deportes de invierno en Masella SE : 5 km : ⚡7.
♦Madrid 644 – ♦Lérida 175 – Puigcerdá 8.

✗ **Les Lloses,** Piscina ☎ 89 00 96, ≤ – P. ✗
cerrado miércoles y 15 octubre-15 noviembre – Com carta 640 a 1 350.

en Masella S : 7 km – ✉ Alp – ☎ 972 :

Alp H. ⛷, ☎ 89 01 01, ≤, piscina, piscina cubierta – |ascensor| garaje P – niños. AE VISA. ✗ rest
cerrado octubre-19 diciembre – Com 900 – ☕ 250 – **149 hab** 2 500/2 900.

ALSASUA Navarra 42 ④ y 990 ⑥ – 7 213 h. alt. 532 – ☎ 948.
Alred. : S : carretera★★ del puerto de Urbasa – E : carretera★ del Puerto de Lizárraga (mirador★).
♦Madrid 402 – ♦Pamplona 50 – ♦San Sebastián 71 – ♦Vitoria 46.

en la carretera de San Sebastián N I – ✉ Alsasua – ☎ 948 :

Alaska, NO : 6,5 km ☎ 56 01 00, « Amplio cesped bajo los robles » – TV wc ☎ garaje P
marzo-1 octubre – Com 850 – ☕ 190 – **30 hab** 2 000/3 000 – P 2 700/3 000.

✗ **Ulayar** con hab, NO : 2 km ☎ 56 00 75, « Bonito jardín al borde de un bosque » – TV wc ducha wc ☎ garaje P. AE DC E VISA
marzo-octubre – Com carta 800 a 1 700 – ☕ 200 – **7 hab** 950/2 000 – P 2 250.

✗ **Leku-Ona** con hab, NO : 2 km ☎ 56 02 75, « Al borde de un bosque » – TV wc ☎ P
cerrado 24 diciembre-1 marzo – Com *(cerrado lunes)* 600/800 – ☕ 160 – **7 hab** 1 325 – P 2 800.

AUSTIN-MG-MORRIS-MINI carret. Madrid-Irún ☎ 56 04 56
CITROEN-PEUGEOT carret. Pamplona ☎ 56 00 43
RENAULT carret. Madrid-Irún km 395 ☎ 56 01 32
SEAT carret. N I - Olazagutia ☎ 56 05 84
TALBOT carret. N I km 394 - Olazagutia ☎ 56 04 14

ALTEA Alicante 445 Q 29 – 10 086 h. – ☎ 965 – Playa.
Alred. : Recorrido★ de Altea a Calpe.
⛳9 Club Don Cayo N : 4 km ☎ 84 07 16.
♦Madrid 475 – ♦Alicante 57 – Benidorm 11 – Gandía 60.

Altaya, Generalísimo 115 ☎ 84 08 00, ≤ – TV wc ducha wc ☎ P. E VISA. ✗
Com 650 – ☕ 125 – **24 hab** 1 100/1 700 – P 2 300/4 100.

San Miguel, Generalísimo 65 ☎ 84 04 00, ≤ – |ascensor| TV ducha wc ☎
24 hab.

en el Puerto S : 1 km – ✉ Altea – ☎ 965 :

Solymar, av. del Puerto 22 ☎ 84 02 50, ≤ – TV wc ducha wc ☎ P. E VISA. ✗ rest
Com 650 – ☕ 125 – **17 hab** 1 100/1 700 – P 2 050/2 300.

en la playa de Albir S : 2,5 km – ✉ Altea – ☎ 965 :

✗✗ **Sol Playa,** Edificio Sol ☎ 84 02 96, ≤, terraza – P. DC VISA
cerrado febrero-15 marzo y miércoles en invierno – Com carta 850 a 1 920.

en la carretera de Alicante SO : 3,5 km – ✉ Alfáz del Pí – ☎ 965 :

Europa, ☎ 88 83 50, ≤, piscina – |ascensor| TV wc P. ✗ rest
Com 475 – ☕ 125 – **38 hab** 1 050/1 750 – P 1 625/1 800.

CITROEN Partido de Cap Blanc 37 ☎ 84 08 97
RENAULT Olla de Altea ☎ 84 10 36

ALTO CAMPÓO Cantabria 990 ⑤ – ver Reinosa.

ALTO DE BUENAVISTA Oviedo – ver Oviedo.

ALTO DE MEAGAS Guipúzcoa 42 ④ – ver Zarauz.

ALTRÓN Lérida 43 ⑥ – ver Llessuy.

AMASA Guipúzcoa 42 ⑤ – ver Villabona.

La AMETLLA DEL VALLÉS o **L'AMETLLA DEL VALLÉS** Barcelona 43 ⑱ – 1 639 h. alt. 312 – ☎ 93.

♦Madrid 648 – ♦Barcelona 35 – Gerona 83.

Del Vallés, carret. N 152 ☎ 843 06 00, <, ⛱, – |ǂ| ▤ 🚗 P – ♿. AE E VISA. ✗ rest
Com 1 200 – ☕ 250 – **54 hab** 2 650/3 960 – P 4 230/4 900.

✗ La Masía, paseo Torregasa 103 ☎ 843 00 02 – ▤ P. ⓓ E VISA. ✗
cerrado martes excepto festivos – vísperas y del 15 al 30 agosto.

AMETLLA DE MAR o **L'AMETLLA DE MAR** Tarragona 990 ⑱⑲ – 3 269 h. alt. 20 – ☎ 977 – Playa.

♦Madrid 509 – Castellón de la Plana 132 – Tarragona 50 – Tortosa 33.

Bon Repos ⑤, pl. Cataluña 49 ☎ 45 60 25, ☂, « Jardín con arbolado », ⛱ – ▥ ⛀wc ⛆wc ☎ P. ✗ rest
10 abril-septiembre – Com 840 – ☕ 215 – **38 hab** 1 480/2 340 – P 2 750/3 060.

✗ **Cova Gran,** Mediterráneo ☎ 45 64 09, <, ☂ – P. E VISA
abril-septiembre – Com carta 1 060 a 2 235.

AMOREBIETA Vizcaya 42 ③ y 990 ⑥ – 15 090 h. alt. 70 – ☎ 94.

♦Madrid 415 – ♦Bilbao 22 – ♦San Sebastián 79 – ♦Vitoria 51.

✗✗ El Cojo, San Miguel 11 ☎ 673 00 25 – ▤ P.

CITROEN Sabino Arana 22 ☎ 673 02 09 — SEAT Carmen 23 y 25 ☎ 673 04 00

AMPOLLA Tarragona 990 ⑱ – 13 521 h. – ☎ 977 – Playa.

♦Madrid 511 – Castellón de la Plana 124 – Tarragona 66 – Tortosa 25.

✗ Casa Elisa, del Mar ☎ 46 02 09, <, ☂, Pescados y mariscos.

AMPURIABRAVA (Urbanización) Gerona 43 ⑨ – ver Castelló de Ampurias.

ANDORRA (Principado de) ★★ 990 ⑨, 43 ⑥⑦, 86 ⑭⑮ – 37 825 h. – ☎ con España : 9738

s = servicio comprendido	**s** = servizio compreso
s = serviço compreendido	**s** = Bedienung inbegriffen
s = service compris	**s** = service included

Andorra la Vieja (Andorra la Vella) Capital del Principado – alt. 1 029.

Alred. : NE : Valle del Valira del Orient★ – N : Valle del Valira del Nord★.

ℹ Anna M. Janer (cerrado domingo y festivos tarde) ☎ 202 14 – A.C.A. Babot Camp 4 ☎ 208 90.

♦Madrid 622 – ♦Barcelona 220 – Carcassonne 165 – Foix 103 – Gerona 217 – ♦Lérida 153 – Manresa 148 – ♦Perpignan 166 – Tarragona 208 – Toulouse 186.

Andorra Center Ⓜ, Dr. Nequi 7 ☎ 249 99, Telex 203, ⛱ – |ǂ| ▤ rest P – ♿
140 hab 10 apartamentos.

President Ⓜ, av. Santa Coloma 40 ☎ 229 22, Telex 233, <, ⛱ – |ǂ| 🚗. AE ⓓ VISA. ✗ rest
Com 1 250 **s** – ☕ 280 – **88 hab** 3 585/4 050 **s**, **14 apartamentos** 4 000/8 000 **s**.

Andorra Palace, Prat de la Creu ☎ 210 72, Telex 208, <, ⛱, ✗ – |ǂ| 🚗 P – ♿. AE ⓓ VISA. ✗
Com 1 350 – ☕ 425 – **140 hab** 3 100/3 800 – P 5 025/5 725.

Eden Roc Ⓜ, av. Dr-F. Mitjavila ☎ 210 00 – |ǂ|. AE ⓓ E VISA. ✗
Com 1 525 **s** – ☕ 300 – **55 hab** 3 500/4 950 – P 5 300/6 380 **s**.

Mercure Ⓜ, av. Meritxell 58 ☎ 207 73, Telex 208, ⛱, ✗ – |ǂ| 🚗 P – ♿. AE ⓓ VISA. ✗ rest
Com 1 350 – ☕ 425 – **70 hab** 3 250/4 150 – P 5 200/6 100.

Flora Ⓜ sin rest, Antic Carrer Major 23 ☎ 215 08, Telex 209 – |ǂ|. E VISA
☕ 300 – **45 hab** 2 000/3 200 **s**.

Sasplugas ⑤, av. del Princep Iglesias ☎ 203 11, < – |ǂ| ▥ ⛀wc ☎ 🚗. AE ⓓ E VISA. ✗
Com 825 **s** – ☕ 220 – **26 hab** 2 200/3 000 **s** – P 2 860 **s**.

Isard, av. Meritxell 36 ☎ 200 92, Telex 203 – |ǂ| ▥ ⛀wc ⛆wc ☎ 🚗 P. AE ⓓ E VISA. ✗ rest
Com 920 **s** – ☕ 265 – **55 hab** 2 300/2 900 **s** – P 3 290/4 140 **s**.

Florida sin rest, Llacuna 11 ☎ 201 05, Telex 262 – wc wc. VISA
37 hab 1 250/2 100 **s**.

Cassany, av. Meritxell 28 ☎ 206 36 – wc wc. VISA
Com *(cerrado martes)* 800 **s** – **50 hab** 1 600/2 400 **s** – P 2 350/2 500 **s**.

Consul, pl. Rebes 5 ☎ 201 96 – wc wc. E VISA
cerrado 10 enero-10 febrero – Com *(cerrado lunes no festivos, salvo Navidad, Pascuas y verano)* 900/1 200 – **56 hab** 1 400/2 300 – P 2 700/2 950.

Moli Dels Fanals, Prada Casadet ☎ 213 81 – P. E VISA
cerrado lunes y 25 junio-15 julio – Com carta 1 050 a 1 545.

ALFA-ROMEO-PORCHE av. Meritxell 90 ☎ 206 26
AUTOBIANCHI-LANCIA av. Santa Coloma 107 ☎ 203 83
DATSUN-ROVER-LADA-SKODA Virgen del Pilar 12 ☎ 201 44
FERRARI av. Tarragona 51 ☎ 248 30
FIAT-SEAT av. D.-F. Mitjavila 1 bis ☎ 204 71
FORD av. Meritxell 76 ☎ 207 54
OPEL-OPEL G.M. av. Santa Coloma 50 ☎ 204 23
PEUGEOT av. Tarragona ☎ 216 69
TALBOT av. Dr F. Mitjavila ☎ 201 19
TOYOTA av. Salou ☎ 223 71
VAG (VOLKSWAGEN) av. Meritxell 100 ☎ 213 74

Arinsal – alt. 1 445 – ✉ La Massana – Deportes de invierno : 1 550/2 550 m. 14.

♦Andorra la Vieja 9.

Solana M, ☎ 351 27, ←, – wc wc. AE E VISA. rest
cerrado 15 octubre-20 noviembre – Com 650/1 000 **s** – 250 – **40 hab** 1 250/2 300 **s** – P 2 000/2 500 **s**.

Pobladó, ☎ 351 22, ← – wc wc P. E VISA.
cerrado octubre – Com 750/950 **s** – 250 – **40 hab** 1 200/2 000 **s** – P 2 000/2 300 **s**.

Residencia Janet sin rest, Erts S : 1,5 km ☎ 350 88, ← – wc wc.
175 – **20 hab** 900/1 600 **s**.

Canillo – alt. 1 531 – ✉ Canillo.

Alred. : Iglesia de Sant Joan de Caselles (Crucifixión*) NE : 1 km.

♦Andorra la Vieja 11.

Pellissé M, ☎ 512 05, ← – wc P
37 hab.

Encamp – alt. 1 313.

Alred. : Les Bons (paraje*) N : 1 km.

♦Andorra la Vieja 6.

Univers, ☎ 310 05 – wc wc P. E VISA.
cerrado noviembre – Com 750 **s** – 170 – **41 hab** 850/1 700 **s** – P 2 100 **s**.

Les Escaldes – alt. 1 105 – ✉ Andorra la Vieja.

♦Andorra la Vieja 1.

Delfos M, av. del Fener ☎ 246 42, Telex 242 – rest – . E VISA. rest
Com 1 000 – 325 – **200 hab** 1 800/3 000 – P 2 850.

Roc Blanc, pl. dels Co-Princeps 5 ☎ 214 86, Telex 224, , – – . AE E VISA. rest
Com 1 450 y snack-bar **l'Entrecôte** carta 1 450 a 2 340 – 400 – **96 hab** 3 300/4 300 – P 4 700/5 750.

Les Comtes d'Urgell, av. Escoles 29 en Engordany ☎ 206 21, Telex 226 – wc wc . AE E VISA. rest
Com 900 **s** – 290 – **200 hab** 1 500/2 400 **s** – P 2 450 **s**.

Espel. M, pl. Creu Blanca 1 en Engordany ☎ 209 44 – wc P.
cerrado 2 noviembre-3 diciembre – Com 600/700 **s** – 150 – **102 hab** 1 200/1 900 **s** – P 1 800/2 200 **s**.

La Grandalla, av. Carlemany 14 ☎ 211 25 – wc wc. E VISA. rest
cerrado 9 enero-3 febrero – Com 750 **s** – 175 – **44 hab** 1 700/2 100 **s** – P 2 200/2 700 **s**.

Hostal Andorrá, av. Carlemany 34 ☎ 208 31 – wc wc.
cerrado 8 enero-10 febrero – Com 500/850 **s** – 230 – **35 hab** 900/2 000 **s** – P 1 500/2 400 **s**.

AUSTIN-MG-MORRIS-MINI, CITROEN av. Carlemany 34 bis ☎ 214 87
JAGUAR-TRIUMPH av. Carlemany 34 ☎ 205 01

La Massana – alt. 1 241 – ✉ La Massana.

♦Andorra la Vieja 5.

Rutlan M, ☎ 350 00, ←, climatizada, , – wc P. AE E VISA. rest
Com 900 **s** – 300 – **70 hab** 2 500/2 900 **s**.

La Borda de l'Avi, carret. de Arinsal ☎ 351 54 – P. AE E VISA
Com carta 1 510 a 2 655 **s**.

Ordino – alt. 1 304.

♦Andorra la Vieja 7.

Coma Ⓜ, ☎ 351 16, ≤, ⛱, – ⇕ . (P). E VISA.
cerrado octubre-15 diciembre – Com 900 **s** – **48 hab** 2 400/3 300 **s** – P 2 900/3 650 **s**.

Pas de la Casa – alt. 2 091 – Deportes de invierno : 2 050/2 500 m. 8 – ver aduanas p. 14 y 15.

Alred. : Puerto de Envalira ** O : 4 km.

♦Andorra la Vieja 30.

Sporting Ⓜ, Catalunya 1 ☎ 554 55, Telex 255, ≤ – ⇕ . AE E VISA.
cerrado 17 abril-15 julio y 26 septiembre-19 diciembre – Com 765/1 175 **s** – **76 hab y 5 apartamentos** 4 315/6 610 **s** – P 5 660/6 660 **s**.

Dels Isards, ☎ 551 55, ≤ – wc wc ☎. AE E VISA. rest
Com 900 **s** – 250 – **35 hab** 1 700/2 150 **s** – P 2 970/3 630 **s**.

Santa Coloma – alt. 970 – ✉ Andorra la Vieja.

♦Andorra la Vieja 3.

Cerqueda, ☎ 202 35, ≤, ⛱, – ⇕ wc ☎ (P). E VISA. rest
cerrado 10 enero-10 marzo – Com 800/900 **s** – 240 – **75 hab** 1 400/2 400 **s** – P 2 400/2 700 **s**.

La Roureda, ☎ 206 81, ≤, ⛱, – ☎ (P).
junio-septiembre – Com 700 **s** – 200 – **36 hab** 1 000/2 000 **s** – P 2 100 **s**.

ALFA-ROMEO av. de Enclar 72 ☎ 216 32
RENAULT carret. General ☎ 206 72

Sant Julia de Loriá – alt. 909.

♦Andorra la Vieja 7.

Sant Eloi Ⓜ, carret. de España ☎ 411 00, Telex 239 – ⇕ – . E VISA. rest
Com 800 – 200 – **88 hab** 2 200/2 800 – P 2 900/3 700.

Pol Ⓜ, Verge de Canolich 52 ☎ 411 22, Telex 272, – ⇕ wc ☎ (P). E VISA
15 marzo-octubre y 15 diciembre-15 enero – Com 850 **s** – 230 – **70 hab** 1 700/2 700 **s** – P 2 900/3 600 **s**.

Barcelona, N : 1 km ☎ 411 77 – wc wc ☎ (P). VISA. rest
cerrado 10 enero-Pascuas – Com 750/850 **s** – 170 – **50 hab** 1 700/3 000 **s** – P 2 300/2 600 **s**.

Coma Bella, SE : 7 km, alt. 1 300 ☎ 412 20, ≤, « En el bosque de la Rabassa », parque – wc (P). E VISA
cerrado 15 noviembre-20 diciembre y del 8 al 30 enero – Com 700 **s** – 150 – **28 hab** 1 400/2 475 **s** – P 2 000/2 700 **s**.

BMW Prat de la Tresa ☎ 419 64
VOLVO av. Virgen de Canolich 59 ☎ 411 43

El Serrat – alt. 1 539 – ✉ Ordino.

♦Andorra la Vieja 16.

Del Serrat, ☎ 352 96, ≤ – wc ☎ (P).
cerrado del 10 al 31 enero – Com 780 **s** – 250 – **20 hab** 1 420/1 950 **s** – P 2 400 **s**.

Soldeu – alt. 1 826 – ✉ Soldeu – Deportes de invierno : 1 800/2 460 m. 12.

♦Andorra la Vieja 19.

Del Tarter Ⓜ, O : 3 km ☎ 511 65, ≤ – ⇕ wc wc ☎ (P). E VISA.
cerrado noviembre – Com 1 050 **s** – 250 – **35 hab** 1 500/2 200 **s** – P 2 800/3 500 **s**.

La Borda del Rector, NO : 1 km ☎ 510 30 – (P).

ANDÚJAR Jaén 446 R 17 – 34 459 h. alt. 212 – 953 – Plaza de toros.

Ver : Iglesia de San Miguel★ (portada★) – Iglesia de Santa María (reja★).

Excurs. : Santuario de la Virgen de la Cabeza : carretera en cornisa ≤** N : 32 km.

♦Madrid 321 – ♦Córdoba 77 – Jaén 66 – Linares 41.

Don Pedro, sin rest, Gabriel Zamora 5 ☎ 50 12 74 – ⇕ wc wc ☎
33 hab.

Caballo Blanco, Monjas 5 ☎ 50 02 88 – .

en la carretera N IV – ✉ Andújar – 953 :

Del Val, E : 1 km ☎ 50 09 50, ⛱, – rest wc wc ☎ (P). AE VISA. rest
Com 700 – 150 – **79 hab** 1 560/1 950 – P 2 300/ 2 860.

CITROEN av. Camilo Alonso Vega 1 ☎ 50 04 85
MERCEDES-BENZ carret. los Villares ☎ 50 08 74
RENAULT carret. Madrid km 321 ☎ 50 05 23
SEAT-FIAT carret. N IV km 322 ☎ 50 05 39
TALBOT carret. Madrid km 321 ☎ 50 14 84

ANTEQUERA Málaga 446 U 16 – 40 113 h. alt. 512 – ☎ 952 – Plaza de toros.
Ver : Castillo ≤★.
Alred. : NE : Los dólmenes★ (cuevas de Menga, Viera y del Romeral) – El Torcal★ S : 16 km – Carretera★ de Antequera a Málaga ≤★★.
ℹ Coso Viejo ☎ 84 21 80.
♦Madrid 527 – ♦Córdoba 129 – ♦Granada 98 – Jaén 185 – ♦Málaga 48 – ♦Sevilla 160.

- **Parador Nacional** ⑤, paseo García del Olmo ☎ 84 17 40, ≤, ⛱ – ▤ Ⓟ – 🏔. AE ⓓ E VISA. ⛔
  Com 1 100 – ☕ 300 – **55 hab** 3 200/4 000.
- ✗ Don Sancho, pl. Cristóbal Toral 4 ☎ 84 33 89.

en la carretera N 331 SE : 13,5 km – ✉ Antequera – ☎ 952 :

- ✗ La Yedra, con hab, ☎ 84 22 87, ≤ – ⫼ ⫯wc Ⓟ
  15 hab.

CITROEN-PEUGEOT carret. de Córdoba ☎ 84 29 40
FORD carret. de Sevilla-Granada km 159 ☎ 84 12 64
RENAULT carret. de Málaga - Polígono Industrial ☎ 84 15 59
SEAT-FIAT carret. de Córdoba 3 ☎ 84 16 91
TALBOT carret. de Córdoba ☎ 84 12 80

La ANTILLA Huelva 990 ㉜ – ver Lepe.

ARACENA Huelva 446 S 10 – 6 401 h. alt. 682 – ☎ 955 – Balneario – Plaza de toros.
Ver : Gruta de las Maravillas★★. **Excurs. :** S : Sierra de Aracena★.
♦Madrid 514 – Beja 132 – ♦Cáceres 243 – Huelva 108 – ♦Sevilla 93.

- **Sierra de Aracena** sin rest y sin ☕, Gran Vía 21 ☎ 11 07 75 – |♦| ⫼ ⛀wc ⫯wc ☎ 🚗. VISA. ⛔
  30 hab 1 500/2 000.
- ✗✗ **Casas,** Pozo Nieve 41 ☎ 11 00 44, « Decoración de estilo andaluz » – VISA
  Com carta 1 000 a 1 625.
- ✗ **Venta de Aracena,** carret. N 433 ☎ 11 07 62, ⛱, Decoración regional – Ⓟ. ⛔
  Com carta 685 a 1 200.

RENAULT carret. Sevilla-Lisboa km 56 ☎ 11 03 21
SEAT carret. Sevilla-Lisboa km 52,300 ☎ 11 03 21

ARAGÜES DEL PUERTO Huesca 42 ⑰ – 177 h. alt. 1 000 – ☎ 974.
♦Madrid 486 – Huesca 96 – Jaca 43 – ♦Pamplona 116.

- **Lizara** ⑤, ☎ 37 50 00, ≤, ⛱ – ⫼ ⫯wc ☎. AE. ⛔ rest
  Com 650 – ☕ 150 – **16 hab** 1 000/1 800 – P 2 130/2 330.

ARANDA DE DUERO Burgos 990 ⑮ – 22 133 h. alt. 798 – ☎ 947 – Plaza de toros.
Ver : Iglesia de Santa María (fachada★).
Alred. : Peñaranda de Duero (plaza Mayor★ – Palacio de los Miranda★) NE : 18 km.
♦Madrid 161 – ♦Burgos 82 – ♦Segovia 115 – Soria 112 – ♦Valladolid 92.

- **Tres Condes,** av. Castilla 66 ☎ 50 24 00, Decoración castellana – ⫼ ▤ rest ⛀wc ⫯wc ☎ 🚗. VISA. ⛔
  Com 675 – ☕ 175 – **35 hab** 1 300/2 300.
- **Julia,** San Gregorio 2 ☎ 50 12 50 – |♦| ⫼ ▤ rest ⫯wc ☎. VISA
  Com 750 – ☕ 175 – **61 hab** 1 045/1 700 – P 2 240/2 440.
- **Aranda,** San Francisco 51, junto a plaza de toros ☎ 50 16 00 – |♦| ⫼ ▤ rest ⛀wc ⫯wc ☎. VISA
  Com 750 – ☕ 170 – **45 hab** 980/1 520 – P 1 900/2 000.
- ✗✗ **Casa Florencio,** Arias de Miranda 14 ☎ 50 02 30, Cordero asado – ⛔
  cerrado lunes noche y martes – Com carta 1 080 a 2 000.
- ✗✗ **Mesón de la Villa,** Alejandro Rodríguez de Valcárcel 3 ☎ 50 10 25 – ▤. AE VISA. ⛔
  cerrado lunes y 12 octubre-1 noviembre – Com carta 1 160 a 1 900.
- ✗ **Mesón El Roble,** pl. Primo de Rivera 7 ☎ 50 29 02, Decoración rústica castellana – ▤. VISA. ⛔
  Com carta 925 a 1 725.

en la carretera de Burgos N I – ✉ Aranda de Duero – ☎ 947 :

- **Montermoso,** N : 4,5 km ☎ 50 15 50 – |♦| ⫼ ▤ rest ⛀wc ⫯wc ☎ Ⓟ. AE ⓓ E VISA. ⛔ rest
  Com 900 – ☕ 200 – **54 hab** 1 200/2 200 – P 2 900/3 000.
- **Los Bronces,** N : 1,5 km ☎ 50 08 50 – ⫼ ⛀wc ⫯wc ☎ 🚗 Ⓟ. AE ⓓ E VISA. ⛔ rest
  Com 1 010 – ☕ 255 – **29 hab** 1 790/2 850 – P 3 365/3 730.

en la carretera de Valladolid N 122 O : 5,5 km – ✉ Aranda de Duero – ☎ 947 :

- ✗ **El Ventorro** con hab, ☎ 53 60 00 – ⫼ ⛀wc ⫯wc Ⓟ. AE ⓓ E VISA. ⛔
  Com carta 655 a 1 290 – ☕ 175 – **15 hab** 1 000/1 500.

AUSTIN-MG-MORRIS-MINI av. Carlos Miralles 61 ☎ 50 11 34
CITROEN-PEUGEOT carret. Madrid km 161 ☎ 50 38 62
FORD polígono industrial av. 1 ☎ 50 22 71
RENAULT carret N I km 160 ☎ 50 01 43
SEAT-FIAT carret. N I km 154 ☎ 50 03 47
SEAT carret. N I km 161 ☎ 50 20 60
TALBOT carret. N I km 155 ☎ 50 12 11

ARANJUEZ Madrid 990 ㉕ – 31 275 h. alt. 489 – ☎ 91 – Plaza de toros.

Ver : Palacio Real★ : salón de porcelana★★, parterre★ – Jardín del Principe★ (Casa del labrador★★, Casa de Marinos★★).

pl. Santiago Ruseñol ☎ 891 04 27 – ♦Madrid 46 – ♦Albacete 201 – Ciudad Real 151 – Cuenca 146 – Toledo 44.

Infantas sin rest y sin ☐, av. Infantas 4 ☎ 891 13 41 – wc wc ☎
40 hab 920/1 780.

XX **El Castillo,** Jardines del Principe ☎ 891 30 00, «En un parque a orillas del Tajo - Antiguas caballerizas » – P. AE ◑ E VISA.
cerrado 15 diciembre-15 enero – Com carta 1 350 a 2 600.

XX **Casa Pablo,** Almibar 20 ☎ 891 14 51, Decoración castellana – ▤.
cerrado del 1 al 21 agosto – Com carta 1 070 a 1 900.

X **Chirón,** Real 10 ☎ 891 09 41 – ▤. VISA
Com carta 975 a 1 925.

AUSTIN-MG-MORRIS-MINI carret. Andalucía km 46,5 ☎ 891 02 05
CITROEN-PEUGEOT carret. Andalucía km 44 ☎ 891 32 36
FORD carret. Andalucía km 44 ☎ 891 15 74
RENAULT av. Plaza de Toros 6 ☎ 891 00 10
SEAT carret. Andalucía km 44 ☎ 891 12 48
TALBOT carret. Andalucía 26 ☎ 891 02 07
TALBOT carret. Andalucía km 43,5 ☎ 891 28 48

ARÁNZAZU Guipúzcoa 42 ④ y 990 ⑥ – pobl. ver Oñate alt. 800 – ✉ Oñate – ☎ 943.

Ver : Paraje★ – Carretera★ de Aránzazu a Oñate.

♦Madrid 410 – ♦San Sebastián 83 – ♦Vitoria 54.

Hospedería, (dirigida por las religiosas franciscanas) ☎ 78 13 13, ← – wc wc
63 hab.

ARASCUÉS Huesca 42 ⑰⑱ – 107 h.

♦Madrid 403 – Huesca 13 – Jaca 60.

en la carretera de Arguís C 136 E : 1,5 km – ✉ ☎ Arascués :

X **Monrepos** con hab, ☎ 47, ←, – wc wc ☎ P. AE ◑ E VISA. rest
cerrado 30 octubre-15 noviembre – Com carta 850 a 1 750 – ☐ 150 – **14 hab** 1 000/1 600.

ARAVACA Madrid 990 ⑮ y ㊴ – ver Madrid.

ARBUCIAS o **ARBÚCIES** Gerona 43 ⑧ y 990 ⑳ – 4 024 h. alt. 291 – ☎ 972.

Camprodón 47 ☎ 86 02 27 – ♦Madrid 682 – ♦Barcelona 69 – Gerona 53.

Montsoliu, Camprodón 90 ☎ 86 00 49, – wc wc P. rest
Semana Santa y julio-15 septiembre – Com 600 – ☐ 175 – **34 hab** 750/1 400 – P 1 700/1 750.

X Torres, piso 1, Camprodón 14 ☎ 86 00 42, .

CITROEN Torrent del Minyo ☎ 86 02 84

ARCADE Pontevedra – ☎ 986.

♦ Madrid 612 – Orense 113 – Pontevedra 12 – ♦ Vigo 22.

X O Mesón de Arcade, Rosalía de Castro 26 ☎ 70 06 54, Decoración castellana.

Los ARCOS Navarra 42 ⑭ y 990 ⑥ – 1 533 h. alt. 444 – ☎ 948.

Alred. : Torres del Río (iglesia del Santo Sepulcro★) SO : 7 km.

♦Madrid 360 – ♦Logroño 28 – ♦Pamplona 64 – ♦Vitoria 63.

Mónaco, pl. del Coso 22 ☎ 64 00 00 – ▤ rest wc wc ☎
Com 660 – **17 hab** 985/1 700 – P 2 230/2 300.

X **Ezequiel** con hab, General Mola ☎ 64 02 96 – wc P.
Com carta 900 a 1 225 – ☐ 100 – **14 hab** 1 140/1 725 – P 1 950.

RENAULT av. General Mola 7 ☎ 64 01 05
SEAT carret. de Pamplona ☎ 64 01 33

ARCOS DE JALÓN Soria 990 ⑯ – 3 006 h. alt. 827 – ☎ 975.

Alred. : Gargantas del Jalón★ SE : 8 km.

♦Madrid 167 – Soria 93 – Teruel 185 – ♦Zaragoza 154.

X **Oasis** con hab, carret. N II ☎ 32 00 00 – wc P. AE ◑ E VISA. rest
Com carta 590 a 1 400 – **3 hab** ☐ 1 300.

RENAULT carret. N II - km 169 ☎ 32 03 80

ARCOS DE LA FRONTERA Cádiz 446 V 12 – 26 795 h. alt. 187 – ☎ 956.

Ver : Emplazamiento★★ – Plaza de España ←★ – Iglesia de Santa María (fachada occidental★).

♦Madrid 586 – ♦Cádiz 65 – Jerez de la Frontera 32 – Ronda 86 – ♦Sevilla 91.

Parador Nacional Casa del Corregidor, pl. España ☎ 70 05 00, ← – ▤. AE ◑ E VISA.
Com 1 100 – ☐ 300 – **21 hab** 3 200/4 000.

RENAULT av. Miguel Mancheño 32 ☎ 60 14 58
SEAT av. Miguel Mancheño 34 ☎ 70 15 50

ARCHENA Murcia 445 R 26 – 11 061 h. alt. 100 – ☎ 968 – Balneario.
♦Madrid 374 – ♦Albacete 127 – Lorca 76 – ♦Murcia 24.

Termas 🐌, Balneario de Archena N : 2 km ☎ 67 01 00, de agua termal, – 🛗 ▤ 🅿. 🐕
Com 1 400 – ☕ 275 – **70 hab** 2 500/3 800 – P 4 500/5 100.

La Parra, carret. de los Baños 2 ☎ 67 04 44 – 🛗 ⇔wc. 🐕
Com 500 – **28 hab** ☕ 600/2 000 – P 1 435/1 935.

CITROEN ☎ 67 03 08

ARECHAVALETA Guipúzcoa 42 ④ – 6 001 h. – ☎ 943.
♦Madrid 386 – ♦Bilbao 56 – ♦San Sebastián 75 – ♦Vitoria 30.

Taberna Berri, Cardenal Durana 26 ☎ 79 20 67 – ▤. VISA
cerrado del 1 al 14 agosto.

ARENAL Alicante – ver Javea.

El ARENAL Baleares 43 ⑲ y 990 ㉙ – ver Baleares (Mallorca) : Palma de Mallorca.

ARENAS DE SAN PEDRO Ávila 990 ⑭ – 6 236 h. alt. 509 – ☎ 918 – Plaza de toros.
Alred. : Cuevas del Águila★ SE : 8 km.
♦Madrid 141 – ♦Ávila 80 – Plasencia 118 – Talavera de la Reina 44.

en la carretera de Ávila NE : 1,5 km – ✉ Arenas de San Pedro – ☎ 918 :

Mesón las Antorchas, ☎ 37 13 88 – 🅿. VISA. 🐕.

CITROEN Triste Condesa 5 ☎ 37 02 75
RENAULT pl. José Antonio 6 ☎ 37 01 08
SEAT carret. de Madrid ☎ 37 04 00
TALBOT av. del Pintor Martinez Vázquez 4 ☎ 37 05 70

ARENYS DE MAR Barcelona 43 ⑱ y 990 ⑳ – 10 199 h. – ☎ 93 – Playa.
⛳ de Llavaneras O : 8 km ☎ 792 60 50.
ℹ paseo Xifre 25 ☎ 792 15 37 – ♦Madrid 672 – ♦Barcelona 37 – Gerona 60.

Raymond, paseo Xifré 1 ☎ 792 17 00, ≤ – 🛗 ⇔wc ☎
Com 865 – ☕ 175 – **33 hab** 1 870/3 300 – P 3 300/3 500.

Carlos I 🐌, av. Cataluña ☎ 792 03 83, – 🛗 ⇔wc ⋒wc. 🐕 rest
10 mayo-20 octubre – Com 620 – ☕ 195 – **100 hab** 1 100/1 700 – P 2 120/2 320.

Floris, playa Cassá 80 ☎ 792 03 84 – 🛗 ⇔wc ⋒wc. E VISA. 🐕 rest
Com *(cerrado domingo noche)* 630 – ☕ 170 – **30 hab** 1 000/1 800 – P 2 040/2 140.

Carlos V, paseo Cataluña ☎ 792 03 83 – ⋒wc 🅿. 🐕 rest
3 junio-septiembre – Com 540 – ☕ 180 – **50 hab** 900/1 400 – P 1 775/1 975.

Portinyol, Escollera de Levante ☎ 792 00 09, ≤, Pescados y mariscos – ▤. AE ⓓ E VISA. 🐕
Com carta 1 930 a 3 300.

en la carretera N II SO : 2 km – ✉ Arenys de Mar – ☎ 93 :

✿ **Hispania,** Real 54 ☎ 791 04 57 – 🅿
cerrado martes, domingo noche, Semana Santa y octubre – Com carta 1 750 a 2 770
Espec. Paella, Caracoles de mar gratinados, Espalda de cabrito asado a la pimienta verde.

Ver también : ***Caldetas*** SO : 2 km.

RENAULT carret. de Francia ☎ 792 04 81

Benutzen Sie den Hotelführer des laufenden Jahres.

ARÉVALO Ávila 990 ⑭ – 6 542 h. alt. 827 – ☎ 918.
Ver : Plaza de la Villa★.
♦Madrid 121 – ♦Ávila 55 – ♦Salamanca 95 – ♦Valladolid 78.

Fray Juan Gill sin rest y sin ☕, av. de los Deportes 2 ☎ 30 08 00 – 🛗 ⇔wc ⋒wc ☎. 🐕
36 hab 1 200/2 000.

El Tostón de Oro, av. de los Deportes 2 ☎ 30 07 98 – ▤. 🐕
cerrado noviembre – Com carta 775 a 1 350.

La Pinilla, Teniente García Fanjul 1 ☎ 30 00 63 – ▤. VISA. 🐕
cerrado lunes y del 15 al 31 julio – Com carta 700 a 1 100.

CITROEN-PEUGEOT av. Emilio Romero 65 ☎ 30 05 89
RENAULT Capitán Luisvara 26 ☎ 30 00 49
SEAT-FIAT av. Emilio Romero 34 ☎ 30 03 37
TALBOT av. Emilio Romero 20 ☎ 30 07 17

ARGENTONA Barcelona 43 ⑱ y 990 ⑳ – 4 986 h. alt. 75 – ☎ 93.
♦Madrid 657 – ♦Barcelona 27 – Mataró 4.

✿✿ **Racó d'En Binu,** Puig i Cadafalch 14 ☎ 797 01 01 – ▤. E VISA
cerrado domingo noche, lunes, del 1 al 18 de junio y del 1 al 18 de noviembre – Com carta 2 000 a 2 600
Espec. Hojaldre de pimientos morrones, Filet de chevreuil puré de castañas, Granisat de crema catalana.

ARINSAL Andorra 43 ⑥ – ver Andorra (Principado de).

ARIEZ Álava 42 ⑬ – ver Vitoria.

ARLABÁN (Puerto de) Guipúzcoa 42 ④ y 990 ⑥ – 943.
♦Madrid 374 – ♦Bilbao 58 – Vergara 25 – ♦Vitoria 18.

XX **Gure Ametza** con hab, carret. C 6213, ✉ Salinas de Leniz, ☎ 79 20 97 – rest wc Ⓟ. E VISA.
cerrado lunes y agosto – Com 900 – 140 – **6 hab** 800/1 200 – P 1 920/2 320.

ARMILLA Granada 446 U 19 – ver Granada.

ARNEDILLO La Rioja 42 ⑭ y 990 ⑯ – 481 h. alt. 640 – 941 – Balneario.
♦Madrid 294 – Calahorra 26 – ♦Logroño 61 – Soria 68 – ♦Zaragoza 150.

Balneario, ☎ 39 40 00, de agua termal, – wc wc Ⓟ. rest
junio-15 octubre – Com 1 000 – 225 – **181 hab** 2 200/3 600 – P 3 400/3 800.

ARNEDO La Rioja 42 ⑭⑮ y 990 ⑯ – 10 471 h. alt. 550 – 941.
♦Madrid 306 – Calahorra 14 – ♦Logroño 49 – Soria 80 – ♦Zaragoza 138.

Victoria, General Franco 113 ☎ 38 01 00, ← – rest wc . AE E VISA.
Com 550/900 – 185 – **48 hab** 1 710/2 860 – P 2 980/3 260.

Virrey, General Franco 27 ☎ 38 01 50 – rest wc wc Ⓟ. AE E VISA.
Com 800 – 220 – **36 hab** 1 700/2 975 – P 3 090/3 400

CITROEN-PEUGEOT carret. de Quel ☎ 38 00 22
RENAULT carret. de Logroño ☎ 38 04 30
SEAT carret. de Logroño ☎ 38 08 97
TALBOT carret. de Logroño ☎ 38 06 93

ARO Gerona – ver Playa de Aro.

ARRECIFE Las Palmas 990 ㉜ – ver Canarias (Lanzarote).

ARROYO DE LA LUZ Cáceres 990 ㉓ – 6 901 h. alt. 340 – 927.
Ver : Iglesia (tablas★).
♦Madrid 320 – ♦Cáceres 19 – Plasencia 83.

Divino Morales, carret. de Alcántara 119 ☎ 27 02 57 – wc Ⓟ.
Com 500 – 100 – **18 hab** 1 000/1 400.

ARROYO DE LA MIEL Málaga 446 W 16 – ver Torremolinos.

ARTÁ (Cuevas de) Baleares 43 ⑳ y 990 ㉚ – ver Baleares (Mallorca).

ARTEIJO La Coruña 990 ② – ver La Coruña.

ARTESA DE SEGRE Lérida 43 ⑤⑥ y 990 ⑲ – 3 330 h. alt. 400 – 973.
♦Madrid 519 – ♦Barcelona 141 – ♦Lérida 50.

Montaña, carret. de Lérida ☎ 40 01 86 – rest wc Ⓟ
Com 430/525 – 145 – **28 hab** 650/1 400 – P 1 475/1 600.

CITROEN carret. de Pons ☎ 40 01 48
RENAULT carret. de Agramunt 72 ☎ 40 00 31
SEAT carret. de Agramunt km 47,2 ☎ 40 00 87

ARTIÉS Lérida 42 ⑳ y 990 ⑨ – 506 h. – 973.
♦Madrid 603 – ♦Lérida 169 – Viella 6.

Parador Nacional de Artiés, Afueras ☎ 64 08 01, ← – Ⓟ. AE E VISA.
Com 1 100 – 300 – **40 hab** 3 600/4 500.

XX **Valarties (Casa Irene)** con hab, Mayor 5 ☎ 64 09 00, ← – wc wc Ⓟ. AE
cerrado lunes en invierno, mayo-junio y 17 octubre-noviembre – Com 600 – 120 – **10 hab** 1 430 – P 2 000.

XX **Patxiku Kintana,** Remedios ☎ 64 16 13, Decoración rústica, Pescados y mariscos –
diciembre-4 mayo – Com *(cerrado martes)* carta 1 550 a 2 950.

X **Montarto,** carret. de Baqueira ☎ 64 09 02, ← – Ⓟ.
cerrado martes y mayo – Com carta 750 a 1 275.

X Chamonix, Mayor ☎ 64 15 05, Decoración rústica – AE E VISA
diciembre-abril.

El ASTILLERO Cantabria 42 ① – 10 218 h. – 942 – Playa.
Alred. : Peña Cabarga ※★★ SE : 8 km.
♦Madrid 394 – ♦Bilbao 99 – ♦Santander 10.

Las Anclas, San José 7 ☎ 54 08 50 – wc wc .
Com 675 – 145 – **46 hab** 1 455/2 300 – P 2 420/2 725.

ASTORGA León 990 ③④ – 12 522 h. alt. 869 – ✆ 987.

Ver : Catedral★ (retablo mayor★) – Museo diocesano★.

🅸 pl. de España ☎ 61 68 38.

♦Madrid 320 – ♦León 47 – Lugo 184 – Orense 232 – Ponferrada 62.

- **Gaudí,** pl. Eduardo de Castro 6 ☎ 61 56 54 – |♦|. AE VISA. ✱
  Com 700/900 – ☕ 225 – **35 hab** 2 100/3 000 – P 3 000/3 600.
- **La Peseta** sin rest, pl. San Bartolomé 3 ☎ 61 72 75 – |♦| 📶 ⌂wc ☎. ✱
  ☕ 125 – **22 hab** 1 350/2 200.
- ✕ **La Peseta** con hab, Sr Ovalle 6 ☎ 61 53 00 – 📶 ⌂ ☎. ✱
  Com carta 800 a 1 045 – ☕ 125 – **11 hab** 750/1 400.

en la carretera N VI NO : 5 km – ✉ Astorga – ✆ 987 :

- **Motel Pradorrey,** ☎ 61 57 29 – 📶 ▤ rest ⌂wc ⌂wc ☎ 🅿. AE ⓓ E VISA. ✱ rest
  Com 1 200 – ☕ 260 – **64 hab** 2 200/3 900.

AUSTIN-MG-MORRIS-MINI carret. Madrid-La Coruña 60 ☎ 61 52 59
CITROEN av. de Las Murallas 20 ☎ 61 63 81
RENAULT carret. La Coruña 76 ☎ 61 56 01
SEAT-FIAT av. de Ponferrada 30 ☎ 61 52 67
TALBOT carret. Madrid-Coruña ☎ 61 68 81

Las ATALAYAS (Urbanización) Castellón de la Plana – ver Peñiscola.

AUSEJO La Rioja 42 ⑭ – 764 h. – ✆ 941.

♦Madrid 326 – ♦Logroño 29 – ♦Pamplona 95 – ♦Zaragoza 148.

- **Maite,** carret. N 232 ☎ 43 00 00, ⛱ – 📶 ▤ rest ⌂wc ☎ 🅿. ✱ rest
  cerrado 24 diciembre-7 enero – Com 550 – ☕ 140 – **24 hab** 1 100/1 600 – P 1 800/2 000.

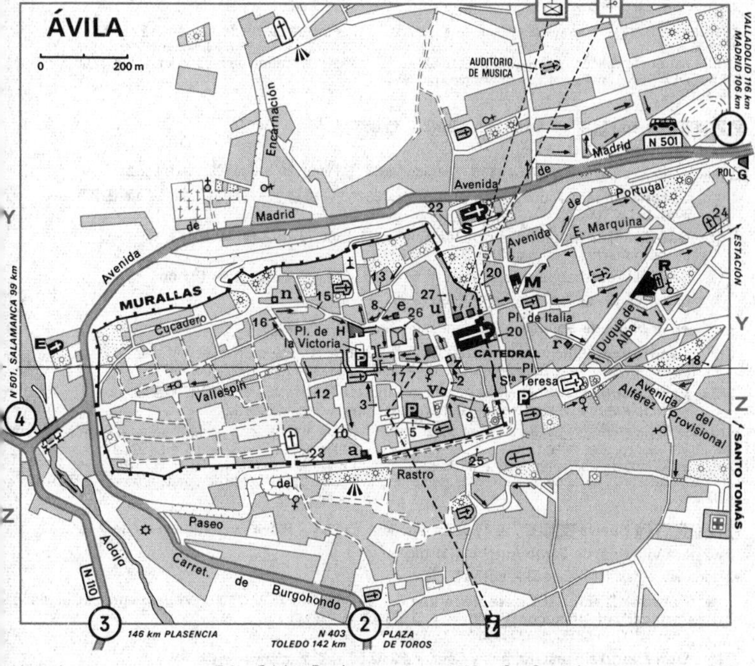

Alemania	Z 2	Esteban Domingo	Y 8	San Segundo	Y 20
Generalísimo Franco	Z 9	General Mola (Plaza)	Z 10	San Vicente	Y 22
Reyes Católicos	YZ 17	Jimena Blázquez	Z 12	Santa (Pl. la)	Z 23
		Lope Núñez	Y 13	Santa Ana (Pl. de)	Y 24
Caballeros	Z 3	Marqués Canales	Y 15	Sonsoles (Bajada de)	Z 25
Calvo Sotelo (Plaza de)	Z 4	Ramón y Cajal	Y 16	Tomás Luis de Victoria	Y 26
Cardenal Pla y Deniel	Z 5	San Pedro del Barco	YZ 18	Tostado	Y 27

AVILA P 990 ⑭ – 34 263 h. alt. 1 131 – ☎ 918 – Plaza de toros.

Ver : Murallas★★ – Catedral★★ (cabecera fortificada★, sacristía★★, obras de arte★★, sepulcro del Tostado★★) Y – Basílica de San Vicente★★ (portada occidental★★, sepulcro de los Santos Titulares★★, cimborrio★) Y **S** – Monasterio de Santo Tomás★ (mausoleo★, Claustro del Silencio★, sillería★, retablo de Santo Tomás★★) por av. del Alférez Provisional Z – Casa de los Deanes (tríptico★) Y **M** – Convento de San José o Las Madres (sepulcros★) Y **R** – Ermita de San Segundo (estatua★) Y **E** – ℹ pl. Catedral 4 ☎ 21 13 87 – R.A.C.E. av. de Madrid 21 ☎ 21 36 19.

♦Madrid 106 ① – ♦Cáceres 225 ③ – ♦Salamanca 99 ④ – ♦Segovia 65 ① – ♦Valladolid 116 ①.

Plano página anterior

G. H. Palacio Valderrábanos, pl. Catedral 9 ☎ 21 10 23, Decoración elegante – AE ① E VISA. rest — YZ **z**
Com 1 050 – ☕ 310 – **73 hab** 2 500/4 400 – P 4 235/4 535.

Parador Nacional Raimundo de Borgoña, Marqués de Canales de Chozas 16 ☎ 21 13 40, Decoración castellana, – ⓟ – AE ① E VISA. — Y **n**
Com 1 100 – ☕ 300 – **59 hab** 3 200/4 000.

Don Carmelo sin rest, paseo de Don Carmelo 30 ☎ 22 80 50 – wc. VISA. — por ①
☕ 195 – **60 hab** 1 750/2 950.

Reina Isabel, av. José Antonio 17 ☎ 22 02 00 – wc. AE ① E VISA. — por pl. de Santa Ana Y
Com 705 – ☕ 175 – **44 hab** 1 075/2 150 – P 2 740/4 935.

Rey Niño sin rest y sin ☕, pl. de José Tomé 1 ☎ 21 14 04 – wc wc. — Z **v**
24 hab 1 325/2 100.

Santa Teresa y Rest. Mesón El Sol, av. 18 de Julio 25 ☎ 22 02 11 – wc. VISA. — por ①
Com 550/800 – ☕ 150 – **15 hab** 1 025/1 650.

XXX Copacabana, San Millan 9 ☎ 21 11 10 — Y **r**

X **El Rastro,** pl. del Rastro 1 ☎ 21 12 19, Albergue castellano – AE ① E VISA — Z **a**
Com carta 950 a 1 590.

X Gamo, Tomás Luis de Victoria 3 ☎ 21 18 68 — Y **e**

X **El Torreón,** Tostado 1 ☎ 21 31 71, Rest. típico – AE VISA — Y **u**
Com carta 950 a 1 300.

CITROEN-PEUGEOT carret. de Valladolid km 1 400 ☎ 22 48 66
FORD carret. de Valladolid km 1,300 ☎ 22 18 62
MERCEDEZ-BENZ polígono Las Hervencias parcela 3 ☎ 22 06 12
RENAULT av. 18 de Julio 64 ☎ 22 10 30
SEAT-FIAT av. 18 de Julio 58 ☎ 22 03 16
TALBOT carret. de Madrid km 111 ☎ 22 05 00

AVILÉS Oviedo 990 ④ – 85 111 h. alt. 13 – ☎ 985.

Alred. : Salinas ≤★ NO : 5 km.

ℹ Rui Gomez 21 bajo derecha ☎ 54 43 25 – ♦Madrid 466 – El Ferrol 280 – Gijón 25 – ♦Oviedo 31.

Luzana sin rest, Fruta 9 ☎ 56 58 40, Telex 88213 – wc wc. AE ① E VISA.
60 hab ☕ 3 000/3 800.

XX **Cantina Renfe,** piso 1, av. de los Telares 14 ☎ 56 13 45 – ⓟ. AE E VISA.
cerrado martes – Com carta 1 200 a 2 200.

XX San Felix, con hab, av. de Lugo 48 ☎ 56 51 46 – wc ⓟ – **18 hab**.

X Mantido, av. de los Telares 11 ☎ 56 49 38.

en la playa de Salinas NO : 5 km – ✉ Salinas – ☎ 985 :

Esperanza, Príncipe de Asturias 31 ☎ 51 02 00 – wc wc. rest
abril-septiembre – Com 800 – ☕ 200 – **35 hab** 1 000/2 800 – P 2 000/2 400.

X **Las Conchas,** Pablo Laloux - Edificio Espartal ☎ 51 14 45, ≤ – ① E VISA.
cerrado lunes y 28 septiembre-28 octubre – Com carta 1 250 a 1 950.

CITROEN-PEUGEOT av. Cristal 2 y 4 ☎ 56 20 15
FIAT-SEAT av. Lugo 80 ☎ 56 12 42
FORD av. Conde de Guadalhorce 93 ☎ 56 90 80
MERCEDES-BENZ av. Conde de Guadalhorce ☎ 56 67 59
RENAULT av. Conde de Guadalhorce 125 ☎ 56 71 94
RENAULT Calvo Sotelo 6 ☎ 54 53 38
RENAULT La Maruca 59 ☎ 56 17 82
TALBOT av. Conde de Guadalhorce 79 ☎ 56 54 40

AYAMONTE Huelva 446 U 7 – 14 027 h. alt. 84 – ☎ 955 – Playa - ver aduanas p. 14 y 15.

para Vila Real de Santo António (Portugal).

♦Madrid 686 – Beja 118 – Faro 53 – Huelva 60.

Parador Nacional Costa de la Luz, El Castillito ☎ 32 07 00, ≤ Ayamonte, el Guadiana, Portugal y el Atlántico, – ⓟ. AE ① E VISA.
Com 1 100 – ☕ 300 – **20 hab** 3 600/4 500.

Don Diego sin rest, Ramón y Cajal ☎ 32 02 50 – wc ⓟ. VISA
☕ 200 – **45 hab** 1 700/3 000.

Marqués de Ayamonte, sin rest y sin ☕, General Mola 14 ☎ 32 01 25 – wc wc
31 hab.

X **Casa Barberi,** paseo de la Ribera ☎ 32 02 98, –
cerrado martes y del 10 al 30 enero – Com carta 475 a 1 125.

RENAULT Ramón y Cajal ☎ 32 01 71
SEAT Ciprés 5 y 7 ☎ 32 12 00

AYGUAFREDA o **AIGUAFREDA** Barcelona 43 ⑧⑱ – 2 024 h. alt. 404 – ☎ 93.
♦Madrid 659 – ♦Barcelona 46 – Vic 19.

X **Els Traginers,** carret. de Ribes 83 ☎ 844 09 29 – VISA
cerrado jueves – Com carta 750 a 1 275.

AYORA Valencia 445 Q 26 – 5 612 h. – ☎ 96.
♦Madrid 341 – ♦Albacete 94 – ♦Alicante 117 – ♦Valencia 132.

Murpimar, piso 1, sin rest y sin ☕, Virgen del Rosario 70 ☎ 219 10 33 – wc wc
26 hab.

AZPEITIA Guipúzcoa 42 ④ y 990 ⑥ – 12 171 h. alt. 84 – ☎ 943 – Plaza de toros.
♦Madrid 427 – ♦Bilbao 74 – ♦Pamplona 92 – ♦San Sebastián 44 – ♦Vitoria 71.

Izarra, av. Loyola ☎ 81 07 50 – wc Ⓟ. VISA.
Com 700 – ☕ 175 – **18 hab** 1 400/2 300 – P 2 800/3 700.

en Loyola O : 1,5 km – ✉ Azpeitia – ☎ 943 :

XX **Kiruri,** ☎ 81 56 08 – Ⓟ. VISA
cerrado lunes y 17 diciembre-16 enero – Com carta 950 a 2 150.

CITROEN Barrio Landeta ☎ 81 23 54
RENAULT Barrio Loyola ☎ 81 08 12
SEAT zona ind. Txerloie-Azcoitia ☎ 81 55 08
TALBOT Barrio Landeta ☎ 81 23 59

BADAJOZ P 990 ㉒㉓ – 103 818 h. alt. 183 – ☎ 924 – **Plaza de toros - ver aduanas p. 14 y 15.**
pasaje de San Juan 2 ☎ 22 27 63 – R.A.C.E. av. de Elvas - Frontera de Caya ☎ 22 09 43.
♦Madrid 404 ② – ♦Cáceres 90 ① – ♦Córdoba 264 ③ – ♦Lisboa 244 ④ – Mérida 62 ② – ♦Sevilla 221 ③.

Francisco Pizarro	BY	7
Obispo San Juan de Rivera	BZ	17
San Juan	BY	
Antonio Masa Campos (Av.)	AZ	2
Carolina Coronado	AY	3
España (Pl. de)	BZ	4
Falange Española	CZ	6
General Franco (Paseo)	AZ	8
General Varela (Av. del)	AZ	9
Hernán Cortés	BZ	10
Joaquín Costa (Av. de)	AY	12
José López Prudencio	BCZ	13
Juan Sebastián Elcano (Av. de)	CZ	14
Minayo (Pl. de)	BZ	15
Muñoz Torrero	BYZ	16
Pedro de Valdivia	BZ	18
Reyes Católicos (Pl.)	AY	19
San Blas	BZ	20
Soledad (Pl. de la)	BY	21

Gran H. Zurbarán, paseo Castelar 6 ℱ 22 37 41, ⛱, % – |♦| ▤ ⇐ Ⓟ. AE ⓓ E VISA. ※ rest AY **k**
Com 1 200 – ☕ 360 – **215 hab** 2 650/4 200.

Lisboa Ⓜ, av. de Elvas 13 ℱ 23 82 00, Telex 28610 – |♦| ▤ ⇐. VISA. ※ rest por ④
Com 800 – ☕ 225 – **176 hab** 2 200/2 750 – P 2 875/3 700.

Río sin rest, av. de Elvas ℱ 23 76 00, ⛱ de pago – |♦| ▤ Ⓟ. AE ⓓ E VISA. ※ rest por ④
☕ 200 – **90 hab** 2 050/2 750.

Conde Duque sin rest, Muñoz Torrero 27 ℱ 22 46 41 – |♦| ▥ ▤ ⛀wc ☎. AE E VISA. ※
☕ 200 – **35 hab** 1 475/2 175. BZ **a**

Cervantes, sin rest y sin ☕, pl. de Cervantes ℱ 22 51 10 – |♦| ▥ ⛀wc ☎ CZ **e**
24 hab.

XXX Dardy's, av. de Elvas ℱ 23 89 04 – ▤ Ⓟ por ④ : 4 km

XX **El Caballo Blanco,** av. General Rodrigo 7-A ℱ 23 42 21 – ▤. AE ⓓ VISA. ※ ABZ **u**
cerrado domingo – Com carta 1 150 a 1 750.

XX El Sótano, Virgen de la Soledad 6 ℱ 22 00 19 – ▤. VISA BY **a**

XX El Águila, piso 1, pl. de España 16 ℱ 22 00 59 BZ **n**

AUSTIN-MG-MORRIS-MINI carret. de la Corte 1 ℱ 25 45 71
CITROEN carret. de Madrid km 403 ℱ 23 70 09
FORD carret. de Madrid km 400,7 ℱ 25 32 00
MERCEDES-BENZ carret. de Sevilla ℱ 25 37 11
RENAULT carret. de Madrid km 401 ℱ 25 04 11
SEAT carret. Madrid-Lisboa km 402 ℱ 25 00 11
SEAT-FIAT M. Alfaro 3 ℱ 23 33 48
TALBOT Antonio Masa 26 ℱ 23 13 00

BADALONA Barcelona 43 ⑱ y 990 ⑳ – 201 867 h. – ✆ 93.

♦Madrid 635 – ♦Barcelona 8,5 – Mataró 19.

Resid. y Rest. Miramar, Santa Madrona 60 ℱ 380 55 41, ≤ – |♦| ▥ ▤ rest ⛀wc ⛆wc ☎. E VISA. ※
Com *(cerrado sábado)* (sólo almuerzo) 550 – ☕ 170 – **42 hab** 1 000/2 000.

CITROEN-PEUGEOT Alfonso XII-50-60 ℱ 380 25 97
FORD San Bruno 172-180 ℱ 380 43 40
RENAULT av. Marqués de Montroig, esq. A. Bori ℱ 387 64 16
RENAULT Ignacio Iglesias 19 ℱ 389 14 98
RENAULT Pérez Galdos 17 ℱ 388 35 12
RENAULT Vázquez de Mella 31 ℱ 380 34 94
SEAT Vía Augusta 10 ℱ 380 38 40
TALBOT av. Marqués de Montroig 301 ℱ 387 28 00

BAENA Córdoba 446 U 16 – 20 138 h. alt. 407 – ✆ 957.

♦Madrid 406 – ♦Córdoba 63 – ♦Granada 108 – Jaén 73 – ♦Málaga 137.

Iponuba sin rest y sin ☕, Nicolás Alcalá 9 ℱ 67 00 75 – ▥ ⛀wc ⛆wc ☎ ⇐. ※
39 hab 790/1 320.

CITROEN av. Padre Villoslada 32 ℱ 67 00 04
RENAULT carret. N 432 km 338,7 ℱ 67 02 38
SEAT Laureano Fernández Martos 38 ℱ 67 03 00

BAEZA Jaén 446 S 19 – 14 952 h. alt. 760 – ✆ 953 – Plaza de toros.

Ver : Centro monumental★★ : plaza de los Leones★, catedral (interior★), palacio de Jabalquinto★, ayuntamiento★ – Iglesia de San Andrés★ (tablas góticas★).

ℹ Casa del Pópulo ℱ 74 04 44.

♦Madrid 319 – Jaén 48 – Linares 20 – Úbeda 9.

Juanito, paseo Arca del Agua ℱ 74 00 40, ⛱ – ▥ ▤ ⛀wc ⛆wc ☎ Ⓟ. ※
cerrado del 1 al 15 noviembre – Com *(cerrado domingo noche)* 1 000 – ☕ 175 – **21 hab** 1 600/2 000 – P 3 250/3 850.

El Alcázar, paseo Arca del Agua ℱ 74 00 28, ⛱ – |♦| ▥ ⛀wc ⛆wc Ⓟ. ※
Com *(cerrado domingo noche)* 550/650 – ☕ 125 – **34 hab** 945/1 525.

BAGUR o BEGUR Gerona 43 ⑨⑩ y 990 ⑳ – 2 215 h. – ✆ 972.

⛳18 de Pals N : 7 km ℱ 62 30 06.

♦Madrid 739 – Gerona 46 – Palamós 17.

Bagur, Comas y Ros 8 ℱ 62 22 07 – ▥ ⛀wc ⛆wc ☎ Ⓟ. ※ rest
8 abril-septiembre – Com 800 – ☕ 200 – **37 hab** 1 500/2 500 – P 2 850/3 100.

Rosa sin rest, Forgas y Puig 6 ℱ 62 30 15 – ▥ ⛀wc. VISA. ※
junio-septiembre – ☕ 135 – **18 hab** 850/1 350.

Plaja, pl. Pella i Forgas ℱ 62 21 97 – ▥ ▤ rest ⛀wc ⛆wc Ⓟ. VISA. ※ rest
cerrado 21 diciembre-22 enero – Com *(cerrado lunes noche)* 850 – ☕ 200 – **18 hab** 1 100/1 800 – P 2 500/2 600.

en la playa de Sa Riera N : 2 km – ✉ Bagur – ✆ 972 :

Sa Riera ⛰, ℱ 62 30 00, ⛱ – ▥ ⛀wc ⛆wc ☎ Ⓟ. ※
marzo-octubre – Com 845 – ☕ 250 – **41 hab** 1 280/2 100 – P 2 720/2 950.

en Aigua Blava SE : 3,5 km – ✉ Bagur – ☎ 972 :

Aigua Blava ⛱, playa de Fornells ☎ 62 20 58, « Parque ajardinado, ≤ cala », ⛱, ✗ – ▤ rest 🚗 P – 🏋. E VISA. ✗
25 marzo-17 octubre – Com 1 300 – ☕ 275 – **85 hab** 2 400/4 000 – P 4 200/4 300.

Parador Nacional de la Costa Brava ⛱, ☎ 62 21 62, « Magnifica situación con ≤ cala » ⛱ – |‡| ▤ P. AE ⓓ E VISA. ✗
Com 1 100 – ☕ 300 – **80 hab** 4 000/5 000.

Bonaigua ⛱ sin rest, playa de Fornells ☎ 62 20 50, ≤, ✗ – |‡| ▥ ⛀wc ☎ 🚗 P
temp. – **47 hab**.

El BAIELL Gerona 43 ⑦ – ver Ribas de Freser.

BAILÉN Jaén 446 R 18 – 14 269 h. alt. 349 – ☎ 953.
♦Madrid 294 – ♦Córdoba 104 – Jaén 39 – Úbeda 40.

en la carretera N IV – ✉ Bailén – ☎ 953 :

Parador Nacional, ☎ 67 01 00, ⛱, ✗ – ▤ P. AE ⓓ E VISA. ✗
Com 1 100 – ☕ 300 – **86 hab** 2 800/3 500.

Motel Don Lope de Sosa, ☎ 67 00 58 – ▤ P. AE ⓓ E VISA
Com 750 – ☕ 190 – **26 hab** 1 500/2 500 – P 2 675/2 925.

Zodíaco, ☎ 67 10 58 – ▤ ⛀wc ☎ P. VISA. ✗
Com 1 030 – ☕ 150 – **52 hab** 1 430/2 200.

Sur, ☎ 67 14 50 – ▥ ▤ ⛀wc ⛆wc ☎ P
25 hab.

en la carretera N IV O : 7 km – ✉ Bailén – ☎ 953 :

Las Delicias, ☎ 67 14 50, ✗ – ▥ ▤ rest ⛀wc ⛆wc ☎
16 hab.

CITROEN carret. N IV km 294 ☎ 67 18 64
FIAT-SEAT carret. N IV-km 295 ☎ 67 07 05
RENAULT carret. N IV km 294 ☎ 67 18 61
TALBOT carret. N IV km 294 ☎ 67 02 66

BALAGUER Lérida 43 ⑮ y 990 ⑲ – 12 241 h. alt. 233 – ☎ 973.
♦Madrid 496 – ♦Barcelona 149 – Huesca 125 – ♦Lérida 27.

Conde Jaime de Urgel (Parador colaborador), Urgel 2 ☎ 44 56 04, ⛱ – |‡| ▤ 🚗 P. AE ⓓ E VISA. ✗ rest
Com 950 – ☕ 260 – **60 hab** 2 200/3 400 – P 3 400/3 900.

AUSTIN-MG-MORRIS-MINI av. Caudillo 6 ☎ 44 52 69
CITROEN Hostal Nou ☎ 44 54 38
RENAULT Urgel 90 y 92 ☎ 44 53 67
SEAT-FIAT Urgel 25 ☎ 44 50 91
TALBOT Urgel 46 ☎ 44 55 99

BALEARES (Islas) ★★★ 43 ⑩⑰ a ⑳ y 990 ㉘㉙㉚ – 633 016 h.

✈ ver : Palma de Mallorca, Mahón, Ibiza.

⛴ para Baleares ver : Alicante, Barcelona, Valencia. En Baleares ver : Palma de Mallorca, Mahón, Ibiza, Alcudia (Mallorca), Ciudadela (Menorca).

MALLORCA

Alcudia – 4 875 h. – ☎ 971 – Playa en Puerto de Alcudia - Plaza de toros.
⛴ para Ciudadela (Menorca) : Cía. Aucona, Lazareto 1 ☎ 54 53 42, Telex 68616.
Palma 52.

Hotel y restaurante ver : Puerto de Alcudia SE : 3 km.

CITROEN-PEUGEOT Héroes de Toledo 8 ☎ 54 53 11
RENAULT av. Marina 16 ☎ 54 57 72
SEAT Héroes de Toledo 54 ☎ 54 58 72
TALBOT av. Príncipes de España 16 ☎ 54 58 45

Artá (Cuevas de) ★★★
Palma 78.

Hoteles y restaurantes ver : Cala Ratjada N : 11,5 km, ***Son Servera*** SO : 13 km.

Bañalbufar – 428 h. – ☎ 971.
Palma 23.

Mar i Vent ⛱, José Antonio 49 ☎ 61 00 25, ≤, ⛱, ✗ – ▥ ⛀wc ☎ 🚗 P. ✗
cerrado 26 noviembre-enero – Com 875/1 325 – ☕ 250 – **15 hab** 1 255/1 635 – P 2 415/2 855.

Bendinat (Costa de) – ✉ Palma – ☎ 971.

Bendinat ⛱, ☎ 67 57 25, ✗, « Bungalows en un jardín con árboles y agradables terrazas junto al mar », ✗ – ▥ ⛀wc ☎ P. VISA. ✗ rest
mayo-15 octubre – Com 1 000 – ☕ 325 – **30 hab** 2 400/4 000 – P 3 900/4 300.

Bunyola – 2 729 h. – ☎ 971.
Palma 14.

en la carretera de Sóller O : 1,5 km – ✉ Bunyola – ☎ 971 :

✕ Ca'n Penasso, ☎ 61 32 12, 🏕, « Conjunto de estilo rústico regional », 🏊, 🌳 – Ⓟ.

Cala de San Vincente – ✉ Pollensa – ☎ 971.
Ver : Paraje★.
Palma 58.

🏨 **Molins** 🐎, Capitán Juergens ☎ 53 02 00, ←, 🏊, 🎾 – |⇕| ▤ rest Ⓟ. 🚫
Com 1 550 – ☕ 450 – **100 hab** 1 570/2 185.

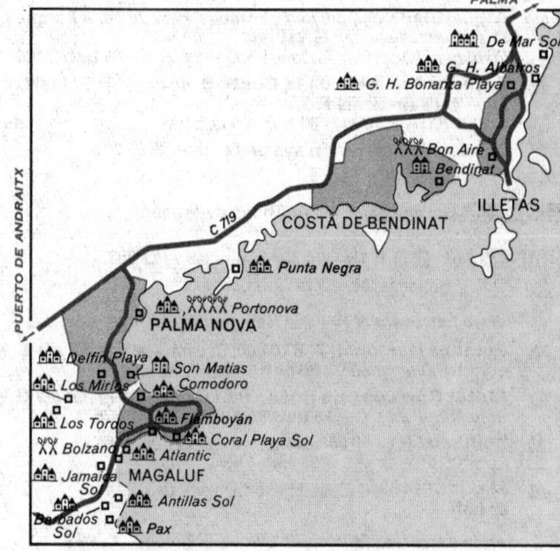

Cala d'Or – ✉ Santany – ☎ 971.
Ver : Paraje★★.
Palma 69.

🏨 **Cala Esmeralda** 🐎, ☎ 65 71 11, 🏊, 🌳, 🎾 – |⇕| ▤ Ⓟ. AE ⓓ E. 🚫
mayo-28 octubre – Com 750 – ☕ 300 – **151 hab** 4 300/7 300 – P 5 000/5 910.

🏨 Rocador, ☎ 65 70 75, ←, « Bonito jardín entre los pinos », 🏊 – |⇕| ▤ rest
temp. – **105 hab**.

🏨 Rocamarina 🐎, Cala Es Fortí ☎ 65 78 08, 🏊, 🌳 – |⇕| ▥ ▤ rest 🛁wc ☎ Ⓟ
temp. – **207 hab**.

🏨 Cala Gran, ☎ 65 71 00, 🏕, 🏊, 🌳 – |⇕| ▥ 🛁wc 🚿wc ☎
temp. – **77 hab**.

🏠 **Cala d'Or** 🐎, av. Bélgica 36 ☎ 65 72 49, « Entre los pinos » – ▥ 🛁wc Ⓟ
mayo-octubre – Com 700 – **52 hab** ☕ 1 200/2 000 – P 2 000.

✕✕ Yate d'Or, av. Bélgica ☎ 65 79 78, 🏕, « Agradable terraza ».

✕✕ **Sa Torre,** av. Tagomago 19 ☎ 65 70 83, 🏕
abril-octubre – Com carta 980 a 1 875.

✕ La Cala, av. de Bélgica ☎ 65 70 04, 🏕
temp.

Cala Figuera – ✉ Santany – ☎ 971.
Ver : Paraje★.
Palma 59.

🏠 Cala Figuera 🐎, Tomarina 30 ☎ 65 36 95, ←, 🏊, 🌳, 🎾 – |⇕| ▥ 🛁wc 🚿wc Ⓟ
temp. – **103 hab**.

Cala Pí – ✉ Campos – ☎ 971.
Palma 41.

✕ Miguel, ☎ 66 08 78, 🏕, Decoración regional.

en la urbanización Es Pas de Vallgornera E : 4 km – ✉ Campos – ☎ 971 :

🏨 **Es Pas** 🐎, ☎ 66 08 78, Telex 69015, 🎾 – ▥ 🛁wc. 🚫
mayo-septiembre – Com 450 – **38 hab** ☕ 1 500/3 740 – P 2 200/2 700.

Cala Ratjada – ✉ Capdepera – ☎ 971.
Alred. : Capdepera (murallas ←★) O : 2,5 km.
Palma 79.

🏨 **Aguait** 🐎, av. de los Pinos ☎ 56 34 08, Telex 69012, ←, 🏊, 🎾 – |⇕| Ⓟ. AE ⓓ VISA. 🚫
18 marzo-octubre – Com 750 – ☕ 400 – **188 hab** 1 700/3 000 – P 2 800/2 900.

🏨 **Son Moll,** Tritón ☎ 56 31 00, Telex 69012, ←, 🏊 climatizada – |⇕|. ⓓ VISA. 🚫
abril-octubre – Com *(sólo cena)* 800 – ☕ 300 – **118 hab** 1 700/3 000.

🏨 **Serrano,** playa Son Moll ☎ 56 33 50, ←, 🏊 climatizada, 🎾 – |⇕| ▥ 🛁wc ☎. 🚫
Com 800 – ☕ 370 – **60 hab** 1 450/1 600 – P 2 500/2 800.

XX ✿ **Ses Rotges** con hab, Alcedo ☎ 56 31 08, « Comedor y terraza rústica », Cocina francesa – wc
abril-octubre – Com *(cerrado martes en octubre)* carta 1 225 a 2 440 – 300 – **12 hab** 1 465/2 585 – P 3 000/3 180
Espec. Rape a la pimienta verde, Gallo a la parrillada con hinojo, Chuletón de buey con gratinado de patatas.

X **Mallorquí,** Leonor Servera 14 ☎ 56 39 84, Decoración regional – E VISA.
25 marzo-octubre – Com carta 1 025 a 1 975.

X Lorenzo, Leonor Servera ☎ 56 39 39.

CITROEN-PEUGEOT Juan March 4 ☎ 56 38 34

Calas de Mallorca – ✉ Porto Cristo – 971.
Palma 64.

XX La Carreta, piso 1 ☎ 57 32 61, Telex 69053, – P
temp.

La Calobra – 971.
Ver : Paraje★ – Carretera de acceso★★★ – Torrente de Pareis★.
Alred. : Desfiladero de Gorch Blau ≤★ SE : 10 km.
Palma 66.

La Calobra, ✉ apartado 35 Sóller, ☎ 51 70 16, ≤, – wc.
abril-octubre – Com *(todo el año)* 750 – 195 – **51 hab** 975/1 625 – P 1 960.

Calvia – 8 096 h. – 971.
Palma 18.

X C'Ana Cucó, av. de Palma 14 ☎ 67 00 83.

Deyá – 396 h. alt. 184 – 971.
Ver : Paraje★.
Alred. : Son Marroig ≤★ O : 3 km.
Palma 27.

Es Molí, carret. de Valdemossa SO : 1 km ☎ 63 90 00, Telex 69007, ≤ valle y mar, « Bonito jardín escalonado », climatizada, – P. E. rest
15 abril-24 octubre – Com 1 300 – 400 – **73 hab** 4 100/7 200 – P 4 400/5 100.

Drach (Cuevas del) ★★★ P
Palma 63 – Porto Cristo 1.
Hotel y restaurantes ver : Porto Cristo N : 1 km.

Estellenchs – 493 h. – 971.
Palma 30.

Maristel, Eusebio Pascual 9 ☎ 61 02 82, ≤, – wc
cerrado noviembre – Com 625 – 225 – **55 hab** 1 000/1 500 – P 2 000/2 255.

en la carretera de Andraitx O : 4 km – ✉ Estellenchs – 971 :

XX Es Grau, ☎ 61 02 70, ≤ mar y acantilados, – P.

Formentor (Cabo de) – ✉ Puerto de Pollensa – 971.
Ver : Carretera★★★ de Puerto de Pollensa al Cabo Formentor – Mirador d'Es Colomer★★★ – Cabo Formentor★★★ – Playa Formentor★.
Palma 78 – Puerto de Pollensa 20.

Formentor, ☎ 53 13 00, Telex 68523, ≤ bahía y montañas, « Espléndida situación entre los pinos, magníficas terrazas con flores », climatizada, – P – AE E VISA. rest
Com 2 600 – 750 – **131 hab** 5 600/8 600 – P 8 650/9 950.

Illetas – ✉ Palma – 971.

De Mar Sol, ☎ 40 25 11, Telex 68539, ≤ mar y costa, « Bonito jardín con arbolado », climatizada, – P – AE E VISA. rest
Com 1 440 – 350 – **136 hab** 4 950/7 900 – P 9 150/10 150.

G. H. Bonanza Playa, ☎ 40 13 01, Telex 68782, ≤ mar, « Amplia terraza con al borde del mar », – P – AE E VISA.
Com 900 – **291 hab** 4 875/8 450.

G. H. Albatros, paseo de Illetas 13 ☎ 40 22 11, Telex 68545, ≤ mar y costa, – AE VISA. rest
Com 1 250 – **119 hab** 3 050/5 000 – P 4 625/4 800.

XX **Bon Aire,** paseo de Illetas ☎ 40 00 48, ≤, – P. AE VISA.
cerrado domingo noche y lunes – Com carta 1 325 a 2 445.

Inca – 17 964 h. alt. 120 – ☎ 971.
Alred. : Selva (iglesia de San Lorenzo : Calvario★) N : 5 km.
Palma 28.

Ca'n Amer, Miguel Durán 39 ☎ 50 12 61, Celler típico
cerrado domingo, miércoles noche, sábado en verano y del 4 al 10 abril – Com carta 1 050 a 1 700.

CITROEN Juan de Austria ☎ 50 12 52
FORD General Luque 444 ☎ 50 21 00
MERCEDES-BENZ Cardenal Cisneros 32 ☎ 50 15 20
RENAULT General Goded 19 ☎ 50 01 98
SEAT carret. Palma-Alcudia ☎ 50 12 53
TALBOT Formentor 1 ☎ 50 20 83

Orient – ✉ Bunyola – ☎ 971.
Palma 25.

De Muntanya, carret. Bunyola-Alaró ☎ 61 33 80, ≤, – wc.
cerrado agosto – Com 600 – 200 – **16 hab** 1 000/1 600 – P 1 900/2 200.

Paguera – ☎ 971.
Ver : Paraje★.
Alred. : Cala Fornells (paraje★) SO : 1,5 km.
Palma 22.

Villamil, carret. de Andraitx km 23 ☎ 68 60 50, Telex 68841, ≤, « Bonita terraza bajo los pinos con climatizada », – . AE E VISA.
Com 1 050 – **101 hab** 4 400/5 000 – P 5 950/6 550.

Sunna, Gaviotas 25 ☎ 68 67 50, Telex 69017, ≤, climatizada, – rest. E VISA. rest
Com 1 060 – 340 – **75 hab** 2 310/3 600 – P 3 400/3 910.

Bahía Club, av. de Paguera 2A ☎ 68 61 00, ≤, « Terrazas con flores », climatizada – wc .
cerrado noviembre – Com 840 – 235 – **55 hab** 1 530/2 645 – P 2 945/3 155.

La Gran Tortuga, carret. de Cala Fornells ☎ 68 60 23, ≤ cala y mar, , – . VISA
marzo-octubre – Com *(cerrado martes mediodía y lunes).*

en la carretera de Palma E : 2 km – ✉ Paguera – ☎ 971 :

Club Galatzo M, ☎ 68 62 70, Telex 68719, « Magnífica situación sobre un promontorio, ≤ mar y colinas circundantes », , , , –
197 hab.

en Cala Fornells SO : 1,5 km – ✉ Paguera – ☎ 971 :

Coronado, ☎ 68 68 00, ≤ cala y mar, « Rodeado de pinos », climatizada, , , – .
marzo-octubre – Com 1 100 – 250 – **110 hab** 3 000/4 025 – P 4 110/5 100.

por la carretera de Andraitx O : 1,5 km – ✉ Paguera – ☎ 971 :

La Gritta, Aldea Cala Fornells II ☎ 68 61 66, Telex 69163, , « Agradable terraza con y ≤ bahía » – . E VISA
cerrado martes, miércoles mediodía y 15 noviembre-15 diciembre – Com carta 1 550/2 640.

Palma de Mallorca P – 282 050 h. – ☎ 971 – Playas : Portixol DX, Ca'n Pastilla por ④ : 10 km, San Antonio por ④ : 10 km y El Arenal por ④ : 14 km - Plaza de Toros.
Ver : Catedral★★ FZ – **Lonja★** EZ – **Barrios antiguos : Iglesia de San Francisco★,** GZ **Y** – **Casa de los marqueses de Sollerich (patio★)** FY **Z** – **Pueblo español★** BV **A.**
Alred. : Castillo de Bellver★ (✻★★) O : 3 km BV.
18 de Son Vida NO : 5 km ☎ 23 75 37 BU.
de Palma de Mallorca por ④ : 11 km ☎ 26 32 66 – Iberia : passeig des Born 10, ✉12, ☎ 28 69 66 FYZ.
para la Península, Menorca e Ibiza : Cía. Aucona, paseo del Muelle Viejo 5 ☎ 22 67 40, Telex 68555 EZ.
av. Jaime III - 10 ☎ 21 22 16, pl. España ☎ 21 15 27 y en aeopuerto ☎ 26 08 03 – R.A.C.E. av. Marqués de la Cenia 39 ☎ 23 73 46.
Alcudia 52 ② – Paguera 22 ⑤ – Sóller 30 ① – Son Servera 64 ③.

Planos páginas siguientes

En la ciudad :

Saratoga, paseo Mallorca 6, ✉ 12, ☎ 22 72 40, – rest . EY **s**
Com 750 – **155 hab** 2 050/3 200 – P 2 650/3 000.

Jaime III Sol, sin rest, con cafetería, paseo Mallorca 14 B, ✉ 12, ☎ 22 59 43 – . AE E VISA. EY **n**
Com 900 – 300 – **88 hab** 1 900/3 200 – P 3 500/3 800.

Almudaina sin rest, av. Jaime III-9, ✉ 12, ☎ 22 73 40 – . AE E VISA. FY **a**
80 hab 1 800/3 100.

Palladium sin rest, con cafetería, paseo Mallorca 40, ✉ 12, ☎ 21 39 45 – |♦| ▥ ⊏wc ⋒wc ☎. AE ⊙ E VISA. ✻ — EY z
⊐ 200 – **53 hab** 1 800/2 800.

Drach, sin rest, Font y Monteros 23, ✉ 3, ☎ 22 31 46 – |♦| ▥ ⊏wc ☎ — GY v
62 hab.

Nácar sin rest, con cafetería, av. Jaime III-21, ✉ 12, ☎ 22 26 41 – |♦| ▥ ⊏wc ☎. AE ⊙ E VISA. ✻ — EY e
60 hab ⊐ 2 600/3 600.

Capitol sin rest, con cafetería, pl. del Rosario 5, ✉ 1, ☎ 22 25 04 – |♦| ▥ ⊏wc ⋒wc ☎. AE ⊙ E VISA. ✻ — FZ c
⊐ 170 – **72 hab** 1 160/1 980.

Club Náutico ⛵ sin rest, contramuelle Mollet 20, ✉ 12, ☎ 22 14 05, ≤, ⛱ – ▥ ⊏wc ☎ — EZ k
35 hab.

XXX **Ulises,** paseo Marítimo 3, ✉ 3, ☎ 45 09 95 – ▤. AE E VISA. ✻ — CV c
Com carta 1 225 a 2 350.

XXX **El Gallo,** Teniente Torres 17, ✉ 14, ☎ 23 74 11 – ▤. AE E VISA. ✻ — CV b
cerrado sábado mediodía, domingo y marzo – Com carta 1 375 a 2 050.

XX Real Club Náutico, piso 1, Contramuelle Mollet 1, ✉ 12, ☎ 21 25 30, ≤ — EZ b

XX **S'Escudella,** Industria 52, ✉ 13, ☎ 28 96 66 – ▤. VISA. ✻ — EY q
cerrado domingo noche, lunes y 15 julio-agosto – Com carta 850 a 1 825.

X ✿ **Xoriguer,** Fabrica 60, ✉ 13, ☎ 28 83 32 – ▤. VISA. ✻ — CV a
cerrado martes y del 5 al 31 agosto – Com carta 1 125 a 1 970
Espec. Paletilla de lechazo (octubre-mayo), Arroz brut (otubre-marzo), Pastel de Niscalo (en temporada).

X **Casa Sophie,** Apuntadores 24, ✉ 12, ☎ 22 60 86, ⛱, Cocina francesa – ▤. AE ⊙ E VISA — EZ u
cerrado domingo, lunes mediodía y diciembre-15 enero – Com carta 930 a 1 600.

X **El Puerto,** paseo de Sagrera 3, ✉ 12, ☎ 22 11 04 – ✻ — EZ y
cerrado martes – Com carta 770 a 1 690.

X **Gina,** pl. de la Lonja 1, ✉ 12, ☎ 22 64 84 – ▤. ✻ — EZ a
cerrado miércoles – Com carta 645 a 1 500.

X **Caballito de Mar,** paseo de Sagrera 5, ✉ 12, ☎ 22 10 74, ⛱ – AE ⊙ E VISA. ✻ — EZ a
cerrado domingo – Com carta 900 a 1 800.

X **Le Bistrot (Sa Faxina),** Teodoro Llorente 4, ✉ 11, ☎ 28 71 75, Cocina francesa – ▤ — EY a
cerrado domingo y julio – Com carta 965 a 1 955.

X **Casa Gallega,** piso 1, Pueyo 6, ✉ 3, ☎ 22 11 41, Cocina gallega – ▤. ✻ — GY a
Com carta 1 350 a 2 500.

X **Penelope,** pl. Progreso 19, ✉ 13, ☎ 23 02 69 – ▤. AE ⊙ E VISA. ✻ — EY t
Com carta 1 700 a 2 900.

X **Los Gauchos,** San Magín 78, ✉ 13, ☎ 28 00 23, Cocina latino-americana – ▤. AE ⊙ E VISA — EY f
cerrado domingo – Com carta 1 225 a 1 725.

X **Cambalache,** San Magín 72, ✉ 13, ☎ 28 08 19 – ▤. AE ⊙ E VISA — EY f
Com (sólo cena) carta 1 210 a 2 035.

X **Ca'n Nofre,** carrer de Manacor 27 ☎ 46 23 59 – ✻ — HY a
cerrado miércoles noche y jueves – Com carta 650 a 1 800.

Al Oeste de la bahía :

al borde del mar :

Victoria Sol, av. Joan Miró 21, ✉ 14, ☎ 23 25 42, Telex 68558, ≤ ciudad y bahia, ⛱, ⛱ – |♦| ▤ Ⓟ – 🏔. AE ⊙ E VISA. ✻ — BV u
Com 1 750 – **171 hab** ⊐ 6 050/9 700.

Meliá Mallorca sin rest, con cafetería, Monseñor Palmer 2, ✉ 14, ☎ 23 37 40, Telex 68538, ≤, ⛱ climatizada, 🌴 – |♦| ▤ – 🏔. AE ⊙ E VISA. ✻ — CV z
⊐ 370 – **240 hab** 3 900/5 300.

Palas Atenea Sol, paseo Marítimo 29, ✉ 14, ☎ 28 14 00, Telex 68539, ≤, ⛱, ⛱ – |♦| ▤ – 🏔 — BV e
370 hab.

Bellver Sol, paseo Marítimo 11, ✉ 14, ☎ 23 51 42, Telex 68539, ≤ bahia y ciudad, ⛱ – |♦| ▤ – 🏔. AE ⊙ E VISA. ✻ — CV v
Com 1 225 – **393 hab** ⊐ 3 685/5 370 – P 4 755/7 510.

Reina Constanza, paseo Marítimo, ✉ 15, ☎ 40 07 11, ≤, ⛱ – |♦|. AE VISA. ✻ — BX x
Com 1 100 – ⊐ 280 – **97 hab** 3 300/5 250 – P 4 620/5 295.

Mirador, paseo Marítimo 10, ✉ 14, ☎ 23 20 46, ≤ – |♦|. AE ⊙ E. ✻ — CV x
Com 1 100 – ⊐ 290 – **78 hab** 2 950/4 600 – P 4 415/5 065.

XX ✿ **Ancora,** Darsena de Ca'n Bárbara, ✉ 15, ☎ 40 11 01 – ▤. AE ⊙ VISA. ✻ — BX x
cerrado domingo, lunes mediodía y marzo – Com carta 1 500 a 2 425.

XX De Shangrila, paseo Marítimo, ✉ 15, ☎ 45 25 75, ≤, Rest. chino – ▤ — CV c

XX Le Relais del Club de Mar, muelle Pelaires, ✉ 1, ☎ 40 36 11, Telex 68688, ≤, ⛱ – Ⓟ. AE. ✻ — BX n
cerrado domingo noche y lunes de octubre a junio.

PALMA DE MALLORCA

Adrián Ferrán	DV 2
Andrea Doria	BV 5
Arquitecto Bennasar (Av. del)	CU 9
Arzobispo Aspargo	DV 13
Balmes	CU 14
Capitán Vila	DV 17
Duquesa de la Victoria	DV 21
Espartero	CV 22
Fray Junípero Serra	BCV 23
Francisco M. de Los Herreros	DV 24
General Ricardo Ortega	DV 26
Joan Miró (Av.)	BVX 31
Juan Crespi	CV 32
Juan Maragall	CDV 34
Luca de Tena	DV 35
Marqués de la Cenia	BCV 37
Médico J. Darder	DV 38
Pedro Garau (Pl.)	DV 42
Puente (Pl.)	CV 44
Quetglas	CV 45
Rosselló y Cazador	CU 52
Teniente Coronel Franco (Pl.)	DV 68
Teniente Juan Llobera	CV 70
Teniente Lizasoain	CV 71
Teniente Sánchez Bilbao	DV 72

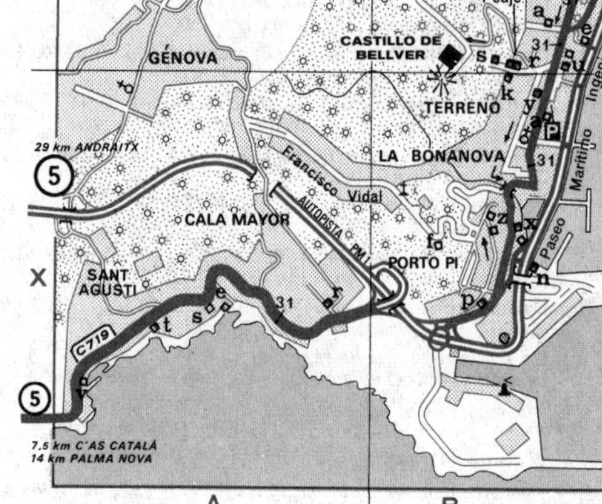

en Terreno – BVX – ✉ Palma – ☎ 971 :

Rex sin rest, Luís Fabregas 4, ✉ 14, ☎ 23 03 65, – ascensor. wc ☎. VISA. ✤ – 175 – **81 hab** 1 600/2 500. BV **a**

Borenco, Joan Miró 61, ✉ 15, ☎ 23 23 47, – ascensor. rest wc wc ☎. ✤ rest BX **a**
Com 350/675 – **70 hab** 1 150/1 900 – P 1 680/1 880.

Plat Pla, Joan Miró 50, ✉ 14, ☎ 23 20 66, Cocina francesa – Ⓟ BX **y**

El Patio, Consignatario Schembri 3, ✉ 14, ☎ 23 24 41 – AE ⓓ E VISA. ✤ BV **u**
cerrado domingo – Com carta 1 175 a 2 275.

El Portalón, Bellver 9, ✉ 14, ☎ 23 78 66, « Agradable patio » – BX **k**

Adolfo, Bellver 10, ✉ 14, ☎ 23 79 69, BV **r**

S'Escafandre, Bellver 12, ✉ 14, ☎ 26 42 46, Cenas amenizadas al piano – BV **s**

Mario's, Bellver 12, ✉ 14, ☎ 28 18 14, Cocina italiana BV **r**

en La Bonanova – BX – ✉ Palma – ☎ 971 :

Valparaiso Palace M, Francisco Vidal 23, ✉ 15, ☎ 40 04 11, Telex 68754, ≤ Palma, bahía y puerto, – ascensor Ⓟ – ⓓ E VISA. ✤ BX **f**
Com 2 500 – 600 – **138 hab** 5 500/9 250 – P 8 875/9 750.

Majorica, Garita 3, ✉ 15, ☎ 40 02 61, ≤ Palma, bahía y puerto, – ascensor BX **z**
137 hab.

Constelación, Corp Marí 27, ✉ 15, ☎ 40 05 01, Telex 69309, ≤ bahia, puerto y ciudad, – ascensor rest wc ☎. ✤ rest BX **z**
cerrado noviembre-17 diciembre – Com 1 100 – 325 – **43 hab** 1 700/2 900 – P 2 850/3 150.

en Porto Pí – BX – ✉ Palma – ☎ 971 :

Rififi, Joan Miró 186 ☎ 40 20 35, Pescados y mariscos – E VISA BX **p**
cerrado martes y 6 enero-7 febrero – Com carta 1 425 a 2 575.

en Cala Mayor (carretera de Andraitx) AX – ✉ Palma – ☎ 971 :

Nixe Palace M, Joan Miró 269, ✉ 15, ☎ 40 38 11, Telex 68569, « Amplias terrazas con palmeras y ≤ mar », climatizada – ascensor AX **a**
temp. – **130 hab**.

Santa Ana, Gaviota 9, ✉ 15, ☎ 40 15 12, ≤, – ascensor rest Ⓟ AX **e**
190 hab

Playa Cala Mayor, sin rest, Gaviotas, ✉ 15, ☎ 40 32 13, ≤, – ascensor AX **s**
148 hab

Pizzeria El Padrino, Juan de Saridakis 2, ✉ 15, ☎ 40 19 62, – AE E VISA. ✤ AX **r**

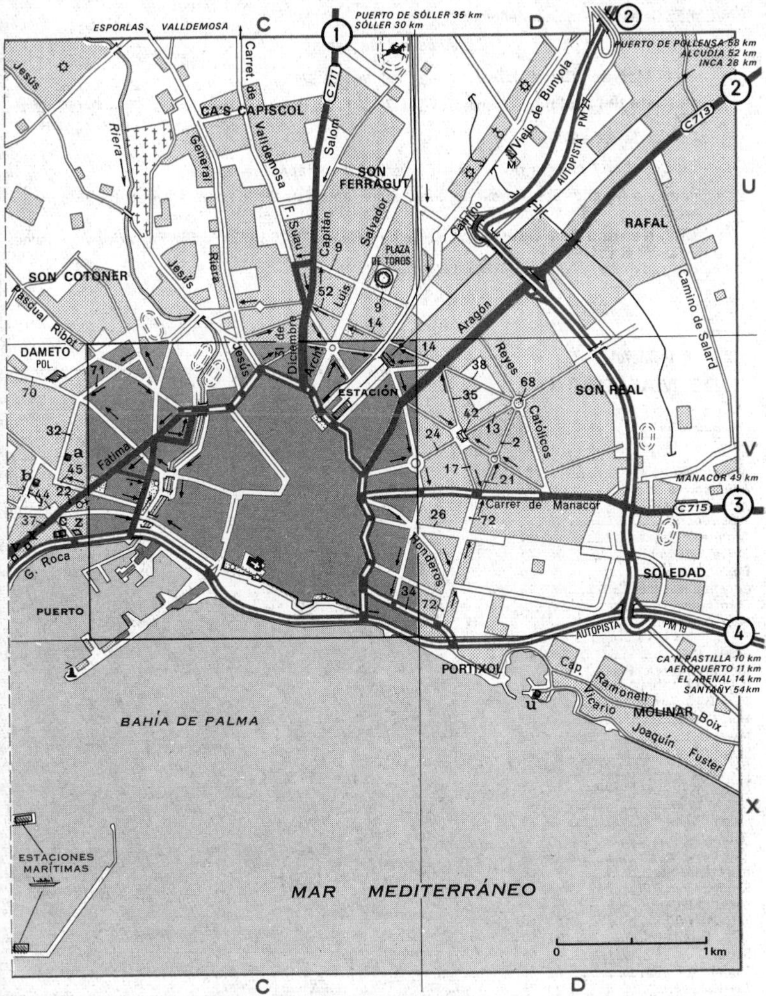

en San Agustín (carretera de Andraitx) – ✉ Palma – ☎ 971 :

✕ Rocky's-Los Candiles, Joan Miró 299, ✉ 15, ☎ 40 03 22 AX **t**

en C'as Catalá (carretera de Andraitx) – ✉ Palma – ☎ 971 :

Maricel, ✉ 15, ☎ 40 27 12, « Bonito edificio de estilo mallorquín con terrazas escalonadas, ≤ cala y mar », – rest . AE E VISA. AX **v**
Com 950 – **55 hab** 2 200/4 400 – P 4 000/4 400.

en Son Vida BU – NO : 6 km – ✉ Palma – ☎ 971 :

Son Vida Sheraton H. , ☎ 45 10 11, Telex 68651, , « Antiguo palacio señorial entre pinos con ≤ ciudad, bahía y montañas », climatizada, , , – – . AE E VISA. rest
Com 2 350 – 525 – **170 hab** 4 620/7 000 – P 8 000/9 120.

Racquet Club H. , ✉ 13, ☎ 28 00 50, Telex 69154, ≤, « Ambiente acogedor », , , – . AE VISA.
Com 900 – 360 – **51 hab** 2 850/4 000.

Ver también : ***Bendinat (Costa de)*** ***Illetas y Palma Nova.***

Al Este de la Bahía :

en El Molinar - Cala Portixol DX – ✉ Palma – ☎ 971 :

X **Portixol del Molinar,** Sirena 27, ✉ 6, ☎ 27 18 00, Pescados y mariscos, – Ⓟ. AE Ⓓ E VISA. DX **u**
Com carta 880 a 2 300.

en Coll d'en Rabassa por ④ : 6 km – ✉ Coll d'en Rabassa – ☎ 971 :

XX Pequeño Mundo, Son García del Pinar, junto autopista ☎ 26 20 18, « Agradable jardín con arbolado » – Ⓟ.

X **Club Náutico Cala Gamba,** paseo de Cala Gamba ☎ 26 10 45, <, , Pescados y mariscos – AE Ⓓ E VISA.
cerrado lunes – Com carta 875 a 1 625.

PALMA DE MALLORCA

Dés Born (Pas.)	FYZ	20
Jaime III (Av. de)	EY	
Antonio Maura (Av.)	FZ	6
Apuntadores	EZ	7
Archiduque Luis Salvador	GY	8
Arquitecto Reynes	GZ	10
Barceló-y-Combis	HY	15
Bolsería	GY	16
Constitucio (La)	FZ	18
Cordelería	GYZ	19
Gabriel Alomar Villalonga (Av.)	HYZ	25
Gloria	EZ	28
Ingeniero Gabriel Roca (Paseo Marítimo)	EZ	29
José Tous Ferrer	GY	30
Morey	GZ	39
Navarra	GY	40
Padre Atanasio	GY	41
Pío XII (Pl.)	FY	43
Rafael Rodríguez Mendez	EY	47
Ramón Lulio	GZ	48
Reina (Pl. de la)	FZ	49
Rubén Darío	FY	53
Ruiz de Alda	EY	54
San Cayetano	FY	56
San Francisco (Pl.)	GZ	57
Santa Catalina Thomás (Pl.)	FY	58
Santa Eulalia (Pl.)	GZ	60
Serra	GZ	63
Temple (Pl. de)	HZ	66
Zavellá	GZ	74

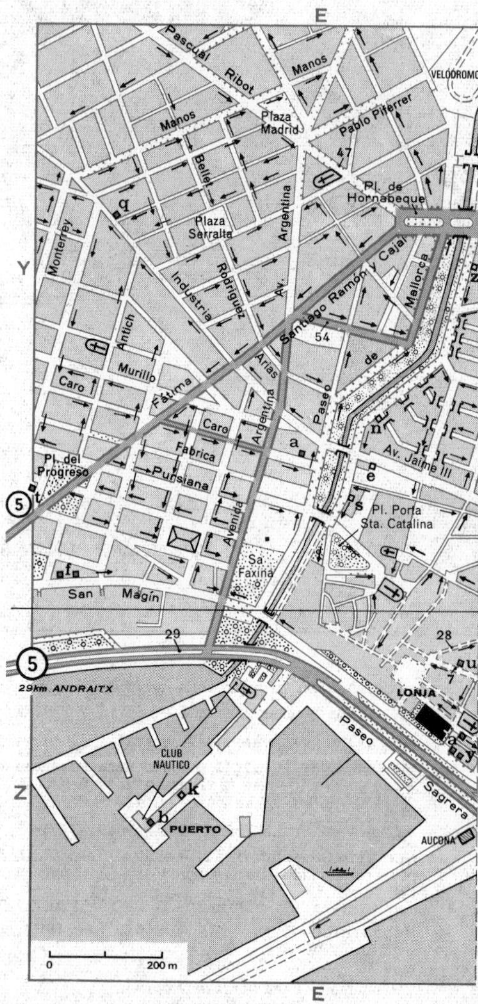

Pour un bon usage des plans de villes, voir les signes conventionnels, p. 39.

Para el buen uso de los planos de ciudades, consulte los signos convencionales, p. 23.

en Playa de Palma (Ca'n Pastilla, Las Maravillas, El Arenal) por ④ : 10 y 14 km – ☎ 971 :

Río Bravo, Misión de San Diego, ✉ El Arenal, ☏ 26 63 00, Telex 68693, ⛱, ⛱, ⛱, ⛱ – ⛱ ⛱ – ⛱
199 hab.

Garonda, carret. El Arenal 28, ✉ Ca'n Pastilla, ☏ 26 22 00, Telex 69696, ≤, ⛱ climatizada, ⛱ – ⛱ ⛱ rest. AE ⛱ VISA. ⛱
abril-octubre – Com 900 – **116 hab** ⛱ 4 400/6 000.

Festival, camino Las Maravillas, ✉ Ca'n Pastilla, ☏ 26 62 00, Telex 68693, Césped con arbolado, ⛱, ⛱ – ⛱ ⛱ – ⛱
216 hab.

San Francisco, Laud 24, ✉ Ca'n Pastilla, ☏ 26 46 50, Telex 68693, ≤, ⛱ climatizada – ⛱ ⛱ – ⛱. ⛱
Com 900 – ⛱ 320 – **138 hab** 2 260/3 800.

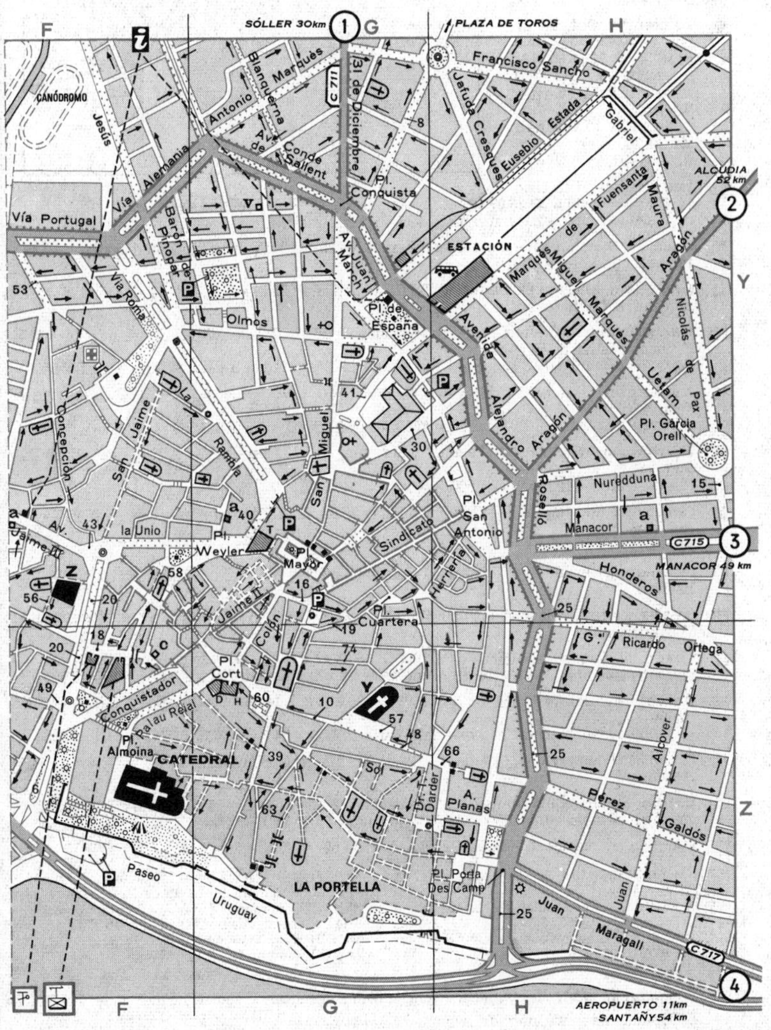

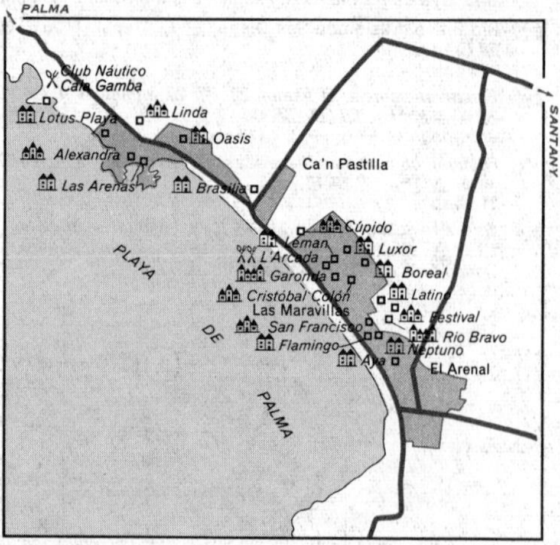

Cúpido, Marbella, ✉ Ca'n Pastilla, ☎ 26 43 00, Telex 68638, ←, – rest – . VISA. Com 800 – 200 – **197 hab** 1 750/2 780 – P 3 185/4 215.

Cristóbal Colón, Parcelas 13, ✉ Ca'n Pastilla, ☎ 26 27 50, Telex 69079, climatizada – rest. Com 925 – 315 – **158 hab** 2 300/3 450 – P 3 680/4 255.

Alexandra Sol, av. de Los Pinos 15, ✉ Ca'n Pastilla, ☎ 26 23 50, Telex 68539, ←, – rest. AE E VISA. rest Com 1 200 – **164 hab** 3 200/5 200 – P 4 300/4 900.

PALMA
Club Náutico
Cala Gamba
Lotus Playa
Linda
Oasis
Alexandra
Las Arenas
Brasilia
Ca'n Pastilla
SANTANY
Cúpido
Leman
L'Arcada
Luxor
Garonda
Boreal
Cristóbal Colón
Latino
Las Maravillas
Festival
San Francisco
Rio Bravo
Flamingo
Neptuno
Aya
El Arenal
PLAYA DE PALMA

Las Arenas, Tito Livio 14, ✉ Ca'n Pastilla, ☎ 26 07 50, ←, climatizada, – wc . AE E. Com 825 – 250 – **200 hab** 1 450/2 400 – P 2 800/3 050.

Linda, av. Bartolomé Riutort, ✉ Ca'n Pastilla, ☎ 26 29 82, – rest wc **189 hab**.

Lotus Playa, Maestro Ekitai Ahn 40, ✉ Ca'n Pastilla, ☎ 26 21 00, ←, – wc *temp.* – **127 hab**.

Oasis, Bartolomé Riutort 24, ✉ Ca'n Pastilla, ☎ 26 01 50, Telex 69103, climatizada – wc . AE E VISA. rest *cerrado noviembre-17 diciembre* – Com 600 – 240 – **110 hab** 1 700/3 000 – P 2 650/2 850.

Aya, carret. El Arenal 50, ✉ El Arenal, ☎ 26 04 50, Telex 69696, ←, – rest wc wc . *abril-octubre* – Com 850 – 220 – **145 hab** 1 700/2 700 – P 3 000/3 380.

Neptuno sin rest, playa de Palma, ✉ El Arenal, ☎ 26 32 58, ←, – wc . AE VISA. rest *mayo-octubre* – **103 hab** 1 800/2 400.

Leman, av. Son Rigo 6, ✉ Ca'n Pastilla, ☎ 26 07 12, ←, climatizada, – rest wc **98 hab**.

Flamingo, Misión de San Diego 2, ✉ El Arenal, ☎ 26 05 00, ←, – rest wc **100 hab**.

Brasilia, sin rest, Polacra 4, ✉ Ca'n Pastilla, ☎ 26 29 20, ←, – wc wc **63 apartamentos**.

Luxor, av. Son Rigo 21, ✉ Ca'n Pastilla, ☎ 26 05 12, – wc . *cerrado noviembre-11 diciembre* – Com 700 – 200 – **52 hab** 2 125/3 150 – P 2 945/3 495.

Boreal, Mar Jónico 11, ✉ Ca'n Pastilla, ☎ 26 21 12, Telex 69696, – wc . *cerrado noviembre-11 diciembre* – Com 700 – 200 – **64 hab** 2 125/3 150 – P 2 945/3 495.

Bahamas, 2 de Mayo, ✉ El Arenal, ☎ 26 32 00, – wc **258 hab**.

Latino, San Ramón Nonato 5, ✉ Ca'n Pastilla, ☎ 26 06 62, – rest wc . *15 marzo-octubre* – Com 650 – 235 – **60 hab** 1 085/1 980 – P 2 210/2 305.

XX L'Arcada, av. Nacional, ✉ Ca'n Pastilla, ☎ 26 14 50, ←, .

AUSTIN-MG-MORRIS-MINI, FORD Gran Vía Asima 16 ☎ 25 48 42
CITROEN-PEUGEOT XVI de Julio ☎ 29 97 66
FIAT-SEAT Aragón 215 ☎ 27 85 50
MERCEDES-BENZ Gremio Toneleros 34 - Polígono La Victoria ☎ 29 09 20
PEUGEOT-CITROEN Gran Vía Asima 11 ☎ 20 01 11
RENAULT Camino de Los Reyes ☎ 29 22 00
RENAULT Aragón 209 ☎ 27 46 00
SEAT General Ricardo Ortega 37 ☎ 46 87 11
TALBOT Gran Vía Asima 16 ☎ 20 44 30
TALBOT Aragón 191 ☎ 27 47 00

***En juillet et août,** les hôteliers sont souvent débordés. En dehors de cette période, vous serez mieux.*

Palma Nova – ☎ 971.

Poniente, zona de Magaluf ☎ 22 36 15 – Palma 14.

Ver situación p. 110

Delfín Playa, Hermanos Moncada 32 ☎ 68 01 00, Telex 68673, ←, « Bonita terraza con piscina climatizada » – AE E VISA.
Com 1 175 – 420 – **144 hab** 3 500/5 000 – P 4 850/5 850.

Portonova M sin rest y sin ☐, paseo del Mar 2 ☎ 68 15 12, Telex 69119, ←, piscina climatizada, – AE E VISA.
101 apartamentos 5 280.

Comodoro, paseo Calablanca ☎ 68 02 00, Telex 68539, ← bahía, – rest AE E VISA.
15 abril-octubre – Com 1 200 – **83 hab** 3 565/5 410 – P 4 080/5 080.

Los Mirlos, av. Magaluf ☎ 68 19 00, Telex 68840, climatizada, – rest AE E VISA.
Com 1 100 – 300 – **336 hab** 1 600/2 400 – P 3 200/3 600.

Los Tordos, av. Hermanos Pinzón ☎ 68 02 50, Telex 68840, climatizada, – rest AE E VISA.
abril-octubre – Com 1 100 – 300 – **312 hab** 1 600/2 400 – P 3 200/3 600.

Son Matías sin rest, av. Son Matías ☎ 68 15 50, ← – wc – *temp.* – **135 hab**.

Portonova, paseo del Mar 2 ☎ 68 17 12, Telex 69119, ←, « Decoración elegante » –
Com (sólo cena).

en Magaluf S : 1 km – ✉ Palma de Mallorca – ☎ 971 :

Coral Playa Sol, Goleta ☎ 68 05 62, Telex 68539, ← bahía, climatizada – rest – AE E VISA.
cerrado noviembre-diciembre – Com 1 175 – 420 – **184 hab** 3 500/5 000 – P 4 850/5 850.

Pax, av. Notario Alemany 10 ☎ 68 03 12, ←, –
cerrado noviembre, diciembre y enero – Com 680 – 250 – **161 hab** 2 400/3 000 – P 2 500/3 000.

Jamaica Sol, ☎ 68 13 00, Telex 68539, – rest. AE VISA.
Com 900 – 400 – **308 hab** 1 800/3 500.

Atlantic, Punta Ballena ☎ 68 02 08, ←, « Gran terraza entre los pinos », climatizada – rest E.
marzo-noviembre – Com 1 275 – 400 – **80 hab** 2 500/3 950 – P 3 950/4 375.

Flamboyán, Torrenova ☎ 68 04 62, – AE
abril-octubre – Com 900 – 400 – **123 hab** 2 600/4 000 – P 3 850/4 450.

por la carretera de Palma NE : 1,5 km – ✉ Palma Nova – ☎ 971 :

Punta Negra, ☎ 68 07 62, ← bahía, « Magnífica situación al borde de una cala », climatizada, – – **61 hab**.

en Portals Vells - por la carretera del Golf Poniente SO : 8,5 km – ✉ Calviá :

C'an Pau Perdiueta, Cotoner 47 ☎ 28 84 89, Pescados y mariscos – VISA.
cerrado domingo noche y lunes – Com carta 920 a 1 980.

Pollensa – 10 468 h. alt. 200 – ☎ 971 – Playa en Puerto de Pollensa - Plaza de toros.

Alred. : Cuevas de Campanet★ S : 16 km.

Palma 52.

Daus, Escalonada Calvari 10 ☎ 53 28 67 –

en la carretera del Puerto de Pollensa E : 2 km – ✉ Pollensa – ☎ 971 :

Ca'n Pacienci, ☎ 53 07 87, – VISA.
15 marzo-15 noviembre – Com *(cerrado domingo)*.

RENAULT Cecilio Metelo 62 ☎ 53 06 63 SEAT vía Argentina 15-17 ☎ 53 07 60

Porto Cristo – 470 h. – ☎ 971 – Playa.

Alred. : Cuevas del Drach★★★ S : 1 km – Cuevas del Hams (sala de los Anzuelos★) O : 1,5 km – Palma 62.

Perelló, San Jorge 32 ☎ 57 00 04, – wc wc hab
Com 625 – 180 – **95 hab** 1 080/1 920 – P 2 040/2 140.

El Patio, Burdils 54 ☎ 57 00 33,

Ses Comes, av. de los Pinos 50 ☎ 57 04 57 – E VISA
cerrado lunes y noviembre-diciembre – Com carta 1 350 a 2 400.

Porto Petro – ✉ Santany – ☎ 971.

Alred. : Cala Santany (paraje★) SO : 16 km.

Palma 65.

Nereida, Cristóbal Cólon 34 ☎ 65 72 23, ←, – wc – *temp.* – **45 hab**.

Porto Petro, Cristóbal Cólon 49 ☎ 65 77 04, ←, – E.
diciembre-febrero y cerrado lunes en invierno – Com 525.

Puerto de Alcudia – ✉ Alcudia – ☎ 971 – Playa.
Palma 54.

Golf, carret. de Artá ☎ 54 52 98, <, « Al borde de la playa » – wc wc ☎ P. rest
15 mayo-15 octubre – Com 1 200 – 380 – **12 hab** 2 100/4 000 – P 3 200/3 500.

Puerto de Andraitx – ☎ 971.
Alred. : Camp de Mar (paraje*) E : 5 km – Carretera* de Puerto de Andraitx a Camp de Mar – Recorrido en cornisa*** de Puerto de Andraitx a Sóller (terrazas*).
Palma 33.

Brismar, av. Mateo Bosch ☎ 67 16 00, <, – wc wc ☎. AE E VISA.
cerrado 15 noviembre-15 diciembre – Com 795 – **56 hab** 1 830/2 685 – P 2 650/3 130.

Miramar, av. Mateo Bosch 22 ☎ 67 16 17, <, – AE E VISA
cerrado noviembre, lunes excepto festivos y verano – Com carta 1 210 a 2 100.

Rocamar, av. Almirante Riera Alemany 22 ☎ 67 12 61, <, – VISA.
cerrado lunes y 2 noviembre-9 diciembre – Com carta 800 a 1 750.

en Camp de Mar E : 4,5 km – ✉ Camp de Mar – ☎ 971 – Playa :

Villa Real, carret. del Puerto 14 ☎ 67 10 50, – wc wc ☎.
mayo-octubre – Com 550 – 300 – **52 hab** 1 900/3 400.

Puerto de Pollensa – ☎ 971 – Playa.
Ver : Paraje*.
Alred. : Carretera*** de Puerto de Pollensa al Cabo Formentor*** : Mirador d'Es Colomer***, Playa Formentor*.
Palma 58.

Illa d'Or, paseo Colón ☎ 53 11 00, <, « Terraza con árboles », – rest P. VISA.
Com 1 200 – 325 – **119 hab** 2 365/4 080 – P 4 000/4 100.

Daina, Atilio Boveri 1 ☎ 53 12 50, <, – rest.
abril-octubre – Com 1 075 – 320 – **60 hab** 2 360/4 080 – P 4 010/4 330.

Uyal, paseo de Londres ☎ 53 15 00, <, « Terraza con árboles », – P.
abril-octubre – **105 hab** 1 200/2 400 – P 2 200.

Pollentia, paseo de Londres ☎ 53 12 00, <, « Terraza con flores y árboles » – P.
abril-octubre – Com 825 – 210 – **70 hab** 1 300/2 100 – P 2 750/2 900.

Miramar, paseo Anglada Camarasa 39 ☎ 53 14 00, <, – wc ☎. AE E VISA.
abril-octubre – Com 850 – 250 – **69 hab** 1 800/2 700 – P 3 000/3 450.

Sis Pins sin rest, paseo Anglada Camarasa 77 ☎ 53 10 50, < – wc ☎.
abril-octubre – 260 – **50 hab** 2 160/4 800.

Capri, paseo Anglada Camarasa 69 ☎ 53 16 00 – wc wc ☎.
abril-octubre – Com 825 – 210 – **33 hab** 1 300/2 100 – P 2 750/2 900.

Raf, paseo Saralegui 28 ☎ 53 11 95 – wc wc. E VISA. rest
Com 650 – 200 – **39 hab** 1 350/2 400 – P 2 475/2 550.

Panorama, urb. Gommar 56 ☎ 53 11 92, – wc wc. AE E VISA. rest
abril-1 noviembre – Com 800/1 000 – 200 – **40 hab** 1 100/2 000 **y 18 apartamentos** – P 2 500/2 600.

Luz del Mar, Méndez Núñez 12 ☎ 53 12 06, – AE E VISA.
15 abril-15 octubre – Com 1 200 – 200 – **12 hab** 1 200 – P 2 700.

Bec Fi, paseo Anglada Camarasa 91 ☎ 53 10 40, , Carnes a la parrilla
cerrado lunes – Com carta 800 a 1 745.

Ca'n Pep, Temple Fielding ☎ 53 00 10, – E VISA.
cerrado lunes y noviembre.

Lonja del Pescado, Muelle Viejo ☎ 53 00 23, <, , Pescados y mariscos –
cerrado jueves y 12 enero-febrero – Com carta 975 a 2 075.

Club Náutico, Muelle Viejo ☎ 53 10 10, < – AE E VISA.
cerrado martes – Com carta 1 090 a 2 270.

Puerto de Sóller – ✉ Sóller – ☎ 971.
Palma 35.

Edén, Es Través ☎ 63 16 00, Telex 69057, – wc ☎ P. E VISA.
15 enero-octubre – Com 780 – 215 – **152 hab** 1 135/1 900 – P 2 455/2 640.

Eden Park sin rest, Lepanto ☎ 63 12 00, Telex 69057, – wc ☎. E VISA.
mayo-15 octubre – 215 – **64 hab** 1 135/1 900.

Espléndido, Marina ☎ 63 18 50, <, – rest wc ☎. E VISA. rest
abril-octubre – Com 725 – 210 – **104 hab** 1 200/2 300 – P 2 450/2 500.

Es Canyis, playa d'En Repic ☎ 63 14 06, – VISA
marzo-noviembre – Com *(cerrado domingo noche, lunes excepto julio y agosto)* carta 775 a 1 600.

San Juan (Balneario de) – 2 038 h. – ✉ Campos – ☎ 971.
Palma 50.

Baln. de la Font-Santa, carret. Campos del Puerto ☎ 65 50 16 – wc. AE ⓓ E VISA.
junio-septiembre – Com 700 – 260 – **19 hab** 1 400/2 300 – P 2 550/2 800.

San Salvador – alt. 509.
Ver : Monasterio★ (※★★).
Palma 55 – Felanitx 6.
Hoteles y restaurantes ver : Calas de Mallorca E : 17 km, ***Cala d'Or*** SE : 21 km.

Santa Ponsa – ✉ Palma de Mallorca – ☎ 971 – Playa.
Ver : Paraje★.
18 Santa Ponsa, ☎ 68 05 20.
Palma 20.

Rey Don Jaime, vía del Puig ☎ 68 06 50, Telex 68734, – rest –
cerrado noviembre-15 diciembre – Com 650 – 150 – **417 hab** 1 300/2 095 – P 2 140/2 210.

Bahía del Sol, vía Jaime I ☎ 68 09 00, Telex 68733, ≤, – –
160 hab.

Casablanca, vía Rey Sancho 11 ☎ 68 12 00, ≤, – wc wc . rest
mayo-octubre – Com 550 – 170 – **87 hab** 1 550/2 550 – P 2 255/2 560.

Las Velas, Puig de Galatzó ☎ 68 64 11, ≤, – AE ⓓ E VISA
15 marzo-octubre – Com carta 1 175 a 1 745.

La Rotonda, av. Jaime I, .

Jackie's, Puig de Galatxo ☎ 68 63 84, – AE E VISA.

Si vous cherchez un hôtel tranquille,
ne consultez pas uniquement les cartes p. 64 à 67,
mais regardez également dans le texte les établissements indiqués avec le signe .

Sóller – 9 534 h. alt. 54 – ☎ 971 – Playa en Puerto de Sóller.
Alred. : Carretera★ de Sóller a Alfabia – Recorrido en cornisa★★★ de Sóller a Puerto de Andraitx (terrazas★).
Palma 30.

El Guía con hab, Castañer 3 ☎ 63 02 27 – wc wc.
abril-octubre – Com *(todo el año salvo lunes de noviembre a marzo)* 750 – 250 – **20 hab** 600/1 350 – P 2 000/2 100.

Ver también : ***Puerto de Sóller*** NO : 5 km.

AUSTIN-MG-MORRIS-MINI Isabel II-68 ☎ 63 07 01
CITROEN José Antonio 144 ☎ 63 07 37
RENAULT Rullán y Mir 11 ☎ 63 07 31
SEAT Teniente Pérez Rojo ☎ 63 02 35
TALBOT Camp Llarg ☎ 63 12 43

Son Servera – 4 682 h. alt. 92 – ☎ 971.
9 de Son Servera NE : 7,5 km ☎ 56 70 96.
Palma 64.

en Cala Bona E : 2 km – ✉ Son Servera – ☎ 971 :

Es Mollet, ☎ 56 70 23, ≤.

en Cala Millor SE : 3 km – ✉ Son Servera – ☎ 971 :

Osiris, na Peñal ☎ 56 73 25, ≤, – wc . VISA. rest
Com 750 – 380 – **213 hab** 1 600/2 415 – P 2 705/3 100.

Villa Mi-El, Cristóbal Colón 38 ☎ 56 78 28, – wc
temp. – **13 hab**.

en Costa de los Pinos NE : 7,5 km – ✉ Son Servera – ☎ 971 :

Eurotel Golf Punta Rotja , ☎ 56 76 00, Telex 68666, ≤ mar y montaña, , « En un pinar », , , , 9 – . AE ⓓ VISA. rest
abril-octubre – Com 900 – 260 – **244 hab** 4 280/5 350 – P 4 425/6 030.

Valldemossa – 1 143 h. alt. 427 – ☎ 971.
Ver : Cartuja★.
Palma 17.

Ca'n Pedro, av. Archiduque Luis Salvador ☎ 61 21 70, Mesón típico –
cerrado domingo noche y lunes – Com carta 830 a 1 550.

MENORCA

Alayor – 5 580 h. – ✆ 971.
Mahón 12.

✗ **Bennet,** San Macario 6 ☎ 37 10 80, Cocina italiana – ✻
30 abril-octubre – Com (sólo cena en verano) carta 985 a 1 845.

por la carretera de Ciudadela y 3 km a la izquierda – ✉ Alayor – ✆ 971 :

✗✗ **La Finca,** urb. Torre Soli Nou SO : 7,5 km ☎ 37 21 40, « Antiguo caserío acondicionado - Agradable terraza » – Ⓟ. AE VISA. ✻
Com carta 1 000 a 1 750.

✗ **Club San Jaime,** urb. San Jaime SO : 8,5 km – Ⓟ. E VISA. ✻
abril-octubre – Com carta 1 550 a 2 450.

RENAULT Balmes 18-28 ☎ 37 14 03
SEAT Balmes 49 ☎ 37 13 22

Ciudadela – 16 677 h. – ✆ 971.
Ver : Localidad★.
para Alcudia (Mallorca) : Cía. Aucona, Santa Clara 31 ☎ 38 00 90, Telex 68882.
Mahón 44.

✗ Casa Manolo "D'Es Port", Marina 103 ☎ 38 00 03.

✗ **El Comilón,** pl. Colón 47 ☎ 38 09 22 – E VISA. ✻
cerrado lunes y enero-15 febrero – Com carta 1 250 a 1 750.

Ferrerías – 2 718 h. – ✆ 971.
Mahón 29.

en Cala Galdana SO : 7 km – ✉ Ferrerías – ✆ 971 :

Los Gavilanes, ☎ 37 31 75, ←, « Bonito jardín », – rest Ⓟ
temp. – **357 hab**.

AUSTIN-MG-MORRIS-MINI Cruz 14 ☎ 38 23 88
CITROEN-PEUGEOT Cruz 20 ☎ 38 14 22
FORD Cruz 42 ☎ 38 13 72
RENAULT paseo del Puerto 47 ☎ 38 18 35
SEAT Calvo Sotelo ☎ 38 03 65
TALBOT Cruz 13 ☎ 38 24 25

Fornells – 150 h. – ✆ 971.
Mahón 30.

✗ Casa Garriga, Gumersindo Riera ☎ 37 50 75.

✗ **Es Plá** pasaje d'Es Plá ☎ 37 51 55, ←, – VISA. ✻
Com (sólo almuerzo de noviembre a marzo) carta 1 025 a 2 075.

Mahón – 21 619 h. – ✆ 971.
18 Real Club de Menorca, Urbanización Shangri-La N : 7 km ☎ 36 39 00 – 18 Club Son Parc, zona Son Parc N : 18 km ☎ 35 22 50.
de Menorca, San Clemente SO : 5 km ☎ 36 56 73 - Aviaco : pl. Explanada 9 ☎ 36 15 77.
para la Península y Mallorca : Cia Aucona, General Goded 27 ☎ 36 29 54, Telex 68888.
pl. Generalísimo 13 ☎ 36 37 90.

Port Mahón, av. Capitán General Carrero Blanco ☎ 36 26 00, ←, – rest
74 hab.

Capri sin rest, con cafetería, San Esteban 8 ☎ 36 14 00 – wc. ✻
200 – **75 hab** 1 600/2 600.

✗ El Greco, Doctor Orfila 49 ☎ 36 43 67.

✗ **Chez Gaston,** Conde de Cifuentes 13 ☎ 36 00 44 – ✻
cerrado domingo y 10 diciembre-15 enero – Com carta 670 a 1 370.

en Cala Fonduco E : 1 km – ✉ Mahón – ✆ 971 :

Hostal Miramar, ☎ 36 29 00, ← – wc. VISA. ✻
abril-25 octubre – Com 850 – 175 – **30 hab** 850/1 700.

✗✗ Hostal Rocamar con hab en temporada, ☎ 36 56 01, ← – rest wc. E VISA. ✻
cerrado lunes y noviembre-12 diciembre – Com *(abierto todo el año)* – 110 – **20 hab** 1 200.

en la carretera de Villacarlos E : 1 km – ✉ Villacarlos – ✆ 971 :

Hostal Horizonte, pl. Horizonte 7 ☎ 36 29 22 – rest wc wc. VISA. ✻
Com 750 – 220 – **16 hab** 1 200/1 900 – P 2 560/2 880.

✗ Son Vilar, urb. Horizonte ☎ 36 52 99, ←, (de pago) – Ⓟ. ✻
cerrado febrero, domingo noche y lunes en invierno.

en Villacarlos E : 3 km – ✉ Villacarlos – ☎ 971 :

Rey Carlos III ⛱, Miranda de Cala Corp ☎ 36 31 00, ≤, « Bonitas terrazas », ⛲ – |♦| ▤ rest. ✻
abril-octubre – Com 900/1 500 – ☕ 180 – **87 hab** 2 000/3 330 – P 2 965/3 300.

Agamenón ⛱, paraje Fontanillas 18 ☎ 36 21 50, ≤, ⛲ – |♦| Ⓟ. ✻
abril-octubre – Com 910 – ☕ 240 – **75 hab** 2 360/3 465 – P 3 480/4 110.

CITROEN Polígono Industrial Ses Roderas ☎ 36 10 62
FORD Polígono Industrial Vía D. 3 ☎ 36 05 24
MERCEDES-BENZ Polígono Industrial Vía D 53B ☎ 36 32 11
RENAULT Riudavets 1 ☎ 36 09 32
SEAT pl. Augusto Miranda 17 ☎ 36 24 00
TALBOT San Manuel 108 ☎ 36 05 50

San Clemente – ☎ 971.
Alred. : Cala En Porter★ SO : 8 km.
Mahón 5.

Es Moli de Foc, San Lorenzo 65 ☎ 36 41 37, Decoración típica antigua, Cocina francesa – E VISA
cerrado lunes – Com carta 950 a 1 750.

en la carretera de Cala'n Porter O : 2 km – ✉ San Clemente :

Binixica, urb. Binixica, ⛲ – Ⓟ.

en Cala'n Porter SO : 8 km – ✉ Mahón :

Aquarium ⛱ sin rest, paseo de la playa, ✉ apartado 364 Mahón, ≤ – ▥ wc wc Ⓟ
temp. – **59 hab**.

San Cristóbal – ☎ 971.
Alred. : Cala de Santa Galdana (paraje★★) SO : 13 km.
Mahón 21.

en la playa de Santo Tomás S : 4,5 km – ✉ San Cristóbal – ☎ 971 :

Los Cóndores ⛱, ☎ 37 00 50, Telex 69047, ≤, ⛲ – |♦|. AE ⓓ E VISA. ✻
mayo-octubre – Com 1 200 – ☕ 350 – **186 hab** 3 000/3 800 – P 4 100/5 200.

Santo Tomás ⛱, ☎ 37 00 25, ≤, ⛲ – |♦| ▤ rest Ⓟ – *temp.* – **60 hab**.

San Luis – 2 472 h. – ☎ 971.
Mahón 4.

en la playa de Binibeca SO : 5 km – ✉ San Luis – ☎ 971 :

Cala Torret, pueblo Cala Torret ☎ 36 18 53, ≤ – *temp.*

IBIZA

Ibiza – 20 552 h. – ☎ 971 – Plaza de toros.
Ver : Dalt Vila★ BZ: Museo Arqueológico★ **M1**, **Catedral** ✻★ **B** – La Marina : Barrio de Sa Penya★ BY.
Roca Llisa por ② : 10 km ☎ 30 20 00.
✈ de Ibiza por ③ : 9 km ☎ 30 22 04 – Iberia : paseo Vara del Rey 15 ☎ 30 09 54.
⛴ para la Península y Mallorca : Cía. Aucona, av. Bartolomé Vicente Ramón ☎ 30 16 50, Telex 68866 BY.
ℹ Vara de Rey 13 ☎ 30 19 00 vía Romana 8 ☎ 30 24 90 y 30 14 92.

Plano página siguiente

Royal Plaza Ⓜ sin rest, con cafetería, Pedro Francés 27 ☎ 30 00 00, Telex 69433, ⛲ – |♦| ▤ 🚗 – 🏋. AE ⓓ E VISA. ✻ AY **b**
☕ 400 – **117 hab** 4 500/7 500.

El Corsario ⛱, D'Alt Vila ☎ 30 12 48, ≤, Conjunto de estilo ibicenco – wc wc BZ **a**
19 hab.

El Portalón, pl. Desamparados 1 ☎ 30 08 52, Decoración rústica – AE ⓓ E VISA BZ **e**
abril-15 octubre – Com *(cerrado domingo mediodía)*.

Celler Balear, av. Ignacio Wallis 18 ☎ 30 10 31, Decoración regional – ▤ AY **d**
Com carta 1 250 a 1 525.

Delfín Verde, Garijo 3 ☎ 30 03 64, BY **s**
temp.

en la playa de Ses Figueretas - AZ – ✉ Ibiza – ☎ 971 :

Los Molinos ⛱, Ramón Muntaner 60 ☎ 30 22 50, Telex 68850, ≤, « Bonito jardín y terraza con ⛲ al borde del mar » – |♦| ▤ 🚗 – 🏋. AE ⓓ E VISA. ✻ AZ **a**
Com 1 400 – **154 hab** ☕ 4 850/8 200.

Ibiza Playa, ☎ 30 28 04, ≤, ⛲ – |♦| ▤ rest. AE VISA. ✻ rest AZ **u**
abril-noviembre – Com (sólo cena) 1 000 – ☕ 450 – **157 hab** 2 300/3 200.

sigue →

IBIZA

Aníbal	BY	5
Antonio Palau	BY	6
José Verdera	BY	17
Maestro J. Mayans	BY	19
Álava	AZ	2
Amadeo	BY	4
Archiduque Luis Salvador	AZ	8
Bartolomé Vicente Ramón (Av.)	BY	9

Conde Rosellón	BY	10	Juan Román	BZ	18	Ramón y Tur	BY	25
Cuesta Vieja	BZ	12	Obispo Huix	AY	20	Romana (Via)	AZ	27
Formentera	AZ	13	Obispo Torres	BZ	22	San Ciriaco	BZ	28
General Balanzat	BZ	14	Pedro Francés	AY	23	San José	AZ	30
General Franco (Av.)	BZ	16	Pedro Tur	BZ	24	Vara de Rey (Paseo)	BY	31

Cenit, sin rest, Archiduque Luis Salvador ☎ 30 14 04, <, – ▣ wc ☎ — AZ **r**
temp. – **62 hab**.

Marigna, sin rest, Alsabini 18 ☎ 30 14 50 – wc wc ☎ — AZ **n**
44 hab.

El Vesubio, Navarra 19 ☎ 30 00 26, Cocina Gallega – ▤ — AZ **z**

en Es Vivé - AZ - SO : 2,5 km – ✉ Ibiza – ☎ 971 :

Torre del Mar, ✉ apartado 564, ☎ 30 30 50, Telex 68845, <, – ▤ Ⓟ –
temp. – **217 hab**.

en la playa de Talamanca por ② : 2 km – ✉ Ibiza – ☎ 971 :

Argos, ☎ 30 10 62, <, – Ⓟ. VISA.
cerrado 7 enero-febrero – Com 800 – ☕ 300 – **106 hab** 2 400/5 000.

en Ses Figueres por ② : 3,5 km – ✉ Ibiza – ☎ 971 :

Ses Figueres, ☎ 30 13 62, < – ▤ rest wc wc.
abril-octubre – Com 590 – ☕ 165 – **39 hab** 1 140/1 785 – P 2 035/2 280.

en la carretera de San Miguel por ② : 6,5 km – ✉ Ibiza – ☎ 971 :

La Masía d'En Sord, ✉ apartado 897, « Antigua masía ibicenca » – Ⓟ. E VISA.
marzo-octubre – Com *(cerrado sábado noche)* carta 1 400 a 2 500.

AUSTIN-MG-MORRIS-MINI carret. San Antonio km 1,8 ☎ 30 17 19
CITROEN carret. Aeropuerto km 2,3 ☎ 30 26 20
FORD carret. Aeropuerto km 2,2 ☎ 30 05 40
MERCEDES-BENZ carret. San Antonio km 1,8 ☎ 30 17 19
PEUGEOT-CITROEN carret. Aeropuerto km 2 ☎ 30 29 31
RENAULT carret. Aeropuerto km 2,3 ☎ 30 19 76
SEAT-FIAT Madrid 35 ☎ 30 16 05
TALBOT carret. S. Juan km 1,2 ☎ 30 21 31

San Agustín – ☎ 971.

Ibiza 20.

Sa Tasca, carret. de San José S : 1 km, ✉ San José, ☎ 34 16 23, « Rincón rústico en el campo » – Ⓟ
temp.

San Antonio Abad – 8 786 h. – 971 – Playa.
Ver : Bahía★.
Ibiza 15.

Tropical, Cervantes ☎ 34 00 50, – rest. E.
abril-octubre – Com 800 – **142 hab** 1 450/3 900 – P 2 525.

March, carret. de Ibiza ☎ 34 00 62, – wc wc .
abril-octubre – Com 670 – 175 – **82 hab** 900/1 230 – P 1 900/1 990.

Excelsior sin rest, Vara de Rey 17 ☎ 34 01 85 – wc.
mayo-septiembre – **58 hab** 990/1 700.

S'Olivar, San Mateo 9 ☎ 34 00 10, – *temp.*

en la playa :

Palmyra, av. Fleming ☎ 34 03 54, ←, « Bonita terraza con palmeras », climatizada, – rest – . E VISA.
mayo-octubre – Com 1 300 – 275 – **160 hab** 3 825/6 400 – P 5 000/5 625.

en la playa de S'Estanyol SO : 2,5 km – San Antonio Abad – 971 :

Bergantín, ☎ 34 09 50, ←, climatizada, – . VISA.
20 marzo-octubre – Com 800 – 350 – **205 hab** 2 200/3 600 – P 3 200/3 600.

Tagomago, ☎ 34 09 62, ←, – wc .
mayo- octubre – Com 675 – 315 – **104 hab** 1 160/2 000 – P 2 200/2 360.

Castell des Pins ☎ 34 02 21, – .
Com (sólo cena) carta 1 070 a 2 125.

en Punta Pinet SO : 3 km – San Antonio Abad – 971 :

Nautilus, ☎ 34 04 00, ←, – . VISA.
abril-octubre – Com (sólo cena) 1 440 – 390 – **168 hab** 4 220/7 140 – P 6 350/7 000.

en Es Caló de S'Oli SO : 4,5 km – San Antonio Abad – 971 :

Sandiego , ☎ 34 08 50, ← bahía y población, – . rest
mayo-octubre – Com (sólo cena) 800 – 275 – **132 hab** 1 700/3 400.

en la carretera de Santa Ines N : 1 km – San Antonio Abad – 971 :

Sa Capella, ☎ 34 00 57, , « Antigua capilla decorada con obras de arte » – .

en Cala Gració NO : 2 km – San Antonio Abad – 971 :

Tanit , ☎ 34 13 00, Telex 68692, ←, climatizada, – rest –
temp. – **386 hab**.

Cala Gració ☎ 34 08 62, Telex 68692, climatizada, , – wc wc
temp. – **50 hab**.

RENAULT carret. San Antonio km 14,5 ☎ 34 01 46 SEAT-FIAT carret. San Antonio km 12 ☎ 34 07 19

San Lorenzo – 971

en la carretera de Ibiza a Portinax S : 4 km – San Lorenzo – 971 :

Can Gall, ☎ 33 30 20, , Decoración rústica, Carnes a la brasa – .

San Miguel – 971.
Ibiza 19.

en Puerto de San Miguel N : 4 km – San Miguel :

Port Balansat, – – *temp.*

en la urbanización Na Xamena NO : 6 km – 971 :

Hacienda , apartado 423 Ibiza, ☎ 33 30 46, Telex 68855, , « Edificio de estilo ibicenco con ← cala », , , – . E VISA. rest
abril-octubre – Com 2 000 – **53 hab** 8 300/11 600 – P 8 700/11 600.

San Rafael – 971.
Ibiza 7.

Grill San Rafael, pl. de la Iglesia ☎ 30 63 78, ←, , Decoración regional – E VISA
cerrado noviembre y domingo noche en invierno – Com carta 1 300 a 2 400.

Santa Eulalia del Río – 10 038 h. – 971.
Roca Llisa SO : 11,5 km ☎ 30 20 00.
Ibiza 15.

Tres Torres , Ses Estaques ☎ 33 03 26, ←, climatizada – . E VISA.
26 abril-octubre – Com 935 – **112 hab** 1 275/1 425 – P 2 915/3 080.

Riomar , playa Els Pins ☎ 33 03 27, ←, – wc wc – *temp.* – **120 hab**.

Ses Roques, del Mar ☎ 33 01 00, ← – wc – *temp.* – **34 hab**.

XXX Sa Punta, Isidoro Macabich 36 ☎ 33 00 33, ≤, 余.

X **Celler Ca'n Pere,** San Jaime 63 ☎ 33 00 56, 余, Celler tipico – E VISA. ※
marzo-octubre – Com *(cerrado jueves mediodía)* carta 1 000 a 1 890.

por la carretera de Es Caná NE : 1,5 km – ✉ Santa Eulalia del Río – ☎ 971 :

Los Loros 🐦, Ses Estaques ☎ 33 07 61, Telex 68785, ≤, 🏊 climatizada, 🏊 – |‡| – 🎾. AE ⓓ E VISA. ※
abril-octubre – Com 1 100 – ☕ 350 – **262 hab** 2 350/3 500 – P 3 790/4 390.

en la urbanización S'Argamassa NE : 3 km – ✉ Santa Eulalia del Río – ☎ 971 :

S'Argamassa 🐦, ☎ 33 00 75, Telex 68539, ≤, 余, 🏊, 🌳, 🎾 – |‡| 🅿. AE ⓓ E VISA. ※
abril-octubre – Com 975 – ☕ 230 – **217 hab** 2 150/3 120 – P 2 985/3 575.

en Ca'n Fita S : 1,5 km – ✉ Santa Eulalia del Río – ☎ 971 :

Fenicia 🐦, ☎ 33 01 01, ≤, « Grandes terrazas rodeando la 🏊 », 🌳, 🎾 – |‡| ▤ 🅿
temp. – **191 hab**.

en Cala Llonga S : 5,5 km – ✉ Santa Eulalia del Río – ☎ 971 :

X **The Wild Asparagus,** Pueblo Espárragos, ≤, 余, 🏊 – 🅿. AE ⓓ VISA
abril-octubre – Com (sólo cena excepto domingo) carta 825 a 1 635.

RENAULT carret. San Carlos km 9

Santa Gertrudis

Ibiza 11.

X Ca'n Pau, carret. de Ibiza S : 2 km, 余, « Antigua casa campesina » – 🅿
Com (sólo cena de junio a septiembre).

FORMENTERA

Cala Sahona – ☎ 971

Cala Sahona 🐦, playa Cala Sahona, ✉ San Francisco Javier, ☎ 32 00 30, ≤, 🏊 – 🛁wc. ※
15 abril-15 octubre – Com 550 – ☕ 150 – **91 hab** 1 280/2 130 – P 2 115/2 330.

Es Pujols – ☎ 971

Sa Volta sin rest, con cafetería, ✉ apartado 71 San Francisco, ☎ 32 01 20 – 🛁wc ☎. E VISA. ※
☕ 245 – **18 hab** 1 600/2 400.

Voramar sin rest, ✉ San Fernando, ☎ 32 01 21 – 🛁wc 🚿wc. ※
9 mayo-octubre – ☕ 250 – **40 hab** 990/1 320.

X Capri, con hab, ✉ San Fernando, ☎ 32 01 21, 余 – 🛁wc – *temp.* – **15 hab**.

en Punta Prima E : 2 km – ✉ San Fernando – ☎ 971 :

Club Punta Prima 🐦, ☎ 32 03 68, Telex 68870, ≤ mar e isla de Ibiza, « Bungalows rodeados de jardín », 🏊, 🎾 – 🅿. ※
mayo-octubre – Com (sólo cena) 1 000 – ☕ 400 – **94 hab** 3 000/5 200 – P 4 000/4 550.

Playa Mitjorn – ☎ 971

Club H. La Mola 🐦, La Mola, ✉ San Francisco, ☎ 32 00 50, ≤, 🏊, 🎾 – |‡| ▤ 🅿 – 🎾
temp. – **328 hab**.

BALNEARIO – ver a continuación y el nombre propio del balneario.

BALSAIN Segovia 990 ㊴ – ver La Granja.

BANYOLES Gerona 43 ⑨ y 990 ⑳ – ver Bañolas.

BAÑALBUFAR Baleares 43 ⑱⑲ y 990 ㉙ – ver Baleares (Mallorca).

BAÑERAS Tarragona – 1 299 h. – ☎ 977.
♦Madrid 558 – ♦Barcelona 69 – ♦Lérida 101 – Tarragona 37.

en la urbanización Bosques del Priorato S : 1,5 km – ✉ Bañeras – ☎ 977 :

El Bosque 🐦, ☎ 67 73 51, « Terraza con césped, árboles y 🏊 », 🎾 – 🛁 – **8 hab**.

La BAÑEZA León 990 ④ – 9 027 h. alt. 771 – ☎ 987.
♦Madrid 297 – ♦León 48 – Ponferrada 85 – Zamora 106.

X **Chipén,** carret. de Madrid N VI ☎ 64 03 89 – ▤ 🅿. E VISA
Com carta 745 a 1 220.

en la carretera de León - en Requejo de la Vega NE : 1,5 km – ✉ Requejo de la Vega – ☎ 987 :

Ríoverde, Veguellina ☎ 64 17 12, ≤, 🌳 – 🛁 🛁wc ☎ 🅿. VISA
Com 650 – ☕ 150 – **15 hab** 2 400 – P 2 200.

CITROEN carret. Madrid-La Coruña
FIAT-SEAT carret. Madrid-La Coruña km 304 ☎ 64 11 54
FORD carret. Madrid-La Coruña km 303 ☎ 64 17 11
RENAULT carret. Madrid-La Coruña km 304 ☎ 64 13 20
TALBOT carret. Madrid-La Coruña 1 ☎ 64 13 34

BAÑOLAS o BANYOLES Gerona 43 ⑨ y 990 ⑳ – 11 171 h. alt. 172 – ☎ 972.
Ver : Lago*.
♦Madrid 729 – Figueras 29 – Gerona 20.

Flora, pl. Turers 28 ☎ 57 00 77 – rest wc. E VISA
cerrado del 7 al 31 enero – Com *(cerrrado domingo noche)* 825 – 180 – **37 hab** 1 350/2 025 – P 2 120/2 455.

a orillas del lago :

L'Ast , passeig Dalmau 63 ☎ 57 04 14, – wc P.
cerrado noviembre – Com 515/1 000 – 150 – **34 hab** 800/2 150 – P 1 800/2 075.

El Cisne, paseo Luis Constans 1 ☎ 57 02 96, ≤, .

CITROEN Mata ☎ 57 23 32
FIAT-SEAT Álvarez de Castro 37-39 ☎ 57 00 88
FORD Barcelona 21-25 ☎ 57 04 89
MERCEDES-BENZ paseo Mosen Constans 32-34 ☎ 57 13 77
RENAULT Alfonso XII 114-120 ☎ 57 22 79
TALBOT carret. Gerona-Ripoll km 14,4 ☎ 57 07 92

BAÑOS DE FITERO Navarra 42 ⑮ – ver Fitero.

BAÑOS DE MOLGAS Orense 990 ② – 4 213 h. alt. 460 – ☎ 988 – Balneario.
♦Madrid 536 – Orense 36 – Ponferrada 154.

Balneario , Samuel Gonzalez ☎ 46 32 11 – wc P. AE E VISA
julio-15 septiembre – Com 700 – 150 – **34 hab** 1 375/2 450 – P 2 250/2 350.

BAÑOS DE MONTEMAYOR Cáceres 990 ⑬⑭ – 1 022 h. alt. 738 – ☎ 923 – Balneario.
♦Madrid 226 – ♦Ávila 120 – ♦Cáceres 127 – Plasencia 48 – ♦Salamanca 87.

La Glorieta, carret. N 630 ☎ 42 80 18 – wc P
22 hab.

RENAULT carret. de Salamanca ☎ 42 80 79

BAQUIO Vizcaya 42 ③ y 990 ⑥ – 1 087 h. – ☎ 94 – Playa.
Alred. : Recorrido en cornisa* de Baquio a Arminza ≤* – Carretera de Baquio a Bermeo ≤*.
♦Madrid 425 – ♦Bilbao 26.

Gotzón, carret. de Bermeo ☎ 687 30 43 – E VISA.
cerrado lunes y 15 octubre-15 noviembre – Com 750/1 850.

BARAJAS Madrid 990 ⑮ y ㊵ – ☎ 91.
♦Madrid 14.

Barajas M, av. de Logroño 305, ✉ 22, ☎ 747 77 00, Telex 22255, , Cenas amenizadas al piano, , – P – . AE E VISA. rest
Com 1 950 – 450 – **230 hab** 6 300/7 950 – P 7 675/10 000.

Alameda M, av. de Logroño 100, ✉ 22, ☎ 747 48 00, Telex 43809, – P – . AE E VISA. rest
Com 1 950 – 450 – **145 hab** 4 900/7 950 – P 7 675/8 600.

Mesón Don Fernando, Canal de Suéz 1, ✉ 22, ☎ 747 75 51 – . AE E VISA.
cerrado sábado y agosto – Com carta 1 200 a 2 450.

BARBASTRO Huesca 43 ④ y 990 ⑱ – 13 415 h. alt. 215 – ☎ 974.
Alred. : Alquézar (paraje**) NO : 21 km.
♦Madrid 442 – Huesca 52 – ♦Lérida 68.

Palafox sin rest, Corona de Aragón 20 ☎ 31 24 61 – wc .
200 – **28 hab** 1 750.

Flor, Goya 3 ☎ 31 10 56 – . E VISA.
Com carta 950 a 2 300.

en la carretera de Huesca N 240 O : 1 km – ✉ Barbastro – ☎ 974 :

Rey Sancho Ramírez, ☎ 31 00 50, ≤, – rest wc P. AE VISA. rest
Com *(cerrado miércoles y 10 enero - 13 marzo)* 700 – 225 – **78 hab** 1 800/3 000.

CITROEN-PEUGEOT av. Pirineos 50 ☎ 31 06 88
FORD carret. de Huesca ☎ 31 12 34
RENAULT av. Zaragoza 4-6 ☎ 31 18 48
SEAT av. Pirineos 35 ☎ 31 23 62
TALBOT av. Pirineos 42 ☎ 31 13 66

BARBATE DE FRANCO Cádiz 446 X 12 – 20 333 h. – ☎ 925 – Playa.
♦Madrid 677 – Algeciras 72 – ♦Cádiz 60 – ♦Córdoba 279 – ♦Sevilla 169.

Torres, Ruiz de Alda 1 ☎ 43 09 85.

BARCELONA P 43 ⑱ y 990 ⑳ – 1 754 714 h. – ☎ 93 – Plaza de toros.

Ver : Barrio Gótico (Barri Gotíc)** : Catedral** MR , Museo Federico Marés (Museu F. Marès)** MR , Palau de la Generalitat* MR – Montjuich (Montjuïc*) (<**) : Museo de Arte de Cataluña** (colecciones románicas y góticas***, museo de Cerámica*) CT **M2** – Museo Arqueológico CT **M3**, Pueblo español*, BT **E** , Fundación Miró* CT **F** – Parque zoológico (Parc zoològic)* LV – Tibidabo* (※**) AS – Atarazanas y Museo Marítimo** KZ **M6** – Palacio de la Virreina (colección Cambo*) JX **M7** – Museo Picasso* KV **M8** – Templo Expiatorio de la Sagrada Familia* JU **L**.

18, 9 de Prat por ⑤ : 16 km ☎ 379 02 78 – 18 de Sant Cugat por ⑦ : 20 km ☎ 674 39 58 – 18 de Vallromanas por ④ : 25 km ☎ 568 03 62.

✈ de Barcelona por ⑤ : 12 km ☎ 317 00 12 – Iberia y Aviaco : pl. Espanya, ✉ 4, ☎ 325 60 00 EZ.

🚗 ☎ 310 00 30.

⛴ para Baleares y Canarias : Cía. Aucona, vía Laietana 2, ✉ 3, ☎ 319 82 12, Telex 54629 KX.

ℹ Gran Vía de les Corts Catalanes 658, ✉ 10, ☎ 301 74 43 - Palacio de Congresos, av. María Cristina ☎ 323 31 01 y en el aeropuerto ☎ 325 58 29 – R.A.C.C. Santaló 8, ✉ 6, ☎ 200 33 11, Telex 530 56.

♦Madrid 626 ⑥ – ♦Bilbao 607 ⑥ – ♦Lérida 169 ⑥ – ♦Perpignan 186 ② – Tarragona 108 ⑥ – Toulouse 387 ② – ♦Valencia 360 ⑥ – ♦Zaragoza 307 ⑥.

Planos : Barcelona p. 2 a 7

Princesa Sofía Ⓜ, pl. del Papa Pius XII, ✉ 28, ☎ 330 71 11, Telex 51032, <, 🏊 – 🛗 ▤ 🚗 🅟 – 🏛. AE Ⓞ E VISA. ✗ — BT **x**
Com 2 200 – ☕ 450 – **496 hab** 6 700/10 100.

G. H. Sarriá Ⓜ, av. de Sarriá 50, ✉ 29, ☎ 239 11 09, Telex 51033 – 🛗 ▤ 🚗 – 🏛. AE Ⓞ E VISA. ✗ — EU **n**
Com 1 750 – ☕ 400 – **314 hab** 6 300/8 700 – P 7 650/9 600.

Avenida Palace, Gran Vía 605, ✉ 7, ☎ 301 96 00, Telex 54734 – 🛗 ▤ – 🏛. AE Ⓞ VISA. ✗ rest — GV **r**
Com 1 850 – ☕ 300 – **211 hab** 4 400/7 800 – P 7 000/7 500.

Ritz, Gran Vía de les Corts Catalanes 668, ✉ 10, ☎ 318 52 00, Telex 52739 – 🛗 ▤ – 🏛. AE Ⓞ E VISA. ✗ rest — JU **p**
Com 2 300 – ☕ 500 – **203 hab** 5 930/8 940 – P 8 690/10 150.

Presidente, av. de la Diagonal 570, ✉ 21, ☎ 200 21 11, Telex 52180, 🏊 – 🛗 ▤ – 🏛. AE Ⓞ E VISA. ✗ rest — EU **u**
Com 1 600 – ☕ 340 – **161 hab** 4 480/7 200.

Majestic, passeig de Grácia 70, ✉ 8, ☎ 215 45 12, Telex 52211, 🏊 – 🛗 ▤ 🚗 – 🏛. AE Ⓞ E VISA — GU **f**
Com 1 700 – ☕ 330 – **340 hab** 6 000/7 500 – P 7 050/9 300.

Diplomatic, Pau Claris 122, ✉ 9, ☎ 317 32 00, Telex 54701, 🏊 – 🛗 ▤ 🚗 – 🏛. AE Ⓞ E VISA. ✗ — GU **e**
Com 2 340 **Grill** carta 2 250 a 4 250 – ☕ 600 – **225 hab** 7 200/11 000 – P 8 985/11 685.

G. H. Calderón sin rest, con cafetería, rambla Catalunya 26, ✉ 7, ☎ 301 00 00, Telex 51549, 🏊 – 🛗 ▤ 🚗 – 🏛. AE Ⓞ E VISA. ✗ — GV **t**
☕ 330 – **244 hab** 3 865/6 720.

Colón, av. de la Catedral 7, ✉ 2, ☎ 301 14 04, Telex 52654 – 🛗 ▤. AE Ⓞ E VISA. ✗ rest — KV **e**
Com 1 250 – ☕ 250 – **161 hab** 3 065/5 425 – P 4 915/5 265.

Derby, sin rest, Loreto 21, ✉ 29, ☎ 239 30 07 – 🛗 ▤ 🚗 – 🏛 — BT **w**
116 hab.

Cristal, Diputació 257, ✉ 7, ☎ 301 66 00, Telex 54560 – 🛗 ▤ 🚗 – 🏛. AE Ⓞ VISA. ✗ rest — GV **t**
Com 1 230 – ☕ 225 – **150 hab** 3 250/5 050 – P 4 775/5 500.

Núñez Urgel, sin rest, con cafetería, Comte d'Urgell 232, ✉ 36, ☎ 322 41 53 – 🛗 ▤ 🚗 — EV **a**
121 hab.

Royal Ⓜ sin rest, Ramblas 117, ✉ 2, ☎ 301 94 00 – 🛗 ▤ 🚗. AE Ⓞ E VISA. ✗ — JX **e**
☕ 275 – **107 hab** 2 700/5 200.

Balmoral sin rest, vía Augusta 5, ✉ 6, ☎ 217 87 00 – 🛗 ▤ 🚗 – 🏛. AE Ⓞ E VISA. ✗ — FU **n**
☕ 335 – **94 hab** 3 550/5 475.

Regente, rambla de Catalunya 76, ✉ 8, ☎ 215 25 70, Telex 51939, 🏊 – 🛗 ▤ 🚗 — GU **z**
78 hab.

Condor sin rest, con cafetería, vía Augusta 127, ✉ 6, ☎ 209 45 11, Telex 52925 – 🛗 ▤ 🚗. AE Ⓞ E VISA — EU **z**
☕ 325 – **78 hab** 3 850/5 200.

Arenas sin rest, con cafetería por la noche, Capitá Arenas 20, ✉ 34, ☎ 204 03 00 – 🛗 ▤ 🚗 – 🏛. AE Ⓞ E VISA. ✗ — BT **r**
☕ 280 – **59 hab** 3 250/5 250.

Astoria sin rest, con cafetería, París 203, ✉ 36, ☎ 209 83 11 – 🛗 ▤. VISA. ✗ — FU **a**
☕ 200 – **108 hab** 2 250/3 800.

G. H. Cristina, av. de la Diagonal 458, ✉ 6, ☎ 217 68 00 – 🛗 ▤. AE Ⓞ E VISA — FU **y**
☕ 250 – **128 hab** 2 400/4 300.

Dante sin rest, Mallorca 181, ✉ 36, ☎ 323 22 54, Telex 52588 – 🛗 ▤ 🚗 – 🏛. AE Ⓞ E VISA. ✗ — FV **e**
☕ 225 – **81 hab** 2 850/4 950.

Roma sin rest, Mallorca 163, 36, 253 35 00, Telex 50945 – . AE E VISA. rest
225 – **74 hab** 2 500/3 700. FV **u**

Expo H. sin rest, con cafetería, Mallorca 1, 14, 325 12 12, Telex 54147, – – . AE E VISA. EY **m**
225 – **432 hab** 3 175/4 500.

Euro-Park, sin rest, con cafetería, Aragó 325, 9, 257 92 05 – JU **e**
66 hab.

Numáncia sin rest, con cafetería, Numància 74, 29, 322 44 51 – – . AE VISA. BT **f**
260 – **140 hab** 2 500/4 000.

Gala Placidia, vía Augusta 112, 6, 217 82 00, Telex 97354 – rest wc . AE E VISA EU **r**
Com 900 – 250 – **28 apartamentos** 3 700/6 600 – P 4 075/4 750.

Mitre sin rest, Bertrán 15, 23, 212 11 04 – wc . AE E VISA BS **t**
225 – **57 hab** 2 750/4 150.

Condado, Aribau 201, 21, 200 23 11, Telex 54546 – rest wc wc . AE E VISA. EU **g**
Com 995 – 200 – **89 hab** 2 155/3 890 – P 3 810/4 020.

Covadonga sin rest, con cafetería, av. de la Diagonal 596, 21, 209 55 11 – wc wc . AE E VISA EU **v**
225 – **76 hab** 2 250/3 700.

Regencia Colón sin rest, Sagristans 13, 2, 318 98 58, Telex 52654 – wc wc . AE E VISA. KV **r**
55 hab 2 285/3 785.

Terminal piso 7, sin rest, con cafetería, Provença 1, 29, 321 53 50 – wc wc . AE E VISA. EY **a**
225 – **75 hab** 1 925/3 800.

Taber sin rest, Aragó 256, 7, 318 70 50 – wc – . AE VISA. GV **g**
65 hab 2 300/4 200.

Tres Torres sin rest, Calatrava 32, 17, 247 73 00 – wc . E VISA BT **n**
300 – **56 hab** 2 700/4 500.

Wilson sin rest, av. de la Diagonal 568, 21, 209 25 11 – wc . AE E VISA EU **a**
220 – **52 hab** 1 925/3 800.

Gótico sin rest, Jaime I - 14, 2, 315 22 11, Telex 97206 – wc . AE E VISA MR **a**
72 hab 2 410/4 310.

Las Corts sin rest, con cafetería, Travessera de Les Corts 292, 29, 322 08 11 – wc wc P. E VISA. BT **u**
200 – **80 hab** 2 500/3 500.

Bonanova Park sin rest, Capitá Arenas 51, 34, 204 09 00 – wc wc . AE E VISA. BT **b**
190 – **60 hab** 1 690/2 965.

Mesón Castilla sin rest, Valldoncella 5, 1, 318 21 82 – wc wc GX **c**
200 – **56 hab** 1 740/2 580.

Regina sin rest, con cafetería, Vergara 2, 2, 301 32 32, Telex 51939 – wc . AE E VISA. HV **r**
200 – **102 hab** 2 300/3 800.

Habana sin rest, Gran Vía de les Corts Catalanes 647, 10, 301 07 50 – wc . AE VISA JU **g**
195 – **65 hab** 2 100/3 400.

Montecarlo sin rest, Rambla dels Estudis 124, 2, 317 58 00 – wc . VISA JX **a**
200 – **73 hab** 2 100/3 350.

Suizo, pl. de l'Ángel 12, 2, 315 41 11, Telex 97206 – wc . AE E VISA
Com 1 025 – **39 hab** 2 715/4 310 – P 3 860/4 420. MR **p**

L'Alguer sin rest, passeig Pedro Rodriguez 20, 28, 334 60 50 – wc . E VISA. AT **b**
170 – **33 hab** 1 180/2 000.

San Augustín, pl. Sant Agustín 3, 1, 317 28 82 – wc wc . E VISA.
Com 675/715 – **71 hab** 1 710/2 670 – P 2 405/2 730. JY **u**

Lleó piso 2, Pelai 24, 1, 318 13 12 – wc . E VISA. rest GV **a**
Com 605 – 150 – **43 hab** 1 350/2 200 – P 2 255/2 505.

Torello sin rest, Ample 31, 2, 315 40 11 – wc wc . KY **r**
170 – **74 hab** 1 250/2 100.

Rialto sin rest, Ferràn 42, 2, 318 52 12 – wc MR **s**
150 – **53 hab** 900/1 900.

Continental piso 2, sin rest, Rambla de Canaletas 138, 2, 301 25 08 – wc wc . VISA JV **n**
165 – **28 hab** 1 550/2 250.

Travesera piso 1, sin rest, Travessera de Dalt 123, 24, 213 24 54 – wc wc . CS **u**
175 – **23 hab** 1 250/1 800.

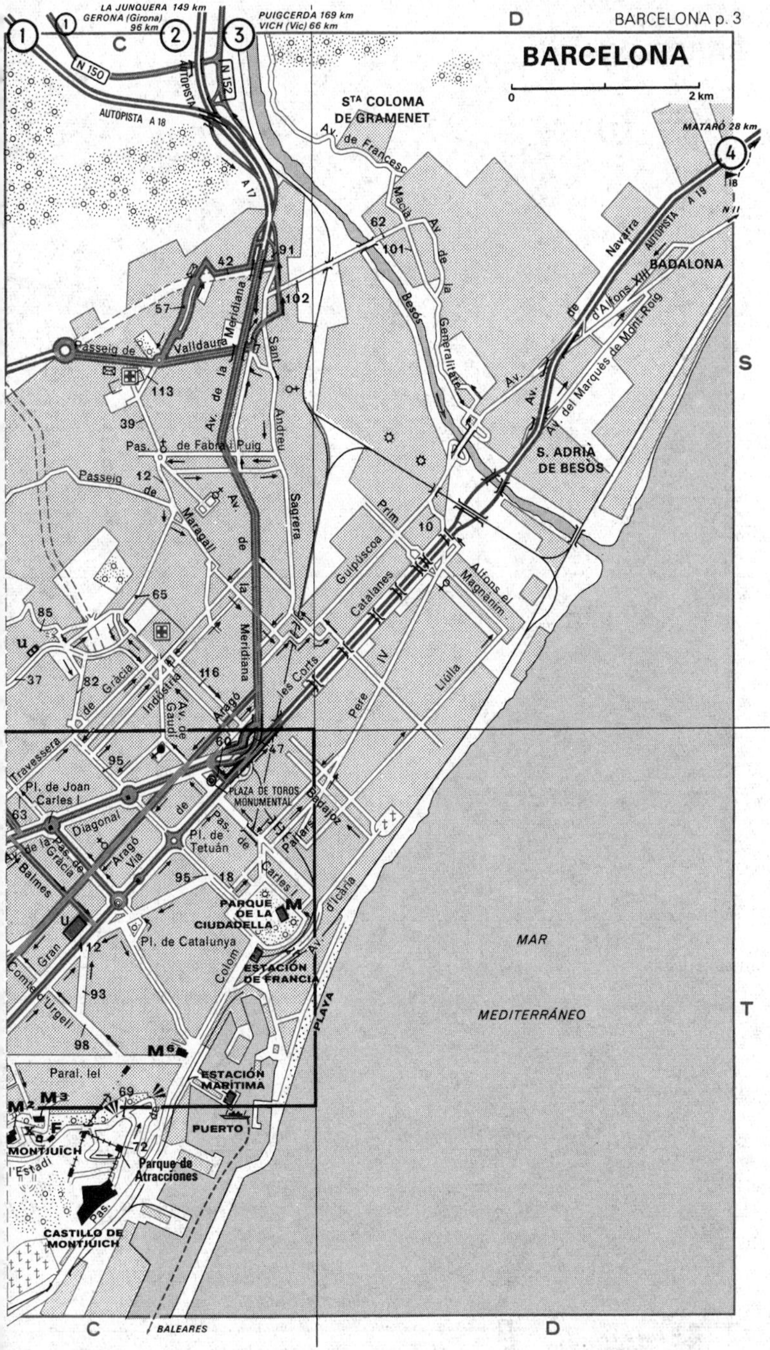
BARCELONA
LA JUNQUERA 149 km
GERONA (Girona) 96 km
PUIGCERDA 169 km
VICH (Vic) 66 km
MATARÓ 28 km
AUTOPISTA A 18
N 150
N 152
A 17
A 19
N II
STA COLOMA DE GRAMENET
BADALONA
S. ADRIÀ DE BESÒS
Passeig de Valldaura
Av. de la Meridiana
Pas. de Fabra i Puig
Passeig de Maragall
Sant Andreu
Sagrera
Prim
Guipúscoa
Catalanes
Alfons el Magnànim
Llull
Pere IV
les Corts
Aragó
Industria
Av. de Gaudí
Travessera de Gràcia
Pl. de Joan Carles I
Diagonal
Pas. de Gràcia
Av. de la Gràcia
Balmes
Pl. de Tetuán
Pas. de Carles I
Pallars
Badajoz
Av. d'Icària
PLAZA DE TOROS MONUMENTAL
PARQUE DE LA CIUDADELLA
Pl. de Catalunya
Gran Vía
Comte d'Urgell
Colom
ESTACIÓN DE FRANCIA
ESTACIÓN MARÍTIMA
PUERTO
PLAYA
Paral. lel
MONTJUÏCH
l'Estadi
Parque de Atracciones
CASTILLO DE MONTJUÏCH
BALEARES
MAR MEDITERRÁNEO
Av. de Francesc Macià
Besòs
Av. de la Generalitat
Av. de Navarra
Av. d'Alfons XIII
Av. del Marquès de Mont-Roig
AUTOPISTA

BARCELONA

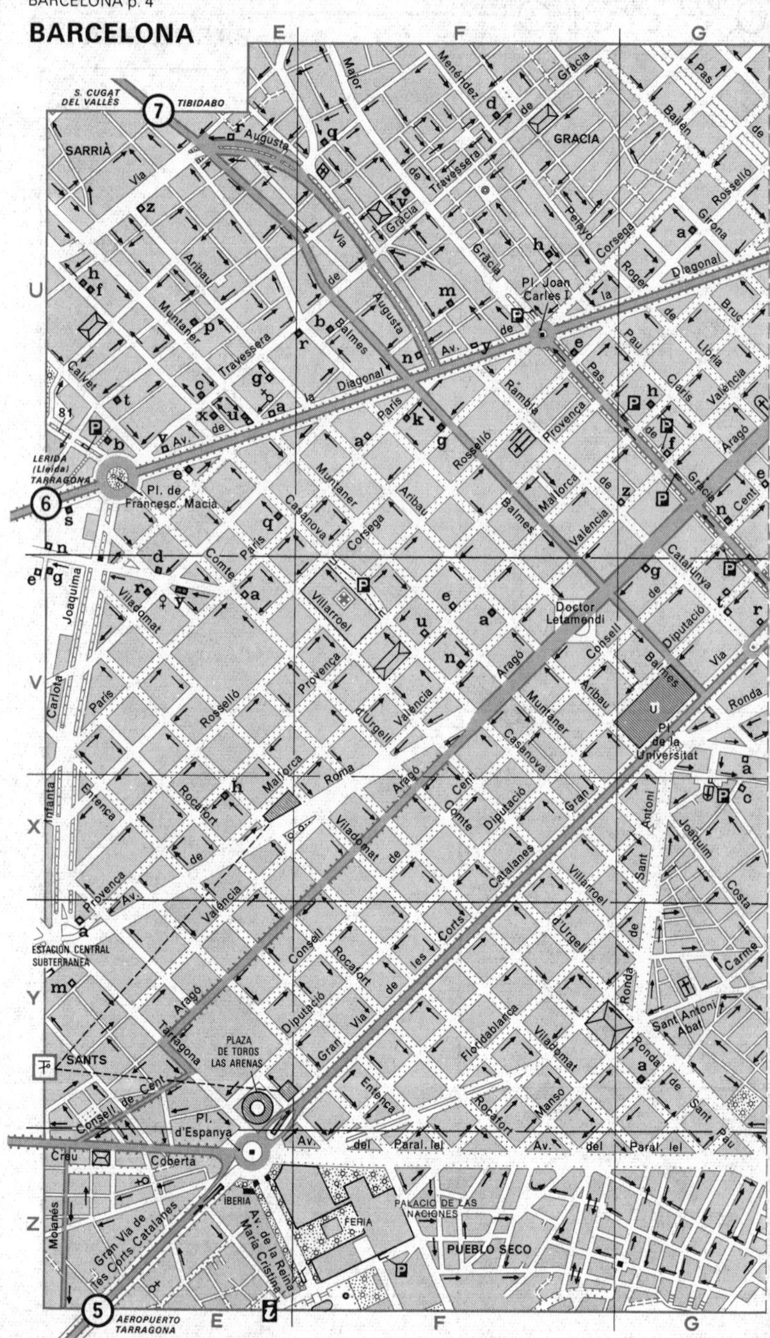
E
F
G
S. CUGAT
DEL VALLÈS
7
TIBIDABO
SARRIÀ
GRACIA
Pl. Joan
Carles I
LERIDA
(Lleida)
TARRAGONA
6
Pl. de
Francesc. Macià
81
Doctor
Letamendi
Pl.
de la
Universitat
U
V
X
Y
Z
ESTACIÓN CENTRAL
SUBTERRANEA
SANTS
PLAZA
DE TOROS
LAS ARENAS
Pl.
d'Espanya
IBERIA
PALACIO DE LAS
NACIONES
FERIA
PUEBLO SECO
5
AEROPUERTO
TARRAGONA
Augusta
Via
Aribau
Muntaner
Travessera
Calvet
Diagonal
Balmes
Major
Menéndez
Pelayo
Gràcia
Corsega
Roger
de
Llúria
Bailèn
Pas.
Rosselló
Girona
Bruc
Pau
Claris
València
Aragó
Rambla
Provença
Mallorca
Paris
Casanova
Comte
Urgell
Villarroel
Viladomat
Joaquima
Carlota
Infanta
Entença
Rocafort
Consell
de
Cent
Diputació
Gran
Via
de
les
Corts
Catalanes
Calàbria
Catalunya
Ronda
Sant
Antoni
Joaquim
Costa
Carme
Sant Antoni
Abat
Floridablanca
Manso
Av.
del
Paral. lel
Creu
Coberta
Molanès
Tarragona
Av. de la Reina
Maria Cristina

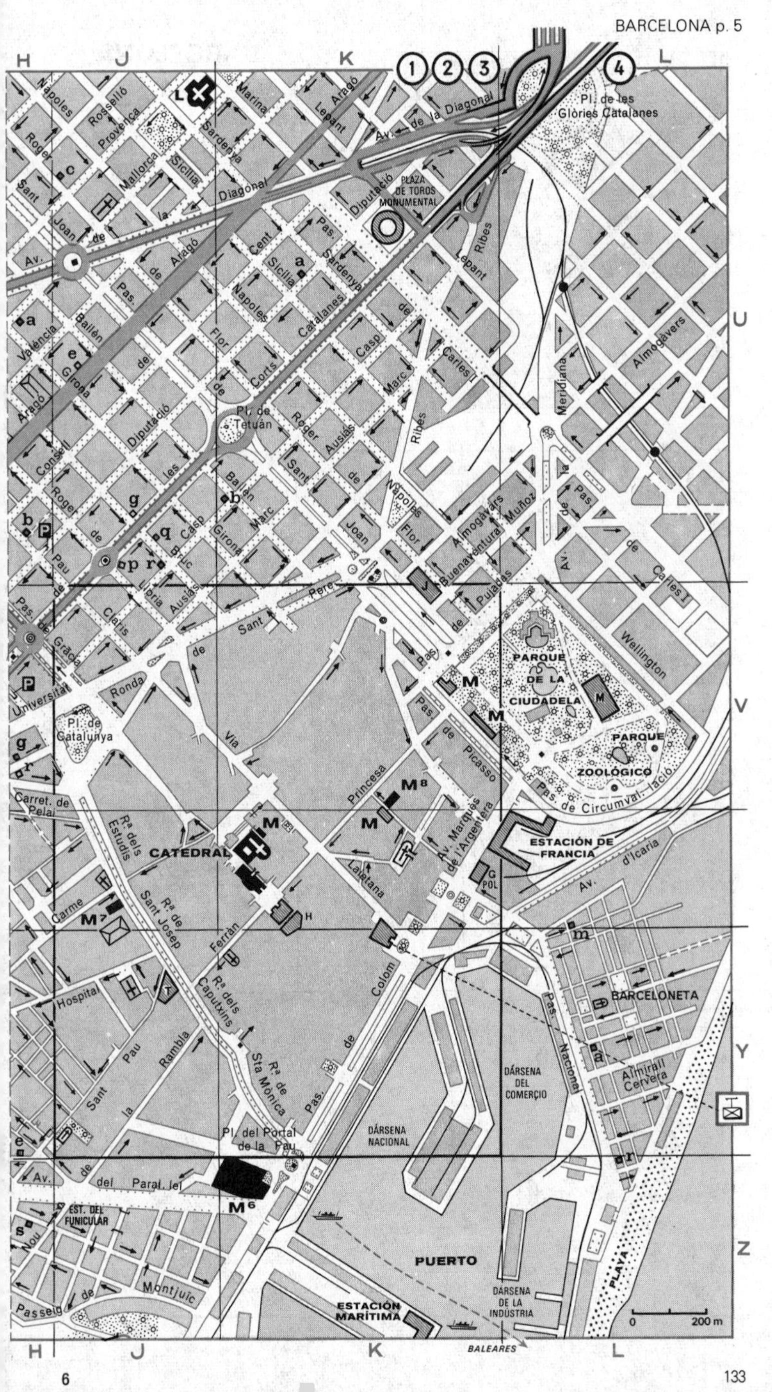
H
J
K
L
U
V
Y
Z
Pl. de les Glòries Catalanes
Av. de la Diagonal
PLAZA DE TOROS MONUMENTAL
Diputació
Pas. Sardenya
Lepant
Aragó
Marina
Sardenya
Sicilia
Mallorca
Provença
Rosselló
Nàpoles
Roger
Sant Joan
Av.
Valencia
Bailén
Girona
Consell
de Cent
Corts Catalanes
Pl. de Tetuán
Ausiàs Marc
Casp
Ribes
Carles I
Almogàvers
Meridiana
Buenaventura Muñoz
Av. de la Pas. de Carles I
Pujades
Wellington
PARQUE DE LA CIUDADELA
PARQUE ZOOLÓGICO
Pas. de Circumval. lació
Pas. de Picasso
Princesa
Pas. de Gràcia
Universitat
Pl. de Catalunya
Ronda de Sant Pere
Via Laietana
Claris
Pau
Llúria
Bruc
Carret. de Pelai
Rª dels Estudis
CATEDRAL
ESTACIÓN DE FRANCIA
Av. Marquès de l'Argentera
Av. d'Icaria
Carme
Rª de Sant Josep
Ferràn
Hospital
Rª dels Caputxins
Rª de Sta Mònica
Sant Pau
Rambla
Pas. de Colom
Pl. del Portal de la Pau
BARCELONETA
Pas. Nacional
Almirall Cervera
DÁRSENA DEL COMERÇIO
DÁRSENA NACIONAL
Av. del Paral.lel
EST. DEL FUNICULAR
Nou
Passeig de Montjuïc
PUERTO
ESTACIÓN MARÍTIMA
DÁRSENA DE LA INDÚSTRIA
PLAYA
BALEARES
0 200 m

BARCELONA

Street	Grid	No.
Caputxins (Rambla dels)	JY	
Catalunya (Pl. de)	JV	
Estudis (Rambla dels)	JX	
Gracià (Passeig de)	JV	
Sant Josep (Rambla de)	JX	
Santa Mònica (Rambla de)	KY	
Avinyó	KY	5
Banys Nous	JX	6
Bisbe Irurita	MR	9
Boqueria (Pl. de la)	JY	11
Bòria	KX	14
Born (Passeig del)	KX	15
Boters	JX	17
Canaletas (Ramblade)	JV	20
Cardenal Casañas	JX	24
Catedral (Av. de la)	MR	28
Comercial (Pl.)	KV	30
Comtes	MR	31
Consolat	KX	33
Cucurulla	JX	35
Doctor Joaquim Pou	KV	38
Francesc Cambó (Av.)	KV	43
Isabel II (Passeig d')	KX	55
Méndez Nuñez	KV	68
Montcada	KX	71
Portal de Santa Madrona	KY	83
Rec Comtal	KV	87
Santa Anna	JV	99
Santa Llúcia	MR	103
Tapineria	MR	104

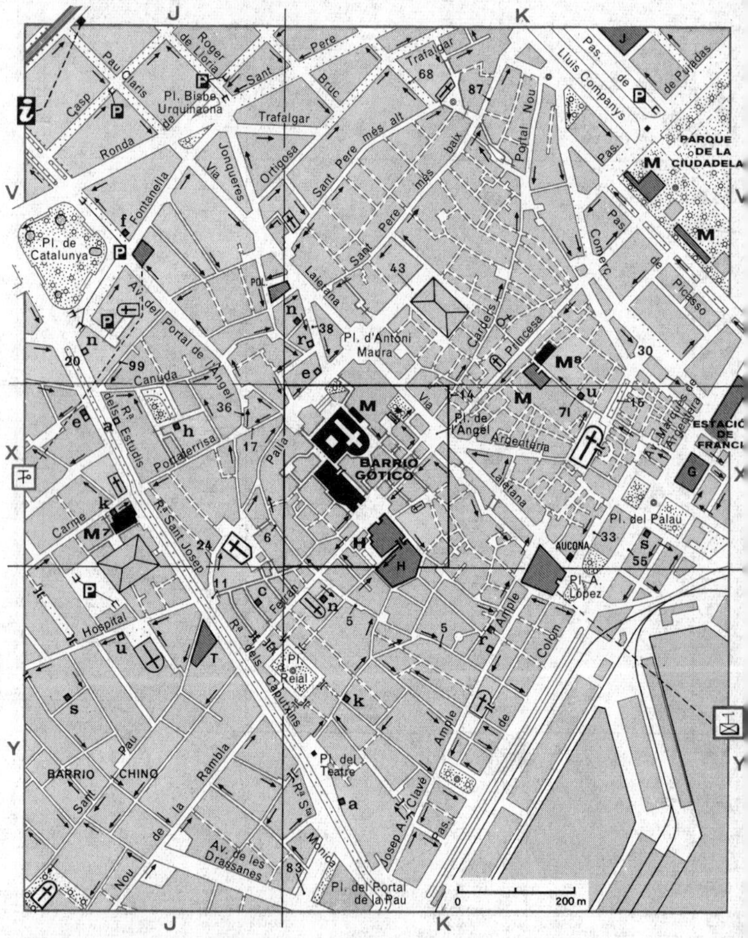

Restaurantes clásicos o modernos

XXXXX ✿ **Ama Lur** entresuelo, Mallorca 275, ✉ 8, ☎ 215 30 24, 🏠, « Terraza-jardín » – ▤. AE E VISA. ✗ GU **h**
cerrado domingo, Semana Santa, Navidad y agosto – Com (es necesario reservar) carta 2 950 a 4 600
Espec. Arroz con almejas, Medallones de merluza, Alubias rojas de Tolosa (noviembre-febrero).

XXXX ✿✿ **Reno,** Tuset 27, ✉ 6, ☎ 200 91 29, « Elegante restaurante clásico » – ▤ P. AE ◑ E VISA. ✗ FU **r**
Com carta 2 600 a 3 400
Espec. Bacalao al perfume de ajos confitados, Lubina a las trufas, Solomillo Matignon.

XXXX ✿ **Vía Veneto,** Ganduxer 10, ✉ 21, ☎ 250 31 00, « Estilo belle époque » – ▤ P. AE ◑ E VISA. ✗ BT **e**
Com carta 2 240 a 3 175
Espec. Erizos de mar gratinados, Arroz negre, Oca amb peres.

XXX ✿ **Finisterre,** av. de la Diagonal 469, ✉ 36, ☎ 230 91 14 – ▤. AE ◑ E VISA. ✗ EU **e**
Com carta 2 250 a 4 450
Espec. Trufas al champán, Foie d'oie au jus de carcasses, Arroz a banda.

XXX **Germán,** Dr Rizal 8, ✉ 6, ☎ 217 71 85 – ▤. AE ◑ E VISA FU **m**
cerrado sábado mediodía y domingo – Com carta 1 725 a 3 375.

XXX **Hostal del Sol** piso 1, passeig de Gràcia 44, ✉ 7, ☎ 215 62 25, Cenas amenizadas al piano – ▤. AE ◑ E VISA. ✗ GU **n**
cerrado domingo y agosto – Com carta 1 230 a 2 050.

XXX **Gueridón,** pasaje Permanuyer 2, ✉ 9, ☎ 318 09 94 – ▤. AE ◑ E VISA. ✗ HU **b**
cerrado domingo – Com carta 1 525 a 2 970.

XXX ✿ **Neichel,** av. de Pedralbes 16 bis, ✉ 34, ☎ 203 84 08 – ▤. AE ◑ E VISA ABT **z**
cerrado domingo-Semana Santa y agosto – Com carta 2 000 a 2 950
Espec. Ensalada de salmón marinado con vinagreta de trufas, Rodajas de rape y colas de cigalas al genjibre, Terrina de merluza con crema de erizos de mar (salvo verano).

XXX **Il Giardinetto,** La Granada 22, ✉ 6, ☎ 218 75 36, Cocina italiana – ▤. AE ◑ E VISA. ✗
cerrado domingo noche y lunes – Com carta 1 260 a 1 960. FU **b**

XXX Txapela, Teodora Lamadrid 34, ✉ 22, ☎ 212 69 16, Cocina vasca – ▤ BS **a**

XXX **Koldobika,** Bruc 46, ✉ 10, ☎ 302 36 46 – ▤. AE ◑ E VISA JU **q**
cerrado domingo – Com carta 1 105 a 2 100.

XX ✿ **Ara-Cata,** Dr Ferràn 33, ✉ 34, ☎ 204 10 53 – ▤. ◑ VISA. ✗ BT **v**
cerrado Semana Santa, agosto, sábado y festivos noche – Com carta 1 550 a 2 600
Espec. Panneques, Gambas Ara-Cata, Pato a las fresas de Sant Pol.

XX ✿ **Quo Vadis,** Carme 7, ✉ 1, ☎ 317 74 47 – ▤. AE ◑ E VISA. ✗ JX **k**
cerrado domingo y agosto – Com carta 1 825 a 2 950
Espec. Pot-pourri de setas, Lubina flambeada al hinoja, Pie de cerdo con nabos negros (noviembre-febrero).

XX **Chévere,** rambla del Prat 14, ✉ 12, ☎ 217 03 59 – ▤ P. ◑ E VISA. ✗ FU **q**
cerrado domingo y agosto – Com carta 1 150 a 2 175.

XX Lalos, Santaló 88, ✉ 21, ☎ 200 10 90 – ▤ EU **h**

XX **Aitor,** Carbonnell 5, ✉ 3, ☎ 319 94 88, Cocina vasca – ▤ LXY **m**
cerrado domingo y 15 agosto-15 septiembre – Com carta 1 350 a 2 600.

XX **La Odisea,** Copons 7, ✉ 2, ☎ 302 37 88 – VISA KV **n**
Com carta 1 400 a 2 590.

XX **El Túnel de Muntaner,** Sant Mario 22, ✉ 22, ☎ 212 60 74 – ▤ P. AE ◑ E VISA. ✗ BT **k**
cerrado 25 julio-25 agosto, domingo y festivos – Com carta 1 850 a 2 700.

XX **Cathay,** Santaló 86, ✉ 21, ☎ 209 37 86, Rest. chino, « Decoración elegante » – ▤. VISA. ✗
cerrado lunes y agosto – Com carta 815 a 1 650. EU **f**

XX ✿ **Jaume de Provença,** Provença 88, ✉ 29, ☎ 230 00 29, Decoración moderna – ▤. AE ◑ E VISA. ✗ EX **h**
cerrado Semana Santa y agosto – Com carta 1 345 a 2 700
Espec. Canelones de espinacas, Turbot al vapor de algas, Suprema de lubina al "Cava".

XX **Las Indias,** passeig Manuel Girona 38 bis, ✉ 34, ☎ 204 48 00 – ▤. AE ◑ VISA. ✗ BT **v**
Com carta 1 500 a 2 800.

XX **O Botafumeiro,** Major de Grácia 81, ✉ 12, ☎ 218 42 30, Pescados y mariscos – ▤. AE ◑ E VISA. ✗ FU **v**
cerrado lunes excepto festivos, vigilias y del 1 al 29 agosto – Com carta 1 275 a 2 700.

XX **Pedralbes Paradis,** paseo Manuel Girona 7, ✉ 34, ☎ 203 76 37, Rest. con buffet – ▤. AE ◑ E VISA. ✗ AT **t**
cerrado domingo noche – Com carta 1 650 a 2 825.

XX **Soley,** Bailén 29, ✉ 10, ☎ 245 21 75 – ▤ P. ◑ E VISA KU **b**
cerrado domingo noche – Com carta 1 400 a 2 425.

XX **Satélite,** av. de Sarriá 10, ✉ 29, ☎ 321 34 31 – ▤. AE E VISA EV **d**
cerrado Semana Santa, domingo, festivos noche y sábado en verano – Com carta 1 550 a 2 605.

XX **Daxa,** Muntaner 472, ✉ 21, ☎ 201 60 06 – ▤. ◑ E VISA. ✗ BT **p**
cerrado domingo y agosto – Com carta 2 000 a 3 750.

XX **El Dento,** Loreto 32, ⊠ 29, ☎ 321 67 56 – ▤. AE (D) E VISA. ✗ — EV **g**
Com carta 1 575 a 2 400.

XX ✿ **Hostal Sant Jordi,** Travessera de Dalt 123, ⊠ 24, ☎ 213 10 37 – ▤. (D) VISA. ✗ — CS **u**
cerrado domingo noche y agosto – Com carta 1 300 a 2 100
Espec. Chipirones con cebolla, Lenguado Hostal, Fricando con setas del tiempo.

XX **Gorría,** Diputació 421, ⊠ 13, ☎ 245 11 64, Cocina vasco-navarra – ▤. AE (D) E VISA. ✗
cerrado domingo y agosto – Com carta 1 375 a 2 375. — KU **a**

XX **Bel Cavalleto,** Santaló 125, ⊠ 6, ☎ 201 79 11 – ▤. AE (D) E VISA. ✗ — BT **q**
Com carta 715 a 1 615.

XX Farín, Valencia 153, ⊠ 11, ☎ 254 42 91 – ▤ — FV **n**

XX Le Petit Soleil, pl. Villa de Madrid 4, ⊠ 28, ☎ 302 61 64 – ▤ — JX **h**

XX **Florián,** Bertrand i Serra 20, ⊠ 22, ☎ 212 46 27 – ▤. E VISA — BT **s**
cerrado domingo, festivos, Semana Santa y 25 diciembre-6 enero – Com carta 1 600 a 2 775.

XX **Tramonti 1980,** av. de la Diagonal 501, ⊠ 29, ☎ 250 15 35, Cocina italiana – ▤. AE (D) E VISA. ✗ — EU **s**
Com carta 1 135 a 2 105.

XX **Au Périgord,** Savino de Arana 34 C, ⊠ 28, ☎ 339 30 19, Cocina francesa – ▤. AE (D) E VISA. ✗ — BT **x**
Com carta 1 250 a 2 275.

XX **Azulete,** Camp 63, ⊠ 22, ☎ 211 37 96 – ▤. E VISA — BT **m**
cerrado domingo, 1 semana por Pascuas, 1 semana por Navidad y agosto-5 septiembre – Com carta 1 275 a 2 450.

XX **De la Placeta,** placeta de Montcada 1, ⊠ 3, ☎ 315 41 53 – ✗ — KX **u**
cerrado lunes – Com carta 1 205 a 2 915.

XX **Amaya,** rambla Santa Mónica 20, ⊠ 2, ☎ 302 10 37, Cocina vasca – ▤. AE (D) E VISA. ✗
Com carta 1 030 a 2 570. — KY **a**

XX **La Soupe à l'Oignon,** Padua 60, ⊠ 6, ☎ 212 77 42, Cocina francesa – ▤. E VISA. ✗ — BT **a**
Com carta 1 460 a 2 250.

XX **El Pescador,** Mallorca 314, ⊠ 37, ☎ 207 10 24, Pescados y mariscos – ▤. AE (D) VISA — HU **a**
cerrado domingo y festivos noche – Com carta 1 400 a 2 400.

XX **7 Puertas,** passeig d'Isabel II - 14, ⊠ 3, ☎ 319 30 33, Cenas amenizadas al piano – ▤. AE (D) E VISA — KX **s**
Com carta 1 070 a 1 840.

XX **Casa Jordi,** pasaje Marimón 18, ⊠ 21, ☎ 200 11 18 – ▤. VISA. ✗ — EU **x**
cerrado domingo – Com carta 1 500 a 2 700.

X **Tinell,** Frenería 8, ⊠ 2, ☎ 315 46 04 – ▤. AE E VISA. ✗ — MR **t**
cerrado domingo – Com carta 1 130 a 2 430.

X **Portofino 2,** Ganduxer 50, ⊠ 21, ☎ 201 00 09, Cocina italiana – ▤. E VISA. ✗ — BT **g**
Com carta 1 270 a 2 420.

X Peñón de Ifach, Travessera de Grácia 35, ⊠ 21, ☎ 209 65 75 – ▤ — EU **c**

X Vila Plana, pl. Sant Gregorio Taumaturgo 4, ⊠ 21, ☎ 201 13 00 – ▤ — BT **d**

X Cal Sardineta 2, Casp 35, ⊠ 10, ☎ 302 68 44 – ▤ — JU **r**

X **Es Plá,** passeig de Sant Gervasi 86, ⊠ 22, ☎ 212 65 54 – ▤. AE (D) E VISA. ✗ — BST **u**
cerrado domingo noche – Com carta 1 225 a 2 250.

X **Azpiolea,** Casanova 167, ⊠ 36, ☎ 230 90 30, Cocina vasca – ▤. (D) E VISA. ✗ — EU **q**
cerrado domingo noche, festivos noche y 29 julio-agosto – Com carta 1 050 a 1 875.

X **Can Bara,** passeig Nacional 70, ⊠ 3, ☎ 319 50 22 – AE (D) E VISA. ✗ — LZ **r**
cerrado viernes – Com carta 950 a 1 850.

X La Porte Louise, Mariano Cubí 94, ⊠ 21, ☎ 200 91 74, Cocina franco-belga – ▤ — EU **p**

X Casa Isidro, Flores 12, ⊠ 1, ☎ 241 11 39 – ▤ — HY **e**

X La Balsa, Infanta Isabel 4, ⊠ 22, ☎ 211 50 48 – AE (D) VISA — BS **k**
cerrado domingo y lunes mediodía.

X Abrevadero, Vilá y Vilá 77, ⊠ 2, ☎ 241 22 06 – ▤. AE (D) E VISA. ✗ — HZ **s**
cerrado jueves.

X La Puñalada, passeig de Grácia 104, ⊠ 8, ☎ 218 47 91 – ▤. (D) E VISA. ✗ — FU **e**

X **Viña Rosa,** av. de Sarriá 17, ⊠ 29, ☎ 230 00 03 – ▤. AE (D) E VISA — EV **y**
cerrado domingo – Com carta 1 445 a 2 465.

X **Chicoa,** Aribau 71, ⊠ 36, ☎ 253 11 23 – ▤. E VISA — FV **a**
cerrado sábado noche, domingo, festivos y agosto – Com carta 1 300 a 2 075.

X **El Trapio Jardín,** Esperanza 25, ⊠ 17, ☎ 211 58 17, ⛱, Rest. al aire libre – E VISA — BT **t**
cerrado domingo noche – Com carta 1 225 a 2 525.

X **La Venta,** pl. del Funicular, ⊠ 22, ☎ 212 64 55, Antiguo café con gran terraza – AE (D) E VISA
cerrado domingo – Com carta 1 400 a 2 475. — BS **d**

X Giorgi, Muntaner 231, ⊠ 21, ☎ 209 91 86 — EU **u**

X **Da Peppo,** av. de Sarriá 17, ⊠ 29, ☎ 259 01 60 – ▤. VISA — EV **y**
cerrado martes y agosto – Com carta 880 a 1 650.

X Café de Paris, Maestro Nicolau 16, ⊠ 21, ☎ 200 19 14, Cocina francesa – ▤ — EU **b**

X **Julivert Meu,** Jorge Girona Salgado 12, ✉ 34, ☎ 204 11 96 – ▤. AE ◑ E VISA. ✻ AT **b**
Com carta 1 100 a 1 800.

X Gourmet Paradis, av. del Hospital Militar 14, ✉ 23, ☎ 218 76 99 – ▤ BS **e**

X **Can Solé,** Sant Carlos 4, ✉ 3, ☎ 319 50 12, Pescados y mariscos – ▤ LY **a**
cerrado sábado noche, domingo, del 1 al 15 febrero y del 1 al 15 septiembre – Com carta 805 a 1 975.

X **La Nao,** Londres 35, ✉ 29, ☎ 230 91 86 – ▤. AE ◑ E VISA. ✻ EV **r**
cerrado sábado y agosto – Com carta 1 390 a 2 225.

X **El Vol de Nit,** Anglí 4, ✉ 17, ☎ 203 91 81, Cocina vasca – VISA BT **c**
cerrado domingo y del 14 al 29 agosto – Com carta 1 150 a 2 000.

X **Casa Agustín,** Vergara 5, ✉ 2, ☎ 301 97 45 – ▤. E VISA HV **g**
cerrado sábado – Com carta 920 a 2 200.

X **El Túnel,** Ample 33, ✉ 2, ☎ 315 27 59 – ✻ KY **r**
cerrado domingo noche, lunes y 18 julio-18 agosto – Com carta 1 375 a 2 450.

X El Retiro, París 200, ✉ 36, ☎ 217 68 40 – ▤ FU **k**

X **Bienservida,** Roselló 307, ✉ 37, ☎ 257 85 87 – E VISA GU **a**
cerrado martes – Com carta 625 a 1 150.

X **Casa Leopoldo,** Sant Rafael 24, ✉ 1, ☎ 241 30 14, Pescados y mariscos – E VISA JY **s**
cerrado domingo noche, lunes, Semana Santa y agosto – Com carta 1 200 a 2 750.

X **Le Pot au Feu,** Francisco Giner 8, ✉ 12, ☎ 218 74 64, Cocina francesa – E VISA. ✻ FU **h**
cerrado domingo, festivos y agosto – Com carta 1 045 a 1 850.

X **Montse Guillén,** Mariano Cubí 195, ✉ 21, ☎ 200 27 31 – ▤. E VISA EU **t**
cerrado domingo y Semana Santa – Com carta 1 425 a 2 750.

Restaurantes de ambiente típico

XX **Agut d'Avignon,** Trinidad 3, ✉ 2, ☎ 302 60 34, « Decoración regional » – ▤. AE ◑ E VISA
cerrado domingo, Semana Santa y agosto – Com carta 1 400 a 2 250. KY **n**

XX Font del Gat, passeig Santa Madrona, Montjuic, ✉ 4, ☎ 224 02 24, ⌂, Decoración regional – Ⓟ. AE ◑. ✻ CT **x**

XX **La Dida,** Roger de Flor 230, ✉ 25, ☎ 207 20 04, « Decoración regional » – ▤ Ⓟ. AE E VISA
cerrado Semana Santa, domingo, festivos noche y sábado en verano – Com carta 1 650 a 3 025. JU **c**

X L'Alberg, Ramón y Cajal 13, ✉ 12, ☎ 214 10 25, Decoración rústica – ▤ FU **d**

X **La Cuineta,** Paradís 4, ✉ 2, ☎ 315 01 11, « Instalado con buen gusto en una antigua bodega del siglo XVII » – AE ◑ E VISA. ✻ MR **e**
cerrado lunes excepto festivos y martes – Com carta 1 400 a 2 675.

X **Los Caracoles,** Escudillers 14, ✉ 2, ☎ 301 20 41 – ▤. AE ◑ E VISA KY **k**
Com carta 1 070 a 2 300.

X **Can Culleretes,** Quintana 5, ✉ 2, ☎ 317 64 85 – ▤ JY **c**
cerrado domingo noche y lunes – Com carta 850 a 1 615.

X **Pá i Trago,** Parlamento 41, ✉ 15, ☎ 241 13 20 – ▤. E VISA. ✻ GY **a**
cerrado lunes no festivos y 22 junio-23 julio – Com carta 1 100 a 1 900.

X **A la Menta,** passeig Manuel Girona 50, ✉ 34, ☎ 204 15 49, Taberna – ▤. AE ◑ VISA. ✻
cerrado domingo de julio a septiembre – Com carta 1 250 a 2 200. BT **r**

Cafeterías, Restaurantes rápidos

XX **Plazza,** pl. de Catalunya 15, ✉ 2, ☎ 301 17 97 – ▤. E VISA JV **f**
Com carta 1 035 a 2 125.

XX **Sol 9,** passeig de Grácia 44, ✉ 7, ☎ 215 62 25 – ▤. AE ◑ E VISA. ✻ GU **n**
Com carta 720 a 1 380.

XX **Treno,** Diputació 257, ✉ 7, ☎ 302 40 30 – ▤. AE ◑ E VISA GV **t**
Com carta 1 040 a 2 180.

X **Don Chon,** Pau Claris 122, ✉ 9, ☎ 302 79 21 – ▤. E VISA. ✻ GU **e**
cerrado sábado y 15 julio-15 septiembre – Com carta 575 a 1 425.

X **Kok d'Or,** Balmes 149, ✉ 6, ☎ 218 08 63 – ▤. VISA. ✻ FU **g**
Com carta 700 a 1 050.

X La Poma, Rambla de Canaletas 117, ✉ 2, ☎ 301 94 00 – ▤ JX **e**

en Esplugues de Llobregat - AT – ✉ Esplugues de Llobregat – ☎ 93 :

XXX **La Masía,** av. Paisos Catalans 58 ☎ 371 00 09, « Terraza bajo los pinos » – ▤ Ⓟ. AE ◑ E VISA. ✻ AT **s**
Com carta 1 425 a 1 950.

X ✿ **Casa Quirze,** Laureano Miró 202 ☎ 371 10 84 – ▤ Ⓟ. AE ◑ E. ✻ AT **e**
cerrado domingo noche, lunes y agosto – Com carta 1 500 a 2 500
Espec. Mousseline de rascasse, Dorada a la pimienta verde, Croquetas de jabalí con arandanos y col lombarda (14 octubre-10 marzo).

en el Tibidabo AS – ✉ Barcelona 6 – ☎ 93 :

✕ **La Masía,** ☎ 247 63 50, ≤ ciudad, mar y montaña – AE ⓓ E VISA AS **a**
cerrado 24 enero-25 febrero – Com carta 1 015 a 1 865.

en la carretera de Sant Cugat por ⑦ : 11 km – ✉ Barcelona 6 – ☎ 93 :

✕ **Can Cortés,** urbanización Ciudad Condal Tibidabo ☎ 674 17 04, ≤, « Antigua masía, decoración rústica », ⛱ de pago – Ⓟ. ⓓ E VISA
cerrado domingo noche – Com carta 975 a 1 625.

en el aeropuerto por ⑤ : 12 km – ✉ Aeropuerto de Barcelona – ☎ 93 :

✕✕ **Aeropuerto de Barcelona y Salón Sant Jorge,** ☎ 379 02 54 – ▤. AE ⓓ
Com carta 1 850 a 3 500.

Ver también : ***Badalona*** por ④ : 8,5 km
San Clemente de Llobregat por C 245 AT : 12 km
San Cugat del Valles por ⑦ : 19 km
Sabadell por ① : 20 km
Caldas de Montbuy por ① : 29 km.

S.A.F.E. Neumáticos MICHELIN, Sucursal, HOSPITALET DE LLOBREGAT : av. Gran Vía Sur BT ☎ 335 01 50

AUSTIN-MG-MORRIS-MINI Floridablanca 133 ☎ 223 08 82
AUSTIN-TALBOT Diputació 43 ☎ 325 15 50
CITROEN Badal 81-111 ☎ 331 64 00
CITROEN-PEUGEOT Passeig Maragall 367-369 ☎ 229 17 90
FORD Buenaventura Muñoz 45 ☎ 309 35 00
FORD Numància 14-16 ☎ 321 61 50
FORD Artesa de Segre 3 ☎ 247 62 77
MERCEDES-BENZ Napoles 312 ☎ 257 13 00
RENAULT travesera de Les Corts 146-148 ☎ 339 90 00
RENAULT av. de la Meridiana 85 ☎ 225 15 75
RENAULT Vilamarí 30 ☎ 223 08 12
RENAULT Mallorca 27-31 ☎ 321 01 05
RENAULT Riera de Horta 28-32 ☎ 351 13 51
RENAULT Corcega 293-295 ☎ 228 64 29
RENAULT Roselló 188-190 ☎ 253 52 00
SEAT av. José Antonio 94-96 ☎ 332 11 00
SEAT Manso 9 ☎ 243 39 00
SEAT Prat de Mollo 2-4 ☎ 211 05 50
SEAT Balmes 229-231 ☎ 218 87 04
TALBOT Tarragona 147 ☎ 223 30 44
TALBOT Balmes 184 ☎ 217 35 12
TALBOT Aragó 4-6 ☎ 243 38 04

La carte Michelin est constamment tenue à jour.
Elle bannit l'inconnu de votre route.

El BARCO DE VALDEORRAS Orense 990 ③ – ☎ 988.
♦Madrid 439 – Lugo 123 – Orense 118 – Ponferrada 52.

✕ San Mauro, pl. de la Iglesia 11 ☎ 32 01 45 – ▤.

CITROEN Las Arenas 1 ☎ 32 03 41
FORD carret. Vegamolinos ☎ 32 09 61
RENAULT Conde Ferosa 63 ☎ 32 01 93
SEAT La Puebla ☎ 32 07 80
TALBOT La Puebla ☎ 32 09 91

BARIG Valencia – 973 h. alt. 320 – ☎ 96.
♦Madrid 421 – Gandía 15 – ♦Valencia 73.

en la carretera de Gandía SE : 2 km – ✉ Barig – ☎ 96 :

🏨 Monte Monduber 🐎, la Drova ☎ 281 03 29, ≤, ⛱, 🎾 – |‡| ▤ rest 🛁wc ☎ Ⓟ – 🏕
75 hab.

La BARRANCA (Valle de) Madrid 990 ㊴ – ver Navacerrada.

BARRO Oviedo – ver Llanes.

BAYONA Pontevedra 990 ① – 8 842 h. – ☎ 986 – Playa.
Ver : Monte Real (murallas★).
Alred. : Carretera★ de Bayona a La Guardia.
♦Madrid 616 – Orense 117 – Pontevedra 44 – ♦Vigo 21.

🏨 **Parador Nacional Conde de Gondomar** 🐎, ☎ 35 50 00, ≤, « Bonita reproducción de un típico pazo gallego en el recinto de un antiguo castillo feudal al borde del mar », ⛱, 🌳, 🎾 – 🚗 Ⓟ. AE ⓓ E VISA. 🐕
Com 1 100 – ☕ 300 – **128 hab** 4 800/6 000.

🏨 **Bayona,** Conde 36 ☎ 35 50 87 – 🛁wc 🚿wc. 🐕
junio-septiembre – Com 900 – ☕ 160 – **33 hab** 1 600/2 300 – P 2 800/3 250.

✕ Plaza de Castro, Ventura Misa 15 ☎ 35 55 53.

en la carretera de La Guardia O : 8,5 km – ✉ Bayona :

✕ La Hermida, ≤ – Ⓟ.

RENAULT Sabaris-carret. Vigo-Bayona ☎ 35 11 38
SEAT Sabaris-carret. Vigo-Bayona ☎ 35 00 00

BAZA Granada 446 T 21 – 20 113 h. alt. 872 – ☎ 958.
♦Madrid 425 – ♦Granada 105 – ♦Murcia 178.

- **Baza** sin rest y sin ☕, av. Covadonga ☎ 70 07 50 – wc wc.
26 hab 1 050/1 900.
- **Venta del Sol,** carret. de Murcia ☎ 70 03 00, – wc wc P.
Com *(cerrado lunes en invierno)* 500 – ☕ 100 – **25 hab** 725/1 300.
- Las Perdices, carret. de Murcia ☎ 70 14 42 –.

CITROEN Corredera ☎ 70 05 83
FIAT-SEAT Murcia 28 ☎ 70 07 12
FORD carret. de Murcia km 175 ☎ 70 14 64
RENAULT carret. de Murcia km 176 ☎ 70 08 95
TALBOT carret. de Murcia 13 y 19 ☎ 70 03 34

BEASAIN Guipúzcoa 42 ④ y 990 ⑥ – 10 925 h. alt. 157 – ☎ 943.
♦Madrid 428 – ♦Pamplona 73 – ♦San Sebastián 45 – ♦Vitoria 71.

- **Urteaga** sin rest y sin ☕, av. de Navarra 25 ☎ 88 08 50 – wc wc.
50 hab 1 050/1 900.

en la carretera N I - en Olaberría SO : 1,5 km – ✉ Beasain – ☎ 943 :

- ✿ **Castillo,** ☎ 88 19 58 – rest wc wc P. E VISA
cerrado agosto y 23 diciembre-2 enero – Com carta 1 850 a 2 800 – ☕ 245 – **28 hab** 1 695/2 535 – P 4 095/4 180
Espec. Panache de verduras, Rodaballo papillot, Lenguado con salsa de hongos.

CITROEN-PEUGEOT carret. N I km 422 ☎ 88 51 50
RENAULT carret. N I km 424 ☎ 88 10 73
SEAT carret. N I km 419 ☎ 88 67 50

BECERRIL DE LA SIERRA Madrid 990 ㊴ – 1 327 h. alt. 1 080 – ☎ 91.
♦Madrid 54 – ♦Segovia 41.

- **Las Gacelas** ⑤, carret. de Madrid ☎ 853 80 00, , , , – wc wc P.
Com 800/1 400 – ☕ 125 – **27 hab** 1 800/2 500 – P 2 500/2 800.

BEGUR Gerona 43 ⑨⑩ y 990 ⑳ – ver Bagur.

BEHOBIA Guipúzcoa 42 ⑤ y 990 ⑦ – ver Irún y aduanas p. 14 y 15.

BÉJAR Salamanca 990 ⑬ ⑭ – 17 128 h. alt. 938 – ☎ 923 – Plaza de toros.
ℹ paseo de Cervantes 6 ☎ 40 31 74.
♦Madrid 211 – ♦Ávila 105 – Plasencia 63 – ♦Salamanca 72.

- **Colón,** Colón 42 ☎ 40 06 50 – wc wc. AE ① E VISA. rest
Com 900 – ☕ 175 – **54 hab** 1 400/2 600 – P 2 900/3 500.
- **Comercio,** Puerta de Ávila 5 ☎ 40 03 04 – wc. rest
Com 580 – ☕ 185 – **13 hab** 1 100/2 000 – P 2 140/2 650.
- **Tres Coronas** piso 1, carret. de Salamanca 1 ☎ 40 20 23 –. VISA.
Com carta 900 a 1 425.

AUSTIN-MG-MORRIS-MINI carret. de Salamanca 41 ☎ 40 29 56
CITROEN carret. de Salamanca ☎ 40 23 22
RENAULT carret. de Salamanca ☎ 40 23 22
SEAT av. del Ejército 6 ☎ 40 07 09
TALBOT carret. de Salamanca 12 ☎ 40 14 06

LOS BELONES Murcia – ☎ 968.
♦Madrid 459 – ♦Alicante 102 – Cartagena 20 – ♦Murcia 69.

por la carretera de Portman S : 3 km – ✉ Los Belones – ☎ 968 :

- La Manga Campo de Golf, ☎ 56 35 00, ≤ Campo de golf y Mar Menor, , Decoración moderna – P.

BELLPUIG D'URGELL Lérida 43 ⑮ ⑯ y 990 ⑲ – 3 559 h. alt. 308 – ☎ 973.
♦Madrid 502 – ♦Barcelona 127 – ♦Lérida 33 – Tarragona 86.

- **Bellpuig,** carret. N II ☎ 32 02 00, Telex 57739 – rest wc wc P.
cerrado Navidad – Com 700 – ☕ 180 – **29 hab** 1 100/2 000 – P 2 450/3 350.

BELLVER DE CERDAÑA o **BELLVER DE CERDANYA** Lérida 43 ⑦ y 990 ⑲ – 1 711 h. alt. 1 061 – ☎ 973.
♦Madrid 634 – ♦Lérida 165 – Seo de Urgel 32.

- **María Antonieta** ⑤, av. de la Victoria ☎ 51 01 25, ≤, , – wc wc P. VISA.
Com 725 – ☕ 200 – **51 hab** 825/1 600 – P 2 125.
- Bellavista, carret. de Puigcerdá 43 ☎ 51 00 00, ≤, – wc wc P
48 hab.
- Jou Vell, pl. San Roque 15 ☎ 51 01 39
cerrado martes y del 1 al 20 noviembre.

BENALMÁDENA Málaga 446 W 16 – 10 845 h. – ☎ 952.

para Baleares y Canarias : Cía Aucona, pl. Alay, ☎ 44 34 44, Telex 77518.

carret. de Cádiz km 229 ☎ 44 13 63.

♦Madrid 579 – Algeciras 117 – ♦Málaga 24.

- **La Rueda,** San Miguel 2 ☎ 44 82 21, – E VISA
  cerrado martes y agosto – Com carta 750 a 1 340.

RENAULT carret. Benalmádena 22 ☎ 44 15 24

BENALMÁDENA COSTA Málaga 446 W 16 – ☎ 952 – Playa.

- **Tritón,** av. Antonio Machado 29 ☎ 44 32 40, Telex 77061, ≤, « Gran jardín tropical », climatizada, – AE E VISA. rest
  Com 1 850 – 400 – **196 hab** 4 800/6 800 – P 6 850/8 250.
- **Riviera,** av. Antonio Machado, ⊠ apartado 62, ☎ 44 12 40, ≤, « Terrazas escalonadas hasta la playa », climatizada, – AE E VISA.
  Com 1 250 – 280 – **189 hab** 3 500/5 000 – P 4 860/5 860.
- **Alay,** av. Alay ☎ 44 14 40, Telex 77034, ≤, climatizada, – AE.
  Com 1 175 – 250 – **265 hab** 3 400/5 500 – P 4 875/5 525.
- **Los Patos**, carret. N 340 km 227 ☎ 44 19 90, Telex 77228, ≤, « Gran jardín con climatizada », – rest AE E VISA.
  Com 1 100 – 325 – **270 hab** 2 200/3 600 – P 3 825/4 225.
- **Siroco,** carril del Siroco ☎ 44 30 40, Telex 77135, ≤, « Gran jardín tropical », climatizada, – AE E VISA. rest
  Com 1 130 – 300 – **252 hab** 2 055/3 190 – P 3 765/4 225.
- **Villasol,** av. Antonio Machado ☎ 44 19 96, Telex 77682, ≤, – wc AE VISA.
  cerrado 25 noviembre-17 diciembre – Com 710 – 170 – **76 hab** 2 180/2 820 – P 2 760/3 530.
- **La Roca,** playa de Santa Ana - carret. N 340 km 228 ☎ 44 17 41, ≤, – wc AE E VISA. rest
  Com 750 – 180 – **70 hab** 1 300/2 100 – P 2 300/2 550.
- Chef Alonso, av. Antonio Machado ☎ 44 34 35, ≤ – .
- O.K., San Francisco 2 ☎ 44 36 96, .

BENASAL Castellón de la Plana 445 K 29 – 1 656 h. alt. 821 – ☎ 964 – Balneario.

♦Madrid 498 – Castellón de la Plana 75 – Tortosa 122.

- **Fuente En-Segures**, Balneario Fuente En-Segures S : 2 km ☎ 43 10 00 – wc wc
  junio-septiembre – Com 775 – 185 – **78 hab** 1 235/1 900 – P 2 420/2 705.
- **Los Pinos**, Balneario Fuente En-Segures,S : 2 km ☎ 43 11 04 – wc.
  15 junio-septiembre – Com 515 – 130 – **40 hab** 410/1 320 – P 1 390/1 640.

BENASQUE Huesca 42 ⑲ y 990 ⑧ – 695 h. alt. 1 138 – ☎ 974 – Deportes de invierno en Cerler : 7.

Alred. : S : Valle de Benasque★ – O : Carretera del Coll de Fadas ≤★ por Castejón de Sos – Congosto de Ventamillo★ S : 16 km.

♦Madrid 538 – Huesca 148 – ♦Lérida 148.

- **Aneto**, carret. Anciles 2 ☎ 55 10 11, – wc wc VISA.
  20 junio-septiembre y 20 diciembre-20 abril – Com 600 – 140 – **38 hab** 980/1 650 – P 1 955/2 110.
- **Benasque**, carret. Anciles 3 ☎ 55 10 11, – wc VISA.
  cerrado 10 enero-marzo – Com 550 – 140 – **56 hab** 1 000/1 400 – P 1 750/2 050.
- **El Pilar** sin rest, carret. de Francia ☎ 55 12 63, ≤ – wc AE VISA.
  julio-septiembre y enero-10 abril – 140 – **31 hab** 930/1 520.
- **El Puente** con hab, Can Pedro ☎ 55 12 79, ≤ – E VISA.
  Com carta 770 a 1 850 – 175 – **12 hab** 900/1 800 – P 2 100.

en Cerler SE : 6 km – ⊠ Benasque – ☎ 974 :

- Monte Alba, alt. 1 540 ☎ 55 11 36, ≤ alta montaña, climatizada, –
  temp. – **131 hab**.
- Cerler, ☎ 55 12 61, ≤ alta montaña – wc
  temp. – **107 hab**.

BENAVENTE Zamora 990 ⑭ – 11 584 h. alt. 724 – ☎ 988.

♦Madrid 257 – ♦León 70 – Orense 242 – Palencia 108 – Ponferrada 125 – ♦ Valladolid 99.

- **Parador Nacional Rey Fernando II de León**, ☎ 63 03 00, ≤ – AE E VISA.
  Com 1 100 – 300 – **30 hab** 3 200/4 000.

sigue →

en la carretera N VI – 988 :

Martín, SE : 2 km, ✉ Benavente, ☎ 63 18 50 – wc wc.
Com 740 – 110 – **46 hab** 1 020/2 000 – P 2 440/2 460.

María Auxiliadora, SE : 6 km, ✉ Castrogonzalo, ☎ 66 31 04, ≤ – wc.
cerrado 23 diciembre-26 enero – Com 500 – 125 – **40 hab** 925/1 600.

Benavente con hab, SE : 1,3 km, ✉ Benavente, ☎ 63 02 50 – .
Com carta 625 a 1 650 – 150 – **8 hab** 1 200.

CITROEN carret. de Vigo km 2,8 ☎ 63 01 20
FIAT-SEAT carret. N VI km 261 ☎ 63 16 80
FORD carret. Madrid-La Coruña km 262 ☎ 63 01 95
PEUGEOT carret. de Vigo km 2,8 ☎ 63 01 20
RENAULT av. Federico Silva Muñoz 29 ☎ 63 03 95
TALBOT av. Federico Silva Muñoz ☎ 63 07 37

BENDINAT (Costa de) Baleares 43 ⑲ – ver Baleares (Mallorca).

BENICARLÓ Castellón de la Plana 445 K 31 – 15 626 h. alt. 27 – 964 – Playa.
pl. San Bartolomé 21 B ☎ 47 00 50.
♦Madrid 492 – Castellón de la Plana 69 – Tarragona 116 – Tortosa 55.

Parador Nacional Costa del Azahar, av. del Papa Luna 2 ☎ 47 01 00, « Bonito jardín con y ≤ mar », – . AE E VISA.
Com 1 100 – 300 – **108 hab** 3 600/4 500.

Maryntón, paseo Marítimo 9 ☎ 47 10 61 – rest wc. .
Com *(cerrado viernes)* 700 – 200 – **26 hab** 1 200/2 000.

en la carretera N 340 – ✉ Benicarló – 964 :

Sol sin rest y sin , av. Magallanes 90 ☎ 47 13 49 – wc.
10 julio-agosto – **16 hab** 1 100/1 700.

AUSTIN-MG-MORRIS-MINI César Cotaldo 134 ☎ 47 06 72
CITROEN carret. N 340 ☎ 47 19 50
FORD carret. N 340 km 137 ☎ 47 03 39
RENAULT carret. N 340 km 135 ☎ 47 15 47
SEAT carret. N 340 km 135 ☎ 47 17 08
TALBOT José Antonio 57 ☎ 47 21 95

BENICASIM Castellón de la Plana 445 L 30 – 3 877 h. – 964 – Playa.
Barranco de Farcha, carret. N 340 ☎ 30 02 44 y 30 02 81.
♦Madrid 436 – Castellón de la Plana 14 – Tarragona 165 – ♦Valencia 88.

Orange, Gran Avenida ☎ 30 06 00, Telex 65626, « rodeada de césped con árboles », – rest . AE E VISA. rest
marzo-octubre – Com 1 080 – 260 – **415 hab** 2 100/2 980 – P 3 540/4 150.

Trinimar, av. Ferrándiz Salvador 168 ☎ 30 08 50, ≤, – . rest
Semana Santa y junio-septiembre – Com 850 – 220 – **170 hab** 2 100/3 000 – P 3 130/3 730.

Azor, paseo Marítimo ☎ 30 03 50, Telex 65503, ≤, « Terraza con flores », , , – rest wc . E VISA. rest
marzo-octubre – Com 1 080 – 260 – **88 hab** 2 100/2 980 – P 3 570/4 150.

Voramar, playa ☎ 30 01 50, ≤, « Gran terraza », – wc . rest
Semana Santa-25 septiembre – Com 850 – 275 – **55 hab** 1 550/2 250 – P 2 725/3 150.

Bonaire, paseo Marítimo ☎ 30 08 00, Telex 65503, , « Pequeña pineda », , – wc wc . E VISA. rest
15 marzo-15 octubre – Com 940 – 220 – **78 hab** 1 700/2 550 – P 2 975/3 400.

Vista Alegre, av. de Barcelona ☎ 30 04 00 – rest wc . E VISA. rest
Com 550/850 – 175 – **68 hab** 1 100/1 800 – P 1 900/2 100.

Tramontana sin rest, paseo Marítimo ☎ 30 03 00, – wc . AE E VISA.
Semana Santa y junio-septiembre – 145 – **65 hab** 1 295/1 960.

Bersoca, Gran Avenida ☎ 30 12 58 – wc wc . rest
marzo-octubre – Com 530 – 150 – **40 hab** 1 190/1 500 – P 1 700.

Avenida y Eco-Avenida, av. de Castellón 2 ☎ 30 00 47 – wc . VISA. rest
abril-septiembre – Com 600 – 140 – **60 hab** 1 125 – P 1 600.

Tres Carabelas, av. Ferrándiz Salvador 84 ☎ 30 06 49, ≤, – wc wc . rest
5 marzo-septiembre – Com 550 – 130 – **39 hab** 1 440.

Almadraba, Santo Tomás 137 ☎ 30 10 00 – wc wc . VISA.
Com 600 – 150 – **61 hab** 450/1 200 – P 1 500/1 700.

Bosquemar, Santo Tomás 73 ☎ 30 08 63 – wc. VISA.
cerrado del 10 al 30 octubre – Com (sólo pensión) – 100 – **18 hab** 1 100/2 000 – P 1 900/2 000.

La Strada, av. Castellón ☎ 30 02 12 –
Com (cenas amenizadas con música en verano).

Plaza con hab, Cristóbal Colón 3 ☎ 30 00 72 – wc. E VISA.
cerrado noviembre – Com *(cerrado martes)* 700 – 125 – **7 hab** 1 250.

El Rall, paseo Marítimo ☎ 30 00 27, – . VISA
cerrado octubre – Com carta 950 a 2 100.

CITROEN Santo Tomás 139 ☎ 30 00 03
RENAULT Maestro Cubells 1 ☎ 30 04 49
SEAT av. Castellón ☎ 30 04 95

BENIDORM Alicante 445 Q 29 – 29 673 h. – ☎ 965 – Playa – Plaza de toros.

Ver : Promontorio del Castillo ≤* AZ. **Alred. :** Rincón de Loix ☀** CY.

ℹ av. Martínez Alejos 16 ☎ 85 32 24.

♦Madrid 463 ① – ♦Alicante 45 ③ – ♦Valencia (por la costa) 138 ①.

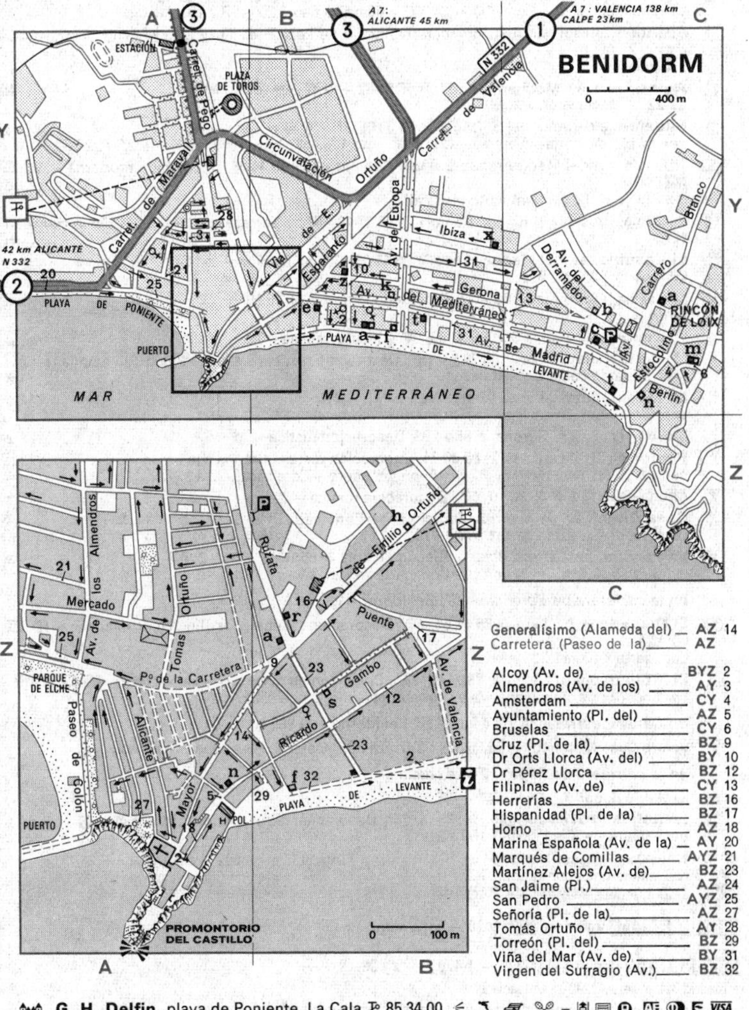

Generalísimo (Alameda del) — AZ 14
Carretera (Paseo de la) — AZ

Alcoy (Av. de) — BYZ 2
Almendros (Av. de los) — AY 3
Amsterdam — CY 4
Ayuntamiento (Pl. del) — AZ 5
Bruselas — CY 6
Cruz (Pl. de la) — BZ 9
Dr Orts Llorca (Av. del) — BY 10
Dr Pérez Llorca — BZ 12
Filipinas (Av. de) — CY 13
Herrerías — BZ 16
Hispanidad (Pl. de la) — BZ 17
Horno — AZ 18
Marina Española (Av. de la) — AY 20
Marqués de Comillas — AYZ 21
Martínez Alejos (Av. de) — BZ 23
San Jaime (Pl.) — AZ 24
San Pedro — AYZ 25
Señoría (Pl. de la) — AZ 27
Tomás Ortuño — AY 28
Torreón (Pl. del) — BZ 29
Viña del Mar (Av. de) — BY 31
Virgen del Sufragio (Av.) — BZ 32

G. H. Delfin, playa de Poniente, La Cala ☎ 85 34 00, ≤, 🏊, 🌳, 🎾 – 🛗 ▤ 🅟. AE ① E VISA. ✗ rest — por ②
26 marzo-septiembre – Com 1 500 – ☕ 350 – **99 hab** 3 300/5 500 – P 5 595/6 145.

Los Dálmatas, Estocolmo 4, Rincón de Loix ☎ 85 22 00, Telex 66301, ≤, 🏊 – 🛗 ▤ 🅟 – 🏛. AE ① E VISA. ✗ — CY **n**
Com 1 400 – ☕ 370 – **270 hab** 3 400/4 800 – P 4 930/5 930.

Cimbel Ⓜ, av. de Europa ☎ 85 21 00, Telex 67556, ≤, 🏊 climatizada – 🛗 ▤ 🚗. AE ① E VISA. ✗ — BY **f**
Com 1 200 – ☕ 300 – **144 hab** 2 500/5 000.

Costablanca Sol, av. de Alcoy ☎ 85 54 50, ≤, 🏊 – 🛗 ▤. AE ① E VISA. ✗ rest — BY **a**
abril-octubre – Com 990 – ☕ 250 – **190 hab** 2 000/3 000 – P 3 300/3 800.

Avenida Sol, Gambo 2 ☎ 85 41 08, Telex 66273, 🏊 – 🛗 ▤ – 🏛. AE ① E VISA. ✗ — BZ **s**
Com 900 – ☕ 250 – **146 hab** 1 450/2 500 – P 3 020/3 220.

sigue →

🏨 **Los Pelicanos,** Gerona ☎ 85 23 50, Telex 66289, ⛱, ⛳, 🎾 – 🛗 📺 ❄ rest 🛁wc ☎. AE ⓓ E VISA. 🚫 — CY **b**
Com 1 000 – ☕ 325 – **476 hab** 1 800/2 800 – P 3 260/3 660.

🏨 **Royal,** vía Emilio Ortuño ☎ 85 35 00, Telex 66572, ⛱ – 🛗 📺 🛁wc ☎ Ⓟ. 🚫 — BZ **h**
cerrado diciembre – Com 700 – ☕ 200 – **88 hab** 1 500/2 200 – P 2 400/2 800.

🏨 Apartotel Girasol, sin rest, Bruselas 7, Rincón de Loix ☎ 85 50 23, ⛱, 🎾 – 🛗 📺 🛁wc ☎ 🚗 — CY **m**
110 hab.

🏨 **Agir** sin rest, av. Mediterráneo 11 ☎ 85 51 62 – 🛗 📺 🛁wc ☎. 🚫 — BY **k**
☕ 225 – **69 hab** 1 900/2 750.

🏨 **Bilbaino,** av. Virgen del Sufragio ☎ 85 08 05, ← – 🛗 📺 🛁wc ☎. 🚫 — BZ **f**
cerrado 18 diciembre-5 marzo – Com 500 – ☕ 120 – **37 hab** 1 900/3 000 – P 2 300/2 700.

XXX Tiffany's, av. del Mediterráneo-Edificio Coblanca 3 ☎ 85 44 68, Decoración moderna – ❄. E VISA. 🚫 — CY **c**
Com (sólo cena, con ambiente musical).

XX Caserola, Bruselas 7, Rincón de Loix ☎ 85 17 19, 🌂, « Terraza con flores », Cocina francesa – Ⓟ — CY **m**

XX **El Vesubio,** av. del Mediterráneo ☎ 85 45 35, Cocina italiana – ❄. AE ⓓ E VISA. 🚫 — BY **t**
Com carta 1 250 a 2 800.

X La Cocina, av. de Alcoy-Edificio Principado Arena ☎ 85 15 29, ←, 🌂 — BY **a**
temp.

X La Trattoria, av. Bilbao 3 ☎ 85 30 85, 🌂, Cocina italiana – ❄ — BY **e**

X Mesón El Hórreo, Ibiza ☎ 85 74 71, 🌂, Decoración rústica, « Mesón típico con amplia terraza precedida de césped y árboles » — BY **x**

X **La Masía,** Ruzafa 3 ☎ 85 02 81 – ❄ — BZ **a**
cerrado lunes y 15 noviembre-6 diciembre – Com carta 610 a 1 600.

X Mesón del Jamón, Gerona ☎ 85 24 93, Decoración rústica – ❄ — BY **z**

X **Pampa Grill,** Ricardo 16 ☎ 85 30 34, Decoración rústica, Carnes a la brasa — AZ **n**
cerrado lunes en invierno y 20 diciembre-20 enero – Com carta 720 a 1 250.

X Aitona, Ruzafa 2 ☎ 85 30 10, 🌂, Decoración rústica – ❄ — BZ **r**

X **Casa Angel,** av. de Madrid - Edificio Torre Principado ☎ 85 93 93, 🌂 – ❄. E VISA — CY **t**
cerrado lunes – Com carta 625 a 1 325.

X **La Parrilla,** av. Carrero Blanco, Rincón de Loix ☎ 85 10 53, 🌂 – E VISA — CY **a**
cerrado 15 diciembre-14 enero – Com carta 745 a 1 300.

en la carretera de Valencia – ✉ Benidorm – ☎ 965 :

XXX **El Cisne,** por ① : 4 km ☎ 85 14 81, 🌂, Decoración rústica, « Jardín con arbolado » – Ⓟ. AE ⓓ VISA
Com carta 1 100 a 2 350.

XX **El Molino,** por ① : 3 km ☎ 85 71 81, 🌂, Colección de botellas de vino – ❄ Ⓟ. AE ⓓ E VISA
cerrado lunes excepto de julio a septiembre – Com carta 950 a 1 790.

en Cala Finestrat por ② : 4 km – ✉ Benidorm – ☎ 965 :

X Vivero Casa Modesto, ☎ 85 86 37, « Terraza con ← mar », Pescados y mariscos – Ⓟ.

en la carretera de Pego – ✉ La Nucia :

XX Kaskade II, por ③ : 4 km, 🌂 – ❄.

XX **Le Relais Provençal,** por ③ : 5 km, 🌂, Decoración rústica, Cocina francesa – Ⓟ
abril-octubre – Com carta 1 150 a 2 350.

CITROEN La Cala Finestrat ☎ 85 07 74
FIAT-SEAT carret. de Circunvalación ☎ 85 12 13
FORD carret. de Valencia km 116,7 ☎ 85 35 62
RENAULT carret. de Circunvalación ☎ 85 13 54
TALBOT carret. de Circunvalación ☎ 85 40 66

BENIPARRELL Valencia 445 N 28 – ver Valencia.

BENISANÓ Valencia 445 N 28 – 1 476 h. – ☎ 96.
♦ Madrid 344 – Teruel 129 – ♦ Valencia 24.

X **Levante,** Virgen del Fundamento 15 ☎ 278 07 21, Paellas – ❄. 🚫
cerrado martes y del 15 al 30 julio – Com carta 715 a 1 210.

BENITEZ Ceuta – ver Ceuta.

BERGA Barcelona 43 ⑦ y 990 ⑲ – 12 978 h. alt. 715 – ☎ 93.
Alred. : Santuario de Queralt ✻★★, O : 4 km.
♦Madrid 627 – ♦Barcelona 117 – ♦Lérida 158.

X **Sala,** paseo de la Paz 27 ☎ 821 11 85 – ❄. E VISA. 🚫
cerrado lunes y 27 junio-29 julio – Com carta 1 075 a 2 000.

CITROEN Fray F. de Berga 3 ☎ 821 03 84
FIAT-SEAT carret. de Manresa ☎ 821 01 21
FORD Lluis Millet ☎ 821 11 54
RENAULT passeig de la Industria 16 ☎ 821 02 75
TALBOT carret. San Fructuoso 36 ☎ 821 00 50

BERGONDO La Coruña 990 ② – 5 123 h. – ☎ 981.
♦ Madrid 582 – ♦ La Coruña 21 – El Ferrol 30 – Lugo 78 – Santiago de Compostela 63.

✕ Panchón, carret. de Betanzos ☎ 79 10 03 – Ⓟ.

BERIAIN Navarra 42 ⑮ – ver Pamplona.

BERMEO Vizcaya 42 ③ y 990 ⑥ – 18 095 h. – ☎ 94 – Playa.
Alred. : Alto de Sollube★ SO : 5 km – Carretera de Guernica ≤★ – Carretera de Bermeo a Baquio ≤★.
♦Madrid 432 – ♦Bilbao 33 – ♦San Sebastián 98.

✕ Pili, en sótano, parque de Ercilla 1 ☎ 688 18 54, Pescados y mariscos – ▤.
✕ Artxanda, Santa Eufemia 14 ☎ 688 09 30 – ▤.
✕ Aguirre, Lopéz de Haro 5 ☎ 688 08 30, Pescados y mariscos – ▤.

RENAULT Chivichiaga 8 ☎ 688 08 25
SEAT barrio Artigas 3 ☎ 688 26 23

BERNÚY o **BERNUI** Lérida 43 ⑥ – ver Llessui.

El BERRÓN Oviedo 990 ④ – ☎ 985.
♦Madrid 444 – ♦Gijón 33 – ♦Oviedo 13 – ♦Santander 192.

Samoa, carret. N 634 ☎ 74 11 50 – |$| ▥ ⇔wc ⩙wc ☎ ⇔ Ⓟ. ⓓ E VISA. ✻
Com *(cerrado miércoles)* 450 – ☕ 200 – **40 hab** 2 050/3 000.

BESALÚ Gerona 43 ⑨ y 990 ⑳ – 2 002 h. – ☎ 972.
ℹ pl. de San Pedro 4 ☎ 59 02 09.
♦Madrid 743 – Figueras 24 – ♦Gerona 34.

✕ La Cúria Reial, pl. de la Llibertat 14 ☎ 59 02 62, Instalado en un antiguo convento.

BETANZOS La Coruña 990 ② – 10 845 h. alt. 24 – ☎ 981.
Ver : Iglesia de Santa María del Azogue★ – Iglesia de San Francisco (sepulcro★).
♦Madrid 576 – ♦La Coruña 23 – Ferrol 38 – Lugo 72 – Santiago de Compostela 64.

Los Angeles, Angeles 11 ☎ 77 15 11 – ▥ ⇔wc ⩙wc. VISA. ✻
Com 710 – ☕ 165 – **36 hab** 1 400/2 100 – P 2 395/2 745.

✕ Casanova, Soportales del Campo 15 ☎ 77 06 03.

AUSTIN-MG-MORRIS-MINI carret. de Castilla 114-116 ☎ 77 23 53
CITROEN av. Fraga Iribarne ☎ 77 24 11
FIAT-SEAT carret. N VI - cuesta de las Angustias 36 ☎ 77 15 52
FORD av. Fraga Iribarne 35-37 ☎ 77 16 58
PEUGEOT av. Fraga Iribarne ☎ 77 24 11
RENAULT carret. de Circunvalación 18 ☎ 77 04 51
TALBOT av. de La Coruña 11 ☎ 77 17 11

BETRÉN Lérida 42 ⑳ – ver Viella.

BIELSA Huesca 42 ⑲ y 990 ⑧ – 510 h. alt. 1 053 – ☎ 974 – ver aduanas p. 14 y 15.
♦Madrid 544 – Huesca 154 – ♦Lérida 170.

Bielsa ♨, ☎ 50 10 08, ≤ – ▥ ⇔wc ⩙wc. ✻ rest
abril-octubre – Com 725 – ☕ 175 – **15 hab** 900/1 550 – P 2 000/2 100.

Valle de Pineta ♨, Baja ☎ 50 10 10, ≤, ⛱ – ▥ ⇔wc ⩙wc ⇔. AE
marzo-octubre – Com 675/750 – ☕ 150 – **20 hab** 1 050/1 780 – P 2 030/2 280.

en el valle de Pineta NO : 14 km – ✉ Bielsa – ☎ 974 :

Parador Nacional Monte Perdido ♨, alt. 1 350 ☎ 50 10 11, ≤, « En un magnífico paisaje de montaña » – |$| ⇔ Ⓟ. AE ⓓ E VISA. ✻
Com 1 100 – ☕ 300 – **16 hab** 3 200/4 000.

BIESCAS Huesca 42 ⑱ y 990 ⑧ – 1 359 h. alt. 860 – ☎ 974.
♦Madrid 458 – Huesca 68 – Jaca 30.

Casa Ruba ♨, Esperanza 18 ☎ 48 50 01 – ▥ ⩙wc. VISA. ✻
Com 550 – ☕ 200 – **33 hab** 1 435/1 960 – P 2 030/2 485.

La Rambla ♨, Rambla San Pedro 7 ☎ 48 51 77, ≤ – ▥ ⇔wc ⩙wc ⇔. ✻
cerrado noviembre – Com 635 – ☕ 150 – **28 hab** 835/1 800 – P 1 970/2 035.

Avec ce guide, utilisez les cartes Michelin :
nº 990 ESPAGNE PORTUGAL Grandes routes à 1/1 000 000,
nºs 42 et 43 ESPAGNE (cartes de détail) à 1/400 000,
nº 37 PORTUGAL à 1/500 000.

BILBAO o **BILBO** P Vizcaya 42 ③ y 990 ⑥ – 431 071 h. (incl. Derio) – ☎ 94 – Plaza de toros.

Ver : Museo de Bellas Artes★ (sección de arte angiguo★) CY **M.**

Alred. : La Reineta ≤★ 16 km por ③.

18 Club de Campo de la Bilbaina – NE : 14 km por carretera a Bermeo ☎ 674 08 58 – 18 de Neguri NO : 17 km ☎ 469 02 00.

✈ de Bilbao, Sondica NO : 11 km ☎ 453 13 50 – Iberia : Ercilla 20, ✉ 9, ☎ 424 43 00 y Aviaco : Buenos Aires 1, ✉ 1, ☎ 424 51 93 – 🚗 Abando ☎ 423 06 17.

⛴ para Canarias : Cía. Aucona, Buenos Aires 2 bajo, ✉ 1, ☎ 442 18 50, Telex 32497 DZ.

ℹ Alameda Mazarredo, ✉ 9, ☎ 424 48 19 – R.A.C.V.N. Bandera Vizcaya 2 ✉ 8, ☎ 443 97 44.

♦Madrid 400 ② – ♦Barcelona 607 ② – ♦La Coruña 629 ③ – ♦Lisboa 897 ① – ♦San Sebastián 99 ② – ♦Santander 110 ③ – Toulouse 432 ② – ♦Valencia 609 ② – ♦Zaragoza 305 ②.

Villa de Bilbao y Rest. Artagan M, Gran Vía de López de Haro 87, ✉ 11, ☎ 441 81 50, Telex 32164 (del H. Aránzazu) – AE Ⓓ E VISA. BY **n**
Com *(cerrado domingo)* 1 500 – ☕ 400 – **142 hab** 5 200/8 400.

G. H. Ercilla y Rest. Bermeo, Ercilla 37, ✉ 11, ☎ 443 88 00, Telex 32449 – AE Ⓓ E VISA. rest CZ **a**
Com *(cerrado sábado mediodía y domingo)* carta 1 625 a 2 825 – ☕ 315 – **350 hab** 4 250/6 200.

Carlton sin rest, pl. F. Moyúa 2, ✉ 9, ☎ 416 22 00, Telex 32233 – AE Ⓓ E VISA CZ **u**
☕ 300 – **146 hab** 3 100/5 320.

Aránzazu, Rodríguez Arias 66, ✉ 13, ☎ 441 31 00, Telex 32164 – BY **e**
Com *(cerrado sábado)* 750/1 000 – ☕ 350 – **171 hab** 3 500/5 200.

Nervión, paseo del Campo de Volantín 11, ✉ 7, ☎ 445 47 00, Telex 31040 – rest – AE Ⓓ E VISA. rest DY **e**
Com *(cerrado domingo)* 600/1 200 – ☕ 250 – **351 hab** 2 300/4 140.

San Mamés piso 1, sin rest, Luis Briñas 15, ✉ 13, ☎ 441 79 00 – wc wc AZ **a**
☕ 150 – **36 hab** 1 400/2 300.

Zabálburu sin rest, Pedro Martínez Artola 8, ✉ 12, ☎ 443 71 00 – wc wc CZ **c**
☕ 180 – **30 hab** 1 600/2 700.

BILBAO
BILBO

Bidebarreta .... DZ 5
Correo .... DZ
Gran Vía de López de Haro .... BCYZ

Amézola (Plaza) .... CZ 2
Arenal (Puente del) .... DZ 3
Begoña (Puente de) .... DYZ 4
Bilbao la Vieja .... DZ 6
Buenos Aires .... DZ 7
Cruz .... DZ 8
Deusto (Puente de) .... BCY 9
Doctor Albiñana .... AZ 10
Echaniz (Plaza de) .... CZ 12
Ejército (Avenida del) .... BY 13
Emilio Campuzano (Plaza) .... CZ 14
Ernesto Ercoreca (Plaza) .... DY 15
España (Plaza de) .... DZ 16
Federico Moyúa (Plaza de) .... CZ 19
Gardoqui .... CZ 20
Huertas de la Villa .... DY 24
Iparraguirre .... CYZ 26
Iturriaga .... AZ 27
Juan de Garay .... CZ 28
Montevideo (Avenida de) .... AZ 29
Múgica y Butrón .... DY 30
Navarra .... DZ 32
Ramón y Cajal (Av. de) .... BCY 34
Rodríguez Arias .... BCYZ 36
San Antón (Puente de) .... DZ 37
San José (Plaza) .... CY 38
San Mamés (Alameda de) .... CZ 39
Santuchu .... AZ 40
Viuda de Epalza .... DZ 42
Zabalbide .... AZ 43
Zabálburu (Plaza de) .... CZ 45
Zumalacárregui (Avenida) .... DY 46

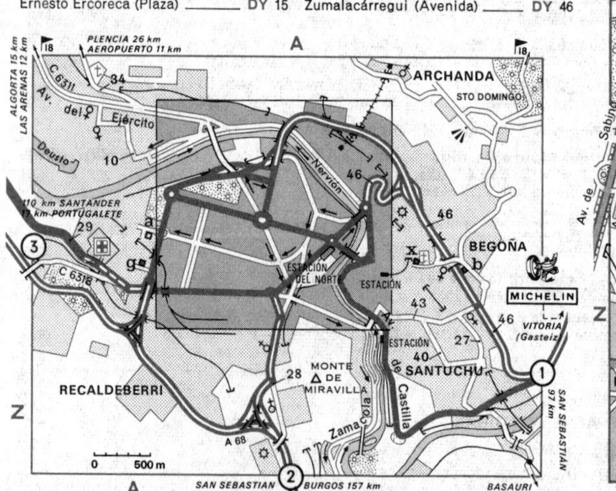

XXXX ❀ **Guria,** Barrencalle Barrena 8, ✉ 5, ☎ 415 04 34, « Decoración rústica » – ▤. AE ⦿ E VISA. ✗ DZ **r**
cerrado domingo – Com carta 2 490 a 3 940
Espec. Bacalao club Ranero, Higado de oca Guría, Medallon de ternera Elixabete.

XXX **Casa Vasca,** av. del Ejército 13, ✉ 14, ☎ 435 47 78, Cenas amenizadas con música – ▤ 🚗. AE ⦿ E VISA. ✗ BY **d**
cerrado domingo noche – Com carta 1 050 a 2 600.

XXX ❀ **Colavidas** piso 1, pl. de España 2, estación del Norte, ✉ 8, ☎ 423 96 08 – ▤. AE ⦿ E VISA. ✗ DZ
cerrado domingo de junio a septiembre – Com carta 1 500 a 2 750
Espec. Merluza Ondarresa, Higado de ganso con salsa de uvas (septiembre-junio), Verduras del tiempo.

XXX **Machinventa,** Ledesma 26, ✉ 1, ☎ 424 84 95 – ▤. AE ⦿ E VISA. ✗ CZ **n**
cerrado domingo – Com carta 1 375 a 2 835.

XXX **Señor,** General Eguia 50, ✉ 13, ☎ 441 21 01 – ▤. AE ⦿ E VISA. ✗ AZ **g**
cerrado domingo noche y del 1 al 17 agosto – Com carta 1 600 a 3 200.

XX ❀ **Iturriaga,** alameda Mazarredo 20, ✉ 9, ☎ 423 83 90 – ▤. ✗ CY **b**
cerrado domingo y agosto – Com carta 2 350 a 4 000
Espec. Ahumados con salsa de anchoas, Merluza a la sidra con manzana, Bizcocho de frutas relleno de pechuguitas de codorniz, tuétano y salsa Basilic.

XX **Victor,** pl. de los Mártires 2, ✉ 5, ☎ 415 16 78 – ▤. AE ⦿ E VISA. ✗ DZ **s**
cerrado domingo y agosto-20 septiembre – Com carta 1 640 a 2 950.

XX **Begoña,** Virgen de Begoña 11, ✉ 6, ☎ 423 92 85 – ▤. AE E VISA. ✗ AZ **x**
cerrado domingo y 15 agosto-15 septiembre – Com carta 1 150 a 2 700.

XX Landa, alameda de Urquijo 48, ✉ 11, ☎ 444 28 99 – ▤ CZ **v**

XX **Edificio Albia** con cafetería, San Vicente, ✉ 1, ☎ 423 68 06, Decoración moderna – ▤. AE ⦿ E VISA. ✗ DY **s**
cerrado domingo excepto mayo – Com carta 1 850 a 3 950.

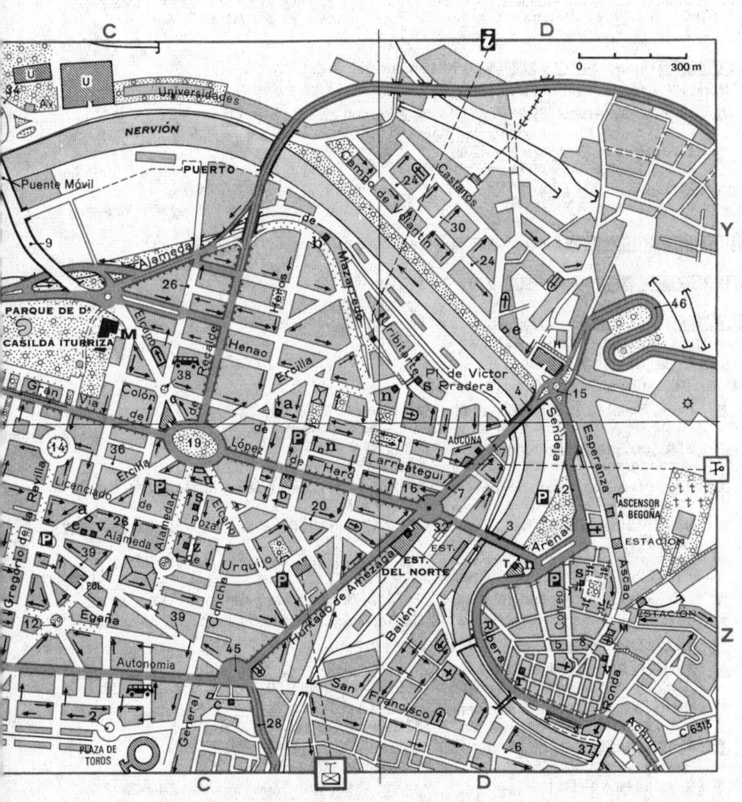

XX Cafet. Jado, Colón de Larreategui 26, ✉ 9, ☎ 423 04 53 – ▤ CY **a**

XX **Albatros,** San Vicente 5, ✉ 1, ☎ 423 69 00 – ▤. AE E VISA. ✻ DY **n**
cerrado domingo y agosto – Com carta 1 450 a 2 550.

X Drugstore, Telesforo Aranzadi 4, ✉ 8, ☎ 443 50 17, Decoración moderna – ▤ CZ **s**

X Arriaga, con cafetería, pl. Arriaga, ✉ 5, ☎ 415 56 01 – ▤ DZ **n**

X Cafet. California, Nicolás Alcorta 3, ✉ 3, ☎ 443 19 46 – ▤. ◑ E VISA. ✻ CZ **c**

X **Lepanto,** pl. Pedro Eguillor 2, ✉ 8, ☎ 415 04 26 – ▤. AE ◑ E VISA. ✻ CZ **z**
cerrado domingo y festivos – Com carta 1 400 a 2 600.

X Urkía, Ronda 31, ✉ 5, ☎ 415 16 07 DZ **v**

X **Gredos,** alameda de Urquijo 50, ✉ 11, ☎ 443 50 01 – ▤. AE ◑ E VISA. ✻ CZ **e**
Com carta 1 175 a 2 240.

X **Julio,** pl. Juan XXIII - 7, ✉ 6, ☎ 424 50 13 – ▤. VISA. ✻ AZ **b**
cerrado martes y julio – Com carta 1 025 a 2 000.

Ver también : ***Algorta*** NO : 15 km
Derio NE : 11 km
Galdácano SE : 8 km
Santurce NO : 18 km.

S.A.F.E. Neumáticos MICHELIN, Sucursal, Polígono Leguizamón - Echevarri, por ① AZ ☎ 440 20 00 y 440 21 11

AUSTIN-MG-MORRIS-MINI María Díaz de Haro 16 ☎ 441 44 24
CITROEN-PEUGEOT José María Escuza 1 ☎ 441 73 00
CITROEN-PEUGEOT Autonomía 53 ☎ 444 30 58
FIAT-SEAT pl. Campuzano 2 ☎ 441 39 50
FIAT-SEAT carret. San Sebastián ☎ 449 40 04
FORD carret. San Sebastián (Basauri) ☎ 440 10 14
MERCEDES-BENZ Puente de Deusto 1 ☎ 435 52 00
MERCEDES av. Castilla 12 - Bolueta ☎ 411 38 11
PEUGEOT-CITROEN Alameda Urquijo 85 ☎ 441 99 00
RENAULT María Díaz de Haro 32 ☎ 441 04 50
RENAULT Juan de Garay 21 ☎ 432 06 03
RENAULT Don Arrospide 20 ☎ 447 31 00
SEAT Fernández del Campo 28 ☎ 431 62 10
SEAT prolongación Marino Archer, Zorroza ☎ 490 46 11
SEAT Arquitecto Ricardo Bastida (Santuchu) ☎ 412 43 32
TALBOT Rodriguez Arias 58 ☎ 441 42 72
TALBOT General Concha 33 ☎ 432 59 21
TALBOT av. San Adrían ☎ 443 07 12

BINÉFAR Huesca 43 ④ y 990 ⑱ – 7 343 h. alt. 286 – ☎ 974.

♦Madrid 488 – ♦Barcelona 214 – Huesca 81 – ♦Lérida 39.

La Paz, av. Aragón 30 ☎ 42 86 00 – |♦| ▥ ▤ rest ⇔wc ⋒wc. VISA
Com *(cerrado domingo)* 650 – ☕ 150 – **69 hab** 1 000/1 900 – P 2 245/2 345.

Cantábrico, Zaragoza 1 ☎ 42 86 50 – |♦| ▥ ⋒wc. ✻
Com 615 – ☕ 130 – **30 hab** 875/1 500 – P 1 975/2 100.

CITROEN Zaragoza 58 ☎ 42 84 60
RENAULT av. Aragón 38 ☎ 42 88 00
SEAT carret. Lérida 93 ☎ 42 82 50
TALBOT carret. Almacellas 134 ☎ 42 94 69

BINIBECA (Playa de) Baleares 43 ⑳ – ver Baleares (Menorca) : San Luis.

BLANCA (Sierra) Málaga 446 W 15 – ver Ojén.

BLANES Gerona 43 ⑲ y 990 ⑳ – 18 443 h. – ☎ 972 – Playa.

Ver : Jardín botánico Marimurtra★ (≤★★).

ℹ passeig de Dintre 29 ☎ 33 03 48.

♦Madrid 691 – ♦Barcelona 61 – Gerona 43.

Ruiz, Raval 45 ☎ 33 03 00 – |♦| ▥ ⇔wc ⋒wc ☏. AE E VISA. ✻ rest
27 mayo-septiembre – Com 650 – ☕ 210 – **59 hab** 1 050/1 900.

S'Arjau, paseo Maestranza 89 ☎ 33 03 21 – |♦| ▥ ⇔wc. ✻
abril-octubre – Com 650 – ☕ 155 – **49 hab** 900/1 375 – P 1 975/2 190.

X **Port Blau,** explanada del puerto 18 ☎ 33 05 14, ≤, Decoración moderna – ▤. ✻
cerrado lunes – Com carta 1 000 a 2 000.

X **Casa Patacano** con hab, paseo del Mar 12 ☎ 33 00 02, Pescados y mariscos – |♦| ▥ ⋒wc. ◑ E VISA
cerrado 15 noviembre-3 diciembre y del 3 al 17 enero – Com *(cerrado lunes en invierno)* carta 725 a 1 275 – ☕ 180 – **6 hab** 2 000 – P 2 200.

X Can Flores II, explanada del puerto 3 ☎ 33 16 33, Pescados y mariscos – ▤.

X Unic Parrilla, Puerta Nueva 7 ☎ 33 00 06, Decoración rústica, Pescados y mariscos.

en la playa de Sabanell – ✉ Blanes – ☎ 972 :

Park H. Blanes, ☎ 33 02 50, ≤, « Agradable pinar », ⛱, ✂ – |♦| ▤ rest Ⓟ. ✻ rest
20 mayo-25 septiembre – Com 925 – ☕ 275 – **131 hab** 3 000/4 750 – P 3 750/4 000.

Horitzó, paseo Marítimo Sabanell 11 ☎ 33 04 00, ≤ – |♦| ▥ ⇔wc ⋒wc ☏. ✻
abril-octubre – Com 800 – ☕ 250 – **122 hab** 1 400/2 800 – P 2 700.

Stella Maris, Villa de Madrid 18 ☎ 33 00 92 – ▤ rest ⇔wc ⋒wc
abril-octubre – Com 500 – ☕ 225 – **44 hab** 950/1 800 – P 1 850/1 900.

CITROEN Padre Puig ☎ 33 21 13
RENAULT carret. de Lloret 204 ☎ 33 18 88

BOADILLA DEL MONTE Madrid 990 ㊴ – 2 823 h. – ✆ 91.
♦ Madrid 13.

✗✗ La Cañada, carret. de Madrid E : 1,5 km ☎ 633 12 83, ≤, 🌳, ✿ – ▤ Ⓟ. VISA. ✂
cerrado domingo noche y lunes.

BOHI o **BOÍ** Lérida 43 ⑤ 42 ⑳ – alt. 1 250 – ✉ Pont de Suert – ✆ 973 – Balneario en Caldes de Boí.
Alred. : E : Parque Nacional de Aigües Tortes★★ – Taü (iglesia Sant Climent★ : torre★) SE : 2 km.
♦Madrid 575 – ♦Lérida 143 – Viella 56.

Fondevila ♨, Unica ☎ 69 60 11, ≤ – ▥ ⇔wc ⌂wc Ⓟ. ✂
marzo-octubre – Com 700 – ☕ 200 – **45 hab** 1 000/1 600 – P 2 100/2 200.

en Caldes de Boí N : 5 km – alt. 1 470 – ✉ Pont de Suert – ✆ 973 :

Manantial ♨, ☎ 69 01 91, ≤, « Magnífico parque », ⛱ de agua termal, ▣, 🌳, ✿ – ⇕ 🚗 Ⓟ. ✂ rest
24 junio-septiembre – Com 1 350 – ☕ 290 – **119 hab** 2 700/5 000 – P 5 040/5 240.

Caldas ♨, ☎ 69 04 49, « Magnífico parque », ⛱ de agua termal, ▣, 🌳, ✿ – ⌂wc 🚗 Ⓟ. ✂ rest
24 junio-septiembre – Com 900 – ☕ 190 – **102 hab** 1 100/1 900 – P 2 640/2 790.

Los BOLICHES Málaga 446 W 16 – ver Fuengirola.

BOLTAÑA Huesca 42 ⑱⑲ y 990 ⑧ – 1 000 h. alt. 643 – ✆ 974.
♦Madrid 517 – Huesca 127 – ♦Lérida 143 – ♦Pamplona 197.

Boltaña H. ♨, av. de Ordesa ☎ 50 20 00 – ▥ ⇔wc ⌂ Ⓟ. E VISA. ✂ rest
Com 575 – ☕ 115 – **50 hab** 1 000/1 700 – P 1 825/1 975.

La BONANOVA Baleares – ver Baleares (Mallorca) : Palma de Mallorca.

BOO DE GUARNIZO Cantabria – ✆ 942.
♦Madrid 398 – ♦Santander 17.

Los Angeles, carret. N 634 ☎ 54 04 19 – ⇕ ▥ ⇔wc ⌂wc Ⓟ. ✂
Com 600 – ☕ 150 – **41 hab** 1 100/2 000 – P 2 100/2 200.

Les BORDES o **Las BORDAS** Lérida 42 ⑳ – 163 h. – ✆ 973.
♦Madrid 641 – ♦Lérida 172 – Viella 9.

✗ D'Es Bordes, Real ☎ 64 09 39.

BORJAS BLANCAS o **BORGES BLANQUES** Lérida 43 ⑮ y 990 ⑲ – 5 045 h. alt. 304 – ✆ 973.
♦Madrid 486 – ♦Barcelona 150 – ♦Lérida 24 – Tarragona 72.

en la carretera de Tarragona SE : 1 km – ✉ Borges Blanques – ✆ 973 :

✗ **Masía Les Garrigues,** ☎ 14 01 62, Carnes a la brasa – ▤ Ⓟ. VISA. ✂
Com carta 875 a 1 250.

AUSTIN-MG-MORRIS-MINI carret. Lérida ☎ 14 00 86
CITROEN carret. Tarragona ☎ 14 03 62
RENAULT carret. Tarragona km 68,2 ☎ 14 02 32
SEAT carret. Lérida km 70,3 ☎ 14 07 62
TALBOT carret. Lérida 57 ☎ 14 02 00

BORNOS Cádiz 446 V 12 – 7 606 h. – ✆ 925.
♦Madrid 580 – Algeciras 87 – Antequera 130 – ♦Cádiz 77 – ♦Córdoba 182 – ♦Sevilla 85.

Don Per Afán ♨, av. San Jerónimo ☎ 71 20 29, ≤ – ⇔wc ⌂wc Ⓟ
20 hab.

BOSOST o **BOSSOST** Lérida 42 ⑩ y 990 ⑨ – 697 h. alt. 710 – ✆ 973 – ver aduanas p. 14 y 15.
♦Madrid 611 – ♦Lérida 179 – Viella 16.

Garona, Eduardo Aunós 1 ☎ 64 82 46, ≤ – ▥ ⇔wc. ✂
cerrado 11 enero-febrero – Com 700 – ☕ 175 – **22 hab** 1 800 – P 2 100.

Hostería Catalana ♨, Piedad 34 ☎ 64 82 00 – ▥ ⇔wc ☎ 🚗 Ⓟ. E
Com 600/725 – ☕ 150 – **33 hab** 1 350 – P 1 825.

Questa guida non è un repertorio di tutti gli alberghi e ristoranti,
né comprende tutti i buoni alberghi e ristoranti di Spagna e Portogallo.
Nell'intento di tornare utili a tutti i turisti, siamo indotti ad indicare esercizi
di tutte le classi ed a citarne soltanto un certo numero di ognuna.

El BOSQUE Cádiz 446 V 13 – 2 041 h. alt. 287.
♦Madrid 586 – ♦Cádiz 96 – Ronda 52 – ♦Sevilla 102.

XX **Las Truchas** con hab, av. Diputación 1 ☎ 61, ←, – ▤ wc ☎ P.
cerrado 5 noviembre-5 diciembre – Com 800 – 165 – **11 hab** 2 100/3 000 – P 2 665/2 845.

BOSQUES DEL PRIORATO (urbanización) Tarragona – ver Bañeras.

BRIÑAS La Rioja 42 ⑬ – 245 h. alt. 941.
♦Madrid 339 – ♦Burgos 96 – ♦Logroño 53 – ♦Vitoria 39.

Portal de la Rioja, carret. N 232 ☎ 31 14 80, ←, – wc wc P. E VISA.
Com 475 – 100 – **30 hab** 750/1 500 – P 1 625.

BRIVIESCA Burgos 42 ⑫ y 990 ⑤ ⑥ – 4 600 h. alt. 725 – 947.
Ver : Iglesia de Santa Clara★ (retablo★).
♦Madrid 285 – ♦Burgos 42 – ♦Vitoria 78.

El Vallés, carret. N I ☎ 59 00 25, – wc wc ☎ P. rest
cerrado 23 diciembre-23 enero – Com *(cerrado miércoles)* 990 – 200 – **22 hab** 1 350/2 235 – P 2 965/3 170.

X La Tere, carret. N I ☎ 59 08 22 –
cerrado martes y 23 enero-10 marzo.

CITROEN-PEUGEOT av. Reyes Católicos 22 ☎ 59 07 94
SEAT pl. del Ventorro 10 ☎ 59 01 60

BRONCHALES Teruel 445 K 25 – 504 h. – 974.
♦Madrid 261 – Teruel 55 – ♦Zaragoza 184.

Suiza, Fombuena 8 ☎ 71 41 31 – .
cerrado del 15 al 30 octubre – Com 555 – **32 hab**.

BROTO Huesca 42 ⑱ y 990 ⑧ – 593 h. alt. 905 – 593.
♦ Madrid 484 – Huesca 94 – Jaca 56.

Latre sin rest, av. Ordesa 23 ☎ 48 60 53, ← – wc wc P.
165 – **22 hab** 1 100/1 800.

El BRUCH o **El BRUC** Barcelona 43 ⑰ – 619 h. alt. 452 – 93.
♦Madrid 582 – ♦Barcelona 49 – ♦Lérida 113 – Manresa 21.

en la carretera N II O : 2 km – ✉ El Bruch – 93 :

Bruc, ☎ 771 00 61, ← – wc ☎ P. E VISA
Com 850 – 215 – **57 hab** 1 500/2 800 – P 2 700/3 000.

BRUNETE Madrid 990 ⑮ y ㊴ – 1 040 h. – 91.
♦ Madrid 32 – ♦Ávila 92 – Talavera de la Reina 99.

en la carretera C 501 SE : 2 km – ✉ Brunete – 91 :

X El Vivero, ☎ 815 62 61 – ▤ P. VISA.
cerrado jueves.

BUBIÓN Granada – 701 h. – 958.
♦ Madrid 504 – Almería 151 – ♦ Granada 75.

X **Teide,** ☎ 76 30 37, , Decoración típica – P.
Com carta 575 a 1 110.

BUENDÍA Cuenca 445 K 21 – 515 h.
♦Madrid 129 – Cuenca 83 – Guadalajara 73.

Buendía , carret. de Sacedón ☎ 57 – wc wc P
18 hab.

BUJARALOZ Zaragoza 43 ⑬ y 990 ⑱ – 1 195 h. alt. 245 – 976.
♦Madrid 394 – ♦Lérida 83 – ♦Zaragoza 75.

Los Monegros, carret. N II ☎ 17 30 21 – ▤ rest P.
Com 800/1 200 – 80 – **18 hab** 700/1 200 – P 1 800/2 000.

X **Español,** carret. N II ☎ 17 30 43 – ▤ P. AE E VISA.
Com carta 585 a 1 300.

FORD carret. N II km 390 ☎ 17 30 66
SEAT carret. N II km 390 ☎ 17 30 45

BUNYOLA Baleares 43 ⑲ – ver Baleares (Mallorca).

BURELA Lugo 990 ③ – ☎ 982.

♦Madrid 612 – ♦La Coruña 157 – Lugo 108.

Canabal , Pascual Veiga 19 ☎ 58 02 60 – wc . VISA.
Com 500/700 – 100 – **36 hab** 1 200/1 800 – P 1 900/2 200.

CITROEN carret. Vivero-Ribadeo ☎ 58 02 30 SEAT Areoura - carret. Vivero-Ribadeo ☎ 58 07 00

El BURGO DE OSMA Soria 990 ⑯ – 5 179 h. alt. 895 – ☎ 975 – Plaza de toros.

Ver : Catedral★ (sepulcro de San Pedro de Osma★, museo : documentos antiguos y códices miniados★).

♦Madrid 183 – Aranda de Duero 56 – Soria 56.

Virrey Palafox, Travesía de Acosta 1 ☎ 34 02 22 – wc.
cerrado domingo noche y 20 diciembre-13 enero – Com 725 – 120 – **20 hab** 625/1 300 – P 1 800.

La Perdiz, Universidad 33 ☎ 34 03 09 – wc
18 hab.

CITROEN-PEUGEOT Universidad 41 ☎ 34 02 61
FORD Acosta 40 ☎ 34 02 01
SEAT Universidad 104 ☎ 34 08 13
TALBOT Universidad 48 ☎ 34 01 53

BURGOS P 42 ⑪⑫ y 990 ⑤ – 134 682 h. alt. 856 – ☎ 947 – Plaza de toros : por ②.

Ver : Catedral★★★ (crucero, coro y capilla mayor★★, capilla del Condestable★★, girola★, Capilla de Santa Ana★) AY – **Arco de Santa María★** AY **B** – **Museo Arqueológico★ (sepulcro★ del Infante Juan de Padilla, arqueta hispano-árabe★, frontal★)** BY **M1** – **Iglesia de San Nicolás (retablo★)** AY **A.**

Alred. : Monasterio de las Huelgas Reales★ (museo de Ricas Telas★) O : 1,5 km AY – **Cartuja de Miraflores★ (conjunto escultórico★, sillería★) E : 4 km** BY.

pl. Alonso Martínez 7 ☎ 20 31 25 y La Catedral, pl. de Santa María 8 – R.A.C.E. San Juan 6 ☎ 20 91 19.

♦Madrid 243 ① – ♦Bilbao 157 ① – ♦Santander 156 ① – ♦Valladolid 121 ③ – ♦Vitoria 112 ①.

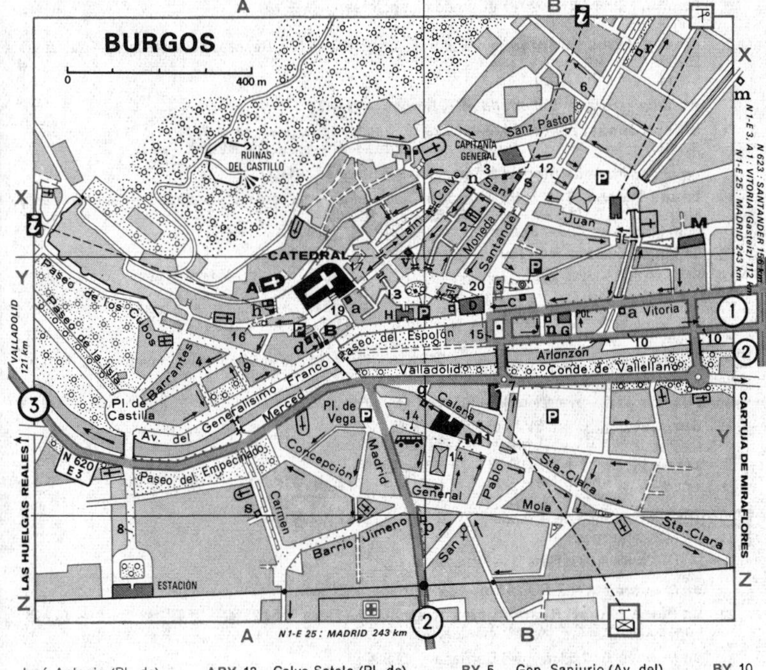

José Antonio (Pl. de) ABY 13
Santo Domingo (Pl. de) BY 20
Vitoria BY

Almirante Bonifaz BX 2
Alonso Martínez (Pl. de) BX 3
Aparicio y Ruiz AY 4

Calvo Sotelo (Pl. de) BY 5
Cid Campeador (Av. del) BX 6
Conde de Castro (Pl. del) BY 7
Conde de Guadalhorce (Av. del) AZ 8
Eduardo Martínez del Campo AY 9

Gen. Sanjurjo (Av. del) BY 10
Gen. Santocildes (Pl. del) BX 12
Miranda ABY 14
Miguel Primo de Rivera (Pl.) BY 15
Nuño Rasura AY 16
Paloma AY 17
Rey San Fernando (Pl. del) AY 19

Condestable, Vitoria 8 ☎ 20 06 44 – |$| ▤ rest 🚗 – 🚶. AE ① E VISA. ✻ — BY n
Com 1 000 – ☕ 225 – **78 hab** 2 300/4 200 – P 4 000/4 200.

Almirante Bonifaz sin rest, con cafetería, Vitoria 22 ☎ 20 69 43, Telex 39430 – |$| – 🚶. AE ① E VISA. ✻ — BY a
☕ 230 – **79 hab** 2 475/4 500.

Fernán González, Calera 17 ☎ 20 94 41 – |$| ▤ rest 🚗. ✻ — AY g
Com 800/1 000 – ☕ 225 – **75 hab** 1 880/3 150 – P 3 335/3 605.

Corona de Castilla, Madrid 20 ☎ 23 82 12 – |$| ▥ ▤ rest ⌂wc ☎ 🚗. AE VISA. ✻ — ABZ p
Com 1 000 – ☕ 225 – **52 hab** 1 885/3 145 – P 3 480/3 765.

Mesón del Cid, plazuela Felipe de Abajo ☎ 20 59 71, ≤ – |$| ▥ ⌂wc ☎ — AY h
30 hab.

Rice sin rest, av. de los Reyes Católicos 30 ☎ 22 23 00 – |$| ▥ ⌂wc ☎. AE E VISA — BX m
☕ 220 – **50 hab** 2 200/2 750.

España, paseo del Espolón 32 ☎ 20 63 40 – |$| ▥ ⌂wc ⌂wc ☎. ✻ rest — BY x
cerrado 16 diciembre-14 enero – Com 850 – ☕ 175 – **66 hab** 1 900/2 975 – P 2 890/3 300.

Norte y Londres sin rest, pl. de Alonso Martínez 10 ☎ 20 05 45 – |$| ▥ ⌂wc ⌂ ☎. VISA — BX n
☕ 125 – **57 hab** 1 100/2 200.

Asubio piso 4, sin rest, Carmen 6 ☎ 20 34 45 – |$| ▥ ⌂wc ⌂wc ☎. VISA. ✻ — AY s
☕ 200 – **30 hab** 2 800.

Rodrigo sin rest, av. del Cid 42 ☎ 22 51 00 – |$| ▥ ⌂wc ⌂wc ☎. AE ① E VISA. ✻ — BX r
cerrado 24 diciembre-9 enero – ☕ 125 – **64 hab** 1 750/2 185.

XXX **Los Chapiteles,** General Santocildes 7 ☎ 20 59 98 – ▤. AE ① E VISA. ✻ — BX s
cerrado domingo – Com carta 1 280 a 2 185.

XXX **Casa Ojeda,** Vitoria 5 ☎ 20 64 40, Decoración castellana – ▤. AE ① E VISA. ✻ — BY c
cerrado domingo en verano y lunes el resto del año – Com carta 1 180 a 2 275.

XX Arriaga, Laín Calvo 4 ☎ 20 20 21 – ▤ — AX v

X **Mesón del Cid,** pl. Santa María 8 ☎ 20 59 71, Decoración castellana-casa del siglo XV – AE ① E VISA. ✻ — AY h
cerrado domingo noche – Com 1 350/1 450.

X **Gaona,** Paloma 41 ☎ 20 61 91, Patio con plantas – ① E VISA — AY a
Com carta 1 150 a 1 750.

X **Mesón de los Infantes,** av. Generalísimo 2 ☎ 20 59 82, Decoración castellana – ▤. AE ① E VISA — AY d
Com carta 1 175 a 2 050.

en la carretera de Valladolid – ✉ Burgos – ✪ 947 :

X **Mesón Jesús,** por ② : 3 km ☎ 20 29 78, Decoración castellana – ✻
cerrado miércoles y 20 octubre-20 noviembre – Com carta 1 200 a 2 350.

en la carretera de Madrid N I por ① – ✉ Burgos – ✪ 947 :

Landa Palace, S : 3,5 km ☎ 20 63 43, « Hotel de gran turismo instalado con originalidad y elegancia », ⛱, ⛱, 🌳 – |$| ▤ Ⓟ. AE ① E VISA. ✻ rest
Com 2 300 – ☕ 400 – **39 hab** 4 600/7 000 – P 7 500/9 500.

La Varga, S : 5 km ☎ 20 16 40 – ▥ ⌂wc ☎ Ⓟ – **12 hab**.

AUSTIN-MG-MORRIS-MINI carret. de Logroño 5 ☎ 22 35 44
CITROEN-PEUGEOT carret. N I km 234 ☎ 20 05 42
FIAT-SEAT Vitoria 113 ☎ 22 49 00
FORD carret. N I km 234 ☎ 20 84 43
RENAULT Alcalde Martín Cobos ☎ 22 41 00
SEAT carret. Madrid 10 ☎ 20 08 43
TALBOT carret. N I km 247 ☎ 22 41 51

BURGUETE Navarra 42 ⑥ y 990 ⑦ – 345 h. alt. 960 – ✪ 948 – Deportes de invierno : ⛷ 1.

ℹ San Rafael 3 ☎ 51 15 40.

♦Madrid 439 – Jaca 120 – ♦Pamplona 44 – St-Jean-Pied-de-Port 32.

Burguete 🐚, Unica 51 ☎ 76 00 05 – ▥ Ⓟ. ✻
Com 700 – ☕ 100 – **21 hab** 600/1 200 – P 1 800.

Loizu 🐚, Unica 3 ☎ 76 00 08 – ▥ ⌂wc Ⓟ. ✻
15 marzo-15 noviembre – Com 700 – ☕ 115 – **22 hab** 700/1 200 – P 1 885/1 950.

BURRIANA Castellón de la Plana 445 M 29 – 23 846 h. – ✪ 964.

ℹ José Iturbi 33 ☎ 51 15 40.

♦Madrid 410 – Castellón de la Plana 11 – ♦Valencia 62.

en la autopista A 7 SO : 4 km – ✉ Burriana – ✪ 964 :

La Plana y Rest. Resmar, área de servicio La Plana ☎ 51 25 50 – |$| ▥ ▤ ⌂wc ☎ Ⓟ. ✻
Com 660 – ☕ 200 – **56 hab** 2 200/3 300.

en la playa E : 2,5 km – ✉ Burriana – ✪ 964 :

Aloha 🐚, ☎ 51 01 04, ⛱ – |$| ▥ ⌂wc ⌂wc ☎ Ⓟ. ✻ rest
marzo-septiembre – Com 700 – ☕ 155 – **30 hab** 1 470/2 120 – P 2 580/2 790.

AUSTIN-MG-MORRIS-MINI Maestro-Bonet 9 ☎ 51 16 75
CITROEN Menéndez y Pelayo 37 ☎ 51 17 93
RENAULT carret. de Nules ☎ 51 07 29
SEAT pl. Cardenal Primado 6 ☎ 51 14 15
TALBOT carret. del Puerto 15 ☎ 51 05 85

CABAÑAS La Coruña – ver Puentedeume.

CABEZÓN DE LA SAL Cantabria 990 ⑤ – 5 399 h. – 942.
Botín ☎ 70 03 32.
♦Madrid 401 – ♦Burgos 158 – ♦Oviedo 161 – Palencia 191 – ♦Santander 44.

Conde de Lara, carret. N 634 - barrio La Losa ☎ 70 03 12 – wc ☎ P. AE VISA.
cerrado octubre – Com *(cerrado domingo)* 660 – 180 – **22 hab** 960/1 800 – P 2 380/2 440.

Fonda Atanasio, La Estación ☎ 70 03 20 –
23 hab.

en la carretera de Cabuérniga S : 2,5 km – ✉ Cabezón de la Sal – 942 :

Venta de los Foramontanos, ☎ 70 04 05, « Instalado en una antigua casa de campo montañesa » – P. VISA.
cerrado lunes y octubre excepto finales de semana – Com carta 780 a 1 620.

CABO – ver a continuación y el nombre proprio del cabo.

CABO ROIG (Urbanización) Alicante 445 S 27 – ver Torrevieja.

CABRA Córdoba 446 T 16 – 20 140 h. alt. 350 – 957 – Plaza de toros.
♦Madrid 432 – Antequera 66 – ♦Córdoba 75 – Granada 113 – Jaén 99.

Pallarés sin rest y sin , Alcalá Galiano 2 ☎ 52 07 25 – wc.
24 hab 810/1 100.

CITROEN av. Pedro Iglesias Caballero 4 ☎ 52 06 59
SEAT av. de Andalucía ☎ 52 02 62
TALBOT Poeta Lucano 19 ☎ 52 04 14

La CABRERA Madrid 990 ⑮ y ⑳ – 668 h. alt. 1 038 – 91.
♦Madrid 56 – ♦Burgos 191.

Mavi, carret. N I ☎ 868 80 00, – wc wc ☎ P. VISA. rest
Com 800 – 180 – **43 hab** 890/1 620 – P 2 160/2 315.

CITROEN carret. N I km 56,4 ☎ 868 80 50

CABRERA DE MAR Barcelona 43 ⑱ – 1 567 h. alt. 125 – 93.
♦Madrid 651 – ♦Barcelona 25 – Mataró 8.

Santa Marta, ☎ 759 01 98, ← – P.

CABRILS Barcelona 43 ⑱ – 1 105 h. alt. 93.
♦Madrid 650 – ♦Barcelona 24 – Mataró 7.

Cabrils, Emilia Carles 31 ☎ 759 36 98 –
Com 450 – 125 – **19 hab** 800/1 300 – P 1 480/1 600.

Hostal de la Plaça, pl. de la Iglesia ☎ 759 28 96.

Cal Gras, Barriada Llobareta 30 N : 1 km ☎ 759 29 49, Decoración típica catalana – P.
cerrado jueves, domingo, festivos noche y 13 septiembre-13 octubre – Com carta 700 a 1 600.

CACABELOS León 990 ③ – 4 128 h. – 987.
♦Madrid 393 – Lugo 108 – Ponferrada 14.

Casa Gato, av. de Galicia 7 ☎ 54 64 08.

CÁCERES P 990 ㉓ – 58 844 h. alt. 439 – 927 – Plaza de toros.
Ver : Cáceres Viejo** A **(plaza de Santa María*, Palacio de los Golfines de Abajo* V).**
Alred. : Virgen de la Montaña ←* E : 3 km C.
pl. del General Mola 33 ☎ 21 21 17 – R.A.C.E. Gómez Becerra 32 ☎ 24 20 86.
♦Madrid 301 ① – ♦Coimbra 292 ③ – ♦Córdoba 314 ② – ♦Salamanca 214 ③ – ♦Sevilla 271 ②.

Plano página siguiente

Extremadura, av. Virgen de Guadalupe ☎ 22 16 00, , , – wc ☎ . AE E VISA B **v**
Com 980 – 215 – **68 hab** 2 100/3 325 – P 3 520/3 950.

Alcántara sin rest, con cafetería, av. Virgen de Guadalupe 14 ☎ 22 89 00 – wc wc ☎. AE E VISA B **a**
210 – **67 hab** 1 990/3 225.

Ara sin rest, Juan XXIII-3 ☎ 22 39 58 – wc ☎ B **s**
125 – **62 hab** 1 350/2 075.

Alvaréz, Moret 20 ☎ 21 49 56 – rest wc wc ☎. AE E VISA. rest A **a**
Com 625 – 165 – **37 hab** 1 300/2 365 – P 2 385/2 500.

Hernán Cortés sin rest y sin , Travesía Cortés 6 ☎ 24 34 88 – wc. VISA. B **r**
18 hab 975/1 600.

sigue →

CÁCERES

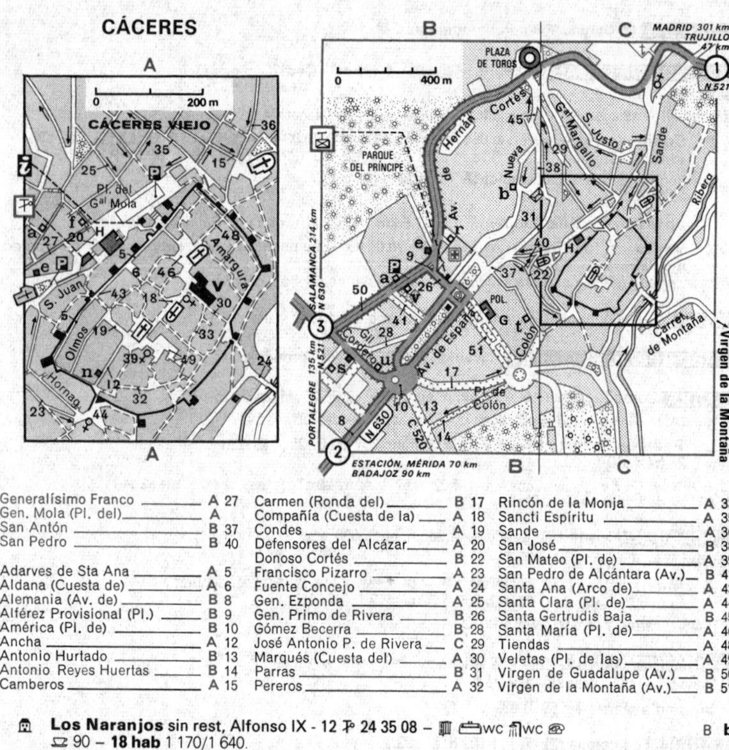

Generalísimo Franco ____ A 27
Gen. Mola (Pl. del) ____ A
San Antón ____ B 37
San Pedro ____ B 40

Adarves de Sta Ana ____ A 5
Aldana (Cuesta de) ____ A 6
Alemania (Av. de) ____ B 8
Alférez Provisional (Pl.) ____ B 9
América (Pl. de) ____ B 10
Ancha ____ A 12
Antonio Hurtado ____ B 13
Antonio Reyes Huertas ____ B 14
Camberos ____ A 15
Carmen (Ronda del) ____ B 17
Compañía (Cuesta de la) ____ A 18
Condes ____ A 19
Defensores del Alcázar ____ A 20
Donoso Cortés ____ B 22
Francisco Pizarro ____ A 23
Fuente Concejo ____ A 24
Gen. Ezponda ____ A 25
Gen. Primo de Rivera ____ B 26
Gómez Becerra ____ B 28
José Antonio P. de Rivera ____ C 29
Marqués (Cuesta del) ____ A 30
Parras ____ B 31
Pereros ____ A 32
Rincón de la Monja ____ A 33
Sancti Espíritu ____ A 35
Sande ____ A 36
San José ____ B 38
San Mateo (Pl. de) ____ A 39
San Pedro de Alcántara (Av.) ____ B 41
Santa Ana (Arco de) ____ A 43
Santa Clara (Pl. de) ____ A 44
Santa Gertrudis Baja ____ B 45
Santa María (Pl. de) ____ A 46
Tiendas ____ A 48
Veletas (Pl. de las) ____ A 49
Virgen de Guadalupe (Av.) ____ B 50
Virgen de la Montaña (Av.) ____ B 51

Los Naranjos sin rest, Alfonso IX - 12 ☎ 24 35 08 – wc wc ☎ — B b
☐ 90 – **18 hab** 1 170/1 640.

Almonte, sin rest, Gil Cordero 6 ☎ 24 09 25 – wc — B u
90 hab.

La Princesa piso 1, sin rest, Camino Llano 34 ☎ 22 70 00 – wc wc ☎. — B t
☐ 100 – **27 hab** 700/1 400.

Iberia, Generalísimo Franco 2 ☎ 21 24 80 – wc ☎. — A f
Com 695 – ☐ 165 – **41 hab** 930/2 150 – P 2 810/4 770.

XXX **Hostería Nacional Comendador,** Ancha 6 ☎ 21 30 12, « Decoración elegante » – AE E VISA — A n
Com 1 100.

X Delfos, pl. de Albatros ☎ 22 50 26 – — B e

X **El Figón de Eustaquio,** pl. San Juan 12 ☎ 21 31 47, Decoración rústica – E VISA — A e
Com carta 810 a 1 650.

X El Montero, Gil Cordero 11 ☎ 22 10 23 – — B s

en el Santuario de la Virgen de la Montaña E : 4 km – ✉ Cáceres – 927 :

X La Montaña, ☎ 22 81 50, ≤ – .

en la carretera de Salamanca N 630 por ③ : 5 km – ✉ Cáceres – 927 :

XX **Álvarez,** ☎ 22 34 50, ≤, – P. E VISA.
Com carta 1 030 a 1 865.

S.A.F.E. Neumáticos MICHELIN, Sucursal, carretera N 630 (km 215) por ② ☎ 22 55 70 y 22 55 71

CITROEN-PEUGEOT carret. Badajoz ☎ 22 08 75
FORD carret. de Mérida km 215 ☎ 22 20 57
MERCEDES-BENZ carret. Badajoz ☎ 22 90 60
RENAULT carret. Badajoz ☎ 22 52 00
SEAT-FIAT Gómez Becerra 18 ☎ 22 02 50
TALBOT carret. de Mérida km 215 ☎ 22 12 00

CADAQUÉS Gerona 43 ⑩ y 990 ⑳ – 1 519 h. – 972 – Playa.

Cotxe 2A ☎ 25 83 15.

♦Madrid 776 – Figueras 31 – Gerona 69.

Playa Sol sin rest, con cafetería, playa Pianch 5 ☎ 25 81 00, ≤, – wc wc ☎ P. E VISA.
cerrado 8 enero-8 febrero – ☐ 335 – **49 hab** 2 900/5 500.

S'Aguarda, paratge S'Aguarda 28 ☎ 25 80 82, ≤ – wc wc ☎ P. AE VISA.
cerrado del 1 al 15 noviembre – Com 800 – ☐ 250 – **27 hab** 1 400/2 500 – P 2 300.

✗ **Es Baluard,** Biba Nemesio Llorens 2 ☎ 25 81 83
cerrado 15 octubre-15 noviembre – Com carta 750 a 1 800.

✗ ✿ **La Galiota,** Narciso Monturiol 9 ☎ 25 81 87 –
junio-septiembre, sábado, domingo y festivos en invierno – Com carta 900 a 2 200
Espec. Lubina a la Galiota, Pate de hígado, Soufflé chocolate.

✗ **Don Quijote,** av. Caridad Seriñana ☎ 25 81 41, , Terraza cubierta de yedra – E VISA
cerrado martes y noviembre – Com carta 910 a 1 900.

en la carretera de Roses O : 5 km – ✉ Cadaqués – ☎ 972 :

✗ **Mas Saperefita,** Despoblado ☎ 25 81 41, Decoración rústica, Antigua masía – P. E VISA
junio-septiembre – Com *(cerrado martes)* carta 905 a 1 705.

La CADENA (Puerto de) Murcia 445 S 26 – ver Murcia.

Im Frühjahr 1984 wird dieser Hotelführer veraltet sein.
Kaufen Sie sich daher die neue Ausgabe.

CÁDIZ P 446 W 10 – 157 348 h. – ☎ 956 – Playa - Plaza de toros : por ①.
Ver : Emplazamiento★ – Paseos marítimos★ (jardines★ : parque Genovés AY , alameda Marqués de Comillas BY , alameda de Apodaca CY) – Catedral : tesoro (colección de orfebrería★★) CZ **B** – Museo de Bellas Artes (lienzos de Zurbarán★) CY **M** – Museo histórico (maqueta de la ciudad★) BY **M1**.
☎ 23 11 59.
para Canarias : Cía. Aucona, av. Ramón y Carranza 26 ☎ 28 43 50, Telex 76028 CYZ.
Calderón de la Barca 1 ☎ 21 13 13 – R.A.C.E. av. Andalucía 11 ☎ 27 60 41.
♦Madrid 631 ① – Algeciras 121 ① – ♦Córdoba 233 ① – ♦Granada 303 ① – ♦Málaga 254 ① – ♦Sevilla 123 ①.

CÁDIZ

Ancha	BY	2
Columela	CYZ	
Pelota	CZ	20
San Francisco	CY	22
Calderón de la Barca	BY	3
Callejones de Cardoso	BZ	4
Castelar (Pl.)	CZ	5
General Prim	BCZ	6
María Arteaega	BZ	14
Mentidero (Pl. del)	BY	15
Mina (Pl. de)	BCY	16
Montañés	CZ	17
Novena	BY	18
O. Félix Soto	CZ	19
San Antonio (Pl. de)	BY	21
San Juan de Dios	CZ	23
San Juan de Dios (Pl. de)	CZ	24
San Roque	CZ	25
Santo Cristo	CZ	27
Viudas (Pl. de)	BY	28

Atlántico, Duque de Najera 9 ☎ 21 23 01, ≤, ⛱, 🏊, 🌳 – 🛗 ▤ 🚗 🅿 – 🎪. AE ⓓ E VISA. 🐕 — AY **r**
Com 1 100 – ☕ 300 – **173 hab** 3 600/4 500 – P 4 375/5 725.

Francia y París sin rest, pl. San Francisco 1 ☎ 21 23 18 – 🛗 ▥ 🛁wc 🚿wc ☎ — CY **s**
69 hab.

Regio 2, sin rest, av. Andalucía 79 ☎ 23 30 05 – 🛗 ▥ 🛁wc ☎ — por ①
40 hab.

Regio sin rest, av. Ana de Viya 11 ☎ 27 93 31 – 🛗 ▥ 🛁wc ☎. AE ⓓ VISA. 🐕 — por ①
☕ 175 – **40 hab** 1 500/3 000.

Carlos I sin rest, pl. de Sevilla ☎ 28 68 11 – ▥ 🛁wc 🚿wc ☎. AE E VISA. 🐕 — CZ **e**
☕ 165 – **30 hab** 1 425/2 350.

XX **El Faro,** San Félix 15 ☎ 21 10 68, Pescados y mariscos – ▤. AE ⓓ E VISA. 🐕 — AZ **b**
Com carta 1 300 a 2 250.

X La Grill, av. Cayetano del Toro 1 ☎ 23 49 88 – ▤ — por ①

X Mesón del Duque, paseo Marítimo 12 (edificio Madrid) ☎ 28 10 87, 🏊 – ▤ — por ①

CITROEN Algeciras-zona Franca ☎ 23 37 75
FIAT-SEAT zona Franca ☎ 27 29 60
FORD Prolongación Calle Algeciras-zona Franca ☎ 27 10 54
RENAULT av. Del Puente - zona franca ☎ 23 16 05
TALBOT zona Franca ☎ 23 29 05

CADRETE Zaragoza 43 ⑫ – 648 h.
♦Madrid 318 – ♦Zaragoza 13.

en la carretera N 330 – ✉ ☎ Cadrete :

X **El Figón,** ☎ 60, 🏊, 🎾 – 🅿. 🐕
Com carta 750 a 1 800.

CAIDOS (Valle de los) Madrid 990 ⑮ y ㊴ – ☎ 91 – Zona de peaje.
Ver : Lugar** – Basílica** (tapices* de Bruselas, cúpula*) – Cruz*.
♦Madrid 52 – El Escorial 13 – ♦Segovia 47.

XX Cordero, ✉ Cuelgamuros, ☎ 896 02 02 (ext. 4), ⛱ – 🅿
Com (sólo almuerzo).

Ver también : ***Guadarrama*** NE : 8 km
El Escorial S : 13 km.

CALA BLANCA Alicante – ver Jávea.

CALA BONA Baleares 43 ⑳ – ver Baleares (Mallorca) : Son Servera.

CALA CALABARDINA Murcia – ver Aguilas.

CALA DE SAN VICENTE Baleares 43 ⑳ – ver Baleares (Mallorca).

CALA D'OR Baleares 43 ⑳ y 990 ㉚ – ver Baleares (Mallorca).

CALAF Barcelona 43 ⑯ y 990 ⑲ – 3 106 h. – ☎ 93.
♦Madrid 551 – ♦Barcelona 93 – ♦Lérida 82 – Manresa 34.

X **Calaf,** carret. de Igualada 1 ☎ 869 84 49 – 🅿. E VISA. 🐕
cerrado martes no festivos y del 15 al 30 junio – Com carta 850 a 1 600.

RENAULT carret. Llarga ☎ 869 83 98
SEAT carret. de Igualada ☎ 869 81 27

CALAFELL Tarragona 43 ⑰ y 990 ⑲ – 4 517 h. – ☎ 977 – Playa.
ℹ Vilamar 1 ☎ 69 17 59.
♦Madrid 574 – ♦Barcelona 65 – Tarragona 31.

en la playa :

Kursaal 🐚, av. Juan de Dios 119 ☎ 69 23 00, ≤ – 🛗 ▤ 🚗. AE E VISA. 🐕
18 marzo-15 octubre – Com 1 300 – ☕ 350 – **39 hab** 2 300/4 400 – P 4 500/4 600.

Canadá, av. Mosèn Jaime Soler 44 ☎ 69 15 00, ⛱, 🏊, 🎾 – 🛗 🛁wc 🚿wc ☎ 🅿. 🐕
25 mayo-25 septiembre – Com 600 – ☕ 200 – **110 hab** 1 550/2 900 – P 2 500/2 600.

X **La Barca,** av. San Juan de Dios 79 ☎ 69 15 59, ⛱ – ⓓ E VISA
cerrado lunes y 15 noviembre-15 enero – Com (sólo almuerzo en invierno) carta 1 000 a 1 900.

en Segur de Calafell E : 3 km – ✉ Segur de Calafell – ☎ 977 :

Marinada, Maria Desvalls ☎ 69 23 40, ⛱ – 🛁wc 🚿wc 🅿. 🐕
junio-4 octubre – Com 600 – ☕ 170 – **67 hab** 1 100/1 960.

CALA FIGUERA Baleares 43 ⑳ – ver Baleares (Mallorca).

CALA FINESTRAT Alicante – ver Benidorm.

CALA FONDUCO Baleares 43 ⑳ – ver Baleares (Menorca) : Mahón.

CALA FORNELLS Baleares 43 ⑱ – ver Baleares (Mallorca) : Paguera.

CALA GALDANA Baleares – ver Baleares (Menorca) : Ferrerías.

CALA GRACIÓ Baleares 43 ⑰ – ver Baleares (Ibiza) : San Antonio Abad.

CALAHONDA Granada 446 V 19 – pobl. ver Motril – ☎ 958 – Playa.
Alred. : Carretera** de Calahonda a Castell de Ferro.
♦Madrid 518 – Almería 100 – ♦Granada 89 – ♦Málaga 121 – Motril 13.

Las Palmeras, Acera del Mar ☎ 62 30 11, – wc wc. AE E VISA. hab
15 junio-septiembre – Com 650 – 150 – **60 hab** 1 200/2 000 – P 1 800/2 000.

CALAHORRA La Rioja 42 ⑮ y 990 ⑰ – 16 776 h. alt. 350 – ☎ 941.
♦Madrid 320 – ♦Logroño 55 Soria 94 – ♦Zaragoza 128.

Parador Nacional Marco Fabio Quintiliano, av. Generalísimo ☎ 13 03 58, « Bonita decoración interior » – . AE E VISA.
Com 1 100 – 300 – **63 hab** 3 200/4 000.

Montserrat 2, Maestro Falla 7 ☎ 13 00 17 – . AE VISA
cerrado lunes – Com carta 1 250 a 2 600.

CITROEN-PEUGEOT Bebricio 35 ☎ 13 04 99
FORD Ruíz y Menta 2 ☎ 13 43 30
RENAULT carret. de Zaragoza ☎ 13 16 76
SEAT Bebricio 39 ☎ 13 11 00
TALBOT carret. de Zaragoza ☎ 13 01 68

CALA LLONGA Baleares 43 ⑱ – ver Baleares (Ibiza) : Santa Eulalia del Río.

CALA MAYOR Baleares – ver Baleares (Mallorca) : Palma de Mallorca.

CALA MILLOR Baleares 43 ⑳ – ver Baleares (Mallorca) : Son Servera.

CALAMOCHA Teruel 990 ⑰ – 4 751 h. alt. 884 – ☎ 974.
♦Madrid 261 – Soria 157 – Teruel 72 – ♦Zaragoza 110.

Fidalgo, carret. N 234 ☎ 73 02 77 – wc wc.
cerrado domingo noche y lunes mediodía – Com 650 – 125 – **30 hab** 950/1 600 – P 2 200/2 800.

CITROEN av. estación Nueva 33 ☎ 73 02 57
SEAT av. Sagunto km 190 ☎ 73 02 54

CALA MONTJOI Gerona 43 ⑩ – ver Rosas.

CALANDA Teruel 990 ⑱ – 3 210 h. – ☎ 974.
♦Madrid 362 – Teruel 136 – ♦Zaragoza 123.

Balfagón, carret. N 420 ☎ 84 63 12 – rest wc wc. E VISA.
Com *(cerrado domingo noche)* 550/700 – 115 – **34 hab** 800/1 450 – P 1 750/1 850.

CALA'N PORTER Baleares 43 ⑳ – ver Baleares (Menorca) : San Clemente.

CALA PI Baleares 43 ⑲ – ver Baleares (Mallorca).

CALA RATJADA Baleares 43 ⑳ y 990 ⑳ – ver Baleares (Mallorca).

CALA SAHONA Baleares 43 ⑰⑱ – ver Baleares (Formentera).

CALAS DE MALLORCA Baleares 43 ⑳ – ver Baleares (Mallorca).

CALATAÑAZOR Soria 990 ⑯ – 99 h. alt. 1 027 – ☎ 975.
♦Madrid 208 – Soria 31 – ♦Valladolid 173.

en la carretera de Soria N 122 E : 4 km – ✉ Calatañazor – ☎ 975 :

Venta Nueva, ☎ 34 07 30 – wc
38 hab.

CALATAYUD Zaragoza 990 ⑰ – 17 298 h. alt. 534 – ☎ 976 – Plaza de toros.
Ver : Colegiata de Santa María la Mayor (torre★, portada★) – Iglesia de San Andrés (torre★).
♦Madrid 234 – Cuenca 282 – ♦Pamplona 205 – Teruel 138 – Tortosa 259 – ♦Zaragoza 87.

- **Fornos,** paseo Calvo Sotelo 5 ☎ 88 13 00 – ☎. AE E VISA. ✻
  Com 650 – ☕ 140 – **50 hab** 925/1 380 – P 1 915/2 150.
- **Lisboa,** paseo Calvo Sotelo 10 ☎ 88 25 35 – ▤. AE ⓓ E VISA
  cerrado lunes noche – Com carta 850 a 1 450.

en la carretera N II NE : 2 km – ✉ Calatayud – ☎ 976 :

- **Calatayud,** ☎ 88 13 23 – ▤ rest ⌂wc ⋒wc ☎ 🚗 Ⓟ. ✻ rest
  Com 850 – ☕ 225 – **63 hab** 1 950/3 350.

CITROEN Barrio Nuevo 20 ☎ 88 28 28
FIAT-SEAT Agustina Simón 3 ☎ 88 18 63
FORD Dr Fleming 2 ☎ 88 27 40
RENAULT Madre Rafols 8 ☎ 88 10 80
TALBOT carret. Sagunto-Burgos km 254 ☎ 88 22 24

CALDAS DE MALAVELLA o **CALDES DE MALAVELLA** Gerona 43 ⑨ y 990 ⑳ – 2 945 h. alt. 94 – ☎ 972 – Balneario.
♦Madrid 696 – ♦Barcelona 83 – Gerona 19.

- **Baln. Prats** ⛰, San Esteve 7 ☎ 47 00 51, « Terraza con arbolado », ⛱ agua termal, 🌳 – |◊|
  ⌂wc ⋒wc ☎ 🚗 Ⓟ. ✻ rest
  Com 850 – ☕ 200 – **86 hab** 1 600/2 500 – P 2 650/3 000.

en la carretera N II NO : 5 km – ✉ Caldas de Malavella – ☎ 972 :

- Can Geli, ☎ 47 02 75, Decoración rústica – Ⓟ.

CALDAS DE MONTBUY o **CALDES DE MONTBUI** Barcelona 43 ⑰⑱ y 990 ⑳ – 9 808 h. alt. 180 – ☎ 93 – Balneario.
♦Madrid 636 – ♦Barcelona 29 – Manresa 57.

- **Baln. Broquetas** ⛰, pl. Font de Lleo 1 ☎ 865 01 00, « Jardín con arbolado y ⛱ » – |◊| Ⓟ.
  AE ⓓ E VISA. ✻ rest
  Com 975 – ☕ 220 – **82 hab** 1 950/3 300 – P 3 150/3 450.
- **Baln. Termas Victoria** ⛰, Barcelona 12 ☎ 865 01 50, ⛱, 🌳 – |◊| ⌂wc ☎ Ⓟ. VISA.
  ✻ rest
  Com 800 – ☕ 140 – **91 hab** 1 405/2 210 – P 2 620/2 920.

RENAULT Mayor 43 ☎ 865 03 32
SEAT-FIAT Folch y Torras 1 ☎ 865 01 87

CALDAS DE REYES Pontevedra 990 ② – 8 871 h. alt. 22 – ☎ 986 – Balneario.
♦Madrid 621 – Orense 122 – Pontevedra 23 – Santiago de Compostela 34.

- **Baln. Acuña,** Herrería 2 ☎ 54 00 10, « Jardín con arbolado, ⛱ de agua termal » – |◊| ⌂wc
  ⋒wc ☎ Ⓟ. ✻ rest
  julio-septiembre – Com 1 100 – ☕ 220 – **21 hab** 2 310/3 740 – P 3 805/4 245.

CITROEN San Roque ☎ 54 03 03
RENAULT carret. La Coruña-Vigo km 97,3 ☎ 54 03 08
SEAT carret. Coruña-Vigo km 101 ☎ 54 00 65
TALBOT carret. Pontevedra ☎ 54 00 53

CALDES DE BOI Lérida 43 ⑤ y 990 ⑨ – ver Bohí.

CALDETAS o **CALDES D'ESTRAC** Barcelona 43 ⑱ – 1 053 h. – ☎ 93 – Playa.
⛳9 de Llavaneras O : 6 km ☎ 792 60 50.
♦Madrid 661 – ♦Barcelona 35 – Gerona 62.

- **Colón,** Paz 16 ☎ 791 03 51, ≤, ⛱ – |◊| ▤ hab. AE E VISA. ✻ rest
  abril-15 octubre – Com 950 – ☕ 300 – **82 hab** 2 200/4 000 – P 3 800/4 000.
- **Jet,** Francisco Riera 25 ☎ 791 06 51 – |◊| ⌂wc ⋒wc ☎. AE VISA. ✻ rest
  abril-15 octubre – Com 800 – ☕ 125 – **35 hab** 1 500/2 200 – P 2 200/2 600.
- Pinzón, sin rest, Mercedes Torres 4 ☎ 791 01 90 – ⌂wc ⋒wc ☎ – *temp.* – **23 hab**.

Ver también : ***Arenys de Mar*** NE : 2 km.

CALELLA Gerona 43 ⑨⑩ y 990 ⑳ – ver Palafrugell.

CALELLA DE LA COSTA Barcelona 43 ⑲ y 990 ⑳ – 10 083 h. – ☎ 93 – Playa.
ℹ carret. San Jaume ☎ 769 08 52.
♦Madrid 683 – ♦Barcelona 48 – Gerona 49.

- **Las Vegas,** carret. N II ☎ 769 08 50, ⛱ – |◊| ⌂wc ⋒wc ☎ Ⓟ. AE ⓓ E VISA. ✻ rest
  10 mayo-20 octubre – Com 485 – ☕ 115 – **111 hab** 1 950/3 250 – P 2 575/2 900.
- **Calella Park,** Jubara 257 ☎ 769 03 00, ⛱ – |◊| ⌂wc ☎. ✻
  25 abril-10 octubre – Com 460 – ☕ 155 – **51 hab** 875/1 500 – P 1 700/1 825.
- **Calella** sin rest, Anselmo Clavé 134 ☎ 769 03 00, ≤ – |◊| ⌂wc ⋒wc. ✻
  mayo-septiembre – ☕ 140 – **61 hab** 700/1 275.
- **Fragata** sin rest, paseo de las Rocas ☎ 769 21 12 – |◊| ⌂wc ⋒wc ☎. AE E VISA
  junio-septiembre – **73 hab** ☕ 1 100/2 200.

CITROEN-PEUGEOT San Jaime 299 ☎ 769 17 62
RENAULT carret. N II ☎ 769 26 00
TALBOT Monturiol 34-42 ☎ 769 18 86

La CALOBRA Baleares 43 ⑲ y 990 ㉙ – ver Baleares (Mallorca).

CALONGE Gerona 43 ⑨ – 4 441 h. – ☎ 972.

ℹ av. de Cataluña ☎ 31 55 56.

♦Madrid 721 – ♦Barcelona 108 – Gerona 43 – Palafrugell 15.

✗ **Can Muni,** Mayor 5 ☎ 65 02 20 – ▤. ✻
junio-septiembre y sábado-domingo el resto del año – Com carta 910 a 1 560.

CALPE Alicante 445 Q 30 – 6 117 h. – ☎ 965 – Playa.

Ver : Emplazamiento★.

Alred. : Recorrido★ de Calpe a Altea – Carretera★ de Calpe a Moraira.

⛳ Club Ifach NE : 3 km.

ℹ av. de Ejércitos Españoles 40 ☎ 31 55 56.

♦Madrid 464 – ♦Alicante 63 – Benidorm 23 – Gandía 48.

✗✗ **Casita Suiza,** C/Jardín - Edificio Apolo III ☎ 83 06 06, Chalet suizo, Cocina suiza – ▤
cerrado lunes, del 15 al 29 mayo y 30 noviembre-15 diciembre – Com (sólo cena) carta 1 000 a 1 450.

✗ Capri, Gabriel Miró (final) ☎ 83 06 14, ≤, ⛱ – ▤.

✗ El Bodegón, Delfín 4 ☎ 83 01 64, Decoración rústico castellano – ▤.

✗ **Rincón de Paco,** Oscar Espla ☎ 83 08 32 – ▤. E VISA
cerrado miércoles en invierno – Com carta 1 050 a 1 975.

en la carretera de Valencia – ✉ Calpe – ☎ 965 :

🏠 **Venta La Chata,** N : 4,5 km ☎ 83 03 08, ⛱, 🌳, ✗ – 🛗 ⇔wc ⋒wc ☎ 🚗 Ⓟ. AE ⓓ VISA
cerrado 12 noviembre-12 diciembre – Com 800 – ☕ 220 – **18 hab** 1 560/2 860 – P 3 320/3 460.

🏠 Rocinante, N : 2 km ☎ 83 12 08, ≤, 🏊 – ⇔wc ☎ Ⓟ
30 hab.

en el puerto de Ifach E : 2 km – ✉ Calpe – ☎ 965 :

✗ **L'Escale,** ☎ 83 18 69, ⛱ – ▤. E
cerrado miércoles – Com carta 950 a 1545.

en la carretera de Moraira NE : 9,5 km – ✉ Benisa – ☎ 965 :

✗✗ **Viñasol,** urbanización Buenavista ☎ 73 09 72, ≤, ⛱, 🏊 – ▤ Ⓟ. AE VISA
cerrado febrero-4 marzo – Com carta 1 100 a 2 125.

CITROEN carret. Ifach km 1 ☎ 83 03 93

*Dos nuevos **mapas Michelin** a 1/400 000 :*
Andalucía 446 *y Valencia-Murcia* 445
Las localidades subrayadas en estos mapas con una línea roja
aparecen citadas en esta Guía.
*Para el conjunto de España y Portugal, adquiera el **mapa Michelin*** 990 *a 1/1 000 000.*

CALVIA Baleares – ver Baleares (Mallorca).

CAMBADOS Pontevedra 990 ② – 11 321 h. – ☎ 986 – Playa.

Ver : Plaza de Fefiñanes★.

♦Madrid 638 – Pontevedra 34 – Santiago de Compostela 53.

🏨 **Parador Nacional del Albariño** 🐎, ☎ 54 22 50, « Conjunto de estilo regional », 🌳 – 🛗
Ⓟ. AE ⓓ E VISA. ✻
Com 1 100 – ☕ 300 – **63 hab** 3 600/4 500.

✗ **O Arco,** Real 14 ☎ 54 23 12, Decoración rústica, Pescados y mariscos – ⓓ E VISA. ✻
cerrado 25 diciembre-1 enero y lunes de Pascuas – Com carta 950 a 2 000.

CAMBRILS DE MAR Tarragona 43 ⑯ y 990 ⑲ – 9 194 h. – ☎ 977 – Playa.

ℹ pl. Cruz de la Misión ☎ 36 11 59.

♦Madrid 554 – Castellón de la Plana 165 – Tarragona 18.

✗ **Chapeau,** Verge del Camí 25 ☎ 36 19 34 – AE E VISA
cerrado miércoles – Com carta 1 050 a 2 175.

en el puerto :

🏨 **Monica H.,** Galcerán Marquet 3 ☎ 36 01 16, 🌳 – 🛗 ⇔wc ⋒wc ☎ Ⓟ. ✻
abril-septiembre – Com 600 – ☕ 200 – **56 hab** 1 625/2 620 – P 2 500/2 815.

🏨 **Rovira** sin rest, av. Diputación 6 ☎ 36 09 00, ≤ – 🛗 🛗 ⇔wc ⋒wc ☎ Ⓟ. E VISA. ✻
marzo-15 noviembre – Com (ver **Rest. Rovira**) – ☕ 235 – **58 hab** 1 450/1 850.

🏠 **Ca'n Solé,** Ramón Llull 19 ☎ 36 02 36 – 🛗 ⇔wc. VISA
cerrado 20 diciembre-7 enero – Com 650 – ☕ 160 – **26 hab** 850/1 600 – P 1 900/2 000.

XXX ✪ **Eugenia,** Consolat de Mar 80 ☎ 36 01 68, Pescados y mariscos – AE ⦿ E VISA
cerrado noviembre-15 diciembre, miércoles y jueves mediodía en verano, martes noche y miércoles en invierno – Com carta 1 920 a 3 140
Espec. Dorada sal, Lenguado con llanegas, Lubina natural.

XX ✪ **Casa Gatell,** paseo Miramar 26 ☎ 36 00 57, ←, Pescados y mariscos – ▤. AE ⦿ E VISA.
cerrado 21 diciembre-1 febrero, domingo noche y lunes – Com carta 1 850 a 3 000
Espec. Entremeses pescado, Paella de mariscos, Rape costa dorada.

XX ✪ **Ca'n Gatell,** paseo Miramar 27 ☎ 36 01 06, ←, Pescados y mariscos – AE ⦿ E VISA.
cerrado lunes noche y martes – Com carta 1 775 a 3 200
Espec. Romeseu (suquet de pescado), Lenguado con angulas (en temporada), Lubina con verduras en papillote.

XX **Rovira,** av. Diputación 6 ☎ 36 09 44, ←, – E VISA.
cerrado martes en invernio y 20 diciembre-25 enero – Com carta 1 050 a 2 175.

X Ramón, rambla Jaime 1 - 59 ☎ 36 10 39, Pescados y mariscos.

X **Pepis,** Consolat de Mar 82 ☎ 36 10 12, Pescados y mariscos – ▤. AE E VISA.
cerrado martes y 15 diciembre-15 enero – Com carta 1 025 a 1 775.

X **Rovira Antiguo,** paseo Miramar 37 ☎ 36 01 05, ←, Pescados y mariscos – AE ⦿ E VISA.
cerrado miércoles – Com carta 1 075 a 1 975.

X **Bandert,** av. Jaime I - esquina Ancora ☎ 36 10 63, – ▤. AE ⦿ E VISA.
cerrado martes y 15 diciembre-15 enero – Com carta 1 425 a 2 695.

X Macarrilla, Las Barcas 14 ☎ 36 08 14, Pescados y mariscos – ▤.

X Natalia, Consolat de Mar 28 ☎ 36 06 48, Pescados y mariscos – VISA.
cerrado lunes y 3 octubre-3 noviembre.

X **Can Bosch,** rambla Jaime I - 19 ☎ 36 00 19, Pescados y mariscos – ▤ Ⓟ. AE ⦿ E VISA.
cerrado lunes y 20 diciembre-20 enero – Com carta 1 075 a 2 105.

X **Miquel,** av. Diputación 3 ☎ 36 11 34, – AE ⦿ E VISA.
cerrado martes y 3 noviembre-3 diciembre – Com carta 1 000 a 1 500.

X **El Caliu,** Pau Casals 22 ☎ 36 01 08, Decoración rústica, Carnes a la brasa – ▤. E VISA
cerrado domingo noche, lunes y noviembre – Com carta 975 a 1 660.

X **Marina,** paseo Miramar 42 ☎ 36 04 32, ←, – AE E VISA
Com carta 1 150 a 2 165.

X **Roma,** pl. Cataluña 2 ☎ 36 10 46, Cocina italiana –
15 marzo-24 octubre – Com *(cerrado lunes)* carta 1 000 a 1 800.

en la carretera N 340 – ✉ Cambrils de Mar – ☏ 977 :

Motel la Dorada, SO : 3 km ☎ 36 01 50, – wc Ⓟ – **37 hab**.

XX Mas Gallau, E : 3,5 km, ✉ apartado 129, ☎ 36 05 88, Decoración rústica, Carnes a la brasa – ▤ Ⓟ. AE ⦿ E VISA.
cerrado lunes y febrero.

RENAULT carret. Valencia-Barcelona km 233 ☎ 36 02 60

Las CAMPANAS Navarra 42 ⑮ y 990 ⑦ – alt. 495 – ☏ 948.
♦Madrid 392 – ♦Logroño 84 – ♦Pamplona 14 – ♦Zaragoza 156.

en la carretera N 121 - en Tiebas – ✉ Las Campanas – ☏ 948 :

Iranzu, ☎ 35 50 67 – wc Ⓟ – **18 hab**.

CAMP DE MAR Baleares 43 ⑱ – ver Baleares (Mallorca) : Puerto de Andraitx.

CAMPELLO Alicante 445 Q 28 – 7 092 h. – ☏ 965.
♦Madrid 431 – ♦Alicante 13 – Benidorm 29.

X Jumillano 2, San Vicente 97 ☎ 63 04 86 – ▤.

X La Peña, San Vicente 12 ☎ 63 10 48, Pescados y mariscos – ▤.

X Seis Perlas, San Vicente 97 ☎ 63 04 62,

en la carretera N 332 SO : 1,5 km – ✉ San Juan – ☏ 965 :

XX **El Caserón,** ☎ 65 59 82, « Antigua posada - Decoración rústica » – Ⓟ. ⦿ E VISA
cerrado lunes, martes y mayo – Com carta 1 250 a 1 900.

TALBOT San Ramón 14 ☎ 63 01 29

CAMPRODÓN Gerona 43 ⑧ y 990 ⑳ – 2 286 h. alt. 950 – ☏ 972 – ver aduanas p. 14 y 15.
Ver : Iglesia de San Pedro★. **Alred. :** Carretera★ del Collado de Ares.
ℹ pl. de España 1 ☎ 74 00 10.
♦Madrid 699 – ♦Barcelona 127 – Gerona 80.

Güell, pl. España 8 ☎ 74 00 11 – wc. VISA. rest
Com 800/990 – ☕ 240 – **40 hab** 920/2 485 – P 2 675/2 990.

Sayola, José Morer 4 ☎ 74 01 42 – wc wc – **35 hab**.

RENAULT Valencia 56 ☎ 74 00 55

GRAN CANARIA

Agaete – 4 491 h. – ☎ 928.

Alred. : Los Berrazales★ (Valle de Agaete★) SE : 7 km – Gáldar (Cueva Pintada : pinturas murales★) NE : 10 km – Cenobio de Valerón★★ NE : 13 km.

Las Palmas de Gran Canaria 39.

en el Puerto de las Nieves O : 1 km – ✉ Agaete – ☎ 928 :

✗ **Nemoga,** ☎ 89 80 00
Com carta 1 075 a 1 775.

✗ Antonio, ☎ 89 81 71, ≤.

Artenara – 1 223 h. alt. 1 219 – ☎ 928.

Ver : Parador de la Silla ≤★.

Alred. : Carretera de Las Palmas ≤★ Juncalillo – Pinar de Tamadaba★★ (≤★) NO : 12 km.

Las Palmas de Gran Canaria 48.

Cruz de Tejeda – 2 115 h. alt. 1 450 – ☎ 928.

Ver : Paraje★★.

Alred. : Pozo de las Nieves ※★★★ SE : 10 km.

Las Palmas de Gran Canaria 42.

Maspalomas – ☎ 928 – Playa.

Ver : Playa★.

Alred. : N : Barranco de Fataga★ – San Bartolomé de Tirajana (paraje★) N : 23 km por Fataga.

18, 18 de Maspalomas SO : 5 km ☎ 76 25 81.

Las Palmas de Gran Canaria 50.

junto al faro :

IFA-Faro Maspalomas M, ☎ 76 04 62, Telex 95295, ≤, « climatizada rodeada de césped », – | . AE .
Com 1 500 – 500 – **188 hab** 5 500/7 000 – P 6 300/8 300.

Maspalomas Oasis, ☎ 76 01 70, Telex 96104, ≤, « Bonito jardín y gran palmeral », climatizada, , 18 – | – . AE E VISA.
Com 2 000 – 525 – **269 hab** 6 050/8 800.

Maspalomas Palm Beach, en el Oasis ☎ 76 29 20, Telex 95365, ≤, « Amplia terraza con climatizada, bonito césped y gran palmeral », , , 18 – |
357 hab.

en la Playa del Inglés – ✉ Maspalomas – ☎ 928 :

IFA-H. Dunamar, ☎ 76 12 00, Telex 95311, « Jardín con climatizada » – | –
184 hab.

Parque Tropical, ☎ 76 07 12, Telex 95216, ≤, « Edificio de estilo regional - Bonito jardín tropical », climatizada, – | rest
232 hab.

Catarina Playa, av. de Tirajana 1 ☎ 76 28 12, Telex 95338, climatizada, , – |
–
399 hab.

Apolo, ☎ 76 00 58, ≤, climatizada, – | . AE E VISA.
Com 1 200 – 350 – **115 hab** 4 000/6 250 – P 5 425/6 300.

Lucana, El Veril ☎ 76 27 00, Telex 96529, ≤, climatizada, – | . E.
Com 1 235 – 300 – **167 hab** 3 025/3 890 – P 4 160/5 245.

Buenaventura Playa, pl. Ansite ☎ 76 16 50, Telex 95361, climatizada, , – |
715 hab.

Waikiki, av. de Gran Canaria 20 ☎ 76 23 00, Telex 95216, « Jardín con climatizada », –
| –
513 hab.

Fiesta Don Miguel, av. de Tirajana ☎ 76 15 16, Telex 96307, climatizada – | –
251 hab.

El Caserío, av. de Italia 8 ☎ 76 10 50, climatizada – | wc
106 hab.

XX ✿ **La Cave,** en sótano, Centro Comercial Cita ☎ 76 25 82, Cocina francesa – ⓓ. ✗
octubre-abril – Com (sólo cena) carta 1 500 a 2 500
Espec. Parfait de tomate con frutas de mar y albahaca, "Pot au feu" de pescados con espuma de champagne, Terrina de ciruelas pasas con mazapán y helado a la canela.

X Lord Nelson, av. de Tirajana 11 ☎ 76 12 91.

X China, piso 1, av. Italia 4 ☎ 76 03 23, Rest. chino – ▤.

X House Ming II, San Cristóbal de la Laguna - Edificio Jardín del Atlántico ☎ 76 11 91, Rest. chino.

X Las Cubas, Marcial Franco - bloque 7 (junto carretera General) ☎ 76 22 69 – ▤.

en San Agustín – ✉ Maspalomas – ⊚ 928 :

Tamarindos Ⓜ, Retama ☎ 76 26 00, Telex 95463, ≤, « Bonito césped con ⛱ climatizada », ⛱, ⚔ – |♦| ▤ 🚗 Ⓟ – 🏛. AE ⓓ E VISA. ✗
Com 2 400 – ☕ 500 – **318 hab** 4 900/7 900 – P 8 190/9 140.

Costa Canaria ✎, ☎ 76 02 04, Telex 96114, ≤, « Gran terraza con ⛱ climatizada y bonito jardín » – |♦| ▤ rest. AE ⓓ E VISA. ✗
Com 1 570 – ☕ 395 – **164 hab** 3 605/4 505 – P 4 575/5 930.

Don Gregory ✎, Las Dalias 11 ☎ 76 26 58, Telex 96072, ≤, ⛱, ⛱, ⚔ – |♦| ▤ Ⓟ. AE ⓓ E VISA. ✗
Com 1 350/2 000 – ☕ 400 – **239 hab** 3 800/5 850 – P 5 560/6 560.

XXX **San Agustín Beach Club,** pl. de los Cocoteros ☎ 76 03 70, Decoración moderna con motivos africanos, « Bonita terraza con ⛱ climatizada » – ▤. AE ⓓ E VISA. ✗
Com carta 1 440 a 2 670.

X El Puente, Urbanización Las Flores ☎ 76 24 00, ≤ – ▤.

en la urbanización Nueva Europa – ✉ Maspalomas – ⊚ 928 :

XX **Chez Mario,** Los pinos 15 ☎ 76 18 17, Cocina italiana – AE ⓓ E
cerrado lunes en verano y junio – Com (sólo cena) carta 940 a 1 885.

Las Palmas de Gran Canaria

Ⓟ – 348 776 h. – ⊚ 928 – Playa.

Ver : Casa de Colón★ CZB – Paseo Cornisa ※★ AZ.

Alred. : Jardín Canario★ por ② : 10 km – Mirador de Bandama ※★★ por ② : 14 km – Arucas : Montaña de Arucas★★ por ③ : 18 km.

⛳18 de Las Palmas, Bandama por ② : 14 km ☎ 35 10 50.

✈ de Las Palmas - Gando por ① : 30 km ☎ 25 41 40 – Iberia : Alcade Ramírez Bethencourt 49 ☎ 36 01 11 y aeropuerto ☎ 25 46 10 y Aviaco : León y Castillo 248 ☎ 70 01 75.

⛴ para la Península, Tenerife y La Palma : Cía. Aucona, muelle Santa Catalina CXY ☎ 26 00 70, Telex 95018.

ℹ Casa del Turismo, Parque Santa Catalina ☎ 26 46 23 y Parque Doramas ☎ 24 35 93 – **R.A.C.E.** (R.A.C. de Gran Canaria), León y Castillo 57 ☎ 36 61 88.

Planos páginas siguientes

Santa Catalina (cierre temporal por obras) ✎, Parque Doramas ☎ 23 35 66, Telex 95040, « Bonito edificio de estilo regional en un agradable parque con palmeras », ⛱, ⛱ – |♦| ▤ rest Ⓟ – 🏛 — AZ **z**
209 hab.

Cristina y Parrilla "El Galéon", Gomera 6 ☎ 26 76 00, Telex 95161, ≤, ⛱ climatizada – |♦| ▤ 🚗 – 🏛. AE ⓓ E VISA. ✗ — CX **c**
Com 1 950 – ☕ 450 – **316 hab** 3 430/5 200 – P 6 620/6 910.

Reina Isabel, Alfredo L. Jones 40 ☎ 26 01 00, Telex 95103, ≤, ⛱ climatizada – |♦| ▤ Ⓟ – 🏛. AE ⓓ E VISA. ✗ — CX **y**
Com 1 600 – ☕ 400 – **234 hab** 3 700/5 400 – P 5 700/6 700.

Iberia Ⓜ sin rest, con cafetería, av. Marítima del Norte ☎ 36 11 33, Telex 95413, ≤, ⛱ climatizada – |♦| ▤ 🚗 Ⓟ – 🏛. AE ⓓ E VISA. ✗ — AZ **a**
☕ 300 – **300 hab** 3 900/5 600.

Imperial Playa, Ferreras 1 ☎ 26 48 54, Telex 95040, ≤ – |♦| ▤ — AY **e**
173 hab.

Sansofé, Portugal 68 ☎ 26 47 58, Telex 96357, ≤ – |♦| ▤ rest — BY **p**
112 hab.

Los Bardinos, Eduardo Benot 5 ☎ 26 61 00, Telex 95189, ≤ playa, puerto y ciudad, ⛱ – |♦|. AE ⓓ E VISA. ✗ — CX **z**
Com 1 300 – ☕ 300 – **215 hab** 2 800/4 600 – P 4 320/4 820.

Rocamar, Lanzarote 10 ☎ 26 56 00, ≤ – |♦| ▤ rest. AE ⓓ E VISA. ✗ rest — CX **r**
Com 800 – ☕ 225 – **77 hab** 2 090/3 500 – P 2 575/3 740.

Concorde sin rest, con cafetería Tomás Miller 85 ☎ 26 27 50, ⛱ – |♦|. AE ⓓ E VISA — CX **x**
124 hab ☕ 2 670/4 185.

Tigaday sin rest, con cafetería, Ripoche 4 ☎ 26 47 20 – |♦| ▤. AE ⓓ E VISA. ✗ — CX **s**
☕ 175 – **160 hab** 1 500/2 480.

🏨 Fataga, sin rest, con cafetería, Nestor de la Torre 29 ☏ 24 04 07, Telex 96221 – |♦| ⛀wc ⛆wc ☎ 🚗 CY **g**
92 hab.

🏨 Parque, sin rest, Muelle de Las Palmas 6 ☏ 36 80 00 – |♦| ⛀wc ☎
120 hab. CZ **e**

🏨 **Gran Canaria,** paseo de las Canteras 38 ☏ 27 50 78, Telex 96453, ≤ – |♦| ⛀wc ⛆wc ☎. AE ◑ VISA. ⛔ rest BY **b**
Com 975 – **90 hab** ☕ 2 765/4 080 – P 3 550/4 275.

🏨 **Miraflor** sin rest, Doctor Grau Bassas 21 ☏ 26 16 00 – |♦| ⛀wc ⛆wc ☎. ⛔ BY **e**
78 hab ☕ 1 300/1 800.

🏨 Funchal, sin rest, Los Martínez de Escobar 66 ☏ 26 55 78 – |♦| ⛀wc ☎ BY **d**
35 hab.

🏨 Tenesoya, sin rest, Sagasta 98 ☏ 26 26 08, ≤ – |♦| ⛀wc ☎ AY **s**
44 hab.

🏠 Olympia, sin rest, Doctor Grau Bassas 1 ☏ 26 17 20 – |♦| ⛀wc ⛆wc ☎ BY **v**
41 hab.

🏠 Pujol, sin rest, Salvador Cuyás 5 ☏ 27 44 33 – |♦| ⛀wc ⛆wc ☎ CX **n**
48 hab.

🏠 **Syria** sin rest, Luis Morote 27 ☏ 27 06 00 – |♦| ⛀wc ☎. AE VISA. ⛔
☕ 85 – **26 hab** 950/1 250. CX **t**

XXX ✿ **Acuario,** pl. de la Victoria 3 ☏ 27 34 32, « Bonitos acuarios en un marco de fondo de mar » – ▤. AE ◑ E VISA. ⛔ BY **s**
cerrado domingo y festivos – Com carta 1 550 a 3 375
Espec. Pate especial Josú, Pescados en hojaldre, Mollejas con setas a la pimienta verde.

XX **Nanking,** Francy Roca 11 ☏ 26 98 70, Rest. chino – ▤ CY **z**
Com carta 620 a 1 340.

XX **House Ming,** paseo de las Canteras 30 ☏ 27 45 63, ≤, Rest. chino – E VISA CX **v**
Com carta 585 a 1 010.

XX La Guitarra, Dr Miguel Rosas 21 ☏ 26 01 50 – ▤ CX **t**

sigue →

LAS PALMAS
DE GRAN CANARIA

Juan Rejón	AY	42
La Naval	AY	45
Alfonso XII	AZ	2
Carvajal	AZ	12
Cornisa (Pas.)	AZ	15
Don Benito (Pl. de)	AZ	22
Emilio Ley	AZ	24
Fernando Guanarteme	BY	26
García Morato	AZ	28
Gordillo	AY	35
Hermanos García de la Torre	AZ	36
Ing. León y Castillo (Pl.)	AZ	37
Juana de Castilla (Pl.)	AZ	39
Juan XXIII (Av.)	AZ	43
Leopoldo Matos	AZ	47
Lugo (Pas. de)	AZ	49
Marítima del Sur (Av.)	AZ	52
Ortiz de Zárate	AZ	59
Pío XII	AZ	64
Secretario Padilla	AY	80
S. Monsalud	AZ	85
Tomás Morales	AZ	89
Tomás Morales (Pas.)	AZ	90
Zaragoza	AZ	95

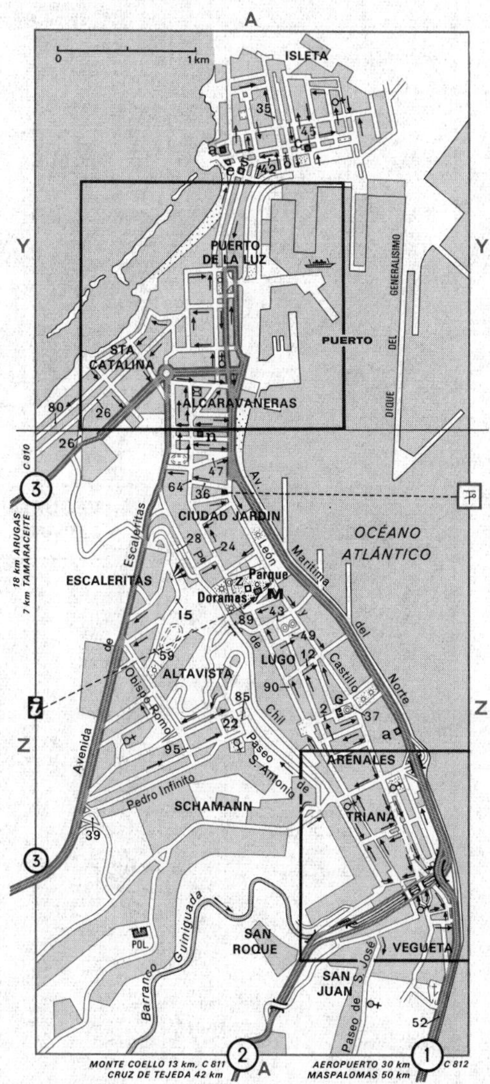

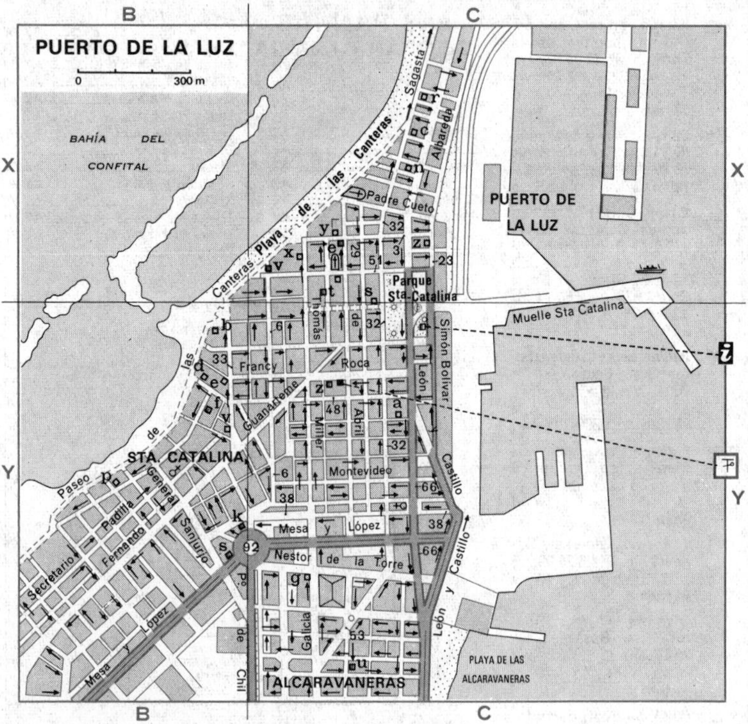

PUERTO DE LA LUZ
0
300 m
B
C
X
Y
BAHÍA DEL CONFITAL
PUERTO DE LA LUZ
Muelle Sta Catalina
Parque Sta Catalina
Playa de las Canteras
Canteras
Sagasta
Albareda
Padre Cueto
Tomás
de
Franchy
Roca
Guanarteme
Miller
Abril
Montevideo
León
Simón Bolivar
Castillo
Paseo de las
STA. CATALINA
General
Padilla
Fernando
Sanjurjo
Secretario
Mesa y López
Nestor de la Torre
León y Castillo
Po de Chil
Galicia
ALCARAVANERAS
PLAYA DE LAS ALCARAVANERAS

VEGUETA
TRIANA
0
300 m
B
C
Z
Paseo de Chil
Po de San Antonio
ARENALES
Parque de San Telmo
Av. Buenos Aires
Mayor
Av. Rafael Cabrera
CIUDAD DEL MAR
TRIANA
SAN LÁZARO
SAN NICOLÁS
Gal Bravo
1o de Mayo
Muro
Triana
Av. Marítima del Sur
Castillo
Po de San José
Dr. Pasteur
VEGUETA

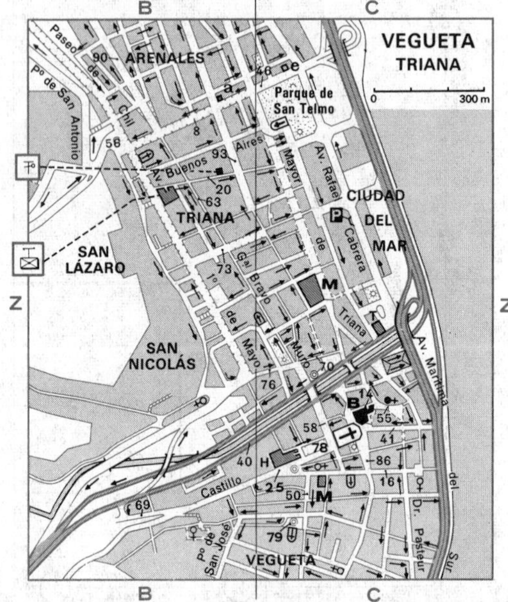

Albareda	CX	
Luis Morote	CX	51
Mayor de Triana	CZ	
Alfredo L. Jones	CX	3
Bernardo de la Torre	CY	6
Bravo Murillo	BZ	8
Colón	CZ	14
Doctor Chil	CZ	16
Domingo J. Navarro	BZ	20
Edouardo Benot	CX	23
Espíritu Santo (Pl.)	CZ	25
General Vives	CXY	32
Grau Bassas	BY	33
José María Durán	CY	38
Juan de Quesada	BCZ	40
Juan León y Joven	CZ	41
Las Palmas (Muelle de)	CZ	46
Los Martínez de Escobar	CY	48
Luis Millares	CZ	50
Menéndez y Pelayo	CY	53
Montes de Oca	CZ	55
Ntra Sra del Pino (Pl.)	BZ	56
Obispo Codina	CZ	58
Pérez Galdós	BZ	63
Presidente Alvear	CY	66
Ramón y Cajal	BZ	69
Remedios	CZ	70
San Bernardo	BZ	73
San Nicolás	CZ	76
Santa Ana (Pl.)	CZ	78
Santo Domingo (Pl.)	CZ	79
T. Massieu	CZ	86
Tomás Morales (Pas.)	BZ	90
Victoria (Pl. de la)	BCY	92
Viera y Clavijo	BZ	93

X **Julio,** La Naval 132 ☎ 27 10 39, Pescados y mariscos – ▤. AE ⓞ VISA. ⌘ — AY **c**
cerrado domingo – Com carta 750 a 1 500.

X Samoa, Valencia 46 ☎ 24 14 71 – ▤ — CY **u**

X El Coto, Alfredo Calderón 21 ☎ 24 45 06 — AZ **n**

X **Hamburg,** General Orgaz 54 ☎ 26 41 56, Cocina alemana – AE VISA — AY **a**
cerrado miércoles y 15 julio-15 agosto – Com carta 1 265 a 2 195.

X El Novillo Precoz, Portugal 9 ☎ 27 20 10, Carnes a la parrilla – ▤ — BY **f**

X **Mesón La Paella,** José María Durán 47 ☎ 27 16 40, Decoración rústica – VISA. ⌘ — BY **k**
cerrado domingo y festivos – Com carta 730 a 1 560.

X Montreal, 29 de Abril ☎ 26 40 10 – ▤ — CX **e**

X Canario, Perojo 2 ☎ 36 57 16 — BZ **a**

AUSTIN-MG-MORRIS-MINI av. Escaleritas 120 ☎ 20 08 00
CITROEN autopista del Sur km 12 - Las Huesas ☎ 69 15 68
FIAT-SEAT Barcelona 6 ☎ 23 10 22
FORD José María Durán 6 ☎ 26 66 56
MERCEDES-BENZ av. Escaleritas 106 ☎ 25 55 40
PEUGEOT Diego Vega Sarmiento 5 ☎ 20 77 52
RENAULT carret. del Centro km 3,2 ☎ 31 14 11
RENAULT República Dominacana - Esq. Velarde ☎ 26 09 87
SEAT-MERCEDES av. Escaleritas 106 ☎ 25 55 40
SEAT av. Escaleritas 50 ☎ 25 43 43
TALBOT Luis Correamedina 9 ☎ 25 30 59

Puerto Rico – Playa.
Puerto Rico 71.

XX Puerto Rico, playa, ✉ Mogán, ⛱ – Ⓟ.

Santa Brígida – 10 611 h. alt. 426 – ☎ 928

XX Las Grutas de Artiles, Las Meleguinas N : 2 km ☎ 64 05 75, « Rodeado de flores e instalado en una gruta », ⛱, ⚲ – Ⓟ.

X Bentayga, carret. de Las Palmas NE : 3 km - El Monte ☎ 35 02 45, ≤.

Tafira Alta – alt. 375 – ☎ 928.
Las Palmas 8.

X Jardín Canario, Plan de Loreto, carret. de Las Palmas : 1 km, ✉ Tafira Alta, ☎ 35 16 45, ≤, Dominando el Jardín Botánico – Ⓟ.

Teror – 9 493 h. alt. 445 – ☎ 928.
Alred. : Mirador de Zamora ≤★ O : 7 km por carretera de Valleseco.
Las Palmas 21.

X San Matías, carret. de Arucas N : 1 km ☎ 63 05 48, ≤ Valle, montañas y población – Ⓟ.

FUERTEVENTURA

Corralejo – ☎ 928.
Ver : Puerto y playas★.
Puerto del Rosario 38.

🏠 Corralejo ⛵, ☎ 86 60 67, ≤ – ⛀wc ⛆wc
19 hab.

X Oscar, de la Iglesia 9 ☎ 86 61 96.

Playa Barca – ☎ 928 – Playa.
Puerto del Rosario 47.

🏨 **Los Gorriones** ⛵, ✉ Gran Tarajal, ☎ 87 08 25, Telex 96234, ≤ playa y mar, « Amplia terraza con ⛱ climatizada », ⛟, ⚲ – |‡| ▤ rest Ⓟ – ⛺. AE ⓞ E VISA. ⌘
Com 1 600 – ☕ 350 – **309 hab** 3 000/5 000 – P 5 340/5 840.

SEAT Almirante Lallemand 72 ☎ 85 13 17

LANZAROTE

Arrecife – 25 201 h. – ☎ 928 – Playa.
Alred. : Teguise (castillo de Guanapay ☼★) N : 11 km – La Geria★★ (de Mozaga a Yaiza) NO : 17 km – Cueva de los Verdes★★★ NE : 27 km por Guatiza – Jameos del Agua★ NE : 29 km por Guatiza.

⛳18 Costa Teguise NE : 10 km ☎ 81 35 12.

✈ de Lanzarote O : 6 km ☎ 81 14 50 – Iberia : av. Rafael González 3 ☎ 81 03 50.

⛴ para Gran Canaria, Tenerife, La Palma y la Península : Cía. Aucona, carret. del Muelle ☎ 81 10 19, Telex 95336.

ℹ Parque Municipal ☎ 81 18 60.

Husa Arrecife G.H., av. Mancomunidad 11 ☎ 81 12 50, Telex 95249, ←, « Terraza ajardinada con 🏊 », 🎾 – 🛗. AE ⓓ VISA. 🚫
Com 1 100 – ☕ 250 – **138 hab** 2 750/4 500 – P 4 200/4 700.

Miramar sin rest, Coll 2 ☎ 81 04 38 – 🛗 ⛀wc ☎. VISA. 🚫
90 hab ☕ 1 450/2 245.

Cardona 🔇 sin rest, 18 de Julio 11 ☎ 81 10 08 – 🛗 ⛀wc ☎
62 hab.

en la urbanización Costa Teguise – ✉ Arrecife – ☎ 928 :

Las Salinas Sheraton H. Ⓜ 🔇, NE : 9,5 km ☎ 81 30 40, Telex 96320, ←, « Profusión de plantas-bonita terraza con 🏊 climatizada », 🌳, 🎾, 18 – 🛗 ▤ Ⓟ – 🏔
310 hab.

Los Molinos, NE : 7,5 km ☎ 81 20 12 – ▤.

FIAT-SEAT Islote del Frances 5 ☎ 81 23 62
FORD Triana 13 ☎ 81 11 61
MERCEDES-BENZ Aniagua 2
PEUGEOT Hermanos Alvarez Quintero 56 ☎ 81 16 26
RENAULT La Añaza 29

Montañas del Fuego – ☎ 928 – Zona de peaje.

Ver : Montañas del Fuego★★★.

Arrecife 31.

Del Diablo, ✉ Tinajo, ☎ 84 00 57, ✻ montañas volcánicas – Ⓟ
Com (sólo almuerzo).

Playa Blanca de Yaiza – Playa.

Alred. : Punta del Papagayo ←★ S : 5 km.

Arrecife 38.

Casa Salvador, ✉ Yaiza, ←, Pescados y mariscos.

Puerto del Carmen – ☎ 928.

Arrecife 15.

Los Fariones 🔇, urbanización Playa Blanca ☎ 82 51 75, Telex 96351, « Bonita terraza y jardín tropical con ← mar », 🏊 climatizada, 🎾 – 🛗 ▤ rest. AE ⓓ E VISA. 🚫
Com 1 500 – ☕ 350 – **143 hab** 3 800/4 900 – P 5 250/6 600.

Dionysios, Centro Comercial Roque Nublo ☎ 82 52 55 – ▤. AE ⓓ E VISA. 🚫
cerrado domingo y junio – Com carta 1 600 a 2 500.

Barracuda, urbanización Playa Blanca ☎ 82 52 52 – ▤.

La Boheme, urbanización Club Villas Blancas, « Agradable patio ».

Rey Carlos, Las Salinas 5, Colina del Sol – ▤ Ⓟ.

en la playa de los Pocillos E : 3 km – ✉ Arrecife – ☎ 928 :

San Antonio 🔇, ☎ 82 50 50, Telex 95334, ←, « Jardín botánico », 🏊 climatizada, 🎾 – 🛗 ▤ Ⓟ – 🏔. AE ⓓ E VISA. 🚫
Com 1 440 – ☕ 320 – **331 hab** 3 160/5 060 – P 5 250/5 880.

China, ☎ 82 60 21, Rest. chino – AE VISA. 🚫
cerrado junio – Com carta 670 a 1 130.

Yaiza – 1 852 h. – ☎ 928.

Alred. : La Geria★★ (de Yaiza a Mozaga) NE : 17 km – Salinas de Janubio★ SO : 6 km – El Golfo NO : 8 km.

Arrecife 22.

La Era, ☎ 83 00 16, « Instalado en une casa de campo del siglo XVII » – Ⓟ.

TENERIFE

Adeje – ☎ 922.

Santa Cruz de Tenerife 82.

en la playa del Paraiso O : 6 km – ✉ Adeje – ☎ 922 :

Fiesta Floral 🔇, ☎ 78 07 25, Telex 92005, ←, 🏊, 🌳, 🎾 – 🛗 ⛀wc ☎ Ⓟ. AE ⓓ E VISA. 🚫 rest
Com 650/1 000 – ☕ 250 – **356 hab** 2 100/3 500 – P 2 650/3 500.

Bajamar – ☎ 922 – Playa.

Alred. : Carretera de Tacoronte ←★★ SO : 6 km.

ℹ av. del Gran Poder 3 ☎ 54 08 10.

Santa Cruz de Tenerife 21.

en Punta Hidalgo NE : 3 km – ✉ Bajamar – ☎ 922 :

Aparthotel Oceano 🔇, ☎ 54 11 12, Telex 92786, ←, 🏊 climatizada – 🛗 Ⓟ
103 apartamentos.

Las Cañadas del Teide – alt. 2 200 – ☎ 922.

Ver : Parque Nacional de las Cañadas**.

Alred. : Pico de Teide*** N : 4 km, teleférico y 45 mn a pie – Boca de Tauce** SO : 7 km.

Santa Cruz de Tenerife 67.

Los Cristianos – ☎ 922 – Playa.

Alred. : Mirador de la Centinela ≤** NE : 12 km.

para Gran Canaria, Tenerife, La Palma y la Península : Cía Aucona, Muelle ☎ 79 08 57.

Santa Cruz de Tenerife 75.

Reverón, av. Generalísimo Franco 22 ☎ 79 06 00 – wc ☎. ✻
Com 500 – 130 – **40 hab** 800/1 100 – P 1 500/1 750.

Flamingo, av. General Franco 14 ☎ 79 05 96, Cocina francesa – ▤. AE VISA
cerrado domingo, lunes mediodía, mayo y junio – Com carta 1 200 a 1 890.

Mesón L'Scala, La Paloma 7 ☎ 79 10 51, Decoración rústica, Cenas amenizadas al piano – ▤.

El Rancho de Don Antonio, Juan XXIII ☎ 79 00 92 – ▤.

Las Galletas – ☎ 922 – Playa.

Santa Cruz de Tenerife 72.

Jardín Canario, Bèlgica 12 ☎ 78 52 76, Rest. típico.

Icod de los Vinos – 19 692 h. – ☎ 922.

Ver : Drago milenario*.

Alred. : El Palmar** O : 20 km – San Juan del Reparo (carretera de Garachico ≤*) SO : 6 km – San Juan de la Rambla (plaza de la iglesia*) NE : 10 km.

Santa Cruz de Tenerife 60.

PEUGEOT Infanta Isabel ☎ 81 01 70
RENAULT carret. general Icod-Buenavista ☎ 81 06 10
SEAT F. Miranda 2 ☎ 81 02 52

La Laguna – 109 061 h. alt. 550 – ☎ 922.

Ver : Iglesia de la Concepción*.

Alred. : Monte de las Mercedes** (Mirador del Pico del Inglés**, Mirador de Cruz del Carmen*) NE : 11 km – Mirador del Pico de las Flores ** SO : 15 km – Pinar de La Esperanza* SO : 6 km.

18 de Tenerife O : 7 km ☎ 25 02 40.

av. del Gran Poder 3 ☎ 54 08 10.

Santa Cruz de Tenerife 9.

El Médano – ☎ 922 – Playa.

Reina Sofía O : 8 km ☎ 77 00 50.

Santa Cruz de Tenerife 62.

Médano , playa ☎ 70 40 00, ≤ – wc wc ☎. AE E VISA. ✻ rest
Com 825 – 195 – **65 hab** 1 800/3 000 – P 3 065/3 365.

Playa Sur Tenerife , ☎ 70 41 50, ≤, , – wc wc ☎. ✻
Com 700 – 250 – **70 hab** 1 900/2 800 – P 2 750/3 250.

Hostal Carel , av. Principes 22 ☎ 70 42 50 – ▤ rest wc. VISA. ✻ rest
Com 330 – 125 – **20 hab** 1 080/1 575 – P 1 500/1 750.

La Orotava – 30 190 h. alt. 390 – ☎ 922.

Ver : Calle de San Francisco* – Emplazamiento*.

Alred. : Mirador Humboldt*** NE : 3 km – Jardín de Aclimatación de la Orotava*** NO : 5 km – S : Valle de la Orotava***.

Santa Cruz de Tenerife 36.

Playa de las Américas – ☎ 922 – Playa.

Alred. : Barranco del Infierno* N : 8 km y 2 km a pie.

Santa Cruz de Tenerife 75.

Gran Tinerfe, ☎ 79 12 00, Telex 92199, ≤, « Agradables terrazas con flores y climatizada », – ▤ rest . AE VISA. ✻
Com 1 000 – **346 hab** 3 400/5 700.

Europe , ☎ 79 13 08, Telex 94240, ≤, climatizada, , – ▤ – . AE E VISA. ✻
300 – **244 hab** 2 800/5 100 – P 5 400/7 700.

sigue →

Tenerife Sol, ☏ 79 10 62, climatizada, – – . AE VISA.
Com 900 – **522 hab** 3 150/4 500.

Park H. Troya, ☏ 79 01 00, Telex 92218, , – rest
318 hab.

Bouganville Playa, urbanización San Eugenio ☏ 79 02 00, Telex 92742, climatizada, – – . AE VISA.
Com 750/875 – 270 – **481 hab** 2 880/4 100 – P 4 490/7 520.

Oro Negro , ☏ 79 06 12, Telex 92796, , climatizada – rest wc
210 apartamentos.

Bungalows Parque Cristobal, ☏ 79 08 74, climatizada – wc .
151 bungalows 4 000/6 000.

Marco Polo, centro comercial Bora Bora ☏ 79 09 13
Com (sólo cena).

Bistro, ☏ 79 07 18.

Puerto de la Cruz – 50 173 h. – 922 – Playa.

Ver : Paseo Marítimo★ BZ.

Alred. : Jardín de Aclimatación de la Orotava★★★ por ① : 1,5 km – Mirador Humboldt★★★ (valle de la Orotava★★★) por ① : 8 km – Iberia : av. del Generalísimo ☏ 38 00 50 BY.

pl. de la Iglesia 3 ☏ 38 43 28 y Augustín Bethencourt 16 ☏ 38 46 87.

Santa Cruz de Tenerife 36 ①.

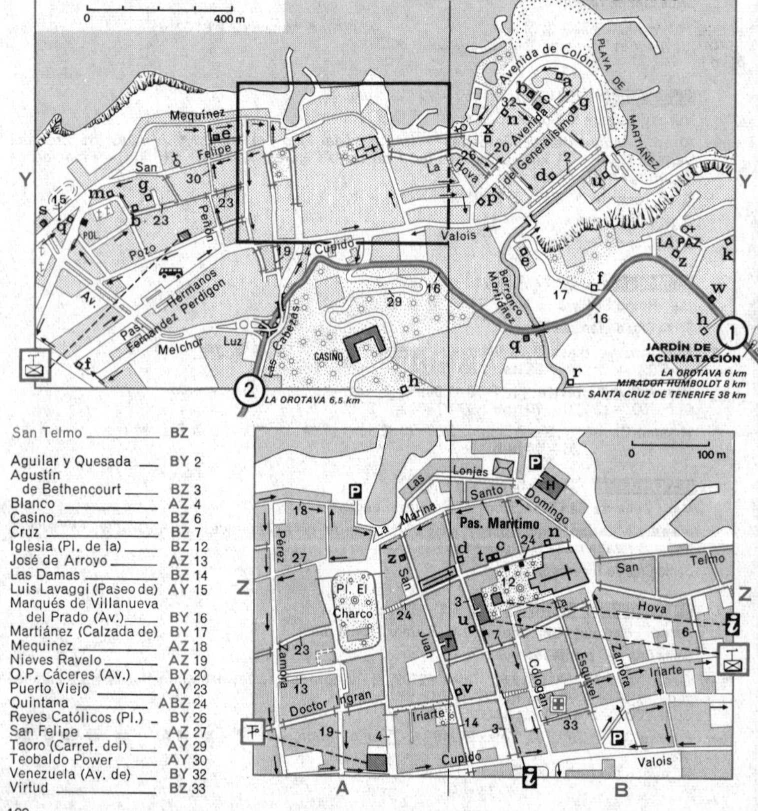

San Telmo	BZ
Aguilar y Quesada	BY 2
Agustín de Bethencourt	BZ 3
Blanco	AZ 4
Casino	BZ 6
Cruz	BZ 7
Iglesia (Pl. de la)	BZ 12
José de Arroyo	AZ 13
Las Damas	BZ 14
Luis Lavaggi (Paseo de)	AY 15
Marqués de Villanueva del Prado (Av.)	BY 16
Martiánez (Calzada de)	BY 17
Mequinez	AZ 18
Nieves Ravelo	AZ 19
O.P. Cáceres (Av.)	BY 20
Puerto Viejo	AY 23
Quintana	ABZ 24
Reyes Católicos (Pl.)	BY 26
San Felipe	AZ 27
Taoro (Carret. del)	AY 29
Teobaldo Power	AY 30
Venezuela (Av. de)	BY 32
Virtud	BZ 33

Botánico [M] , urbanización El Botánico ☎ 38 14 00, Telex 92395, ≤, « Bonitos jardines tropicales », climatizada, – ▤ – . AE ⓓ E VISA. BY **h**
Com 2 400 – 500 – **282 hab** 4 100/6 200 – P 7 340/8 340.

San Felipe, playa de Martiánez - av. Colón 13 ☎ 38 33 11, Telex 92146, ≤, climatizada, , – ▤ . AE ⓓ E VISA. rest BY **u**
Com 2 000 – 450 – **260 hab** 4 700/6 900 – P 7 330/8 580.

El Tope, Calzada de Martiánez 2 ☎ 38 50 52, Telex 92134, ≤, climatizada, – ▤ – BY **e**
203 hab.

Ybarra Valle Mar, av. de Colón 2 ☎ 38 48 00, Telex 92168, ≤, climatizada, – . AE ⓓ VISA. BY **n**
Com 1 000 – 300 – **171 hab** 3 400/5 200 – P 5 350/9 100.

Orotava Garden, Aguilar y Quesada ☎ 38 52 11, Telex 92212, climatizada – ▤ rest – . AE ⓓ E VISA. BY **d**
Com 700/1 000 – 300 – **241 hab** 2 500/4 100 – P 3 500/3 950.

Meliá Puerto de la Cruz, av. Marqués de Villanueva ☎ 37 00 30, Telex 92386, ≤, climatizada, , – ▤ – . AE ⓓ E VISA. BY **f**
Com 1 065 – 280 – **300 hab** 2 810/4 500.

Martiánez, av. del Generalísimo 19 ☎ 38 06 00, Telex 92196, climatizada – ▤ BY **p**
147 hab 3 150/4 800 – P 3 650/4 400.

Atalaya G. H. , parque del Taoro ☎ 38 46 00, Telex 92380, ≤, « Jardín con climatizada », – ▤ – . AE ⓓ VISA. AY **h**
Com 900 – 425 – **183 hab** 2 500/3 660.

Parque San Antonio Sol, carret. de Las Arenas ☎ 37 17 46, Telex 92774, « Agradables jardines tropicales », – ▤ rest por ②
217 hab.

Puerto Playa, póligono San Felipe ☎ 38 41 51, Telex 92156, ≤, – ▤ rest . AE ⓓ E VISA. AY **q**
Com 900 – 240 – **168 hab** 2 400/3 500 – P 3 400/4 050.

G. H. Tenerife Playa, av. de Colón 12 ☎ 38 32 11, Telex 92135, ≤, climatizada, – ▤ rest. AE ⓓ. BY **a**
Com 1 000 – **338 hab** 3 200/4 600 – P 3 800/4 700.

La Paz, urbanización La Paz ☎ 37 19 41, Telex 92203, « Conjunto de estilo regional », climatizada, – ▤ – BY **z**
168 hab 2 650/4 100 – P 3 150/3 750.

Las Vegas, av. de Colón 2 ☎ 38 34 51, Telex 92142, ≤, climatizada – . AE ⓓ VISA. BY **x**
Com 700 – 300 – **222 hab** 2 500/4 100 – P 3 400/3 850.

G. H. Los Dogos , urbanización El Durazno ☎ 38 51 51, Telex 92198, ≤, climatizada, – ▤ – . AE ⓓ E VISA. BY **r**
Com 1 500 – 350 – **237 hab** 2 800/4 400 – P 4 880/5 480.

Bonanza Canarife, urbanización La Paz ☎ 38 12 00, Telex 92407, climatizada, , , – ▤ . E VISA. BY **k**
Com 1 175 – **210 hab** 3 450/5 600 – P 5 140/5 790.

Florida Tenerife, av. Blas Pérez González ☎ 38 12 50, Telex 92404, ≤, climatizada – ▤ rest . AY **f**
Com 700 – 300 – **315 hab** 3 000/4 000.

Las Aguilas , Las Arenas ☎ 38 30 11, Telex 92393, ≤ Población, mar y montaña, climatizada, , – ▤ rest – . AE ⓓ E VISA. por ②
Com 1 100 – 300 – **500 hab** 2 000/3 000 – P 3 500/4 000.

Monopol, Quintana 15 ☎ 38 46 11, « Patio canario con plantas », climatizada – wc . AE ⓓ. rest BZ **n**
Com (sólo cena) 550 – **90 hab** 1 450/2 900.

Trovador sin rest, con cafetería, Puerto Viejo 40 ☎ 38 45 12, ≤, climatizada – wc . AE ⓓ. AY **g**
125 – **80 hab** 1 265/2 055.

Condesa sin rest, Quintana 13 ☎ 38 10 50, – wc wc . AE. BZ **c**
75 – **45 hab** 1 300/2 300.

Marquesa, Quintana 11 ☎ 37 14 46 – wc BZ **t**
Com (sólo cena) – **90 hab**.

Don Manolito, Lomo de Los Guirres 6 ☎ 38 50 12, , – wc AY **m**
49 hab.

Chimisay sin rest, Agustin de Bethencourt 13 ☎ 38 35 52, – wc . AE ⓓ E VISA. BZ **u**
175 – **37 hab** 1 200/2 000.

Don Juan, Puerto Viejo 54 ☎ 38 34 53, – ▤ rest wc AY **b**
40 hab.

Guacimara sin rest, Agustín de Bethencourt 9 ☎ 38 51 12 – wc . BZ **d**
cerrado mayo-junio – 125 – **33 hab** 1 075/1 925.

XXX **Magnolia** (Felipe El Payés), carret. del Botánico 5 ☎ 38 56 14 – Ⓟ. AE VISA — BY **w**
cerrado 19 mayo-26 junio y lunes en verano – Com carta 1 350 a 2 385.

XX Rinconcito, carret. del Botánico 22 ☎ 38 20 35, Cocina alemana – Ⓟ — BY **q**

XX El Pescado, av. Venezuela 3 B ☎ 38 26 06 — BY **b**

XX **Castillo de San Felipe,** playa de San Felipe ☎ 38 21 13, Instalado en un castillo del siglo XVII – AE ⓓ E VISA. ✻ — AY **s**
Com carta 950 a 2 000.

XX Beim Dicken Otto II, av. Generalísimo 3 ☎ 38 26 96, Cocina alemana – ▤ — BY **g**

X China, av. Venezuela, 3a transversal 9.C ☎ 38 04 95, Rest. chino — BY **c**

X La Papaya, Lomo 14 ☎ 38 28 11, Decoración rústica — AY **e**

X **Marina,** San Juan 2 ☎ 38 53 11 – ✻ — AZ **z**
cerrado sábado y 15 junio-15 julio – Com carta 640 a 1 350.

MERCEDES Polígono Industrial las Arenas ☎ 38 20 20
RENAULT Mequinez 65 ☎ 37 20 69
TALBOT-SEAT-FIAT Blanco 16 ☎ 38 53 38

Puerto de Santiago – ✆ 922 – Playa.

Alred. : Los Gigantes (acantilado★) N : 2 km.

Santa Cruz de Tenerife 101.

Los Gigantes ⛰, Acantilado de Los Gigantes N : 2 km ☎ 86 71 25, Telex 92213, ≤ mar y acantilados, ⛱ climatizada, ⛱, ✂ – |\$| ▤ rest Ⓟ – ⛱. AE ⓓ. ✻ rest
Com 700 – ☕ 300 – **225 hab** 2 500/4 100 – P 3 500/3 950.

Santa Cruz de Tenerife Ⓟ – 186 237 h. – ✆ 922 – Playa – Plaza de toros.

Ver : Dique del puerto ≤★ BY.

Alred. : Carretera de Taganana ≤★★ por el puerto del Bailadero★ por ① : 28 km – Mirador de Don Martin ≤★★ por Guimar SO : 27 km.

⛳18 de Tenerife por ③ : 16 km ☎ 25 02 40.

✈ de Tenerife - Los Rodeos por ③ : 13 km ☎ 25 79 40, y Tenerife-Sur-Reina Sofia por ② : 60 km ☎ 77 00 50 – Iberia : av. de Anaga 23 ☎ 28 80 00 BZ.

⛴ para La Palma, Gran Canaria, Lanzarote, Fuerteventura, Gomera y la Península : Cía Aucona, Marina 59 ☎ 28 78 50, Telex 92017 BZ.

ℹ Palacio Insular, av. José Antonio ☎ 24 22 27 – **R.A.C.E.** (R.A.C. de Tenerife) av. Anaga-edificio Bahía Club ☎ 24 37 24.

Plano página siguiente

Mencey, Dr José Naveiras 38 ☎ 27 67 00, Telex 23679, « Bonito jardín tropical », ⛱, ✂ – |\$| – ⛱. AE ⓓ E VISA. ✻ rest — BZ **k**
Com 1 500 – ☕ 350 – **303 hab** 4 950/6 100 – P 7 750/8 900.

Parque, Méndez Núñez 40 ☎ 27 44 00 – |\$| ▤ — AZ **v**
73 hab.

Colón Rambla sin rest, Viera y Clavijo 49 ☎ 27 25 50, ⛱ climatizada – |\$| ⛀wc ☎ 🚗. ✻ — AZ **a**
☕ 250 – **40 apartamentos** 2 300/3 300.

Taburiente, sin rest, con cafetería, Doctor Guigou 25 ☎ 27 60 00, ⛱ – |\$| ⛀wc ⛆wc ☎ 🚗 — BZ **r**
90 hab.

Plaza sin rest, pl. Candelaria 9 ☎ 24 75 87, Telex 92327 – |\$| ⛀wc ☎. AE ⓓ VISA. ✻ — BZ **a**
34 hab y 30 apartamentos 1 940/3 080.

Tamaide sin rest, rambla General Franco 118 ☎ 27 71 00, Telex 92167, ⛱ – |\$| ⛀wc ⛆wc ☎. AE ⓓ VISA. ✻ — BZ **x**
☕ 140 – **65 hab** 1 375/2 175.

Tanausú sin rest, Padre Anchieta 8 ☎ 21 70 00 – |\$| ⛀wc ☎. VISA. ✻ — AZ **b**
☕ 105 – **18 hab** 1 110/1 540.

XX Casa Donosti, av. Tomé Cano (edificio San Lorenzo) ☎ 22 04 48 – ▤ Ⓟ — ABY **e**

XX **A la Pimienta,** García Morato 9 ☎ 27 16 48 – ▤. AE E VISA. ✻ — BZ **n**
cerrado domingo – Com carta 1 225 a 2 075.

XX La Estancia, Méndez Núñez 116 ☎ 27 20 49 — BZ **s**

X Hong-Kong China, rambla General Franco 141 ☎ 27 10 11, Rest. chino – ▤ — BZ **c**

X **Rías Baixas,** San Francisco 63 ☎ 27 29 58, Pescados y mariscos – ▤. ⓓ E. ✻ — BZ **b**
Com carta 950 a 1 950.

X Dragón de Oro, av. de Anaga 2 ☎ 28 40 37, Rest. chino — BZ **h**

X Pizzería Bella Napoli, San Martín 76 ☎ 28 54 07, ⛱, Cocina italiana — BZ **g**

AUSTIN-MG-MORRIS-MINI carret. general Cuesta-Taco ☎ 61 00 50
CITROEN Los Majuelos 24 - Taco ☎ 61 23 58
FORD cercado Chico 9 - Taco ☎ 61 45 11
MERCEDES-BENZ Autopista Sta Cruz - La Laguna km 6,5 ☎ 61 11 00
PEUGEOT Las Torres Taco ☎ 61 60 51
RENAULT Los Molinos 22 ☎ 21 34 66
SEAT El Mayorazgo ☎ 22 80 42
SEAT Autopista Sta Cruz - La Laguna km 6,5 ☎ 61 11 00
SEAT-FIAT Urbanización El Mayorazgo ☎ 22 61 42
TALBOT Urbanización El Mayorazgo ☎ 22 61 42

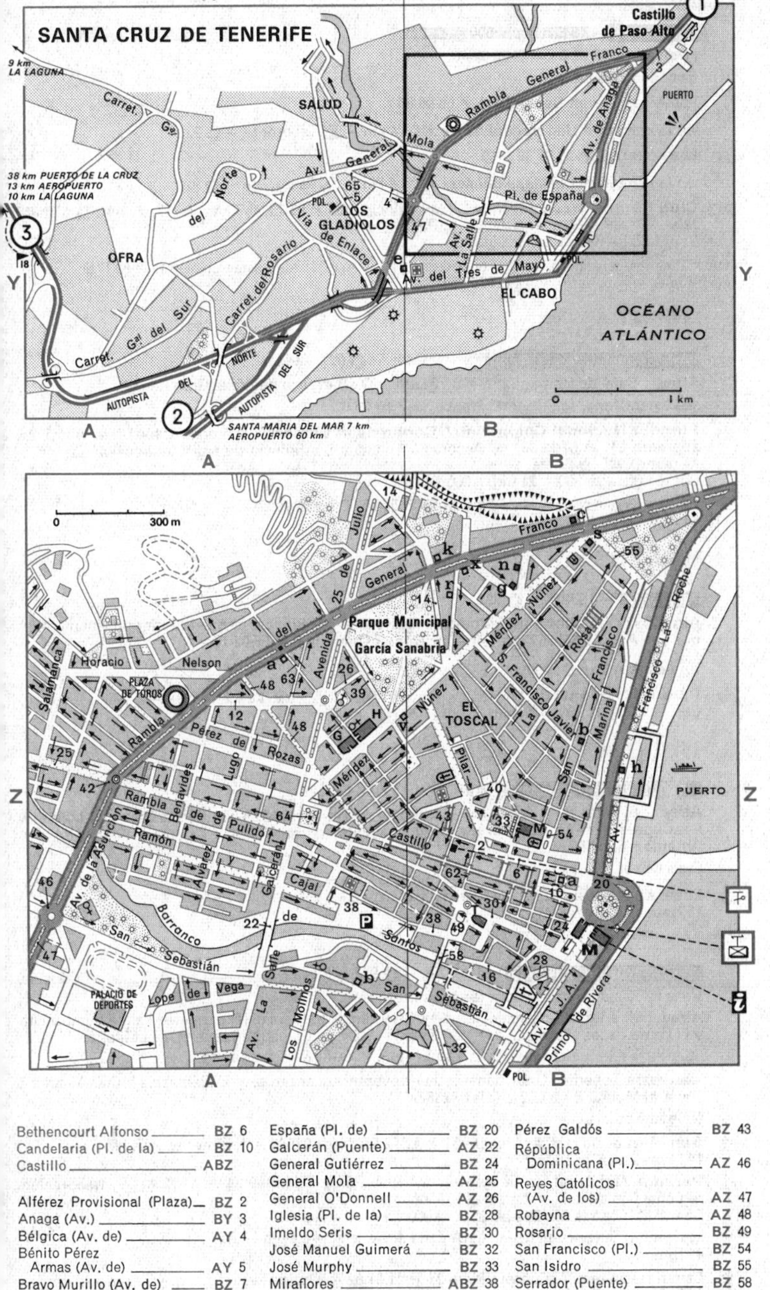

Bethencourt Alfonso ______ BZ 6
Candelaria (Pl. de la) ______ BZ 10
Castillo ______ ABZ

Alférez Provisional (Plaza) ______ BZ 2
Anaga (Av.) ______ BY 3
Bélgica (Av. de) ______ AY 4
Bénito Pérez Armas (Av. de) ______ AY 5
Bravo Murillo (Av. de) ______ BZ 7
Costa y Grijalba ______ AZ 12
Doctor José Naveiras ______ ABZ 14
Domínguez Alfonso ______ BZ 16
España (Pl. de) ______ BZ 20
Galcerán (Puente) ______ AZ 22
General Gutiérrez ______ BZ 24
General Mola ______ AZ 25
General O'Donnell ______ AZ 26
Iglesia (Pl. de la) ______ BZ 28
Imeldo Seris ______ BZ 30
José Manuel Guimerá ______ BZ 32
José Murphy ______ BZ 33
Miraflores ______ ABZ 38
Numancia ______ AZ 39
Patriotismo (Pl. del) ______ BZ 40
Paz (Pl. de la) ______ AZ 42
Pérez Galdós ______ BZ 43
República Dominicana (Pl.) ______ AZ 46
Reyes Católicos (Av. de los) ______ AZ 47
Robayna ______ AZ 48
Rosario ______ BZ 49
San Francisco (Pl.) ______ BZ 54
San Isidro ______ BZ 55
Serrador (Puente) ______ BZ 58
Valentín Sanz ______ BZ 62
Weyler (Pl. de) ______ AZ 64
29 de Mayo (Pl. del) ______ AY 65

Tacoronte – 13 886 h. alt. 500 – 922.

de Tenerife E : 3 km 25 02 40.

Santa Cruz de Tenerife 20.

Los Arcos, carret. General 254 56 09 65.

en la carretera General del Norte NE : 4 km – Tacoronte – 922 :

Los Porrones, 25 01 38 – .

en la urbanización Mesa del Mar NO : 4 km – Tacoronte – 922 :

Club Parque Mesa del Mar, av. Principal 35 56 13 00, Telex 92717, mar, climatizada, , – rest . AE E VISA. rest
Com 1 350 – **83 hab** 3 290/3 495.

RENAULT carret. general Norte 147 56 00 09
SEAT-FIAT Autopista Norte km 17 56 17 55
TALBOT Autopista Norte km 17 56 17 55

GOMERA

San Sebastián de la Gomera – 5 744 h. – 922 – Playa.

Alred. : Valle de Hermigua** NO : 22 km – O : Barranco del Valle Gran Rey**.

para Tenerife : General Franco 35 87 08 02.

Parador Nacional Colombino "Conde de la Gomera", orilla Llano de la Villa 5, apartado 21, 87 11 00, , Decoración elegante, « Edificio de estilo regional », , – rest . AE E VISA.
Com 1 100 – 300 – **21 hab** 4 000/5 000.

Garajonay, sin rest, Ruiz de Padrón 15 87 05 50 – wc
30 hab.

HIERRO

Valverde – 3 979 h. – 922.

Alred. : O : El Golfo** (Miradores de Guarazoca y El Rincón ** – Mirador de Jinama ** por San Andrés SO : 12 km – Iberia : Doctor Quintero 6 55 02 78.

en Las Playitas S : 24 km – Valverde – 922 :

Parador Nacional de Hierro, 55 01 00, , – . AE E VISA.
Com 1 100 – 300 – **47 hab** 3 200/4 000.

LA PALMA

Los Llanos de Aridane – 14 276 h. alt. 350 – 922.

Alred. : El Time ** O : 12 km – Caldera de Taburiente*** (La Cumbrecita y El Lomo de las Chozas ***) NE : 20 km – Fuencaliente (paisaje*) SE : 23 km – Volcán de San Antonio* SE : 25 km.

Santa Cruz de la Palma 37.

Eden, sin rest y sin , pl. de España 1 46 01 04 – wc wc
15 hab.

RENAULT La Carrilla 59 46 04 76

Santa Cruz de la Palma – 14 972 h. – 922 – Playa.

Ver : Iglesia de San Salvador (artesonados*).

Alred. : Mirador de la Concepción ** SO : 9 km – Caldera de Taburiente*** (La Cumbrecita y El Lomo de las Chozas ***) O : 33 km – NO : La Galga (barranco*), Los Milos*.

de la Palma SO : 8 km 41 15 40 – Iberia : Apurón 1 41 41 43.

para Tenerife, Gran Canaria, Fuerteventura, Lanzarote y la Península : Cía. Aucona : General Mola 2 41 11 21, Telex 92387.

Recinto portuario 41 12 06.

San Miguel sin rest, av. Puente 31 41 12 43, Telex 92566 – wc . VISA.
144 hab 1 875/2 800.

Parador Nacional de la Palma, av. Blas Pérez González 34 41 23 40, , Decoración regional – wc . AE E VISA.
Com 1 100 – 300 – **28 hab** 3 200/4 000.

Mayantigo, Álvarez de Abreu 68 41 17 40, – wc wc
47 hab.

Canarias, sin rest, A. Cobrera Pinto 27 41 31 82 – wc wc
14 hab.

MERCEDES-BENZ La Portada 41 11 06
RENAULT Miguel Sosvilla 1 41 21 11
SEAT General Mola 42 41 20 17

CANDANCHÚ Huesca 42 ⑰ y 990 ⑧ – alt. 1 560 – ✉ Canfranc – ☎ 974 – Deportes de invierno : ⛷13.
Alred. : Puerto de Somport** N : 2 km.
♦Madrid 513 – Huesca 123 – Oloron-Ste-Marie 55 – ♦Pamplona 143.

Edelweiss ⚘, ☎ 37 32 00, ≤ alta montaña – |⇕| Ⓟ. AE VISA. ⚔ rest
20 junio-15 septiembre y diciembre-abril – Com 1 150 – ☕ 400 – **76 hab** 3 100/4 500 – P 5 375/6 775.

Tobazo ⚘, ☎ 37 31 25, ≤ alta montaña – ▥ ⛀wc ⛆wc ☎ Ⓟ. VISA. ⚔ rest
15 julio-15 septiembre y diciembre-abril – Com 700 – ☕ 180 – **52 hab** 1 500/2 800 – P 2 700/2 800.

Candanchú ⚘, ☎ 37 30 25, ≤ alta montaña – ▥ ⛀wc ☎ 🚗 Ⓟ. AE ⓓ VISA. ⚔ rest
julio-agosto y diciembre-abril – Com 900 – ☕ 220 – **48 hab** 1 900/3 200 – P 3 300/3 600.

CANDÁS Oviedo 990 ④ – ☎ 985 – Playa.
ℹ Braulio Busto 2 bajo ☎ 87 05 97.
♦Madrid 477 – Avilés 17 – Gijón 14 – ♦Oviedo 42.

Marsol Ⓜ sin rest, Astilleros ☎ 87 01 00, ≤ – |⇕| 🚗. AE ⓓ E VISA. ⚔
☕ 175 – **64 hab** 2 200/4 000.

RENAULT San Antonio ☎ 87 09 32

CANDELARIO Salamanca 990 ⑭ – 1 362 h. alt. 1 200 – ☎ 923.
Ver : Pueblo típico*.
♦Madrid 215 – ♦Ávila 109 – Plasencia 67 – ♦Salamanca 76.

Cristi ⚘, pl. de Béjar 1 ☎ 40 29 76 – ⛀wc. ⚔
junio-septiembre – Com 600 – ☕ 135 – **40 hab** 1 150/2 000 – P 2 150/2 300.
Ver también : ***Béjar*** NO : 4 km.

CA'N FITA Baleares 43 ⑱ – ver Baleares (Ibiza) : Santa Eulalia del Río.

CANFRANC-ESTACIÓN Huesca 42 ⑰ y 990 ⑧ – 656 h. – ☎ 974 – ver aduanas p. 14 y 15.
ℹ av. Fernando el Católico 3 ☎ 37 31 41.
♦Madrid 504 – Huesca 114 – ♦Pamplona 134.

Ara, av. Fernando el Católico 1 ☎ 37 30 28, ≤ – ▥ ⛀wc ⛆wc 🚗 Ⓟ. VISA. ⚔ hab
10 julio-agosto y 24 diciembre-10 abril – Com 750 – ☕ 175 – **33 hab** 800/2 050 – P 2 000/2 225.
Ver también : ***Candanchú*** N : 9 km.

CANGAS DE MORRAZO Pontevedra 990 ①② – ☎ 986 – Playa.
♦Madrid 629 – Pontevedra 33 – ♦Vigo 24.

en la carretera de Bueu (por la costa) O : 1 km – ✉ Cangas – ☎ 986 :

Casa Simón, ☎ 30 00 16, Pescados y mariscos – Ⓟ. VISA. ⚔
cerrado lunes y 27 septiembre-19 octubre – Com carta 850 a 1 700.

CITROEN av. Orense 5 ☎ 30 01 90
RENAULT Rodeira ☎ 30 20 50
SEAT Rodeira ☎ 30 01 50
TALBOT av. de Vigo ☎ 30 03 50

CANGAS DE ONÍS Oviedo 990 ④ – 6 414 h. (incl. Covadonga) – ☎ 985.
Alred. : Desfiladero de los Beyos*** S : 18 km – Las Estazadas ☼** E : 22 km – Gargantas del Ponga* S : 11 km.
♦Madrid 419 – ♦Oviedo 74 – Palencia 193 – ♦Santander 147.

Ventura, av. de Covadonga 3 ☎ 84 82 00 – |⇕| ▥ ⛀wc ⛆wc ☎. AE E. ⚔
Com 600 – ☕ 150 – **16 hab** 1 920/3 000 – P 2 420/2 615.

Piloña, San Pelayo 19 ☎ 84 80 88 – |⇕| ▥ ⛆wc. VISA. ⚔
Com 600 – ☕ 140 – **18 hab** 1 690/2 175.

SEAT La Vega de los Caseros ☎ 84 83 82
TALBOT Cãno ☎ 84 84 14

CANIDO Pontevedra – ver Vigo.

CANILLO Andorra 43 ⑥ – ver Andorra (Principado de).

CA'N PASTILLA Baleares 43 ⑲ – ver Baleares (Mallorca) : Palma de Mallorca.

Cet ouvrage n'est pas un répertoire de tous les hôtels et restaurants,
ni même de tous les bons hôtels et restaurants d'Espagne et du Portugal.
Comme nous cherchons à rendre service à tous les touristes
nous semmes amenés à indiquer des établissements
de toutes les classes et à n'en citer que quelques-uns de chaque sorte.

CANTALEJO Segovia 990 ⑮ – 3 529 h. – ☎ 911.
Alred. : Turegano : ≤* de la Plaza Mayor – Castillo* SO : 15 km.
♦Madrid 135 – ♦Burgos 137 – ♦Segovia 54 – Soria 167 – ♦Valladolid 86.

Romi, Onésimo Redondo 12 ☎ 52 02 11 – 🛗 ⋒wc – **16 hab**.

CITROEN carret. de Aranda ☎ 52 02 16
FORD carret. de Segovia ☎ 52 07 71
RENAULT carret. Segovia - Aranda km 50,7 ☎ 52 03 42
SEAT La Asomadilla ☎ 52 00 16

CANTAVIEJA Teruel 990 ⑱ – 895 h.
♦Madrid 392 – Teruel 91.

Balfagón, carret. de Iglesuela ☎ 45 – 🛗 ⇔wc ⇐ Ⓟ. ✂
Com 560 – ☐ 125 – **14 hab** 600/1 450 – P 1 775/1 900.

CAN TONIGRÓS Barcelona 43 ⑧ – ☎ 93.
♦Madrid 662 – ♦Barcelona 92 – Ripoll 52 – Vic 26.

Can Tonigrós, carret. de Olot, ✉ Santa María de Corcó, Telex 856 50 47 – 🛗 ⇔wc ⋒wc Ⓟ
19 hab.

CANYELLES PETITES Gerona 43 ⑨ – ver Rosas.

LAS CAÑADAS DEL TEIDE Santa Cruz de Tenerife – ver Canarias (Tenerife).

CAÑETE Cuenca 990 ㉗ – 1 039 h. – ☎ 966.
♦Madrid 230 – Cuenca 67 – Teruel 77.

✕ **Hostería de Cañete** ⛰ con hab, carret. N 420 ☎ 34 60 45 – 🛗 ⋒wc Ⓟ. ✂
cerrado enero-febrero – Com 545 – ☐ 100 – **11 hab** 1 090/1 440.

La CAÑIZA Pontevedra 990 ② – 8 287 h. – ☎ 986.
Ver : NO : carretera** de la Cañiza a Pontevedra ☼**.
♦Madrid 548 – Orense 49 – Pontevedra 76 – ♦Vigo 57.

en la carretera N 120 E : 1 km – ✉ La Cañiza – ☎ 986 :

O'Pozo, ☎ 65 10 50, ⛱ – 🛗 ⇔wc Ⓟ. E VISA. ✂
Com 800 – ☐ 175 – **20 hab** 1 600/2 500 – P 2 750/3 100.

RENAULT carret. Madrid-Vigo km 584 ☎ 65 11 26

CAPILEIRA Granada 446 V 19 – 797 h.
♦Madrid 505 – ♦Granada 76 – Motril 51.

✕ **Mesón Alpujarreño "Casa Ybero",** Parra 1, Decoración típica
cerrado domingo noche – Com carta 400 a 800.

CARAVIA Oviedo – 775 h. – ☎ 985.
Alred. : Mirador del Fito ☼*** S : 8 km.
♦Madrid 508 – Gijón 57 – ♦Oviedo 73 – ♦Santander 140.

Caravia, carret. N 632 ☎ 85 30 14 – ⋒wc Ⓟ. ✂ rest
Com 700 – ☐ 150 – **20 hab** 1 100/1 650 – P 2 225/2 500.

CARBALLINO Orense 990 ② – 80 210 h. – ☎ 988 – Balneario.
♦Madrid 528 – Orense 29 – Pontevedra 76 – Santiago de Compostela 86.

Arenteiro, sin rest, Alameda 19 ☎ 27 05 50 – |♦| 🛗 ⇔wc ☎ – **45 hab**.

CARBONERO EL MAYOR Segovia 990 ⑮ – 2 533 h. – ☎ 911.
♦Madrid 115 – ♦Segovia 28 – ♦Valladolid 82.

✕ Mesón Riscal, carret. de Segovia ☎ 56 02 89 – Ⓟ. ✂
cerrado del 15 al 30 septiembre.

RENAULT carret. Madrid-León ☎ 56 02 33
SEAT carret. Madrid-León ☎ 56 01 85

CARDONA Barcelona 43 ⑦ y 990 ⑲ – 6 822 h. alt. 750 – ☎ 93.
ℹ Ayuntamiento ☎ 869 10 00.
♦Madrid 596 – ♦Lérida 127 – Manresa 32.

Parador Nacional Duques de Cardona ⛰, Castillo ☎ 869 12 75, ≤ valle y montaña, « Instalado en un antiguo castillo medieval » – |♦| ▤ Ⓟ. AE ⓓ E VISA. ✂
Com 1 100 – ☐ 300 – **65 hab** 3 200/4 000.

✕ **Perico** con hab, pl. del Valle 18 ☎ 869 10 20 – 🛗 ⋒wc. ✂ rest
cerrado 15 septiembre-15 octubre – Com *(cerrado lunes excepto agosto)* 525 – ☐ 150 – **14 hab** 700/1 200 – P 1 500/1 600.

SEAT carret. del Miracle ☎ 869 12 58

CARIÑENA Zaragoza 43 ⑪ y 990 ⑰ – 3 010 h. alt. 591 – ☎ 976.
Alred. : Fuendetodos : Casa de Goya (exposición* de diapositivas) E : 24 km.
♦Madrid 284 – Soria 141 – ♦Zaragoza 47.

Cariñena, carret. de Teruel ☎ 62 02 50 – rest wc P.
Com 725/1 100 – 150 – **30 hab** 1 375/1 775 – P 2 725/3 125.

La CARLOTA Córdoba 446 S 15 – 7 776 h. alt. 213 – ☎ 957.
♦Madrid 428 – ♦Córdoba 30 – ♦Granada 193 – ♦Sevilla 108.

en la carretera N IV NE : 2 km – ✉ La Carlota – ☎ 957 :

El Pilar, ☎ 30 01 67 – rest wc P.
Com 400 – 85 – **83 hab** 600/1 000.

SEAT av. Nuestra Señora del Carmen ☎ 30 00 51
RENAULT La Redonda ☎ 30 01 46

CARMONA Sevilla 446 T 13 – 21 548 h. alt. 248 – ☎ 954.
Ver : Iglesia de Santa María (bóvedas*).
♦Madrid 503 – ♦Córdoba 105 – ♦Sevilla 33.

Parador Nacional Alcázar del Rey Don Pedro, ☎ 14 10 10, ≤ vega del Corbones, « Conjunto de estilo mudéjar - decoración elegante », – P – AE E VISA.
Com 1 100 – 300 – **55 hab** 3 200/4 000.

RENAULT carret. N IV km 510 ☎ 14 02 98
SEAT carret. N IV km 509 ☎ 14 00 60

CARMONA Cantabría – ver Puentenansa.

La CAROLINA Jaén 446 R 19 – 16 855 h. alt. 205 – ☎ 953 – Plaza de toros.
♦Madrid 267 – ♦Córdoba 131 – Jaén 66 – Úbeda 50.

La Perdiz, carret. N IV ☎ 66 03 00, Telex 27578, « Bonito conjunto de estilo rústico » – P. AE E VISA. rest
Com 1 050 – 260 – **89 hab** 2 750/3 500 – P 3 750/4 750.

Gran Parada sin rest y sin , carret. N IV ☎ 66 02 75 – wc wc P. VISA.
24 hab 1 000/1 700.

en Las Navas de Tolosa NE : 4 km – ✉ La Carolina – ☎ 953 :

Orellana, carret. N IV ☎ 66 03 04, – wc P
Com 575 – 190 – **18 hab** 2 400.

CITROEN av. Carlos III 55 ☎ 66 07 59
RENAULT carret. N IV km 269 ☎ 66 03 62
SEAT-FIAT carret. N IV km 270,3 ☎ 66 01 02
TALBOT carret. Madrid km 269 ☎ 66 04 13

CARRACEDELO León 990 ③ – ver Ponferrada.

CARRIL Pontevedra – ver Villagarcía de Arosa.

CARTAGENA Murcia 445 T 27 – 158 180 h. (incl. Cabo de Palos) – ☎ 968 – Plaza de toros.
para Canarias : Cía Aucona, Marina Española 7 ☎ 50 12 00, Telex 67148.
pl. Castellini 5 ☎ 50 75 49.
♦Madrid 439 – ♦Alicante 110 – Almería 241 – Lorca 82 – ♦Murcia 49.

Cartagonova y Rest. Florida M, Marcos Redondo 3 ☎ 50 42 00, Telex 67771 –
126 hab.

Alfonso XIII, paseo Alfonso XIII - 30 ☎ 52 00 00, Telex 67771 – wc wc P – AE E VISA. rest
Com 650 – 150 – **239 hab** 1 590/2 635 – P 2 550/2 820.

Mediterráneo y Rest. Chamonix, puerta de Murcia 11 ☎ 50 74 00 – rest wc . AE E VISA. rest
Com *(cerrado domingo noche en verano)* carta 715 a 1 430 – 150 – **46 hab** 1 500/2 500 – P 3 080/3 325.

Los Habaneros, San Diego 60 ☎ 50 52 50 – rest wc . E VISA.
Com 500/700 – 125 – **70 hab** 900/1 400 – P 1 660/1 860.

XXX Anibal, Callejón de la Parra - Edificio Gran Hotel ☎ 50 13 45 – .

XX Mesón Montería, pl. Cuartel del Rey 5 ☎ 50 84 08 – .

X **Mare Nostrum,** paseo Alfonso XII, Puerto ☎ 52 21 31, ≤, Pescados y mariscos – VISA.
Com carta 720 a 1 370.

AUSTIN-MORRIS-MG-MINI Ramón y Cajal 47 y 49 ☎ 51 26 94
CITROEN-PEUGEOT carret. de la Palma km 2 ☎ 51 61 11
FORD Jimenez de la Espada 9 ☎ 50 22 55
MERCEDES-BENZ pl. Espãna 5 ☎ 50 33 38
PEUGEOT-CITROEN paseo Alfonso XIII-73 ☎ 50 53 58
RENAULT carret. N 332 km 2 ☎ 51 10 25
RENAULT Dr Marañón 4 ☎ 50 20 20
SEAT-FIAT Carmen 50 ☎ 51 50 50
SEAT av. Capitán General Muñoz Grandes ☎ 51 50 50
TALBOT carret. de Madrid km 432 ☎ 50 35 92

CARVAJAL Málaga 446 W 16 – ver Fuengirola.

CASAS DE ALCANAR Tarragona – ver Alcanar.

CASCANTE Navarra 42 ⑮ y 990 ⑰ – 3 468 h. – ✆ 948.
♦Madrid 307 – ♦Logroño 104 – ♦Pamplona 94 – Soria 81 – ♦Zaragoza 85.

X Mesón Ibarra, Vicente Tutor 13 ☎ 85 04 77, Decoración rústica – ▤.

C'AS CATALÁ Baleares 43 ⑲ – ver Baleares (Mallorca) : Palma de Mallorca.

CASPE Zaragoza 43 ⑬⑭ y 990 ⑱ – 8 316 h. alt. 152 – ✆ 976.
ℹ pl. de España 8 ☎ 63 11 31.
♦Madrid 397 – ♦Lérida 116 – Tortosa 95 – ♦Zaragoza 108.

Mar de Aragón sin rest, pl. de la Estación ☎ 63 03 13 – 🛗 ▥ ⛀wc 🚗. VISA. ✂
☕ 190 – **22 hab** 700/1 200.

CITROEN-PEUGEOT urbanización Torre Salamanca ☎ 63 11 19
RENAULT av. Jordana de Pozas 16 ☎ 63 06 00
SEAT de Madrid 7 ☎ 63 01 74
TALBOT av. Goya ☎ 63 08 34

CASTELLA Alicante 445 Q 27 – 6 301 h. – ✆ 965.
♦Madrid 376 – ♦Albacete 129 – ♦Alicante 37 – ♦Valencia 138.

en la carretera de Villena N : 2,5 km – ✉ Castella – ✆ 965 :

XX Izaskun, ☎ 56 08 08, 🏞 – Ⓟ.

CASTELLAR DEL VALLÉS Barcelona 43 ⑰⑱ y 990 ⑲⑳ – 9 674 h. – ✆ 93.
♦Madrid 625 – ♦Barcelona 28 – Sabadell 8.

en la carretera de Terrassa SO : 5 km – ✉ Castellar del Vallés – ✆ 93 :

XX **Can Font,** ☎ 714 53 77, Decoración rústica catalana, 🏊 (de pago), 🎾 – Ⓟ. E VISA
Com *(cerrado martes)* carta 1 100 a 1 950.

RENAULT passeig 72 ☎ 714 51 91
SEAT carret. Prats de Llusanes km 6,4 ☎ 714 51 58

CASTELLAR DE NUCH o **CASTELLAR DE N'HUG** Barcelona 43 ⑦ – 153 h. alt. 1 395 – ✆ 93.
♦Madrid 666 – Manresa 89 – Ripoll 39.

Les Fonts 🐌, SO : 3 km ☎ 823 60 89, ≤, 🏞 – ▥ ⛆wc Ⓟ – *temp.* – **42 hab**.
X Cal Armengou, con hab, pl. Església ☎ 623 60 94, ≤ – ⛆wc – **7 hab**.

CASTELLCIUTAT Lérida 43 ⑥ – ver Seo de Urgel.

CASTELLDEFELS Barcelona 43 ⑰ y 990 ⑲ – 20 048 h. – ✆ 93 – Playa.
ℹ pl. Rosa de los Vientos ☎ 624 23 01.
♦Madrid 615 – ♦Barcelona 24 – Tarragona 72.

barrio de la playa :

Neptuno, paseo Garbi 74 ☎ 665 14 50, « Entre los pinos », 🏊, 🏞, 🎾 – 🛗 ▤ Ⓟ. AE ⓓ E VISA. ✂ rest
Com 1 200 – ☕ 280 – **40 hab** 2 500/4 000 – P 4 000/4 500.

Rancho, paseo de la Marina 212 ☎ 665 19 00, Telex 57638, « Terraza con arbolado », 🏊, 🎾 – 🛗 ▥ ⛀wc ⛆wc ☎. ✂ rest
Com 1 000 – ☕ 250 – **60 hab** 2 300/3 000 – P 3 300/4 100.

Mediterráneo, paseo Marítimo 294 ☎ 665 21 00, 🏊 – 🛗 ▥ ▤ rest ⛀wc ⛆wc ☎ 🚗 – 🏢. AE E VISA. ✂ rest
Com 950 – ☕ 250 – **47 hab** 1 800/3 200 – P 3 425/3 625.

Elvira, calle 22 de la Pineda 13 ☎ 665 15 50, « En la pineda », 🏊 – ▥ ⛀wc ⛆wc ☎ Ⓟ. ✂ rest
cerrado enero-febrero – Com *(cerrado miércoles)* 690 – ☕ 180 – **31 hab** 1 520/2 220 – P 2 290/2 700.

Luna, paseo de la Marina 155 ☎ 665 21 50, 🏊, 🏞 – ▥ ⛀wc ☎ Ⓟ. AE ⓓ E VISA. ✂ rest
Com 1 000 – ☕ 250 – **29 hab** 1 800/3 500 – P 3 550/4 600.

Solifemar, paseo Marítimo 38 ☎ 665 19 44, ≤ – ⛆wc Ⓟ. ✂ rest
Com 800 – ☕ 225 – **20 hab** 1 400 – P 2 200.

X **La Torreta,** paseo Marítimo 178 ☎ 665 35 22 – E VISA. ✂
cerrado lunes – Com carta 1 100 a 2 200.

X El Comodín, paseo Marítimo 44 ☎ 665 43 05.

X **La Canasta,** pl. del Mar 3 ☎ 665 68 57
cerrado martes – Com carta 1 200 a 2 300.

X **Julepe,** av. de los Baños 41 ☎ 665 68 00 – E VISA
cerrado lunes – Com carta 1 275 a 1 850.

en Torre Barona - por la carretera C 245 SO : 2,5 km – ✉ Castelldefels – ☎ 93 :

G. H. Rey Don Jaime, ☎ 665 13 00, « Parque con arbolado », ⛱, – rest – AE VISA. rest
Com 1 250 – 275 – **78 hab** 2 845/4 930 – P 4 805/5 185.

en la carretera C 246 – ✉ Castelldefels – ☎ 93 :

Riviera, E : 2 km ☎ 665 14 00 – wc wc
temp. – **35 hab**.

Las Botas, SO : 3 km ☎ 665 18 24, Decoración típica – E VISA.
cerrado lunes excepto festivos y vísperas – Com carta 950 a 1 800.

La Bonne Table, SO : 3,5 km ☎ 665 37 55, , Rest. francés – VISA
cerrado lunes y noviembre – Com carta 1 080 a 1 450.

FIAT-SEAT av. A. Balaguer 87 ☎ 665 05 45 RENAULT av. Vía Triunfal 236 ☎ 665 15 75

CASTELL DE FERRO Granada 446 V 19 – ☎ 958.

Alred. : Carretera★★ de Castell de Ferro a Calahonda.

♦Madrid 528 – Almería 90 – ♦Granada 99 – ♦Málaga 131.

Paredes, paraje del Sotillo 1 ☎ 60 24 12 (ext. 19), – wc wc . E VISA. rest
Com 775 – 140 – **27 hab** 1 175/1 825 – P 2 395/2 600.

Ibérico, carret. de Motril ☎ 60 24 08 (ext. 39) – wc wc . AE. rest
cerrado noviembre – Com 550 – 125 – **18 hab** 900/1 450 – P 1 765/1 940.

CASTELL DE GUADALEST Alicante 445 P 29 – ☎ 965.

Ver : Situación★.

♦Madrid 435 – Alcoy 36 – ♦Alicante 65 – ♦Valencia 147.

Xorta, carret. de Callosa de Ensarría, ✉ Guadalest, ☎ 88 13 87, <, – . VISA
Com carta 570 a 1 275.

CASTELLÓ DE AMPURIAS o **CASTELLO D'EMPÚRIES** Gerona 43 ⑨ y 990 ⑳ – 2 252 h. alt. 17 – ☎ 972.

Ver : Iglesia de Santa María (retablo★) – Costa★.

♦Madrid 753 – Figueras 8 – Gerona 46.

Emporium, Santa Clara 7 ☎ 25 05 93 – wc .
Com 600 – 140 – **44 hab** 700/1 350 – P 1 750/1 800.

en la urbanización Ampuriabrava E : 3 km – ✉ Castello d'Empúries – ☎ 972 :

Valmar, Puigmal 5 ☎ 25 00 19 – rest wc . E VISA.
cerrado 25 diciembre – Com *(cerrado lunes)* 550 – 175 – **39 hab** 975/1 760 – P 1 900.

FIAT-SEAT Aeroclub (urb. Ampuriabrava) ☎ 25 71 50

CASTELLÓN DE LA PLANA P 445 M 29 – 109 882 h. alt. 28 – ☎ 964 – Plaza de toros.

18 del Mediterráneo, urbanización la Coma N : 3,5 km por ① ☎ 23 05 52 – 9 Costa de Azahar, NE : 6 km B ☎ 22 70 64.

pl. María Agustina 5 bajo ☎ 22 77 03 – R.A.C.E. av. de Casalduch 5 ☎ 22 01 94.

♦Madrid 423 ② – Tarragona 182 ① – Teruel 147 ③ – Tortosa 121 ① – ♦Valencia 75 ②.

Plano página siguiente

Mindoro, Moyano 4 ☎ 22 23 00 – . AE E VISA. — A a
Com 865/1 030 – 270 – **114 hab** 3 120/4 740.

Myriam, sin rest, Obispo Salinas 1 ☎ 22 21 00 – wc wc — A d
25 hab.

Amat, sin rest y sin , Temprado 15 ☎ 22 06 00 – wc wc — A n
22 hab.

en El Grao E : 5 km – ✉ El Grao de Castellón – ☎ 964 :

Turcosa, Buenavista 1 ☎ 22 21 50, < – . AE VISA. rest — B b
Com 830 – 220 – **70 hab** 1 900/2 850 – P 3 025/3 500.

❀ **Rafael,** Churruca 26 ☎ 22 20 88, Pescados y mariscos – . VISA — B s
cerrado domingo, festivos, del 1 al 15 septiembre y 15 días por Navidad – Com carta 600 a 1325
Espec. Arroz a banda, Mariscos y pescaditos de la zona, Repostería de la casa.

Arrantzale, Buenavista 36 ☎ 23 00 51, – . E VISA. — B f
cerrado domingo noche y lunes – Com carta 900 a 2 050.

Club Náutico, piso 2, Escollera Poniente ☎ 22 24 90, <, – AE E VISA — B
Com carta 975 a 2 300.

Brisamar con hab, Buenavista 26 ☎ 22 29 22, – wc. E VISA. — B t
cerrado 18 septiembre-18 octubre – Com *(cerrado martes)* carta 850 a 1 680 – 120 – **12 hab** 800/1 200.

CASTELLÓN DE LA PLANA

Enmedio .... A
Arrufat Alonso .... A 2
Barrachina .... A 3
Benasal .... A 4
Buenavista .... B 7
Burriana (Av.) .... A 8
Canarias .... B 9
Cardenal Costa (Av.) .... A 13
Carmen (Pl. del) .... B 14
Churruca .... B 18
Clavé (Pl.) .... A 19
Doctor Clará (Av.) .... A 23
Espronceda (Av.) .... A 24
Guitarrista Tárrega .... A 28
Joaquín Costa .... A 29
Maestro Ripolles .... A 30
Mar (Av. del) .... A 31
Morella (Pas.) .... A 33
Oeste (Parque del) .... A 34
Orfebres Santalínea .... A 35
Rafalafena .... A 38
Sanahuya .... A 39
Sebastián Elcano .... B 40
Tarragona .... A 42
Teodoro Izquierdo (Pl.) .... A 43
Teodoro Llorente .... A 44
Treballadors de la Mar .... B 45
Valencia (Av.) .... A 46
Vinatea (Ronda) .... A 48
Zaragoza .... A 49

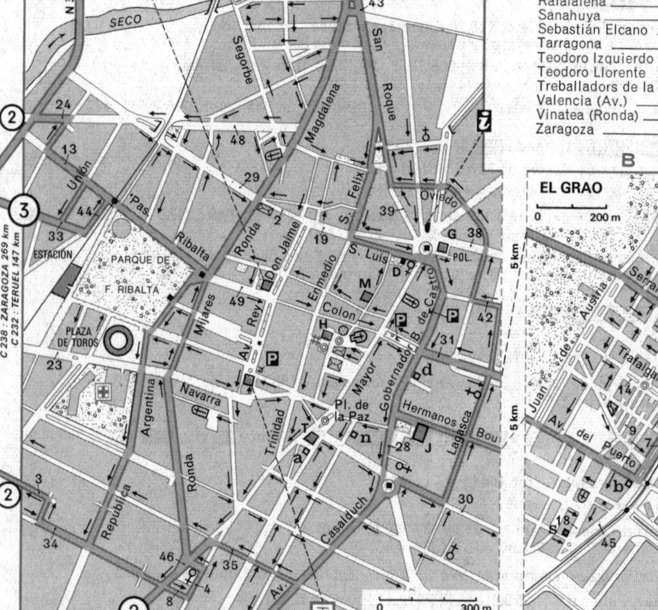

en la carretera de Alcora por ③ – ✆ 964 :

XX **El Pantano,** NO : 14 km, ✉ Alcora, ☎ 36 00 25, Decoración moderna – ▤ Ⓟ. ✂
Com carta 950 a 1 850.

XX Mas de Clara, NO : 10,5 km, ✉ San Juan de Moró, « Antigua masia decorada con elegancia » – Ⓟ.

X Mesón del Cordero, NO : 11 km, ✉ , ☎ 64 San Juan de Moró, Decoración típica regional – Ⓟ.

AUSTIN-MG-MORRIS-MINI av. Quevedo 13 ☎ 21 71 19
CITROEN av. de Valencia ☎ 21 15 00
FIAT-SEAT Herrero 34 ☎ 20 21 00
FORD carret. N 340 ☎ 21 55 11
RENAULT carret. N 340 km 66,5 ☎ 21 76 00
RENAULT carret. N 340 ☎ 21 68 05
RENAULT Jacinto Benavente 3 ☎ 21 01 65
SEAT pl. Padre Jofre ☎ 21 78 22
TALBOT carret. N 340-23 ☎ 21 64 90

CASTIELLO DE JACA Huesca 42 ⑰ – 202 h. – ✆ 974.

♦ Madrid 488 – Huesca 98 – Jaca 7.

▣ **El Mesón,** carret. de Francia 4 ☎ 36 11 78 – ▥ ⇔wc Ⓟ. ✂
Com 600 – ☕ 150 – **27 hab** 1 600 – P 1 700.

CASTILDELGADO Burgos 42 ⑬ – 126 h. – ✆ 947.

♦ Madrid 299 – ♦ Burgos 56 – ♦ Logroño 59 – ♦ Vitoria 75.

▣ **El Chocolatero,** carret. N 120 ☎ 58 00 63 – ▥ ⇔wc ⚘wc ☏ Ⓟ. VISA. ✂
Com 635 – ☕ 155 – **35 hab** 1 100/1 920 – P 2 185/2 325.

CASTILLEJA DE LA CUESTA Sevilla – 7 552 h. – ✆ 954.

♦Madrid 541 – Huelva 82 – ♦Sevilla 5.

X Mesón Alija, General Franco 88 ☎ 16 08 58.

CASTILLO DE ARO o **CASTELL D'ARO** Gerona 43 ⑨ – 3 146 h. (incl. Playa de Aro y S'Agaro) alt. 42 – ☎ 972.

♦ Madrid 712 – ♦ Barcelona 99 – Gerona 34.

XX **Mas Sicars,** carret. de Santa Cristina ☎ 81 74 97, « Decoración rústica » – P. AE ① E VISA. ✻
cerrado 8 enero-10 febrero – Com *(cerrado lunes de octubre a marzo)* carta 1 000 a 2 130.

CASTROPOL Oviedo 990 ③ – 5 328 h. – ☎ 985 – Playa.

♦ Madrid 589 – ♦ La Coruña 173 – Lugo 88 – ♦ Oviedo 154.

X **Peña-Mar,** carret. N 634 ☎ 63 08 50 (ext. 6), ← – ▤ P. VISA. ✻
Com carta 675 a 1 700.

CASTRO URDIALES Cantabria 42 ② ③ y 990 ⑥ – 12 572 h. – ☎ 942 – Playa.

Ver : Emplazamiento★.

♦ Madrid 430 – ♦ Bilbao 34 – ♦ Santander 73.

Miramar, playa ☎ 86 02 00, ← – ▤ wc ☎. AE ① E VISA. ✻ rest
15 marzo-15 octubre – Com 750 – ☐ 160 – **32 hab** 1 950/2 950 – P 2 825/3 300.

XX **Mesón El Segoviano,** piso 1, Correría 19 ☎ 86 18 59 – VISA. ✻
Com carta 1 125 a 2 275.

XX ✿ **Mesón Marinero,** piso 1, Correría 23 ☎ 86 00 05 – ▤. AE ① E VISA. ✻
Com carta 1 550 a 2 325
Espec. Lomos de merluza en salsa verde con almejas, Rape al Papillón, Tostadas de leche frita.

X **La Marina,** General Mola 18 ☎ 86 13 45
Com carta 875 a 1 700.

X **El Peñón,** Queipo de Llano 17 ☎ 86 13 54 – ① VISA. ✻
cerrado miércoles y enero-febrero – Com carta 1 000 a 1 775.

SEAT José María de Pereda 7 ☎ 86 09 42

LA CAVA Tarragona 445 J 32 – ☎ 977.

♦Madrid 513 – Castellón de la Plana 126 – Tarragona 78 – Tortosa 27.

X Mas Mollena, O : 1,5 km ☎ 48 01 26, Instalado en una antigua masía - Decoración típica – P.

CAYA Badajoz 990 ㉒ – ver aduanas p. 14 y 15.

CAZORLA Jaén 446 S 20 – 10 137 h. alt. 790 – ☎ 953 – Plaza de toros.

Alred. : Sierra de Cazorla ★★ : La Iruela (camino de los miradores★, ← ★★) N : 2 km – Carretera de acceso al Parador★ (← ★★) SE : 25 km.

Ayuntamiento ☎ 72 01 08.

♦Madrid 363 – Jaén 101 – Úbeda 46.

Guadalquivir sin rest y sin ☐, Nueva 66 ☎ 72 02 68 – AE ① E VISA. ✻ hab
8 hab 750/1 250.

X Menfila, pasaje San Francisco 2 ☎ 72 02 87 – ▤.

X **La Sarga,** pl. del Mercado ☎ 72 11 45 – ▤. VISA. ✻
Com carta 850 a 1 325.

en la carretera de la Sierra E : 2,5 km – ✉ La Iruela – ☎ 953 :

De la Paz , ☎ 72 00 15, ← – wc P. VISA. ✻
Com 625/775 – ☐ 150 – **30 hab** 950/1 650 – P 2 225/2 350.

en la Sierra de Cazorla – ✉ Cazorla – ☎ 953 :

Parador Nacional El Adelantado , E : 26 km Lugar Sacejo, alt. 1 400 ☎ 72 10 75, ← valle y montañas, « Magnífica situación en plena Sierra de Cazorla », – wc ☎ P. AE ① E VISA. ✻
Com 1 100 – ☐ 300 – **22 hab** 2 800/3 500.

Mirasierra , E : 17 km y desvío a la izquierda por carret. del Tranco NE : 19,3 km – ▤ rest wc wc P. VISA. ✻
Com 550 – ☐ 90 – **14 hab** 1 300 – P 1 675.

CEDEIRA La Coruña 990 ② – 8 054 h. – ☎ 981 – Playa.

♦Madrid 659 – ♦La Coruña 106 – Ferrol 37.

X **Paris-San-Tropez** con hab, paseo del Generalísimo 93 ☎ 48 04 30 – wc P. ✻ rest
cerrado 15 días en febrero o marzo – Com *(cerrado domingo noche)* 550/800 – ☐ 200 – **10 hab** 750/1 250 – P 1 700/2 000.

CITROEN av. de Suevos 16 ☎ 48 00 78

SEAT paseo del Generalísimo ☎ 48 00 50

CELANOVA Orense 990 ② – 8 614 h. – ✆ 988.
Ver : Monasterio (claustro ★★).
Alred. : Santa Comba de Bande (iglesia★) S : 16 km.
♦Madrid 488 – Orense 26 – ♦Vigo 99.

Betanzos ⛰, calle n° 2 ✆ 45 00 36 – wc wc.
Com 600 – 150 – **20 hab** 1 200/1 900 – P 2 250/2 500.

CITROEN carret. de Orense ✆ 45 01 33
RENAULT carret. de Orense ✆ 45 00 10
SEAT carret. de Orense ✆ 45 02 11

CELLERS Lérida 43 ⑤ – ver Sellés.

La CENIA o **La SENIA** Tarragona 990 ⑱ – 4 416 h. – ✆ 977.
♦ Madrid 526 – Castellón de la Plana 104 – Tarragona 105 – Tortosa 35.

El Trull, San Miguel 14 ✆ 71 33 02, « Decoración rústica » – AE E VISA
Com carta 775 a 1 650.

TALBOT carret. de Barcelona 16 ✆ 71 33 30

CERCEDA Madrid 990 ㊴ – ✆ 91.
♦ Madrid 47 – ♦ Segovia 60.

en la carretera Navacerrada NO : 2 km – ✉ Moralzarzal – ✆ 91 :

Gamonal, ✆ 857 40 27 – P.

CERDANYOLA Barcelona 43 ⑰ ⑱ – ver San Cugat del Valles.

CERLER Huesca 42 ⑲ y 43 ④ ⑤ 990 ⑧ – ver Benasque.

CERVERA DE PISUERGA Palencia 990 ⑤ – 3 015 h. alt. 900 – ✆ 988.
♦ Madrid 348 – ♦ Burgos 118 – Palencia 122 – ♦ Santander 129.

Parador Nacional de Fuentes Carrionas ⛰, carret. de Ruesga, NO : 2,5 km ✆ 87 01 05, « Magnífica situación con ≤ montaña y pantano de Ruesga » – P. AE E VISA.
Com 1 100 – 300 – **80 hab** 3 600/4 500.

El Resbalón, Calvo Sotelo 2 ✆ 87 02 47 – VISA.
Com carta 800 a 1 525.

FORD pl. San Roque ✆ 87 00 44
SEAT José Antonio Girón 11 ✆ 87 00 33
TALBOT José Antonio Girón ✆ 87 00 71

CESTONA Guipúzcoa 42 ④ y 990 ⑥ – 4 012 h. – ✆ 943 – Balneario.
♦Madrid 432 – ♦Bilbao 75 – ♦Pamplona 102 – ♦San Sebastián 34.

Arocena, paseo San Juan 12 ✆ 86 70 40, ≤, – P. AE E VISA. rest
julio-septiembre – Com 1 050 – 225 – **109 hab** 1 925/3 050.

Arteche, paseo San Juan ✆ 86 71 45 – wc P. rest
julio-septiembre – Com 840 – 175 – **39 hab** 1 250/1 800 – P 2 100/2 450.

CEUTA P 990 ㉝㉞ y 169 ⑦ – 67 077 h. – ✆ 956 – Playa.
Ver : Monte Hacho★ (Ermita de San Antonio ≤★★)Z.
para Algeciras : Cía. Aucona, muelle Cañonero Dato 6 ✆ 51 24 16, Telex 78080 Y.
av. Cañonero Dato ✆ 51 13 79 – R.A.C.E. (Delegación) General Franco 30 ✆ 51 17 52.

Plano página siguiente

La Muralla y Rest La Torre, pl. Virgen de África 15 ✆ 51 49 40, Telex 78087, ≤, « Bonito jardín - Hotel instalado parcialmete en la antigua muralla », – P – AE E VISA. Y **h**
Com 1 500 – 300 – **83 hab** 4 200/5 700 – P 7 000/8 500.

Vicentino, Alférez Baytón 3 ✆ 51 40 15 – Y **e**

Delfín Verde, muelle Cañonero Dato ✆ 51 24 56, ≤ – Z **x**

La Terraza, pl. Vieja 25 ✆ 51 40 29, – Y **a**

Marina, Alférez Baytón 1 ✆ 51 40 07, ≤, – Y **z**

La Campana, José Antonio 15 ✆ 51 15 08 – . Y **e**

en la playa de Benítez O : 2,5 km – ✉ Ceuta – ✆ 956 :

San Marcos, ✆ 51 63 05, ≤, – P.

en la carretera del Jaral por la playa de Benítez O : 3,5 km – ✉ Ceuta – ✆ 956 :

La Colina, subida al tiro pichón ✆ 51 74 41, ≤ mar, peñon de Gibraltar y cuestas de la península, – .

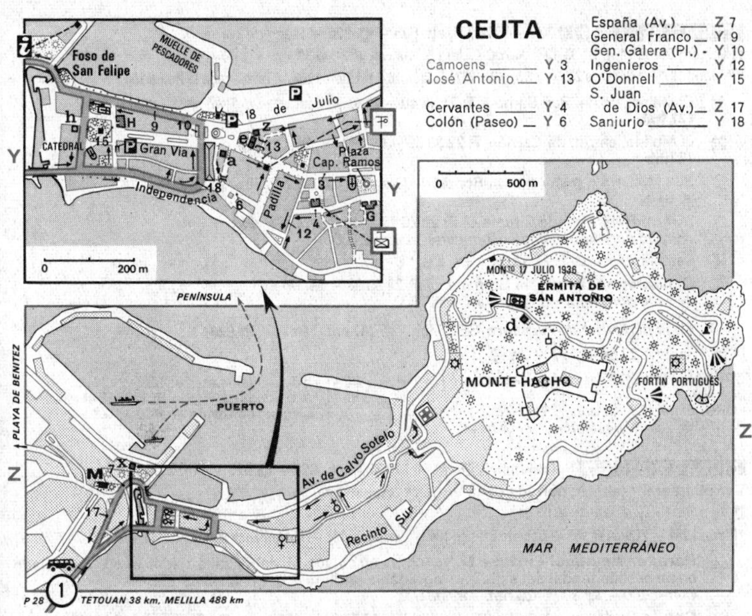

en el Monte Hacho E : 4 km – ✉ Ceuta – ☎ 956 :

✕ Mesón de Serafín, ☎ 51 40 03, ← Ceuta, mar, peñón de Gibraltar y costas de la Península Z **d**

CITROEN Muelle Cañonero Dato ☎ 51 67 43
FORD Linares 10 ☎ 51 25 10
RENAULT-MERCEDES Muelle Cañonero Dato 33 ☎ 51 52 40
SEAT-FIAT Muelle Cañonero Dato ☎ 51 27 10

CH ... – ver después de Cuzcurrita del Río Tirón.

CIGALES Valladolid – 1 600 h.
♦Madrid 194 – Palencia 34 – ♦Valladolid 12.

✕ Mesón Cigales, pl. Lagunajo ☎ 52, Decoración regional – ▤.

CINTRUÉNIGO Navarra 42 ⑮ y 990 ⑰ – 4 835 h. alt. 391 – ☎ 948.
ℹ Barón de la Torre 62 ☎ 77 33 40.
♦Madrid 308 – ♦Pamplona 87 – Soria 82 – ♦Zaragoza 99.

Maher, Ribera 19 ☎ 77 31 50 – wc wc – **22 hab**.

RENAULT carret. de Madrid km 99 ☎ 77 31 68

CIORDIA Navarra 42 ④ – 445 h. – ☎ 943.
♦Madrid 396 – ♦Pamplona 55 – ♦San Sebastián 76 – ♦Vitoria 41.

Alzania, carret. N I ☎ 56 05 50, ← – wc ☎ Ⓟ.
Com 750 – ☕ 180 – **36 hab** 1 700/2 900.

CIUDAD DUCAL Ávila 990 ㊳ – ver Las Navas del Marqués.

CIUDADELA Baleares 43 ⑩ y 990 ㉚ – ver Baleares (Menorca).

CIUDAD PUERTA DE HIERRO Madrid 990 ㊴ – ver Madrid.

Junto con esta guía, utilice los **Mapas Michelin** :
nº 990 ESPAÑA-PORTUGAL Grandes Carreteras 1/1 000 000,
nºs 42 y 43 ESPAÑA (mapas detallados) 1/400 000,
nº 37 PORTUGAL 1/500 000.

CIUDAD REAL P 990 ㉕ – 45 247 h. alt. 635 – ☎ 926 – Plaza de toros.
Carrero Blanco 1 ☎ 21 33 42 – R.A.C.E. Jara 5 - Bajo A ☎ 21 42 39.
♦ Madrid 197 – ♦Cáceres 285 – ♦Córdoba 257 – Jaén 192 – Linares 158 – Talavera de la Reina 194.

Castillos, av. del Rey Santo 8 ☎ 21 36 40 – rest wc wc
131 hab.

El Molino, carret. de Carrión ☎ 22 30 50 – wc wc
18 hab.

San Millán, sin rest y sin, Ronda de Granada 23 ☎ 22 15 79 –
30 hab.

Miami Park, Ronda Ciruela 48 ☎ 22 20 43 – . E VISA.
cerrado domingo noche – Com carta 1 000 a 2 100.

Castilla, Mata 32 ☎ 22 53 66 – . VISA.

Casablanca, Ronda de Granada 23 ☎ 22 59 98 – .
cerrado domingo – Com carta 775 a 1 800.

en la carretera de Almagro SE : 3 km – ✉ Ciudad Real – ☎ 926 :

Jani, ☎ 22 56 04, – .

CITROEN-PEUGEOT carret. de Valdepeñas km 1 ☎ 22 12 49
FORD carret. Puertollano 36 ☎ 21 27 57
RENAULT carret. de Carrión ☎ 22 08 50
SEAT-FIAT ronda de Alarcos 52 ☎ 21 27 26
SEAT-FIAT ronda de Toledo 15 ☎ 22 13 41
TALBOT ronda de Toledo 21 ☎ 22 17 00

CIUDAD RODRIGO Salamanca 990 ⑬ – 12 530 h. alt. 650 – ☎ 923 – Plaza de toros.
Ver : Catedral★ (altar★, portada de la Virgen★, claustro★).
Arco de Amayuelas 6 ☎ 46 05 61.
♦Madrid 294 – ♦Cáceres 155 – Castelo Branco 164 – Plasencia 124 – ♦Salamanca 89.

Parador Nacional Enrique II (obras en curso), pl. del Castillo 1 ☎ 46 01 50, « Instalado en un castillo feudal del siglo XV - agradable jardín » – . AE E VISA.
Com 1 100 – 300 – **28 hab** 2 800/3 500.

Conde Rodrigo, pl. de San Salvador 7 ☎ 46 14 04 – rest . AE E VISA.
Com 950 – 200 – **31 hab** 2 000/3 000 – P 3 250/3 750.

El Cruce, carret. de Portugal 4 ☎ 46 04 50 – wc wc
40 hab.

Mayton, José Antonio 7 ☎ 46 07 20 –
cerrado lunes y del 1 al 20 octubre – Com carta 1 000 a 1 850.

Casa Antonio, Gigantes 3 ☎ 46 00 22 – .
cerrado lunes y del 1 al 15 septiembre – Com carta 910 a 1 510.

CITROEN carret. de Salamanca km 320,7 ☎ 46 05 04
FORD carret. de Salamanca 27 ☎ 46 08 12
RENAULT carret. de Salamanca 24 ☎ 46 01 08
SEAT carret. de Salamanca ☎ 46 09 43
TALBOT carret. de Salamanca 5 ☎ 46 04 07

COCA Segovia 990 ⑮ – 2 086 h. alt. 789 – Plaza de toros.
Ver : Castillo★★.
♦Madrid 137 – ♦Segovia 50 – ♦Valladolid 62.

COCENTAINA Alicante 445 P 28 – 10 030 h. alt. 445 – ☎ 965.
♦Madrid 397 – ♦Alicante 63 – ♦Valencia 104.

Odón, av. del País Valencia 145 ☎ 59 12 12 – rest wc wc –
52 hab.

L'Escaleta, av. del País Valencia 119 ☎ 59 24 17 – . E VISA.
cerrado del 15 al 30 agosto.

RENAULT Generalísimo 31 ☎ 59 12 51
SEAT av. Pío XII ☎ 59 04 52

COFRENTES Valencia 445 O 26 – 984 h. alt. 437 – Balneario.
♦Madrid 316 – ♦Albacete 93 – ♦Alicante 141 – ♦Valencia 106.

en la carretera de Casas Ibáñez O : 4 km – ✉ Cofrentes – ☎ 96 :

Baln. Hervideros de Cofrentes, ☎ 219 60 25, « En un parque », – wc wc
temp. – **60 hab.**

COLERA Gerona 43 ⑨ – 450 h. – ☎ 972 – Playa.
♦ Madrid 775 – Gerona 68 – Port-Bou 6.

La Gambina, paseo Marítimo 4 ☎ 38 90 14, ← – wc
cerrado enero-febrero – Com *(cerrado jueves excepto en verano)* 575 – 175 – **27 hab** 900/1 700 – P 2 175/2 225.

COLINDRES Cantabria 42 ② y 990 ⑤ – 4 380 h. – ☎ 942 – Playa.
♦Madrid 423 – ♦Bilbao 62 – ♦Santander 45.

- **Montecarlo**, Ramón Pelayo 9 ☎ 65 01 63 – rest wc ☎
24 hab.

SEAT Saenz Ezquerra 43 ☎ 65 00 00
TALBOT Saenz Ezquerra 47 ☎ 65 02 25

COLMENAR VIEJO Madrid 990 ⑮ y ㊴ – 15 950 h. alt. 883 – ☎ 91 – Plaza de toros.
♦Madrid 32.

- XX Marbella, carret. de Miraflores ☎ 845 03 26, , Decoración castellana – Ⓟ.
- X **Mesón Madreña de Oro**, Real 18 ☎ 845 11 71, Decoración rústica – AE E VISA.
Com carta 950 a 1 950.

CITROEN-PEUGEOT av. La Libertad 64 ☎ 845 18 68
TALBOT av. La Libertad 55 ☎ 845 04 23
RENAULT carret. Madrid-Colmenar km 27,3 ☎ 845 03 74

COLOMBRES Oviedo 990 ⑤ – alt. 110 – ☎ 985 – Playa.
♦Madrid 436 – Gijón 122 – ♦Oviedo 132 – ♦Santander 79.

en la carretera N 634 – ✉ Colombres – ☎ 985 :

- **San Angel**, NO : 2 km ☎ 41 20 00, ←, , – Ⓟ. AE E VISA.
cerrado enero-marzo – Com 1 095 – 205 – **77 hab** 2 730/3 825 – P 3 915/4 730.
- **Junco**, NO : 1,5 km ☎ 41 22 43 – wc Ⓟ.
Com 500 – 125 – **25 hab** 650/1 650 – P 1 900/2 100.

La COLONIA Madrid – ver Torrelodones.

COLLBATÓ Barcelona 43 ⑰ – 469 h. alt. 388 – ☎ 93.
♦Madrid 585 – ♦Barcelona 44 – ♦Lérida 116 – Manresa 24.

en la carretera N II S : 1,5 km – ✉ Collbató – ☎ 93 :

- XX **Montserrat Exprés**, ☎ 777 02 90, ←, de pago, – Ⓟ. E VISA
Com carta 965 a 2 175.

COLL D'EN RABASSA Baleares 43 ⑲ – ver Baleares (Mallorca) : Palma de Mallorca.

COMARRUGA Tarragona 43 ⑯⑰ y 990 ⑲ – ☎ 977 – Playa.
♦Madrid 567 – ♦Barcelona 81 – Tarragona 24.

- **G. H. Europe**, vía Palfuriana ☎ 68 04 11, ←, climatizada, – Ⓟ. E VISA.
abril-15 octubre – Com 1 400 – 300 – **154 hab** 2 400/4 200 – P 3 600/3 800.
- **Brisamar**, Buenaventura Trillas ☎ 68 00 11, ← – wc ☎. E VISA
mayo-septiembre – Com 650 – 200 – **102 hab** 2 100/3 000 – P 2 600/3 200.
- **Casa Martí**, Villafranca 8 ☎ 68 01 11, ←, – wc ☎ Ⓟ. E VISA.
abril-septiembre – Com 800 – 175 – **106 hab** 1 700/2 600 – P 2 650/3 050.
- XX **Joila**, av. Buenaventura Trillas 24 ☎ 68 08 27 – . E VISA.
cerrado lunes y noviembre – Com carta 1 050 a 2 200.
- XX **Vehils-Guasch**, paseo Marítimo ☎ 68 03 20, ←,
cerrado miércoles y noviembre-marzo – Com carta 900 a 2 040.

COMBARRO Pontevedra 990 ② – ☎ 986 – Playa.
Alred. : Pueblo pesquero★.
♦Madrid 610 – Pontevedra 6 – Santiago de Compostela 63 – ♦Vigo 29.

- **Stella Marís** sin rest, carret. de la Toja ☎ 77 01 02, ← – wc ☎ Ⓟ.
175 – **35 hab** 1 800/2 500.

COMILLAS Cantabría 990 ⑤ – 2 363 h. – ☎ 942 – Playa.
Aldea 6, apartado, ✉ 26 ☎ 72 07 68.
♦Madrid 412 – ♦Burgos 169 – ♦Oviedo 152 – ♦Santander 49.

- **Casal del Castro**, San Jerónimo ☎ 72 00 36 – wc ☎ Ⓟ.
15 junio-15 septiembre – Com 1 150 – 225 – **45 hab** 2 100/2 800 – P 3 550/4 250.
- X **Adolfo**, paseo Garelli – . VISA.
Com carta 815 a 1 985.
- X ❀ **Colasa** con hab, Antonio López 9 ☎ 72 00 01, « Antigua casa de estilo regional » – wc.
junio-septiembre – Com carta 1 300 a 2 050 – 150 – **11 hab** 1 650 – P 2 325
Espec. Menestra, Merluza en cazuela, Solomillo.

CONDADO DE SAN JORGE Gerona 43 ⑨ – ver Playa de Aro.

CONIL DE LA FRONTERA Cádiz 446 X 11 – 11 926 h. – 956 – Playa.

Alred. : Vejer de la Frontera ≤ ★ SO : 17 km – ♦Madrid 657 – Algeciras 87 – ♦Cádiz 40 – ♦Sevilla 149.

Espada, prolongación San Sebastián 44 07 80, – wc . E. rest
Com 850 – 180 – **48 hab** 1 650/2 750 – P 3 450/4 550.

en la playa NO : 2,5 km – Conil de la Frontera – 956 :

Flamenco, Fuente del Gallo 44 07 11, Telex 76121, « Magnífica situación, ≤ mar », – .
abril-15 octubre – Com 1 150 – 375 – **84 hab** 3 000/3 750 – P 4 075/5 200.

CÓRDOBA P 446 S 15 – 255 250 h. (incl. Alcolea) alt. 124 – 957 – Plaza de toros.

Ver : Mezquita★★★ (mihrab★★★), Catedral (sillería★★, púlpitos★★) AZ – Judería★★ AZ – Alcázar★ (mosaicos★, sarcófago★, jardines★) AZ – Museo arqueológico★ AZ **M2**.

Alred. : Medina Azahara★ (≤★) O : 6 km por C 431 X.

Los Villares N : 9 km por av. del Brillante (V) 22 58 22.

de Córdoba SO : 7 km 23 23 00 – Iberia : av. Generalísimo 3 (AY) 22 59 20.

Hermanos González Murga 13 22 12 05 y pl. de Judá Levi 29 07 40 – R.A.C.E. Fray Luis de Granada 6 22 64 34.

♦ Madrid 398 ② – ♦ Badajoz 264 ① – ♦ Granada 171 ③ – ♦ Málaga 174 ④ – ♦ Sevilla 138 ④.

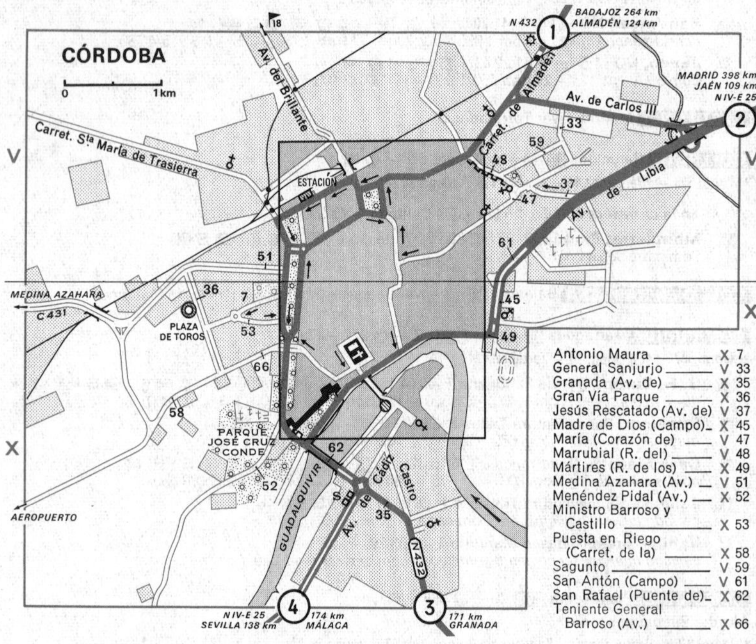

Meliá Córdoba, jardines de la Victoria 29 80 66, Telex 76591, « Agradable terraza con flores », – – . E VISA. AZ **p**
Com 1 685 – 315 – **106 hab** 3 070/5 605.

Gran Capitán, av. de América 5, 8, 22 19 55 – – . E VISA AY **c**
Com 1 350 – 250 – **97 hab** 3 275/4 350.

Los Gallos, av. Medina Azahara 7, 5, 23 55 00, Telex 76566, – . E VISA. AY **e**
Com 1 300 – 350 – **105 hab** 2 500/3 500 – P 4 110/4 860.

Maimónides sin rest, Torrijos 4, 3, 22 38 56 – . E VISA. AZ **e**
275 – **61 hab** 2 440/4 000.

El Califa sin rest, Lope de Hoces 14, 3, 29 94 00 – wc AZ **b**
255 – **50 hab** 2 065/3 410.

Selu sin rest, Eduardo Dato 7, 3, 22 38 67, Telex 72539 – wc wc . E VISA AZ **s**
150 – **118 hab** 1 400/2 175.

Colón sin rest, Alhaken II-4, 8, 22 62 23 – wc wc AY **z**
200 – **40 hab** 1 300/2 300.

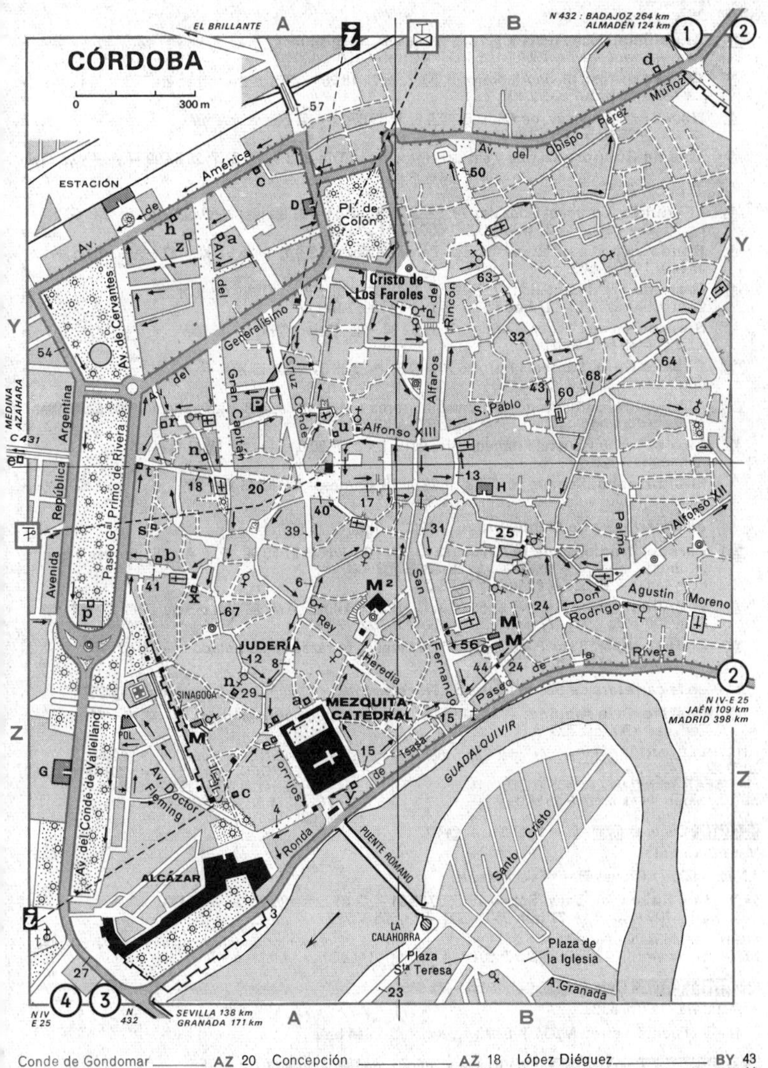

Conde de Gondomar .... AZ 20
Cruz Conde .... AY

Alcázar (Av. del) .... AZ 3
Amador de los Ríos .... AZ 4
Angel Saavedra .... AZ 6
Blanco Belmonte .... AZ 8
Buen Pastor .... AZ 12
Calvo Sotelo .... BYZ 13
Cardenal González .... ABZ 15
Claudio Marcelo .... AZ 17

Concepción .... AZ 18
Confederación (Av. de la) .... ABZ 23
Coronel Cascajo .... BZ 24
Corredera (Pl. de la) .... BZ 25
Corregidor (Av. del) .... AZ 27
Deanes .... AZ 29
Diario de Córdoba .... BZ 31
Enrique Redel .... BY 32
Jesús y María .... AZ 39
José Antonio (Pl. de) .... AZ 40
Lope de Hoces .... AZ 41

López Diéguez .... BY 43
Lucano .... BZ 44
Mayor de Sta Marina .... BY 50
Mozárabes (Av. de los) .... AY 54
Potro (Plazuela del) .... BZ 56
Pretorio .... AY 57
San Andrés .... BY 60
Santa Isabel .... BY 63
Santa María de Gracia .... BY 64
Valladares .... AZ 67
Varela Realejo .... BY 68

Marisa sin rest, Cardenal Herrero 6, ✉ 3, ☏ 22 63 17 – wc wc. AE VISA
200 – **28 hab** 1 325/2 225. AZ **a**

Cuatro Naciones sin rest, García Morato 4, ✉ 2, ☏ 22 39 25 – wc wc. VISA
125 – **54 hab** 1 200/1 800. AY **u**

Mariano, av. de Cádiz 60, ✉ 13, ☏ 29 45 66 – wc. X **s**
Com *(cerrado del 15 al 31 agosto)* – 125 – **40 hab** 950/1 550.

Andalucía, José Zorilla 3, ✉ 8, ☎ 22 18 55 – 🛗 ▥ ▤ rest 🛁wc 🚿wc ☎. ✗ AY **n**
Com *(cerrado viernes)* 550 – ☕ 135 – **40 hab** 1 150/1 900.

Riviera sin rest, pl. de Aladreros 5, ✉ 8, ☎ 22 18 26 – 🛗 ▥ 🛁wc 🚿wc ☎ AY **r**
☕ 180 – **26 hab** 1 300/2 100.

Niza Sur sin rest, av. de Cádiz 60, ✉ 9, ☎ 29 63 11 – ▥ 🛁wc ☎. VISA X **s**
☕ 150 – **30 hab** 1 680/2 400.

Luis de Góngora sin rest y sin ☕, Horno de la Trinidad 7, ✉ 3, ☎ 29 53 99 – ▥ 🛁wc 🚿wc ☎ AZ **x**
23 hab 860/2 760.

El Triunfo, Cardenal González 79, ✉ 3, ☎ 22 38 63 – ▥ ▤ rest 🛁wc 🚿wc ☎. VISA. ✗ AZ **y**
Com 550 – ☕ 125 – **21 hab** 1 000/1 800 – P 1 880/1 980.

Ronda sin rest y sin ☕, av. Obispo Pérez Muñoz 45, ✉ 1, ☎ 25 57 00 – ▥ 🛁wc 🚿wc ☎ BY **d**
38 hab 1 100/1 800.

Granada, av. de América 17, ✉ 8, ☎ 22 18 64 – ▥ 🛁wc 🚿 ☎. ✗ rest AY **h**
Com 600 – ☕ 125 – **27 hab** 850/1 850 – P 2 050/2 100.

Serrano sin rest, Pérez Galdós 6 ☎ 22 62 98 – ▥ 🛁wc 🚿wc ☎. E VISA AY **a**
☕ 125 – **49 hab** 960/1 610.

XXX **Caballo Rojo,** Cardenal Herrero 28, ✉ 3, ☎ 22 38 04 – ▤. E VISA. ✗ AZ **r**
Com carta 1 200 a 2 350.

XXX **Almudaina,** Jardines de los Santos Mártires 1 ☎ 22 43 36, « Bonito patio » – ▤. AE E VISA AZ **c**
cerrado domingo noche – Com carta 915 a 1 865.

XX **Ciro's,** paseo General Primo de Rivera 19, ✉ 4, ☎ 29 04 64 – ▤. AE E VISA. ✗ AYZ **t**
Com carta 1 225 a 2 175.

X **El Churrasco,** Romero 16, ✉ 3, ☎ 29 08 19, Carnes – ▤. AE E VISA. ✗ AZ **n**
cerrado jueves y agosto – Com carta 850 a 1 775.

en la carretera de El Brillante - V – ✉ Córdoba – ☎ 957 :

Parador Nacional de la Arruzafa ⛰, N : 3,5 km ☎ 27 59 00, ≤, « Amplia terraza y bonito jardín », 🏊, 🎾 – 🛗 ▤ Ⓟ – 🏛. AE ⓓ E VISA. ✗
Com 1 100 – ☕ 300 – **83 hab** 4 000/5 000.

El Brillante, N : 2,5 km ☎ 27 58 00, « Cortijo andaluz » – ▥ ▤ rest 🛁wc 🚿 ☎. E VISA. ✗
Com 700 – ☕ 150 – **27 hab** 1 050/1 650 – P 2 225/2 450.

XX **El Bosque,** N : 3 km ☎ 27 00 06, 🍽, « Amplias terrazas con arbolado » – ▤ Ⓟ. ✗
Com carta 1 000 a 1 625.

en la carretera de Santa María de Trassierra NO : 4 km - V – ✉ Córdoba – ☎ 957 :

XX **Castillo de la Albaida,** ☎ 27 34 93, ≤, 🍽, « Antiguo cortijo andaluz » – ▤ Ⓟ. ✗
Com carta 900 a 1 700.

AUSTIN-MG-MORRIS-MINI av. de Cádiz 58 ☎ 29 51 22
FIAT-SEAT carret. N IV km 405 ☎ 29 51 11
FORD carret. N IV km 397 ☎ 25 58 00
MERCEDES-BENZ av. Torrecilla ☎ 29 84 00
PEUGEOT-CITROEN carret. N IV km 398 ☎ 26 02 16
RENAULT carret. N IV km 397 ☎ 25 86 00
TALBOT carret. N IV km 404 ☎ 29 21 22

CORIA Cáceres 990 ⑬ – 10 558 h. – ☎ 927.

Ver : Catedral★.

♦ Madrid 321 – ♦ Cáceres 69 – ♦ Salamanca 174.

Los Kekes, av. Calvo Sotelo 49 ☎ 50 09 01 – ▥ ▤ rest 🛁wc ☎ 🚗. VISA. ✗
Com 400 – ☕ 90 – **22 hab** 950/1 300 – P 1 355/1 605.

FORD av. Monseñor Riveri 1
RENAULT carret. de Cáceres km 2,8 ☎ 50 00 24
SEAT Canónigo Sanchez Bustamente 5 ☎ 50 09 44
TALBOT av. Monseñor Riveri 1 ☎ 50 01 94

CORNELLANA Oviedo 990 ④ alt. 50 – ☎ 985.

♦ Madrid 473 – ♦ Oviedo 38.

La Fuente, carret. N 634 ☎ 83 40 42, 🍽 – ▥ – **14 hab**.

CORNISA CANTÁBRICA ★★ Vizcaya y Guipúzcoa 42 ④ y 990 ⑥.

CORRALEJO Las Palmas 990 ㉜ – ver Canarias (Fuerteventura).

La CORUÑA P 990 ② – 207 269 h. – ☎ 981 – Playa.

Ver : Avenida de la Marina★ BY – .

Alred. : Cambre (iglesia Santa María★) 11 km por ②.

⛳18 por ② : 7 km ☎ 28 52 00.

✈ de la Coruña-Alvedro par ② : 10 km ☎ 23 22 40 – Iberia : Cantón Pequeño 15-17 ☎ 22 87 30 y Aviaco : jardines de Méndez Núñez (BY), Kiosco Alfonso ☎ 22 53 69.

🚗 ☎ 23 82 76.

⛴ para Canarias : Cía. Aucona, pl. de Lugo (AZ) ☎ 22 85 00, Telex 82152.

ℹ Dársena de la Marina ☎ 22 18 22 y pl. María Pita, Palacio Municipal ☎ 22 40 99 – R.A.C.E. (Auto-Aero club de Galicia) Cantón Grande 18 ☎ 22 18 30.

♦Madrid 601 ① – ♦Bilbao 629 ① – ♦Porto 303 ② – ♦Sevilla 960 ① – ♦Vigo 154 ②.

LA CORUÑA

Street	Square	No.
Cantón Grande	BY	8
Cantón Pequeño	AYZ	9
Real	BY	
San Andrés	ABY	53
Buenos Aires (Av. de)	AY	4
Caballeros	X	6
Circunvalación (Carret. de)	X	12
Compostela	AZ	13
Dársena (Paseo de la)	BY	15
Ejercito (Av. del)	X	16
Fernández Latorre (Av. de)	AZ	17
Ferrol	AZ	18
Gómez Zamalloa	AZ	21
Habana (Av. de la)	X	22
Herrerias	BY	23
Juan Canalejo	BY	24
Juana de Vega (Av.)	AYZ	26
María Pita (Pl. de)	BY	29
Marqués de Figueroa	X	30
Menéndez y Pelayo	AZ	32
Olmos	BY	34
Orzán	ABY	35
Padre Feijóo	AZ	36
Palloza (Cuesta)	AZ	37
Panaderas	BY	38
Parrote (Paseo del)	BY	39
Payo Gómez	AY	41
Pontevedra (Pl. de)	AY	44
Puente del Pasaje (Carret. del)	X	47
Puerto (Carret. del)	ABYZ	48
Rubine (Av. de)	AY	49
San Agustín	BY	51
San Agustín (Cuesta de)	BY	52
Sánchez Bregua	AZ	55
San Juan	BY	57
Santa Bárbara (Pl. de)	BY	60
Santa Catalina	AY	61
Teresa Herrera	AYZ	64
Torre de Hércules (Carret.)	X	65

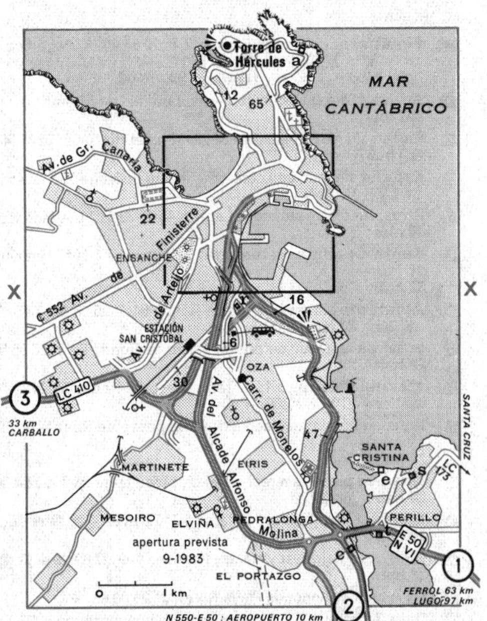

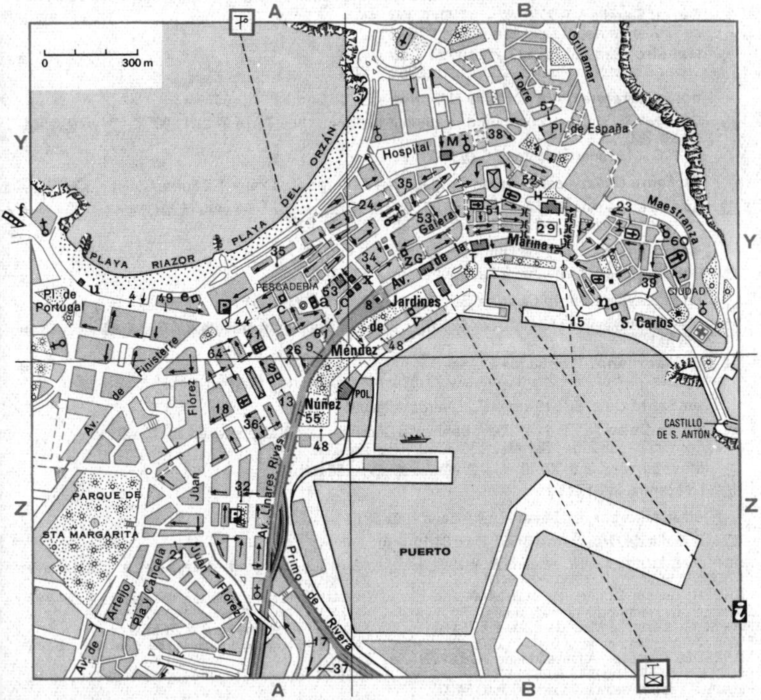

Finisterre, paseo del Parrote 2 ☎ 20 54 00, « Magnífica situación con ≤ bahía », climatizada, – – . – **127 hab** 2 950/5 000. BY **n**
Com 1 450 – 280 – **127 hab** 2 950/5 000.

Atlántico, sin rest, con cafetería, jardines de Méndez Núñez ☎ 22 65 00 – – BY **v**
200 hab.

Riazor, sin rest, con cafetería, Andén de Riazor ☎ 25 34 00 – wc wc AY **e**
168 hab.

España sin rest, con cafetería, Juana de Vega 7 ☎ 22 45 06 – wc . E AZ **s**
175 – **80 hab** 1 750/2 800.

Rivas, sin rest, Fernández Latorre 45 ☎ 29 01 11 – wc wc X **r**
70 hab.

Santa Catalina sin rest y sin , travesía Santa Catalina 1 ☎ 22 67 04 – wc wc . AY **a**
32 hab 1 450/2 300.

Almirante sin rest, paseo de Ronda 54 ☎ 25 96 00 – wc . AY **f**
195 – **20 hab** 2 400.

Brisa, sin rest, con cafetería, paseo de Ronda 60 ☎ 26 95 50 – wc AY **f**
16 hab.

Mar del Plata piso 1, sin rest, paseo de Ronda 58 ☎ 25 79 62, ≤ – wc. AY **f**
125 – **27 hab** 1 350/2 050.

Coruñamar, sin rest, con cafetería, paseo de Ronda - Edificio Miramar ☎ 26 13 27 – wc wc AY **f**
21 hab.

Navarra piso 1, sin rest y sin , pl. de Lugo 23 ☎ 22 54 00 – wc wc . AZ **s**
24 hab 1 700/2 600.

Mara sin rest y sin , Galera 49 ☎ 22 18 02 – wc . BY **z**
19 hab 2 300.

Nido, piso 1 sin rest y sin , Perillana 1 ☎ 27 69 26 – wc AY **c**
24 hab.

Os Arcados, Andenes Playa Riazor ☎ 25 00 63, ≤ AY **u**

Duna 2, Estrella 2 ☎ 22 70 43, Decoración moderna – BY **x**

El Rápido, Estrella 7 ☎ 22 42 21, Pescados y mariscos – . E . ABY **c**
cerrado domingo noche excepto en verano y 20 diciembre-3 enero – Com carta 1 300 a 2 500.

Coral, Estrella 5 ☎ 22 10 82 – . E . BY **x**
cerrado domingo – Com carta 950 a 1 750.

Naveiro, San Andrés 129 ☎ 22 90 24 – AY **a**
cerrado domingo y mayo – Com carta 895 a 1 770.

por la carretera de La Torre de Hércules – La Coruña – 981 :

Eurotel sin rest, con cafetería, ciudad residencial La Torre ☎ 21 11 00, ≤, – . X **a**
220 – **130 apartamentos** 2 640/3 300.

en Fonte Culler - carretera de Santiago por El Burgo S : 4 km – Fonte Culler – 981 :

Las Arenas sin rest y sin , ☎ 66 03 00 – wc wc . E . X **c**
cerrado 23 diciembre-8 enero – **30 hab** 1 390/2 470.

en Perillo SE : 5 km – Perillo – 981 :

Galicia, carret. N VI, junto a Puente Pasaje ☎ 63 50 59 X **t**

en la playa de Santa Cristina SE : 6 km – Perillo – 981 :

Rías Altas , ☎ 63 53 00, Telex 82056, ≤ Bahía, « Bonita decoración », – X **e**
103 hab.

El Madrileño, ☎ 63 50 78, ≤ – X **s**
cerrado miércoles excepto verano y 22 diciembre-10 enero – Com carta 650 a 1 525.

en Santa Cruz SE : 10 km – Oleiros – 981 :

Porto Cobo , ☎ 61 41 00, ≤ bahía y la Coruña, – wc . E .
Com 950 – 225 – **58 hab** 2 100/3 300 – P 3 350/3 800.

Maxi, sin rest, ☎ 61 40 00, ≤ – wc – **28 hab**.

La Marina, ☎ 61 41 02.

en Arteijo por ③ : 14 km – Arteijo – 981 :

El Gallo de Oro, carret. C 552 ☎ 60 04 10 – .

AUSTIN-MG-MORRIS-MINI Falperra 33 ☎ 23 81 05
CITROEN carret. N VI km 600 ☎ 63 56 00
CITROEN General Sanjurjo 117 ☎ 28 34 00
CITROEN Dr Fleming 10-12 ☎ 23 81 57
FIAT-SEAT carret. de Madrid km 600 ☎ 63 54 00
FORD Zona Industrial de La Grela ☎ 23 05 47
MERCEDES-BENZ av. Alfonso Molina ☎ 28 91 77
PEUGEOT Dr Fleming 6-12 ☎ 23 81 57
PEUGEOT carret. de Madrid km 600 ☎ 63 54 00
RENAULT carret. de Arteijo km 3 - La Grela ☎ 29 40 34
RENAULT carret. del Pasaje Casablanca ☎ 28 12 99
RENAULT Angel Rebollo 81 ☎ 20 66 66
SEAT av. A. Molina km 2 ☎ 28 30 99
TALBOT Polígono Industrial de Bens-calle B-9 ☎ 25 45 50
TALBOT carret. de Madrid km 599 ☎ 63 52 00

CORVERA DE TORANZO Cantabría 42 ① y 990 ⑤ – 2 503 h. alt. 300.
♦ Madrid 366 – ♦ Burgos 123 – ♦ Oviedo 196 – ♦ Santander 33.

en Villegar - carretera N 623 S : 5,5 km – ✉ Villegar – ☎ 942 :

Miralpas, ☎ 59 42 09, ← – wc P. VISA.
cerrado 24 diciembre-8 enero y 31 agosto-15 septiembre – Com *(cerrado sábado)* 650 – 75 – **12 hab** 700/1 500.

COSGAYA Cantabría – ☎ 942.
Alred. : O : Puerto de Pandetrave ☼★★.
♦ Madrid 413 – Palencia 187 – ♦ Santander 129.

Del Oso Pardo, carret. N 621 ☎ 73 04 18, ←, « Bonito edificio montañés » – wc P
36 hab.

Mesón del Oso sin rest, carret. N 621 ☎ 73 04 18 – wc wc P
9 hab.

COSTA – ver a continuación y nombre proprio de la costa (Costa de Bendinat, ver Baleares).

COSTA BRAVA ★★ Gerona 43 ⑨⑩ y 990 ⑳.

COSTA DE LOS PINOS Baleares 43 ⑳ – ver Baleares (Mallorca) : Son Servera.

COSTA DEL SOL ★★ Cádiz, Málaga, Granada y Almería 446 X 13 14 W 14 a 16 y V 16 a 22.

COSTA TEGUISE (Urbanización) Las Palmas 990 ㉜ – ver Canarias (Lanzarote) : Arrecife.

COSTA VASCA ★★ Guipúzcoa, Vizcaya 42 ③④⑤.

COSTA VERDE ★★★ Oviedo 990 ③④⑤ y 990 ⑥⑦.

COVADONGA Oviedo 990 ④ – pobl. ver Cangas de Onis, alt. 260 – ☎ 985.
Ver : Emplazamiento★ – Tesoro de la Virgen (corona★).
Alred. : Mirador de la Reina ←★★ SE : 8 km – Lagos Enol y de la Ercina★ SE : 12,5 km.
♦ Madrid 429 – ♦ Oviedo 84 – Palencia 203 – ♦ Santander 157.

Pelayo, ☎ 84 60 00, ← – P.
cerrado 21 diciembre-enero – Com 975 – 225 – **55 hab** 2 640/4 400.

Hospedería del Peregrino, ☎ 84 60 47 – P. E VISA.
cerrado 20 enero-20 febrero – Com carta 800 a 1 550.

COVARRUBIAS Burgos 42 ⑫ y 990 ⑮ – 802 h. alt. 840 – ☎ 947.
Ver : Colegiata (tríptico★).
♦ Madrid 228 – ♦ Burgos 39 – Palencia 94 – Soria 117.

Arlanza (Parador colaborador), pl. de Doña Urraca ☎ 40 30 25, « Estilo castellano » – wc wc
41 hab.

COVAS Lugo – ver Vivero.

Los CRISTIANOS Santa Cruz de Tenerife 990 ㉛ – ver Canarias (Tenerife).

CRUZ DE TEJEDA Las Palmas 990 ㉜ – ver Canarias (Gran Canaria).

CUBELLS Lérida 43 ⑤ – 444 h. – ☎ 973.
♦ Madrid 509 – ♦ Andorra la Vella 113 – ♦ Lérida 40.

Roma, carret. C 1313 ☎ 45 90 03 – wc P. VISA.
Com 600 – 150 – **18 hab** 550/1 200 – P 1 600.

CUÉLLAR Segovia 990 ⑮ – 8 845 h. alt. 857 – ☎ 911.
♦ Madrid 147 – Aranda de Duero 67 – ♦ Salamanca 138 – ♦Segovia 60 – ♦ Valladolid 50.

San Francisco, San Francisco 25 ☎ 14 00 09 – wc. VISA
Com 500 – 60 – **26 hab** 990/1 590.

Santa Clara, carret. de Segovia ☎ 14 11 78 – wc wc P
16 hab.

Florida, Las Huertas 4 ☎ 14 02 75.

CITROEN Nueva 11 ☎ 14 02 79
FORD carret. Segovia ☎ 14 10 05
RENAULT carret. Arévalo 12 ☎ 14 02 50
SEAT-FIAT carret. Madrid-León km 147 ☎ 14 03 18
TALBOT carret. Valladolid km 146 ☎ 14 04 19

CUENCA P 990 ㉖ – 37 088 h. alt. 923 – ✆ 966 – Plaza de toros.

Ver : Emplazamiento★★ – Ciudad Antigua★★ Y : Catedral★ (rejas★, tesoro★, portada★ de la sala capitular) E – Casas Colgadas★ (Museo de Arte abstracto★ **M1**) – Hoz del Huécar ≤★ Y.

Alred. : Las Torcas★ 15 km por ①.

ℹ Colón 34 ✆ 22 22 31 – R.A.C.E. Teniente Gonzalez 2 ✆ 21 14 95.

♦ Madrid 163 ③ – ♦ Albacete 145 ① – Toledo 180 ③ – ♦ Valencia 201 ① – ♦ Zaragoza 326 ①.

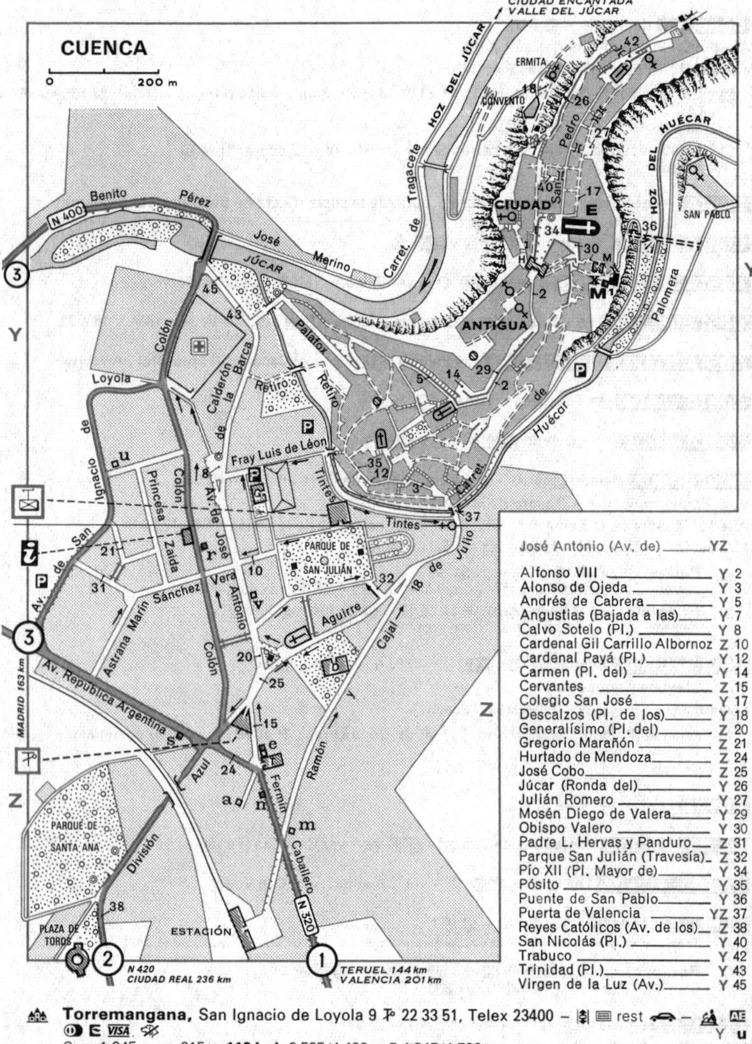

Torremangana, San Ignacio de Loyola 9 ✆ 22 33 51, Telex 23400 – |\$| ▤ rest – AE ⓓ E VISA. Y **u**
Com 1 045 – ☕ 315 – **112 hab** 2 585/4 400 – P 4 345/4 730.

Xucar, Cervantes 17 ✆ 22 45 11 – |\$| wc ☎. Z **e**
Com (ver **Rest. Figón de Pedro**) – ☕ 195 – **28 hab** 1 575/2 330.

Cortés sin rest, con cafetería, Ramón y Cajal 49 ✆ 22 04 00 – |\$| wc ☎. Z **m**
☕ 150 – **48 hab** 1 020/1 570.

Avenida, piso 3, sin rest, José Antonio 39 ✆ 21 43 43 – |\$| wc wc ☎ Z **v**
33 hab.

Castilla piso 1, sin rest y sin ☕, Diego Jiménez 4 ✆ 22 53 57 – wc. hab Z **a**
15 hab 805/1 265.

XXX Mesón Casas Colgadas, Canónigos ☎ 21 18 22, « Instalado en una de las casas colgadas con ≤ valle del río Huécar » – AE ⓓ E VISA. ✱ Y x

XX **Figón de Pedro,** Cervantes 15 ☎ 22 68 21, Decoración castellana – ▤. E VISA. ✱ Z e
cerrado domingo noche, lunes y diciembre – Com carta 1 450 a 2 650.

X **Togar,** av. República Argentina 3 ☎ 22 01 62 – ▤. AE ⓓ E VISA Z s
cerrado martes – Com carta 665 a 1 535.

X **Casa Marlo,** Colón 57 ☎ 21 11 73 – ▤. E VISA. ✱ Z r
Com carta 1 110 a 1 550.

por la carretera de Palomera Y : **6 km y a la izquierda – carretera de Buenache : 1,2 km – ✉ Cuenca – ☎ 966 :**

🏨 **Cueva del Fraile** ⛰, ☎ 21 15 73, Edificio del siglo XVI restaurado – ▥ ⛀wc ☎ Ⓟ – 🏔. AE ⓓ VISA. ✱
cerrado 10 enero-10 marzo – Com 875 – ☕ 250 – **40 hab** 2 075/2 970 – P 3 185/3 775.

AUSTIN-MG-MORRIS-MINI carret. Madrid ☎ 22 54 11
CITROEN-PEUGEOT carret. Alcázar de San Juan km 2 ☎ 22 10 70
FIAT-SEAT paseo San Antonio 42 ☎ 22 01 95
FORD carret. Madrid km 2 ☎ 22 19 00
MERCEDES-BENZ carret. Madrid km 2 ☎ 22 68 11
RENAULT polígono ind. Los Palancares ☎ 22 13 35
TALBOT carret. Tarancón-Teruel km 81 ☎ 22 43 11

CUEVA – ver el nombre propio de la cueva.

CÚLLAR DE BAZA Granada 446 T 22 – 6 199 h. alt. 960 – ☎ 958.

♦Madrid 447 – ♦Granada 127 – ♦Murcia 156.

🏠 **Venta del Angel,** carret. de Murcia ☎ 73 00 33, ☂, 🏊 – ▥ ⛆wc Ⓟ
Com 360/450 – ☕ 100 – **30 hab** 600/1 200 – P 1 300.

CULLERA Valencia 445 O 25 – 18 700 h. – ☎ 96 – Playa.

Ver : Ermita de Nuestra Señora del Castillo ≤ ★.

ℹ del Riu 56 ☎ 152 09 74.

♦Madrid 388 – ♦Alicante 136 – ♦Valencia 40.

🏨 Bolendam, sin rest y sin ☕, Cabañal 17 ☎ 152 00 89 – |♦| ▥ ▤ ⛀wc ⛆wc ☎ 🚗
temp. – **39 hab**.

🏨 **Mongrell** sin rest, Rellano San Antonio 2 ☎ 152 15 24 – |♦| ▥ ⛀wc ☎ 🚗. E VISA. ✱
☕ 150 – **35 hab** 1 500/1 900.

🏨 Carabela, Cabañal 5 ☎ 152 02 92 – |♦| ▥ ⛆wc ☎. AE
Com (sólo en verano) – **14 hab**.

XX ✿ **Les Mouettes** (Casa Lagarce), subida al Santuario del Castillo ☎ 152 00 10, ☂, Cocina francesa, « Bonita villa con terraza » – ⓓ E VISA. ✱
cerrado 12 diciembre-17 febrero, lunes y domingo noche de septiembre a junio – Com carta 1 700 a 2 940
Espec. Ensalada de endivias con salmón ahumado, Terrina de rape salsa estragón, Entrecote con ciruelas.

X **Don Carlos,** piso 1, av. de Castellón 16 ☎ 152 06 33, ≤, ☂ – VISA
cerrado lunes y 10 enero-10 febrero – Com carta 900 a 2 300.

X Rincón de Asturias, José Burguera 37 ☎ 152 23 77 – ▤.

X **L'Entrecôte,** pl. de Mongrell 10 ☎ 152 04 19, Cocina francesa – ▤. AE VISA
marzo-noviembre – Com *(cerrado miércoles en marzo, abril, octubre y noviembre)* carta 1 300 a 2 330.

en la carretera del Faro – ✉ Cullera – ☎ 96 :

🏨 **Sicania** ⛰, playa del Racó, NE : 4 km ☎ 152 01 43, Telex 64774, ≤ – |♦| ▤ 🚗 Ⓟ. AE ⓓ E VISA. ✱ rest
cerrado noviembre-20 diciembre – Com 775/1 050 – ☕ 200 – **117 hab** 2 400/3 700 – P 3 750/4 300.

🏨 **L'Escala,** NE : 5 km ☎ 152 27 23 – |♦| ▥ ⛀wc ⛆wc ☎. VISA. ✱ rest
Com 550 – ☕ 150 – **20 hab** 1 180/1 700 – P 2 290/3 900.

en la zona del Faro N : 6 km – ✉ Cullera – ☎ 96 :

🏨 **Safi,** Dosel ☎ 152 05 77, ☂ – ▥ ⛀wc ⛆wc ☎ Ⓟ. E VISA. ✱ rest
15 febrero-octubre – Com 725 – ☕ 175 – **30 hab** 1 200/1 800 – P 2 350/2 650.

CITROEN carret. de Brosquil ☎ 152 22 20
FIAT-SEAT Pescadores 17 ☎ 152 06 43
RENAULT Metge Joan Gaces 47 ☎ 152 00 28

CUNIT Tarragona 43 ⑰ – 645 h. – ☎ 645 – Playa.

♦Madrid 580 – ♦Barcelona 59 – Tarragona 37.

en la carretera C 246 O : 1,5 km – ✉ Cunit – ☎ 977 :

X Los Navarros, ☎ 67 43 31 – ▤ Ⓟ.

CUNTIS Pontevedra 990 ② – 7 547 h. alt. 163 – ✆ 986 – Balneario.
♦Madrid 599 – Orense 100 – Pontevedra 32 – Santiago de Compostela 43.

Baln. La Virgen, Calvo Sotelo 2 ☎ 54 80 00 – ▮ ▥ ⛋wc ⋒wc ☎ Ⓟ. ✻
Com 1 100 – ☕ 190 – **84 hab** 1 980/2 970 – P 3 355/3 850.

CUZCURRITA DEL RÍO TIRÓN La Rioja 42 ⑬ – 672 h. alt. 519 – ✆ 941.
♦Madrid 321 – ♦Burgos 78 – ♦Logroño 54 – ♦Vitoria 58.

El Botero ⛁ con hab, San Sebastián ☎ 32 70 00 – ▥ ⋒wc ☎ Ⓟ. ✻
Com 760 – ☕ 150 – **12 hab** 1 350 – P 2 000.

CHANTADA Lugo 990 ② – 10 119 h. – ✆ 982.
Alred. : Osera : Monasterio de Santa María la Real★ (iglesia : sacristía★) SO : 15 km.
♦Madrid 534 – Lugo 55 – Orense 42 – Santiago de Compostela 90.

Las Delicias, carret. de Lugo N : 1,5 km ☎ 44 10 04 – ▥ ⋒wc Ⓟ. VISA. ✻
cerrado del 13 al 27 diciembre – Com 550/750 – ☕ 110 – **10 hab** 1 100/1 450 – P 1 550/1 900.

CITROEN Orense ☎ 44 10 02
RENAULT Orense ☎ 44 06 85
SEAT Orense ☎ 44 03 68

CHAPELA Pontevedra – ver Vigo.

CHICLANA DE LA FRONTERA Cádiz 446 W 11 – 31 711 h. alt. 17 – ✆ 956 – Balneario – Playa.
♦Madrid 638 – Algeciras 100 – ♦Cádiz 21 – ♦Sevilla 130.

Fuentemar ⛁, av. Fuente Amarga, SO : 1,5 km ☎ 40 01 11, ≤, ⛱, ✂ – ▮ ▥ ▤ rest ⛋wc ☎ Ⓟ
48 hab.

RENAULT General Mola 1 ☎ 40 02 61

CHINCHÓN Madrid 990 ⑮ – 3 872 h. alt. 753 – ✆ 91.
Ver : Plaza Mayor★.
♦ Madrid 52 – Aranjuez 26 – Cuenca 131.

Parador Nacional, ☎ 894 08 36, « Instalado en un convento del siglo XVII », ⛱ – ▤ Ⓟ – ♿. AE ⓓ E VISA. ✻
Com 1 100 – ☕ 300 – **38 hab** 3 600/4 500.

Mesón Cuevas del Vino, Benito Hortelano 13 ☎ 894 02 06, Instalación rústica en un antiguo molino de aceite – VISA
Com carta 1 125 a 1 335.

RENAULT Ronda del Mediodía 12 ☎ 894 01 56

CHIPIONA Cádiz 446 V 10 – 11 196 h. – ✆ 956 – Playa.
Alred. : Sanlúcar de Barrameda (Iglesia de Santo Domingo★ – Iglesia de Santa María de la O : portada★) NE : 9 km.
♦ Madrid 614 – ♦ Cádiz 54 – Jerez de la Frontera 32 – ♦ Sevilla 106.

Cruz del Mar, av. General Primo de Rivera ☎ 37 11 00, ≤, ⛱ – ▮ ▥ ⛋wc ⋒wc ☎. ⓓ E VISA. ✻ rest
mayo-octubre – Com 990 – ☕ 235 – **85 hab** 2 400/3 500 – P 3 520/4 170.

Del Sur, av. de Sevilla 2 ☎ 37 03 54 – ▥ ⛋wc ☎. AE. ✻ rest
abril-octubre – Com 850 – ☕ 220 – **51 hab** 1 350/2 250 – P 2 825/2 900.

Chipiona, Dr. Gómez Ulla 16 ☎ 37 02 00 – ▥ ⛋wc ⋒wc. ✻
16 marzo-15 octubre – Com 700/850 – ☕ 175 – **40 hab** 1 150/1 940 – P 2 320/2 500.

Gran Capitan sin rest y sin ☕, Fray Baldomero 7 ☎ 37 09 29, « Típico andaluz » – ⛋wc ⋒wc. AE VISA
julio-agosto – **14 hab** 1 000/1 500.

Mesón La Barca, av. General Primo de Rivera 7 ☎ 37 08 51, ⛱, Pescados y mariscos – ⓓ E VISA. ✻
cerrado martes y noviembre.

CHIVA Valencia 445 N 27 – 6 045 h. alt. 240 – ✆ 96.
⛳18 Club de Campo El Bosque SE : 12 km ☎ 326 38 00.
♦ Madrid 318 – ♦ Valencia 30.

Loma del Castillo (Blayet) con hab, carret. N III ☎ 252 00 09, ⛱, ⛱ – ▥ ⛋wc ⋒wc 🚗 Ⓟ. ✻
cerrado noviembre – Com *(cerrado miércoles)* 600 – ☕ 100 – **16 hab** 900/1 450 – P 1 825/2 000.

en la carretera N III E : 10 km – ✉ Chiva – ✆ 96 :

Motel la Carreta, ☎ 252 07 25, ⛱, ⛱ – ▥ ▤ ⛋wc ☎ Ⓟ – ♿. VISA. ✻ rest
Com 1 200/1 800 – ☕ 175 – **80 hab** 2 180/2 725.

CHORRO (Garganta del) Málaga 446 V 15 V 16.
Ver : Garganta del Chorro*** : Camino del Rey*** – Embalse** del Conde de Guadalhorce – Roca*.

DAIMUZ Valencia 445 P 29 – 1 199 h. – 96 – Playa.
♦Madrid 420 – Gandía 4 – ♦Valencia 72.

en la playa E : 1 km – ✉ Daimuz – 96 :

Olímpico, Francisco Pons 2 ☎ 281 90 31 – wc wc P.
mayo-octubre – Com 550/650 – 130 – **16 hab** 730/1 520.

DANCHARINEA Navarra 42 ⑥ – 948 – ver aduanas p. 14 y 15.
♦Madrid 475 – ♦Bayonne 29 – ♦Pamplona 80.

Menta, carret. de Elizondo ☎ 59 90 20 – P.

DARNIUS Gerona 43 ⑨ – 534 h. alt. 193 – 972.
♦Madrid 759 – Gerona 52.

Darnius, carret. de Massanet ☎ 54 08 04 – wc P
cerrado noviembre – Com *(cerrado jueves)* 450/800 – 200 – **10 hab** 1 000/1 500 – P 1 850/2 100.

DAROCA Zaragoza 43 ⑪ y 990 ⑰ – 2 661 h. alt. 787 – 976.
Ver : Colegiata de Santa María (retablo*, capilla de los Corporales*, retablo* del altar mayor) – Museo parroquial*.
♦Madrid 273 – Soria 130 – Teruel 99 – ♦Zaragoza 83.

Daroca, Mayor 42 ☎ 80 00 00 – wc wc – **20 hab**.

en la carretera N 330 – ✉ Daroca – 976 :

Agiria, ☎ 80 07 31 – rest wc P.
Com 390 – 100 – **31 hab** 650/1 375 – P 1 400/2 600.

Legido, con hab, ☎ 80 01 90 – P
14 hab.

RENAULT carret. Sagunto-Burgos ☎ 80 02 38

DEHESA DE CAMPOAMAR Alicante 445 S 27 – ver Torrevieja.

DENIA Alicante 445 P 30 – 20 664 h. – 965 – Playa.
Patricio Ferrandiz ☎ 78 09 57.
♦Madrid 447 – ♦Alicante 92 – ♦Valencia 99.

Costa Blanca, Pintor Llorens 3 ☎ 78 03 36 – rest wc .
Com *(cerrado octubre)* 750 – 150 – **53 hab** 1 200/1 700 – P 2 250/2 600.

El Yate Mesón, Temple de Sant Telme 19 ☎ 78 33 50 – . E VISA.
cerrado domingo y enero – Com carta 1 060 a 1 640.

La Guitarra, carret. de Las Rotas SE : 0,8 km ☎ 78 21 84, , Decoración rústica, Cocina francesa – .

Mesón la Parrilla, Sandunga 50 ☎ 78 20 92, , Decoración rústica, Carnes a la brasa – VISA.
cerrado martes de octubre a marzo – Com carta 1 050 a 1 600.

en la zona de las Rotas – ✉ Denia – 965 :

Las Rotas, SE : 5 km ☎ 78 03 23, – wc wc P. E VISA. rest
mayo-octubre – Com 700 – 160 – **23 hab** 1 100/2 000 – P 2 400/2 500.

Mesón Troya, carret. Las Rotas SE : 2 km ☎ 78 14 31, Pescados, mariscos y arroz a banda – .
cerrado lunes y noviembre – Com 2 000.

Mena, SE : 5,5 km ☎ 78 09 43, ←, – P. VISA.
cerrado miércoles y febrero – Com carta 1 000 a 1 250.

en la playa de Las Marinas – ✉ Denia – 965 :

Los Angeles, NO : 5,5 km ☎ 78 04 58, ←, – wc wc P. VISA. rest
junio-septiembre – Com 700 – 200 – **59 hab** 1 300/2 200 – P 2 460/2 660.

Villa Amor, NO : 4 km ☎ 78 14 36, – wc wc P – **20 hab**.

Las Nereidas (Benito), NO : 4,3 km ☎ 78 19 70, , Pescados y mariscos – . VISA
cerrado martes y 15 noviembre-15 diciembre – Com carta 1 000 a 1 850.

Bodegón La Felicidad, urbanización La Felicidad NO : 4,5 km ☎ 78 29 53, , Decoración neo-rústica, – P. AE E VISA.
Com carta 1 175 a 2 550.

CITROEN av. Valencia 32 ☎ 78 02 40
FIAT-SEAT av. Valencia 17 ☎ 78 03 00
FORD av. Reino de Valencia ☎ 78 24 54
RENAULT av. Reino de Valencia ☎ 78 00 62
TALBOT carret. Denia-Ondara ☎ 78 21 80

DERIO Vizcaya 42 ③ – pobl. ver Bilbao – ☎ 94.
♦Madrid 408 – ♦Bilbao 9 – ♦San Sebastián 108.

en la carretera de Bermeo C 6313 N : 3 km – ✉ Derio – ☎ 94 :

XX Txacoli Artebakará, ☎ 453 00 37 – Ⓟ.

DESFILADERO – ver el nombre propio del desfiladero.

DEVA Guipúzcoa 42 ④ y 990 ⑥ – 5 001 h. – ☎ 943 – Playa.
Alred. : Carretera en cornisa★ de Deva a Lequeitio ≤ ★.
♦Madrid 459 – ♦Bilbao 66 – ♦San Sebastián 41.

Miramar, José Joaquín Aztiria ☎ 60 11 44, ≤ – ▮ ▥ ⌂wc ⌂wc ☎ ⟶ Ⓟ. AE ⓓ E VISA. ✻ rest
cerrado noviembre – Com 950 – ▭ 180 – **60 hab** 1 725/3 100 – P 3 200/3 375.

X **Txomín,** piso 1, Puerto 7 ☎ 60 16 60 – VISA. ✻
cerrado domingo noche y 15 septiembre-15 octubre – Com carta 1 100 a 1 790.

X **Urgain,** Arenal 7 ☎ 60 11 01 – ✻
Com carta 1 200 a 2 350.

RENAULT Arenal ☎ 60 11 02
SEAT carret. Motrico ☎ 60 12 77

DEYÁ Baleares 43 ⑲ y 990 ㉙ – ver Baleares (Mallorca).

DON BENITO Badajoz 990 ㉓ – 26 273 h. – ☎ 924.
♦ Madrid 311 – ♦ Badajoz 113 – Merida 49.

Veracruz, carret. de Villanueva E : 2,5 km ☎ 80 13 62 – ▥ ⌂wc ⌂wc ☎. ✻
Com 375 – ▭ 125 – **40 hab** 1 000/1 450 – P 1 600/1 875.

DONOSTIA Guipúzcoa 42 ④ ⑤ y 990 ⑥ ⑦ – ver San Sebastián.

DRACH (Cuevas del) Baleares 43 ⑳ y 990 ㉚ – ver Baleares (Mallorca).

DURANGO Vizcaya 42 ③ y 990 ⑥ – 25 738 h. – ☎ 94.
Alred. : Puerto de Urquiola★ (súbida★) SO : 13 km.
♦Madrid 425 – ♦Bilbao 32 – ♦San Sebastián 71 – ♦Vitoria 40.

X Rest. Juantxu y Juego de Bolos, con hab, San Agustín 2 ☎ 681 10 99 – ▮ ▥ ▤ rest ⌂wc ⌂
17 hab.

en Guyuria N : 3 km – ✉ Durango – ☎ 94 :

X **Goiuria,** ☎ 681 08 86, ≤ Durango, valle y montañas – E VISA. ✻
cerrado domingo noche, martes y agosto – Com carta 950 a 1 510.

X Ikuspegi, ☎ 681 10 82, ≤ Durango, valle y montañas – ▤ Ⓟ.

CITROEN-PEUGEOT Mallabiena 57 ☎ 681 22 66
FORD La Pilastia ☎ 681 34 29
RENAULT Barrio Arriandi ☎ 681 22 50

ÉCIJA Sevilla 446 T 14 – 33 505 h. alt. 101 – ☎ 954 – Plaza de toros.
Ver : Iglesia de Santiago ★ (retablo★).
♦Madrid 449 – Antequera 81 – ♦Cádiz 182 – ♦Córdoba 51 – ♦Granada 177 – Jerez de la Frontera 149 – Ronda 131 – ♦Sevilla 87.

Ciudad del Sol (Casa Pirula), carret. de circunvalación ☎ 83 03 00 – ▥ ▤ rest ⌂wc ⌂wc ☎ Ⓟ
34 hab.

en la carretera N IV NE : 3 km – ✉ Écija – ☎ 954 :

Astigi, ✉ apartado 6, ☎ 83 01 62 – ▥ ▤ ⌂wc ⌂wc ☎ Ⓟ. E VISA. ✻
▭ 125 – **18 hab** 1 750.

CITROEN av. Cristo Confalón 25 ☎ 83 06 07
FORD carret. N IV km 454,8 ☎ 83 15 99
RENAULT carret. N IV km 453 ☎ 83 08 98
SEAT av. Dr Fleming 45 ☎ 83 05 99
TALBOT carret. N IV km 453 ☎ 83 00 50

ECHALAR Navarra 42 ⑤ – 849 h. alt. 100 – ☎ 948 – ver aduanas p. 14 y 15.
♦ Madrid 468 – ♦ Bayonne 53 – ♦ Pamplona 73.

en la carretera C 133 O : 5 km – ✉ Echalar – ☎ 948 :

Venta de Echalar, ☎ 63 50 00, « Instalada en un edificio del siglo XV » – ▥ ⌂wc ⌂wc Ⓟ
Com *(cerrado lunes)* 700 – ▭ 180 – **23 hab** 1 000/2 000 – P 2 270/3 270.

ECHEGÁRATE (Puerto de) Guipúzcoa 42 ④ y 990 ⑥ alt. 658 – ☎ 943.
♦ Madrid 409 – ♦ Pamplona 48 – ♦ San Sebastián 63 – ♦ Vitoria 54.

Buenos Aires, carret. N I, ✉ Idiazabal, ☎ 80 12 82 – Ⓟ.

ÉIBAR Guipúzcoa 42 ④ y 990 ⑥ – 37 838 h. alt. 120 – ☎ 943 – R.A.C.E. (Automovil Club Vasco-Navarro) Bidebarrieta 4 ☎ 71 37 13.
♦ Madrid 439 – ♦ Bilbao 46 – ♦ Pamplona 117 – ♦ San Sebastián 54.

Arrate sin rest, Ego Gain 5 ☎ 71 72 42 – wc wc. E VISA
200 – **89 hab** 1 700/3 200.

Eskarne, Arragüeta 4 ☎ 71 20 19 – . VISA
cerrado lunes y agosto – Com carta 1 300 a 2 450.

Chalcha, Isasi 7 ☎ 71 28 92.

FORD av. de Bilbao 27 ☎ 71 39 07
RENAULT Apalategui ☎ 71 13 72
SEAT av. de Bilbao ☎ 71 36 42

EJEA DE LOS CABALLEROS Zaragoza 43 ①② y 990 ⑰ – 14 969 h. alt. 318 – ☎ 976.
C. Costa 2 ☎ 66 11 50.
♦ Madrid 361 – ♦ Pamplona 114 – ♦ Zaragoza 70.

Cinco Villas, paseo del Muro 10 ☎ 66 03 00 – rest wc wc. E VISA.
rest
Com 600/1 000 – 250 – **30 hab** 2 250/3 000 – P 3 400/4 150.

CITROEN-PEUGEOT av. Perimetral 17 ☎ 66 03 77
SEAT Concordia 9 ☎ 66 09 81
TALBOT La Libertad 25 ☎ 66 07 47

Michelin no coloca placas de propaganda en los hoteles y restaurantes que recomienda.

EL ÉJIDO Almería 446 V 21 – ☎ 951 – Playa.
18 Almerimar S : 10 km ☎ 48 09 50.
♦ Madrid 586 – Almería 32 – ♦ Granada 157 – ♦ Málaga 189.

en la urbanización Almerimar S : 10 km – ✉ El Éjido – ☎ 951 :

Golf H. Almerimar, ☎ 48 09 50, Telex 78903, , , climatizada, , , 18 –
Ⓟ. AE E VISA.
Com 1 150 – 275 – **38 hab** 4 500/5 500 – P 4 925/6 675.

Mesón El Segoviano, ☎ 48 00 84 – . VISA.
cerrado miércoles y octubre – Com carta 1 025 a 1 675.

CITROEN carret. Málaga km 81 ☎ 48 11 08
RENAULT carret. Málaga km 83 ☎ 48 17 18
SEAT carret. Málaga km 83 ☎ 48 07 52

ELCHE Alicante 445 R 27 – 147 614 h. alt. 90 – ☎ 965.
Ver : El Palmeral★★ : Huerto del Cura★★ Z , **Parque Municipal★** Y.
Parque Municipal ☎ 45 27 47.
♦ Madrid 408 ③ – ♦ Alicante 24 ① – ♦ Murcia 60 ②.

Plano página siguiente

Huerto del Cura (Parador colaborador) M, Federico García Sanchiz 14 ☎ 45 80 40, Telex 48452, , « Pabellones rodeados de jardines en un magnífico palmeral », , –
– Ⓟ – . AE E VISA. — Z c
Com 1 150 – 300 – **59 hab** 3 500/4 990 – P 4 545/5 550.

Cartagena sin rest, Gabriel Miró 12 ☎ 46 15 50 – wc wc. VISA. — Z a
315 – **34 hab** 1 490/2 610.

Don Jaime sin rest, Primo de Rivera 7 ☎ 45 38 40 – wc wc. E VISA. — Z s
180 – **64 hab** 1 650/2 250.

Candileras, Dr Ferrán 19 ☎ 46 65 12 – wc wc — Z r
24 hab.

Parque Municipal, paseo Alfonso XIII ☎ 45 34 15, , « En un parque, amplia terraza bajo las palmeras » – VISA — Y z
Com carta 740 a 1 425.

Enrique, Canónigo Torres 8 ☎ 45 15 77 – . VISA. — Z h
cerrado lunes – Com carta 950 a 1 600.

La Gran Mariscada, Martín de Torres 13 ☎ 45 82 16 – — Y d

L'Auberge de Paris, Marqués de Asprillas 17 ☎ 44 28 02, Decoración rústica – — Y b
cerrado domingo y agosto – Com carta 1 125 a 1 735.

CITROEN carret. Alicante km 2 ☎ 45 81 43
FIAT-SEAT Polígono de Altabix ☎ 45 04 43
FORD carret. Murcia-Alicante km 53 ☎ 44 02 13
PEUGEOT Polígono de Altabix ☎ 45 70 12
RENAULT carret. Crevillente km 53 ☎ 46 59 04
TALBOT Partida de Altabix 42 ☎ 45 59 36

ELCHE

Corredora ________ Z 13
Reina Victoria ______ YZ

Alfonso XII ________ Z 2
Anselmo Clavé (Pl.) ____ Z 3
Antonio Machado _____ X 4
Baix (Pl. de) ________ Z 7
Benidorm (Pl.) _______ Y 8
Comandante Fernandez_ Y 9
Constitució (Pl. de la) _ Z 12
Cristóbal Sanz _______ Y 14
Diagonal Palacio ______ Y 17
Ernesto Martínez ______ Z 18
F. Díaz de Mendoza ___ YZ 19
Francos Rodríguez (Pas.) Y 22
Fray Luis de León _____ X 23
García Lorca ________ Z 24
Jimenez Díaz ________ Y 27
José María Peman _____ Z 28
Juan Ramón Jiménez __ Z 29
Luis Gonzaga
Llorente de las Casas _ Y 32
Marqués de Asprillas __ Y 34
Novelda (Av. de) _____ XY 35
Pi y Margall ________ Z 38
Puente Ortices _______ YZ 39
Puente Palacio ______ Y 42

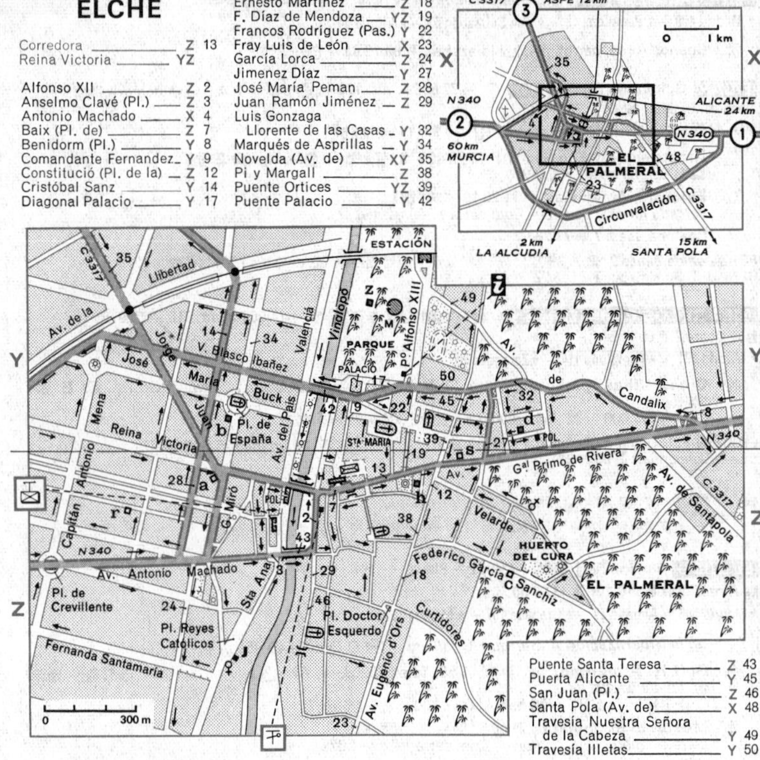

Puente Santa Teresa ______ Z 43
Puerta Alicante _________ Y 45
San Juan (Pl.) __________ Z 46
Santa Pola (Av. de) ______ X 48
Travesía Nuestra Señora
de la Cabeza __________ Y 49
Travesía Illetas ________ Y 50

Prévenez immédiatement l'hôtelier si vous ne pouvez pas occuper la chambre que vous avez retenue.

ELDA Alicante 445 Q 27 – 48 259 h. alt. 395 – ☎ 965 – Plaza de toros.
♦ Madrid 381 – ♦ Albacete 134 – ♦ Alicante 37 – ♦ Murcia 80.

- **Elda** sin rest, av. Chapí 4 ☎ 38 05 56 – wc. E VISA
  235 – **37 hab** 1 550/2 440.
- Santa Ana, sin rest, Iglesia 4 ☎ 38 02 31 – wc
  30 hab.
- **La Parrilla de Oro,** General Moscardó 34 ☎ 38 10 57 – AE E VISA.
  cerrado domingo, festivos noche y agosto – Com carta 1 200 a 2 000.

FORD carret. Ocaña-Alicante km 377,2 ☎ 37 02 58
RENAULT carret. Ocaña-Alicante km 378,5 ☎ 37 06 62
SEAT carret. Madrid-Alicante km 376 ☎ 37 05 82
TALBOT av. de las Olimpiadas 13 ☎ 38 45 43

ELIZONDO Navarra 42 ⑥ y 990 ⑦ – alt. 196 – ☎ 948.
♦ Madrid 452 – ♦ Bayonne 53 – ♦ Pamplona 57 – St-Jean-Pied-de-Port 35.

- **Saskaitz** sin rest, av. María Azpilikueta 10 ☎ 58 04 88 – wc wc. AE.
  180 – **20 hab** 875/2 000.
- **Galarza,** Santiago 1 ☎ 58 01 01 – Ⓟ.
  cerrado martes de octubre a junio – Com carta 860 a 1 275.

en la carretera N 121 SO : 1,5 km – ✉ Elizondo – ☎ 948 :

- **Baztán** sin rest, ☎ 58 00 50, ≤, – wc Ⓟ. AE E VISA
  15 junio-15 septiembre – 250 – **84 hab** 2 300/3 500.

AUSTIN-MG-MORRIS-MINI Santiago 8 ☎ 58 02 30
CITROEN-PEUGEOT Santiago ☎ 58 04 06
RENAULT carret. de Francia km 57 ☎ 58 04 36
SEAT Santiago ☎ 58 02 25
TALBOT carret. de Francia ☎ 58 03 32

ENCAMP Andorra 43 ⑥ y 990 ⑨ – ver Andorra (Principado de).

ERRAZU Navarra 42 ⑥ y 990 ⑦ – ver aduanas p. 14 y 15.

Hoteles y restaurante ver : Elizondo SO : 7,5 km.

LA ESCALA o **L'ESCALA** Gerona 43 ⑨ y 990 ⑳ – 3 624 h. – 972 – Playa.
Ver : Paraje★.
Alred. : Ampurias★ (ruinas griegas y romanas) N : 2 km.
pl. Escoles 1 ☎ 77 06 03.
♦ Madrid 748 – ♦ Barcelona 135 – Gerona 41.

- **Nieves-Mar,** paseo Marítimo ☎ 77 03 00, ≤ mar, – rest. E VISA. rest
  cerrado diciembre y enero – Com 1 100 – 260 – **80 hab** 1 730/2 160 – P 3 550/3 700.
- **Voramar,** paseo Luis Albert 2 ☎ 77 01 08, ≤ – wc wc. VISA. rest
  23 marzo-15 octubre – Com 700/850 – 265 – **38 hab** 1 475/2 645 – P 3 010/3 070.
- **El Rem,** av. Ave María 1 ☎ 77 02 45, ≤ – rest wc. VISA
  cerrado martes y 15 enero-febrero – Com 725 – 225 – **16 hab** 2 500 – P 5 400.
- **El Roser,** Iglesia 7 ☎ 77 02 19 – rest wc wc. AE E VISA
  Com *(cerrado domingo noche del 1 octubre al 1 abril)* 600 – 200 – **35 hab** 725/1 300 – P 1 800.
- **Els Pescadors,** Port d'en Perris 3 ☎ 77 07 28, ≤ – . VISA
  cerrado jueves, domingo noche de octubre a mayo y 2 noviembre-3 diciembre – Com carta 1 075 a 1 925.
- **Miryam** con hab, Ronda del Padró ☎ 77 02 87 – rest wc. VISA
  cerrado jueves y 15 diciembre-15 enero – Com 650 – 300 – **10 hab** 1 700 – P 2 250.

CITROEN av. Gerona ☎ 77 19 05
RENAULT Ave María ☎ 77 04 81

Les ESCALDES Andorra 43 ⑥ y 990 ⑨ – ver Andorra (Principado de).

ES CALÓ DE S'OLI Baleares 43 ⑰ – ver Baleares (Ibiza) : San Antonio Abad.

ESCALONA Toledo – 1 507 h.
♦ Madrid 86 – ♦ Ávila 88 – Talavera de la Reina 55 – Toledo 54.

- El Mirador, carret. de Ávila ☎ 26, ≤ – .
- Luna, piso 1, Héroes del Alcázar 2, ☎ 35.

ESCLAVITUD La Coruña – pobl. ver Padrón alt. 36.
♦ Madrid 621 – ♦ La Coruña 89 – Santiago de Compostela 15 – Pontevedra 42.

- **Reina Lupa,** carret. N 550 ☎ 81 04 60 – . AE E VISA.
  cerrado lunes – Com carta 750 a 1 425.

El ESCORIAL Madrid 990 ⑮ y ㊴ – 4 136 h. alt. 1 030 – 91 – Plaza de toros.
Ver : Monasterio★★★ (Iglesia★★, Panteón de los Reyes★★, Palacios★★ (tapices★) – Nuevos Museos★★ (El Martirio de San Mauricio y la legión tebana★), Salas Capitulares★, Patio de los Reyes★) – Casita del Príncipe★.
Alred. : Silla de Felipe II ≤★★ SO : 7 km.
18 La Herrería SO : 3 km por la carretera de la Silla de Felipe II ☎ 896.
Floridablanca 10 ☎ 890 15 54.
♦ Madrid 55 – ♦ Ávila 65 – ♦ Segovia 50.

- **Escorial,** Arias Montano 10 ☎ 890 13 61 – wc. VISA
  Com 900 – 110 – **32 hab** 1 550/1 900 – P 3 460/3 700.

en la antigua carretera de la Silla de Felipe II SO : 2,5 km – ✉ El Escorial – 91 :

- El Batán, ☎ 896 16 03 – .

Ver también : ***San Lorenzo de El Escorial.***

RENAULT carret. C 505 km 27 - Cruz de la Horca ☎ 890 05 05
CITROEN-PEUGEOT Polígono Industrial Matacuervos Nave 17 ☎ 890 32 19
SEAT San Sebastián 29 ☎ 890 13 69
TALBOT Hernandéz Briz 3 ☎ 896 02 65

ESCUDO (Puerto del) Cantabria 42 ① y 990 ⑤ – ver San Miguel de Luena.

ES PAS DE VALLGORNERA (Urbanización) Baleares – ver Baleares (Mallorca) : Cala Pi.

ESPLUGA DE FRANCOLI o **L'ESPLUGA DE FRANCOLI** Tarragona 43 ⑯ y 990 ⑲ – ver Poblet (Monasterio de).

ESPLUGUES DE LLOBREGAT Barcelona – ver Barcelona.

ESPOT Lérida 43 ⑤ ⑥ y 990 ⑨ – 240 h. alt. 1 340 – ☎ 973 – Deportes de invierno en Super Espot : 4.

Alred. : Carretera de acceso a Espot★ – O : Parque Nacional de Aigües Tortes★★.

♦Madrid 619 – ♦Lérida 166.

- **Saurat**, pl. San Martin ☎ 62 60 00, ≤, – wc ☎ P. VISA.
  cerrado mayo y 15 octubre-15 diciembre – Com 650/700 – ☕ 175 – **50 hab** 950/2 470 – P 2 450/2 575.

ES PUJOLS Baleares 43 ⑱ – ver Baleares (Formentera).

ESQUEDAS Huesca 42 ⑰ y 990 ⑱ – 147 h. alt. 509 – ☎ 974.

Alred. : Castillo de Loarre★★ (✻ ★★) NO : 19 km.

♦Madrid 404 – Huesca 14 – ♦Pamplona 150.

- XX **Venta del Sotón,** carret. N 240 ☎ 27 02 41, « Interior rústico » – P. AE ⓓ E VISA.
  cerrado lunes – Com carta 1 145 a 2 025.

ESTARTIT Gerona 43 ⑨ y 990 ⑳ – pobl. ver Torroella de Montgrí – ☎ 972 – Playa.

ℹ Rocamaura 29 ☎ 75 89 10.

♦Madrid 745 – Figueras 39 – Gerona 36.

- **Bell Aire,** Iglesia 39 ☎ 75 81 62, – wc ☎.
  Com 625 – ☕ 175 – **66 hab** 1 500/2 500 – P 2 450/2 700.
- **Eden,** Victor Concas 2 ☎ 75 80 02, Cenas amenizadas con música en verano – wc. E VISA
  abril-15 octubre y Navidad – Com 650 – ☕ 150 – **14 hab** 950/1 900 – P 1 900/2 100.
- **Vila,** Santa Ana 41 ☎ 75 81 13 – wc. hab
  junio-septiembre – Com 550 – ☕ 150 – **58 hab** 700/1 900 – P 1 700/2 000.

en la carretera de Torroella de Montgrí – ✉ Estartit – ☎ 972 :

- **La Masía,** O : 1 km ☎ 75 81 78, – wc P. rest
  mayo-septiembre – Com 500 – ☕ 140 – **57 hab** 1 300/2 000 – P 2 000/2 300.
- XX **Torre Gran** con hab, O : 3 km ☎ 75 81 60, « Masía antigua », – wc wc ☎ P. AE E VISA
  cerrado martes y noviembre – Com 500 – ☕ 200 – **8 hab** 1 200/2 400 – P 2 200.

ESTELLA Navarra 42 ⑮ y 990 ⑥ ⑦ – 11 262 h. alt. 430 – ☎ 948 – Plaza de toros.

Ver : Iglesia de San Pedro de la Rúa (portada★, claustro★) – Iglesia de San Miguel (fachada norte★ : altorrelieves★★).

Alred. : Monasterio de Irache★ (iglesia★) S : 3 km – Monasterio de Iranzu (garganta★) N : 10 km.

♦Madrid 380 – ♦Logroño 48 – ♦Pamplona 45 – ♦Vitoria 70.

- **Tatán** sin rest, Sancho El Fuerte 6 ☎ 55 02 50 – wc wc ☎.
  cerrado 23 diciembre-1 enero – ☕ 150 – **25 hab** 1 350/2 100.
- XX **Tatana,** Don García el Restaurador 3 ☎ 55 38 70 – VISA.
  cerrado lunes noche – Com carta 1 375 a 2 330.
- XX **El Bordón,** piso 1, San Andrés 6 ☎ 55 10 69, Decoración rústica – VISA.
  Com carta 1 220 a 2 175.
- X **La Cepa,** piso 1, pl. de los Fueros 18 ☎ 55 00 32 – VISA
  cerrado lunes de octubre a abril – Com carta 1 300 a 2 300.

en la carretera de Logroño SO : 3,5 km – ✉ Estella – ☎ 948 :

- Irache y Rest. La Cepa 2, ☎ 55 11 50, ≤, – wc ☎ P – – **51 hab**.

AUSTIN-MG-MORRIS-MINI paseo de la Inmaculada 25-27 ☎ 55 03 48
CITROEN-PEUGEOT carret. Lodosa ☎ 55 12 24
RENAULT carret. Logroño (Ayegui) ☎ 55 04 93
SEAT-FIAT carret. Lodosa ☎ 55 18 54
TALBOT av. Carlos VII 29 ☎ 55 00 76

ESTELLENCHS Baleares 43 ⑱ – ver Baleares (Mallorca).

ESTEPONA Málaga 446 W 14 – 22 850 h. – ☎ 952 – Playa – Plaza de toros.

18 El Paraíso NE : 11,5 km por N 340 ☎ 81 18 40 – 18 Atalaya Park ☎ 81 10 40.

ℹ Blas Infante ☎ 80 11 79.

♦Madrid 640 – Algeciras 51 – ♦ Málaga 85.

- **Caracas,** San Lorenzo 50 ☎ 80 08 00 – rest wc ☎. E VISA. rest
  Com 900 – ☕ 200 – **27 hab** 2 240/3 320 – P 3 360/3 840.
- **Dobar** sin rest, av. España 178 ☎ 80 06 00, ≤ – wc ☎.
  ☕ 100 – **33 hab** 1 000/2 000.
- **Buenavista,** av. de España 180 ☎ 80 01 37 – wc ☎. VISA
  Com 690 – ☕ 125 – **38 hab** 1 100/2 200 – P 2 375.
- X **Costa del Sol,** San Roque ☎ 80 11 01, Rest. francés – AE E VISA
  cerrado jueves y 5 noviembre-5 diciembre – Com carta 900 a 1 870.
- X **Del Paseo,** av. de España 214 ☎ 80 04 77 – VISA
  Com carta 770 a 1 190.

en la carretera de Málaga – ✉ Estepona – ☎ 952 :

H. Golf El Paraíso, urbanización El Paraíso NE : 11,4 km y desvío 1,3 km ☎ 81 28 40, Telex 77261, ≤ mar y montañas, climatizada, – **200 hab**.

Robinson Club H. Atalaya Park, NE : 12,5 km y desvío 1 km ☎ 78 01 00, Telex 77210, ≤, « Extenso jardín con arbolado », – AE VISA. rest
cerrado 15 noviembre-15 diciembre – Com 1 125 – **448 hab** 3 875/6 950 – P 5 350/5 925.

Santa Marta, NE : 11,2 km, ✉ apartado 2, ☎ 81 13 40, « Pequeños bungalows en un extenso jardín », – wc. AE E VISA. rest
abril-septiembre – Com 1 000/1 500 – 250 – **37 hab** 2 000/2 900 – P 3 360/3 910.

El Molino, urbanización El Saladillo NE : 10 km ☎ 78 23 37, Decoración rústica elegante, Cocina francesa – E VISA
cerrado martes y 8 enero-febrero – Com (sólo cena) carta 1 540 a 3 210.

El Cid, urbanización El Pilar NE : 11,6 km,
Com (sólo cena).

El Dragón de Oro, NE : 10,5 km ☎ 81 38 94, Rest. chino –
Com (sólo cena).

San Rafael, NE : 11 km ☎ 80 18 05,
Com (sólo cena).

The Yellow Book, NE : 5,5 km ☎ 80 04 84, E VISA
cerrado lunes y enero-15 febrero – Com (sólo cena).

Benamara, NE : 11,4 km ☎ 81 22 50, Cocina marroquí –
cerrado lunes y 6 enero-15 febrero – Com (sólo cena) carta 1 250 a 1 800.

Urios, NE : 6,5 km ☎ 80 24 85 – AE VISA.
cerrado miércoles – Com carta 1 250 a 2 075.

Los Llanos, E : 2 km ☎ 80 04 86,

en la carretera de Cádiz SO : 7 km – ✉ Estepona – ☎ 952 :

Le Castel, urbanización Bahía Dorada, ✉ apartado 166, ☎ 80 05 46, Cocina francesa – AE VISA
Com carta 725 a 1 225.

Bahía Dorada, urbanización Bahía Dorada ☎ 80 25 49, – AE E VISA.
15 marzo-15 noviembre – Com *(cerrado jueves en invierno)*.

CITROEN Polígono Industrial Nave 28-30 ☎ 80 22 04
RENAULT carret. N 340 km 164 ☎ 80 19 34
SEAT carret. N 340 km 162 ☎ 80 01 86
TALBOT carret. N 340 km 164 ☎ 80 07 54

ESTERAS DE MEDINACELI Soria 990 ⑯ – ☎ 975.
♦Madrid 142 – Soria 84 – Teruel 173 – ♦Zaragoza 179.

Hostal Esteras, con hab, carret. N II ☎ 32 60 07, wc – **10 hab**.

ESTERRI DE ANEU o **ESTERRI D'ANEU** Lérida 43 ⑥ y 990 ⑨ – 546 h. alt. 957 – ☎ 973.
♦Madrid 619 – ♦Lérida 166 – Seo de Urgel 82.

Vall d'Aneu, carret. de Balaguer ☎ 62 60 97 – wc
Com 650/800 – 150 – **20 hab** 700/1 500.

CITROEN Mayor ☎ 62 61 33

ES VIVÉ Baleares – ver Baleares (Ibiza) : Ibiza.

EUGUI Navarra 42 ⑥ – alt. 620 – ☎ 948.
♦Madrid 422 – ♦Pamplona 27 – St-Jean-Pied-de-Port 63.

Quinto Real, ☎ 32 70 44, ≤ – wc wc – **18 hab**.

EZCARAY La Rioja 42 ⑬ y 990 ⑥ – 1 964 h. alt. 813 – ☎ 941 – Deportes de invierno en Valdezcaray.
♦Madrid 316 – ♦Burgos 73 – ♦Logroño 61 – ♦Vitoria 80.

Marichu, av. Jesús Nazareno ☎ 35 40 05, – wc – **18 hab**.

Echaurren, Héroes del Alcázar ☎ 35 40 47 – VISA. rest
cerrado 2 noviembre-2 diciembre – Com 620/660 – 120 – **29 hab** 640/1 280 – P 1 765/1 790.

El Mesón, Sagastia 25 ☎ 35 41 73.

FANALS Gerona 43 ⑲ – ver Lloret de Mar.

La FEBRÓ Tarragona 43 ⑮ ⑯ – 29 h. – ☎ 977.
♦Madrid 536 – ♦Lérida 74 – Tarragona 45.

Hostal de la Perdiu con hab, ☎ 87 03 23 – wc. hab
Com 500 – 150 – **12 hab** 700/1 400 – P 1 700.

La FELGUERA Oviedo 990 ④ – alt. 212 – ☎ 985.

Alred. : Carbayo ✳★★ SE : 5 km.

♦Madrid 431 – Gijón 40 – ♦Oviedo 20 – ♦Santander 205.

Vaqueros, piso 2, travesía Gabino Alonso ☎ 69 24 11 – |‡| ▥ ⌂wc ☎. E VISA. ✗
Com *(cerrado lunes)* 600 – ☐ 150 – **32 hab** 1 400/1 800 – P 1 900/2 400.

CITROEN-PEUGEOT Las Tejeras de Lada ☎ 69 07 66
FIAT-SEAT General Mola ☎ 69 19 37
MERCEDES El Suto ☎ 69 37 27
RENAULT General Sanjurjo 20 ☎ 69 58 46
TALBOT av. de Italia 22 ☎ 69 05 67

FENE La Coruña 990 ② – 14 001 h. – ☎ 981.

♦Madrid 609 – ♦La Coruña 58 – Ferrol 5 – Lugo 105.

en Perlio – ✉ Fene – ☎ 981 :

Nomar La Torre 32 ☎ 34 16 53 – ▥ ⋒wc. VISA
Com 550 – ☐ 150 – **33 hab** 1 350/2 000 – P 2 465/3 210.

FERMOSELLE Zamora 990 ⑬ – ver aduanas p. 14 y 15.

FERRERÍAS Baleares – ver Baleares (Menorca).

FERROL La Coruña 990 ② – 89 212 h. – ☎ 981 – Playa.

ℹ pl. Marqués de Alboran ☎ 35 14 97.

♦Madrid 614 – ♦La Coruña 63 – Gijón 305 – ♦Oviedo 309 – Santiago de Compostela 102.

Parador Nacional, San Francisco 1 ☎ 35 34 00 – ⇔. AE ⦿ E VISA. ✗
Com 1 100 – ☐ 300 – **30 hab** 3 200/4 000.

Almirante y Rest. Gavia, María 2 ☎ 32 84 49 – |‡| ⇔. AE. ✗
Com *(cerrado domingo noche y lunes)* 720 – ☐ 230 – **122 hab** 2 200/3 700.

Ryal sin rest, Galiano 43 ☎ 32 80 46 – ▥ ⌂wc ⋒wc ☎. VISA. ✗
☐ 120 – **40 hab** 1 160/1 900.

Moncho, Fernando Villaamil 44 ☎ 35 39 94 – VISA. ✗
cerrado domingo noche y 15 septiembre-15 octubre – Com carta 1 200 a 2 050.

O'Xantar, General Franco 182 ☎ 35 51 18.

en la carretera C 646 N : 2 km – ✉ El Ferrol – ☎ 981 :

O Parrulo, av. Catabois ☎ 31 74 03 – Ⓟ. VISA. ✗
cerrado domingo y festivos noche – Com carta 700 a 1 555.

AUSTIN-MG-MORRIS-MINI carret. de Gándara 11 ☎ 31 33 65
CITROEN-PEUGEOT carret. N VI - Larage ☎ 43 02 00
FIAT-SEAT carret. de San Juan 15-17 ☎ 31 14 00
FORD carret. de Gándara 11-17 ☎ 31 34 06
RENAULT General Aranda 30 ☎ 32 05 11
TALBOT av. Generalísimo 209 ☎ 31 11 00

FIGUERAS o **FIGUERES** Gerona 43 ⑨ y 990 ⑳ – 28 102 h. alt. 30 – ☎ 972 – Plaza de toros.

ℹ pl. del Sol ☎ 50 31 55.

♦Madrid 744 – Gerona 37 – ♦Perpignan 58.

President, ronda Ferial 33 ☎ 50 17 00 – |‡| ▤ rest ⇔ Ⓟ. AE ⦿ E VISA
Com 950 – ☐ 250 – **75 hab** 1 850/2 900 – P 3 280/3 680.

✿ **Durán,** Lasauca 5 ☎ 50 12 50 – |‡| ▥ ▤ rest ⌂wc ☎ ⇔. AE ⦿ E VISA
Com carta 1 300 a 1 800 – ☐ 225 – **67 hab** 1 600/2 600 – P 2 940/3 240
Espec. Albondigas con sepiones Ana, Cazueleta de langosta y vieira gratinada, Mollejas a la crema de Oporto con espárragos.

Pirineos, ronda Barcelona 1 ☎ 50 03 12 – |‡| ▥ ▤ rest ⌂wc ⋒wc ☎ ⇔. ⦿ VISA
Com 750/920 – ☐ 200 – **53 hab** 2 200/2 500 – P 2 750/3 700.

Travé, carret. de Olot ☎ 50 05 91, ⛱ – |‡| ▥ ▤ ⌂wc ⋒wc ☎ ⇔ Ⓟ – 🎾. E VISA. ✗ rest
Com 700 – ☐ 250 – **73 hab** 1 400/2 500 – P 2 500.

Viarnés, Pujade del Castell 23 ☎ 50 07 91 – ▤. E VISA
cerrado del 15 al 30 mayo, del 15 al 31 octubre, domingo noche y lunes no festivos de septiembre a junio – Com carta 935 a 2 040.

Montserrat, Lasauca 11 ☎ 50 00 73 – ▤.

en la carretera N II (antigua carretera de Francia) – ✉ Figueras – ☎ 972 :

✿ **Ampurdán,** N : 1,5 km ☎ 50 05 62 – |‡| ▤ rest ⇔ Ⓟ. AE ⦿ E VISA. ✗ rest
Com carta 1 260 a 2 385 – ☐ 300 – **45 hab** 2 025/2 900 – P 3 830/4 405
Espec. Ensalada de espinacas al aceite de nueces, Dorada al horno a la pescadora, Costillar de ciervo asado salsa al membrillo (octubre-marzo).

Rallye, S : 1,5 km ☎ 50 13 00 – |‡| ▥ ▤ rest ⌂wc ☎ ⇔ Ⓟ. AE ⦿ E VISA
Com 850 – ☐ 225 – **15 hab** 1 600/2 600 – P 2 940/3 240.

Bon Retorn, S : 2,5 km ☎ 50 46 23 – ▥ ▤ rest ⌂wc ⇔ Ⓟ. AE
cerrado noviembre – Com *(cerrado lunes)* 650 – ☐ 250 – **54 hab** 1 400/2 500 – P 2 550/2 700.

Muriscot, N : 2,5 km ☎ 50 51 51 – ▥ ⌂wc ⋒wc Ⓟ. E VISA
cerrado 15 enero-15 febrero – Com 700 – ☐ 225 – **19 hab** 1 300/2 150 – P 2 350.

en la carretera de Olot SO : 5 km – ✉ Avinyonet de Puigventos – ☎ 972 :

XXX ✿ **Mas Pau,** ☎ 50 08 62 (ext. 82), ⛱, « Antigua masía decorada con elegancia » – Ⓟ. AE ⦿ E VISA
cerrado 16 enero-febrero, domingo noche salvo vísperas de festivos y verano – Com carta 1 670 a 2 640
Espec. Pechuga de pato de Agullana al caramelo, Filetes de lenguado con langosta, Medallones de ciervo a las bayas de enebro (temporada de caza).

CITROEN-PEUGEOT carret. Rosas km 29,4 ☎ 50 43 72
FIAT-SEAT Vilallonga 15 ☎ 50 13 60
FORD av. José Antonio ☎ 50 06 67
MERCEDES-BENZ Carles Fages de Climent ☎ 50 30 00
RENAULT Vilallonga 55-57 (carret. Rosas) ☎ 50 09 62
TALBOT carret. Barcelona km 759 ☎ 50 52 73

FINESTRAT Alicante 445 Q 29 – 1 053 h. alt. 300 – ☎ 965.
♦ Madrid 459 – ♦ Alicante 41 – Gandía 87.

X **Font del Molí** (Claire Fontaine), Fuente de los Molinos : 1 km ☎ 87 80 54, ⛱, ⛱ – ✗
cerrado lunes y 9 diciembre-9 enero – Com (sólo almuerzo) carta 860 a 1 350.

FITERO Navarra 42 ⑮ y 990 ⑰ – 2 277 h. alt. 223 – ☎ 948 – Balneario.
Ver : Monasterio de Santa María la Real★.
♦ Madrid 308 – ♦ Pamplona 93 – Soria 82 – ♦ Zaragoza 105.

en Baños de Fitero O : 4 km – ✉ Baños de Fitero – ☎ 948 :

Baln. G. Adolfo Bécquer ⛰, ☎ 77 61 00, ⛱ de agua termal, 🌳, 🎾 – |‡| ⌂wc ⌂wc ☎ 🚗 Ⓟ. ✗ rest
15 junio-14 octubre – Com 1 125 – ☕ 250 – **215 hab** 1 700/2 500 – P 3 150/3 600.

FONTE CULLER La Coruña – ver La Coruña.

FONTIBRE Cantabria 990 ⑤ – ver Reinosa.

FORCALL Castellón de la Plana 445 K 29 – 782 h. – ☎ 964.
♦ Madrid 423 – Castellón de la Plana 110 – Teruel 122.

X **Mesón de la Vila,** pl. Generalísimo 2 ☎ 16 02 50 (ext. 37), Decoración rústica – ✗
Com carta 540 a 1 500.

FORMENTERA Baleares 43 ⑰⑱ y 990 ㉘ ㉙ – ver Baleares.

FORMENTOR (Cabo de) Baleares 43 ⑳ y 990 ㉚ – ver Baleares (Mallorca).

EL FORMIGAL Huesca 42 ⑱ y 990 ⑧ – ver Sallent de Gállego.

FORNELLS Baleares 43 ⑩ y 990 ㉚ – ver Baleares (Menorca).

FORTUNA Murcia 445 R 26 – 5 697 h. alt. 228 – ☎ 968 – Balneario.
♦ Madrid 385 – ♦ Albacete 138 – ♦ Alicante 93 – ♦ Murcia 22.

en la carretera de Pinoso N : 3 km – ✉ Balneario de Fortuna – ☎ 968 :

Victoria ⛰, ☎ 68 50 11, ⛱ de agua termal, 🌳, 🎾 – Ⅲ ⌂wc ☎ Ⓟ
agosto-noviembre – Com 725 – ☕ 150 – **65 hab** 1 365/2 270 – P 2 375/2 615.

Balneario ⛰, ☎ 68 50 11, ⛱ de agua termal, 🌳, 🎾 – Ⅲ ⌂wc ⌂wc ☎ Ⓟ. ✗
Com 725 – ☕ 150 – **58 hab** 1 365/2 270 – P 2 375/2 615.

La FOSCA Gerona 43 ⑨⑩ – ver Palamós.

FOZ Lugo 990 ③ – 8 424 h. – ☎ 982.
Ver : Acantilado★.
Alred. : Iglesia de San Martín de Mondoñedo★ S : 2,5 km – Mondoñedo (catedral★, museo★ SO : 20 km).
ℹ Casa Consistorial ☎ 14 00 27.
♦Madrid 598 – ♦La Coruña 145 – Lugo 94 – ♦Oviedo 194.

X Xoiña, carret. C 642 S : 1 km ☎ 14 09 44 – Ⓟ.

TALBOT av. de Lugo 8 ☎ 14 03 83
TALBOT La Espiñeira ☎ 12 41 98

FRAGA Huesca 43 ⑭ y 990 ⑱ – 10 568 h. alt. 120 – ☎ 974.
♦Madrid 443 – Huesca 108 – ♦Lérida 27 – ♦Zaragoza 124.

XX Don Rufo, Huesca ☎ 47 12 29 – ▤ Ⓟ.

X Casanova, carret. N II ☎ 47 19 90 – ▤ Ⓟ.

CITROEN carret. de Torrente ☎ 47 12 08
FIAT SEAT av. de Madrid 24 - carret. N II ☎ 47 03 00
FORD av. Aragón 166 ☎ 47 10 82
RENAULT carret. N II km 434 ☎ 47 04 12
TALBOT av. de Madrid 46 - carret. N II ☎ 47 11 29

La FRANCA Oviedo 990 ⑤ – ☎ 985 – Playa.
♦Madrid 438 – Gijón 114 – ♦Oviedo 124 – ♦Santander 81.

en la playa O : 1,2 km – ✉ Colombres – ☎ 985 :

Mirador de la Franca ⑤, ☎ 41 21 45, ≤ – wc Ⓟ. ✻ rest
julio-agosto – Com 550 – ☕ 175 – **58 hab** 1 850/3 100 – P 2 300/2 400.

FRÓMISTA Palencia 990 ⑤⑮ – 1 248 h. alt. 780 – ☎ 988.
Ver : Iglesia★★.
ℹ paseo Central.
♦Madrid 257 – ♦Burgos 78 – Palencia 31 – ♦Santander 170.

XX **Hostería de los Palmeros,** pl. Mayor ☎ 81 00 67 – AE VISA. ✻
cerrado martes – Com carta 1 175 a 1 775.

Ver también : ***Osorno*** N : 20 km
Monzón de Campos S : 21 km.

FUENCARRAL Madrid 990 ㊵ – ver Madrid.

FUENGIROLA Málaga 446 W 16 – 25 616 h. – ☎ 952 – Playa – Plaza de toros.
⛳18 Golf Mijas N : 3 km ☎ 47 27 00 – ⛳18 Torrequebrada por ① : 7 km ☎ 44 29 26.
ℹ pl. de España (parque) ☎ 46 18 91.
♦Madrid 587 ① – Algeciras 106 ② – ♦Málaga 32 ①.

Las Palmeras, paseo Marítimo ☎ 47 27 00, ≤, ⛱, ⛳, ✻, ⛳18 – |✿| ▤ 🚗 – 🏋 **w**
537 hab.

Las Pirámides, paseo Marítimo ☎ 47 06 00, Telex 77315, ≤, ⛱, ✻ – |✿| ▤ 🚗 Ⓟ – 🏋. AE ① E VISA. ✻ **a**
Com 1 350 – ☕ 300 – **320 hab** 3 900/4 500 – P 3 900/5 250.

Pyr Fuengirola, Lamo de Espinosa 6 ☎ 47 17 00, Telex 77328, ≤, ⛱ climatizada, ✻ – |✿| ▤ 🚗 – 🏋. ✻ **k**
Com 965 – ☕ 275 – **400 apartamentos** 4 150 – P 5 055.

El Puerto, paseo Marítimo ☎ 47 01 00, Telex 77266, ≤, ⛱ – |✿| ▤. AE ① VISA. ✻ **u**
Com 625 – **349 hab** ☕ 2 550/4 000.

Florida, paseo Marítimo ☎ 47 61 00, ≤, « Bonito jardín con ⛱ climatizada » – |✿|. ① VISA. ✻ **b**
Com 825 – ☕ 200 – **116 hab** 1 750/2 850 – P 3 000/3 325.

Agur, sin rest, Tostón 2 ☎ 47 66 62 – |✿| ▥ wc **v**
33 hab.

Sedeño, Don Jacinto 1 ☎ 47 47 88, ⛱ – ▥ wc ⛲wc. ✻ **e**
Com 500 – ☕ 125 – **30 hab** 1 240/1 725 – P 2 195/3 635.

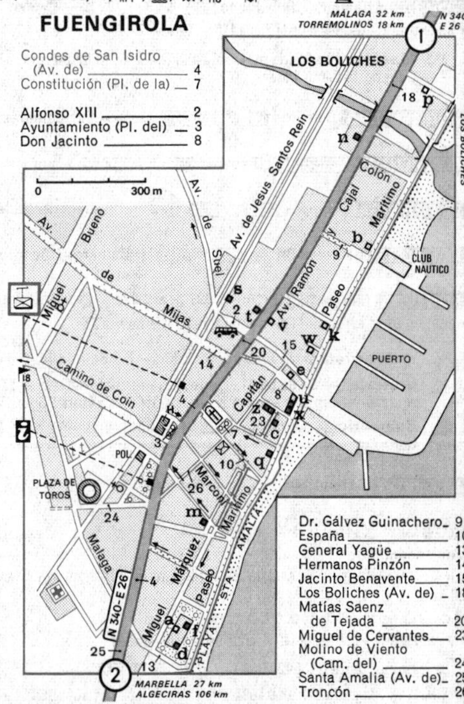

XX **Fuengirola Playa,** paseo Marítimo ℙ 47 56 94, ≤, 🍴 – ⓓ E VISA f
cerrado lunes y noviembre - 12 diciembre – Com carta 1 000 a 1 545.

XX Misono, General Yagüe, Edificio Las Pirámides ℙ 47 06 00, Cocina japonesa d

X Mesón del Cordero (José Luis), av. Santos Rey, Edificio Andalucía ℙ 47 41 08, 🍴, « Mesón típico » s

X El Caserio, pl. Picasso ℙ 47 54 43 – ▤ m

X Portofino, paseo Marítimo - Edificio Perla 1 ℙ 47 06 43, 🍴 x

X Rincón de Cristóbal, Cruz 14 ℙ 47 03 21, 🍴 z

X **Sin Igual,** Ramón y Cajal ℙ 47 50 96, 🍴 – VISA n
cerrado martes y 15 noviembre-18 diciembre – Com carta 870 a 1 400.

X The Beefeater, Italia 20 ℙ 47 15 47, 🍴, Carnes – ✗ z
Com (sólo cena en verano).

X La Chimenea, paseo Marítimo ℙ 47 01 47 q

X **La Gaviota,** paseo Marítimo - Edificio La Perla I ℙ 47 36 37, 🍴 – AE E VISA x
cerrado miércoles y 10 enero-15 febrero – Com carta 1 225 a 2 000.

X Los Amigos, Moncayo 18 ℙ 47 19 82, 🍴, Pescados y mariscos c

X China, Ramón y Cajal 27 ℙ 47 29 93, Cocina china e indonesia – ▤. E VISA. ✗ t
cerrado jueves y 15 noviembre-diciembre.

en la carretera de Málaga :

en los Boliches – ✉ Fuengirola – ☎ 952 :

Angela, paseo Marítimo ℙ 47 52 00, Telex 77342, ≤, 🏊 climatizada, 🌳, 🎾 – |☰| ▤ rest 🚗. AE ⓓ VISA. ✗ rest p
Com 1 200 – ☕ 255 – **260 hab** 2 300/3 620 – P 4 050/4 540.

Santa Fe, General Mola 72 por ① : 1,5 km ℙ 47 41 81 – ▥ ▤ hab ⥮wc
26 hab.

Nevada, sin rest, Santa Gema 3 por ① : 1,5 km ℙ 47 56 98 – ⛀wc ⥮wc
temp. – **20 hab**.

Costabella, General Mola 114 por ① : 1,5 km ℙ 47 46 31 – ▥
20 hab.

XX **Don Bigote,** Calvo Sotelo 39 por ① : 1,5 km ℙ 47 50 94, 🍴, « Estilo rústico andaluz-bonito patio » – AE ⓓ E VISA
Com carta 990 a 1 600.

XX **La Langosta,** Calvo Sotelo 1 por ① : 1,5 km ℙ 47 50 49 – ▤. AE ⓓ E VISA. ✗
cerrado lunes y 15 noviembre-15 enero – Com carta 1 010 a 1 460.

X **La Olla,** paseo Marítimo por ① : 2 km ℙ 47 45 16, ≤, 🍴 – AE E VISA
cerrado lunes y del 15 al 30 noviembre – Com carta 1 050 a 1 900.

en Torreblanca del Sol por ① : 3 km – ✉ Fuengirola – ☎ 952 :

Torreblanca, ℙ 47 58 50, ≤, 🏊 – |☰| Ⓟ
198 hab.

en Carvajal por ① : 4,5 km – ✉ Fuengirola – ☎ 952 :

Easo, ℙ 47 42 97, ≤ – |☰| ▥ ⛀wc Ⓟ. E VISA
Com 550 – ☕ 200 – **32 hab** 1 500/2 250 – P 2 000/2 500.

en la carretera de Cádiz por ② : 1,5 km – ✉ Fuengirola – ☎ 952 :

Mare Nostrum, ℙ 47 11 00, Telex 27578, ≤, 🍴, 🏊, 🌳, 🎾 – |☰| ▤ 🚗 Ⓟ. AE E VISA. ✗ rest
junio-septiembre – Com 750 – ☕ 250 – **242 hab** 2 250/3 000 – P 3 000/3 750.

en Mijas Costa por ② : 8 km – ✉ Fuengirola – ☎ 952 :

XX **Los Claveles,** urbanización Los Claveles ℙ 47 32 64, ≤, 🍴, Cocina belga – Ⓟ. VISA
cerrado domingo noche, lunes y 10 diciembre-enero – Com carta 1 250 a 1 950.

AUSTIN-MG-MORRIS-MINI Ramón y Cajal 20-22 ℙ 47 46 52
CITROEN La Union 24 ℙ 47 63 98
RENAULT carret. de Mijas ℙ 47 64 00
SEAT carret. de Cádiz km 218,3 ℙ 47 40 50
TALBOT av. del Ejército ℙ 47 43 12

FUENTE DÉ Cantabria 990 ⑤ – alt. 1 070 – ☎ 942 – Deportes de invierno : ⛷ 1.

Ver : Paraje★★.

Alred. : Mirador del Cable ☼★★ estación superior del teleférico.

♦Madrid 424 – Palencia 198 – Potes 25 – ♦Santander 140.

Parador Nacional del Río Deva 🐦, alt. 1 005, ✉ Espinama, ℙ 73 00 01, « Magnífica situación al pie de los Picos de Europa, ≤ valle y montaña » – Ⓟ. AE ⓓ E VISA. ✗
Com 1 100 – ☕ 300 – **78 hab** 3 600/4 500.

FUENTERRABÍA Guipúzcoa 42 ⑤ y 990 ⑦ – 10 995 h. – ☎ 943 – Playa – Plaza de toros.

Alred. : Cabo Higuer★ (≤★) N : 4 km – Trayecto★★ de Fuenterrabía a Pasajes de San Juan por el Jaizkíbel : capilla de Nuestra Señora de Guadalupe ≤★★ – Hostal del Jaizkíbel ≤★, descenso a Pasajes de San Juan ≤★.

18 de San Sebastián, Jaizkíbel SO : 5 km ☎ 61 68 45.

✈ ☎ 64 22 40 – Iberia y Aviaco : ver San Sebastián.

♦Madrid 512 – ♦Pamplona 95 – St-Jean-de-Luz 18 – ♦San Sebastián 23.

- **Parador Nacional El Emperador** ⛰, pl. de Armas ☎ 64 21 40, ≤, « Elegantemente instalado en un castillo medieval » – AE ⓓ E VISA. ✂
  Com 1 100 – ☕ 300 – **16 hab** 2 800/3 500.
- **Jauregui** sin rest, San Pedro 28 ☎ 64 14 00 – ⇅ ▥ ⛀wc ☎. E VISA. ✂
  ☕ 200 – **42 hab** 2 620/3 975.
- **Guadalupe** ⛰ sin rest, Puntal de España ☎ 64 16 50, ⛱, 🌳 – ⛀wc ⛆ ☎ Ⓟ
  junio-septiembre – ☕ 200 – **35 hab** 1 600/3 500.
- **Álvarez Quintero** sin rest, Edificio Miramar 7 ☎ 64 22 99 – ▥ ⛀wc. E VISA. ✂
  abril-octubre – ☕ 180 – **14 hab** 2 100/2 950.
- XXX ✿ **Ramón Roteta,** Villa Roteta-Irún ☎ 64 16 93, ☂, « Bonita villa » – VISA
  cerrado domingo noche, lunes, del 15 al 31 diciembre y del 18 al 30 abril – Com carta 2 250 a 3 600
  Espec. Kokotxas de merluza con angulas (noviembre-marzo), Pimientos de piquillo rellenos de perlón, Pechuga de pato con su hígado.
- XX Abarka, Basaritar ☎ 64 19 91, Decoración vasca.
- X Rafael, San Pedro 18 ☎ 64 27 34, Decoración vasca – ▤.
- X **Aquarium,** Zuloaga 2 ☎ 64 27 93 – ▤. AE ⓓ E VISA
  15 marzo-15 octubre, sábado y domingo, de noviembre al 15 diciembre y del 15 febrero al 15 marzo – Com *(cerrado lunes excepto festivos)* carta 1 100 a 2 450.
- X **Kupela,** Zuloaga 4 ☎ 61 64 67, ☂, Decoración rústica – VISA
  cerrado domingo noche, lunes y del 7 al 30 noviembre – Com carta 700 a 1 950.
- X Kulluxka-Zeria, San Pedro 19-23 ☎ 64 27 80, ☂, Decoración rústica vasca, Pescados y mariscos – E VISA. ✂
  cerrado domingo noche, lunes y noviembre.
- X Zabala, San Pedro 14 ☎ 64 27 36.

en la carretera de San Sebastián y camino a la derecha SO : 2,5 km – ✉ Fuenterrabía – ☎ 943 :

- X Beko Errota, ☎ 64 31 94, Caserio vasco, Pescados – Ⓟ.

Las FUENTES (Urbanización) Castellón de la Plana 445 L 30 – ver Alcocéber.

FUENTES DE OÑORO Salamanca 990 ⑬ – ver aduanas p. 14 y 15.

FUERTEVENTURA Las Palmas 990 ㉜ – ver Canarias.

GALAPAGAR Madrid 990 ⑮ y ㊴ – 4 942 h. alt. 881 – ☎ 91.

♦Madrid 36 – El Escorial 13.

en la carretera C 505 – ✉ Galapagar – ☎ 91 :

- XX **Trinidad,** SE : 4,2 km ☎ 858 00 27, ☂ – Ⓟ. ✂
  Com carta 980 a 1 475.
- X **La Retranka,** SE : 1 km ☎ 858 02 44, ≤, ☂ – Ⓟ. VISA. ✂
  cerrado lunes – Com carta 1 540 a 2 760.

RENAULT carret. Guadarrama ☎ 858 02 10 SEAT carret. de El Escorial km 17,2 ☎ 858 15 83

GALDÁCANO Vizcaya 42 ③ y 990 ⑥ – 23 945 h. – ☎ 94.

♦Madrid 403 – ♦Bilbao 8 – ♦San Sebastián 91 – ♦Vitoria 68.

- XX ✿ **Andra Mari,** Elejalde 22 ☎ 456 00 05, ≤ montañas, ☂, Decoración regional – ▤ Ⓟ. AE E VISA. ✂
  cerrado domingo y agosto – Com carta 1 425 a 2 550
  Espec. Lenguado Andra Mari, Bacalao Club Ranero, Rabo de buey.
- XX **La Coupole,** Juan Sebastián Elcano ☎ 456 58 59 – ▤. AE VISA. ✂
  cerrado domingo y agosto – Com carta 1 850 a 2 600.

Las GALLETAS Santa Cruz de Tenerife – ver Canarias (Tenerife).

GANDESA Tarragona 43 ⑭⑮ y 990 ⑱ – 2 275 h. – ☎ 977.

♦Madrid 459 – ♦Lérida 92 – Tarragona 87 – Tortosa 40.

- Hostal Piqué, vía Cataluña ☎ 42 00 68 – ▥ ⛀wc ⛆wc Ⓟ
  48 hab.

RENAULT Vía Aragón 42 ☎ 42 01 88

GANDÍA Valencia 445 P 29 – 41 565 h. – 96 – Playa.

Ayuntamiento ☎ 287 16 00 – R.A.C.E. (Automóvil Club de Valencia) San Rafael 5 ☎ 286 15 00.

♦Madrid 416 – ♦Albacete 170 – ♦Alicante (por la costa) 109 – ♦Valencia 68.

Ernesto, carret. de Valencia 40 ☎ 286 40 11 – wc rest wc wc. AE E VISA
Com 600 – 150 – **86 hab** 800/1 450 – P 1 825/1 900.

Vicmar sin rest, av. Pío XI - 57 ☎ 287 31 43 – wc wc. VISA.
100 – **35 hab** 980/1 500.

Duque Carlos sin rest y sin, Duque Carlos de Borja 34 ☎ 287 28 44 – wc wc. AE E VISA
28 hab 900/1 700.

en el puerto (Grao) NE : 3 km - ver plano – Grao de Gandía – 96 :

Porto sin rest, Foies 5 ☎ 284 17 23 – . AE VISA
185 – **135 hab** 1 700/2 700. **a**

Mengual, pl. Mediterráneo 4 ☎ 284 21 02, – wc **u**
27 hab.

Mesón de la Guitarra, Partida Foyas (junto Campo de Fútbol) ☎ 284 20 20, , Pescados y mariscos – **n**

Les Foies, carrer les Foies 3 ☎ 284 17 23 **v**

Kayuko, Virgen 2 ☎ 284 24 14, Pescados y mariscos – **b**

Rincón de Ávila, pl. de Oriente 6 ☎ 284 22 69 – **s**
cerrado domingo y septiembre – Com carta 1 140 a 1 725.

en la playa NE : 4 km - ver plano – Grao de Gandía – 96 :

GRAO DE GANDÍA

Atlantic	2
Armada Espanyola	3
Castella la Vella	7
Daoiz i Velarde	9
Iles Canàries	10
Mallorca	12
Mare de Deu Blanqueta	15
Mediterrania (Pl.)	16
Menorca	19
Rabida (La)	20

MAR MEDITERRANEO
PLAYA
PUERTO
CLUB NAUTICO
Passeig Marítim Neptú
Devesa
Nazaret
Legazpi
Oliva
Cullera
Les Barraques
Alcoi
Av. de la Pau
Sequia del Rei
0 500 m
GANDIA 4 km C 320

Bayren I, passeig Marítim Neptú ☎ 284 03 00, « Gran terraza con ≤ playa », – AE E VISA. **d**
Com 1 175 – 250 – **164 hab** 2 930/5 100 – P 4 750/5 130.

Madrid, Castilla la Nueva 22 ☎ 284 15 00, – rest **r**
108 hab.

Los Robles, Formentera ☎ 284 21 00, – rest **c**
240 hab.

San Luis, passeig Marítim Neptú 5 ☎ 284 08 00, ≤ – wc . VISA. rest **e**
marzo-noviembre – Com 825/1 200 – 235 – **72 hab** 1 900/3 000 – P 3 125/3 525.

Bayren II, sin rest, Mallorca ☎ 284 07 00, – wc **k**
temp. – **125 hab**.

Riviera sin rest, passeig Marítim Neptú 28 ☎ 284 00 66, ≤ – wc . E VISA **f**
abril-octubre – 200 – **72 hab** 1 900/3 100.

Gandía Playa, La Devesa 17 ☎ 284 13 00, ≤, – rest wc . rest **g**
mayo-octubre – Com 600 – 125 – **90 hab** 1 375/2 200 – P 2 350/2 750.

Mavi, Legazpi 18 ☎ 284 00 20 – wc. **h**
marzo-septiembre – Com 650 – 100 – **40 hab** 1 600 – P 1 800.

sigue →

XX **Gamba,** carret. de Nazaret - Oliva ☏ 284 13 10, terraza, Pescados y mariscos – ▤ Ⓟ. AE ⓓ E VISA. ⌀ — por carret. Nazaret Oliva
cerrado lunes y del 15 al 31 octubre – Com (sólo almuerzo en invierno) aprox. 2 000.

XX **Emilio,** av. Calderon-bloque F 5 ☏ 284 07 61, terraza – ▤. AE ⓓ E VISA. ⌀ — z
cerrado miércoles y del 15 al 30 enero – Com carta 1 375 a 2 175.

X Kayuko, Cataluña 14 ☏ 284 01 37, terraza, Decoración moderna, Pescados y mariscos – ▤ — t

X **Celler del Duc,** pl. Castell ☏ 284 20 82, terraza, Carnes – Ⓟ. VISA — m
Com carta 950 a 1 650.

X Casa Gijón - Mesón del Mar, av. del Nord – ▤ Ⓟ — por la Devesa

X Mesón de los Reyes, Mallorca 39 ☏ 284 00 78, terraza — p
temp.

X **As de Oros Playa,** passeig Maritim Neptú ☏ 284 02 39, Pescados y mariscos – ▤. ⓓ E VISA — q
cerrado lunes y del 11 al 25 enero – Com carta 1 150 a 1 350.

X **Giltton,** Castilla La Vieja 5 ☏ 284 07 83 – AE ⓓ E VISA. ⌀ — c
cerrado martes y 15 octubre-15 noviembre – Com carta 800 a 1 650.

AUSTIN-MG-MORRIS-MINI av. Pio XI-49 ☏ 287 45 67
CITROEN carret. de Valencia ☏ 286 63 11
FIAT-SEAT San Rafael 22 ☏ 287 31 40
FIAT-SEAT Polígono Industrial de Alcodar - carret. Valencia-Alicante ☏ 286 09 89
FORD Polígono de Alcodar ☏ 286 44 11
RENAULT carret. de Valencia ☏ 286 47 76
TALBOT carret. de Valencia 29 ☏ 286 51 11

GARAY Vizcaya 42 ④ – 217 h. – ☎ 94.
♦Madrid 428 – ♦Bilbao 35 – ♦San Sebastián 75 – ♦Vitoria 44.

X Guzurmendi, San Miguel 17, ✉ Garay por Durango, ≤ valle y montañas.

GARGANTA – ver a nombre proprio de la garganta.

GARÓS Lérida 42 ⑳ – ver Viella.

La GARRIGA Barcelona 43 ⑱ y 990 ⑳ – 7 729 h. alt. 258 – ☎ 93 – Balneario.
♦Madrid 650 – ♦Barcelona 37 – Gerona 84.

🏨 **Baln. Blancafort** 🌿, Baños 55 ☏ 871 46 00, piscina, tenis, parque – ascensor ▥ ▤ rest 🛁wc ☎ Ⓟ – 🏛. VISA
Com 1 000 – ☕ 200 – **52 hab** 2 100/2 700 – P 3 100/3 850.

X La Cabaña, carret. N 152 ☏ 871 40 46, piscina – ▤ Ⓟ.

GASTEIZ Álava 42 ③④ y 990 ⑥ – ver Vitoria.

GERONA o **GIRONA** P 43 ⑨ y 990 ⑳ – 87 168 h. alt. 68 – ☎ 972.
Ver : Ciudad antigua★ (Ciutat antiga) (≤★) YZ – Catedral★ (nave★★, retablo mayor★, claustro★, tesoro★★ : Tapiz de la Creación★★, comentario del Apocalipsis★) Y – Ex colegiata de San Félix (sarcófagos : cacería de leones★) Y **R**.

✈ de Gerona-Costa Brava por ③ : 11 km ☏ 20 30 50 – Iberia : pl. Marquès de Camps 8 Z ☏ 20 58 00.

ℹ Ciutadans 12 ☏ 20 16 94 y pl. de Ví ☏ 20 11 33 – R.A.C.C. carretera de Barcelona 30 ☏ 20 08 68.
♦Madrid 709 ③ – ♦Barcelona 96 ③ – Manresa 150 ③ – Mataró 72 ③ – ♦Perpignan 92 ① – Sabadell 95 ③.

Plano página siguiente

🏨 **Ultonia** sin rest, Gran Vía de Jaume I-22 ☏ 20 38 50 – ascensor ▥ 🛁wc ☎. AE ⓓ E VISA. ⌀
☕ 225 – **45 hab** 1 900/3 300. — Y x

🏨 Peninsular, sin rest, Nou 3 ☏ 20 38 00 – ascensor ▥ 🛁wc 🚿wc ☎
68 hab. — Z u

🏨 **Europa** sin rest, Julio Garreta 23 ☏ 20 27 50 – ascensor ▥ 🛁wc 🚿wc ☎. AE ⓓ E VISA. ⌀
☕ 175 – **26 hab** 1 000/2 100. — Z h

🏨 **Condal** sin rest y sin ☕, Joan Maragall 10 ☏ 20 44 62 – ascensor ▥ 🛁wc 🚿wc
39 hab 925/1 670. — Z p

XX **Saratoga,** Sant Joan Bautista la Salle 15 ☎ 21 40 11 – ▤ Z **a**

XX **Rosaleda,** passeig Devesa ☎ 21 36 68, ←, « Lindante con un bonito parque » Y **a**

XX **Cipresaia,** B. Carreras Peralta 5 ☎ 21 56 62 – ▤. E VISA. ✲ Z **y**
cerrado domingo y del 15 al 30 septiembre – Com carta 1 125 a 2 400.

X **Selva Mar,** Santa Eugenia 81 ☎ 23 63 29, Pescados y mariscos – ▤. E VISA. ✲ por ④
cerrado domingo y del 1 al 20 septiembre – Com carta 1 700 a 2 450.

X **Casa Marieta,** pl. Independencia 5 ☎ 20 10 16 – ✲ Y **n**
cerrado lunes y 15 diciembre-15 enero.

X **Sant Agustí** pl. Independencia 3 ☎ 20 59 62, Pescados y mariscos – ▤ Y **e**

X **Bronsom's,** av. de Sant Francesc 7 ☎ 21 24 93 – E VISA Z **u**
cerrado sábado noche, domingo noche, festivos noche y del 15 al 30 junio – Com carta 755 a 1 530.

Álvarez de Castro	Z 2
Ballesteríes	Y 3
Calderers	Y 5
Calvet i Rubalcaba (Pl.)	Z 6
Carril (Traves.)	Z 7
Ciutadans	Z 8
Cort-Reial	Z 9
Ferran Puig (Ronda)	Y 10
Independència (Pl.)	Y 15
Llibertad (Rambla de la)	Z 16
Marquès de Camps (Pl.)	Z 18
Nou	Z
Sant Joan B. La Salle	Z 21
Sant Domènec (Pl.)	Y 22

en la carretera N II por ① : 2 km – ✉ Gerona – ☏ 972 :

🏠 **Costabella** sin rest, ☎ 20 25 24 – |♦| ▥ ⊟wc ☎ 🚗 **P**. AE ⓓ E VISA. ✲
☕ 200 – **22 hab** 1 600/2 900.

en la carretera N II por ③ : 5 km – ✉ Fornells de la Selva – ☏ 972 :

🏠 **Fornells Park,** ☎ 47 61 25, « Pinar », ⛱, 🌲 – |♦| ▥ ▤ rest ⊟wc ⩍wc ☎ **P**. ⓓ E VISA. ✲ rest
Com 900/1 150 – ☕ 200 – **30 hab** 2 250/3 500 – P 3 790/4 290.

en la carretera del aeropuerto por ③ : 12 km – ✉ Riudellots de la Selva – ☏ 972 :

🏠 **Novotel Gerona,** Gerona ☎ 47 71 00, Telex 57238, ⛱, 🌲 – ▤ **P** – 🎤. AE ⓓ VISA
Com 1 200 – ☕ 350 – **82 hab** 4 500/5 500.

🏠 **Ribot,** ☎ 47 72 25, ⛱, 🌲, 🎾 – ▥ ⊟wc ☎ **P**. ⓓ E VISA. ✲ rest
Com 750/950 – ☕ 275 – **100 hab** 1 450/3 100 – P 2 500/2 750.

S.A.F.E. Neumáticos MICHELIN, Sucursal carretera N II (km 718) por ③ - **Fornells de la Selva** ☎ **47 61 28**

AUSTIN-MG-MORRIS-MINI carret. N II km 718,5 ☎ 47 60 28
CITROEN-PEUGEOT carret. Barcelona 204-206 ☎ 20 68 08
FIAT-SEAT carret. Santa Coloma km 0,7 ☎ 24 12 11
FORD carret. N II km 727 (Sarria de Ter) ☎ 21 20 62
MERCEDES-BENZ carret. de Bañolas ☎ 20 08 08
RENAULT carret. N II km 718,5 (Fornells) ☎ 47 60 50
TALBOT carret. Gerona-Angles km 6 ☎ 20 65 35

GETAFE Madrid 990 ⑮ y ㊴ – 117 214 h. – ☏ 91.
♦Madrid 13 – Aranjuez 38 – Toledo 56.

en la carretera N IV – ✉ Getafe – ☏ 91 :

🏠 **Motel Los Angeles,** SO : 5,5 km ☎ 696 38 15, ⛱, 🌲, 🎾 – ▤ ⊟wc ☎ 🚗 **P**. AE VISA. ✲
Com 700 – ☕ 400 – **46 hab** 2 800/3 500.

🏠 **Motel Los Olivos** 🐚, E : 3,5 km ☎ 695 67 00, ⛱, 🌲 – ▥ ▤ ⊟wc ☎ **P**. AE ⓓ VISA. ✲ rest
Com 575/1 300 – ☕ 165 – **100 hab** 2 465/3 160 – P 2 955/3 945.

GIJÓN Oviedo 990 ④ – 237 187 h. – ✆ 985 – Playa – Plaza de toros.
⛳ de Castiello SE : 5 km ☎ 36 63 13 – Iberia : Alfredo Truán 8 ☎ 35 18 46.
⛴ para Canarias : Cía. Aucona, Muelle 2 ☎ 35 04 00, Telex 87372.
ℹ General Vigón 2 ☎ 34 11 67 y pl. del Instituto 8 ☎ 34 67 82.
♦ Madrid 463 ③ – ♦ Bilbao 292 ① – ♦ La Coruña 323 ③ – ♦ Oviedo 28 ③ – ♦ Santander 195 ①.

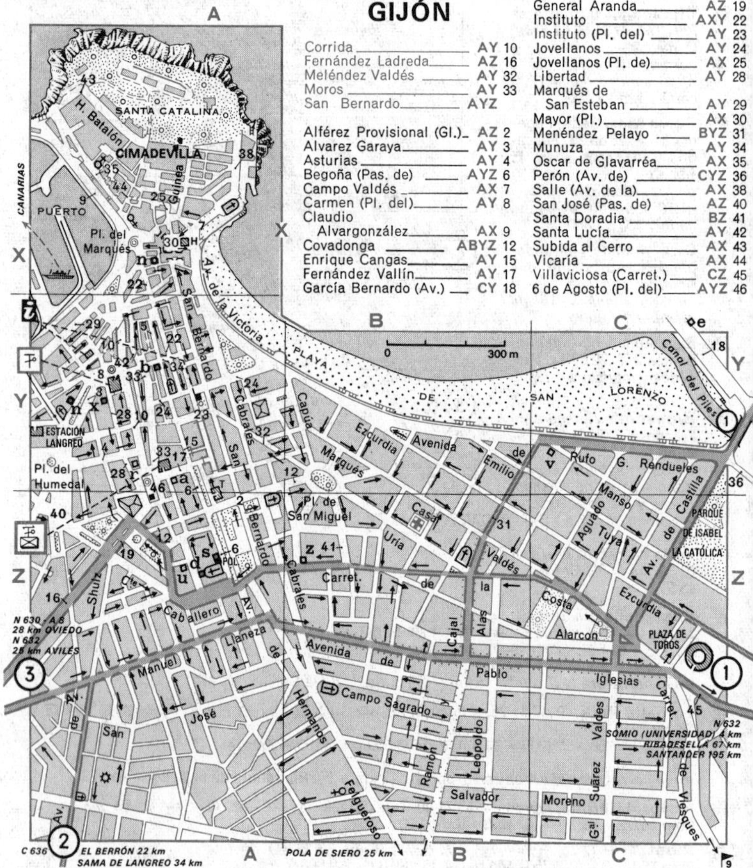

🏨 **Parador Nacional El Molino Viejo** 🐎, Parque Isabel la Católica ☎ 37 05 11, « Reproducción de un antiguo molino asturiano junto al parque », 🌳 – Ⓟ. AE ⓓ E VISA. 🚫
Com 1 100 – ☕ 300 – **6 hab** 4 000/5 000. por av. de Perón CY

🏨 **Príncipe de Asturias** sin rest, con cafetería, Manso 2 ☎ 36 71 11, Telex 87473, ≤ – 🛗 Ⓟ – 🏛. AE ⓓ E VISA. 🚫 CY **v**
☕ 195 – **80 hab** 4 650/6 200.

🏨 **Hernán Cortés** sin rest, con cafetería, Fernández Vallín 5 ☎ 34 60 00, Telex 42059 – 🛗 – 🏛. AE ⓓ E VISA AY **a**
☕ 300 – **109 hab** 3 600/4 500.

🏨 **Robledo** sin rest, Alfredo Trúan 2 ☎ 35 59 40 – 🛗 📺 🛁wc ☎. AE ⓓ E VISA. 🚫 AZ **u**
☕ 225 – **138 hab** 2 750/3 900.

🏨 **Pathos** sin rest, con cafetería, Contracay 5 ☎ 35 25 46 – 🛗 📺 🛁wc 🚿wc ☎. E VISA. 🚫 AX **n**
☕ 200 – **56 hab** 1 800/3 200.

🏨 **León** sin rest, carret. de la Costa 11 ☎ 37 01 11 – 🛗 📺 🛁wc 🚿wc ☎. VISA BZ **z**
☕ 150 – **92 hab** 1 920/3 480.

🏨 **Castilla** sin rest, Corrida 50 ☎ 34 62 00 – 🛗 📺 🛁wc 🚿wc ☎. 🚫 AY **r**
☕ 150 – **34 hab** 1 650/2 600.

✗ **Bellavista,** av. García Bernardo, El Piles ☎ 36 73 77, ← – Ⓟ. ✻ — CY **e**
cerrado miércoles y 20 noviembre-enero – Com carta 1 000 a 2 000.

✗ El Faro, piso 1, av. García Bernardo, El Piles ☎ 37 29 17, ← – Ⓟ — CY **e**

✗ **Mercedes,** Libertad 6 ☎ 35 01 39 — AY **x**
cerrado lunes – Com carta 1 350 a 2 140.

✗ El Retiro, Enrique Cangas 28 ☎ 35 00 30 – AE ⓓ E VISA. ✻ — AY **b**

✗ Juan del Man, paseo de Begoña 30 ☎ 35 00 73 — AZ **s**

✗ **El Trole,** Álvarez Garaya 6 ☎ 35 00 48 – ⓓ E VISA — AY **n**
Com carta 1 150 a 1 950.

✗ **Tino,** Alfredo Trúan 9 ☎ 34 13 87 – AE VISA. ✻ — AZ **d**
cerrado jueves y 15 junio-18 julio – Com carta 875 a 1 850.

en Somió **por ① – ✉ Gijón – ☎ 985 :**

✗ **Las Delicias,** Barrio Fuejo : 4 km ☎ 36 02 27 – Ⓟ. AE ⓓ E VISA
cerrado martes – Com carta 1 200 a 2 550.

✗ **La Pondala,** 3 km, av. Dioniso Cifuentes 29 ☎ 36 11 60
cerrado jueves y 25 enero-febrero – Com carta 1 175 a 2 175.

en La Providencia **NE : 5 km por av. García Bernardo – CY – ✉ Gijón – ☎ 985 :**

✗✗ Los Hórreos, ☎ 37 43 10 – Ⓟ.

CITROEN-PEUGEOT carret. N 634 km 467,6 - Puente Seco ☎ 38 77 33
FIAT-SEAT San Ezequiel ☎ 38 46 88
FIAT-SEAT Magnus Blikstad ☎ 38 12 00
FIAT-SEAT Roces-carret. Oviedo N 630 km 4 ☎ 38 56 99
FORD Magnus Blikstad A-1 ☎ 39 99 11
FORD Mariano Pola 16-18 ☎ 32 88 00
MERCEDES-BENZ av. de la Argentina ☎ 32 22 13
RENAULT Mariano Pola 12 ☎ 32 21 50
RENAULT Porceyo - carret. Oviedo N 630 km 4,4 ☎ 38 86 88
TALBOT av. Portugal ☎ 32 07 76

GINES Sevilla – 3 611 h. – ☎ 954.

♦Madrid 544 – Huelva 83 – ♦Sevilla 8.

🏠 **Gines** ⛱, sin rest, El Vicario 2 ☎ 71 36 58, « Agradable terraza con ⛱ » – ▤ ⛀wc Ⓟ. VISA
☕ 250 – **20 hab** 1 800/5 000.

GIRONA Ⓟ 43 ⑨ y 990 ⑳ – ver Gerona.

GOMERA Santa Cruz de Tenerife 990 ㉛ – ver Canarias.

El GRADO Huesca 42 ⑲ y 990 ⑱ – 585 h. – ☎ 974.

♦Madrid 460 – Huesca 70 – ♦Lérida 86.

🏠 Tres Caminos, barrio del Cinca ☎ 30 40 31, ← – ▥ ☎ Ⓟ
35 hab.

en la carretera C 139 **E : 2 km – ✉ El Grado – ☎ 974 :**

🏠 **Hostería El Tozal** ⛱, ☎ 30 40 00, ← – |$| ▤ Ⓟ. AE ⓓ E VISA. ✻ rest
Com 980 – ☕ 200 – **35 hab** 3 000/3 800 – P 3 735/5 505.

GRADO Oviedo 990 ④ – 12 734 h. alt. 47 – ☎ 985.

♦Madrid 461 – ♦Oviedo 26.

en Vega de Anzo - carretera de Oviedo **E : 7 km – ✉ Vega de Anzo – ☎ 985 :**

✗✗ **Loan,** ☎ 75 03 25, ← – Ⓟ. E VISA. ✻
cerrado del 5 al 30 noviembre y lunes excepto festivos – Com carta 1 050 a 1 800.

CITROEN carret. General (Recta de Peña Flor) ☎ 75 02 42
RENAULT carret. General (Recta de Peña Flor) ☎ 75 08 73
SEAT av. Galicia 46 (Recta de Peña Flor) ☎ 75 05 07
TALBOT Las Dos Vías ☎ 75 01 07

GRANADA Ⓟ 446 U 19 – 214 091 h. alt. 682 – ☎ 958 – Deportes de invierno en la Sierra Nevada : ⛷2 ⛷11 – Plaza de toros.

Ver : Emplazamiento★★ – Alhambra★★★ (bosque★, Puerta de la Justicia★) CX, Alcázar★★★ (←★), jardines y torres de la Alhambra★★, Alcazaba★ (✳★★) – Palacio de Carlos V : museo Hispano-musulmán (jarrón azul★) – Generalife★★ CX – Capilla Real★★ (sepulcros★★, sacristía★★, reja★, retablo★) AXC – Catedral (capilla mayor★) AX – Cartuja★ (sacristía★★) SR – San Juan de Dios★ AVK – Albaicín BCV(terraza de la iglesia de San Nicolás ←★★★ S).

Alred. : carretera en cornisa★★ de Granada a Almuñecar por ③.

Excurs. : Sierra Nevada (pico de Veleta★★) SE : 55 km T.

✈ **de Granada por ④ : 17 km ☎ 23 34 00 – Iberia : Isabel la Católica 2 ☎ 22 14 52.**

ℹ Pavaneras 19 ☎ 22 10 22 – R.A.C.E. (Real Automóvil Club de Andalucía) pl. de la Pescadería 1 ☎ 22 54 61.

♦Madrid 429 ① – ♦Málaga 126 ④ – ♦Murcia 283 ② – ♦Sevilla 256 ④ – ♦Valencia 522 ①.

GRANADA

Calle	Cuadro	N°
Angel Ganivet	ABY	
Colón (Gran Vía de)	AVX	
Real (Puerta)	AY	
Reyes Católicos	ABY	
Ancha de Capuchinos	AU	3
Andaluces (Av.)	S	4
Bomba (Paseo de la)	T	5
Calvo Sotelo (Av. de)	S	6
Campillo (Pl. del)	AZ	7
Capuchinas	AX	8
Cardenal Parrado	S	9
Carmen (Pl. del)	AY	10
Cartuja (Paseo de)	S	12
Casillas de Prats	T	13
Charca (Horno de la)	CV	14
Cipreses (Pas. de los)	T	15
Doctor Olóriz (Av. del)	S	16
Escuelas	AX	17
Fuente Nueva (Av.)	S	18
Gracia (Pl. de)	T	23
Gran Capitán	T	24
Isabel la Católica (Pl. de)	BY	25
Madrid (Av. de)	S	27
Mariana (Pl. de la)	BZ	29
Marqués de Falces	AX	31
Martínez de la Rosa	T	32
Motril (Carret. de)	T	33
Murcia (Av. de)	S	34
Nueva (Pl.)	BX	35
Picón (Carril del)	T	36
Pinos (Carret. de)	S	37
Puentezuelas	T	39
Real de la Cartuja	S	41
Rio Beiro (Av.)	S	42
Sacromonte (Camino del)	T	45
San Antón (Pl. de)	AY	47
San Isidro (Pl. de)	S	49
San Juan de la Cruz (Pl.)	BY	50
San Nicolás (Cuesta de)	CV	52
Santa Escolástica	BY	55
Sierra Nevada (Carret. a)	T	56
Solarillo de Gracia	T	57
Tendillas de Santa Paula	AX	59
Tinajilla	AV	60
Universidad (Pl. de la)	AX	63
Violón (Paseo del)	T	64

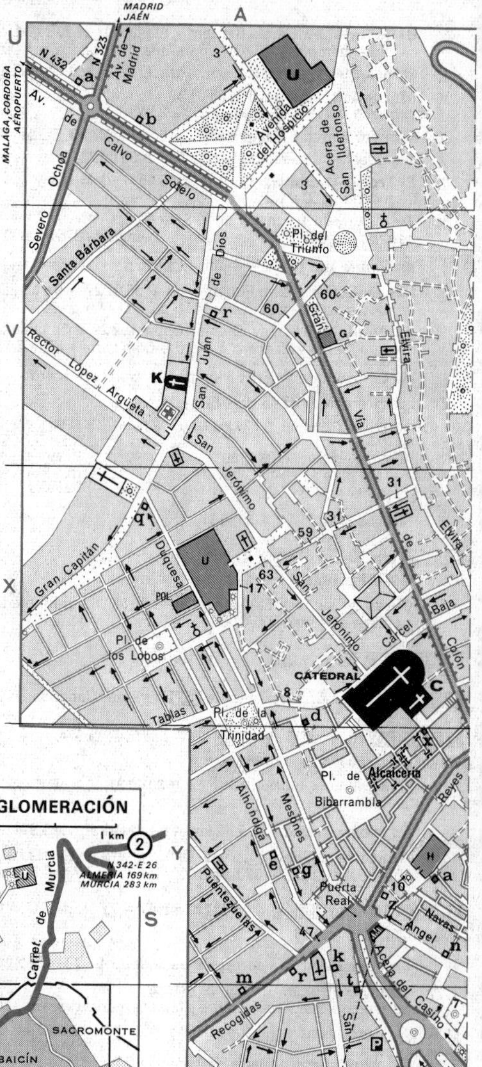

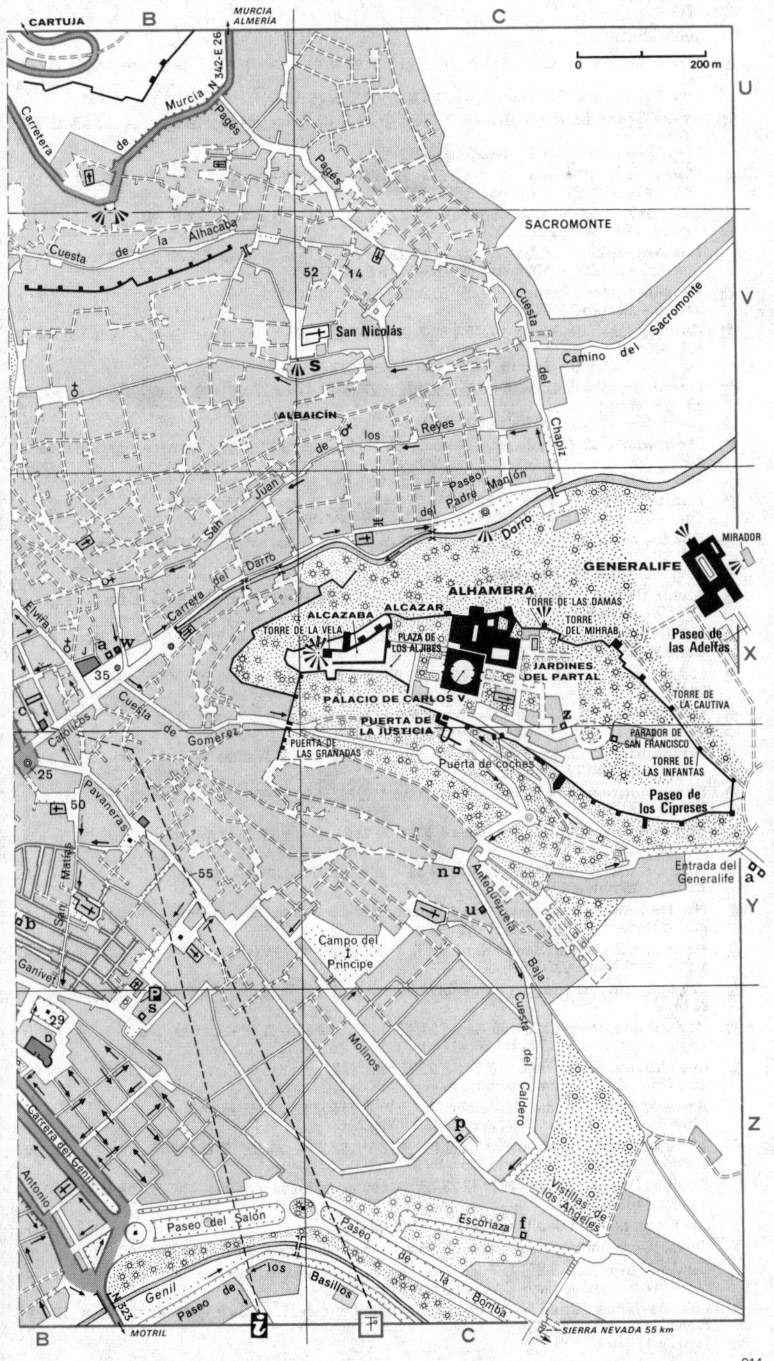
CARTUJA
MURCIA
ALMERÍA
B
C
U
V
X
Y
Z
0
200 m
Carretera de Murcia
N 342-E 26
Pagés
Cuesta de la Alhacaba
SACROMONTE
52
14
San Nicolás
S
Cuesta del Chapiz
Camino del Sacromonte
ALBAICÍN
San Juan de los Reyes
Paseo del Padre Manjón
Darro
Carrera del Darro
MIRADOR
GENERALIFE
ALHAMBRA
ALCAZAR
ALCAZABA
TORRE DE LAS DAMAS
TORRE DEL MIHRAB
TORRE DE LA VELA
PLAZA DE LOS ALJIBES
Paseo de las Adelfas
Elvira
J
a
w
35
JARDINES DEL PARTAL
PALACIO DE CARLOS V
TORRE DE LA CAUTIVA
Cuesta de Gomérez
Católicos
c
PUERTA DE LA JUSTICIA
z
PARADOR DE SAN FRANCISCO
PUERTA DE LAS GRANADAS
Puerta de coches
TORRE DE LAS INFANTAS
25
Paseo de los Cipreses
50
Pavaneras
55
San Matías
n
Antequeruela
Entrada del Generalife
a
b
u
Campo del Príncipe
Ganivet
Baja
s
29
D
Cuesta del Caldero
Molinos
p
Carrera del Genil
Antonio
Vistillas de los Ángeles
Paseo del Salón
Paseo de la Bomba
Escoriaza
f
Genil
Paseo de los Basillos
N 323
MOTRIL
SIERRA NEVADA 55 km

en la ciudad :

Luz Granada, av. Calvo Sotelo 18, ✉ 12, ☎ 20 40 61, Telex 78424 – AE E VISA. AU a
Com 1 500 – ☕ 350 – **173 hab** 4 000/5 400 – P 5 530/6 830.

Meliá Granada, Angel Ganivet 7, ✉ 9, ☎ 22 74 00, Telex 78429 – AE E VISA. AY n
Com 1 300 – ☕ 375 – **221 hab** 3 000/4 500.

Carmen, av. José Antonio 62, ✉ 5, ☎ 25 83 00, Telex 78546 – AE E VISA AZ a
Com 1 400 – ☕ 395 – **168 hab** 3 850/5 675.

Cóndor sin rest, av. Calvo Sotelo 6, ✉ 12, ☎ 28 37 11 – AE E VISA AU b
☕ 230 – **101 hab** 1 900/2 990.

Los Angeles, Escoriaza 17 ☎ 22 14 24, Telex 78562, – AE VISA. rest CZ f
Com 880 – ☕ 200 – **100 hab** 1 880/2 945 – P 3 040/3 450.

Brasilia sin rest, Recogidas 7, ✉ 5, ☎ 25 84 50 – AY r
☕ 175 – **68 hab** 2 100/3 400.

Rallye, paseo de Ronda 107, ✉ 6, ☎ 27 28 00 – rest wc wc. AE E VISA. rest T v
Com 825 – ☕ 185 – **44 hab** 1 475/2 290 – P 2 610/2 940.

Don Juan, Martínez de la Rosa 9, ✉ 2, ☎ 27 15 41, Telex 28338 – rest wc. AE VISA. rest T e
Com 575 – ☕ 175 – **64 hab** 1 600/2 200.

Montecarlo sin rest, av. José Antonio 44, ✉ 5, ☎ 25 79 00 – wc wc. E VISA AZ u
☕ 210 – **63 hab** 1 615/2 300.

Kenia, Molinos 65, ✉ 9, ☎ 22 75 06, – wc. AE E VISA CZ p
Com 1 010 – ☕ 265 – **19 hab** 1 600/3 000 – P 3 450/3 550.

Sudán, av. José Antonio 60, ✉ 5, ☎ 25 84 00 – rest wc wc. AE E VISA. rest AZ v
Com 550/700 – ☕ 150 – **80 hab** 1 250/2 400 – P 2 450/2 500.

Macía sin rest, pl. Nueva 4, ✉ 10, ☎ 22 75 36 – wc wc. AE E VISA BX a
☕ 150 – **40 hab** 1 380/2 185.

Universal sin rest, Recogidas 16, ✉ 2, ☎ 22 34 10 – wc. AE E VISA AZ m
☕ 150 – **55 hab** 1 425/2 200.

Los Faisanes, Gran Capitán 1, ✉ 2, ☎ 20 05 01 – rest wc wc AY q
36 hab.

Carlos V, piso 4, pl. de los Campos 4, ✉ 9, ☎ 22 15 87 – wc wc. rest BZ s
Com 770 – ☕ 155 – **28 hab** 1 300/2 200 – P 2 450/2 650.

Anacapri sin rest, Joaquín Costa 7, ✉ 10, ☎ 22 55 63 – wc wc. BX c
☕ 150 – **32 hab** 1 600/2 300.

Sacromonte sin rest y sin ☕, pl. del Lino 1, ✉ 2, ☎ 22 75 95 – wc wc. AY e
35 hab 1 300/2 200.

La Perla sin rest, Reyes Católicos 4, ✉ 1, ☎ 22 34 15 – wc. AY z
59 hab 1 100/1 700.

Niza sin rest, Navas 16, ✉ 9, ☎ 22 54 30 – wc wc. VISA BY b
☕ 165 – **25 hab** 955/1 980.

Hostal Salvador sin rest y sin ☕, Duende 6, ✉ 5, ☎ 25 87 08 – wc wc AZ b
abril-octubre – **20 hab** 1 200/1 850.

París piso 2, sin rest, San Antón 3, ✉ 5, ☎ 26 36 22 – wc wc. AY k
☕ 150 – **11 hab** 1 000/1 895.

Girasoles, sin rest y sin ☕, Cardenal Mendoza 22, ✉ 1, ☎ 28 07 25 – wc wc AV r
23 hab.

Cónsul sin rest y sin ☕, San Antón 34, ✉ 5, ☎ 25 98 58 – wc AZ h
15 marzo-octubre – **19 hab** 1 000/1 600.

Las Nieves, Sierpe Baja 5, ✉ 1, ☎ 22 75 85 – rest wc. AE E VISA AY g
Com 550 – ☕ 100 – **24 hab** 750/1 700 – P 1 650/3 300.

✗✗✗ **Baroca,** Pedro Antonio de Alarcón 34, ✉ 2, ☎ 26 50 61 – E VISA. T n
cerrado domingo y agosto – Com carta 1 700 a 2 550.

✗✗ **Torres Bermejas,** pl. Nueva 6, ✉ 10, ☎ 22 31 16, – AE E VISA BX w
cerrado domingo – Com carta 825 a 1 730.

✗✗ **Sevilla,** Oficios 12, ✉ 1, ☎ 22 12 23, , Decoración típica regional – AE E VISA. AY x
Com carta 1 050 a 1 800.

✗ Los Arcos, pl. Gran Capitán 4, ✉ 2, ☎ 23 57 09 – T r

✗ China, Pedro Antonio de Alarcón 23, ✉ 2, ☎ 25 02 00, Cocina china – VISA. T d

✗ **Cunini,** Pescadería 9, ✉ 1, ☎ 22 37 27, Pescados y mariscos – AE E VISA AX d
cerrado domingo noche – Com carta 950 a 1 560.

✗ **Los Mariscos (Casa Mariano),** Escudo del Carmen 25, ✉ 9, ☎ 22 67 30, – AE E VISA AY a
Com carta 875 a 1 425.

✗ **Los Leones,** av. José Antonio 10, ✉ 5, ☎ 25 72 16 – ▤. AE E VISA. ✻ AZ **t**
cerrado martes – Com carta 725 a 1 450.

✗ Cafet. May, Pedro Antonio de Alarcón 41 ☎ 25 80 00 – ▤ T **n**

✗ Embarcadero, paseo de Ronda 100 ☎ 25 88 20, ☂ – ▤ T **m**

✗ **Casa Salvador,** Duende 16, ✉ 5, ☎ 25 50 09 – ▤. E VISA AZ **y**
cerrado domingo noche, lunes y julio – Com carta 730 a 1 175.

en la Alhambra :

Alhambra Palace, Peña Partida 1, ✉ 9, ☎ 22 14 68, Telex 78400, ☂, « Edificio de estilo árabe magníficamente situado con ≤ Granada y Sierra Nevada » – |‡| ▤ P – 🏛. AE ⓓ E VISA. ✻ rest CY **n**
Com 1 350 – ☕ 375 – **127 hab** 3 900/4 950 – P 5 075/6 025.

Parador Nacional de San Francisco 🐦, Alhambra, ✉ 9, ☎ 22 14 93, ☂, « Instalado en el antiguo convento de San Francisco (siglo XV), bonito jardín con ≤ Generalife, Albaicín y Sacromonte » – ▤ P. AE ⓓ E VISA. ✻ CY
Com 1 100 – ☕ 300 – **33 hab** 4 800/6 000.

Generalife 🐦, av. de los Alixares ☎ 22 55 06 – |‡| ▤ – 🏛 CY **a**
145 hab.

Guadalupe 🐦, av. de los Alixares ☎ 22 34 23 – |‡| ▤. AE ⓓ E VISA CY **a**
Com 875 – ☕ 215 – **86 hab** 1 830/2 950 – P 3 145/3 500.

América 🐦, Real de la Alhambra 53, ✉ 9, ☎ 22 74 71, ☂ – ▥ ⊟wc ⋔ ☎. ✻ CY **z**
marzo-octubre – Com 830 – ☕ 200 – **14 hab** 1 450/2 330 – P 2 740/3 025.

✗✗ **Colombia,** Antequeruela Baja 1, ✉ 9, ☎ 22 74 33, ≤, ☂, Almuerzos con ambiente musical – ▤. AE ⓓ E VISA. ✻ CY **u**
cerrado domingo – Com carta 1 075 a 1 475.

en la carretera de Madrid por ① : 3 km – ✉ Granada – ✪ 958 :

Camping Motel Sierra Nevada, ☎ 20 00 61, 🏊, 🎾 – ▥ ▤ rest ⊟wc ☎ P. AE ⓓ E VISA. ✻
cerrado lunes de noviembre a mayo – Com 450 – ☕ 110 – **23 hab** 1 670/2 090.

en Huetor Vega SE : 4 km – ✉ ☎ Huetor Vega :

Mundo Nuevo 🐦 sin rest, ☎ 425, ≤ Vega de Granada – ▥ ⊟wc ☎ P. AE ⓓ E VISA. ✻
abril-octubre – ☕ 175 – **12 hab** 1 500/2 750.

en Armilla por ③ : 5 km – ✉ Armilla – ✪ 958 :

✗ Mesón la Taberna, carret. de Motril ☎ 57 09 06, ☂, Carnes a la brasa.

en la carretera de Málaga por ④ : 5 km – ✉ Granada – ✪ 958 :

Alcano Sol, ☎ 28 30 11, « Amplio patio con césped y 🏊 » – ▤ P. AE ⓓ E VISA. ✻ rest
Com 850 – ☕ 260 – **100 hab** 2 930/3 665.

en la carretera de Motril por ③ : 13 km – ✉ Otura – ✪ 958 :

✗ **Suspiro del Moro,** ☎ 57 61 05, ≤, ☂, 🏊 de pago – P. VISA. ✻
Com carta 530 a 885.

en la carretera de Sierra Nevada T – ✪ 958 :

✗✗ **Ruta del Veleta,** SE : 5 km, ✉ ☎ 44 Cenes de la Vega, ☂, « Decoración típica » – ▤ P. E VISA. ✻
Com carta 1 000 a 2 125.

Ver también : ***Sol y Nieve.***

S.A.F.E. Neumáticos MICHELIN, Sucursal, Polígono Industrial La Unidad - Peligros por ① ☎ 40 02 63

AUSTIN-MG-MORRIS Emilio Mũnoz 5 ☎ 27 79 77
AUSTIN-MG-MORRIS-MINI av. Carrero Blanco 103 ☎ 20 56 02
CITROEN-PEUGEOT av. Andalucía km 3 ☎ 27 67 50
FIAT-SEAT av. Andalucía km 43,5 ☎ 20 40 04
FORD av. Andalucía ☎ 27 76 50
PEUGEOT Cisne 5 ☎ 20 31 00
RENAULT av. Andalucía km 3 ☎ 27 28 50
TALBOT Camino de Ronda 159 ☎ 20 17 61

GRAN CANARIA Las Palmas 990 ㉛㉜ – ver Canarias.

La GRANJA o **SAN ILDEFONSO** Segovia 990 ⑮ y ㉙ – 4 308 h. alt. 1 192 – ✪ 911.

Ver : Palacio (museo de tapices★★) – Jardines★★ (surtidores★★).

♦Madrid 74 – ♦Segovia 11.

Roma, Guardas 2 ☎ 47 07 52 – ▥ ⊟wc ⋔wc ☎. VISA. ✻
cerrado 15 octubre-15 noviembre – Com *(cerrado martes)* 800 – ☕ 150 – **16 hab** 1 500/2 400.

✗✗ Canónigos, edificio Canónigos ☎ 47 11 60 – ▤.

✗ **Mesón Mariben,** Cuartel Nuevo 2 ☎ 47 07 69 – ▤. ✻
cerrado lunes y 20 diciembre-20 enero – Com carta 895 a 1 400.

en Pradera de Navalhorno - carretera del Puerto de Navacerrada S : 2,5 km – ✉ La Granja – ☎ 911 :

✕ El Torreón, ☎ 47 09 04 – ✈
cerrado miércoles y 13 octubre-11 noviembre.

en Balsain - carretera del Puerto de Navacerrada S : 3 km – ✉ La Granja – ☎ 911 :

✕ Hilaria, ☎ 47 02 92, 🌳 – Ⓟ. ✈
cerrado lunes y 10 noviembre-7 diciembre.

GRANOLLERS Barcelona 43 ⑱ y 990 ⑳ – 36 366 h. alt. 148 – ☎ 93.

ℹ Ayuntamiento ☎ 870 52 00.

♦Madrid 641 – ♦Barcelona 28 – Gerona 75 – Manresa 70.

Europa, Anselmo Clavé 1 ☎ 870 03 12 – 🛗 📺 ▤ rest ⫯wc ☎. AE ⓓ E VISA
Com 400 – **72 hab** ☕ 800/1 600 – P 1 600.

Iris sin rest, av. Sant Esteve 92 ☎ 870 70 51 – 🛗 📺 ▤ 🛁wc ⫯wc ☎ 🚗. AE ⓓ E VISA. ✈
☕ 140 – **35 hab** 1 250/2 000 – P 1 390/2 280.

✕✕ Farin, Gerona 52 ☎ 870 20 07 – ▤.

✕ Layon, pl. Cuartel 2 ☎ 870 20 82.

✕ Cal Josep, Joan Prim 22 ☎ 870 60 90.

CITROEN Jorge Camp 40 ☎ 849 01 00
FORD av. Victoria-Jorge Camp ☎ 849 09 00
RENAULT carret. de Barcelona-Puigcerdá km 25 ☎ 849 29 91
SEAT carret. de la Roca km 17 ☎ 870 19 00
TALBOT carret. de Puigcerdá km 33 ☎ 849 41 00

GRAUS Huesca 42 ⑲ y 990 ⑱ – 3 702 h. alt. 468 – ☎ 974.

♦Madrid 475 – Huesca 85 – ♦Lérida 85.

Lleida, Glorieta Joaquín Costa ☎ 54 09 25 – 📺 ▤ rest 🛁wc ⫯wc ☎ 🚗. ✈ rest
Com 600/860 – ☕ 190 – **27 hab** 700/1 725 – P 1 800/1 900.

CITROEN Joaquín Costa ☎ 54 01 68
FORD Mártires 12 ☎ 54 07 39
RENAULT Miguel Cuervo 6 ☎ 54 01 46
SEAT Joaquín Costa 14 ☎ 54 08 84

GRAZALEMA Cádiz 446 V 13 – 2 520 h. – ☎ 956.

♦Madrid 567 – ♦Cádiz 136 – Ronda 27 – ♦Sevilla 135.

Grazalema 🐎, ☎ 11 13 40 (ext. 101), ≤ – 📺 🛁wc ☎ Ⓟ
12 hab.

GREDOS Ávila 990 ⑭ – ☎ 918.

Ver : Emplazamiento★★.

Alred. : Hoyos del Collado (carretera del Barco de Ávila ≤★) O : 10 km – Carretera del puerto del Pico★ (≤★) SE : 18 km.

♦Madrid 169 – ♦Ávila 63 – Béjar 71.

Parador Nacional de Gredos 🐎, alt. 1 650, ✉ Parador de Gredos, ☎ 34 80 48, ≤ Sierra de Gredos – 🛗 🚗 Ⓟ – 🏔. AE ⓓ E VISA. ✈
Com 1 100 – ☕ 300 – **77 hab** 3 200/4 000.

Ver también : *Hoyos del Espino.*

GRIÑON Madrid 990 ⑮ y ㊴ – 1 190 h. – ☎ 91.

♦Madrid 30 – Aranjuez 36 – Toledo 47.

✕ El Mesón de Griñon, General Primo de Rivera 12 ☎ 814 01 13 – ▤ Ⓟ.

✕ Vivar, General Primo de Rivera 16 ☎ 814 02 34.

✕ El Lechal, carret. de Navalcarnero km 18,5 ☎ 814 01 62 – ▤ Ⓟ.

El GROVE Pontevedra 990 ①② – 9 190 h. (incl. Isla de la Toja) – ☎ 986 – Playa.

ℹ González Besada ☎ 73 14 15.

♦Madrid 635 – Pontevedra 31 – Santiago de Compostela 71.

✕ Casa Pepe, av. González Besada 147 ☎ 73 02 35, ≤, Pescados y mariscos.

✕ **Posada del Mar,** av. González Besada 202 ☎ 73 01 06 – ▤. AE ⓓ E VISA. ✈
cerrado 20 diciembre-enero y domingo noche de octubre a junio – Com carta 900 a 1 560.

en la carretera de Pontevedra S : 3 km – ✉ El Grove – ☎ 986 :

Touris sin rest, Ardia ☎ 73 02 51, ≤, 🏊 – 🛗 📺 🛁wc ☎ Ⓟ. ⓓ E VISA. ✈
cerrado noviembre-enero – ☕ 225 – **36 hab** 2 500/3 800.

en Reboredo SO : 3 km – ✉ El Grove – ☎ 986 :

🏨 **Bosque-Mar** 🐦, carret. de San Vicente ☎ 73 10 55 – wc wc ☎ P. E VISA. ✻
junio-septiembre – Com 900 – ☕ 175 – **20 hab** 2 400/3 500 – P 3 350/4 000.

en San Vicente del Mar SO : 9 km – ✉ El Grove – ☎ 986 :

✕ El Pirata, praia Barrosa, urb. Pedras Negras ☎ 73 00 52, ☂, Pescados a la brasa
temp.

CITROEN carret. Pontevedra-El Grove km 22 ☎ 74 30 15
FIAT-SEAT carret. Pontevedra-El Grove km 29,2 ☎ 73 10 91
RENAULT Calvo Sotelo 49 ☎ 73 09 04

GUADALAJARA P 990 ⑯ – 45 162 h. alt. 679 – ☎ 911 – Plaza de toros – R.A.C.E. av. del Generalísimo 37 - 1° D ☎ 22 92 96.

♦Madrid 56 – Aranda de Duero 162 – Calatayud 178 – Cuenca 144 – Teruel 245.

🏨 **España** sin rest, Teniente Figueroa 3 ☎ 21 13 03 – 🛗 ▥ wc wc ☎ P.
☕ 125 – **33 hab** 600/1 500.

✕✕ Minaya, av. Generalísimo Franco 23 ☎ 21 22 53 – ▤.

✕✕ El Ventorrero, López de Haro 2 ☎ 21 25 63, Decoración castellana – ▤. VISA. ✻
cerrado jueves.

✕ **La Murciana,** Miguel Fluiters 21 ☎ 21 30 11, Decoración rústica – ▤. ⓓ E VISA
cerrado lunes – Com carta 990 a 1 500.

en la carretera de circunvalación N II – ✉ Guadalajara – ☎ 911 :

🏨 **Pax** 🐦, ☎ 22 18 00, ≤, 🏊, 🎾 – 🛗 ▤ rest 🚗 P – 🏕. AE ⓓ E VISA. ✻ rest
Com 1 000 – ☕ 200 – **61 hab** 1 450/2 600.

✕✕ **Mesón Hernando,** ☎ 22 20 17, Decoración castellana, 🏊 de pago – ▤ P. ✻
cerrado lunes – Com carta 860 a 1 400.

✕ Los Faroles, ☎ 21 30 32 – P.

AUSTIN-MG-MORRIS-MINI carret. de Valladolid 1 ☎ 22 05 46
CITROEN-PEUGEOT Francisco Aritio 10 ☎ 21 17 43
FIAT-SEAT Trafalgar ☎ 22 48 96
FORD Francisco Aritio 32 ☎ 21 25 10
RENAULT Trafalgar ☎ 22 43 50
TALBOT Travesía de Madrid 6 ☎ 21 31 50

GUADALUPE Cáceres 990 ㉔ – 2 839 h. alt. 640 – ☎ 927.

Ver : Pueblo★ – Monasterio★★ : sacristía★★ (cuadros de Zurbarán★★) camarín★, claustro mudéjar (museo de bordados★★, lavabo★), – Sala Capitular (cuadros de Zurbarán★).

Alred. : Carretera★ de Guadalupe a Puerto de Vicente ≤★.

♦Madrid 225 – ♦Cáceres 129 – Mérida 129.

🏨 **Parador Nacional Zurbarán** 🐦, Marqués de la Romana 10 ☎ 36 70 75, ☂, « Instalado en un edificio del siglo XVI, bonito jardín », 🏊 – 🛗 P. AE ⓓ E VISA. ✻
Com 1 100 – ☕ 300 – **20 hab** 3 200/4 000.

🏨 **Hospedería Real Monasterio** 🐦, pl. Juan Carlos I ☎ 36 70 00, ☂, « Instalado en el antiguo monasterio » – ▥ ▤ rest wc ☎ P. VISA. ✻
cerrado 10 enero-10 febrero – Com 960 – ☕ 190 – **38 hab** 1 510/2 365 – P 2 975/3 300.

GUADARRAMA Madrid 990 ⑮ y ㊴ – 4 352 h. alt. 965 – ☎ 91.

Alred. : Puerto de Guadarrama (o Alto de los Leones) ☀★, ≤★ NO : 7 km.

♦Madrid 48 – ♦Segovia 43.

en la carretera N VI SE : 4,5 km – ✉ Guadarrama – ☎ 91 :

✕✕ **Miravalle** con hab, ☎ 850 03 00, ☂ – ▥ wc ☎ 🚗 P. VISA. ✻
cerrado miércoles – Com 925 – ☕ 195 – **12 hab** 1 100/2 200 – P 2 750/3 775.

Ver también : *Navacerrada* NE : 12 km.

CITROEN carret. de la Coruña km 48 ☎ 854 11 53
RENAULT Alfonso Senra 57 ☎ 854 00 67
SEAT José Antonio 27 ☎ 854 05 28
TALBOT carret. de la Coruña km 48 ☎ 854 00 50

GUADARRANQUE Cádiz 446 X 13 – ver San Roque.

Pleasant hotels or restaurants are shown
in the Guide by a red sign
Please send us the names
of any where you have enjoyed your stay.
Your Michelin Guide 1984 will be even better.

🏨 ... 🏨
✕✕✕✕✕ ... ✕

GUADIARO Cádiz 446 X 14 – pobl. ver San Roque alt. 107 – ☎ 956 – Playa.
♦Madrid 666 – Algeciras 29 – ♦Cádiz 150 – ♦Málaga 111.

✕ **Bernardo** con hab, carret. N 340, ✉ apartado 21 Sotogrande, ☎ 79 21 32 – wc Ⓟ. hab
cerrado miércoles y 3 noviembre-3 diciembre – Com 450 – 110 – **8 hab** 850/1 600 – P 1 600/1 650.

en la carretera N 340 - en Torreguadiaro E : 3 km – ☎ 956 :

Patricia, ✉ apartado 21 Sotogrande, ☎ 79 23 00, ←, – wc wc Ⓟ.
abril-octubre – Com 750 – 175 – **56 hab** 1 265/2 250 – P 2 625/2 765.

✕ **Agustino,** ✉ apartado 21 Sotogrande, ☎ 79 29 85, ←, – Ⓟ. E.
cerrado lunes y enero – Com carta 705 a 1 180.

GUADIX Granada 446 U 20 – 19 234 h. alt. 949 – ☎ 958.
Ver : Catedral★ (fachada★) – Barrio troglodita★.
Alred. : Carretera★★ de Guadix a Purullena (pueblo troglodita★) O : 5 km – Carretera de Purullena a Granada ←★ – Lacalahorra (castillo★ : patio★★) SE : 17 km.
♦Madrid 436 – Almería 112 – ♦Granada 57 – ♦Murcia 226 – Úbeda 119.

Hostal Carmen, carret. de Granada ☎ 66 15 11 – wc Ⓟ
22 hab.

Comercio, Mira de Amezcua 3 ☎ 66 05 00 – wc . E VISA
Com 575 – 150 – **21 hab** 1 050/1 835 – P 2 155/2 575.

CITROEN carret. de Granada ☎ 66 07 60
FIAT-SEAT carret. de Granada km 226 ☎ 66 11 11
RENAULT carret. de Murcia ☎ 66 02 58
TALBOT carret. de Granada 41 ☎ 66 09 62

GUARDAMAR DEL SEGURA Alicante 445 R 28 – 4 977 h. – ☎ 965 – Playa.
♦Madrid 442 – ♦Alicante 36 – Cartagena 74 – ♦Murcia 52.

Meridional, urbanización Las Dunas S : 1 km ☎ 72 83 40, ← – wc Ⓟ.
abril-septiembre – Com 800 – 200 – **26 hab** 1 200/2 300 – P 2 700/2 800.

Oasis, av. de Europa 19 ☎ 72 88 60 – wc wc
temp. – **40 hab**.

Delta, Torrevieja 65 ☎ 72 87 12, , – wc.
abril-octubre – Com 675 – 150 – **16 hab** 1 100/1 785 – P 2 295/2 400.

Europa, Jacinto Benavente 1 ☎ 72 90 55, ← – wc
temp. – **14 hab**.

SEAT José Antonio 104 ☎ 72 89 32

La GUARDIA Pontevedra 990 ① – 9 036 h. alt. 40 – ☎ 986 – Playa.
Alred. : Monte de Santa Tecla★ (←★★) S : 3 km – Carretera★ de La Guardia a Bayona.
pl. de la Constitución ☎ 61 00 00.
♦Madrid 628 – Orense 129 – Pontevedra 72 – ♦Porto 148 – ♦Vigo 53.

✕ **Anduriña,** Calvo Sotelo 48 ☎ 61 11 08, ←, , Pescados y mariscos – E VISA.
cerrado lunes de noviembre a abril – Com carta 1 000 a 1 675.

✕ Albatros, Orense 9 ☎ 61 11 21 – VISA.
cerrado lunes no festivos en invierno.

CITROEN-PEUGEOT prolongación República Dominica ☎ 61 12 55
RENAULT av. República Dominica 14 ☎ 61 05 58
SEAT-FIAT San Roque 13 ☎ 61 10 75

GUARROMÁN Jaén 446 R 18 – 3 105 h. alt. 360 – ☎ 953.
♦Madrid 281 – ♦Córdoba 117 – Jaén 52 – Valdepeñas 81.

✕ Jumá II, con hab, carret. N IV, NE : 2 km ☎ 61 50 36 – rest wc Ⓟ
15 hab.

La GUDIÑA Orense 990 ③ – 2 489 h. – ☎ 988.
♦Madrid 389 – Benavente 132 – Orense 110 – Ponferrada 117 – Verín 39.

Relojero 2, carret. N 525 ☎ 42 10 01 – wc wc Ⓟ. E VISA.
Com 750 – 165 – **25 hab** 1 300/2 000 – P 2 500/2 600.

GUERNICA Y LUNO Vizcaya 42 ③④ y 990 ⑥ – 17 271 h. alt. 10 – ☎ 94.
Alred. : N : Carretera de Bermeo ←★, Ría de Guernica★ – Cueva de Santimamiñe (formaciones calcáreas★) NE : 5 km – Balcón de Vizcaya ←★★ SE : 18 km.
♦Madrid 429 – ♦Bilbao 36 – ♦San Sebastián 84 – ♦Vitoria 69.

✕ Zimela, Carlos Gangoiti 57 ☎ 685 10 12 – Ⓟ.

en la carretera de Bermeo N : 2 km – ✉ Guernica – ☎ 94 :

✕ Torre Barri, Forua ☎ 685 25 07 – .

CITROEN-PEUGEOT Señorio Vizcaya 105 ☎ 685 09 26
FORD Vega Alta ☎ 685 05 80
RENAULT carret. de Bermeo km 30 ☎ 685 08 15
SEAT carret. de Bermeo km 30 ☎ 685 09 62

GUETARIA Guipúzcoa 42 ④ – 2 495 h. – ☎ 943.
Alred. : Carretera en cornisa** de Guetaria a Zarauz.
♦Madrid 487 – ♦Bilbao 77 – ♦Pamplona 107 – ♦San Sebastián 26.

✗ ✿ **Kaia y Asador Kai-Pe,** General Arnao 10 ☎ 83 24 14, ≤, Decoración rústica, Pescados y mariscos – ▤. ⓓ E VISA. ✂
cerrado 12 octubre-12 noviembre – Com carta 1 550 a 2 600
Espec. Chipirones a lo Pelayo (15 julio-15 septiembre), Changurro horno, Lubina al horno.

✗ **Talai - Pe,** Puerto Viejo ☎ 83 16 13, ≤, ⛱, Decoración rústica marinera, Pescados y mariscos – E VISA. ✂
cerrado domingo noche y 24 diciembre-10 enero – Com carta 1 500 a 3 750.

✗ **Elcano,** Magallanes 2 ☎ 83 16 14, ⛱, Pescados y mariscos – VISA. ✂
cerrado martes y noviembre – Com carta 1 200 a 2 075.

al Suroeste : 2 km por carretera N 634 – ✉ Guetaria – ☎ 943 :

✗ **San Prudencio** ⛰ con hab, ☎ 83 24 11, ≤ – Ⓟ. ✂
marzo-octubre – Com *(todo el año salvo diciembre)* carta 1 100 a 1 880 – ☕ 170 – **12 hab** 1 000 – P 2 000.

GUYURIA Vizcaya 42 ③ – ver Durango.

HARO La Rioja 42 ⑬ y 990 ⑥ – 8 659 h. alt. 479 – ☎ 941.
Alred. : Balcón de la Rioja ※★ E : 26 km.
♦Madrid 330 – ♦Burgos 87 – ♦Logroño 49 – ♦Vitoria 43.

⌂ **Higinia,** Vega 31 ☎ 31 01 00 – ▥ ⇔wc ☎ Ⓟ. ✂
cerrado 24 diciembre-24 enero – Com 575 – ☕ 105 – **21 hab** 625/1 150 – P 1 600/1 675.

✗ **Beethoven II,** Santo Tomás 3 ☎ 31 11 81 – ▤
cerrado lunes y 14 diciembre-14 enero – Com carta 1 075 a 1 650.

✗ **Terete,** Lucrecia Avana ☎ 31 00 23, Rest. típico con bodega, Cordero asado – ✂
cerrado domingo noche, lunes y de 1 al 28 octubre – Com carta 1 100 1 550.

en la carretera de circunvalación N 232 SE : 1 km – ✉ Haro – ☎ 941 :

⌂ **Iturrimurri,** ☎ 31 12 13, ≤ – ▥ ▤ ⇔wc Ⓟ. ✂
Com 1 135 – ☕ 170 – **26 hab** 1 600/2 800 – P 2 000/2 100.

CITROEN-PEUGEOT Santa Lucia 14 ☎ 31 07 46
RENAULT carret. de Logroño km 41 ☎ 31 04 41
SEAT-FIAT carret. de Logroño ☎ 31 02 38

HELLIN Albacete 990 ㉗ – 22 327 h. alt. 566 – ☎ 967.
♦Madrid 306 – ♦Albacete 59 – ♦Murcia 84 – ♦Valencia 186.

⌂ **Hellin,** carret. N 301 ☎ 30 01 42 – ▥ ▤ rest ⇔wc ⌂wc. ✂
Com 720 – ☕ 155 – **26 hab** 930/1 740 – P 2 225/2 285.

CITROEN-PEUGEOT Conde Guadalhorce 181 ☎ 30 07 26
FORD Poeta Mariano Tomas 28 ☎ 30 11 83
PEUGEOT Conde Guadalhorce 181 ☎ 30 07 26
RENAULT Conde Guadalhorce 126 ☎ 30 01 58
SEAT-FIAT San Juan de Dios 5 ☎ 30 04 93
TALBOT carret. de Murcia 18 ☎ 30 04 19

HERRERA DE PISUERGA Palencia 990 ⑤ – 3 308 h. alt. 840 – ☎ 988.
♦Madrid 298 – ♦Burgos 68 – Palencia 72 – ♦Santander 129.

⌂ **La Piedad,** carret. N 611 ☎ 13 01 22 – ▥ ⇔wc Ⓟ. ✂
Com 500 – ☕ 150 – **27 hab** 700/1 400 – P 1 900.

RENAULT Nueva 4 ☎ 13 01 90
SEAT carret. de Santander km 81 ☎ 13 02 15

HERRERUELA DE OROPESA Toledo – 611 h. – ☎ 925.
♦Madrid 159 – ♦Cáceres 150 – Toledo 118.

en la carretera N V N : 1,3 km – ✉ Herrera de Oropesa – ☎ 925 :

⌂ Coimbra, ☎ 43 50 19, ⛱ – ▤ Ⓟ
15 hab.

La HINOJOSA Cuenca – 517 h. – ☎ 966 – Balneario.
♦Madrid 150 – Cuenca 64 – ♦Valencia 198.

✗ **Mesón Los Rosales,** carret. N III ☎ 29 40 48 – Ⓟ
Com carta 550 a 975.

This Guide is not a comprehensive list of all hotels and restaurants, nor even of all good hotels and restaurants in Spain and Portugal. Since our aim is to be of service to all motorists, we must show establishments in all categories and space permits the inclusion of only some in each.

HONRUBIA DE LA CUESTA Segovia 990 ⑮ – 139 h. alt. 1 001 – ☎ 911.
♦Madrid 143 – Aranda de Duero 18 – ♦Segovia 97.

en la carretera N I - en el Miliario del Caudillo S : 4 km – ✉ Honrubia de la Cuesta – ☎ 911 :

✕ **Mesón Las Campanas** con hab, ☎ 54 30 00, Decoración rústica regional – wc Ⓟ.
Com carta 1 000 a 1 600 – ☕ 100 – **7 hab** 2 000/2 500.

HORNA Burgos 42 ② – ver Villarcayo.

HOSPITALET DEL INFANTE o **L'HOSPITALET DEL INFANT** Tarragona 43 ⑮ y 990 ⑲ – ☎ 977 – Playa.
♦Madrid 579 – Castellón de la Plana 151 – Tarragona 37 – Tortosa 52.

Infante, calle del Mar 24 ☎ 82 30 00, ≤, – wc Ⓟ.
abril-septiembre – Com 800 – ☕ 200 – **71 hab** 1 400/2 000 – P 2 400/2 800.

en Miami Playa N : 2 km – ✉ Miami Playa – ☎ 977 :

Montaña, carret. N 340 ☎ 82 30 01 – wc wc Ⓟ
Semana Santa-octubre – Com 700 – ☕ 165 – **24 hab** 1 070/1 840 – P 2 250/2 400.

Tropicana, carret. N 340 ☎ 82 20 80, – rest wc wc Ⓟ.
cerrado 7 enero-febrero – Com 525 – ☕ 165 – **29 hab** 1 400/1 800 – P 1 935/2 400.

✕✕ Casablanca, urb. Playa Cristal ☎ 82 37 04, ≤, « Bonito césped con », – Ⓟ.

FIAT-SEAT carret. Valencia-Miami Playa ☎ 82 32 36
RENAULT carret. Valencia km 217 ☎ 82 32 13

HOSTALRICH o **HOSTALRIC** Gerona 43 ⑱ y 990 ⑳ – 2 338 h. alt. 189 – ☎ 972.
♦Madrid 678 – ♦Barcelona 65 – Gerona 39.

✕✕✕ **La Fortaleza,** El Castillo ☎ 86 41 22, « Instalado en la antigua fortaleza, interior rústico » – Ⓟ. VISA.
Com carta 1 050 a 2 250.

HOYOS DEL ESPINO Ávila – 422 h.
♦Madrid 174 – ♦Ávila 68 – Plasencia 107 – ♦Salamanca 130 – Talavera de la Reina 87.

✕ Mira de Gredos con hab, ☎ 24, ≤ Sierra de Gredos – wc Ⓟ
8 hab.

HOZNAYO Cantabria 42 ② – ☎ 942.
♦Madrid 399 – ♦Bilbao 86 – ♦Burgos 156 – ♦Santander 21.

Adelma, carret. N 634 ☎ 52 40 96, ≤ – wc Ⓟ. AE VISA.
Com 650 – ☕ 90 – **36 hab** 2 100.

TALBOT Solares-carret. General ☎ 52 04 23

HUARTE Navarra 42 ⑤⑮ – ver Pamplona.

HUELVA P 446 U 9 – 111 238 h. – ☎ 955 – Plaza de toros.
Bellavista, Aljaraque O : 7 km ☎ 31 80 83.
Plus Ultra 10 ☎ 24 50 92 – R.A.C.E. av. Italia 8 ☎ 24 77 79.
♦Madrid 623 ② – ♦Badajoz 300 ② – Faro (por Ayamonte) 113 ① – Mérida 278 ② – ♦Sevilla 87 ②.

Plano página siguiente

Luz Huelva sin rest, av. Sundheim 26 ☎ 25 00 11, Telex 75527 – . AE E VISA.
☕ 315 – **105 hab** 3 790/5 400. BZ **e**

Tartessos sin rest, av. Martín Alonso Pinzón 13 ☎ 24 56 11 – . AE E VISA. BZ **a**
☕ 200 – **105 hab** 1 900/3 300.

Costa de la Luz, sin rest y sin ☕, José María Amo 8 ☎ 25 64 22 – wc wc AZ **d**
35 hab.

✕✕ La Muralla, San Salvador 17 ☎ 25 50 77 – BZ **n**

✕ Doñana, av. Martín Alonso Pinzón 13 ☎ 24 56 11 – BZ **a**

✕ La Cinta, Arquitecto Pérez Carasa 25 ☎ 21 32 11 – BZ **s**

✕ **Las Meigas,** pl. América ☎ 23 00 98 – . E VISA. ABY **s**
cerrado domingo en verano – Com carta 1 100 a 1 850.

✕ Victor, Rascón 35 ☎ 24 69 66 AZ **c**

✕ Nápoli, av. de Italia 79 ☎ 25 23 96, Cocina italiana – BZ **u**

CITROEN-PEUGEOT carret. de Sevilla km 638 ☎ 22 65 44
FIAT-SEAT av. Muñoz de Vargas ☎ 23 10 51
FORD carret. de Sevilla, Políg. San Diego Nave 41-42 ☎ 22 85 12
RENAULT carret. de Sevilla km 638 ☎ 22 61 58
SEAT carret. de Sevilla km 637,5 ☎ 22 71 00
TALBOT carret. de Sevilla km 637,1 ☎ 22 12 46

HUELVA

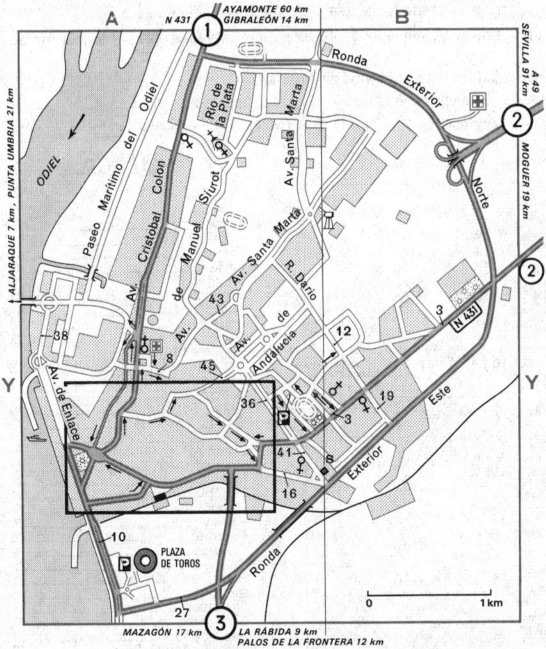

Arquitecto Pérez Carasa	BZ	4
Concepción	AZ	9
Las Bocas	AZ	25
Palacios	AZ	35
Plus Ultra	AZ	37
Rabida	BZ	39
Alameda de Sundheim	BZ	2
Alcalde Federico Molina Orta (Av.)	ABY	3
Buenos Aires (Pas.)	AY	8
Francisco Montenegro (Av. de)	AY	10
Galaroza	BY	12
Guatemala (Av. de)	AY	16
Independencia (Pas.)	AZ	18
Jabugo	BY	19
José Nogales	AZ	20
La Fuente	BZ	22
La Palma	AZ	23
Las Monjas (Pl. de)	AZ	26
Manuel de Falla	AY	27
Marina	AZ	28
Martin Alonso Pinzón (Av. de)	BZ	29
Mendez Muñez	AZ	31
Padre Jesús de Pasión	BZ	32
Padre Laraña	BZ	34
Pio XII (Av. de)	BZ	36
Puente del Rio Odiel (Carret. al)	AY	38
Roque Barcia	AY	41
San Antonio (Av. de)	AY	43
San Sebastián	BZ	45
Santa Fe (Pas. de)	BZ	46
Suroeste (Av.)	AZ	48
Tomás Dominguez Ortiz (Av. de)	AZ	50
Vazquez Lopez	AZ	51
3 de Agosto	BZ	52

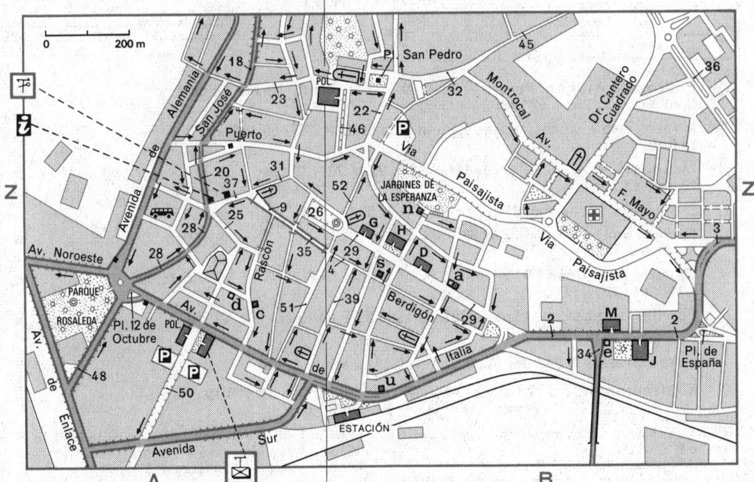

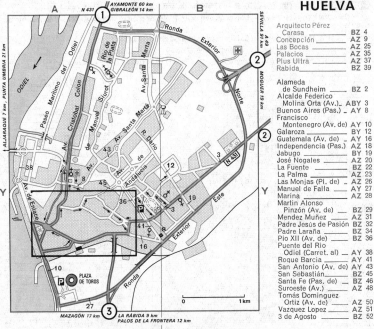

Avise inmediatamente al hotelero si no puede Vd. ocupar la habitación que ha reservado.

HUÉRCAL-OVERA Almería 990 ㊱ – 12 347 h. alt. 320 – ✪ 951.
♦Madrid 490 – Almería 117 – ♦Murcia 104.

- **Avenida,** carret. N 340 ☎ 47 04 15 – wc wc P
  Com 400 – 90 – **37 hab** 700/1 200 – P 1 490/1 590.

CITROEN carret. Nacional 32 ☎ 47 00 64 SEAT carret. N 340 km 232 ☎ 47 03 00

HUESCA P 42 ⑱ 43 ③ y 990 ⑱ – 37 610 h. alt. 466 – ✆ 974 – Plaza de toros.

Ver : Catedral★ (retablo★★) A – Museo provincial★ (colección de primitivos★) M1 – Monasterio de San Pedro el Viejo (claustro★) B.

Alred. : Carretera★ de Huesca a Sabiñánigo (embalse de Arguis★).

ℹ Coso Alto 23 ✆ 22 57 78 – R.A.C.E. Berenguer 8 ✆ 24 05 11.

♦Madrid 390 ② – ♦Lérida 120 ① – ♦Pamplona 164 ③ – Pau 211 ③ – Tortosa 223 ① – ♦Zaragoza 71 ②.

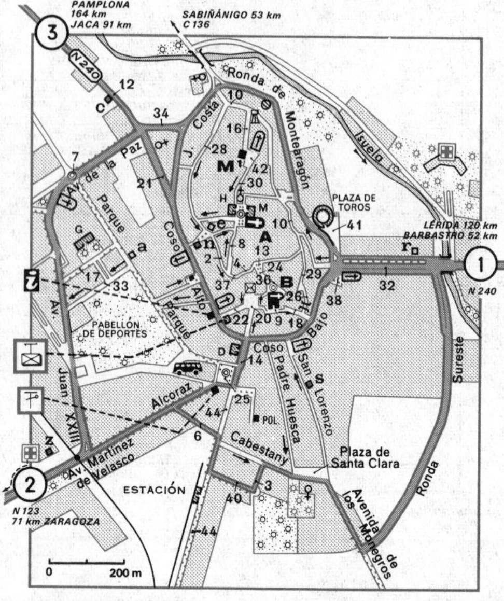

HUESCA

Coso Alto

Ainsa	2
Ángel de la Guarda	3
Castilla	4
Cavia	6
Circular (Pl.)	7
Cortes (las)	8
Cuatro Reyes	9
Desengaño	10
Doctor Artero (Av.)	12
Fueros de Aragón (Pl. de los)	13
Galicia (Porches de)	14
General Alsina (Av. del)	16
General Lasheras	17
Goya	18
López Allue (Pl. de)	20
Monreal (Av.)	21
Moyá	22
Mozárabes (Trav.)	24
Navarra (Pl. de)	25
Palma	26
Pedro IV	28
Peligros	29
Quinto Sertorio	30
Ramón y Cajal (Pas. de)	32
San Jorge	33
San Juan Bosco	34
San Pedro (Pl. de)	36
San Salvador	37
Santo Domingo (Pl. de)	38
Tarbes	40
Unidad Nacional	41
Universidad (Pl. de la)	42
Zaragoza	44

Pedro I de Aragón, Parque ✆ 22 03 00 – |‡| ▤ rest Ⓟ. AE VISA. rest — **a**
Com 850 – ☕ 250 – **52 hab** 2 400/3 500 – P 3 375/4 025.

Mirasol, piso 1, sin rest, paseo Ramón y Cajal 29 ✆ 22 37 60 – wc — **r**
13 hab.

Lizana sin rest y sin ☕, pl. de Lizana 8 ✆ 22 14 70 – wc — **e**
19 hab 800/1 500.

El Chuletón, pasaje canal de Berdún 3 ✆ 24 02 11 – ▤ — **c**

Navas, San Lorenzo ✆ 22 47 38 – ▤. E VISA — **s**
Com carta 1 600 a 2 700.

Caserio Aragonés (O'Mirallo), pl. de Lizana 15 ✆ 22 06 50 – ▤. AE E VISA — **n**
Com carta 700 a 1 900.

Parrilla Gombar, av. Martínez de Velasco 32 ✆ 21 19 77 – ▤. AE VISA. — **z**
Com carta 925 a 1 750.

en la carretera N 240 por ① : 2,5 km – ✉ Huesca – ✆ 974 :

Montearagón, ✆ 22 23 50, ⛱, – |‡| ▤ rest wc Ⓟ.
Com 800 – ☕ 200 – **27 hab** 2 000/3 000 – P 3 025/3 525.

CITROEN-PEUGEOT zona industrial - calle Alcubierre 12 ✆ 21 15 09
FIAT-SEAT pl. San Antonio 2 ✆ 21 35 34
FORD Zona Industrial - calle Alcampel 4 ✆ 21 18 52
RENAULT zona industrial - Almudevar 18 ✆ 21 19 44
RENAULT av. Monreal 9 ✆ 22 01 50
TALBOT carret. de Zaragoza ✆ 21 32 94

HUETOR VEGA Granada 446 U 19 – ver Granada.

HUMANES Guadalajara 990 ⑯ – 1 305 h. alt. 746 – ✆ 911.

♦Madrid 78 – Guadalajara 22 – Soria 149.

Campiña, av. Juan XXIII ✆ 85 01 68, ⛱, – wc . E VISA.
Com *(cerrado lunes)* 500 – ☕ 85 – **30 hab** 600/1 400 – P 1 800/1 900.

HUMERA Madrid 990 ㊴ – ver Pozuelo de Alarcón.

IBI Alicante 445 Q 28 – 17 635 h. alt. 820 – ☎ 965.

♦Madrid 380 – ♦Alicante 59 – ♦Albacete 133 – ♦Valencia 130.

- Plata, San Roque 1 ☎ 55 06 00 – wc wc ☎ P
  30 hab.
- **M.S.E. y O.P.,** av. División Azul 60 ☎ 55 25 87,
  cerrado martes noche – Com carta 475 a 790.

CITROEN División Azul 87 ☎ 55 22 75
RENAULT Teniente Pérez Pascual 3 ☎ 55 28 43
SEAT Espronceda 97 ☎ 55 25 57
TALBOT av. Príncipes de Espãna ☎ 55 00 26

IBIZA Baleares 43 ⑰⑱ y 990 ㉙ – ver Baleares.

ICOD DE LOS VINOS Santa Cruz de Tenerife 990 ㉛ – ver Canarias (Tenerife).

IGUALADA Barcelona 43 ⑯⑰ y 990 ⑲ – 30 024 h. alt. 315 – ☎ 93.

♦Madrid 562 – ♦Barcelona 67 – ♦Lérida 93 – Tarragona 93.

- ✿ **El Jardí de Granja Plá,** rambla San Isidro 12 ☎ 803 18 64 – . AE E VISA
  cerrado lunes y 25 julio-17 agosto – Com carta 1 225 a 1 800
  Espec. Bacalao a la crema de ajo, Suquet de rape, Pato a la naranja.

en la carretera de circunvalación N II – ✉ Igualada – ☎ 93 :

- **América,** carret. N II ☎ 803 10 00, – P – . E VISA. hab
  Com 950 – 250 – **52 hab** 1 700/3 800 – P 3 530/3 730.

AUSTIN-MG-MORRIS-MINI carret. de Manresa 55 ☎ 803 29 38
CITROEN-PEUGEOT carret. N II km 556,3 ☎ 803 15 50
FIAT-SEAT carret. N II km 556,5 ☎ 803 06 04
RENAULT carret. N II km 556,9 ☎ 803 27 08
TALBOT av. Balmes 5 ☎ 803 38 50

IFACH (Puerto de) Alicante 445 Q 30 – ver Calpe.

ILLETAS Baleares 43 ⑲ – ver Baleares (Mallorca).

INCA Baleares 43 ⑲ y 990 ㉙ – ver Baleares (Mallorca).

INFIESTO Oviedo 990 ④ – alt. 150 – ☎ 985.

Alred. : Amandi (iglesia San Juan : decoración★ del pórtico, ábside★) NO : 23 km.

♦Madrid 446 – ♦Oviedo 47 – ♦Santander 158.

- Tamanaco, con hab, Martínez Agostí 6 ☎ 71 01 61 – wc
  10 hab.

RENAULT El Horrín ☎ 71 01 68
SEAT San Miguel ☎ 71 02 33

IRÚN Guipúzcoa 42 ⑤ y 990 ⑦ – 51 098 h. alt. 20 – ☎ 943 – ver aduanas p. 14 y 15.

Alred. : Ermita de San Marcial ※★★ E : 3 km.

☎ 61 12 56.

Puente de Santiago ☎ 62 22 39 y en la Estación del Norte ☎ 61 15 24 – R.A.C.E. (Automóvil Club Vasco Navarro) paseo de Colón 40 ☎ 62 33 82.

♦Madrid 509 – ♦Bayonne 34 – ♦Pamplona 90 – ♦San Sebastián 20.

- **Alcázar y Rest. Jantokia,** av. Iparralde 11 ☎ 62 09 00 – wc ☎ P. rest
  Com 900 – 225 – **45 hab** 2 000/3 400 – P 3 320/3 620.
- **Términus** sin rest, con cafeteria, estación del Norte ☎ 61 77 79 – wc
  120 – **21 hab** 1 000/1 700.
- **Lara** sin rest, paseo de Colón 73 ☎ 61 22 03 – ☎. VISA
  140 – **18 hab** 940/1 680.
- **Romantxo,** pl. Urdanibia ☎ 62 09 71, Decoración rústica vasca – . E VISA.
  cerrado domingo noche, lunes y 15 diciembre-15 enero – Com carta 1 175 a 2 275.
- Antxon, piso 1, pl. San Juan 1 ☎ 62 06 59 – . AE E VISA
  cerrado martes, 16 enero-2 febrero y del 5 al 20 julio.

en Behobia E : 2 km – ✉ Irún – ☎ 943 :

- Trinquete, barrio de Behobia 79 ☎ 62 20 20 –
  cerrado lunes.

en la carretera de Fuenterrabía a San Sebastián O : 2,5 km – ✉ Fuenterrabia – ☎ 943 :

- **Jaizubía,** poblado vasco de Urdanibia ☎ 61 80 66 – AE E VISA.
  cerrado lunes y febrero – Com carta 1 400 a 2 700.

AUSTIN-MG-MORRIS-MINI Mártires de Guadalupe 21 ☎ 61 74 02
CITROEN-PEUGEOT Izaga 5 ☎ 62 61 82
CITROEN-PEUGEOT Izaga 5 ☎ 62 27 09
FIAT-SEAT Alto de Arreche ☎ 62 70 22
FORD carret. Behobia ☎ 62 70 89
RENAULT Alto de Arreche ☎ 62 72 33
TALBOT Alto de Arreche ☎ 62 84 22

ISABA Navarra 42 ⑦ y 990 ⑦ – 642 h. alt. 813 – ✆ 948 – ver aduanas p. 14 y 15.
Alred. : O : Valle del Roncal★ – SE : Carretera★ del Roncal a Ansó.
♦Madrid 467 – Huesca 129 – ♦Pamplona 97.

Isaba ⛰, ✆ 89 30 00, ≤ – |♦| ▥ ⌂wc ⌂wc ☎ Ⓟ. VISA. ✗ rest
15 marzo-15 octubre – Com 900 – ☐ 225 – **50 hab** 2 250/3 500 – P 3 370/3 870.

Lola, Mendigacha 17 ✆ 89 30 12 – ▥ ▤ rest. ✗
Com 575 – ☐ 140 – **26 hab** 1 200 – P 1 700.

ISLA – ver a continuación y el nombre propio de la isla.

ISLA Cantabria 42 ② y 990 ⑤ – ✆ 942 – Playa.
♦Madrid 426 – ♦Bilbao 81 – ♦Santander 48.

en la playa E : 3 km – ✉ Isla – ✆ 942 :

Rosario y Rest. Astuy ⛰, ✆ 63 02 50, ≤ – |♦| ▥ ⌂wc ☎ Ⓟ. AE ⓞ E VISA. ✗ hab
cerrado 15 diciembre-15 enero – Com 650 – ☐ 200 – **53 hab** 1 800/2 300 – P 2 100/2 200.

Isabel ⛰, barrio de Quejo ✆ 63 01 59 – ⌂wc Ⓟ – *temp.* – **40 hab**.

Beni-Mar ⛰, barrio de Quejo ✆ 63 03 47, ≤ – ▥ ⌂wc ⌂wc Ⓟ. E
19 marzo-octubre – Com 600 – ☐ 125 – **18 hab** 1 000/1 800 – P 1 100/1 800.

La ISLA Murcia – ver Puerto de Mazarrón.

ISLA CRISTINA Huelva 446 U 8 – 15 417 h. – ✆ 955 – Playa.
♦Madrid 672 – Beja 138 – Faro 69 – Huelva 56.

Mary-Nina ⛰ sin rest, por la carretera de la playa : 1 km ✆ 33 18 00 – ▥ ⌂wc ⌂wc ☎ Ⓟ. ✗
cerrado octubre-diciembre – ☐ 150 – **24 hab** 1 450/2 700.

Paraíso ⛰, por la carretera de la playa : 1 km ✆ 33 18 73, ⛱ – ▥ ⌂wc ⌂wc Ⓟ
cerrado 15 noviembre-15 enero – Com 560 – ☐ 140 – **18 hab** 1 400/2 100.

Gran Vía, sin rest y sin ☐, Gran Vía 10 ✆ 33 07 94 – ▥ ⌂wc – **19 hab**.

IZNALLOZ Granada 446 T 19 – 6 881 h. alt. 805 – ✆ 958.
♦Madrid 404 – ♦Granada 33 – Guadix 56 – Jaén 71.

en la carretera N 323 O : 5 km – ✉ Iznalloz – ✆ 958 :

La Nava, ✆ 37 02 00, ≤ – ▥ ⌂wc 🚗 Ⓟ. VISA. ✗
Com *(cerrado sábado)* 400 – ☐ 125 – **45 hab** 500/1 200 – P 1 285/1 385.

JACA Huesca 42 ⑰ y 990 ⑧ – 11 538 h. alt. 820 – ✆ 974.
Ver : Catedral (capiteles historiados★).
Alred. : Monasterio de San Juan de la Peña★★ : monasterio de arriba (≤★★) – monasterio de abajo : Paraje★★ – Claustro★ (capiteles★★) SO : 28 km.
ℹ paseo Calvo Sotelo ✆ 36 00 98.
♦Madrid 481 – Huesca 91 – Oloron-Ste-Marie 87 – ♦Pamplona 111.

Gran Hotel, paseo del Generalísimo Franco 1 ✆ 36 09 00, ⛱, ⛱, ✗ – |♦| 🚗 Ⓟ. E. ✗
cerrado noviembre – Com (sólo cena en invierno) 975 – ☐ 230 – **80 hab** 2 200/4 100 – P 3 850/4 000.

Pradas, Obispo 12 ✆ 36 11 50 – |♦| ▥ ⌂wc ☎. AE E VISA. ✗ – **39 hab** 1 350/2 200.

Conde Aznar, General Franco 3 ✆ 36 10 50 – ▥ ⌂wc ⌂ ☎. E VISA. ✗ rest
Com 750/1 050 – ☐ 150 – **23 hab** 1 800/2 800 – P 2 750/3 150.

Mur, Santa Orosia 1 ✆ 36 01 00 – |♦| ▥ ⌂wc ⌂wc ☎. ✗ rest
Com 700 – ☐ 150 – **70 hab** 1 200/2 200 – P 2 400/2 500.

La Paz sin rest, Mayor 41 ✆ 36 07 00 – |♦| ▥ ⌂wc ☎. AE VISA. ✗
cerrado del 1 al 20 noviembre – ☐ 175 – **34 hab** 1 300/2 000.

El Abeto sin rest y sin ☐, Bellido 15 ✆ 36 16 42 – ▥. ✗
25 hab 900/2 000.

XX Palacio de Congresos, av. Juan XXIII - 19 ✆ 36 19 86 – E. ✗
cerrado lunes y noviembre.

X **José,** av. Domingo Miral 4 ✆ 36 11 12 – ▤. E VISA. ✗
cerrado noviembre y lunes excepto julio-agosto – Com carta 810 a 1 510.

X **La Cocina Aragonesa,** Cervantes 5 ✆ 36 10 50, Decoración regional – ▤. E VISA. ✗
Com carta 1 600 a 2 550.

X **Somport,** av. Primo de Rivera 1 ✆ 36 10 31, ⛱
cerrado noviembre y miércoles salvo verano – Com carta 885 a 1 765.

X Casa Paco, av. Jacetania ✆ 36 16 18 – ▤.

CITROEN-PEUGEOT av. Regimiento Galicia ✆ 36 15 95
FIAT-SEAT pl. La Naturaleza ✆ 36 06 70
FORD Ferrocarril ✆ 36 11 33
RENAULT av. de Zaragoza 7 ✆ 36 07 44
SEAT Pamplona ✆ 36 14 95
TALBOT carret. de Sabiñanigo ✆ 36 09 13

JAÉN P 446 S 18 – 84 114 h. alt. 574 – ☎ 953 – Plaza de toros.

Ver : Museo provincial★ (colecciones arqueológicas★, mosaico romano★) AY **M** – Catedral (sillería★, museo★) AZ **E** – Alameda de Calvo Sotelo ≤★ BZ – Capilla de San Andrés (capilla de la Inmaculada★★) AYZ **B. Alred.** : Castillo de Santa Catalina (carretera★ de acceso, ※★) O : 4,5 km AZ.

🅸 paseo de la Estación 30 ☎ 22 92 00 – R.A.C.E. San Clemente 1 ☎ 23 33 76.

♦Madrid 333 ① – Almería 239 ② – ♦Córdoba 109 ③ – ♦Granada 96 ② – Linares 53 ① – Úbeda 57 ②.

JAÉN

Bernabé Soriano	BZ 9
Dr. Civera Espartería	AZ 13
Maestra	AZ 20
Virgen de la Capilla	BZ 36
Adarves Bajos	BZ 2
Alamos	AZ 3
Alféreces Provisionales	AY 4
Almendros Aguilar	AZ 5
Andalucia (Av. de)	AY 6
Arquitecto Bergés	AY 7
Batallas (Pl. Las)	ABY 8
Coca de la Piñera (Pl.)	BZ 10
Constitución (Pl. de la)	BZ 12
Ejército Español (Av. del)	AY 14
Estación (Paseo de la)	BYZ 15
Granada (Avenida de)	BZ 16
Madre Soledad Torres Acosta	ABZ 18
Madrid (Av. de)	BYZ 19
Martínez Molina	AZ 21
Merced Alta	AZ 22
Muñoz Garnica	BZ 24
Obispo Estúñiga	AY 25
Rey Alhamar	AY 26
Ruiz Jiménez (Av. de)	BY 27
San Andrés	AY 28
San Clemente	AZ 29
San Francisco (Pl.)	AZ 31
Santa María (Pl.)	AZ 32
Vicente Montuno	BZ 33
Virgen de la Cabeza	BY 35

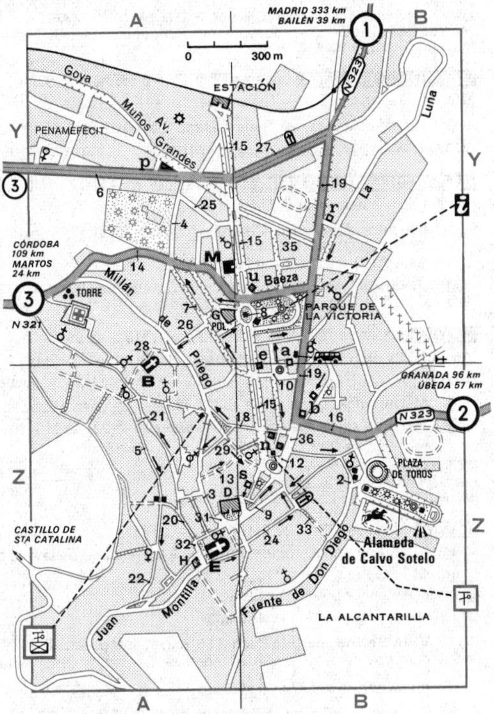

Para el buen uso de los planos de ciudades, consulte los signos convencionales, p. 23.

Condestable Iranzo, paseo de la Estación 32 ☎ 22 28 00 – |≑| ▤ 🚗 – 🏊. ✗ — BY **r**
Com 900 – ☕ 175 – **147 hab** 2 025/2 950.

Rey Fernando, pl. Coca de la Piñera 7 ☎ 25 18 40 – |≑| ▥ ▤ 🛁wc 🚿wc ☎ 🚗. AE ⓓ E VISA — BY **a**
Com 650 – ☕ 100 – **36 hab** 1 600/2 300 – P 2 250/2 700.

Xauen sin rest, pl. Deán Mazas 3 ☎ 23 40 91 – |≑| ▥ ▤ 🛁wc ☎ 🚗. VISA — BZ **s**
☕ 140 – **35 hab** 1 700/2 400.

Europa sin rest y sin ☕, pl. Belén 1 ☎ 22 27 00 – |≑| ▥ ▤ 🛁wc 🚿wc ☎. AE ⓓ E VISA — BZ **b**
36 hab 1 500/2 200.

Reyes Católicos piso 6, sin rest, av. de Granada 1 ☎ 22 22 50 – |≑| ▥ ▤ 🛁wc 🚿wc ☎. ✗ — BZ **b**
cerrado 22 diciembre-10 enero – **28 hab** 1 000/1 800.

Jockey Club, paseo de la Estación 20 ☎ 25 10 18, ⛱ – ▤. E VISA — BY **e**
Com carta 1 050 a 2 025.

Dover, Maestro Cebrián 1 ☎ 25 76 13 – ▤ — BY **u**

Los Mariscos, Nueva 2 ☎ 25 32 06 – ▤. VISA — BZ **n**
Com carta 900 a 1 550.

Mesón Nuyra, en sótano, pasaje Nuyra ☎ 25 39 22, Decoración rústica – ▤ — BZ **n**

Rincón de Juan, prolongación Antonio Herrera ☎ 22 59 74 – ▤ — AY **p**

en la carretera N 323 – ✉ Jaén – ☎ 953 :

La Yuca sin rest, por ② : 5 km, ✉ apartado 117, ☎ 22 19 50, ⛱ – ▥ ▤ 🛁wc ☎ Ⓟ. VISA
☕ 140 – **23 hab** 1 400/2 125.

Ruta del Sol, por ① : 2 km ☎ 25 10 02 – ▤ Ⓟ. E VISA. ✗
Com carta 680 a 1 250.

en el Castillo de Santa Catalina O : 4 km – ✉ Jaén – ☎ 953 :

Parador Nacional de Santa Catalina ⛰, ☎ 23 22 87, ≤ Jaén, sus olivares y montaña, « Bonita imitación de un castillo de época dominando un extenso paisaje », 🏊 – |‡| ▤ Ⓟ. AE ⓓ E VISA. ✻
Com 1 100 – ☕ 300 – **43 hab** 3 200/4 000.

CITROEN, PEUGEOT carret. de Madrid km 332,6 ☎ 25 25 42
FORD Polígono Industrial Los Olivares ☎ 22 35 54
MERCEDES-BENZ Torredonjimeno, Polígono Industrial Los Olivares ☎ 22 21 16
RENAULT carret. de Granada km 336 ☎ 22 15 50
SEAT-FIAT Polígono Industrial Los Olivares ☎ 22 47 12
TALBOT carret. de Madrid km 332 ☎ 25 13 30

JARAÍZ DE LA VERA Cáceres 990 ⑭ – 8 565 h. – ☎ 927.
♦Madrid 213 – ♦Cáceres 115 – Plasencia 36.

Hostal d'Acosta, av. Generalísimo 8 ☎ 46 02 19 – ▥ 🛁wc – **15 hab**.

CITROEN-PEUGEOT Severo Ochoa 1 ☎ 46 02 26
RENAULT Ronda de San Isidro ☎ 46 04 28

JARANDILLA DE LA VERA Cáceres 990 ⑭ – 2 827 h. alt. 660 – ☎ 927.
♦Madrid 213 – ♦Cáceres 132 – Plasencia 53.

Parador Nacional Carlos V ⛰, ☎ 56 01 17, « Instalado en un castillo feudal », 🚗 – ▤ hab Ⓟ. AE ⓓ E VISA. ✻
Com 1 100 – ☕ 300 – **43 hab** 2 800/3 500.

Jaranda, prolongación de Calvo Sotelo ☎ 56 02 06, ≤ – ▥ 🛁wc 🚿wc Ⓟ
Com 600 – ☕ 145 – **22 hab** 805/1 440 – P 1 345.

JÁTIVA Valencia 445 P 28 – 22 613 h. alt. 110 – ☎ 96.
Ver : Capilla de San Félix (primitivos★, pila de agua bendita★).
ℹ José Espejo 30 ☎ 288 28 02 – ♦Madrid 379 – ♦Albacete 132 – ♦Alicante 108 – ♦Valencia 59.

Murta, Angel Lacalle 1 ☎ 288 32 40, 🏊 – |‡| ▥ ▤ 🛁wc ☎ – **21 hab**.

Vernisa sin rest, Académico Maravall 1 ☎ 227 10 11 – ▤ 🛁wc 🚿wc ☎. ✻
☕ 125 – **39 hab** 1 500/2 200.

CITROEN Bajada Estación 13 ☎ 288 15 47
FORD Reina 4 ☎ 288 32 25
RENAULT carret. La Llosa ☎ 227 06 61
SEAT carret. La Llosa ☎ 227 01 11
TALBOT carret. La Llosa ☎ 227 08 61

JÁVEA Alicante 445 P 30 – 10 186 h. – ☎ 965.
Alred. : Cabo de San Antonio★ (≤★) N : 5 km – Cabo de la Nao★ (≤★) SE : 10 km.
⛳9 urb. El Tossalet 4,5 km.
ℹ pl. Almirante Basterreche ☎ 79 17 82.
♦Madrid 457 – ♦Alicante 87 – ♦Valencia 109.

XX **Villa Selina,** partida Puchol 96, carret. del puerto ☎ 79 06 98 – AE ⓓ E VISA. ✻
cerrado lunes y 10 enero-20 febrero – Com (sólo cena) carta 1 180 a 2 500.

en aduanas del Mar E : 1,5 km – ✉ Jávea – ☎ 965 :

Miramar, pl. Almirante Basterreche ☎ 79 01 00, ≤, 🌴 – ▥ 🛁wc 🚿wc ☎ – **26 hab**.

en la carretera de Benitachell y camino particular S : 3 km – ✉ Jávea – ☎ 965 :

X Lázaro, ☎ 79 01 74, 🌴 – Ⓟ.

en la carretera de Jesús Pobre O : 2,5 km – ✉ Jávea – ☎ 965 :

XX **El Gaucho,** Valls 62 ☎ 79 04 31, 🌴, Carnes a la brasa – Ⓟ. E VISA. ✻
cerrado noviembre, lunes y martes mediodía – Com (sólo cena de julio al 20 septiembre) carta 1 355 a 1 950.

en la playa del Arenal – ✉ Jávea – ☎ 965 :

Parador Nacional de la Costa Blanca ⛰, SE : 4 km ☎ 79 02 00, ≤, « Amplio jardín con césped y palmeras », 🏊 – |‡| ▤ 🚗 Ⓟ. AE ⓓ E VISA. ✻
Com 1 100 – ☕ 300 – **60 hab** 4 000/5 000.

Villa Naranjos ⛰, carrer del Montañar SE : 4 km ☎ 79 00 50, ≤, 🏊 – |‡| ▥ 🛁wc ☎ Ⓟ
147 hab.

XX **Pietro,** SE : 4 km ☎ 79 07 13, 🌴 – ▤. AE E VISA
cerrado martes y del 1 al 20 diciembre – Com (sólo cena) carta 1 400 a 2 480.

XX **Los Pepes,** Primer Montañar 84 SE : 3,5 km ☎ 79 11 08, 🌴 – E. ✻
abril-noviembre – Com (sólo cena) carta 1 050 a 1 700.

X **Capricho,** SE : 4 km ☎ 79 04 20, 🌴 – AE ⓓ E VISA. ✻
cerrado 2 enero-10 febrero y martes de octubre a abril – Com carta 1 025 a 1 685.

X **Emilio,** paseo Amanecer SE : 4 km ☎ 79 09 97, ≤, 🌴
cerrado martes y 15 diciembre-15 enero – Com carta 850 a 1 575.

en Cala Blanca SE : 5 km por la playa del Arenal – ✉ Jávea – ☎ 965 :

X La Caleta, Montañar 2 ☎ 79 13 37, ≤, 🌴 – Ⓟ.

en la carretera del Cabo de la Nao – ✉ Jávea – ☎ 965 :

XXX **Tosalet Casino Club,** urbanización El Tosalet SE : 7 km ☎ 79 29 58, ⛱ de pago, ✂ – ▤ Ⓟ. AE ⓓ VISA. ✂
Com carta 1 200 a 2 300.

XX Sanari, SE : 4 km – Ⓟ.

X **Nesfor,** SE : 1 km ☎ 79 10 01 – Ⓟ. VISA. ✂
cerrado 9 enero-10 febrero y domingo de octubre a Semana Santa – Com carta 675 a 1 265.

RENAULT San Vicente 12 ☎ 79 05 67
SEAT carret. Cabo de la Nao (Partida Mezquida) ☎ 79 06 00
TALBOT av. Juan Carlos I 44 ☎ 79 08 50

JAVIER Navarra 42 ⑯ – 189 h. alt. 475 – ☎ 948.
♦Madrid 411 – Jaca 68 – ♦Pamplona 51.

X **El Mesón** ⛰ con hab, Explanada ☎ 88 40 35 – ▥ ⇔wc. ✂
marzo-15 diciembre – Com 600/750 – ☕ 140 – **8 hab** 1 200/1 900 – P 2 350/2 600.

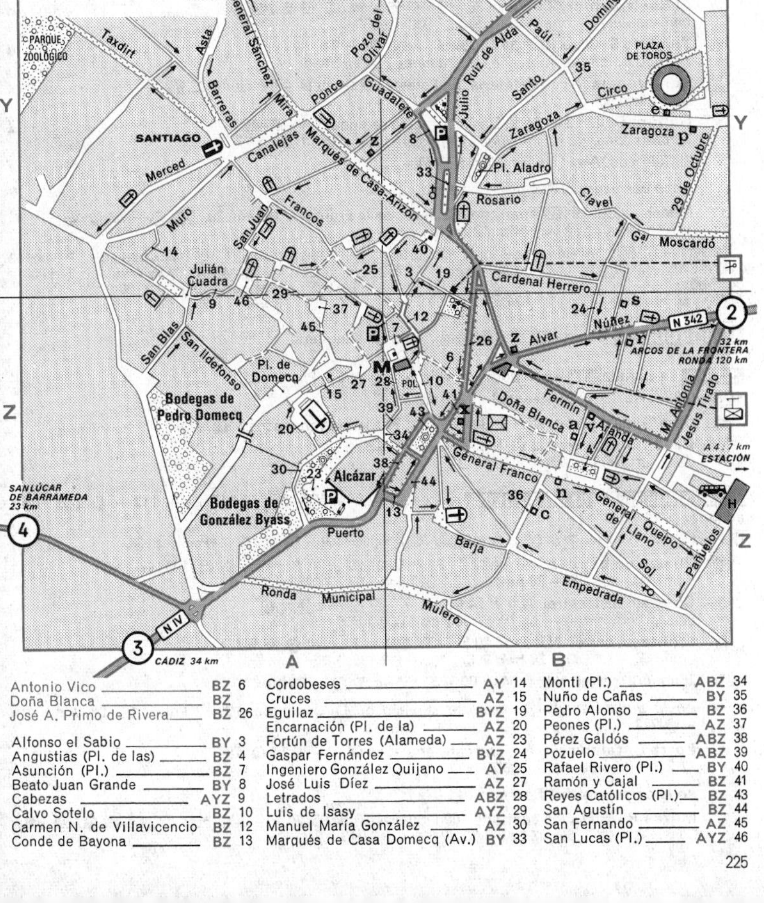

Antonio Vico — BZ 6
Doña Blanca — BZ
José A. Primo de Rivera — BZ 26

Alfonso el Sabio — BY 3
Angustias (Pl. de las) — BZ 4
Asunción (Pl.) — BZ 7
Beato Juan Grande — BY 8
Cabezas — AYZ 9
Calvo Sotelo — BZ 10
Carmen N. de Villavicencio — BZ 12
Conde de Bayona — BZ 13
Cordobeses — AY 14
Cruces — AZ 15
Eguilaz — BYZ 19
Encarnación (Pl. de la) — AZ 20
Fortún de Torres (Alameda) — AZ 23
Gaspar Fernández — BYZ 24
Ingeniero González Quijano — AY 25
José Luis Díez — AZ 27
Letrados — ABZ 28
Luis de Isasy — AYZ 29
Manuel María González — AZ 30
Marqués de Casa Domecq (Av.) — BY 33
Monti (Pl.) — ABZ 34
Nuño de Cañas — BY 35
Pedro Alonso — BZ 36
Peones (Pl.) — AZ 37
Pérez Galdós — ABZ 38
Pozuelo — ABZ 39
Rafael Rivero (Pl.) — BY 40
Ramón y Cajal — BZ 41
Reyes Católicos (Pl.) — BZ 43
San Agustín — BZ 44
San Fernando — AZ 45
San Lucas (Pl.) — AYZ 46

JEREZ DE LA FRONTERA Cádiz 446 V 11 – 167 720 h. alt. 55 – ☎ 956 – Plaza de toros.

Ver : Bodegas★ AZ – Iglesia de Santiago (portada★ AY).

✈ de Jerez, por la carretera N IV ① : 11 km ☎ 33 56 86 – Iberia : pl. Reyes Católicos 2 ☎ 33 39 08 y Aviaco, corredera 3 ☎ 33 22 10 – R.A.C.E. (A.C. de Jerez) zona residencial Los Naranjos, bloque 11 ☎ 34 19 21.

♦Madrid 598 ② – Antequera 175 ② – ♦Cádiz 34 ③ – Écija 149 ② – Ronda 120 ② – ♦Sevilla 90 ①.

Plano página anterior

- **Jerez** M, av. Alcalde Álvaro Domecq 35 por ① : 1,5 km ☎ 33 06 00, Telex 75059, « Bonito jardín con ⛱ » – ⛳ ▤ ⇔ Ⓟ – 🏛. AE ⓓ E VISA. ✕
  Com 1 750 – ☕ 400 – **120 hab** 5 000/7 000 – P 8 300/10 300.
- **Capele** sin rest, General Franco 58 ☎ 34 64 00, Telex 75032 – ⛳ ▤ ⇔wc ☎. ⓓ E VISA. ✕ — BZ **n**
  ☕ 300 – **30 hab** 2 600/4 200.
- **Mica** sin rest, Higueras 7 ☎ 34 07 00 – ▤ ⇔wc ⛲wc ☎. VISA. ✕ — BZ **a**
  ☕ 150 – **38 hab** 1 300/2 400.
- **Virt** sin rest y sin ☕, Higueras 2 ☎ 32 28 11 – ▤ ⇔wc ⛲wc ☎. E VISA. ✕ — BZ **v**
  20 hab 1 100/2 000.
- **El Coloso** sin rest y sin ☕, Pedro Alonso 13 ☎ 34 90 08 – ▥ ⇔wc ⛲wc ☎. ✕ — BZ **c**
  34 hab 1 050/1 750.
- **Ávila** sin rest, Ávila 3 ☎ 33 48 08 – ▥ ⇔wc ⛲wc ☎. E VISA. ✕ — BZ **r**
  ☕ 125 – **30 hab** 1 200/2 000.
- **Gover** sin rest, Honsario 6 ☎ 33 26 00 – ⇔wc ⛲ ☎ ⇔. E VISA. ✕ — BZ **s**
  ☕ 75 – **24 hab** 560/1 100.
- XXX **El Bosque,** Av. Alcalde Álvaro Domecq 26 por ① : 1,5 km ☎ 33 33 33, « Junto a un parque » – ▤. AE ⓓ E VISA. ✕
  cerrado domingo – Com carta 1 425 a 2 125.
- XX **El Buen Comer,** Zaragoza 38 ☎ 32 33 59 – ▤. AE ⓓ E VISA. ✕ — BY **p**
  cerrado lunes noche – Com carta 1 000 a 2 050.
- XX **Tendido 6,** Circo 10 ☎ 34 48 35, 🍴 – ▤. AE E VISA. ✕ — BY **e**
  cerrado domingo en verano – Com carta 1 075 a 1 830.
- X **San Francisco** con cafetería, pl. Esteve 2 ☎ 34 49 14 – ▤. AE ⓓ E VISA — BZ **x**
  Com carta 800 a 1 510.
- X **Gaitán,** Gaitán 3 ☎ 34 58 59, Decoración regional – ▤. E VISA — AY **z**
  cerrado domingo noche, lunes y agosto – Com carta 1 150 a 1 775.
- X El Colmado, Alvar Núñez 1 ☎ 33 76 74 – ▤ — BZ **z**

en la carretera N 342 por ② : 10,5 km :

- XX Mesón La Cueva, ✉ apartado 536 Jerez de la Frontera, ☎ 32 16 20, 🍴, ⛱ – ▤ Ⓟ. E
  cerrado miércoles y del 1 al 12 enero.

CITROEN-PEUGEOT av. Fernando Portillo ☎ 34 63 30
FIAT-SEAT carret. de Madrid-Cádiz km 633 ☎ 34 75 50
FORD carret. Madrid-Cádiz km 634,8 ☎ 33 52 00
PEUGEOT-CITROEN Ronda de Mulero 12 ☎ 34 46 63
RENAULT carret. Madrid-Cádiz km 634 ☎ 34 69 00
TALBOT carret. de Cádiz ☎ 34 90 00

La JONQUERA Gerona 43 ⑨ y 990 ⑳ – ver La Junquera.

JUBIA La Coruña 990 ② – pobl. ver Narón – ☎ 981 – Playa.

♦Madrid 601 – ♦La Coruña 64 – Ferrol 8 – Lugo 97.

- XX Casa Tomás, carret. N VI ☎ 38 02 40, ≤, Pescados y mariscos – Ⓟ.
- XX **Casa Paco,** carret. N VI ☎ 38 02 30 – Ⓟ. ✕
  Com carta 900 a 1 850.

La JUNQUERA o **La JONQUERA** Gerona 43 ⑨ y 990 ⑳ – 2 247 h. alt. 112 – ☎ 972 – ver aduanas p. 14 y 15.

ℹ area La Porta Catalana ☎ 54 06 42 – ♦Madrid 762 – Figueras 21 – Gerona 55 – ♦Perpignan 36.

- **Puerta de España,** carret. N II - 22 ☎ 54 01 20, ≤ – ▥ ⇔wc ☎ Ⓟ. VISA. ✕ rest
  Com 790 – ☕ 200 – **26 hab** 1 565/2 315 – P 2 670/3 075.
- **Goya** sin rest, carret. N II ☎ 54 00 77, ≤ – ▥ ⇔wc ⛲wc Ⓟ
  cerrado noviembre – ☕ 180 – **36 hab** 1 000/1 800.
- **Frontera,** carret. N II ☎ 54 00 50 – ▥ ⇔wc ⛲wc ☎ Ⓟ. E VISA
  Com 665 – ☕ 150 – **28 hab** 900/1 700 – P 2 135/2 185.
- Junquera, carret. N II ☎ 54 01 00 – ▥ ⇔wc ☎ Ⓟ – **28 hab**.

en la autopista A 17 : área de servicio de La Junquera SO : 2 km – ✉ La Junquera – ☎ 972 :

- **Porta Catalana** sin rest, con cafetería ☎ 54 06 40 – ⛳ ▤ Ⓟ. VISA
  ☕ 275 – **81 hab** 2 900/4 000.

en la carretera N II S : 5 km – ☎ 972 :

- **Mercé Park H.,** ✉ apartado 100 Figueras, ☎ 54 90 38, ≤ – ⛳ ▥ ⇔wc ⛲wc ☎ Ⓟ. ⓓ VISA
  Com 850 – ☕ 225 – **48 hab** 1 600/2 600 – P 2 940/3 240.

LABACOLLA La Coruña 990 ② – ver Santiago de Compostela.

La LAGUNA Santa Cruz de Tenerife 990 ㉛ – ver Canarias (Tenerife).

LANDETE Cuenca 990 ㉗ – 1 932 h. – ☎ 966.
♦Madrid 254 – Cuenca 91 – Teruel 71 – ♦Valencia 130.

Moya, carret. de Moya ☎ 36 10 07 – wc ☎ P
28 hab.

LANJARÓN Granada 446 V 19 – 4 053 h. alt. 720 – ☎ 958 – Balneario.
Ver : Emplazamiento★.
♦Madrid 475 – Almería 157 – ♦Granada 46 – ♦Málaga 140.

Miramar, av. Generalísimo 10 ☎ 77 01 61, – wc ☎. VISA.
julio-septiembre – Com 1 030 – 220 – **60 hab** 1 735/2 590 – P 3 230/3 670.

Paraíso, av. Generalísimo 18 ☎ 77 00 12 – wc wc ☎.
Com 715 – 130 – **50 hab** 995/1 865 – P 2 220/2 260.

Royal, av. de Andalucía ☎ 77 00 08 – wc.
Com 690 – 125 – **28 hab** 900/1 530 – P 2 170.

La LANZADA (Playa de) Pontevedra – ver Sangenjo.

LANZAROTE Las Palmas 990 ㉜ – ver Canarias.

LAREDO Cantabria 42 ② y 990 ⑥ – 11 319 h. – ☎ 942 – Playa.
Alred. : Santuario★ de Nuestra Señora la Bien Aparecida ★ SO : 18 km – Cuevas de Covalanas (paraje★) S : 23 km.
pl. Generalísimo ☎ 60 54 92.
♦Madrid 427 – ♦Bilbao 58 – ♦Burgos 184 – ♦Santander 49.

Cosmopol, av. Victoria 27 ☎ 60 54 00, ← – wc ☎ P.
Semana Santa y 15 junio-15 septiembre – Com 1 120 – 210 – **60 hab** 2 380/3 775.

El Ancla, González Gallego 10 ☎ 60 55 00, « Amplia terraza con césped y árboles » – wc wc ☎
Com 1 075 – 250 – **25 hab** 2 765/3 970.

Ramona, alameda José Antonio 4 ☎ 60 71 89 – wc wc.
Com *(cerrado noviembre)* 775/900 – 140 – **13 hab** 1 400/1 900 – P 2 250/2 700.

El Cortijo, González Gallego 3 ☎ 60 56 00 – wc ☎
15 junio-15 septiembre – Com 750/1 000 – 150 – **22 hab** 1 450/2 300 – P 2 550/2 850.

Rosi, Marqués de Valdecilla ☎ 60 50 98 – wc wc
24 hab.

Mesón Sancho, Santa María 12 ☎ 60 70 88, Decoración rústica – AE VISA
cerrado martes – Com carta 1 175 a 2 400.

El Pimiento Relleno, Rúa Mayor 22 ☎ 60 50 51, Decoración rústica – AE
abril-septiembre – Com *(cerrado lunes)* carta 1 300 a 2 300.

en la carretera de Bilbao – ✉ Laredo – ☎ 942 :

Riscó con hab, Alto de Laredo S : 1 km ☎ 60 50 30, ← Laredo y bahía – wc ☎ P.
AE E VISA
Com carta 1 400 a 2 350 – 250 – **25 hab** 2 545/3 820 – P 4 410/5 045.

RENAULT carret. General (La Pesquera) ☎ 60 55 62

LARRABASTERRA Vizcaya 42 ③ – ver Sopelana.

LASARTE Guipúzcoa 42 ⑤ y 990 ⑦ – ☎ 943 – Hipódromo.
♦Madrid 491 – ♦Bilbao 98 – ♦San Sebastián 9 – Tolosa 22.

Txartel, antigua carret. N I ☎ 36 23 40 – wc wc ☎ P. rest
Com (sólo cena) 1 200 – 175 – **51 hab** 2 000/3 000.

Ibiltze sin rest, Arrate 2 - polígono Sasoeta ☎ 36 56 44 – wc wc ☎. VISA.
130 – **20 hab** 1 350/2 350.

RENAULT Iñigo de Loyola 11 ☎ 36 15 07 SEAT carret. N I ☎ 36 23 43

LASTRES Oviedo 990 ④ – ☎ 985 – Puerto pesquero.
♦Madrid 497 – Gijón 46 – ♦Oviedo 62.

Miramar, sin rest, bajada al puerto ☎ 85 01 20, ← – wc
17 hab.

Eutimio, carret. del puerto ☎ 85 00 12, ←, Pescados y mariscos.

LEIZA Navarra 42 ⑤ y 990 ⑦ – 3 144 h. alt. 450 – ☎ 948.

Alred. : Santuario de San Miguel in Excelsis★ (iglesia : frontal de altar★★) SO : 28 km.

♦Madrid 446 – ♦Pamplona 51 – ♦San Sebastián 47.

en el puerto de Usateguieta E : 5 km – alt. 695 – ✉ Leiza – ☎ 948 :

Basa-Kabi ⛰, ☎ 51 01 25, ≤ – rest wc wc ☎ Ⓟ. VISA. ✗ rest
Com 610 – ☕ 130 – **26 hab** 700/1 155 – P 1 700/1 750.

LEJONA Vizcaya 42 ③ – 17 845 h. – ☎ 94.

♦Madrid 411 – ♦Bilbao 12.

en la carretera de Algorta O : 1 km – ✉ Lejona – ☎ 94 :

XXX **Leioa,** Artaza 7 - Edificio Gobelas ☎ 463 10 59, Telex 32363, Decoración moderna – Ⓟ. AE Ⓓ E VISA. ✗
cerrado domingo y agosto – Com carta 1 700 a 2 750.

CITROEN-PEUGEOT Gaztelubide 1 ☎ 463 04 15 FORD Eustaquio Mendizabal Txikia 26 ☎ 464 30 66

LÉON Ⓟ 990 ④ – 115 176 h. alt. 822 – ☎ 987 – Plaza de toros.

Ver : Catedral★★★ BY **(claustro★★, vidrieras★★, trascoro★, retablo del altar mayor : Deposición del Cuerpo de Cristo★) – San Isidoro★** BY **(panteón real★ y tesoro★ : frescos★★, capiteles★, cáliz de Doña Urraca★) – Antiguo Monasterio de San Marcos** AY **(fachada principal★★, museo Arqueológico★ : Cristo de Carrizo★★★, sacristía★). Alred. : Virgen del Camino (fachada★) 5 km por ④.**

Excurs. : Cuevas de Valporquero★★ N : 42 km.

ℹ pl. de Regla 4 ☎ 23 70 82 – **R.A.C.E.** Ramiro Valbuena 4 ☎ 23 72 71.

♦Madrid 317 ② – ♦Burgos 194 ② – ♦La Coruña 328 ④ – ♦Salamanca 201 ③ – ♦Valladolid 135 ② – ♦Vigo 385 ④.

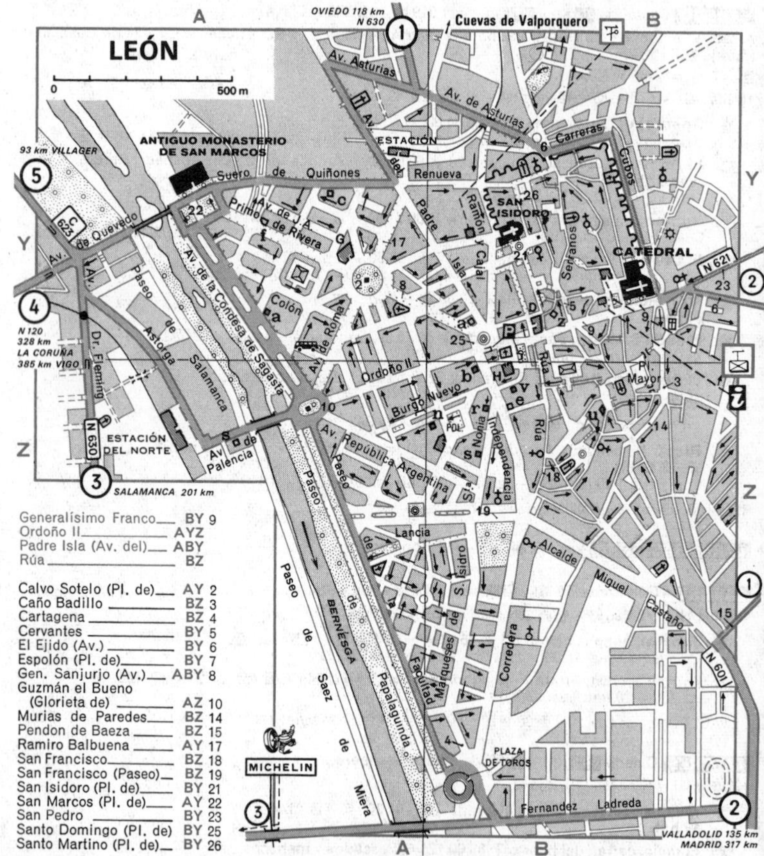

Generalísimo Franco	BY	9
Ordoño II	AYZ	
Padre Isla (Av. del)	ABY	
Rúa	BZ	
Calvo Sotelo (Pl. de)	AY	2
Caño Badillo	BZ	3
Cartagena	BZ	4
Cervantes	BY	5
El Ejido (Av.)	BY	6
Espolón (Pl. de)	BY	7
Gen. Sanjurjo (Av.)	ABY	8
Guzmán el Bueno (Glorieta de)	AZ	10
Murias de Paredes	BZ	14
Pendon de Baeza	BZ	15
Ramiro Balbuena	AY	17
San Francisco	BZ	18
San Francisco (Paseo)	BZ	19
San Isidoro (Pl. de)	BY	21
San Marcos (Pl. de)	AY	22
San Pedro	BY	23
Santo Domingo (Pl. de)	BY	25
Santo Martino (Pl. de)	BY	26

San Marcos, pl. San Marcos 7 ☎ 23 73 00, Telex 89809, « Lujosa instalación en un magnífico monasterio del siglo XVI - mobiliario de estilo », – rest – . AE E VISA. AY
Com 1 500 – 400 – **115 hab** 4 550/7 200 – P 7 440/10 090.

Conde Luna y Rest. El Mesón, Independencia 7 ☎ 20 65 12, Telex 89888, – rest . AE E VISA. BZ e
Com 650 – 200 – **150 hab** 2 400/4 600.

Quindós, av. José Antonio 24 ☎ 23 62 00 – rest. E VISA. rest AY f
Com *(cerrado domingo y enero)* 750/800 – 150 – **96 hab** 1 995/3 150.

Riosol, av. de Palencia 3 ☎ 22 36 50 – rest wc . VISA. AZ s
Com 775 – 140 – **141 hab** 1 650/2 650 – P 2 775/3 100.

Oliden, sin rest, pl. Santo Domingo 5 ☎ 22 75 00 – wc wc BY a
50 hab.

Don Suero sin rest, con cafetería, Suero de Quiñones 15 ☎ 23 06 00 – wc wc . AY c
150 – **106 hab** 1 200/1 850.

Guzmán El Bueno piso 1, sin rest, López Castrillón 6 ☎ 23 64 12 – . BY z
80 – **29 hab** 900/1 200.

Novelty, Independencia 4 ☎ 25 06 12 – . E VISA. BZ b
Com carta 1 350 a 2 450.

Adonias, Santa Nonia 16 ☎ 25 26 65 – . AE E VISA. BZ s
cerrado domingo – Com carta 1 100 a 1 950.

Grandiglione, Arco de Animas 1 ☎ 20 85 11, Cocina italiana – . AE VISA BZ v
cerrado domingo y lunes mediodía – Com carta 945 a 1 660.

Bodega Regia, pl. San Martín 8 ☎ 25 41 00, Decoración castellana – . E VISA. BZ u
cerrado del 1 al 15 septiembre, del 15 al 28 febrero y domingo noche – Com carta 800 a 1 325.

Patricio, Condesa de Sagasta ☎ 24 16 51 – . VISA. AY a
cerrado domingo noche y lunes – Com carta 1 175 a 1 700.

El Aperitivo, Fuero 3 ☎ 20 70 01 – . BZ n
cerrado martes – Com carta 750 a 1 630.

Emperador con hab, Santa Nonia 2 ☎ 20 64 60 – . VISA. BZ r
cerrado julio – Com *(cerrado martes)* carta 825 a 1 480 – 125 – **10 hab** 600/1 100.

S.A.F.E. Neumáticos MICHELIN, Sucursal, carret. de Alfageme, Edificio Leonesa de Piensos AZ ☎ 22 39 62 y 23 43 16

CITROEN Padre Isla 23 ☎ 22 43 00
FIAT-SEAT Suero de Quiñones 14 ☎ 23 44 04
FORD av. Antibióticos 39 ☎ 20 41 12
PEUGEOT av. Padre Isla 23 ☎ 22 43 00
RENAULT Alcalde Miguel Castaño 116 - Puente Castro ☎ 20 91 12
SEAT-FIAT carret. de Madrid km 319 ☎ 20 22 11
TALBOT av. de Madrid km 311 ☎ 20 13 51

LEPE Huelva 446 U 8 – 12 625 h. alt. 28 – 955.

♦Madrid 657 – Faro 72 – Huelva 41 – ♦Sevilla 121.

en la playa de la Antilla S : 6,5 km – La Antilla – 955 :

Miramar, ☎ 48 00 08, – wc .
junio-25 septiembre – Com 525 – 125 – **16 hab** 1 400/2 250.

La Antilla, pl. la Parada ☎ 48 00 56 – wc – *temp.* – **15 hab**.

La Parada, sin rest y sin , ☎ 48 00 78 – wc – **16 hab**.

CITROEN-PEUGEOT carret. de circunvalación km 681,6 ☎ 38 00 13
SEAT carret. de circunvalación km 682,9 ☎ 38 01 19

LEQUEITIO Vizcaya 42 ④ y 990 ⑥ – 6 855 h. – 94.

Ver : Iglesia (retablo★).

Alred. : Carretera en cornisa★ de Lequeitio a Deva ★.

♦Madrid 452 – ♦Bilbao 59 – ♦San Sebastián 61 – ♦Vitoria 82.

Beitia, av. Pascual Abaroa 25 ☎ 684 01 11 – wc wc – *temp.* – **30 hab**.

Egaña, Santa Catalina 4 ☎ 684 01 03 – .

en la carretera de Marquina S : 1 km – Lequeitio – 94 :

Arropain, ☎ 684 03 13, Decoración rústica – E VISA.
cerrado miércoles y 10 diciembre-10 enero – Com carta 1 275 a 2 025.

RENAULT Batalla de Otranto ☎ 684 15 06
SEAT Sabino Arana Goiri ☎ 684 14 09

LÉRIDA o LLEIDA P 43 ⑮ y 990 ⑱ – 110 402 h. alt. 151 – 973.

Ver : Seo antigua (Seu Vella) (claustro : decoración de los capiteles y de los frisos★, iglesia : capiteles★★) Y.

av. Blondel 1 ☎ 22 07 79 – R.A.C.E. (Real Automóvil Club de Cataluña) av. del Segre 6 ☎ 24 12 45.

♦Madrid 469 ⑤ – ♦Barcelona 169 ⑤ – Huesca 120 ④ – ♦Pamplona 315 ⑤ – ♦Perpignan 341 ⑤ – Tarbes 276 ① – Tarragona 97 ⑤ – Toulouse 323 ① – ♦Valencia 349 ⑤ – ♦Zaragoza 150 ⑤..

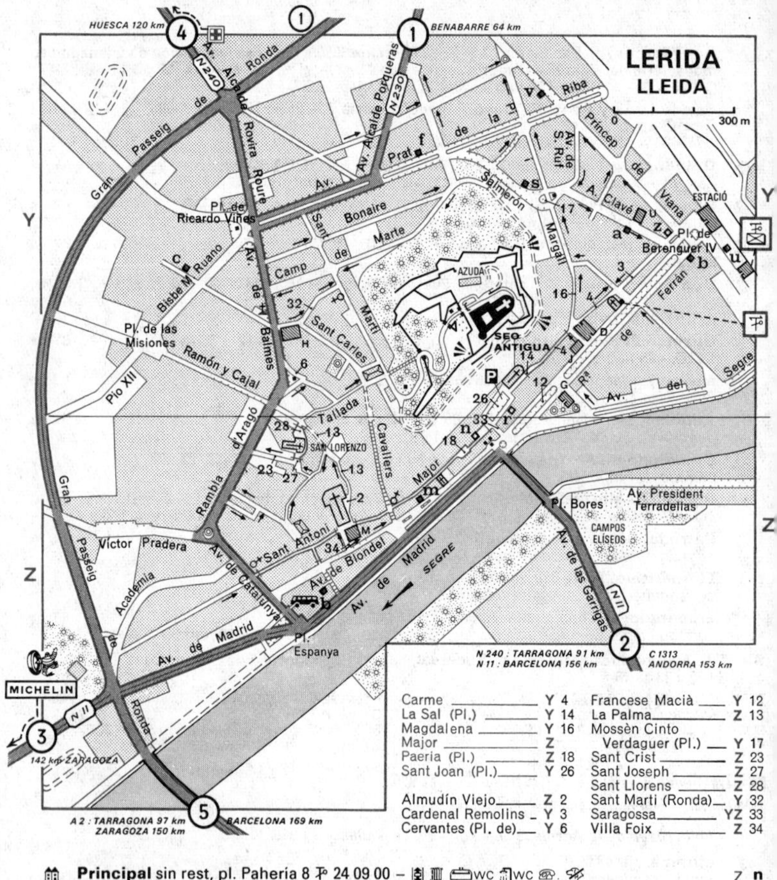

Principal sin rest, pl. Paheria 8 ☎ 24 09 00 – wc wc. — Z **n**
180 – **53 hab** 1 405/2 170.

Ramón Berenguer IV sin rest, pl. Ramón Berenguer IV - 3 ☎ 23 73 45 – wc. AE E VISA. — Y **z**
170 – **60 hab** 1 000/2 000.

Agramunt sin rest, pl. Sant Joan 20 ☎ 24 28 50 – wc. — YZ **r**
125 – **39 hab** 650/1 350.

XXX **Sheyton Pub,** av. Prat de la Riba 39 ☎ 23 81 97, « Interior de estilo inglés » – E VISA. — Y **f**
Com carta 1 600 a 2 500.

XX **Forn del Nastasi,** Salmerón 10 ☎ 23 45 10 – E VISA. — Y **s**
cerrado domingo noche – Com carta 1 100 a 2 350.

XX **Borsalino,** Príncipe de Viana 55 ☎ 23 39 76 – AE E VISA. — Y **v**
Com carta 1 300 a 2 420.

X Moderno, Anselmo Clavé 15 ☎ 23 76 05 – — Y **a**

X **La Rada,** av. Blondel 31 ☎ 24 36 34 – AE E VISA. — Z **m**
cerrado martes – Com carta 950 a 2 200.

X **San Bernardo** piso 1, Saracíbar 2, estación de autobuses ☎ 27 10 31 – AE E VISA. — Z **b**
Com carta 825 a 1 900.

X **Casa Luis,** pl. Berenguer IV - 11 ☎ 24 00 26 – AE E VISA. — Y **b**
cerrado lunes y del 1 al 15 noviembre – Com carta 750 a 1 850.

X Vall d'Aran, Vallcalent 30 ☎ 22 35 57 – — Y **c**

X La Huerta, av. Tortosa 9 ☎ 24 24 13 – AE E VISA. — por av. del Segre Y

X **Estación Colavidas** con hab, estación RENFE ☎ 23 69 56 – — Y **u**
Com carta 690 a 1 670 – 115 – **11 hab** 540/980 – P 1 520/1 800.

en la carretera de Barcelona N II por ② – ✉ Lleida – ☎ 973 :

Condes de Urgel Ⓜ sin rest, con cafetería, por ② : 1 km ☎ 20 23 00 – |☰| ▤ Ⓟ – 🏛. AE ⓓ E VISA. ✗
☐ 325 – **105 hab** 2 650/3 975.

Ilerda, por ② : 1,5 km ☎ 29 97 50 – |☰| ▥ ▤ rest ⌂wc ⌂wc ☎ Ⓟ – 🏛. ⓓ E VISA. ✗
Com 800 – ☐ 205 – **62 hab** 1 550/2 500 – P 2 785/3 085.

en la carretera de Madrid N II por ③ – ✉ Lleida – ☎ 973 :

XX **Palermo,** por ③ : 1,5 km ☎ 26 39 61 – ▤ Ⓟ. E VISA. ✗
cerrado del 5 al 30 julio, del 15 al 30 noviembre y domingo noche y lunes – Com carta 1 100 a 1 925.

en la autopista A2 S : 9 km – ✉ Lleida – ☎ 973 :

Lleida Ⓜ sin rest, con cafetería, ☎ 11 60 23 Alfés, Telex 54136 – |☰| ▤ 🚗 Ⓟ – 🏛. AE ⓓ E VISA
☐ 300 – **75 hab** 3 000/4 500.

en la carretera de Puigcerdá C 1313 - en Vilanova de la Barca por ② : 10,5 km – ✉ Vilanova de la Barca – ☎ 973 :

XX ✿ **Molí de la Nora,** ☎ 19 00 17, Pescados y mariscos – ▤ Ⓟ. AE ⓓ E VISA. ✗
cerrado domingo noche, lunes de octubre a febrero y 7 enero-5 febrero – Com carta 1 785 a 3 975
Espec. Cabrito, Lenguado a la plancha, Mariscos.

S.A.F.E. Neumáticos MICHELIN, Sucursal, carret. de Zaragoza a Lérida km 461,2 (por ③) ☎ 26 15 00 y 26 15 32

AUSTIN-MG-MORRIS-MINI carret. Madrid-Barcelona km 467,8 ☎ 20 15 24
CITROEN-PEUGEOT av. Garrigas 40 ☎ 20 19 36
FIAT-SEAT av. de Madrid ☎ 26 75 86
FORD av. Barcelona ☎ 20 28 63
RENAULT carret. N II km 467,3 ☎ 20 48 00
SEAT carret. de Zaragoza km 463,3 ☎ 26 16 11
TALBOT carret. de Zaragoza km 463 ☎ 26 13 00

LERMA Burgos 42 ⑪ y 990 ⑮ – 2 454 h. alt. 849 – ☎ 947 – Plaza de toros.
♦Madrid 206 – ♦Burgos 37 – Palencia 72.

Alisa, carret. N I ☎ 17 02 50 – ▥ ⌂wc ⌂wc ☎ Ⓟ. VISA. ✗ rest
Com 750 – ☐ 150 – **26 hab** 1 350/2 000 – P 2 700.

XX **Lis-2,** carret. N I ☎ 17 01 25
Com carta 970 a 1 715.

CITROEN-PEUGEOT carret. N I km 201 ☎ 17 00 62
RENAULT carret. N I km 203 ☎ 17 00 89
SEAT carret. N I km 202 ☎ 17 03 91
TALBOT carret. N I km 203 ☎ 17 00 85

LÉS Lérida 42 ⑩ y 990 ⑨ – 629 h. alt. 630 – ☎ 973 – ver aduanas p. 14 y 15.
♦Madrid 616 – Bagnères-de-Luchon 23 – ♦Lérida 184.

Ysard, San Jaime 20 ☎ 64 80 00, ≤ – |☰| ▥ ⌂wc ⌂wc ☎
cerrado 10 enero-25 febrero – Com 775 – ☐ 175 – **35 hab** 1 400/1 800.

Europa, bajada de San Jaime 8 ☎ 64 80 16 – ▥ ⌂wc ⌂ 🚗
cerrado noviembre – Com 650/860 – ☐ 175 – **39 hab** 500/1 500 – P 1 550/1 600.

Talabart, Baños 1 ☎ 64 80 11 – ▥ ⌂wc ⌂wc Ⓟ – *temp.* – **25 hab**.

LEYRE (Monasterio de) Navarra 42 ⑯ y 990 ⑦ – alt. 750 – ☎ 948.
Ver : ☀★★ – Monasterio★★ (cripta★★, iglesia★, portada oeste★).
♦Madrid 419 – Jaca 68 – ♦Pamplona 51.

Hospedería ⛰, ☎ 88 40 11 – ▥ ⌂wc ⌂wc Ⓟ – **30 hab**.

LINARES Jaén 446 R 19 – 51 648 h. alt. 418 – ☎ 953 – Plaza de toros.
♦Madrid 299 – Ciudad Real 158 – ♦Córdoba 118 – Jaén 53 – Úbeda 26 – Valdepeñas 99.

Victoria sin rest y sin ☐, Cervantes 7 ☎ 69 25 00 – ▥ ⌂wc ⌂wc ☎. ✗
39 hab 950/1 700.

Argüelles piso 1, sin rest y sin ☐, Argüelles 2 ☎ 69 21 00 – ▥ ⌂wc ⌂ ☎ – 🏛. ✗
50 hab 1 100/1 400.

X Mesón Castellano, Puente 5 ☎ 69 00 09, Decoración rústica.

CITROEN Julio Burell 41 ☎ 69 23 00
FORD polígono los Jurales ☎ 69 25 50
MERCEDES-BENZ carret. Córdoba-Valencia ☎ 69 27 01
PEUGEOT Julio Burell 89 ☎ 69 34 00
RENAULT av. San Cristóbal ☎ 69 06 62
SEAT-FIAT Julio Burell 1 ☎ 69 09 04
TALBOT carret. de Bailen (polígono los Jurales) ☎ 69 49 50

LINAS DE BROTO Huesca 42 ⑱ – pobl. ver Torla alt. 1 215 – ☎ 974.
♦Madrid 475 – Huesca 85 – Jaca 47.

España ⛰, carret. de Ordesa ☎ 48 60 00 – ▥ ▤ rest ⌂wc ⌂. VISA. ✗ rest
abril-septiembre – Com 650 – ☐ 150 – **30 hab** 1 200/1 900 – P 2 150/2 400.

Jal ⛰, carret. de Ordesa ☎ 48 61 06 – ▥ ⌂wc ⌂. AE. ✗
Com 650 – ☐ 175 – **19 hab** 1 900.

LIZARZA Guipúzcoa 42 ⑤ – 827 h. – ✆ 943.
♦Madrid 454 – ♦Pamplona 59 – Tolosa 8 – ♦Vitoria 98.

✗ **Garaicoechea,** Mayor 4 - carret. N 240 ☎ 67 26 39
cerrado jueves noche y domingo noche – Com carta 810 a 2 030.

LL ... ver después de Lugo.

LODOSA Navarra 42 ⑮ y 990 ⑥⑦ – 4 310 h. alt. 320 – ✆ 948.
♦Madrid 334 – ♦Logroño 34 – ♦Pamplona 81 – ♦Zaragoza 152.

Marzo, General Franco 24 ☎ 67 80 52 – wc.
Com 750 – 175 – **14 hab** 910/1 500 – P 2 290/2 450.

Esparza sin rest, av. del Ebro 6 ☎ 67 81 27 – wc.
145 – **15 hab** 900/1 400.

CITROEN-PEUGEOT Tres Marías 7 ☎ 67 81 80 SEAT Grupo La Páz 111 ☎ 67 81 96

*Frecuentemente, el garaje gratuito en el hotel está reservado a los usuarios de la **Guía Michelin**.*
Presente su guía del año en curso.

LOGROÑO P La Rioja 42 ⑭ y 990 ⑥ – 96 622 h. alt. 384 – ✆ 941 – Plaza de toros.
Alred. : S : Valle del Iregua★ (contrafuertes★) por ③.
Miguel Villanueva 10 ☎ 21 54 97 – R.A.C.E. Gran Vía 6 ☎ 21 29 25.
♦Madrid 332 ③ – ♦Burgos 128 ④ – ♦Pamplona 92 ① – ♦Vitoria 92 ④ – ♦Zaragoza 176 ②.

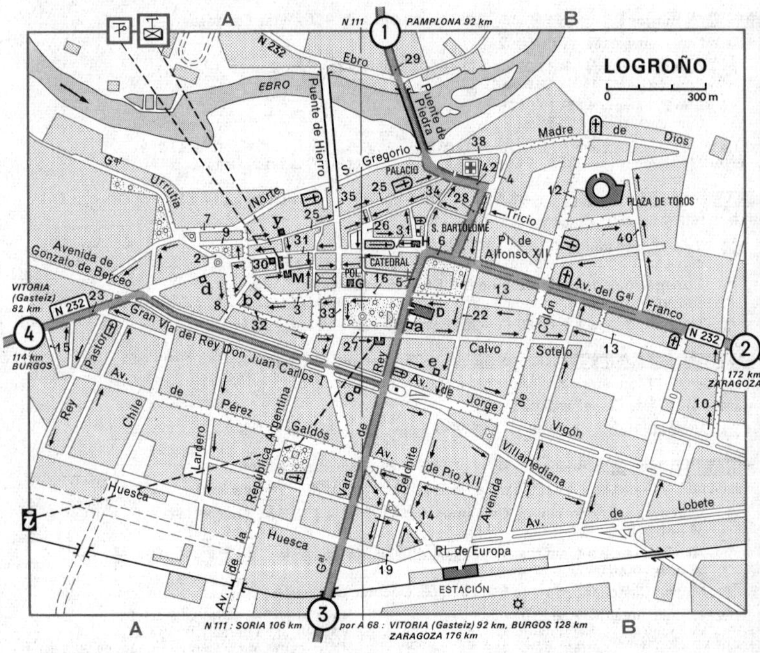

Carlton Rioja, sin rest, con cafetería, Gran Vía del Rey Juan Carlos 1 - 5 ☎ 24 21 00 – – A **c**
120 hab.

Los Bracos sin rest, con cafetería, Bretón de los Herreros 29 ☎ 22 66 08, Telex 37126 – A **b**
360 – **72 hab** 3 400/4 800.

Murrieta y Rest. El Figón, av. Marqués de Murrieta 1 ☎ 22 41 50 – – . A **d**
Com *(cerrado lunes)* 750 – 200 – **113 hab** 1 700/2 850 – P 2 870/3 145.

Gran H. sin rest, General Vara de Rey 5 ☎ 22 21 00 – wc wc . B **a**
200 – **68 hab** 1 725/2 875.

Isasa sin rest, Doctores Castroviejo 13 ☎ 22 18 50 – wc . B **e**
150 – **32 hab** 1 250/1 950.

Mesón de la Merced, Marqués de San Nicolás 136 ☎ 22 06 87, « En una antigua bodega » – A **y**

AUSTIN-MG-MORRIS-MINI av. de Burgos 36-38 ☎ 22 08 00
CITROEN av. Lope de Vega ☎ 23 11 00
FIAT-SEAT General Franco 83-87 ☎ 23 10 66
FIAT-SEAT av. de Burgos 5 ☎ 22 78 50
FORD av. de Burgos 25-33 ☎ 22 24 90
MERCEDES-BENZ av. de Madrid 5 ☎ 23 74 75
PEUGEOT av. Lope de Vega ☎ 23 11 00
RENAULT Milicias 7 y 9 ☎ 23 32 11
RENAULT av. de Burgos 58-62 ☎ 22 40 08
TALBOT Vara de Rey 59-61 ☎ 23 52 00

LOJA Granada 446 U 17 – 22 001 h. (incl. Riofrio) alt. 475 – 958.

♦Madrid 484 – Antequera 43 – ♦Granada 55 – ♦Málaga 71.

La Quiniela con hab, carret. N 342 ☎ 32 00 35, – rest wc .
Com 450/900 – 80 – **12 hab** 1 000/1 500 – P 2 000/3 500.

RENAULT av. de Andalucía ☎ 32 10 63
TALBOT carret. N 342 km 483,1 ☎ 32 04 19

LO PAGÁN Murcia – ver San Pedro del Pinatar.

LORCA Murcia 445 S 24 – 60 513 h. alt. 331 – 968 – Plaza de toros.

López Gisbert ☎ 46 61 57.

♦Madrid 448 – Almería 159 – Cartagena 82 – ♦Granada 221 – Jaén 291 – ♦Murcia 62.

Alameda sin rest, con cafetería, Musso Valiente 8 ☎ 46 75 00 – wc wc .
160 – **43 hab** 1 560/2 530.

Félix, av. Fuerzas Armadas 146 ☎ 46 76 50, – rest wc wc .
Com 450 – 100 – **27 hab** 780/1 300 – P 1 630/1 950.

Genny Regana, carret. de Murcia 148 ☎ 46 93 50, – wc – **20 hab**.

La Alberca piso 1, sin rest y sin , pl. Juan Moreno 1 ☎ 46 88 50 – wc wc
21 hab 1 150/1 650.

Los Naranjos, Jerónimo Santa Fé 43 ☎ 46 93 22, – .
Com carta 775 a 1 650.

Mesón Lorquino, carret. N 340 ☎ 46 74 05.

El Teatro, pl. Colón 12 ☎ 46 99 09.

CITROEN-PEUGEOT carret. de Granada ☎ 46 76 86
CITROEN-PEUGEOT carret. de Granada ☎ 46 60 45
FORD carret. de Granada km 267 ☎ 46 89 54
RENAULT carret. de Granada km 267 ☎ 46 84 16
SEAT carret. de Granada 10 ☎ 46 62 77
TALBOT carret. de Granada 119 ☎ 46 63 12

LOSAR DE LA VERA Cáceres 990 ⑭ – 3 101 h. – 927.

♦Madrid 199 – ♦Ávila 138 – ♦Cáceres 139 – Plasencia 60.

Vadillo, pl. General Franco 1 ☎ 56 09 01 – rest wc – **28 hab**.

LOYOLA Guipúzcoa 42 ④ y 990 ⑥ – ver Azpeitia.

LUANCO Oviedo 990 ④ – 985 – Playa.

♦Madrid 478 – Gijón 15 – ♦Oviedo 43.

Casa Nestor, Conde Real Agrado 6 ☎ 88 03 15.

LUARCA Oviedo 990 ③ – 20 405 h. – 985 – Playa.

Ver : Emplazamiento★ – ≤★ desde la carretera del faro.

Excurs. : SO : Valle del Navia : Recorrido de Navia a Boal (※★★ Embalse de Arbón, Vivedro ※★★, confluencia★★ del Navia y del Río Frío).

pl. Alfonso X el Sabio ☎ 64 00 83.

♦Madrid 536 – ♦La Coruña 226 – Gijón 97 – ♦Oviedo 101.

Gayoso sin rest, paseo de Gómez 4 ☎ 64 00 54 – wc wc .
240 – **27 hab** 2 600/4 000.

Oria, Crucero 7 ☎ 64 03 85 –
Com 575 – 125 – **13 hab** 850/1 950 – P 1 925/2 750.

XX **Hostal Gayoso** con hab, Parque ☎ 64 00 50 – wc ☎. AE E VISA
Com carta 800 a 1 750 – 200 – **28 hab** 1 500/3 400 – P 3 200/5 100.

X **Leonés,** Alfonso X El Sabio 1 ☎ 64 09 95 – AE E VISA
cerrado jueves y enero – Com carta 1 400 a 2 000.

X **Leonés 2,** pl. de la Feria 2 ☎ 64 02 20 – E VISA
Com carta 725 a 1 700.

en Otur O : 6 km – ✉ Otur – ☎ 985 :

Casa Consuelo, carret. N 634 ☎ 64 08 44, ≤ – wc P. AE O E VISA.
cerrado del 1 al 15 febrero – Com *(cerrado lunes)* 600/1 200 – 150 – **26 hab** 1 300/1 600 – P 2 850/3 300.

FIAT-SEAT av. de Galicia 14 ☎ 64 01 74
FORD Almuña ☎ 64 02 26
MERCEDES-BENZ La Ronda ☎ 64 01 41
RENAULT av. de Galicia ☎ 64 03 29

LUCENA Córdoba **446** T 16 – **29 373 h. alt. 485 – ☎ 957 – Plaza de toros.**

♦Madrid 471 – Antequera 57 – ♦Córdoba 73 – ♦Granada 150.

Baltanás piso 1, sin rest y sin , av. José Solís ☎ 50 05 71 – wc wc ☎. E VISA
32 hab 1 000/1 800.

AUSTIN-MG-MORRIS-MINI Hoya del Molino 27 ☎ 50 10 43
CITROEN-PEUGEOT carret. Madrid-Málaga N 331 km 474 ☎ 50 14 41
FORD carret. N 331 km 471 ☎ 50 04 53
RENAULT carret. Madrid-Málaga N 331 km 473,3 ☎ 50 15 14
SEAT-FIAT av. José Solís 9 ☎ 50 04 41
TALBOT carret. N 331 km 472 ☎ 50 08 57

LUGO P **990** ② ③ – **68 163 h. alt. 485 – ☎ 982.**

Ver : Catedral★ (Cristo en majestad★) Z **A** – **Murallas★** YZ.

pl. de la Soledad 15 ☎ 21 13 61 – **R.A.C.E.** Progreso 33 ☎ 22 26 08.

♦Madrid 504 ② – ♦La Coruña 97 ④ – Orense 97 ③ – ♦Oviedo 244 ① – Santiago de Compostela 104 ③.

LUGO

Conde Pallarés Z 7
Doctor Castro Z 10
España (Pl. de) Z 12
General Franco Y 13
Progreso (Rúa do) Z 18
Quiroga Ballesteros Y 19
Reina Z 21
San Marcos Y 24
San Pedro Z 25
Santo Domingo (Pl. de) YZ 27

Angel López Pérez (Av.) Z 2
Bolaño Rivadeneira Y 3
Campo (Pl. del) Z 4
Cedrón del Valle Z 5
Comandante Mauso (Pl.) Z 6
Coronel Teijeiro Z 8
Coruña (Av. de la) Y 9
Obispo Aguirre Z 16
Pio XII (Pl. de) Z 17
Ramón Ferreiro Z 20
Rodríguez Mourelo Z 22
San Fernando Y 23
Santa María (Pl. de) Z 26

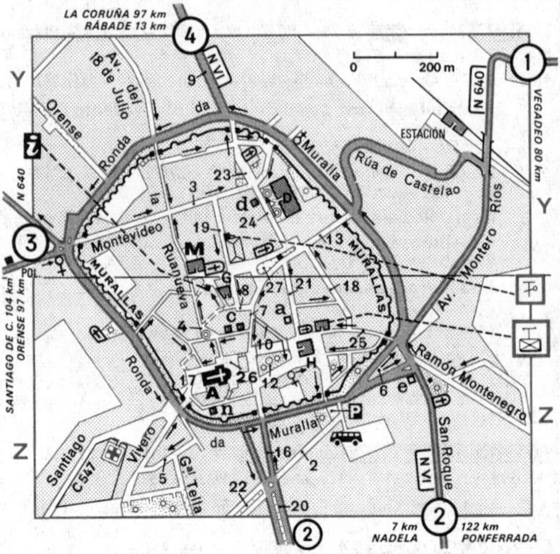

Lugo H.U.S.A. y Rest. Os Marisqueiros M, av. Ramón Ferreiro ☎ 22 41 52, – AE O E VISA. rest por av. Ramón Ferreiro Z
Com 1 500 – 290 – **168 hab** 3 125/4 200.

Méndez Núñez sin rest, Reina 1 ☎ 23 07 11 – wc ☎ Z **a**
200 – **95 hab** 2 000/3 300.

Buenos Aires piso 2, sin rest y sin , pl. Comandante Mauso 17 ☎ 22 54 68 – wc wc ☎ Z **e**
16 hab 900/1 800.

XX Plaza, Clérigos 23 ☎ 23 11 06 – Z **n**

X **La Barra,** San Marcos 27 ☎ 21 24 29 – . AE E VISA. Y **d**
cerrado domingo – Com carta 925 a 1 750.

X **Mesón de Alberto,** Cruz 4 ☎ 22 83 10 – AE E VISA. Z **c**
cerrado domingo de noviembre a marzo – Com carta 1 050 a 1 925.

X **Verruga,** Cruz 12 ☎ 22 98 55 – E VISA. Z **c**
cerrado jueves – Com carta 950 a 2 025.

en la carretera N VI por ② : 3 km – ✉ Lugo – ☎ 982 :

Miño, Tolda de Castilla 2 ☎ 22 01 50, ≤, ⛱ – |‡| ▥ ⇔wc ⋒wc ☎ Ⓟ. VISA. ✗
Com 660 – ☕ 130 – **50 hab** 900/2 040 – P 1 970/2 090.

en la carretera N 640 por ① : 4 km – ✉ Lugo – ☎ 982 :

Portón do Recanto, La Campiña ☎ 22 34 55, ≤ – ▥ ▤ rest ⇔wc ⋒wc ☎ Ⓟ. E VISA. ✗
Com 700 – ☕ 125 – **41 hab** 2 250/2 750 – P 3 625/4 400.

AUSTIN 18 de Julio 139 ☎ 21 69 41
CITROEN-PEUGEOT carret. de la Coruña km 515 ☎ 21 30 94
FIAT-SEAT Montero Ríos 14 ☎ 22 12 63
FORD carret. de La Coruña km 515 ☎ 21 32 84
MERCEDES-BENZ av. de La Coruña km 514 ☎ 21 16 57
RENAULT carret. de Santiago 346 ☎ 22 15 50
SEAT-FIAT av. de La Coruña 406-410 ☎ 21 61 20
TALBOT carret. de La Coruña km 552 ☎ 21 24 40

LLAFRANCH Gerona 43 ⑨⑩ – ver Palafrugell.

LLAGOSTERA Gerona 43 ⑨ y 990 ⑳ – 4 742 h. – ☎ 972.
♦Madrid 699 – ♦Barcelona 86 – Gerona 20.

✗ Can Meri, Almogávares 17 ☎ 83 01 80.

en la carretera de Sant Feliú de Guixols E : 5 km – ✉ Llagostera – ☎ 972 :

✗✗ **Els Tinars,** ☎ 83 06 26, ⛱, Decoración rústica – Ⓟ. AE ⓓ E VISA
Com carta 800 a 1 205.

FIAT-SEAT Camprodón 49 ☎ 83 02 25
RENAULT pl. Tomás de A. Boada 16 ☎ 83 04 75
TALBOT carret. Gerona-San Feliú de Guixols km 19,5 ☎ 83 01 67

LLANAVES DE LA REINA León – Deportes de invierno.
♦Madrid 373 – ♦León 118 – ♦Oviedo 133 – ♦Santander 147.

✗ **Mesón Esla 2002,** carret. N 621, ✉ Riaño – ✗
Com carta 800 a 1 000.

LLANÇA Gerona 43 ⑨ y 990 ⑳ – ver Llansa.

LLANES Oviedo 990 ⑤ – 14 794 h. – ☎ 985 – Playa.
ℹ Nemesio Sobrino 1 ☎ 40 01 64.
♦Madrid 453 – Gijón 103 – ♦Oviedo 113 – ♦Santander 96.

Don Paco, Posada Herrera 1 ☎ 40 01 50 – |‡| ▥ ⇔wc ⋒wc ☎
temp. – **42 hab**.

Montemar sin rest, con cafetería, Genaro Riestra 8 ☎ 40 01 00, ≤ – |‡| ▥ ⇔wc ☎ Ⓟ. AE E VISA. ✗
☕ 185 – **40 hab** 1 870/3 000.

Peñablanca sin rest, Pidal 1 ☎ 40 01 66 – ▥ ⇔wc ⋒wc ☎. VISA
15 junio-15 septiembre – ☕ 175 – **31 hab** 1 700/2 600.

✗ Las Torres, av. de La Paz ☎ 40 11 16 – E VISA. ✗.

✗ **Venecia,** Pidal 14 ☎ 40 01 44
abril-septiembre – Com carta 600 a 1 275.

en San Roque - carretera N 634 SE : 4 km – ✉ Llanes – ☎ 985 :

Europa, ☎ 40 09 45 – ▥ ⋒wc Ⓟ. ✗
Com 350/400 – ☕ 150 – **24 hab** 2 200.

en la playa de Barro O : 7 km – ✉ Llanes :

Kaype ⛱, ≤ – ▥ ⇔wc ⋒wc Ⓟ
temp. – **32 hab**.

CITROEN La Arquera ☎ 40 05 51
FORD carret. N 634 km 93 (San Roque del Acebal) ☎ 40 03 69
RENAULT La Arquera ☎ 40 01 59
SEAT carret. N 634 km 96 (San Roque del Acebal) ☎ 40 07 80
TALBOT carret. N 634 km 94 (San Roque del Acebal) ☎ 40 07 67

Los LLANOS DE ARIDANE Santa Cruz de Tenerife 990 ㉛ – ver Canarias (La Palma).

LLANSÁ o **LLANÇÁ** Gerona 43 ⑨ y 990 ⑳ – 2 997 h. – ☎ 972.
Alred. : San Pedro de Roda (paraje★★) S : 15 km.
♦Madrid 767 – Banyuls 31 – Gerona 60.

en la carretera de Port-Bou N : 1 km – ✉ Llançá – ☎ 972 :

Gri-Mar, ☎ 38 01 67, ≤, ⛱, ✗ – ▥ ⇔wc ⋒wc Ⓟ. VISA
abril-15 octubre – Com 775 – ☕ 200 – **38 hab** 1 275/2 550 – P 2 775.

sigue →

en el Puerto NE : 1,5 km – ✉ Llançá – ☎ 972 :

Berna, paseo Marítimo 5 ☎ 38 01 50, ≤ – ⇔wc ⋒wc ☎ – *temp.* – **38 hab.**

La Goleta, Pintor Terruella 12 ☎ 38 01 25 – ⇔wc ⋒wc P. E VISA.
cerrado enero – Com *(cerrado lunes)* 680 – ☐ 200 – **40 hab** 1 200/1 850 – P 2 180/2 200.

La Brasa, pl. de Cataluña ☎ 38 02 02 –
abril-octubre – Com carta 990 a 1 340.

Can Manel, pl. del Port 9 ☎ 38 01 12, ≤.

RENAULT Roger de Lluria ☎ 38 05 46

LLEIDA P 43 ⑮ y 990 ⑱ – ver Lérida.

LLES Lérida 43 ⑦ y 990 ⑲ – 358 h. alt. 1 471 – ☎ 973.
Ver : Carretera de accesso a Lles★, ≤★.
♦Madrid 635 – ♦Lérida 166 – Puigcerdá 35 – Seo de Urgel 33.

Mirador, pl. San Pedro 4 ☎ 51 50 75, ≤, ⛱, ⛱, – ⇔wc ⋒wc ☎ P. E VISA.
rest
cerrado octubre – Com 650/800 – ☐ 175 – **42 hab** 675/1 550 – P 1 970/2 070.

al Sur : 8 km – ✉ Martinet – ☎ 973 :

Sanillés, alt. 1 060 ☎ 51 50 00, ≤, – |₿| ⇔wc ⋒wc ☎ P – *temp.* – **38 hab.**

LLESSUY o **LLESSUI** Lérida 43 ⑤ ⑥ y 990 ⑲ – pobl. ver Sort. alt. 1 400 – ☎ 973 – Deportes de invierno : ⛷ 6.
Ver : Valle de Llessui★★.
♦Madrid 603 – ♦Lérida 150 – Seo de Urgel 66.

Can Massa, Unica ☎ 62 01 96, ≤, ⛱ – |₿| ⇔wc ⋒wc P. VISA. rest
cerrado mayo – Com 750 – ☐ 175 – **35 hab** 1 585/2 220 – P 2 550/3 025.

en la carretera de Sort-en-Bernúi E : 3 km – ✉ Sort :

Casa Juana ☎ 62 08 68 – .

en Altrón E : 7,5 km – ✉ Sort – ☎ 973 :

Roch, La Font 4 ☎ 62 02 99 – ⋒wc .
Com 600 – ☐ 140 – **16 hab** 800/1 200 – P 1 700.

Vall d'Assua, carret. de Sort ☎ 62 08 98, ≤ – ⇔wc ⋒wc P.
Com 600 – ☐ 160 – **14 hab** 525/1 250 – P 1 700/1 800.

LLIVIA Gerona 43 ⑦ y 990 ⑨ ⑲ – 788 h. alt. 1 224 – ☎ 972.
♦Madrid 658 – Gerona 156 – Puigcerdá 6.

Llivia, carret. de Puigcerdá ☎ 89 60 00, ≤, ⛱, – |₿| P. VISA. rest
Com *(cerrado miércoles y noviembre)* 1 050 – ☐ 215 – **63 hab** 1 525/2 990 – P 3 100/3 150.

Can Ventura, pl. Mayor 1 ☎ 89 61 78, Decoración rústica, Cocina regional – VISA.
cerrado martes y octubre – Com carta 1 180 a 1 675.

Llivia, av. Cataluña 37 ☎ 89 60 96, Carnes a la brasa –
cerrado lunes – Com carta 1 000 a 1 550.

LLOFRIU Gerona 43 ⑨ – ver Palafrugell.

LLORET DE MAR Gerona 43 ⑲ y 990 ⑳ – 8 168 h. – ☎ 972 – Playa.
Alred. : Carretera en cornisa★★ de Lloret de Mar a Tossa de Mar : 12 km por ①.
pl. de la Vila 1 ☎ 36 47 35.
♦Madrid 695 ② – ♦Barcelona 67 ② – Gerona 39 ③.

Plano página siguiente

G. H. Monterrey, carret. de Tossa de Mar ☎ 36 40 50, Telex 57374, « Amplio jardín », ⛱, – |₿| ▤ P – AE E VISA. rest **m**
20 marzo-5 noviembre – Com 1 450 – ☐ 450 – **220 hab** 2 900/5 000 – P 4 800/4 900.

Roger de Flor, carret. de Tossa de Mar ☎ 36 48 00, Telex 57173, « Grandes terrazas con ≤ mar », ⛱, – ▤ rest P. AE ⓓ E VISA. rest **t**
15 mayo-15 octubre – Com 1 800 – ☐ 600 – **93 hab** 4 000/6 000 – P 6 000/7 000.

Cluamarsol, passeig Mossèn J. Verdaguer 7 ☎ 36 57 50, Telex 57173 – |₿| ▤ rest. AE ⓓ E VISA. **h**
cerrado 2 noviembre-15 diciembre – Com 1 100 – ☐ 350 – **87 hab** 1 900/4 900 – P 4 070/4 620.

Mercedes, av. Mistral 16 ☎ 36 43 12, ⛱ climatizada – |₿| ▤ rest. **k**
15 abril-octubre – Com 550 – ☐ 150 – **88 hab** 1 500/2 800 – P 2 500/2 750.

La Carolina, camí Cabres 16 ☎ 36 50 58, ⛱ – |₿| ▤ rest ⇔wc ☎ P. rest **p**
marzo-octubre – Com 700 – ☐ 300 – **65 hab** 1 590/2 385 – P 2 650.

Metropol, pl. de la Torre 2 ☎ 36 41 62 – |₿| ⇔wc ☎ – *temp.* – **86 hab.** **f**

Excelsior, passeig Mossèn J. Verdaguer 16 ☎ 36 41 37, ≤ – |₿| ⇔wc ⋒wc. AE. rest **y**
abril-octubre – Com 850 – ☐ 250 – **45 hab** 1 600/3 000 – P 2 900.

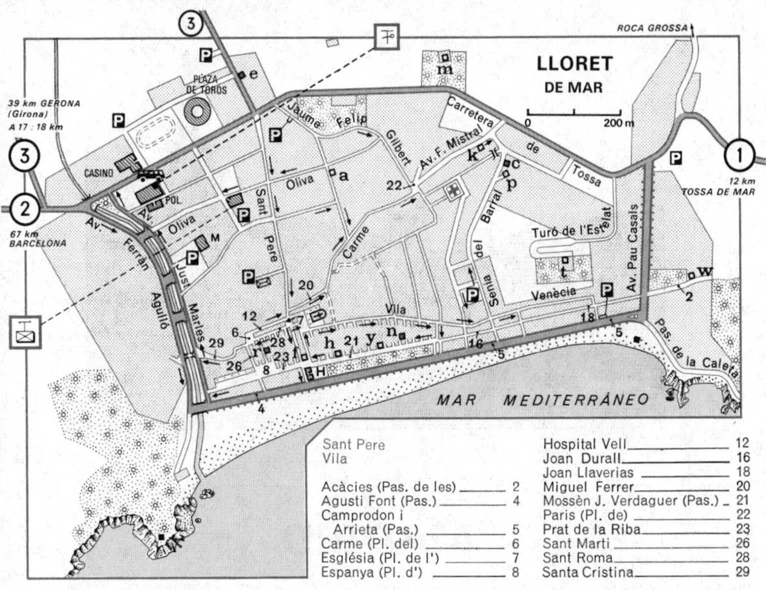

Acacias, passeig de les Acàcies 21 ☏ 36 41 50, – wc . rest — w
mayo-octubre – Com 500 – 250 – **43 hab** 1 400/2 300 – P 2 300/2 650.

Santa Ana sin rest, Sènia del Rabich 26 ☏ 36 53 59 – wc wc — a
15 mayo-15 octubre – 100 – **48 hab** 2 000.

Can Bolet, Sant Mateo 12 ☏ 36 49 93 – . — r
febrero-noviembre – Com carta 1 050 a 1 650.

La Bodega Vella, Na Marina 14 ☏ 36 74 78, Decoración rústica — c

Taberna del Mar, Pescadors 5 ☏ 36 40 90, Pescados y mariscos – . VISA. — n
15 marzo-15 octubre – Com *(cerrado lunes)* carta 1 000 à 2 000.

Ca L'Avi, carret. de Vidreras 30 ☏ 36 53 55 – E VISA. — e
Com carta 1 000 a 1 600.

en la carretera de Blanes **por ② : 1,5 km – ✉ Lloret de Mar – 972 :**

Fanals, ☏ 36 41 12, Telex 57362, , , – wc wc . rest
Semana Santa-15 octubre – Com 825 – 250 – **81 hab** 1 975/3 280 – P 2 980/3 025.

en la playa de Fanals **por ② : 2 km – ✉ Lloret de Mar – 972 :**

Rigat Park H. , ☏ 36 52 00, Telex 51801, ≤, « Parque con arbolado », climatizada, – rest – . E. rest
marzo-octubre – Com 1 500 – 350 – **100 hab** 4 000/6 000 – P 5 900/6 200.

Surf Mar , ☏ 36 53 62, « rodeada de un amplio césped », – rest wc . VISA. rest
16 marzo-octubre – Com 950 – 400 – **81 hab** 1 500/2 700 – P 3 200/3 350.

en la urbanización Roca Grossa **N : 2,5 km – ✉ Lloret de Mar – 972 :**

Roca Grossa, ☏ 33 42 81, , – . VISA
abril-15 octubre – Com carta 1 150 a 2 000.

en la playa de Santa Cristina **por ② : 3 km – ✉ Lloret de Mar – 972 :**

Santa Marta , ☏ 36 49 04, , « Gran pinar », , , – rest – . AE E VISA. rest
marzo-noviembre – Com 2 300 – 500 – **78 hab** 4 000/7 300 – P 7 150/7 500.

en la urbanización Playa Canyelles **por ① : 3,5 km – ✉ Lloret de Mar – 972 :**

El Trull, ✉ apartado 429, ☏ 36 49 28, Decoración rústica, – . AE E VISA
Com carta 1 050 a 2 250.

FORD carret. Blanes-Lloret km 10,4 ☏ 36 44 94
MERCEDES-BENZ carret. Vidreres 3 ☏ 36 58 26
RENAULT Joaquín Lluni y Rissech 4 ☏ 36 78 08
SEAT-FIAT carret. Blanes ☏ 36 54 70

MADRID

MADRID P 990 ⑮ y ㊴ – 3 201 234 h. alt. 646 – ☎ 91 – Plaza de toros.

Ver : Museo del Prado★★★ (p. 9) NZ – Paseo del Prado (Plaza de la Cibeles) p. 9 NXYZ – Paseo de Recoletos (p. 9) NVX – Paseo de la Castellana (p. 9) NV – Puerta del Sol (p. 8) y Calle de Alcalá (p. 9) LMNY – Plaza Mayor★ (p. 8) KYZ – Palacio Real★★ (p. 8) KY – Convento de las Descalzas Reales★★ (p. 8) KY **L** – San Antonio de la Florida (frescos de Goya★) p. 6 DX **R**.

Otros museos : Arqueológico Nacional★★ (p. 9) NV **M**[22] – de America★ (p. 6) DV **M**[8] – Español de Arte Contemporáneo★ (p. 2) AL **M**[9] – del Ejército (p. 9) NY **M**[2].

Alred. : El Pardo★ NO : 13 km por C 601 AL

Hipódromo de la Zarzuela AL – 18, 18 Puerta de Hierro ☎ 216 17 45 AL – 9, 18 Club de Campo ☎ 207 03 95 AL – 18 La Moraleja por ① : 11 km ☎ 650 07 00 – 9 Club Barberán por ⑥ : 10 km ☎ 218 85 05 – 9, 18 Las Lomas – El Bosque por ⑥ : 18 km ☎ 464 32 15 – 18 Real Automóvil Club de España por ① : 28 km ☎ 652 26 00 – 18 Nuevo Club de Madrid, Las Matas por ⑦ : 26 km ☎ 630 08 20 – 9 de Somosaguas O : 10 km por Casa de Campo ☎ 212 16 47.

✈ de Madrid-Barajas por ② : 13 km ☎ 222 11 65 – Iberia : pl. de Cánovas 4, ✉ 14, ☎ 429 74 43 y Aviaco, Modesto Lafuente 761, ✉ 18, ☎ 254 46 00 – 🚗 Atocha ☎ 228 52 37 – Chamartín ☎ 733 11 22 – Príncipe Pío ☎ 248 87 16.

Compañías Marítimas : Cía. Aucona, Pedro Munõz Seca 2 NX, ✉ 1, ☎ 431 07 00, Telex 23189.

ℹ Princesa 1, ✉ 8, ☎ 241 23 25, Castelló 117, ✉ 6, ☎ 411 40 14, pl. Mayor 3, ✉ 12, ☎ 266 48 74, estación Chamartín ☎ 733 10 20 y aeropuerto de Barajas ☎ 205 86 56 – R.A.C.E. José Abascal 10, ✉ 3, ☎ 447 32 00, Telex 27341.

París (por Irún) 1317 ① – ♦Barcelona 626 ② – ♦Bilbao 400 ① – ♦La Coruña 601 ⑦ – ♦Lisboa 646 ⑥ – ♦Málaga 546 ④ – ♦Porto 598 ⑦ – ♦Sevilla 536 ④ – ♦Valencia 348 ③ – ♦Zaragoza 321 ②.

HOTELES

Y RESTAURANTES

1° Centro : Paseo del Prado, Puerta del Sol, Gran Vía, Cibeles, Alcalá, Paseo de Recoletos, Plaza de Colón, Plaza Mayor, Palacio Real, Plaza de España, Serrano (planos p. 8 a 9).

Ritz, pl. de la Lealtad 5, ✉ 14, ☎ 221 28 57, Telex 43986 – ▮ ▤ (del Hotel Palace). AE ⓓ VISA. ✻ rest NY **k**
Com 2 700/3 300 – ☕ 750 – **170 hab** 11 000/15 500.

Villa Magna Ⓜ, paseo de la Castellena 22, ✉ 1, ☎ 261 49 00, Telex 22914 – ▮ ▤ – ⛬. AE. ✻ NV **x**
Com 3 480 – ☕ 700 – **200 hab** 11 500/16 000.

Palace, pl. de las Cortes 7, ✉ 11, ☎ 429 75 51, Telex 22272 y 27704 – ▮ ▤ – ⛬. AE VISA. ✻ rest MY **e**
Com 2 500 – ☕ 500 – **515 hab** 7 200/9 000.

Meliá Madrid Ⓜ, Princesa 27, ✉ 8, ☎ 241 82 00, Telex 22537, – ▮ ▤ – ⛬. AE ⓓ E VISA. ✻ KV **t**
Com 2 420 – ☕ 525 – **250 hab** 5 820/8 750.

Plaza sin rest, con cafetería, pl. España, ✉ 13, ☎ 247 12 00, Telex 27383, ≤, – ▮ ▤. AE ⓓ E VISA. ✻ KV **s**
☕ 420 – **306 hab** 5 480/6 850.

Sanvy sin rest, Goya 3, ✉ 1, ☎ 276 08 00, – ▮ ▤. AE ⓓ E VISA NV **r**
☕ 300 – **108 hab** 4 100/5 100.

Emperador sin rest, Gran Vía 53, ✉ 13, ☎ 247 28 00, Telex 27521, – ▮ ▤. AE ⓓ E VISA. ✻ KX **n**
☕ 275 – **231 hab** 4 160/5 200.

Liabeny Salud 3, ✉ 13, ☎ 232 53 06, Telex 49024 – ▮ ▤. AE. ✻ LY **e**
Com 900 – ☕ 350 – **158 hab** 3 250/4 850.

Suecia y Rest. Bellman, Marqués de Casa Riera 4, ✉ 14, ☎ 231 69 00, Telex 22313 – ▮ ▤. AE ⓓ E VISA. ✻ MY **b**
Com 1 650 – ☕ 300 – **64 hab** 4 800/5 990 – P 6 645/8 450.

G. H. Victoria, pl. del Angel 7, ✉ 12, ☎ 231 45 00 – ▮ ▤. AE ⓓ E VISA. ✻ LZ **u**
Com 975 – ☕ 190 – **110 hab** 2 400/3 750 – P 3 825/4 350.

Arosa sin rest, con cafetería, Salud 21, ✉ 13, ☎ 232 16 00, Telex 43618 – ▮ ▤. AE ⓓ E VISA LX **q**
☕ 285 – **121 hab** 3 590/5 370.

El Prado sin rest, calle del Prado 11, ✉ 14, ☎ 429 35 68 – ▮ ▤. AE VISA. ✻ LZ **z**
☕ 250 – **45 hab** 3 100/5 000.

Mayorazgo sin rest, con cafetería, Flor Baja 3, ✉ 13, ☎ 247 26 00, Telex 45647 – ▮ ▤ – ⛬. AE ⓓ E VISA. ✻ KX **b**
☕ 250 – **200 hab** 3 500/4 800.

El Coloso, sin rest, con cafetería, Leganitos 13, ✉ 13, ☎ 248 76 00 – ▮ ▤ KX **y**
69 hab.

Casón del Tormes sin rest, Río 7, ✉ 13, ☎ 241 97 45 – ▮ ▥ ▤ wc ☎. VISA. ✻ KX **v**
☕ 180 – **61 hab** 2 100/3 100.

Mercator sin rest, con cafetería, Atocha 123, ✉ 12, ☎ 429 05 00, Telex 46129 – ▮ ▥ ▤ wc ☎ Ⓟ. AE ⓓ E VISA NZ **b**
☕ 200 – **90 hab** 1 925/2 990.

Atlántico piso 3, sin rest, Gran Vía 38, ✉ 13, ☎ 222 64 80 – ▮ ▥ ▤ wc ☎. ✻ LX **e**
☕ 175 – **59 hab** 2 200/3 400.

Lope de Vega piso 9, sin rest, Gran Vía 59, ✉ 13, ☎ 247 70 00, ≤ – ▮ ▥ wc ☎. ⓓ. ✻ KX **b**
☕ 150 – **50 hab** 1 300/2 300.

Carlos V sin rest, Maestro Vitoria 5, ✉ 13, ☎ 231 41 00, Telex 48547 – ▮ ▥ ▤ wc wc ☎. ✻ KY **f**
☕ 185 – **67 hab** 2 800/3 600.

Reyes Católicos sin rest, Angel 18, ✉ 5, ☎ 265 86 00, Telex 44474 – ▮ ▤ wc ☎. AE. ✻ KZ **w**
☕ 200 – **38 hab** 1 870/3 025.

Montesol sin rest, Montera 25, ✉ 14, ☎ 231 76 00 – ▮ ▥ wc ☎. AE ⓓ E VISA. ✻ LY **n**
☕ 175 – **52 hab** 1 870/3 025.

sigue →

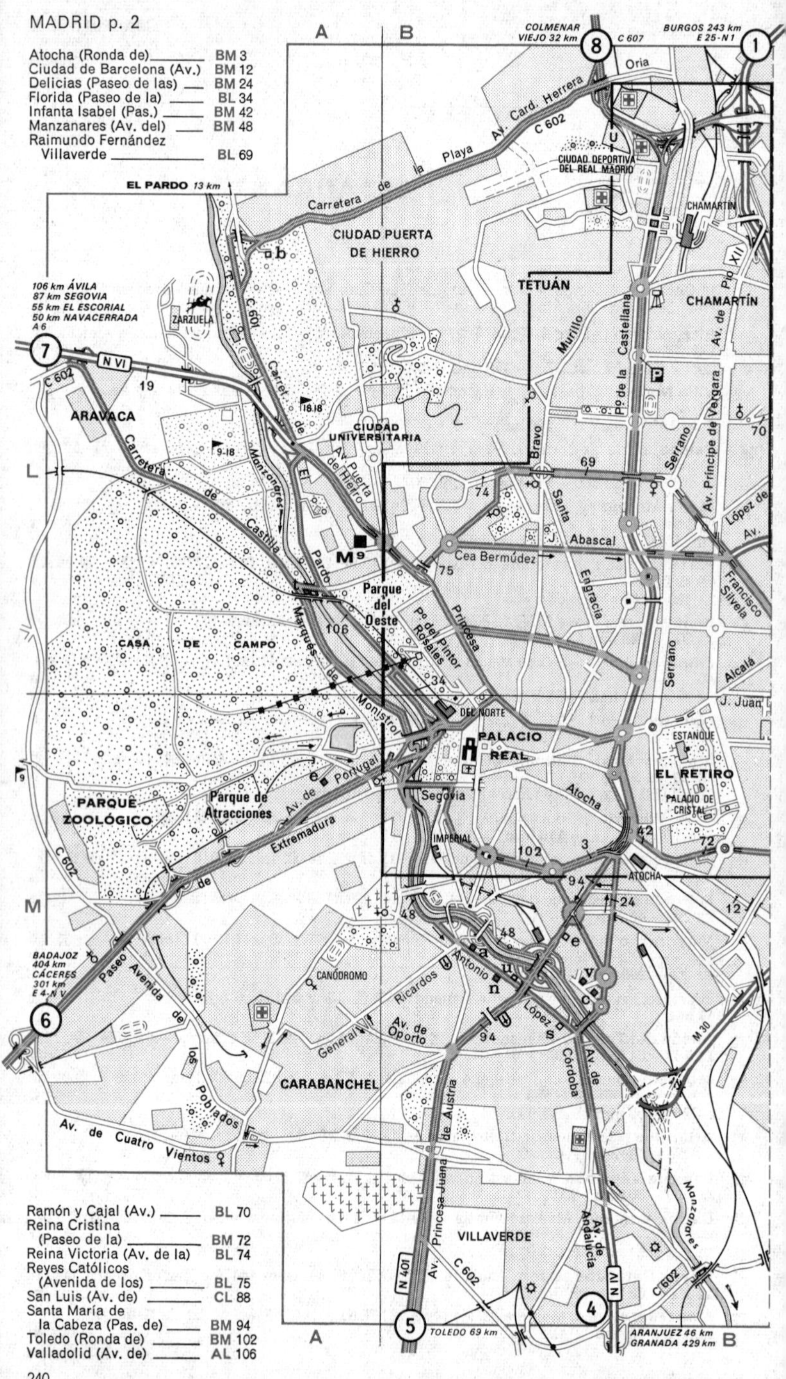

A
B
COLMENAR VIEJO 32 km
8
C 607
BURGOS 243 km
E 25-N 1
1
Oria
Av. Card. Herrera
C 602
Carretera de la Playa
CIUDAD DEPORTIVA DEL REAL MADRID
EL PARDO 13 km
CIUDAD PUERTA DE HIERRO
CHAMARTÍN
TETUÁN
CHAMARTÍN
106 km ÁVILA
87 km SEGOVIA
55 km EL ESCORIAL
50 km NAVACERRADA
A 6
ZARZUELA
C 601
Murillo
Po de la Castellana
Av. de Pio XII
7
N VI
C 602
19
Carret. de
18.18
CIUDAD UNIVERSITARIA
ARAVACA
9-18
Av. Puerta de Hierro
Bravo
Serrano
Av. Príncipe de Vergara
70
L
Carretera de Castilla
Monzanares
El Pardo
69
74
Santa Engracia
J. Abascal
López de
Av.
Cea Bermúdez
75
M9
Parque del Oeste
Princesa
Francisco Silvela
CASA DE CAMPO
106
Marqués de Monistrol
Po del Pintor Rosales
34
Serrano
Alcalá
J. Juan
DEL NORTE
PALACIO REAL
ESTANQUE
Av. de Portugal
EL RETIRO
9
Segovia
Atocha
PALACIO DE CRISTAL
PARQUE ZOOLÓGICO
Parque de Atracciones
Extremadura
IMPERIAL
102
3
42
72
C 602
de
94
ATOCHA
M
24
12
48
48
BADAJOZ 404 km
CÁCERES 301 km
E 4-N V
Paseo
Avenida de los Poblados
CANÓDROMO
Antonio
Ricardos
López
General
Av. de Oporto
94
Córdoba
Av. de
M 30
6
CARABANCHEL
Princesa Juana de Austria
Av. de Cuatro Vientos
Manzanares
VILLAVERDE
Av. de Andalucía
N 401
C 602
N IV
C 602
4
5
TOLEDO 69 km
ARANJUEZ 46 km
GRANADA 429 km
A
B

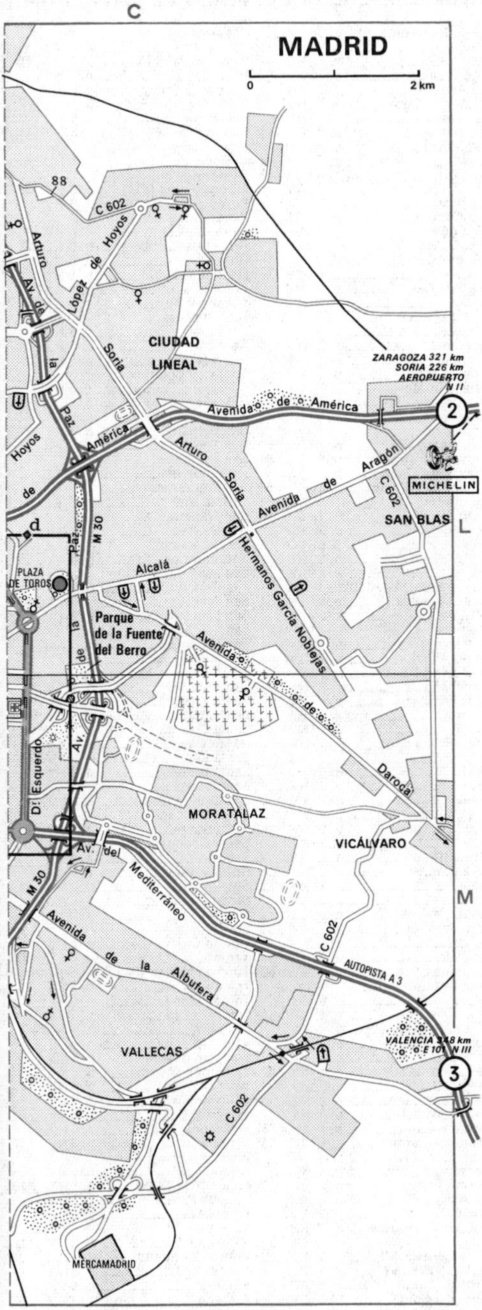

REPERTORIO DE CALLES DEL PLANO DE MADRID

Calle	Página	Cuadrícula	N.º
Alcalá	p. 8	LY	
Arenal	p. 8	KY	
Carmen	p. 8	LY	
Fuencarral	p. 8	LV	
Gran Vía	p. 8	LX	
Hortaleza	p. 8	LX	
Mayor (Calle, Plaza)	p. 8	KY	
Montera	p. 8	LY	
Preciados	p. 8	LY	63
Puerta del Sol (Pl.)	p. 8	LY	
San Jerónimo (Carrera de)	p. 8	LY	86
Agustín de Foxá	p. 5	HR	
Alberto Aguilera	p. 8	KV	
Alberto Alcocer (Av. de)	p. 5	HS	
Albufera (Av. de la)	p. 3	CM	
Alcalá	p. 8	LY	
Alcalde Sainz de Baranda	p. 7	HY	
Alcobendas (Camino Viejo de)	p. 5	HR	
Alfonso XI	p. 9	NY	
Alfonso XII	p. 9	NY	
Alfonso XIII (Av. de)	p. 5	HS	
Almagro	p. 7	GV	
Alonso Cano	p. 5	FU	
Alonso Martínez (Pl.)	p. 9	MV	
Amaniel	p. 8	KV	
América (Av. de)	p. 3	CL	
Andalucía (Av. de)	p. 2	BM	
Antonio López	p. 2	BM	
Antonio Maura	p. 9	NY	
Apodaca	p. 8	LV	
Aragón (Av. de)	p. 3	CL	
Arapiles	p. 6	EV	
Arenal	p. 8	KY	
Argensola	p. 9	NV	
Argumosa	p. 6	FZ	
Arrieta	p. 8	KY	
Arturo Soria	p. 3	CL	
Atocha	p. 8	LZ	
Atocha (Ronda de)	p. 6	FZ	3
Augusto Figueroa	p. 9	MX	5
Avila	p. 5	FT	
Ayala	p. 7	HX	
Bailén	p. 8	KY	
Bárbara de Braganza	p. 9	NV	
Barceló	p. 8	LV	
Barquillo	p. 9	MX	
Bilbao (Glorieta de)	p. 8	LV	
Blasco de Garay	p. 6	EV	
Bola	p. 8	KX	
Bravo Murillo	p. 5	FT	
Burgos (Av. de)	p. 5	HR	
Caídos de la División Azul	p. 5	HS	6
Callao (Pl.)	p. 8	KX	
Canalejas (Pl. de)	p. 8	LY	
Cánovas del Castillo (Pl.)	p. 9	NZ	
Capitán Blanco Argibay	p. 5	FS	
Capitán Haya	p. 5	GS	7
Card. Herrera Oria	p. 2	BL	
Carmen	p. 8	LY	
Carranza	p. 8	LV	
Carretas	p. 8	LY	
Cartagena	p. 7	HV	
Cascorro (Pl. de)	p. 8	KZ	
Castellana (Paseo)	p. 7	GU	
Castilla (Carret. de)	p. 2	AL	
Castilla (Pl. de)	p. 5	GS	
Cava Alta	p. 8	KZ	
Cava Baja	p. 8	KZ	
Cava San Miguel	p. 8	KZ	9
Cea Bermúdez	p. 6	EV	
Cebada (Pl. de la)	p. 8	KZ	10
Cibeles (Pl. de)	p. 9	NX	
Cinca	p. 5	HT	
Ciudad de Barcelona (Av.)	p. 2	BM	12
Colegiata	p. 8	KZ	
Colón (Pl. de)	p. 9	NV	
Comandante Zorita	p. 5	FT	14
Complutense	p. 6	DU	

Continuación Madrid p. 4

Concepción Jerónima p. 8 KZ
Concha Espina p. 5 HT
Conde de Casal (Glta) p. 7 JZ
Conde de Peñalver p. 7 HV
Conde de
Romanones p. 8 LZ 16
Conde Duque p. 8 KV
Córdoba (Av. de) p. 2 BM
Cortes (Pl. de las) p. 9 MY
Coruña (Carret. de La) p. 2 AL 19
Costa Rica (Av. de) p. 5 HS 20
Cruz p. 8 LZ
Cuatro Caminos (Glta) p. 5 FU 21
Cuatro Vientos (Av. de) p. 2 AM
Cuchilleros p. 8 KZ 23
Cuzco (Pl. de) p. 5 GS
Daroca (Av. de) p. 3 CM
Delicias (Pas. de las) p. 2 BM 24
Diego de León p. 7 HV
Divino Pastor p. 8 LV
Dr Arce (Av. del) p. 5 HU 25
Dr Esquerdo p. 7 JX
Dr Federico Rubio
y Galí (Av. del) p. 6 EU
Dr Fleming p. 5 GT 26
Donoso Cortés p. 6 EV
Don Pedro p. 8 KZ
Don Ramón
de la Cruz p. 7 HX
Dulcinea p. 5 FT
Duque de Alba p. 8 KZ
Eduardo Dato p. 7 GV
Eloy Gonzalo p. 6 FV
El Pardo (Carret. de) p. 2 AL
Embajadores
(Calle, Glta) p. 6 FZ
Emilio Castelar (Pl.) p. 7 HV
Emperador Carlos V
(Glorieta del) p. 7 GZ 28
Enrique Larreta p. 5 HS 29
Espalter p. 9 NZ
España (Pl. de) p. 8 KV
Estébanez Calderón p. 5 GS 30
Estudios p. 8 KZ 32
Extremadura (Pas. de) p. 2 AM
Felipe IV p. 9 NY
Felipe V p. 8 KY 33
Félix Boix p. 5 HS
Fernando
el Católico p. 6 EV
Fernando el Santo p. 9 NV
Fernando VI p. 9 MV
Ferraz p. 6 DX
Florida (Pas. de la) p. 6 DX 34
Francisco Gervás p. 5 GS
Francisco Rojas p. 8 LV
Francisco Silvela p. 7 HV
Francisco Suárez p. 5 HS
Fray Bernardino
Sahagún p. 5 HS 35
Fuencarral p. 8 LV
García de Paredes p. 7 GV
Gen. Ibáñez
de Ibero p. 6 EU
Gen. López Pozas p. 5 HS 37
Gen. M. Campos p. 7 GV
Gen. Moscardó p. 5 FT 39
Gen. Perón (Av.) p. 5 GT
Gen. Ricardos p. 2 BM
Gen. Yagüe p. 5 GT
Génova p. 9 NV
Goya p. 7 HX
Grafal p. 8 KZ 41
Gran Vía p. 8 LX
Guzmán el Bueno p. 6 EV
Habana (Pas. de la) p. 5 HT
Hermanos García
Noblejas p. 3 CL
Hernani p. 5 FT
Hortaleza p. 8 LX
Huertas p. 9 MZ
Ibiza p. 7 HY
Imperial (Paseo) p. 6 DZ
Independencia
(Pl. de la) p. 9 NX
Infanta Isabel (Pas.) p. 7 GZ 42
Infanta Mercedes p. 5 FS
Infantas p. 8 LX
Isaac Peral p. 6 DV
Isabel II (Pl. de) p. 8 KY
Islas Filipinas
(Av. de las) p. 6 EV
Jacinto Benavente (Pl.) p. 8 LZ
Jerez p. 5 HS 43
Joaquín Costa p. 5 HU
Jorge Juan p. 7 HX
José Abascal p. 6 FV
J. Ortega y Gasset p. 7 HV
Juan Bravo p. 7 HV
Juan Duque p. 6 DY
Juan Ramón Jiménez p. 5 HS
Lagasca p. 7 HX 44
Lavapiés p. 8 LZ 47
Lealtad (Pl. de la) p. 9 NY
Leganitos p. 8 KX
Lima (Pl. de) p. 5 GT
López de Hoyos p. 7 HV
López de Hoyos
(Glorieta) p. 7 HV
Luchana p. 6 FV
Madre de Dios p. 5 HS
Magdalena p. 8 LZ
Manuel Becerra
(Pl. de) p. 7 JX
Manzanares (Av.) p. 2 BM 48
Marcenado p. 5 HT
María de Molina p. 7 HV
Mariano de Cavia
(Pl. de) p. 7 HZ
Marqués de Monistrol p. 2 AL
Marqués de
Salamanca (Pl.) p. 7 HV 50
Marqués de Urquijo p. 6 DX 51
Marqués de Viana p. 5 FS
Marqués de Villamagna p. 9 NV 52
Marqués de
Zafra (Pas.) p. 7 JX
Mateo Inurria p. 5 HS
Maudes p. 5 FU
Mauricio Legendre p. 5 HR
Mayor (C., Pl.) p. 8 KY
Mediterráneo (Av. del) p. 3 CM
Mejía Lequerica p. 8 LV 54
Meléndez Valdés p. 6 EV
Menéndez
y Pelayo (Av.) p. 7 HY
Miguel Angel p. 7 GV 55
Moncloa (Pl.) p. 6 DV
Montalbán p. 9 NY
Monte Esquinza p. 9 NV
Montera p. 8 LY
Moratín p. 9 MZ
Moret (Paseo de) p. 6 DV
Moreto p. 9 NZ
Murillo (Pl. de) p. 9 NZ
Narváez p. 7 HX
Nicasio Gallego p. 8 LV 56
O'Donnell p. 7 HX
Oporto (Av. de) p. 2 BM
Orense p. 5 GS
Oriente (Pl. de) p. 8 KY
Padre Damián p. 5 HS
Palma p. 8 KV
Paraguay p. 5 HS
Paz (Av. de la) p. 3 CL
Pedro Teixeira p. 5 GT 58
Pez p. 8 KV
Pinos Alta p. 5 FS 59
Pintor Juan Gris p. 5 FS 60
Pintor Rosales
(Paseo del) p. 6 DX
Pío XII (Av. de) p. 5 HS
Playa (Carret.) p. 2 BL
Poblados (Av.) p. 2 AM
Portugal (Av. de) p. 2 AM
Postigo de San Martín p. 8 KY 62
Pradillo p. 5 HT
Prado p. 9 MZ
Prado (Pas. del) p. 9 NY
Preciados p. 8 LY 63
Presidente Carmona p. 5 FT 64
Prim p. 9 NX
Princesa p. 8 KV
Princesa Juana
de Austria (Av.) p. 2 BM
Príncipe p. 8 LY
Príncipe de Vergara p. 7 HU
Puebla p. 8 LX
Puerta Cerrada (Pl.) p. 8 KZ 66
Puerta de Hierro (Av.) p. 2 AL
Puerta de Moros (Pl.) p. 8 KZ
Puerta del Sol (Pl.) p. 8 LY
Puerta de Toledo
(Glorieta) p. 6 EZ
R. Fernández
Villaverde p. 5 FU 69
Ramón y Cajal (Av.) p. 5 HT 70
Recoletos p. 9 NX
Recoletos (Paseo) p. 9 NV
Reina Cristina (Pas.) p. 7 HZ 72
Reina Mercedes p. 5 FT 73
Reina Victoria (Av.) p. 6 EU 74
República
Argentina (Pl.) p. 5 HU
República
Dominicana (Pl.) p. 5 HS
Reyes p. 8 KV
Reyes Católicos
(Av. de los) p. 6 DV 75
Ribera de Curtidores p. 8 KZ 77
Ríos Rosas p. 6 FV
Rodríguez Marín p. 5 HT
Rosa de Silva p. 5 FS 78
Rosario Pino p. 5 GS 79
Ruiz Jiménez
(Glorieta) p. 8 KV
Sacramento p. 8 KZ
Sagasta p. 8 LV
Sagrados Corazones
(Plaza) p. 5 HT
Salustiano Olózaga p. 9 NX 81
San Amaro (Pl.) p. 5 FT 82
San Bernardo p. 8 KV
San Enrique p. 5 FT
San Francisco
(Carrera de) p. 8 KZ
San Francisco
(Gran Vía) p. 6 EZ
San Francisco de
Sales (Pas.) p. 6 DV 83
San Jerónimo
(Carrera de) p. 8 LY 86
San Juan de
la Cruz (Pl.) p. 7 GV
San Justo p. 8 KZ 87
San Luis (Av. de) p. 3 CL 88
San Martín p. 8 KY 89
San Mateo p. 8 LV
San Millán p. 8 KZ 90
San Vicente
(Cuesta de) p. 6 DX
Santa Ana (Pl.) p. 8 LZ
Santa Bárbara (Pl.) p. 9 MV 91
Santa Cruz de
Marcenado p. 8 KV
Santa Engracia p. 6 FV
Santa Isabel p. 9 MZ
Santa María de
la Cabeza (Pas.) p. 2 BM 94
Santo Domingo
(Cuesta de) p. 8 KX 95
Santo Domingo (Pl.) p. 8 KX
Segovia p. 8 KZ
Segovia (Ronda) p. 6 EZ
Segre p. 5 HT 96
Serrano p. 5 HU
Sevilla p. 8 LY 98
Sor Angela
de la Cruz p. 5 GS 99
Teruel p. 5 FT 100
Tirso de Molina (Pl.) p. 8 LZ
Toledo p. 8 KZ
Toledo (Ronda de) p. 6 EZ 102
Toreros (Av.) p. 7 JV
Uruguay p. 5 HT
Valencia p. 6 FZ 103
Valencia (Ronda) p. 6 FZ 104
Valladolid (Av. de) p. 2 AL 106
Valle (Av. del) p. 6 DU
Vallehermoso p. 6 EV
Valverde p. 8 LV
Velázquez p. 7 HX
Vergara p. 8 KY 107
Víctor Andrés
Belaunde p. 5 HT 108
Víctor de la Serna p. 5 HT 110
Villa de París (Pl.) p. 9 NV
Villanueva p. 9 NV
Virgen de los
Peligros p. 8 LY 112
Virgen del Puerto
(Pas. Alto) p. 6 DY
Viriato p. 6 FV
Zurbano p. 7 GV
Zurbarán p. 9 NV
2 de Mayo (Pl.) p. 8 LV

MADRID
NORTE

Caídos de la División Azul	HS 6
Capitán Haya	GS 7
Comandante Zorita	FT 14
Costa Rica (Av. de)	HS 20
Cuatro Caminos (Glorieta de)	FU 21
Doctor Arce (Av. del)	HU 25
Doctor Fleming	GT 26
Enrique Larreta	HS 29
Estébanez Calderón	GS 30
Fray Bernardino Sahagún	HS 35
Gen. López Pozas	HS 37
Gen. Moscardó	FT 39
Jerez	HS 43
Pedro Teixeira	GT 58
Pinos Alta	FS 59
Pintor Juan Gris	FS 60
Presidente Carmona	FT 64
Raimundo Fernández Villaverde	FU 69
Ramón y Cajal (Av.)	HT 70
Reina Mercedes	FT 73
Rosa de Silva	FS 78
Rosario Pino	GS 79
San Amaro (Pl.)	FT 82
Segre	HT 96
Sor Angela de la Cruz	GS 99
Teruel	FT 100
Víctor Andrés Belaunde	HT 108
Víctor de la Serna	HT 110

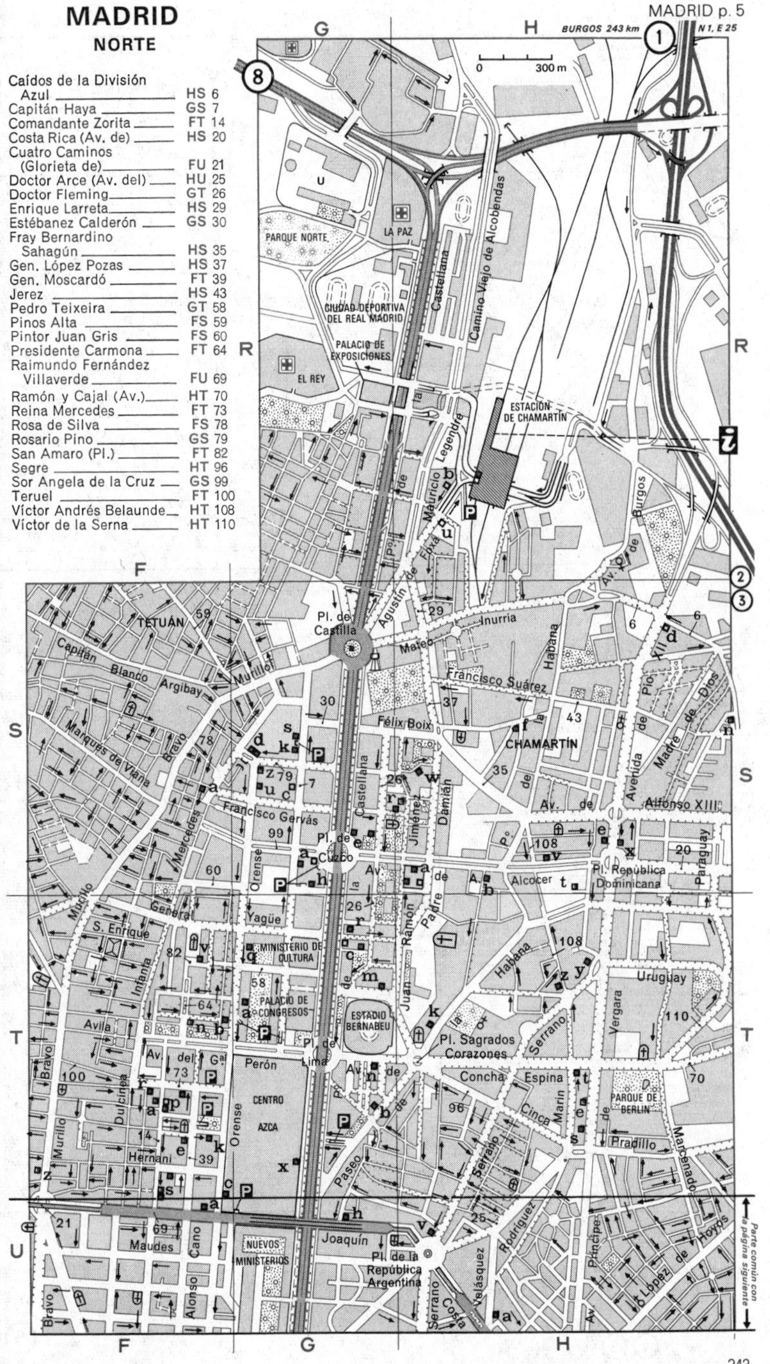

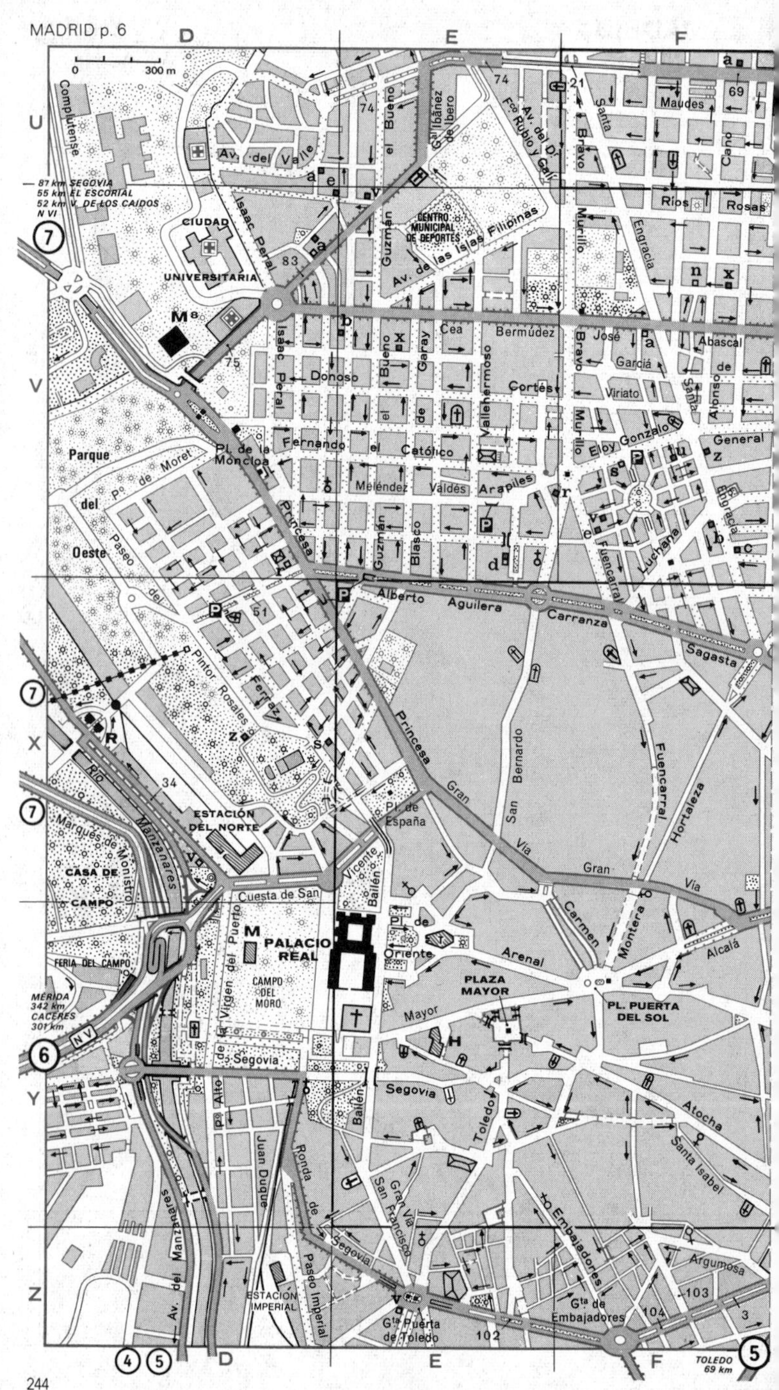
D
E
F
U
V
X
Y
Z
0
300 m
87 km SEGOVIA
55 km EL ESCORIAL
52 km V. DE LOS CAIDOS
N VI
7
Complutense
CIUDAD
UNIVERSITARIA
M8
Av. del Valle
Isaac Peral
Guzmán el Bueno
Gal Ibáñez de Ibero
Av. del Dr Fco Rubio y Galí
CENTRO MUNICIPAL DE DEPORTES
Av. de las Islas Filipinas
Bravo Murillo
Santa Engracia
Maudes
Cano
Ríos Rosas
Cea Bermúdez
José Abascal
García
Alonso de
Donoso
Cortés
Viriato
Vallehermoso
Fernando el Católico
Eloy Gonzalo
General
Melendez Valdés
Arapiles
Blasco de Garay
Fuencarral
Luchana
Parque del Oeste
Pº de Moret
Paseo del Pintor Rosales
Pl. de la Moncloa
Princesa
Ferraz
Alberto Aguilera
Carranza
Sagasta
San Bernardo
Hortaleza
Gran Vía
Pl. de España
Río Manzanares
ESTACIÓN DEL NORTE
Marqués de Monistrol
CASA DE CAMPO
FERIA DEL CAMPO
Cuesta de San Vicente
Bailén
Virgen del Puerto
PALACIO REAL
CAMPO DEL MORO
Pl. de Oriente
Arenal
Carmen
Montera
Alcalá
PLAZA MAYOR
PL. PUERTA DEL SOL
Mayor
MÉRIDA 342 km
CACERES 301 km
N V
6
Segovia
Pº Alto
Juan Duque
Ronda de Segovia
Toledo
Atocha
Santa Isabel
Gran Vía San Francisco
Embajadores
Argumosa
Av. del Manzanares
ESTACIÓN IMPERIAL
Paseo Imperial
Gta Puerta de Toledo
Gta de Embajadores
102
103
104
TOLEDO 69 km
4
5

MADRID
Atocha (Ronda de) FZ 3
Emperador Carlos V (Glorieta del) GZ 28
Florida (Paseo de la) DX 34
Infanta Isabel (Pas.) GZ 42
Lagasca HVX 44
Marqués de Salamanca (Pl.) HV 50
Marqués de Urquijo DX 51
Miguel Angel GV 55
Reina Cristina (Pas.) HZ 72
Reina Victoria (Av.) EU 74
Reyes Católicos (Av.) DV 75
San Francisco de Sales (Pas.) DV 83
Toledo (Ronda de) EZ 102
Valencia FZ 103
Valencia (Ronda de) FZ 104
Repertorio de calles ver Madrid p. 3 y p. 4
Parte común con la página anterior
Pl. de la República Argentina
Pl. de S. Juan de la Cruz
Gta López de Hoyos
Av. de América
SORIA 226 km
ZARAGOZA 321 km
Pl. Emilio Castelar
Av. de los Toreros
PLAZA DE TOROS
Pl. de M. Becerra
Pº del Marqués de Zafra
Pl. de Colón
PALACIO DE LOS DEPORTES
TORRE TV
Pl. de la Independencia
Pl. de Cibeles
ESTANQUE
EL RETIRO
MUSEO DEL PRADO
PALACIO DE CRISTAL
OBSERVATORIO METEOROLÓGICO
LA CHOPERA
Pl. de Mariano de Cavia
Gta Conde de Casal
ESTACIÓN DE ATOCHA
PANTEON
REAL FÁBRICA DE TAPICERIA
MICHELIN
VALENCIA 348 km
MURCIA 390 km
GRANADA 429 km

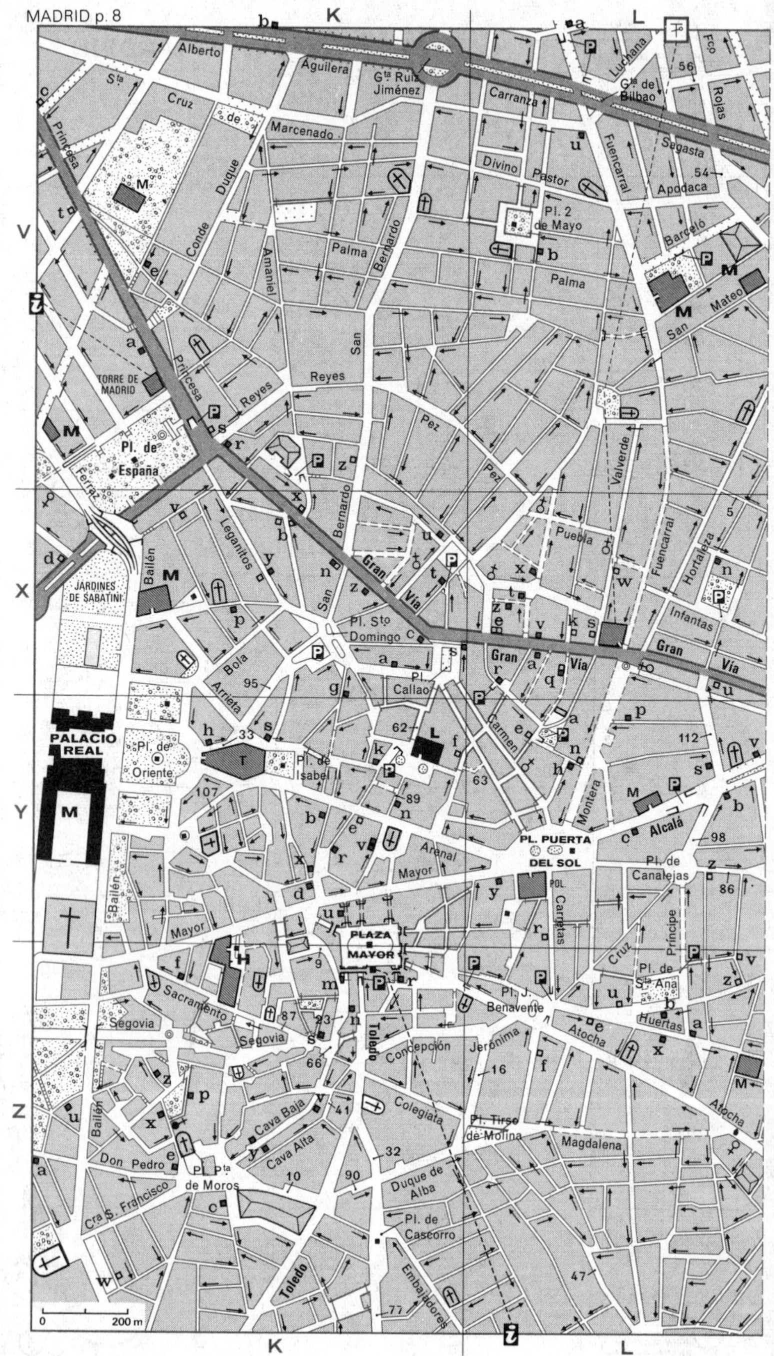
K
L
V
X
Y
Z
Alberto
Aguilera
Gta Ruiz Jiménez
Carranza
Luchana
Gta de Bilbao
Fco
Rojas
Sta
Cruz
de
Princesa
Marcenado
Conde
Duque
Divino
Pastor
Fuencarral
Sagasta
Apodaca
Pl. 2 de Mayo
Barceló
Palma
Amaniel
Bernardo
San
Mateo
TORRE DE MADRID
Reyes
Pez
Valverde
Pl. de España
Ferraz
Leganitos
Puebla
Hortaleza
JARDINES DE SABATINI
Bailén
Gran Vía
Infantas
Pl. Sto Domingo
Bola
Arrieta
Pl. Callao
Carmen
PALACIO REAL
Pl. de Oriente
Pl. de Isabel II
Montera
Alcalá
Arenal
Mayor
PL. PUERTA DEL SOL
Pl. de Canalejas
POL
Carretas
Príncipe
PLAZA MAYOR
Pl. de Sta Ana
Sacramento
Pl. J. Benavente
Huertas
Segovia
Toledo
Concepción
Jerónima
Atocha
Cava Baja
Colegiata
Pl. Tirso de Molina
Magdalena
Cava Alta
Don Pedro
Pl. Pta de Moros
Duque de Alba
Cra S. Francisco
Pl. de Cascorro
Embajadores
0
200 m

MADRID

Calle	Cuadrícula	Nº
Alcalá	LMY	
Arenal	KY	
Carmen	LY	
Fuencarral	LVX	
Gran Vía	KLX	
Hortaleza	LVX	
Mayor (Calle, Plaza)	KYZ	
Montera	LY	
Preciados	LY	63
Puerta del Sol (Pl.)	LY	
San Jerónimo (Carrera de)	LMY	86
Augusto Figueroa	LMX	5
Cava San Miguel	KZ	9
Cebada (Pl. de la)	KZ	10
Conde de Romanones	LZ	16
Cuchilleros	KZ	23
Estudios	KZ	32
Felipe V	KY	33
Grafal	KZ	41
Lavapiés	LZ	47
Marqués de Villamagna	NV	52
Mejía Lequerica	LMV	54
Nicasio Gallego	LMV	56
Postigo de San Martín	KY	62
Puerta Cerrada (Pl.)	KZ	66
Ribera de Curtidores	KZ	77
Salustiano Olózaga	NX	81
San Justo	KZ	87
San Martín	KY	89
San Millán	KZ	90
Santa Bárbara (Pl.)	MV	91
Santo Domingo (Cuesta de)	KX	95
Sevilla	LY	98
Vergara	KY	107
Virgen de los Peligros	LY	112

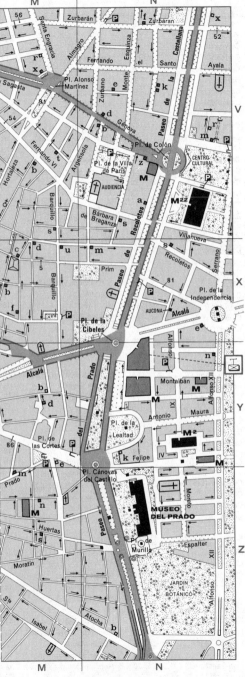

Repertorio de Calles
ver Madrid p. 3 y p. 4

LISTA ALFABÉTICA DE HOTELES Y RESTAURANTES

Embajada sin rest, Santa Engracia 5, ✉ 10, ☎ 447 33 00 – wc ☎. 🚫 MV **r**
☕ 225 – **84 hab** 2 640/3 300.

Madrid sin rest, Carretas 10, ✉ 12, ☎ 221 65 20 – wc wc ☎. AE VISA. 🚫 LY **r**
☕ 175 – **71 hab** 1 800/2 950.

Cortezo sin rest, con cafetería, Dr Cortezo 3, ✉ 12, ☎ 239 38 00 – wc ☎. AE VISA. 🚫 LZ **f**
☕ 160 – **90 hab** 1 900/3 000.

Francisco I, Arenal 15, ✉ 13, ☎ 248 02 04 – wc ☎. VISA. 🚫 KY **e**
Com 800 – ☕ 180 – **57 hab** 1 750/2 530 – P 2 765/3 250.

Italia piso 2, Gonzálo Jiménez de Quesada 2, ✉ 13, ☎ 222 47 90 – wc ☎. AE E VISA. 🚫 LX **k**
Com 500/700 – ☕ 150 – **59 hab** 1 700/2 300 – P 2 460/3 010.

Alexandra sin rest, San Bernardo 29, ✉ 8, ☎ 242 04 00 – wc wc ☎. 🚫 KV **z**
☕ 150 – **69 hab** 1 850/2 900.

Lar sin rest, Valverde 16, ✉ 13, ☎ 221 65 92 – wc ☎. AE VISA. 🚫 LX **w**
☕ 170 – **80 hab** 1 800/2 800.

Anaco sin rest, Tres Cruces 3, ✉ 13, ☎ 222 46 04 – wc wc ☎. AE E VISA. 🚫 LY **a**
☕ 195 – **37 hab** 2 135/3 900.

Fontela, piso 2, sin rest, Gran Vía 11, ✉ 14, ☎ 221 64 00 – wc ☎ LX **u**
64 hab.

California piso 1, sin rest, Gran Vía 38, ✉ 13, ☎ 222 47 02 – wc wc ☎. AE E VISA LX **e**
☕ 165 – **28 hab** 1 690/2 830.

Amberes piso 7, sin rest, Gran Vía 68, ✉ 13, ☎ 247 61 00 – wc ☎. AE E VISA. 🚫 KX **x**
☕ 140 – **48 hab** 1 600/2 500.

Galicia, piso 4, sin rest, Valverde 1, ✉ 13, ☎ 222 10 13 – wc ☎ LX **s**
40 hab.

Santander sin rest, Echegaray 1, ✉ 14, ☎ 429 95 51 – wc ☎ LY **z**
☕ 140 – **38 hab** 1 800/2 400.

Persal piso 1, sin rest, pl. del Angel 12, ✉ 12, ☎ 230 31 08 – wc ☎. AE VISA. 🚫 LZ **e**
☕ 190 – **80 hab** 1 800/2 600.

Lisboa sin rest y sin ☕, Ventura de la Vega 17, ✉ 14, ☎ 429 46 76 – wc wc ☎ LZ **v**
25 hab 1 300/1 800.

Restaurantes de lujo

XXXX ✿✿ **Jockey,** Amador de los Ríos 6, ✉ 4, ☎ 419 24 35, « Decoración elegante » – . AE VISA. 🚫 NV **k**
cerrado domingo y agosto – Com carta 2 350 a 3 700
Espec. Lubina a la sidra, Mousse de anguila ahumada del Tajo al basílico, Pato deshuesado con higos.

XXXX ✿ **Horcher,** Alfonso XII - 6, ✉ 14, ☎ 222 07 31, « Decoración elegante » – . AE. 🚫 NY **n**
cerrado domingo – Com carta 2 435 a 4 475
Espec. Macedonia de pescado, Emince de ternera al estragón, Becada flambeada.

Restaurantes clásicos o modernos

XXX ✿ **Clara's,** Arrieta 2, ✉ 13, ☎ 242 09 45, Telex 23307, « Decoración elegante » – . VISA. 🚫 KY **s**
cerrado domingo – Com carta 1 950 a 3 800
Espec. Timbal de marisco Nantua, Lubina breseada con acederas, Hígado de oca a las uvas.

XXX ✿ **Club 31,** Alcalá 58, ✉ 14, ☎ 231 00 92 – . AE VISA NX **e**
cerrado agosto – Com carta 1 975 a 2 475
Espec. Mousse de anguila ahumada al Sauternes, Entrecôte de cebón marchand de vins, Soufflé al Grand Marnier.

XXX **Korynto,** Preciados 36, ✉ 13, ☎ 221 59 65, Pescados y mariscos – . AE E VISA. 🚫 KX **a**
Com carta 1 600 a 2 975.

XXX **Bajamar,** Gran Vía 78, ✉ 13, ☎ 248 48 18, Telex 22818, Pescados y mariscos – . AE E VISA. 🚫 KV **r**
Com carta 2 200 a 3 350.

XXX El Escuadrón, Tamayo y Baús 8, ✉ 4, ☎ 419 28 30 – NV **s**

XXX **Medinaceli,** calle del Prado 27, ✉ 14, ☎ 429 13 92 – . AE VISA. 🚫 MZ **m**
cerrado domingo – Com carta 2 000 a 2 750.

XXX **Irizar** piso 1, Jovellanos 3, ✉ 14, ☎ 231 45 69, Cocina vasco - francesa – . AE VISA. 🚫 MY **d**
cerrado sábado mediodía, domingo del 24 al 30 diciembre, del 2 al 6 enero y agosto – Com carta 1 750 a 3 300.

XX **Las Reses,** Orfila 3, ✉ 4, ☎ 419 33 15, Carnes – . AE VISA. 🚫 NV **e**
cerrado domingo, festivos y agosto – Com carta 1 290 a 2 575.

XX **El Espejo,** paseo de Recoletos 31, ✉ 4, ☎ 410 25 25, « Evocación de un antiguo café parisino » – . AE E VISA. 🚫 NV **a**
Com carta 1 425 a 2 265.

XX Platerías, pl. de Santa Ana 11, ✉ 12, ☎ 429 70 48, Evocación de un café de principio de siglo – LZ **b**
Com (es necesario reservar).

XX **La Grillade,** Jardines 3, ✉ 13, ☎ 221 22 17, Telex 43618 – ▤. AE ⓓ E VISA. 🐕̸ LY **p**
Com carta 1 060 a 2 265.

XX **Valentín,** San Alberto 3, ✉ 13, ☎ 221 16 38 – ▤. AE ⓓ E VISA. 🐕̸ LY **h**
Com carta 1 875 a 2 945.

XX **Baviera,** Alcalá 33, ✉ 14, ☎ 221 55 39 – ▤. AE ⓓ E VISA. 🐕̸ LY **v**
Com carta 1 375 a 2 200.

XX Kweilin, Manuela Malasaña 5, ✉ 10, ☎ 446 58 88, Cocina china – ▤ LV **u**

XX **Yakarta** piso 1, General Castaños 15, ✉ 4, ☎ 419 04 39 – ▤. AE ⓓ E VISA. 🐕̸ NV **b**
cerrado domingo – Com carta 1 350 a 2 300.

XX **Horno de Santa Teresa,** Santa Teresa 12, ✉ 4, ☎ 419 02 45 – ▤. AE. 🐕̸ MV **t**
cerrado sábado, domingo y agosto – Com carta 1 650 a 3 060.

XX **Moaña,** Hileras 4, ✉ 13, ☎ 248 29 14, Cocina gallega – ▤ Ⓟ. AE ⓓ VISA. 🐕̸ KY **r**
cerrado domingo – Com carta 1 475 a 2 970.

XX **Casablanca,** Barquillo 29, ✉ 4, ☎ 221 15 68 – ▤. AE ⓓ E VISA MV **s**
cerrado sábado mediodía – Com carta 1 275 a 2 100.

XX Trabuco, Mesonero Romanos 19, ✉ 13, ☎ 221 84 89 – ▤ LX **t**

XX **La Rioja,** Las Negras 8, ✉ 8, ☎ 248 06 68, Decoración rústica – ▤. AE ⓓ VISA. 🐕̸ KV **e**
cerrado domingo – Com carta 1 450 a 2 500.

XX **Kulixka,** Fuencarral 124, ✉ 10, ☎ 447 25 38, Pescados y mariscos – ▤. AE ⓓ VISA. 🐕̸
cerrado lunes y 14 agosto-14 septiembre – Com carta 1 550 a 2 850. LV **a**

XX **La Toja,** Siete de Julio 3, ✉ 12, ☎ 266 46 64, Cocina gallega – ▤. ⓓ VISA. 🐕̸ KY **u**
cerrado julio – Com carta 1 505 a 2 720.

XX **Casa Gallega,** Bordadores 11, ✉ 13, ☎ 241 90 55, Cocina gallega – ▤. AE VISA. 🐕̸ KY **v**
Com carta 1 280 a 2 175.

XX **Pazo de Gondomar,** San Martín 2, ✉ 13, ☎ 232 31 63, Cocina gallega – ▤. AE ⓓ E VISA.
🐕̸ KY **n**
Com carta 1 135 a 2 145.

XX **El Caldero,** Huertas 15, ✉ 12, ☎ 429 50 44 – ▤. AE ⓓ E VISA. 🐕̸ LZ **a**
cerrado domingo, lunes noche y 15 agosto-15 septiembre – Com carta 840 a 2 110.

XX ✿ **Gure-Etxea,** pl. de la Paja 12, ✉ 5, ☎ 265 61 49, Cocina vasca – ▤. AE ⓓ VISA. 🐕̸ KZ **x**
cerrado domingo y agosto – Com carta 1 750 a 2 650
Espec. Piperrada, Merluza Gure-Etxea, Xangurro a la donostiarra.

XX **Le Chateaubriand,** Virgen de los Peligros 1, ✉ 14, ☎ 232 33 41, Decoración inspirada en los clásicos bistros franceses, Carnes – ▤. 🐕̸ LY **s**
cerrado domingo – Com carta 900 a 1 750.

XX **Zarauz,** Fuentes 13, ✉ 13, ☎ 247 30 66, Cocina vasca – ▤. AE ⓓ E VISA. 🐕̸ KY **b**
cerrado domingo noche, lunes y 15 julio-15 septiembre – Com carta 1 100 a 1 800.

XX **Toralla,** Amador de los Ríos 8, ✉ 4, ☎ 410 28 88, Cocina gallega – ▤. AE ⓓ VISA. 🐕̸ NV **k**
cerrado domingo – Com carta 1 325 a 2 110.

XX **El Buda Feliz,** Tudescos 5, ✉ 13, ☎ 232 44 75, Cocina china – ▤. AE ⓓ E VISA KX **t**
Com carta 765 a 1 665.

XX Juan Sebastián, pl. de la Paja 3, ✉ 5, ☎ 266 98 40 KZ **p**

XX Pipo, Augusto Figueroa 37, ✉ 4, ☎ 221 71 18 – ▤ MX **c**

XX **La Lechuza,** Alberto Aguilera 26, ✉ 15, ☎ 447 36 13 – ▤. VISA KV **b**
cerrado domingo noche – Com carta 1 140 a 1 865.

XX **Solchaga** en entresuelo, pl. Alonso Martínez 2, ✉ 4, ☎ 447 14 96 – ▤. AE ⓓ E VISA. 🐕̸
cerrado sábado mediodía, domingo y agosto – Com carta 1 400 a 2 325. MV **x**

X Pepe Botella, San Andrés 12, ✉ 10, ☎ 222 52 78, Cocina francesa – ▤ LV **b**

X Pazo de Monterrey, Alcalá 4, ✉ 14, ☎ 232 82 80, Cocina gallega – ▤ LY **c**

X **Casa Lucio,** Cava Baja 35, ✉ 5, ☎ 265 32 52, Decoración castellana – ▤. AE ⓓ VISA KZ **y**
cerrado sábado mediodía y agosto – Com carta 1 550 a 2 900.

X **Gran Tasca,** Ballesta 1, ✉ 13, ☎ 231 00 44 – AE ⓓ E VISA. 🐕̸ LX **x**
cerrado domingo y julio-agosto – Com carta 1 400 a 2 400.

X **Berrio,** San Marcos 8, ✉ 4, ☎ 221 20 35 – ▤. AE ⓓ E VISA. 🐕̸ LX **n**
cerrado domingo y agosto – Com carta 1 000 a 2 025.

X **El Schotis,** Cava Baja 11, ✉ 5, ☎ 265 32 30 – ▤. VISA. 🐕̸ KZ **v**
cerrado domingo noche y agosto – Com carta 1 500 a 2 450.

X Guría, Huertas 12, ✉ 12, ☎ 239 16 36, Cocina vasca – ▤ LZ **x**

X **Esteban 2,** Humilladero 4, ✉ 5, ☎ 266 93 91 – ▤. VISA. 🐕̸ KZ **c**
cerrado domingo – Com carta 1 050 a 1 900.

X **La Hostería Piamontesa,** costanilla de los Angeles 18, ✉ 13, ☎ 248 34 14, Cocina italiana – ▤. ⓓ VISA. 🐕̸ KX **g**
cerrado lunes y agosto – Com carta 980 a 1 500.

X **La Quintana,** Bordadores 7, ✉ 13, ☎ 242 04 88 – ▤. AE ⓓ E VISA KY **v**
Com carta 900 a 2 250.

sigue →

✕ **Aroca,** pl. de los Carros 3, ✉ 5, ☎ 265 26 26 – ✻ KZ **e**
cerrado domingo y 25 julio-6 septiembre – Com carta 745 a 1 970.

✕ **Casa Paco,** Puerta Cerrada 11, ✉ 5, ☎ 266 31 66 – ▤. ⓞ VISA. ✻ KZ **s**
cerrado domingo y agosto – Com carta 900 a 1 600.

✕ **Hogar Gallego,** pl. Comandante Las Morenas 3, ✉ 13, ☎ 248 64 04, ⛱, Cocina gallega – ✻ KY **d**
cerrado domingo noche y agosto – Com carta 1 380 a 1 870.

✕ **Salvador,** Barbieri 12, ✉ 4, ☎ 221 45 24, Cuadros y fotos del mundo taurino – ▤. ✻
cerrado domingo y 18 julio-10 septiembre – Com carta 1 200 a 1 900. MX **b**

✕ **Los Galayos,** Botoneras 5, ✉ 12, ☎ 266 30 28, ⛱ – ▤. AE VISA. ✻ KZ **r**
Com carta 1 430 a 1 830.

✕ Maitetxu Asador, Almirante 2, ✉ 4, ☎ 231 01 09 – ▤ MX **u**

✕ **Casa Valdés,** Libertad 3, ✉ 4, ☎ 232 20 52 – ▤. VISA. ✻ MX **f**
cerrado domingo y 15 agosto-15 septiembre – Com carta 800 a 1 100.

✕ El Pajar, Luna 15, ✉ 13, ☎ 222 48 01 – ▤ KX **u**

✕ **Domine Cabra,** Huertas 54, ✉ 14, ☎ 429 43 65 – ▤. AE ⓞ E VISA MZ **s**
cerrado domingo noche – Com carta 1 550 a 2 050.

✕ **La Argentina,** Gravina 18, ✉ 4, ☎ 221 37 63 – ▤. ✻ MX **d**
cerrado lunes y 25 julio-agosto – Com carta 810 a 1 135.

✕ **Quinta del Sordo,** Sacramento 10, ✉ 12, ☎ 248 18 52 – ✻ KZ **f**
cerrado domingo noche – Com carta 810 a 1 385.

✕ Mesón del Conde, Pelayo 82, ✉ 4, ☎ 410 58 14 – ▤. ✻ MV **b**
cerrado domingo.

✕ **Mi Pueblo,** Costanilla de Santiago 2, ✉ 13, ☎ 248 20 73 – ▤. ✻ KY **x**
cerrado lunes y junio – Com carta 750 a 1 425.

✕ Casa Gades, Conde de Xiquena 4, ✉ 4, ☎ 232 30 51, Cocina italiana – ▤ NX **m**

✕ **Alejandro,** Mesonero Romanos 7, ✉ 13, ☎ 231 51 04 – ▤ LX **r**
cerrado domingo – Com carta 910 a 1 485.

✕ Dario's, Travesía Horno de la Mata 5, ✉ 13, ☎ 232 70 76 – ▤ LX **z**

✕ **El Ingenio,** Leganitos 10, ✉ 13, ☎ 247 35 34 – ▤. AE ⓞ E VISA KX **y**
Com carta 765 a 1 505.

Ambiente típico

✕✕✕ **Café de Chinitas,** Torija 7, ✉ 13, ☎ 248 51 35, Tablao flamenco – ▤. AE E. ✻ KX **p**
cerrado domingo, Jueves Santo, Viernes Santo y 24 diciembre – Com (sólo cena) carta 2 475 a 3 575 (suplemento espectáculo 1 500).

✕✕ **Sixto Gran Mesón** piso 1, Cervantes 28, ✉ 14, ☎ 429 22 55, Decoración castellana – ▤. AE ⓞ E VISA. ✻ MZ **n**
cerrado domingo noche – Com carta 1 425 a 2 125.

✕✕ **Botín,** Cuchilleros 17, ✉ 12, ☎ 266 42 17, Decoración viejo Madrid, bodega típica – ▤. AE ⓞ E VISA KZ **n**
cerrado 24 diciembre noche – Com carta 1 325 a 2 050.

✕✕ **Al Mounia,** Recoletos 5, ✉ 1, ☎ 435 08 28, « Ambiente oriental », Cocina maghrebi – ▤. AE ⓞ. ✻ NX **s**
cerrado domingo, lunes y agosto – Com carta 1 265 a 2 130.

✕✕ **Corral de la Morería,** Morería 17, ✉ 5, ☎ 265 84 46, Tablao flamenco – ▤. AE ⓞ E VISA. ✻ KZ **u**
Com (sólo cena) carta 2 050 a 3 200.

✕✕ **Las Cuevas de Luis Candelas,** Cuchilleros 1, ✉ 12, ☎ 266 54 28, Decoración viejo Madrid - Camareros vestidos como los antiguos bandoleros – ▤. AE ⓞ E VISA KZ **m**
Com carta 1 350 a 3 240.

✕✕ **Fado,** pl. San Martín 2, ✉ 13, ☎ 231 89 24, Cocina portuguesa, Fados – ▤. AE ⓞ E VISA KY **k**
Com carta 1 200 a 2 100.

✕ **Taberna del Alabardero,** Felipe V - 6, ✉ 13, ☎ 241 51 92, Taberna típica – ▤. AE ⓞ VISA. ✻ KY **h**
Com carta 1 400 a 2 350.

✕ **El Cosaco,** Alfonso VI - 4, ✉ 5, ☎ 265 35 48, Rest. ruso – AE KZ **z**
Com (sólo cena salvo domingo) carta 700 a 1 635.

✕ **Esteban,** Cava Baja 36, ✉ 5, ☎ 265 90 91, Decoración viejo Madrid – ▤. VISA. ✻ KZ **y**
cerrado domingo – Com carta 1 050 a 2 050.

Cafeterías, Restaurantes rápidos

✕✕ **Manila,** Montera 25, ✉ 14, ☎ 232 47 09 – ▤. AE ⓞ E VISA. ✻ LY **n**
Com carta 1 290 a 2 280.

✕✕ **Nebraska** piso 1, Mayor 1, ✉ 13, ☎ 232 76 22 – ▤. ⓞ VISA. ✻ LY **y**
Com carta 1 220 a 2 550.

✕✕ **Zahara,** Gran Via 31, ✉ 13, ☎ 221 84 24 – ▤. AE ⓞ E VISA. ✻ LX **a**
Com carta 1 290 a 2 280.

XX **Nebraska,** Gran Vía 55, ✉ 13, ☎ 247 16 35 – ▤. ⓓ E VISA. ✻ KX **n**
Com carta 1 220 a 2 550.

XX **Riofrío,** Génova 28, ✉ 4, ☎ 419 29 77 – ▤. AE VISA. ✻ NV **z**
Com carta 1 230 a 2 080.

XX **Vips,** Princesa 5, ✉ 26, ☎ 241 16 22 – ▤. AE ⓓ E VISA. ✻ KV **a**
Com carta 745 a 1 380.

XX **Manila,** Gran Vía 41, ✉ 13, ☎ 221 71 37 – ▤. AE ⓓ E VISA. ✻ KX **c**
Com carta 1 290 a 2 280.

XX **Nebraska,** Gran Vía 32, ✉ 13, ☎ 222 63 08 – ▤. ⓓ VISA. ✻ LX **v**
Com carta 1 220 a 2 550.

X **Manila,** Génova 21, ✉ 4, ☎ 419 38 96 – ▤. AE ⓓ E VISA. ✻ NV **d**
Com carta 1 290 a 2 280.

X **Nebraska,** Alcalá 18, ✉ 14, ☎ 221 19 27 – ▤. ⓓ VISA. ✻ LY **b**
Com carta 1 220 a 2 550.

X **California,** Gran Vía 49, ✉ 13, ☎ 247 27 30 – ▤. ⓓ E VISA. ✻ KX **z**
Com carta 995 a 2 205.

X **Manila** piso 1, Goya 5, ✉ 1, ☎ 275 38 68 – ▤. AE ⓓ E VISA. ✻ NV **m**
Com carta 1 290 a 2 280.

X **California 39,** Gran Vía 39, ✉ 13, ☎ 232 35 72 – ▤. ⓓ E VISA. ✻ KX **s**
Com carta 995 a 2 205.

X **California,** Salud 21, ✉ 13, ☎ 262 42 40 – ▤. ⓓ E VISA. ✻ LX **q**
Com carta 995 a 2 205.

Fuera del Centro : Paseo de la Castellana, El Retiro, Plaza República Argentina, Plaza de Manuel Becerra, Ciudad Universitaria, Casa de Campo, Estación de Atocha (planos p. 2 a 7).

Eurobuilding Ⓜ, Padre Damián 23, ✉ 16, ☎ 457 17 00, Telex 22548, « Bonito jardín con ⛱ » – ⇅ ▤ 🚗 – 🏛. AE ⓓ E VISA. ✻ HS **a**
Com (ver **Rest. Balthasar y La Taberna**) – ☕ 475 – **555 hab** 7 400/9 800.

Miguel Angel Ⓜ, Miguel Angel 31, ✉ 10, ☎ 442 00 22, Telex 44235, ⛱ – ⇅ ▤ 🚗 – 🏛. AE ⓓ E VISA. ✻ GV **c**
Com 2 300 – ☕ 480 – **305 hab** 6 720/10 100.

Mindanao, paseo San Francisco de Sales 15, ✉ 3, ☎ 449 55 00, Telex 22631, ⛱, ⛱ – ⇅ ▤ 🚗 Ⓟ – 🏛. AE ⓓ E VISA. ✻ DV **a**
Com 1 950/3 420 – ☕ 375 – **300 hab** 6 550/8 200 – P 7 520/9 970.

Meliá Castilla Ⓜ, Capitán Haya 43, ✉ 20, ☎ 270 80 00, Telex 23142, ⛱ – ⇅ ▤ – 🏛. AE ⓓ E VISA. ✻ GS **c**
Com 1 900 – ☕ 450 – **1 000 hab** 6 900/7 450.

Wellington, Velázquez 8, ✉ 1, ☎ 275 44 00, Telex 22700, ⛱ – ⇅ ▤ 🚗. AE ⓓ E VISA. ✻ HX **t**
Com (ver Rest. El Fogón) – ☕ 450 – **261 hab** 4 750/7 550.

Princesa Plaza Ⓜ, Princesa 40, ✉ 8, ☎ 242 21 00, Telex 44378 – ⇅ ▤ Ⓟ – 🏛. AE ⓓ E VISA. ✻ KV **c**
Com 2 400 – ☕ 520 – **406 hab** 7 350/9 190 – P 8 845/11 600.

Luz Palacio, paseo de la Castellana 57, ✉ 1, ☎ 442 51 00, Telex 27207 – ⇅ ▤ 🚗 – 🏛. AE ⓓ E VISA. ✻ GV **p**
Com 2 090 – ☕ 430 – **182 hab** 6 200/8 975 – P 8 390/10 100.

Castellana sin rest, con cafetería, paseo de la Castellana 49, ✉ 1, ☎ 410 02 00, Telex 27686 – ⇅ ▤ 🚗 – 🏛. AE ⓓ E VISA. ✻ GV **a**
☕ 345 – **300 hab** 5 900/7 500.

Convención sin rest, con cafetería, O'Donnell 53, ✉ 9, ☎ 274 68 00, Telex 23944 – ⇅ ▤ 🚗 – 🏛. AE ⓓ E VISA. ✻ JX **a**
☕ 300 – **790 hab** 3 110/4 200.

Cuzco sin rest, con cafetería, paseo de la Castellana 133, ✉ 16, ☎ 456 06 00, Telex 22464 – ⇅ ▤ 🚗 Ⓟ – 🏛. AE ⓓ E VISA GS **a**
☕ 325 – **330 hab** 5 000/6 500.

Los Galgos y Rest. La Almoraima, Claudio Coello 139, ✉ 6, ☎ 262 42 27, Telex 43957 – ⇅ ▤ 🚗 – 🏛. AE ⓓ E VISA. ✻ HV **a**
Com 1 450 – ☕ 450 – **361 hab** 3 800/6 600 – P 5 980/6 480.

Florida Norte Ⓜ, paseo de la Florida 5, ✉ 8, ☎ 241 61 90, Telex 23675 – ⇅ ▤ 🚗. AE ⓓ E VISA. ✻ rest DX **v**
Com 980 – ☕ 240 – **399 hab** 3 200/4 600 – P 5 400/9 000.

G. H. Colón, av. Doctor Esquerdo 119, ✉ 30, ☎ 273 08 00, Telex 22984, ⛱, 🏋 – ⇅ ▤ 🚗 – 🏛. AE ⓓ E VISA. ✻ rest JY **x**
Com 1 150 – ☕ 215 – **390 hab** 2 700/3 950 – P 4 490/5 215.

Chamartín sin rest, con cafetería, estación de Chamartín, ✉ 16, ☎ 450 90 50, Telex 49201, ⇐ – ⇅ ▤ – 🏛. AE ⓓ E VISA. ✻ HR
☕ 350 – **378 hab** 3 500/4 200 – P 5 075/6 175.

sigue →

Escultor Ⓜ, Miguel Angel 3, ✉ 10, ☎ 410 42 03, Telex 44285 – AE E VISA. rest GV **s**
Com *(cerrado domingo)* 1 500 – ☕ 360 – **82 apartamentos** 3 900/6 700 – P 6 300/6 850.

Alcalá y Rest. Basque, Alcalá 66, ✉ 9, ☎ 435 16 50 – AE E VISA. HX **w**
Com 1 500 – ☕ 350 – **153 hab** 3 600/4 250.

El Gran Atlanta sin rest, Comandante Zorita 34, ✉ 20, ☎ 253 59 00, Telex 45210 – AE VISA FT **p**
☕ 350 – **180 hab** 3 450/4 900.

Pintor sin rest, con cafetería, Goya 79, ✉ 1, ☎ 435 75 45, Telex 23281 – AE. HX **c**
☕ 350 – **176 hab** 2 990/4 890.

Emperatriz, sin rest, con cafetería, López de Hoyos 4, ✉ 6, ☎ 413 65 11, Telex 43640 – GV **z**
170 hab.

Agumar sin rest, con cafetería, paseo Reina Cristina 9, ✉ 7, ☎ 252 69 00, Telex 22814 – AE E. HZ **a**
☕ 250 – **252 hab** 2 700/3 800.

Príncipe Pío, cuesta de San Vicente 16, ✉ 8, ☎ 247 08 00, Telex 42183 – AE E VISA. rest KX **d**
Com 800 – ☕ 220 – **157 hab** 2 340/3 515 – P 3 580/4 160.

Centro Norte sin rest, Mauricio Ravel 10, ✉ 16, ☎ 733 34 00, Telex 42598, – AE VISA. HR **b**
202 hab ☕ 3 125/4 095.

Praga sin rest, con cafetería, Antonio López 65, ✉ 18, ☎ 469 06 00, Telex 45248 – . BM **u**
☕ 230 – **428 hab** 1 700/2 700.

Aitana sin rest, con cafetería, paseo de la Castellana 152, ✉ 16, ☎ 250 71 07 – AE VISA GT **c**
☕ 260 – **111 hab** 3 000/4 800.

Aramo sin rest, con cafetería, paseo Santa María de la Cabeza 73, ✉ 5, ☎ 473 91 11, Telex 45885 – AE E VISA BM **e**
☕ 230 – **105 hab** 2 400/3 900.

Foxá 32 sin rest, con cafetería, Agustín de Foxá 32, ✉ 16, ☎ 733 10 60, Telex 49366 – AE E VISA. HR **u**
☕ 150 – **161 hab** 3 200/4 000.

Las Alondras, sin rest, con cafetería, José Abascal 8, ✉ 3, ☎ 447 40 00, Telex 49454 – FV **a**
72 hab.

Serrano sin rest, Marqués de Villamejor 8, ✉ 6, ☎ 435 52 00 – AE E VISA. HV **b**
☕ 280 – **34 hab** 2 575/4 600.

Puerta de Toledo, glorieta Puerta de Toledo 2, ✉ 5, ☎ 474 71 00, Telex 22291 – AE E VISA. EZ **v**
Com (ver **Rest. Urvi**) – ☕ 200 – **152 hab** 2 050/3 800.

Carlton, paseo de las Delicias 26, ✉ 7, ☎ 239 71 00 – AE VISA. rest GZ **n**
Com 800/1 200 – ☕ 275 – **133 hab** 2 255/3 680 – P 4 115/4 530.

Bretón sin rest, con cafetería, Bretón de los Herreros 29, ✉ 3, ☎ 442 83 00 – AE E VISA. FV **n**
☕ 250 – **57 hab** 2 840/4 990.

Claridge sin rest, con cafetería, pl. del Conde de Casal 6, ✉ 30, ☎ 251 94 00, Telex 45585 – wc AE E VISA JZ **a**
☕ 200 – **150 hab** 1 760/3 040.

Abeba sin rest, Alcántara 63, ✉ 6, ☎ 401 16 50 – wc E VISA. HV **r**
☕ 175 – **90 hab** 2 300/3 300.

Conde Duque sin rest, con cafetería, pl. Conde Valle de Suchil 5, ✉ 15, ☎ 447 70 00, Telex 22058 – wc AE E VISA EV **d**
☕ 205 – **138 hab** 1 420/3 275.

Zurbano, Zurbano 79, ✉ 3, ☎ 441 55 00, Telex 27578 – wc AE E VISA. rest GV **x**
Com 1 100/1 800 – ☕ 250 – **261 hab** 3 000/4 700 – P 4 350/5 000.

Tirol sin rest y sin ☕, con cafetería, Marqués de Urquijo 4, ✉ 8, ☎ 248 19 00 – wc VISA. DV **r**
93 hab 2 100/5 100.

Aristos, av. Pío XII-34, ✉ 16, ☎ 457 04 50, – wc AE. HS **d**
Com *(cerrado domingo)* 600/1 500 – ☕ 200 – **25 hab** 2 630/4 360.

Trafalgar sin rest, Trafalgar 35, ✉ 10, ☎ 445 62 00 – wc wc AE VISA. FV **s**
☕ 110 – **45 hab** 1 700/2 900.

Don Diego piso 5, sin rest, Velázquez 45, ✉ 1, ☎ 435 07 60 – wc. HX **x**
☕ 235 – **58 hab** 2 500/3 500.

Riomiera sin rest, Antonio López 168, ✉ 26, ☎ 476 32 11 – . BM **s**
☕ 140 – **54 hab** 1 150/1 550.

Restaurantes de lujo

XXXXX ✿✿ Zalacaín, Álvarez de Baena 4, ✉ 6, ☎ 261 48 40, 🏠, « Decoración elegante » – ▤ 🚗 GV **b**

XXXX ✿ **Balthasar,** Juan Ramón Jiménez 8, ✉ 16, ☎ 457 91 91, Telex 22548, « Elegante decoración clásica » – ▤ 🚗. ✗ HS **a**
cerrado domingo y agosto – Com carta 2 225 a 3 450
Espec. Crepes de cangrejo Americana, Carre de cordero a la mostaza, Mero al horno con caracoles.

XXXX **Nuevo Valentín,** Concha Espina 8, ✉ 16, ☎ 259 75 55, 🏠 – ▤. AE ⓓ E VISA. ✗ GT **n**
Com carta 1 750 a 2 795.

XXXX Mayte Commodore, pl. República Argentina 5, ✉ 6, ☎ 261 86 06, « Decoración elegante » – ▤ HU **v**

XXXX **El Bodegón,** Pinar 15, ✉ 16, ☎ 262 31 37, 🏠, Decoración de estilo español – ▤. AE ⓓ E VISA. ✗ GV **q**
cerrado domingo y agosto – Com carta 2 000 a 3 500.

Restaurantes clásicos, modernos o típicos

XXX La Fragua, José Ortega y Gasset 6, ✉ 6, ☎ 276 40 33 – ▤. AE ⓓ E VISA. ✗ HV **z**

XXX **Nicolasa,** Velázquez 150, ✉ 2, ☎ 261 99 85 – ▤. AE ⓓ E VISA. ✗ HU **a**
cerrado domingo y agosto – Com carta 2 065 a 3 000.

XXX **O'Pazo,** Reina Mercedes 20, ✉ 20, ☎ 234 37 48, Pescados y mariscos – ▤. ✗ FT **p**
cerrado domingo y 10 agosto-10 septiembre – Com carta 1 325 a 2 425.

XXX ✿ **El Amparo,** Puigcerdá 8, ✉ 1, ☎ 431 64 56, Cocina vasco-francesa – ▤. AE. ✗ HX **h**
cerrado sábado mediodía, domingo, Semana Santa y agosto – Com carta 2 325 a 3 525
Espec. Pimientos de piquillo rellenos de bacalao, Lubina al tomillo con compote de tomate, Cordero al horno con verduras y ajos dulces.

XXX **José Luis,** Rafael Salgado 11, ✉ 16, ☎ 457 50 36, 🏠 – ▤. AE ⓓ E VISA. ✗ GT **m**
cerrado domingo y agosto – Com carta 1 320 a 2 700.

XXX Breda, paseo de la Castellana 78, ✉ 1, ☎ 261 11 58 – ▤. AE ⓓ E VISA GV **f**

XXX **Café Viena,** Luisa Fernanda 23, ✉ 8, ☎ 248 15 91, Cenas amenizadas al piano, « Evocación de un antiguo café » – ▤. AE VISA. ✗ DX **s**
cerrado domingo y agosto – Com carta 1 550 a 2 775.

XXX La Boucade, Capitán Haya 30, ✉ 20, ☎ 456 02 45 – ▤ GS **a**

XXX **El Landó,** pl. Gabriel Miró 8, ✉ 5, ☎ 266 76 81, Decoración elegante – ▤. AE ⓓ VISA. ✗ KZ **a**
cerrado domingo y agosto – Com carta 1 550 a 2 450.

XXX ✿ Príncipe de Viana, Manuel de Falla 5, ✉ 16, ☎ 259 14 48, Cocina vasca – ▤ GT **c**

XXX **El Circo,** Ortega y Gasset 29, ✉ 6, ☎ 276 01 44, Decoración moderna, cenas amenizadas al piano – ▤. AE ⓓ E VISA. ✗ HV **f**
Com carta 1 330 a 2 125.

XXX **La Taberna,** av. Alberto Alcocer 18, ✉ 16, ☎ 457 17 00 (ext. 9830), Telex 22548 – ▤. ✗ HS **a**
Com carta 1 400 a 2 800.

XXX **Señorío de Bertiz,** Comandante Zorita 6, ✉ 20, ☎ 233 27 57 – ▤. AE ⓓ E VISA. ✗ FT **s**
cerrado sábado mediodía, domingo y agosto – Com carta 1 400 a 2 400.

XXX **Villa y Corte de Madrid,** Serrano 110, ✉ 6, ☎ 261 29 77, Decoración elegante – ▤. AE ⓓ VISA HV **a**
Com carta 1 275 a 2 250.

XXX El Gran Chambelan, Ayala 46, ✉ 1, ☎ 431 77 45 – ▤. AE VISA. ✗ HX **r**
cerrado domingo.

XXX **Los Porches,** paseo Pintor Rosales 1, ✉ 8, ☎ 247 70 53, 🏠 – ▤. AE ⓓ E VISA. ✗ DX **z**
Com carta 1 750 a 2 550.

XXX **Da Renzo,** Pedro Muguruza 8, ✉ 16, ☎ 259 11 14, Cocina italiana – ▤. AE ⓓ E VISA. ✗ HS **w**
Com carta 1 380 a 2 110.

XXX **Gaztelupe,** Comandante Zorita 37, ✉ 20, ☎ 253 51 32 – ▤. AE ⓓ VISA. ✗ FT **a**
cerrado domingo – Com carta 1 575 a 2 900.

XXX Hostal Mayte, Príncipe de Vergara 285, ✉ 16, ☎ 259 70 39 – ▤ HS **e**

XXX **San Román,** Zurbarán 15, ✉ 4, ☎ 419 01 18 – ▤. AE E VISA. ✗ NV **f**
cerrado domingo – Com carta 1 300 a 2 375.

XXX El Buscón, Panamá 4, ✉ 16, ☎ 457 30 43 – ▤ GT **r**

XXX St.-James, Juan Bravo 26, ✉ 6, ☎ 275 60 10, 🏠, Arroces – ▤ HV **t**

XX **Aymar,** Fuencarral 138, ✉ 10, ☎ 445 57 67, Pescados y mariscos – ▤. AE ⓓ E VISA. ✗ FV **e**
Com carta 1 350 a 2 650.

XX La Dorada, Orense 66, ✉ 20, ☎ 270 20 04, Imitación del interior de un barco, Pescados y mariscos – ▤ GS **u**

XX ✿ **Cabo Mayor,** Juan Hurtado de Mendoza 11 (posterior), ✉ 16, ☎ 250 87 76, « Decoración original » – ▤. ✗ GHS **r**
cerrado domingo y del 15 al 30 agosto – Com carta 1 600 a 2 600
Espec. Ensalada de bogavante, Dorada con salsa de moluscos, Postres caseros.

XX Pizzeria Paolo, General Rodrigo 3, ✉ 3, ☎ 254 44 28, Cocina italiana – ▤ Ⓟ DUV **e**

XX **Horno de Don Carlos,** Fernández de la Hoz 80, ✉ 3, ☎ 234 38 52 – ▤. ✗ GV **r**
cerrado domingo noche – Com carta 1 450 a 2 510.

XX **Caruso,** Serrano 70, ✉ 1, ☎ 435 52 62 – ▤. AE ⓓ VISA. ✻ HVX **p**
cerrado domingo – Com carta 1 250 a 2 175.

XX El Faisán Dorado, Bolivia 11, ✉ 16, ☎ 259 30 76 – ▤ HS **t**
Com (sólo almuerzo).

XX **Tattaglía,** paseo de la Habana 17, ✉ 16, ☎ 262 85 90, Cocina italiana – ▤. AE ⓓ E VISA. ✻
Com carta 1 235 a 2 025. GT **b**

XX **Rugantino,** Velázquez 136, ✉ 6, ☎ 261 02 22, Cocina italiana – ▤. AE ⓓ E VISA. ✻ HV **e**
Com carta 1 190 a 1 995.

XX **De Funy,** Serrano 213, ✉ 16, ☎ 259 72 25, 帝, Rest. libanés – ▤. AE ⓓ E VISA HT **z**
cerrado lunes – Com carta 1 450 a 2 300.

XX La Fonda, Lagasca 11, ✉ 1, ☎ 403 83 07, Cocina catalana – ▤ HX **f**

XX El Fogón, Villanueva 34, ✉ 1, ☎ 275 44 00, « Estilo rústico español » – ▤ HX **t**

XX **El Invernadero,** Jorge Juan 39, ✉ 1, ☎ 276 08 74 – ▤. AE ⓓ E VISA. ✻ HX **m**
cerrado domingo – Com carta 1 175 a 2 075.

XX **House of Ming,** paseo de la Castellana 74, ✉ 1, ☎ 261 98 27, Rest. chino – ▤. AE ⓓ VISA.
✻ GV **f**
cerrado 5 agosto-5 septiembre – Com carta 1 125 a 1 850.

XX Los Medicis, Comandante Zorita 32, ✉ 20, ☎ 234 44 62 – ▤ FT **p**

XX Bombín, Rosario Pino 18, ✉ 20, ☎ 270 40 44 – ▤ GS **d**

XX Cota 13, estación de Chamartín, ✉ 17, ☎ 215 97 18 – ▤ HR

XX **La Prensa de Tirgo,** av. de Brasil 7, ✉ 20, ☎ 455 08 73, 帝 – ▤. AE ⓓ E VISA. ✻ GT **a**
Com carta 1 340 a 2 235.

XX **Combarro,** Reina Mercedes 12, ✉ 20, ☎ 254 77 84, Pescados y mariscos – ▤. E VISA. ✻
cerrado domingo noche y agosto – Com carta 1 040 a 1 930. FT **r**

XX **O'Toxo,** Hernani 60, ✉ 20, ☎ 234 69 22, Cocina gallega – ▤. ⓓ VISA. ✻ FT **s**
cerrado domingo y agosto – Com carta 1 250 a 2 100.

XX Colony, Alberto Alcocer 43, ✉ 16, ☎ 250 64 99, Cocina francesa – ▤ HS **v**

XX Blanca de Navarra, av. de Brasil 13, ✉ 20, ☎ 455 10 29, Cocina navarra – ▤ GT **q**

XX **Parrillón,** Santa Engracia 41, ✉ 10, ☎ 446 02 25 – ▤. ⓓ VISA. ✻ FV **b**
cerrado domingo y agosto – Com carta 1 330 a 2 700.

XX Graciano, Jorge Juan 69, ✉ 9, ☎ 431 60 11 – ▤ HX **u**

XX Antonio, Santa Engracia 54, ✉ 10, ☎ 447 40 68 – ▤ FV **z**

XX **Jai-Alai,** Balbina Valverde 2, ✉ 2, ☎ 261 27 42, 帝, Cocina vasca – ▤. AE ⓓ E VISA GU **h**
cerrado lunes y agosto – Com carta 1 100 a 1 975.

XX **Calycanto,** Velázquez 22, ✉ 1, ☎ 403 08 11 – ▤. AE ⓓ E VISA. ✻ HX **g**
cerrado domingo y agosto – Com carta 675 a 2 115.

XX **Aldaba,** Alberto Alcocer 5, ✉ 16, ☎ 457 21 93 – ▤. AE ⓓ E. ✻ GS **e**
cerrado sábado mediodía, domingo, festivos y agosto – Com carta 1 250 a 2 290.

XX **Casa Quinta,** Padilla 3, ✉ 6, ☎ 276 74 18 – AE ⓓ E VISA. ✻ HV **m**
cerrado domingo y agosto – Com carta 1 275 a 2 665.

XX **Le Tournedo,** General Moscardó 17, ✉ 20, ☎ 253 92 00, Inspirado en los clásicos bistros franceses – ▤. ✻ FT **e**
Com carta 900 a 1 400.

XX La Fonda, Príncipe de Vergara 211, ✉ 13, ☎ 250 14 30, Cocina catalana – ▤ HT **e**

XX Sulú, paseo de la Castellana 172, ✉ 16, ☎ 259 10 40, Rest. filipino – ▤. AE ⓓ E VISA. ✻
cerrado domingo, Navidad y Año Nuevo. GS **e**

XX **La Ribera del Ebro,** Capitán Haya 51, ✉ 20, ☎ 279 70 80, Cocina riojano - aragonesa – ▤.
AE ⓓ E VISA. ✻ GS **s**
Com carta 1 125 a 1 900.

XX **Guten,** Orense 70, ✉ 20, ☎ 270 36 22 – ▤. ✻ GS **z**
cerrado domingo – Com carta 1 130 a 1 925.

XX **Prost,** Orense 6, ✉ 20, ☎ 455 28 94 – ▤. ✻ FT **c**
cerrado domingo – Com carta 1 075 a 1 950.

XX El Chiscón de Castelló, Castelló 3, ✉ 1, ☎ 275 56 62 – ▤ HX **e**

XX Asador Guetaria, Comandante Zorita 8, ✉ 20, ☎ 254 66 32, Cocina vasca – ▤ FT **s**

XX La Mesta, Príncipe de Vergara 60, ✉ 6, ☎ 226 74 56 – ▤ HV **s**

XX La Marmite, pl. San Amaro 8, ✉ 20, ☎ 279 92 61, Cocina francesa – ▤ FT **v**

XX **Fass,** Rodríguez Marín 84, ✉ 2, ☎ 457 22 02, Cocina alemana – ▤. AE ⓓ E VISA. ✻ HT **t**
Com carta 1 310 a 2 250.

XX **Urvi,** glorieta Puerta de Toledo 2, ✉ 5, ☎ 474 12 69 – ▤. AE ⓓ E VISA. ✻ EZ **v**
Com carta 1 020 a 1 700.

XX **Toffaneti** con cafetería, paseo de la Castellana 83, ✉ 16, ☎ 456 42 87, Cocina italiana – ▤.
AE ⓓ E VISA. ✻ GT **x**
Com carta 1 115 a 1 700.

XX **Mesón Txistu,** pl. Angel Carbajo 6, ✉ 20, ☎ 270 96 51, Decoración rústica – ▤. AE ⓓ E
VISA. ✻ GS **d**
Com carta 1 150 a 2 450.

XX **Alkalde,** Jorge Juan 10, ✉ 1, ☎ 276 33 59, En una bodega – ▤. ✻ HX **v**
cerrado sábado noche y domingo en julio y agosto – Com carta 1 420 a 2 580.

XX Jeromín, San Bernardo 115, ✉ 8, ☎ 448 98 43, terraza – ▤ EFV **r**

XX Rafa, Narváez 68, ✉ 9, ☎ 273 82 98, terraza – ▤. ◑ E VISA. ✻ HY **a**

XX **L'Alsace,** Doménico Scarlatti 5, ✉ 3, ☎ 244 40 75, « Decoración alsaciana » – ▤. AE ◑ E VISA DV **a**
Com carta 1 250 a 2 000.

XX **O'Xeito,** paseo de la Castellana 49, ✉ 1, ☎ 419 83 87, Decoración de estilo gallego, Pescados y mariscos – ▤. AE ◑ E VISA. ✻ GV **e**
Com carta 1 550 a 2 350.

X **Quattrocento,** General Ampudia 18, ✉ 3, ☎ 234 91 06, Cocina italiana – ▤. AE ◑ VISA. ✻
cerrado domingo noche – Com carta 975 a 1 590. DU **a**

X **México Lindo,** pl. República del Ecuador 4, ✉ 16, ☎ 259 48 33, Cocina mejicana – ▤. AE ◑ E VISA. ✻ HT **y**
cerrado martes y agosto – Com carta 1 155 a 1 845.

X Chiquito Riz, Coslada 3, ✉ 28, ☎ 245 18 23 – ▤ HV **u**

X **Gerardo,** D. Ramón de la Cruz 86, ✉ 8, ☎ 401 89 46 – ▤. AE ◑ VISA. ✻ JX **s**
cerrado agosto – Com carta 1 350 a 2 225.

X El Pajar, Orense 35, ✉ 20, ☎ 455 00 09 – ▤ FT **b**

X **Casa Félix,** Bretón de los Herreros 39, ✉ 3, ☎ 441 24 79 – ▤. AE VISA. ✻ FV **x**
Com carta 1 200 a 1 950.

X Asador Donostiarra, Pedro Villar 14, ✉ 20, ☎ 279 73 40, Decoración rústica – ▤ FS **a**

X ✿ **El Pescador,** José Ortega y Gasset 75, ✉ 6, ☎ 402 12 90, terraza, Pescados y mariscos – ▤. ✻ JV **t**
cerrado domingo y 12 agosto-15 septiembre – Com carta 1 325 a 2 375
Espec. Sopa El Pescador, Lenguado Evaristo, Langosta a la americana.

X **La Gran Tasca,** Santa Engracia 22, ✉ 10, ☎ 448 77 79 – ▤. AE ◑ E VISA. ✻ FV **c**
cerrado domingo – Com carta 1 150 a 2 000.

X Los Borrachos de Velázquez, Príncipe de Vergara 205, ✉ 2, ☎ 458 10 76, Rest. andaluz – ▤ HT **s**

X Tony's, Menéndez Pidal 27, ✉ 16, ☎ 457 30 69, terraza, Cocina italiana – ▤. AE ◑ E VISA. ✻ HS **f**

X Sacha, Juan Hurtado de Mendoza 11 (Posterior), ✉ 16, ☎ 457 59 52, terraza – ▤ GHS **r**

X Las Cumbres, av. de América 33, ✉ 2, ☎ 413 08 13, Rest. andaluz – ▤ HV **h**

X Las Reses, pl. General Maroto 2, ✉ 5, ☎ 473 54 47, Decoración rústica, Carnes – ▤ BM **v**

X Goffredo, pl. conde Valle de Suchil 4, ✉ 15, ☎ 447 70 00, Cocina italiana – ▤ EV **d**

X Marbella, Principe de Vergara 276, ✉ 16, ☎ 259 10 37, terraza – ▤ HS **x**

X Sixto, José Ortega y Gasset 83, ✉ 6, ☎ 402 13 53, terraza – ▤ JV **e**

X La Panocha, Alonso Heredia 4, ✉ 28, ☎ 245 10 32 – ▤ JV **x**

X Bodegón Navarro, paseo de la Castellana 121, ✉ 16, entrada por Pintor Juan Gris, ☎ 455 30 11, Decoración rústica – ▤ GS **h**

X Mesón El Caserío, Capitán Haya 49, ✉ 20, ☎ 270 96 29, Decoracion rústica – ▤ GS **k**

X **El Timbal,** Andrés Mellado 69, ✉ 15, ☎ 244 36 15 – ▤. AE ◑ E VISA. ✻ EV **b**
cerrado domingo noche – Com carta 950 a 1 710.

X Samuel, Lagasca 46, ✉ 1, ☎ 276 41 35 – ▤ HX **a**

X La Lidia, av. Presidente Carmona 2, ✉ 20, ☎ 456 27 90, Rest. andaluz – ▤ FT **n**

X **Prosit,** José Ortega y Gasset 8, ✉ 6, ☎ 276 17 85 – ▤. ✻ HV **z**
cerrado domingo y agosto – Com carta 1 075 a 1 700.

X Casa Julián, Don Ramón de la Cruz 10, ✉ 1, ☎ 275 01 27 – ▤ HX **q**

X **L'Entrecotte,** Claudio Coello 70, ✉ 1, ☎ 435 35 17 – ▤. ✻ HX **q**
cerrado domingo – Com carta 900 a 1 400.

X **Melgar,** Antonio López 5, ✉ 19, ☎ 269 51 79 – ▤. AE ◑ VISA. ✻ BM **a**
Com carta 1 375 a 2 500.

X **Porto Mouro,** Santa María Magdalena 31, ✉ 16, ☎ 250 60 94, Pescados y mariscos – ▤. AE ◑ E VISA. ✻ HS **n**
cerrado domingo y agosto – Com carta 1 350 a 2 300.

X ✿ **La Trainera,** Lagasca 60, ✉ 1, ☎ 435 89 54, Pescados y mariscos – ▤. ✻ HX **k**
cerrado domingo y agosto – Com carta 1 650 a 2 400
Espec. Langosta americana, Lenguado plancha, Besugo Trainera.

X **Happy Gourmet** (Gastrónomo Feliz), av. Nazaret 8, ✉ 7, ☎ 409 12 24, terraza, Carnes – ▤. AE ◑ VISA. ✻ JY **n**
Com carta 890 a 1 440.

X Curro's, Coslada 28, ✉ 28, ☎ 246 79 41 – ▤ HV **k**

X Á Casiña, av. Séneca (Puente de los Franceses), ✉ 35, ☎ 449 05 76, terraza – ▤ Ⓟ AL **t**

X Casa Portal, Dr. Castelo 26, ✉ 9, ☎ 274 20 26 – ▤ HX **b**

X Rianxo, Raimundo Fernández Villaverde 49, ✉ 20, ☎ 233 48 18, Cocina gallega – ▤ FU **a**

X Los Cigarrales, Antonio López 52, ✉ 19, ☎ 469 74 52 – ▤ BM **n**

X Casa Pepe, paseo de la Habana 33, ✉ 16, ☎ 259 66 36 – ▤ HT **k**

X Currito, Feria del Campo - Pabellón de Vizcaya, ✉ 20, ☎ 464 57 04, 余, Cocina vasca – Ⓟ AM **e**

X **Dario's,** Joaquín María López 30, ✉ 15, ☎ 243 30 43 – ▤. E VISA. ※
cerrado domingo noche – Com carta 650 a 1 400. EV **x**

X **Mesón Auto,** paseo de la Chopera 69, ✉ 5, ☎ 239 66 00, Decoración rústica – ▤. ※
Com carta 925 a 1 900. BM **c**

X Villalobillos, María Teresa 9, ✉ 28, ☎ 245 66 22, Rest. andaluz – ▤ CL **d**

X **Don Sancho,** Bretón de los Herreros 58, ✉ 3, ☎ 441 37 94 – ▤. ※ GV **u**
cerrado domingo, festivos y agosto – Com carta 1 095 a 1 615.

X Bene, Castillo 19, ✉ 10, ☎ 448 08 78 – ▤ FV **u**

X **La Hoja,** Dr. Castelo 48, ✉ 9, ☎ 409 25 22 – ▤. VISA. ※ HJX **y**
cerrado lunes – Com carta 1 300 a 2 100.

X Calablanca (Chez Jacques), Gonzalo de Córdoba 10, ✉ 10, ☎ 446 89 93, Cocina francesa – ▤ FV **v**

X Olvido, Dr. Esquerdo 82, ✉ 30, ☎ 409 38 13 – ▤ JY **e**

X Mesón del Bierzo, av. del Mediterráneo 22, ✉ 7, ☎ 251 11 41 – ▤ HZ **n**

X Las Cumbres, Alberto Alcocer 32, ✉ 16, ☎ 458 76 92, Taberna andaluza – ▤ HS **b**

X **Viridiana,** Fundadores 23, ✉ 28, ☎ 246 90 40 JX **c**
cerrado domingo y agosto – Com carta 1 375 a 1 725.

Cafeterías, Restaurantes rápidos

XX **California 47,** Goya 47, ✉ 1, ☎ 435 27 17 – ▤. ◑ E VISA. ※ HX **n**
Com carta 995 a 2 205.

XX **Nebraska,** Bravo Murillo 109, ✉ 20, ☎ 233 58 21 – ▤ FT **z**
Com carta 1 220 a 2 550.

XX **Manila,** Juan Bravo 37, ✉ 6, ☎ 411 14 40 – ▤. AE ◑ E VISA. ※ HV **c**
Com carta 1 290 a 2 280.

XX **Nebraska,** Goya 39, ✉ 1, ☎ 276 11 42 – ▤ HX **d**
Com carta 1 220 a 2 550.

X **Vips,** José Ortega y Gasset 29, ✉ 6, ☎ 275 64 73 – ▤. AE ◑ E VISA. ※ HV **f**
Com carta 745 a 1 380.

X **Vips,** paseo de la Habana 17, ✉ 16, ☎ 261 30 59 – ▤. AE ◑ E VISA. ※ GT **b**
Com carta 745 a 1 380.

X **Manila,** Basílica 17, ✉ 20, ☎ 455 90 31 – ▤. AE ◑ E VISA. ※ FT **k**
Com carta 1 290 a 2 280.

X **Manila,** Diego de León 41, ✉ 6, ☎ 262 12 62 – ▤. AE ◑ E VISA. ※ HV **d**
Com carta 1 290 a 2 280.

X **Vips,** Velázquez 136, ✉ 6, ☎ 262 84 38 – ▤. AE ◑ E VISA. ※ HV **e**
Com carta 745 a 1 380.

X **Vips,** Julián Romea 4, ✉ 3, ☎ 233 07 52 – ▤. AE ◑ E VISA. ※ EV **v**
Com carta 745 a 1 380.

Alrededores

en Ciudad Puerta de Hierro : 8 km par N VI y por carretera de El Pardo – ✉ Madrid 35 – ✆ 91 :

🏨 **Monte Real** ⛰, Arroyofresno 17 ☎ 216 21 40, Telex 22089, 余, « Decoración elegante, bonito jardín », 🏊 – 🛗 ▤ 🚗 Ⓟ – 🏛. AE ◑ E VISA. ※ AL **b**
Com 2 550 – ☕ 500 – **79 hab** 5 970/9 760 – P 9 980/11 070.

Por la salida* ① *: en Fuencarral : 9 km por N 1 o por Camino Viejo de Alcobendas - HR – ✉ Madrid 34 – ✆ 91 :

XX **Casa Pedro,** Nuestra Señora de Valverde 119, ✉ 34, ☎ 734 02 01, 余 – ▤. AE ◑ E VISA. ※
Com carta 1 150 a 2 100.

Por la salida* ① *: por la carretera N II y acceso carretera Coslada - San Fernando E : 12 km – ✉ Madrid 22 – ✆ 91 :

XX **Rancho Texano,** av. Aragón 364, ✉ 22, ☎ 747 47 44, 余, Carnes a la brasa, « Agradable terraza » – ▤ Ⓟ. AE ◑ VISA
cerrado domingo noche – Com carta 1 490 a 1 805.

en la carretera del aeropuerto : 12,5 km – ✉ Madrid 22 – ✆ 91 :

🏨 **Eurotel Resitur,** Galeón 27 (Alameda de Osuna), ✉ 22, ☎ 747 13 55, Telex 45688, 🏊 – 🛗 ▤ 🚗 – 🏛. AE ◑ E VISA. ※
Com *(cerrado domingo)* 1 200 – ☕ 225 – **271 apartamentos** 3 760/4 700 – P 4 975/6 385.

Por la salida ⑦ : en Aravaca – ✉ Aravaca – ☎ 91 :

XX **Portonovo,** carret. N VI : 10,5 km ℘ 207 01 73, 🏠, Cocina gallega – ▤ Ⓟ. AE ⓞ VISA. ✈
cerrado domingo – Com carta 1 375 a 2 970.

X El Zaguán, av. de la Osa Mayor 70 : 9 km ℘ 207 11 49 – ▤ Ⓟ. VISA. ✈
cerrado miércoles.

en El Plantio – ✉ El Plantio – ☎ 91 :

XX ✿ **Los Remos,** carret. N VI : 13 km ℘ 207 72 30, Pescados y mariscos – ▤ Ⓟ. ✈
cerrado domingo noche, festivos noche y del 15 al 31 agosto – Com carta 1 175 a 2 150
Espec. Merluza marinera, Changurro, Langosta americana.

Por la salida ⑧ : en la carretera de Colmenar Viejo – ✉ Madrid 34 – ☎ 91 :

XX **El Mesón de Fuencarral,** carret. C 607 : 13,5 km ℘ 734 10 19, 🏠, Decoración rústica en una casa de campo castellana – ▤ Ⓟ. ⓞ VISA. ✈
Com carta 1 175 a 1 830.

Ver también : ***Barajas*** por ②
Boádilla del Monte por ⑥
Getafe por ④
Majadahonda por ⑦
El Pardo
Pozuelo de Alarcón por C 602 AL.

S.A.F.E. Neumáticos MICHELIN, División Comercial, Dr. Esquerdo 157, ✉ 30 JY ℘ **409 09 40**, Telex 27582

S.A.F.E. Neumáticos MICHELIN, Sucursal av. José Gárate 7, COSLADA por ② o ③ ℘ **672 05 61**

AUSTIN-MG-MORRIS-MINI López de Hoyos 171 ℘ 415 05 00
AUSTIN-MG-MORRIS-MINI General Moscardó 35 ℘ 254 48 12
AUSTIN-MG-MORRIS-MINI Galileo 104 ℘ 253 34 00
CITROEN-PEUGEOT av. de la Paz 16 ℘ 403 21 09
CITROEN-PEUGEOT Doctor Esquerdo 62 ℘ 273 76 00
CITROEN-PEUGEOT Lopez de Hoyos 66 ℘ 262 31 64
FIAT-SEAT carret. N II km 11,3 ℘ 747 11 11
FORD Santa Engracia 117 ℘ 446 62 00
FORD López de Hoyos 171 ℘ 415 05 00
FORD Antonio López 247 ℘ 475 53 00
FORD paseo Yeserías 15 ℘ 474 42 11
FORD av. Pío XII-1 ℘ 458 03 54
MERCEDES-BENZ Mauricio Legendre 15 ℘ 215 82 85
MERCEDES-BENZ Pradilla 19 ℘ 458 10 22
PEUGEOT-CITROEN av. de los Toreros 8 ℘ 255 84 33
RENAULT General Yagüe 6 ℘ 455 63 58
RENAULT av. Ciudad de Barcelona 206-208 ℘ 251 26 02
RENAULT carret. de Aragón km 9,4 ℘ 741 90 00
RENAULT Alcalá 180 y 182 ℘ 245 84 06
RENAULT av. de Burgos 89 ℘ 766 00 00
RENAULT Valencia 21 ℘ 228 63 07
RENAULT General Martínez Campos 39 ℘ 419 40 57
RENAULT Oca 7-9 y 11 ℘ 472 14 00
RENAULT Doctor Esquerdo 120 ℘ 251 14 70
RENAULT carret. Andalucía km 9,2 ℘ 796 42 00
RENAULT Francos Rodríguez 58 ℘ 450 63 53
RENAULT Ayala 48 ℘ 226 64 31
RENAULT Serrano 230 ℘ 259 14 06
RENAULT López de Hoyos 149 ℘ 415 86 00
RENAULT Rivadavia 16 ℘ 788 85 00
SEAT paseo de la Castellana 278 ℘ 215 31 40
TALBOT paseo de la Esperanza 51 ℘ 473 83 03
TALBOT Ayala 89 ℘ 401 20 50
TALBOT Carvajales 1 ℘ 474 21 00
TALBOT av. de la Paz 4 ℘ 404 53 94

☛ *Les hôteliers ont pris des engagements vis-à-vis des lecteurs de ce guide. Présentez bien votre guide Michelin 1983.*

MADRIDEJOS Toledo 990 ㉕ – 9 748 h. – ☎ 925.
♦Madrid 118 – Ciudad Real 79 – Toledo 68.

⌂ **Contreras,** carret. N IV ℘ 46 07 38 – ▥ ▤ rest ⇔wc ⋒ Ⓟ. AE ⓞ E VISA. ✈
Com 625 – ⊐ 80 – **38 hab** 615/1 725 – P 1 800/2 250.

CITROEN carret. Andalucía km 118,9 ℘ 46 09 99
FORD carret. Andalucía km 119,2 ℘ 46 00 89
RENAULT carret. Andalucía km 118,7 ℘ 46 02 44
SEAT-FIAT carret. Andalucía 118,3 ℘ 46 02 88

MAGALUF Baleares 43 ⑱⑲ – ver Baleares (Mallorca) : Palma Nova.

MAHÓN Baleares 43 ⑳ y 990 ㉚ – ver Baleares (Menorca).

MAJADAHONDA Madrid 990 ㊴ – 9 964 h. – ☎ 91.
♦Madrid 18.

XX Paolo, pl. Colón 3 ℘ 638 27 24, Cocina italiana – ▤.

XX Don Salsivino, pl. de la Iglesia ℘ 638 11 20, Cocina vasca – ▤. AE VISA. ✈
cerrado domingo noche y lunes mediodía.

X **San Carlos,** Dr Calero 33 ℘ 638 46 49, 🏠 – ▤ Ⓟ. ⓞ VISA. ✈
cerrado martes – Com carta 1 050 a 1 850.

X **Prost,** zona comercial El Zoco Mar Ego ℘ 638 00 08, 🏠, Típica cervecería alemana – ▤. E. ✈
cerrado domingo noche – Com carta 900 a 1 400.

MÁLAGA P 446 V 16 – 502 232 h. (incl. Torremolinos) – ✆ 952 – Playa – Plaza de toros.

Ver : Catedral★ CY – Museo de Bellas Artes★ DY **M** – Alcazaba★ (museo★) DY – Gibralfaro ≤★★ DY.

Alred. : Finca de la Concepción★ por ④ : 7 km – Carretera★ de Málaga a Antequera ≤★★ BU.

18 Club de Campo de Málaga por ② : 9 km ✆ 38 11 20 – 9 de El Candado por ① : 5 km ✆ 29 04 90.

✈ de Málaga por ② : 9 km ✆ 31 60 00 – Iberia : Molina Larios 13, ✉ 13, ✆ 31 37 31.

🚗 ✆ 31 62 49.

⛴ para Melilla y Barcelona : Cía. Aucona, Juan Díaz 4 (CZ) ✆ 22 43 93, Telex 77042.

ℹ Larios 5 ✆ 21 34 45, paseo del Parque ✆ 22 86 00 y en el aeropuerto ✆ 31 20 44 – R.A.C.E. (Automóvil Club de Málaga) pl. de las Flores 2 ✆ 21 42 60.

♦Madrid 546 ④ – Algeciras 138 ② – ♦Córdoba 174 ④ – ♦Sevilla 207 ④ – ♦Valencia 639 ④.

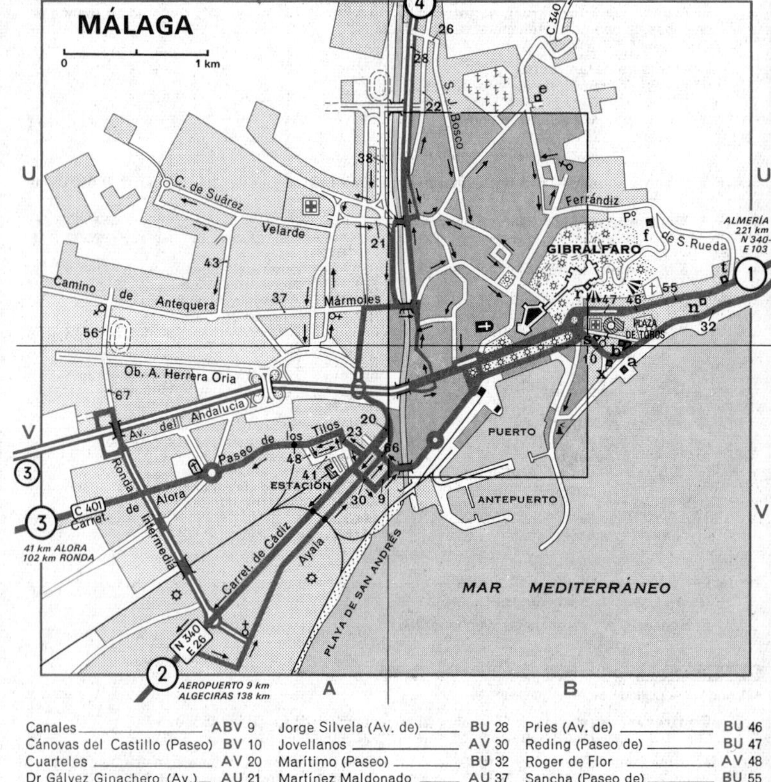

Canales	ABV 9	Jorge Silvela (Av. de)	BU 28	Pries (Av. de)	BU 46
Cánovas del Castillo (Paseo)	BV 10	Jovellanos	AV 30	Reding (Paseo de)	BU 47
Cuarteles	AV 20	Marítimo (Paseo)	BU 32	Roger de Flor	AV 48
Dr Gálvez Ginachero (Av.)	AU 21	Martínez Maldonado	AU 37	Sancha (Paseo de)	BU 55
Emilio Díaz	BU 22	Martiricos (Paseo de)	AU 38	Santa Rosa (Av. de)	AU 56
Eslava	AV 23	Mendívil	AV 41	Vieja	ABV 66
Guerrero Strachan	BU 26	Morales Villarrubia	AU 43	Virgen de la Cabeza	AV 67

Centro :

Málaga Palacio sin rest, con cafetería, av. Cortina del Muelle 1, ✉ 15, ✆ 21 51 85, Telex 77021, ≤, 🏊 – |‡| ▤ – 🚗. AE ⓞ E VISA — CZ **r**
☕ 350 – **223 hab** 4 600/5 900.

Casa Curro sin rest, Sancha de Lara 9, ✉ 15, ✆ 22 72 00, Telex 77366 – |‡| ▤. AE ⓞ E VISA. ✂ — CZ **e**
☕ 200 – **100 hab** 2 500/3 800.

Bahía Málaga sin rest, Somera 8, ✉ 1, ✆ 22 43 05 – |‡| ▤ 🛁wc ☎. VISA — CZ **d**
☕ 200 – **44 hab** 2 100/3 200.

Carlos V sin rest y sin ☕, Císter 10, ✉ 15, ✆ 21 51 28 – |‡| ▥ 🛁wc 🚿wc ☎. ⓞ VISA — DY **p**
53 hab 1 025/1 950.

Venecia, sin rest y sin ☕, Alameda Principal 9 ✆ 21 36 36 – |‡| ▥ 🛁wc ☎ — CZ **u**
40 hab.

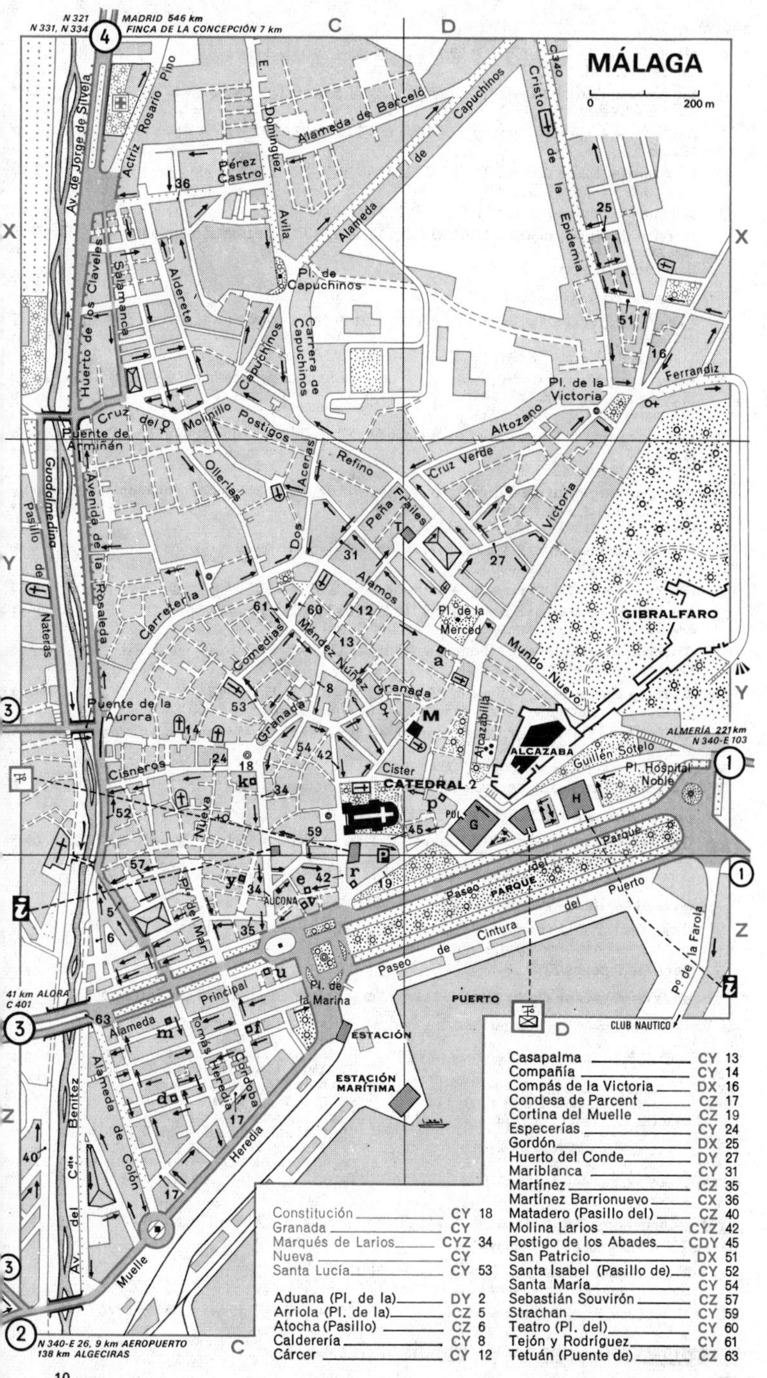

Constitución	CY	18
Granada	CY	
Marqués de Larios	CYZ	34
Nueva	CY	
Santa Lucía	CY	53
Aduana (Pl. de la)	DY	2
Arriola (Pl. de la)	CZ	5
Atocha (Pasillo)	CZ	6
Calderería	CY	8
Cárcer	CY	12
Casapalma	CY	13
Compañía	CY	14
Compás de la Victoria	DX	16
Condesa de Parcent	CZ	17
Cortina del Muelle	CZ	19
Especerías	CY	24
Gordón	DX	25
Huerto del Conde	DY	27
Mariblanca	CY	31
Martínez	CZ	35
Martínez Barrionuevo	CX	36
Matadero (Pasillo del)	CZ	40
Molina Larios	CYZ	42
Postigo de los Abades	CDY	45
San Patricio	DX	51
Santa Isabel (Pasillo de)	CY	52
Santa María	CY	54
Sebastián Souvirón	CZ	57
Strachan	CY	59
Teatro (Pl. del)	CY	60
Tejón y Rodríguez	CY	61
Tetuán (Puente de)	CZ	63

10

Niza sin rest, Larios 2, ✉ 5, ☎ 22 77 04 – wc wc — CY **k**
135 – **53 hab** 1 250/2 050.

Lis sin rest, Córdoba 7, ✉ 1, ☎ 22 73 00 – wc wc. AE E VISA. — CZ **f**
145 – **53 hab** 1 225/1 925.

Derby, piso 4, sin rest, San Juan de Dios 1, ✉ 15, ☎ 22 13 01 – wc — CZ **v**
16 hab.

La Alegría, Marín Garcia 10, ✉ 5, ☎ 22 41 43, – . AE E VISA. — CZ **y**
Com carta 1 150 a 2 175.

La Espuela, Trinidad Grund 14, ✉ 1, ☎ 21 71 82, Carnes — CZ **m**

Cortijo de Pepe, pl. de la Merced 2, ✉ 12, ☎ 22 40 71, Decoración andaluza – . AE E VISA. — DY **a**
Com carta 500 a 900.

fuera del centro :

Las Vegas, paseo de Sancha 22, ✉ 16, ☎ 21 77 12, ←, , – wc P. AE E VISA. — BU **n**
Com 990 – 215 – **73 hab** 1 915/3 040 – P 3 275/3 670.

Apartogar Maestranza sin rest y sin , av. Cánovas del Castillo 1, ✉ 16, ☎ 21 36 10 – wc . AE E VISA. — BU **s**
100 apartamentos 2 320/2 900.

Los Naranjos sin rest, paseo de Sancha 35, ✉ 16, ☎ 22 43 16 – wc wc . AE E VISA. — BU **t**
245 – **38 hab** 2 350/3 500.

Parador Nacional de Gibralfaro , ☎ 22 19 02, , « Magnífica situación con ← bahía y ciudad » – wc P. AE E VISA. — BU **r**
Com 1 100 – 300 – **12 hab** 3 200/4 000.

Olletas sin rest, Cuba 3, ✉ 13, ☎ 25 20 00 – wc P — BU **e**
140 – **66 hab** 1 175/1 800.

Escorpio, Ventaja Alta 11, subida a Gibralfaro, ✉ 18, ☎ 25 84 94 – P — BU **f**

Calycanto, av. Pintor Sorolla 51, ✉ 16, ☎ 21 59 14, – . VISA. — por ①
cerrado domingo y 10 julio-10 agosto – Com carta 1 350 a 2 275.

Antonio Martín, paseo Marítimo 4, ✉ 16, ☎ 22 21 13, ←, – P. E VISA — BV **a**
cerrado martes – Com carta 850 a 1 500.

Café de París, Vélez Málaga 8, ✉ 16, ☎ 22 50 43 – E VISA. — BV **x**
cerrado domingo en verano y miércoles en invierno – Com carta 1 850 a 4 000.

La Taberna del Pintor, Maestranza 6, ✉ 16, ☎ 21 53 15, Mesón típico, Carnes – . AE E VISA — BUV **b**
cerrado domingo – Com carta 1 090 a 1 900.

El Figón de Bonilla, pl. de la Malagueta - Edificio Horizonte, ✉ 16, ☎ 22 31 23 – — BUV **b**

por la carretera de Cádiz por ② : 10 km – ✉ Málaga – ☎ 952 :

Guadalmar, urbanización Guadalmar ☎ 31 90 00, Telex 77099, ←, , , – P – . AE E VISA. rest
Com 1 150 – 275 – **195 hab** 3 600/5 175 – P 4 840/5 685.

en la playa de El Palo por ① : 5 km – ✉ El Palo – ☎ 952 :

Casa Pedro, Quitapenas 112, ✉ 17, ☎ 29 00 03, ←, Pescados y mariscos – P.
cerrado lunes y noviembre – Com carta 815 a 1 500.

Gabi, Quitapenas 73 ☎ 29 32 05, ←.

en la carretera de Cádiz por ② : 11 km : Parador Nacional del Golf ver Torremolinos

AUSTIN-MG-MORRIS-MINI prolongación la Union ☎ 31 64 00
CITROEN-PEUGEOT carret. de Cádiz km 239 ☎ 32 84 00
FIAT-SEAT carret. de Cádiz km 242 ☎ 31 53 00
FORD carret. de Cádiz km 242 ☎ 31 42 00
MERCEDES-BENZ carret. de Cádiz km 242 ☎ 31 14 00
RENAULT Villa Fuerte 29 ☎ 29 20 38
RENAULT Sevilla 10 ☎ 30 79 95
RENAULT carret. de Cádiz 178 ☎ 31 50 00
RENAULT carret. Cartama km 4 ☎ 33 07 00
RENAULT Paco Miranda ☎ 26 24 93
RENAULT Emilio Thuiller 84 ☎ 25 84 00
RENAULT Moreno Nieto 8 ☎ 23 11 48
SEAT-FIAT Ayala 29 ☎ 32 03 00
SEAT Lope de Rueda ☎ 43 14 88
SEAT Lorenzo Correa 6 ☎ 32 87 48
SEAT Martinez de la Rosa 169 ☎ 23 10 64
SEAT carret. Alora km 12 ☎ 33 11 51
TALBOT carret. de Cádiz km 242 ☎ 31 33 00
TALBOT av. de la Rosaleda 21-22 ☎ 22 24 03

MALGRAT DE MAR Barcelona 43 ⑲ y 990 ⑳ – 10 506 h. – ☎ 93 – Playa.

♦Madrid 690 – ♦Barcelona 56 – Gerona 43.

Mare Nostrum sin rest, Esclapers 4 ☎ 761 04 38 – wc
junio-15 septiembre – **30 hab** 800/1 600.

CITROEN av. Costa Brava ☎ 761 06 37
RENAULT av. Tarragona 5 ☎ 761 06 40

MALLORCA Baleares 43 ⑱⑲⑳ y 990 ㉙㉚ – ver Baleares.

La MANGA DEL MAR MENOR Murcia 445 S 27 – ✉ Cabo de Palos – ☎ 968 – Playa.

18, 18 La Manga SO : 11 km ☎ 56 35 00.

pl. de Bohemia ☎ 56 30 98.

♦Madrid 473 – Cartagena 34 – ♦Murcia 83.

- Doblemar Casino Sol, Gran Via ☎ 56 39 10, Telex 67119, ≤, « Amplia terraza ajardinada frente al mar con » –
  Com (sólo de abril a octubre) – **485 hab**.
- **Galúa Sol**, Hacienda Dos Mares ☎ 56 32 00, Telex 67119, « Sobre un promontorio con ≤ costa y mar », – . AE E VISA. rest
  Com 1 200 – 275 – **170 hab** 2 800/4 400 – P 4 350/4 950.
- Entremares Sol, ☎ 56 31 00, Telex 67119, ≤, – rest wc –
  275 hab.
- **Tropical,** edificio la Martinique ☎ 56 33 45, – .
  cerrado lunes en invierno – Com carta 825 a 1 695.
- **Dos Mares** piso 1, pl. Bohemia ☎ 56 30 93, ≤, – AE E VISA.
  Com carta 1 150 a 2 100.
- Gran Borsalino, edificio Babilonia ☎ 56 31 30, ≤, , Rest. francés
  temp.
- **Borsalino,** Edificio Babilonia ☎ 56 31 30, , Cocina francesa –
  cerrado 15 noviembre-15 diciembre y martes en invierno – Com carta 1 275 a 2 350.
- **Madrigal,** urbanización Las Sirenas ☎ 56 31 57 – AE VISA.
  cerrado lunes y 10 enero-10 marzo – Com carta 1 275 a 2 415.
- Chez Michel, edificio Babilonia ☎ 56 30 02, ≤, , Cocina francesa.

MANRESA Barcelona 43 ⑰ y 990 ⑲ – 65 469 h. alt. 205 – ☎ 93 – Plaza de toros.

♦Madrid 585 – ♦Barcelona 67 – ♦Lérida 116 – ♦Perpignan 240 – Tarragona 115 – Sabadell 43.

- **Pedro III,** Muralla Sant Francesc 49 ☎ 872 40 00 – rest wc .
  Com 900 – 140 – **113 hab** 1 800/2 600 – P 2 600.

CITROEN Alcalde Armengou 30 ☎ 873 25 00
FIAT-SEAT Acequia 20 ☎ 873 23 00
FORD-AUSTIN-MG-MORRIS-MINI carret. Sampedor 123 ☎ 873 21 00
RENAULT carret. Vich 287 ☎ 874 40 51
SEAT paseo del Río ☎ 873 76 00
TALBOT carret. Pont de Vilumara 23-25 ☎ 873 09 36

MANZANARES Ciudad Real 990 ㉕ – 15 311 h. alt. 645 – ☎ 926 – Plaza de toros.

♦Madrid 173 – Alcázar de San Juan 63 – Ciudad Real 52 – Jaén 159.

en la carretera de circunvalacion N IV :

- **El Cruce,** ☎ 61 19 00, « Amplio jardin con césped y » – – . VISA.
  Com 1 100 – 180 – **37 hab** 1 300/3 000 – P 3 500/6 700.
- **Parador Nacional,** ☎ 61 04 00, – – . AE E VISA.
  Com 1 100 – 300 – **50 hab** 2 800/3 500.
- **Manzanares** sin rest, ☎ 61 08 04 – wc . VISA.
  200 – **18 hab** 1 150/2 000.

AUSTIN-MG-MORRIS-MINI carret. N IV km 171 ☎ 61 11 92
CITROEN carret. N IV km 171 ☎ 66 19 30
FIAT-SEAT Clérigos Camarena 46 ☎ 61 14 53
FORD Polígono Industrial ☎ 61 16 00
RENAULT carret. de Madrid 9 ☎ 61 19 20
TALBOT carret. N IV km 171 ☎ 61 14 85

MANZANARES EL REAL Madrid 990 ⑮ y ㊴ – 1 372 h. alt. 908 – ☎ 91.

Ver : Castillo★.

♦Madrid 53 – ♦Ávila 85 – El Escorial 34 – ♦Segovia 51.

- **Taurina** piso 1, pl. Generalisimo 8 ☎ 853 02 90 – . VISA.
  cerrado martes y miércoles noche – Com carta 625 a 1 725.

MANZANERA Teruel 990 ㉗ – 684 h. alt. 700 – Balneario.

♦Madrid 352 – Teruel 51 – ♦Valencia 120.

- **Marco,** Tomás Maria Ariño 112 ☎ 3 – . VISA.
  cerrado del 16 al 30 diciembre – Com 535 – 95 – **31 hab** 515/900 – P 1 460/1 525.

en la carretera de Abejuela S : 4 km – ✉ ☎ Manzanera :

- **Baln. El Paraiso**, ☎ 1, Telex 62025, – wc .
  20 junio-20 septiembre – Com 835 – 175 – **64 hab** 1 235/1 970 – P 2 550/2 800.

MAQUEDA Toledo 990 ⑮ – 431 h. alt. 483.

♦Madrid 74 – Talavera de la Reina 43 – Toledo 42.

- El Cazador, carret. de Badajoz ☎ 20, – rest wc
  30 hab.
- Hostal Castellano, sin rest, con cafeteria, carret. de Badajoz ☎ 25 – wc
  10 hab.
- Mesón Castellano, con hab, carret. de Badajoz ☎ 14 – rest wc
  5 hab.

MARANGES o MERANGES Gerona 43 ⑦ – ☎ 972.

♦Madrid 652 – Gerona 166 – Puigcerdá 18 – Seo de Urgel 50.

✕ ✿ **Can Borrell** con hab, Regreso 3 ☎ 88 00 33, ≤, Cocina catalana, « En un típico pueblo de montaña » – wc ☎ 🅟. AE ⓓ E VISA
cerrado domingo noche, lunes y 7 enero-Semana Santa – Com (es necesario reservar) carta 1 500 a 2 200 – ☕ 250 – **6 apartamentos** 2 000 – P 4 250
Espec. Brandada de bacalao trufado Civet d'Issart con ceps, Queso blanco de overa con confitura de naranja.

Las MARAVILLAS Baleares 43 ⑲ – ver Baleares (Mallorca) : Palma de Mallorca.

MARBELLA Málaga 446 W 15 – 54 674 h. (incl. San Pedro de Alcántara) – ☎ 952 – Playa – Plaza de toros.

⛳18 Río Real-Los Monteros por ① : 5 km ☎ 82 70 90 – ⛳18, ⛳18 Nueva Andalucía por ② : 5 km ☎ 82 11 45 – ⛳18 Aloha golf, urbanización Aloha por ② : 8 km ☎ 81 34 45 – Iberia : paseo Marítimo ☎ 77 02 84.

ℹ Miguel Cano 1 ☎ 77 14 42.

♦Madrid 614 ① – Algeciras 79 ② – ♦Málaga 59 ①.

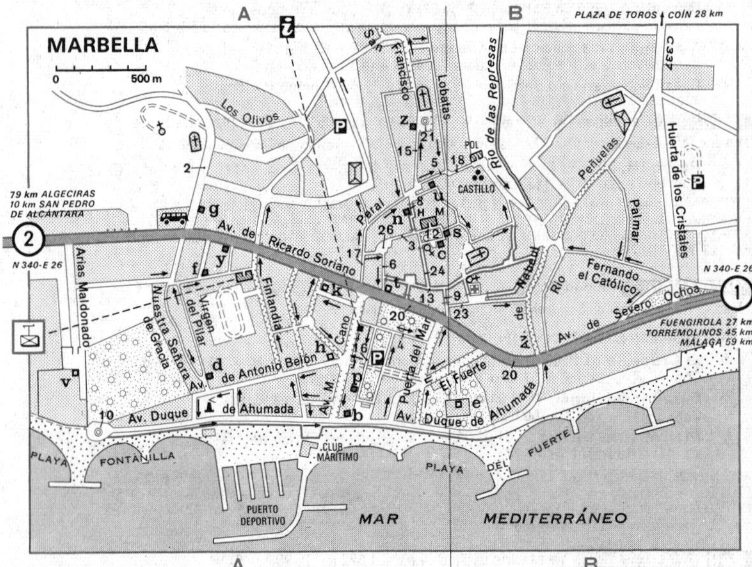

Comandante La Herrán	A 6	Calvario (Camino del)	A 2	Germán Porras	A 15
Gen. Franco (Pl. del)	A 12	Calvo Sotelo (Travesía)	A 3	José Antonio (Av. de)	A 16
Gen. González Badía	A 13	Carlos Mackintosch (Travesía)	A 4	Portada	B 18
José Antonio Girón	A 17	Chorrón	AB 5	Ramón y Cajal (Av.)	AB 20
Victoria (Pl.)	A 26	Cruz	A 8	Santo Cristo (Pl.)	A 21
		Enrique del Castillo	AB 9	Tetuán	B 23
		Fontanilla (Glorieta)	A 10	Valdés	A 24

🏨 **El Fuerte,** Castillo San Luis ☎ 77 15 00, Telex 77523, ≤, 🌴, « Jardín con palmeras », ⛱ climatizada, 🎾 – 🛗 ▤ rest 🅟. AE ⓓ VISA. ✱ rest — AB **e**
Com 1 250 – ☕ 250 – **146 hab** 3 000/4 850 – P 4 425/5 000.

🏨 **Skol,** La Fontanilla ☎ 77 08 00, ≤, ⛱, 🚗 – 🛗 ▤ rest 🅟. AE VISA. ✱ rest — A **v**
Com 1 100 – ☕ 300 – **300 apartamentos** 3 300/4 000 – P 3 750/5 050.

🏨 **El Rodeo** sin rest, Víctor de la Serna 1 ☎ 77 51 00, ⛱ – 🛗 ▥ 🛁wc ☎. AE ⓓ E VISA. ✱
☕ 175 – **100 hab** 2 000/3 000. — A **k**

🏨 **San Cristóbal** sin rest, con cafetería, Ramón y Cajal 18 ☎ 77 12 50, Telex 77712 – 🛗 ▥ ▤ 🛁wc 🚿wc ☎ — A **t**
☕ 175 – **100 hab** 1 800/2 725.

🏨 **Lima** sin rest, av. Antonio Belón 2 ☎ 77 05 00 – 🛗 ▥ 🛁wc 🚿wc ☎. AE ⓓ E VISA. ✱ — A **h**
cerrado noviembre-15 diciembre – ☕ 250 – **64 hab** 1 600/2 600.

XXX ✿ **La Fonda,** pl. Santo Cristo 10 ☎ 77 25 12, 🏖, « Agradable patio andaluz » – AE ⓓ. ✻
cerrado domingo – Com (sólo cena) carta 1 850 a 2 970 A **z**
Espec. Soufflé de langostinos, Ragout de pescados al estragón, Rabo de vaca a la malagueña.

XX **Gran Marisquería Santiago,** av. Duque de Ahumada 5 ☎ 77 00 78, 🏖, Pescados y mariscos – ▤. AE ⓓ E VISA. ✻ A **b**
Com carta 1 450 a 2 300.

X **Mena,** pl. de los Naranjos 10 ☎ 77 15 97, 🏖 – AE ⓓ E. ✻ A **c**
cerrado domingo y diciembre-febrero – Com carta 1 225 a 2 425.

X El Mero, av. del Calvario 6, Pescados y mariscos A **g**

X **Plaza,** General Chinchilla 5 ☎ 77 11 11, 🏖 – AE ⓓ E VISA AB **s**
cerrado domingo y 15 noviembre-15 enero – Com carta 1 350 a 2 550.

X La Esquina de Antonio, Sierra Blanca ☎ 77 44 47, 🏖 A **f**

X **Mamma Angela,** Virgen del Pilar ☎ 77 68 99, 🏖, Cocina italiana – ▤. ✻ A **d**
cerrado martes y 30 octubre-30 diciembre – Com carta 950 a 1 750.

X Mesón del Pasaje, Pasaje 5 ☎ 77 12 61 – ▤ A **n**
Com (sólo cena en verano).

X Metropol, av. Ricardo Soriano 21 ☎ 77 11 39 – ▤ A **y**

X **El Balcón de la Virgen,** Remedios 2 ☎ 77 60 92, Edificio del siglo XVI A **u**
cerrado martes – Com (sólo cena) carta 735 a 1 800.

X Mesón del Conde, av. José Antonio 18 ☎ 77 10 57, Decoración rústica – ▤ A **p**

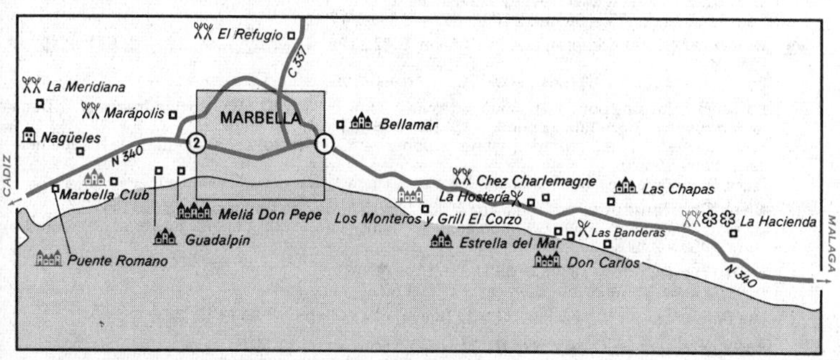

en la carretera de Cádiz – ✉ Marbella – ☎ 952 :

Meliá Don Pepe M ⛰, por ② : 1 km ☎ 77 03 00, Telex 77055, ≤ mar y montaña, 🏖, « Bonito césped con vegetación subtropical », ⛱ climatizada, 🌳, 🎾, 18 – 🛗 ▤ P – 🏛. AE ⓓ E VISA. ✻
Com 2 600 – ☕ 550 – **218 hab** 8 000/12 600.

Puente Romano M, por ② : 3,5 km ☎ 77 01 00, Telex 77399, 🏖, « Elegante conjunto de tipo andaluz en un magnífico jardín », ⛱ climatizada, 🎾 – ▤ P – 🏛. AE ⓓ E VISA. ✻ rest
Com 2 500 – ☕ 550 – **193 hab** 10 000/12 500 – P 10 965/14 715.

Andalucía Plaza, urbanización Nueva Andalucía por ② : 7,5 km, ✉ apartado 21 Nueva Andalucía, ☎ 78 20 00, Telex 77086, 🏖, ⛱ climatizada, 🌳, 🎾 – 🛗 ▤ P – 🏛. AE ⓓ VISA. ✻
Com 1 350 – ☕ 475 – **418 hab** 4 600/5 750 – P 5 575/7 300.

Golf H. Nueva Andalucía ⛰ sin rest, con cafetería, urbanización Nueva Andalucía por ② : 7 km y desvío : 4 km, ✉ apartado 2 Nueva Andalucía, ☎ 81 11 45, Telex 77783, ≤, « Villa dominando el golf - Decoración elegante », ⛱ climatizada, 🌳, 18 – 🛗 ▤ P. AE ⓓ E VISA. ✻
☕ 350 – **21 hab** 3 350/7 100.

Marbella Club ⛰, por ② : 3 km ☎ 77 13 00, Telex 77319, 🏖, « Confortables instalaciones en un agradable jardín », ⛱ climatizada – ▤ hab P. AE ⓓ E VISA. ✻ rest
Com 2 500 – ☕ 630 – **50 hab** 8 000/10 000 – P 12 750/19 500.

Marbella Dinamar Club 24, por ② : 6 km, ✉ Nueva Andalucía, ☎ 81 45 40, Telex 77656, ≤, ⛱ climatizada, ⛱, 🌳, 🎾 – 🛗 ▤ P. AE ⓓ E VISA. ✻ rest
Com 1 400 – ☕ 400 – **117 hab** 5 500/7 000 – P 6 250/8 250.

Las Fuentes del Rodeo, por ② : 8 km, ✉ Nueva Andalucía, ☎ 79 10 00, Telex 77340, 🏖, « Bonito jardín », ⛱, 🎾 – P. ✻ rest
Com 1 000 – ☕ 300 – **90 hab** 1 800/4 200 – P 3 600/3 900.

Guadalpín, por ② : 1,5 km ☎ 77 11 00, 🏖, ⛱, 🌳 – P. ⓓ E VISA. ✻ rest
Com 850 – ☕ 200 – **103 hab** 2 400/3 500 – P 3 250/3 900.

Nagüeles sin rest, por ② : 3,5 km ☎ 77 16 88, 🌳 – 🛁wc 🚿wc ☎ P. ✻
abril-octubre – ☕ 175 – **17 hab** 1 100/1 875.

sigue →

XXX **La Meridiana,** por ② : 3,5 km y desvío 1 km - camino de la Cruz - Las Lomas ☎ 77 61 90, ⩽, 🏖 – ▤ Ⓟ. AE ⓓ E VISA
cerrado 22 noviembre-22 diciembre – Com (sólo cena en verano) carta 1 850 a 3 750.

XX Marápolis, por ② : 1 km, av. Cánovas del Castillo - carret. de circunvalación ☎ 77 39 94, 🏖, « Agradable terraza con arbolado »
Com (sólo cena en verano).

X **Orquídea,** urbanización Nueva Andalucía - calle 2 - 21 B por ② : 7,7 km, ✉ Nueva Andalucía, ☎ 81 28 83, 🏖, Cocina francesa – ⓓ
cerrado miércoles – Com (sólo cena) carta 1 250 a 1 775.

en la carretera de Málaga – ✉ Marbella – ⊚ 952 :

Los Monteros y Grill El Corzo 🐦, por ① : 5,5 km ☎ 77 17 00, Telex 77059, ⩽, 🏖, « Bonito jardín subtropical », 🏊 climatizada, 🏊, 🎾, 🏌18 – |$| ▤ Ⓟ. AE ⓓ E VISA. 🐕
Com 2 700 – **168 hab** ☕ 11 900/19 000 – P 14 900/17 300.

Don Carlos Ⓜ 🐦, por ① : 10 km ☎ 83 11 40, Telex 77015, ⩽, 🏖, « Amplio jardín », 🏊 climatizada, 🎾, 🏌18 – |$| ▤ Ⓟ – 🏛. AE ⓓ E VISA. 🐕
Com 2 100 – ☕ 450 – **231 hab** 7 500/10 000 – P 8 850/11 450.

Las Chapas, por ① : 10 km ☎ 83 13 75, Telex 77057, plaza de toros particular, « En un pinar », 🏊, 🏖, 🎾 – |$| ▤ Ⓟ
temp. – **147 hab**.

Estrella del Mar 🐦, por ① : 9 km ☎ 83 12 75, Telex 77086, ⩽, « Bonito jardín con 🏊 climatizada », 🎾 – |$| ▤ rest Ⓟ. AE VISA. 🐕 rest
Com 1 150 – ☕ 275 – **98 hab** 2 100/3 800 – P 4 090/4 290.

Bellamar (Hotel escuela), por ① : 1,5 km ☎ 77 23 00, ⩽, 🏖, 🏊, 🏖, 🎾 – |$| ▤ hab Ⓟ. ⓓ VISA. 🐕
Com 900 – ☕ 250 – **60 hab** 1 900/3 200 – P 3 450/3 750.

XX ✿✿ **La Hacienda,** por ① : 11,5 km y desvío 1,5 km ☎ 83 12 67, 🏖, Cocina francesa, « Decoración rústica - Agradable patio » – Ⓟ. AE ⓓ E VISA. 🐕
cerrado martes de octubre a mayo y lunes – Com (sólo cena de junio a septiembre) carta 1 850 a 3 275
Espec. Quenelle de congrío con salmonete, Pintada a la crema de uvas pasas, Soufle helado al vino Málaga.

XX **Chez Charlemagne,** por ① : 8 km ☎ 83 11 05, 🏖, Cocina francesa – Ⓟ. AE VISA
cerrado miércoles y jueves mediodía – Com (sólo cena del 15 mayo al 15 octubre) carta 1 450 a 2 490.

X **La Hostería,** por ① : 8 km ☎ 83 11 35, 🏖 – Ⓟ. VISA
cerrado martes y febrero – Com carta 875 a 1 825.

X Las Banderas, por ① : 9,5 km - El Lido (playa) - Las Chapas ☎ 83 18 19, 🏖.

en la carretera de Ojén C 337 N : 3 km – ✉ Marbella – ⊚ 952 :

XX **El Refugio,** ☎ 77 18 48, 🏖, Cocina francesa, 🏊 – Ⓟ. AE
cerrado lunes y febrero – Com carta 1 250 a 1 840.

Ver también : ***Puerto Banús*** : 7 km
San Pedro de Alcántara por ② : 13 km.

AUSTIN-MG-MORRIS-MINI carret. N 340 km 188,8 ☎ 77 18 96
CITROEN carret. N 340 km 190 ☎ 77 39 66
FORD carret. N 340 km 189 ☎ 77 44 04
MERCEDES-BENZ carret. N 340 km 189 ☎ 77 54 52
RENAULT carret. N 340 km 189 ☎ 77 16 16
SEAT carret. N 340 km 189 ☎ 77 49 43
TALBOT carret. N 340 km 189 ☎ 77 39 38

MARENY DE VILCHES Valencia 445 O 29 – ✉ Sueca – ⊚ 96 – Playa.

♦Madrid 375 – ♦Alicante 145 – ♦Valencia 27.

Ariane, playa ☎ 170 07 16, ⩽ – |$| 🛁wc 🚿wc Ⓟ
temp. – **36 hab**.

Las MARINAS Alicante – ver Denia.

MARMOLEJO Jaén 446 R 17 – 8 028 h. alt. 245 – ⊚ 953 – Balneario.

♦Madrid 331 – Andújar 10 – ♦Córdoba 71 – Jaén 76.

Central, pl. de la Constitución 9 ☎ 54 00 54 – 🚿wc
temp. – **28 hab**.

MARQUINA Vizcaya 42 ④ y 990 ⑥ – 4 710 h. alt. 85 – ⊚ 94.

Alred. : Balcón de Vizcaya ⩽** SO : 15 km.

♦Madrid 443 – ♦Bilbao 50 – ♦San Sebastián 58 – ♦Vitoria 60.

Vega, Abésua 2 ☎ 686 60 15 – 📺 🛁wc. 🐕
cerrado 24 diciembre-1 enero – Com *(cerrado sábados del 30 noviembre a mayo)* 450 – ☕ 125 – **16 hab** 990/1 925 – P 1 890/2 485.

XX Niko Jatetxe, San Agustín 4 ☎ 686 79 59, Decoración vasca – ▤.

CITROEN-PEUGEOT Artibay 13 ☎ 686 78 61
SEAT barrio de Erdoza 7 ☎ 686 62 76

MARTINAMOR Salamanca – 146 h. – ✆ 923.
♦Madrid 200 – ♦Ávila 94 – Plasencia 120 – ♦Salamanca 21.

en la carretera N 630 O : 3 km – ✉ Martinamor – ✆ 923 :

Cuatro Calzadas, ☎ 30 01 08, – wc P
26 hab.

MARTINET Lérida 43 ⑦ y 990 ⑲ alt. 980 – ✆ 973.
♦Madrid 626 – ♦Lérida 157 – Puigcerdá 26 – Seo de Urgel 24.

Boix, carret. Lérida a Puigcerdá ☎ 51 50 50, – wc wc P. AE E VISA. rest
Com carta 1 450 a 1 950 – 310 – **40 hab** 2 000/3 300 – P 3 900/4 100
Espec. Crema de hierbas de montaña, Truchas de río al tomillo, Gigot de cordero con patatas a lo pobre.

MARTORELL Barcelona 43 ⑰ y 990 ⑲ – 14 715 h. – ✆ 93.
♦Madrid 598 – ♦Barcelona 32 – Manresa 37 – ♦Lérida 141 – Tarragona 80.

Simbol, av. Conde de Llobregat 113 ☎ 775 46 19 – P. VISA.
cerrado sábado.

MAS BUSCÁ (Urbanización) Gerona 43 ⑨ – ver Rosas.

MASELLA Gerona 43 ⑦ – ver Alp.

MAS NOU (Urbanización) Gerona 43 ⑨ – ver Playa de Aro.

MASPALOMAS Las Palmas 990 ㉜ – ver Canarias (Gran Canaria).

La MASSANA Andorra 43 ⑥ – ver Andorra (Principado de).

MASSANET DE LA SELVA Gerona 43 ⑨ – 1 722 h. – ✆ 972.
♦Madrid 685 – ♦Barcelona 72 – Gerona 26.

El Casal del Cavaller, pl. de l'Església ☎ 85 80 58.

MATAELPINO Madrid 990 ㊴ – ✆ 91.
♦Madrid 51 – ♦Segovia 43.

Azaya, carret. de Cerceda : 1 km ☎ 855 90 92, ≤, – P.

MATALEBRERAS Soria 990 ⑯ – 224 h. – ✆ 975.
♦Madrid 262 – ♦Logroño 134 – ♦Pamplona 133 – Soria 36 – ♦Zaragoza 122.

Mari Carmen, carret. N 122 ☎ 38 30 68 – wc P
30 hab.

MATARÓ Barcelona 43 ⑱ y 990 ⑳ – 100 099 h. – ✆ 93 – Playa.
de Llavaneras NE : 4 km ☎ 792 60 50.
Legión Condor ☎ 790 22 60.
♦Madrid 661 – ♦Barcelona 28 – Gerona 72 – Sabadell 47.

Gumer's, Nuevas Capuchinas 10 ☎ 796 23 61 – . AE VISA.
cerrado domingo noche y miércoles – Com carta 1 375 a 2750.

Sant Bernat, Melchor de Palau 1 ☎ 790 47 14 – . VISA.
cerrado martes y septiembre – Com carta 975 a 2 350.

en la carretera N II NE : 2,5 km – ✉ Mataró – ✆ 93 :

El Delfín, ☎ 790 32 65, ≤ – P. E VISA.
cerrado miércoles y 15 septiembre-8 octubre – Com carta 1 020 a 2 090.

El Celler, Vecindario Mata 59 ☎ 790 37 91, Rest. típico – P. E VISA.
cerrado lunes – Com carta 800 a 1 450.

AUSTIN-MG-MORRIS-MINI-CITROEN-PEUGEOT av. Maresme 30-40 ☎ 798 11 12
CITROEN-PEUGEOT av. Maresme 65 ☎ 798 13 05
FIAT-SEAT paseo Marítimo 475 ☎ 790 38 40
FORD av. Maresme 93-99 ☎ 798 21 54
RENAULT av. Maresme 8 ☎ 798 22 00
RENAULT carret. Argentona km 1,4 ☎ 798 33 35
TALBOT Tolou ☎ 796 16 12

MAZAGÓN Huelva 446 U 9 – ✆ 955 – Playa.
♦Madrid 638 – Huelva 23 – ♦Sevilla 102.

Parador Nacional Cristóbal Colón, SE : 6,5 km ☎ 37 60 00, ≤ mar, , « Jardín con », – P. AE E VISA.
Com 1 100 – 300 – **20 hab** 3 600/4 500.

EL MÉDANO Santa Cruz de Tenerife – ver Canarias (Tenerife).

MEDINACELI Soria 990 ⑯ – 1 174 h. alt. 1 201 – ☎ 975.
Ver : Arco de triunfo★.
♦Madrid 154 – Soria 76 – ♦Zaragoza 178.

- **Medinaceli y Rest. Mesón del Arco Romano** con hab, Portillo 1 ☎ 32 61 02, ≤ – wc.
  cerrado noviembre – Com carta 660 a 1 290 – 150 – **7 hab** 900/1 600.

en la carretera N II SE : 3,5 km – ✉ Medinaceli – ☎ 975 :

- **Nico-H. 70,** ☎ 32 60 11, – wc ☎ P. AE E.
  cerrado 7 enero-7 febrero – Com 875 – 225 – **22 hab** 2 300/3 000 – P 3 180/3 980.
- **Duque de Medinaceli** con hab, ☎ 32 61 11 – wc ☎. AE E VISA.
  cerrado 7 febrero-7 marzo – Com carta 1 025 a 2 100 – 225 – **12 hab** 920/1 665 – P 2 335/2 420.

MEDINA DEL CAMPO Valladolid 990 ⑭ – 17 570 h. alt. 721 – ☎ 983 – Plaza de toros.
Ver : Castillo de la Mota★.
pl. Mayor 27 ☎ 80 00 01.
♦Madrid 154 – ♦Salamanca 81 – ♦Valladolid 43.

- **La Mota** sin rest y sin, Fernando el Católico 4 ☎ 80 04 50 – wc ☎ P. VISA.
  40 hab 1 500/2 000.
- El Paso, Claudio Mollano 1 ☎ 80 18 95 –.
- Madrid, Fernando el Católico 1 ☎ 80 06 93 – P.

AUSTIN-MG-MORRIS-MINI carret. N VI km 160 ☎ 80 05 45
RENAULT carret. Madrid-La Coruña km 160 ☎ 80 21 04
SEAT Valladolid 3 ☎ 80 04 24
TALBOT av. Lope de Vega 43 ☎ 80 08 29

MEDINA DE POMAR Burgos 42 ② y 990 ⑤ ⑥ – 486 h. – ☎ 947.
♦Madrid 329 – ♦Bilbao 82 – ♦Burgos 86 – ♦Santander 108.

- Las Merindades, pl. Somovilla ☎ 11 08 22 – wc
  23 hab.

RENAULT av. de Bilbao 20 ☎ 11 04 53

MEDINA DE RIOSECO Valladolid 990 ⑭ – 4 991 h. alt. 735 – ☎ 983 – Plaza de toros.
Ver : Iglesia de Santa María (capilla de los Benavente★).
pl. España ☎ 70 08 25.
♦Madrid 223 – ♦León 94 – Palencia 50 – ♦Valladolid 41 – Zamora 80.

- **Los Almirantes,** paseo de San Francisco 2 ☎ 70 01 25, climatizada, – rest wc ☎ P – . AE VISA
  Com 1 000 – 200 – **30 hab** 1 800/3 000 – P 3 500/3 800.

CITROEN-PEUGEOT carret. N 601 km 232,4 ☎ 70 07 31
RENAULT carret. N 601 km 232 ☎ 70 07 32
SEAT carret. N 601 km 230 ☎ 70 01 37
TALBOT av. José Antonio 1 ☎ 70 00 54

MELILLA P 169 ⑧ ⑨ – 59 616 h. – ☎ 952 – Playa – Plaza de toros.
Ver : Ciudad Antigua★ (★) BZ.
de Melilla, carret. de Jasinen 4 km ☎ 68 20 64 – Iberia : Cándido Lobera 2 ☎ 68 15 07.
para Almería y Málaga : Cía. Aucona : General Marina 1 ☎ 68 12 45, Telex 77084 AY.
av. General Aizpuru 20 ☎ 68 40 13 – R.A.C.E. (Delegación) General Orgaz 7 ☎ 68 32 18.

Plano página siguiente

- **Parador Nacional Don Pedro de Estopiñán** sin rest, con cafetería, av. Cándido Lobera ☎ 68 49 40, ≤, , – P. AE E VISA. AY **n**
  Com 1 100 – 300 – **27 hab** 3 200/4 000.
- **Avenida,** av. Generalísimo 24 ☎ 68 46 43 – wc ☎. E. AY **c**
  100 – **78 hab** 1 840/2 825.
- **Rusadir-San Miguel** sin rest, Pablo Vallescá 5 ☎ 68 12 40 – wc ☎ P. AE VISA.
  230 – **27 hab** 2 415. AY **b**
- Nacional, sin rest y sin, J. Antonio Primo de Rivera 10 ☎ 68 45 40 – wc wc ☎ AY **a**
  30 hab.
- Miramar, sin rest y sin, General Macías ☎ 68 36 42, ≤ BZ **x**
  16 hab.
- Los Salazones de Plata, Montemar 28 ☎ 68 41 05, Pescados y mariscos – P
  por Marqués de Montemar AZ
- La Montillana, O'Donnell 9 ☎ 68 49 92 –. AE VISA. AY **h**
  cerrado febrero.

FORD Marqués de Montemar 30 ☎ 68 10 37
MERCEDES General Astillero ☎ 68 19 81
PEUGEOT General Astillero 3 y 5 ☎ 68 20 35
RENAULT Carlos V-3 ☎ 68 32 42
SEAT-FIAT General Ordoñez 1 ☎ 68 41 85

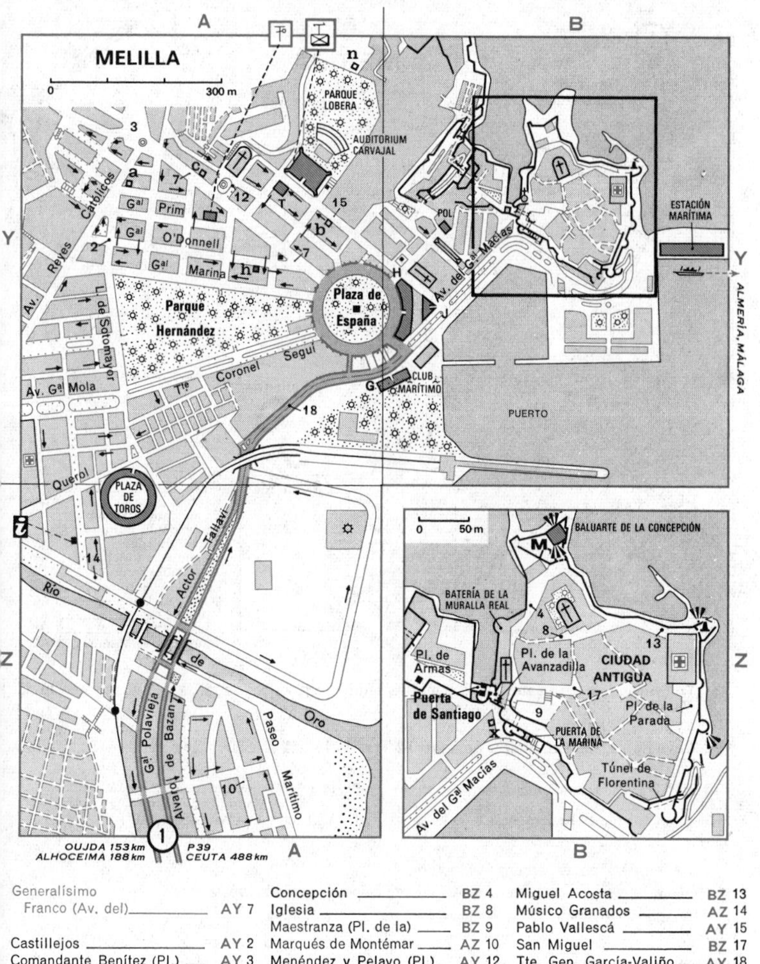

Generalísimo Franco (Av. del)	AY 7	Concepción	BZ 4	Miguel Acosta	BZ 13
Castillejos	AY 2	Iglesia	BZ 8	Músico Granados	AZ 14
Comandante Benítez (Pl.)	AY 3	Maestranza (Pl. de la)	BZ 9	Pablo Vallescá	AY 15
		Marqués de Montémar	AZ 10	San Miguel	BZ 17
		Menéndez y Pelayo (Pl.)	AY 12	Tte. Gen. García-Valiño	AY 18

No viaje hoy con un mapa de ayer.

MENORCA Baleares 43 ⑩ ⑳ y 990 ㉚ – ver Baleares.

MERANGES Gerona 43 ⑦ – ver Maranges.

MÉRIDA Badajoz 990 ㉓ – 38 319 h. alt. 221 – 924 – Plaza de toros.

Ver : Teatro romano★★BZ – Anfiteatro romano★BZ – Puente romano★AZ.

Teniente Coronel Asensio 9 ☎ 30 21 61.

♦Madrid 342 ② – ♦Badajoz 62 ③ – ♦Cáceres 70 ① – Ciudad Real 252 ② – ♦Córdoba 242 ③ – ♦Sevilla 199 ③.

Plano página siguiente

Parador Nacional Vía de la Plata, pl. Queipo de Llano 3 ☎ 30 15 40, « Instalado en un antiguo convento », – AE VISA. AY **a**
Com 1 100 – 300 – **50 hab** 3 600/4 500.

Emperatriz y Mesón El Emperador, pl. de España 19 ☎ 30 26 40 – wc. AE VISA AZ **e**
Com 850/900 – 225 – **41 hab** 1 450/2 615 – P 3 000/3 125.

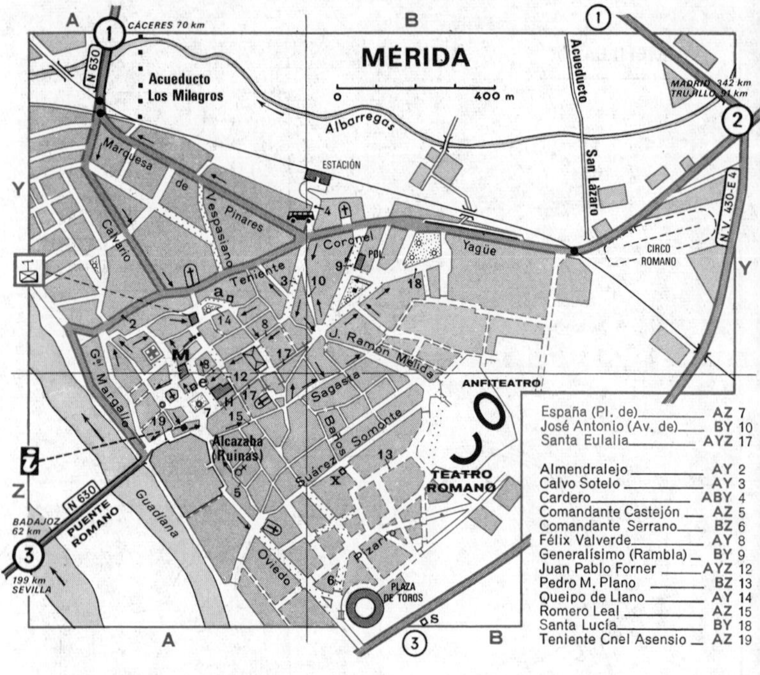

Texas sin rest, con cafetería, carret. de Madrid ☎ 30 29 40 – wc wc. AE. BZ **s**
225 – **44 hab** 1 600/2 150.

Nova Roma, sin rest, Suárez Somonte 42 ☎ 30 19 48 – wc wc BZ **x**
28 hab.

CITROEN-PEUGEOT carret. de circunvalación ☎ 30 52 46
FORD carret. Madrid-Lisboa km 345,2 ☎ 30 49 25
RENAULT av. de Juan Carlos I ☎ 30 39 43
SEAT carret. Madrid-Lisboa km 342 ☎ 30 43 47
TALBOT carret. de Madrid km 340 ☎ 30 12 44

Se scrivete ad un albergo all'estero,
allegate alla vostra lettera un tagliando-risposta internazionale
(disponibile presso gli uffici postali).

MESA DEL MAR (Urbanización) Santa Cruz de Tenerife – ver Canarias (Tenerife) : Tacoronte.

MIAJADAS Cáceres 990 ㉓ – 8 253 h. alt. 297 – 927.
♦Madrid 291 – ♦Cáceres 60 – Mérida 52.

Triana, carret. N V ☎ 34 80 10 – rest wc. AE.
Com 400/500 – 90 – **26 hab** 700/1 450.

CITROEN-PEUGEOT av. Generalísimo 9 ☎ 34 73 59
RENAULT av. García Sineriz ☎ 34 79 55
SEAT av. García Sineriz ☎ 34 79 03
TALBOT av. García Sineriz 50 ☎ 34 70 44

MIAMI PLAYA Tarragona 43 ⑮ – ver Hospitalet del Infante.

MIJAS Málaga 446 W 16 – 11 271 h. alt. 475 – 952 – Plaza de toros.
Ver : Emplazamiento★ (≤★).
Golf Mijas S : 5 km ☎ 47 27 00.
♦Madrid 585 – Algeciras 115 – ♦Málaga 30.

Mijas, urbanización Tamisa ☎ 48 58 00, Telex 77393, ≤ montañas, Fuengirola y mar, « Elegante decoración - Conjunto de estilo regional », climatizada, – AE E VISA.
Com 1 400 – 350 – **106 hab** 3 070/3 820 – P 4 670/5 830.

XX **El Padrastro,** paseo del Compás ☎ 48 50 00, ≤ montañas, Fuengirola y mar, 余, 🏊 – AE ⓓ E VISA
cerrado viernes – Com carta 1 250 a 2 055.

X **Escudo de Mijas,** Pescadores 7 ☎ 48 50 25 – ▤. AE E VISA
marzo-15 noviembre – Com *(cerrado martes)* carta 800 a 2 200.

X El Capricho, piso 1, General Mola 5 ☎ 48 51 11, 余.

X **La Alegría de Mijas,** pasaje del Compás ☎ 48 57 20 – AE ⓓ E VISA. ※
cerrado miércoles en invierno – Com carta 725 a 1 295.

en la carretera de Fuengirola S : 4 km – ✉ Mijas – ⊕ 952 :

XX **Valparaíso,** ☎ 48 59 96, ≤ Fuengirola y mar, 🏊 – Ⓟ. AE ⓓ E VISA. ※
cerrado domingo – Com carta 1 025 a 2 200.

MIJAS COSTA Málaga – ver Fuengirola.

MILIARIO DEL CAUDILLO Segovia – ver Honrubia de la Cuesta.

MIRAFLORES DE LA SIERRA Madrid 990 ⑮ y ㊴ – 2 076 h. alt. 1 150 – ⊕ 91.

♦Madrid 52 – El Escorial 50.

🏨 **Refugio** ⛰, carret. de Madrid ☎ 844 42 11, ≤, 🏊 – |≑| 𝕄 ▤ rest ⇔wc ⋒wc ☏ Ⓟ – 🏔. VISA. ※
Com 950 – ☕ 200 – **42 hab** 1 300/2 600 – P 2 980.

🏨 **Palmy H.,** Eusebio Guadalix 17 ☎ 844 37 12 – |≑| 𝕄 ⇔wc ⋒wc ☏ 🚗 – 🏔. VISA. ※
Com 950 – ☕ 200 – **21 hab** 1 300/2 600 – P 2 980.

X Mesón Maito, Calvo Sotelo 5 ☎ 844 35 67, Decoración castellana – ▤.

X Las Llaves, Calvo Sotelo 4 ☎ 844 40 57 – ▤.

RENAULT Río 14 ☎ 624 33 54

MIRANDA DE EBRO Burgos 42 ⑬ y 990 ⑥ – 35 354 h. alt. 463 – ⊕ 947.

Alred. : Embalse de Sobrón★★ NO : 15 km.

ℹ carret. Madrid-Irún km 45.

♦Madrid 322 – ♦Bilbao 84 – ♦Burgos 79 – ♦Logroño 71 – ♦Vitoria 33.

🏨 **Don César,** carret. N I ☎ 31 18 43, Telex 39442 – |≑| Ⓟ. AE ⓓ E VISA
Com 690/1 230 – ☕ 175 – **124 hab** 1 660/2 840.

🏨 **Achuri,** Estación 86 ☎ 31 00 40 – 𝕄 ⇔wc ☏. ※
Com 850 – ☕ 165 – **30 hab** 880/1 440 – P 2 210/2 375.

X Los Arcos, Juan Ramón Jiménez 4 ☎ 31 12 36.

AUSTIN-MG-MORRIS-MINI Santa Lucía 51 ☎ 31 01 12
CITROEN-PEUGEOT carret. N I km 318 ☎ 32 08 91
FORD California 25 ☎ 32 18 00
RENAULT Colón 3 ☎ 31 02 03
SEAT-FIAT carret. N I km 317 ☎ 32 02 12

MOGUER Huelva 446 U 9 – 9 028 h. alt. 50 – ⊕ 955.

Ver : Iglesia del convento de Santa Clara (sepulcros★).

♦Madrid 618 – Huelva 19 – ♦Sevilla 82.

🏨 **Platero** sin rest y sin ☕, Calvo Sotelo 2 ☎ 37 01 27 – 𝕄 ⇔wc. ※
19 hab 1 200.

RENAULT Rábida 44 ☎ 37 05 11

MOIÁ Barcelona 43 ⑦ y 990 ⑳ – ver Moyá.

MOJÁCAR Almería 446 U24 – 1 645 h. alt. 175 – ⊕ 951.

Ver : Paraje★.

⛳18 Club Cortijo Grande, Turre ☎ 99 Turre.

♦Madrid 527 – Almería 95 – ♦Murcia 141.

🏨 **El Moresco** ⛰, ☎ 47 80 25, ≤ montañas, valle y mar, 余, 🏊 climatizada – |≑|. AE ⓓ VISA. ※ rest
Com 1 125 – ☕ 275 – **147 hab** 2 320/3 300 – P 3 800/4 470.

en la carretera de la playa E : 2 km – ✉ Mojacar – ⊕ 951 :

X **El Alamo,** ☎ 47 81 33 – Ⓟ. VISA
cerrado lunes en invierno y noviembre – Com carta 955 a 1 300.

en la playa :

Parador Nacional Reyes Católicos, carret. de Carboneras SE : 2,5 km 47 82 50, <, P. AE E VISA.
Com 1 100 – 300 – **98 hab** 3 600/4 500.

Indalo, carret. de Carboneras SE : 6,5 km 47 80 01, <, climatizada, – rest P. AE VISA. rest
Com 1 125 – 275 – **308 hab** 2 320/3 300 – P 3 800/4 470.

Provenzal, carret. de Garrucha E : 3 km, apartado 107 Garrucha, 47 83 08, < – wc P.
cerrado 15 septiembre-4 octubre – Com 625 – 150 – **22 hab** 1 600/2 000 – P 2 190/2 790.

Flamenco, carret. de Carboneras SE : 4 km 47 82 27, – wc P
29 hab.

Martín, carret. de Garrucha E : 3,5 km, Garrucha, – P.

La MOLINA Gerona 43 ⑦ y 990 ⑲ ⑳ – pobl. ver Alp. alt. 1 300 a 1 700 – 972 – Deportes de invierno 4 13.

♦Madrid 651 – ♦Barcelona 148 – Gerona 131 – ♦Lérida 180.

Palace H., alt. 1 700 89 20 16, < montaña, – P
temp. – **33 hab**.

Solana, alt. 1 650 89 20 00, < montaña, – wc wc P. rest
20 diciembre-5 abril y 15 julio-agosto – Com 875 – 200 – **30 hab** 1 485/2 860 – P 2 900.

Adserá, alt. 1 600 89 20 01, < montaña, – wc wc P. rest
julio-12 septiembre y diciembre-mayo – Com 980 – 240 – **40 hab** 1 700/3 000 – P 3 200/3 450.

Roc Blanc, alt. 1 450 89 20 75, <, – wc wc P. E VISA. rest
julio-septiembre y diciembre-20 abril – Com 765 – 220 – **51 hab** 1 600/2 600 – P 2 700/3 000.

Els 4 Vents, alt. 1 600 89 20 97, < valle y montaña – wc wc. rest
Com 600 – 200 – **12 hab** 2 000/2 200 – P 2 200.

MOLINA DE ARAGÓN Guadalajara 990 ⑰ – 3 940 h. alt. 1 050 – 911.

pl. de España 1.

♦Madrid 197 – Guadalajara 141 – Teruel 104 – ♦Zaragoza 144.

Rosanz, av. General Franco 8 83 08 61 – wc
33 hab.

CITROEN carret. Teruel km 197 83 01 54
RENAULT carret. Teruel km 197,6 83 08 22
SEAT Carmen 12 83 00 85
TALBOT San Juan 14 83 08 20

El MOLINAR Baleares – ver Baleares (Mallorca) : Palma de Mallorca.

MOLLET DEL VALLÉS Barcelona 43 ⑱ – 28 807 h. – 93.

♦Madrid 631 – ♦Barcelona 17 – Gerona 80 – Sabadell 25.

Can Prat, av. Pio XII 593 05 00, – P.

RENAULT Berenguer III 75-77 593 61 52

MOLLÓ Gerona 43 ⑧ – 446 h. – 972.

♦Madrid 707 – ♦Barcelona 135 – Gerona 88 – Prats de Mollo 24.

François, carret. de Camprodón C 151 74 03 88, < montaña y valle del río Tort – wc P. VISA. rest
Com *(cerrado lunes)* 750/1 200 – **25 hab** 1 000/1 350 – P 1 600/2 000.

Calitxó con hab, El Serrat 74 03 86, < montaña y valle del río Tort – wc P. VISA.
cerrado marzo – Com *(cerrado lunes)* carta 690 a 1 190 – 175 – **12 hab** 750/1 600 – P 1 750/2 000.

MONASTERIO – ver el nombre propio del monasterio.

MONCÓFAR Castellón de la Plana – 3 372 h. – 964.

♦Madrid 400 – Castellón de la Plana 29 – ♦Valencia 52.

en la playa – Moncófar – 964 :

Pinche, Silvestre Segarra 70 58 02 46, <, – wc
26 hab.

MONDARIZ-BALNEARIO Pontevedra 990 ② – 641 h. (incl. Villasobroso) alt. 174 – 986 – Balneario.

♦Madrid 574 – Orense 75 – Pontevedra 58.

Avelino, Ramón Peinador 15 65 61 32, – wc wc P
temp. – **46 hab**.

MONDRAGÓN Guipúzcoa 42 ④ y 990 ⑥ – 25 679 h. alt. 211 – ☎ 943 – R.A.C.E. (A.C. Vasco Navarro) Otalora 1 ☎ 79 16 71.
♦Madrid 390 – ♦San Sebastián 79 – Vergara 9 – ♦Vitoria 34.

en Santa Águeda O : 3,5 km – ✉ Mondragón – ☎ 943 :

Txirrita, barrio Guesalibar ☎ 79 10 35, ← – wc wc. VISA.
Com 740 – 165 – **16 hab** 1 400/1 950 – P 2 305/2 730.

FORD av. de Guipúzcoa ☎ 79 07 44
SEAT av. de Guipúzcoa ☎ 79 18 80
RENAULT av. de Álava ☎ 79 59 99

MONESTERIO Badajoz 990 ㉓ – 6 022 h. – ☎ 924.
♦Madrid 444 – ♦Badajoz 126 – Cáceres 150 – ♦Córdoba 197 – Merida 82 – ♦Sevilla 97.

Moya, paseo de Extremadura 278 ☎ 51 61 36 – wc wc Ⓟ
18 hab.

MONISTROL o **MONISTROL DE MONTSERRAT** Barcelona 43 ⑰ y 990 ⑲ – 2 818 h. (incl. Montserrat) alt. 61 – ☎ 93.
♦Madrid 603 – ♦Barcelona 52 – ♦Lérida 134 – Manresa 15.

en la carretera de Barcelona SE : 1 km – ✉ Monistrol – ☎ 93 :

Hostal Monistrolenc con hab, ☎ 835 04 77 – wc. AE VISA
Com 700 – 220 – **8 hab** 1 100/1 900 – P 2 270/2 420.

RENAULT Balmes 27-29 ☎ 835 02 57
SEAT Pla 80-82 ☎ 835 01 32

MONÓVAR Alicante 445 Q 27 – 10 857 h. – ☎ 965.
♦Madrid 389 – ♦Albacete 142 – ♦Alicante 38 – ♦Murcia 81 – ♦Valencia 149.

Mesón Felipe V, Mayor 200 ☎ 47 09 63 – . AE E VISA.
cerrado miércoles y del 2 al 19 agosto.

MONREAL DEL CAMPO Teruel 990 ⑰ – 2 609 h. alt. 939 – ☎ 974.
♦Madrid 245 – Teruel 56 – ♦Zaragoza 126.

El Botero, carret. N 234 ☎ 86 31 66 – rest wc wc Ⓟ. VISA.
Com 475 – 100 – **30 hab** 750/1 500 – P 1 300/1 450.

RENAULT carret. N 234 km 174,7 ☎ 86 31 14

MONTALBÁN Teruel 990 ⑰ – 2 158 h. alt. 907 – ☎ 974.
♦Madrid 302 – Teruel 75 – ♦Zaragoza 130.

Hito's-2, carret. N 420 ☎ 75 02 90 – Ⓟ.

MONTALVO (Playa de) Pontevedra – ver Sangenjo.

MONTÁNCHEZ Cáceres 990 ㉓ – 3 139 h. – ☎ 927.
♦Madrid 294 – ♦Badajoz 112 – ♦Cáceres 54 – Merida 48.

Montecalabria, General Margallo 2 ☎ 38 01 35 – wc
20 hab.

MONTAÑAS DEL FUEGO Las Palmas – ver Canarias (Lanzarote).

MONTBLANCH Tarragona 43 ⑯ y 990 ⑲ – 5 014 h.
Ver : Iglesia de Santa María : interior★.
♦Madrid 518 – ♦Barcelona 112 – ♦Lérida 61 – Tarragona 36.

en la carretera N 240 SE : 6 km – ✉ Montblanch – ☎ 977 :

Les Fonts de Lilla, ☎ 86 03 03, ←, Decoración rústica – Ⓟ. AE E VISA
cerrado martes – Com carta 975 a 1 950.

MONTE – ver el nombre propio del monte.

MONTE HACHO Ceuta 990 ㉞ – ver Ceuta.

MONTEMAYOR Cáceres 990 ⑬ ⑭ – ver Baños de Montemayor.

MONTERROSO Lugo 990 ② – 4 965 h. alt. 489 – ☎ 982.
Alred. : Villar de Donas : iglesia (frescos★).
♦Madrid 544 – Lugo 40 – Orense 66 – Pontevedra 114.

Rivas, sin rest y sin , General Salgado 14 ☎ 37 71 32 – wc wc
22 hab.

TALBOT carret. Pontevedra ☎ 37 72 35

MONTFERRER DE SEGRE Lérida 43 ⑥ – ver Seo de Urgel.

MONTGAT Barcelona 43 ⑱ – 6 123 h. – ☎ 93.
♦Madrid 637 – ♦Barcelona 11 – Gerona 94 – Mataró 17.

✕ El Quijote, carret. N II ☎ 389 10 13 – ⊞ ⓟ.

MONTILLA Córdoba 446 T 16 – 21 768 h. alt. 400 – ☎ 957.
♦Madrid 443 – ♦Córdoba 45 – Jaén 117 – Lucena 28.

Don Gonzalo, carret. N 331, SO : 2,5 km ☎ 65 06 66, « rodeada de un magnífico césped », – ⊞ rest wc ⓟ. AE ⓓ E VISA.
Com 600 – 150 – **28 hab** 1 750/2 580.

✕✕ **Las Camachas,** carret. N 331 ☎ 65 00 04 – ⊞ ⓟ. AE ⓓ E VISA.
Com carta 950 a 1 600.

CITROEN-PEUGEOT av. Andalucía 40 ☎ 65 01 87
RENAULT carret. N 331 km 447 ☎ 65 06 12
SEAT-FIAT carret. N 331 km 446 ☎ 65 07 90
TALBOT carret. N 331 km 447 ☎ 65 12 69

MONTSENY Barcelona 43 ⑧ ⑱ y 990 ⑳ – 271 h. alt. 522 – ☎ 93.
Alred. : Sierra de Montseny★★.
♦Madrid 673 – ♦Barcelona 60 – Gerona 68 – Vich 36.

en la carretera de Tona – ✉ Montseny – ☎ 93 :

San Bernat, NO : 8 km ☎ 847 30 11, ≤ valle y montaña, « Magnífica situación en la sierra del Montseny », – ⓟ. AE ⓓ VISA
Com 995 – 300 – **20 hab** 2 200/3 500 – P 3 585/4 035.

✕ Can Bessa, NO : 1,5 km ☎ 847 30 58, ≤ – ⓟ.

MONTSERRAT Barcelona 43 ⑰ y 990 ⑲ – pobl. ver Monistrol. alt. 725 – ☎ 93.
Ver : Lugar★★★.
Alred. : Carretera de acceso ≤★★.
♦Madrid 594 – ♦Barcelona 53 – ♦Lérida 125 – Manresa 22.

Abat Cisneros, pl. Monasterio ☎ 835 02 01 – ⊞ rest wc wc. AE ⓓ E. rest
Com 990 – 255 – **41 hab** 1 600/3 000 – P 3 325/3 400.

Monasterio sin rest y sin, pl. Monasterio ☎ 835 02 01 – wc wc. AE ⓓ E. rest
15 marzo-octubre – **34 hab** 1 850.

✕✕ **Montserrat,** pl. Apostols ☎ 835 02 51 (ext. 165), ≤ – AE ⓓ E
Com (sólo almuerzo) carta 1 250 a 2 750.

en la carretera de Casa Masana NO : 3,5 km – ✉ Montserrat – ☎ 93 :

✕ **Santa Cecilia,** ☎ 835 03 09, ≤ – ⓟ
abril-octubre – Com *(cerrado jueves excepto julio y agosto)* (sólo almuerzo) carta 770 a 1 460.

MONZON Huesca 43 ④ y 990 ⑱ – 14 122 h. alt. 368 – ☎ 974.
♦Madrid 463 – Huesca 70 – ♦Lérida 50.

Vianetto, av. de Lérida 25 ☎ 40 19 00 – ⊞ wc. AE E VISA.
Com 575 – 150 – **84 hab** 1 100/2 150 – P 2 225/2 250.

Riosol, sin rest, paseo San Juan Bosco 25, salida a Huesca ☎ 40 08 00 – wc wc – **40 hab**.

CITROEN av. Lérida 27 ☎ 40 13 45
FORD Santa Bárbara 55 ☎ 40 05 87
RENAULT paseo San Juan Bosco ☎ 40 02 34
SEAT carret. Tarragona-San Sebastián km 147 ☎ 40 14 74
TALBOT av. Lérida 41 ☎ 40 03 00

MONZÓN DE CAMPOS Palencia 990 ⑮ – 1 122 h. alt. 750 – ☎ 988.
♦Madrid 237 – ♦Burgos 95 – Palencia 11 – ♦Santander 190.

El Caballero de Monzón, carret. N 611 ☎ 80 80 74 – ⊞ rest wc ⓟ – **39 hab**.

✕✕✕ **Castillo de Monzón** con hab, ☎ 80 80 75, « Instalado en un castillo medieval dominando la Tierra de Campos » – wc ⓟ. AE E VISA.
Com carta 1 250 a 2 300 – 250 – **9 hab** 1 900/2 900 – P 2 950/5 360.

MORA Toledo 990 ㉕ – 9 626 h. – ☎ 925.
♦Madrid 100 – Ciudad Real 92 – Toledo 31.

Agripino, pl. Mártires 6 ☎ 30 00 00 –
26 hab.

MORA DE RUBIELOS Teruel – 1 502 h. – ☎ 925.
♦Madrid 341 – Castellón de la Plana 92 – Teruel 40 – ♦Valencia 129.

Mora de Aragón, carret. de la Puebla de Valverde ☎ 80 01 77 – wc ⓟ – **40 hab**.

MORAIRA Alicante 445 P 30 – 246 h. – ☎ 965.
Alred. : Carretera★ de Moraira a Calpe.
Club Ifach SO : 8 km.
♦Madrid 483 – ♦Alicante 75 – Gandía 65.

- Rialto, del Mar 15 ☎ 74 01 82, ← – *temp.*
- **Mesón Cap d'Or,** Castillo 5 – ▤. ✻.
  cerrado domingo y 15 enero-15 febrero – Com carta 875 a 1 075.

por la carretera de Calpe – ✉ Moraira – ☎ 965 :

- **Lasa** ⛰, SO : 2,5 km ☎ 74 01 50, ←, ⛱, ✻ – |♦| ▥ ⊏wc ☏ Ⓟ. ✻ rest
  Com 675 – ☕ 175 – **39 hab** 1 380/2 415 – P 2 510/2 980.
- **Moradix** ⛰ sin rest, O : 1,5 km ☎ 74 07 82, ← – |♦| ▥ ⊏wc Ⓟ. ✻
  ☕ 175 – **30 hab** 1 085/2 000.
- ✿ **Girasol,** SO : 1,5 km, ←, « Villa acondicionada con elegancia » – Ⓟ
  cerrado lunes, 6 noviembre-20 diciembre y del 10 al 30 enero – Com (sólo cena salvo domingo) carta 1 770 a 2 650
  Espec. Ensalada de champiñones con pechuga de pollo y almendras, Conejo con colmenillas y tallarines, Postres variados.
- **Chulleta,** SO : 3 km, ☂ – Ⓟ. ✻
  abril-20 noviembre – Com *(cerrado sábado)* carta 500 a 1 550.

MORELLA Castellón de la Plana 445 K 29 – 3 322 h. alt. 1 004 – ☎ 964 – Plaza de toros.
Ver : Emplazamiento★ – Basílica de Santa María la Mayor★ – Castillo ←★.
Segura Barreda 58 ☎ 16 00 34.
♦Madrid 440 – Castellón de la Plana 98 – Teruel 139.

- **Cardenal Ram,** Cuesta Suñer 1 ☎ 16 00 00, « Antigua casa señorial » – ▥ ⊏wc ⌂wc ☏. VISA
  cerrado del 13 al 31 diciembre – Com 650/1 700 – ☕ 150 – **19 hab** 1 150/1 700.
- **Elías** sin rest, Colomer 7 ☎ 16 00 92 – ▥ ⊏wc. VISA
  cerrado del 16 al 31 octubre – ☕ 120 – **17 hab** 600/1 375.

CITROEN Castellón 2 ☎ 16 01 17
FORD Travesia Exterior 1 ☎ 16 02 30
RENAULT Hostal Nou ☎ 16 01 91
SEAT carret. de Vinaroz ☎ 16 01 75

MOTA DEL CUERVO Cuenca 990 ㉖ – 5 267 h. alt. 750 – ☎ 967.
Alred. : Belmonte (castillo : artesonados★ mudéjares, Antigua colegiata : sillería★) NE : 14 km – Villaescusa de Haro (capilla de la Asunción★) NE : 20 km.
♦Madrid 139 – ♦Albacete 108 – Alcázar de San Juan 36 – Cuenca 113.

- **Mesón de Don Quijote,** carret. N 301 ☎ 18 02 00, Decoración regional, ⛱ – ▥ ▤ ⊏wc ☏ 🚗 Ⓟ. AE ⓓ E VISA. ✻ rest
  Com 850 – ☕ 180 – **36 hab** 1 920/2 945 – P 3 105/3 540.

CITROEN carret. Madrid-Alicante km 139 ☎ 18 02 80
TALBOT carret. Alcazar 19 ☎ 18 05 20

MOTILLA DEL PALANCAR Cuenca 990 ㉖ ㉗ – 4 353 h. alt. 900 – ☎ 966 – Plaza de toros.
♦Madrid 202 – Cuenca 68 – ♦Valencia 146.

- **Del Sol,** carret. N III ☎ 33 10 25 – ▥ ⊏wc ⌂wc ☏ 🚗 Ⓟ. AE ⓓ E VISA. ✻
  Com 800 – ☕ 175 – **37 hab** 1 100/1 800 – P 2 600/2 940.
- Gijón, con hab, carret. N III ☎ 33 10 01 – ▤ rest ⊏wc ⌂wc ☏ Ⓟ – **16 hab**.

CITROEN carret. N III km 198 ☎ 33 14 33
FORD carret. N III km 197,5 ☎ 33 15 79
MERCEDES-BENZ carret. N III km 198 ☎ 33 12 06
RENAULT carret. N III km 198 ☎ 33 11 27
SEAT-FIAT carret. N III km 196,3 ☎ 33 11 86
TALBOT carret. N III km 196,7 ☎ 33 12 71

MOTRICO Guipúzcoa 42 ④ – 5 109 h. – ☎ 943 – Playa.
Ver : Emplazamiento★ – Miradores ←★.
♦Madrid 464 – ♦Bilbao 75 – ♦San Sebastián 46.

- **Mendixa,** pl. Churruca 13 ☎ 60 13 98, Pescados y mariscos – E VISA
  15 abril-15 diciembre – Com *(cerrado lunes y martes)* carta 1 400 a 2 500.

MOTRIL Granada 446 V 19 – 35 471 h. (incl. Calahonda) alt. 65 – ☎ 958 – Plaza de toros.
Playa Granada SO : 8 km ☎ 60 04 12.
♦Madrid 505 – Almería 113 – Antequera 156 – ♦Granada 76 – ♦Málaga 108.

- **Tropical** sin ☕, Rodríguez Acosta 23 ☎ 60 04 50 – ▥ ▤ ⊏wc ☏. E VISA. ✻
  Com *(cerrado domingo y junio)* 500/1 000 – **21 hab** 1 200/1 800.
- **La Caramba,** av. de Salobreña 19 ☎ 60 25 78, ☂ – ▤. VISA. ✻
  cerrado miércoles excepto verano y festivos – Com carta 550 a 1 100.

en el puerto S : 2,5 km – ✉ Motril – ☎ 958 :

- Alborán, carrera del Mar 1 ☎ 60 13 70 – ⌂wc
  16 hab.

sigue →

en Torrenueva SE : 5,5 km – ✉ Motril – ☎ 958 :

Sacratif, carret. N 340 ☎ 65 50 11 – rest wc. AE E VISA. rest
febrero-noviembre – Com 650 – 150 – **68 hab** 1 300/1 950 – P 2 250/2 500.

AUSTIN-MG-MORRIS-MINI, TALBOT carret. de Almería km 1,4 ☎ 60 19 50
CITROEN av. Salobreña 94 ☎ 60 17 00
FORD carret. Motril-Almería km 1,6 ☎ 60 15 50
RENAULT Rodríguez Acosta 11 ☎ 60 11 66
SEAT carret. Málaga 20 ☎ 60 12 00

MOYÁ o MOIÁ Barcelona 43 ⑦ y 990 ⑳ – 3 064 h. alt. 776 – ☎ 93.

Alred. : Estany (iglesia : capiteles★★) N : 8 km.

♦**Madrid 611 – ♦Barcelona 72 – Manresa 26.**

Remei, av. de la Vila 25 ☎ 830 00 25 – wc P
36 hab.

en la carretera de Estany N : 2 km – ✉ Moiá – ☎ 93 :

Montvi de Baix con hab, ☎ 830 02 52 – wc P.

RENAULT carret. Manresa 10 ☎ 830 00 68
SEAT-FIAT carret. Manresa 42-44 ☎ 830 01 44

MURCIA P 445 S 26 – 263 082 h. alt. 43 – ☎ 968 – Plaza de toros.

Ver : Catedral★ (fachada★, museo diocesano : San Jerónimo★, campanario ※★) DEY – **Museo de Salzillo★** CY **M.**

Alred. : Cresta del Gallo★ (※★) SE : 18 km – Sierra de Columbares (※★) SE : 23 km por ② y por La Alberca.

de Murcia-San Javier por ② : 50 km ☎ 57 05 50 – Iberia : av. Alfonso X El Sabio ☎ 24 00 50.

Alejandro Seiquer 4 ☎ 21 37 16 – **R.A.C.E.** (A.C. de Murcia) Gran Vía 21 ☎ 24 78 75.

♦**Madrid 390 ④ – ♦Albacete 143 ④ – ♦Alicante 84 ① – Cartagena 49 ② – Lorca 62 ③ – ♦Valencia 261 ①.**

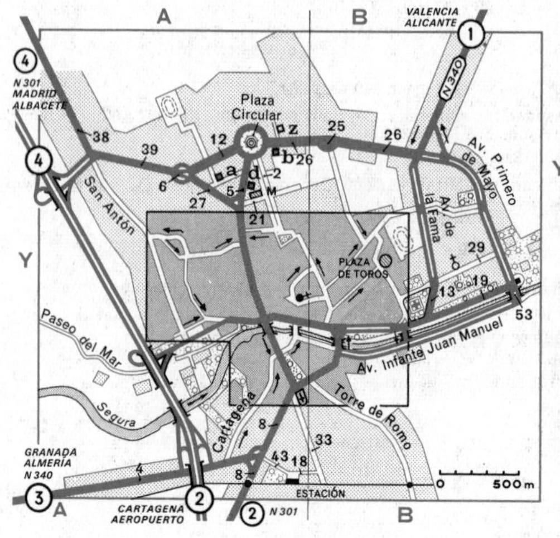

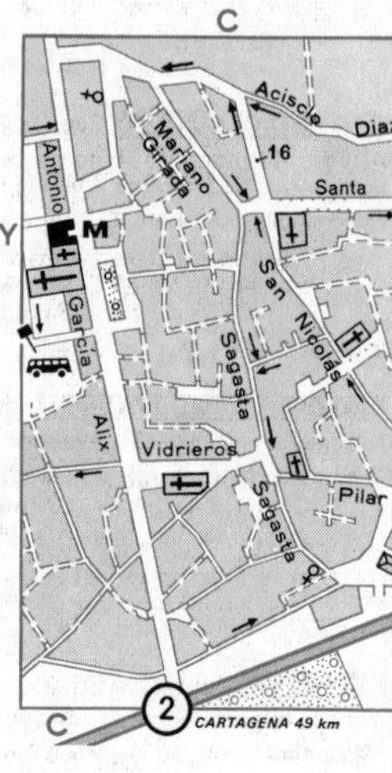

Colón (Alameda de) DZ
Floridablanca DZ, AY 8
Isidoro de la Cierva EY 20
Platería DY
Trapería DY

Alfonso X el Sabio (Gran Vía) DY, AY 2
Cardenal Belluga (Pl.) DY 3
Ciudad de Almería (Av.) AY 4
Constitución (Av. de la) AY 5
Emilio Díez de Revenga (Plaza) AY 6
España (Glorieta de) DY 7
General Primo de Rivera (Avenida) AY 12
General Yagüe BY 13
Gómez Cortina CY 16
Industria AY 18
Intendente Jorge Palacio (Av.) BY 19
Jaime I el Conquistador AY 21
José Antonio Ponzoa DY 24
Juan XXIII (Plaza de) BY 25
Levante (Ronda de) ABY 26
Libertad (Av. de la) AY 27
Licenciado Cascales DY 28
Luis Fontes Pagán BY 29
Malecón (Paseo del) DY 30
Marcos Redondo DY 32
Marqués de Corvera (Paseo) BY 33
Martínez Tornel (Plaza) DY 34
Miguel de Cervantes (Avenida) AY 38
Norte (Ronda) AY 39
Perea (Avenida) AY 43
Proclamación de Alfonso XII DZ 44
San Francisco (Plano de) DY 45
Sociedad DY 49
Teniente Flomesta (Avenida) EY 50
Vistabella (Puente de) BY 53

7 Coronas Meliá, ronda de Garay 3 ☎ 21 77 71, «Terraza jardín» – AE ⓓ E VISA. EZ **x**
Com 1 450 – ☐ 300 – **121 hab** 2 970/4 860.

Conde de Floridablanca sin rest, Corbalán 7 ☎ 21 46 26, «Bonita decoración» – AE ⓓ E VISA. DZ **v**
☐ 260 – **60 hab** 1 985/3 015.

Rincón de Pepe sin rest, pl. Apóstoles 34 ☎ 21 22 39 – AE ⓓ E VISA. EY **r**
☐ 250 – **122 hab** 2 800/3 600.

Hispano 2 Ⓜ sin rest, Lucas 3 ☎ 21 61 52 – AE ⓓ E VISA. DY **e**
☐ 300 – **35 hab** 3 450/4 600.

El Churra, Marqués de los Velez 12 ☎ 23 84 00 – wc wc E VISA. AY **z**
Com 500/800 – ☐ 100 – **92 hab** 950/2 000.

Transportistas Murcianos, carret. de Beniaján - Ciudad del Transporte ☎ 26 03 35 – wc wc Ⓟ. por Av. Infante Juan Manuel BY
Com 450 – ☐ 75 – **30 hab** 1 500.

Universal Pacoche, Cartagena 24 ☎ 21 76 05 – wc wc. DZ **b**
Com *(cerrado sábado)* 450 – ☐ 90 – **59 hab** 805/1 580.

Hispano 1 sin rest, Trapería 8 ☎ 21 61 52 – wc. AE ⓓ E VISA. DY **h**
☐ 200 – **50 hab** 950/1 350.

XXX **Rincón de Pepe,** Apóstoles 34 ☎ 21 22 39, en el piso 7 – AE ⓓ E VISA. EY **r**
cerrado domingo de junio a agosto – Com carta 1 500 a 2 500.

XX **Hispano,** Lucas 7 ☎ 21 61 52 – AE ⓓ E VISA. DY **e**
Com carta 725 a 2 000.

XX Los Apóstoles, pl. de la Apóstoles 1 ☎ 21 21 97 – EY **b**

XX **Zarauz,** pl. Luxmarina 1 ☎ 21 99 55, Cocina vasca – ⓓ VISA. DY **y**
cerrado domingo noche – Com carta 875 a 2 400.

sigue →

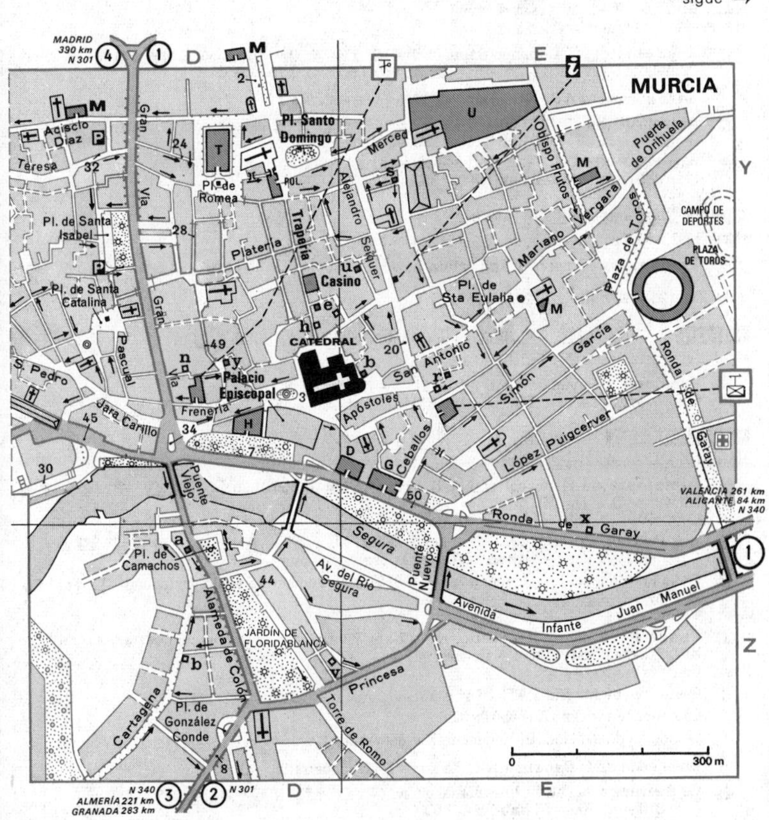

- ✗ **Casa Emilio,** pl. de Camachos 22 ☏ 21 13 25 – ▤. ✻ DZ **a**
cerrado miércoles y del 1 al 16 julio – Com carta 1 000 a 1 500.
- ✗ Mesón Rocio, Batalla de las Flores ☏ 24 29 30 – ▤ AY **a**
- ✗ **Morales,** Constitución 12 ☏ 23 10 26 – ▤. E VISA. ✻ AY **d**
cerrado domingo – Com carta 1 175 a 1 675.
- ✗ **Casa Rambla,** Granero 5 ☏ 23 70 21 – ▤. ◑ VISA. ✻ EY **s**
cerrado lunes y agosto – Com carta 700 a 2 000.
- ✗ **La Huertanica,** Infante 5 ☏ 21 74 77 – ▤. ◑ VISA. ✻ EY **u**
cerrado martes y agosto – Com carta 725 a 1 825.
- ✗ Mesón de Luis, ronda de Levante ☏ 24 95 65 – ▤ AY **b**

en el Puerto de la Cadena - carret. N 301 por ② : 13 km – ✉ Baños y Mendigo – ☎ 968 :

- **De la Virgen,** ☏ 84 14 50, ⛱ – ▥ ▤ ⌂wc ⫛wc ☎ Ⓟ. ✻
cerrado lunes salvo festivos – Com 400 – ☕ 100 – **18 hab** 1 100/1 600.

AUSTIN-MG-MORRIS-MINI carret. de Madrid km 382,4 - Cabrezo Cortado ☏ 83 08 34
CITROEN-PEUGEOT San Antón 27 ☏ 23 49 50
FIAT-SEAT General Queipo de Llano 3 ☏ 23 17 50
FIAT-SEAT Floridablanca 63-69 ☏ 25 09 00
FORD carret. de Madrid ☏ 83 06 00
MERCEDES-BENZ carret. de Alicante 97 ☏ 23 66 00
PEUGEOT-CITROEN carret. de Alicante km 119 ☏ 24 12 12
RENAULT av. Ministro Solís A ☏ 23 46 50
RENAULT Cartagena 45 ☏ 21 56 39
TALBOT carret. de Alicante 117 ☏ 23 04 50

Si busca un hotel tranquilo,
no consulte únicamente los mapas p. 64 a 67,
mire también en el texto de la guía los establecimientos que llevan el símbolo ⛐.

MURGUIA Álava 42 ③ y 990 ⑥ – alt. 620 – ☎ 945.

♦Madrid 362 – ♦Bilbao 45 – ♦Vitoria 19.

- **Zuya Hostal** ⛐, Domingo Sautu 32 ☏ 43 00 27 – ▥ ⫛wc Ⓟ. AE ◑ E VISA. ✻
Com carta 615 a 1 370 – ☕ 175 – **15 hab** 900/1 600 – P 1 700/1 800.

en la autopista A 68 NO : 5 km – ✉ Murguia – ☎ 945 :

- **Motel Altube,** ☏ 43 01 50 – ▥ ▤ rest ⌂wc ☎ Ⓟ. AE E VISA. ✻
Com 775 – ☕ 230 – **20 hab** 3 300/3 900 – P 3 375.
- **Altube,** ☏ 43 01 73 – ▥ ▤ rest ⌂wc ☎ Ⓟ. AE E VISA. ✻
Com 450 – ☕ 125 – **20 hab** 1 700/2 300 – P 2 550/4 000.

MURIEDAS Cantabría 42 ① – ☎ 942.

♦Madrid 392 – ♦Bilbao 102 – ♦Burgos 149 – ♦Santander 7.

- **Parayas** piso 1, sin rest, con cafetería, José Antonio 6 ☏ 25 13 00 – ▥ ⌂wc ⫛wc ☎ 🚗. ✻
☕ 125 – **22 hab** 1 270/2 100.

NARÓN La Coruña 990 ② – 26 139 h. (incl. Jubia) alt. 20 – ✉ Jubia – ☎ 981.

♦Madrid 617 – ♦La Coruña 65 – Ferrol 6 – Lugo 113.

- **Excelsior,** pl. Ayuntamiento 1 ☏ 38 21 04 – ▥ ⌂wc. ✻
Com *(cerrado sábado)* 650/750 – ☕ 100 – **12 hab** 750/1 200 – P 1 900/2 000.

NAVACERRADA Madrid 990 ⑮ y ㊴ – 959 h. alt. 1 203 – ☎ 91.

♦Madrid 50 – El Escorial 21 – ♦Segovia 35.

- **Arcipreste de Hita,** carret. N 601, NO : 1,5 km ☏ 856 01 25, ≤, ⛱, ⛱, 🌳, 🎾 – 🛗 ▥ ⌂wc ☎ Ⓟ – 🏛. VISA. ✻
Com 800 – ☕ 250 – **38 hab** 2 500/4 500.
- **Las Postas,** carret. N 601, SO : 1 km ☏ 856 02 50, ≤, ⛱ – ▥ ⌂wc ☎ Ⓟ – 🏛. VISA. ✻
Com 1 300 – ☕ 160 – **18 hab** 1 300/2 300.
- Doña Endrina, sin rest, con cafetería, ☏ 856 02 00, Edificio de estilo castellano, ⛱, 🌳, 🎾 – ▥ ⌂wc ⫛wc ☎ Ⓟ
40 hab.
- ✗✗✗ **Fonda Real,** carret. del Puerto, NO : 2 km ☏ 856 03 05, « Decoración castellana del siglo XVIII, Cocina castellana » – Ⓟ. VISA. ✻
Com carta 1 350 a 1 850.
- ✗ Felipe, av. de Madrid ☏ 856 08 34 – ▤.
- ✗ Espinosa, Santísimo 6 ☏ 856 08 02.
- ✗ La Cocina del Obispo, Dr Villasante 7 ☏ 856 09 36, ⛱.

en el valle de la Barranca NE : 3,5 km – ✉ Navacerrada – ☎ 91 :

- **La Barranca** ⛐, alt 1 470 ☏ 856 00 00, ≤, ⛱, ⛱, 🎾 – 🛗 Ⓟ – 🏛. E. ✻
Com 810 – ☕ 200 – **54 hab** 1 800/2 600.

NAVACERRADA (Puerto de) Madrid-Segovia 990 ⑮ y ㊴ – alt. 1 860 – ✉ Cercedilla – ☎ 91 – Deportes de invierno : 11.

Ver : Puerto★ (≤★).

♦Madrid 57 – El Escorial 28 – ♦Segovia 28.

- **Pasadoiro** , carret. N 601 ☎ 852 14 27, ≤ – wc wc
  Com 775 – 175 – **36 hab** 1 800/2 250 – P 3 525/3 725.
- **Nueva Venta Arias** sin rest, carret. N 601 ☎ 852 11 00, ≤ – wc Ⓟ.
  cerrado septiembre – 200 – **12 hab** 2 000/2 500.
- El Corzo con hab, carret. N 601 ☎ 852 09 00, ≤ – wc wc Ⓟ
  9 hab.

NAVAHERMOSA Toledo – 3 582 h. – ☎ 925.

♦Madrid 120 – Toledo 51.

- Alonso, carret. de Toledo 54 ☎ 41 00 13 – wc Ⓟ
  22 hab.

NAVAJAS Castellón de la Plana – 552 h. – ☎ 964.

♦Madrid 383 – Castellón de la Plana 58 – Teruel 90 – ♦Valencia 63.

- Navas Altas , Rodríguez Fornos 3 ☎ 11 09 66, – wc wc Ⓟ
  30 hab.

NAVAL Huesca 42 ⑲ y 43 ④ – 303 h.

♦Madrid 471 – Huesca 81 – ♦Lérida 108.

- **Olivera** , ≤ – rest wc Ⓟ. AE E VISA
  Com 550 – 125 – **15 hab** 1 200 – P 1 625/1 700.

NAVALCARNERO Madrid 990 ⑮ y ㊴ – 7 042 h. alt. 671 – ☎ 91.

♦Madrid 32 – El Escorial 42 – Talavera de la Reina 85.

en la carretera N V – ✉ Navalcarnero – ☎ 91 :

- **El Labrador,** SO : 5 km ☎ 811 00 33, , Decoración castellana, – rest wc Ⓟ. AE E VISA.
  Com 630 – 135 – **38 hab** 975/1 580 – P 1 990/2 175.
- Felipe IV, E : 3 km ☎ 811 09 13, , « Edificio de estilo castellano » – Ⓟ.

en la carretera de Villamanta O : 1 km – ✉ Navalcarnero – ☎ 91 :

- La Noria , ☎ 811 01 47, , , – wc Ⓟ
  20 hab.

CITROEN carret. N V km 30,75 ☎ 811 04 38
RENAULT Sebastián Muñoz 13 ☎ 811 03 75
SEAT carret. N V km 29,8 ☎ 811 03 12
TALBOT Beatas 6 ☎ 811 10 61

NAVALMORAL DE LA MATA Cáceres 990 ㉔ – 11 589 h. alt. 514 – ☎ 927.

♦Madrid 180 – ♦Cáceres 121 – Plasencia 69.

- **Almanzor y Rest. Gredos,** José Antonio 43 ☎ 53 06 00 – rest wc .
  Com 600/850 – 125 – **36 hab** 850/1 600 – P 1 850/1 950.

en la carretera N V – ✉ Navalmoral de la Mata – ☎ 927 :

- **Brasilia,** ☎ 53 07 50, de pago – wc wc Ⓟ.
  Com 750 – 210 – **43 hab** 1 395/2 140.
- Gely, SO : 1 km ☎ 53 00 00 – wc wc Ⓟ.
  78 hab 1 125/1 600.
- **La Bamba,** E : 2 km ☎ 53 08 50 – rest wc wc Ⓟ. E VISA.
  Com 500 – 120 – **33 hab** 770/1 485 – P 1 650/2 335.
- **Moya,** ☎ 53 05 00 – rest wc wc Ⓟ. AE. rest
  Com 550/650 – 130 – **40 hab** 1 100/1 800 – P 2 000/2 200.

FORD carret. Madrid-Lisboa km 179 ☎ 53 07 40
RENAULT carret. Madrid-Lisboa km 180 ☎ 53 14 62
SEAT carret. Madrid-Lisboa km 181 ☎ 53 05 71

Las NAVAS DEL MARQUÉS Ávila 990 ⑮ y ㊳ – 3 901 h. alt. 1 318 – ☎ 91.

♦Madrid 81 – ♦Ávila 40 – El Escorial 26.

- **Magalia,** carret. Madrid-Ávila por El Escorial ☎ 897 02 10 – Ⓟ.
  Com carta 865 a 1 410.

en Ciudad Ducal SO : 4,5 km – ✉ Las Navas del Marqués – ☎ 91 :

- **San Marcos** , sin rest y sin ☎ 897 01 01, « En el centro de un pinar », – wc wc Ⓟ.
  abril-octubre – **16 hab** 1 065/1 550.

SEAT carret. Villalba-Ávila km 37 ☎ 897 02 62

LAS NAVAS DE TOLOSA Jaén 446 R 19 – ver La Carolina.

NA XAMENA (Urbanización) Baleares 43 ⑰ ⑱ – ver Baleares (Ibiza) : San Miguel.

NEGURI Vizcaya – ver Algorta.

NERJA Málaga 446 V 18 – 10 121 h. – 952 – Playa.
Alred. : Cuevas de Nerja** NE : 4 km – Carretera* de Nerja a La Herradura ≤**.
Puerta del Mar 4 ☎ 52 04 04.
♦Madrid 549 – Almería 169 – ♦Granada 120 – ♦Málaga 52.

- **Parador Nacional**, playa de Burriana - Tablazo ☎ 52 00 50, ≤ mar, « Amplio jardín frente al mar », – – AE E VISA.
Com 1 100 – 300 – **60 hab** 4 000/5 000.
- **Balcón de Europa** sin rest, con cafetería, paseo Balcón de Europa 1 ☎ 52 08 00, ≤ – wc. AE E VISA
210 – **105 hab** 2 700/3 600.
- **Don Peque,** piso 1, Diputación Provincial 13 ☎ 52 13 18 – wc. VISA.
Com *(abril-septiembre)* 550 – 175 – **10 hab** 1 100/1 500.
- **Miguel** sin rest, Almirante Ferrándiz 31 ☎ 52 15 23 – wc
150 – **7 hab** 900/1 400.
- Rey Alfonso, Balcón de Europa, ≤ mar y costa – .
- **Pepe Rico,** Almirante Ferrándiz 28 ☎ 52 02 47, – E VISA.
cerrado jueves y noviembre-20 diciembre – Com (sólo cena) carta 1 045 a 1 585.
- **Portofino** con hab, Puerta del mar 4 ☎ 52 01 50, ≤, – wc. VISA
cerrado noviembre-15 diciembre – Com 800 – 200 – **12 hab** 1 800/2 200 – P 2 900/3 600.

en la carretera N 340 E : 1,5 km – ✉ Nerja – 952 :

- **La Luna,** ☎ 52 01 00, – wc wc .
cerrado 12 enero-12 febrero – Com 550 – 160 – **24 hab** 1 350 – P 1 815.

por la carretera N 340 SO : 2,5 km – ✉ Nerja – 952 :

- **La Cita,** Punta Lara 20 ☎ 52 10 77, ≤, –
febrero-octubre – Com *(cerrado lunes)* (sólo cena) carta 810 a 1 380.

junto a la cueva de Nerja NE : 4 km – ✉ Nerja – 952 :

- Al Andaluz, urb. Ladera del Águila ☎ 52 10 20, ≤ – wc wc
15 hab.

CITROEN Animas 15 ☎ 52 04 32
RENAULT Ingenio 12 ☎ 52 18 31

NEVADA (Sierra) Granada 446 U 19 a 21 – ver Sol y Nieve.

NOJA Cantabria 42 ② y 990 ⑤ – 1 163 h. – 942 – Playa.
♦Madrid 422 – ♦Bilbao 79 – ♦Santander 44.

en la playa de Ris NO : 2 km – ✉ Noja – 942 :

- **Montemar**, ☎ 63 03 20 – wc
15 junio-15 septiembre – Com 875 – 150 – **57 hab** 1 500/2 200 – P 1 975/2 375.
- **La Encina**, ☎ 63 01 41, ≤ – wc .
junio-septiembre – Com 500/750 – 125 – **36 hab** 1 450/2 600 – P 2 250/2 400.

NORENA Oviedo – 4 094 h. – 985.
♦Madrid 447 – ♦Oviedo 12.

- **Cabeza** sin rest, Javier Lauzurica 4 ☎ 74 12 71 – wc . E VISA.
160 – **40 hab** 1 500/2 500.

NOYA La Coruña 990 ② – 12 277 h. – 981.
Ver : Iglesia de San Martín*.
Alred. : O : Ría de Muros y Noya* (orilla Norte**).
Excurs. : Mirador del Curota *** SO : 35 km.
♦Madrid 639 – ♦La Coruña 109 – Pontevedra 62 – Santiago de Compostela 35.

- **Ceboleiro,** General Franco 15 ☎ 82 05 31 – wc. rest
Com carta 600 a 1 450 – 140 – **22 hab** 850/1 750.

CITROEN av. San Bernardo ☎ 82 22 11
RENAULT av. República Argentina ☎ 82 01 90
SEAT San Bernardo ☎ 82 00 86
TALBOT La Rasa - carret. de Santiago ☎ 82 11 87

NUEVA ANDALUCÍA (Urbanización) Málaga – ver Marbella.

NUEVA EUROPA (Urbanización) Las Palmas – ver Canarias (Gran Canaria) : Maspalomas.

NUÉVALOS Zaragoza 990 ⑰ – ver Piedra (Monasterio de).

NULES Castellón de la Plana 445 M 29 – 10 155 h. – ☎ 964.
♦Madrid 402 – Castellón de la Plana 19 – Teruel 125 – ♦Valencia 54.

✗ Barbacoa, carret. de Burriana ☎ 67 05 04 – ▤ Ⓟ.

CITROEN carret. N 340 - Purísima 8 ☎ 67 02 46
RENAULT carret. N 340 ☎ 67 01 24
SEAT carret. N 340 - pl. Pilar 2 ☎ 67 03 25
TALBOT carret. N 340 ☎ 67 00 56

OCAÑA Toledo 990 ㉕ – 5 169 h. – ☎ 925.
♦Madrid 61 – ♦Albacete 186 – Ciudad Real 136 – Toledo 49 – Valdepeñas 139.

en la carretera N IV O : 5,5 km – ✉ Ocaña – ☎ 925 :

✗ Amigo, con hab, ☎ 13 02 85 – wc wc Ⓟ. AE ⓓ E VISA. ✻
☕ 170 – **22 hab** 900/1 900.

OCHAGAVÍA Navarra 42 ⑥ y 990 ⑦ – 729 h. – ☎ 948 – ver aduanas p. 14 y 15.
♦Madrid 457 – ♦Pamplona 76 – St-Jean-de-Pied-de-Port 68.

Laspalas, Urrutia ☎ 89 00 15 – wc wc. ✻
Com 575 – ☕ 140 – **9 hab** 1 100/1 550 – P 2 200/2 650.

OJEDO Cantabría – ver Potes.

OJÉN Málaga 446 W 15 – 1 935 h. alt. 355 – ☎ 952.
♦Madrid 612 – Algeciras 88 – ♦Málaga 57.

en la Sierra Blanca NO : 10 km por C 337 y carret. particular – alt. 780 – ✉ Ojén – ☎ 952 :

✗✗ **Parador Nacional de Juanar** con hab, ☎ 88 10 00, « Refugio de caza, decoración regional », – wc Ⓟ. AE ⓓ E VISA. ✻
Com 1 100 – ☕ 300 – **16 hab** 2 800/3 500.

OLABE Navarra 42 ⑤ – alt. 483 – ☎ 948.
♦Madrid 411 – ♦Bayonne 106 – ♦Pamplona 12.

✗ Ibaiondo, con hab, carret. N 121 ☎ 33 03 73, « Típico edificio vasco », – wc wc Ⓟ
8 hab.

OLABERRIA Guipúzcoa 42 ④ – ver Beasain.

OLITE Navarra 42 ⑮ y 990 ⑦ – 2 880 h. alt. 380 – ☎ 948.
Ver : Castillo de los Reyes de Navarra★ – Iglesia de Santa María la Real (fachada oeste★).
♦Madrid 370 – ♦Pamplona 43 – Soria 140 – ♦Zaragoza 140.

Parador Nacional Príncipe de Viana, ☎ 74 00 00, « Instalado parcialmente en el antiguo castillo de los reyes de Navarra » – ▤ Ⓟ. AE ⓓ E VISA. ✻
Com 1 100 – ☕ 300 – **39 hab** 3 200/4 000.

✗ Castillo, piso 1, con hab, General Mola 16 ☎ 74 00 02 – wc
9 hab.

OLIVA Valencia 445 P 29 – 18 191 h. – ☎ 96.
ℹ av. de Valencia ☎ 285 01 06.
♦Madrid 424 – ♦Alicante 101 – Gandía 8 – ♦Valencia 76.

✗ **Cavall Bernat** con hab, carret. de Gandía 20 ☎ 285 18 47, – ▤ rest wc. AE ⓓ E VISA
Com 750 – ☕ 185 – **15 hab** 1 275/1 850 – P 2 620/3 200.

en la carretera de Valencia NO : 1,5 km – ✉ Oliva – ☎ 96 :

✗ Las Barracas, ☎ 285 00 18 – ▤ Ⓟ.

en la playa E : 2 km – ✉ Oliva – ☎ 96 :

Pau-Pi, Roger de Lauria 2 ☎ 285 12 02 – ▤ rest wc wc Ⓟ. E VISA. ✻ rest
15 marzo-15 octubre – Com 730 – ☕ 165 – **37 hab** 1 150/2 000 – P 2 400/2 550.

SEAT Juanot Martorell 3 ☎ 285 07 65

La OLIVA (Monasterio de) Navarra 42 ⑯ y 990 ⑰.
Ver : Monasterio★★ (iglesia★★, claustro★).
♦Madrid 366 – ♦Pamplona 73 – ♦Zaragoza 117.

OLOT Gerona 43 ⑧ y 990 ⑳ – 22 941 h. alt. 443 – ☎ 972 – Plaza de toros.

Alred. : Castellfullit de la Roca (emplazamiento★) NE : 7 km – Carretera★ de Olot a San Juan de las Abadesas.

Molleras ☎ 26 01 41.

♦Madrid 700 – ♦Barcelona 130 – Gerona 55.

Montsacopa, Mulleras ☎ 26 07 62 – rest wc wc. rest
Com 750 – 210 – **73 hab** 1 580/2 400 – P 2 250/2 400.

La Perla, carret. La Deu 9, S : 1 km por la carret. de Vich ☎ 26 23 26 – wc wc.
cerrado junio – Com 440/700 – 130 – **35 hab** 580/1 100 – P 1 450/1 480.

por el Camino de la Font Moixina S : 2 km – ✉ Olot – ☎ 972 :

Font Moixina, ☎ 26 10 00 – Ⓟ.

AUSTIN-MG-MORRIS-MINI av. de Gerona 7 ☎ 26 15 75
CITROEN-PEUGEOT carret. de Les Tríes ☎ 26 32 62
FORD carret. Les Tries 96-98 ☎ 26 01 91
MERCEDES-BENZ Berga y Boada 2 ☎ 26 15 75
RENAULT carret. de las Canya ☎ 26 49 50
SEAT-FIAT Padre Roca 7 ☎ 26 01 98
TALBOT carret. de Les Tríes 43 ☎ 26 05 72

OLVEGA Soria 990 ⑯ ⑰ – 3 301 h. – ☎ 976.

♦Madrid 257 – ♦Pamplona 127 – Soria 45 – ♦Zaragoza 114.

Los Infantes, ☎ 64 53 87 – wc wc Ⓟ – **15 hab**.

RENAULT carret. de Almazan ☎ 64 55 13

ONDÁRROA Vizcaya 42 ④ y 990 ⑥ – 11 774 h. – ☎ 94.

Ver : Pueblo típico★.

Alred. : Carretera en cornisa★ de Ondárroa a Deva ≤★ – Carretera en cornisa★ de Ondárroa a Lequeitio ≤★.

♦Madrid 427 – ♦Bilbao 61 – ♦San Sebastián 49 – ♦Vitoria 72.

Vega, av. Antigua 8 ☎ 683 00 02, ≤.

Ametza, Artabide 24 ☎ 683 06 08.

CITROEN-PEUGEOT Primo Rivera 27 ☎ 683 26 71
TALBOT Primo Rivera 52 ☎ 683 06 28

ONTENIENTE Valencia 445 P 28 – 26 297 h. alt. 400 – ☎ 96.

♦Madrid 369 – ♦Albacete 122 – ♦Alicante 91 – ♦Valencia 84.

Monterrey sin rest y sin , José Gironés Valls 1 ☎ 248 12 93 – wc.
27 hab 585/1 000.

Rincón de Pepe, av. de Valencia 1 ☎ 248 32 10 – . VISA.
cerrado lunes – Com carta 800 a 1 600.

El Cisne, Ramón y Cajal 8 ☎ 248 00 14 – . VISA.
cerrado domingo noche.

CITROEN av. Ramón y Cajal 80-82 ☎ 248 12 12
FORD av. Ramón y Cajal ☎ 248 15 34
RENAULT av. Ramón y Cajal ☎ 248 06 48
SEAT av. Ramón y Cajal ☎ 248 06 18
TALBOT av. Pío XII 2 ☎ 248 19 52

OÑATE Guipúzcoa 42 ④ y 990 ⑥ – 10 765 h. (incl. Aránzazu) alt. 231 – ☎ 943.

♦Madrid 401 – ♦San Sebastián 74 – ♦Vitoria 45.

en la carretera de Aránzazu SO : 4 km – ✉ Oñate – ☎ 943 :

Urtiagain, ☎ 78 08 14 – Ⓟ.

CITROEN O. Otazuy ☎ 78 07 05
RENAULT B. Goribar ☎ 78 10 51
SEAT B. Goribar ☎ 78 13 50

ORDESA (Parque Nacional de) Huesca 42 ⑱ y 43 ③ 990 ⑧ – alt. 1 320.

Ver : Parque Nacional★★★.

♦Madrid 490 – Huesca 100 – Jaca 62.

Hoteles ver : Torla SO : 8 km.

ORDINO Andorra 43 ⑥ y 990 ⑨ – ver Andorra (Principado de).

ORDUÑA Vizcaya 42 ③ y 990 ⑥ – 4 660 h. alt. 283 – ☎ 945.

Alred. : S : Carretera del Puerto de Orduña ☀★.

♦Madrid 357 – ♦Bilbao 41 – ♦Burgos 111 – ♦Vitoria 40.

Llarena, Urdanegui 6 ☎ 89 39 99.

ORENSE P 990 ② – 80 048 h. alt. 125 – ✆ 988.

Ver : Catedral★ (pórtico del Paraíso★★) AY **B** – Museo Arqueológico y de Bellas Artes (Camino del Calvario★) AZ **M. Alred.** : Gargantas del Sil★ 26 km por ② – Ribas del Sil (monasterio de San Esteban★ : paraje★) 27 km por ② y por Luintra.

ℹ Curros Enríquez 1, Torre de Orense ✆ 23 47 17 – **R.A.C.E.** Ervedelo 16 ✆ 23 54 18.

♦Madrid 499 ④ – Ferrol 183 ① – ♦La Coruña 188 ① – Santiago de Compostela 114 ① – ♦Vigo 106 ⑤.

ORENSE

Bedoya	AY		
Calvo Sotelo	AY		
Capitán Eloy	AY		
Cardenal Quiroga	AY	9	
Ceano	AY	10	
Doctor Marañon	AZ	16	
General Franco	AYZ		
José Antonio	AY		
Lamas Carvajal	AY	20	
La Paz	AY	21	
Mayor (Plaza)	AZ		
Santo Domingo	AY	39	

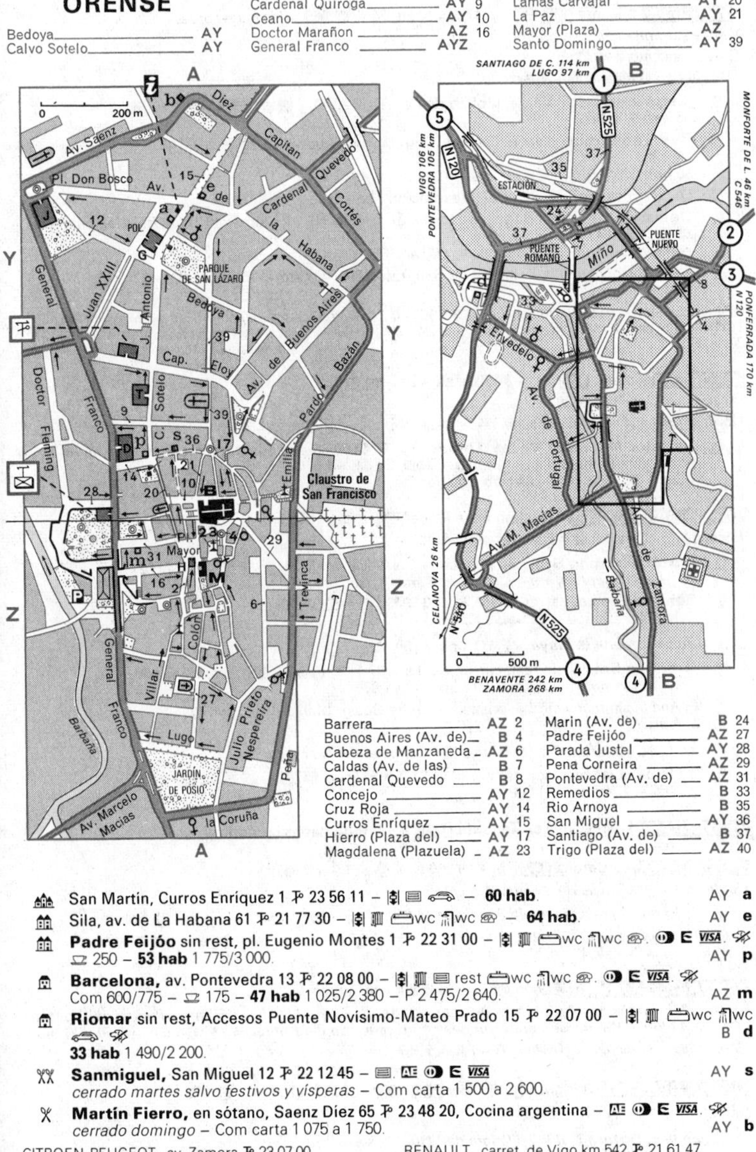

Barrera	AZ	2
Buenos Aires (Av. de)	B	4
Cabeza de Manzaneda	AZ	6
Caldas (Av. de las)	B	7
Cardenal Quevedo	B	8
Concejo	AY	12
Cruz Roja	AY	14
Curros Enríquez	AY	15
Hierro (Plaza del)	AY	17
Magdalena (Plazuela)	AZ	23
Marin (Av. de)	B	24
Padre Feijóo	AZ	27
Parada Justel	AY	28
Pena Corneira	AZ	29
Pontevedra (Av. de)	AZ	31
Remedios	B	33
Rio Arnoya	B	35
San Miguel	AY	36
Santiago (Av. de)	B	37
Trigo (Plaza del)	AZ	40

San Martín, Curros Enríquez 1 ✆ 23 56 11 – 60 **hab** — AY **a**

Sila, av. de La Habana 61 ✆ 21 77 30 – wc wc – **64 hab** — AY **e**

Padre Feijóo sin rest, pl. Eugenio Montes 1 ✆ 22 31 00 – wc wc. E VISA. 250 – **53 hab** 1 775/3 000. — AY **p**

Barcelona, av. Pontevedra 13 ✆ 22 08 00 – rest wc wc. E VISA. Com 600/775 – 175 – **47 hab** 1 025/2 380 – P 2 475/2 640. — AZ **m**

Riomar sin rest, Accesos Puente Novisimo-Mateo Prado 15 ✆ 22 07 00 – wc wc. **33 hab** 1 490/2 200. — B **d**

XX **Sanmiguel,** San Miguel 12 ✆ 22 12 45 – . AE E VISA — AY **s**
cerrado martes salvo festivos y vísperas – Com carta 1 500 a 2 600.

X **Martín Fierro,** en sótano, Saenz Díez 65 ✆ 23 48 20, Cocina argentina – AE E VISA. — AY **b**
cerrado domingo – Com carta 1 075 a 1 750.

CITROEN-PEUGEOT av. Zamora ✆ 23 07 00
FIAT-SEAT av. de Zamora ✆ 22 99 58
FORD av. de Zamora 244 ✆ 22 39 00
RENAULT carret. de Vigo km 542 ✆ 21 61 47
SEAT carret. de Zamora 187 ✆ 22 39 50
TALBOT Rio Camba ✆ 21 22 26

ORGAÑÁ o **ORGANYÀ** Lérida 43 ⑥ y 990 ⑲ – 1 150 h. alt. 558 – ☎ 973.
Alred. : N : Garganta de Orgañá★ – Grau de la Granta★ S : 6 km.
♦Madrid 579 – ♦Lérida 110 – Seo de Urgel 23.

- **La Cabana,** av. de Montaña 2 ☎ 38 30 00, ≤ – wc. VISA.
  cerrado del 1 al 18 junio – Com 650 – ☕ 200 – **13 hab** 800/1 400 – P 2 000/2 200.

ORIENT Baleares 43 ⑲ – ver Baleares (Mallorca).

ORIHUELA Alicante 445 R 27 – 47 754 h. alt. 24 – ☎ 965 – Plaza de toros.
Ver : Palmeral★.
Ayuntamiento ☎ 30 07 45.
♦Madrid 415 – ♦Alicante 59 – ♦Murcia 25.

- **Astoria** sin rest y sin ☕, Molino de Cox ☎ 30 25 43 – wc. VISA.
  36 hab 915/1 605.
- **Rey Teodomiro** piso 1, sin rest y sin ☕, av. Teodomiro 10 ☎ 30 03 48 – wc wc.
  30 hab 800/1 500.
- Los Barriles, Sol 1 ☎ 30 27 47, Decoración neo-rústica – .
- **Oasis,** av. de García Rogel, urbanización Orcelis NE : 1,5 km ☎ 30 21 59, Bajo las palmeras – P. VISA.
  cerrado lunes noche – Com carta 880 a 1 375.
- Casa Corro, con hab, Palmeral de San Antón NE : 1,5 km ☎ 30 29 63, – wc P
  16 hab.

CITROEN carret. de Murcia-Alicante km 1 ☎ 30 21 40
FIAT-SEAT carret. Murcia-Alicante km 22,4 ☎ 30 04 98
FORD carret. Murcia-Alicante km 28 ☎ 30 32 10
RENAULT carret. Murcia-Alicante km 26 ☎ 30 07 58
TALBOT partida de Escorratel ☎ 30 22 40

OROPESA Toledo 990 ㉔ – 3 170 h. alt. 420 – ☎ 925.
carret. del Faro ☎ 31 00 20.
♦Madrid 149 – ♦Cáceres 152 – Mérida 194 – Toledo 106.

- **Parador Nacional Virrey Toledo** , ☎ 43 00 00, « Elegantemente instalado en un imponente castillo feudal » – P. AE E VISA.
  Com 1 100 – ☕ 300 – **44 hab** 3 600/4 500.

OROPESA DEL MAR Castellón de la Plana 445 L 30 – 1 785 h. alt. 16 – ☎ 964 – Playa.
♦Madrid 447 – Castellón de la Plana 22 – Tortosa 100.

- **Motel Neptuno Stop** sin rest, carret. N 340 ☎ 31 03 75, – wc P. AE E VISA
  15 junio-15 septiembre – ☕ 225 – **20 hab** 1 500/3 000.
- **Sancho Panza,** carret. N 340 ☎ 31 04 94, – wc P
  Com 495 – ☕ 150 – **15 hab** 900/1 300 – P 1 925/3 350.

en la zona de la playa – ✉ Oropesa del Mar – ☎ 964 :

- **Oropesa Sol** sin rest, carret. del Faro 97 ☎ 31 01 50 – wc P.
  abril-septiembre – ☕ 125 – **50 hab** 1 425/1 975.
- El Ancla, sin rest y sin ☕, paseo Morro de Gos ☎ 31 02 38 – wc P
  27 hab.

en la autopista A 7 NO : 5 km – ✉ Oropesa del Mar – ☎ 964 :

- **La Ribera** sin rest, con cafetería, ☎ 31 00 08, Telex 65791 – wc P.
  ☕ 160 – **12 hab** 900/1 500.

La OROTAVA Santa Cruz de Tenerife 990 ㉛ – ver Canarias (Tenerife).

ORTIGUEIRA La Coruña 990 ② – 15 999 h. – ☎ 981 – Playa.
♦Madrid 601 – ♦La Coruña 110 – Ferrol 54 – Lugo 97.

- La Perla, sin rest, av. de la Penela ☎ 40 01 50 – wc P – **22 hab**.

CITROEN San Claudio ☎ 40 08 19
PEUGEOT San Claudio ☎ 40 08 19
RENAULT av. de la Penela 41-43 ☎ 40 01 91

OSEJA DE SAJAMBRE León 990 ④ – 608 h. alt. 760.
Alred. : Mirador ≤★★ N : 2 km – Desfiladero de los Beyos★★★ NO : 5 km – Puerto del Pontón★ (≤★) S : 11 km – Puerto de Panderruedas★★ (mirador de Piedrafitas ≤★★ 15 mn a pie) SE : 17 km.
♦Madrid 385 – ♦León 122 – ♦Oviedo 108 – Palencia 159.

OSERA DE EBRO Zaragoza 43 ⑫ ⑬ y 990 ⑰⑱ – 354 h. alt. 174 – ☎ 976.
♦Madrid 353 – ♦Lérida 115 – ♦Zaragoza 32.

en la carretera N II – ✉ Osera de Ebro – ☎ 976 :

- **Portal de Monegros,** ☎ 21 59 72, , – rest wc P.
  Com 600 – ☕ 200 – **48 hab** 875/2 125.

OSORNO Palencia 990 ⑤ – 1 909 h. – ☎ 988.
•Madrid 277 – •Burgos 58 – Palencia 51 – •Santander 150.

Tierra de Campos, La Fuente ☎ 81 72 16 – wc **P**.
Com 900 – ☕ 175 – **30 hab** 1 550/2 100 – P 2 710/3 210.

OTUR Oviedo – ver Luarca.

OVIEDO P 990 ④ – 161 944 h. alt. 236 – ☎ 985 – Plaza de toros.
Ver : Catedral★ (Cámara Santa★★ : estatuas-columnas★★, tesoro★★, Interior : retablo★) BYZ – Antiguo Hospital del Principado (fachada : escudo★) AY **P**.
Alred. : Santuarios del Monte Naranco★ (Santa María de Naranco ※★, San Miguel de Lillo) NO : 4 km.
✈ de Asturias por ① : 47 km ☎ 56 52 46 – Iberia : Uría 21 (AY) ☎ 23 24 00.
ℹ Cabo Noval 15 ☎ 21 33 85 – R.A.C.E. (R.A.C. de Asturias) Pelayo 4 ☎ 21 25 52.
•Madrid 435 ③ – •Bilbao 302 ② – •La Coruña 327 ④ – Gijón 28 ① – •Léon 118 ③ – •Santander 205 ②.

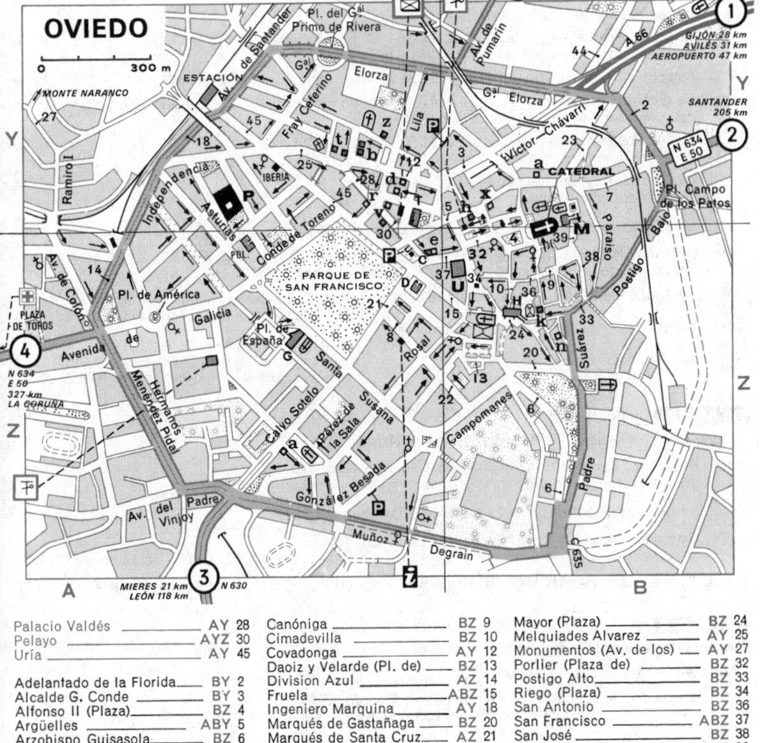

Palacio Valdés AY 28
Pelayo AYZ 30
Uría AY 45

Adelantado de la Florida BY 2
Alcalde G. Conde BY 3
Alfonso II (Plaza) BZ 4
Argüelles ABY 5
Arzobispo Guisasola BZ 6
Azcárraga BY 7
Cabo Noval AZ 8
Canóniga BZ 9
Cimadevilla BZ 10
Covadonga AY 12
Daoiz y Velarde (Pl. de) BZ 13
Division Azul AZ 14
Fruela ABZ 15
Ingeniero Marquina AY 18
Marqués de Gastañaga BZ 20
Marqués de Santa Cruz AZ 21
Martínez Marina ABZ 22
Vigil Martínez BY 23
Mayor (Plaza) BZ 24
Melquiades Alvarez AY 25
Monumentos (Av. de los) AY 27
Porlier (Plaza de) BZ 32
Postigo Alto BZ 33
Riego (Plaza) BZ 34
San Antonio BZ 36
San Francisco ABZ 37
San José BZ 38
San Vicente BYZ 39
Teniente Alfonso Martínez BY 44

De la Reconquista M, Gil de Jaz 16 ☎ 24 11 00, Telex 87328, « Lujosa instalación en un magnífico edificio del siglo XVIII » – AE ⓓ E VISA. rest AY **p**
Com 1 800 – ☕ 375 – **141 hab** 4 760/6 680.

Ramiro I sin rest, con cafetería, av. Calvo Sotelo 13 ☎ 23 28 50 – AE ⓓ E VISA.
☕ 250 – **83 hab** 3 125/4 375. AZ **a**

Regente M sin rest, Jovellanos 31 ☎ 22 23 43, Telex 87510 – **P**. AE ⓓ E VISA. BY **a**
☕ 195 – **88 hab** 3 660/5 490.

La Jirafa sin rest, Pelayo 6 ☎ 22 22 44, Telex 89951 – AE ⓓ E VISA. AY **v**
☕ 275 – **89 hab** 3 575/5 275.

Principado, San Francisco 8 ☎ 21 77 92 – rest AZ **e**
55 hab.

España sin rest, Jovellanos 2 ☏ 22 05 96, Telex 87510 – wc wc BY **x**
77 hab 1 800/4 530.

Ramos, sin rest, Carta Puebla 6 ☏ 22 40 00 – wc wc BZ **n**
40 hab.

Barbón, sin rest, Covadonga 7 ☏ 22 52 93 – wc wc AY **d**
40 hab.

Tropical piso 1, sin rest y sin , 19 de Julio 6 ☏ 21 87 79 – wc . E VISA. AY **d**
44 hab 1 585/2 390.

El Pasaje sin rest, Palacio Valdés 1 ☏ 21 45 80 – wc . AY **r**
150 – **34 hab** 2 445.

XXX **Marchica,** Dr Casal 10 ☏ 21 30 27 – . AY **t**
Com carta 1 525 a 2 075.

XX ❀ **Casa Fermín,** San Francisco 8 ☏ 23 99 50 – . AE E VISA. AZ **c**
cerrado domingo – Com carta 1 450 a 2 300
Espec. Fabada asturiana, Pixin en salsa de cigalas, Entrecot al Cabrales.

XX **Pelayo,** piso 1, Pelayo 15 ☏ 22 00 04 – . AE E VISA AY **v**
cerrado domingo – Com carta 1 200 a 2 300.

XX **Casa Conrado,** Argüelles 1 ☏ 22 39 19 – . AE E VISA. BY **h**
cerrado domingo y agosto – Com carta 1 150 a 2 425.

XX Trascorrales, pl. de Trascorrales ☏ 22 24 41, Decoración rústica regional BZ **k**

XX **La Goleta,** Covadonga 32 ☏ 21 38 47, Pescados y mariscos – . AE E VISA. AY **b**
cerrado domingo y julio – Com carta 1 575 a 2 550.

X **Cafet. Logos,** San Francisco 8 ☏ 21 20 70 – E VISA. AZ **c**
cerrado domingo en julio y agosto – Com carta 900 a 1675.

X **La Campana,** San Bernabé 7 ☏ 22 49 31 – AY **t**
cerrado domingo y agosto – Com carta 925 a 1 700.

en el Alto de Buenavista por ④ – ✉ Oviedo – ☎ 985 :

La Gruta, ☏ 23 24 50, ← – rest wc wc . AE E VISA.
Com *(cerrado lunes excepto festivos)* – 250 – **55 hab** 2 500/3 750.

AUSTIN-MG-MORRIS-MINI av. del Cristo 51 ☏ 23 18 66
CITROEN-PEUGEOT carret. N 634 km 9 - Granda ☏ 79 36 08
FIAT-SEAT Menéndez Pelayo 2 ☏ 28 46 50
FORD Foncalada 15 ☏ 22 22 71
FORD Bermudez de Castro 114 ☏ 28 98 99
MERCEDES-BENZ carret. N 630 km 448,3 - Lugones ☏ 26 23 11
RENAULT Campomanes 24 ☏ 22 26 47
SEAT carret. N 630 km 2 La Corredoria ☏ 28 00 82
TALBOT carret. N 634 km 2 - Cerdeño ☏ 28 77 00

OYARZUN Guipúzcoa 42 ⑤ – 7 627 h. alt. 81 – ☎ 943.

♦Madrid 481 – ♦Bayonne 42 – ♦Pamplona 98 – ♦San Sebastián 13.

X **Zuberoa,** Barrio Iturrioz ☏ 35 66 85, Caserío vasco – .
cerrado domingo noche y 8 diciembre-18 enero – Com carta 1 800 a 3 200.

en la carretera de Irún NE : 2 km – ✉ Oyarzun – ☎ 943 :

XXX **Gurutze-Berri,** ☏ 35 45 11 – . E VISA.
cerrado domingo noche, lunes y febrero – Com **Relais :** carta 1 700 a 3 050 **Restaurante :** 1 400.

S.A.F.E. Neumáticos MICHELIN, Sucursal Polígono Industrial "Ugaldetxo" ☏ 35 48 40 y 35 69 17

OYEREGUI Navarra 42 ⑤ – 135 – ✉ Oronoz Mugaire – ☎ 948.

Alred. : NO : Valle del Bidasoa★.

♦Madrid 449 – ♦Bayonne 68 – ♦Pamplona 50.

Mugaire, ☏ 59 20 50 – rest wc wc . E VISA.
Com *(cerrado martes)* 800/900 – 200 – **14 hab** 1 750/2 300 – P 2 650/3 500.

OYÓN Álava 42 ⑭ y 990 ⑥ – 2 035 h. alt. 440 – ☎ 941.

♦Madrid 339 – ♦Logroño 4 – ♦Pamplona 90 – ♦Vitoria 89.

Felipe IV, av. Navarra 30 ☏ 11 00 56, , – wc .
Com 715 – 160 – **26 hab** 1 450/2 185 – P 2 435/2 710.

XX **Mesón La Cueva,** Concepción 15 ☏ 11 00 22, « Instalado en una antigua bodega » – E
cerrado festivos noche y lunes – Com carta 655 a 1 225.

PADRÓN La Coruña 990 ② – 8 212 h. (incl. Esclavitud) – ☎ 981.

Excurs. : Mirador del Curota (✵★★★) SO : 39 km.

♦Madrid 634 – ♦La Coruña 94 – Orense 135 – Pontevedra 37 – Santiago de Compostela 20.

X **Chef Rivera** con hab, Enlace Parque 7 ☏ 81 04 13 – rest wc . AE E VISA.
Com carta 1 250 a 1 625 – 150 – **15 hab** 1 200/1 800.

en Pazos - en la carretera N 550 N : 2,5 km – ✉ Padrón – ☎ 981 :

🏠 **Scala,** ☎ 81 13 12, ≤ – ▥ 🛁wc ☎ 🚗 **P**. VISA. ✗
Com 650 – ☕ 125 – **24 hab** 800/1 800 – P 2 025.

AUSTIN-MG-MORRIS-MINI carret. La Coruña-Vigo km 80,9 ☎ 81 11 06
CITROEN carret. La Coruña-Vigo ☎ 81 03 07
RENAULT carret. La Coruña-Vigo ☎ 81 02 59
SEAT carret. La Coruña-Vigo km 80,8 ☎ 81 14 61
TALBOT Calvo Sotelo ☎ 81 01 59

PAGUERA Baleares 43 ⑱ y 990 ㉙ – ver Baleares (Mallorca).

PAJARES (Puerto de) León-Oviedo 990 ④ – alt. 1 364 – ☎ 985 – Deportes de invierno : ⛷9.

Ver : Puerto** – Carretera del puerto** – Colegiata de Santa María de Arbás (capiteles*) SE : 1 km.

♦Madrid 378 – ♦León 59 – ♦Oviedo 59.

🏨 **Parador Nacional Puerto de Pajares,** carret. N 630, ✉ Busdongo, ☎ 49 60 23, ≤ valle y montañas – ▥ 🛁wc ☎ 🚗 **P**. AE ⓞ E VISA. ✗
Com 1 000 – ☕ 250 – **28 hab** 2 400/3 000.

PALAFRUGELL Gerona 43 ⑨ y 990 ⑳ – 13 802 h. alt. 87 – ☎ 972 – Playas : Calella, Llafranch y Tamariu.

Alred. : Cabo Roig (Cap Roig) : jardín botánico**, SE : 5 km.

ℹ av. Josep Plá 2 ☎ 30 02 28.

♦Madrid 736 ② – ♦Barcelona 123 ② – Gerona 39 ① – Port-Bou 108 ①.

🏠 **Costa Brava** sin rest, Sant Sebastiá 14 ☎ 30 05 58 – ▥ 🛁wc 🚿wc ☎ 🚗. ✗ **v**
cerrado enero – ☕ 225 – **32 hab** 1 100/2 100.

✗ **Reig,** Torres Jonama 53 ☎ 30 00 04 – ▤. AE ⓞ E VISA **a**
cerrado domingo noche de octubre a mayo – Com carta 1 000 a 1 600.

en Llofriu-carretera de Gerona C 255 por ① : 3 km – ✉ Llofriu – ☎ 972 :

✗ Sala Gran, Barcelona 44 ☎ 30 16 38, Decoración rústica catalana – **P**.

✗ **La Resclosa,** estación 6 ☎ 30 29 68, Decoración regional – **P**. VISA
cerrado jueves y octubre-4 noviembre – Com carta 935 a 1 830.

en la playa de Calella SE : 3,5 km – ✉ Palafrugell – ☎ 972 :

🏨 **Alga** 🌲 sin rest, Costa Blanca 43 ☎ 30 00 58, « Bonito jardín », 🏊, 🎾 – 🛗 **P**. AE ⓞ E VISA
☕ 280 – **54 hab** 3 300/4 500.

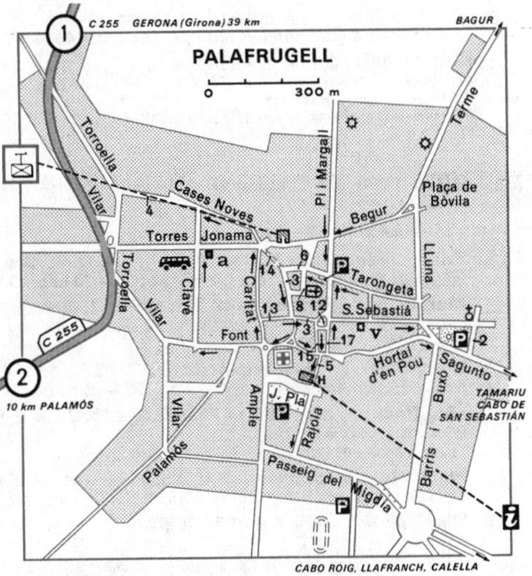

Cavallers	3	Església (Pl. de l')	8
		Nova (Pl.)	12
Bruc	2	Quatre Cases	13
Cementiri	4	Sant Antoni	14
Cervantes	5	Sant Martí	15
Dels Valls	6	Santa Margarida	17

🏨 **Garbi** 🌲, Mirto ☎ 30 01 00, « En el centro de un pinar », 🏊, 🌳 – 🛗 ▥ 🛁wc ☎ **P**. E VISA. ✗ rest
25 marzo-15 octubre – Com 685/850 – ☕ 230 – **30 hab** 1 900/2 940.

🏨 **Sant Roc** 🌲, barrio Sant Roc ☎ 30 05 00, « Terraza dominando la costa con ≤ mar » – 🛁wc 🚿wc ☎ **P**. AE ⓞ E VISA. ✗ rest
25 mayo-25 septiembre – Com 875 – ☕ 225 – **40 hab** 1 650/2 990 – P 3 185/3 340.

🏨 Gelpi, Francisco Estrabau 4 ☎ 30 01 54 – ▥ 🛁wc 🚿wc ☎
temp. – **35 hab**.

🏨 **Port Bo** 🌲, Pi y Suñer ☎ 30 02 50, 🎾 – 🛗 🛁wc 🚿wc ☎ **P**. E VISA. ✗ rest
abril-septiembre – Com 850 – ☕ 250 – **46 hab** 1 335/2 500 – P 2 900/2 985.

🏠 **La Torre y Rest. Tres Pins** 🌲, ☎ 30 03 00, ≤ – ▥ 🛁wc 🚿wc ☎ **P**. ✗ rest
mayo-octubre – Com 650 – ☕ 250 – **28 hab** 1 500/3 000 – P 2 800.

🏠 Batlle, pl. San Pedro 5 ☎ 30 05 91, ≤ – ▥ 🛁wc 🚿wc
temp. – **20 hab**.

✗ Rems, pintor Serra 5 ☎ 30 23 22 – ▤. AE ⓓ E VISA
cerrado 30 septiembre-15 noviembre y lunes, martes, miércoles del 15 noviembre al 1 abril.

✗ **Mesón El Golfet, camino Cap Roig, urbanización El Golfet ☎ 30 09 75, Decoración rústica.**

✗ **Can Pep,** Lladó 22 ☎ 30 20 00, Decoración rústica – AE E VISA
cerrado miércoles y 15 noviembre-15 diciembre – Com carta 1 000 a 1 600.

en la playa de Llafranch SE : 3,5 km – ✉ Palafrugell – ⊕ 972 :

Terramar, ☎ 30 02 00, ≤ – |‡| ▤ rest. AE E VISA. ✻
Semana Santa y mayo-septiembre – Com 950 – ☐ 300 – **42 hab** 2 500/3 800 – P 3 400/3 500.

El Paraíso ⛭, ☎ 30 04 50, ⛱, ✻ – |‡| ▥ ⌂wc ⌂wc ☎ Ⓟ. AE E VISA. ✻ rest
mayo-octubre – Com 700/1 500 – ☐ 250 – **55 hab** 1 750/3 500 – P 3 400.

Levante, Francisco de Blanes 5 ☎ 30 03 66 – ▥ ⌂wc ⌂wc ☎. E. ✻ rest
cerrado 24 octubre-10 diciembre – Com 850 – ☐ 250 – **20 hab** 1 800/3 600 – P 3 100/3 300.

en el cabo de San Sebastián E : 4,5 km – ✉ Palafrugell – ⊕ 972 :

✗ San Sebastián, ☎ 30 05 86, Decoración rústica, « Magnífica situación con ≤ mar, costa y campo » – Ⓟ.

en la playa de Tamariú - cerca del Faro SE : 4,5 km – ✉ Palafrugell – ⊕ 972 :

Hostalillo, Bellavista 22 ☎ 30 01 58, « Terrazas con ≤ cala » – |‡| ▥ ▤ rest ⌂wc ☎ 🚗. ✻
10 junio-20 septiembre – Com 850 – ☐ 250 – **70 hab** 3 000/5 000 – P 3 800/4 200.

Tamariú, paseo del Mar 3 ☎ 30 01 08 – ⌂wc 🚗. ✻
abril-septiembre – Com 850 – ☐ 175 – **54 hab** 1 200/2 200 – P 2 600/2 700.

Janó, ☎ 30 04 62 – ▥ ⌂wc ⌂wc ☎ 🚗. ✻ hab
31 marzo-26 septiembre – Com 700 – ☐ 160 – **49 hab** 1 380/2 400 – P 2 400/2 580.

AUSTIN-MG-MORRIS-MINI pl. Begur 18 ☎ 30 06 53
CITROEN Begur 19 ☎ 30 02 48
FIAT-SEAT Bo. Sauleda ☎ 30 06 82
FORD carret. Gerona-Palamós km 37,9 (Montras) ☎ 30 27 00
RENAULT Torres Jonama 84 ☎ 30 00 77
TALBOT Torres Jonama 99 ☎ 30 07 86

PALAMÓS Gerona 43 ⑨ y 990 ⑳ – 11 274 h. – ⊕ 972 – Playa.
ℹ passeig del Mar 8 ☎ 31 43 90.
♦Madrid 726 – ♦Barcelona 109 – Gerona 49.

Trías, paseo del Mar ☎ 31 41 00, ≤, ⛱ – |‡| ▤ rest 🚗 Ⓟ. VISA. ✻ rest
26 marzo-14 octubre – Com 1 400 – ☐ 300 – **70 hab** 1 900/4 400 – P 3 900/4 200.

Marina, av. 11 Septiembre 48 ☎ 31 42 50 – |‡| ▥ ▤ rest ⌂wc ⌂wc ☎. AE ⓓ E VISA. ✻ rest
cerrado 15 octubre-3 noviembre y 24 diciembre-7 enero – Com 650 – ☐ 195 – **62 hab** 1 540/2 150 – P 2 175/2 640.

Vostra Llar, av. President Maciá 12 ☎ 31 42 62, ⛱ – |‡| ▥ ⌂wc ⌂wc. E VISA
5 abril-25 septiembre – Com 475 – ☐ 125 – **45 hab** 1 250/2 200 – P 1 975/2 500.

✗✗ ✿ **Big Rock,** pl. dels Arbres 4 ☎ 31 63 45 – ▤. AE ⓓ E VISA
Com carta 1 715 a 2 475
Espec. Langosta de Palamós, Suquet de rascasse, Tarta Tatín.

✗✗ **Plaça Murada,** pl. Murada 5 ☎ 31 53 76, ≤ – ▤. ⓓ E VISA
cerrado lunes del 15 de octubre al 15 abril – Com carta 1 050 a 2 000.

✗✗ Miami, paseo del Mar 4 ☎ 31 51 66, ⛱
temp.

✗ Xivarri, Rueda 22 ☎ 31 49 54 – ▤ rest. E VISA. ✻.

✗ **María de Cadaqués,** Notarías 39 ☎ 31 40 09, Pescados y mariscos – VISA
cerrado lunes y 15 diciembre-15 enero – Com carta 1 200 a 2 200.

✗ **La Gamba,** pl. San Pedro 1 ☎ 31 46 33, ⛱, Pescados y mariscos – ⓓ E VISA
Semana Santa-septiembre – Com carta 1 050 a 1 625.

✗ **L'Art,** paseo del Mar 7 ☎ 31 55 32 – ▤. VISA
cerrado jueves y enero-6 febrero – Com carta 1 125 a 1 875.

✗ **Delfín,** av. 11 Septiembre 93 ☎ 31 64 74
15 marzo-octubre – Com carta 700 a 1 300.

✗ L'Entrecôtte, av. 11 Septiembre 30 ☎ 31 74 89.

en la playa de la Fosca NE : 2 km – ✉ Palamós – ⊕ 972 :

Bellafosca sin rest, La Fosca 61 ☎ 31 43 58 – ⌂wc ⌂wc ☎ Ⓟ. AE ⓓ
20 mayo-20 septiembre – ☐ 150 – **59 hab** 835/2 060.

en Sant Antoni de Calonge SO : 2,5 km – ✉ Sant Antoni de Calonge – ⊕ 972 :

Rosa dels Vents ⛭, paseo del Mar ☎ 31 42 16, ≤ – |‡| ▥ ⌂wc ☎ 🚗 Ⓟ. ✻
2 abril-septiembre – Com 700 – ☐ 250 – **60 hab** 2 800/4 000 – P 3 300/4 100.

Rosamar ⛭, paseo del Mar 33 ☎ 31 41 65, ≤ – |‡| ▥ ▤ ⌂wc ☎ Ⓟ. VISA. ✻
12 abril-15 octubre – Com 800/1 200 – **60 hab** ☐ 2 000/3 600 – P 3 200/3 400.

🏨 **Reymar** 🌊, paraje Torre Valentina ☎ 31 53 04, ≤, 🎾 – 🛁wc ☎ 🅟. 🐕 rest
28 mayo-25 septiembre – Com 650 – ☕ 210 – **49 hab** 1 900/3 100 – P 2 850.

🏨 **Stella Maris** 🌊, paseo José Mundet 43 ☎ 31 42 32, ≤, 🌳 – 🛗 🛁wc 🚿wc 🅟. E VISA. 🐕 rest
20 mayo-septiembre – Com 750 – ☕ 200 – **39 hab** 1 200/2 400 – P 2 200/2 600.

XX **Costa Brava,** carret. de San Feliú de Guixols C 253 ☎ 31 56 51 – 🅟. E VISA
cerrado miércoles de octubre a mayo – Com carta 1 400 a 2 125.

X **Refugi de Pescadors,** paseo José Mundet 44 ☎ 31 40 49, Imitación del interior de un barco, Pescados y mariscos – ▤. ⓓ E VISA. 🐕
Com carta 1 375 a 2 070.

CITROEN Maragall 12 ☎ 31 41 73
MERCEDES-BENZ Angel Guimerá 40-42 ☎ 31 69 54
RENAULT carret. San Esteban de la Fosca ☎ 31 53 47
TALBOT av. José Antonio 21 ☎ 31 42 91

PALENCIA P 990 ⑮ – 63 557 h. alt. 781 – ✆ 988 – Plaza de toros.

Ver : Catedral★★ (interior★★, museo★ : tapices★).

Alred. : Baños de Cerrato (Basílica de San Juan Bautista★) por ② : 14 km.

ℹ Mayor 105 ☎ 72 00 68 – R.A.C.E. Colón 33 ☎ 74 05 49.

♦**Madrid 226** ② – **Aranda de Duero 85** ② – ♦**Burgos 84** ② – ♦**Léon 128** ③ – ♦**Santander 203** ① – ♦**Valladolid 44** ②.

PALENCIA

Mayor
Mayor (Pl.) 24
Mayor Principal

Asturias (Av. de) 2
Barrio y Mier 3
Cardenal Almaraz 4
Cervantes (Pl.) 8
Doctor Cajal 9
Don Sancho 10
Eduardo Dato 14
España (Pl. de) 15
General Franco 16
Ignacio Martinez de Azcoitia 20
Jorge Manrique 21
José Antonio Primo de Rivera (Av.) 22
Mayor (Puente) 26
Miguel Primo de Rivera (Av.) 27
Padre Faustino Calvo (Pas. del) 28
Republica Argentina (Av.) 32
Salvino Sierra 33
San Marcos 34
Santander (Av. de) 38

Los nombres de las principales calles commerciales figuran en rojo al principio del repertorio de calles de los planos de ciudades.

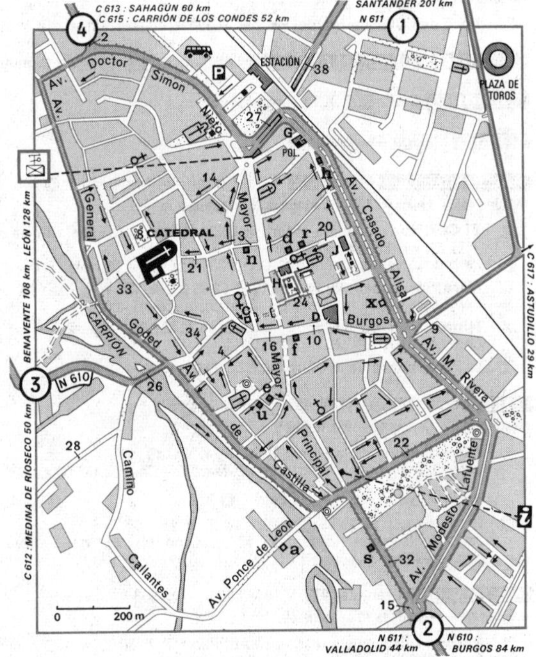

🏨 **Rey Sancho de Castilla,** av. Ponce de León ☎ 72 53 00, 🏊, 🎾 – 🛗 ▤ rest 🚗 🅟. AE ⓓ VISA. 🐕 **a**
Com 900 – ☕ 175 – **100 hab** 1 500/2 750.

🏨 **Castilla Vieja,** av. Casado del Alisal 26 ☎ 74 90 44 – 🛗 ▤ rest – 🏛. AE ⓓ VISA. 🐕 rest **x**
Com *(cerrado domingo noche)* 750 – ☕ 250 – **87 hab** 2 000/3 500 – P 3 350/3 750.

🏨 **Monclús** sin rest, Menéndez Pelayo 3 ☎ 74 43 00 – 🛗 📺 🛁wc 🚿wc ☎. VISA. 🐕 **c**
☕ 150 – **40 hab** 1 590/2 320.

XXX **Gran San Bernardo,** av. República Argentina 14 ☎ 72 58 99 – ▤. AE E VISA. 🐕 **s**
cerrado domingo noche – Com carta 1 200 a 1 950.

XX Lorenzo, av. Casado del Alisal 10 ☎ 74 35 45 – ▤ **h**

XX **Mesón del Concejo,** Martínez de Azcoitia 5 ☎ 74 32 39, Decoración castellana **d**
cerrado jueves y octubre – Com carta 1 100 a 1 750.

- Carlos V, Don Sancho 2 ☎ 72 20 78
- **Casa Damián,** Martínez de Azcoitia 9 ☎ 74 46 28 – ▤. VISA.
  cerrado lunes y 26 julio-26 agosto – Com carta 1 050 a 2 100.
- José Luis, Alonso Fernández del Pulgar 15 ☎ 74 15 10 – ▤
- **Braulio,** Alonso Fernández del Pulgar 6 ☎ 74 15 48 – ▤.
  cerrado lunes y del 15 al 30 octubre – Com carta 700 a 1 300.
- Grajal, Barrio y Mier 9 ☎ 74 31 18

AUSTIN-MG-MORRIS-MINI pl. de España 2 ☎ 72 07 91
CITROEN-PEUGEOT av. de Cuba ☎ 72 74 62
FIAT-SEAT av. de Madrid ☎ 72 42 35
FORD carret. de Valladolid km 4,5 ☎ 77 07 80
PEUGEOT av. de Cuba ☎ 72 74 62
RENAULT Extremadura (Polígono Industrial) ☎ 72 00 50
TALBOT av. de Madrid 2 ☎ 72 14 00

La PALMA Santa Cruz de Tenerife 990 ㉛ – ver Canarias.

PALMA DE MALLORCA Baleares 43 ⑲ y 990 ㉙ – ver Baleares (Mallorca).

PALMA NOVA Baleares 43 ⑲ – ver Baleares (Mallorca).

EL PALMAR Valencia 445 O 29 – 96.

♦Madrid 368 – Gandía 48 – ♦Valencia 20.

- Racó de l'Olla, carret. del Palmar ☎ 332 69 40 (ext. 38), ⋖, – Ⓟ.

Las PALMAS DE GRAN CANARIA Las Palmas 990 ㉜ – ver Canarias (Gran Canaria).

PALMONES Cádiz 446 X 13 – ver Algeciras.

El PALO Málaga – ver Málaga.

PALOS (Cabo de) Murcia 446 V 16 – pobl. ver Cartagena – 968.

♦Madrid 465 – ♦Alicante 108 – Cartagena 26 – ♦Murcia 75.

- **El Cortijo**, subida al faro ☎ 56 30 15, , « Original réplica del patio de los leones », – wc. AE E VISA.
  cerrado diciembre y enero – Com 700 – 175 – **39 hab** 2 500 – P 2 825.
- **Miramar,** paseo del Puerto 12 ☎ 56 30 33, ⋖, – ▤. VISA.
  cerrado martes y noviembre – Com carta 755 a 1 400.
- **Nina,** carret. de la Manga : 1 km ☎ 56 30 37, – Ⓟ.
  Com carta 615 a 1 220.
- La Tana, paseo de la Barra 33 ☎ 56 30 03, ⋖.

PALS Gerona 43 ⑨ y 990 ⑳ – 1 674 h. – 972.

♦Madrid 744 – Gerona 41 – Palafrugell 8.

- **Alfred,** carrer de la Font 7 ☎ 30 16 74, ⋖ – Ⓟ.
  cerrado miércoles y 13 octubre-noviembre – Com carta 700 a 1 635.

en la playa E : 6 km – ✉ Pals – 972 :

- **Sa Punta,** ☎ 62 23 89, – ▤ Ⓟ. E VISA.
  cerrado 15 enero-15 febrero y lunes no festivos de octubre a Semana Santa – Com carta 1 490 a 2 390.

PAMPANEIRA Granada 446 V 19 – 660 h. – 958.

♦Madrid 499 – ♦Granada 70 – Motril 45.

- **Pampaneira** sin rest, José Antonio 1 ☎ 76 30 02, ⋖ – wc wc.
  Com 500/600 – 80 – **16 hab** 2 000.
- Ruta del Mulhacén, ☎ 76 30 10, ⋖ – wc
  20 hab.

PAMPLONA P Navarra 42 ⑤ y 990 ⑦ – 165 277 h. alt. 415 – 948 – Plaza de toros.

Ver : Catedral★, interior : sepulcro★) BY – **Claustro★** BY **A** – **Museo de Navarra★ (planta baja : mosaicos★, capiteles★, segundo piso : pinturas murales★)** AY **M.**

Alred. : Carretera de Izurzu ⋖★ Valle del Arga por④.

de Ulzama por ① : 21 km ☎ 31 31 62.

de Pamplona : 7 km ☎ 31 72 02 – Aviaco : Paulino Caballero 47 ☎ 31 71 82.

Duque de Ahumada 3 ☎ 21 12 87 – R.A.C.E. (A.C. Vasco-Navarro) Navarro del Villoslada 13 ☎ 23 79 67.

♦Madrid 395 ② – ♦Barcelona 472 ② – ♦Bayonne 118 ① – ♦Bilbao 161 ④ – ♦San Sebastián 94 ④ – ♦Zaragoza 170 ②.

PAMPLONA

Carlos III (Av. de) .... BYZ
Chapitela .... BY 5
García Castañón .... ABY 14
San Ignacio (Av. de) .... BYZ 34
Zapatería .... AY 42

Amaya .... BYZ 2
Ansoleaga .... AY 3
Castillo de Maya .... BZ 4
Conde Oliveto (Av. del) .... AZ 6
Cortes de Navarra .... BY 8
Cruz (Pl. de la) .... BZ 9
Esquiroz .... AZ 12
Estafeta .... BY 13
Juan de Labrit .... BY 16
Leyre .... BYZ 17
Mayor .... AY 20
Mercaderes .... BY 22
Navarrería .... BY 23
Paulino Caballero .... BZ 25
Príncipe de Viana (Pl. del) .... BZ 26
Roncesvalles (Av. de) .... BY 27
Sancho el Mayor .... ABZ 28
San Fermín .... BZ 30
San Francisco (Pl. de) .... AY 31
Sangüesa .... BZ 33
Santo Domingo .... AY 36
Sarasate (Paseo de) .... AY 38
Taconera (Recta de) .... AY 39
Vínculo (Pl. del) .... AYZ 40

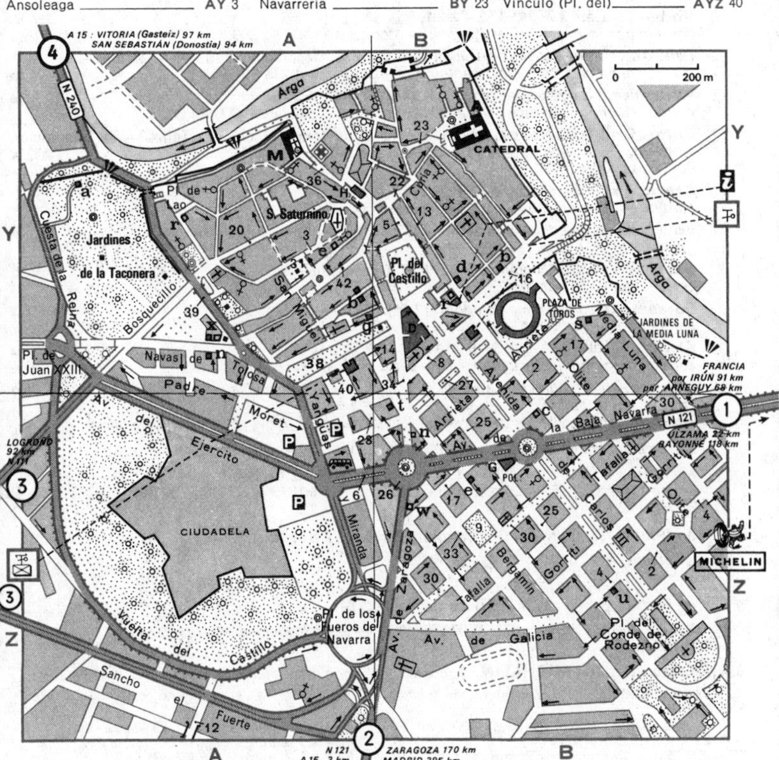

Tres Reyes, jardines de la Taconera ☎ 22 66 00, Telex 37720, climatizada – AE VISA — AY **x**
Com 1 800 – 500 – **168 hab** 5 000/9 000 – P 6 485/10 485.

Ciudad de Pamplona M, Iturrama 21 ☎ 26 60 11, Telex 37913 – AE E VISA. rest — por Esquiroz AZ
Com carta 1 050 a 1 475 – 225 – **117 hab** 2 200/3 450 – P 2 800/3 200.

Maisonnave, Nueva 20 ☎ 22 26 00 – rest. E VISA. rest — AY **e**
Com 800 – 200 – **160 hab** 2 300/3 200 – P 3 300/4 000.

Sancho Ramírez, Sancho Ramírez 11 ☎ 27 17 12 – rest wc — por ③
78 hab.

Orhi sin rest, Leyre 7 ☎ 24 58 00 – wc wc. E VISA. — BZ **c**
200 – **55 hab** 2 050/3 200.

Yoldi, av. San Ignacio 11 ☎ 22 48 00 – wc wc. E VISA. rest — BZ **n**
Com 860 – 180 – **49 hab** 1 455/2 575 – P 3 325/3 595.

Eslava sin rest, pl. Virgen de la O-7 ☎ 22 22 70 – wc wc. E VISA. — AY **r**
160 – **28 hab** 1 400/2 650.

Hostal Europa, piso 1, Espoz y Mina 11 ☎ 22 18 00 – rest wc. AE E VISA. — BY **r**
cerrado 20 diciembre-10 enero – Com *(cerrado domingo)* 800 – 180 – **35 hab** 1 350/2 500 – P 2 750/2 850.

Valerio sin rest, av. Zaragoza 5 ☎ 24 54 66 – — BZ **w**
cerrado octubre – 150 – **16 hab** 1 250/1 850.

XXX **Hostal del Rey Noble "Las Pocholas",** paseo Sarasate 6 ☎ 21 17 29 – ▤. AE ⓓ E VISA. ✗ AY **g**
cerrado domingo y 30 julio-agosto – Com carta 1 700 a 2 800.

XXX ✿ **Josetxo,** piso 1, Estafeta 73 ☎ 22 20 97, « Decoración elegante » – ▤. VISA. ✗ BY **d**
cerrado domingo y agosto – Com carta 1 875 a 3 425
Espec. Menestra de verduras (septiembre-marzo), Pimientos rellenos de pescado, Perdiz a las uvas (septiembre-marzo).

XXX **Rodero,** Arrieta 3 ☎ 24 93 42 – ▤. E VISA. ✗ BY **s**
cerrado domingo y del 15 al 31 agosto – Com carta 1 400 a 2 850.

XX **Grill Don Pablo,** Navas de Tolosa 19 ☎ 22 52 99, Decoración moderna – ▤. E VISA. ✗ AY **n**
cerrado miércoles y agosto-1 septiembre – Com carta 1 275 a 2 200.

XX **Alhambra,** Francisco Bergamín 7 ☎ 24 50 07 – ▤. E VISA BZ **e**
cerrado domingo noche y del 1 al 20 septiembre – Com carta 1 000 a 1 900.

XX **Cafet. Grill Tres Reyes,** en sótano, Navas de Tolosa ☎ 22 66 00, Telex 37720, Decoración moderna, ⛱ climatizada – ▤ Ⓟ. AE ⓓ E VISA. ✗ AY **x**
Com carta 805 a 1 775.

XX **Aralar,** piso 1, San Nicolás 12 ☎ 22 17 59 – ▤. E VISA AY **b**
cerrado 25 diciembre-5 enero – Com carta 1 500 a 2 200.

XX Vista Bella, jardines de la Taconera ☎ 25 05 81, En un parque – ▤ Ⓟ. ✗ AY **a**
marzo-octubre – Com *(cerrado lunes)*.

X **Otano,** piso 1, San Nicolás 5 ☎ 22 50 95, Decoración rústica regional – ▤. AE AY **b**
cerrado domingo noche – Com carta 1 125 a 1 800.

X **Sarasate,** piso 1, García Castañón 12 ☎ 22 51 02 – ▤. VISA BZ **t**
cerrado domingo noche – Com carta 800 a 2 050.

X **Shanti,** Castillo de Maya 39 ☎ 23 10 04 – ▤. VISA. ✗ BZ **u**
cerrado domingo noche y julio – Com carta 1 000 a 1 850.

X ✿ **Hartza,** piso 1, Juan de Labrit 29 ☎ 22 45 68 – ▤ BY **b**
Com carta 1 500 a 3 000
Espec. Kogote de merluza, Panatxe de verduras (marzo-noviembre), Perdiz y paloma (octubre-febrero).

en la carretera de San Sebastián **por ④ : 4 km – ✉ Ainzoain – ✆ 948 :**

🏨 **Maitena,** ☎ 30 10 11 – ▥ ▤ rest ⌂wc ⍓wc ☏ Ⓟ. AE ⓓ E VISA
cerrado 15 al 31 julio – Com *(cerrado domingo noche)* 875 – ☕ 110 – **24 hab** 1 500/2 600 – P 2 700/2 950.

en Huarte **NE : 6 km por ① y carretera C 135 – ✉ Huarte – ✆ 948 :**

X **Iriguibel,** ☎ 33 06 70 – ▤ Ⓟ. ⓓ VISA
Com carta 1 030 a 1 630.

en Beriain **por ② : 8 km – ✉ Pamplona – ✆ 948 :**

🏨 Alaiz, carret. de Zaragoza ☎ 31 02 25 – |$| ▥ ▤ rest ⌂wc ⍓wc ☏ 🚗 Ⓟ
31 hab.

S.A.F.E. Neumáticos MICHELIN, Sucursal, Polígono Industrial-Burlada (por ①) ☎ 11 24 22

AUSTIN-MG-MORRIS-MINI Monasterio de Irache 60 ☎ 25 56 86
AUSTIN-MG-MORRIS-MINI Rosario 11 (Villava) ☎ 11 00 28
CITROEN-PEUGEOT carret. de Zaragoza km 3 (Cordovilla) ☎ 24 93 00
FORD carret. Francia km 4 Arre ☎ 33 00 11
PEUGEOT-CITROEN Polígono Industrial Burlada ☎ 11 12 67
RENAULT Mayor-Burlada ☎ 23 48 00
RENAULT carret. Zaragoza-Cordovilla ☎ 23 97 00
SEAT av. Guipúzcoa km 4 ☎ 30 01 12
TALBOT av. Guipúzcoa 5 ☎ 11 49 00

La PANADELLA

Barcelona 43 ⑯ y 990 ⑲ – ✆ 93.
♦Madrid 539 – ♦Barcelona 90 – ♦Lérida 70.

🏨 **Bayona,** carret. N II, ✉ Montmaneu, ☎ 809 20 11 – ▥ ⌂wc ⍓ ☏ 🚗 Ⓟ. AE ⓓ E VISA. ✗ hab
Com 500/750 – ☕ 200 – **64 hab** 1 200/2 200 – P 2 600/2 700.

PANCORBO

Burgos 42 ⑬ y 990 ⑥ – 665 h. alt. 635 – ✆ 947.
Ver : Paisaje★ – Desfiladero★.
♦Madrid 308 – ♦Bilbao 99 – ♦Burgos 65 – ♦Vitoria 49.

🏨 **Pancorbo,** carret. N I ☎ 35 40 00 – ▥ ⌂wc ⍓wc ☏ 🚗 Ⓟ. AE E VISA. ✗
Com 625 – ☕ 175 – **30 hab** 1 000/1 550.

PANES

Oviedo 990 ⑤ alt. 50 – ✆ 985.
Alred. : Desfiladero de la Hermida★★ SO : 12 km – O : Gargantas del Cares★★ : carretera de Poncebos (desfiladero★) y camino de Bulnes (desfiladero★★).
ℹ Mayor ☎ 41 40 78.
♦Madrid 427 – ♦Oviedo 128 – ♦Santander 89.

X **Covadonga** con hab, Virgilio Linares ☎ 41 40 35 – ▥ ⌂wc ⍓wc ☏. ✗
Com carta 850 a 1 750 – ☕ 100 – **10 hab** 1 300/2 100.

Les pneus pour voitures

Une gamme complète de pneus tous les styles de conduite

XZX et XZX 70
Un nouveau pas en avant.
Encore plus de sécurité,
encore plus de confort.
Et toujours
plus de kilomètres.

XVS: pour voitures «très grandes routières», puissantes et rapides.

XAS: grande précision de conduite aussi bien en virage qu'en ligne droite.

Une nouvelle génération de pneus

TRX **TRX M+S** **TRX AS**

Le TRX représente
la plus récente contribution de Michelin
à l'amélioration de l'automobile.
Il apporte :

- des qualités routières supérieures à celles des pneus d'aujourd'hui,
- un haut niveau de confort.

Michelin de tourisme

radiaux pour toutes les voitures, et toutes les saisons.

XWX:
c'est le pneu des voitures à performances exceptionnelles. Il permet de répondre à toutes les exigences du pilote.

XDX:
précis, sûr et confortable. Pour voitures très rapides.

XM+S:
excellente tenue longitudinale et transversale dans la neige. Conserve de bonnes qualités directionnelles sur route sèche.

PNEUS SERIE 70

Prévus pour répondre aux besoins des constructeurs désirant équiper ou ayant homologué sur certains modèles de voiture les pneus de série 70.

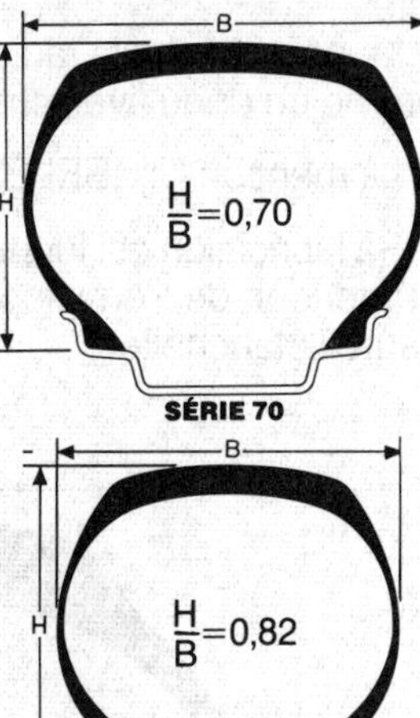

Règles générales:

- Si l'on remplace un pneu de série normale par un pneu de "série 70", choisir pour le pneu de série 70, deux sections au-dessus.
Exemple: un 145/13 doit être remplacé par un 165/70-13.
- S'assurer que les débattements verticaux et horizontaux sont suffisants.
- Adopter les pressions du pneu de série normale de même catégorie.

Qu'est-ce qu'un pneu Michelin radial tubeless?

- C'est un pneu qui se monte sans chambre à air, sur une jante spéciale munie d'une valve appropriée. La valve est fixée sur la jante.
- Le pneu Michelin radial Tubeless se présente extérieurement comme un pneu avec chambre.

La mention "TUBELESS" est gravée sur chaque flanc.

- Sa fabrication est identique au point de vue architecture, mais, à l'intérieur de l'enveloppe, une couche de gomme spéciale assure l'étanchéité.

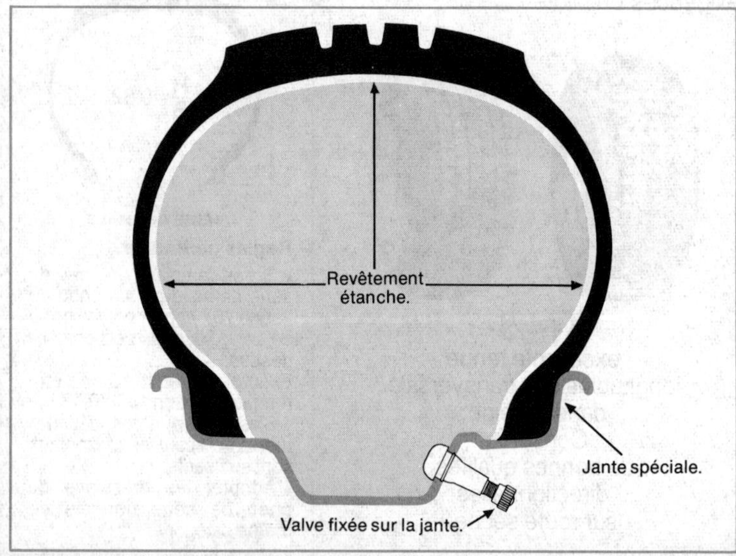

Les avantages du pneu Michelin radial tubeless:

- Le pneu Michelin radial Tubeless élimine les inconvénients de la chambre à air :

  Au montage – plus de risque de pincer la chambre.

  Au gonflage – pas d'air emprisonné entre la chambre et l'enveloppe : on évite ainsi les risques de sous-gonflage.

- Dans le cas d'une simple crevaison, le dégonflage est lent !

  Dans la plupart des cas, on n'a donc pas besoin de changer de roue sur place, ce qui laisse le temps d'aller chez le réparateur.

- Le pneu Michelin Tubeless se répare aussi facilement qu'une chambre à air.

  Ne montez pas de chambre dans vos pneus Tubeless.

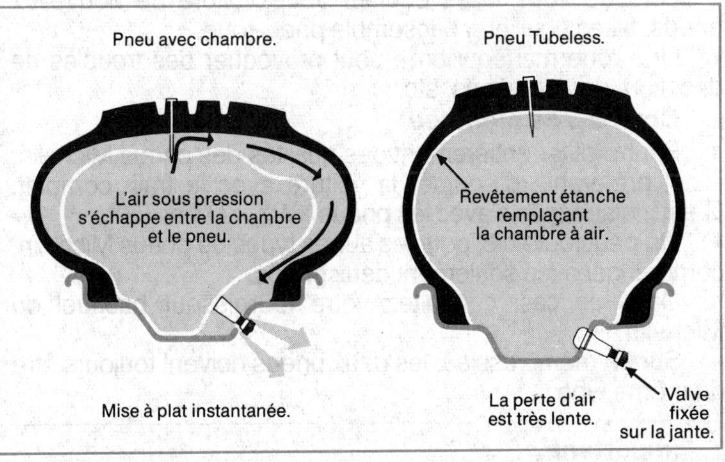
Pneu avec chambre.
L'air sous pression s'échappe entre la chambre et le pneu.
Mise à plat instantanée.
Pneu Tubeless.
Revêtement étanche remplaçant la chambre à air.
La perte d'air est très lente.
Valve fixée sur la jante.

- Autre avantage du pneu Michelin Tubeless : l'ensemble étant parfaitement étanche, on élimine le risque d'oxydation à l'intérieur de la jante.

Gonflage

- La pression de gonflage a une très grande importance pour votre sécurité, votre confort et la durée de vos pneus.
- Contrôlez la pression les pneus étant froids (c'est-à-dire après au moins une heure d'arrêt).
- La pression augmente en cours de roulage, c'est normal.
- Ne dégonflez jamais des pneus chauds.

Le tableau de gonflage ci-contre donne par véhicule deux séries de pressions.

- Utilisation courante : ces pressions conviennent pour la majorité des cas d'utilisation.
- Autres utilisations : ces pressions sont à adopter dans les cas suivants : véhicule très chargé, roulage type autoroute (voiture à faible ou à pleine charge).
- Pour les véhicules à performances élevées, voir les renvois numérotés.
- Les pressions indiquées sont valables pour les pneus Tubeless comme pour les pneus Tube Type.

Équilibrage

- Lorsque vous faites équiper votre voiture de nouveaux pneus, faites équilibrer l'ensemble pneu-roue.
- Une roue mal équilibrée peut provoquer des troubles de direction, des vibrations, etc.

Conseils de montage

- Pour profiter entièrement des qualités des pneus Michelin, il est préférable d'équiper la voiture avec le train complet. C'est indispensable avec les pneus XWX, XDX et TRX.
- On peut toutefois, pour les autres types de pneus Michelin, commencer avec seulement deux pneus.
- Dans ce cas, consultez votre fournisseur habituel ou Michelin.
- Sur un même essieu, les deux pneus doivent toujours être du même type.

Important

Même à vitesse limitée, pour rouler en toute sécurité, monter le pneu qui convient aux possibilités maximales de la voiture.

Pressions de gonflage des pneus MICHELIN X, ZX, XZX, MX, MXL, XAS, XVS, XDX, XWX, TRX

Véhicules Marques et types	Dimensions SR X - ZX XZX MX - MXL	 HR VR XAS XDX XVS XWX	 TRX	Pressions (bar) * Utilisation courante AV	 AR	 Autres utilisations AV	 AR
ALFA-ROMÉO							
Alfa 6 Berlina 2,5 1979	...	175 HR 14	...	1,9	2,0	2,2	2,4
		195/70 HR 14	...	1,9	2,0	2,2	2,4
Alfasud - L - Sprint coupé 7 CV Alfasud super 1,3	145-13	145 HR 13	...	1,9	1,5	1,9	1,5
Alfasud TI (7 CV), TI 1,3 - 1,5	165/70-13	165/70 HR 13	...	1,8	1,4	1,8	1,4
Alfasud tous modèles	...	...	170/65 R 340	1,9	1,5	1,9	1,5
Alfetta 1,8 - 1,8 L	165-14	165 HR 14 185/70 HR 14	...	1,8	2,0	1,8	2,0
Alfetta 2,0	...	165 HR 14	...	1,8	2,0	1,8	2,0
		185/70 HR 14	...	1,8	2,0	1,8	2,0
Alfetta 2000 GTV Coupé	...	165 HR 14	...	1,8	2,0	1,8	2,0
		185/70 HR 14	...	1,7	1,8	1,7	1,8
Alfetta 2000 Turbo Coupé	...	185/70 HR 14	...	1,7	1,8	1,7	1,8
Alfetta tous modèles	...	...	180/65 HR 390	2,0	1,7	2,0	1,7
Giuletta tous types	...	...	200/60 HR 365	1,8	2,0	1,8	2,0
ALPINE							
A 310 V6	...	AV : 185/70 VR 13 XDX	...	1,4	...	1,6	
		AR : 205/70 VR 13 XDX	...	...	2,6	...	2,7
A 310 V6 1981 - 1982	...	...	AV : 190/55 VR 340	1,5	...	1,5	
			AR : 220/55 VR 365	...	2,0	...	2,0
AUDI							
80 L - GL 1979	155-13	155 HR 13	...	1,7	1,7	1,8	2,0
	175/70-13	175/70 HR 13	...	1,7	1,7	1,8	2,0
80 S - LS - GLS 1979	165-13	165 HR 13	...	1,7	1,7	1,8	2,0
	175/70-13	175/70 HR 13	...	1,7	1,7	1,8	2,0
80 1,6 tous types	...	...	190/55 HR 365	1,7	1,7	1,7	1,7
100 L-GLS (1,6-2,0) - S-LS-GLS (2,0) 100 Avant L-GL (1,6) - LS-GLS (2,0)	165-14	165 HR 14	...	2,0	2,0	2,2	2,2
L 5 S - GL 5 S (2,2)	185/70-14	185/70 HR 14	...	1,9	1,9	2,1	2,1
Avant 5E L - 5E GL (2,2)	185/70-14	185/70 HR 14	...	1,9	1,9	2,1	2,1
100 5D - L 5D - GL 5D - CD 5S CD 5D - Avant L 5D - GL 5D - CD 5S - CD 5D	185/70-14	185/70 HR 14	...	1,9	1,9	2,1	2,1
100 tous modèles	...	...	190/65 HR 390	1,8	1,9	1,8	1,9
200 tous types	...	...	210/55 VR 390	1,8	1,9	1,8	1,9
Quattro	...	...	210/55 VR 390	1,8	1,7	1,8	1,7
AUSTIN							
Allegro 1300	145-13	145 HR 13	...	1,8	1,7	1,8	1,7
AUTOBIANCHI							
A 112 Elégant - Abarth	135-13	...	...	1,7	1,9	1,7	1,9
A 112 Elégant - Appia	155/70-13	155/70 HR 13	...	1,7	1,9	1,7	1,9
BMW							
316 avant 8/80 (1,6)	165-13	165 HR 13	...	1,8	1,8	1,9	2,0
318	...	185/70 HR 13	...	1,9	1,9	2,0	2,0
316 depuis 8/80 (1,8)	165-13	165 HR 13	...	1,9	1,9	2,0	2,2
			200/60 HR 365	1,5	1,5	1,5	1,5
318 i - 315	...	185/70 HR 13	...	1,9	1,9	2,0	2,2
320i 4 cylindres	...	185/70 HR 13	...	1,9	1,9	2,0	2,1
320 - 323i 6 cylindres 1979	...	185/70 HR 13	...	2,0	2,0	2,2	2,4
518 - 520 4 cylindres	175-14	175 HR 14	...	1,9	1,9	2,1	2,3
depuis 9/75	...	195/70 HR 14	...	1,9	1,9	2,1	2,3
518 (1982)	175-14	195/70 HR 14	200/60 HR 390	2,0	2,0	2,0	2,4
520i 4 cylindres	...	175 HR 14	...	1,9	1,9	2,1	2,3
depuis 9/75	...	195/70 HR 14	...	1,9	1,9	2,1	2,3
520i (1982)	...	175 HR 14	...	2,0	2,0	2,0	2,4
		195/70 HR 14	200/60 HR 390	2,0	2,0	2,0	2,4
520 6 cylindres	...	175 HR 14	...	2,1	2,1	2,2	2,5
525 6 cylindres 9/75	...	195/70 HR 14	...	2,0	2,0	2;1	2,3
528	...	195/70 HR 14	...	2,1	2,1	2,2	2,4
		195/70 VR 14	...	2,1	2,1	2,2	2,4
528 i	...	195/70 VR 14	...	2,3	2,3	2,4	2,5
525 i - 528 i (1982)	...	195/70 VR 14	200/60 VR 390	2,2	2,2	2,4	2,6
535 i	...	195/70 VR 14	...	2,5	2,5	2,6	2,9
635 CSi Coupé depuis 1/80	...	195/70 VR 14	...	2,5	2,5	2,6	2,9
		...	220/55 VR 390	2,0	2,0	2,2	2,5

** Consulter la page "Quelques conseils" qui précède le tableau.*

Pressions de gonflage des pneus MICHELIN
X, ZX, XZX, MX, MXL, XAS, XVS, XDX, XWX, TRX

Véhicules Marques et types	Dimensions SR X - ZX XZX MX - MXL	Dimensions HR VR XAS XDX XVS XWX	Dimensions TRX	Pressions (bar) * Utilisation courante AV	Pressions (bar) * Utilisation courante AR	Pressions (bar) * Autres utilisations AV	Pressions (bar) * Autres utilisations AR
BMW (suite)							
		195/70 HR 14	...	2,2	2,2	2,3	2,6
728 - 728i	...	205/70 HR 14	220/55 VR 390	2,2	2,2	2,3	2,6
		205/70 VR 14	...	2,2	2,2	2,3	2,6
730	...	205/70 HR 14	220/55 VR 390	2,2	2,2	2,3	2,6
732i - 733i - 735i		205/70 VR 14	220/55 VR 390	2,2	2,2	2,3	2,6
745i	...	205/70 VR 14 XDX	...	2,5	2,8	2,6	3,3
		205/70 VR 14 XWX	220/55 VR 390	2,5	2,5	2,6	3,0
CHRYSLER (voir Talbot)							
CITROËN							
BX	145-14	...	...	1,9	2,0	1,9	2,0
BX 14 E - RE - TRE	...	...	170/65 R 365	1,8	2,0	1,8	2,0
BX 16 RS - TRS	...	...	170/65 R 365	1,9	2,1	1,9	2,1
Citroën berlines tous types	...	...	190/65 HR 390	2,2	1,4	2,2	1,4
CX 2000 essence berline							
Confort Super Pallas (5)	AV : 185-14	AV : 185 HR 14	...	1,9	...	1,9	...
CX Reflex (4)	AR : 175-14	AR : 175 HR 14	...	...	2,1	...	2,1
CX Athena et Reflex - CX 20		185 HR 14	...	2,0	2,1	2,0	2,1
CX 2200 essence - 20 TRE	...	AR : 175 HR 14	...	...	2,1	...	2,1
CX 2200 Diesel - 2500 Diesel	185-14	185 HR 14	...	2,1	2,1	2,1	2,1
Confort Super Pallas (4) (5)	AR : 175-14	AR : 175 HR 14	...	...	2,1	...	2,1
CX 2400 Super Pallas (4) (5)	...	AV : 185 HR 14	...	1,9	...	1,9	...
		AR : 175 HR 14	...	...	2,1	...	2,1
CX 2400 Pallas Auto. 1981	...	185 HR 14	...	1,9	2,1	1,9	2,1
CX 2400 GTi Pallas et C Matic	...	185 HR 14	...	2,1	2,2	2,1	2,2
CX 2400 Inj. Prestige automat.	...	185 HR 14	...	2,2	2,2	2,2	2,2
CX 2400 Pallas (1982) i E	...	185 HR 14	...	2,0	2,1	2,0	2,1
CX 2400 Prestige et C Matic	...	185 HR 14	...	2,2	2,2	2,2	2,2
CX 2500 Diesel limousine taxi	AV : 185-14	AV : 185 HR 14	...	2,3	...	2,3	...
	AR : 175-14	AR : 175 HR 14	...	...	2,3	...	2,3
CX 2500 Diesel		AV : 185 HR 14	...	2,2	...	2,2	...
Reflex Pallas (1982) 25 D	...	AR : 175 HR 14	...	...	2,1	...	2,1
CX Limousine 25 D	...	185 HR 14	...	2,2	2,1	2,2	2,1
GS tous types berlines et break	145-15	...	...	1,8	1,9	1,8	1,9
Visa spéciale club - Visa 2	135-13	...	...	1,7	2,0	1,7	2,0
Visa super - sextant - L	145-13	145 HR 13	...	1,8	2,0	1,8	2,0
Visa super E et Visa 2	...	...	170/65 HR 340	1,7	1,7	1,7	1,7
Visa super X	155/70-13	155/70 HR 13	...	1,8	2,0	1,8	2,0
	...	...	160/65 HR 340	1,7	1,7	1,7	1,7
Visa GT	...	...	160/65 HR 340	1,8	1,9	1,8	1,9
		175/70 HR 13	...	1,7	1,7	1,7	1,7
Visa chrono	...	...	190/55 HR 340	1,5	1,6	1,5	1,6
DATSUN							
Cherry 1000L-GL - 1200L-GL Berl.	155-13	155 HR 13	...	1,7	1,7	2,0	2,0
Cherry 1200GT Coupé - 1200 Break	165/70-13	165/70 HR 13	...	1,7	1,7	2,0	2,0
Sunny 120y - 140y	155-13	155 HR 13	...	1,7	1,9	1,9	2,1
Berlines, Coupés, Breaks	175/70-13	175/70 HR 13	...	1,7	1,7	1,9	1,9
FERRARI							
308 GTB et GTS		205/70 VR 14 XWX	...	1,9	2,4	1,9	2,4
(F 106)	...	...	220/55 VR 390	2,3	2,3	2,3	2,3
400 Automatic i et 400 GTi	...	...	240/55 VR 415	2,5	2,5	2,5	2,5
Mondial 8 (F 108)	...	...	240/55 VR 390	2,3	2,4	2,3	2,4
512 i	...	...	240/55 VR 415	3,0	3,0	3,0	3,0
FIAT							
131 Super Mirafiori	165-13	165 HR 13	...	1,8	1,8	1,8	1,8
1300 TC - 1600 TC	175/70-13	175/70 HR 13	...	1,8	1,8	1,8	1,8
131 Mirafiori Diesel							
2000L-CL Diesel - 2500L-CL Diesel	165-13	165 HR 13	...	2,1	1,9	2,1	1,9
2500 Super Diesel	175/70-13	175/70 HR 13	...	2,1	1,9	2,1	1,9
	175/70-14	175/70 HR 14	...	1,9	2,0	1,9	2,0
132 - 1600 - 2000 - 2000 inj	...	...	180/65 HR 390	1,8	2,0	1,8	2,0
132 - 2000D - 2500D	175/70-14	175/70 HR 14	180/65 HR 390	2,2	2,1	2,2	2,1
138 Ritmo 60-65-75 L - CL	145-13	145 HR 13	...	1,9	1,8	1,9	2,2
	165/70-13	165/70 HR 13	...	1,9	1,8	1,9	2,2
Ritmo tous modèles	...	...	190/55 HR 340	1,7	1,6	1,7	1,6
Ritmo Diesel L et CL	155-13	155 HR 13	...	2,0	1,9	2,1	2,1

(4) Direction mécanique **(5) Direction assistée**

** Consulter la page "Quelques conseils" qui précède le tableau.*

Pressions de gonflage des pneus MICHELIN X, ZX, XZX, MX, MXL, XAS, XVS, XDX, XWX, TRX

Véhicules Marques et types	Dimensions			Pressions (bar) *			
	SR X - ZX XZX MX - MXL	HR VR XAS XDX XVS XWX	TRX	Utilisation courante		Autres utilisations	
				AV	AR	AV	AR
FORD							
Capri III 1,6 GL - L	165-13	165 HR 13	...	1,6	1,9	1,9	2,2
2,0 GL - L - S 2,3 S	185/70-13	185/70 HR 13	...	1,6	1,9	1,9	2,2
3,0 S	...	185/70 HR 13	...	1,6	1,9	1,9	2,2
Capri tous types (sauf 2,8 l 1981)	...	...	200/65 R 340	1,6	1,9	1,6	1,9
Escort 1100 L - GL Ghia - 1300 1981	155-13	...	...	1,8	1,8	2,0	2,3
Escort 1300 GXL	165-13	165 HR 13	...	1,4	1,6	1,6	2,1
Escort tous types 81	...	...	180/65 R 340	1,8	1,7	1,8	1,7
Granada 75 - 2,0 GL, 2,3 GL - 2,6 L-GL (limousines), 3,0 L-GL - Automatique	185-14	185 HR 14	...	1,7	1,7	1,9	2,3
Granada 75 2,3-2,6-3,0S-LS-GLS, Granada 2,8i-S-LS-GLS (limousines et coupés), 2,6 - 3,0 Ghia	...	195/70 HR 14	...	1,7	1,7	1,9	2,3
Granada 75 - 3,0L - GL - Ghia Mécaniques, limousines et coupés, Granada 2,8 GL - 2,8i GL limousines et coupés	...	185 HR 14	...	1,7	1,7	1,9	2,3
Granada berlines - coupés	...	...	190/65 HR 390	1,7	1,7	1,9	2,3
Taunus	165-13	165 HR 13	...	1,8	1,8	2,0	2,5
1,3 L - GL	185/70-13	...	...	1,6	1,6	2,0	2,5
1,6L - GL - 2,0L - V6	...	185/70 HR 13	...	1,6	1,6	1,8	2,1
HONDA							
Accord Berlines et Coupés	155-13	155 HR 13	...	1,7	1,7	2,0	2,0
Prélude Coupé	175/70-13	175/70 HR 13	...	1,7	1,7	2,0	2,0
JAGUAR							
XJ : 3,4 - 4,2	...	205/70 HR 15	...	1,7	1,8	2,1	2,5
		205/70 VR 15	...	1,7	1,8	2,1	2,5
XJ 5,3	...	205/70 VR 15	...	1,8	1,8	2,3	2,5
LADA							
1200 - 1300	155-13	155 HR 13	...	1,7	2,0	2,0	2,3
1500 - 1600	165-13	165 HR 13	...	1,8	2,0	2,1	2,3
LANCIA							
Beta 1300 Coupé	155-14	155 HR 14	...	1,7	1,7	1,9	1,9
Beta 1300 - 1400	175/70-14	175/70 HR 14	...	1,7	1,7	1,9	1,9
Beta 1800 - 1600 Coupé, Beta 1600 Spider, Beta 1600 - 1800 HPE - 2000	175/70-14	175/70 HR 14	...	1,7	1,7	1,9	1,9
Beta tous types	...	...	200/60 HR 365	2,0	2,0	2,0	2,0
MAZDA							
323	155-13	155 HR 13	...	1,5	1,9	1,5	1,9
626 - 1600 GL-GLS Auto	165-13	165 HR 13	...	1,8	2,0	1,8	2,0
626 2000 GLS	185/70-13	185/70 HR 13	...	1,8	2,0	1,8	2,0
MERCEDES							
200 Type 123	175-14 P	175 HR 14 P	...	2,0	2,2	2,0	2,2
200D-220D-240D Type 123	...	...	190/65 HR 390	1,9	2,1	1,9	2,1
230C - 280 - 280E Type 123	...	195/70 HR 14 P	...	2,0	2,2 (1)	2,3	2,5 (6)
280C - 280CE injection Type 123	...	...	190/65 HR 390	1,9	2,1	1,9	2,1
230 - 250 Type 123	175-14 P	175 HR 14 P	...	2,0	2,2 (1)	2,3	2,5 (6)
	...	...	190/65 HR 390	1,9	2,1	1,9	2,1
300D Type 123	175-14 P	175 HR 14 P	...	2,0	2,2	2,3	2,5
	...	...	190/65 HR 390	1,9	2,1	1,9	2,1
280S - 300S D Type 126	...	195/70 HR 14 P	...	2,1	2,3 (2)	2,5	2,8 (6)
	...	...	190/65 HR 390	1,9	2,1	1,9	2,1
280 SE - SEL Type 126	...	195/70 VR 14 P	...	2,1	2,3 (2)	2,5	2,8 (6)
	...	...	220/55 VR 390	1,8	2,0	1,8	2,0
380 SE et SEL Type 126	...	205/70 VR 14	...	2,1	2,3 (2)	2,5	2,8 (6)
500 SEL Type 126	...	...	220/55 VR 390	2,1	2,3	2,4	2,7
450 SL et SLC Coupé	...	205/70 VR 14	...	2,2	2,5 (3)	2,4	2,7 (6)
et Automatic Type 107	...	...	220/55 VR 390	2,1	2,3	2,4	2,7
350 SE et SEL Type 116	...	205/70 HR 14	...	2,1	2,3 (2)	2,6	2,8 (6)
	...	...	220/55 VR 390	1,8	2,0	1,8	2,0

(1) Pressions jusqu'à 160 km/h
(2) Pressions jusqu'à 180 km/h
(3) Pressions jusqu'à 200 km/h
(6) Pressions vitesse maxi

** Consulter la page "Quelques conseils" qui précède le tableau.*

Pressions de gonflage des pneus MICHELIN X, ZX, XZX, MX, MXL, XAS, XVS, XDX, XWX, TRX

Véhicules — Marques et types	Dimensions SR X - ZX XZX MX - MXL	Dimensions HR VR XAS XDX XVS XWX	Dimensions TRX	Pressions (bar) * Utilisation courante AV	Utilisation courante AR	Autres utilisations AV	Autres utilisations AR
MERCEDES (suite)							
450 SEL 6,9 Type 116	...	215/70 VR 14 XWX	...	2,4	2,4[3]	2,6	2,6[6]
	...	...	220/55 VR 390	2,1	2,3	2,4	2,7
450 SLC (5.0) V8 injection Type 107	...	205/70 VR 14	...	2,0	2,3[2]	2,4	2,7[6]
	...	...	220/55 VR 390	2,1	2,3	2,4	2,7
500 SE Type 126	...	205/70 VR 14	...	2,1	2,3[2]	2,6	3,1[6]
	...	...	220/55 VR 390	2,1	2,3	2,4	2,7
OPEL							
Ascona (1982)							
1,3 - 1,3 S - 1,6 MT	155-13	...	...	1,9	1,7	2,2	2,3
1,6 AT - 1,6 SH	165-13	...	...	1,9	1,7	2,1	2,1
Série L : 1,3-1,3S-1,6-1,6H	185/70-13	...	...	1,8	1,7	2,0	2,1
Commodore B 2,8 SC Coupé	...	175 HR 14	...	2,0	2,0	2,0	2,2
2,8 EC - GS/E (limousine - coupé)	...	195/70 HR et VR 14	...	2,0	2,0	2,0	2,4
Kadett C 1,0-1,2-1,2S-L-SR Berlines et Coupés	155-13	155 HR 13	...	1,4	1,7	1,5	2,0
Kadett City L 1000N-1,0-1,2	175/70-13	175/70 HR 13	...	1,3	1,5	1,4	1,8
Kadett C 1,6S-L-SR Berlina	155-13	155 HR 13	...	1,7	1,8	1,8	2,1
Limousines - Coupés	175/70-13	175/70 HR 13	...	1,6	1,6	1,7	1,9
Kadett D 1,0-1,0S - 1,2 - 1,2S - 1,3 - 1,3S -	145-13	145 HR 13	...	1,8	1,8	2,0	2,3
Limousine et Hatchback	155-13	155 HR 13	...	1,7	1,7	1,9	2,2
Kadett D - L - 1,0 - 1,0S - 1,2	155-13	155 HR 13	...	1,7	1,7	1,9	2,0
1,2S - 1,3 - 1,3S	175/70-13	175/70 HR 13	...	1,6	1,6	1,8	2,1
Kadett D - L 1,6 SH (1982)	155-13	...	...	1,9	1,9	2,1	2,4
	175/70-13	...	...	1,8	1,8	2,0	2,3
Kadett D (tous types 81-82)	...	...	190/55 HR 365	1,6	1,7	1,6	1,7
Manta B 1,3 - 1,6 - 1,9 1979	165-13	165 HR 13	...	1,7	1,7	2,0	2,3
L - SR Coupés	185/70-13	185/70 HR 13	...	1,6	1,6	1,8	2,0
Monza et Senator 2,8 - 3,0H - 3,0E Autom.	...	...	200/60 HR 390	2,2	2,2	2,2	2,2
3,0 E Mécanique	...	...	200/60 VR 390	2,2	2,2	2,2	2,2
Rekord E 1,7 - 1,7L - 1,9N - 1,9NL -	175-14	175 HR 14	...	1,8	1,8	2,0	2,2
2,0N - 2,0NL - 2,0S - 2,0SL	185/70-14	185/70 HR 14	...	1,8	1,8	2,0	2,2
Rekord D II 1700 - 1700 L - N - NL -	175-14	175 HR 14	...	1,8	1,8	1,8	2,0
1900 SH - 1900 SHL - N - Limousines et Coupés	185/70-14	185/70 HR 14	...	1,6	1,6	1,6	1,8
Rekord D II Diesel	175-14	175 HR 14	...	2,0	2,0	2,0	2,4
2100 D - 2100 DL	185/70-14	185/70 HR 14	...	1,8	1,8	1,8	2,0
PEUGEOT							
104 SL Berline	145-13	145 HR 13	...	1,7	2,0	1,7	2,0
104 Berline SR et Grand Confort	145-13	145 HR 13	...	1,8	2,0	1,8	2,0
104 S Berline 1979	145-13	145 HR 13	...	1,9	2,1	1,9	2,1
104 S Berline 1980	165/70-13	165/70 HR 13	...	1,7	2,0	1,7	2,0
104 Coupé Z - ZR (1982)	135-13	...	...	1,8	2,1	1,8	2,1
104 Coupé Z Plus	155/70-13	...	...	1,7	2,1	1,7	2,1
304 GL - SL Berlines	145-14	145 HR 14	...	1,8	2,1	1,8	2,1
304 SLS Berline	145-14	145 HR 14	...	1,8	2,1	1,8	2,1
304 Berline Diesel	145-14	145 HR 14	...	1,9	2,1	1,9	2,1
305 GL-GR-SR et Grand Confort	145-14 P	145 HR 14	...	1,8	2,1	1,8	2,1
305 GLD - GRD	145-14 P	145 HR 14	...	1,9	2,1	1,9	2,1
305 SR 1981	155-14 P	155 HR 14	...	1,7	2,0	1,7	2,0
305 SRD	145-14 P	145 HR 14	...	1,8	2,0	1,8	2,0
305 S - 305 GT 83	165/70-14	...	...	1,7	2,1	1,7	2,1
504 Berlines tous types	...	...	180/65 HR 390	1,6	1,9	1,6	1,9
504-504 L essence et diesel 504 GR - GRD	165-14	165 HR 14	...	1,8	2,0	1,8	2,0
504 GL	175-14	...	...	1,8	2,1	1,8	2,1
	...	175 HR 14	...	1,6	1,9	1,6	1,9
504 GLD	175-14	175 HR 14	...	1,8	2,1	1,8	2,1
504 TI	...	175 HR 14	...	1,6	1,9	1,8	2,1
504 SR - SRD	175-14	175 HR 14	...	1,8	2,0	1,8	2,0
504 Coupé V6 Injection	...	...	190/65 HR 390	1,4	1,8	1,4	1,8

(2) Pressions jusqu'à 180 km/h **(3) Pressions jusqu'à 200 km/h**

(6) Pressions vitesse maxi

** Consulter la page "Quelques conseils" qui précède le tableau.*

Pressions de gonflage des pneus MICHELIN
X, ZX, XZX, MX, MXL, XAS, XVS, XDX, XWX, TRX

Véhicules Marques et types	Dimensions			Pressions (bar) *			
	SR X - ZX XZX MX - MXL	HR XAS XVS VR XDX XWX	TRX	Utilisation courante AV	Utilisation courante AR	Autres utilisations AV	Autres utilisations AR
PEUGEOT (suite)							
505 GR - SR - GL	175-14	...	...	1,8	2,0	2,0	2,2
505 Ti - STi	...	175 HR 14	...	1,6	1,9	1,8	2,1
	...	...	180/65 HR 390	1,6	1,9	1,6	1,9
505 GRD - SRD - SRD Turbo	175-14	...	...	1,8	2,0	1,8	2,0
	...	175 HR 14	180/65 HR 390	1,8	2,1	1,8	2,1
604 SL - TI		175 HR 14 XASP	...	1,8	2,1	2,0	2,3
	...	175 HR 14 XVSP	...	1,7	2,2	1,9	2,4
			190/65 HR 390	1,6	2,1	1,6	2,1
604 STI 604 SRD Turbo Diesel	...	...	190/65 HR 390	1,6	2,1	1,6	2,1
604 Diesel Turbo	...	175 HR 14 P	...	1,9	2,1	1,9	2,1
604 GRD Turbo Diesel	...	...	190/65 HR 390	1,6	2,1	1,6	2,1
PORSCHE							
911 - 911 S Coupé Targa	...	185/70 VR 15 XWX	...	2,0	2,4	2,0	2,4
924 après 7/78	...	185/70 HR 14 XVS	200/60 HR 390	2,0	2,0	2,0	2,0
RENAULT							
R5 L - GTL - TL	135-13	...	...	1,7	1,9	1,9	2,1
	...	...	160/65 R 340	1,7	1,9	1,7	1,9
R5 LS - Le Car - automatic 1300	145-13	145 HR 13	...	1,6	1,9	1,7	2,0
	...	...	170/65 R 340	1,7	2,0	1,7	2,0
R5 Alpine	...	155/70 HR 13 P	...	1,7	2,1	1,7	2,1
	...	...	160/65 R 340	1,7	2,1	1,7	2,1
R5 Turbo	...	...	AV : 190/55 HR 340	1,6	...	1,6	...
			AR : 220/55 VR 365	...	2,0	...	2,0
R5 - TS - Alpine et Turbo	...	...	180/60 HR 340	1,7	2,0	1,7	2,0
R9	145-13 155-13 175/70-13	...	...	1,7	1,9	1,8	2,0
R14 L - TL - GTL - TS	145-13	145 HR 13	...	1,7	1,9	1,8	2,0
	...	...	170/65 R 340	1,7	1,9	1,7	1,9
Fuego TL - GTL	155-13	155 HR 13	...	1,8	2,0	1,9	2,1
	175/70-13	175/70 HR 13	...	1,8	2,0	1,9	2,1
Fuego GTS	175/70-13	175/70 HR 13	...	2,0	2,2	2,1	2,3
Fuego Automatic	175/70-13	175/70 HR 13	...	2,1	2,2	2,2	2,3
Fuego TX - GTX	...	185/70 HR 13	...	2,0	2,2	2,1	2,3
Fuego tous types	...	...	200/65 R 340	2,0	2,2	2,1	2,3
			210/55 HR 365	1,9	2,0	1,9	2,0
R18 Berline	145-13	145 HR 13	...	1,7	1,8	1,9	2,0
	155-13	155 HR 13	...	1,6	1,8	1,8	2,0
R18 TL - GTL - GTS - TS	155-13	155 HR 13	...	1,7	1,8	1,9	2,0
			180/65 R 340	1,7	1,9	1,7	1,9
R18 TL-TS-GTL-GTS Automatic	155-13	155 HR 13	...	1,6	1,8	1,8	2,0
R18 TD - GTD 1982	165-13	165 HR 13	...	2,1	1,9	2,2	2,0
	...	...	200/65 R 340	2,0	2,0	2,0	2,0
			210/55 HR 365	1,7	1,9	1,7	1,9
R18 Turbo		185/70 HR 13	...	2,0	2,2	2,1	2,3
	...	...	200/65 R 340	2,0	2,2	2,0	2,2
			210/55 HR 365	1,8	2,0	1,8	2,0
R20 L - TS - GTL - LS	165-13	165 HR 13	...	1,9	1,9	2,1	2,1
R20 TL - GTL Automatic	165-13	165 HR 13	...	2,0	1,9	2,2	2,1
R20 TS et LS boîte mécanique	165-14	165 HR 14	...	1,9	2,0	2,1	2,2
	...	...	180/65 HR 390	2,0	2,3	2,2	2,5
R20 TS et LS boîte automatique	165-14	165 HR 14	...	2,0	2,0	2,2	2,2
	...	...	180/65 HR 390	2,1	2,3	2,3	2,5
R20 TS et LS 1982	165-13	165 HR 13	...	2,2	2,0	2,3	2,1
R20 TS Automatic 1982	165-13	165 HR 13	...	2,3	2,0	2,4	2,1
R20 TX	165-14	165 HR 14	...	1,9	2,0	2,1	2,2
	...	...	190/65 HR 390	1,8	2,0	2,0	2,2
R20 TX Automatic	165-14	165 HR 14	...	2,0	2,0	2,2	2,2
	...	...	190/65 HR 390	1,9	2,0	2,0	2,2
R20 TD - GTD	165-13	165 HR 13	...	2,2	2,0	2,3	2,1
R30 TS - R30 TX	...	175 HR 14	190/65 HR 390	1,8	2,0	2,0	2,2
R30 TS et TX Automatic	...	175 HR 14	190/65 HR 390	1,9	2,0	2,1	2,2
R30 Diesel Turbo	175-13	...	...	2,1	2,1	2,2	2,2
			200/60 HR 365	1,8	2,0	1,8	2,0
ROVER							
2300 - 2600 SD1	...	175 HR 14	...	2,0	2,1	2,1	2,2
		...	190/65 HR 390	1,8	1,8	1,8	1,8
3500 SD1	...	185 HR 14	...	1,8	1,8	1,8	2,1

** Consulter la page "Quelques conseils" qui précède le tableau.*

Pressions de gonflage des pneus MICHELIN X, ZX, XZX, MX, MXL, XAS, XVS, XDX, XWX, TRX

Véhicules — Marques et types	Dimensions: SR X - ZX XZX MX - MXL	Dimensions: HR XAS XVS — VR XDX XWX	Dimensions: TRX	Pressions (bar) *: Utilisation courante AV	Utilisation courante AR	Autres utilisations AV	Autres utilisations AR
SAAB							
900 EMS - 900 Turbo (3 Ck)	...	175/70 HR 15	...	1,9	1,9	2,2	2,4
		...	180/65 HR 390	1,9	2,0	2,1	2,2
TALBOT							
Horizon 1,1 LS 1980	145-13	145 HR 13	...	1,8	1,8	2,1	2,2
Horizon 1,3 GL - 1,5 GLS	145-13	145 HR 13	...	1,8	1,8	2,1	2,2
	175/70-13	175/70 HR 13	...	1,8	1,8	2,0	2,0
Horizon 1,5 GLS Perfo	175/70-13	175/70 HR 13	...	1,8	1,8	2,0	2,0
Horizon 1,5 SX 1980	155-13	155 HR 13	...	1,8	1,8	2,0	2,0
Horizon SPL 1980	175/70-13	175/70 HR 13	...	1,8	1,8	2,0	2,0
1307S-GLS - 1308GTS - 1309 SX / 1510 LS-GL - Solara GL-LS	155-13	155 HR 13	...	1,8	1,8	1,9	2,0
1510 GL - GLS (1982)	165-13	...	...	1,8	1,8	1,9	2,0
	...	...	200/65 R 340	1,8	1,8	1,8	1,8
Murena 1,6 (1982)	...	AV : 175/70 HR 13	...	1,6	...	1,8	...
		AR : 195/70 HR 13	...	...	1,9	...	2,1
Solara GL (1982)	...	165 HR 13	...	1,8	1,8	1,9	2,0
		...	200/65 R 340	1,8	1,8	1,8	1,8
Tagora GL - GLS	175-14	175 HR 14	...	1,7	2,0	1,8	2,2
	...	...	210/65 R 365	1,6	2,0	1,6	2,0
Tagora DT	175-14	175 HR 14	...	1,8	2,1	1,9	2,3
	...	...	210/65 R 365	1,6	2,0	1,6	2,0
Bagheera 7 CV (1442 cm³) / Bagheera X 8 CV (1442 cm³) / Bagheera S Coupé 8 CV	...	AV : 155 HR 13 XVS	...	1,5	...	1,7	...
		AR : 185 HR 13 XVS	...	...	1,9	...	2,1
TOYOTA							
Celica 1600 LT-ST	165-13	165 HR 13	...	1,7	1,7	2,0	2,1
Corolla KE 70	155-13	155 HR 13	...	1,7	1,7	1,8	1,8
Berlines et Coupés	175/70-13	175/70 HR 13	...	1,7	1,7	1,8	1,8
Tercel AL 11 Berline	145-13	145 HR 13	...	1,9	1,9	1,9	1,9
	165/70-13	165/70 HR 13	...	1,7	1,7	1,8	1,8
Starlet KP 62 Berline-Break	155-13	155 HR 13	...	1,7	1,7	1,9	1,9
TRIUMPH							
Spitfire 1500	155-13	155 HR 13	...	1,5	1,8	1,5	1,8
TR7 1978 - TR8 (1979)	...	185/70 HR 13	...	1,7	1,9	1,7	1,9
VAUXHALL							
Cavalier L (1,6) - GL (1,6-1,9-2,0)	165-13	165 HR 13	...	1,7	1,7	2,0	2,2
VOLKSWAGEN							
Golf 1,5D-LD-GLD● 1976	155-13	155 HR 13	...	1,7	1,7	1,8	2,2
Golf 1,5S (1977) - 1,3 (1979)	175/70-13	175/70 HR 13					
Golf 1,6 GTi depuis 1977	...	175/70 HR 13	...	1,7	1,7	1,8	2,2
Jetta 1,1 - 1,3 - 1,5	155-13	155 HR 13	...	1,7	1,7	1,8	2,2
Jetta 1,5 D - LD - GLD ●	175/70-13	175/70 HR 13	...	1,7	1,7	1,8	2,2
Jetta tous types	...	...	190/55 HR 365	1,7	1,7	1,7	1,7
Passat L-GL-S-LS-GLS	165-13	...	...	1,8	1,8	1,9	2,3
D-LD-GLD	185/70-13						
Passat LS 5 - GLS 5	185/70-13	...	...	1,9	1,9	2,0	2,3
Passat tous types sauf berline et Variant (1981)	...	...	180/65 R 340	1,8	1,8	1,8	1,8
Polo (1,1) S - LS - GLS	145-13	145 HR 13	...	1,6	1,6	1,8	2,0
Polo (1,3) LS - GLS	155/70-13	155/70 HR 13					
Scirocco S-LS-GT-GL (1,5) (1,6)	155-13	155 HR 13	...	1,7	1,7	1,8	2,2
Scirocco S-LS-GLS (1,3)	175/70-13	175/70 HR 13	...	1,7	1,7	1,8	2,2
Scirocco GLi - GTi (1,6)	...	175/70 HR 13	...	1,7	1,7	1,8	2,2
Scirocco tous types	...	...	190/55 HR 365	1,7	1,7	1,7	1,7
VOLVO							
242-244 Luxe - De Luxe	165-14	165 HR 14	...	1,8	1,9	1,9	2,3
	175-14	175 HR 14	...	1,8	1,9	1,8	2,2
244 Grand Luxe - GLE	185/70-14	185/70 HR 14	...	1,8	1,9	1,9	2,3
244 GLD 6 (4)	175-14	175 HR 14	...	2,0	2,1	2,0	2,4
244 GLD 6 (5)	175-14	175 HR 14	...	1,9	1,9	1,9	2,3
242-244 tous types	...	...	190/65 HR 390	1,6	1,9	1,6	1,9
343 L - DL (1980)	155-13	155 HR 13	...	1,9	2,1	1,9	2,4
	175/70-13	175/70 HR 13	...	1,9	2,1	1,9	2,4
343-345 (1982)	175/70-13	175/70 HR 13	...	1,9	2,1	1,9	2,4
343 - 345 tous types	...	...	190/55 HR 365	1,7	2,1	1,7	2,1

● Diesel majorer de 0,100 les pressions AV et AR - (4) Direction mécanique - (5) Direction assistée

** Consulter la page "Quelques conseils" qui précède le tableau.*

Tous les renseignements figurant sur ces tableaux sont donnés sous réserve des modifications pouvant survenir après leur parution.

PANTICOSA Huesca 42 ⑱ y 990 ⑧ – 518 h. alt. 1 185 – ☎ 974 – Balneario – Deportes de invernio : 5.

Alred. : Balneario de Panticosa★ – N : Garganta del Escalar★★ (carretera★).

♦Madrid 481 – Huesca 86.

- **Escalar**, La Cruz ☎ 48 70 08, ← – wc wc.
  Com 600 – 135 – **27 hab** 1 900.
- **Arruebo**, La Cruz ☎ 48 70 52, ← – wc. E VISA.
  cerrado mayo – Com 600 – 150 – **14 hab** 1 400/2 300 – P 2 400/2 600.
- **Panticosa**, La Cruz ☎ 48 70 00, ← – wc wc. E. rest
  cerrado 15 abril-mayo y octubre-15 diciembre – Com 550 – 150 – **30 hab** 1 200/1 950 – P 1 925/2 150.
- **Valle de Tena**, ☎ 48 70 92, ← – wc. VISA.
  cerrado 20 abril-15 junio y 30 septiembre-1 diciembre – Com 550 – 150 – **28 hab** 1 100/1 950 – P 1 950/2 075.
- Morláns, La Laguna ☎ 48 70 57, ← – wc wc
  18 hab.

PARACUELLOS DE JARAMA Madrid 990 ⑩ – 2 251 h. – ☎ 91.

♦Madrid 19.

- Paracuellos, Real 36 ☎ 658 02 41 – wc
  12 hab.

RENAULT Real 41 ☎ 658 01 99

El PARDO Madrid 990 ⑮ y ㊴ – ☎ 91

- XX Menéndez, av. de la Guardia 6 ☎ 216 32 84, – .
- X Pedro's, av. de la Guardia ☎ 736 08 83, – .
- X La Marquesita, av. de la Guardia 4 ☎ 736 03 77 – .
- X **El Gamo,** av. de la Guardia 6 ☎ 736 03 27 – . VISA.
  Com carta 1 200 a 2 200.
- X Montes, pl. Caudillo 1 ☎ 736 03 28, – .

PAREDES Pontevedra – ver Vilaboa.

PASAJES DE SAN JUAN Guipúzcoa 42 ⑤ y 990 ⑦ – 22 501 h. – ☎ 943.

Ver : Localidad pintoresca★.

Alred. : Trayecto★★ de Pasajes de San Juan a Fuenterrabia por el Jaizkibel : Subida al Jaizkibel ←★, capilla de Nuestra Señora d – capilla de Nuestra Señora de Gualalupe ←★★.

para Canarias : Cia. Aucona, Edificio de Consignatarios ☎ 35 26 45, Telex 36040.

♦Madrid 477 – ♦Pamplona 100 – St-Jean-de-Luz 27 – ♦San Sebastián 10.

- XX **Casa Cámara,** San Juan 79 ☎ 35 66 02, ←, Pescados y mariscos
  cerrado domingo noche y lunes – Com carta 1 100 a 2 000.
- X **Txulotxo,** San Juan 82 ☎ 35 66 09, ←, Pescados y mariscos
  cerrado martes y octubre – Com carta 1 000 a 1 700.

SEAT Trincherpe ☎ 39 93 05

PAS DE LA CASA Andorra 43 ⑦ y 990 ⑨ – ver Andorra (Principado de).

El PAULAR (Monasterio de) Madrid 990 ⑮ y ㊴ – alt. 1 163 – ✉ Rascafría – ☎ 91.

Ver : Monasterio★ (retablo★★).

♦Madrid 76 – ♦Segovia 55.

- **Santa María de El Paular**, ☎ 869 32 00, Telex 23222, « Antigua cartuja del siglo XIV » climatizada, , – – . AE E VISA.
  Com 1 450 – 350 – **42 hab** 4 000/5 100 – P 6 750/7 850.

en la carretera N 604 S : 4 km – ✉ Rascafría :

- X **Pinosaguas,** , « En un pinar » – .
  Com carta 805 a 1 110.

PAZOS La Coruña – ver Padrón.

PEDRAZA DE LA SIERRA Segovia 990 ⑮ – 511 h. alt. 1 073.

Ver : Pueblo histórico★★.

♦Madrid 126 – Aranda de Duero 85 – ♦Segovia 35.

- XXX **Hostería Nacional Pintor Zuloaga,** ☎ 15, ←, « Casa señorial de estilo castellano » – AE E VISA.
  Com 1 100.

PEÑAFIEL Valladolid 990 ⑮ – 4 942 h. alt. 778 – ☎ 983.

Ver : Castillo★.

♦Madrid 180 – Aranda de Duero 38 – ♦Valladolid 55.

- **Infante D. Juan Manuel,** carret. N 122 ☎ 88 03 61 – ▥ ⌂wc ⌂wc ☎ Ⓟ. VISA. ✂
  Com 830 – ☕ 215 – **33 hab** 1 440/1 980.

CITROEN-PEUGEOT carret. Valladolid-Soria km 54 ☎ 88 02 01
RENAULT carret. de Soria ☎ 88 09 93
SEAT carret. de Soria km 56,5 ☎ 88 08 11
TALBOT carret. Valladolid-Soria km 56 ☎ 88 09 77

PEÑARANDA DE BRACAMONTE Salamanca 990 ⑭ – 6 049 h. alt. 730 – ☎ 923.

♦Madrid 164 – ♦Ávila 56 – ♦Salamanca 43.

- **La Granja,** Elisa Muñoz 2 ☎ 54 01 96 – ▥ (sólo agua fría). ✂
  Com 395 – ☕ 75 – **26 hab** 455/795 – P 1 000.
- **Las Cabañas,** Carmen 10 ☎ 54 02 03 – ◑ E
  Com carta 850 a 1 400.

CITROEN carret. N 501 km 170 ☎ 54 06 80
FORD carret. de Medina ☎ 54 18 31
RENAULT paseo Estación ☎ 54 03 55
SEAT carret. de Madrid km 168 ☎ 54 06 62
TALBOT carret. de Medina 23 ☎ 54 02 77

PEÑISCOLA Castellón de la Plana 445 K 31 – 2 778 h. – ☎ 964 – Playa.

Ver : Ciudad vieja★★ (castillo ≤★).

🅸 paseo Marítimo ☎ 48 02 08.

♦Madrid 494 – Castellón de la Plana 76 – Tarragona 124 – Tortosa 63.

- Porto Cristo, carret. de Benicarló ☎ 48 07 18, ≤ – ▥ ▤ rest ⌂wc Ⓟ
  temp. – **26 hab**.
- **Marina,** José Antonio 42 ☎ 48 08 90 – ▥ ⌂wc ⌂wc. ✂
  abril-septiembre – Com 625 – ☕ 180 – **20 hab** 825/1 500 – P 1 950/2 025.
- **Prado,** carret. de Benicarló ☎ 48 02 89, ≤ – ▥ ⌂wc ⌂wc. ✂
  abril-octubre – Com 600 – ☕ 185 – **25 hab** 850/1 500 – P 1 900/2 000.
- **El Molino,** av. Primo de Rivera 35 ☎ 48 02 05, ≤ – ▥ ⌂wc. AE ◑ E VISA. ✂ rest
  Com 600 – ☕ 125 – **20 hab** 980/1 400 – P 1 200/1 900.
- **Playa,** av. Primo de Rivera 32 ☎ 48 00 00, ≤ – ▥ ⌂wc ☎. ✂
  Com 730 – ☕ 220 – **38 hab** 1 250/1 980 – P 2 420/2 680.
- **Río-Mar,** av. Primo de Rivera 34 ☎ 48 07 45, ≤ – ▥ ⌂wc ☎. ✂
  abril-octubre – Com 550 – ☕ 150 – **8 hab** 825/1 350 – P 1 750/1 875.
- Tío Pepe, av. José Antonio 32 ☎ 48 06 40 – ▥ ⌂wc ⌂wc
  10 hab.
- **Hostal del Duc,** Juan José Fulladosa 10 ☎ 48 07 68 – ⌂wc ⌂wc. VISA. ✂ hab
  julio-15 septiembre – Com 600/800 – ☕ 150 – **20 hab** 650/1 200 – P 1 800/2 000.
- Dos Bahías, carret. estación ☎ 48 00 79 – ⌂wc ⌂ Ⓟ
  temp. – **18 hab**.
- **Simó,** Porteta 5 ☎ 48 06 20, ≤, ☂ – ▥ ⌂wc. ✂
  marzo-septiembre – Com 600 – ☕ 150 – **10 hab** 700/1 500.
- **Casa Severino,** Príncipe 1 ☎ 48 01 16, ☂ – ✂
  cerrado miércoles de septiembre a marzo – Com carta 825 a 2 350.

en la urbanización Las Atalayas O : 1 km – ✉ Peñíscola – ☎ 964 :

- **Benedicto XIII** ⛰, ☎ 48 08 01, Telex 65782, ≤, ⛱, ✂ – ⇅ ▥ ⌂wc ☎ Ⓟ. E VISA. ✂
  Com 800/1 150 – ☕ 225 – **30 hab** 2 250/3 400 – P 3 500/4 050.
- **Casa Severino,** ☎ 48 07 03, ☂ – Ⓟ. ✂
  cerrado miércoles de septiembre a marzo – Com carta 985 a 2 100.

en la carretera de Benicarló – ✉ Peñíscola – ☎ 964 :

- **Hostería del Mar** (Parador colaborador), N : 1 km ☎ 48 06 00, Telex 65750, ≤ mar y Peñíscola, ☂, « Interior castellano », ⛱ climatizada, ☂, ✂ – ⇅ ▤ Ⓟ. AE ◑ E VISA. ✂ rest
  cerrado 15 enero-15 febrero – Com 1 100 – ☕ 300 – **85 hab** 3 180/4 600 – P 4 700/5 580.
- **Cartago,** N : 4 km ☎ 48 01 00, ≤, ☂, ⛱, ✂ – ▥ ⌂wc ⌂wc ☎ ⇔ Ⓟ. E. ✂ rest
  20 junio-20 septiembre – Com 835 – ☕ 215 – **26 hab** 1 950/2 700 – P 2 950/3 550.
- Les Doyes, ☎ 48 07 95 – Ⓟ
  temp..
- **Granja** piso 1, Torre de Hirta ☎ 48 01 53, ≤, ☂ – ✂
  30 junio-15 septiembre – Com carta 630 a 1 175.

PERALES DE TAJUÑA Madrid 990 ⑮ y ⑳ – 1 879 h. alt. 585 – ☎ 91.

♦Madrid 40 – Aranjuez 44 – Cuenca 125.

- **Las Vegas,** carret. N III ☎ 873 72 38, ☂ – ▤ Ⓟ. VISA. ✂
  Com carta 1 020 a 1 750.

PERAMOLA Lérida 43 ⑥ – 487 h. alt. 566 – ☎ 973.
♦Madrid 567 – ♦Lérida 98 – Seo de Urgel 47.

Can-Boix ⛰, NO : 2,5 km ☎ 47 02 66, ←, ☂, ⛱, 🎾 – ⚱ ▤ rest ⛲wc Ⓟ. E VISA. ✗ rest
abril-octubre – Com 600 – ☕ 175 – **26 hab** 780/1 585 – P 1 930/1 945.

PERATALLADA Gerona 43 ⑨ – 478 h. – ☎ 972.
♦Madrid 752 – Gerona 33 – Palafrugell 16.

La Riera, pl. d'Espanya 9 ☎ 63 41 42, ☂, Decoración rústica – Ⓟ. E VISA
cerrado 20 diciembre-20 febrero y lunes en invierno – Com carta 1 200 a 2 030.

El Borinot, carrer del Forn 15 ☎ 63 40 84 – ✗
cerrado martes no festivos – Com carta 700 a 1 100.

Can Nau, Den Bas 12 ☎ 63 40 35, « Instalado en una antigua casa de estilo regional ». ✗
cerrado miércoles excepto festivos y febrero-4 marzo – Com carta 970 a 1 670.

PERELLÓ Tarragona 445 O 29 – 3 529 h. – ☎ 977.
♦Madrid 519 – Castellón de la Plana 132 – Tarragona 59 – Tortosa 33.

en la carretera N 340 SE : 0,5 km – ✉ Perelló – ☎ 977 :

Censals, ☎ 49 00 59 – Ⓟ. VISA. ✗
cerrado miércoles y del 1 al 15 noviembre.

El PERELLÓ Valencia 990 ㉘ – ☎ 96 – Playa.
♦Madrid 373 – Gandía 38 – ♦Valencia 25.

Antina sin rest, Buenavista 20 ☎ 177 00 19 – ⚑ ⚱ ⛀wc ⛲wc ☎. ⓓ VISA
julio-15 septiembre – ☕ 140 – **40 hab** 1 400/1 990.

PERILLO La Coruña – ver la Coruña.

PERLIO La Coruña – ver Fene.

Le PERTHUS Gerona 43 ⑨ y 990 ⑩⑳ – alt. 290 – ver aduanas p. 14 y 15.
♦Madrid 768 – Gerona 61 – ♦Perpignan 33.

Hoteles ver : La Junquera S : 6,5 km.

PIEDRA (Monasterio de) Zaragoza 990 ⑰ – alt. 720 – ☎ 976.
Ver : Parque y cascadas★★.
♦Madrid 231 – Calatayud 29 – ♦Zaragoza 118.

Monasterio de Piedra ⛰, ✉ Nuévalos, ☎ 84 90 11, « Instalado en el antiguo monasterio », ⛱, 🎾 – ⚑ ⚱ ⛀wc ☎ Ⓟ. ✗ rest
Com 850 – ☕ 175 – **61 hab** 1 700/2 400 – P 2 800/3 300.

en la carretera de Nuévalos N : 1 km – ✉ Nuévalos – ☎ 976 :

Las Truchas ⛰, ☎ 84 90 40, ⛱, 🎾 – ⚱ ⛀wc ⛲wc Ⓟ. AE ⓓ E VISA
Com 650 – ☕ 200 – **36 hab** 1 550/2 000 – P 1 720/2 270.

en Nuévalos N : 3 km – ✉ Nuévalos – ☎ 976 :

Mirador, ☎ 84 90 48 – Ⓟ
marzo-noviembre – Com carta 755 a 1 125.

PIEDRAFITA DEL CEBRERO Lugo 990 ③ – 2 500 h. alt. 1 062 – ☎ 982.
♦Madrid 436 – Lugo 71 – Ponferrada 52.

Rebollal, carret. N VI ☎ 36 90 15 – ⚱ ⛀wc. ✗
Com 500 – ☕ 120 – **18 hab** 700/1 300 – P 1 650/2 250.

PIEDRALAVES Ávila 990 ⑭ – 2 158 h. alt. 730 – ☎ 91.
♦Madrid 95 – ♦Ávila 83 – Plasencia 159.

Almanzor, Progreso 4 ☎ 866 50 00, « Amplia terraza con arbolado y ⛱ », 🎾 – ⚱ ▤ rest ⛀wc ⛲wc ☎ Ⓟ. ✗
cerrado noviembre – Com 600 – ☕ 125 – **59 hab** 1 000/1 650 – P 1 925/2 100.

TALBOT travesía General Franco 5 ☎ 866 53 78

PIEDRAS ALBAS Cáceres 990 ㉓ – ver aduanas p. 14 y 15.

PINEDA Tarragona 43 ⑯ – ver Salou.

PINEDA DE MAR Barcelona 43 ⑲ y 990 ⑳ – 10 750 h. – ☎ 93 – Playa.
ℹ Mayor 21 ☎ 762 33 87.
♦Madrid 694 – ♦Barcelona 51 – Gerona 46.

- **Mont Palau,** Roig y Jalpi 1 ☎ 762 33 87 – ascensor wc wc. AE E VISA. rest
  marzo-octubre – Com 450/550 – 165 – **82 hab** 750/1 350 – P 1 550/1 600.
- **Mercé,** Rdo Antonio Doltra 2 ☎ 762 31 62, – rest wc wc. rest
  mayo-20 octubre – Com 675 – 225 – **113 hab** 1 100/1 650 – P 1 800.
- Dori, Rdo Antonio Doltra 13 ☎ 762 31 40 – wc wc
  temp. – **30 hab**.

AUSTIN-MG-MORRIS-MINI av. Mediterráneo 101 ☎ 769 14 48
SEAT Garbi 165 ☎ 769 20 00

PINETA (Valle de) Huesca 42 ⑲ – ver Bielsa.

El PLANTIO Madrid 990 ㊳ – ver Madrid.

PLASENCIA Cáceres 990 ⑬ – 28 574 h. alt. 355 – ☎ 927 – Plaza de toros.
Ver : Catedral★ (retablo★, sillería★).
ℹ Trujillo 17 ☎ 41 27 66.
♦Madrid 252 – ♦Ávila 146 – ♦Cáceres 79 – Ciudad Real 318 – ♦Salamanca 135 – Talavera de la Reina 137.

- **Alfonso VIII,** Alfonso VIII-32 ☎ 41 02 50 – – .
  Com 1 000 – 250 – **56 hab** 2 100/3 450 – P 3 625/4 000.
- La Muralla, Berrozana 6 ☎ 41 38 74 – wc – **13 hab**.
- **Iberia,** Rey 25 ☎ 41 00 00, – wc P.
  Com 650 – 125 – **24 hab** 600/1 350 – P 1 725/1 800.
- Florida 2, av. de Cáceres 22 ☎ 41 38 58 – .
- Mi Casa, con hab, Maldonado 13 ☎ 41 14 50 – rest wc
  40 hab.

en la carretera de Salamanca N : 1,5 km – ✉ Plasencia – ☎ 927 :

- **Real,** ☎ 41 29 00 – rest wc wc P.
  Com 450 – 130 – **32 hab** 1 000/1 550 – P 1 675/1 930.

CITROEN-PEUGEOT av. Martín Palomino ☎ 41 35 50
FORD polígono industrial parc. N 10 ☎ 41 18 36
RENAULT carret. de Cáceres km 131 ☎ 41 13 00
SEAT-FIAT carret. de Cáceres km 132 ☎ 41 03 87
TALBOT carret. de Cáceres ☎ 41 06 00

PLASENCIA DEL MONTE Huesca 42 ⑰ – 240 h. alt. 535 – ☎ 974.
♦Madrid 407 – Huesca 17 – ♦Pamplona 147.

- El Cobertizo, con hab, carret. N 240 ☎ 27 00 11 – wc P – **13 hab**.

PLAYA BARCA Las Palmas – ver Canarias (Fuerteventura).

PLAYA BLANCA DE YAIZA Las Palmas – ver Canarias (Lanzarote).

PLAYA CANYELLES (Urbanización) Gerona 43 ⑲ – ver Lloret de Mar.

PLAYA DE ALBIR Alicante 445 Q 29 – ver Altea.

PLAYA DE AREA Lugo – ver Vivero.

PLAYA DE ARO o **PLATJA D'ARO** Gerona 43 ⑨ y 990 ⑳ – pobl. ver Castillo de Aro – ☎ 972 – Playa.
18 Costa Brava, Santa Cristina de Aro O : 6 km ☎ 83 71 50.
ℹ Jacinto Verdaguer 11 ☎ 81 72 84.
♦Madrid 715 – ♦Barcelona 102 – Gerona 37.

- **Columbus**, paseo del Mar ☎ 81 71 66, Telex 57162, ≤, climatizada, – rest P. AE E VISA
  Com 1 350 – 350 – **109 hab** 2 800/5 300 – P 4 600.
- **Aromar**, paseo del Mar ☎ 81 70 54, Telex 57017, ≤, – rest P. AE E VISA. rest
  marzo-octubre – Com 950 – **155 hab** 2 600/4 500 – P 4 000/4 500.
- **Cosmopolita,** Pinar del Mar 1 ☎ 81 73 50, ≤ – rest wc wc. E VISA. rest
  cerrado 6 enero-15 febrero – Com 750 – 250 – **88 hab** 2 300/4 200.
- **S'Agoita,** carret. de Palamós 9 ☎ 81 71 54, – wc P. AE VISA. rest
  15 abril-octubre – Com 600 – 225 – **70 hab** 1 300/2 500 – P 2 450/2 500.
- **Costa Brava** sin rest, carret. de Palamós - Punta d'en Ramís ☎ 81 73 08, ≤, « Terraza con árboles » – wc wc P
  28 mayo-28 septiembre – 205 – **45 hab** 1 340/3 240.

Rosamar, pl. Mayor 3 ℗ 81 73 04 – |‡| ▥ ⌂wc ☎ ⇔. E VISA. ✗ rest
mayo-10 octubre – Com 675/850 – ☕ 200 – **61 hab** 1 800/3 000 – P 2 700/3 000.

La Masía, Santa María de Fanals 8 ℗ 81 75 00 – |‡| ▥ ⌂wc ☎. AE VISA. ✗ rest
mayo-septiembre – Com 600 – ☕ 200 – **37 hab** 1 600/2 550 – P 2 550/2 875.

Clara-Mar sin rest, Pinar del Mar 10 ℗ 81 71 58 – |‡| ⌂wc ⋔wc ☎. E VISA. ✗ rest
10 mayo-1 noviembre – ☕ 250 – **36 hab** 2100/3 800.

Els Pins, Virgen del Carmen 3 ℗ 81 72 19 – |‡| ▥ ⌂wc. VISA. ✗ rest
abril-15 octubre – Com 610 – ☕ 185 – **60 hab** 1 975/3 600 – P 2 650/2 975.

Miramar, sin rest, con cafetería, Virgen del Carmen 12 ℗ 81 71 50, ≤ – |‡| ⌂wc ☎
temp. – **45 hab**.

Xaloc ⛱, Playa de Rovira ℗ 81 73 00, ≤ – ▥ ⌂wc ⋔wc ☎ Ⓟ. VISA. ✗ rest
abril-octubre – Com 600 – ☕ 200 – **41 hab** 1 850/3 200 – P 2 500/2 750.

Royal Playa, sin rest, carret. de Palamós 11 ℗ 81 73 12 – |‡| ▥ ⌂wc ☎
42 hab.

Bell Repos, Virgen del Carmen 21 ℗ 81 71 00 – ⌂wc ☎ Ⓟ. ✗ hab
junio-septiembre – Com 800 – ☕ 225 – **34 hab** 1 400/2 400.

Japet, carret. de Palamós 18 ℗ 81 73 66 – ▥ ⌂wc ⋔wc ☎ Ⓟ. E VISA. ✗ rest
cerrado 15 octubre-5 diciembre – Com 800 – ☕ 170 – **48 hab** 1 700/2 600 – P 2 400/3 200.

La Nau sin rest, Rafael Casanova 8 ℗ 81 73 58 – ⌂wc ⋔wc ☎ Ⓟ. ✗ rest
10 junio-18 septiembre – ☕ 230 – **28 hab** 2 150/2 600.

Montiko sin rest, carret. de Santa Cristina 10 ℗ 81 71 56, ⛆ – ⋔wc. ✗
mayo-septiembre – ☕ 150 – **37 hab** 800/1 600.

Roura sin rest, Lleida 6 ℗ 81 70 66 – ⋔wc. E VISA. ✗ rest
18 marzo-noviembre – **14 hab** ☕ 2 800.

XX Can Manel, carret. de San Feliú ℗ 81 76 02 – ▤.

XX Chalet Suisse, carret. de San Feliú 13 ℗ 81 72 17 – ▤.

X Montbar, con cafetería, Pinar del Mar ℗ 81 71 31.

X L'Esquinade, Pinar del Mar 13 ℗ 81 81 37.

X **Aradi,** carret. de Palamós ℗ 81 73 76 – Ⓟ. AE ⓓ E VISA. ✗
Com carta 850 a 1 450.

X **Llevant** con cafetería, carret. de San Feliú 33 ℗ 81 75 37 – ▤. E VISA. ✗
Com carta 1 200 a 2 000.

en Condado de San Jorge NE : 2 km – ✉ Playa de Aro – ☎ 972 :

Park H. San Jorge, ℗ 31 52 54, Telex 54136, « Agradable terraza con arbolado, ≤ rocas y mar », ⛆ climatizada – |‡| ▤ rest Ⓟ – 🏛. AE ⓓ VISA. ✗ rest
mayo-octubre – Com 1 750 – ☕ 350 – **85 hab** 2 875/5 750 – P 5 450.

en la urbanización Mas Nou NO : 4 km por carretera de Santa Cristina – ✉ Playa de Aro – ☎ 972 :

XXX **Mas Nou,** ℗ 81 78 53, Telex 57205, ≤, 🏠, Decoración rústica, ⛆, 🎾 – ▤ Ⓟ. AE ⓓ E VISA. ✗
cerrado miércoles no festivos en invierno y 10 enero-10 febrero – Com carta 1 550 a 3 150.

PLAYA DE LAS AMÉRICAS Santa Cruz de Tenerife – ver Canarias (Tenerife).

PLAYA DEL INGLÉS Las Palmas – ver Canarias (Gran Canaria) : Maspalomas.

PLAYA DEL PARAISO Santa Cruz de Tenerife – ver Canarias (Tenerife) : Adeje.

PLAYA DE SAN JUAN Alicante 990 ㉘ – ver Alicante.

PLAYA MIAMI Tarragona – ver San Carlos de La Rápita.

PLAYA MITJORN Baleares 43 ⑱ – ver Baleares (Formentera).

PLAYA PUEBLA DE FARNALS Valencia 445 N 29 – ver Valencia.

Las PLAYITAS Santa Cruz de Tenerife – ver Canarias (Hierro) : Valverde.

PLENCIA Vizcaya 42 ③ y 990 ⑥ – 2 960 h. – ☎ 94 – Playa.
♦Madrid 425 – ♦Bilbao 26.

X **Txurrua,** El Puerto 1 ℗ 677 00 11, ≤ – ⓓ E VISA. ✗
cerrado del 1 al 15 noviembre y del 1 al 15 febrero – Com carta 1 000 a 1 550.

X Perana, General Mola 41 ℗ 677 00 18, ≤.

La POBLA DE CLARAMUNT Barcelona 43 ⑰ – ✆ 93.

♦Madrid 570 – ♦Barcelona 71 – ♦Lérida 101 – Manresa 35.

en la carretera C 244 S : 2 km – ✉ La Pobla de Claramunt – ✆ 93 :

XX **Corral de la Forga,** residencial El Xaro ☎ 808 61 85, ⛱, ※ – ▤ Ⓟ. AE ⊙ E VISA
cerrado lunes – Com carta 1 175 a 2 175.

POBLET (Monasterio de) Tarragona 43 ⑯ y 990 ⑲ – alt. 490 – ✆ 977.

Ver : Monasterio*** (claustro** : capiteles*, iglesia**), panteón real**, retablo del altar mayor**.

♦Madrid 528 – ♦Barcelona 122 – ♦Lérida 51 – Tarragona 46.

La Capella ⛰, Las Masías, ✉ L'Espluga de Francolí, ☎ 87 00 57, ⛱, 🌳 – ▥ ⛀wc ⛆wc Ⓟ. ✽ rest
mayo-octubre – Com *(mayo-septiembre)* 875 – ☕ 200 – **43 hab** 1 050/2 100 – P 2 500.

Hostal del Centro ⛰, Las Masías, ✉ L'Espluga de Francolí, ☎ 87 00 58, ⛱, 🌳 – ▥ ⛀wc ⛆wc 🚗 Ⓟ. ✽ hab
Semana Santa-octubre – Com 775 – ☕ 195 – **46 hab** 975/2 200 – P 2 400/2 500.

X **Fonoll** ⛰ con hab, L'Espluga de Francolí ☎ 87 03 33 – sólo agua fría. ✽ hab
cerrado 15 diciembre-15 enero – Com *(cerrado jueves)* carta 625 a 1 050 – ☕ 105 – **17 hab** 405/790 – P 1 195/1 205.

en L'Espluga de Francolí NE : 2,5 km – ✉ L'Espluga de Francolí – ✆ 977 :

Senglar ⛰, carret. de Poblet ☎ 87 01 21, « Bonito jardín - Rest. típico catalán », ⛱ – |♦| ▥ ▤ rest ⛀wc ⛆wc ☎ Ⓟ – 🎤. ✽
Com 625/775 – ☕ 175 – **39 hab** 1 695/2 725 – P 2 695.

Fonda Garrell, paseo de Cañellas 4 ☎ 87 01 83, 🏠 – ▥ ⛀wc. VISA. ✽ rest
cerrado 24 diciembre-19 enero – Com 550/600 – ☕ 200 – **19 hab** 700/1 800 – P 1 800/1 900.

POBOLEDA Tarragona 43 ⑮ – 385 h. alt. 343 – ✆ 977.

♦Madrid 533 – ♦Lérida 82 – Tarragona 45.

Antic Priorat ⛰, carret. Comarcal 702 ☎ 82 70 06, ←, ⛱, 🌳 – ▥ ⛀wc ⛆wc Ⓟ. ✽
Com 595 – ☕ 175 – **18 hab** 1 500.

Los POCILLOS Las Palmas – ver Canarias (Lanzarote) : Puerto del Carmen.

POLOP DE LA MARINA Alicante 445 Q 29 – 1 690 h. alt. 230 – ✆ 965.

♦Madrid 449 – ♦Alicante 57 – Gandía 63.

Les Fonts, av. Sagi-Barba 32 ☎ 87 00 75, ←, ⛱, ※ – |♦| ▥ ⛀wc ⛆wc ☎ Ⓟ. ✽ rest
26 marzo-septiembre – Com 595 – ☕ 150 – **56 hab** 950/1 660 – P 1 840/2 090.

POLLENSA Baleares 43 ⑲ y 990 ㉙ – ver Baleares (Mallorca).

PONFERRADA Léon 990 ③ – 49 915 h. alt. 543 – ✆ 987.

ℹ av. de José Antonio 3 ☎ 41 55 37.

♦Madrid 382 – Benavente 125 – ♦León 109 – Lugo 125 – Orense 170 – ♦Oviedo 209.

Del Temple, av. de Portugal 2 ☎ 41 00 58, « Decoración original evocadora de la época de los Templarios » – |♦| ▤ rest 🚗 Ⓟ. AE ⊙ E VISA. ✽
Com *(cerrado lunes)* 1 200 – ☕ 250 – **114 hab** 2 460/3 935.

Madrid, av. de la Puebla 44 ☎ 41 15 50 – |♦| ▥ ▤ rest ⛀wc ⛆wc ☎. ✽
Com 750 – ☕ 175 – **54 hab** 1 750/2 800.

Conde Silva sin rest, con cafetería, av. de Astorga 2 ☎ 41 04 07 – |♦| ▥ ⛀wc ⛆wc ☎ 🚗 Ⓟ. AE ⊙ E VISA. ✽
☕ 150 – **60 hab** 1 640/2 825.

Marán piso 1, sin rest, Antolín López Peláez 29 ☎ 41 18 00 – ▥ ⛆ ☎. VISA. ✽
cerrado 24 diciembre-10 enero – ☕ 100 – **24 hab** 750/1 600.

X Azul, camino de Santiago 40 ☎ 41 11 09 – ▤.

X **Rugantino,** Fueros de León 12 ☎ 41 11 60 – ▤. VISA. ✽
cerrado domingo – Com carta 785 a 1 715.

en la carretera N VI – ✆ 987 :

Los Rosales, NE : 10,5 km, ✉ Almazcara, ☎ 46 71 67 – |♦| ▥ ▤ rest ⛀wc ⛆wc ☎ Ⓟ. VISA. ✽
Com 650 – ☕ 130 – **40 hab** 1 250/1 875 – P 2 230/2 540.

XX **Azul Montearenas,** NE : 6 km, ✉ Ponferrada, ☎ 41 70 12 – ▤ Ⓟ. E VISA
cerrado domingo noche – Com carta 825 a 1 400.

en la carretera N VI - en Carracedelo NO : 10 km – ✉ Cacabelos – ✆ 987 :

Los Millares, ☎ 54 62 76 – ▥ ⛀wc Ⓟ
17 hab.

CITROEN-PEUGEOT Montearenas ☎ 41 33 17
FIAT-SEAT av. España 25 ☎ 41 00 09
FORD Montearenas ☎ 41 41 77
RENAULT Montearenas ☎ 41 08 19
TALBOT Montearenas ☎ 41 06 18

PONS o **PONTS** Lérida 43 ⑥ y 990 ⑲ – 2 153 h. alt. 363 – ✆ 973.
♦Madrid 533 – ♦Barcelona 131 – ♦Lérida 64.

Jardí, pasaje Piñola ✆ 46 01 16 – rest wc. AE ① E VISA
Com 450 – 125 – **24 hab** 500/850 – P 1 400.

Ventureta con hab, carret. de Seo de Urgel 2 ✆ 46 03 45 – wc. hab
Com carta 900 a 1 900 – 80 – **10 hab** 750/1 500 – P 2 000.

en la carretera de Seo de Urgel NE : 1 km – ✉ Pons – ✆ 973 :

Pedra Negra, ✆ 46 00 19 – rest wc ☎ ℗.
Com *(cerrado lunes)* 575/845 – 160 – **19 hab** 1 065/2 130 – P 2 635/2 930.

SEAT carret. Seo de Urgel ✆ 46 02 04 TALBOT carret. Calaf ✆ 46 00 34

PONT D'ARRÓS Lérida 42 ⑳ – ver Viella.

PONT DE SUERT Lérida 43 ⑤ y 990 ⑨ – 2 557 h. alt. 838 – ✆ 973.
Alred. : Embalse de Escales★ S : 5 km.
♦Madrid 555 – ♦Lérida 123 – Viella 40.

Canigó piso 1, av. Victoriano Muñoz 6 ✆ 69 03 50 – wc
Com 700 – 175 – **13 hab** 700/1 900 – P 2 040.

en la carretera de Boí N : 2,5 km – ✉ Pont de Suert – ✆ 973 :

Mesón del Remei, ✆ 69 02 55, Carnes a la brasa – ℗.

RENAULT av. Victoriano Muñoz ✆ 69 02 47 TALBOT Doctor Saura 18 ✆ 69 00 61
SEAT carret. N 230 ✆ 69 01 09

PONTEVEDRA P 990 ② – 60 535 h. – ✆ 986 – Plaza de toros.
Ver : Santa María la Mayor★ (fachada oeste★) Y A.
Alred. : Mirador de Coto Redondo ✻★★ 14 km por ③ – Carretera★★ de Pontevedra a La Cañiza ✻★★ por C 531 ②.
General Mola 1 ✆ 85 08 14.
♦Madrid 604 ② – Lugo 143 ① – Orense 105 ② – Santiago de Compostela 57 ① – ♦Vigo 23 ③.

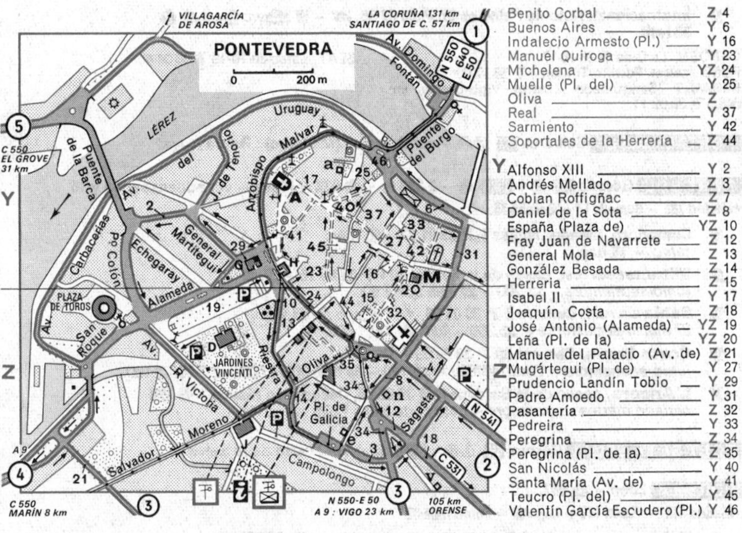

Parador Nacional Casa del Barón ⛰, Maceda ✆ 85 58 00, « Antiguo pazo acondicionado », – ℗. AE ① E VISA. Y **a**
Com 1 100 – 300 – **47 hab** 3 600/4 500.

Rías Bajas sin rest, con cafetería, Daniel de la Sota 7 ✆ 85 51 00, Telex 88068 – wc wc ☎ ℗. AE ① E VISA. Z **n**
225 – **100 hab** 2 400/3 850.

Virgen del Camino sin rest, Virgen del Camino 55 ✆ 85 59 00 – wc wc ☎. Z **v**
175 – **53 hab** 2 200/3 000.

México, sin rest, Andrés Muruals 8 ✆ 85 94 00 – wc wc ☎ Z **e**
29 hab.

en San Salvador de Poyo por ⑤ – ✉ Pontevedra – 986 :

Las Golondrinas sin rest, carret. de La Toja : 1,5 km ☎ 85 03 25 – wc. VISA.
150 – **34 hab** 1 700/2 200.

París sin rest, carret. de la Toja 3 km ☎ 85 68 62 – wc wc. AE E VISA.
175 – **34 hab** 1 500/2 500.

Casa Solla, carret. de La Toja : 2 km ☎ 85 26 78, Pescados y mariscos – .
cerrado jueves noche y domingo noche – Com carta 925 a 1 760
Espec. Sopa de mariscos, Lacón con grelos, Lamprea o angulas del Miño (diciembre-marzo).

en San Juan de Poyo por ⑤ : 4 km – ✉ Pontevedra – 986 :

San Juan sin rest, Casal 28 ☎ 77 00 20 – wc wc. AE E VISA
200 – **26 hab** 1 600/2 400.

AUSTIN-MG-MORRIS-MINI Juan Bautista Andrade 45 ☎ 85 99 32
CITROEN av. de Lugo ☎ 85 13 53
FORD av. de Lugo ☎ 85 83 50
RENAULT av. de Lugo ☎ 85 07 35
SEAT-FIAT av. de Vigo ☎ 85 69 50
TALBOT carret. de La Coruña (Cendona-Lerez) ☎ 85 52 50

PONTS Lérida 43 ⑥ y 990 ⑲ – ver Pons.

PONZANO Huesca 43 ③ – alt. 533.
♦Madrid 426 – Huesca 37 – ♦Lérida 87.

en la carretera N 240 NE : 2 km – ✉ ☎ Ponzano :

San Román, ☎ 7 – wc . rest
Com 600 – 175 – **12 hab** 650/1 500 – P 1 750/1 900.

PORRINO Pontevedra 990 ② – 10 892 h. alt. 29 – 986.
♦Madrid 590 – Orense 91 – Pontevedra 34 – ♦Porto 138 – ♦Vigo 15.

Parque sin rest, Servando Ramilo ☎ 33 16 04 – wc . AE E VISA
150 – **47 hab** 2 000/4 000.

Internacional, Antonio Palacios 87 ☎ 33 02 66, – wc wc
32 hab.

CITROEN La Guía ☎ 33 16 17
FORD carret. Porriño-Tuy km 1 ☎ 33 17 00
RENAULT Sanguiñeda - carret. Vigo-Orense km 646,5 ☎ 33 02 11
SEAT Estación 16-18 ☎ 33 04 45

PORTALS VELLS Baleares 43 ⑱⑲ – ver Baleares (Mallorca) : Palma Nova.

PORT-BOU Gerona 43 ⑨ y 990 ⑳ – 2 388 h. – 972 – Playa – ver aduanas p. 14 y 15.
♦Madrid 782 – Banyuls 17 – Gerona 75.

Comodoro, Méndez Núñez 1 ☎ 39 01 87 – wc
temp. – **18 hab**.

Miramar sin rest, paseo de la Sardana 11 ☎ 39 00 16 – . E
junio-septiembre – 200 – **27 hab** 950/1 900.

Bahía sin rest, Cerbere 2 ☎ 39 01 96, ← – wc . AE VISA
27 marzo-septiembre – 200 – **33 hab** 700/1 800.

Costa Brava, Cerbere 20 ☎ 39 00 03 –
junio-septiembre – Com 740/800 – 170 – **34 hab** 900/1 500 – P 2 100/2 150.

L'Ancora, paseo de la Sardana 4 ☎ 39 00 25, Decoración rústica – E VISA
cerrado martes y noviembre – Com carta 800 a 1 525.

PORT DE LA SELVA Gerona 43 ⑨⑩ y 990 ⑳ – ver Puerto de la Selva.

PORTELA León – 987.
♦Madrid 415 – ♦León 142 – Lugo 89 – Ponferrada 33.

Valcarce, carret. N VI ☎ 54 04 98 – wc wc . VISA.
Com 450 – 100 – **20 hab** 800/1 400 – P 1 600/2 300.

PORTO CRISTO Baleares 43 ⑳ y 990 ㉚ – ver Baleares (Mallorca).

PORTONOVO Pontevedra 990 ② – ver Sangenjo.

PORTO PETRO Baleares 43 ⑳ y 990 ㉚ – ver Baleares (Mallorca).

PORTO PI Baleares – ver Baleares (Mallorca) : Palma de Mallorca.

POTES Cantabria 990 ⑤ – 1 414 h. alt. 291 – ☎ 942.
Ver : Paraje★.
Alred. : Desfiladero de la Hermida★★ N : 18 km – Puerto de San Glorio (Mirador de Llesba ※★★) SO : 27 km y 30 mn a pie – Santo Toribio de Liébana ≤★ SO : 3 km.
Torre Duque del Infantado ☎ 73 00 06.
♦Madrid 399 – Palencia 173 – ♦Santander 115.

Picos de Valdecoro y Rest. Paco Wences, Roscabado ☎ 73 00 25, ≤ – wc wc ☎ P. VISA. ※
Com 1 000/1 200 – 175 – **24 hab** 1 800/2 600 – P 3 300/3 800.

en Ojedo NE : 1 km – ✉ Potes – ☎ 942 :

Martín, carret. N 621 ☎ 73 02 32, ≤.

en la carretera de Fuente Dé O : 1,5 km – ✉ Potes – ☎ 942 :

La Cabaña sin rest, ☎ 73 00 51, ≤ – wc ☎ P. VISA. ※
Semana Santa y junio-septiembre – 175 – **24 hab** 2 600.

POZOBLANCO Córdoba 446 Q 15 – 13 710 h. – ☎ 957.
♦Madrid 361 – Ciudad Real 164 – ♦Córdoba 67.

Los Godos, Villanueva de Córdoba 32 ☎ 10 00 22 – rest wc wc ☎. VISA. ※
Com 500 – 110 – **21 hab** 1 200/2 000.

Dueña Muñoz, Ronda Los Muñoces 2 ☎ 10 00 19 – wc
16 hab.

POZUELO DE ALARCÓN Madrid 990 ㊴ – 23 480 h. – ☎ 91.
♦Madrid 10.

Tere, av. Generalísimo 64 ☎ 212 19 98 – .

Juanito, Cirilo Palomo 8 ☎ 715 48 84 – .

Bodega de la Salud, Jesús Gil González 36 ☎ 715 33 90, Carnes a la parrilla – . VISA. ※
cerrado jueves, domingo noche, 31 marzo-7 abril y 4 agosto-2 septiembre – Com aprox. 1 200.

en Humera SE : 3 km – ✉ Pozuelo de Alarcón – ☎ 91 :

El Montecillo, ☎ 715 18 18, , « En un pinar » – P.

RENAULT Grupo Escolar 5 ☎ 212 13 22
SEAT General Mola 18 ☎ 715 35 50
TALBOT Dr Cornago 29 ☎ 212 08 14

PRADERA DE NAVALHORNO Segovia 990 ㊴ – ver la Granja.

PRATS DE CERDAÑA o **PRATS DE CERDANYA** Lérida 43 ⑦ alt. 1 100 – ☎ 972 – Deportes de invierno en Masella E : 9 km : 7.
♦Madrid 639 – ♦Lérida 170 – Puigcerdá 14.

Moixaró , carret. de Alp, ✉ Bellver de Cerdaña, ☎ 89 02 38, ≤, , – wc wc ☎ P
32 hab.

PRAVIA Oviedo 990 ④ – 12 160 h. alt. 17 – ☎ 985.
Alred. : Cabo de Vidio★★ (※★★) – Cudillero (típico pueblo pesquero★) N : 15 km – Ermita del Espíritu Santo★ (≤★) N : 15 km.
♦Madrid 490 – Gijón 49 – ♦Oviedo 55.

Balbona, Vital Aza (edificio Rotonda 2) ☎ 82 11 62 – . VISA. ※
cerrado martes – Com carta 850 a 1 450.

Sagrario, con hab, Valdés Bazán 10 ☎ 82 00 38 –
14 hab.

RENAULT Agustín Bravo 25 ☎ 82 06 55
SEAT Prahua ☎ 82 01 01

PREMIÁ DE MAR Barcelona 43 ⑱ y 990 ⑳ – 16 371 h. – ☎ 93 – Playa.
♦Madrid 653 – ♦Barcelona 20 – Gerona 82.

Posada del Mar sin rest, San Miguel 44 ☎ 751 09 97 – wc. E VISA
150 – **23 hab** 600/1 000.

Premiá, Camí Real 129 ☎ 751 03 36 – . VISA. ※
Com carta 975 a 2 000.

RENAULT P. San Juan Bautista La Salle 9 ☎ 751 02 28

PRIEGO DE CÓRDOBA Córdoba 446 T 27 – 21 194 h. – ☎ 957.
♦Madrid 402 – ♦Córdoba 101 – ♦Granada 82 – Jaén 69 – ♦Málaga 123.

Fuente del Rey, Héroes de Toledo 70 ☎ 54 01 25 – wc wc ☎. ※
Com 400 – 150 – **16 hab** 900/1 500 – P 1 750/1 900.

La PROVIDENCIA Oviedo – ver Gijón.

PRULLÁNS Lérida 43 ⑦ – 201 h. alt. 1 096 – ✆ 973.
♦Madrid 632 – ♦Lérida 163 – Puigcerdá 22.

Montaña, Puig 3 ☎ 51 02 60, ≤, – P
temp. – **40 hab**.

La PUEBLA DE ARGANZÓN Burgos 42 ⑬ y 990 ⑥ – 500 h. – ✆ 945.
♦Madrid 338 – ♦Bilbao 75 – ♦Burgos 95 – ♦Logroño 75 – ♦Vitoria 17.

X Palacios, carret. N I km 333 ☎ 37 30 30 – P.

La PUEBLA DE MONTALBÁN Toledo 990 ㉕ – 6 466 h. – ✆ 925.
♦Madrid 102 – Talavera de la Reina 48 – Toledo 33.

Legazpi, av. de Madrid 55 ☎ 75 00 32 – wc P
7 hab.

PUENTE ARCE Cantabría 42 ① – ver Santander.

PUENTE BARJAS – ver aduanas p. 14 y 15.

PUENTE CESURES Pontevedra 990 ② – 2 572 h. – ✆ 986.
♦Madrid 632 – Orense 133 – Pontevedra 35 – Santiago de Compostela 22.

X **Casa Castaño,** Victor García 20 ☎ 55 71 08 – P. VISA.
cerrado domingo, festivos por la noche y 20 diciembre-15 enero – Com carta 850 a 1 900.

PUENTE DE SANABRIA Zamora – ✆ 988.
Alred. : N : Valle de Sanabria (carretera de Puebla de Sanabria a San Martín de Casteñada ≤*).
♦Madrid 347 – Benavente 90 – ♦León 132 – Orense 164 – Zamora 116.

El Ministro, carret. del Lago ☎ 62 02 60 – wc wc. VISA.
Com 550/900 – 125 – **14 hab** 1 000/1 750 – P 1 700.

PUENTEDEUME La Coruña 990 ② – 8 098 h. – ✆ 981 – Playa.
Saavedra Meneses ☎ 43 02 70.
♦Madrid 599 – ♦La Coruña 48 – El Ferrol 15 – Lugo 95 – Santiago de Compostela 85.

Eumesa sin rest, carret. N VI ☎ 43 09 25, ≤ – wc. AE E VISA.
250 – **62 hab** 1 900/3 000.

X **Brasilia,** carret. N VI ☎ 43 02 49, Decoración moderna –
Com carta 975 a 1 800.

en Cabañas – ✉ Puentedeume – ✆ 981 :

Sarga, carret. N VI ☎ 43 10 00, – wc P. AE E. rest
Com 1 025 – 225 – **73 hab** 2 100/3 100 – P 3 420/4 280.

RENAULT carret. N VI Cabañas ☎ 43 00 97 SEAT carret. N VI Cabañas ☎ 43 09 28

PUENTE GENIL Córdoba 446 T 15 – 25 427 h. – ✆ 957.
♦Madrid 469 – ♦Córdoba 71 – ♦Málaga 102 – ♦Sevilla 128.

Xenil sin rest y sin, Antonio Pérez Canto 3 ☎ 60 02 00 – wc.
30 hab 1 000/1 610.

PUENTE LA REINA Navarra 42 ⑮ y 990 ⑦ – 1 879 h. alt. 346 – ✆ 948.
Ver : Iglesia del Crucifijo (Cristo *) – Iglesia Santiago (portada*).
Alred. : Ermita de Eunate* E : 5 km – Cirauqui* (iglesia de San Román : portada*) O : 6 km.
♦Madrid 403 – ♦Logroño 68 – ♦Pamplona 24.

XX **Mesón del Peregrino** con hab, carret. de Pamplona, NE : 1 km ☎ 34 00 75, Decoración rústica, – wc wc P.
marzo-noviembre – Com carta 900 a 2 050 – 200 – **15 hab** 1 400/2 200 – P 2 800/3 400.

PUENTE LA REINA DE JACA Huesca 42 ⑰ – alt. 707 – ✆ 974.
Alred. : Valle de Ansó* (Hoz de Biniés*) NO : 15 km.
♦Madrid 467 – Huesca 72 – Jaca 19 – ♦Pamplona 92.

Del Carmen, carret. N 240 ☎ 37 70 05, ≤, – wc wc P. VISA
cerrado del 15 al 30 septiembre – Com *(cerrado martes excepto verano)* 675/750 – 150 – **32 hab** 725/1 800 – P 2 000/2 100.

X Mesón de la Reina, carret. N 240 ☎ 37 70 04, Decoración rústica – P.

Avise inmediatamente al hotelero si no puede Vd. ocupar la habitación que ha reservado.

PUENTENANSA Cantabria 990 ⑤ – 180 h. – ☎ 942.
♦Madrid 412 – ♦Oviedo 159 – ♦Santander 73.

en Carmona - en la carretera de Cabuérniga E : 5 km – ✉ Puentenansa – ☎ 942 :

XX **Venta de Carmona** ⛰ con hab, ☎ 72 80 57, ≤, « Antigua casa solariega » – 📺 ☎ Ⓟ. ✻
cerrado 11 enero-2 marzo – Com carta 800 a 1 660 – ☕ 180 – **9 hab** 1 175/2 125 – P 2 725/3 250.

PUENTE VIESGO Cantabria 42 ① y 990 ⑤ – 2 429 h. alt. 71 – ☎ 942 – Balneario.
Alred. : Cueva del Castillo★ NO : 1,5 km.
♦Madrid 370 – ♦Bilbao 115 – ♦Burgos 127 – ♦Santander 29.

El Coto, barrio de la Iglesia ☎ 59 80 11 – |♦| 📺 ⇔wc Ⓟ – **29 hab**.

PUERTO – Puerto de montaña, ver el nombre propio del puerto.

PUERTO – Puerto de mar, ver a continuación.

PUERTO BANÚS Málaga 446 W 15 – ✉ Nueva Andalucía – ☎ 952 – Playa.

XXX **Royal,** muelle Ribera, Local J-5 ☎ 78 18 98, ≤, « Decoración elegante » – ▤. AE ⓓ E VISA. ✻
Com (sólo cena) carta 1 800 a 3 950.

XX **La Poularde,** Ribera 14 ☎ 81 27 57, 🏖, Cocina francesa – AE ⓓ E VISA
Com (sólo cena) carta 1 930 a 2 875.

XX César, muelle Ribera, Local M-28 ☎ 81 11 01, 🏖, Decoración rústica regional – ▤.

X La Tortuga Feliz, muelle Ribera, Local H-51 ☎ 81 41 28, Cocina italiana – ▤
Com (sólo cena en verano).

X Cipriano, muelle de Levante ☎ 81 21 78, 🏖, Pescados y mariscos – ▤.

X Taberna del Alabardero, muelle Benabola ☎ 81 40 26, 🏖 – ▤.

X La Taberna del Puerto (Pepito), muelle Ribera ☎ 81 29 56, ≤, 🏖, Pescados y mariscos.

PUERTO DE ALCUDIA Baleares 43 ⑳ y 990 ㉚ – ver Baleares (Mallorca).

PUERTO DE ANDRAITX Baleares 43 ⑱ y 990 ㉙ – ver Baleares (Mallorca).

PUERTO DE LA CRUZ Santa Cruz de Tenerife 990 ㉛ – ver Canarias (Tenerife).

PUERTO DE LA SELVA o **EL PORT DE LA SELVA** Gerona 43 ⑨⑩ y 990 ⑳ – 822 h. – ☎ 972 – Playa.
♦Madrid 776 – Banyuls 39 – Gerona 69.

Amberes ⛰, Selva de Mar ☎ 38 70 30 – ⋒ Ⓟ. E
abril-octubre – Com 550 – ☕ 175 – **18 hab** 1 100/2 000 – P 2 000/2 190.

X **Ca l'Herminda,** Isla 7 ☎ 38 70 75, Decoración rústica – VISA
15 marzo-septiembre – Com *(cerrado domingo noche y lunes del 15 marzo al 31 mayo)* carta 875 a 1 750.

X **Comercio,** muelle Balleu 3 ☎ 38 70 14 – ▤. E VISA
marzo-15 noviembre – Com carta 650 a 1 750.

PUERTO DE LAS NIEVES Las Palmas – ver Canarias (Gran Canaria) : Agaete.

PUERTO DEL CARMEN Las Palmas – ver Canarias (Lanzarote).

PUERTO DE MAZARRÓN Murcia 445 T 26 – ☎ 968 – Playa.
ℹ en el Puerto ☎ 59 45 08.
♦Madrid 459 – Cartagena 33 – Lorca 55 – ♦Murcia 69.

X **Virgen del Mar,** paseo Marítimo 2 ☎ 59 47 67, ≤, 🏖 – VISA. ✻
cerrado miércoles y 15 septiembre-15 octubre – Com carta 845 a 1 355.

en la playa de la Isla O : 1 km – ✉ Puerto de Mazarrón – ☎ 968 :

Durán, ☎ 59 40 50 – ⇔wc ⋒wc ☎ Ⓟ. E VISA. ✻
27 marzo-septiembre – Com (ver Rest. Miramar) – ☕ 210 – **29 hab** 1 800/2 300.

X **Miramar,** ☎ 59 40 08, ≤ – Ⓟ. E VISA. ✻
27 marzo-septiembre – Com carta 800 a 2 150.

X Ponderosa, ☎ 59 41 74, ≤.

en la playa de la Reya O : 1,5 km – ✉ Puerto de Mazarrón – ☎ 968 :

Dos Playas ⛰, ☎ 59 41 00, ≤, 🏊, 🎾 – |♦| ▤ Ⓟ – *temp.* – **100 hab**.

Bahía ⛰, ☎ 59 40 00, ≤ – |♦| 📺 ▤ hab ⇔wc ⋒wc ☎ 🚗. Ⓟ. VISA. ✻
Com 900 – ☕ 250 – **54 hab** 1 590/3 790 – P 3 390/3 695.

PUERTO DE POLLENSA Baleares 43 ⑳ y 990 ㉙㉚ – ver Baleares (Mallorca).

PUERTO DE SAN MIGUEL Baleares 43 ⑱ – ver Baleares (Ibiza) : San Miguel.

El PUERTO DE SANTA MARÍA Cádiz 446 W 11 – 51 600 h. – 956 – Plaza de toros.
Vista Hermosa O : 1,5 km ☎ 85 00 11.
♦Madrid 610 – ♦Cádiz 22 – Jerez de la Fontera 12 – ♦Sevilla 102.

XX **La Ribera,** La Ribera ☎ 86 20 23 – ▤. E VISA. ✻
cerrado domingo y agosto – Com carta 1 475 a 2 000.

X El Resbaladero, Aurora 1 ☎ 85 68 53, ⛱, Instalado en las antiguas lonjas del Pescado, Pescados y mariscos – ▤. ◑ E VISA. ✻.

X Venta Millán, Cante de los Puertos 12 ☎ 86 30 73, Decoración típica, Pescados y mariscos – ▤ Ⓟ.

X Mesón del Pescador, Jesús de Los Milagros 11 ☎ 86 18 97, Pescados y mariscos – ▤.

X **El Patio,** pl. de la Herrería ☎ 86 45 06 – ▤. AE ◑ E VISA
Com carta 1 005 a 1 515.

X Casa Flores, Ribera del Río 9 ☎ 86 35 12, Pescados y mariscos – ▤.

X Los Portales, Ribera del Río 13 ☎ 86 21 03 – ▤.

en la carretera de Cádiz S : 2,5 km – ✉ El Puerto de Santa María – 956 :

Meliá El Caballo Blanco, ☎ 86 37 45, Telex 76070, « Bungalows alrededor de un bonito jardín », ⛱ – ▤ Ⓟ. AE ◑ E VISA. ✻
Com 1 350 – **94 hab** 5 250.

en la carretera de Rota – ✉ El Puerto de Santa María – 956 :

Fuentebravía ⛱, O : 7 km ☎ 85 17 17, ≤ mar y Cádiz, ⛱, ⛱ – |♦| ▤ rest Ⓟ. ◑ VISA. ✻ rest
abril-septiembre – Com 1 495 – ☕ 305 – **90 hab** 3 680/5 695 – P 5 320/6 325.

XX La Goleta, O : 1,5 km ☎ 85 42 32, ⛱ – ▤ Ⓟ.

X **Mi Casita,** O : 2 km ☎ 85 07 09, ⛱ – ▤ Ⓟ. VISA. ✻ rest
Com carta 700 a 1 425.

CITROEN Rivera del Río 15 ☎ 86 15 31
FORD carret. de Rota km 4,2 ☎ 86 29 39
RENAULT carret. N IV km 656,7 ☎ 86 45 43
SEAT Espíritu Santo 31 ☎ 86 18 47

PUERTO DE SANTIAGO Santa Cruz de Tenerife – ver Canarias (Tenerife).

PUERTO DE SÓLLER Baleares 43 ⑲ y 990 ㉙ – ver Baleares (Mallorca).

PUERTO LÁPICE Ciudad Real 990 ㉕ – 1 180 h. alt. 676 – 926.
♦Madrid 135 – Alcázar de San Juan 25 – Ciudad Real 62 – Toledo 85 – Valdepeñas 65.

El Aprisco, carret. N IV - N : 1 km ☎ 57 61 50, ⛱, « Conjunto de estilo manchego », ⛱ – ▥ ▤ rest ⛀wc ⛆wc ☎ Ⓟ
17 hab.

XX **Venta del Quijote,** Encinar 4 ☎ 57 61 10, ⛱, Cocina regional, « Antigua venta manchega » – AE ◑ VISA. ✻
Com carta 1 205 a 2 000.

SEAT carret. N IV km 135 ☎ 57 60 69
TALBOT carret. N IV km 137 ☎ 57 60 33

PUERTO LUMBRERAS Murcia 445 T 24 – 8 001 h. alt. 333 – 968.
♦Madrid 466 – Almería 141 – ♦Granada 203 – ♦Murcia 80.

Parador Nacional, carret. N 340 ☎ 40 23 51 – |♦| ▤ ⛟ Ⓟ. AE ◑ E VISA. ✻
Com 1 100 – ☕ 300 – **60 hab** 2 800/3 500.

Riscal, av. Juan Carlos I-5 ☎ 40 20 50 – ▥ ▤ rest ⛀wc ☎ Ⓟ. VISA. ✻ rest
Com 600/700 – ☕ 150 – **27 hab** 1 125/1 900 – P 2 150/2 325.

Salas, carret. N 340 ☎ 40 21 00 – ▥ ▤ rest ⛀wc ⛆wc ☎ Ⓟ. AE VISA. ✻ rest
Com 550 – ☕ 150 – **26 hab** 900/1 800 – P 1 900/2 000.

Del Sol, av. Juan Carlos I ☎ 40 23 41 – ▥ ⛀wc ⛆wc ☎ Ⓟ. ✻ rest
Com 450 – ☕ 100 – **14 hab** 725/1 350 – P 1 675/1 700.

X Estación de Servicio, av. Juan Carlos I - 38 ☎ 40 21 04, ⛱ – Ⓟ.

PUERTOLLANO Ciudad Real 990 ㉕ – 49 209 h. – 926.
♦Madrid 235 – Ciudad Real 38.

Léon, Alejandro Prieto 6 ☎ 42 73 00 – |♦| ▥ ▤ rest ⛀wc ⛆wc ☎
103 hab.

Cabañas, carret. de Ciudad Real 3 ☎ 42 06 50 – |♦| ▥ ▤ rest ⛀wc ⛆wc ☎. VISA. ✻
Com 530 – ☕ 145 – **63 hab** 1 295/1 980 – P 1 600/2 250.

XX **Casa Gallega,** Vélez 5 ☎ 42 01 00 – ▤. VISA. ✻
Com carta 705 a 1 675.

CITROEN-PEUGEOT av. de los Mártires 69 ☎ 42 48 85
FORD carret. Puertollano-Argamasilla ☎ 47 71 00
RENAULT carret. de Ciudad Real km 163 ☎ 42 03 79
SEAT-FIAT av. de los Mártires 75 ☎ 42 49 88
TALBOT Glorieta Virgen de Gracia 34 ☎ 42 69 50

PUERTOMARÍN Lugo 990 ②③ – 2 511 h. alt. 324.
Ver : Iglesia★.
♦Madrid 513 – Lugo 24 – Orense 83 – Ponferrada 131.

Parador Nacional ⑤, ☎ 54 50 25, ≤, 🌳 – Ⓟ. AE ⓓ E VISA. ⚔
Com 1 000 – ☕ 250 – **10 hab** 2 800/3 500.

PUERTO REAL Cádiz 446 W 11 – 21 486 h. – ✆ 956 – Playa.
♦Madrid 618 – Algeciras 120 – ♦Cádiz 13 – ♦Córdoba 220 – ♦Sevilla 110.

✕ Liverpool, Barriada Huerta Pley - carret. N IV ☎ 83 06 95, 🌂.
✕ Mesón El Escudero, pl. de la Iglesia ☎ 83 10 70 – ▤.

PUERTO RICO Las Palmas – ver Canarias (Gran Canaria).

PUIGCERDÁ Gerona 43 ⑦ y 990 ⑲ – 6 011 h. alt. 1 152 – ✆ 972 – ver aduanas p. 14 y 15.
18 de Cerdaña SO : 3 km ☎ 88 09 62.
ℹ Florenza ☎ 88 05 42.
♦Madrid 653 – ♦Barcelona 169 – Gerona 152 – ♦Lérida 184.

María Victoria, Querol 9 ☎ 88 03 00, ≤ – |♦| ▥ ⌂wc ⌂wc ☎. AE VISA. ⚔ rest
Com 825/950 – ☕ 200 – **50 hab** 1 400/2 400 – P 2 985/3 185.

Del Lago ⑤ sin rest, av. Dr Piguillen ☎ 88 10 00, « Amplio jardín con ⛱ » – ▥ ⌂wc ☎ Ⓟ
16 hab.

Europa, pl. Cabrinetty 16 ☎ 88 01 00, ≤ – ▥ ⌂wc ☎. AE E VISA
cerrado 20 junio-8 julio – Com 900 – ☕ 225 – **15 hab** 900/2 000 – P 2 650.

Alfonso, España 5 ☎ 88 02 46 – ▥ ⌂wc
Com 750/850 – ☕ 200 – **24 hab**.

Estación, pl. Calvo Sotelo 2 ☎ 88 03 50 – ▥ ⌂wc ☎. ⚔
cerrado noviembre – Com 700 – ☕ 160 – **28 hab** 700/1 400 – P 2 000.

✕✕ **Taverna i Tast (Can Borrell),** El Querol 4 ☎ 88 11 87, Taberna típica, Cocina catalana – ▤. AE ⓓ E VISA
cerrado lunes y martes mediodía – Com carta 1 500 a 2 200.

✕✕ Casa Clemente, av. Dr. Piguillem 6 ☎ 88 11 66.
✕ Términus, av. Pirineos 29 ☎ 88 13 57.

en la carretera de Llivia NE : 1 km – ✉ Puigcerdá – ✆ 972 :

Del Prado ⑤, ☎ 88 04 00, ⛱ – |♦| ▥ ⌂wc ⌂wc ☎ 🚗 Ⓟ. E VISA. ⚔
Com 950/1 050 – ☕ 200 – **42 hab** 1 400/2 500 – P 3 035/3 185.

en la carretera de Barcelona N 152 S : 1,5 km – ✉ Puigcerdá – ✆ 972 :

Park Hotel, ☎ 88 07 50, ≤, 🌳 – |♦| ▥ ⌂wc ☎ Ⓟ
54 hab.

CITROEN av. General Tella ☎ 88 05 17
MERCEDES-BENZ av. de los Pirineos 20 ☎ 88 05 72
RENAULT Fuente Lleras 20 ☎ 88 06 25
SEAT-FIAT carret. Barcelona-Puigcerdá km 168,5 ☎ 88 03 08

PUNTA HIDALGO Santa Cruz de Tenerife – ver Canarias (Tenerife) : Bajamar.

PUNTA PINET Baleares 43 ⑰ – ver Baleares (Ibiza) : San Antonio Abad.

PUNTA PRIMA Baleares 43 ⑱ – ver Baleares (Formentera) : Es Pujols.

PUNTA UMBRÍA Huelva 446 U 9 – 6 993 h. – ✆ 955 – Playa.
♦Madrid 648 – Huelva 21.

Ayamontino, av. de Andalucía 13 ☎ 31 14 50 – ▥ ⌂wc ⌂wc ☎ Ⓟ. E VISA. ⚔
Com 800 – ☕ 150 – **45 hab** 1 400/2 000 – P 2 500/2 750.

Emilio, Ancha 23 ☎ 31 18 00 – ▥ ⌂wc ⌂wc ☎
36 hab.

Ayamontino Ría, Francisco Javier ☎ 31 14 58, ≤ – ▥ ⌂wc ☎. ⚔
Com 880 – ☕ 165 – **20 hab** 1 540/2 200 – P 2 750/3 150.

PUZOL Valencia 445 N 29 – 10 260 h. – ✆ 96.
♦Madrid 373 – Castellón de la Plana 54 – ♦Valencia 25.

Monte Picayo ⑤, urbanización Monte Picayo ☎ 142 01 00, Telex 62087, 🌂, « En la ladera de un monte con ≤ naranjales, Puzol y mar », ⛱, 🌳, 🎾 – |♦| ▤ Ⓟ – 🏛. AE ⓓ E VISA. ⚔
Com 1 440/2 160 – ☕ 475 – **82 hab** 6 480/8 210 – P 8 160/10 540.

QUART DE POBLET Valencia 445 N 28 – ver Valencia.

QUESADA Jaén 446 S 20 – 10 222 h. alt. 679 – ☎ 953.
♦Madrid 358 – Jaén 96 – ♦Murcia 245 – Úbeda 41.

Mary Mer, La Vega, carret. de Peal de Becerro, NO : 1,5 km ☎ 73 31 25, – wc P.
Com 500 – **18 hab** 450/780 – P 1 300.

QUINTANAR DE LA ORDEN Toledo 990 ㉖ – 8 503 h. alt. 691 – ☎ 925 – Plaza de toros.
♦Madrid 120 – ♦Albacete 127 – Alcázar de San Juan 27 – Toledo 98.

Castellano, carret. N 301 ☎ 18 00 50 – rest wc wc P.
Com 580 – 130 – **38 hab** 975/1 900 – P 2 240.

Santa Marta, carret. N 301 ☎ 18 03 50 – rest wc wc P. VISA.
Com 450 – 140 – **34 hab** 725/1 400.

La Giralda, Príncipe 3 ☎ 18 07 96 – rest – **17 hab**.

Costablanca, carret. N 301 ☎ 18 05 19 – P.

CITROEN-PEUGEOT Coronel Castejón 57 ☎ 18 10 08
FORD carret. N 301 km 119 ☎ 18 08 68
RENAULT carret. N 301 km 122 ☎ 18 02 07
SEAT-FIAT carret. N 301 km 120 ☎ 18 00 81
TALBOT carret. N 301 km 121 ☎ 18 02 27

QUINTANAR DE LA SIERRA Burgos 990 ⑯ – 2 730 h. alt. 1 220.
Alred. : Laguna Negra de Neila★★ (carretera★★) NO : 15 km.
♦Madrid 253 – ♦Burgos 76 – Soria 70.

La RÁBIDA (Monasterio de) Huelva 446 U 9 – ☎ 955 – Playa.
♦Madrid 630 – Huelva 8 – ♦Sevilla 94.

Hostería de la Rábida con hab, ✉ Moguer, ☎ 35 03 12, ≤, – wc P.
Com 850/1 500 – 150 – **5 hab** 1 800 – P 3 000.

La RÁBITA Granada 446 V 20 – ☎ 958.
♦Madrid 549 – Almería 69 – ♦Granada 120 – ♦Málaga 152.

Las Conchas, ☎ 60 25 58 (ext. 17), ≤ – wc wc P. VISA. rest
abril-septiembre – Com 680 – 170 – **25 hab** 1 400/2 400.

REBOREDO Pontevedra – ver El Grove.

REINOSA Cantabría 42 ① y 990 ⑤ – 12 534 h. alt. 850 – ☎ 942 – Deportes de invierno en Alto Campóo O : 25 km : 5.
Alred. : Cervatos★ (colegiata★ : decoración escultórica★) S : 5 km.
Excurs. : Pico de Tres Mares ★★★ O : 26 km y telesilla.
pl. de España ☎ 75 12 44.
♦Madrid 355 – ♦Burgos 116 – Palencia 129 – ♦Santander 74.

Vejo, av. Cantabria 15 ☎ 75 17 00, ≤ – rest P. AE VISA
Com 1 000 – 235 – **71 hab** 2 115/3 235 – P 3 540/4 035.

Fontibre-Iberia sin rest, con cafetería, Nestares O : 1 km ☎ 75 04 50, ≤ – wc wc P
165 – **51 hab** 1 600/2 600.

en Fontibre O : 4 km – ✉ Fontibre – ☎ 942 :

Fontibre, Nacimiento del Ebro ☎ 75 19 40 – P. AE VISA.
Com carta 775 a 1 475.

en Soto de Campóo O : 10 km – ✉ Soto de Campóo – ☎ 942 :

Del Montero sin rest, ☎ 75 18 79 – P – **36 hab**.

en Alto Campóo O : 25 km – ✉ Reinosa – ☎ 942 :

Corza Blanca, alt. 1 660 ☎ 75 10 99, ≤ – wc P.
Com 720 – 160 – **44 hab** 1 270/1 960 – P 2 340/2 630.

FORD Matamorosa ☎ 75 08 62
SEAT prolongación General Mola 70, carret. de Santander ☎ 75 03 34
TALBOT Matamorosa ☎ 75 07 50

RENTERÍA Guipúzcoa 42 ⑤ y 990 ⑦ – 46 329 h. alt. 11 – ☎ 943.
♦Madrid 479 – ♦Bayonne 45 – ♦Pamplona 98 – ♦San Sebastián 8.

Lintzirín, carret. de Irún E : 1,5 km, ✉ Oyarzun, ☎ 35 44 40 – rest wc wc P. E VISA. rest
Com 850 – 175 – **113 hab** 2 300/3 000 – P 3 075/3 875.

✿ **Panier Fleuri,** Mártires de la Libertad 1 ☎ 52 79 43 – . E VISA
Com carta 1 725 a 2 675
Espec. Pato a las ciruelas pasas, Suprema de lenguado a la florentina, Becada a la sangre flambeada (noviembre-febrero).

RENAULT Alfonso XI-11 ☎ 51 40 66
SEAT M. de Lezo 26 bajo ☎ 51 21 46

REQUEJO DE LA VEGA León – ver la Bañeza.

REQUENA Valencia 445 N 26 – 17 732 h. alt. 292 – ☎ 96.
♦Madrid 279 – ♦Albacete 103 – ♦Valencia 69.

- **Avenida** sin rest, San Agustín 10 ☎ 230 04 80 – wc. AE E VISA.
  125 – **35 hab** 1 200/1 800.

RENAULT carret. Madrid-Valencia km 283 ☎ 230 12 66
TALBOT carret. Madrid-Valencia km 283 ☎ 230 10 50

REUS Tarragona 43 ⑯ y 990 ⑲ – 72 331 h. alt. 134 – ☎ 977.
San Juan 36 ☎ 31 00 61.
♦Madrid 547 – ♦Barcelona 118 – Castellón de la Plana 177 – ♦Lérida 90 – Tarragona 14.

- **Gaudí** sin rest, arrabal Robuster 49 ☎ 30 55 45 – wc wc. E VISA
  190 – **73 hab** 1 585/2 510.
- **Francia**, Vicaría 8 ☎ 30 42 40 – wc wc. VISA
  Com 900 – 220 – **39 hab** 1 320/2 200 – P 2 800 /3 020.
- **Ollé**, sin rest, paseo Prim 45 ☎ 31 12 45 – wc
  32 hab.

en la carretera de Tarragona : SE : 1 km – ✉ Reus – ☎ 977 :

- **Masía Típica Crusells**, ☎ 30 40 60, – . AE VISA.
  Com carta 1 150 a 1 825.

CITROEN av. Mariano Fortuny ☎ 30 63 45
CITROEN av. Jaime I-97 ☎ 31 27 91
FIAT-SEAT av. Pedro IV 3-7 ☎ 30 33 64
FORD carret. Alcolea del Pinar ☎ 32 01 50
RENAULT carret. de Tarragona 25-29 ☎ 30 38 28
TALBOT carret. de Salou km 1 ☎ 30 70 40

La REYA Murcia – ver Puerto de Mazarrón.

Zwei neue ***Michelin-Karten***
im Maßstab 1 : 400 000 446 *und* 445 *Andalusien und Region Valencia-Murcia.*
Die auf diesen Karten rot unterstrichenen Orte sind im vorliegenden Führer erwähnt.
Benutzen Sie in Spanien und Portugal die ***Michelin-Karte*** 990 *im Maßstab 1 : 1000 000.*

RIALP Lérida 43 ⑥ – 490 h. alt. 725 – ☎ 973.
♦Madrid 593 – ♦Lérida 141 – Sort 5.

- Condes del Pallars, carret. de Sort ☎ 62 03 50, ←, climatizada, , – rest –
  102 hab.

RIAZA Segovia 990 ⑮ – 1 309 h. alt. 1 243 – ☎ 911 – Deportes de invierno en la Pinilla S : 9 km : 2 8.
Alred. : Ayllon (Palacio de Juan de Contreras : pórtico★) NE : 18 km.
♦Madrid 116 – Aranda de Duero 60 – ♦Segovia 70.

- **La Trucha**, av. Doctor Tapia 17 ☎ 55 00 61, ←, – wc wc .
  Com 745 – 170 – **30 hab** 1 725/2 415 – P 2 620/3 140.
- Casaquemeda, Isidoro Rodríguez 18 ☎ 35, Decoración rústica regional.
- La Taurina, pl. del Generalísimo 6 ☎ 73.

RIBADEO Lugo 990 ③ – 8 867 h. alt. 46 – ☎ 982.
Alred. : Carretera en cornisa★ de Ribadeo a Vegadeo ←★.
pl. de España ☎ 11 06 89.
♦Madrid 591 – ♦La Coruña 158 – Lugo 90 – ♦Oviedo 169.

- **Parador Nacional**, ☎ 11 08 25, ← ría del Eo y montañas – . AE E VISA.
  Com 1 100 – 300 – **47 hab** 3 600/4 500.
- **Eo** sin rest, av. de Asturias 5 ☎ 11 07 50, ←, – wc . E VISA
  abril-1 octubre – 180 – **24 hab** 1 900/2 500.
- **Presidente** sin rest, Virgen del Camino 3 ☎ 11 00 92 – wc. E VISA
  125 – **25 hab** 700/2 600.
- **Voar**, carret. N 634, O : 1 km ☎ 11 06 85, Pescados y mariscos – .
  cerrado lunes excepto verano y 15 octubre-15 noviembre – Com carta 850 a 1 100.
- **O'Xardin**, Reinante 20 ☎ 11 02 22 – E VISA
  Com carta 1 025 a 1 500.

CITROEN-PEUGEOT Ramón González ☎ 11 09 56
FORD Ramón González 28 ☎ 11 01 33
RENAULT San Roque 56 ☎ 11 00 29
SEAT carret. San Sebastián - La Coruña km 381 ☎ 11 02 43
TALBOT carret. San Sebastián - La Coruña km 381 ☎ 11 06 81

RIBADESELLA Oviedo 990 ④ – 6 905 h. – ☎ 985 – Playa.
Ver : Cueva Tito Bustillo★ (pinturas rupestres★).
♦Madrid 485 – Gijón 67 – ♦Oviedo 84 – ♦Santander 128.

- **Marina,** Gran Vía 36 ☎ 86 01 57 – wc.
  Com 770 – 170 – **43 hab** 1 455/2 530 – P 2 435/3 170.
- **Náutico,** Marqués de Argüelles 9 ☎ 86 00 42, ← – VISA.
  Com carta 800 a 1 625.
- River, El Muelle ☎ 86 01 30 – AE E VISA.
- **Xico,** General Sanjurjo 27 ☎ 86 03 45 –
  Com carta 545 a 1 260.

en la playa :

- **G.H. del Sella**, ☎ 86 01 50, ←, – – E VISA.
  abril-septiembre – Com 1 350 – 250 – **73 hab** 3 600/4 900 – P 4 850/6 000.
- Playa, ☎ 86 01 00, ← – wc
  temp. – **12 hab**.

RENAULT El Cobayo ☎ 86 09 07
SEAT Manuel Caso de la Villa 15 ☎ 86 02 67
TALBOT Santianes ☎ 86 07 97

RIBAS DE FRESER o **RIBES DE FRESER** Gerona 43 ⑧ y 990 ⑳ – 2 942 h. alt. 920 – ☎ 972 – Balneario – Deportes de invierno en Núria (trayecto 1 h por ferrocarril de cremallera – 1 3.
Alred. : N : Nuria (←★ del ferrocarril de cremallera) trayecto 1 h.
♦Madrid 689 – ♦Barcelona 118 – Gerona 101.

- **Cataluña Park H.**, paseo Mauri 9 ☎ 72 71 98, ←, – wc wc. VISA.
  20 junio-septiembre – Com 750 – 230 – **41 hab** 1 200/2 100 – P 2 300/2 375.
- **Cataluña** sin rest, con cafetería, San Quintín 37 ☎ 72 70 17, – wc wc.
  cerrado del 14 al 25 octubre – 200 – **22 hab** 1 100/2 100.
- **San Antonio,** San Quintín 55 ☎ 72 70 18 – wc wc.
  Com 750 – 250 – **27 hab** 1 000/1 900 – P 2 350/2 400.

en la carretera de Barcelona N 152 S : 3 km – ✉ Aguas de Ribas – ☎ 972 :

- **Baln. Montagut,** ☎ 72 70 21, « Gran parque », – wc wc. rest
  julio-15 septiembre – Com 665 – 160 – **100 hab** 750/1 900 – P 1 825/2 150.

en El Baiell SO : 6 km por carretera de Campellas – ✉ Campellas – ☎ 972 :

- **Terralta**, alt. 1 300 ☎ 72 73 50, ← valle y montañas, – wc.
  abril-12 octubre – Com 800 – 250 – **22 hab** 1 500/2 200 – P 2 575/2 975.

RIBERA DE CARDÓS Lérida 43 ⑥ y 990 ⑨ – 639 h. alt. 920 – ☎ 973.
Alred. : Valle de Cardós★.
♦Madrid 614 – ♦Lérida 157 – Sort 21.

- **Cardós**, Reguera 2 ☎ 63 30 00, ←, – wc wc. AE VISA. rest
  marzo-septiembre – Com 700/800 – 175 – **85 hab** 850/2 200 – P 1 900/2 300.
- **Sol i Neu**, Llimera 1 ☎ 63 30 37, ←, – wc wc. rest
  Com 590 – 155 – **33 hab** 700/1 600.

RIBES DE FRESER Gerona 43 ⑧ y 990 ⑳ – ver Ribas de Freser.

RINCÓN DE LA VICTORIA Málaga 446 V 17 – 6 642 h. – ☎ 952 – Playa.
♦Madrid 568 – Almería 208 – ♦Granada 139 – ♦Málaga 13.

- Elimar-1, Queipo de Llano 24 ☎ 40 11 00, ←, – wc
  60 hab.
- **Café de París,** General Franco - Edificio Flores ☎ 22 40 53, – . E VISA.
  cerrado lunes – Com carta 1 100 a 2 175.

junto a la Cueva del Tesoro NO : 1 km – ✉ Rincón de la Victoria – ☎ 952 :

- **La Cueva del Tesoro,** Cantal Alto ☎ 40 23 96, ← mar, – .
  Com carta 850 a 1 500.

SEAT Queipo de Llano 78 ☎ 40 12 26

RIOFRIO Granada 446 U 17 – pobl. ver Loja – ✉ Loja – ☎ 958.
♦Madrid 488 – Antequera 39 – ♦Granada 59.

- Venta Ríofrío, carret. N 342 ☎ 32 10 66 – .
- **Ríofrío** con hab, ☎ 32 10 66 – wc.
  Com 500/550 – 100 – **13 hab** 900/1 500.
- Mesón Riofrío, , Decoración típica.

RIPOLL Gerona 43 ⑦⑧ y 990 ⑳ – 11 496 h. alt. 682 – ✆ 972.

Ver : Antiguo Monasterio de Santa María★ (portada★★, claustro★).

Alred. : San Juan de las Abadesas (iglesia de San Juan : descendimiento de la Cruz★★, claustro★) NE : 10 km.

ℹ pl. Abat Oliva 3 ☎ 70 06 00.

♦Madrid 675 – ♦Barcelona 104 – Gerona 86 – Puigcerdá 65.

- **Monasterio,** pl. Gran 4 ☎ 70 01 50 – wc wc. E VISA. rest
  Com 650/1 200 – 180 – **39 hab** 875/2 000 – P 2 250/2 550.

en la carretera N 152 S : 2 km – ✉ Ripoll – ✆ 972 :

- **Solana del Ter,** ☎ 70 10 62, – wc P.
  cerrado noviembre-1 diciembre – Com 970 – 200 – **28 hab** 2 300/2 800 – P 3 220/4 120.

CITROEN carret. de Barcelona 33 ☎ 70 08 64
FIAT-SEAT carret. de Barcelona 68 ☎ 70 01 71
FORD carret. Puigcerdá km 109,5 ☎ 70 05 09
MERCEDES-BENZ Colonia Rocafiguera ☎ 70 21 56
RENAULT carret. de Barcelona 64 ☎ 70 06 40
TALBOT carret. de Barcelona 66 ☎ 70 02 06

RIS Cantabria 42 ② – ver Noja.

ROBREGORDO Madrid – 123 h. alt. 1 300 – ✆ 91.

♦Madrid 89 – Aranda de Duero 72 – ♦Segovia 65.

- La Matilla, carret. N I - S : 1 km ☎ 869 90 06 – wc P – **16 hab**.

La ROCA Barcelona 43 ⑱ y 990 ⑳ – 5 168 h. – ✆ 93.

♦Madrid 648 – ♦Barcelona 30 – Gerona 69.

- **Roca Sol,** Anselmo Clavé ☎ 842 07 60 – P.
  cerrado miércoles y agosto – Com carta 1 105 a 1 880.

ROCA GROSSA (Urbanización) Gerona 43 ⑲ – ver Lloret de Mar.

La RODA Albacete 990 ㉖ – 11 558 h. alt. 716 – ✆ 967.

♦Madrid 210 – ♦Albacete 37.

- **Juanito,** carret. N 301 ☎ 44 04 00 – rest wc P. VISA.
  Com 650 – 160 – **36 hab** 1 250/1 950 – P 2 170/3 900.
- Hostal Molina, carret. N 301 ☎ 44 13 48 – wc P – **27 hab**.
- **Blanco** con hab, carret. N 301 ☎ 44 13 68 – rest P. VISA.
  Com 530 – 115 – **10 hab** 965 – P 1 960.

en la carretera N 301 NO : 2,5 km – ✉ La Roda – ✆ 967 :

- Juanito, ☎ 44 15 16 – P.

CITROEN Mártires 112 ☎ 44 03 86
FIAT-SEAT Mártires 106 ☎ 44 05 70
RENAULT carret. de Madrid km 208 ☎ 44 05 88
TALBOT carret. de Madrid km 208 ☎ 44 04 90

RONCESVALLES Navarra 42 ⑥ y 990 ⑦ – 90 h. alt. 952 – ✆ 948.

Ver : Monasterio (tesoro★).

♦Madrid 446 – ♦Pamplona 47 – St-Jean-Pied-de-Port 29.

- **Casa Sabina** con hab, ☎ 76 00 12 – VISA.
  cerrado febrero – Com 510 – 85 – **6 hab** 425/825 – P 1 380/1 390.

RONDA Málaga 446 V 14 – 30 099 h. alt. 750 – ✆ 952 – Plaza de toros.

Ver : Situación★ – Ciudad★ – Camino de los Molinos ≤★ – Puente Nuevo ≤★.

Alred. : Cueva de la Pileta★ (carretera de acceso ≤★★, ≤★) SO : 27 km.

Excurs. : Serranía de Ronda★★ : Carretera★★ de Ronda a San Pedro de Alcántara (cornisa★★) – Carretera★ de Ronda a Ubrique – Carretera★ de Ronda a Algeciras.

ℹ pl. del Mercado 1 ☎ 87 12 72.

♦Madrid 580 – Algeciras 100 – Antequera 89 – ♦Cádiz 153 – ♦Málaga 102 – ♦Sevilla 152.

- **Reina Victoria**, Jerez 25 ☎ 87 12 40, « Al borde del tajo, ≤ valle y serranía de Ronda », – P. VISA.
  Com 1 250 – 275 – **89 hab** 2 600/4 400 – P 4 450/4 850.
- **Polo** sin rest, Mariano Souvirón 8 ☎ 87 24 47 – wc. VISA.
  200 – **33 hab** 1 750/2 650.
- **Royal** sin rest y sin, Virgen de la Paz 40 ☎ 87 11 41 – wc
  25 hab 1 375/2 375.
- **Don Miguel,** Villanueva 4 ☎ 87 10 90, « Terrazas sobre el tajo » – AE E VISA
  cerrado martes noche, domingo noche y 15 enero-febrero – Com carta 750 a 1 650.
- Mesón Santiago, Marina 3 ☎ 87 15 59
  Com (sólo almuerzo).

AUSTIN-MG-MORRIS-MINI Naranja 43 ☎ 87 12 81
CITROEN av. de Málaga ☎ 87 24 39
FORD Polígono Industrial El Fuerte ☎ 87 39 42
RENAULT Sevilla 100 ☎ 87 12 44
SEAT-FIAT Polígono Industrial El Fuerte ☎ 87 26 80
TALBOT Córdoba ☎ 87 27 58

ROQUETAS DE MAR Almería 446 V 22 – 15 137 h. – ☎ 951 – Playa.
♦Madrid 605 – Almería 18 – ♦Granada 176 – ♦Málaga 208.

en la urbanización de Roquetas de Mar S : 4 km – ⊠ Roquetas de Mar – ☎ 951 :

X Mediterráneo, ☎ 32 10 27, 余 – ▤.

ROSAL DE LA FRONTERA Huelva 446 S 8 – ver aduanas p. 14 y 15.

ROSAS o **ROSES** Gerona 43 ⑨ y 990 ⑳ – 7 379 h. – ☎ 972 – Playa.
ℹ av. Roda ☎ 25 73 31.
♦Madrid 763 – Gerona 56.

- **Terraza,** paseo Marítimo 16 ☎ 25 61 54, <, ⛱ climatizada, ✂ – |♦| ▤ ⇔ Ⓟ. E VISA. ✻ rest
  Semana Santa-octubre – Com 1 100 – ☕ 400 – **110 hab** 3 000/4 500.
- **Coral Playa,** pl. Rastrillo ☎ 25 62 50, < – |♦| ▥ ⇔wc ⋒wc ☎ Ⓟ. ✻ rest
  abril-20 octubre – Com 700 – ☕ 185 – **123 hab** 2 000/3 500 – P 3 100/3 350.
- **Monterrey,** Santa Margarita-Pont de Reig 25 ☎ 25 66 76, Telex 57392, <, ⛱ climatizada – |♦| ▥ ⇔wc ⋒wc ☎ Ⓟ. AE E VISA. ✻ rest
  cerrado 4 enero-marzo – Com 850 – ☕ 250 – **136 hab** 1 650/3 100 – P 2 800.
- **Goya Park** sin rest, Santa Margarita ☎ 25 75 50, Telex 57392, <, ⛱ – |♦| ▥ ⇔wc ☎ Ⓟ. AE ⓓ E VISA. ✻
  abril-octubre – **224 hab** ☕ 1 925/3 300.
- **Marian Platja,** playa Salatá ☎ 25 61 08, <, ⛱, ✂ – |♦| ▥ ⇔wc ⋒wc ☎ Ⓟ. ✻ rest
  mayo-9 octubre – Com 500 – ☕ 250 – **145 hab** 1 600/3 000 – P 2 500/2 600.
- **Moderno,** paseo Marítimo ☎ 25 65 58 – |♦| ▥ ⇔wc ⋒wc ☎. AE ⓓ E VISA
  Com 1 000 – **55 hab** ☕ 2 200/3 500 – P 3 500/3 800.
- **Casa de Mar** sin rest, av. de Rhode 21 ☎ 25 64 50, 🌳 – ▥ ⋒wc Ⓟ. ⓓ E VISA
  27 marzo-octubre – ☕ 220 – **24 hab** 1 500/2 500.
- XX **L'Antull,** pl. de Sant Pere 7 ☎ 25 75 73, Decoración moderna – ▤. E VISA. ✻
  Com carta 1 500 a 2 700.
- X **Garbi** con hab, av. de Rhode 193 ☎ 25 60 91 – ▥ ▤ rest. E VISA. ✻ hab
  15 febrero-noviembre – Com carta 1 300 a 1 900 – ☕ 200 – **15 hab** 1 000/1 500 – P 1 700/1 800.
- X La Langosta, Aragó 14 ☎ 25 60 22, Decoración rústica, Pescados y mariscos
  Com (sólo cena).
- X **Can Ramón,** Sant Elm 8 ☎ 25 69 18 – ▤. ✻
  cerrado lunes y 17 octubre-15 diciembre – Com carta 1 125 a 1 700.
- X **El Nautil,** El Gran Canal - Santa Margarita ☎ 25 53 83
  cerrado martes en invierno y 5 enero-15 febrero – Com carta 1 295 a 1 825.

en la playa de Canyelles Petites SE : 2,5 km – ⊠ Roses – ☎ 972 :

- **Canyelles Platja,** ☎ 25 65 00, <, ⛱ – |♦| ▥ ⇔wc ⋒wc ☎ ⇔ Ⓟ. ✻ rest
  abril-15 octubre – Com 825 – ☕ 200 – **100 hab** 2 100/3 940.
- **Vistabella** ⛰, ☎ 25 62 00, <, ⛱ climatizada – ▥ ⇔wc ☎ Ⓟ. AE ⓓ E VISA
  cerrado noviembre – Com 1 400 – ☕ 400 – **43 hab** 2 215/3 590 – P 4 540/4 960.

en la playa de la Almadraba SE : 4 km – ⊠ Roses – ☎ 972 :

- **Almadraba Park H.** ⛰, ☎ 25 65 50, Telex 57032, < mar, ⛱ climatizada, 🌳, ✂ – |♦| ▤ ⇔ Ⓟ. AE ⓓ E VISA. ✻ rest
  29 abril-17 octubre – Com 1 320 – ☕ 350 – **66 hab** 2 500/4 200 – P 4 600/5 000.

en la urbanización Mas Buscá por la carretera de Cadaqués N : 3,5 km – ⊠ Roses – ☎ 972 :

- San Carlos ⛰, ⊠ apartado 291, ☎ 25 61 97, Telex 57392, <, ⛱, ✂ – |♦| ▥ ▤ rest ⇔wc ☎ Ⓟ
  temp. – **99 hab**.

en la carretera de Figueres C 260 O : 4,5 km – ⊠ Roses :

- XX ✿ **La Llar,** ☎ 25 53 68, Decoración rústica – ▤ Ⓟ. E VISA. ✻
  cerrado jueves excepto verano y 10 enero-febrero – Com carta 1 210 a 2 210
  Espec. Hígado de pato al natural, Lubina a la ceniza, Ciervo asado a la crema (temporada de caza).

en Cala Montjoí SE : 7 km – ⊠ Roses – ☎ 972 :

- XX ✿✿ **El Bulli,** ⊠ apartado 30 Cala Montjoi, ☎ 25 76 51, <, 余, Decoración rústica – ▤ Ⓟ. AE ⓓ E VISA
  cerrado lunes, martes mediodía y 15 enero-15 marzo – Com carta 1 700 a 3 400
  Espec. Assiette de poisson du marché, Ensalada de pescado al aceite de trufas, Carro de pastelería y sorbetes.

RENAULT General Aranda 12 ☎ 25 65 05

ROSELL Castellón de la Plana 445 K 30 – 1 440 h. – ☎ 977.
♦Madrid 516 – Castellón de la Plana 110 – Tarragona 123 – Tortosa 42 – ♦Zaragoza 236.

- San Marcos, Nueva 9 ☎ 71 34 65 – ⋒wc
  12 hab.

ROTA Cádiz 446 W 10 – 25 702 h. – ☎ 956 – Playa.
♦Madrid 632 – ♦Cádiz 44 – Jerez de la Frontera 34 – ♦Sevilla 125.

en la carretera de Chipiona O : 2 km – ✉ Rota – ☎ 956 :

Playa de la Luz ⛶, ☎ 81 05 00, Telex 76063, Decoración regional, ⛱, ⛱, ✂ – ▥ ⛾wc ⛾wc ☎ Ⓟ. AE VISA. ⚔
mayo-octubre – Com 890 – ☕ 225 – **292 hab** 2 000/2 870 – P 3 140/3 705.

RENAULT av. San Fernando 79 ☎ 81 06 79

Las ROTAS Alicante – ver Denia.

La RÚA Orense 990 ③ – 5 872 h. alt. 371 – ☎ 988.
♦Madrid 448 – Lugo 114 – Orense 109 – Ponferrada 61.

Espada, carret. N 120 ☎ 31 00 75, ≤, ⛱ – |♦| ▥ ⛾wc ⛾wc ☎ Ⓟ – **50 hab**.

CITROEN pl. de Galicia 2 ☎ 31 04 24
FIAT-SEAT Progreso 54-58 ☎ 31 00 88

RUIDERA Ciudad Real 990 ㉖ – alt. 610 – ☎ 926.
♦Madrid 215 – ♦Albacete 106 – Ciudad Real 94.

en Las Lagunas – ✉ Ruidera – ☎ 926 :

Apartotel Albamanjon ⛶, camino de Montesinos SE : 10 km, ✉ Ossa de Montiel, ≤ – ▥ ⛾wc Ⓟ
Com (sólo para residentes) – **7 apartamentos**.

La Colgada ⛶, SE : 5 km ☎ 52 80 25, ≤ – ▥ ▤ rest ⛾wc Ⓟ. VISA. ⚔
cerrado 5 febrero-19 marzo – Com 800/1 000 – ☕ 200 – **42 hab** 1 400/1 800 – P 1 900/2 100.

El Molino ⛶, SE : 8 km – ▥ ⛾wc Ⓟ – **33 hab**.

RUPIT Barcelona 43 ⑧ – 232 h. – ☎ 93.
♦Madrid 668 – ♦Barcelona 97 – Gerona 75 – Manresa 93.

Estrella, pl. Bispe Font 1 ☎ 856 50 05 – ▥ ⛾wc. AE ⓓ E VISA. ⚔
cerrado enero – Com 675 – ☕ 200 – **30 hab** 1 250/2 100 – P 2 525/3 575.

SABADELL Barcelona 43 ⑰ ⑱ – 189 630 h. alt. 188 – ☎ 93 – Iberia : paseo Manresa 14 ☎ 725 49 87 – R.A.C.E. (R.A.C. de Cataluña) Rda. Poniente ☎ 296 22 65.
♦Madrid 626 – ♦Barcelona 20 – ♦Lérida 169 – Mataró 47 – Tarragona 108 – Terrassa 10.

Urpi, av. 11 Setembre 38 ☎ 716 05 00 – |♦| ▥ ▤ rest ⛾wc ⛾wc ☎ 🚗. E VISA
Com 700 – ☕ 175 – **70 hab** 1 200/2 100 – P 2 775/3 100.

AUSTIN-MG-MORRIS-MINI María Cristina 203 ☎ 726 25 00
CITROEN Salenques 29-31 ☎ 716 16 67
CITROEN-PEUGEOT carret. Prats 77 ☎ 716 27 30
FIAT-SEAT carret. de Terrassa 101-131 ☎ 726 91 00
FORD Rambla Iberia 18-22 ☎ 726 39 00
RENAULT paseo del Comercio 100 ☎ 710 48 00
TALBOT carret. de Terrassa 183 ☎ 726 35 00

SABANELL Gerona 43 ⑲ – ver Blanes.

SABIÑÁNIGO Huesca 42 ⑱ y 990 ⑱ – 9 622 h. alt. 798 – ☎ 974.
Alred. : Carretera★ de Sabiñánigo a Huesca (embalse de Arguis★).
♦Madrid 443 – Huesca 53 – Jaca 18.

La Pardina ⛶, carret. de Jaca ☎ 48 09 75, ⛱, ⛱ – |♦| ▥ ▤ rest ⛾wc ⛾wc ☎ Ⓟ. ⚔ rest
Com 700 – ☕ 175 – **64 hab** 1 700/2 875.

Mi Casa, av. del Ejército 34 ☎ 48 04 00 – |♦| ▥ ▤ rest ⛾wc ⛾wc ☎. ⚔
Com 550 – ☕ 200 – **72 hab** 1 200/2 300.

La Corona, pl. Santa Ana 2 ☎ 48 13 01 – ▤.

CITROEN carret. de Biescas ☎ 48 07 21
FIAT-SEAT General Franco 184 ☎ 48 10 15
RENAULT carret. de Biescas ☎ 48 07 16

SACEDÓN Guadalajara 990 ⑯ – 1 674 h. alt. 740 – ☎ 911.
Alred. : Carretera de Brihuega ≤★★ NE : 22 km.
♦Madrid 107 – Guadalajara 51.

Mariblanca, Glorieta de los Mártires 2 ☎ 35 00 44, ⛱ – ▥ ▤ rest ⛾wc ⛾wc. ⚔
Com 600/1 000 – ☕ 125 – **27 hab** 750/1 400 – P 1 820/1 870.

Pino, carret. de Cuenca ☎ 35 01 48, ≤ – ▤ Ⓟ. ⚔
cerrado martes y 22 diciembre-1 febrero – Com carta 770 a 1 400.

RENAULT Glorieta de Los Mártires ☎ 35 00 97

SADA La Coruña 990 ② – 7 303 h. – ☎ 981.
♦Madrid 584 – ♦La Coruña 20 – Ferrol 38.

Miramar, av. General Franco 34 ☎ 62 00 41 – ▥ ⛾wc ⛾wc. ⚔
Com 450 – ☕ 125 – **20 hab** 650/2 000.

S' AGARÓ Gerona 43 ⑨ y 990 ⑳ – pobl. ver Castillo de Aro – ✉ San Feliu de Guixols – ☎ 972 – Playa.

Ver : Centro veraniego★ (≤★).

Costa Brava, Santa Cristina de Aro O : 6 km ☎ 83 71 50.

♦Madrid 717 – ♦Barcelona 103 – Gerona 38.

La Gavina, ☎ 32 11 00, Telex 57132, ≤, « Lujosa instalación, mobiliario de gran estilo », climatizada, – rest. AE E VISA. rest
abril-1 noviembre – Com 2 500/4 425 – 525 – **74 hab** 10 200/12 750 – P 10 800/14 625.

Sant Jordi, carret. de Palamós ☎ 32 11 18 – . VISA.
15 abril-septiembre.

SAGUNTO Valencia 445 M 29 – 52 424 h. alt. 45 – ☎ 96.

Ver : Ruinas★ (Acrópolis ★).

Vazquez de Mella 2 ☎ 246 05 41.

♦Madrid 375 – Castellón de la Plana 56 – Teruel 126 – ♦Valencia 27.

en el Puerto E : 7 km – ✉ Puerto de Sagunto – ☎ 96 :

Bergantín, plaza del Sol ☎ 247 33 23 – wc wc. rest
cerrado 8 diciembre-7 enero – Com 600 – 140 – **27 hab** 800/1 600 – P 1 890/1 940.

en la carretera N 340 N : 6 km – ✉ Faura – ☎ 96 :

Los Valles con hab (sólo en verano), ☎ 260 03 08 – wc wc
cerrado domingo y octubre – Com 550 – 150 – **10 hab** 1 000/1 600 – P 1 900/2 100.

en la carretera de Teruel N 234 O : 5 km – ✉ Sagunto – ☎ 96 :

La Pinada, ☎ 246 08 50, , , – wc
20 hab.

AUSTIN-MG-MORRIS-MINI carret. N 340 km 24,3 ☎ 246 19 00
CITROEN carret. Valencia-Barcelona km 25,5 ☎ 246 12 80
FIAT-SEAT carret. N 340 km 23,7 ☎ 246 04 04
FORD carret. Valencia-Barcelona km 25,7 ☎ 246 23 54
RENAULT carret. Valencia-Barcelona km 23,5 ☎ 246 18 66
TALBOT carret. Valencia-Barcelona ☎ 246 12 31

SALAMANCA P 990 ⑭ – 147 046 h. alt. 800 – ☎ 923 – Plaza de toros.

Ver : Patio de las Escuelas★★★ AZ – Plaza Mayor★★ BY – Catedral Nueva★★ AZ – Catedral Vieja★ (retablo mayor★★, sepulcro del obispo Anaya★★) AZ **B** – Casa de las Conchas★ (Museo provincial★) AZ **C** – Convento de San Esteban★ BZ **E** – Convento de las Dueñas (claustro★★) BZ **F.**

Gran Vía 41 ☎ 24 37 30 pl. Mayor ☎ 21 83 42 – R.A.C.E. Gran Vía 6 ☎ 21 29 25.

♦Madrid 205 ② – ♦Ávila 99 ② – ♦Cáceres 214 ③ – ♦Valladolid 113 ① – Zamora 65 ⑤.

Plano página siguiente

Parador Nacional, Teso de la Feria ☎ 22 87 00, ≤, – – . AE E VISA. AZ **k**
Com 1 100 – 300 – **108 hab** 4 000/5 000.

Gran Hotel y Rest. Feudal, pl. Poeta Iglesias 5 ☎ 21 35 00, Telex 26809 – . AE E VISA. rest BY **r**
Com carta 1 240 a 2 305 – 300 – **100 hab** 3 500/5 000.

Monterrey y Rest. El Fogón, Azafranal 21 ☎ 21 44 00 – . AE E VISA. BY **u**
Com 1 200 – 300 – **89 hab** 3 200/4 400.

Castellano III sin rest, San Francisco Javier 2 ☎ 25 16 11 – wc . AE E VISA BY **q**
200 – **73 hab** 2 000/3 000.

Alfonso X sin rest, Toro 64 ☎ 21 44 01 – wc . AE E VISA. BY **u**
200 – **66 hab** 2 600/3 300.

Condal sin rest, con cafetería, pl. Santa Eulalia 2 ☎ 21 84 00 – wc wc . BY **v**
175 – **70 hab** 2 100/3 100.

Emperatriz, Compañía 44 ☎ 21 92 00 – wc . AY **z**
Com 600 – 110 – **35 hab** 1 200/2 100 – P 2 400/4 500.

Milán, pl. del Angel 5 ☎ 21 75 18 – rest wc . VISA. BYZ **c**
Com 550 – 125 – **25 hab** 1 200/1 850 – P 1 925/2 200.

Gran Vía, Rosa 4 ☎ 21 54 01 – rest wc wc . E VISA. BY **h**
Com 700 – 100 – **47 hab** 1 400/1 800 – P 3 100/3 600.

Pasaje, Espoz y Mina 23 ☎ 21 20 03 – rest wc wc . AE VISA. BY **s**
Com *(cerrado lunes)* 690 – 150 – **62 hab** 1 325/2 190 – P 2 525/3 320.

Castellano II sin rest, Pedro Mendoza 36 ☎ 24 28 12 – wc wc BY **a**
175 – **29 hab** 1 600/2 000.

Ceylán, San Teodoro 7 ☎ 21 26 03 – wc wc . VISA BYZ **c**
cerrado del 16 al 31 diciembre – Com 650 – 155 – **32 hab** 1 485/2 150 – P 2 315/2 725.

Clavero, Consuelo 21 ☎ 21 81 08 – wc wc . BZ **x**
Com 570 – 125 – **32 hab** 1 080/1 750 – P 1 410/2 155.

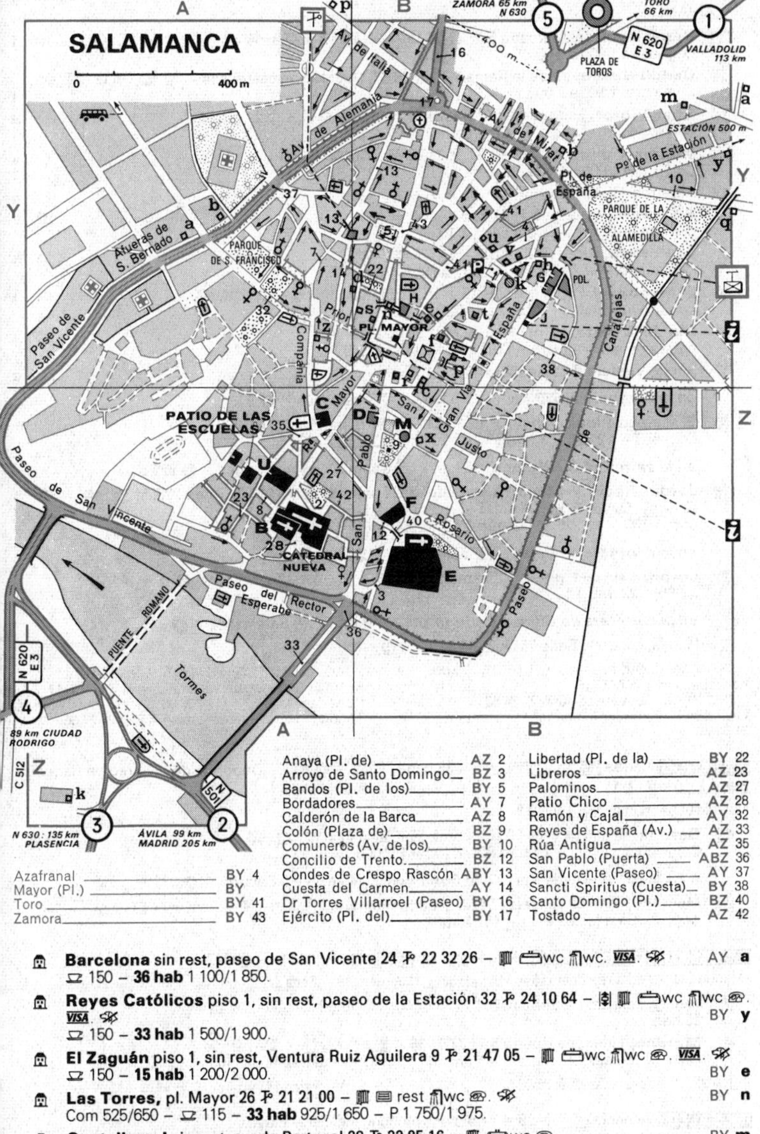

Barcelona sin rest, paseo de San Vicente 24 ☎ 22 32 26 – wc wc. VISA. AY **a**
150 – **36 hab** 1 100/1 850.

Reyes Católicos piso 1, sin rest, paseo de la Estación 32 ☎ 24 10 64 – wc wc ☎. VISA. BY **y**
150 – **33 hab** 1 500/1 900.

El Zaguán piso 1, sin rest, Ventura Ruiz Aguilera 9 ☎ 21 47 05 – wc wc ☎. VISA. BY **e**
150 – **15 hab** 1 200/2 000.

Las Torres, pl. Mayor 26 ☎ 21 21 00 – rest wc ☎. BY **n**
Com 525/650 – 115 – **33 hab** 925/1 650 – P 1 750/1 975.

Castellano I sin rest, av. de Portugal 29 ☎ 22 85 16 – wc ☎ BY **m**
160 – **22 hab** 1 000/1 800.

Conde David piso 1, sin rest, av. de Italia 60 ☎ 22 63 62 – wc ☎ . VISA AY **p**
125 – **21 hab** 750/1 650.

Los Infantes sin rest, paseo de la Estación 125 ☎ 25 28 44 – wc wc.
125 – **14 hab** 1 250/2 000. por paseo de la Estación BY

Mindanao, paseo de San Vicente 2 ☎ 23 37 45 – wc . AY **b**
Com 550 – 125 – **30 hab** 700/1 250 – P 1 825/1 900.

Torío piso 1, sin rest, María Auxiliadora 13 ☎ 22 66 01 – wc. BY **b**
150 – **11 hab** 950/2 000.

sigue →

XXX **Venecia,** pl. del Mercado 5 ☎ 21 22 15 – ▤. AE ⓓ E VISA. ✂ BY **f**
Com carta 1 300 a 2 050.

XX **Candil Nuevo,** pl. de la Reina 1 ☎ 21 90 27, Decoración castellana – ▤. AE ⓓ E VISA. ✂ BY **t**
Com carta 1 300 a 2 000.

XX **Chez Victor,** Espoz y Mina 16 ☎ 21 31 23 – VISA. ✂ ABY **d**
cerrado lunes y agosto – Com carta 1 450 a 2 240.

XX **Altamira,** piso 1, pl. Mayor 21 ☎ 21 39 37 – ▤. AE E VISA BY **s**
Com carta 1 090 a 1 705.

XX Albatros, Obispo Jarrín 10 ☎ 25 35 31 – ▤ BY **p**

X **A Lareira,** Azucena 5 ☎ 21 73 82 – ▤. ✂ BY **v**
cerrado miércoles – Com carta 1 100 a 1 775.

X **La Posada,** Aire 1 ☎ 22 80 01 – ▤. E VISA. ✂ BY **k**
cerrado del 1 al 25 agosto – Com carta 1 225 a 2 225.

X **El Mesón,** pl. Poeta Iglesias 13 ☎ 21 72 22, Rest típico – ▤. VISA. ✂ BY **r**
cerrado noviembre – Com carta 925 a 1 450.

X **Río de la Plata,** pl. del Peso 1 ☎ 21 90 05 – ▤. ✂ BY **r**
cerrado lunes y agosto – Com carta 1 145 a 1 845.

X Roma, Ventura Ruiz Aguilera 10 ☎ 21 72 67 BY **e**

en la carretera N 620 por ① : 2,5 km – ✉ Salamanca – ☎ 923 :

X **El Quinto Pino** con hab, ☎ 22 86 93 – ▥ ▤ rest ⌂wc ⌂wc Ⓟ. ✂
Com 650 – ☕ 125 – **13 hab** 1 100/2 100 – P 2 250/2 300.

en la carretera N 501 por ② : 6 km – ✉ Santa Marta de Tormes – ☎ 923 :

Jardín Regio y Mesón Lazarillo de Tormes, ☎ 20 02 50, Telex 22895, ⛱, ⛟ – ⇕ ▤ Ⓟ – ♙. AE ⓓ E VISA. ✂ rest
Com 1 100 – ☕ 225 – **118 hab** 2 400/3 900 – P 4 010/4 460.

en la carretera de Béjar – ✉ Salamanca – ☎ 923 :

Lorenzo sin rest, por ③ : 1,5 km ☎ 21 43 06 – ▥ ⌂wc ⌂wc ☎ ⛟ Ⓟ. VISA. ✂
☕ 85 – **22 hab** 1 100/1 700.

en la carretera de Ciudad Rodrigo por ④ : 3 km – ✉ Salamanca – ☎ 923 :

X Picosa, av. de la Salle 76 ☎ 21 67 87 – ▤ Ⓟ. ✂.

AUSTIN-MG-MORRIS-MINI, PEUGEOT carret. de Valladolid km 2 ☎ 22 57 00
CITROEN av. Comuneros 16 ☎ 22 24 50
FIAT-SEAT Polígono Industrial 1 - Montalvo 90 ☎ 21 94 77
FORD carret. de Valladolid km 2 ☎ 22 56 67
RENAULT carret. de Valladolid km 3 ☎ 24 76 11
SEAT av. de Toro 2 ☎ 24 06 66
TALBOT carret. de Madrid km 208 ☎ 21 27 06

SALARDÚ

Lérida 42 ⑳ y 990 ⑨ – 288 h. alt. 1 267 – ☎ 973 – Deportes de invierno en Baqueira Beret E : 6 km : ⛷11.
♦Madrid 611 – ♦Lérida 172 – Viella 9.

Garona, Casañes ☎ 64 50 10, ⩽ – ⇕ ▥ ⌂wc ⌂wc ☎ Ⓟ. ✂ rest
Com 700 – ☕ 175 – **27 hab** 800/1 700 – P 2 000.

a en la carretera del Port de la Bonaigua E : 4 km – ✉ Salardú – ☎ 973 :

Montarto, ☎ 64 50 75, Telex 57707, ⩽ alta montaña, ⛱, ✂ – ⇕ ▤ rest ⛟ Ⓟ – ♙
temp. – Com (sólo cena) – **167 hab**.

SALAS DE LOS INFANTES

Burgos 42 ⑫ y 990 ⑯ – 2 049 h. – ☎ 947.
♦Madrid 230 – Aranda de Duero 69 – ♦Burgos 53 – ♦Logroño 118 – Soria 92.

Tam ⛭, carret. de Soria N 234 ☎ 38 07 00 – ⇕ ▥ ⌂wc ⌂wc ☎ Ⓟ
26 hab.

Moreno, Filomena Huerta 5 ☎ 38 01 35 – ▥ ⌂wc ⌂wc. AE VISA. ✂
cerrado 15 enero-15 febrero – Com 550 – ☕ 125 – **15 hab** 900/1 400 – P 1 600/1 700.

RENAULT Condestable 23 ☎ 38 08 52
SEAT Fernán González 10 ☎ 38 01 47

EL SALER

Valencia 445 N 29 – pob. ver Valencia – ☎ 96 – Playa.
⛳18 El Saler, Parador Luis Vives S : 7 km ☎ 323 68 50.
♦Madrid 356 – Gandía 55 – ♦Valencia 8.

en la playa SE : 3 km – ✉ El Saler – ☎ 96 :

Sidi Saler Sol ⛭, ☎ 367 41 00, Telex 64208, ⩽, ⛱, ⛱, ✂ – ⇕ ▤ Ⓟ – ♙. AE ⓓ E VISA. ✂ rest
Com 1 350 – ☕ 350 – **272 hab** 4 500/6 500 – P 5 650/6 450.

al Sur : 7 km – ✉ El Saler – ☎ 96 :

Parador Nacional Luis Vives Ⓜ ⛭, ☎ 323 68 50, ⩽, « En el centro de un campo de golf, precedido de un pinar », ⛱, ✂, ⛳18 – ⇕ ▤ Ⓟ – ♙. AE ⓓ E VISA. ✂
Com 1 100 – ☕ 300 – **58 hab** 4 000/5 000.

SALINAS Oviedo 990 ④ – ver Avilés.

SALINAS DE SIN Huesca 42 ⑲ – ☎ 974.
♦Madrid 541 – Huesca 146.

Mesón de Salinas con hab, cruce carret. de Bielsa ☎ 50 51 71, ≤ – ▥ Ⓟ. ✻
Com carta 730 a 1 145 – ☕ 180 – **16 hab** 600/1 000 – P 1 900/1 950.

SALOBREÑA Granada 446 V 19 – 8 077 h. alt. 100 – ☎ 958.
Ver : Emplazamiento★.
⛳9 Playa Granada, SE : 5 km ☎ 60 04 12.
♦Madrid 499 – Almería 119 – ♦Granada 70 – ♦Málaga 102.

en la playa SE : 2 km – ✉ Salobreña – ☎ 958 :

Salomar 2000, urbanización Salomar 2000 ☎ 61 08 30, ☂, Cocina francesa – E VISA
cerrado noviembre y martes de octubre a Semana Santa – Com carta 1 325 a 2 050.

en la carretera de Málaga – ✉ Salobreña – ☎ 958 :

Salobreña, O : 4 km ☎ 61 02 86, ≤ mar y costa, ☂, ⛱, ✻, ✻ – |≑| Ⓟ
80 hab.

Salambina, O : 1 km ☎ 61 00 37, ≤ plantaciones de cañas y mar – ▥ ⇔wc Ⓟ. AE E VISA. ✻
Com 690 – ☕ 160 – **13 hab** 1 100/1 540 – P 2 000/2 330.

Mesón Durán, O : 3,5 km ☎ 61 01 14, ≤ mar, ☂, Decoración regional – Ⓟ.

SALOU Tarragona 43 ⑯ y 990 ⑲ – 4 700 h. – ☎ 977 – Playa.
Alred. : Cabo de Salou (paraje★) E : 3 km.
ℹ explanada del Muelle ☎ 38 02 33 y Levante 2 ☎ 38 56 58.
♦Madrid 556 – ♦Lérida 99 – Tarragona 10.

Salou Park, Bruselas 35, cala Capellans ☎ 38 02 08, ≤, ⛱ – |≑| ▤ rest Ⓟ. AE ⓓ E VISA. ✻
Com 1 000 – ☕ 250 – **102 hab** 4 500/7 000 – P 5 400/6 400.

Planas, pl. Bonet 3 ☎ 38 01 08, ☂, « Terraza con arbolado » – |≑| ▥ ⇔wc ⋒wc ☎. ✻
abril-septiembre – Com 750 – ☕ 175 – **100 hab** 1 350/2 480 – P 2 390/2 500.

Miramar, Espolón de Muelle ☎ 38 27 67, ☂ – ▤.

Casa Soler, Virgen del Carmen ☎ 38 04 63 – AE ⓓ E
Com carta 1 205 a 1 975.

Casa Font, Colón, Edificio Els Pilons ☎ 38 04 35, ≤, ☂ – ▤. AE ⓓ E VISA
cerrado domingo noche y lunes de octubre a mayo – Com carta 935 a 1 830.

en la playa de la Pineda E : 7 km – ☎ 977 :

Carabela Roc sin rest, con cafetería, Pau Casals 108, ✉ Salou, ☎ 38 01 66, Telex 56709, ≤, « Bajo los pinos » – |≑| ▥ ⇔wc ⋒wc ☎ Ⓟ. ✻ rest
mayo-septiembre – ☕ 200 – **98 hab** 1 520/2 785.

Reymar, ✉ Tarragona, apartado 16, ☎ 38 04 90, ≤, ☂, « Bajo los pinos » – Ⓟ. AE ⓓ E VISA
Semana Santa-septiembre – Com carta 1 000 a 1 800.

Ca'n Costa, Pablo Casals 76, ✉ Salou, ☎ 38 22 72, ☂ – VISA. ✻
19 marzo-septiembre – Com carta 875 a 1 715.

SALLENT DE GÁLLEGO Huesca 42 ⑧ y 990 ⑧ – 1 126 h. alt. 1 305 – ☎ 974 – Deportes de invierno en El Formigal – ver aduanas p. 14 y 15.
♦Madrid 485 – Huesca 90 – Jaca 52 – Pau 78.

en El Formigal NO : 4 km alt. 1 480 – ✉ Sallent de Gállego – ☎ 974 :

Formigal, ☎ 48 80 00, Telex 58885, ≤ alta montaña – |≑| Ⓟ. AE ⓓ E VISA. ✻ rest
diciembre-abril y julio-agosto – Com 1 000 – ☕ 325 – **108 hab** 3 500/6 500 – P 5 225/5 475.

Eguzki-Lore, ☎ 48 80 75, Telex 58885, ≤ alta montaña, « Ambiente acogedor », ⛱, ✻ – ▥ ⇔wc ⋒wc ☎. AE ⓓ E VISA. ✻ rest
15 julio-agosto y 19 diciembre-abril – Com 1 100 – ☕ 300 – **32 hab** 2 250/4 500.

SAMA DE LANGREO Oviedo 990 ④ – ☎ 985.
♦Madrid 429 – Gijón 42 – ♦León 112 – ♦Oviedo 22 – ♦Santander 207.

Dorado y Rest. Dori's, Generalísimo 54 ☎ 69 06 50 – |≑| ▥ ⇔wc ☎ 🚗
34 hab.

MERCEDES-BENZ El Suto ☎ 69 37 27

SAMIL Pontevedra – ver Vigo.

SAN AGUSTÍN Baleares 43 ⑰ – ver Baleares (Ibiza).

SAN AGUSTÍN Las Palmas – ver Canarias (Gran Canaria) : Maspalomas.

SAN AGUSTÍN DE GUADALIX Madrid 990 ⑮ y ㊵ – 1 177 h. alt. 648 – ☎ 91.
♦Madrid 35 – Aranda de Duero 128.

X Araceli, José Antonio 10 ☎ 841 10 85 – ▤ Ⓟ.

RENAULT Postas 7 ☎ 621 82 02

SAN ANTONIO ABAD Baleares 43 ⑰⑱ y 990 ㉘㉙ – ver Baleares (Ibiza).

SAN ANTONIO DE CALONGE o **SANT ANTONI DE CALONGE** Gerona 43 ⑨ y 990 ⑳ – ver Palamós.

SAN BAUDILIO DE LLUSANÉS o **SANT BOI DE LLUÇANÉS** Barcelona 43 ⑧ y 990 ⑳ – 491 h. alt. 750 – ☎ 93.
♦Madrid 661 – ♦Barcelona 89 – Vich 24.

Montcel ⑤, SE : 3 km ☎ 857 80 57, « En un pinar », ⛱ – ▥ ⋒wc ⇔ Ⓟ. ✻ rest
cerrado 3 enero-1 marzo – Com 700 – ☐ 190 – **32 hab** 800/1 500 – P 1 800/1 850.

Els Munts, pl. Nova 1 ☎ 855 02 50 (ext. 15), ⛱ – ▥ ⊟wc ⋒wc ☎
30 hab.

SAN CARLOS DE LA RÁPITA o **SANT CARLES DE LA RÁPITA** Tarragona 990 ⑱⑲ – 9 671 h. – ☎ 977.
♦Madrid 505 – Castellón de la Plana 91 – Tarragona 90 – Tortosa 29.

Miami Park, av. Generalísimo 33 ☎ 74 03 51 – |♦| ▥ ⊟wc ⋒wc ☎ ⇔. AE ⓓ E VISA
Com (ver **Rest. Miami**) – ☐ 230 – **80 hab** 1 550/3 200 – P 2 500.

Blau, Gobernador Labadie 3 ☎ 74 01 51 – |♦| ▥ ▤ rest ⊟wc ☎. AE ⓓ E VISA
Com 615 – ☐ 160 – **32 hab** 985/1 585 – P 1 970.

Marina, sin rest, pl. Carlos III-27 ☎ 74 02 51 – |♦| ▥ ⊟wc ⋒wc ☎ – **49 hab**.

X **Miami** con hab, av. Generalísimo 37 ☎ 74 05 51, Pescados y mariscos – ▤ rest ⊟wc ⋒. AE ⓓ E VISA
Com carta 1 125 a 1 750 – ☐ 150 – **18 hab** 900/1 800 – P 2 200.

X Casa Ramón, Pou de les Figueretes 5 ☎ 74 14 58, Pescados y mariscos.

X Español, República Argentina 53 ☎ 74 01 72, Carnes – E VISA. ✻.

en Playa Miami S : 1 km – ✉ Sant Carles de la Rápita – ☎ 977 :

Juanito ⑤, ☎ 74 04 62, ≤ – ⊟wc ⋒wc Ⓟ. ✻
abril-septiembre – Com 600 – ☐ 200 – **35 hab** 1 200/1 800.

en la carretera de Valencia SO : 2 km – ✉ San Carles de la Rápita – ☎ 977 :

XX **Fernandel,** ☎ 74 03 58, ≤, Pescados y mariscos – Ⓟ. AE ⓓ E VISA. ✻
cerrado lunes y 15 enero-15 febrero – Com carta 1 150 a 1 600.

Ver también : ***Alcanar*** SO : 13 km.

SEAT-FIAT prolongación Alcázar de Toledo ☎ 74 11 58
TALBOT av. Generalísimo 51 ☎ 74 04 26

SAN CELONI o **SANT CELONI** Barcelona 43 ⑱ y 990 ⑳ – 10 972 h. alt. 152 – ☎ 93.
Alred. : NO : Sierra de Montseny** : itinerario** de San Celoni a Santa Fé – Carretera* de San Celoni a Tona por el Norte – Itinerario* de San Celoni a Tona por el Sur.
♦Madrid 662 – ♦Barcelona 49 – Gerona 57.

Suizo, Mayor 152 ☎ 867 00 02 – ▥ ⊟wc ⋒wc. AE ⓓ E VISA
Com 780/1 320 – ☐ 210 – **32 hab** 780/2 000 – P 2 080/2 300.

X Corbaire, Mayor 114 ☎ 867 01 52.

en la carretera de Barcelona C 251 SO : 5,5 km – ✉ Santa María de Palautordera – ☎ 93 :

XX **Palautordera,** ☎ 867 04 51 – ▤ Ⓟ. ✻
cerrado martes – Com carta 800 a 1 420.

CITROEN Santa Rosa 26 ☎ 867 08 44
RENAULT carret. Vieja 119 ☎ 867 01 46
SEAT-FIAT Dr Trueta 48 ☎ 867 03 95
TALBOT Dr Trueta 1 ☎ 867 00 47

SAN CLEMENTE Baleares 43 ⑳ – ver Baleares (Menorca).

SAN CLEMENTE Cuenca – 6 275 h. – ☎ 966.
♦Madrid 185 – ♦Albacete 82 – ♦Valencia 198.

Milán, Calvo Sotelo 20 ☎ 30 07 08 – ▥ ⊟wc ⋒wc ⇔ Ⓟ – **16 hab**.

SAN CLEMENTE DE LLOBREGAT o **SANT CLIMENT DE LLOBREGAT** Barcelona 43 ⑰ – 2 003 h. – ☎ 93.
♦Madrid 595 – ♦Barcelona 17 – Sitges 29.

Masía Can Bonet ⑤, Miguel Martí ☎ 658 55 11, ≤, ⛱, ✻ – ▥ ⊟wc ⋒wc ☎ Ⓟ. ✻ rest
Com 495 – ☐ 185 – **20 hab** 800/1 800 – P 1 740/1 840.

SAN CRISTÓBAL Baleares 43 ⑩ – ver Baleares (Menorca).

SAN CUGAT DEL VALLES o **SANT CUGAT DEL VALLÉS** Barcelona 43 ⑰⑱ y 990 ⑲ – 29 889 h. alt. 180 – ✆ 93.

Ver : Monasterio★ (claustro★).

18 de Sant Cugat ✆ 674 39 08.

♦Madrid 615 – ♦Barcelona 18 – Sabadell 9.

X La Marmita, Barcelona 15 ✆ 674 30 78.

en Cerdanyola NO : 3 km - en la autopista A 7 - área del Valles – ✉ Cerdanyola – ✆ 93 :

Bellatera M, ✆ 692 60 54, ⛱, – ▤ Ⓟ – . AE ⓓ VISA. ✻ rest
Com 1 000/1 500 – ☕ 275 – **116 hab** 3 500/4 700.

en Valldoreix SO : 3,5 km – ✉ Valldoreix – ✆ 93 :

Rossinyol , av. Juan Borrás 52 ✆ 674 23 00, ≤, ⛱, – wc ☎ Ⓟ. ✻ rest
abril-septiembre – Com 800 – ☕ 220 – **40 hab** 1 500/2 500 – P 2 650/3 000.

CITROEN-PEUGEOT Francisco Moragas 11 ✆ 674 13 21
RENAULT carret. Sardanyola 58 ✆ 674 12 37
SEAT Alfonso Sala 29-35 ✆ 674 68 50

SAN ELMO o **SANT ELM** Gerona – ver San Feliú de Guixols.

SAN EMILIANO León 990 ④ – 1 488 h.

♦Madrid 386 – ♦León 69 – ♦Oviedo 70 – Ponferrada 89.

Asturias, ✆ 5 – wc wc. AE ⓓ E VISA
Com 550 – ☕ 125 – **26 hab** 900/1 500 – P 1 750/1 900.

SAN FELIÚ DE GUIXOLS o **SANT FELIU DE GUIXOLS** Gerona 43 ⑨ y 990 ⑳ – 14 070 h. – ✆ 972 – Playa – Plaza de toros.

Alred. : Recorrido en cornisa★★★ de San Feliú de Guixols a Tossa de Mar (calas★) 23 km por ②.

18 Costa Brava, Santa Cristina de Aro por ③ : 4 km ✆ 83 71 50.

ℹ pl. de España 1 ✆ 32 03 80.

♦Madrid 713 ③ – ♦Barcelona 100 ③ – Gerona 35 ③.

Plano página siguiente

Reina Elisenda sin rest, passeig dels Guixols 20 ✆ 32 07 00 – – . AE ⓓ E VISA. ✻ — B **b**
junio-20 septiembre – ☕ 300 – **70 hab** 3 500/5 500.

Murlá Park H., passeig dels Guixols 22 ✆ 32 04 50, ≤, ⛱ climatizada, – ▤ rest. E VISA. ✻ rest — B **n**
Com *(cerrado 15 octubre-marzo)* 920 – ☕ 200 – **86 hab** 1 725/4 250 – P 3 265/3 455.

Curhotel Hipócrates , paraje Las Forcas ✆ 32 06 62, ≤, Servicios terapéuticos, – Ⓟ. ✻ rest — B **c**
Com (buffet) 875 – ☕ 225 – **90 hab** 2 040/2 880 – P 3 115/3 715.

Les Noies, rambla del Portalet 10 ✆ 32 04 00 – wc wc ☎. AE ⓓ E VISA. ✻ rest — B **f**
mayo-septiembre – Com 600 – ☕ 180 – **45 hab** 1 300/2 200 – P 2 200/2 400.

Nautilus, pl. San Pedro 4 ✆ 32 05 16, ≤ – wc wc ☎. ✻ — A **m**
15 mayo-septiembre – Com 660 – ☕ 200 – **22 hab** 1 320/2 035 – P 2 305/2 610.

Rex sin rest, rambla del Portalet 16 ✆ 32 03 12 – wc ☎. E VISA. ✻ — B **g**
junio-15 septiembre – ☕ 150 – **25 hab** 850/1 900.

Del Sol sin rest, carret. de Palamós 60 ✆ 32 01 93, ⛱, – wc wc Ⓟ. ✻ — B **a**
julio-agosto – ☕ 180 – **41 hab** 1 320/1 980.

Ideal, Especieros 10 ✆ 32 06 12 – wc ☎ — A **s**
15 mayo-20 septiembre – Com 630 – ☕ 160 – **24 hab** 1 150/1 950 – P 2 150/2 350.

Turist H., Sant Ramón 39 ✆ 32 08 41 – wc . AE E VISA. ✻ rest — B **k**
mayo-octubre – Com 650 – ☕ 150 – **24 hab** 700/1 400 – P 1 900.

XX ✿ **Eldorado Petit,** Rambla Vidal 11 ✆ 32 10 29 – ▤. AE ⓓ E VISA. ✻ — A **q**
cerrado miércoles de octubre a abril – Com carta 1 500 a 2 475
Espec. Gratin de pulpitos Lyonesa (enero-mayo), Filetes de rodaballo a los erizos de mar, Perdiz rellena a las trufas negras.

XX **S'Adolitx,** Mayor 13 ✆ 32 18 53 – AE ⓓ E VISA — A **e**
abril-12 octubre – Com carta 1 450 a 1 750.

X **Can Toni,** Sant Martiriá 29 ✆ 32 10 26 – ▤. ⓓ E VISA — A **u**
cerrado noviembre y martes de octubre a abril – Com carta 1 050 a 1 650.

X **Casa Buxó** con hab, Mayor 18 ✆ 32 01 87, Telex 57366 – wc . AE ⓓ E VISA — A **n**
15 marzo-15 noviembre – Com *(cerrado lunes excepto de junio a septiembre)* carta 985 a 1 880 – ☕ 225 – **21 hab** 900/2 100 – P 2 000/2 150.

X **L'Infern,** Sant Ramón 41 ✆ 32 03 01 — B **k**
Com carta 1 325 a 2 425.

sigue →

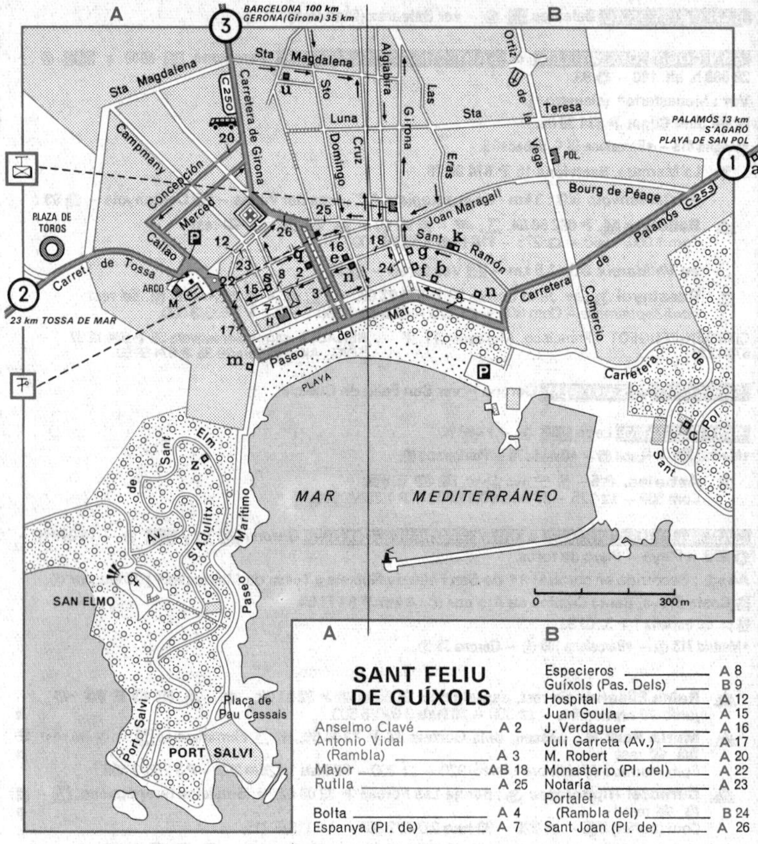

en la playa de Sant Pol de Mar – ✉ S'Agaró – ☎ 972 :

Caleta Park 🔇, por ① : 3 km ☎ 32 00 12, Telex 57366, ≤, 🏊 – 🛗 – 🅿 – 🏋. ⓓ E VISA. ✻ rest
26 marzo-octubre – Com 1 120 – ☕ 280 – **105 hab** 2 620/4 940 – P 4 250/4 450.

Roca 🔇, por ① : 1,5 km ☎ 32 09 50, ≤ – 🛗 wc wc ☎ 🅿. AE VISA. ✻ rest
junio-15 septiembre – Com 900 – ☕ 220 – **70 hab** 1 350/2 700 – P 2 750.

en Sant Elm A – ✉ Sant Feliú de Guixols – ☎ 972 :

Montjoi 🔇, ☎ 32 03 00, Telex 57139, ≤, « Agradables terrazas », 🏊 – 🛗 🅿. E VISA. ✻ rest
mayo-septiembre – Com 775 – ☕ 175 – **64 hab** 1 550/2 800 – P 2 900/3 050. A z

Ver también : ***S'Agaró*** por ① : 3,5 km.

AUSTIN-MG-MORRIS-MINI-CITROEN-PEUGEOT carret. de Palamós 166 ☎ 32 06 24
FIAT-SEAT carret. de Gerona 99 bis ☎ 32 00 58
RENAULT Gerona 7 ☎ 32 10 03
TALBOT Comercio (esquina carret. de Palamós) ☎ 32 18 62

SAN FERNANDO Cádiz 446 W 11 – 68 051 h. – ☎ 956 – Playa.
♦Madrid 634 – Algeciras 108 – ♦Cádiz 13 – ♦Sevilla 126.

✗ **Venta de Vargas,** carret. N IV km 677 ☎ 88 16 22, 🏠 – 🅿.

SEAT-FIAT General Serrano 1 ☎ 88 17 13
TALBOT Peris Junquera ☎ 88 27 48

SAN FRUCTOSO DE BAGES o **SANT FRUITÓS DE BAGÉS** Barcelona 43 ⑰ – 3 208 h. – ☎ 93.
♦Madrid 596 – ♦Barcelona 72 – Manresa 5.

✗✗ **La Cuina de l'Andreu,** carret. de Vic 73 ☎ 876 00 32 – 🅿. AE ⓓ E VISA. ✻
cerrado martes – Com carta 875 a 1 400.

SANGENJO Pontevedra 990 ① ② – 13 323 h. – ☎ 986 – Playa.
Consistorio 1 ☎ 72 00 75.
♦Madrid 622 – Orense 123 – Pontevedra 18 – Santiago de Compostela 75.

Punta Vicaño sin rest, Generalísimo 112 ☎ 72 00 11 – wc wc ☎ P. VISA. *junio-septiembre* – 175 – **24 hab** 1 400/3 000.

Rotilio y Rest. la Taberna, av. del Puerto ☎ 72 02 00, ← – wc ☎ – **36 hab**.

Marycielo, av. del Generalísimo 26 ☎ 72 00 50 – wc ☎. *10 abril-15 octubre* – Com 955/1 300 – 160 – **28 hab** 1 400/2 435 – P 2 985/3 165.

Minso sin rest, av. del Mar 1 ☎ 72 01 50, ← – wc ☎. VISA. 150 – **40 hab** 1 680/2 800.

Cervantes sin rest, Progreso 29 ☎ 72 07 00 – wc wc ☎. *julio-septiembre* – 160 – **18 hab** 1 585/2 575.

en Portonovo O : 1,5 km – ✉ Portonovo – ☎ 986 :

Nuevo Cachalote, Fernando Lalinde ☎ 72 34 54 – wc wc ☎. VISA. Com carta 625 a 1 575 – 200 – **31 hab** 2 100/3 200.

Canelas, playa de Canelas ☎ 72 08 67, ← – wc P. *abril-octubre* – Com 750 – 160 – **25 hab** 1 200/2 100 – P 2 375/2 575.

Punta Lucero, av. de Pontevedra 18 ☎ 72 02 24, ← – wc wc. AE E VISA *abril-septiembre* – Com 950 – 175 – **26 hab** 1 300/2 450 – P 1 800.

Solymar, playa Caneliñas ☎ 72 08 48 – wc. *15 julio-15 septiembre* – Com 900 – 125 – **18 hab** 1 800 – P 2 200.

Cachalote, Marina ☎ 72 08 52 – wc ☎. Com 775 – 200 – **30 hab** 2 080/3 200 – P 2 990/3 460.

Siroco, con hab, av. de Pontevedra 12 ☎ 72 08 43, ← – wc – *temp.* – **72 hab**.

en la playa de Montalvo O : 4 km – ✉ Portonovo :

Sixto, ☎ 72 30 37 – wc P. *abril-octubre* – Com 750/1 500 – 160 – **38 hab** 1 800/2 100 – P 2 375/3 125.

en Villalonga NO : 5,5 km – ✉ Villalonga – ☎ 986 :

Pazo El Revel, Camino de la Iglesia ☎ 74 30 00, « Antiguo pazo del siglo XIV con agradable jardín », – wc ☎ P. AE E VISA. *25 junio-25 septiembre* – Com 1 050 – 250 – **21 hab** 2 550/3 700 – P 3 900/4 600.

en la playa de La Lanzada NO : 9,5 km – ✉ Noalla – ☎ 986 :

Marola, ☎ 74 36 36, ← – wc P – **25 hab**.

La Lanzada, ☎ 74 32 32 – wc P. Com 800 – 160 – **19 hab** 1 800/2 200 – P 2 500/3 200.

Con de Arbón sin rest, ☎ 74 36 37 – wc P *temp.* – **15 hab**.

SANGÜESA Navarra 42 ⑯ y 990 ⑦ – 4 503 h. – ☎ 948.
Ver : Iglesia de Santa María la Real★(portada sur ★).
Mercado 2 ☎ 87 03 29.
♦Madrid 408 – Huesca 128 – ♦Pamplona 46 – ♦Zaragoza 140.

en la carretera de Javier E : 0,5 km – ✉ Sangüesa – ☎ 948 :

Yamaguchy ☎ 87 01 27, – rest wc wc. E VISA. Com 750/910 – 200 – **40 hab** 1 000/2 000 – P 2 500.

CITROEN-PEUGEOT Principe de Viana 2 ☎ 87 07 31
TALBOT av. Aragón 5 ☎ 87 04 55
RENAULT av. Padre Raimundo Lumbier ☎ 87 07 56

SAN HILARIO SACALM o **SANT HILARI SACALM** Gerona 43 ⑧ y 990 ⑳ – 4 007 h. alt. 801 – ☎ 972 – Balneario.
♦ Madrid 664 – ♦ Barcelona 82 – Gerona 43 – Vich 36.

Suizo, pl. Verdaguer 8 ☎ 86 80 00 – wc ☎ – *temp.* – **39 hab**.

Ripoll, Vic 26 ☎ 86 80 25 – wc wc. *junio-septiembre* – Com 630 – 185 – **42 hab** 755/1 280 – P 1 815/1 930.

Torrás y Tarres, pl. Gravalosa 13 ☎ 86 80 96 – wc wc. AE O VISA. Com 450/700 – 200 – **47 hab** 950/1 650 – P 2 000/2 100.

Brugués, Valls 4 ☎ 86 80 18 – wc wc. E VISA. *cerrado del 15 al 30 octubre* – Com 650/700 – 160 – **48 hab** 700/1 600 – P 2 000/4 000.

Mimó, Vic 9 ☎ 86 80 22 – wc wc. Com 675 – 140 – **36 hab** 680/1 360 – P 1 800/1 850.

Del Grevol, paseo de la Font Vella 5 ☎ 86 80 58 – wc wc. E VISA *cerrado del 1 al 20 octubre* – Com 500 – 125 – **14 hab** 700/1 200 – P 1 700.

FORD Vilavechia 91 ☎ 86 88 73
RENAULT Juan Serras 12 ☎ 86 82 35

SAN ILDEFONSO Segovia 990 ⑮ y ㉙ – ver La Granja.

SAN JOSÉ Almería 446 V 23 – 280 h. – Playa.
♦Madrid 586 – Almería 38 – Lorca 177.

X San José con hab, ← – ▥ ⇔wc – **8 hab**.

SAN JUAN (Balneario de) Baleares 43 ⑲ – ver Baleares (Mallorca).

SAN JUAN DE POYO Pontevedra – ver Pontevedra.

SAN LORENZO Baleares – ver Baleares (Ibiza).

SAN LORENZO DEL ESCORIAL Madrid 990 ⑮ y ㊴ – 8 217 h. – ✆ 91.
ℹ Floridablanca 10 ✆ 890 15 54.
♦Madrid 46 – ♦Avila 64 – ♦Segovia 52.

- **Victoria Palace,** Juan de Toledo 4 ✆ 890 15 11, « Bonita terraza con arbolado », ⛱ – ⇅ Ⓟ – ♿. AE ⓓ VISA. ✗
  Com 1 300 – ☕ 240 – **90 hab** 2 520/3 620 – P 3 810/4 520.
- **Miranda y Suizo,** Floridablanca 20 ✆ 896 00 00, 🏖 – ⇅ ▥ ⇔wc ☎. AE E VISA. ✗
  Com 820 – ☕ 180 – **47 hab** 1 350/2 300 – P 2 850/3 050.
- **Hostal Cristina,** Juan de Toledo 6 ✆ 890 19 61, 🏖 – ▥ ⇔wc. AE VISA. ✗
  Com 600 – ☕ 125 – **16 hab** 1 700 – P 2 050.
- XX Fonda Genara, pl. de San Lorenzo 2 (Galería Martín) ✆ 896 02 91.
- XX **Mesón la Cueva,** San Antón 4 ✆ 890 15 16, « Antigua posada castellana » – ✗
  Com carta 1 175 a 1 695.
- XX **Charolés,** Floridablanca 24 ✆ 896 04 91, 🏖 – ▤. AE ⓓ E VISA. ✗
  Com carta 1 320 a 1 960.
- XX **El Doblón de Oro,** pl. de la Constitución 5 ✆ 896 07 41, 🏖 – AE E
  Com carta 1 150 a 2 300.
- X **Alaska,** pl. San Lorenzo 4 ✆ 896 02 41 – AE ⓓ VISA
  cerrado martes de octubre a marzo – Com carta 900 a 1 580.
- X **Mesón Serrano,** Floridablanca 4 ✆ 890 17 04, 🏖 – VISA. ✗
  Com carta 1 310 a 1 995.
- X **Parque,** pl. Carmen Cabezuelo 1 ✆ 890 17 01, 🏖 – ✗
  febrero-1 noviembre – Com carta 1 300 a 2 015.
- X Castilla, pl. de la Constitución 2 ✆ 896 10 06, 🏖
  cerrado miércoles.
- X Madrid-Sevilla, Benavente 1 ✆ 890 15 19.
- X **Cafet. del Arte,** Floridablanca 14 ✆ 890 15 20 – ▤. AE. ✗
  Com 550/650.

SAN LORENZO DE MORÚNYS o **SANT LLORENÇ DE MORÚNYS** Lérida 43 ⑥ y 990 ⑲ – 909 h. – ✆ 973.
ℹ carret. de Berga ✆ 120.
♦Madrid 624 – ♦Lérida 155 – Seo de Urgel 74.

- XX Bon Día, carret. de Berga ✆ 821 09 12 (ext. 279) – Ⓟ. VISA. ✗
  cerrado 20 octubre-15 noviembre.

SAN LUIS Baleares 43 ⑳ – ver Baleares (Menorca).

SAN MIGUEL Baleares 43 ⑱ y 990 ㉙ – ver Baleares (Ibiza).

SAN MIGUEL DE LUENA Cantabria 42 ① – ✆ 942.
♦Madrid 345 – ♦Burgos 102 – ♦Santander 54.

en el Puerto del Escudo - carretera N 623 SE : 2,5 km – ✉ San Miguel de Luena – ✆ 942 :

- X Ana Isabel, con hab, ✆ 59 41 96 – ▥ ⋒wc
  9 hab.

SAN PEDRO DE ALCÁNTARA Málaga 446 W 14 15 – pobl. ver Marbella – ✆ 952 – Playa.
Excurs. : Carretera** de San Pedro de Alcántara a Ronda (cornisa**).
⛳18, ⛳9 Guadalmina O : 3 km ✆ 81 24 14 – ⛳18 Aloha O : 3 km ✆ 81 34 45 – ⛳18 Ataloya Park O : 3,5 km ✆ 81 30 49 – ⛳18, ⛳18 Nueva Andalucía NE : 7 km ✆ 82 11 45.
♦Madrid 624 – Algeciras 69 – ♦Málaga 69.

- **Golf H. Guadalmina** , carret. N 340 - O : 2 km y desvío 1,2 km - urbanización Guadalmina ✆ 81 17 44, Telex 77058, 🏖, « ⛱ climatizada rodeada de amplias terrazas con ← mar », 🏖, 🎾, ⛳18 ⛳18 – ▤ rest Ⓟ. AE ⓓ E VISA. ✗ rest
  Com 1 650 – ☕ 350 – **80 hab** 3 500/6 250 – P 6 250/6 600.
- **Cortijo Blanco,** carret. N 340 - E : 1 km ✆ 81 14 40, « Cortijo andaluz - Amplio jardín », ⛱, 🎾 – Ⓟ. AE VISA. ✗
  Com 1 200 – ☕ 250 – **158 hab** 3 300/4 300.

✗ **Las Alondras,** carret. N 340 ☎ 81 22 52, 🏖 – ▤ Ⓟ. AE ⓓ E VISA
cerrado jueves – Com carta 935 a 2 020.

✗ Edén, urbanización Linda Vista SO : 2 km ☎ 81 34 00, ≤, 🏖 – Ⓟ.

en la carretera de Ronda C 339 N : 6 km – ✉ San Pedro de Alcántara – ☎ 952 :

✗ Venta de Alcuzcuz, ☎ 81 31 50, 🏖 – Ⓟ.

CITROEN San Miguel ☎ 81 31 52 RENAULT Linda Vista ☎ 81 24 03

SAN PEDRO DEL PINATAR Murcia 445 S 27 – 7 425 h. – ☎ 968 – Playa.
♦Madrid 441 – ♦Alicante 70 – Cartagena 40 – ♦Murcia 51.

🏨 **Mariana,** av. Dr Artero Guirao 62 ☎ 57 10 13 – ▤ 🛁wc 🚿wc. ✗
cerrado 16 diciembre-15 enero – Com 590 – ☕ 140 – **25 hab** 855/1 700 – P 1 970/1 975.

en la carretera de Cartagena SO : 1 km – ✉ San Pedro del Pinatar – ☎ 968 :

🏨 **Casa Lucrecia,** ☎ 57 19 28 – |‡| ▤ rest 🛁wc 🚗 Ⓟ. VISA. ✗
Com 500/675 – ☕ 150 – **30 hab** 1 000/1 500 – P 2 190/2 440.

en Lo Pagán S : 2,5 km – ✉ San Pedro del Pinatar – ☎ 968 :

🏨 **Neptuno,** Generalísimo 6 ☎ 57 20 00, ≤, 🏖 – |‡| ▥ 🛁wc 🚿wc ☎ 🚗. E VISA. ✗ rest
Com 850 – ☕ 200 – **32 hab** 1 300/2 300 – P 2 650/2 800.

SAN PEDRO DE RIBAS o **SANT PERE DE RIBES** Barcelona 43 ⑰ – 8 064 h. alt. 44 – ☎ 93.
♦Madrid 596 – ♦Barcelona 46 – Sitges 4 – Tarragona 52.

✗✗ **Carnivor,** carret. de Villafranca NO : 2,5 km ☎ 896 01 25, Carnes a la brasa, « Rústico elegante » – Ⓟ. VISA
Com carta 1 590 a 2 295.

✗✗ **Los Viñedos,** carret. de Sitges 1 km ☎ 896 09 20, ✗ – VISA
15 junio-15 septiembre y fin de semana el resto del año – Com *(cerrado 10 enero-10 febrero)* carta 885 a 1 800.

✗✗ **La Clau,** carret. de Sitges ☎ 896 08 48, 🏖
cerrado lunes y 2 noviembre-30 diciembre – Com (sólo fin de semana de enero a marzo) carta 1 125 a 1 950.

✗ **Can Lloses,** carret. de Olivella, NE : 1,5 km ☎ 896 07 46, Decoración regional – Ⓟ. ✗
cerrado martes y del 10 al 30 octubre – Com carta 950 a 1 675.

SAN POL Gerona 43 ⑨ – ver San Felíu de Guixols.

SAN POL DE MAR o **SANT POL DE MAR** Barcelona 43 ⑱⑲ y 990 ⑳ – 2 141 h. – ☎ 93 – Playa.
♦Madrid 679 – ♦Barcelona 44 – Gerona 53.

🏨 **Gran Sol** 🐚 (Hotel escuela), carret. N II ☎ 760 00 51, ≤, 🏊 climatizada, ✗ – |‡| ▥ 🛁wc 🚿wc ☎ Ⓟ. ⓓ E VISA. ✗ rest
Com 925/1 400 – ☕ 240 – **44 hab** 2 100/3 150 – P 3 275/3 800.

🏨 **La Costa** sin rest, con cafetería, Nou 32 ☎ 760 01 51, ≤ – |‡| ▥ 🛁wc ☎ 🚗. ✗
28 mayo-12 septiembre – ☕ 175 – **17 hab** 1 265/1 980.

🏨 **Re,** av. del Dr Furest 28 ☎ 760 01 16, ≤ – 🛁wc 🚿wc. ✗
junio-septiembre – Com 690 – ☕ 175 – **28 hab** 695/1 965 – P 1 960/2 250.

SAN QUIRICO DE BESORA o **SANT QUIRZE DE BESORA** Barcelona 43 ⑧ y 990 ⑳ – 2 064 h. alt. 550 – ☎ 93.
♦Madrid 661 – ♦Barcelona 90 – Puigcerdá 79.

✗ **Casa Cándida,** Berga 8 ☎ 855 04 11 – ⓓ E VISA. ✗
cerrado lunes excepto festivos, vísperas y 15 días en septiembre-octubre – Com carta 1 100 a 1 400.

en la carretera N 152 S : 1 km – ✉ Sant Quirze de Besora – ☎ 93 :

✗ El Túnel, ☎ 855 01 77 – ▤ Ⓟ. ✗
cerrado martes no festivos y 25 junio-15 julio.

SAN QUIRICO SAFAJA o **SANT QUIRZE SAFAJA** Barcelona 43 ⑱ y 990 ⑲⑳ – 348 h. alt. 627 – ☎ 93.
♦Madrid 622 – ♦Barcelona 53 – Tona 24.

por la carretera de Castelltersol a Sant Felíu de Codinas y camino particular S : 2,5 km – ✉ Sant Quirze Safaja – ☎ 93 :

🏨 **Mas Badó** 🐚, ☎ 866 08 25, 🏊, 🌳, ✗ – |‡| ▥ 🛁wc 🚿wc ☎ 🚗 Ⓟ. E VISA
Com 800 – ☕ 200 – **47 hab** 1 240/2 100 – P 2 550/2 740.

SAN RAFAEL Segovia 990 ⑮ y ㊳ – alt. 1 260 – ☎ 911.
♦Madrid 59 – ♦Ávila 51 – ♦Segovia 32.

Lucía, av. Capitán Perteguer 5 ☎ 17 10 02 – wc – **17 hab**.

Avenida, av. Capitán Perteguer 31 ☎ 17 10 11 – .
cerrado enero-1 marzo – Com 800/1 900 – 175 – **23 hab** 750/1 400 – P 2 250.

Polo, carret. de la Coruña 6 ☎ 17 10 70
Com (sólo almuerzo).

SAN RAFAEL Baleares 43 ⑱ – ver Baleares (Ibiza).

SAN ROQUE Cádiz 446 X 13 – 21 198 h. (incl. Guadiaro) alt. 110 – ☎ 956 – Playa.
18, 9 Sotogrande del Guadiaro NE : 12 km ☎ 79 20 50.
♦Madrid 678 – Algeciras 15 – ♦Cádiz 136 – ♦Málaga 123.

Don Benito, pl. de Armas 10 ☎ 78 07 78, – VISA
cerrado lunes – Com carta 1 150 a 2 200.

por la carretera de La Línea S : 4 km – ✉ San Roque – ☎ 956 :

Pedro, Aire - barriada Campamento ☎ 76 24 53 – VISA
cerrado lunes y febrero – Com carta 1 050 a 1 550.

en Guadarranque SO : 5 km – ✉ San Roque – ☎ 956 :

Los Remos, Redes ☎ 76 08 12, , Pescados y mariscos – . AE E VISA.
cerrado domingo noche excepto agosto – Com carta 1 200 a 2 225.

SEAT carret. San Roque-La Linea km 7,6 ☎ 78 00 59

SAN ROQUE Oviedo – ver Llanes.

SAN SALVADOR Baleares 43 ⑳ y 990 ㉚ – ver Baleares (Mallorca).

SAN SALVADOR Tarragona 43 ⑰ – ver Vendrell.

SAN SALVADOR DE POYO Pontevedra – ver Pontevedra.

SAN SEBASTIÁN o **DONOSTIA** P Guipúzcoa 42 ④⑤ y 990 ⑥⑦ – 169 622 h. – ☎ 943 – Playa.
Ver : Emplazamiento*** – Monte Urgull ** CY **M**.
Alred. : Monte Igueldo *** A – Monte Ulía * NE : 7 km B.
Hipódromo de Lasarte por ② : 9 km.
18 de San Sebastián, Jaizkíbel por N I : 14 km (B) ☎ 61 68 45.
de San Sebastián, Fuenterrabia por ① : 20 km ☎ 64 22 40 – Iberia : Hotel Londres, Zubieta 2, ✉ 7, ☎ 42 36 07 y Aviaco : Hotel María Cristina, paseo República Argentina, ✉ 4, ☎ 64 12 67.
☎ 28 57 67 (32).
Reina Regente ☎ 42 10 02 – **R.A.C.E.** (R.A.C. Vasco-Navarro) pl. Oquendo ☎ 42 93 46.
♦Madrid 493 ② – ♦Bayonne 54 ① – ♦Bilbao 99 ③ – ♦Pamplona 94 ② – ♦Vitoria 117 ②.

Plano página siguiente

De Londres y de Inglaterra, Zubieta 2, ✉ 7, ☎ 42 69 89, Telex 36378, – . E VISA. rest — CZ **z**
Com 1 850 – 400 – **127 hab** 4 300/6 900 – P 6 950/7 800.

Costa Vasca , av. Pío Baroja 9, ✉ 8, ☎ 21 10 11, Telex 36551, , , – – . AE E VISA. — A **m**
Com 1 100 – 350 – **203 hab** 3 800/5 800.

San Sebastián y Rest. Or Konpon, Zumalacárregui 20, ✉ 9, ☎ 21 44 00, Telex 36302 – rest . AE E VISA. — A **r**
Com 800 – 350 – **94 hab** 3 400/4 800.

Orly sin rest, con cafetería, pl. Zaragoza 4, ✉ 7, ☎ 46 32 00, Telex 31813, – . AE E VISA. — CZ **a**
350 – **60 hab** 3 640/4 950.

Niza sin rest, Zubieta 56, ✉ 7, ☎ 42 66 63 – wc wc . AE E VISA — CZ **b**
200 – **41 hab** 1 900/3 800.

Codina, av. Zumalacárregui 21, ✉ 8, ☎ 21 22 00 – wc wc — A **e**
78 hab.

Parma sin rest, con cafetería, General Jáuregui 11, ✉ 3, ☎ 42 88 93 – wc wc . — DY **u**
200 – **19 hab** 1 900/3 800.

Casa Nicolasa, piso 1, Aldamar 4, ✉ 3, ☎ 42 17 62, « Decoración elegante » – . AE E VISA. — DY **w**
cerrado domingo excepto en verano.

✿ **Chomin,** av. Infanta Beatriz 14, ✉ 8, ☎ 21 07 05 – AE E VISA. — A **n**
cerrado domingo, octubre-Semana Santa y Navidad – Com carta 1 900 a 3 525
Espec. Merluza "Chomin", Tarta de cebolla, Natillas y Torrijas.

Andía — CZ 2
Boulevard (Alameda de) — CY 6
Garibay — CY
Hernani — CY
Libertad (Av. de la) — CDYZ
Urbieta — CDZ

Arrasate — CDZ 3
Ategorrieta (Av. de) — B 4
Centenario (Pl. del) — B 7
Constitucíon (Pl. de la) — CY 8
Duque de Mandas (Pas.) — B 9
Fermín Calbetón — CY 12
Gen. Zumalacárregui (Av.) — A 17
Guetaria — DZ 18
Guipúzcoa (Pl. de) — DY 19
Iñigo — CY 22
Kursaal (Puente del) — DY 27
Lasala (Pl.) — CY 28
María Cristina (Puente de) — DZ 30
Miramar — CZ 31
Navarra (Av. de) — B 32
Pío XII (Pl. de) — B 34
Puerto — CY 35
Ramón María de Lili (Pas.) — DY 37
Reina Regente — DY 38
República Argentina (Pas.) — DY 41
Sancho el Sabio (Av. de) — B 42
San Jerónimo — CY 44
San Juan — CY 45
Santa Catalina (Puente de) — DY 47
Satrústegui (Av. de) — A 48
Urdaneta — DZ 51
Vasconia (Pl. de) — DY 52
Vizcaya (Paseo de) — B 53
Zabaleta — DY 54
Zurriola (Paseo de) — B 55

XX ✿ **Urepel,** paseo de Salamanca 3, ✉ 3, ☎ 42 40 40 – ▤. ① E VISA. 🚫 — DY **e**
cerrado domingo, 20 junio-5 julio y 15 días por Navidad – Com carta 1 600 a 2 675
Espec. Revuelto de ajos tiernos con angulas, Lomos de merluza con Kokotxas y almejas, Faisan a la pimienta verde.

XX **Salduba,** Pescadería 6, ✉ 3, ☎ 42 56 27 – AE ① E VISA. 🚫 — CY **p**
Com carta 1 200 a 2 100.

X **Juanito Kojua,** Puerto 14, ✉ 3, ☎ 42 01 80 – ▤. AE VISA — CY **m**
cerrado domingo noche – Com carta 1 200 a 1 775.

X Belartxo, Mari 13, ✉ 3, ☎ 42 54 12 – ▤ — CY **c**

X ✿ **Patxiku Kintana,** San Jerónimo 22, ✉ 3, ☎ 42 63 99, Decoración rústica regional – ▤. E. 🚫 — CY **y**
cerrado domingo noche, lunes, Semana Santa y Navidad – Com carta 1 600 a 2 050
Espec. Chipirones de Anzuelo rellenos (junio-septiembre), Zurrukutuna, Lomo de merluza con kokotxas y almejas.

X Mesón Carlos I, av. Carlos I-16, ✉ 16, ☎ 45 63 94, Decoración rústica — B **s**

X **Aramendia,** Puerto 21, ✉ 3, ☎ 42 18 86, Decoración regional vasca – E VISA. 🚫 — CY **e**
cerrado miércoles y 20 junio-7 julio – Com carta 1 450 a 2 550.

X **Gure Arkupe,** Istingorra-letra C bajo, ✉ 8, ☎ 21 15 09 – E VISA — A **k**
cerrado domingo noche, lunes y 30 noviembre-11 enero – Com carta 1 000 a 1 700.

X **Recondo,** subida a Igueldo, ✉ 8, ☎ 21 29 07, ←, 🏡 – ▤ P. ① E VISA. 🚫 — A **f**
cerrado noviembre – Com carta 1 400 a 2 200.

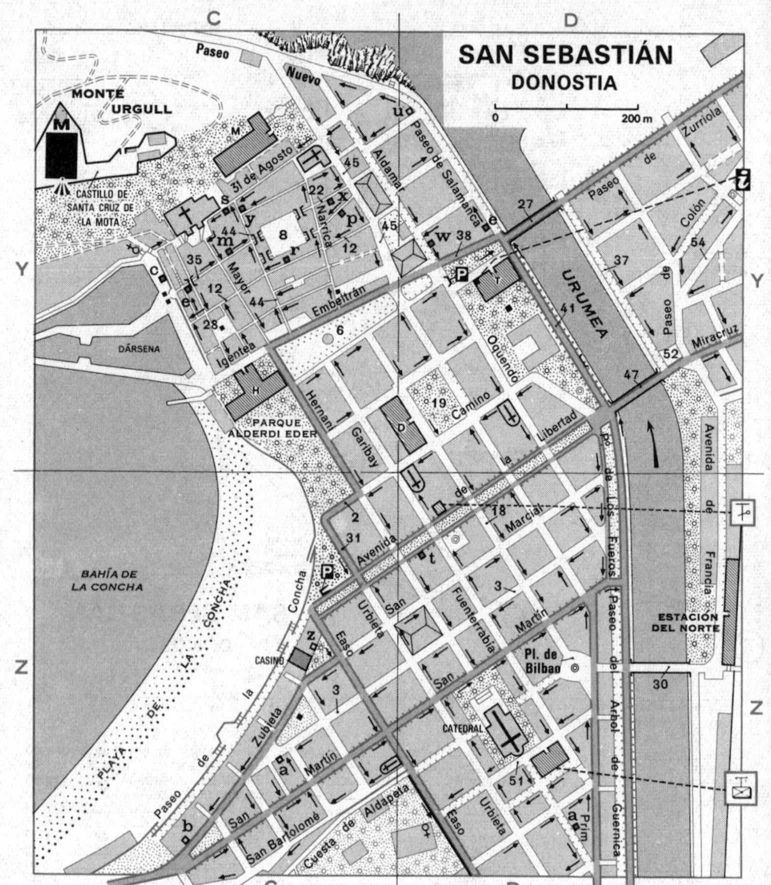

Leyenda calles ver página anterior

✕ **Andra Mari,** Zabaleta 42, ✉ 2, ☎ 28 81 91 – ▤. E VISA. ✻ — B **n**
cerrado lunes – Com carta 1 050 a 1 850.

✕ Arriola, Reyes Católicos 9, ✉ 6, ☎ 45 71 37, Decoración rústica – ▤ — DZ **a**

✕ Beti Jai, Fermín Calbetón 22, ✉ 3, ☎ 42 77 37 – ▤ — CY **r**

✕ Txaplata, 31 de agosto 31, ✉ 3, ☎ 42 46 71 – ▤ — CY **s**

✕ **Echeverría,** Iñigo 8, ✉ 3, ☎ 42 34 91 – ◑ — CY **x**
cerrado lunes, jueves noche del 15 al 30 junio y del 15 al 30 noviembre – Com carta 935 a 1 500.

Cafetería, Restaurante rápido

✕ **California 27,** av. de la Libertad 27, ✉ 4, ☎ 42 35 55 – ▤. ◑ E VISA. ✻ — DZ **t**
Com carta 1 100 a 1 955.

al Este de la población por ① – ✉ San Sebastián – ☎ 943 :

🏨 **Resid. y Rest. Pellizar** ⛰, barrio de Inchaurrondo ☎ 28 12 11 – |♦| ▥ ⛶wc ⛶wc ☎ **P**. ✻ — B **h**
cerrado 15 diciembre-15 enero – Com *(cerrado domingo noche)* 700 – ☕ 200 – **40 hab** 2 000/3 350.

XXX Loretegi Enea, av. de Ategorrieta ☏ 27 14 55, « Casa señorial vasca en un hermoso jardín » – Ⓟ B **v**

XX ✿✿ **Arzak,** alto de Miracruz 21, ✉ 15, ☏ 27 84 65 – ▤ Ⓟ. AE ① E. ✂ B **a**
cerrado domingo noche, lunes, 19 junio - 7 julio y noviembre – Com carta 2 205 a 3 045
Espec. Ensalada templada, Pescado con puerros al estragón, Pastel caliente de chocolate con crema de menta.

X **Mirador de Ulía,** subida al Monte Ulía NE : 5 km, ✉ 13, ☏ 27 27 07, ≤ ciudad y bahía – *cerrado miércoles y enero-febrero* – Com carta 1 200 a 2 490.

al Oeste de la población – ✉ San Sebastián – ☎ 943 :

Monte Igueldo ⚲, O : 5 km, ✉ 8, ☏ 21 02 11, ≤ mar, bahía y ciudad, « Magnífica situación dominando la bahía de San Sebastián », ⛱ – |‡| ▤ rest Ⓟ – ⛳. AE ① E VISA. ✂ rest
Com 1 800 – ⊐ 325 – **121 hab** 2 800/5 300. A **a**

XXX ✿✿ **Akelarre,** O : 7,5 km por carret. barrio de Igueldo, ✉ 8, ☏ 21 20 52, ≤ mar – ▤ Ⓟ. AE ① E VISA. ✂ A
cerrado domingo noche y lunes excepto 15 julio-15 septiembre, 15 días en Semana Santa y 15 días en octubre – Com carta 1 760 a 2 880
Espec. Vieiras salteadas con pasta fresca (en temporada), Rodaballo relleno en hojaldre, Mil hojas a la crema de café.

X **Buena Vista** ⚲ con hab, carret. barrio de Igueldo, O : 5 km ☏ 21 06 00, ≤ – ▥ ⌂wc ☎ Ⓟ. ✂ A
cerrado domingo noche, lunes y 24 enero-4 marzo – Com carta 1 030 a 1 800 – ⊐ 165 – **11 hab** 1 500/2 500.

X **Errota Berri,** barrio de Igara, O : 6,5 km por av. de Tolosa, ✉ 9, ☏ 21 41 07 – Ⓟ. ✂ A
cerrado lunes, 15 octubre-15 noviembre y 15 diciembre-6 enero – Com carta 1 400 a 2 600.

S.A.F.E. Neumáticos MICHELIN, en Oyarzun por av. de Ategorietta : 13 km - B - ☏ **35 48 40**

CITROEN barrio Ibaeta-Infierno ☏ 21 41 60
CITROEN-PEUGEOT carret. N I km 458 ☏ 36 19 40
FORD-MORRIS Peña y Goñi ☏ 27 09 41
PEUGEOT Gloria 3 ☏ 27 01 95
RENAULT av. de Tolosa ☏ 21 18 00
SEAT paseo Colón 31 ☏ 27 61 00
SEAT P. Duque de Mandas 3 ☏ 27 40 11
TALBOT av. Generalísimo 2 ☏ 28 39 00
TALBOT Prim 59 ☏ 45 03 36

SAN SEBASTIÁN (Cabo de) Gerona 43 ⑩ – ver Palafrugell.

SAN SEBASTIÁN DE LA GOMERA Santa Cruz de Tenerife 990 ㉛ – ver Canarias (Gomera).

SAN SEBASTIÁN DE LOS REYES Madrid 990 ㊵ – 27 545 h. – ☎ 91

en la carretera N I N : 7 km – ✉ San Sebastián de Los Reyes – ☎ 91 :

Pamplona, ☏ 652 97 77, ⛱ – ▥ ▤ rest ⌂wc ⌂wc Ⓟ
16 hab.

XXX **Mesón Tejas Verdes,** ☏ 652 73 07, ⛱, « Típico mesón castellano, jardín con arbolado » – ▤ Ⓟ. AE ① VISA
cerrado domingo, festivos noche y agosto – Com carta 1 350 a 2 200.

X Aterpe-Alai, ☏ 652 78 24, ⛱, ⛱ de pago – ▤ Ⓟ.

SANTA ÁGUEDA Guipúzcoa 42 ④ – ver Mondragón.

SANTA BÁRBARA Tarragona 990 ⑱ – 3 380 h. alt. 79 – ☎ 977.
♦Madrid 528 – Castellón de la Plana 106 – Tarragona 95 – Tortosa 12.

en la carretera de Ulldecona S : 4 km – ✉ Freginals – ☎ 977 :

X **Creu del Coll,** ☏ 71 80 27, ⛱, « Rústico regional » – Ⓟ. VISA. ✂
cerrado martes – Com carta 1 075 a 1 460.

SANTA BRÍGIDA Las Palmas – ver Canarias (Gran Canaria).

SANTA COLOMA Andorra 43 ⑥ – ver Andorra (Principado de).

SANTA COLOMA DE FARNÉS o **SANTA COLOMA DE FARNERS** Gerona 43 ⑧⑨ y 990 ⑳ – 6 492 h. alt. 104 – ☎ 972 – Balneario.
♦Madrid 700 – ♦Barcelona 87 – Gerona 30.

Baln. Termas Orion ⚲, S : 2 km ☏ 84 00 65, « Gran parque con arbolado », ⛱, ⛱, ✂ – |‡| ▥ ▤ rest ⌂wc ⌂wc ☎ Ⓟ
53 hab.

Central Park, Verdaguer 2 ☏ 84 00 71, ⛱, ⛱ – ▥ ▤ rest ⌂wc ⌂wc Ⓟ. ✂ rest
Semana Santa y junio-septiembre – Com 725 – ⊐ 200 – **40 hab** 1 300 – P 1 975/2 350.

X **Can Gurt** con hab, carret. de Sils ☏ 84 02 60 – ▥ ▤ rest ⌂wc Ⓟ. AE VISA. ✂
cerrado lunes noche – Com 400/500 – ⊐ 125 – **17 hab** 500/1 450 – P 1 425/3 250.

CITROEN-MERCEDES-AUSTIN-MG Ferial 27 ☏ 84 06 89
FORD Camprodón 63-65 ☏ 84 08 19
RENAULT carret. de Sils km 1 ☏ 84 02 08
SEAT-FIAT carret. de Sils ☏ 84 05 62
TALBOT Camprodón 30 ☏ 84 01 12

SANTA CRISTINA La Coruña – ver la Coruña.

SANTA CRISTINA Gerona 43 ⑲ – ver Lloret de Mar.

SANTA CRISTINA DE ARO o **SANTA CRISTINA D'ARO** Gerona 43 ⑨ – 1 023 h. – ☎ 972.
Club Costa Brava ☎ 83 71 50.
♦Madrid 709 – ♦Barcelona 96 – Gerona 31.

en el golf O : 2 km – ✉ Santa Cristina d'Aro – ☎ 972 :

Costa Brava Golf H., ☎ 83 70 52, Telex 57252, ≤, climatizada, – P – . AE ① E VISA. rest
abril-septiembre – Com (sólo cena) 1 100 – ☕ 325 – **91 hab** 4 500/7 000 – P 4 000/4 500.

en la carretera C 250 NO : 2 km – ✉ Santa Cristina d'Aro – ☎ 972 :

XX **Les Panolles,** ☎ 83 70 11, « Masía típica decorada al estilo rústico de la región » – P. AE ① E VISA
cerrado noviembre – Com carta 925 a 1 550.

en la carretera de Romanyá NO : 3 km – ✉ Santa Cristina d'Aro – ☎ 972 :

XX **Bell-Lloch** (chez Raymond's), urbanización Bell-Lloch 2a ☎ 83 72 61, Decoración rústica – P. E
cerrado febrero y miércoles en invierno – Com carta 545 a 960.

SANTA CRUZ La Coruña – ver La Coruña.

SANTA CRUZ DE LA PALMA Santa Cruz de Tenerife 990 ㉛ – ver Canarias (La Palma).

SANTA CRUZ DE LA SERÓS Huesca 42 ⑰ – 155 h. – ☎ 974.
Ver : Santa Cruz de la Serós★.
♦Madrid 480 – Huesca 85 – Jaca 14 – ♦Pamplona 105.

en la carretera C 134 N : 4,5 km – ✉ Santa Cruz de la Serós – ☎ 974 :

X Aragón, con hab, ☎ 37 70 24 – wc P
11 hab.

SANTA CRUZ DE LA ZARZA Toledo 990 ㉕ – 4 169 h. – ☎ 925 :
♦Madrid 74 – Cuenca 100 – Toledo 80 – ♦Valencia 285.

Santa Cruz sin rest, carret. N 400 ☎ 14 31 18 – P.
cerrado 5 septiembre-5 octubre – ☕ 75 – **12 hab** 680/1 060.

SANTA CRUZ DE TENERIFE 990 ㉛㉜ – ver Canarias (Tenerife).

SANTA ELENA Jaén 446 Q 19 – 1 225 h. alt. 742.
♦Madrid 255 – ♦Córdoba 143 – Jaén 78.

X **El Mesón** con hab, carret. N IV ☎ 66 08 65 (ext. 2), ≤, – wc P.
Com 650 – ☕ 150 – **13 hab** 915/1 675.

SANTA EULALIA DEL CAMPO Teruel 990 ⑰ – 1 878 h. alt. 974.
♦Madrid 274 – Teruel 33 – ♦Zaragoza 155.

en la carretera N 234 E : 2 km – ✉ Santa Eulalia del Campo – ☎ 974 :

Suvesa, ☎ 86 02 77 – wc wc P. VISA. rest
cerrado 6 enero-5 febrero – Com 600 – ☕ 150 – **16 hab** 750/1 100 – P 1 650/1 850.

SANTA EULALIA DEL RÍO Baleares 43 ⑱ y 990 ㉙ – ver Baleares (Ibiza).

SANTA GERTRUDIS Baleares – ver Baleares (Ibiza).

SANTA MARGARITA Y MONJÓS o **SANTA MARGARIDA i ELS MONJÓS** Barcelona 43 ⑰ y 990 ⑲ – 2 807 h. alt. 161 – ☎ 93.
♦Madrid 571 – ♦Barcelona 59 – Tarragona 43.

Hostal Del Panadés, carret. N 340 ☎ 898 00 61 – rest wc wc P. rest
Com 600 – ☕ 175 – **32 hab** 850/1 400 – P 1 800/1 950.

SANTA MARIA DE HUERTA (Monasterio de) Soria 990 ⑯ – 698 h. alt. 764 – ☎ 975.
Ver : Monasterio★ (refectorio★★, claustro de los caballeros★).
♦Madrid 181 – Soria 88 – ♦Zaragoza 140.

en la carretera N II NE : 1 km – ✉ Santa María de Huerta – ☎ 975 :

Albergue Nacional, ☎ 32 70 11 – P. AE ① E VISA.
Com 1 100 – ☕ 300 – **40 hab** 2 800/3 500.

SANTANDER P Cantabria 42 ①② y 990 ⑤ – 164 999 h. – ☎ 942 – Playas en el Sardinero – Plaza de toros.

Ver : Museo Provincial de Prehistoria y Arqueología★ (bastones de mando★) BY **D** – El Sardinero★ BX.

18 de Pedreña por ② : 24 km ☎ 50 00 01.

✈ de Santander por ② : 7 km ☎ 25 10 04 – Iberia : paseo de Pereda 18 ☎ 22 97 00.

🚗 ☎ 22 71 61.

⛴ para Canarias : Cía. Aucona, paseo de Pereda 13 ☎ 22 14 00, Telex 35834 BY.

i pl. Velarde 1 ☎ 21 14 17 – **R.A.C.E.** Rualasal 23 ☎ 21 26 43.

♦Madrid 399 ① – ♦Bilbao 110 ② – ♦Burgos 156 ① – ♦León 265 ① – ♦Oviedo 205 ① – ♦Valladolid 245 ①.

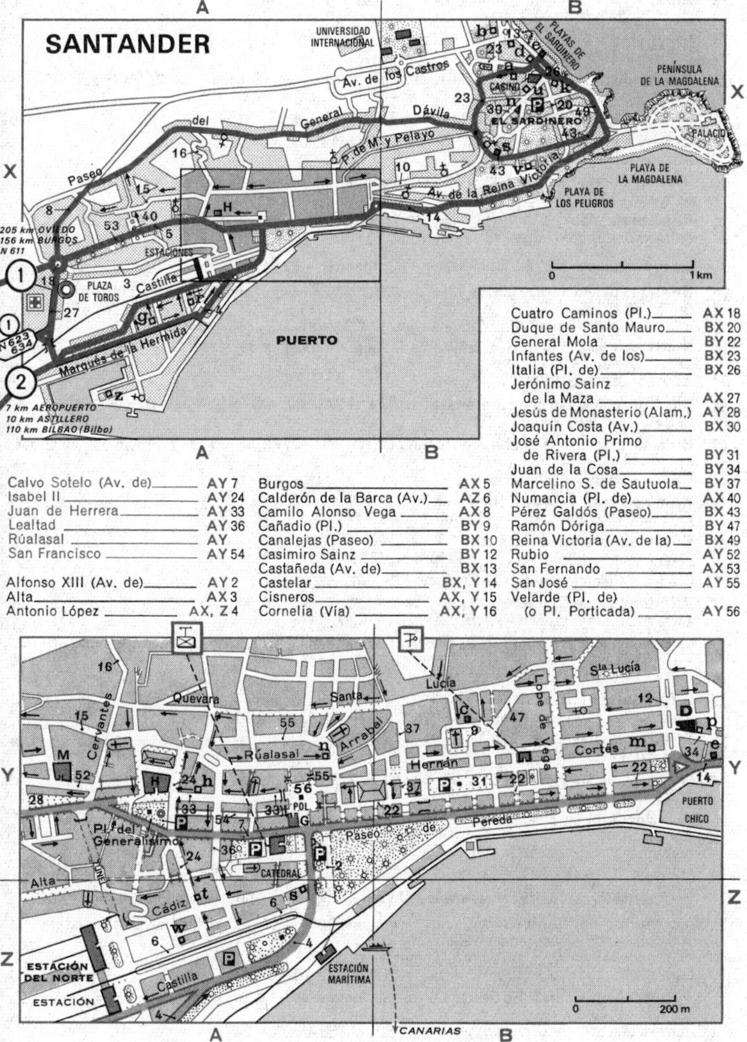

Calvo Sotelo (Av. de) AY 7
Isabel II AY 24
Juan de Herrera AY 33
Lealtad AY 36
Rúalasal AY
San Francisco AY 54

Alfonso XIII (Av. de) AY 2
Alta AX 3
Antonio López AX, Z 4
Burgos AX 5
Calderón de la Barca (Av.) AZ 6
Camilo Alonso Vega AX 8
Cañadio (Pl.) BY 9
Canalejas (Paseo) BX 10
Casimiro Sainz BY 12
Castañeda (Av. de) BX 13
Castelar BX, Y 14
Cisneros AX, Y 15
Cornelia (Vía) AX, Y 16
Cuatro Caminos (Pl.) AX 18
Duque de Santo Mauro BX 20
General Mola BY 22
Infantes (Av. de los) BX 23
Italia (Pl. de) BX 26
Jerónimo Sainz de la Maza AX 27
Jesús de Monasterio (Alam.) AY 28
Joaquín Costa (Av.) BX 30
José Antonio Primo de Rivera (Pl.) BY 31
Juan de la Cosa BY 34
Marcelino S. de Sautuola BY 37
Numancia (Pl. de) AX 40
Pérez Galdós (Paseo) BX 43
Ramón Dóriga BY 47
Reina Victoria (Av. de la) BX 49
Rubio AY 52
San Fernando AX 53
San José AY 55
Velarde (Pl. de) (o Pl. Porticada) AY 56

Pour un bon usage des plans de villes, voir les signes conventionnels p. 39.

Bahía sin rest, av. Alfonso XIII - 6 ℗ 22 17 00, Telex 35859 – |‡|. AE ⓓ E VISA. ✻ AZ **s**
☕ 300 – **181 hab** 3 300/4 600.

México sin rest, Méndez Núñez 2 ℗ 21 24 50 – |‡| ▥ ⛀wc ⛆wc ☎ AZ **w**
☕ 150 – **35 hab** 1 450/2 900.

Liébana piso 1, sin rest, Nicolás Salmerón 9 ℗ 22 32 50 – |‡| ▥ ⛀wc ⛆wc ☎. ✻ AX **r**
☕ 150 – **28 hab** 1 510/2 280.

La Mexicana piso 3, Juan de Herrera 3 ℗ 22 23 50 – |‡| ▥ ⛀wc ⛆wc ☎. ✻ AY **h**
Com 800 – ☕ 125 – **30 hab** 1 300/2 300 – P 2 725/4 835.

Ibio sin rest y sin ☕, con cafetería, Federico Vial 8 ℗ 22 30 71 – ▥ ⛆wc. ✻ AX **g**
25 hab 1 300/2 100.

Rivero piso 2, sin rest, Rualasal 23 ℗ 22 10 88 – |‡| ▥ ⛆. ✻ AY **n**
☕ 150 – **24 hab** 1 100/2 000.

XX **Iris,** Castelar 5 ℗ 21 52 25 – AE E VISA. ✻ BY **e**
Com carta 1 250 a 2 225.

XX **Puerto** piso 1, Hernán Cortés 63 ℗ 21 30 01, Pescados y mariscos – ▤. AE ⓓ E VISA. ✻
Com carta 1 800 a 2 950. BY **m**

X Cañadio, Gomez Oreña 15 (pl. Cañadio) ℗ 31 41 49 – ▤ BY **c**

X **Casa Valentín,** Isabel II - 19 ℗ 22 70 49 – AE ⓓ E VISA. ✻ AZ **t**
Com carta 630 a 2 180.

X **Vivero,** Puerto Pesquero ℗ 22 30 21, Pescados y mariscos – ▤. AE VISA. ✻ AX **z**
Com carta 1 450 a 2 500.

X **Posada del Mar,** Juan de la Cosa 3 ℗ 21 30 23, Decoración rústica – ▤. E VISA. ✻ BY **p**
cerrado domingo y septiembre – Com carta 1 000 a 1 600.

en el Sardinero NE : 3,5 km – BX – ✉ Santander – ☎ 942 :

Real 🕭, paseo Pérez Galdós 28 ℗ 27 25 50, ⛱, « Magnífica situación, ≤ bahía », 🏸 – |‡|
Ⓟ. AE ⓓ E VISA. ✻ BX **v**
julio-15 septiembre – Com 1 900 – ☕ 350 – **123 hab** 5 000/7 500 – P 7 150/8 400.

Santemar Ⓜ sin rest, con cafetería, Joaquín Costa 28 ℗ 27 29 00, Telex 35963, ✻ – |‡| ▤
🚗 – 🏋. AE ⓓ E VISA. ✻ BX **u**
☕ 310 – **350 hab** 3 330/4 765.

Sardinero sin rest, con cafetería, pl. Italia 1 ℗ 27 11 00, ≤ – |‡| ▥ ⛀wc ☎. AE ⓓ E VISA. ✻
☕ 175 – **113 hab** 2 400/3 700. BX **d**

Rhin sin rest, con cafetería, av. Reina Victoria 153 ℗ 27 43 00, ≤ – |‡| ▥ ⛀wc ☎. ⓓ E VISA.
✻ BX **k**
☕ 175 – **95 hab** 2 185/3 350.

Roma sin rest, av. de los Hoteles 5 ℗ 27 27 00, 🏸 – |‡| ⛀wc ⛆ ☎ BX **a**
julio-septiembre – ☕ 140 – **52 hab** 2 000/3 000.

Colón sin rest, pl. de las Brisas 1 ℗ 27 23 00, ≤ – ⛀wc ☎ BX **b**
julio-15 septiembre – ☕ 100 – **43 hab** 800/2 000.

XXX Chiqui, av. García Lago ℗ 27 20 98, ≤, ⛱ – Ⓟ por av. de Castañeda BX

XX **Windsor** av. de Castañeda 25, ℗ 27 78 05 – ▤. AE VISA. ✻ BX
cerrado domingo noche – Com carta 1 175 a 1 700.

XX La Cabaña, av. de Maura 1 ℗ 27 50 60, « Instalado en un bonito chalet lindante a un parque »
– AE ⓓ E VISA. ✻ BX **s**
cerrado lunes en invierno.

XX **Il Giardinetto,** Joaquín Costa 18 ℗ 27 31 96, Cocina italiana – ▤. AE E VISA BX **n**
cerrado domingo noche y lunes mediodía – Com carta 1 180 a 1 700.

XX **Rhin,** pl. de Italia 2 ℗ 27 30 34, ≤, ⛱ – VISA. ✻ BX **e**
Com carta 1 225 a 1 925.

XX Piquío, pl. de las Brisas ℗ 27 55 03, ≤ – ▤. E VISA BX **d**
cerrado lunes en invierno.

X ✿ **La Sardina,** Dr Fleming 3 ℗ 27 10 35, Interior barco de pesca, Pescados y mariscos – ▤.
VISA por av. de Castañeda BX
cerrado domingo noche – Com carta 1 450 a 2 250
Espec. Pastel de anchoas, Pescados de roca a la muselina de piña, Tarta de calabaza.

en Puente Arce - en la carretera N 611 por ① : 13 km – ✉ Renedo de Piélagos – ☎ 942 :

XX ✿ **El Molino de Puente Arce,** carret. Nacional ℗ 57 40 00, « Instalado en un antiguo molino acondicionado - Decoración original » – Ⓟ. VISA
cerrado lunes noche y noviembre – Com carta 1 300 a 2 200
Espec. Alubias con caza, Estofado de pescado al tomillo, Postres caseros.

X **Puente Arce (Casa Setien),** barrio del Puente ℗ 57 40 01, Decoración rústica – Ⓟ. AE VISA. ✻
cerrado 20 octubre-27 noviembre – Com carta 1 050 a 1 900.

CITROEN-PEUGEOT Santa Lucía 31 ℗ 22 06 33
FIAT-SEAT Castilla 6 ℗ 21 42 50
FORD Castilla 62 ℗ 23 38 28
MERCEDES-BENZ av. de Parayas ℗ 33 01 11
RENAULT carret. Parayas km 0,5 ℗ 33 62 00
SEAT Casimiro Sainz 6 ℗ 21 67 50
TALBOT carret. Parayas ℗ 33 33 00

SANT ANTONI DE CALONGE Gerona 43 ⑨ y 990 ⑳ – ver Palamós.

SANTA OLALLA Toledo 990 ⑭⑮ – 2 022 h. alt. 487 – ☎ 925.
ℹ pl. de la Diputación.
♦Madrid 81 – Talavera de la Reina 36 – Toledo 42.

- **Recio,** carret. N V ☎ 79 72 09, ⛱ – ▤ ⇔wc ☎ Ⓟ. AE VISA. ✂ rest
  Com 850 – ☕ 150 – **40 hab** 1 200/2 100 – P 2 650/2 800.

RENAULT Generalísimo 64 ☎ 79 73 81

SANTA POLA Alicante 445 R 28 – 10 246 h. – ☎ 965 – Playa.
♦Madrid 423 – ♦Alicante 19 – Cartagena 91 – ♦Murcia 75.

- **Pola - Mar y Rest. Ricardo,** playa de Levante 20 ☎ 41 32 00, ≤, 🏖 – |≡| ▤ ⇔wc ⋒wc ☎ Ⓟ. VISA. ✂
  Com 1 300/1 800 – ☕ 350 – **76 hab** 2 875/4 100 – P 3 350/5 800.
- **Rocas Blancas,** carret. N 332 - N : 1 km ☎ 41 13 12, ≤, ⛱ – |≡| 🏛 ▤ rest ⇔wc ☎ Ⓟ. AE E VISA
  Com 750 – ☕ 205 – **105 hab** 1 550/2 730 – P 3 060/3 250.
- **Patilla,** Elche 29 ☎ 41 10 15 – |≡| 🏛 ⇔wc ⋒wc 🚗
  Com 750 – ☕ 150 – **72 hab** 1 200/1 800 – P 2 200/2 300.
- **Espinosa,** Santa Isabel 24 ☎ 41 13 00 – |≡| ⋒wc. ✂
  15 mayo-15 noviembre – Com 850 – ☕ 130 – **39 hab** 1 000/1 500 – P 2 150/2 400.
- Picola, Alicante 64 ☎ 41 10 44 – ▤ rest ⇔wc ⋒wc
  22 hab.
- XX **Batiste,** playa de Poniente ☎ 41 14 85, ≤, 🏖 – Ⓟ. AE ⓓ E VISA. ✂
  Com carta 750 a 1 800.
- X Gaspar's, av. González Vicens 2 ☎ 41 35 44.

CITROEN carret. de Santa Pola-Aspe
FIAT-SEAT av. de Elche 29 ☎ 41 34 35
RENAULT carret. de Elche 10 ☎ 41 37 46
TALBOT carret. Santa Pola-Elche ☎ 41 31 64

SANTA PONSA Baleares 43 ⑱ y 990 ㉙ – ver Baleares (Mallorca).

SANT BÓI DE LLUÇANÉS Barcelona 43 ⑥⑦ y 990 ⑳ – ver San Baudilio de Llusanés.

SANT CARLES DE LA RÁPITA Tarragona 990 ⑱⑲ – ver San Carlos de la Rápita.

SANT CELONI Barcelona 43 ⑱ y 990 ⑳ – ver San Celoni.

SANT CLIMENT DE LLOBREGAT Barcelona 43 ⑰ – ver San Clemente de Llobregat.

SANT CUGAT DEL VALLÉS Barcelona 43 ⑰⑱ y 990 ⑲ – ver San Cugat del Vallés.

SANTES CREUS (Monasterio de) Tarragona 43 ⑯ y 990 ⑲ – alt. 340.
Ver : Monasterio★★ (gran claustro★★ : sala capitular★ ; iglesia★ : rosetón★ ; claustro de la enfermería★ ; patio★).
♦Madrid 555 – ♦Barcelona 95 – ♦Lérida 83 – Tarragona 32.

- Grau 🐕, Pere El Gran 3 ☎ 63 83 11 – 🏛 ⇔wc ⋒wc – **20 hab.**

SANT FELIU DE GUIXOLS Gerona 43 ⑨ y 990 ⑳ – ver San Felíu de Guixols.

SANT HILARI SACALM Gerona 43 ⑧ y 990 ⑳ – ver San Hilario Sacalm.

☞ *Die Hotelbesitzer sind gegenüber den Lesern dieses Reiseführers Verpflichtungen eingegangen. Zeigen Sie deshalb dem Hotelier Ihren* Michelin-Führer 1983.

SANTIAGO DE COMPOSTELA La Coruña 990 ② – 84 138 h. alt. 264 – ☎ 981.
Ver : Catedral★★★ (fachada de Obradoiro★★★, interior : pórtico de la Gloria★★★, puerta de las Platerias★★, claustro★, museo : tapices★★) V – Barrio Antiguo★★ : Plaza de España★★ V (Palacio Gelmírez **A** : salón sinodal★, Hostal de los Reyes Católicos **B** : fachada★), – plaza de la Quintana★★ : (puerta del Perdón★) VX – Colegiata Santa María del Sar (arcos★) Z **S** – Paseo de la Herradura ≤★ Y.
Alred. : Pazo de Oca★ (parque★★) 25 km por ③.
⛳9 Aero Club de Santiago por ② : 9 km ☎ 59 24 00.
✈ de Santiago de Compostela, Labacolla por ② : 12 km ☎ 59 74 00 – Iberia : General Pardiñas 24 ☎ 59 41 00 Z.
ℹ pl. de Obradoiro ☎ 58 29 00.
♦Madrid 608 ② – ♦La Coruña 74 ② – Ferrol 102 ② – Orense 114 ③ – ♦Vigo 91 ④.

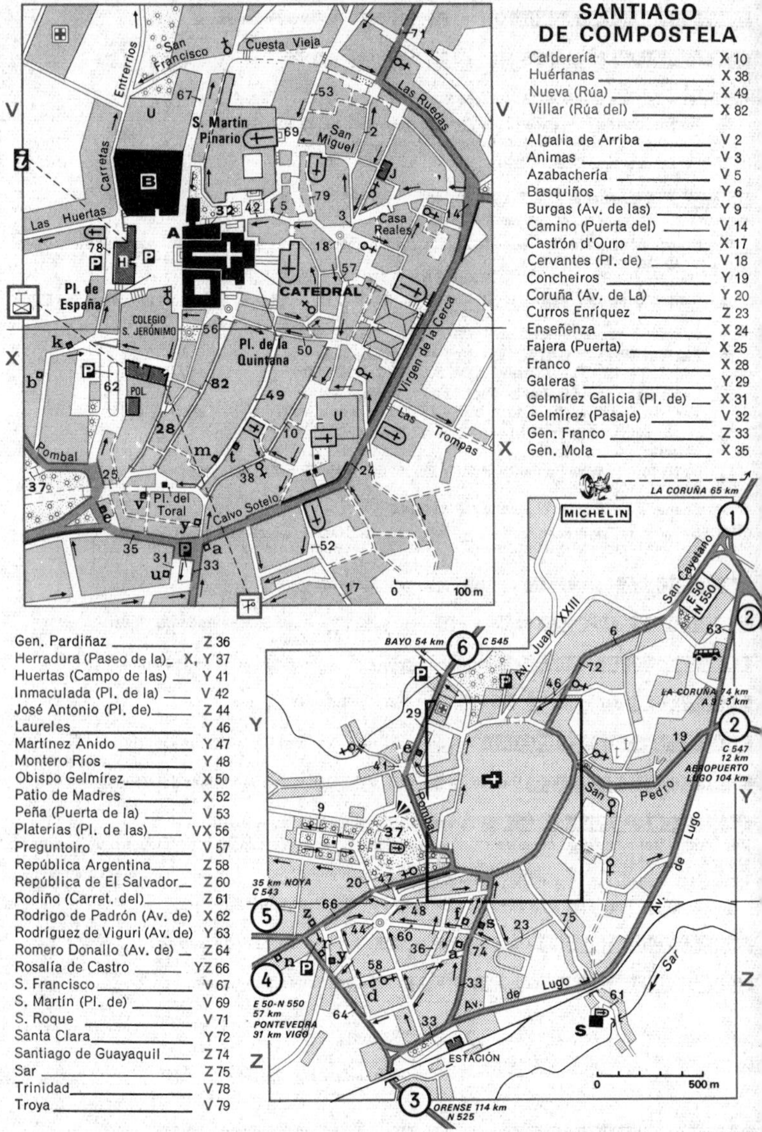

SANTIAGO DE COMPOSTELA

Calderería	X 10
Huérfanas	X 38
Nueva (Rúa)	X 49
Villar (Rúa del)	X 82
Algalia de Arriba	V 2
Animas	V 3
Azabachería	V 5
Basquiños	Y 6
Burgas (Av. de las)	Y 9
Camino (Puerta del)	V 14
Castrón d'Ouro	X 17
Cervantes (Pl. de)	V 18
Concheiros	Y 19
Coruña (Av. de La)	Y 20
Curros Enríquez	Z 23
Enseñenza	X 24
Fajera (Puerta)	X 25
Franco	X 28
Galeras	Y 29
Gelmírez Galicia (Pl. de)	X 31
Gelmírez (Pasaje)	V 32
Gen. Franco	Z 33
Gen. Mola	X 35
Gen. Pardiñaz	Z 36
Herradura (Paseo de la)	X, Y 37
Huertas (Campo de las)	Y 41
Inmaculada (Pl. de la)	V 42
José Antonio (Pl. de)	Z 44
Laureles	Y 46
Martínez Anido	Y 47
Montero Ríos	Y 48
Obispo Gelmírez	X 50
Patio de Madres	X 52
Peña (Puerta de la)	V 53
Platerías (Pl. de las)	VX 56
Preguntoiro	V 57
República Argentina	Z 58
República de El Salvador	Z 60
Rodiño (Carret. del)	Z 61
Rodrigo de Padrón (Av. de)	X 62
Rodríguez de Viguri (Av. de)	Y 63
Romero Donallo (Av. de)	Z 64
Rosalía de Castro	YZ 66
S. Francisco	V 67
S. Martín (Pl. de)	V 69
S. Roque	V 71
Santa Clara	Y 72
Santiago de Guayaquil	Z 74
Sar	Z 75
Trinidad	V 78
Troya	V 79

Reyes Católicos, pl. de España 1 ☎ 58 22 00, Telex 86004, « Lujosa instalación en un magnifico edificio del siglo XVI, mobiliario de gran estilo » – ⋅ – ⋅ . V **B**
Com 1 750 – ☕ 400 – **157 hab** 4 500/9 300 – P 7 800/12 600.

Peregrino, av. Rosalía de Castro ☎ 59 18 50, Telex 82352, ⋅, climatizada, ⋅ – ⋅ – ⋅ . AE ⓓ E VISA. rest Z **n**
Com 1 100 – ☕ 275 – **150 hab** 2 300/3 850.

Compostela sin rest, con cafetería, Calva Sotelo 24 ☎ 58 57 00, Telex 82387 – ⋅ wc ⋅ . VISA. X **a**
☕ 225 – **99 hab** 2 300/3 600.

Gelmírez sin rest, con cafetería, General Franco 92 ☎ 59 11 00, Telex 82387 – ⋅ wc ⋅ wc ⋅ . VISA. Z **a**
☕ 200 – **138 hab** 2 000/2 900.

Universal sin rest, pl. de Galicia 2 ☎ 58 58 00 – wc wc. – 150 – **52 hab** 1 400/2 300. X **u**

México piso 1, sin rest, República Argentina 33 ☎ 59 80 00 – wc wc. – 150 – **57 hab** 1 400/2 300. Z **d**

Hostal Vilas sin rest, av. Romero Donallo 9 - A ☎ 59 11 50 – wc wc. E VISA. – 175 – **28 hab** 1 700/2 100. Z **r**

Maycar sin rest, Dr Teijeiro 15 ☎ 59 05 12 – wc. VISA. – 150 – **34 hab** 1 400/2 300. Z **f**

Alameda, piso 1, sin rest, San Clemente 32 ☎ 58 81 00 – wc – **20 hab**. X **b**

Mapoula piso 3, sin rest y sin, Entremurallas 10 ☎ 58 01 24 – wc. – **12 hab** 2 300. X **y**

Chitón, Rua Nueva 40 ☎ 58 53 54 – AE E VISA. – *cerrado domingo noche y 15 días en enero* – Com carta 1 000 a 2 550. X**m**

Don Gaiferos, Rua Nueva 23 ☎ 58 38 94 – AE E VISA. – *cerrado domingo.* X **t**

Alameda piso 1, av. Figueroa 15 ☎ 58 66 57 – *cerrado 24 diciembre-24 enero* – Com carta 875 a 2 000. X **e**

La Trinidad, San Clemente 6 ☎ 58 33 92 – Com carta 900 a 1 900. X **k**

Anexo Vilas, av. Villagarcía 21 ☎ 59 83 87 – E VISA. – *cerrado lunes* – Com carta 1 150 a 2 450. Z **y**

Tacita de Oro, av. del General Franco 31 ☎ 59 20 41 – AE E VISA. – Com carta 1 050 a 2 000. Z **s**

Vilas, Rosalía de Castro 88 ☎ 59 10 00 – AE E VISA – *cerrado domingo* – Com carta 1 200 a 2 550. Z **z**

Don Quijote, Galeras 20 ☎ 58 68 59 – AE E VISA. – Com carta 900 a 1 775. Y **e**

El Caserío piso 1, Bautizados 13 ☎ 58 59 80 – AE E VISA. – Com carta 890 a 2 095. X **v**

en Teo – por la carretera de La Estrada C 541 por ③ – ✉ Santiago de Compostela – ☎ 981 :

Santiago sin rest, con cafetería, urbanización Jardines de Compostela ☎ 59 79 72, ← – AE E VISA. – Com 900/1 200 – 250 – **84 hab** 2 500/4 250.

en la carretera N 550 por ④ : 8,5 km – ✉ Osebe – ☎ 981 :

Pampin, ☎ 81 01 70, ← – P. AE E VISA. – Com carta 1 050 a 1 900.

en Labacolla - carretera del aeropuerto por ② : 9 km – ✉ Santiago de Compostela – ☎ 981 :

Ruta Jacobea, ☎ 59 94 73 – P. AE E VISA. – Com carta 1 025 a 2 150.

S.A.F.E. Neumáticos MICHELIN, Sucursal, Polígono El Tambre-Parcela 208 ☎ **58 02 57 y 58 84 10**

AUSTIN-MG-MORRIS-MINI, FORD av. Romero Donallo 84 ☎ 59 14 00
CITROEN carret. N 550 km 59 ☎ 58 15 61
RENAULT av. Rosalía de Castro 158 ☎ 59 19 94
SEAT-FIAT La Rocha 8-carret. N 550 km 66,5 ☎ 59 21 25
TALBOT Doctor Teijeiro 33 ☎ 59 26 42

SANTIAGO DE LA RIBERA Murcia 445 S 27 – ☎ 968 – Playa.

♦Madrid 438 – ♦Alicante 76 – Cartagena 37 – ♦Murcia 48.

Ribera, explanada de Barnuevo 10 ☎ 57 02 00, ← – wc wc. VISA. rest – *16 marzo-15 octubre* – Com 450/640 – 130 – **38 hab** 1 100/2 000 – P 2 050/2 300.

Lido, Conde Campillo 1 ☎ 57 07 00, ← – wc wc. rest – Com 550 – 145 – **32 hab** 1 200/2 300 – P 2 395/2 445.

La Parra, av. Sandoval 19 ☎ 57 02 08 – *cerrado miércoles* – Com carta 900 a 1 450.

RENAULT av. del Mar Menor 1 ☎ 57 03 26

SANTILLANA DEL MAR Cantabria 42 ① y 990 ⑤ – 3 813 h. alt. 82 – ☎ 942.
Ver : Pueblo pintoresco★★ : Colegiata★ (interior : cuatro Apóstoles★, retablo★ ; claustro★ : capiteles★★).
Alred. : Cueva prehistórica de Altamira (techo★★) SO : 2 km).
pl. Ramón Pelayo ☎ 81 82 51.
♦Madrid 393 – ♦Bilbao 130 – ♦Oviedo 171 – ♦Santander 30.

Parador Nacional Gil Blas, pl. Ramón Pelayo 11 ☎ 81 80 00, « Antigua casa señorial » – P. AE E VISA.
Com 1 100 – 300 – **24 hab** 3 600/4 500.

Los Infantes sin rest, con cafetería, av. Le Dorat 1 ☎ 81 81 00, « Bonita fachada de época » – wc wc.
230 – **30 hab** 2 400/3 500.

Altamira, Cantón 1 ☎ 81 80 25, « Casa señorial del siglo XVII » – wc. AE E VISA.
abril-enero – Com 600 – 200 – **27 hab** 1 300/2 400 – P 2 390/2 490.

Los Blasones, pl. de Gándara ☎ 81 80 70 – VISA.
cerrado domingo noche excepto verano y del 1 al 15 noviembre – Com carta 910 a 2 150.

SANT JULIA DE LORIA Andorra 43 ⑥ y 990 ⑨ – ver Andorra (Principado de).

SANT LLORENÇ DE MORÚNYS Lérida 43 ⑥ y 990 ⑲ – ver San Lorenzo de Morúnis.

SANTO DOMINGO DE LA CALZADA La Rioja 42 ⑬ y 990 ⑥ – 5 722 h. alt. 639 – ☎ 941.
Ver : Catedral★ (retablo mayor★).
Alred. : Nájera : monasterio de Santa María la Real★ (claustro★, iglesia : panteón real★, sepulcro de Blanca de Navarra★ – coro alto★ : sillería★) E : 21 km – San Millan de la Cogolla : monasterio de Yuso (marfiles tallados★) SE : 20 km.
♦Madrid 310 – ♦Burgos 67 – ♦Logroño 47 – ♦Vitoria 65.

Parador Nacional, pl. del Santo 3 ☎ 34 03 00, Instalado en el antiguo hospital para peregrinos – AE E VISA.
Com 1 100 – 300 – **27 hab** 3 200/4 000.

Santa Teresita, General Mola 2 ☎ 34 07 00, Regido por religiosas cistercienses – wc
78 hab.

El Rincón de Emilio, pl. Bonifacio Gil 7 ☎ 34 09 90 –
cerrado febrero y martes noche excepto verano – Com carta 775 a 1 600.

Mesón El Peregrino, Zumalacárregui 18 ☎ 34 02 02, Decoración rústica – .

CITROEN-PEUGEOT av. Cuerpo Obras Públicas ☎ 34 01 54
FORD carret. de Logroño km 43 ☎ 34 02 06
RENAULT av. Cuerpo Obras Públicas ☎ 34 00 92
SEAT av. Cuerpo Obras Públicas ☎ 34 07 43
TALBOT av. Cuerpo Obras Públicas ☎ 34 09 00

SANTO DOMINGO DE SILOS (Monasterio de) Burgos 990 ⑮⑯ – ☎ 947.
Ver : Monasterio★★ (claustro★★).
Alred. : Garganta de la Yecla★ E : 5 km.
♦Madrid 203 – ♦Burgos 58 – Soria 99.

Tres Coronas de Silos, pl. Mayor 6 ☎ 38 00 25, « Bonito conjunto castellano » – wc wc. VISA
Com 1 100 – 250 – **16 hab** 1 600/2 900 – P 2 850/2 975.

SANTO TOMÁS Baleares 43 ⑩⑳ – ver Baleares (Menorca) : San Cristóbal.

SANTO TOMÉ DEL PUERTO Segovia – 455 h.
♦Madrid 100 – Aranda de Duero 61 – ♦Segovia 54.

Mirasierra, carret. N I ☎ 6 Cerezo de Abajo – wc P
16 hab.

SANT PERE DE RIBES Barcelona 43 ⑰ – ver San Pedro de Ribas.

SANT POL DE MAR Barcelona 43 ⑱⑲ y 990 ⑳ – ver San Pol de Mar.

SANT QUIRZE DE BESORA Barcelona 43 ⑧ y 990 ⑳ – ver San Quirico de Besora.

SANT QUIRZE SAFAJA Barcelona 43 ⑱ y 990 ⑲⑳ – ver San Quirico Safaja.

SANTURCE Vizcaya 42 ③ y 990 ⑥ – 52 924 h. – ☎ 94.
♦Madrid 411 – Bilbao 15 – ♦Santander 97.

Kai-Alde, Capitán Mendizábal 7 ☎ 461 00 34 – AE E VISA
cerrado lunes noche – Com carta 1 270 a 2 390.

CITROEN-PEUGEOT Doctor Fleming 21 ☎ 461 38 41
RENAULT Mamariga 22 ☎ 461 33 00
SEAT Sabino Arana 22 ☎ 461 82 63

SAN VICENTE DE LA BARQUERA Cantabria 990 ⑤ – 3 992 h. – ✆ 942 – Playa.
Ver : Centro veraniego★.
Alred. : Carretera de Unquera ≤★.
av. de Antonio Garelly 9 ✆ 297.
♦Madrid 421 – Gijón 131 – ♦Oviedo 141 – ♦Santander 64.

- **Boga-Boga,** pl. José Antonio 9 ✆ 71 01 35 – wc. AE VISA.
  cerrado 25 noviembre-25 diciembre – Com *(cerrado martes de octubre a mayo)* carta 935 a 1 460 – 200 – **18 hab** 2 375/2 675 – P 3 075/4 110.
- **Miramar**, La Barquera N : 1 km ✆ 71 00 75, ≤ – wc.
  marzo-15 diciembre – Com 750 – 200 – **15 hab** 1 900/2 400 – P 2 600/3 300.
- **Luzón** sin rest, av. Miramar ✆ 71 00 50, ≤ – wc wc.
  150 – **30 hab** 1 400/1 900.
- **Maruja,** av. Generalísimo ✆ 71 00 77 – AE E
  Com carta 850 a 1 450.

SAN VICENTE DEL MAR Pontevedra – ver El Grove.

EL SARDINERO Cantabria 42 ① – ver Santander.

SARDÓN DE DUERO Valladolid – 623 h.
♦Madrid 208 – Aranda de Duero 66 – ♦Valladolid 26.

- **Sardón,** carret. N 122 ✆ 7 – rest wc wc. AE E VISA.
  Com 650/850 – 100 – **13 hab** 900/1 400 – P 2 100/2 450.

S' ARGAMASA (Urbanización) Baleares 43 ⑱ – ver Baleares (Ibiza) : Santa Eulalia del Río.

SA RIERA Gerona 43 ⑨⑩ – ver Bagúr.

SARRIÁ Lugo 990 ③ – 12 023 h. alt. 420 – ✆ 982.
♦Madrid 491 – Lugo 32 – Orense 81 – Ponferrada 109.

- Litmar, av. Calvo Sotelo 141 ✆ 53 00 46.

CITROEN carret. de Lugo ✆ 53 07 85
FORD Marqués de Ugena 45 ✆ 53 03 55
RENAULT carret. Monforte-Pacios ✆ 53 10 85
SEAT Matías López ✆ 53 00 19
TALBOT Vázquez Queipo 16 ✆ 53 06 37

SAUCA Guadalajara 990 ⑯ – 100 h. – ✆ 911.
♦Madrid 129 – Alcolea del Pinar 6 – Guadalajara 73.

en la carretera N II SO : 3 km – ✉ Sauca – ✆ 911 :

- **Motel Sauca,** 39 02 12 – wc wc. E VISA. rest
  Com 750 – 175 – **50 hab** 1 750 – P 2 000.

SAX Alicante 445 Q 27 – 6 544 h. alt. 526 – ✆ 965.
Alred. : Villena (museo arqueológico : tesoro★) NO : 15 km.
♦Madrid 368 – ♦Albacete 121 – ♦Alicante 50 – ♦Murcia 93.

- **El Molino** con hab, Jaime I El Conquistador 34 ✆ 47 48 42, Conjunto de estilo rústico, , – wc.
  Com 600 – 175 – **8 hab** 1 300/2 000 – P 2 675/3 375.

SEGOVIA P 990 ⑮ y ㉙ – 47 701 h. alt. 1 005 – ✆ 911 – Plaza de toros.
Ver : Emplazamiento★★ – Ciudad Vieja★★ BX : Catedral★★ AY (claustro★, tapices★) – Acueducto romano★★★ BY – Alcázar★ AX – Monasterio de El Parral★ BX – Plaza de San Martín★ BY **33** (iglesia de San Martín★).
Alred. : la Granja de San Ildefonso★ : Palacio (museo de tapices★★, jardines★★, surtidores★★) SE : 11 km por ③ – Palacio de Riofrío★ S : 11 km por ⑤.
pl. General Franco 10 ✆ 41 16 02 – R.A.C.E. pl. de San Martín 1 ✆ 41 36 97.
♦Madrid 87 ④ – ♦Ávila 65 ⑤ – ♦Burgos 197 ② – ♦Valladolid 110 ①.

Plano página siguiente

- **Los Linajes** sin rest, Dr Velasco 9 ✆ 41 55 78 – . AE E VISA. BX **p**
  250 – **55 hab** 2 300/3 850.
- **Gran Vía** sin rest, paseo Ezequiel González 24 ✆ 42 73 61 – . AE E VISA AZ **b**
  210 – **58 hab** 1 940/3 420.
- **Acueducto,** av. del Padre Claret 10 ✆ 42 48 00 – rest wc wc. E VISA. rest
  Com 800 – 200 – **77 hab** 1 850/2 800 – P 2 930/3 380. BY **v**
- **Las Sirenas** sin rest, Juan Bravo 30 ✆ 41 18 97 – wc. AE E VISA BY **t**
  150 – **39 hab** 1 650/2 500.

sigue →

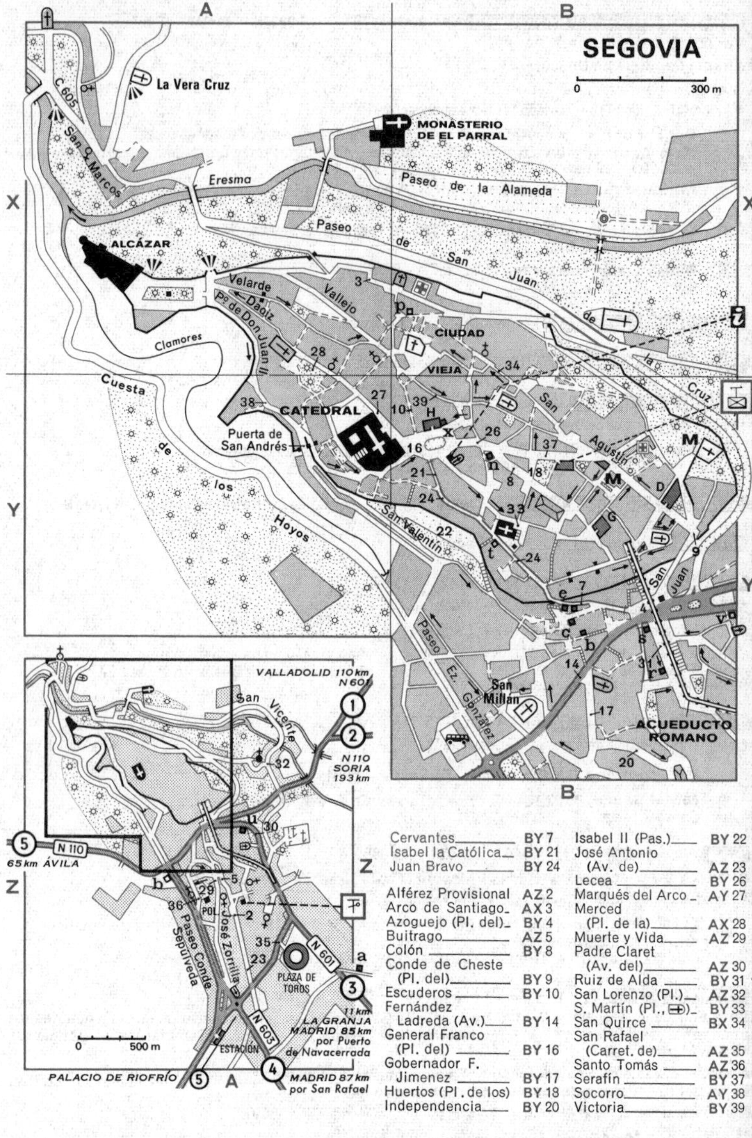

XXX **Mesón de Cándido,** pl. Azoguejo 5 ☎ 42 81 02, « Casa del siglo XV, decoración segoviana » – ▤. AE O E VISA — BY **s**
Com carta 1 080 a 2 240.

XX **Duque,** Cervantes 12 ☎ 41 17 07, « Decoración segoviana » – ▤. AE O VISA — BY **e**
Com carta 1 025 a 2 055.

X **Solaire,** Santa Engracia 3 ☎ 41 34 19 – AE VISA. ✂ — BY **c**
Com carta 900 a 2 100.

X **Oficina,** Cronista Lecea 10 ☎ 41 14 88, Decoración segoviana – AE O E VISA — BY **n**
cerrado martes y noviembre – Com carta 825 a 1 750.

X **El Cordero,** Carmen 4 ☎ 41 32 49 – ▤. AE VISA — BY **b**
Com carta 1 100 a 2 100.

✗ **Mesón de los Gascones,** av. del Padre Claret 16 ☎ 42 10 95 – ▤. VISA. ✻ AZ **u**
Com carta 975 a 2 025.

✗ **El Bernardino,** Cervantes 2 ☎ 41 31 75 – AE ⓓ E VISA BY **e**
Com carta 900 a 1 775.

✗ **Solaire 2,** carret. de Palazuelos 7 ☎ 42 10 63 – Ⓟ. AE VISA. ✻ AZ **a**
Com carta 840 a 1 925.

✗ **César,** Ruiz de Alda 10 ☎ 42 81 01 – AE ⓓ. ✻ BY **r**
cerrado miércoles y noviembre – Com carta 950 a 2 225.

✗ **La Taurina,** pl. Mayor 8 ☎ 41 23 01, Decoración segoviana – AE ⓓ E VISA. ✻ BY **x**
Com carta 945 a 1 620.

en la carretera N 110 por ② – ✉ Segovia – ✆ 911 :

Puerta de Segovia ⛱, 2,8 km ☎ 41 46 81, ⛱, ✗ – |⇕| ▤ rest Ⓟ. AE ⓓ VISA. ✻ rest
Com 925 – ☕ 200 – **100 hab** 2 000/3 000 – P 3 240/3 740.

Venta Magullo ⛱, 2,5 km ☎ 41 20 85 – ▥ ⎍wc Ⓟ. VISA. ✻
Com 450 – ☕ 100 – **28 hab** 950/1 500.

en la carretera N 601 por ① : 3 km – ✉ Segovia – ✆ 911 :

Parador Nacional Ⓜ ⛱, ☎ 41 50 90, ≤ Segovia y sierra de Guadarrama, Decoración moderna, « Bonito césped », ⛱, ⛱ – |⇕| ▤ ⛟ Ⓟ – ⛱. AE ⓓ E VISA. ✻
Com 1 100 – ☕ 300 – **80 hab** 3 600/4 500.

CITROEN-PEUGEOT Guadarrama 15 - Polígono Industrial ☎ 42 14 05
FIAT-SEAT carret. Madrid - Polígono Industrial ☎ 42 24 74
FORD Peñalara 10 - Polígono Industrial El Cerro ☎ 42 35 54
MERCEDES-BENZ Navacerrada - P 130 (Polígono El Cerro) ☎ 42 76 11
RENAULT Peñalara 2 - Polígono Industrial ☎ 42 26 81
TALBOT av. de San Rafael 42 ☎ 42 16 26

SEGUR DE CALAFELL Tarragona 43 ⑰ – ver Calafell.

SELLÉS o **CELLERS** Lérida 43 ⑤ – alt. 325 – ✆ 973.
♦Madrid 551 – ♦Lérida 82.

Del Lago, carret. C 147 ☎ 65 03 50, ≤, ⛱ – ▥ ⛀wc ⎍ Ⓟ. VISA
Com 475/550 – ☕ 150 – **19 hab** 475/1 200 – P 1 510.

La SENIA Tarragona 990 ⑱ – ver La Cenia.

SEO DE URGEL o **La SEU D'URGELL** Lérida 43 ⑥ y 990 ⑲ – 9 871 h. alt. 700 – ✆ 973 – ver aduanas p. 14 y 15.

Ver : Catedral de Santa María★★ (claustro★, museo diocesano : Beatus★).

ℹ paseo de José Antonio ☎ 35 00 10 y 35 09 91.
♦Madrid 602 – ♦Andorra la Vella 20 – ♦Barcelona 200 – ♦Lérida 133.

Parador Nacional de la Seo de Urgel, Santo Domingo ☎ 35 20 00, ⛱ – |⇕| ▤ ⛟. AE ⓓ E VISA. ✻
Com 1 100 – ☕ 300 – **85 hab** 3 200/4 000.

Resid. y Rest. Nice, av. Pau Claris 4 ☎ 35 21 00 – |⇕| ▥ ⛀wc ☎ Ⓟ. ⓓ E VISA. ✻ hab
Com *(cerrado viernes y febrero)* 700 – ☕ 200 – **40 hab** 1 200/2 100.

Mundial, San Odon 2 ☎ 35 00 00 – |⇕| ▥ ⛀wc ⎍wc ☎. VISA
Com 700/800 – ☕ 175 – **80 hab** 1 200/1 900 – P 2 300/2 400.

Duc d'Urgell sin rest y sin ☕, José de Zulueta 43 ☎ 35 21 95 – |⇕| ▥ ⛀wc ⎍wc ⛟. VISA. ✻
36 hab 1 000/1 800.

Cadí, José de Zulueta 6 ☎ 35 01 50 – |⇕| ▥ ⎍wc ☎
Com 800/1 000 – ☕ 150 – **40 hab** 1 000/1 900 – P 2 400.

en Castellciutat SO : 1 km – ✉ La Seu d'Urgell – ✆ 973 :

Castell Motel Ⓜ ⛱, carret. C 1313 ☎ 35 07 04, ≤ valle, Seo de Urgel y montañas, « ⛱ rodeada de un bonito césped » – ▤ rest Ⓟ. VISA. ✻ rest
Com *(cerrado lunes mediodía del 15 enero al 15 febrero)* carta 1 275 a 2 400 – ☕ 250 – **39 hab** 2 250/3 500.

La Glorieta ⛱, ☎ 35 10 45, ≤ valle y montañas, ⛱ – ▥ ⛀wc ⎍wc Ⓟ. ⓓ. ✻
Com *(cerrado miércoles)* 1 000 – ☕ 300 – **11 hab** 1 000/2 000 – P 2 600.

en Montferrer – ✉ La Seu d'Urgell – ✆ 973 :

Motel K 05, SO : 2 km carret. C 1313 ☎ 35 13 31, ≤ – ▥ ⎍wc ☎ Ⓟ
40 hab.

✗ **La Borda,** SO : 2,5 km carret. C 1313 ☎ 35 19 10, Decoración rústica, Carnes a la brasa – Ⓟ. VISA. ✻
cerrado martes y junio-julio – Com carta 900 a 1 750.

sigue →

en Alás E : 5 km por carretera de Puigcerdá – ✉ La Seu d'Urgell – ☎ 973 :

✕ Dolcet, ☎ 35 20 16 – Ⓟ.

CITROEN Paseo del Parque 106, pasaje 2 y 4 ☎ 35 05 40
FIAT-SEAT carret. Lérida - Puigcerdá ☎ 35 10 58
FORD carret. Lérida ☎ 35 12 58
RENAULT av. Guillermo Graell 22 ☎ 35 03 22
TALBOT av. Valira 5 ☎ 35 05 40

SEPÚLVEDA Segovia 990 ⑮ – 1 759 h. alt. 1 014 – ☎ 911.

Ver : Emplazamiento★.

♦Madrid 123 – Aranda de Duero 52 – ♦Segovia 59 – ♦Valladolid 107.

✕ **Cristóbal,** Conde Sepúlveda 9 ☎ 54 01 00 –
cerrado martes y 25 septiembre-25 octubre – Com carta 815 a 1 950.

SEQUEROS Salamanca 990 ⑬ – 430 h. – ☎ 923.

♦Madrid 298 – ♦Ávila 192 – Ciudad Rodrigo 55 – Plasencia 109 – ♦Salamanca 82.

Sequeros, carret. de Ciudad Rodrigo ☎ 40 21 54 (ext. 50), ≤, – wc Ⓟ
19 hab.

SERRADUY Huesca 42 ⑲⑳ – 80 h. alt. 917 – ☎ 974.

Alred. : Roda de Isábena (enclave★ montañoso, Catedral : sepulcro de San Ramón★) S : 6 km.

♦Madrid 508 – Huesca 118 – ♦Lérida 100.

Casa Peix, ☎ 54 07 38 – wc wc Ⓟ
temp. – **26 hab**.

El SERRAT Andorra 43 ⑥ y 990 ⑨ – ver Andorra (Principado de).

SES FIGUERES Baleares 43 ⑱ – ver Baleares (Ibiza) : Ibiza.

SES FIGUERETAS Baleares – ver Baleares (Ibiza) : Ibiza.

S'ESTANYOL Baleares 43 ⑰ – ver Baleares (Ibiza) : San Antonio Abad.

SETCASAS Gerona 43 ⑧ y 990 ⑳ – 146 h.

♦Madrid 710 – ♦Barcelona 138 – Gerona 91.

La Coma, ☎ 74 05 58, ≤, – wc Ⓟ
14 hab.

Tiranda, Nuria ☎ 74 05 74, ≤ – wc wc Ⓟ
30 hab.

Ter, Font de la Juste ☎ 74 05 94, ≤ – wc Ⓟ
27 hab.

✕ Can Jepet, ≤ – Ⓟ.

La SEU D'URGELL Lérida 43 ⑥ y 990 ⑲ – ver Seo de Urgel.

En esta guía,
un mismo símbolo en rojo o en negro, una misma palabra en fino o en grueso, no significan lo mismo.
Lea atentamente los detalles de la introducción (pág. 16 a 23).

SEVILLA P 446 T 11 12 – 590 235 h. alt. 12 – ☎ 954 – Plaza de toros.

Ver : Catedral★★★ CV – Giralda★★★ (≤★★) CV – Reales Alcázares★★★ (jardines★★, cuarto del Amirante : retablo de la Virgen de los Mareantes★) CX – Parque de María Luisa★★ S – Museo de Bellas Artes★★ AU **M1** – Barrio de Santa Cruz★ CV – Casa de Pilatos★★ (azulejos★★) DV **R** – Museo Arqueológico (colecciones romanas★) S **M2**.

Alred. : Itálica ≤★ 9 km por ⑤.

9 y Hipódromo del Club Pineda por ③ : 3 km ☎ 61 14 00.

de Sevilla -San Pablo por ① : 14 km ☎ 51 63 32 – Iberia : Almirante Lobo 2, ✉ 1 ☎ 21 88 00.

☎ 22 03 70.

para Canarias : Cia Aucona, Niebla 12 ✉ 11, ☎ 27 05 03, Telex 72338 BX **A**.

av. de la Constitución ✉ 3 ☎ 22 14 04 y pl. de los Marineros Voluntarios ✉ 12 ☎ 23 44 65 – **R.A.C.E.** (R.A.C. de Andalucía) av. Eduardo Dato 22, ✉ 5 ☎ 63 13 50.

♦Madrid 536 ① – ♦La Coruña 960 ⑤ – ♦Lisboa 411 ⑤ – ♦Málaga 207 ② – ♦Valencia 655 ①.

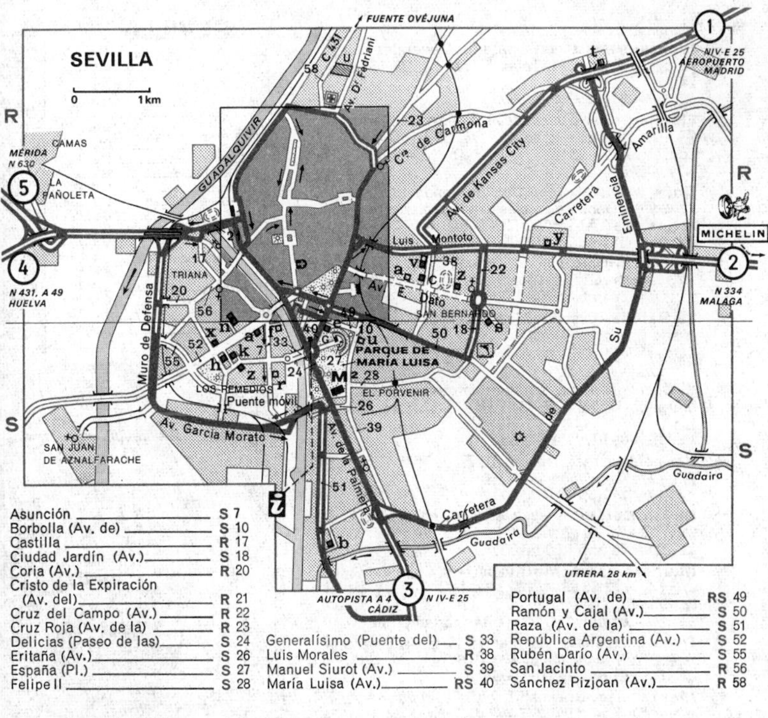

Asunción ____ S 7
Borbolla (Av. de) ____ S 10
Castilla ____ R 17
Ciudad Jardín (Av.) ____ S 18
Coria (Av.) ____ R 20
Cristo de la Expiración (Av. del) ____ R 21
Cruz del Campo (Av.) ____ R 22
Cruz Roja (Av. de la) ____ R 23
Delicias (Paseo de las) ____ S 24
Eritaña (Av.) ____ S 26
España (Pl.) ____ S 27
Felipe II ____ S 28

Generalísimo (Puente del) ____ S 33
Luis Morales ____ R 38
Manuel Siurot (Av.) ____ S 39
María Luisa (Av.) ____ RS 40

Portugal (Av. de) ____ RS 49
Ramón y Cajal (Av.) ____ S 50
Raza (Av. de la) ____ S 51
República Argentina (Av.) ____ S 52
Rubén Darío (Av.) ____ S 55
San Jacinto ____ R 56
Sánchez Pizjoan (Av.) ____ R 58

Alfonso XIII, San Fernando 2, ✉ 4, ☎ 22 28 50, Telex 72725, « Majestuoso edificio de estilo andaluz », 🏊, 🌳 – |⇕| ▤ 🅟 – 🏛. AE ⓓ E VISA. ✂ — CX **c**
Com 1 800 – ☕ 400 – **140 hab** 7 000/9 500 – P 7 950/10 200.

Los Lebreros Ⓜ, Luis Morales 2, ✉ 5, ☎ 25 19 00, Telex 72772, 🏊 – |⇕| ▤ 🚗 – 🏛. AE ⓓ E VISA — R **v**
Com 1 450 – ☕ 450 – **439 hab** 5 000/7 500 – P 6 430/7 680.

Luz Sevilla, Martín Villa 2, ✉ 3, ☎ 22 29 91, Telex 72112 – |⇕| ▤ 🚗 – 🏛. AE ⓓ E VISA. ✂ — BU **f**
Com 1 800 – ☕ 350 – **142 hab** 5 500/7 500 – P 7 105/8 855.

Porta Coeli Ⓜ sin rest, con cafetería, av. Eduardo Dato 49, ✉ 5, ☎ 25 18 00, Telex 72913 – |⇕| ▤ 🅟 – 🏛. AE ⓓ E VISA. ✂ — R **a**
☕ 260 – **246 hab** 4 250/7 280.

Colón, Canalejas 1, ✉ 1, ☎ 22 29 00, Telex 72726 – |⇕| ▤. AE ⓓ E VISA — AV **m**
Com 1 350 – ☕ 280 – **262 hab** 3 000/5 000 – P 4 880/5 380.

Macarena, San Juan de Ribera 2, ✉ 9, ☎ 37 57 00, Telex 72815, 🏊 – |⇕| ▤ 🚗 – 🏛. AE ⓓ E VISA. ✂ — DT **a**
Com 1 350 – ☕ 300 – **300 hab** 3 275/4 620 – P 5 310/6 275.

Inglaterra, pl. Nueva 7, ✉ 1, ☎ 22 49 70, Telex 72244 – |⇕| ▤ 🚗. AE ⓓ E VISA. ✂ — BV **a**
Com 1 250 – ☕ 275 – **120 hab** 5 625/8 500 – P 6 600/7 975.

Pasarela Ⓜ sin rest, av. de la Borbolla 11, ✉ 4, ☎ 23 19 80, Telex 72486 – |⇕| ▤ 🚗. AE ⓓ E VISA. ✂ — S **u**
☕ 275 – **82 hab** 3 400/5 000.

Resid. y Rest. Fernando III, San José 21, ✉ 4, ☎ 21 77 08, Telex 72491, 🏊 – |⇕| ▤ 🚗 – 🏛. AE ⓓ VISA. ✂ — CV **z**
Com 1 000 – ☕ 225 – **156 hab** 2 200/3 400.

América Ⓜ sin rest, con cafetería, pl. del Duque 11, ✉ 2, ☎ 22 09 51, Telex 72709 – |⇕| ▤. ⓓ E VISA. ✂ — BU **h**
☕ 200 – **100 hab** 1 875/3 160.

Bécquer sin rest, Reyes Católicos 4, ✉ 1, ☎ 22 89 00, Telex 72884 – |⇕| ▤. AE ⓓ E VISA. ✂ — AV **s**
☕ 200 – **126 hab** 2 500/4 000.

Nuevo Lar, pl. Carmen Benítez 3, ✉ 3, ☎ 36 07 00, Telex 72816 – |⇕| ▤ 🚗 – 🏛. ⓓ E VISA. ✂ rest — DV **v**
Com 1 000 – ☕ 225 – **137 hab** 3 000/4 000 – P 3 800/4 800.

Alcázar sin rest, con cafeteria, Menéndez Pelayo 10, ✉ 4, ☎ 23 19 91, Telex 72153 – |♦| ▤. AE ⓓ E VISA DX **u**
200 – **93 hab** 2 450/3 300.

Fleming, Sierra Nevada 3, Puerta de Carmona, ✉ 3, ☎ 41 66 61 – |♦| ▤ Ⓟ – ♿. AE E VISA. ✂ DV **y**
Com 1 050 – 220 – **90 hab** 2 200/3 600 – P 3 750/4 150.

Doña María sin rest, Don Remondo 19, ✉ 4, ☎ 22 49 90, « Decoración clásica elegante-terraza con ≤ Giralda », – |♦| ▤. AE ⓓ VISA. ✂ CV **b**
275 – **61 hab** 2 975/4 950.

Montecarmelo sin rest, Turia 9, ✉ 11, ☎ 27 10 04 – |♦| ▤. AE VISA. ✂ S **f**
200 – **68 hab** 1 900/3 100.

La Rábida, Castelar 24, ✉ 1, ☎ 22 09 60 – |♦| wc wc ☎. ✂ rest BV **d**
Com 700 – 150 – **90 hab** 1 400/2 600 – P 2 600/2 800.

El Corregidor sin rest, con cafeteria a mediodia, Morgado 17, ✉ 2, ☎ 38 51 11 – |♦| wc ☎. AE VISA CT **g**
175 – **69 hab** 1 900/3 500.

Venecia sin rest, Trajano 31, ✉ 2, ☎ 38 11 61 – |♦| ▤ wc wc ☎. VISA BU **n**
210 – **24 hab** 1 800/3 100.

Reyes Católicos sin rest, Gravina 57, ✉ 1, ☎ 21 12 00 – |♦| ▤ wc ☎. AE ⓓ E VISA AV **n**
200 – **26 hab** 1 800/3 000.

Murillo y apart. Murillo sin rest, Lope de Rueda 9, ✉ 4, ☎ 21 60 95 – |♦| wc ☎ – ♿. AE ⓓ E VISA. ✂ CV **e**
150 – **61 hab** 1 900/3 000 **14 apartamentos**.

Ducal sin rest, pl. Encarnación 19, ✉ 3, ☎ 21 51 07 – |♦| wc ☎. AE ⓓ E VISA. ✂ CU **b**
150 – **51 hab** 1 900/3 000.

Montecarlo, Gravina 51, ✉ 1, ☎ 21 75 03 – |♦| wc wc ☎. AE ⓓ E VISA. ✂ rest AV **e**
Com 800 – 175 – **26 hab** 1 500/2 600 – P 2 700/2 900.

Sevilla sin rest y sin, Daoiz 5, ✉ 3, ☎ 38 41 61 – |♦| wc ☎. ✂ BU **w**
30 hab 1 800/2 600.

Goya sin rest, Mateos Gago 31, ✉ 4, ☎ 21 11 70 – wc. AE CV **a**
125 – **20 hab** 1 000/1 750.

XXXX **La Almoraima,** Luis Morales 2, ✉ 5, ☎ 25 19 00, Telex 72772 – ▤. AE ⓓ E VISA. ✂ R **v**
cerrado domingo y agosto – Com carta 1 100 a 2 350.

XXX **Paco Ramos** piso 1, Reyes Católicos 25, ✉ 1, ☎ 21 75 85 – ▤. AE E VISA. ✂ AV **c**
cerrado domingo y agosto – Com carta 1 350 a 2 100.

XXX **Or-Iza,** Betis 6, ✉ 10, ☎ 27 95 85, Decoración elegante, Cocina vasca – ▤. AE ⓓ E VISA. ✂ BX **y**
cerrado domingo y agosto – Com carta 1 650 a 3 840.

XXX **Río Grande,** Betis, ✉ 10, ☎ 27 39 56, ≤, « Amplias terrazas a la orilla del río » – ▤. AE E VISA BX **r**
Com carta 1 175 a 2 000.

XXX Figón del Cabildo, pl. del Cabildo, ✉ 1, ☎ 22 01 17 – ▤ BV **e**

XXX El Burladero, José Canalejas 1, ✉ 3, ☎ 22 29 00, Decoración tipica – ▤ AV **m**

XXX Rincón de Curo, Virgen de Luján 45, ✉ 11, ☎ 45 02 38, « Bonita decoración original » – ▤ S **z**

XX **La Raza,** av. Isabel la Católica, ✉ 13, ☎ 23 20 24, ≤, – ▤. AE ⓓ E VISA. ✂ RS **e**
Com carta 1 110 a 2 180.

XX Maitres, av. República Argentina 14, ✉ 11, ☎ 45 68 80 – ▤ S **x**

SEVILLA

Francos	CV	29
Sierpes	BUV	
Tetuán	BV	62
Adriano	ABV	2
Alemanes	CV	3
Almirante Apodaca	CU	4
Almirante Lobo	BX	6
Caballerizas	CV	12
Cabeza Rey Don Pedro	CV	13
Campana	BU	16
Concordia (Pl.)	BU	19
Demetrio de los Rios	DVX	25
Fray Ceferino González	CX	30
García de Vinuesa	BV	32
Gerona	CU	34
Jerez (Puerta de)	CX	36
Julio César	AV	37
Martín Villa	BU	42

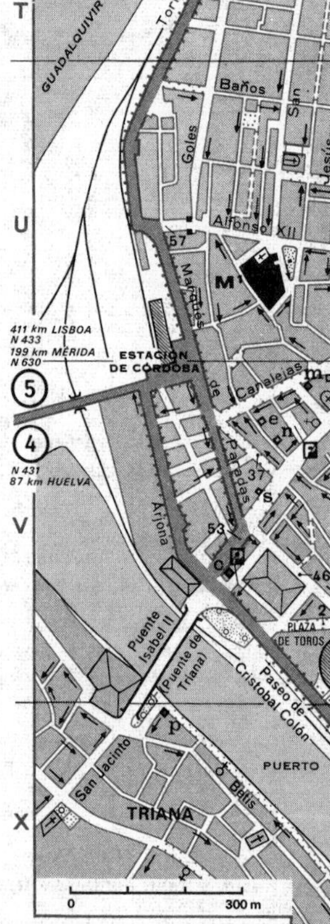

Mateos Gago	CV	43
O'Donnell	BU	45
Pastor y Landero	AV	46
Peñuelas	DU	48
Reyes Católicos	AV	53
Rioja	BUV	54
San Laureano	AU	57
Santa María la Blanca	DV	59
Santo Tomás	CX	61
Triunfo (Pl. del)	CX	63
Velázquez	BU	65

A

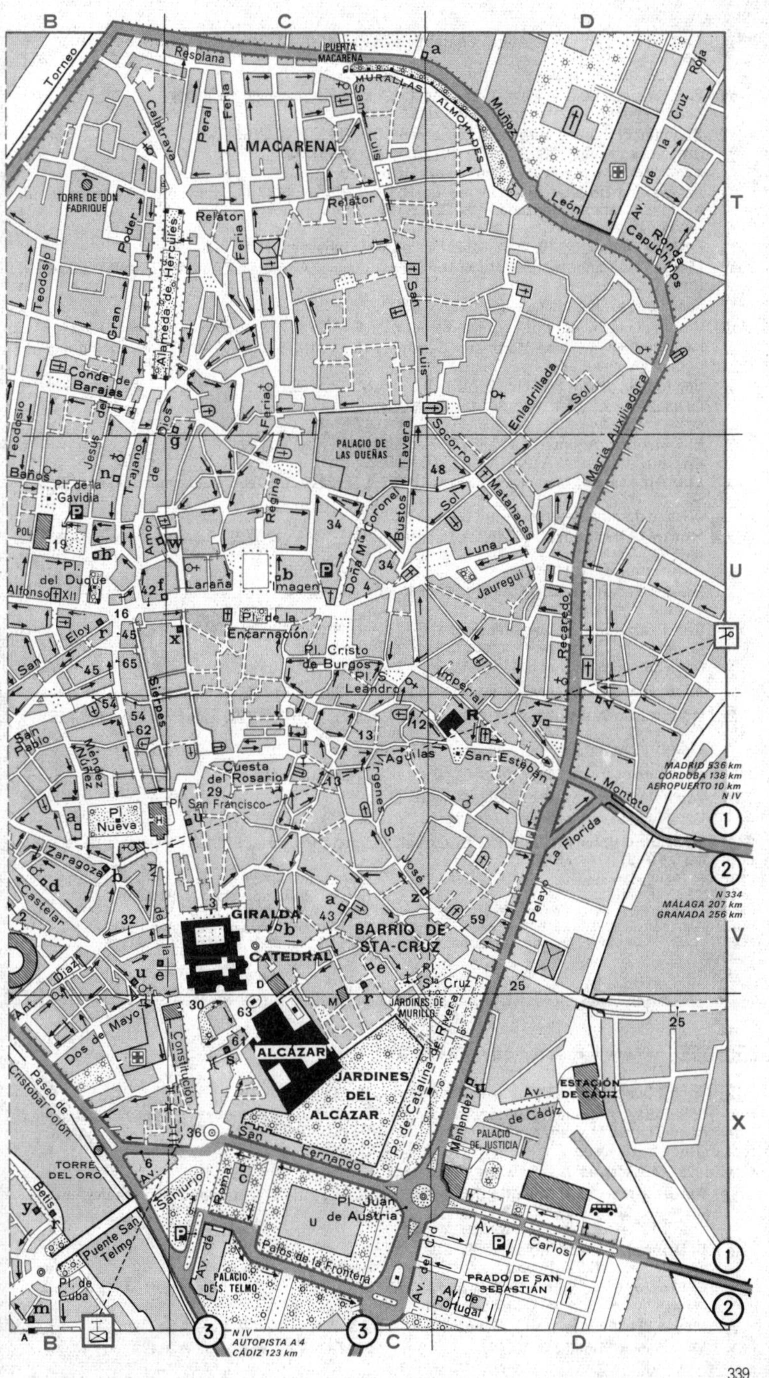
B
C
D
T
U
V
X
LA MACARENA
PUERTA MACARENA
MURALLAS ALMOHADES
TORRE DE DON FADRIQUE
Alameda de Hércules
PALACIO DE LAS DUEÑAS
Pl. de la Encarnación
Pl. Cristo de Burgos
Pl. S. Leandro
Cuesta del Rosario
Pl. San Francisco
Pl. Nueva
GIRALDA
CATEDRAL
BARRIO DE STA-CRUZ
Pl. Sta Cruz
JARDINES DE MURILLO
ALCÁZAR
JARDINES DEL ALCÁZAR
TORRE DEL ORO
PALACIO DE S. TELMO
Pl. Juan de Austria
PALACIO DE JUSTICIA
ESTACIÓN DE CÁDIZ
PRADO DE SAN SEBASTIÁN
Pl. de Cuba
Pl. de la Gavidia
Pl. del Duque
MADRID 536 km
CORDOBA 138 km
AEROPUERTO 10 km
N IV
N 334
MÁLAGA 207 km
GRANADA 256 km
N IV
AUTOPISTA A 4
CÁDIZ 123 km

XX **La Dorada,** Virgen de Aguas Santas 6, ✉ 11, ☎ 45 02 20, Pescados y mariscos – ▤. AE VISA. ✻ S **h**
cerrado domingo y agosto – Com carta 1 200 a 2 440.

XX **San Marco,** Cuna 6, ✉ 4, ☎ 21 24 40, Cocina italiana – ▤. AE ⦶ E VISA CU **x**
cerrado agosto – Com carta 1 270 a 2 180.

XX Bodegón El Riojano, Virgen de la Montaña 12, ✉ 11, ☎ 45 06 82 – ▤ S **k**

XX **Jamaica,** Jamaica 16, ✉ 12, ☎ 61 12 44 – ▤. AE VISA. ✻ S **b**
cerrado domingo noche – Com carta 1 115 a 2 070.

XX La Taberna Dorada, José Luis de Casso 18, ✉ 5, ☎ 65 27 20, Imitación del interior de un barco, Pescados y mariscos – ▤. AE VISA. ✻ R **z**
cerrado domingo noche y agosto.

XX El Mero, Betis 1, ✉ 10, ☎ 33 42 52, Pescados y mariscos – ▤ AX **p**

XX Mesón Doña Julia, av. José María Martínez y Sánchez Arjona 41, ✉ 10, ☎ 27 83 65, Decoración rústica, Carnes – ▤ RS **n**

XX José Luis, av. República Argentina 13, ✉ 11, ☎ 27 70 93 – ▤ S **a**

XX Cetaria, Luis de Morales - edificio Estadio, ✉ 5, ☎ 25 32 73, Pescados y mariscos – ▤ R **c**

X La Tarantella, av. José Martínez y Sánchez Arjona 51, ✉ 10, ☎ 27 53 13, Decoración rústica, Cocina italiana – ▤ S **n**

X San Marco, piso 1, San Eloy 2, ✉ 1, ☎ 22 98 27, ⛱ – ▤ BU **r**

X La Isla, Arfe 25, ✉ 1, ☎ 21 26 31 – ▤. E VISA BV **u**
cerrado agosto.

X **El Entrecot,** Alfonso XI - 10, ✉ 5, ☎ 63 59 47, ⛱ – ▤. VISA. ✻ RS **s**
cerrado lunes noche – Com carta 1 250 a 1 985.

X **Los Alcázares,** Miguel de Mañara 10, ✉ 4, ☎ 21 31 03, Decoración regional – ▤. E VISA. ✻ CX **s**
cerrado domingo – Com carta 1 300 a 2 250.

X **Hostería del Laurel,** pl. de los Venerables 5, ✉ 4, ☎ 22 02 95, Decoración típica – ▤. AE VISA. ✻ CV **r**
Com carta 1 095 a 2 025.

X Enrique Becerra, Gamazo 2, ✉ 1, ☎ 21 30 49 – ▤. VISA. ✻ BV **b**
cerrado domingo.

X **San Francisco,** pl. San Francisco 1, ✉ 1, ☎ 22 20 56 – ▤. VISA. ✻ CV **u**
cerrado lunes y agosto – Com carta 1 050 a 2 050.

X Doña Julia piso 1, Niebla 13, ✉ 11, ☎ 27 76 38 – ▤ BX **m**

en la carretera de Málaga por ② : 3,5 km – ✉ Sevilla 7 – ☏ 954 :

⌂ **Itálica** piso 2, sin rest y sin ☕, Edificio Casal, ✉ 7, ☎ 51 59 22, Telex 72329 – |‡| ▤ ⊟wc ⋒wc ☎ Ⓟ R **y**
27 hab 1 250/2 150.

en la carretera de Madrid por ① : 5 km – ✉ Sevilla 7 – ☏ 954 :

XX Venta de los Reyes, ☎ 51 34 92, ⛱ – ▤ Ⓟ R **t**

Ver también : ***Alcalá de Guadaira.***

S.A.F.E. Neumáticos MICHELIN, Sucursal, Polígono industrial El Pino - carretera de Málaga por ② km 5,5 ☎ 51 08 44 y 51 49 11

CITROEN Polígono Industrial - carret. Amarilla Parcela 172 ☎ 51 45 11
CITROEN-PEUGEOT av. Dr Fedriani ☎ 37 20 58
FORD Almadén de la Plata 19 ☎ 35 22 84
FORD Luis Montoto 157 (junto Cruzcampo) ☎ 25 46 00
MERCEDES-BENZ autopista San Pablo ☎ 35 92 00
RENAULT Autopista de San Pablo ☎ 36 01 00
SEAT Gaspar Alonso 1 ☎ 23 19 51
TALBOT Autopista de San Pablo ☎ 35 04 50
TALBOT carret. N IV km 550,6 ☎ 69 04 00

En el hotel, no abuse de la radio, puede molestar a sus vecinos.

SIERRA – ver nombre el propio de la Sierra.

SIGÜENZA Guadalajara 990 ⑯ – 6 049 h. alt. 1 070 – ☏ 911.

Ver : Catedral★★ : Interior (puerta★, crucero★★ : presbiterio : púlpitos★ ; capilla del Doncel : sepulcro del Doncel★★ ; girola : Crucifijo★) – Sacristía (techo★, capilla de las Reliquias : cúpula★).

ℹ pl. Obispo Don Bernardo.

♦Madrid 129 – ♦Guadalajara 73 – Soria 96 – ♦Zaragoza 191.

🏰 **Parador Nacional Castillo de Sigüenza** ⛰, ☎ 39 01 00, « Instalado en un castillo medieval » – |‡| ▤ Ⓟ – 🏛. AE ⦶ E VISA. ✻
Com 1 100 – ☕ 300 – **77 hab** 3 200/4 000.

⌂ **El Doncel,** General Mola 1 ☎ 39 10 90 – ▥ ⊟wc ⋒wc. VISA. ✻
Com 650 – ☕ 125 – **16 hab** 1 000/1 800 – P 2 040/2 140.

X **El Motor,** Calvo Sotelo 12 ☎ 39 03 43 – VISA. ✻
cerrado lunes y junio – Com carta 750 a 1 600.

X Mesón El Laberinto, piso 1, General Mola 1 ☎ 39 09 35 – VISA. ✻.

RENAULT carret. de Madrid 2 ☎ 39 07 48
SEAT-FIAT Santa Bárbara ☎ 39 12 41

SILS Gerona 43 ⑨ y 990 ⑳ – 1 776 h. alt. 75 – ✆ 972.
♦Madrid 689 – ♦Barcelona 76 – Gerona 30.

en la carretera N II – ✉ Sils – ✆ 972 :

✗ **Touring** con hab, NE : 3,5 km ☎ 85 30 66, ≤, ✗ – 🛗 ⇔wc ⋒wc Ⓟ
Com 600 – ☐ 190 – **10 hab** 1 110/2 090.

✗ **La Granota,** E : 1,5 km ☎ 85 30 44, « Ambiente típico catalán » – Ⓟ. VISA. ✗
cerrado miércoles y 22 septiembre-21 octubre – Com carta 1 055 a 1 905.

SIMANCAS Valladolid 990 ⑭ – 1 273 h. – ✆ 983.
Ver : Castillo (colección★ de archivos).
♦Madrid 193 – ♦Salamanca 102 – ♦Valladolid 11 – Zamora 85.

en la carretera N 620 SO : 4 km – ✉ Simancas – ✆ 983 :

La Barca, ☎ 59 01 27 – 🛗 Ⓟ – **8 hab**.

SINARCAS Valencia 445 M 26 – 1 381 h. – ✆ 96.
♦Madrid 289 – ♦Albacete 137 – Cuenca 104 – Teruel 93 – ♦Valencia 103

Valencia, carret. de Teruel 2 ☎ 217 00 04 (ext. 14) – 🛗 ⇔wc ⋒wc 🚗
12 hab.

SITGES Barcelona 43 ⑰ y 990 ⑲ – 11 043 h. (incl. Garraf) – ✆ 93 – Playa.
Ver : Localidad veraniega★.
Alred. : Costas de Garraf★ por ②.
18 Club Terramar ☎ 894 05 80 AZ.
pl. Eduardo Maristany ☎ 894 12 30.
♦Madrid 597 ① – ♦Barcelona 43 ② – ♦Lérida 135 ① – Tarragona 53 ③.

Plano página siguiente

Terramar y Rest. Yuca 🔇, passeig Maritim ☎ 894 00 50, ≤, 🏊, 🌳, ✗, 18 – |🛗| ▤ rest – 🏊. ⓓ E VISA. ✗ — AZ **a**
14 mayo-17 octubre – Com 1 100 – ☐ 250 – **209 hab** 2 950/5 200.

Calípolis y Grill La Brasa, passeig Maritim ☎ 894 15 00, Telex 57599, ≤ – |🛗| ▤ – 🏊. AE ⓓ E VISA. ✗ — BZ **a**
25 marzo-octubre – Com carta 1 150 a 2 065 – ☐ 350 – **163 hab** 3 300/5 175.

Antemare 🔇, Tercio Nuestra Señora de Montserrat 48 ☎ 894 06 00, 🏊 – |🛗| 🛗 ⇔wc ☎ Ⓟ. ⓓ E VISA. ✗ — AY **h**
26 marzo-octubre – Com 950 – ☐ 250 – **72 hab** 2 500/4 000 – P 3 600/4 100.

Los Pinos 🔇, passeig Maritim ☎ 894 15 50, Telex 57599, « Césped con 🏊 » – |🛗| 🛗 ⇔wc ☎ Ⓟ. ⓓ E VISA. ✗ rest — AZ **n**
marzo-octubre – Com 1 100 – ☐ 250 – **42 hab** 2 400/3 700 – P 3 750/4 300.

Galeón, San Francisco 44 ☎ 894 06 12, 🏊 – |🛗| ⇔wc ☎. AE ⓓ. ✗ — BZ **u**
mayo-20 octubre – Com 740/1 350 – **47 hab** ☐ 1 240/2 240 – P 2 240/2 470.

Platjador, passeig de la Ribera 35 ☎ 894 03 12 – |🛗| 🛗 ⇔wc ⋒wc ☎. AE ⓓ E VISA. ✗
abril-10 octubre – Com 680 – ☐ 195 – **44 hab** 1 690/2 740 – P 2 680/3 000. — BZ **m**

La Reserva 🔇, passeig Maritim 62 ☎ 894 18 33, ≤, « Jardín con arbolado », 🏊 – 🛗 ⇔wc ⋒wc ☎ Ⓟ. ✗ rest — AZ **z**
mayo-20 septiembre – Com 1 090 – ☐ 250 – **24 hab** 2 320/2 900 – P 3 320/4 190.

Romantic, Sant Isidre 33 ☎ 894 06 43, « Patio-jardín con arbolado » – ⋒wc. E — BZ **b**
Semana Santa-15 octubre – Com 575 – ☐ 225 – **55 hab** 1 300 /2 190 – P 2 015/3 500.

Arcadia 🔇 sin rest, Socias ☎ 894 09 00 – |🛗| ⇔wc ☎ Ⓟ. ⓓ E VISA. ✗ — AY **r**
26 marzo-15 octubre – ☐ 225 – **38 hab** 1 600/2 550.

Brabo, passeig de la Ribera 66 ☎ 894 16 12 – ⇔wc ⋒wc. AE E VISA — BZ **t**
15 marzo-15 octubre – Com 695 – ☐ 225 – **35 hab** 1 100/2 150 – P 2 370/2 470.

Hawai, San Benito 24 ☎ 894 17 22 – ⇔wc ⋒wc. ✗ — BY **g**
15 junio-20 septiembre – Com 660 – ☐ 195 – **29 hab** 1 100/2 050 – P 2 240/2 310.

✗✗✗ El Greco, passeig de la Ribera 72 ☎ 894 29 06, 🌂, « Interior de estilo inglés » – ▤ — BZ **s**

✗✗ Ródenas, Isla de Cuba 8 ☎ 894 44 01 — BZ **y**

✗✗ **Fragata,** passeig de la Ribera 1 ☎ 894 10 86, 🌂 – ▤. AE ⓓ E VISA. ✗ — BZ **p**
Com carta 1 250 a 2 600.

✗✗ **Mare Nostrum,** passeig de la Ribera 60 ☎ 894 33 93, 🌂 – ⓓ. ✗ — BZ **e**
cerrado miércoles y 15 diciembre-15 enero – Com carta 1 175 a 1 820.

✗ **La Masía,** carret. Vva y Geltrú ☎ 894 10 76, Decoración típica – Ⓟ. AE ⓓ E VISA — AY **v**
Com carta 1 075 a 2 350.

✗ **Vivero,** passeig Balmins ☎ 894 21 49, Pescados y mariscos – Ⓟ. ⓓ E VISA — BY **z**
cerrado martes de noviembre a Semana Santa y 3 noviembre-3 diciembre – Com carta 1 150 a 2 125.

✗ **Rafecas "La Nansa",** Carreta 24 ☎ 894 19 27 – ⓓ E VISA — BZ **n**
cerrado martes noche, miércoles y 27 diciembre-4 febrero – Com carta 960 a 2 000.

sigue →

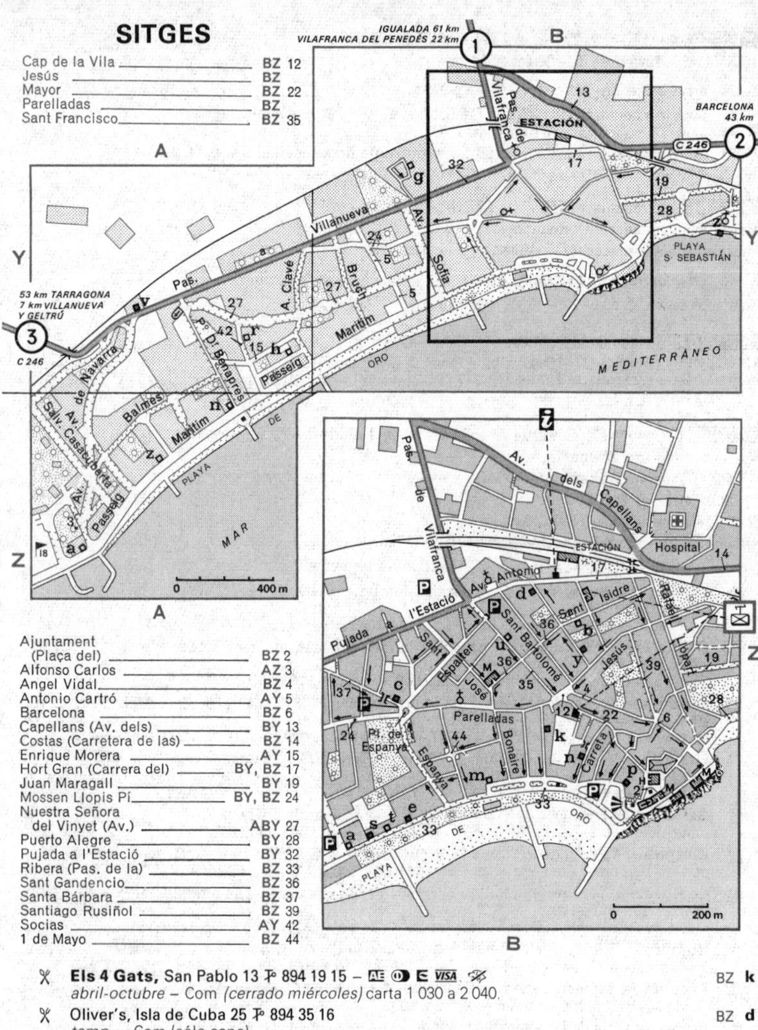

✗ **Els 4 Gats,** San Pablo 13 ☎ 894 19 15 – AE ⓓ E VISA. ✗ — BZ **k**
abril-octubre – Com *(cerrado miércoles)* carta 1 030 a 2 040.

✗ Oliver's, Isla de Cuba 25 ☎ 894 35 16 — BZ **d**
temp. – Com (sólo cena).

✗ D'Angelo, Santa Bárbara 2 ☎ 894 27 45, Cocina italiana – ▤ — BZ **c**

en el puerto deportivo de Aiguadolç por ② : 1,5 km – ✉ Sitges – ☎ 93 :

✗ **Magoa,** Area de Carenage ☎ 894 32 95 – ▤
cerrado miércoles – Com carta 1 120 a 2 725.

CITROEN paseo Villanueva 53 ☎ 894 15 70 — FIAT-SEAT av. Las Flores 24 ☎ 894 03 54

SOLDEU Andorra 43 ⑦ y 990 ⑨ – ver Andorra (Principado de).

SOLSONA Lérida 43 ⑥ y 990 ⑲ – 5 964 h. alt. 664 – ☎ 93.

Ver : Museo diocesano (pinturas★★ románicas y góticas) – Catedral (Virgen del Claustro★).

ℹ Castell 20 ☎ 811 00 50.

♦Madrid 577 – ♦Lérida 108 – Manresa 52.

San Roque, pl. San Roque 2 ☎ 811 00 06 – ▥ ⊟wc. VISA
Com 575 – ☕ 160 – **30 hab** 690/1 285 – P 1 760/1 800.

Vilanova sin rest, pl. Iglesia 3 ☎ 811 04 02 – ▥ ⊟wc. E VISA
☕ 200 – **22 hab** 500/800.

en la carretera de Manresa – Solsona – 933 :

Gran Sol, E : 1 km 811 10 00, – rest . VISA. hab
Com *(cerrado martes)* 650 – 200 – **55 hab** 1 500/2 500 – P 2 525/2 775.

El Pi de Sant Just, con hab, SE : 5 km 811 07 00, – rest wc
15 hab.

AUSTIN-MG-MORRIS-MINI carret. de Manresa 811 00 21
CITROEN carret. de Manresa km 50 811 11 25
RENAULT Puente 811 01 20
SEAT carret. de Basella 11 811 08 60
TALBOT carret. de San Lorenzo 811 06 00

SOL Y NIEVE Granada 446 U 19 alt. 2 080 – Sierra Nevada – 958 – Deportes de invierno.
Madrid 461 – Granada 32.

Meliá Sierra Nevada, 48 04 00, Telex 78507, – – . AE E VISA.
diciembre-abril – Com 1 500 – 400 – **221 hab** 3 750/6 500.

Meliá Sol y Nieve, 48 03 00, Telex 78507, climatizada – . AE E VISA.
diciembre-mayo – Com 1 000 – 325 – **183 hab** 2 100/3 300.

Nevasur sin rest, con cafetería, 48 03 50, Telex 78420, Sierra Nevada y valle –
wc wc
temp. – **50 hab.**

Cunini, Edificio Bulgaria 2 100 48 01 70, , Pescados y mariscos – – *temp.*

Mulhacén, edificio Centro Penibético, , decoración típica regional – *temp.*

Rincón Pepe Reyes, edificio Sol y sierra 48 02 59, – *temp.*

en la carretera del Pico de Veleta SE : 5,5 km – Sierra Nevada – 958 :

Parador Nacional Sierra Nevada , alt. 2 500 48 02 00, – . AE E VISA.
Com 1 100 – 300 – **32 hab** 3 600/4 500.

en la carretera de Granada NO : 10 km – Sierra Nevada – 958 :

El Nogal , 26 47 83, , – wc wc . AE E VISA
Com 895 – 195 – **37 hab** 1 570/2 700 – P 2 900/3 120.

SÓLLER Baleares 43 ⑲ y 990 ㉙ – ver Baleares (Mallorca).

SOMIÓ Oviedo – ver Gijón.

SON SERVERA Baleares 43 ⑳ y 990 ㉚ – ver Baleares (Mallorca).

SON VIDA Baleares 43 ⑲ – ver Baleares (Mallorca) : Palma de Mallorca.

SOPELANA Vizcaya 42 ③ – 4 440 h. – 94.
Madrid 439 – Bilbao 20.

en la playa N : 1 km – Sopelana – 94 :

Gorospar , av. Achabiribil 72 676 06 57 – wc . E. rest
marzo-20 diciembre – Com 550 – 180 – **7 hab** 1 200/1 400 – P 1 725/2 225.

en Larrabasterra O : 1 km – Sopelana – 94 :

Itxas-Alde, carret. Arriatera 676 00 15, – . VISA.
cerrado lunes y 21 diciembre-21 enero – Com carta 2 250 a 3 350.

SORBAS Almería 446 U 23 – 4 611 h. alt. 410.
Ver : Emplazamiento★.
Madrid 548 – Almería 59 – Granada 180 – Murcia 162.

Sorbas sin rest, carret. N 340 34 – wc
200 – **18 hab** 950/1 800.

SORIA P 990 ⑯ – 28 308 h. alt. 1 050 – 975 – Plaza de toros.
Ver : Iglesia de Santo Domingo★ (portada★★) – San Juan de Duero (claustro★) – Catedral de San Pedro (claustro★).
Excurs. : Laguna Negra de Urbión★★★ (carretera★★) NO : 46 km.
pl. Ramón y Cajal 21 20 52 – R.A.C.E. Aduana Vieja 2 21 15 68.
Madrid 226 – Burgos 145 – Calatayud 91 – Guadalajara 170 – Logroño 106 – Pamplona 169.

Alfonso VIII, Alfonso VIII - 10 22 62 11 – wc wc .
Com 850 – 225 – **105 hab** 1 700/2 800.

Parador Nacional Antonio Machado , parque del Castillo 21 34 45, valle del Duero y montañas – wc . AE E VISA.
Com 1 100 – 300 – **14 hab** 2 800/3 500.

sigue →

Caballero sin rest, Eduardo Saavedra 4 ☎ 22 01 00 – wc wc. 220 – **84 hab** 1 700/2 500.

Mesón Leonor, paseo del Mirón ☎ 22 02 50, ← – wc. rest
Com 800 – 200 – **32 hab** 1 450/2 570 – P 2 825/2 990.

Viena sin rest y sin ☕, García Solier 5 ☎ 22 21 09 – wc. VISA
24 hab 950/2 100.

El Arco, Zapatería 23 ☎ 21 11 06 – VISA.
Com carta 870 a 1 950.

Mesón Castellano, pl. General Franco 2 ☎ 21 30 45.

Casa Garrido, Vicente Tudor 8 ☎ 22 20 68 – E VISA.
cerrado miércoles y del 1 al 27 noviembre.

en la carretera N 122 E : 6 km – ✉ Soria – ☎ 975 :

Resid. Cadosa sin rest, ☎ 21 31 43 – wc. VISA.
150 – **76 hab** 2 000.

Venta Valcorba, ☎ 21 34 24.
cerrado lunes – Com 490 – 95 – **18 hab** 660/970 – P 1 955/2 265.

Cadosa, ☎ 21 15 02 – VISA.
Com carta 675 a 1 350.

en la carretera de Burgos y desvío a la derecha, zona de Valonsadero NO : 10 km – ✉ Soria :

Valonsadero, ←.

CITROEN-PEUGEOT Eduardo Saavedra ☎ 22 16 54
FORD av. de Valladolid ☎ 22 06 50
RENAULT av. de Valladolid ☎ 22 04 50
SEAT Eduardo Saavedra 44 ☎ 22 14 50
TALBOT Eduardo Saavedra ☎ 22 17 97

SORT

Lérida 43 ⑥ y 990 ⑲ – 1 526 h. (incl. Llesuy) alt. 720 – ☎ 973.

Alred. : NO : Valle de Llessui** – Madrid 593 – Lérida 136.

Pessets, carret. de Seo de Urgel ☎ 62 00 00, ←, wc wc. rest
cerrado noviembre – Com 675 – 150 – **80 hab** 1 150/2 300 – P 2 300.

RENAULT Dr Pol Aleu 15 ☎ 62 00 86
SEAT carret. Seo de Urgel ☎ 62 01 32

SOS DEL REY CATÓLICO

Zaragoza 42 ⑯ y 990 ⑦ – 1 150 h. alt. 652 – ☎ 948.

Ver : Iglesia de San Esteban* (sillería**, coro*).

Alred. : Uncastillo (iglesia de Santa María : portada Sur**, sillería*, claustro*) SE : 22 km.

Madrid 423 – Huesca 109 – Pamplona 59 – Zaragoza 122.

Parador Nacional Fernando de Aragón, ☎ 88 80 11, ←, Conjunto de estilo aragonés – E VISA.
Com 1 100 – 300 – **66 hab** 2 800/3 500.

SOTILLO DE LA ADRADA

Ávila 990 ⑭⑮ – 2 773 h. alt. 675 – ☎ 91.

Madrid 91 – Ávila 75 – Plasencia 168 – Talavera de la Reina 47.

Nuria, carret. de Casillas ☎ 866 10 00 – wc.
Com 500 – 125 – **21 hab** 1 100/1 500 – P 2 275/2 675.

SEAT Los Prados 5 ☎ 866 03 14
TALBOT Dr Díaz Palacios 89 ☎ 866 00 85

SOTO DE CAMPÓO

Cantabria – ver Reinosa.

SOTO DEL REAL

Madrid 990 ㊴ – 1 021 h. alt. 921 – ☎ 91.

Alred. : Manzanares El Real (castillo*) SO : 8 km.

Madrid 43 – El Escorial 43 – Segovia 58.

Mesón El Soto, carret. de Miraflores ☎ 847 69 70.

SOTOGRANDE

Cádiz 446 X 14 – ☎ 956 – Playa.

18, 18, 9 de Sotogrande ☎ 79 20 50 – 18 Las Aves ☎ 79 27 75.

Madrid 666 – Algeciras 27 – Cádiz 148 – Málaga 111.

Tenis H. Sotogrande, carret. N 340 km 132, ✉ apartado 1, ☎ 79 21 00, Telex 78013, climatizada, 18 9 – **46 hab**.

SOTOPALACIOS

Burgos 42 ⑫ y 990 ⑤ – 212 h. alt. 875 – ☎ 947.

Madrid 255 – Burgos 12 – Santander 143.

Sotopalacios, carret. de Santander N 623 ☎ 44 10 36 – wc – **34 hab**.

SOTOSALBOS

Segovia – 125 h. – ☎ 911.

Madrid 106 – Aranda de Duero 98 – Segovia 19.

A. Manrique, carret. N 110 ☎ 30 Collado Hermoso.

SUANCES Cantabría 42 ① y 990 ⑤ – 5 096 h. – ☎ 942 – Playa.
av. Acacio Gutiérrez ☎ 88 13 27.
Madrid 394 – Bilbao 131 – Oviedo 182 – Santander 31.

en la playa N : 1,5 km – ✉ Suances – ☎ 942 :

Lumar, carret. de Tagle ☎ 81 02 14 – wc wc P. rest
15 junio-15 septiembre – Com 630 – 130 – **30 hab** 1 235/1 800 – P 2 080/2 415.

Sito, av. de la Marina 3 ☎ 81 04 16 –.

SURIA Barcelona 43 ⑦ y 990 ⑲ – 6 922 h. alt. 280 – ☎ 93.
Madrid 596 – Barcelona 80 – Lérida 127 – Manresa 15.

Guilá "Can Pau", Salvador Vancells 19 ☎ 869 51 52 – wc.
Com 550/750 – 225 – **36 hab** (23 con agua fría sólo) 1 000/1 950 – P 2 250/2 500.

RENAULT Pío Macia 27 ☎ 869 59 43

TACORONTE Santa Cruz de Tenerife – ver Canarias (Tenerife).

TAFALLA Navarra 42 ⑮ y 990 ⑦ – 9 693 h. alt. 426 – ☎ 948 – Plaza de Toros.
Ver : Iglesia de Santa María (retablo★).
Alred. : Ujué★ E : 19 km.
Madrid 365 – Logroño 86 – Pamplona 38 – Zaragoza 135.

Tubal piso 1, pl. de Navarra 2 ☎ 70 08 52 –. E
cerrado 22 agosto-3 septiembre – Com carta 850 a 1 325.

en la carretera de Zaragoza N 121 S : 3 km – ✉ Tafalla – ☎ 948 :

Tafalla, ☎ 70 03 00 – rest wc wc P. AE E VISA.
cerrado del 18 al 31 diciembre – Com *(cerrado viernes)* 700 – 200 – **30 hab** 1 400/2 300 – P 2 430/2 680.

AUSTIN-MG-MORRIS-MINI Panueva ☎ 70 01 47
CITROEN-PEUGEOT Polígono Industrial ☎ 70 10 50
RENAULT Polígono Industrial ☎ 70 00 98
SEAT Polígono Industrial ☎ 70 07 92
TALBOT av. Diputación ☎ 70 04 49

TAFIRA ALTA Las Palmas – ver Canarias (Gran Canaria).

TALAMANCA Baleares 43 ⑱ – ver Baleares (Ibiza) : Ibiza.

TALAVERA DE LA REINA Toledo 990 ⑭ ㉔ – 55 350 h. alt. 371 – ☎ 925 – Plaza de toros –
R.A.C.E. Calera 2 ☎ 80 85 57.
Madrid 117 – Ávila 119 – Cáceres 184 – Córdoba 426 – Mérida 225.

Talavera, av. Gregorio Ruiz 18 ☎ 80 02 00 – wc wc. rest
Com 640 – 140 – **80 hab** 1 210/1 980 – P 2 135/2 625.

Perales sin rest, av. Pio XII - 3 ☎ 80 39 00 – wc. VISA
150 – **65 hab** 1 200/1 980.

Auto-Estación, av. de Toledo 1 ☎ 80 03 00 – rest wc. VISA
Com 525 – 145 – **40 hab** 1 130/1 800 – P 1 815/2 000.

El Príncipe, av. del Príncipe 1 ☎ 80 36 47 –.

en la carretera N V O : 3 km – ✉ Talavera de la Reina – ☎ 925 :

Léon, ☎ 80 29 00, – rest wc wc P. E VISA.
Com 750 – 200 – **30 hab** 1 600/2 500 – P 2 350/2 500.

CITROEN-PEUGEOT carret. N V km 118 ☎ 80 11 50
FORD av. de Portugal 84 ☎ 80 42 50
MERCEDES-BENZ av. de Portugal 55 ☎ 80 48 68
RENAULT carret. San Román km 64 ☎ 80 29 16
SEAT carret. Extremadura km 120,7 ☎ 80 11 74
TALBOT carret. Madrid km 115,5 ☎ 80 55 62

TALAYUELA Cáceres 990 ⑭ – 5 740 h. – ☎ 927.
Madrid 192 – Cáceres 136 – Plasencia 57.

Estevez sin rest y sin, Fray Luis de Léon 2 ☎ 55 10 80 – wc P – **17 hab**.

TAMARIU Gerona 43 ⑩ – ver Palafrugell.

TAPIA DE CASARIEGO Oviedo 990 ③ – 5 119 h. – ☎ 985 – Playa.
Madrid 578 – La Coruña 184 – Lugo 99 – Oviedo 143.

Puente de los Santos y Rest. Ría del Eo, carret. N 634 ☎ 62 81 55 – wc P. E VISA.
Com 400 – 125 – **32 hab** 1 275/2 300.

San Antón sin rest, con cafetería, pl. San Blas 2 ☎ 62 81 00 – wc wc. E VISA.
abril-septiembre – 125 – **18 hab** 1 325/2 225.

Palermo, Bonifacio Amago ☎ 62 83 70.

CITROEN carret. N 634 - Coruiña ☎ 62 80 78
RENAULT carret. N 634 - Salave ☎ 62 80 51
SEAT carret. N 634 ☎ 62 80 27
TALBOT carret. N 634 ☎ 62 80 19

TARANCÓN Cuenca 990 ㉖ – 8 212 h. alt. 806 – ✆ 966.
♦Madrid 81 – Cuenca 82 – ♦Valencia 267.

- **Sur,** carret. N III ☎ 11 06 00 – rest wc wc ☎ P
  Com 850 – 100 – **33 hab** 1 125/1 925 – P 2 490/2 655.
- Pilcar, carret N III ☎ 11 06 25 – rest P
  11 hab.
- El Cruce, carret. N III ☎ 11 07 11, Decoración castellana – P.
- **Mesón del Cantarero,** carret. N III ☎ 11 05 33, – P.
  Com carta 850 a 1 530.
- Stop, con hab, carret N III ☎ 11 01 00 – rest P
  14 hab.

CITROEN-PEUGEOT carret. Valencia km 81 ☎ 11 03 03
FORD carret. de Valencia km 81 ☎ 11 02 85
MERCEDES-BENZ carret. Tembleque ☎ 11 00 02
RENAULT carret. de Valencia km 82,5 ☎ 11 13 50
SEAT carret. de Valencia km 81 ☎ 11 05 41
TALBOT carret. de Valencia 82,3 ☎ 11 06 49

TARAZONA Zaragoza 990 ⑰ – 11 378 h. alt. 480 – ✆ 976.
Ver : Catedral★ (capilla★, claustro★).
Alred. : Monasterio de Veruela★★ (iglesia abacial★★, claustro★ : sala capitular★).
Ayuntamiento ☎ 64 01 00.
♦Madrid 294 – ♦Pamplona 107 – Soria 68 – ♦Zaragoza 88.

- **Brujas de Bécquer,** carret. de Zaragoza, SE : 1 km ☎ 64 04 04 – rest wc wc ☎ P. E VISA
  Com 450/800 – 135 – **60 hab** 1 350/2 215.

CITROEN-PEUGEOT Teresa Cajal 25 ☎ 64 01 92
RENAULT av. Navarra 7 ☎ 64 05 29
SEAT Polígono Industrial ☎ 64 21 40
TALBOT Teresa Cajal 23 ☎ 64 04 71

Für die , , , geben wir keine Einzelheiten über die Einrichtung an, da diese Hotels im allgemeinen jeden Komfort besitzen.	wc wc ☎

TARIFA Cádiz 446 X 13 – 15 006 h. – ✆ 956 – Playa.
Ver : Castillo de Guzmán el Bueno ←★.
para Tánger : Cia Transtour - Touráfrica, estación Marítima T° 68 47 51 y 68 43 21.
♦Madrid 715 – Algeciras 22 – ♦Cádiz 99.

- **Villanueva,** av. Queipo de Llano 11 ☎ 68 41 49 – wc. hab
  cerrado 7 enero-6 febrero – Com *(cerrado lunes)* 425 – 100 – **12 hab** 600/1 100 – P 1 575/3 050.

en la carretera de Cádiz – ✉ Tarifa – ✆ 956 :

- **Balcón de España**, La Peña 2-NO : 8 km, ✉ apartado 57, ☎ 68 43 26, , , – wc ☎ P
  abril-octubre – Com 1 150 – 150 – **38 bungalows** 1 700/2 600 – P 3 300/3 700.
- **Dos Mares**, NO : 6 km, ✉ apartado 80, ☎ 68 41 17, ←, – wc P. VISA
  abril-octubre – Com 1 050 – 220 – **19 hab** 2 000/2 500 – P 3 150/3 900.
- **La Codorniz,** NO : 6,5 km ☎ 68 47 44, – P. VISA.
  cerrado martes y febrero – Com carta 660 a 1 320.

en la carretera de Málaga – ✉ Tarifa – ✆ 956 :

- **Mesón de Sancho** NE : 11 km, ✉ apartado 25, ☎ 68 49 00, ←, Con 7 bungalows en un bosque de alcornoques, plaza de toros particular, , – wc wc ☎ P. AE E VISA. rest
  Com 850 – 185 – **45 hab** 2 550 – P 2 775/3 500.
- Chez Nous, NE : 12 km, – P.

SEAT carret. Cádiz - Málaga km 83 ☎ 68 42 97

TARRAGONA P 43 ⑯ y 990 ⑲ – 110 152 h. alt. 49 – ✆ 977 – Playa – Plaza de toros.
Ver : Tarragona romana : Museo Arqueológico★★ (cabeza de Medusa★★) BZ **M**, paseo Arqueológico★ (passeig Arqueològic) BZ, necrópolis paleocristiana (sarcófago de los leones★) AY – Ciudad medieval : Catedral★ (retablo mayor★★) BZ, claustro★ BZ **N**.
Alred. : Acueducto de las Ferreras★ 4 km por ④ y 30 mn a pie – Mausoleo de Centcelles★ (mosaicos★) NO : 5 km por Constantí – Iberia : Rambla Nova 116 ☎ 22 18 54 AZ.
para Canarias : Cía. Aucona, Nueva San Olegario 16 ☎ 22 55 06, Telex 56662.
rambla Nova 46 B ☎ 20 18 59 y paseo de las Palmeras ☎ 20 67 44 – **R.A.C.E.** (R.A.C. de Catalunya) av. President Campanys 12 ☎ 21 19 62.
♦Madrid 554 ④ – ♦Barcelona 108 ④ – Castellón de la Plana 182 ③ – ♦Lérida 97 ④ – Sabadell 108 ④.

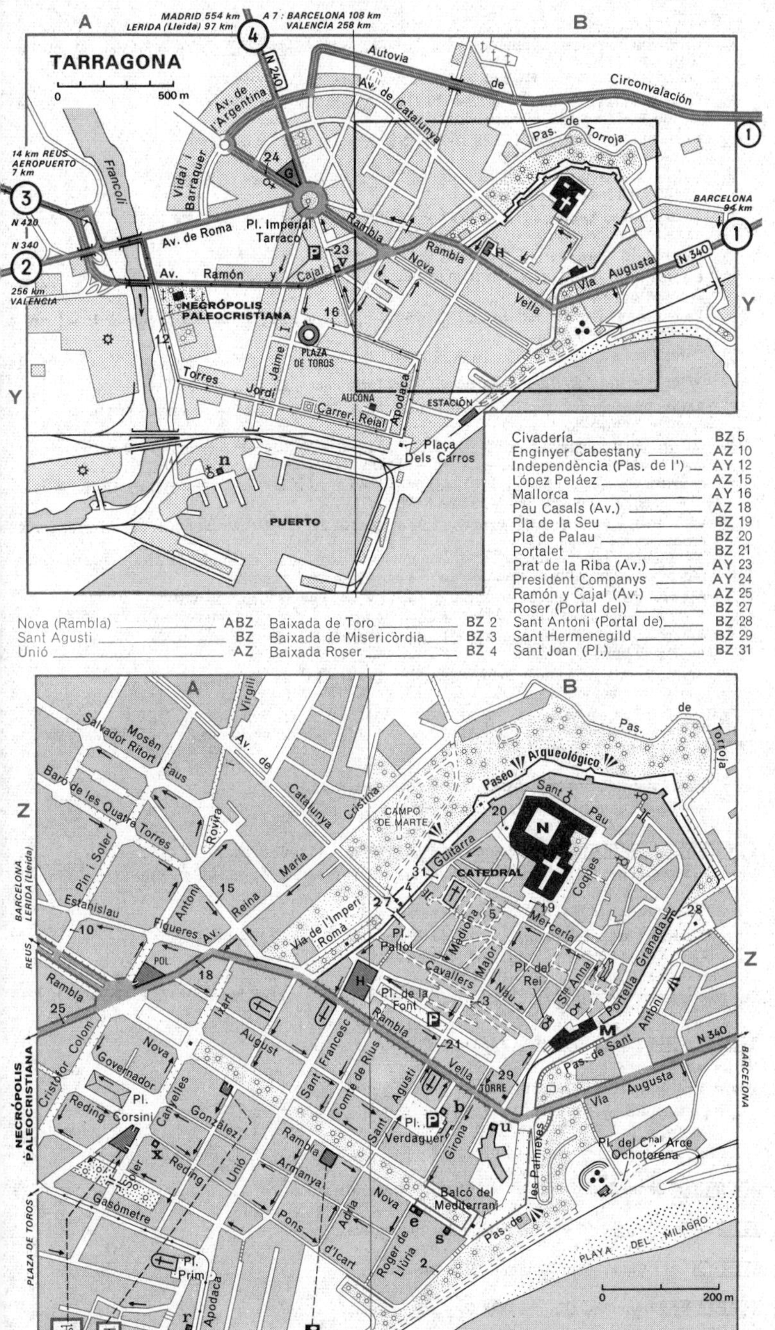
TARRAGONA
0
500 m
MADRID 554 km
LERIDA (Lleida) 97 km
A 7 : BARCELONA 108 km
VALENCIA 258 km
N 240
Autovia de Circonvalación
Av. de Catalunya
Av. de l'Argentina
Vidal i Barraquer
Francolí
14 km REUS
AEROPUERTO 7 km
N 420
N 340
256 km VALENCIA
Av. de Roma
Pl. Imperial Tarraco
Av. Ramón y Cajal
Rambla Nova
Rambla Vella
Pas. de Torroja
Via Augusta
BARCELONA 94 km
NECRÓPOLIS PALEOCRISTIANA
PLAZA DE TOROS
Jaime I
Torres Jordi
Carrer. Reial
Apodaca
AUCONA
ESTACIÓN
Plaça Dels Carros
PUERTO
Paseo Arqueológico
CAMPO DE MARTE
CATEDRAL
Guitarra
Sant Pau
Coques
Mercería
Mediona
Major
Cavallers
Nau
Pl. del Rei
Sta Anna
Portella Granada
Sant Antoni
Pas. de Sant Antoni
Via de l'Imperi Romà
Pl. Pallol
Pl. de la Font
Cristina
Salvador Ritort
Mosèn Faus
Baró de les Quatre Torres
Pin i Soler
Estanislau Figueres Av.
Antoni Rovira
Reina María
Virgili
POL.
Rambla
Ixart
August
Sant Francesc
Comte de Rius
Sant Agustí
Girona
TORRE
Pl. Verdaguer
Balcó del Mediterrani
Cristòfor Colom
Governador
Pl. Corsini
Reding
Canyelles
González
Unió
Armanyà
Pons d'Icart
Adrià
Roger de Llúria
Soler
Gasòmetre
Pl. Prim
Pl. del Cdal Arce Ochotorena
Les Palmeres
Pas. de les Palmeres
PLAYA DEL MILAGRO
0
200 m
BARCELONA LERIDA (Lleida)
REUS
PLAZA DE TOROS
ESTACIÓN
BARCELONA

Imperial Tarraco, rambla Vella 2 ☎ 20 30 40, Telex 56441, ≤, 🏊, 🎾 – 🛗 ▤ Ⓟ – 🏛. AE ⓓ E VISA. ✗ BZ **u**
Com 1 200 – ☕ 275 – **170 hab** 2 800/4 400 – P 4 470/5 070.

Lauria sin rest, rambla Nova 20 ☎ 20 37 40, 🏊 – 🛗. AE ⓓ E VISA BZ **e**
☕ 185 – **72 hab** 2 100/3 200.

Paris sin rest, Maragall 4 ☎ 20 33 40 – 🛗 📺 🛁wc ☎. AE ⓓ E VISA. ✗ BZ **b**
☕ 175 – **45 hab** 1 625/2 500.

Urbis sin rest, Reding 20 bis ☎ 21 61 04 – 🛗 📺 🛁wc 🚿wc ☎. AE E VISA. ✗ AZ **x**
☕ 140 – **58 hab** 1 200/2 000.

Trabadoira, Apodaca 7 ☎ 21 00 27, Pescados y mariscos – ▤. AE E VISA. ✗ AZ **r**
cerrado domingo noche – Com carta 1 250 a 2 585.

Pebre Verd, Pere Martell 22 ☎ 22 69 13 – ▤ AY **v**

La Rambla, rambla Nova 10 ☎ 20 65 88 – ▤. AE ⓓ E VISA. ✗ BZ **s**
Com carta 1 000 a 1 775.

La Puda, muelle Pescadores 25 ☎ 21 15 11, ≤, 🌂, Pescados y mariscos – AE ⓓ E VISA. ✗ AY **n**
Com carta 1 400 a 2 075.

Cafet. Lauria 2, rambla Nova 20 ☎ 20 38 61 – ▤ BZ **e**

en la carretera de Barcelona por ① – ✉ Tarragona – ⓒ 977 :

Astari, vía Augusta, por ① : 0,5 km ☎ 20 38 40, ≤, 🏊, 🌳 – 🛗 🛁wc 🚿wc ☎ 🚗 Ⓟ
temp. – **83 hab**.

Nuria, vía Augusta 217, por ① : 1,8 km ☎ 20 28 40 – 🛗 📺 🛁wc 🚿wc ☎ Ⓟ. ✗ rest
abril-septiembre – Com 680 – ☕ 175 – **61 hab** 1 300/2 030 – P 2 275/2 600.

Marina sin rest, vía Augusta 151, por ① : 1,8 km ☎ 20 16 46, 🌳 – 🛁wc ☎ Ⓟ. AE E VISA
mayo-septiembre – ☕ 150 – **26 hab** 1 020/1 800.

✿ **Sol Ric,** vía Augusta 227, por ① : 1,9 km ☎ 23 20 32, 🌂, Decoración rústica, « Terraza con arbolado » – Ⓟ. ✗
cerrado domingo noche, lunes y 15 diciembre-1 enero – Com carta 1 475 a 2 500
Espec. Turbó con gambas y almejas, Romesco de pescado, Tournedo Roquefort.

Mesón del Mar, playa Larga, por ① : 4 km ☎ 20 71 44, ≤ – Ⓟ. VISA. ✗
cerrado domingo noche, miércoles y 15 octubre-15 noviembre – Com carta 1 125 a 1 900.

Anterman, con hab, vía Augusta 221, por ① : 1,8 km ☎ 20 36 15 – 📺 🚿wc Ⓟ
temp. – **6 hab**.

Jaime I, por ① : 4 km ☎ 20 67 54, ≤, 🌂 – Ⓟ. AE ⓓ E VISA. ✗
Com carta 555 a 1 565.

CITROEN camino viejo de Rabasada 2 ☎ 20 21 36
CITROEN carret. de Valencia km 249 ☎ 21 05 08
FIAT-SEAT Conde Vallellano 12 ☎ 21 22 17
FORD carret. de Valencia km 248,8 ☎ 21 80 04
RENAULT carret. de Valencia km 248 ☎ 21 05 08
TALBOT carret. de Valencia km 246,8 ☎ 21 23 82

No tome siempre sus vacaciones en ***julio*** *o* ***agosto ;***
ciertas regiones son más agradables en otros meses.

TARRASA o **TERRASSA** Barcelona 43 ⑰ y 990 ⑲ – 162 108 h. alt. 277 – ⓒ 93.
Ver : Ciudad de Egara★★ (iglesia de Santa María : retablo de San Abdón y San Senen★★) – Museo Textil★.
♦Madrid 614 – ♦Barcelona 28 – ♦Lérida 160 – Manresa 41.

Burrull-Hostal del Fum, carret. de Moncada 19 ☎ 788 83 37 – ▤ Ⓟ. VISA. ✗
cerrado lunes y agosto – Com carta 750 a 1 400.

CITROEN-PEUGEOT Doctor Pearson 63 ☎ 785 69 16
FIAT-SEAT Cervantes 63 al 99 ☎ 788 23 62
FORD carret. Moncada 591 ☎ 785 23 00
RENAULT carret. de Moncada 186-202 ☎ 784 01 11
TALBOT carret. de Moncada 475 ☎ 785 93 00

TEMBLEQUE Toledo 990 ㉕ – 2 453 h. – ⓒ 925.
Ver : Plaza Mayor★.
♦Madrid 92 – Aranjuez 46 – Ciudad Real 105 – Toledo 55.

La Purísima, carret. N IV ☎ 14 50 79 – 📺 ▤ rest 🛁wc Ⓟ. ✗ rest
Com 425 – ☕ 75 – **31 hab** 700/1 650.

RENAULT carret. de Andalucía km 92,4 ☎ 14 51 03
SEAT carret. de Andalucía km 93 ☎ 14 50 57

TENERIFE Santa Cruz de Tenerife 990 ㉛ – ver Canarias.

TEO La Coruña 990 ② – ver Santiago de Compostela.

TEROR Las Palmas – ver Canarias (Gran Canaria).

TERRASSA Barcelona 43 ⑰ y 990 ⑲ – ver Tarrasa.

TERRENO Baleares – ver Baleares (Mallorca) : Palma de Mallorca.

TERUEL P 990 ⑰ – 24 122 h. alt. 916 – ☎ 974 – Plaza de toros.

Ver : Emplazamiento★ – Torres mudéjares★ – Catedral (techo artesonado★) – Pantano de San Juan ※★ E : 17 km – **B** Tomás Nougués 1 ☎ 60 22 79 – R.A.C.E. General Pizarro 7 ☎ 60 12 56.

♦Madrid 301 – ♦Albacete 235 – Cuenca 144 – ♦Lérida 332 – ♦Valencia 149 – ♦Zaragoza 182.

Reina Cristina, av. Generalísimo 1 ☎ 60 68 60, Telex 97206 – rest wc. AE E VISA
Com 1 115 – 265 – **65 hab** 2 730/4 340 – P 4 025/4 585.

Resid. y Rest. Civera, av. de Sagunto 37 ☎ 60 23 00 – wc wc P.
Com *(cerrado viernes)* 600 – 150 – **73 hab** 1 265/2 100.

Oriente, av. de Sagunto 7 ☎ 60 15 50 – wc.
cerrado 20 diciembre-8 enero – Com 600 – 125 – **29 hab** 800/1 450.

Goya sin rest y sin ☕, Tomás Nougués 4 ☎ 60 14 50 – wc.
23 hab 800/1 300.

✕ Los Tres Escudos, El Salvador 20 ☎ 60 52 63.

en la carretera N 234 – ✉ Teruel – ☎ 974 :

Parador Nacional, NO : 2 km ☎ 60 18 00, – P. AE E VISA.
Com 1 100 – 300 – **40 hab** 2 800/3 500.

Alpino, E : 5 km ☎ 60 61 58 – wc P.
Com 450 – 150 – **32 hab** 1 200/1 800 – P 2 200/2 800.

✕ **El Milagro** con hab y sin ☕, NO : 3 km ☎ 60 30 95 – wc P. E VISA.
Com 550 – **27 hab** 1 200/2 000.

CITROEN carret. de Alcañiz ☎ 60 16 80
FIAT-SEAT Polígono La Paz ☎ 60 40 90
FORD carret. Sagunto-Burgos km 123 ☎ 60 10 61
RENAULT Polígono La Paz ☎ 60 13 50
TALBOT av. de Sagunto 38 ☎ 60 18 46

TIBIDABO Barcelona 43 ⑰⑱ – ver Barcelona.

TIEBAS Navarra 42 ⑮ – ver Las Campanas.

El TIEMBLO Ávila 990 ⑮ – 3 732 h. alt. 680 – ☎ 91.

Alred. : Embalse de Burguillo★ NO : 7 km – Pantano de San Juan ※★ E : 17 km.

♦Madrid 83 – ♦Ávila 50.

Toros de Guisando, carret. N 403 ☎ 862 53 87, ≤, – rest wc P.
Com 900 – 200 – **36 hab** 1 450/2 375.

en la carretera de Ávila NO : 7 km – ✉ El Tiemblo – ☎ 91 :

Las Jaras sin rest, ☎ 862 50 36, « Agradable terraza con arbolado a la orilla del lago, ≤ montaña » – wc P.
Semana Santa-julio-agosto, sólo sábado y domingo de abril a junio y septiembre – 200 – **17 hab** 2 600/3 400.

RENAULT San Sebastián ☎ 862 51 54

El TOBOSO Toledo 990 ㉖ – 2 658 h. alt. 692.

♦Madrid 128 – ♦Albacete 122 – Ciudad Real 115 – Toledo 106.

en la carretera N 301 NO : 5 km – ✉ El Toboso :

✕ Venta de El Toboso, Venta de Don Quijote ☎ 202, – P.

TOJA (Isla de la) Pontevedra – pobl. ver El Grove – ☎ 986 – Balneario – Playa.

Ver : Paraje★★ – Carretera★ de La Toja a Canelas – 9 La Toja ☎ 73 07 25.

♦Madrid 637 – Pontevedra 33 – Santiago de Compostela 73.

Gran Hotel , ☎ 73 00 25, Telex 88042, « Suntuoso edificio en un singular paraje verde con ≤ ría de Arosa », climatizada, 9 – rest P – AE VISA.
Com 1 700 – **201 hab** 8 650/12 300.

Louxo, ☎ 73 02 00, Telex 88042 (del Gran Hotel), ≤, « Magnífica situación en un singular paraje verde », 9 – rest P – AE VISA.
junio-septiembre – Com 1 200 – **96 hab** 4 800/6 000.

TOLEDO P 990 ㉕ – 52 988 h. alt. 529 – ☎ 925 – Plaza de toros.

Ver : Emplazamiento★★★ – Catedral★★★ BZ Coro : (sillería★★★), Capilla mayor (retablo★★), tesoro (custodia★★), sala capitular (artesonado mudéjar★), – sacristía (obras del Greco★) – Sinagoga del Tránsito★★ (decoración mudéjar★★) AZ – Museo de Santa Cruz★★ (fachada★, colección de pintura de los siglos XVI y XVII★, 22 obras del Greco★, primitivos★, retablo de la Asunción★, – patio plateresco★) CY**M²** – Hospital de Tavera★ (palacio★, Bautismo de Cristo★) BY – Monasterio de San Juan de los Reyes★ (iglesia : decoración escultórica★) AZ**E** – Casa y museo del Greco★ AZ**M¹** **Sinagoga de Santa María la Blanca**★ AZ**Y**.

Iglesia de San Román★ AY Iglesia de Santo Tomé (cuadro del Greco : El Entierro del Conde de Orgaz★★★) AZ.

B Puerta de Bisagra ☎ 22 08 43 – R.A.C.E. pl. de San Vicente 4 ☎ 21 00 70.

♦Madrid 69 ① – ♦Ávila 142 ⑥ – Ciudad Real 116 ③ – Talavera de la Reina 78 ⑥.

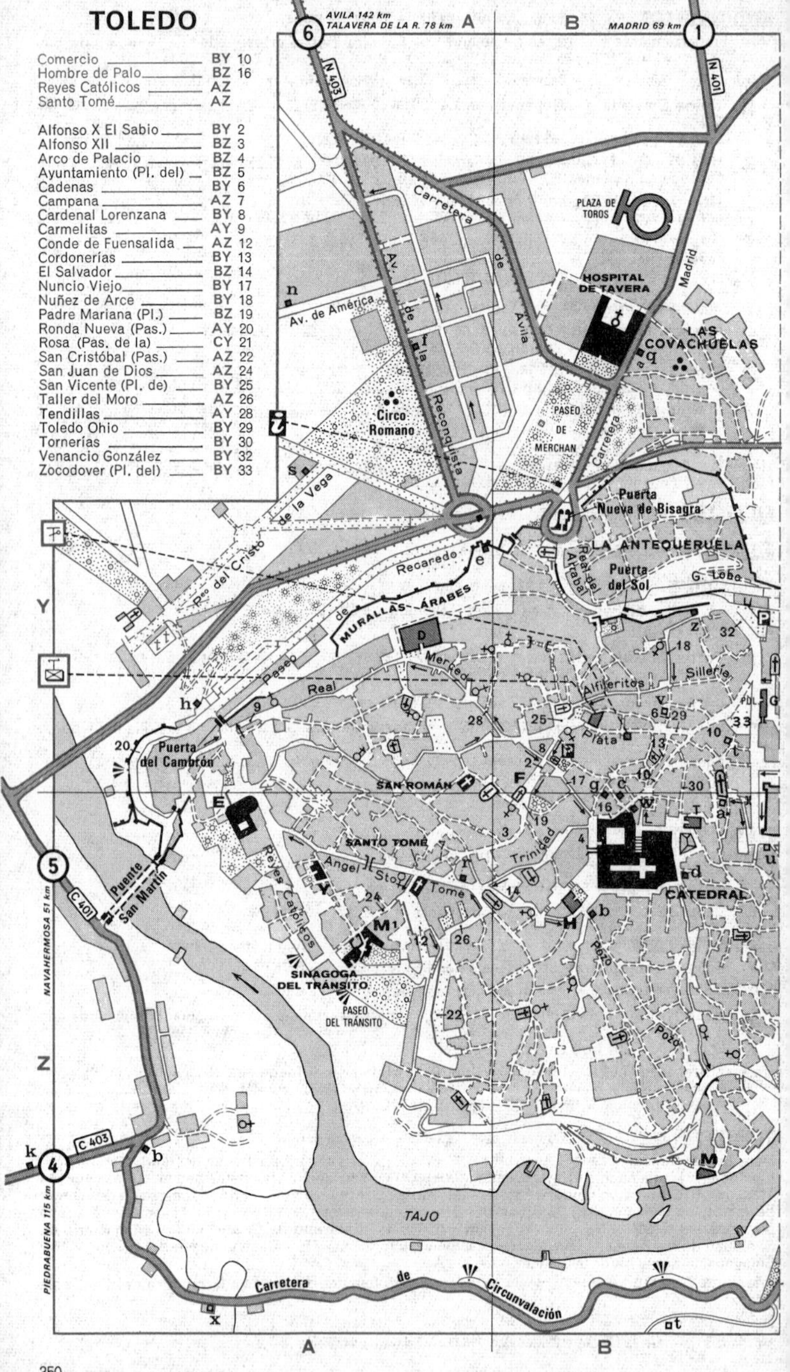
TOLEDO
Comercio BY 10
Hombre de Palo BZ 16
Reyes Católicos AZ
Santo Tomé AZ
Alfonso X El Sabio BY 2
Alfonso XII BZ 3
Arco de Palacio BZ 4
Ayuntamiento (Pl. del) BZ 5
Cadenas BY 6
Campana AZ 7
Cardenal Lorenzana BY 8
Carmelitas AY 9
Conde de Fuensalida AZ 12
Cordonerías BY 13
El Salvador BZ 14
Nuncio Viejo BY 17
Nuñez de Arce BY 18
Padre Mariana (Pl.) BZ 19
Ronda Nueva (Pas.) AY 20
Rosa (Pas. de la) CY 21
San Cristóbal (Pas.) AZ 22
San Juan de Dios AZ 24
San Vicente (Pl. de) BY 25
Taller del Moro AZ 26
Tendillas AY 28
Toledo Ohio BY 29
Tornerías BY 30
Venancio González BY 32
Zocodover (Pl. del) BY 33
AVILA 142 km
TALAVERA DE LA R. 78 km
MADRID 69 km
N 403
N 401
PLAZA DE TOROS
HOSPITAL DE TAVERA
LAS COVACHUELAS
Carretera de Avila
Av. de la Reconquista
Av. de América
Circo Romano
PASEO DE MERCHAN
Carretera de Madrid
Puerta Nueva de Bisagra
LA ANTEQUERUELA
Puerta del Sol
Real del Arrabal
G. Lobo
Pº del Cristo de la Vega
Recaredo
Paseo de MURALLAS ÁRABES
Merced
Real
Alfileritos
Silleria
Plata
Puerta del Cambrón
SAN ROMÁN
SANTO TOMÉ
Angel
Sto Tomé
Reyes Católicos
Trinidad
CATEDRAL
Pozo
Puente San Martín
SINAGOGA DEL TRÁNSITO
PASEO DEL TRÁNSITO
C 401
C 403
NAVAHERMOSA 51 km
PIEDRABUENA 115 km
TAJO
Carretera de Circunvalación

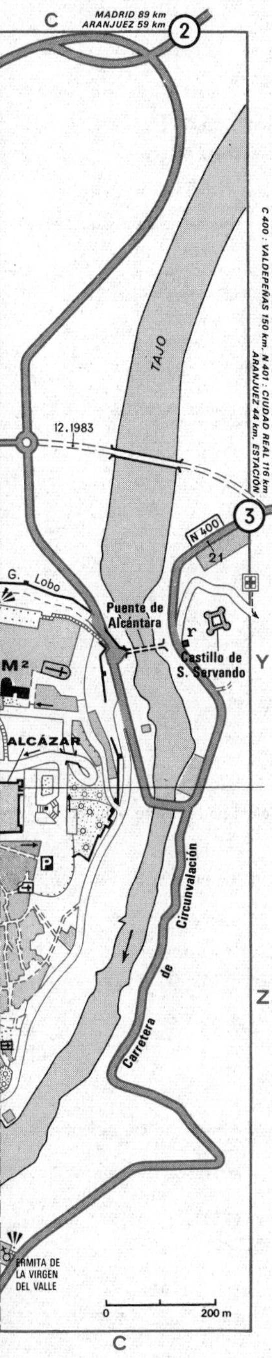

Parador Nacional Conde de Orgaz ⚲, cerro del Emperador ☎ 22 18 50, ≤ Tajo y ciudad, ⚘, « Construcción de estilo regional » – ⧉ ▤ P. AE ⓓ E VISA. ⚸ BZ **t**
Com 1 100 – ☕ 300 – **60 hab** 4 000/5 000.

Alfonso VI, General Moscardó 2 ☎ 22 26 00 – ⧉ ▤. AE ⓓ E VISA. ⚸ BZ **u**
Com 700/925 – ☕ 325 – **80 hab** 2 050/3 200.

Carlos V, pl. Horno Magdalena 1 ☎ 22 21 00 – ⧉ ▥ ⛀wc ☎. AE ⓓ E VISA. ⚸ rest BZ **a**
Com 825 – ☕ 225 – **55 hab** 2 250/3 175 – P 3 180/3 845.

Los Cigarrales sin rest, carret. de circunvalación 12 ☎ 22 00 53, ≤ – ▥ ⛀wc ⛆wc P. AZ **x**
☕ 125 – **29 hab** 1 000/1 750.

Maravilla, Barrio Rey 7 ☎ 22 33 00 – ⧉ ▥ ▤ rest ⛀wc ☎. ⓓ E VISA. ⚸ BY **t**
Com 725/840 – ☕ 200 – **18 hab** 1 500/2 800 – P 3 000/3 100.

Imperio sin rest, Cadenas 7 ☎ 22 76 50 – ▥ ⛀wc ⛆wc ☎. VISA BY **v**
☕ 175 – **21 hab** 1 325/2 050.

✕✕✕ **Hostal del Cardenal** con hab, paseo Recaredo 24 ☎ 22 49 00, ⚘, « Instalado en la antigua residencia del Cardenal Lorenzana ; jardín con arbolado » – ▥ ▤ rest ⛀wc ☎. AE ⓓ VISA. ⚸ rest AY **e**
Com carta 1 650 a 2 380 – ☕ 240 – **27 hab** 2 200/3 600.

✕✕✕ Chirón, paseo Recaredo 1 - frente a la Puerta de Cambrón ☎ 22 01 50, ≤ Tajo y valle, ⚘ – ▤ P AY **h**

✕✕✕ El Mirador, Nuñez de Arce 11 ☎ 22 07 00 – ▤ BY **z**

✕✕ **Venta de Aires,** Circo Romano 25 ☎ 22 05 45, ⚘, « Amplia terraza con arbolado » – ▤ P. AE ⓓ E VISA. ⚸ AY **s**
Com carta 1 125 a 2 280.

✕✕ **Cigarral Monte-Rey,** carret. de Piedrabuena 42 ☎ 22 69 50, ≤, ⚘ – P AZ **k**
Com carta 800 a 1 350.

✕✕ La Tarasca, Hombre de Palo 6 ☎ 22 43 42 – ▤ BZ **w**

✕ **Siglo XIX,** Cardenal Tavera 10 ☎ 22 51 83 – ▤. E VISA BY **q**
cerrado domingo noche – Com carta 1 250 a 2 000.

✕ **San Antonio,** av. de América 6 ☎ 22 14 86 – ▤. VISA AY **n**
Com carta 1 175 a 1 950.

✕ **Aurelio,** pl. del Ayuntamiento 8 ☎ 22 77 16, Decoración típica – ▤. AE E VISA. ⚸ BZ **b**
Com carta 1 575 a 2 275.

✕ **Casa Aurelio,** Sinagoga 6 ☎ 22 20 97, Decoración típica regional – ▤. AE E VISA. ⚸ BZ **c**
cerrado miércoles – Com carta 1 425 a 2 350.

✕ Plácido, Santo Tomé 6 ☎ 22 26 03, ⚘, Patio típico AZ **r**

✕ **Los Cuatro Tiempos** piso 1, Sixto Ramón Parro 7 ☎ 22 37 82 – ▤. E VISA. ⚸ BZ **d**
cerrado miércoles y febrero – Com carta 665 a 1 220.

✕ **Adolfo,** La Granada 6 ☎ 22 73 21 – AE E VISA. ⚸ BZ **g**
Com carta 1 055 a 2 100.

✕ Emperador, carret. del Valle 1 ☎ 22 46 91, ≤, ⚘ – ▤ P. ⚸ AZ **b**
cerrado lunes y del 1 al 10 septiembre.

✕ **Trocadero,** av. de la Reconquista 10 ☎ 22 00 02, ⚘ – ⚸ AY **f**
cerrado martes noche y del 7 al 20 enero – Com carta 780 a 1 290.

✕ **La Cubana,** paseo de la Rosa 2 ☎ 22 00 88, Decoración típica – ▤ P. AE VISA CY **r**
cerrado 25 agosto-10 septiembre – Com carta 780 a 1 875.

en la carretera de Madrid por ① : 5 km – ✉ Los Gavilanes – ☎ 925 :

X **Los Gavilanes** con hab, ☎ 22 46 22, ⛱ – 🛗 ▤ rest ⛀wc **P**
Com carta 800 a 1 400 – ☕ 200 – **6 hab** 2 300.

en la carretera de Piedrabuena por ④ : 3,5 km – ✉ Toledo – ☎ 925 :

🏨 **La Almazara** sin rest, ✉ apartado 6, ☎ 22 38 66 – 🛗 ⛀wc ☎ **P**. VISA. ⛔
abril-octubre – ☕ 190 – **21 hab** 1 525/2 365.

CITROEN-PEUGEOT Duque de Ahumada ☎ 22 08 46
FIAT Cervantes 5 ☎ 22 13 24
FORD carret. N 401 km 64,4 ☎ 226 Olias del Rey
MERCEDES-BENZ carret. Toledo-Ocaña km 8 ☎ 23 11 13
RENAULT carret. N 401 km 64 ☎ 22 30 60
SEAT carret. Toledo-Ocaña km 10
TALBOT carret. Madrid-Toledo km 66,6 ☎ 22 78 50

TOLOSA Guipúzcoa **42** ④⑤ y **990** ⑥⑦ – 18 549 h. alt. 77 – ☎ 943 – Plaza de toros.

ℹ San Juan ☎ 67 40 19 – **R.A.C.E.** (R.A.C. Vasco-Navarro) San Francisco 8 ☎ 66 19 67.

♦Madrid 444 – ♦Pamplona 64 – ♦San Sebastián 27 – ♦Vitoria 89.

X **Venta Aundi,** antigua carret. N I - S : 1,5 km ☎ 65 18 39 – **P**. ⛔
Com carta 660 a 1 255.

CITROEN-PEUGEOT carret. N I km 442 - Barrio Andeta ☎ 65 18 43
RENAULT carret. N I km 442 - Barrio Andeta ☎ 65 28 43
SEAT barrio San Esteban ☎ 67 55 99
TALBOT carret. N I ☎ 65 24 45

TOLOX Málaga **446** V 15 – 3 172 h. – ☎ 952 – Balneario.

♦Madrid 600 – Antequera 81 – ♦Málaga 54 – Marbella 46 – Ronda 53.

🏨 **Balneario** 🌄, ☎ 48 01 67, ⛱ – ⛀wc ⛆wc **P**
julio-15 octubre – Com 800 – ☕ 175 – **63 hab** 895/1 380 – P 2 250/4 100.

TOMIO Pontevedra **990** ② – 10 205 h. – ☎ 986.

♦Madrid 616 – Orense 117 – Pontevedra 60 – ♦Vigo 41.

🏨 **Tana,** Generalísimo 2 ☎ 62 30 78 – 🛗 ⛀wc. VISA
Com 800 – ☕ 150 – **18 hab** 1 200/2 000 – P 1 200/2 685.

en la carretera de Tuy C 550 S : 2,5 km – ✉ Tomiño – ☎ 986 :

XX **Delmiro Ponte do Muño,** ☎ 62 22 53 – E VISA. ⛔
cerrado domingo noche – Com carta 1 025 a 1 650.

TONA Barcelona **43** ⑧ y **990** ⑳ – 4 760 h. alt. 600 – ☎ 93.

Alred. : Sierra de Montseny★★ : Carretera★ de Tona a San Celoni por el Norte – Itinerario★ de Tona a San Celoni por el Sur.

♦Madrid 627 – ♦Barcelona 56 – Manresa 42.

🏨 **4 Carreteras,** carret. de Barcelona ☎ 887 03 50, ⛱ – |♦| 🛗 ▤ rest ⛀wc ☎ 🚗 **P**. ① E VISA. ⛔
Com 775 – ☕ 175 – **22 hab** 1 400/2 200 – P 2 860/3 160.

🏨 **Prat,** Dr Bayés 45 ☎ 887 00 18 – 🛗 ⛀wc ⛆wc **P**. ⛔
julio y agosto – Com 500/600 – ☕ 150 – **37 hab** 825/1 500 – P 1 700/1 750.

X **Ferrería,** carret. de Vich ☎ 887 00 92, « Conjunto rústico catalán » – **P**
Com 750/950.

RENAULT Anselmo Clavé 2 ☎ 887 05 90
SEAT Dr Bayés 21 ☎ 887 05 60

TORDESILLAS Valladolid **990** ⑭ – 6 826 h. alt. 702 – ☎ 983.

Ver : Convento de Santa Clara★ (artesonado★★, patio★).

ℹ Ayuntamiento ☎ 77 00 61.

♦Madrid 177 – ♦Ávila 111 – Benavente 80 – ♦León 138 – ♦Salamanca 83 – ♦Segovia 118 – ♦Valladolid 30 – Zamora 66.

🏨 **Juan Manuel,** cruce carret. N VI y N 620 ☎ 77 09 51 – 🛗 ▤ rest ⛀wc ⛆wc ☎ 🚗 **P**. ⛔
Com 700 – ☕ 160 – **24 hab** 850/1 550 – P 2 100/2 165.

en la carretera de Madrid N VI S : 2 km – ✉ Tordesillas – ☎ 983 :

🏨 **Juana I de Castilla,** ☎ 77 03 51 – 🛗 ▤ rest ☎ 🚗 **P**. VISA. ⛔
Com 600 – ☕ 150 – **30 hab** 1 200/2 100 – P 2 250/2 400.

en la carretera de Salamanca N 620 SO : 2 km – ✉ Tordesillas – ☎ 983 :

🏨 **Parador Nacional de Tordesillas** 🌄, ☎ 77 00 51, « En un pinar », 🏊 – |♦| ▤ 🚗 **P**. AE ① E VISA. ⛔
Com 1 100 – ☕ 300 – **60 hab** 3 200/4 000.

en la carretera de Valladolid N 620 E : 5 km – ✉ Tordesillas – ☎ 983 :

El Montico ⛰, ✉ apartado 12, ☎ 77 07 51, « Lindante a un bonito pinar », ⛱, 🌲, 🎾 – 🚗 P. AE ⓘ E VISA. ✗ rest
cerrado noviembre-diciembre – Com 1 050 – ☕ 225 – **34 hab** 2 400/3 600 – P 3 660/4 260.

FORD carret. N VI km 182 ☎ 77 05 13
RENAULT carret. N VI km 183 ☎ 77 04 10
SEAT carret. de Torrecilla ☎ 77 02 64

TORELLÓ Barcelona 43 ⑧ – 9 704 h. – ☎ 93.

♦Madrid 654 – ♦Barcelona 83 – Gerona 103 – Vich 17.

Les Serrasses, carret. de Conanglell ☎ 859 08 26, ≤ – |♦| 📺 ⛀wc ☎ P. E VISA. ✗
Com *(cerrado lunes)* 600 – **27 hab** ☕ 1 000/2 400 – P 1 800/1 900.

RENAULT Balmes 46 ☎ 859 09 78
SEAT Colomer 1 ☎ 859 07 05
TALBOT pl. San Fortian 6

TORLA Huesca 42 ⑱ y 990 ⑧ – 384 h. (incl. Linas de Broto) alt. 1 113 – ☎ 974.

Ver : Paisaje**.

Alred. : Parque Nacional de Ordesa*** NE : 8 km.

♦Madrid 482 – Huesca 92 – Jaca 54.

Edelweiss ⛰, av. de Ordesa 1 ☎ 48 61 73, ≤ – 📺 ⛀wc ⛆wc P. ✗ rest
abril-septiembre – Com 725 – ☕ 190 – **33 hab** 1 185/2 110 – P 2 450/2 580.

Bella Vista ⛰ sin rest, av. de Ordesa 6 ☎ 48 61 53, ≤ – 📺 ⛀wc ⛆wc P
abril-15 octubre – ☕ 180 – **22 hab** 900/1 900.

en la carretera del Parque de Ordesa N : 1,5 km – ✉ Torla – ☎ 974 :

Ordesa ⛰, ☎ 48 61 25, ≤ alta montaña, ⛱ – 📺 ⛀wc ⛆wc ☎ P. ✗ rest
Semana Santa-15 octubre – Com 900 – ☕ 200 – **69 hab** 1 800/2 800 – P 3 100/3 500.

en el Parque Nacional de Ordesa NE : 5,5 km – ✉ Torla – ☎ 983 :

Refugio Nacional de Ordesa ⛰, ≤ montaña, « Magnífica situación en un paraje montañoso » – 📺 ⛀wc P
temp. – **17 hab**.

TORO Zamora 990 ⑭ – 9 285 h. alt. 745 – ☎ 988 – Plaza de toros.

Ver : Colegiata* (portada occidental**).

♦Madrid 210 – ♦Salamanca 66 – ♦Valladolid 63 – Zamora 33.

Juan II ⛰, paseo del Espolón 1 ☎ 69 03 00, « Terraza con ≤ vega del Duero », ⛱ – |♦| 📺 ▤ rest ⛀wc ⛆wc ☎ P – 🏛. E VISA. ✗
Com 500 – ☕ 135 – **42 hab** 1 160/1 855 – P 2 060/2 290.

CITROEN-PEUGEOT Luis Rodríguez de Miguel 13 ☎ 69 01 90
RENAULT carret. de Tordesillas km 32,2 ☎ 69 04 38
SEAT Luis Rodríguez de Miguel 22-30 ☎ 69 01 24
TALBOT Luis Rodríguez de Miguel 18 ☎ 69 06 49

TORRE BARONA Barcelona – ver Castelldefels.

TORREBLANCA Castellón de la Plana 445 L 30 – 4 505 h. – ☎ 964.

♦Madrid 460 – Castellón de la Plana 38.

✗ Blau, Calvo Sotelo 67 ☎ 42 04 48.

CITROEN carret. N 340 ☎ 42 00 95
RENAULT carret. N 340 ☎ 42 02 45
SEAT carret. N 340 ☎ 42 02 22
TALBOT carret. N 340 ☎ 42 01 23

TORREBLANCA DEL SOL Málaga – ver Fuengirola.

TORRECABALLEROS Segovia 990 ⑮ – 228 h.

♦Madrid 97 – ♦Segovia 10.

✗ Posada de Javier, carret. N 110 ☎ 41, Carnes, « Decoración rústica » – P.

TORREDELCAMPO Jaén 446 S 18 – 10 732 h. – ☎ 953.

♦Madrid 343 – ♦Córdoba 99 – ♦Granada 106 – Jaén 10.

Torrezaf, San Bartolomé 90 ☎ 56 71 00 – |♦| 📺 ▤ ⛀wc ☎ P. ✗
Com 450 – ☕ 75 – **33 hab** 1 300/2 220.

TORRE DEL MAR Málaga 446 V 17 – ☎ 952 – Playa.

ℹ paseo de Larios 15 ☎ 54 04 71.

♦Madrid 570 – Almería 190 – ♦Granada 141 – ♦Málaga 31.

✗ **El Jardín,** Antillas 8, playa ☎ 54 06 36, 🍴 – VISA
cerrado martes y 15 noviembre-15 diciembre – Com carta 800 a 1 400.

CITROEN-PEUGEOT carret. N 340 km 275 ☎ 54 03 75
FIAT-SEAT General Franco 5 ☎ 54 04 72
TALBOT carret. N 340 km 275 ☎ 54 08 89

TORREDEMBARRA Tarragona 43 ⑯ y 990 ⑲ – 4 680 h. – ☎ 977 – Playa.
av. Pompeu Fabra 3 ☎ 64 03 31.
♦Madrid 566 – ♦Barcelona 94 – ♦Lérida 110 – Tarragona 12.

Le Brussels, Antonio Roig 60 ☎ 64 05 10,
temp.

Torredembarra con hab, carret. N 340 ☎ 64 00 52 – wc wc. VISA
Com carta 750 a 1 275 – 125 – **18 hab** 750/1 400 – P 2 300/1 650.

en el barrio Marítimo :

Morros sin rest, Pérez Galdós 8 ☎ 64 02 25 – wc. E VISA
15 marzo-septiembre – – 200 – **81 hab** 1 550/2 400.

Costa Fina, av. Montserrat ☎ 64 00 75 – wc wc.
junio-septiembre – Com 650 – 180 – **48 hab** 1 500/2 300 – P 2 800/4 900.

Morros, Cable del Mar ☎ 64 00 61, ← – . AE E VISA.
Com carta 975 a 2 250.

Noi Casa Morros, paseo Colón 38 ☎ 64 02 25, ←, Pescados y mariscos – VISA
15 marzo-septiembre – Com carta 625 a 1 250.

en la carretera N 340 E : 2,5 km – ✉ Torredembarra – ☎ 977 :

Vía Augusta, ☎ 64 08 37 – wc
45 hab.

TORREGUADIARO Cádiz 446 X 14 – ver Guadiaro.

TORREJÓN DE ARDOZ Madrid 990 ⑮ y ㊵ – 42 266 h. – ☎ 91.
♦Madrid 22.

Torrejón, av de la Constitución 161 ☎ 675 26 44 – wc – . AE E VISA.
Com 650 – 175 – **58 hab** 1 875/2 650 – P 2 585/3 125.

Vaquerín, Ronda del Poniente ☎ 675 66 20 – . E VISA.
cerrado sábado y agosto – Com carta 1 150 a 2 450.

Sanmoy, Daganzo ☎ 675 55 94, – . VISA
Com carta 670 a 1 220.

CITROEN Antigua carret. Madrid-Barcelona km 21,4 ☎ 675 23 22
RENAULT Torrejón 1 ☎ 675 08 21
SEAT Fraguas ☎ 675 19 46
TALBOT Solana 11 (Polígono Industrial) ☎ 675 52 36

TORRELAVEGA Cantabria 42 ① y 990 ⑤ – 51 175 h. alt. 23 – ☎ 942.
Alred. : Cueva prehistórica de Altamira (techo★★) NO : 11 km.
av. Generalísimo ☎ 89 03 50.
♦Madrid 384 – ♦Bilbao 121 – ♦Oviedo 178 – ♦Santander 27.

Saja sin rest, Alcalde del Río 22 ☎ 89 27 50 – wc wc. VISA
125 – **45 hab** 1 850/2 800.

Marqués de Santillana M sin rest, Marqués de Santillana 4 ☎ 89 29 34 – wc.
E VISA
200 – **32 hab** 2 000/3 200.

Regio piso 1, sin rest, José María Pereda 34 ☎ 88 15 05 – wc wc.
125 – **24 hab** 1 440/2 190.

Jockey, Mártires 15 ☎ 89 50 10 – . AE E VISA.
cerrado domingo.

Regio, José María Pereda 34 ☎ 89 00 33 – .
cerrado lunes – Com carta 1 175 a 1 825.

CITROEN Campuzano 124 ☎ 89 07 04
FORD carret. General ☎ 89 10 04
RENAULT Ceferino Calderón 77 ☎ 88 22 16
SEAT av. de Oviedo 5 ☎ 88 17 15
TALBOT paseo del Norte ☎ 88 16 30

TORRELODONES Madrid 990 ⑮ y ㊴ – 2 193 h. – ☎ 91.
♦Madrid 27 – El Escorial 22 – ♦Segovia 60.

en la Colonia NO : 2,5 km – ✉ Colonia de Torrelodones – ☎ 91 :

La Rosaleda, paseo de Vergara ☎ 859 11 25, , « Amplia terraza », – .

RENAULT carret. antigua de la Coruña km 29,7 ☎ 859 13 61

Esta guía no es un repertorio de todos los hoteles y restaurantes,
ni siquiera de todos los buenos hoteles y restaurantes de España y Portugal.
Como nos interesa prestar servicio a todos los turistas
nos vemos sujetos a indicar establecimientos
de todas clases y citar solamente algunos de cada clase.

TORREMOLINOS Málaga 446 W 16 – pobl. ver Málaga alt. 40 – ☎ 952 – Playa.

Club de Campo de Málaga por ① : 5,5 km ☎ 38 11 20 – Torrequebrada por ② : 10 km ☎ 44 29 26 – Iberia : edificio "La Nogalera" ☎ 38 24 00 AY.

La Nogalera 517 ☎ 38 15 78 y María Barrabino 12 ☎ 38 00 38.

♦Madrid 569 ① – Algeciras 124 ② – ♦Málaga 14 ①.

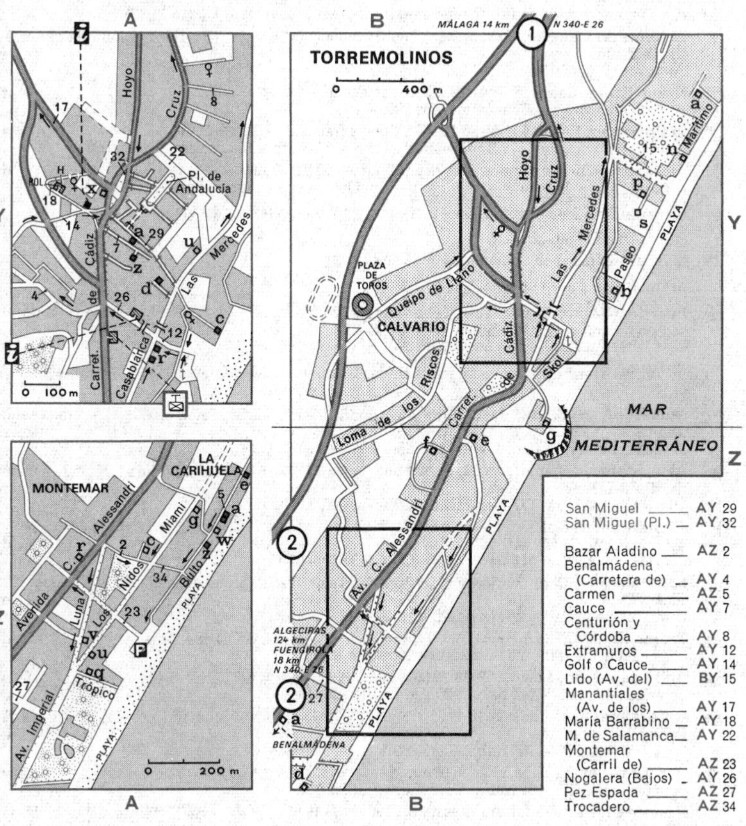

Castillo de Santa Clara, Suecia 1 ☎ 38 31 55, Telex 77262, « En un promontorio rocoso con mar », – AE E VISA. BY **g**
Com 1 550 – **220 hab** 6 000/7 000 – P 6 400/8 900.

Cervantes, Las Mercedes ☎ 38 40 33, Telex 77174, climatizada – AE E VISA. AY **u**
Com 1 200 – 300 – **392 hab** 3 300/5 000 – P 5 600/9 600.

Don Pablo, paseo Marítimo ☎ 38 38 88, Telex 77252, climatizada, – AE E VISA. rest BY **s**
Com 990 – 250 – **419 hab** 3 385/4 990 – P 4 395/5 285.

Meliá Costa del Sol, paseo Marítimo ☎ 38 66 77, Telex 77326, – AE E VISA. BY **b**
Com 1 100 – 275 – **540 hab** 2 975/4 750.

Príncipe Sol, urbanización Benyamina Playamar ☎ 38 41 00, Telex 77254, – AE E VISA. BY **a**
febrero-15 noviembre – Com 850 – 260 – **577 hab** 2 600/3 870 – P 3 685/4 350.

Don Pedro, av. del Lido ☎ 38 68 44, Telex 77252 (del Hotel Don Pablo), climatizada, – AE E VISA. rest BY **p**
Com 700 – 190 – **272 hab** 2 210/3 200 – P 2 950/3 560.

Isabel sin rest, paseo Marítimo 97 ☎ 38 17 44, – wc. AE E VISA BY **n**
31 abril-octubre – 195 – **40 hab** 2 200/3 000.

Blasón, sin rest, av. de los Manantiales 1 ☎ 38 67 67, Telex 77244 – wc AY **x**
48 hab.

XX **El Caballo Vasco** piso 1, Casablanca, La Nogalera ☎ 38 23 36, 🏠, 🏊, 🎾 – ▤. AE ① VISA. ⊗ AY **r**
cerrado lunes – Com carta 875 a 2 125.

XX **El Molino de la Torre,** cuesta del Tajo 8 (final calle San Miguel) ☎ 38 77 56, ≼, 🏠 – ▤. AE ① E VISA. ⊗ AY **c**
cerrado noviembre y martes de diciembre a febrero – Com carta 1 430 a 1 935.

X **El León de Castilla,** Casablanca, Pueblo Blanco ☎ 38 69 59, 🏠, Decoración rústica – ▤. AE ① E VISA AY **r**
Com carta 900 a 2 180.

X **Hong-Kong,** Cauce ☎ 38 41 29, 🏠, Rest. Chino – ▤. ⊗ AY **z**
cerrado noviembre – Com carta 605 a 890.

X **El Bodegón,** Cauce 4 ☎ 38 20 12, 🏠, Cocina francesa – AE ① E VISA AY **a**
cerrado domingo, del 1 al 20 diciembre y del 5 al 31 enero – Com carta 1 000 a 1 680.

X **Estocolmo,** barrio andaluz 9 ☎ 38 59 29, 🏠 – AE ① E VISA AY **d**
cerrado lunes y 15 diciembre-1 febrero – Com (sólo cena en verano) carta 1 080 a 1 970.

en la carretera de Málaga por ① : 3 km – ✉ Torremolinos – ☏ 952 :

XX Frutos, ☎ 38 14 50, 🏠 – Ⓟ.

X Cheles, urbanización Los Alamos ☎ 38 50 47 – ▤.

junto al golf por ① : 5 km – ☏ 952 :

🏨 **Parador Nacional del Golf,** ✉ apartado 324 Málaga, ☎ 38 12 55, ≼, « Situado junto al campo de golf », 🏊, 🏖, 🎾, ⛳18 – ▤ Ⓟ. AE ① E VISA. ⊗
Com 1 100 – ☕ 300 – **40 hab** 4 000/5 000.

en la carretera de Cádiz – barrios de la Carihuela y de Montemar – ✉ Torremolinos – ☏ 952 :

🏨 **Meliá Torremolinos,** av. Carlotta Alessandri 109 ☎ 38 05 50, Telex 77060, ≼, « Gran jardín tropical », 🏊, 🎾 – |♦| ▤ Ⓟ – 🏛. AE ① E VISA. ⊗ BZ **a**
27 marzo-octubre – Com 1 475 – ☕ 295 – **283 hab** 3 860/6 310.

🏨 **Al-Andalus,** ✉ apartado 63, ☎ 38 12 00, Telex 77100, ≼, « Bonito jardín », 🏊, 🎾 – |♦| ▤ Ⓟ. AE ① VISA. ⊗ BZ **f**
Com 900 – ☕ 300 – **177 hab** 2 550/4 000 – P 3 000/3 550.

🏨 **Aloha Puerto Sol** 🔇, vía Imperial 44 ☎ 38 70 66, Telex 77339, ≼, 🏊 climatizada, 🏖, 🎾 – |♦| ▤ Ⓟ – 🏛. AE ① VISA. ⊗ BZ **d**
Com 930 – ☕ 350 – **418 hab** 3 600/4 500 – P 3 870/4 820.

🏨 **Las Palomas,** Carmen Montés 1 ☎ 38 50 00, Telex 77263, 🏊 climatizada, 🎾 – |♦| ▤ rest. AE ① E VISA. ⊗ BZ **e**
Com 1 100 – ☕ 325 – **294 hab** 2 200/3 600 – P 3 825/4 225.

🏨 **Tropicana,** Trópico 6 ☎ 38 66 00, Telex 77107, ≼, 🏊 – |♦|. AE ① VISA. ⊗ AZ **q**
Com 1 150 – ☕ 240 – **86 hab** 3 440/4 300 – P 4 180/5 470.

🏨 **Sidi Lago Rojo,** Miami 5 ☎ 38 76 66, Telex 77395, 🏊 – |♦| ▤. AE ① E VISA. ⊗ rest AZ **g**
Com 850 – ☕ 225 – **144 hab** 1 700/2 800 – P 2 900/3 200.

🏨 **Amaragua,** Los Nidos ☎ 38 46 33, Telex 77151, ≼, 🏊 climatizada, 🏊, 🎾 – |♦| Ⓟ. AE ① E VISA. ⊗ AZ **u**
Com 775 – ☕ 200 – **198 hab** 2 100/3 000 – P 2 900/3 500.

🏨 **San Antonio,** La Luna 23 ☎ 38 66 11, 🏊 – |♦| ▥ ▤ rest 🛁wc ☎ 🚗. ⊗ rest AZ **v**
Com 675 – ☕ 125 – **80 hab** 1 350/2 250 – P 2 325/2 525.

🏨 **Prammelinos,** av. Carlota Alessandri 180 ☎ 38 19 55, 🏊, 🏖 – |♦| ▥ 🛁wc 🚿wc ☎. AE E VISA. ⊗ AZ **r**
Com 600 – ☕ 150 – **34 hab** 1 900/2 400 – P 2 200/2 900.

🏨 **Miami** sin rest, Aladino 14 ☎ 38 52 55, 🏊, 🏖 – ▥ 🛁wc ☎ Ⓟ AZ **c**
☕ 130 – **26 hab** 1 335/2 275.

🏠 Prudencio, Carmen 43 ☎ 38 14 52, ≼ – ▥ 🛁wc. ⊗ AZ **w**
Com (ver Rest. Casa Prudencio) – **35 hab**.

X Casa Prudencio, Carmen 43 ☎ 38 14 52, ≼, 🏠, Pescados y mariscos AZ **w**

X El Cangrejo, Bulto 25 ☎ 38 04 79, ≼ – ▤ AZ **z**

X **El Roqueo,** Carmen 35 ☎ 38 49 46, ≼, 🏠, Pescados y mariscos – E VISA. ⊗ AZ **a**
cerrado martes y noviembre – Com 600.

X Casa Guaquín, Carmen 37 ☎ 38 45 30, ≼, 🏠, Pescados y mariscos AZ **a**
cerrado jueves y diciembre-15 enero.

X La Jábega, calle del Mar 17 ☎ 38 63 75, ≼, 🏠 – AE E VISA. ⊗ AZ **e**
cerrado lunes y 10 enero-10 febrero.

en Arroyo de la Miel SO : 4 km por la carretera de Benalmádena – ✉ Benalmádena – ☏ 952 :

🏠 **Sol y Miel,** Blas Infante 20 ☎ 44 11 14 – |♦| ▥ 🚿wc. ⊗ rest
Com 490 – ☕ 135 – **40 hab** 735/1 270 – P 1 585/1 685.

SEAT-FIAT Cruz ☎ 38 77 61

TORRENUEVA Granada 446 V 19 – ver Motril.

Las TORRES DE COTILLA Murcia 445 R 26 – 8 967 h. – ☎ 968.
♦Madrid 383 – ♦Murcia 17.

XX Parque, Media Legua 43, carret. de Alcantarilla 1 km ☎ 62 07 30, ⛱, ✂ – |♦| ▤ Ⓟ.

TORREVIEJA Alicante 445 S 27 – 11 028 h. – ☎ 965 – Playa.
Club Villa Martín, SO : 7,5 km ☎ 32 03 50.
Calvo Sotelo 1 ☎ 71 03 91.
♦Madrid 435 – ♦Alicante 50 – Cartagena 60 – ♦Murcia 45.

Mazu sin rest, Sevilla 16 ☎ 71 12 50 – |♦| wc wc.
cerrado 13 diciembre-9 enero – 150 – **39 hab** 955/1 820.

Madrid, Villa Madrid 15 ☎ 71 13 50 – |♦| wc wc. E VISA.
Com 500/650 – 175 – **27 hab** 1 050/2 350 – P 2 200.

La Cibeles, av. Dr. Gregorio Marañón 10 ☎ 71 00 12 – wc wc.
Com 765 – 180 – **32 hab** 1 855 – P 2 375.

Brasil, Maria Parodi 4 ☎ 71 17 73
12 hab.

XX Miramar, paseo Vista Alegre 6 ☎ 71 07 65, ≤, .

X La Tortuga, Maria Parodi 3 ☎ 71 09 60, Decoración neo rústica – ▤.
cerrado lunes y noviembre.

X Tamarindo, Los Gases (junto discoteca Xalambó) ☎ 71 18 11, .

X El Pescador, carret. de Cartagena km 1 ☎ 71 32 51, , Pescados y mariscos – Ⓟ.

en la carretera de Alicante (por la costa) – ✉ Torrevieja – ☎ 965 :

Berlín, Torre del Moro NE : 4 km ☎ 71 15 37, ≤ mar, , « Terrazas con flores », ⛱ – |♦| Ⓟ. AE ⓓ E VISA. rest
Com 990 – 230 – **50 hab** 2 070/3 305 – P 3 760/4 175.

Eden-Roc, Cala del Mojón NE : 3,5 km ☎ 71 11 45, ≤ – wc wc Ⓟ. VISA. rest
abril-septiembre – Com 760 – 190 – **30 hab** 1 200/2 000 – P 2 450/2 650.

Mar Bella, av. Alfredo Nobel 8, NE : 2,5 km ☎ 71 08 28, ≤, – wc wc Ⓟ. VISA. rest
Com 660 – 170 – **30 hab** 1 090/1 970 – P 2 400/2 500.

X Rest. 222, Alfredo Nobel 2, NE : 2,5 km ☎ 71 15 50, – Ⓟ
cerrado lunes y noviembre.

al Suroeste

en la carretera de Cartagena 5,5 km – ✉ Torrevieja

X Asturias, – Ⓟ.

en la urbanización La Zenia : 8 km – ✉ Torrevieja – ☎ 965 :

La Zenia, ☎ 32 02 00, ≤, « Amplia terraza frente al mar », ⛱, ✂ – |♦| ▤ Ⓟ. AE ⓓ E VISA.
mayo-octubre – Com 1 075 – 255 – **220 hab** 3 000/4 290 – P 4 270/5 125.

en la urbanización Cabo Roig 9 km – ✉ Torrevieja – ☎ 965 :

XXX **Cabo Roig,** ☎ 32 02 90, ≤ mar, – ▤ Ⓟ. AE ⓓ E VISA.
Com carta 1 600 a 2 550.

en la urbanización Golf Villamartín 10 km – ✉ Torrevieja – ☎ 965 :

XX Golf Villamartín, ☎ 32 03 62, , ⛱, ✂, – Ⓟ.

en Dehesa de Campoamor 11 km – ✉ Dehesa de Campoamor – ☎ 965 :

Montepiedra, Rosalía de Castro ☎ 32 03 00, Telex 67138, « ⛱ rodeada de césped y plantas », , ✂ – Ⓟ.
Com 850 – 200 – **64 hab** 2 500/3 000 – P 3 020/4 020.

XXX Montepiedra, ☎ 32 00 00, ≤, , Decoración castellana – ▤ Ⓟ.

X Mesón de las Villas, ☎ 32 00 05, – Ⓟ.

CITROEN Apolo 98 ☎ 71 06 17
RENAULT carret. Alicante km 47 ☎ 71 08 43
SEAT carret. Gregorio Marañón 60 ☎ 71 09 50
TALBOT Prolongación Apolo km 100 ☎ 71 03 20

TORRIJOS Toledo 990 ㉕ – 6 977 h. alt. 529 – ☎ 925.
♦Madrid 87 – ♦Ávila 113 – Toledo 29.

Mesón Ruta del Alcázar, carret. de Toledo ☎ 76 04 00 – |♦| ▤ rest wc Ⓟ. AE. rest
Com 800 – 150 – **44 hab** 1 100/2 200 – P 2 700.

Ideal, av. del Generalísimo 1 ☎ 76 01 00, – .
cerrado 1 al 25 octubre – Com *(cerrado viernes excepto festivos)* 450 – 90 – **12 hab** 630/1 140 – P 1 530/2 940.

X Tinín, carret. de Toledo 68 ☎ 76 11 65 – ▤.

CITROEN-PEUGEOT carret. Toledo-Ávila km 27,5 ☎ 76 04 37
RENAULT carret. de Madrid 64 ☎ 76 03 64
SEAT carret. Toledo-Ávila km 30 ☎ 76 06 43

TORROELLA DE MONTGRI Gerona 43 ⑨ y 990 ⑳ – 5 312 h. (incl. Estartit) alt. 20 – ☎ 972.
♦Madrid 740 – ♦Barcelona 127 – Gerona 31.

- **Coll** sin rest, carret. de Estartit ☎ 75 81 99 – wc P.
cerrado febrero – ☕ 200 – **24 hab** 1 950.
- **Vila Vella** sin rest, Porta Nova 3 ☎ 75 80 54 – wc wc
☕ 175 – **26 hab** 800/1 500.
- **Elías** con hab, Major 24 ☎ 75 80 09 – wc. E VISA. hab
cerrado 24 diciembre-18 enero – Com *(cerrado lunes de octubre a marzo)* carta 600 a 1 700 – ☕ 160 – **16 hab** 625/1 125 – P 1 700.

CITROEN General Orgaz 64 ☎ 75 82 41
FIAT-SEAT av. del Caudillo 14 ☎ 75 86 44
RENAULT Juan Maragall ☎ 75 94 50

TORTOSA Tarragona 990 ⑱ – 47 246 h. alt. 10 – ☎ 977.
Ver : Catedral★ (tríptico★, púlpitos★) – Colegio de San Luis o San Matías (patio★).
♦Madrid 486 – Castellón de la Plana 121 – ♦Lérida 133 – Tarragona 83 – ♦Zaragoza 204.

- **Parador Nacional Castillo de la Zuda**, ☎ 44 44 50, <, , – P. AE E VISA.
Com 1 100 – ☕ 300 – **82 hab** 3 200/4 000.

CITROEN Ulldecona 11 ☎ 44 18 94
RENAULT ronda Cataluña 71 ☎ 44 17 15
SEAT-FIAT Alcañiz 6 ☎ 44 05 60
TALBOT carret. de Valencia ☎ 44 06 56

TOSAS (Puerto de) o **TOSES (Port de)** Gerona 43 ⑦ y 990 ⑲⑳ – alt. 1 800.
♦Madrid 679 – Gerona 131 – Puigcerdá 26.

- **Collada** con hab, carret. N 152, alt. 1 800 ☎ 89 21 00, < – wc P. AE VISA.
Com carta 1 350 a 1 800 – ☕ 275 – **25 hab** 1 800/3 300 – P 3 300/5 100.

Pour aller loin rapidement, utilisez les ***cartes Michelin*** *à 1/1 000 000.*

TOSSA DE MAR Gerona 43 ⑲ y 990 ⑳ – 2 860 h. – ☎ 972 – Playa.
Ver : Localidad veraniega★.
Alred. : Recorrido en cornisa★★★ de Tossa de Mar a San Felíu de Guixols (calas★) 23 km por ② – Carretera en cornisa★★ de Tossa de Mar a Lloret de Mar, 12 km por ③.
cruce carret de Lloret.
♦Madrid 707 ③ – ♦Barcelona 79 ③ – Gerona 39 ①.

TOSSA DE MAR

Guàrdia (la)	AZ	6
Portal	BZ	16
Pou de la Vila	ABZ	17
Virgen del Socorro	ABZ	24
Costa Brava (Av. de la)	AY	2
Estolt	ABZ	4
Ferrán Agulló (Av.)	AY	5
La Palma (Av. de)	BY	10
Mar (Paseo del)	BZ	12
María Auxiliadora	AY	13
Pelegri (Av. del)	AZ	15
Sant Antonio	AZ	18
Sant José	AZ	19

Para el buen uso de los planos de ciudades, consulte los signos convencionales, p. 23.

Pour un bon usage des plans de villes, voir les signes conventionnels, p. 39.

For maximum information from town plans, look at the conventional signs key, p. 63.

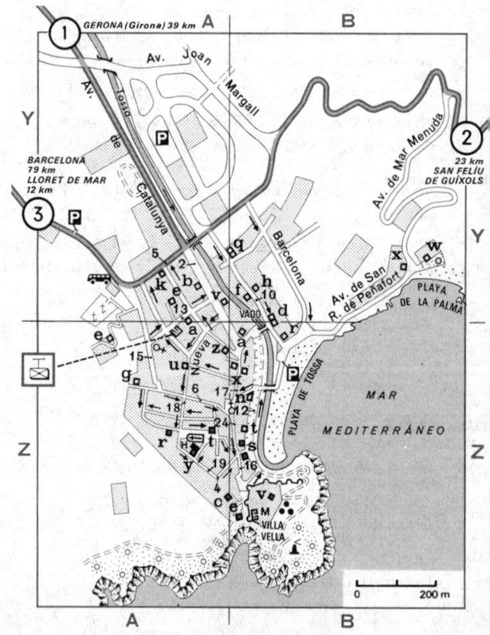

G. H. Reymar, playa de Mar Menuda 34 03 12, ≤, – rest. rest — BY **x**
15 mayo-5 octubre – Com 1 300 – 250 – **131 hab** 2 500/4 400 – P 4 300/4 600.

Florida, av. de la Palma 21 34 03 08, – wc . — BY **d**
28 abril-26 octubre – Com 920 – 200 – **45 hab** 1 680/2 950 – P 2 975/3 150.

Mar Menuda, playa de Mar Menuda 34 10 00, ≤, , , – wc wc . VISA. rest — BY **w**
26 marzo-9 octubre – Com 1 175 – 245 – **40 hab** 1 900/3 580 – P 3 695/3 860.

Vora la Mar, sin rest, con cafetería, av. de la Palma 19 34 03 54 – wc wc — BY **h**
temp. – **63 hab**.

Ancora, av. de la Palma 25 34 02 99, , « Patio-terraza con arbolado », – wc wc . rest — BZ **r**
junio-septiembre – Com 650 – 225 – **60 hab** 1 000/2 700 – P 2 200/2 550.

Avenida, av. de la Palma 16 34 01 62 – wc . rest — BY **f**
mayo-septiembre – Com 815 – 200 – **50 hab** 1 110/1 980 – P 2 550/2 670.

Delfín, av. Costa Brava 2 34 02 50, Telex 52588 – wc . — BZ **a**
mayo-septiembre – Com 650 – 200 – **63 hab** 1 275/2 200 – P 2 375/2 550.

Neptuno, La Guardia 52 34 01 43, – wc wc — AZ **g**
temp. – **47 hab**.

Mar d'Or, av. Costa Brava 10 34 03 62 – wc wc . E. rest — AY **v**
mayo-octubre – Com 600 – 200 – **51 hab** 1 600/2 600 – P 2 500/2 800.

Corisco sin rest, Pou de la Vila 8 34 01 74 – wc wc . VISA — BZ **x**
abril-septiembre – 200 – **28 hab** 1 515/2 620.

Mar Bella sin rest, av. de la Costa Brava 30 34 13 63 – wc . VISA — AY **b**
abril-septiembre – 200 – **36 hab** 1 500/2 800.

Simeón, Dr Trueta 1 34 00 79 – wc wc. rest — BZ **x**
mayo-septiembre – Com 510 – 140 – **50 hab** 900/1 490 – P 1 730/1 885.

Windsor sin rest, Nueva 28 34 01 86, – wc — AYZ **a**
mayo-septiembre – 150 – **63 hab** 1 010/1 950.

Sant March sin rest, Nueva 9 34 00 78 – wc wc — AZ **u**
mayo-septiembre – 115 – **30 hab** 770/1 300.

Las Acacias, paseo del Mar 2 34 00 85 – wc. E VISA. rest — BZ **n**
abril-octubre – Com 710 – 210 – **20 hab** 945/1 670 – P 2 340.

Lourdes, San Sebastián 6 34 03 43 – wc. E. rest — AY **e**
mayo-octubre – Com 400/600 – 150 – **35 hab** 850/1 700 – P 1 400/1 600.

Casa Delgado sin rest, Pola 7 34 02 91 – wc wc. — AZ **z**
abril-septiembre – **36 hab** 1 000/2 000.

Horta Rosell sin rest, Pola 23 34 04 32 – wc — AY **k**
25 mayo-septiembre – 155 – **30 hab** 1 000/1 400.

Coq Hardi (Gallo Atrevido), pasaje Villa, apartado 98, 34 01 69, ≤ – wc wc . rest — AZ **e**
junio-1 octubre – Com 600 – 165 – **13 hab** 845/1 690 – P 2 100.

Atlanta, av. de la Palma 7 34 02 31 – wc wc. E. rest — BY **q**
junio-septiembre – Com 450 – 140 – **22 hab** 900/1 500 – P 1 580/1 730.

Canaima, av. de la Palma 9 34 09 95 – wc wc . rest — BY **q**
junio-septiembre – Com 450 – 140 – **17 hab** 1 000/1 600 – P 1 650/1 850.

Casa Zügel sin rest, av. de la Palma 23 34 02 92, – wc wc . — BZ **d**
mayo-septiembre – 225 – **14 hab** 1 100/2 200.

Victoria, paseo del Mar 34 01 66 – wc. E. rest — BZ **t**
15 marzo-septiembre – Com 725 – 175 – **21 hab** 800/1 700 – P 2 180/2 200.

Es Molí, Tarull 3 34 14 14, , « Bajo los porches de un bonito patio ajardinado » – AE E VISA — AZ **r**
cerrado 15 diciembre-15 marzo y martes en octubre, noviembre, diciembre y marzo – Com carta 1 225 a 2 320.

María Angela, con hab, paseo del Mar 10 34 03 58, ≤ – wc wc — BZ **s**
20 hab.

Bahía, paseo del Mar 34 03 22, ≤, – . AE E VISA — BZ **s**
cerrado noviembre-15 enero y lunes del 15 octubre a Semana Santa – Com carta 1 175 a 2 225.

Castell Vell, pl. Roig y Soler 1 34 10 30, « Rest. de estilo regional en el recinto de la antigua ciudad amurallada » – AE E VISA — BZ **v**
abril-septiembre – Com carta 1 350 a 2 280.

Rocamar, travesía Codolar 7 34 10 47, ≤ – E VISA — BZ **e**
cerrado febrero-15 marzo y martes de junio a septiembre – Com carta 1 030 a 2 000.

C'an Tonet, pl. de la Iglesia 34 05 11 – AE E VISA. — AZ **t**
cerrado lunes y 20 diciembre-1 febrero – Com carta 995 a 1 575.

Can Senió, Codolar 16 34 10 41 — AZ **c**
cerrado martes y noviembre – Com carta 1 200 a 1 550.

L'Ham, San José 22 34 02 81 – AE E VISA — AZ **y**
abril-15 octubre – Com carta 820 a 1 035.

FIAT-SEAT carret. de Sant Feliú de Guixols 34 10 21

TRAGACETE Cuenca 990 ⑰ – 490 h. alt. 1 283.
Alred. : Nacimiento del Cuervo* (cascadas*) NO : 12 km y 15 mn a pie.
♦Madrid 229 – Cuenca 66.

La Trucha, Juan Pita ☎ 11, – wc wc – *temp.* – **15 hab.**

TREMP Lérida 43 ⑤ y 990 ⑲ – 6 249 h. alt. 432 – ☎ 973.
Alred. : NE : Desfiladero de Collegats**.
Héroes de Toledo ☎ 65 01 55.
♦Madrid 546 – Huesca 156 – ♦Lérida 93.

Siglo XX, pl. de la Creu 32 ☎ 65 00 00, – wc wc. VISA. rest
Com 650 – 160 – **56 hab** 950/2 200 – P 2 250/2 400.

Alegret, pl. de la Creu 15 ☎ 65 01 00 – wc
Com 575 – 155 – **26 hab** 575/1 350 – P 1 675/1 725.

CITROEN Aragón ☎ 65 03 39
FORD Seix y Falla 11 ☎ 65 01 11
RENAULT Seix y Falla ☎ 65 08 63
SEAT av. de España 24 ☎ 65 09 14
TALBOT av. Obispo Iglesias ☎ 65 06 46

TRIJUEQUE Guadalajara 990 ⑯ – 377 h. alt. 997 – ☎ 911.
♦Madrid 77 – Guadalajara 21 – Soria 149 – ♦Zaragoza 244.

Liébana, carret. N II ☎ 32 00 65 – wc wc. E.
Com *(cerrado sábado)* 580 – 170 – **22 hab** 855/1 250 – P 2 105/2 500.

TRUJILLO Cáceres 990 ㉓ – 9 776 h. alt. 513 – ☎ 927 – Plaza de toros.
Ver : Plaza Mayor* (palacio de los Marqueses de la Conquista : balcón de esquina*) – Iglesia de Santa Maria* (retablo*).
pl. Mayor ☎ 32 06 53.
♦Madrid 254 – ♦Cáceres 47 – Mérida 89 – Plasencia 80.

en la carretera N V NE : 1 km – ✉ Trujillo – ☎ 927 :

Cigüeñas, ☎ 32 06 50, – wc wc – **82 hab.**

CITROEN-PEUGEOT carret. Madrid-Lisboa ☎ 32 05 95
RENAULT carret. Madrid-Lisboa (Cruces) ☎ 32 07 08
SEAT av. Calvo Sotelo ☎ 32 06 33
TALBOT carret. Madrid-Lisboa ☎ 32 07 31

TUDELA Navarra 42 ⑮ y 990 ⑰ – 23 093 h. alt. 275 – ☎ 948 – Plaza de toros.
Ver : Catedral* (claustro**, portada del Juicio Final*, interior : capilla de Nuestra Señora de la Esperanza*).
pl. de los Fueros ☎ 82 15 39.
♦Madrid 316 – ♦Logroño 103 – ♦Pamplona 84 – Soria 90 – ♦Zaragoza 81.

Morase, paseo de Vadillo 13 ☎ 82 17 00 – rest wc wc. AE E VISA
Com 890/950 – 190 – **26 hab** 1 600/2 575 – P 2 910/3 225.

De Tudela, av. de Zaragoza 56 ☎ 82 05 58 – wc E VISA
Com 800 – 190 – **16 hab** 1 150/2 100 – P 2 680/3 250.

Navarra, av. de Zaragoza 29 ☎ 82 14 00 – rest wc wc. VISA
Com 650 – 150 – **40 hab** 900/1 800 – P 2 000.

Nueva Parrilla, junto plaza de toros ☎ 82 24 00 – rest – **22 hab.**

El Choko, piso 1, Porches ☎ 82 28 91 – . VISA.
cerrado 1 al 16 octubre – Com carta 1 100 a 2 050.

en la carretera de Zaragoza N 232 – ☎ 948 :

Sancho El Fuerte SE : 11 km, ✉ apartado 83 Tudela, ☎ 86 40 25, – wc wc.
Com 775 – 160 – **130 hab** 1 500/1 900 – P 2 660/3 210.

Beethoven, SE : 3 km, ✉ Fontellas, ☎ 82 52 60 – E VISA.
cerrado del 1 al 15 agosto, domingo noche y lunes noche – Com carta 1 330 a 2 040.

AUSTIN-MG-MORRIS-MINI Añon Baigorri 1 ☎ 82 02 09
CITROEN-PEUGEOT Polígono Industrial ☎ 82 24 16
FORD carret. de Zaragoza km 97 ☎ 82 06 66
RENAULT Polígono Industrial ☎ 82 26 16
SEAT carret. de Zaragoza 1 ☎ 82 29 95
SEAT-FIAT carret. de Alfaro ☎ 82 02 58
TALBOT Polígono Industrial ☎ 82 07 69

TUY Pontevedra 990 ② – 13 452 h. alt. 44 – ☎ 986 – ver aduanas p. 14 y 15.
Ver : Catedral* – Edificio de la aduana ☎ 60 07 57.
♦Madrid 604 – Orense 105 – Pontevedra 48 – ♦Porto 124 – ♦Vigo 29.

Parador Nacional San Telmo, ☎ 60 03 11, ←, « Reproducción de una casa señorial gallega » – . AE E VISA.
Com 1 100 – 300 – **16 hab** 3 600/4 500.

en la carretera de Porriño NE : 1 km – ✉ Tuy – ☎ 986 :

Magnolia, ☎ 60 10 29 – . VISA
cerrado lunes excepto festivos y martes festivos – Com carta 800 a 1 500.

RENAULT Camilo José Cela 2 ☎ 60 01 17
SEAT Rebordanes ☎ 60 13 69

ÚBEDA Jaén 446 R 19 – 30 223 h. alt. 757 – ☎ 953 – Plaza de toros.

Ver : Plaza Vásquez de Molina** : Iglesia El Salvador** (sacristía**, interior*), iglesia de Santa María (capillas*, rejas*) – Iglesia de San Pablo** (capillas**, portada sur*).

pl. de los Caídos 2 ☎ 75 08 97.

♦Madrid 317 – ♦Albacete 204 – Almería 231 – ♦Granada 132 – Linares 26 – Lorca 283.

Parador Nacional Condestable Dávalos, pl. Vázquez de Molina 1 ☎ 75 03 45, « Instalado en un palacio del siglo XVI, bonito patio » – . AE E VISA.
Com 1 100 – 300 – **25 hab** 2 800/3 500.

La Paz piso 1, sin rest, Andalucía 1 ☎ 75 08 49 – wc wc . VISA
95 – **53 hab** 710/1 610.

Los Cerros, sin rest y sin , Peñarroya 1 ☎ 75 16 21 – wc
19 hab.

Mesón Pintor, Orbaneja 4 ☎ 75 09 98 – .

AUSTIN-MG-MORRIS-MINI Virgen del Pilar 6 ☎ 75 05 07
CITROEN carret. de Albacete 1 ☎ 75 20 68
MERCEDES-BENZ carret. de circunvalación ☎ 75 05 04
RENAULT carret. de circunvalación ☎ 75 12 42
SEAT-FIAT av. de los Mártires 18 ☎ 75 01 47
TALBOT carret. de circunvalación ☎ 75 11 54

UBRIQUE Cádiz 446 V 13 – 14 751 h. alt. 337 – ☎ 956 – Plaza de toros.

Alred. : Carretera* de Ubrique a Ronda.

♦Madrid 584 – ♦Cádiz 112 – Ronda 46.

Ocurris, av. Dr Solís Pascual 49 ☎ 11 09 73 – wc
20 hab.

RENAULT av. Herrera Oria 3 ☎ 11 08 90
SEAT Tenerías 1 ☎ 11 07 47

ULLDECONA Tarragona 990 ⑱ – 5 459 h. alt. 134 – ☎ 977.

♦Madrid 510 – Castellón de la Plana 88 – Tarragona 104 – Tortosa 30.

Bon Lloc con hab, carret. de Vinaroz ☎ 72 02 09 – rest wc .
cerrado 15 septiembre-2 octubre – Com *(cerrado lunes)* carta 570 a 1 400 – 125 – **8 hab** 700/1 300 – P 1 550/1 600.

URBIÓN (Sierra de) ** Soria 42 ⑬ y 990 ⑯ – alt. 2 228.

Ver : Laguna Negra de Urbión*** (carretera**) – Laguna Negra de Neila** (carretera**).

Hoteles y restaurantes ver : Soria.

URDAX Navarra 42 ⑤⑥ – 468 h. – ☎ 948.

♦Madrid 475 – ♦Bayonne 26 – ♦Pamplona 80.

La Koska, ☎ 59 90 42, Decoración rústica navarra.

URQUIOLA (Puerto de) Vizcaya 42 ③④ y 990 ⑥ – alt. 700 – ☎ 94.

Ver : Puerto* (subida*).

♦Madrid 386 – ♦Bilbao 40 – ♦San Sebastián 79 – ♦Vitoria 31.

Bizkara con hab, ✉ Durango, ☎ 681 20 26 – . E VISA.
Com carta 875 a 1 600 – 170 – **9 hab** 865/1 320 – P 2 140/2 355.

USATEGUIETA (Puerto de) Navarra 42 ⑤ – ver Leiza.

UTEBO Zaragoza 43 ⑫ y 990 ⑰ – ver Zaragoza.

UTIEL Valencia 445 N 26 – 11 919 h. – ☎ 96.

♦Madrid 267 – ♦Albacete 115 – Cuenca 120 – ♦Valencia 81.

Potajero Chico, carret. N III ☎ 217 00 09 – wc . VISA.
Com 750 – 100 – **32 hab** 1 300 – P 2 900.

VALCARLOS Navarra 42 ⑥ y 990 ⑦ – 620 h. alt. 365 – ☎ 948 – ver aduanas p. 14 y 15.

Elizaldea.

♦Madrid 464 – ♦Pamplona 65 – St-Jean-Pied-de-Port 11.

Maitena con hab, Elizaldea ☎ 76 20 10, ≤ – rest wc .
Com carta 640 a 910 – 100 – **4 hab** 1 000/1 200 – P 1 450.

VALDEMORO Madrid 990 ⑮ y ㊴ – 8 551 h. alt. 616 – ☎ 91.

Alred. : Illescas (iglesia del convento de la Caridad : cuadros del Greco*).

♦Madrid 26 – Aranjuez 20.

Maguilar sin rest, con cafetería, carret. N IV, NE : 1 km ☎ 895 04 00, , – wc wc . VISA.
200 – **45 hab** 1 800/2 800.

CITROEN-PEUGEOT La Luna 1 ☎ 895 06 96
RENAULT Polígono Inter Co Gozquez ☎ 895 16 64

VALDEPEÑAS Ciudad Real 990 ㉕ – 23 176 h. alt. 720 – ☎ 926 – Plaza de toros.

Alred. : San Carlos del Valle★ (plaza Mayor★) NE : 22 km.

carret. N IV km 197 ☎ 31 18 04.

•Madrid 200 – •Albacete 168 – Alcázar de San Juan 72 – Aranjuez 154 – Ciudad Real 59 – •Córdoba 198 – Jaén 133 – Linares 99 – Toledo 150 – Úbeda 117.

- **Cervantes** sin rest y sin ☕, Seis de Junio 46 ☎ 32 26 00 – wc P
  40 hab 1 250/2 300.
- Concord, av. de Los Estudiantes - carret. de Daimel ☎ 32 01 53, , – . E VISA.

en la carretera N IV – ✉ Valdepeñas – ☎ 926 :

- **Motel Meliá El Hidalgo,** N : 7 km ☎ 31 16 40, « rodeada de césped », – P – .
  AE E VISA.
  Com 1 100 – ☕ 250 – **54 hab** 2 850/3 600.
- **Vista Alegre,** N : 3 km ☎ 32 22 04, – wc P. VISA.
  cerrado martes y 15 febrero-15 marzo – Com 675 – ☕ 200 – **17 hab** 1 800.
- El Gobernador, N : 3 km ☎ 32 07 57 – P.

CITROEN 6 de Junio 73 ☎ 32 07 07
RENAULT av. Gregorio Prieto 7 ☎ 32 09 52
SEAT-FIAT carret. N IV km 199 ☎ 31 19 61
TALBOT carret. N IV-desviación ☎ 31 12 45

VALDERROBRES Teruel – 2 002 h. – ☎ 974.

•Madrid 421 – •Lérida 141 – Teruel 195 – Tortosa 56 – •Zaragoza 141.

- Querol, General Franco 14 ☎ 85 01 92 – wc – **21 hab**.

En temporada, y sobre todo en las localidades turísticas, es preferible reservar de antemano.

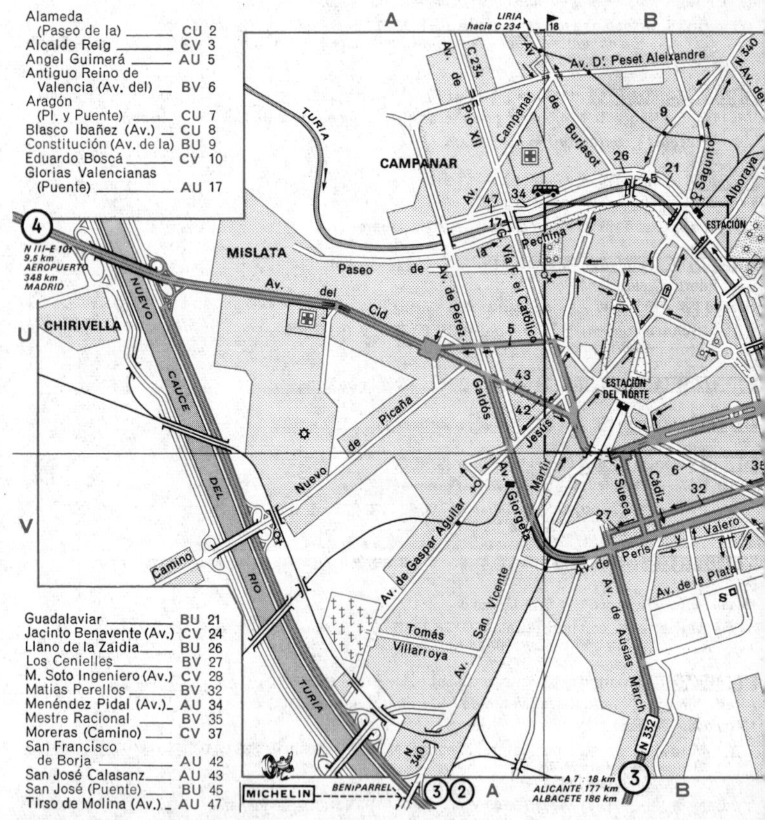

VALENCIA P 445 N 28 29 – 714 086 h. (incl. El Saler) alt. 13 – 96 – Plaza de toros.

Ver : Museo Provincial de Bellas Artes** FX **M³** – Catedral* (Miguelete*) EX **A** – Palacio de la Generalidad* (techos artesonados*) EX **D** – Lonja* (sala de contratación*, sala del Consulado del Mar : techo*) EX **E** – Colegio del Patriarca* EY **N** – Museo Nacional de Cerámica* EY **M¹** – Torres de Serranos* EX **V** – Convento de Santo Domingo (capilla de los Reyes*) FY **S**.

9 de Manises por ④ : 12 km ☎ 379 08 50 – 18 Club Escorpión NO : 19 km por carretera de Liria ☎ 160 12 11.

de Valencia, Manises por ④ : 9,5 km ☎ 370 95 00 – Iberia : Paz 14, ✉ 3, ☎ 321 73 71.

☎ 321 00 43.

para Baleares y Canarias : Cia. Aucona, av. Manuel Soto Ingeniero 15, ✉ 11, ☎ 367 65 12, Telex 62648 CV

Paz 46, ✉ 3, ☎ 322 40 96 y pl. del País Valenciano 1 ☎ 321 04 17 – **R.A.C.E.** (R.A.C. de Valencia) av. Jacinto Benavente 25, ✉ 5, ☎ 333 94 03.

♦Madrid 348 ④ – ♦Albacete 186 ③ – ♦Alicante (por la costa) 177 ③ – ♦Barcelona 360 ① – ♦Bilbao 609 ① – Castellón de la Plana 75 ① – ♦Málaga 639 ③ – ♦Sevilla 655 ④ – ♦Zaragoza 331 ①.

Rey Don Jaime M, av. Baleares 2, ✉ 23, ☎ 360 73 00, Telex 64252 – AE E VISA CV **r**
Com 1 900 – 470 – **314 hab** 6 600/9 800 – P 8 300/10 000.

Astoria Palace, pl. Rodrigo Botet 5, ✉ 2, ☎ 322 95 90, Telex 62733 – AE E VISA EY **p**
Com 1 450 – 300 – **208 hab** 4 375/6 575 – P 6 185/7 275.

Reina Victoria, Barcas 4, ✉ 2, ☎ 321 13 60, Telex 64755 – E VISA rest EY **s**
Com 1 075 – 210 – **92 hab** 2 870/4 865 – P 4 435/4 870.

Dimar sin rest, con cafetería, Gran Vía Marqués del Turia 80, ✉ 5, ☎ 334 18 07, Telex 62952 – AE E VISA FZ **q**
275 – **95 hab** 3 650/5 580.

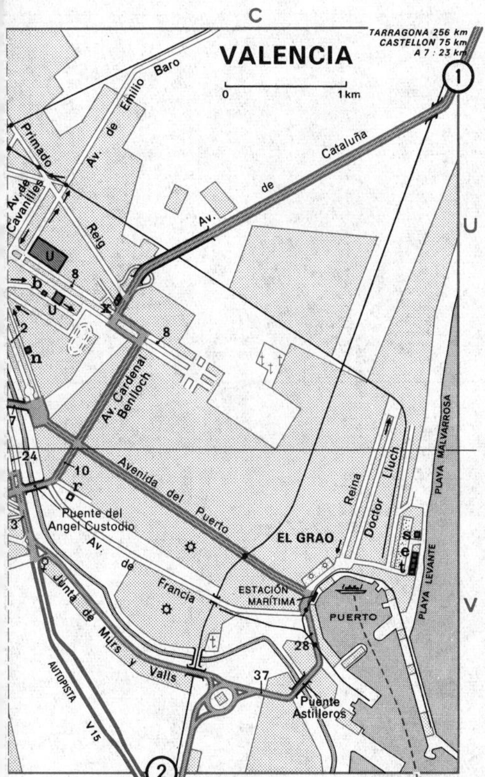

REPERTORIO DE CALLES DE VALENCIA

continuación ver plano detallado

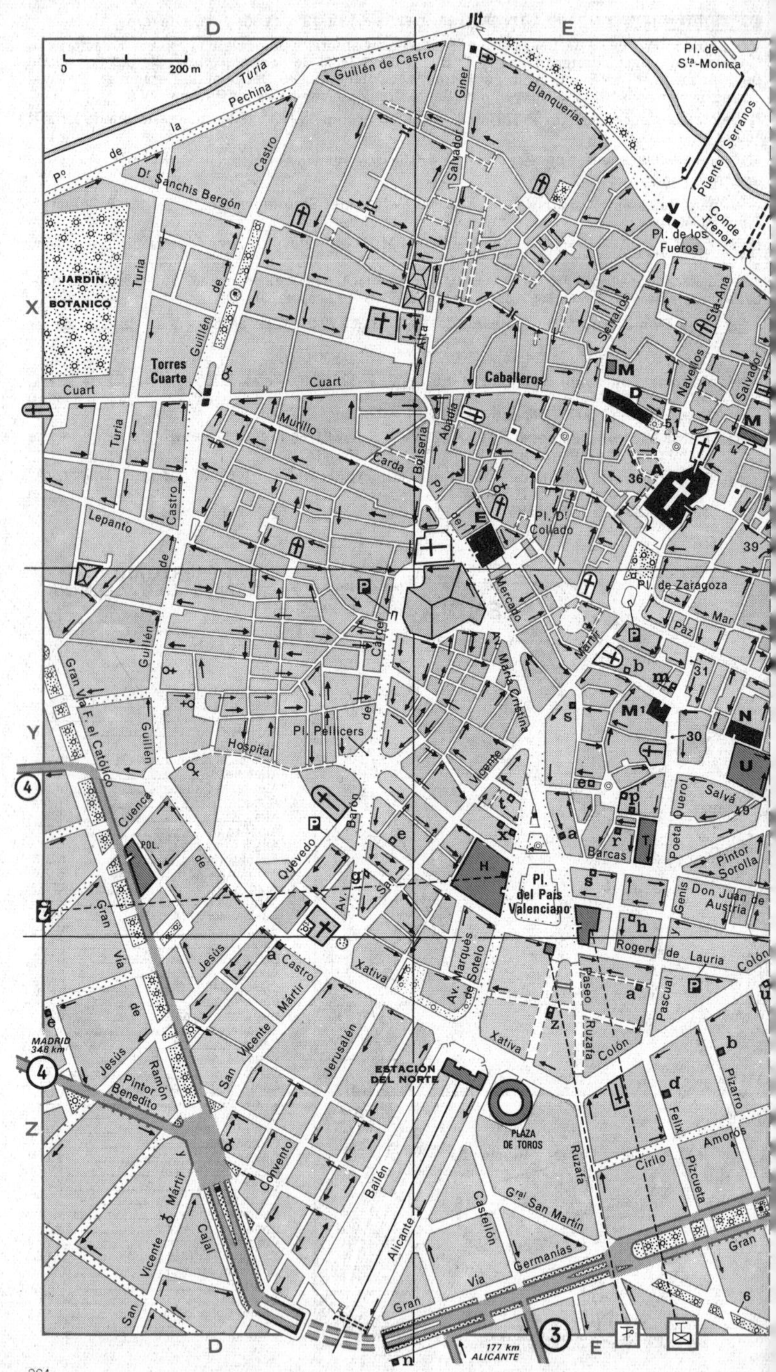

D
E
0
200 m
Guillén de Castro
Giner
Blanquerías
Pl. de Sta-Monica
Serranos
Puente
Conde Trenor
Po de la Pechina
Turia
Dr Sanchis Bergón
Castro
Salvador
JARDIN BOTANICO
X
Guillén
Torres Cuarte
Cuart
Alta
Caballeros
Pl. de los Fueros
Sta-Ana
Navellos
Murillo
Carda
Bolsería
Abadía
Pl. del Mercado
Pl. Dr Collado
Lepanto
Pl. de Zaragoza
Paz
Mar
Mártir
Av. María Cristina
Gran Vía F. el Católico
Pl. Pellicers
Hospital
Y
Cuenca
Quevedo
Barón
Av. San
Vicente
Salvá
Poeta Querol
Barcas
Pintor Sorolla
Pl. del País Valenciano
Don Juan de Austria
Genís
Roger de Lauria
Colón
Jesús
Castro
Mártir
Xativa
Av. Marqués de Sotelo
Paseo Ruzafa
Pascual
Gran Vía
MADRID 348 km
Pintor Benedito
Ramón
San Vicente
Jerusalén
ESTACION DEL NORTE
PLAZA DE TOROS
Pizarro
Félix
Z
Convento
Bailén
Ruzafa
Amorós
Cirilo
Pizcueta
Gral San Martín
Castellón
Germanías
Alicante
Cajal
Vicente Mártir
Gran Vía
177 km ALICANTE

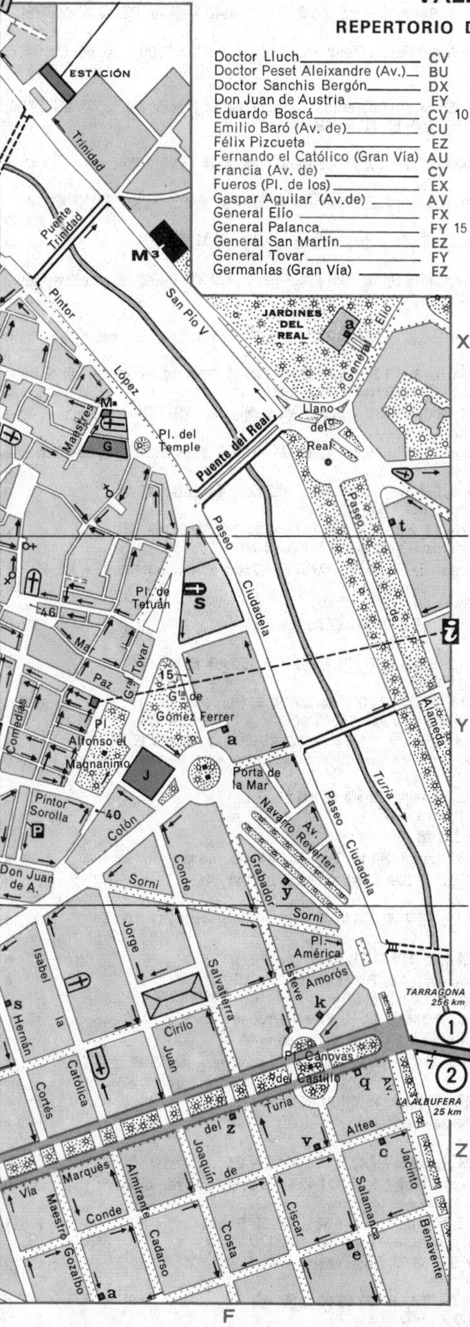

VALENCIA

REPERTORIO DE CALLES (fin)

Calle		
Doctor Lluch	CV	
Doctor Peset Aleixandre (Av.)	BU	
Doctor Sanchis Bergón	DX	
Don Juan de Austria	EY	
Eduardo Boscá	CV	10
Emilio Baró (Av. de)	CU	
Félix Pizcueta	EZ	
Fernando el Católico (Gran Vía)	AU	
Francia (Av. de)	CV	
Fueros (Pl. de los)	EX	
Gaspar Aguilar (Av.de)	AV	
General Elío	FX	
General Palanca	FY	15
General San Martín	EZ	
General Tovar	FY	
Germanías (Gran Vía)	EZ	
Giorgeta (Av.)	AV	
Glorias Valencianas (Pte)	AU	17
Gómez Ferrer (Gta de)	FY	
Grabador Esteve	FYZ	
Guadalaviar	BU	21
Guillén de Castro	DXY	
Hernán Cortès	EFZ	
Hospital	DY	
Isabel la Católica	FZ	
Jacinto Benavente (Av.)	CV	24
Jesús	DZ	
Joaquín Costa	FZ	
Jorge Juan	FZ	
Junta de Murs y Valls	CV	
Lepanto	DX	
Llano del Real	FX	
Llano de la Zaidia	BU	26
Los Cenielles	BV	27
Maestres	FX	
Maestro Gozalbo	FZ	
Manuel Soto Ingeniero (Av.)	CV	28
Mar	EY	
Mar (Porta de la)	FY	
Maria Cristina (Av.)	EY	
María de Molina	EY	30
Marqués de Dos Aguas	EY	31
Marqués de Sotelo (Av.)	EZ	
Marqués del Turia (Gran Vía)	FZ	
Matias Perellos	BV	32
Menéndez Pidal (Av. de)	AU	34
Mercado (Pl. del)	EXY	
Mestre Racional	BV	35
Micalet	EX	36
Moreras (Camino)	CV	37
Murillo	DX	
Navarro Reverter (Av.)	FY	
Navellos	EX	
País Valenciano (Pl. del)	EY	
Palau	EX	39
Pascual y Genís	EYZ	
Paz	EFY	
Pechina (Paseo de la)	ABU	
Pellicers (Pl.)	DY	
Pérez Galdós (Av. de)	AU	
Peris y Valero (Av. de)	BV	
Picaña (Camino Nuevo)	AUV	
Pintor Benedito	DZ	
Pintor López	FX	
Pintor Sorolla	EY	
Pío XII (Av. de)	AU	
Pizarro	EZ	
Plata (Av. de la)	BV	
Poeta Querol	EY	
Poeta Quintana	FY	40
Primado Reig (Av. del)	CU	
Puerto (Av. del)	CV	
Quevedo	DY	
Ramón y Cajal (Gran Vía)	DZ	
Real (Puente del)	FX	
Reina	CUV	
Roger de Lauria	EZ	
Ruzafa	EZ	
Ruzafa (Paseo)	EZ	
Sagunto	BU	
Salamanca	FZ	
Salvá	EY	
Salvador	EX	
Salvador Giner	EX	
San Francisco de Borja	AU	42
San José Calasanz	AU	43
San José (Puente)	BU	45
San Pío V	FX	
San Vicente Ferrer (Pl.)	FY	46
San Vicente Mártir	EY	
Santa Ana	EX	
Santa Mónica (Pl.)	EX	
Serranos	EX	
Serranos (Puente)	EX	
Sorni	FYZ	
Sueca	BV	
Temple (Pl.)	FX	
Tetuán (Pl. de)	FY	
Tirso de Molina (Av.)	AU	47
Tomás Villaroya	AV	
Trinidad (Calle y Puente)	FX	
Turia	DX	
Universidad	EY	49
Virgen (Pl. de la)	EX	51
Xativa	DEZ	
Zaragoza (Pl. de)	EXY	

Excelsior sin rest, con cafetería, Barcelonina 5, ✉ 2, ☎ 321 30 40 – ▤. AE E VISA.
□ 185 – **65 hab** 2 295/3 570. EY **e**

Oltra sin rest, con cafetería, pl. del País Valenciano 4, ✉ 2, ☎ 322 31 90 – ▤. AE E VISA. EY **t**
□ 200 – **93 hab** 2 100/3 450.

Lehos sin rest, con cafetería, General Urrutia (esquina av. de la Plata), ✉ 13, ☎ 334 78 00, de pago – wc wc P. AE E VISA. BV **s**
□ 175 – **104 hab** 2 050/3 375.

Resid. y Rest. Renasa, av. Cataluña 5, ✉ 20, ☎ 369 24 50 – ▤ wc wc CU **x**
73 hab.

Inglés sin rest, Marqués de Dos Aguas 6, ✉ 2, ☎ 321 45 55 – wc. AE E.
□ 150 – **63 hab** 2 100/3 250. EY **m**

Llar sin rest, Colón 46, ✉ 4, ☎ 322 72 96 – wc. AE E VISA. EZ **u**
□ 185 – **51 hab** 2 250/3 125.

Sorolla sin rest y sin □, Convento de Santa Clara 5, ✉ 2, ☎ 322 31 45 – ▤ wc wc. AE E VISA. EZ **z**
50 hab 1 800/3 200.

Continental sin rest, Correos 8, ✉ 2, ☎ 321 09 26 – ▤ wc wc. VISA. EY **h**
□ 150 – **43 hab** 1 850/3 200.

Bristol sin rest, Abadía San Martín 3, ✉ 2, ☎ 322 48 95 – wc wc. AE E VISA
cerrado diciembre-15 enero – □ 160 – **40 hab** 1 840/2 990. EY **b**

Florida sin rest, Padilla 4, ✉ 1, ☎ 321 30 35 – wc wc. VISA. DY **e**
□ 200 – **45 hab** 1 800/3 200.

Mediterráneo sin rest, Barón de Cárcer 45, ✉ 1, ☎ 321 15 42 – ▤ wc. AE E VISA
□ 250 – **30 hab** 2 000/2 800. DY **g**

Los Viveros, Jardines del Real, ✉ 10, ☎ 369 23 50 – ▤. AE E VISA. FX **a**
cerrado domingo y agosto – Com carta 1 900 a 3 000.

La Hacienda, Navarro Reverter 12, ✉ 14, ☎ 373 18 59 – ▤. AE E VISA. FY **y**
cerrado sábado mediodía y domingo – Com carta 1 550 a 2 875.

El Condestable, Artes Gráficas 15, ✉ 10, ☎ 369 92 50, Decoración castellana – ▤. AE E VISA. CU **b**
cerrado domingo y agosto – Com carta 1 650 a 2 550.

Ma Cuina, Gran Vía Germanías 49, ✉ 8, ☎ 341 77 99 – ▤ P DZ **n**
cerrado domingo.

Ateneo, pl. del País Valenciano 18, ✉ 2, ☎ 321 12 76 – ▤. AE E VISA. EY **a**
cerrado domingo – Com carta 1 055 a 1 830.

Les Graelles, pl. Galicia, ✉ 10, ☎ 360 47 00 – ▤. AE E VISA. CU **n**
cerrado sábado noche, domingo noche y agosto – Com carta 1 100 a 2 100.

Mesón del Marisquero, Félix Pizcueta 7, ✉ 4, ☎ 321 45 98 – ▤. AE E VISA. EZ **d**
cerrado sábado mediodía, domingo en verano y domingo noche el resto del año – Com carta 1 175 a 2 100.

Siona, Pizarro 9, ✉ 4, ☎ 321 65 66 – ▤. AE E VISA EZ **b**
cerrado domingo – Com carta 1 170 a 1 940.

Comodoro, Transits 3, ✉ 2, ☎ 321 38 15 – ▤ EY **r**

EL Cachirulo, Cronista Almela y Vives 3, ✉ 10, ☎ 360 10 84, Cocina aragonesa – ▤ CU **x**

Río Sil, Mosén Femades 10, ✉ 2, ☎ 322 97 64 – ▤. AE VISA. EZ **a**
Com carta 1 350 a 2 175.

Mey Mey, Historiador Diago 19, ✉ 7, ☎ 326 07 47, Rest. chino – ▤. VISA. DZ **e**
Com carta 710 a 1 575.

Bizkaia, Cronista Carreres 4, ✉ 3, ☎ 373 42 51, Rest. vasco – ▤ FY **a**

Marisquería Ismael, Burriana 40, ✉ 5, ☎ 373 57 15 – ▤. AE VISA. FZ **e**
cerrado domingo noche y 15 agosto-7 septiembre – Com carta 1 350 a 2 300.

El Plat, Conde de Altea 41, ✉ 5, ☎ 334 96 38, Paellas y arroces – ▤ FZ **v**

Pizzería Stromboli, Conde de Altea 58, ✉ 5, ☎ 334 46 80 – ▤ FZ **c**

Tu Casa, Maestro Gozalbo 25 ☎ 373 12 67, Pescados y mariscos – ▤. AE E VISA. FZ **a**
Com carta 1 250 a 2 275.

La Fontana, pl. Mariano Benlliure 7, ✉ 2, ☎ 321 91 85 – ▤ EY **s**

Lionel, En Llop 4, ✉ 2, ☎ 321 56 34 – ▤. EY **x**
cerrado domingo y agosto.

Mesón Rey Jorge V, Serrano Morales 5, ✉ 4, ☎ 373 24 55 – ▤ FZ **k**

Casa Cesáreo, Guillén de Castro 15, ✉ 7, ☎ 321 42 14, Decoración regional DZ **a**
cerrado lunes – Com carta 830 a 1 600.

Alameda, pl. de La Alameda 5, ✉ 10, ☎ 369 58 88 – ▤. AE E VISA FX **t**
cerrado lunes y 15 agosto-15 septiembre – Com carta 1 200 a 2 075.

Txapela, Ballesteros 3, ✉ 2, ☎ 322 59 53, Rest. vasco – ▤. E VISA. EY **p**
cerrado domingo noche.

Palace Fesol, Hernán Cortés 7, ✉ 4, ☎ 322 96 96 – AE VISA FZ **s**
cerrado lunes – Com carta 1 000 a 1 850.

Cafet. Barrachina, pl. del País Valenciano 2, ✉ 2, ☎ 321 12 70 – ▤ EY **x**
Com carta 830 a 1 665.

L'Atre Gijón, Ribera 9, ✉ 2, ☎ 322 96 02 – ▤ EZ **z**

El Romeral, Gran Vía Marqués del Turia 62, ✉ 5, ☎ 327 07 54 – ▤. ✻ FZ **z**
cerrado lunes, Semana Santa y agosto – Com carta 900 a 1 600.

en la playa de Levante CV – ✉ Valencia 11 – ✆ 96 :

Las Arenas, playa Levante 52 ☎ 371 33 11, ≤, 🏖, 🏊 de pago – E VISA. ✻ CV **s**
cerrado noviembre y martes de octubre a abril – Com (sólo almuerzo) carta 1 000 a 1 770.

La Marcelina, av. de Neptuno 8 ☎ 371 20 25, ≤, 🏖 – ① E VISA CV **t**
cerrado miércoles – Com carta 680 a 1 455.

Chicote con hab, av. de Neptuno 34 ☎ 371 61 51, ≤, 🏖 – 📺 🛁wc 🚿wc ☎. VISA. ✻ CV **e**
cerrado 15 diciembre-15 enero – Com *(cerrado lunes)* carta 750 a 1 350 – ☕ 175 – **19 hab** 1 250/2 000 – P 2 000.

Tres Cepas con hab, av. de Neptuno 22, ✉ 11, ☎ 371 51 11, ≤, 🏖 – 🛁wc 🚿wc ☎. ✻
cerrado 10 enero-10 febrero – Com *(cerrado lunes)* carta 900 a 1 850 – ☕ 150 – **18 hab** 800/1 600. CV **e**

El Estimat, av. de Neptuno 16 ☎ 371 10 18, ≤, 🏖 CV **t**
cerrado martes y septiembre – Com carta 1 050 a 1 550.

en Playa Puebla de Farnals por ① : 15 km – ✉ Playa Puebla de Farnals – ✆ 96 :

Bergamonte, ☎ 144 16 12, 🏖, « Típica barraca valenciana », 🏊 de pago, 🎾 – Ⓟ. VISA
cerrado lunes – Com carta 1 075 a 1 725.

en Quart de Poblet por ④ : 7,5 km – ✉ Quart de Poblet – ✆ 96 :

Casa Gijón, Juanot Martorell 16 ☎ 154 58 87, Decoración típica – ▤.

en la carretera del aeropuerto por ④ : 9,5 km – ✉ Manises – ✆ 96 :

Azafata Sol, ☎ 154 61 00, Telex 64036 – 🛗 ▤ 🚗 Ⓟ – 🏛. AE ① E VISA. ✻ rest
Com 1 100 – ☕ 275 – **130 hab** 3 500/5 300 – P 4 650/5 500.

en Albal S : 9 km – ✉ Albal – ✆ 96 :

Mediterráneo, ☎ 156 32 99 – ▤ Ⓟ.

en Beniparrell S : 10 km en carretera N 340 – ✉ Silla – ✆ 96 :

Quiquet, av. Levante 43 ☎ 120 07 50 – 🛗 📺 ▤ rest 🛁wc ☎ Ⓟ
Com 850/1 400 – ☕ 175 – **34 hab** 1 750/2 500 – P 2 750/3 000.

en El Vedat de Torrente por ④ – SO : 13 km – ✉ Torrente – ✆ 96 :

Lido 🐦, ☎ 155 15 00, ≤, « Jardín con 🏊 » – 🛗 📺 🛁wc ☎ Ⓟ – 🏛. ① VISA. ✻ rest
Com 845/1 100 – ☕ 250 – **60 hab** 1 960/3 100 – P 3 510/3 920.

El Pino, av. San Lorenzo 90 ☎ 155 14 20 – Ⓟ. VISA
cerrado lunes, Semana Santa y del 8 al 28 agosto – Com (sólo almuerzo).

Ver también : ***El Saler*** por ② : 15 km
El Perelló por ② : 25 km
Puzol por ① : 14 km
Sagunto por ① : 21 km.

S.A.F.E. Neumáticos MICHELIN, Sucursal, pista de Silla km 5,4 - Masanasa por N 340 AV ☎ 156 36 51

AUSTIN-MG-MORRIS-MINI Camino Moreras 16 ☎ 323 69 07
AUSTIN-MG-MORRIS-MINI Ayora 23 ☎ 325 20 07
CITROEN av. del Generalísimo-Alboraya ☎ 360 13 00
CITROEN Salamanca 19 ☎ 327 17 30
CITROEN Padre Tomás Montañana 14 ☎ 369 39 00
CITROEN-PEUGEOT Ciscar 18 ☎ 334 16 00
FIAT-SEAT San Vicente 79 y 81 ☎ 321 45 81
FIAT-SEAT Dama de Elche 19 ☎ 367 33 50
FORD Rio Escalona 3-11 ☎ 361 44 50
FORD carret. de Madrid km 347,5 ☎ 370 31 50
RENAULT Dama de Elche 19 y 21 ☎ 367 33 50
RENAULT Argenters Polígono Vara de Cuart ☎ 379 75 50
RENAULT Mestre Nacional 19 y 21 ☎ 333 15 90
RENAULT Gran Vía Germanias 43 ☎ 327 55 07
RENAULT av. Primado Reig 123 ☎ 369 02 71
RENAULT González Martí 5 ☎ 359 03 00
RENAULT Lérida 10 ☎ 365 11 99
RENAULT Conde Salvatierra de Álava 41 ☎ 321 20 39
RENAULT Caravaca 20 ☎ 369 11 13
RENAULT carret. Ademuz km 2,9 ☎ 363 96 50
SEAT av. del Cid 152 ☎ 379 34 00
SEAT-FIAT Micer Mascó 39 y 41 ☎ 360 20 00
TALBOT av. Peris y Valero ☎ 334 37 00
TALBOT av. Sta Ma de Poblet km 345 ☎ 154 89 00

VALENCIA DE ALCÁNTARA Cáceres 990 ㉒ – ver aduanas p. 14 y 15.

VALENCIA DE ANEU o VALENCIA D'ANEU Lérida 43 ⑤⑥ – alt. 1 075 – ✉ Esterri de Aneu – ✆ 973.

♦Madrid 626 – ♦Lérida 170 – Seo de Urgel 86.

La Morera 🐦 sin rest y sin ☕, ☎ 62 61 24, ≤ – 📺 🛁wc Ⓟ. VISA. ✻
cerrado 8 enero-marzo – **20 hab** 1 700.

Cortina 🐦, ☎ 62 61 07, ≤ – 📺 🚿wc Ⓟ. VISA. ✻
cerrado 8 enero-marzo – Com 700 – ☕ 280 – **28 hab** 800/1 600 – P 1 800/2 000.

VALENCIA DE DON JUAN León 990 ④ – 3 514 h. alt. 520 – ✆ 987.
♦Madrid 285 – ♦León 38 – Palencia 98 – Ponferrada 116 – ♦Valladolid 105.

Villegas, pl. Eliseo Ortiz ☎ 75 01 61 – wc
Com 700/900 – 100 – **11 hab** 2 000/3 000 – P 2 200/2 400.

CITROEN av. Roma ☎ 75 00 20
RENAULT Los Juncales ☎ 75 01 64
SEAT carret. de Valderas ☎ 75 04 90
TALBOT av. de Roma ☎ 75 04 25

VALMOJADO Toledo 990 ⑮ y ㊴ – 2 078 h. – ✆ 91.
♦Madrid 43 – Talavera de la Reina 74 – Toledo 73.

La Cañada, carret. N V ☎ 817 05 50 – rest wc. rest
Com 450 – **26 hab** 900/1 600.

VALTIERRA Navarra 42 ⑮ y 990 ⑰ – 2 471 h. alt. 265 – ✆ 948.
♦Madrid 335 – ♦Pamplona 80 – Soria 106 – ♦Zaragoza 100.

en la carretera de Pamplona N 121 NO : 3 km – ✉ Valtierra – ✆ 948 :

Los Abetos, ☎ 86 70 00, ← – wc wc . E VISA. rest
Com 625 – 210 – **29 hab** 1 040/2 080 – P 2 245.

VALVERDE Canarias 990 ㉛ – ver Hierro.

VALVERDE DE CERVERA La Rioja 990 ⑰ – ✆ 941.
♦Madrid 298 – ♦Pamplona 101 – Soria 69.

Mojón de los Tres Reyes, carret. C 101 ☎ 19 84 54 – wc
17 hab.

VALVERDE DEL CAMINO Huelva 446 T 9 – 10 481 h. – ✆ 955.
♦Madrid 619 – Huelva 47 – ♦Sevilla 83.

El Pino, sin rest y sin , pl. de San Pedro 1 ☎ 55 10 02 – wc
20 hab.

RENAULT carret. San Juan km 31,2 ☎ 55 02 51
SEAT Herreria 22 ☎ 55 08 13

VALVERDE DEL JÚCAR Cuenca – 1 733 h..
♦Madrid 166 – Cuenca 51 – ♦Valencia 185.

Naútico , ☎ 120, ←, Amplías terrazas – wc
17 hab.

VALLADOLID P 990 ⑭⑮ – 287 230 h. alt. 694 – ✆ 983 – Plaza de toros.

Ver : Colegio de San Gregorio★★ (museo Nacional de Escultura policromada★★★, portada★★, patio★★, capilla★) BV – Museo Arquelógico★ AV **M²** – Catedral★ BX **Q** – Iglesia de San Pablo (fachada★★) BV **E** – Iglesia de Las Angustias (Virgen de los 7 Cuchillos★) BX **L**.

de Valladolid 14 km por ⑥ ☎ 25 34 11 – Iberia : Gamazo 17 ☎ 22 22 13.

pl. de Zorilla 3 ☎ 35 18 01 – R.A.C.E. Renedo 12 ☎ 29 35 98.

♦Madrid 182 ④ – ♦Burgos 121 ① – ♦León 135 ⑥ – ♦Salamanca 113 ⑤ – ♦Zaragoza 361 ②.

Plano página siguiente

Olid Meliá, pl. San Miguel 10 ☎ 25 42 04, Telex 26312 – . AE E VISA. AV **v**
Com 1 180 – 325 – **237 hab** 2 795/4 700.

Felipe IV sin rest, con cafetería, Gamazo 16 ☎ 22 77 35, Telex 26264 – . AE E VISA. BY **z**
275 – **132 hab** 2 700/4 200.

Conde Ansúrez sin rest, María de Molina 9 ☎ 35 19 11 – . AY **e**
310 – **76 hab** 3 000/4 680.

Meliá Parque sin rest, con cafetería, García Morato 17 ☎ 47 01 00, Telex 26312 – . AE E VISA. AY **x**
275 – **296 hab** 2 185/3 850.

Roma, Héroes del Alcázar de Toledo 8 ☎ 22 23 18 – rest wc wc . AX **a**
Com 700/1 100 – 175 – **38 hab** 2 240/3 300 – P 2 910/3 500.

Enara sin rest, pl. de España 5 ☎ 22 04 80 – wc wc BY **p**
150 – **25 hab** 1 650/2 650.

XXXX **El Cardenal,** pl. Tenerías 18 ☎ 33 80 83, Elegante decoración clásica – . AE E VISA.
cerrado domingo y del 1 al 20 agosto – Com carta 1 700 a 2 350. AY **n**

XX **Panero,** Recoletos 3 ☎ 22 99 77 – . AE E VISA. AY **s**
Com carta 1 600 a 2 675.

XX **Mesón Cervantes,** El Rastro 6 ☎ 22 60 76 – . AE E VISA AY **m**
cerrado lunes y 15 octubre-15 noviembre – Com carta 1 300 a 2 100.

XX Asón, Santa María 1 ☎ 22 31 31 – . VISA. AY **r**
cerrado domingo y del 1 al 20 agosto.

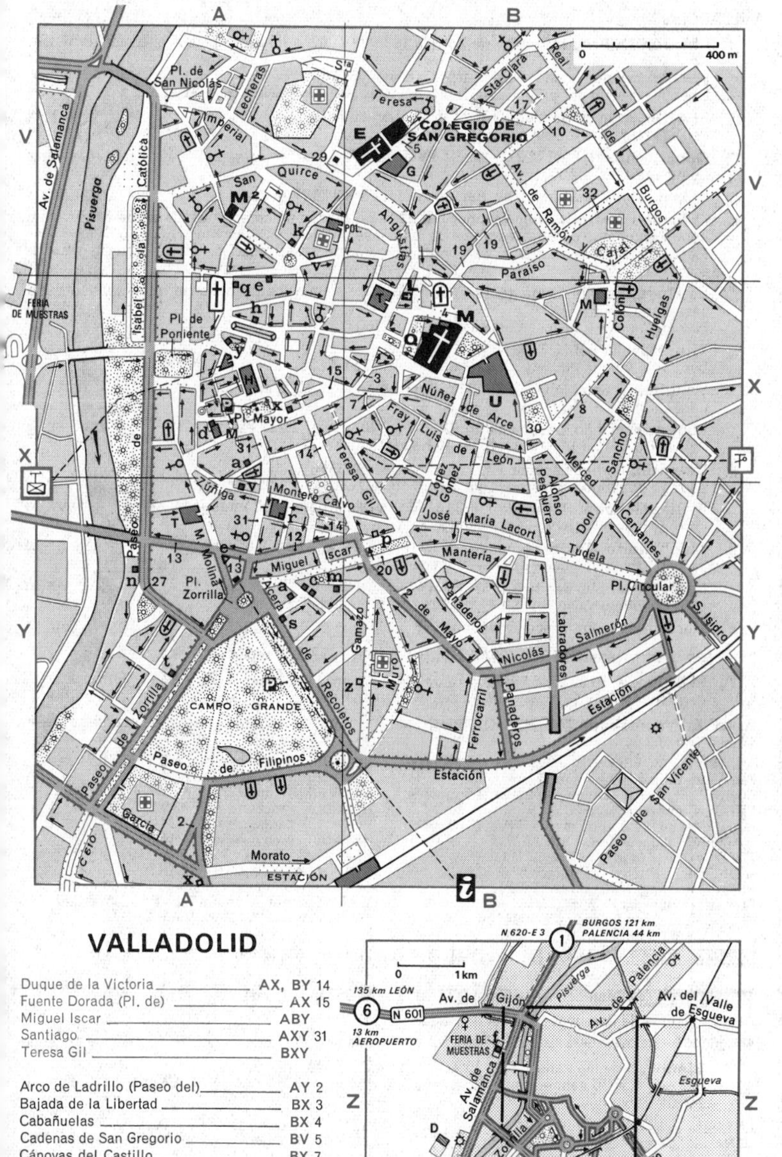

VALLADOLID

Duque de la Victoria AX, BY 14
Fuente Dorada (Pl. de) AX 15
Miguel Iscar ABY
Santiago AXY 31
Teresa Gil BXY

Arco de Ladrillo (Paseo del) AY 2
Bajada de la Libertad BX 3
Cabañuelas BX 4
Cadenas de San Gregorio BV 5
Cánovas del Castillo BX 7
Cardenal Mendoza BX 8
Chancillería BV 10
Claudio Moyano AY 12
Doctrinos AY 13
Gondomar BV 17
Marqués del Duero BV 19
Martínez Villergas BY 20
San Ildefonso AY 27
San Pablo (Pl. de) ABV 29
Santa Cruz (Pl. de) BX 30
Sanz y Forés BV 32

N 620-E 3
BURGOS 121 km
PALENCIA 44 km
135 km LEÓN
N 601
13 km AEROPUERTO
Av. de Gijón
Av. de Palencia
Av. del Valle de Esgueva
FERIA DE MUESTRAS
Av. de Salamanca
Zorrilla
San Isidro
Segovia
PLAZA DE TOROS
Paseo del Arco de Ladrillo
MICHELIN
N 620 E 3
N 122
SORIA 214 km
96 km ZAMORA
113 km SALAMANCA
C 610
N 403
MADRID 182 km
110 km SEGOVIA
0
1 km

XX ✿ **Mesón La Fragua,** paseo de Zorrilla 10 ☎ 33 71 02, « Interior típico » – ▤. AE ⓓ E VISA. ✻ AY **t**
cerrado domingo noche – Com carta 1 500 a 2 725
Espec. Revueltos de otoño, Estofado de ternera con verduras, Rape castellano con piñones.

XX **El Atrio,** Atrio de Santiago 7 ☎ 22 16 65 – ▤. AE E VISA. ✻ AXY **v**
cerrado domingo – Com carta 1 450 a 2 200.

XX **Oscar,** Ferrari 1 ☎ 22 78 27 – ▤. AE ⓓ E VISA. ✻ AX **x**
Com carta 1 350 a 2 300.

XX Feria de Muestras (Tito's), av. Ramón Pradera ☎ 33 20 77 – ▤ Ⓟ BZ **f**

X ✿ **Mesón Panero,** Marina Escobar 1 ☎ 22 14 67, Mesón típico – ▤. AE ⓓ E VISA. ✻ AY **c**
cerrado domingo excepto mediodía de junio a septiembre – Com carta 1 550 a 2 600
Espec. Pichones trapenses (octubre-diciembre), Conejo salsa de tomillo (octubre-marzo), Corderito relleno de hongos.

X **La Goya,** puente Colgante 79 ☎ 23 12 59, ☂, « Bajo los porches de un simpático patio castellano » – Ⓟ. ✻ BZ **b**
cerrado lunes y agosto – Com carta 1 100 a 1 750.

X **Tito,** Mantilla 1 ☎ 22 39 39 – ▤. E VISA. ✻ AY **a**
cerrado domingo noche y julio – Com carta 1 125 a 1 825.

X **Yangku,** pl. San Miguel ☎ 25 10 52, Rest. chino – ▤. AE E VISA. ✻ AV **k**
Com carta 900 a 1 500.

X **Lucense** con hab, paseo de Zorrilla 86 ☎ 27 20 10 – ▥. AE E VISA. ✻ BZ **g**
Com carta 1 170 a 1 860 – ☕ 100 – **10 hab** 900/1 500.

X **Valentin,** Marina Escobar 1 ☎ 22 01 71 – ▤. ⓓ E VISA. ✻ AY **c**
cerrado domingo y agosto – Com carta 1 150 a 1 800.

X **El Bife Gaucho,** Dr Cazalla 1 ☎ 33 31 55, Parrilla argentina, Carnes – ▤. ✻ AVX **e**
cerrado lunes y agosto – Com carta 975 a 1 940.

X **Machaquito,** Calixto Fernández de la Torre 5 ☎ 22 15 63 – AE E VISA. ✻ AX **d**
cerrado domingo noche y julio – Com carta 995 a 1 750.

X **La Barraca,** San Benito 4 ☎ 33 13 31 – ▤ AX **q**
cerrado lunes, Navidad y del 15 al 30 junio – Com carta 850 a 1 675.

X Mesón Achuri, Francisco Zarandona 6 ☎ 33 00 03 – ▤ AX **h**

en la carretera del Pinar C 610 SO : 14 km – BZ – ✉ Simancas – ☎ 983 :

XXX **El Bohío,** ☎ 59 00 55, « Lindando a un pinar al borde del Duero », ⛱ – ▤ Ⓟ. E VISA. ✻
cerrado martes y 23 diciembre-1 febrero – Com carta 1 125 a 2 025.

S.A.F.E. Neumáticos MICHELIN, Sucursal, Polígono de Argales - Fernández Ladreda BZ ☎ 47 09 08 y 47 09 04

AUSTIN-MG-MORRIS-MINI Polígono de Argales-Fernández Ladreda 70 ☎ 27 15 04
CITROEN-PEUGEOT General Solchaga 63 ☎ 27 27 62
CITROEN Los Astros 3 ☎ 33 74 29
FIAT-SEAT av. de Burgos km 125,1 ☎ 23 23 99
FIAT-SEAT Independencia 5 ☎ 22 76 76
FORD av. de Madrid km 187 ☎ 27 11 00
MERCEDES-BENZ av. de Burgos 57 ☎ 33 61 22
RENAULT carret. N 403 km 186 ☎ 23 73 12
RENAULT Huelgas 15 ☎ 29 22 25
RENAULT General Solchaga 35 ☎ 23 12 41
RENAULT Portillo de Balboa 45 ☎ 26 10 08
RENAULT Tordesillas 9 ☎ 26 18 73
RENAULT av. de Gijón 18 ☎ 33 40 41
RENAULT Pelicano 9 ☎ 29 43 07
RENAULT Carmelo 8 y 10 ☎ 23 43 42
RENAULT Arca Real 46 ☎ 23 65 38
SEAT av. Burgos km 125,1 ☎ 23 23 99
SEAT Independencia 5 ☎ 22 76 76
SEAT paseo Arco de Ladrillo 65 ☎ 47 30 18
TALBOT carret. Adanero-Gijón km 194,7 ☎ 33 92 99
TALBOT carret. N 403 km 187 ☎ 23 41 00

VALLDEMOSSA Baleares 43 ⑲ y 990 ㉙ – ver Baleares (Mallorca).

VALL DE UXÓ Castellón de la Plana 445 M 29 – 25 087 h. – ☎ 964.
Alred. : Grutas de San José★ O : 2 km.
♦Madrid 389 – Castellón de la Plana 26 – Teruel 118 – ♦Valencia 39.

⌂ **Blanca,** Joaquín Paris 8 ☎ 66 15 72 – ⌓wc ⌓wc. VISA. ✻
cerrado 1 al 10 septiembre – Com *(cerrado domingo)* 375 – ☕ 115 – **27 hab** 600/1 050 – P 1 250/1 325.

CITROEN Juan Capó 20 ☎ 66 07 97
RENAULT Corazón de Jesús ☎ 66 07 80
SEAT Corazón de Jesús 82 ☎ 66 07 50
TALBOT av. José Antonio 68 ☎ 66 18 00

VALLDOREIX Barcelona – ver San Cugat del Vallés.

VALLE – ver el nombre proprio del valle.

VALLFOGONA DE RIUCORP o **VALLFOGONA DE RIUCORB** Tarragona 43 ⑯ – 147 h. alt. 698 – ☎ 977 – Balneario.
♦Madrid 521 – ♦Lérida 64 – Tarragona 75.

⌂ Balneario ⛰, ☎ 88 00 25, « Parque con arbolado », ⛱, ⛟, ✂ – ⇅ ▥ ⌓wc ⌓wc ☎ ⛟ Ⓟ
temp. – **96 hab**.

VALLS Tarragona 43 ⑯ y 990 ⑲ – 16 710 h. alt. 215 – ☎ 977.
ℹ Ayuntamiento ☎ 60 10 43.
♦Madrid 535 – ♦Barcelona 100 – ♦Lérida 78 – Tarragona 19.

en la carretera de Tarragona S : 1,5 km – ✉ Valls – ☎ 977 :

XX **Casa Félix,** ☎ 60 13 50 – ▤ Ⓟ. ⓓ E. ✂
Com carta 1 150 a 1 900.

CITROEN pl. Portal Nou 21 ☎ 60 09 20
FORD Reverendo Martí 3 ☎ 60 01 63
RENAULT av. de Andorra 2 ☎ 60 01 65
TALBOT carret. Pla Sta. Maria 14 ☎ 60 13 53

EL VEDAT DE TORRENTE Valencia 445 N 28 – ver Valencia.

VEGA DE ANZO Oviedo – ver Grado.

VELATE (Puerto de) Navarra 42 ⑤ y 990 ⑦ – alt. 847 – ☎ 948.
♦Madrid 432 – ♦Bayonne 85 – ♦Pamplona 33.

en la carretera N 121 S : 2 km – ✉ Arraiz – ☎ 948 :

XX Venta Ulzama, con hab, ☎ 31 31 38, ≤ – ▥ ⇔wc ⋒wc ⇔ Ⓟ. AE VISA. ✂ rest
Com carta 850 a 1 500 – ☕ 175 – **15 hab** – P 1 550/2 650.

VELILLA (Playa de) Granada 446 V 19 – ver Almuñecar.

El VENDRELL Tarragona 43 ⑯⑰ y 990 ⑲ – 10 639 h. alt. 35 – ☎ 977.
Alred. : Monasterio de Santa Creus★★ (gran claustro★★ : sala capitular★, iglesia★ : rosetón★, claustro de la enfermería★ : patio★) NO : 27 km.
ℹ Dr Robert 18 ☎ 66 02 92.
♦Madrid 570 – ♦Barcelona 75 – ♦Lérida 113 – Tarragona 27.

X **Pí,** Rambla 2 ☎ 66 00 02 – E VISA. ✂
cerrado del 13 al 31 octubre – Com carta 945 a 1 520.

en la carretera de Tarragona N 340 – ✉ El Vendrell – ☎ 977 :

X **Jem,** ☎ 66 23 59 – Ⓟ. AE. ✂
cerrado lunes y 12 diciembre-12 enero – Com carta 1 225 a 1 900.

en la playa de Sant Salvador S : 3,5 km – ✉ El Vendrell – ☎ 977 :

🏨 **Europe San Salvador** ⛰, Llobregat 11 ☎ 68 06 11, 🏊 – |✱| ▥ ▤ rest ⇔wc ⋒wc ☎. E VISA. ✂
26 marzo-15 octubre – Com 850 – ☕ 225 – **158 hab** 2 100/3 200 – P 2 975/3 175.

🏨 **L'Ermita** ⛰, ☎ 68 07 10, ☂ – ⇔wc ⋒wc Ⓟ. VISA
mayo-septiembre – Com 500 – ☕ 125 – **25 hab** 900/1 800 – P 1 800.

CITROEN carret. N 340 ☎ 66 04 41
RENAULT San Vicente ☎ 66 06 72
FIAT-SEAT carret. N 340 km 277 ☎ 66 07 54
TALBOT carret. N 340 ☎ 66 15 00

VENTA DE BAÑOS Palencia – ☎ 988.
♦Madrid 218 – ♦Burgos 87 – Palencia 13 – ♦Valladolid 36.

🏨 **San-Gar Centro** sin rest, con cafetería, av. 1° de junio 67 ☎ 77 08 41 – |✱| ▥ ⇔wc ☎. VISA. ✂
☕ 150 – **50 hab** 1 500/2 300.

Las VENTAS CON PEÑA AGUILERA Toledo 990 ㉕ – 1 552 h. – ☎ 925.
♦Madrid 111 – Ciudad Real 85 – Toledo 42.

🏠 Joaquín, Victoria 45 ☎ 41 80 28 – ▥ ▤ rest ⋒wc – **20 hab**.

VENTAS DE ARRAIZ Navarra 42 ⑤ – alt. 588 – ✉ Arraiz – ☎ 948.
♦Madrid 427 – ♦Bayonne 90 – ♦Pamplona 28.

🏨 Juan Simón, carret. N 121 ☎ 31 30 52 – ▥ ⇔wc ⋒ Ⓟ – **13 hab**.

VENTAS DE YANCI Navarra 42 ⑤ – ver Yanci.

VERA Almería 446 U 24 – 5 114 h. – ☎ 951 – Playa.
ℹ urbanización "Puerto Rey" ☎ 45 00 75.
♦Madrid 512 – Almería 95 – ♦Murcia 126.

🏨 **Terraza Carmona,** Manuel Jiménez 1 ☎ 45 07 60 – ▤ ⇔wc Ⓟ. VISA. ✂
Com *(cerrado lunes)* 475 – ☕ 100 – **22 hab** 1 750.

por la carretera de Garrucha SE : 8 km – ✉ Vera – ☎ 951 :

X Posada Real, urbanización Puerto Rey ☎ 45 00 75, 🏊, 🎾 – Ⓟ.

RENAULT carret. de Murcia ☎ 45 00 07
SEAT carret. de Murcia ☎ 45 02 02

VERA DE BIDASOA Navarra 42 ⑤ y 990 ⑦ – 3 205 h. – ☎ 948 – ver aduanas p. 14 y 15.
♦Madrid 470 – ♦Pamplona 75 – ♦San Sebastián 35.

X Euskalduna, Bidasoa 5 ☎ 63 03 92 – ▤.

VERGARA Guipúzcoa 42 ④ y 990 ⑥ – 15 933 h. alt. 155 – ✆ 943 – R.A.C.E. (R.A.C. Vasco-Navarro) av. de Guipúzcoa ☎ 76 23 30.

♦Madrid 399 – ♦Bilbao 54 – ♦San Sebastián 62 – ♦Vitoria 44.

- **Ariznoa,** Martínez de Irala ☎ 76 18 46 – wc. E VISA
  Com *(cerrado domingo)* 715 – 145 – **26 hab** 1 090/1 955 – P 2 060/2 235.
- XX Zumelaga, carret. de Mondragón ☎ 76 20 21 –.

CITROEN Barrio Ola-carret. Mondragón ☎ 76 33 44
FORD Barrio San Lorenzo ☎ 76 22 43
RENAULT Barrio Goembulu ☎ 76 12 50
SEAT Polígono San Lorenzo ☎ 76 18 38
TALBOT Barrio San Lorenzo ☎ 76 15 06

VERÍN Orense 990 ⑫⑬ – 9 081 h. alt. 612 – ✆ 988 – Balneario – ver aduanas p. 14 y 15.

Alred. : Castillo de Monterrey (✵★, iglesia : portada★) O : 6 km.

♦Madrid 428 – Orense 71 – Vila Real 93.

- **Aurora,** Luis Espada 35 ☎ 41 00 25 – wc. AE VISA. hab
  Com 850 – 175 – **36 hab** 2 500 – P 2 600/2 800.
- **Dos Naciones** sin rest, Luis Espada 38 ☎ 41 01 00, – wc wc.
  165 – **25 hab** 1 700/2 800.
- XX **Gallego,** Luis Espada 24 ☎ 41 06 18 –. E VISA
  cerrado lunes en invierno – Com carta 875 a 1 500.

junto al castillo NO : 4 km – ✉ Verín – ✆ 988 :

- **Parador Nacional de Monterrey**, ☎ 41 00 75, ≤ castillo y valle, « Suntuoso edificio de estilo regional », , – P. AE E VISA.
  Com 1 100 – 300 – **23 hab** 3 200/4 000.

CITROEN carret. Zamora-Santiago ☎ 41 03 97
RENAULT carret. Villacastín-Vigo km 484 ☎ 41 06 50
SEAT carret. Villacastín ☎ 41 03 26
TALBOT av. Castilla 45-47 ☎ 41 03 13

VICH o **VIC** Barcelona 43 ⑧ y 990 ⑳ – 27 615 h. alt. 494 – ✆ 93 – Plaza de toros.

Ver : Museo episcopal★★ – Catedral★ (pinturas★★, retablo★, sepulcro★).

pl. Mayor 13 ☎ 886 20 91.

♦Madrid 637 – ♦Barcelona 66 – Gerona 79 – Manresa 52.

- XXX ✿ **L'Anec Blau,** Verdaguer 21 ☎ 885 31 51 –. AE E VISA.
  cerrado lunes – Com carta 1 550 a 2 550
  Espec. Soufle de zanahorias al Roquefort, Suquet de rape y langosta, Filete de ternera crema de cangrejos.

por la carretera de Roda de Ter NE : 15 km – ✆ 93 :

- **Parador Nacional** M, ✉ apartado oficial de Vich, ☎ 888 72 11, ≤ pantano de Sau y montañas, , – P. AE E VISA.
  Com 1 100 – 300 – **31 hab** 3 600/4 500.

CITROEN carret. N 152 km 64,3 ☎ 885 45 20
FORD carret. Barcelona-Puigcerdá 18 ☎ 885 24 11
RENAULT carret. Barna-Puigcerdá Trav. Interior ☎ 886 36 89
SEAT 1 de Febrero 6-8 ☎ 886 24 11
TALBOT Obispo Estranch 9 ☎ 885 17 96

VIDRERAS o **VIDRERES** Gerona 43 ⑨ y 990 ⑳ – 2 957 h. alt. 93 – ✆ 972 – Plaza de toros.

♦Madrid 687 – ♦Barcelona 74 – Gerona 24.

- X **Casa Pou** con hab, Pau Casals 15 ☎ 85 00 14 – rest wc P. E VISA
  Com carta 1 150 a 1 575 – 200 – **26 hab** 800/1 200 – P 1 700.
- X La Font del Pla, carret. de Lloret ☎ 85 04 91 – P.

al Noroeste : 1 km – ✉ Vidreras – ✆ 972 :

- XX **Mas Flassiá,** ☎ 85 01 55, « Masía catalana », de pago, – P. AE E VISA
  cerrado noviembre y lunes en invierno – Com carta 1 400 a 2 500.

al Suroeste 2,5 km, acceso por carretera N II – ✉ Vidreras – ✆ 972 :

- X **Can Castells,** ☎ 85 03 69, Decoración rústica – P. VISA
  cerrado martes no festivos y 3 noviembre-3 diciembre – Com carta 760 a 985.

en la carretera de Llagostera NE : 5 km – ✉ Llagostera – ✆ 972 :

- X El Molí de la Selva, ☎ 47 03 00, Instalado en un antiguo molino, Decoración rústica – P.

VIELLA Lérida 42 ⑳ y 990 ⑨ – 2 471 h. alt. 971 – ✆ 973 – Deportes de invierno en La Tuca 5.

Ver : Iglesia (Cristo de Mig Arán★).

Alred. : N : Valle de Arán★★ – Vilamós ≤★ NO : 13 km.

♦Madrid 595 – ♦Lérida 163 – St-Gaudens 70.

- **Urogallo** sin rest, av. José Antonio 7 ☎ 64 00 00 – wc wc. AE E VISA.
  cerrado noviembre – 200 – **36 hab** 1 075/2 150.
- **Arán,** av. José Antonio 5 ☎ 64 00 50 – wc. AE E VISA
  Com 750/900 – 160 – **44 hab** 1 200/2 200 – P 2 300/2 500.

Resid. D'Arán sin rest, carret. del Túnel ☎ 64 00 75, ≤ Viella, valle y montañas – wc.
cerrado 15 octubre-noviembre – 165 – **36 hab** 1 300/2 320.

Baricauba, sin rest, San Nicolás 3 ☎ 64 01 50 – wc wc
24 hab.

Delavall, av. General Mola 40 ☎ 64 02 00, ≤ – wc wc. rest
Com 700 – 160 – **28 hab** 1 050/2 100 – P 2 325.

La Bonaigua sin rest, Santa María del Villar 5 bis ☎ 64 01 44 – wc wc. E VISA.
200 – **20 hab** 1 400/1 900.

Turrull, General Sanjurjo 11 ☎ 64 00 58 – wc
35 hab.

Riu Nere, sin rest, Mayor ☎ 64 01 50 – wc
24 hab.

Chalet Suizo, carret. de Betrén ☎ 64 09 63 – AE VISA.
cerrado lunes, martes mediodía, del 1 al 15 julio y 15 octubre-noviembre – Com carta 1 450 a 1 700.

Neguri, Pas d'Arro 14 ☎ 64 02 11.

Antonio, av. del Túnel, junto a gasolinera ☎ 64 08 87 – E VISA.
cerrado lunes y noviembre – Com carta 1 050 a 1 850.

en Betrén-por la carretera de Salardú E : 1 km – ✉ Viella – 973 :

Husa Valle de Arán M, carret. C 142 ☎ 64 07 00, ≤ – . E VISA.
cerrado octubre-18 diciembre – Com 1 000 – 300 – **118 hab** 3 550/6 100.

La Borda de Betrén, Mayor ☎ 64 00 32, Decoración rústica – VISA
cerrado martes, mayo-15 julio y 12 octubre-noviembre – Com carta 1 150 a 1 670.

en la carretera N 230 O : 2,5 km – ✉ Viella – 973 :

Parador Nacional del Valle de Arán, ☎ 64 01 00, ≤ valle y montañas, – .
AE E VISA.
Com 1 100 – 300 – **135 hab** 3 600/4 500.

en Garós por la carretera de Salardú E : 5 km – ✉ Viella – 973 :

Restillé, pl. Carrera 2 ☎ 64 15 39, Decoración rústica.

en Pont d'Arrós NO : 6 km – ✉ Viella – 973 :

Peña, carret. N 230, ✉ apartado 39, ☎ 64 08 86, ≤ – wc
cerrado noviembre – Com 700/850 – 175 – **10 hab** 1 950 – P 2 000.

CITROEN carret. de Betrén ☎ 64 01 47
RENAULT av. Alcalde Calveto Barra ☎ 64 01 36
SEAT carret. N 230 ☎ 64 01 86

VIGO Pontevedra 990 ② – 230 611 h. alt. 31 – 986.

Ver : Emplazamiento★ – El Castro ≤★★ AZ.

Alred. : Ría de Vigo★.

Aero Club de Vigo por ② : 11 km ☎ 22 11 60.

de Vigo por N 550 : 9 km BZ ☎ 27 05 50 – Iberia : Marqués de Valladares 17 ☎ 25 26 66 – Aviaco : García Barbón 16 ☎ 27 52 04.

☎ 22 35 97.

para Canarias : Cía. Aucona, Luis Taboada 6 ☎ 21 53 10, Telex 83071.

Jardines de Elduayen ☎ 21 30 57 – R.A.C.E. av. de García Barbón 19 ☎ 21 30 23.

♦Madrid 605 ② – ♦La Coruña 154 ① – Orense 106 ② – Pontevedra 23 ① – ♦Porto 153 ②.

Plano página siguiente

Ciudad de Vigo M sin rest, con cafetería, Concepción Arenal 4 ☎ 22 78 20, Telex 83307 – – . AE E VISA. BY **z**
350 – **101 hab** 4 200/6 100.

Bahía de Vigo, av. Cánovas del Castillo 5 ☎ 22 67 00, Telex 83014, ≤ – rest AY **n**
106 hab.

Coia sin rest, Sangenjo ☎ 20 18 20, Telex 88362 – . AE E VISA. por ③
300 – **126 hab** 4 100/5 900.

México, sin rest, con cafetería, Vía del Norte 10 ☎ 41 40 22, Telex 83321 – –
112 hab. BZ **f**

Niza, sin rest, con cafetería, ☎ 22 88 00, Telex 83263 – BZ **c**
102 hab.

Ensenada, Alfonso XIII-35 ☎ 22 61 00, Telex 83263 – wc wc BZ **b**
109 hab.

Galicia, Colón 11 ☎ 21 27 04 – wc wc BY **a**
47 hab.

Nilo sin rest, Marqués de Valladares 26 ☎ 21 35 19 – wc wc. AE E VISA.
200 – **52 hab** 2 500/3 500. AY **v**

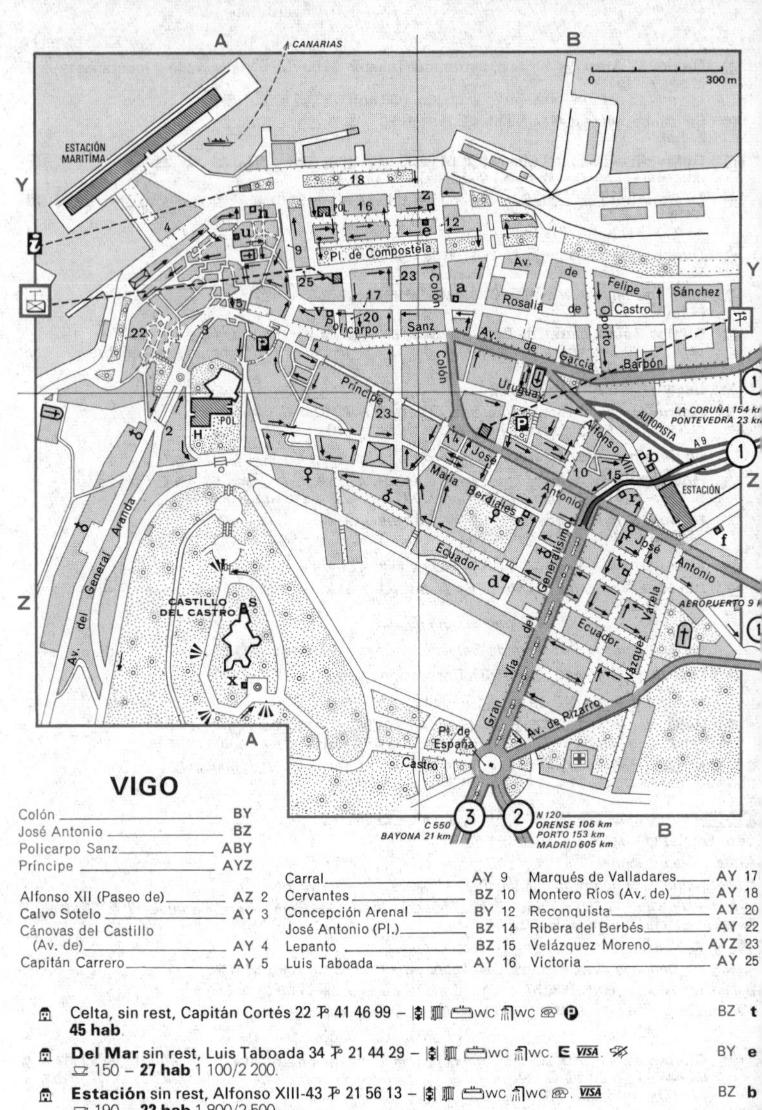

VIGO

Colón	BY
José Antonio	BZ
Policarpo Sanz	ABY
Príncipe	AYZ
Alfonso XII (Paseo de)	AZ 2
Calvo Sotelo	AY 3
Cánovas del Castillo (Av. de)	AY 4
Capitán Carrero	AY 5
Carral	AY 9
Cervantes	BZ 10
Concepción Arenal	BY 12
José Antonio (Pl.)	BZ 14
Lepanto	BZ 15
Luis Taboada	AY 16
Marqués de Valladares	AY 17
Montero Ríos (Av. de)	AY 18
Reconquista	AY 20
Ribera del Berbés	AY 22
Velázquez Moreno	AYZ 23
Victoria	AY 25

🏨 Celta, sin rest, Capitán Cortés 22 ☎ 41 46 99 – ascensor, calefacción, baño wc, ducha wc, teléfono, parking **45 hab** — BZ **t**

🏨 **Del Mar** sin rest, Luis Taboada 34 ☎ 21 44 29 – ascensor, calefacción, baño wc, ducha wc. E VISA. perros no — 150 – **27 hab** 1 100/2 200. — BY **e**

🏨 **Estación** sin rest, Alfonso XIII-43 ☎ 21 56 13 – ascensor, calefacción, baño wc, ducha wc, teléfono. VISA — 190 – **22 hab** 1 800/2 500. — BZ **b**

Estoril sin rest, Lepanto 12 ☎ 21 56 28 – ascensor, calefacción, baño wc, ducha, teléfono. perros no — 160 – **48 hab** 1 100/2 000. — BZ **r**

XX **El Castillo,** Monte del Castro ☎ 42 12 99, ≤ ria de Vigo y ciudad, « En un parque » – aire acondicionado. AE E VISA. perros no — AZ **s**
cerrado lunes – Com carta 1 100 a 1 980.

XX **Puesto Piloto Alcabre,** Atlántica 194 ☎ 29 79 75, ≤ – parking. VISA. perros no
cerrado domingo noche – Com carta 1 200 a 1 850. — por av. del General Aranda AZ

XX **Las Bridas,** Ecuador 58 ☎ 42 21 40 – aire acondicionado. AE DC E VISA. perros no — BZ **d**
cerrado domingo y festivos – Com carta 1 100 a 2 200.

X El Castro, Manuel Olibie 31 ☎ 41 08 39, « En un parque » – VISA. perros no — AZ **x**

X ✿ **El Mosquito,** pl. Villavicencio 4 ☎ 41 03 30, Pescados y mariscos – aire acondicionado. VISA. perros no — AY **u**
cerrado domingo y 15 agosto-15 septiembre – Com carta 2 400 a 4 000
Espec. Cabrito, Pescados variados, Cañitas de la casa.

en la carretera del aeropuerto por av. José Antonio : 4 km – BZ – ✉ Vigo – ☎ 986 :

✕ **Mendikea,** av. del Aeropuerto 151 ☎ 27 61 98, Cocina vasca – Ⓟ. VISA. ✻
cerrado domingo noche y lunes noche – Com carta 725 a 1 650.

en la playa de Samil por av. del General Aranda : 6,5 km – AZ – ✉ Vigo – ☎ 986 :

Samil Playa, ☎ 23 25 30, Telex 83263, ≤, ⛱, ✂ – 🛗 ⛟ Ⓟ – 🏊. AE ⓓ E VISA. ✻
Com 1 100 – ☕ 350 – **126 hab** 4 200/6 750 – P 5 475/6 300.

en Chapela por ① : 7 km – ✉ Chapela – ☎ 986 :

✕ **El Canario,** av. Generalísimo 218 ☎ 22 30 40, Vivero propio – ▤. AE ⓓ E VISA. ✻
cerrado octubre – Com carta 650 a 2 000.

en la playa de Canido por av. del General Aranda : 9 km – AZ – ✉ Vigo – ☎ 986 :

✕ **Cíes y Resid. Estay** con hab, ☎ 49 01 01, ≤ – ⚿wc Ⓟ. E VISA. ✻
15 abril-15 octubre – Com carta 950 a 1 850 – ☕ 150 – **24 hab** 2 200 – P 2 500.

AUSTIN-MG-MORRIS-MINI José Antonio 93 ☎ 41 43 30
CITROEN-PEUGEOT av. de Madrid 149 ☎ 27 77 00
CITROEN Travesía de Vigo 4 ☎ 27 27 96
CITROEN av. Alcalde Portanet 50 ☎ 20 05 25
CITROEN av. García Barbón 119 ☎ 21 23 06
CITROEN-PEUGEOT carret. Vigo-Madrid km 6,3 ☎ 27 98 37
FIAT-SEAT Pontevedra 4 ☎ 22 77 60
FIAT-SEAT av. de Madrid 205 ☎ 27 79 00
FORD av. de Madrid 25 ☎ 41 54 33
FORD av. de la Florida ☎ 21 40 55
RENAULT Orillamar ☎ 29 42 05
RENAULT carret. Vigo-Bayona 232 ☎ 29 85 62
RENAULT av. de Madrid ☎ 25 10 88
RENAULT Travesía de Vigo 117 ☎ 25 19 24
RENAULT Alonso Ojeda 17 ☎ 21 16 26
RENAULT General Aranda 103 ☎ 23 12 27
SEAT av. de la Coruña 123 ☎ 23 17 04
SEAT García Barbón 50 ☎ 21 39 98
TALBOT av. de Madrid 193 ☎ 27 21 04
TALBOT Gran Vía 180 ☎ 41 35 11

VILABOA Pontevedra – 6 031 h. – ☎ 986.
♦Madrid 618 – Pontevedra 9 – ♦Vigo 27.

en Paredes – ✉ Vilaboa – ☎ 986 :

Las Islas sin rest, carret. de Vigo ☎ 70 84 84, ≤ – ▥ ⛀wc ⚿wc Ⓟ. E VISA. ✻
☕ 175 – **22 hab** 1 100/2 500.

San Luis, piso 1, sin rest, carret. de Vigo ☎ 70 02 86 – ▥ ⛀wc ⚿wc Ⓟ – **20 hab**.

✕ El Pote, carret. de Vigo ☎ 70 02 87 – Ⓟ.

SEAT carret. Comarcal 525

VILADRAU Gerona 43 ⑧ y 990 ⑳ – 736 h. alt. 821 – ☎ 93.
♦Madrid 647 – ♦Barcelona 76 – Gerona 61.

De la Gloria 🐌, Torreventosa 12 ☎ 884 90 34 – ▥ ⛀wc ⚿wc ⛟. ✻
Com 750 – ☕ 180 – **28 hab** 825/1 150 – P 1 875/2 125.

Masía del Montseny 🐌, paseo de la Piedad 14 ☎ 884 91 08, ⛱ – ▥ ⛀wc ⚿wc ⛟ Ⓟ. AE ⓓ E VISA. ✻ rest
Com *(cerrado de lunes a jueves en invierno)* 800 – ☕ 175 – **19 hab** 1 200/1 750 – P 2 500/2 750.

VILAFRANCA DEL PENEDÉS Barcelona 43 ⑰ y 990 ⑲ – ver Villafranca del Panadés.

VILANOVA DE LA BARCA Lérida 43 ⑮ – ver Lérida.

VILANOVA DE MEYÁ o VILANOVA DE MEIÁ Lérida 43 ⑤ – 796 h. alt. 633 – ☎ 973.
♦Madrid 535 – ♦Barcelona 162 – ♦Lérida 66.

Pisse 🐌, Fuente 16 ☎ 41 50 14, ≤ – ⚿wc (sólo agua fria). ✻
16 abril-diciembre – Com 850 – ☕ 175 – **21 hab** 500/1 000 – P 1 900/2 400.

VILANOVA I LA GELTRÚ Barcelona 43 ⑰ y 990 ⑲ – ver Villanueva y Geltrú.

VILLABONA Guipúzcoa 42 ⑤ y 990 ⑦ – 4 577 h. alt. 61 – ☎ 943.
♦Madrid 451 – ♦Pamplona 71 – ♦San Sebastián 20 – ♦Vitoria 96.

en la carretera N I S : 1,5 km – ✉ Villabona – ☎ 943 :

Lasquíbar, ☎ 69 11 38 – 🛗 ▥ ⛀wc ☎ Ⓟ. ✻
abril-20 noviembre – Com 850 – ☕ 150 – **46 hab** 1 350/2 200 – P 2 675/2 925.

en Amasa E : 1 km – ✉ Villabona – ☎ 943 :

✕ **Arantzabi,** ☎ 69 12 55, ≤, « Típico caserío vasco » – Ⓟ. E VISA
cerrado domingo noche, lunes y 15 diciembre-15 enero – Com carta 1 025 a 1 900.

VILLACAÑAS Toledo 990 ㉕ – 9 407 h. – ☎ 925.
♦Madrid 109 – Alcázar de San Juan 35 – Aranjuez 48 – Toledo 72.

Quico, General Mola 34 ☎ 16 04 50 – ▥ ⚿wc Ⓟ. ✻
Com 540 – ☕ 90 – **25 hab** 825/1 350 – P 1 665/1 815.

CITROEN carret. de Quintanar 10 ☎ 16 04 41
RENAULT carret. de Tembleque ☎ 16 00 20

VILLACARLOS Baleares 43 ⑳ – ver Baleares (Menorca) : Mahón.

VILLACARRILLO Jaén 446 R 20 – 12 074 h. alt. 786 – ☎ 953.
Alred. : NE : Gargantas del Guadalquivir* (≤**).
♦Madrid 349 – ♦Albacete 172 – Úbeda 32.

Las Villas, carret. N 322 ☎ 44 01 25, ≤ – wc P.
Com 450/600 – 140 – **21 hab** 650/1 100 – P 1 740/1 840.

VILLACASTÍN Segovia 990 ⑮ y ㊳ – 1 748 h. alt. 1 100 – ☎ 911.
♦Madrid 79 – ♦Ávila 29 – ♦Segovia 36 – ♦Valladolid 105.

Hostería del Pilar, carret. N VI ☎ 10 70 50 – wc P.
Com 700 – 150 – **21 hab** 700/2 000 – P 2 000/4 600.

XXX **Albergue Nacional** con hab, carret. N VI ☎ 10 70 00, « Bonito edificio castellano, jardín con arbolado » – wc P. AE ⓓ E VISA.
Com 1 100 – 300 – **13 hab** 2 800/3 500.

en la autopista A 6 : área de servicio de Villacastín – ✉ Collado Villalba – ☎ 911 :

XX **Las Chimeneas,** ✉ apartado 42, ☎ 10 72 20 – P. VISA.
Com carta 950 a 2 000.

RENAULT carret. Coruña km 81,4 ☎ 10 71 12
SEAT-FIAT carret. Coruña km 84 ☎ 10 71 52

VILLA DEL PRADO Madrid 990 ⑮ y ㊳ – 2 702 h. – ☎ 91.
♦Madrid 61 – ♦Ávila 80 – Toledo 78.

El Extremeño, av. del Generalísimo ☎ 862 01 93, – rest wc P. E VISA.
Com 500 – 75 – **16 hab** 2 000/2 500 – P 2 000.

VILLA DEL RÍO Córdoba 446 S 17 – 6 663 h. – ☎ 957.
♦Madrid 343 – ♦Córdoba 55 – Jaén 88 – Úbeda 89.

Hostal del Sol, carret. N IV ☎ 17 62 94 – wc wc P
13 hab.

VILLADIEGO Burgos 42 ⑪ y 990 ⑤ – 2 732 h. alt. 842 – ☎ 947.
♦Madrid 282 – ♦Burgos 39 – Palencia 84 – ♦Santander 150.

El Condestable, av. Reyes Católicos 2 ☎ 36 01 32 – wc wc P. VISA.
Com 700 – 150 – **24 hab** 1 380/1 725 – P 2 350.

CITROEN Calvario ☎ 36 01 38

VILLAFRANCA DE EBRO Zaragoza 43 ⑫ – 738 h. alt. 176.
♦Madrid 348 – ♦Lérida 123 – ♦Zaragoza 27.

Pepa, carret. N II ☎ 17 – rest wc wc P. hab
Com 600 – 175 – **39 hab** 1 200/1 700 – P 2 100/2 300.

VILLAFRANCA DEL BIERZO Léon 990 ③ – 5 746 h. alt. 511 – ☎ 987.
♦Madrid 403 – ♦Léon 130 – Lugo 101 – Ponferrada 21.

Parador Nacional, av. de Calvo Sotelo ☎ 54 01 75 – P. AE ⓓ E VISA.
Com 1 100 – 300 – **40 hab** 2 800/3 500.

VILLAFRANCA DEL CAMPO Teruel – 607 h. – ☎ 974.
♦Madrid 256 – Soria 184 – Teruel 48 – Zaragoza 137.

en la carretera N 234 SE : 3 km – ✉ Villafranca del Campo – ☎ 974 :

X Los Llanos, con hab, ☎ 86 33 21, ≤ – P – **4 hab**.

VILLAFRANCA DEL PANADÉS o **VILAFRANCA DEL PENEDÉS** Barcelona 43 ⑰ y 990 ⑲ – 21 366 h. alt. 218 – ☎ 93.
♦Madrid 572 – ♦Barcelona 54 – Tarragona 54.

Pedro III El Grande, pl. Ejército Español 2 ☎ 890 31 00 – rest wc wc P. rest
Com 725 – 200 – **52 hab** 1 150/2 200 – P 2 500/2 550.

XX **Airolo,** rambla de Nuestra Señora 10 ☎ 892 17 98 – . ⓓ E VISA.
cerrado jueves y del 3 al 22 octubre – Com carta 1 125 a 2 925.

AUSTIN-MG-MORRIS-MINI Duque de la Victoria 29 ☎ 890 15 84
FIAT-SEAT av. de Tarragona 77 ☎ 890 11 00
FORD av. de Tarragona ☎ 890 11 03
RENAULT carret. N 340 km 301 ☎ 892 19 50
TALBOT Comercio 3 ☎ 890 24 11

Ne voyagez pas aujourd'hui avec une carte d'hier.

VILLAGARCÍA DE AROSA Pontevedra 990 ② – 29 125 h. – ☎ 986 – Playa.
Alred. : Mirador de Lobeira★ S : 4 km.
ℹ pl. de la Ravella 1 ☎ 50 10 08.
♦Madrid 632 – Orense 133 – Pontevedra 25 – Santiago de Compostela 42.

en Carril N : 2 km – ✉ Carril – ☎ 986 :

XX **Galloufa,** pl. Generalísimo ☎ 50 17 27, Pescados y mariscos – ▤. E VISA. ✗
cerrado domingo noche y 10 octubre-10 noviembre – Com carta 825 a 2 000.

X **Loliña,** pl. del Muelle ☎ 50 12 81, Pescados y mariscos – E VISA. ✗
cerrado noviembre y domingo noche de octubre a mayo – Com carta 1 050 a 1 800.

en Villajuán de Arosa SO : 2 km – ✉ Villajuán de Arosa – ☎ 986 :

X ✿ **Chocolate,** ☎ 50 11 99 – ▤ Ⓟ. AE ⓓ E VISA. ✗
cerrado domingo, festivos noche y 22 diciembre-9 enero – Com carta 1 200 a 2 300
Espec. Empanadas variadas, Caldeirada de pescados, Chuletón de buey a la brasa.

AUSTIN-MG-MORRIS-MINI av. Generalísimo, recinto ferial ☎ 50 08 59
CITROEN-PEUGEOT Rubianes - carret. Villagarcía-Pontevedra ☎ 50 28 69
RENAULT Rubianes - carret. Villagarcía-Pontevedra ☎ 50 12 08
SEAT Plaza Juan XXIII 4 y 6 ☎ 50 02 73
TALBOT Santa Eulalia 13 ☎ 50 19 86

VILLAJOYOSA Alicante 445 Q 29 – 20 428 h. – ☎ 965.
ℹ av. País Valenciano.
♦Madrid 450 – ♦Alicante 32 – Gandía 79.

X **El Brasero,** av. del Puerto ☎ 89 03 33 – AE ⓓ E VISA
cerrado martes excepto en julio, agosto y 15 noviembre-15 diciembre – Com carta 1 060 a 2 100.

X **Panchito,** av. del Puerto ☎ 89 28 55 – ⓓ VISA
cerrado 15 enero – 15 marzo y lunes salvo verano – Com carta 1 010 a 1 905.

en la carretera de Sella NO : 2 km – ✉ Villajoyosa – ☎ 965 :

X El Jabali, ☎ 89 21 69, 余 – Ⓟ.

en la carretera de Alicante SO : 3 km – ✉ Villajoyosa – ☎ 965 :

🏨 **Montíboli** 🐎, ✉ apartado 8, ☎ 89 02 50, Telex 67712, ≤, 余, « Sobre un promontorio rocoso », 🏊, 🏖, 🎾 – 🛗 ▤ 🚗 Ⓟ. AE ⓓ E VISA. ✗ rest
Com 1 900 – ☕ 400 – **49 hab** 5 000/9 000 – P 8 050/8 550.

CITROEN Partida Torres km 113 carret. Valencia ☎ 89 13 90
SEAT Partida Torres km 113,5 carret. Valencia ☎ 89 13 99

VILLAJUÁN DE AROSA Pontevedra – ver Villagarcía de Arosa.

VILLALBA Madrid 990 ㊴ – 4 100 h. alt. 917 – ☎ 91.
♦Madrid 37 – ♦Ávila 69 – El Escorial 18 – ♦Segovia 50.

en la autopista A 6 NO : 3 km – ✉ Villalba – ☎ 91 :

XX **La Pasarela,** ☎ 850 06 66, ≤ – ▤ Ⓟ. VISA. ✗
Com carta 950 a 1 940.

FORD carret. N VI km 40 ☎ 850 00 14
RENAULT carret. N VI km 40 ☎ 850 08 80
SEAT carret. N VI km 37,8 ☎ 850 05 00

VILLALBA Lugo 990 ②③ – 16 975 h. alt. 492 – ☎ 982.
♦Madrid 540 – ♦La Coruña 87 – Lugo 36.

🏨 **Parador Nacional Condes de Villalba,** Valeriano Valdesuso ☎ 51 00 11, « Instalado en la torre de un castillo medieval » – 🛗 Ⓟ. AE ⓓ E VISA. ✗
Com 1 100 – ☕ 300 – **6 hab** 3 600/4 500.

🏠 **Venezuela** sin rest, pl. Calvo Sotelo 10 ☎ 51 06 59 – 🛗 ⛀wc (sólo agua fría)
☕ 175 – **14 hab** 1 800/3 300.

CITROEN-PEUGEOT carret. C 641 km 544,2 Guadalupe ☎ 51 09 09
FORD General Franco 120 ☎ 51 09 15
RENAULT carret. de El Ferrol ☎ 51 00 70
SEAT General Franco 127 ☎ 51 02 55
TALBOT carret. C 641 km 544,5 Guadalupe ☎ 51 04 68

VILLALBA DE LA SIERRA Cuenca 990 ⑯ – 627 h. alt. 950.
Alred. : E : Ventano del Diablo (≤ garganta del Júcar★) – Carretera ≤★ del Embalse de la Toba.
♦Madrid 183 – Cuenca 21.

X Mesón Nelia, carret. de Cuenca ☎ 21 – Ⓟ.

VILLALONGA Pontevedra – ver Sangenjo.

VILLAMARTÍN Cádiz 446 V 13 – 12 511 h. – ☎ 956.
♦Madrid 580 – Antequera 121 – ♦Cádiz 86 – ♦Córdoba 182 – Ronda 67 – ♦Sevilla 85.

🏠 Izlu, sin rest y sin ☕, Generalísimo Franco 43 ☎ 73 02 80 – ⋒wc – **20 hab**.

VILLAMARTÍN (Urbanización Golf) Alicante – ver Torrevieja.

VILLANÚA Huesca 42 ⑰ – 283 h. alt. 953 – 974.
♦Madrid 496 – Huesca 106 – Jaca 15.

- **Roca Nevada,** carret. N 330 - SO : 1 km ☎ 37 80 35, <, – wc wc . VISA
  cerrado mayo-junio y 15 septiembre-noviembre – Com 700 – 150 – **33 hab** 1 200/2 100 – P 2 450/2 600.
- **Reno,** carret. N 330 ☎ 37 80 66 – wc . E VISA.
  cerrado noviembre – Com *(cerrado lunes)* 600 – 125 – **18 hab** 900/1 750 – P 2 275/3 075.

VILLANUEVA DE ARGAÑO Burgos 42 ⑪ y 990 ⑤ – 120 h. – 947.
♦Madrid 264 – ♦Burgos 21 – Palencia 78 – ♦Valladolid 115.

- **Las Postas de Argaño** con hab, carret. de Burgos ☎ 45 10 93 – wc . VISA.
  Com carta 975 a 1 950 – 200 – **9 hab** 900/1 500 – P 2 500/3 000.

VILLANUEVA DE AROSA Pontevedra 990 ② – 29 125 h. – 986.
♦Madrid 642 – Pontevedra 35 – Santiago de Compostela 52.

- **Hermida 5 000** sin rest, carret. C 550 ☎ 55 43 43 – wc wc . AE VISA.
  150 – **41 hab** 1 600/2 100.

VILLANUEVA DE BOGAS Toledo 990 ㉕ – 963 h. – 925.
♦Madrid 83 – Ciudad Real 105 – Toledo 44.

- Torres, pl. Polideportiva ☎ 31 30 09 – wc – **14 hab**.

VILLANUEVA DE CÓRDOBA Córdoba 446 R 16 – 11 608 h. – 957.
♦Madrid 340 – Ciudad Real 143 – ♦Córdoba 67.

- **Démétrius** sin rest y sin , av. de Cardeña ☎ 12 02 94 – wc wc .
  23 hab 830/1 145.

VILLANUEVA DE GÁLLEGO Zaragoza 43 ⑫ y 990 ⑰ – 2 285 h. alt. 243 – 976.
♦Madrid 333 – Huesca 57 – ♦Lérida 156 – ♦Pamplona 179 – ♦Zaragoza 14.

- **La Casa del Ventero,** paseo 18 de Julio 24 ☎ 11 51 87, Cocina francesa – .
  cerrado domingo noche, lunes y 25 julio-22 agosto – Com (sólo cena) carta 1 250 a 2 100.

VILLANUEVA DE LA SERENA Badajoz 990 ㉓ – 20 814 h. – 924.
♦Madrid 342 – ♦Badajoz 119 – Merida 57.

- Pedro de Valvidia, carrera 25 ☎ 84 03 00 – rest wc wc .
  125 – **27 hab** 1 000/1 650 – P 2 000.

VILLANUEVA DEL FRESNO Badajoz 990 ㉒ – ver aduanas p. 14 y 15.

VILLANUEVA Y GELTRÚ o **VILANOVA I LA GELTRÚ** Barcelona 43 ⑰ y 990 ⑲ – 41 229 h. – 93 – Playa.
Ver : Casa Papiol★ (Museo Romántico).
♦Madrid 589 – ♦Barcelona 50 – ♦Lérida 132 – Tarragona 46.

- **César** , Isaac Peral 4 ☎ 893 07 04, Telex 52075, Terraza con arbolado, – wc .
  AE E VISA
  Com *(cerrado jueves)* 1 075 – 270 – **21 hab** 2 500/3 100 – P 3 200/3 580.
- **Solvi 70,** paseo Ribes Roges 1 ☎ 893 32 43, < – wc wc .
  cerrado 10 octubre-10 noviembre – Com 600 – 175 – **30 hab** 1 000/1 900 – P 2 100/4 100.
- **Mare Nostrum,** rambla de la Paz 66 ☎ 893 10 60 – wc wc. VISA.
  Com 750 – 150 – **20 hab** 900/1 400 – P 2 100/2 200.
- **Xenius,** passeig Maritim 61 ☎ 893 03 59, <, Pescados y mariscos – . E VISA.
  cerrado miércoles – Com carta 1 100 a 2 000.
- **Peixerot,** passeig Maritim 56 ☎ 893 01 91, Pescados y mariscos – . E.
  cerrado domingo noche – Com carta 1 180 a 1 950.
- **La Fitorra,** Isaac Peral 8 ☎ 893 07 08 – AE E VISA.
  cerrado jueves y 4 noviembre-4 diciembre – Com carta 1 000 a 2 160.
- **Pere Peral,** Isaac Peral 12 ☎ 893 68 06, – VISA.
  cerrado lunes y del 5 al 30 octubre – Com carta 1 025 a 1 950.
- **Chez Bernard et Marguerite,** Ramón Llull 4 ☎ 893 10 66, Cocina francesa – AE E VISA
  cerrado 3 al 31 enero – Com carta 1 250 a 2 425.
- Maritim, passeig Maritim 40 ☎ 893 10 24, Pescados y mariscos.

en Racó de Santa Llucía - por la carretera C 246 O : 3 km – ✉ Villanueva y Geltrú – 93 :

- **La Cucanya,** ☎ 893 44 16, <, Cocina italiana – . VISA.
  cerrado octubre, martes salvo festivos y visperas – Com carta 1 150 a 1 950.

CITROEN carret. Barcelona km 43 esq. Via de Ronda ☎ 893 31 54
FORD carret. de Sitges km 41 ☎ 893 26 66
RENAULT rambla Vidal 25 ☎ 893 18 50
SEAT-FIAT av. Balmes 33 ☎ 893 27 00
TALBOT carret. Barna-Santa Cruz de Calafell km 42 ☎ 893 12 69

VILLARCAYO Burgos 42 ② y 990 ⑤ – alt. 615 – ☎ 947.
♦Madrid 321 – ♦Bilbao 81 – ♦Burgos 78 – ♦Santander 100.

Margarita sin rest, Nuño Rasura 20 ☎ 10 00 15 – wc wc P.
☕ 140 – **27 hab** 775/1 665.

Mesón Pita, pl. Santa Marina 2 ☎ 10 05 74, Decoración castellana.

en Horna - carretera de Burgos S : 1 km – ✉ Villarcayo – ☎ 947 :

Mesón El Cid, ☎ 10 01 71 – P.
Com carta 900 a 1 575.

SEAT San Roque 44 y 46 ☎ 10 00 75

VILLARLUENGO Teruel – 325 h.
♦Madrid 370 – Teruel 94.

en la carretera de Ejulve NO : 7 km – ✉ ☎ Villarluengo :

La Trucha, Las Fábricas ☎ 8, – wc wc .
Com 980 – ☕ 215 – **48 hab** 2 200/2 750 – P 3 215/4 050.

VILLARREAL DE ÁLAVA Álava 42 ④ y 990 ⑥ – 1 410 h. alt. 975 – ☎ 945.
♦Madrid 370 – ♦Bilbao 51 – ♦Vitoria 15.

Astola, San Roque 1 ☎ 45 50 04, ← – E VISA.
cerrado miércoles y 15 diciembre-15 enero – Com carta 1 050 a 2 000.

VILLARREAL DE LOS INFANTES Castellón de la Plana 445 M 29 – 36 455 h. alt. 42 – ☎ 964.
Alred. : Onda (museo de Ciencias Naturales El Carmen★) O : 14 km.
♦Madrid 417 – Castellón de la Plana 8 – ♦Valencia 69.

en la carretera N 340 : Alquería del Niño Perdido S : 4 km – ✉ Burriana – ☎ 964 :

Motel Ticasa, ☎ 51 02 00, – rest wc P. VISA.
Com 600/1 200 – ☕ 160 – **26 hab** 1 450/2 000.

AUSTIN-MG-MORRIS-MINI Ermita 115 ☎ 52 12 46
CITROEN carret. N 340 ☎ 52 04 00
RENAULT San Manuel 13 ☎ 52 46 11
SEAT Cruces Viejas 31 ☎ 52 01 58
TALBOT Carlos Sarthou 17 ☎ 52 14 39

VILLARRUBIO Cuenca – 435 h. – ☎ 966.
♦Madrid 94 – Cuenca 95 – ♦Valencia 254.

El Villar, carret. N III ☎ 13 51 79 – P.

VILLASANA DE MENA Burgos 42 ② y 990 ⑥ – 488 h. alt. 312 – ☎ 947.
♦Madrid 358 – ♦Bilbao 44 – ♦Burgos 115 – ♦Santander 101.

Cadagua , ☎ 12 61 25, ←, – wc .
Com 725 – ☕ 185 – **30 hab** 1 280/1 680 – P 2 180/2 670.

VILLASANTE DE MONTIJA Burgos 42 ② y 990 ⑤⑥ – 190 h. – ☎ 947.
♦Madrid 338 – ♦Bilbao 64 – ♦Burgos 95 – ♦Santander 87.

Los Robles, carret. de Bilbao ☎ 11 06 50 (ext. 22) – wc P
Com 750 – ☕ 150 – **45 hab** 1 600/3 000 – P 2 900/3 000.

VILLATOYA Albacete 990 ㉗ – 222 h. alt. 600 – ☎ 967 – Balneario.
♦Madrid 300 – ♦Albacete 70 – ♦Valencia 102.

en la carretera de Requena N : 1,5 km – ✉ Villatoya – ☎ 967 :

Baln. Fuente Podrida , ☎ 46 09 16, – wc P.
julio-20 septiembre – Com 1 015 – ☕ 215 – **46 hab** 1 655/2 640 – P 3 135/3 470.

VILLEGAR Cantabria 42 ① – ver Corvera de Toranzo.

VILLOLDO Palencia 990 ⑤⑮ – 694 h. – ☎ 988.
Alred. : Villalcázar de Sirga (iglesia de Santa María la Blanca★ : portada Sur★, sepulcros★) NE : 10 km – Paredes de Nava (iglesia de Santa Eulalia : retablo mayor★) SO : 11 km – Carrión de los Condes : Monasterio de San Zoilo (claustro★), iglesia de Santiago (esculturas★) N : 14 km.
♦Madrid 253 – ♦Burgos 96 – Palencia 27.

Estrella del Bajo Carrión, carret. C 615 ☎ 82 70 05 – wc wc P. VISA.
Com 600 – ☕ 150 – **26 hab** 1 100/1 700 – P 1 975/2 125.

VINAROZ Castellón de la Plana 445 K 31 – 17 049 h. – 964 – Plaza de toros.
pl. de Salvador ℱ 45 08 14.
♦Madrid 498 – Castellón de la Plana 76 – Tarragona 109 – Tortosa 48.

Miramar, paseo Marítimo 12 ℱ 45 14 00, ← – wc wc. E.
cerrado 20 septiembre-1 octubre – Com 700 – 180 – **16 hab** 1 260/1 890 – P 2 290/2 605.

Pino sin rest y sin , San Pascual 47 ℱ 45 05 53 – wc.
8 hab 750/1 275.

Voramar, av. Colón 34 ℱ 45 00 37, ← – .
cerrado noviembre – Com carta 1 050 a 1 850.

Colón, av. Colón 13 ℱ 45 11 96,
cerrado lunes y noviembre – Com carta 1 000 a 1 875.

en la carretera N 340 S : 2 km – Vinaroz – 964 :

Roca, ℱ 45 03 50, , – rest wc
Com 600 – 175 – **36 hab** 1 400/1 800 – P 2 100/2 600.

Ver también : *Alcanar* N : 9 km.

CITROEN carret. N 340 km 141 ℱ 45 20 12
FORD carret. N 340 ℱ 47 03 39
RENAULT carret. N 340 km 143 ℱ 45 15 08
SEAT San Francisco 88 ℱ 45 18 98
TALBOT carret. N 340 ℱ 45 10 52

VIRGEN DE LA MONTAÑA (Santuario de la) Cáceres – ver Cáceres.

VIRGEN DE LA VEGA Teruel – ver Alcalá de la Selva.

VITORIA o **GASTEIZ** P Álava 42 ③④ y 990 ⑥ – 170 870 h. alt. 524 – 945 – Plaza de toros.
Ver : Museo de Arqueología★ (estela del jinete★) BY M – Iglesia de San Pedro (portada★) AY N.
Alred. : Gaceo : iglesia (frescos románicos★) por ② : 21 km.
de Vitoria por ④ : 8 km ℱ 27 33 00 – Iberia : av. Gasteiz 84 ℱ 22 82 50.
Parque de la Florida ℱ 24 77 66 – R.A.C.E. (R.A.C. Vasco Navarro) paseo de la Senda 3 ℱ 23 11 50.
♦Madrid 355 ③ – ♦Bilbao 64 ④ – ♦Burgos 112 ③ – ♦Logroño 92 ③ – ♦Pamplona 97 ② – ♦San Sebastián 117 ②.

Plano página siguiente

Canciller Ayala sin rest, con cafetería, Ramón y Cajal 5 ℱ 22 08 00, Telex 35441 – – . AE E VISA AZ n
300 – **185 hab** 3 400/5 000.

Gasteiz M, av. Gasteiz 19 ℱ 22 81 00, Telex 35451 – – . AE E VISA.
cerrado domingo – Com approx. 1 000 – 300 – **150 hab** 3 400/5 200. AZ y

General Álava sin rest, av. de Gasteiz 53 ℱ 22 22 00, Telex 35468 – – . AE E VISA. AY c
250 – **105 hab** 2 300/3 750.

Achuri sin rest, Rioja 11 ℱ 25 58 00 – wc. BZ x
150 – **40 hab** 1 550/2 300.

Desiderio sin rest, Colegio de San Prudencio 2 ℱ 25 17 00 – wc wc.
cerrado 17 diciembre-17 enero – 175 – **21 hab** 1 525/2 450. BY m

Florida, Manuel Iradier 33 ℱ 26 06 75 – wc wc BZ e
Com 700 – 150 – **15 hab** 1 050/2 100.

Garmendia, Manuel Iradier 20 ℱ 23 22 84, Decoración moderna – . E VISA. BZ v
cerrado lunes – Com carta 1 075 a 2 000.

Dickens, San Prudencio 17 ℱ 23 00 93 – . E VISA. BZ d
cerrado domingo y del 10 al 30 agosto – Com carta 1 550 a 2 720.

El Portalón, Correría 151 ℱ 22 49 89, « Antigua posada del siglo XV » BY u

Dato 6, piso 1, Dato 6 ℱ 23 26 00 – BZ s

Elguea, Cruz Blanca 8 ℱ 22 50 40 – . E VISA AY n
cerrado martes y 9 agosto-3 septiembre – Com carta 1 125 a 2 150.

Olarizu, Beato Tomás de Zumárraga 54 ℱ 24 77 52 – . AE E VISA. AY k
cerrado domingo noche y lunes – Com carta 1 500 a 2 600.

Mesón Nacional, Ortiz de Zárate 5 ℱ 23 21 11 – . AE E VISA. BZ f
cerrado martes y 15 junio-15 julio – Com carta 1 025 a 2 000.

Pachicu Quintana, Prado 28 ℱ 28 07 46 – . AE VISA. AZ p
cerrado domingo, sábado mediodía, 15 días en julio y 15 días por Navidad – Com carta 1 450 a 2 700.

Ikea, Paraguay 8 ℱ 22 41 99 – . E VISA. AY b
cerrado domingo noche, lunes y 15 agosto-15 septiembre – Com carta 1 125 a 2 525.

Lagardere, Chile 1, apartado 1631, ℱ 22 30 64, Asador típico – AY c

Cento con cafetería, en sótano, Fueros 20 ℱ 23 33 90 – . E VISA. BZ t
cerrado lunes y 11 agosto-4 septiembre – Com carta 1 000 a 2 240.

Dos Hermanas, Postas 27 ℱ 25 05 46 – . AE E VISA. BZ a
cerrado domingo y 15 agosto-15 septiembre – Com carta 1 250 a 2 280.

Naroki, Florida 24 ℱ 23 15 40, Decoración regional – BZ n

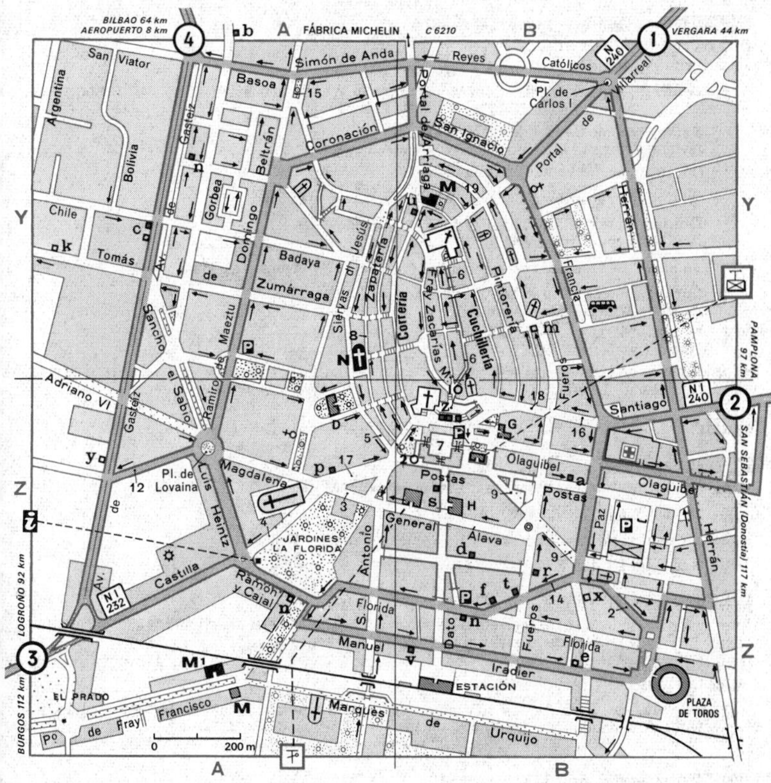

VITORIA
GASTEIZ

Dato	BZ	Angulema	BZ 2	Ortiz de Zárate	BZ 14
Gasteiz (Av. de)	AYZ	Becerro de Bengoa	AZ 3	Pascual de Andagoya (Pl. de)	AY 15
Independencia	BZ 9	Cadena y Eleta	AZ 4	Portal del Rey	BZ 16
Postas	BZ	Diputación	AZ 5	Prado	AZ 17
		Escuelas	BY 6	San Francisco	BZ 18
		España (Pl. de)	BZ 7	Santa María (Cantón de)	BY 19
		Herrería	AY 8	Virgen Blanca (Pl. de la)	BZ 20
		Machete (Pl. del)	BZ 10		
		Madre Vedruna	AZ 12		

✕ **Arkupe,** Mateo Moraza 13 ☎ 23 00 80, Decoración rústica, Pizzeria en el piso 1 – AE VISA
Com carta 1 135 a 1 940. BZ **z**

✕ Poliki, Fueros 29 ☎ 25 04 58 – BZ **r**

✕ Kintana, Mateo B. de Moraza 15 ☎ 23 00 10 BZ **z**

✕ **Zabala,** Mateo Moraza 9 ☎ 23 00 09 – BZ **z**
cerrado domingo y 15 agosto-15 septiembre – Com carta 690 a 1 405.

*en **Ariñez*** por ③ : 7 km – ✉ Ariñez – 945 :

Guria, carret. N I ☎ 22 83 45 – wc wc P – **26 hab**.

en la carretera N I por ② – 945 :

Parador Nacional de Argómaniz, 13 km, ✉ apartado 601 Vitoria, ☎ 24 22 00, –
P. AE E VISA.
Com 1 100 – 300 – **54 hab** 3 200/4 000.

Iradier, 4,5 km, ✉ Vitoria, ☎ 28 54 00, – wc wc P
49 hab.

Olaona, Venta del Patio, ✉ Venta del Patio, ☎ 30 70 04 – P
15 hab.

AUSTIN-MG-MORRIS-MINI, FORD av. de Santiago 27 ☎ 25 43 00
CITROEN-PEUGEOT carret. de San Sebastián km 1 ☎ 25 76 94
FIAT-SEAT Alto Armentia 4 ☎ 22 41 00
MERCEDES-BENZ Elorriaga ☎ 26 63 00
RENAULT Alto Armentia 18 ☎ 22 16 00
TALBOT Alto Armentia 7 ☎ 22 24 50

VIVERO Lugo 990 ③ – 13 215 h. – ☎ 982.

ℹ Casa Consistorial ☎ 56 10 01.

♦Madrid 602 – ♦La Coruña 119 – Ferrol 88 – Lugo 98.

- **Tebar** sin rest, av. Nicolás Cora Montenegro 70 ☎ 56 01 00 – wc. E VISA. 150 – **27 hab** 1 500/2 500.
- **Serra,** Antonio Bas 2 ☎ 56 03 74 – VISA. *cerrado lunes excepto julio y agosto* – Com carta 850 a 1 565.
- O Antoxo, av. Cervantes 34 ☎ 56 14 08.

en Covas - carretera C 642 NO : 2 km – ✉ Covas – ☎ 982 :

- **Dolusa** sin rest, ☎ 56 08 66 – wc. E VISA. 90 – **15 hab** 1 400/2 000.

en playa de Area por carretera C 642 N : 4 km – ✉ Vivero – ☎ 982 :

- **Ego** sin rest, ☎ 56 09 87, ← – wc P. VISA. 180 – **22 hab** 1 800/2 300.
- **Nito,** ☎ 56 09 87, ← – P. VISA. Com carta 1 000 a 1 600.

CITROEN-PEUGEOT Misericordia ☎ 56 18 11
FORD San Lázaro ☎ 56 14 52
RENAULT Magazos Río Pedroso km 3,5 ☎ 56 12 52
SEAT Misericordia 6 ☎ 56 07 10

YAIZA Las Palmas 990 ㉜ – ver Canarias (Lanzarote).

YANCI Navarra 42 ⑤ – 626 h. – ☎ 948.

♦Madrid 465 – ♦Hendaye 27 – ♦Pamplona 70 – ♦San Sebastián 46.

- La Villa, piso 1, Mayor ☎ 63 72 92.

en Ventas de Yanci E : 3 km – ✉ Ventas de Yanci – ☎ 948 :

- Hita, carret. C 133 ☎ 63 72 27 – P.

YESA Navarra 42 ⑯ y 990 ⑦ – 278 h. alt. 492 – ☎ 948.

Alred. : Monasterio de Leyre : carretera de acceso ※**, monasterio** (cripta**, iglesia*, portada oeste*) NE : 4 km – Hoz de Arbayún ←** N : 27 km.

ℹ carret. N 240 ☎ 88 40 40.

♦Madrid 419 – Jaca 64 – ♦Pamplona 47.

- **Mirador de Yesa** con apartamentos, complejo turístico Mirador de Yesa E : 1,5 km ☎ 88 40 30, ← pantano de Yesa y montañas, – wc P. AE E VISA
Com carta 1 000 a 2 000 – 200 – **20 apartamentos** 1 200/2 350 – P 1 100/2 000.

YURRE Vizcaya 42 ③ – 3 133 h. – ☎ 94.

♦Madrid 401 – ♦Bilbao 20 – ♦San Sebastián 90 – ♦Vitoria 49.

- Aránzta, carret. de Vitoria ☎ 673 63 01 – wc wc P
30 hab.

ZAFRA Badajoz 446 Q 10 – 12 433 h. alt. 509 – ☎ 924.

ℹ pl. de España ☎ 55 10 36.

♦Madrid 401 – ♦Badajoz 76 – Mérida 58 – ♦Sevilla 147.

- **Parador Nacional Hernán Cortés**, pl. Corazón de María 7 ☎ 55 02 00, « Elegantemente instalado en un castillo del siglo XV, patio de estilo renacentista », – . AE E VISA.
Com 1 100 – 300 – **28 hab** 3 200/4 000.
- Huerta Honda y Rest. Posada del Duque, av. López Azme ☎ 55 08 00, – rest wc wc
50 hab.

CITROEN-PEUGEOT carret. Badajoz-Granada km 73,6 ☎ 55 11 60
FORD carret. Badajoz-Granada km 75 ☎ 55 01 58
RENAULT carret. de Los Santos ☎ 55 04 89
SEAT av. de Antonio Chacón ☎ 55 04 02
TALBOT Virgen de Guadalupe 24 ☎ 55 11 94

ZAHARA DE LA SIERRA Cádiz 446 V 13.

♦Madrid 548 – ♦Cádiz 116 – Ronda 34.

- Hostal Marqués de Zahara, Carlos María Rodríguez de Valcarce 5 ☎ 61 – wc
11 hab.

ZAHARA DE LOS ATUNES Cádiz 446 X 12 – 2 861 h. – ☎ 956.

♦Madrid 687 – Algeciras 62 – ♦Cádiz 70 – ♦Sevilla 179.

en la carretera de Atlanterra – ✉ Zahara de Los Atunes – ☎ 956 :

- **Antonio** con hab, SE : 1 km ☎ 43 12 41, ←, – wc P. VISA.
cerrado febrero – Com *(cerrado jueves)* 550 – 170 – **8 hab** 1 400/2 800 – P 2 400/2 600.
- Cortijo de la Plata, SE : 4 km ☎ 43 09 01, ← mar, – P – *temp.*

ZAMORA P 990 ⑭ – 52 180 h. alt. 650 – ☎ 988 – Plaza de toros.
Ver : Catedral★ (sillería★★, cúpula★, Museo catedralicio★).
ℹ Santa Clara 20 ☎ 51 18 45 – R.A.C.E. av. José Antonio ☎ 52 38 50.
♦Madrid 243 – Benavente 66 – Orense 268 – ♦Salamanca 65 – Tordesillas 66.

Parador Nacional Condes de Alba y Aliste ⋟, pl. de Cánovas 1 ☎ 51 44 97, « Elegantemente instalado en un antiguo palacio señorial », ⛱ – ▤ rest 🚗. AE ⦿ E VISA. ✂
Com 1 100 – ☕ 300 – **19 hab** 3 200/4 000.

Il Infantas M sin rest, con cafetería, Cortinas de San Miguel 3 ☎ 51 28 75 – |⇕| ▥ ⛀wc ⛆wc ☎. AE ⦿ E VISA
☕ 175 – **58 hab** 2 000/3 000.

Toary piso 3, sin rest y sin ☕, Benavente 2 ☎ 51 37 02 – |⇕| ▥ ⛀wc. ✂
12 hab 1 200/1 500.

Chiqui, piso 2, Benavente 2 ☎ 51 14 80 – |⇕| ▥ ⛀wc ⛆wc. ✂
Com 450 – ☕ 110 – **10 hab** 1 035/1 400 – P 1 500/1 885.

XXX **Rey Don Sancho 2,** en sótano, parque de la Marina Española ☎ 52 34 00, Decoración moderna – ▤. E VISA. ✂
Com carta 1 375 a 1 975.

XXX **París,** av. de Portugal 14 ☎ 51 43 25, Decoración elegante – ▤. AE ⦿ E VISA
Com carta 1 115 a 1 825.

XX Serafín, pl. de Maestro Haedo 2 ☎ 51 14 22, Decoración moderna – ▤.

XX La Rueda, Ronda de la Feria 19 ☎ 52 77 91, Decoración castellana – ▤.

X **Pozo,** Ramón Álvarez 3 ☎ 51 25 94 – VISA
cerrado jueves y domingo noche – Com carta 780 a 1 550.

en la carretera N 630 N : 2,5 km – ✉ Zamora – ☎ 988 :

Rey Don Sancho, ☎ 52 34 00 – |⇕| ▥ ▤ rest ⛀wc ⛆wc ☎ Ⓟ. E VISA. ✂
Com 700 – ☕ 175 – **76 hab** 1 590/2 670 – P 2 685/2 940.

AUSTIN-MG-MORRIS-MINI, FORD carret. Villacastín-Vigo km 277 ☎ 52 48 00
CITROEN-PEUGEOT carret. N 525 km 277,6 ☎ 51 22 84
FIAT-SEAT Salamanca 40 ☎ 51 22 89
RENAULT carret. Villacastín-Vigo km 277,8 ☎ 52 50 11
TALBOT carret. de Tordesillas km 63 ☎ 52 07 50

El ZAPILLO Almería 446 V 22 – ver Almería.

ZARAGOZA P 43 ⑫ y 990 ⑰⑱ – 540 308 h. alt. 200 – ☎ 976 – Plaza de toros.
Ver : La Seo★★ (tesoro★★, museo de tapices★★, retablo★ del altar mayor, cúpula★ de la Parroquieta) X – Basílica de Nuestra Señora del Pilar★ (retablo★) X **A** – Aljafería★ (artesonado★ de la sala del trono) U – Lonja★ X.
⛳ Aero Club de Zaragoza por ⑤ : 12 km ☎ 21 43 78 – ⛳18 La Peñaza por ⑤ : 15 km ☎ 34 28 00.
✈ de Zaragoza por ⑥ : 9 km ☎ 34 90 50 – Iberia : Canfranc 22-24, ✉ 4, ☎ 21 82 50.
ℹ pl. de Sas 7 ✉ 3, ☎ 23 11 17 – R.A.C.E. San Juan de Cruz 2 ☎ 35 79 72.
♦Madrid 321 ⑤ – ♦Barcelona 307 ② – ♦Bilbao 305 ⑥ – ♦Lérida 150 ② – ♦Valencia 331 ④.

Plano página siguiente

Corona de Aragón y Rest. El Bearn M, César Augusto 13, ✉ 3, ☎ 43 01 00, Telex 58828, ⛱ – |⇕| ▤ – 🏛. AE ⦿ E VISA. ✂ Y **z**
Com 2 300 – ☕ 490 – **251 hab** 6 500/9 800 – P 8 970/10 570.

Palafox y Rest. Puerta del Angel M, Casa Jiménez, ✉ 6, ☎ 23 77 00, Telex 58680, ⛱ – |⇕| ▤ 🚗 – 🏛. ⦿ E VISA. ✂ Z **k**
☕ 350 – **184 hab** 5 300/8 000 – P 6 845/8 115.

Rey Alfonso I, Coso 17, ✉ 3, ☎ 21 82 90, Telex 58226 – |⇕| ▤. AE ⦿ E VISA. ✂ Y **v**
Com carta 1 300 a 2 075 – ☕ 250 – **117 hab** 3 000/4 600.

Goya, Cinco de Marzo 5, ✉ 4, ☎ 22 93 31 – |⇕| ▤ 🚗. AE ⦿ E VISA. ✂ rest Y **e**
Com 950 – ☕ 225 – **150 hab** 3 020/3 775 – P 3 695/4 825.

Oriente, Coso 11, ✉ 3, ☎ 22 19 60 – |⇕| ▤. VISA. ✂ Y **n**
Com 1 000 – ☕ 230 – **87 hab** 2 000/3 600 – P 3 650/3 850.

Ramiro I, Coso 123, ✉ 1, ☎ 29 82 00, Telex 58689 – |⇕| ▤ 🚗. AE ⦿ E VISA. ✂ Y **m**
Com carta 970 a 1 180 – ☕ 225 – **105 hab** 2 700/4 900.

Don Yo, Bruil 4, ✉ 1, ☎ 22 67 41, Telex 58768 – |⇕| ▤ – 🏛. AE ⦿ E VISA. ✂ Z **w**
Com 1 350 – ☕ 300 – **181 hab** 3 600/5 600 – P 5 160/5 960.

La Romareda sin rest, con cafeteria, Asin y Palacios 11, ✉ 9, ☎ 35 11 00, Telex 58067 – |⇕| ▤ 🚗 – 🏛. AE ⦿ E VISA V **a**
☕ 350 – **90 hab** 4 500/6 600.

Europa sin rest, Alfonso I - 19, ✉ 3, ☎ 22 49 01 – |⇕|. VISA. ✂ Y **c**
☕ 200 – **54 hab** 1 600/3 000.

Conde Blanco sin rest, con cafetería, Predicadores 84, ✉ 4, ☎ 44 14 11 – |⇕| ▥ ▤ ⛀wc ☎ 🚗. ✂ X **h**
☕ 190 – **83 hab** 1 735/2 610.

París, Pedro María Ric 14, ✉ 8, ☎ 23 65 37 – |⇕| ▥ ▤ ⛀wc ⛆wc ☎. AE ⦿ E VISA. ✂
Com 850 – ☕ 200 – **62 hab** 1 700/2 850 – P 3 040/3 315. V **r**

Cataluña sin rest, Coso 94, ✉ 1, ☎ 21 69 38 – 🛗 📺 ⛀wc ☎. E VISA — Y **g**
☕ 100 – **51 hab** 1 200/1 800.

Los Molinos sin rest, San Miguel 28, ✉ 1, ☎ 22 49 80 – 🛗 📺 ⛀wc 🚿wc ☎. VISA — Z **e**
☕ 150 – **40 hab** 1 500/2 600.

Gran Vía sin rest, Gran Vía 38, ✉ 5, ☎ 22 92 13 – 📺 ⛀wc 🚿wc ☎. AE — V **f**
☕ 150 – **30 hab** 1 700/2 250.

Avenida sin rest, av. César Augusto 55, ✉ 3, ☎ 43 93 00 – 📺 ⛀wc 🚿 ☎. ✱ — XY **a**
☕ 130 – **45 hab** 1 300/2 000.

San Jorge sin rest, Mayor 4 ☎ 39 74 62 – 📺 ⛀wc ☎. E. ✱ — Y **q**
☕ 150 – **27 hab** 1 400/1 900.

Paraíso piso 3, sin rest y sin ☕, paseo Pamplona 23, ✉ 4, ☎ 21 76 08 – 🛗 📺 ▤ ⛀wc ☎. VISA – **29 hab** 1 650/2 150. — Z **a**

Burdeos sin rest, San Lorenzo 28, ✉ 1, ☎ 29 36 97 – 🛗 📺 ⛀wc 🚿wc ☎. ✱ — Y **d**
☕ 115 – **17 hab** 900/1 820.

XXX **Rogelio's,** Eduardo Ibarra 10 ☎ 35 89 50 – ▤ Ⓟ — V **a**
Com carta 1 400 a 1 950.

XXX **Casa Tena,** pl. San Francisco 8, ✉ 6, ☎ 35 80 22 – ▤. AE ⓓ E VISA. ✱ — V **x**
cerrado domingo noche – Com carta 1 230 a 1 875.

XXX Parrilla Albarracín, César Augusto 13, ✉ 3, ☎ 43 01 00, Telex 430100, Decoración regional – ▤. AE ⓓ E VISA. ✱ — Y **z**

XXX **Goyesco,** Manuel Casala 44, ✉ 6, ☎ 35 68 70 – ▤. AE ⓓ E VISA. ✱ — V **e**
cerrado domingo y agosto – Com carta 1 125 a 1 925.

XX Gurrea en sótano, José Paricio Frontiñán, Edificio Ebrosa, ✉ 4, ☎ 21 81 00 – ▤ — U **c**

XX ✿ **Costa Vasca,** Coronel Valenzuela 13, ✉ 4, ☎ 21 73 39 – ▤. E VISA. ✱ — Y **z**
cerrado domingo y del 20 al 26 diciembre – Com carta 1 825 a 2 875.
Espec. Mousse de alcachofas y gambas (noviembre-mayo), Rollos de lenguado al salmón ahumado, Solomillo con salsa de berros.

XX Zeus, San Clemente 6 ☎ 22 15 33 – ▤ — Z **t**

XX **Savoy,** Coso 42, ✉ 4, ☎ 22 49 16 – ▤. AE ⓓ E VISA. ✱ — Y **b**
Com carta 1 075 a 1 950.

XX La Mar, José Pellicer 31 ☎ 27 51 57, Pescados y mariscos – ▤ Ⓟ — V **k**

ZARAGOZA

Alfonso I ______ XY
Alonso V ______ Y 2
Conde de Aranda ______ Y 15
Coso ______ Y
Don Jaime I ______ XY
Independencia (Pas.) ______ YZ
San Vicente de Pául ______ XY

Bruil ______ Z 3
Candalija ______ Y 6
Canfranc ______ Z 7
Capitán Portolés ______ Z 8
Cesar Augusto (Av.) ______ Y 9
Cinco de Marzo ______ Y 12
Magdalena ______ Z 22
Manifestación ______ X 23
Sancho y Gil ______ Z 29
San Pedro Nolasco (Pl. de) ______ Y 33
Santa Engracia (Pl.) ______ Z 34
Teniente Coronel Valenzuela ______ Y 35

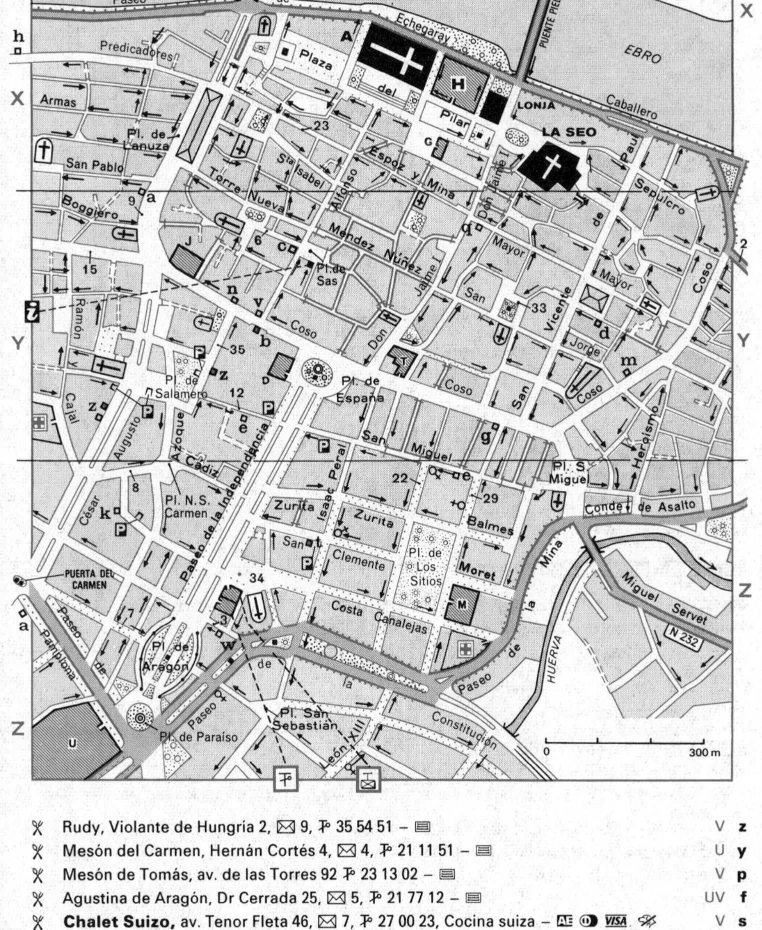

✗ Rudy, Violante de Hungría 2, ✉ 9, ☎ 35 54 51 – ▤ V **z**

✗ Mesón del Carmen, Hernán Cortés 4, ✉ 4, ☎ 21 11 51 – ▤ U **y**

✗ Mesón de Tomás, av. de las Torres 92 ☎ 23 13 02 – ▤ V **p**

✗ Agustina de Aragón, Dr Cerrada 25, ✉ 5, ☎ 21 77 12 – ▤ UV **f**

✗ **Chalet Suizo,** av. Tenor Fleta 46, ✉ 7, ☎ 27 00 23, Cocina suiza – AE ⓓ VISA. ✂ V **s**
Com carta 1 200 a 2 075.

✗ **París,** paseo de las Damas 11, ✉ 8, ☎ 21 11 97 – ▤. ✂ V **r**
cerrado domingo y del 1 al 25 agosto – Com carta 795 a 1 540.

en la carretera de Logroño N 232 por ⑥ : 4,5 km – ✉ Zaragoza 11 – ✪ 976 :

✗✗ **El Cachirulo,** ☎ 33 16 74, Folklore aragonés, « Bonito conjunto típico aragonés » – ▤ Ⓟ. VISA. ✂
Com carta 1 390 a 2 150.

sigue →

en la carretera de Madrid por ⑤ : 8 km – ✉ Zaragoza 12 – ☎ 976 :

✗ **Venta de los Caballos,** ☎ 33 23 00, Decoración regional – ▤ Ⓟ. VISA. ✻
cerrado lunes noche – Com carta 1 040 a 1 850.

en Utebo por ⑥ : 9,5 km – ✉ Utebo – ☎ 976 :

Las Ventas, carret. N 232 ☎ 77 04 82, ⛱, ✻ – ▥ ▤ rest ⛀wc ⛆wc Ⓟ
Com 575 – ☕ 200 – **40 hab** 1 000/2 250.

S.A.F.E. Neumáticos MICHELIN, Sucursal, carret. de Teruel km 6,3 por ④, CUARTE ☎ 45 04 35 y 45 47 40

AUSTIN-MG-MORRIS-MINI Arzobispo Apaolaza 25 ☎ 35 53 55
CITROEN-PEUGEOT carret. Cogullada km 0,5 ☎ 39 38 00
CITROEN-PEUGEOT paseo M. Agustín 74-76 ☎ 43 72 11
CITROEN-PEUGEOT Santa Teresa de Jesús 36 ☎ 25 88 00
FIAT-SEAT av. San José 62-64 ☎ 41 11 00
FORD Vicente Verdusán 22 ☎ 34 30 00
FORD carret. de Logroño 32 ☎ 33 11 54
FORD carret. de Cogullada km 0,5 ☎ 39 80 15
MERCEDES-BENZ Ramón J. Sender ☎ 34 56 64
RENAULT av. San José 67-69 ☎ 42 20 49
RENAULT Polígono industrial Cogullada, Miguel Faraday 6 ☎ 39 14 00
RENAULT paseo de la Mina 12 ☎ 23 66 58
RENAULT via de la Hispanidad 67-69 ☎ 33 36 50
RENAULT Madre Vedruna 31-33 ☎ 22 25 00
SEAT av. de la Hispanidad-junto Portazgo San Lamberto ☎ 33 65 50
SEAT Madre Vedruna 37-39 ☎ 22 92 07
TALBOT carret. de Madrid 314 ☎ 33 20 08
TALBOT av. Cataluña 243 ☎ 39 72 58

ZARAUZ Guipúzcoa 42 ④ y 990 ⑥⑦ – 13 709 h. – ☎ 943 – Playa.

Alred. : Carretera en cornisa★★ de Zarauz a Guetaria – Carretera de Orio ≤★.

⛳ Real Golf Club de Zarauz ☎ 83 13 96.

ℹ Alameda Madoz ☎ 83 09 90.

♦Madrid 482 – ♦Bilbao 85 – ♦Pamplona 103 – ♦San Sebastián 22.

Zarauz, Nafarroa Kalea 4 ☎ 83 02 00 – ⧗ ⛀wc ⛆wc ☎ Ⓟ. ✻
Com 980 – ☕ 210 – **82 hab** 2 600/3 800 – P 3 750/4 450.

Alameda, Seitxímeneta ☎ 83 01 43 – ▥ ⛆ Ⓟ. VISA. ✻
cerrado octubre-1 noviembre – Com 600 – ☕ 160 – **26 hab** 1 285/2 250 – P 2 285/2 445.

✗✗ ✿ **Karlos Arguiñano,** Mendilauta 13 ☎ 83 01 78 – E VISA. ✻
cerrado domingo noche, miércoles, 20 días en abril y 20 dias en octubre – Com carta 2 350 a 4 000
Espec. Pastel de puerros y gambas, Cocochas con angulas (octubre-febrero), Liebre con zancarrón de ternera (octubre-febrero).

en el Alto de Meagas O : 4 km – ✉ Zarauz – ☎ 943 :

✗ Azkue ⛰ con hab, ☎ 84 10 08, ≤ – ⛆ Ⓟ
temp. – **21 hab**.

RENAULT San Francisco 15 ☎ 83 17 00
SEAT Errikobarra 10 ☎ 84 12 05
TALBOT Calvo Sotelo 7 ☎ 84 11 08

La ZENIA (Urbanización) Alicante – ver Torrevieja.

ZUERA Zaragoza 43 ②⑫ y 990 ⑰ – 5 002 h. alt. 279 – ☎ 976.

♦Madrid 349 – Huesca 46 – ♦Zaragoza 26.

Las Galias, carret. de Huesca N 123 E : 1 km ☎ 68 02 24, ⛱, ✻ – ▥ ▤ rest ⛀wc ⛆wc ☎ Ⓟ. AE ⓓ E VISA. ✻ rest
Com 700 – ☕ 200 – **25 hab** 1 300/2 100 – P 2 450/2 700.

RENAULT carret. de Huesca 1 y 3 ☎ 68 00 72
SEAT carret. de Huesca km 26 ☎ 68 02 04

ZUMÁRRAGA Guipúzcoa 42 ④ y 990 ⑥ – 12 390 h. – ☎ 943.

♦Madrid 410 – ♦Bilbao 65 – ♦San Sebastián 57 – ♦Vitoria 55.

Etxe-Berri ⛰, carret. de Azpeitia N : 1 km ☎ 72 12 11, « Decoración elegante » – 🚗 Ⓟ. VISA
Com *(cerrado domingo)* 1 150 – ☕ 230 – **27 hab** 1 800/2 750 – P 3 450/4 000.

✗ Ezkiotarra, pl. de España 2 ☎ 72 04 19 – ▤.

CITROEN Ipiñarrieta ☎ 72 23 40
SEAT B. Etxeberri ☎ 72 19 11

PORTUGAL

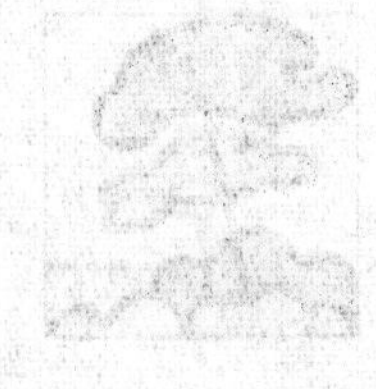

SIGNOS E SIMBOLOS ESSENCIAIS

(lista completa p. 25 a 31)

HOTÉIS E RESTAURANTES

O CONFORTO

	Hotel de grande luxo e tradição
	Hotel de grande conforto
	Hotel muito confortável
	Hotel de bom conforto
	Hotel simples, bastante confortável
	Hotel muito simples, mas que convém
sem rest	O hotel não tem restaurante
M	Na sua categoria, hotel de equipamento moderno
	Restaurante de grande luxo e tradiçâo
	Restaurante de luxo
	Restaurante muito confortável
	Restaurante de bom conforto
	Restaurante simples, mas que convém
com qto	O restaurante tem quartos

AS BOAS MESAS

Muito boa mesa na sua categoria

OS ATRACTIVOS

Hotéis agradáveis
Restaurantes agradáveis
Elemento particularmente agradável
Hotel muito tranquilo
ou isolado e tranquilo
Vista excepcional

AS CURIOSIDADES

Vale a viagem
Merece um desvio
Interessante

LÉXICO	LÉXICO	LEXIQUE	LESSICO	LEXIKON	LEXICON
NA ESTRADA	**EN LA CARRETERA**	**SUR LA ROUTE**	**LUNGO LA STRADA**	**AUF DER STRASSE**	**ON THE ROAD**
acender as luzes	encender las luces	allumer les lanternes	accendere le luci	Licht einschalten	put on lights
à direita	a la derecha	à droite	a destra	nach rechts	to the right
à esquerda	a la izquierda	à gauche	a sinistra	nach links	to the left
atenção! perigo!	¡atención, peligro!	attention! danger!	attenzione! pericolo!	Achtung! Gefahr!	caution! danger!
auto-estrada	autopista	autoroute	autostrada	Autobahn	motorway
bifurcação	bifurcación	bifurcation	bivio	Gabelung	road fork
cruzamento perigoso	cruce peligroso	croisement dangereux	incrocio pericoloso	gefährliche Kreuzung	dangerous crossing
curva perigosa	curva peligrosa	virage dangereux	curva pericolosa	gefährliche Kurve	dangerous bend
dê passagem	ceda el paso	cédez le passage	cedete il passo	Vorfahrt achten	yield right of way
descida perigosa	bajada peligrosa	descente dangereuse	discesa pericolosa	gefährliches Gefälle	dangerous descent
esperem	esperen	attendez	attendete	warten	wait, halt
estacionamento proibido	prohibido aparcar	stationnement interdit	divieto di sosta	Parkverbot	no parking
estrada interrompida	carretera cortada	route coupée	strada interrotta	gesperrte Straße	road closed
estrada em mau estado	carretera en mal estado	route en mauvais état	strada in cattivo stato	Straße in schlechtem Zustand	road in bad condition
estrada nacional	carretera nacional	route nationale	strada statale	Staatsstraße	State road
gelo	hielo	verglas	ghiaccio	Glatteis	ice (on roads)
lentamente	despacio	lentement	adagio	langsam	slowly
neve	nieve	neige	neve	Schnee	snow
nevoeiro	niebla	brouillard	nebbia	Nebel	fog
obras	obras	travaux (routiers)	lavori in corso	Straßenbauarbeiten	road works
paragem obrigatória	parada obligatoria	arrêt obligatoire	fermata obbligatoria	Halt!	compulsory stop
passagem de gado	paso de ganado	passage de troupeaux	passaggio di mandrie	Viehtrieb	cattle crossing
passagem de nível sem guarda	paso a nivel sin barreras	passage à niveau non gardé	passaggio a livello incustodito	unbewachter Bahnübergang	unattended level crossing
pavimento escorregadio	calzada resbaladiza	chaussée glissante	fondo sdrucciolevole	Rutschgefahr	slippery road
peões	peatones	piétons	pedoni	Fußgänger	pedestrians
perigo!	¡peligro!	danger!	pericolo!	Gefahr!	danger!
perigoso atravessar	travesía peligrosa	traversée dangereuse	attraversamento pericoloso	gefährliche Durchfahrt	dangerous crossing
ponte estreita	puente estrecho	pont étroit	ponte stretto	enge Brücke	narrow bridge
portagem	peaje	péage	pedaggio	Gebühr	toll

proibido	prohibido	interdit	vietato	verboten	prohibited
proibido ultrapassar	prohibido el adelantamiento	défense de doubler	divieto di sorpasso	Überholverbot	no overtaking
pronto socorro	puesto de soccorro	poste de secours	pronto soccorso	Unfall-Hilfsposten	first aid station
prudência	precaución	prudence	prudenza	Vorsicht	caution
queda de pedras	desprendimientos	chute de pierres	caduta sassi	Steinschlag	falling rocks
rebanhos	cañada	troupeaux	gregge	Viehherde	cattle
saída de camiões	salida de camiones	sortie de camions	uscita di autocarri	LKW-Ausfahrt	lorry exit
sentido proibido	dirección prohibida	sens interdit	senso vietato	Einfahrt verboten	no entry
sentido único	dirección única	sens unique	senso unico	Einbahnstraße	one way

PALAVRAS DE USO CORRENTE	PALABRAS DE USO CORRIENTE	MOTS USUELS	PAROLE D'USO CORRENTE	GEBRÄUCHLICHE WÖRTER	COMMON WORDS
abadia	abadía	abbaye	abbazia	Abtei	abbey
aberto	abierto	ouvert	aperto	offen	open
abismo	abismo	gouffre	abisso	Abgrund, Tiefe	gulf, abyss
abóbada	bóveda	voûte	volta	Gewölbe, Wölbung	vault, arch
Abril	abril	avril	aprile	April	April
adega	bodega	chais, cave	cantina	Keller	cellar
agência de viagens	oficina de viajes	bureau de voyages	ufficio viaggi	Reisebüro	travel bureau
Agosto	agosto	août	agosto	August	August
água potável	agua potable	eau potable	acqua potabile	Trinkwasser	drinking water
albergue	albergue	auberge	albergo	Gasthof	inn
aldeia	pueblo	village	villaggio	Dorf	village
alfândega	aduana	douane	dogana	Zoll	customs
almoço	almuerzo	déjeuner	colazione	Mittagessen	lunch
andar	piso	étage	piano (di casa)	Stock, Etage	floor
antigo	antiguo	ancien	antico	alt	ancient
aqueduto	acueducto	aqueduc	acquedotto	Aquädukt	aqueduct
arquitectura	arquitectura	architecture	architettura	Baukunst	architecture
arredores	alrededores	environs	dintorni	Umgebung	surroundings
artificial	artificial	artificiel	artificiale	künstlich	artificial
árvore	árbol	arbre	albero	Baum	tree
avenida	avenida	avenue	viale, corso	Boulevard, breite Straße	avenue
bagagem	equipaje	bagages	bagagli	Gepäck	luggage
baía	bahía	baie	baia	Bucht	bay

bairro	barrio	quartier	quartiere	Stadtteil	quarter, district
baixo-relevo	bajo relieve	bas-relief	bassorilievo	Flachrelief	low relief
balaustrada	balaustrada	balustrade	balaustrata	Balustrade, Geländer	balustrade
barco	barco	bateau	battello	Schiff	boat
barragem	embalse	barrage	sbarramento	Talsperre	dam
bêco	callejón sin salida	impasse	vicolo cieco	Sackgasse	no through road
beira-mar	orilla del mar	bord de mer	riva, litorale	Ufer, Küste	shore, strand
biblioteca	biblioteca	bibliothèque	biblioteca	Bibliothek	library
bilhete postal	tarjeta postal	carte postale	cartolina	Postkarte	postcard
bosque	bosque	bois	bosco, boschi	Wäldchen	wood
botânico	botánico	botanique	botanico	botanisch	botanical
cabeleireiro	peluquería	coiffeur	parrucchiere	Friseur	hairdresser, barber
caça	caza	chasse	caccia	Jagd	hunting, shooting
cadeiras de coro	sillería del coro	stalles	stalli	Chorgestühl	choir stalls
caixa	caja	caisse	cassa	Kasse	cash-desk
cama	cama	lit	letto	Bett	bed
campanário	campanario	clocher	campanile	Glockenturm	belfry, steeple
campo	campo	campagne	campagna	Land	country, countryside
capela	capilla	chapelle	sacello	Kapelle	chapel
capitel	capitel	chapiteau	capitello	Kapitell	capital (of column)
casa	casa	maison	casa	Haus	house
casa de jantar	comedor	salle à manger	sala da pranzo	Speisesaal	dining room
cascata	cascada	cascade	cascata	Wasserfall	waterfall
castelo	castillo	château	castello	Schloß	castle
casula	casulla	chasuble	pianeta	Meßgewand	chasuble
catedral	catedral	cathédrale	duomo	Dom, Münster	cathedral
centro urbano	centro urbano	centre ville	centro città	Stadtzentrum	town centre
chave	llave	clé	chiave	Schlüssel	key
cidade	ciudad	ville	città	Stadt	town
cinzeiro	cenicero	cendrier	portacenere	Aschenbecher	ash-tray
claustro	claustro	cloître	chiostro	Kreuzgang	cloisters
climatizada (piscina)	climatizada (piscina)	chauffée (piscine)	riscaldata (piscina)	geheizt (Freibad)	heated (swimming pool)
climatizado	climatizado	climatisé	con aria condizionata	mit Klimaanlage	air conditioned
colecção	colección	collection	collezione	Sammlung	collection
colher	cuchara	cuillère	cucchiaio	Löffel	spoon
colina	colina	colline	colle, collina	Hügel	hill
confluência	confluencia	confluent	confluente	Zusammenfluß	confluence
conforto	confort	confort	confort	Komfort	comfort

conta	cuenta	note	conto	Rechnung	bill
convento	convento	couvent	convento	Kloster	convent
copo	vaso	verre	bicchiere	Glas	glass
correios	correos	bureau de poste	ufficio postale	Postamt	post office
cozinha	cocina	cuisine	cucina	Kochkunst	cuisine
criado, empregado	camarero	garçon, serveur	cameriere	Ober, Kellner	waiter
crucifixo, cruz	crucifijo, cruz	crucifix, croix	crocifisso, croce	Kruzifix, Kreuz	crucifix, cross
cúpula	cúpula	coupole, dôme	cupola	Kuppel	dome, cupola
curiosidade	curiosidad	curiosité	curiosità	Sehenswürdigkeit	sight
decoração	decoración	décoration	ornamento	Schmuck, Ausstattung	decoration
dentista	dentista	dentiste	dentista	Zahnarzt	dentist
descida	bajada, descenso	descente	discesa	Gefälle	steep hill
desporto	deporte	sport	sport	Sport	sport
Dezembro	diciembre	décembre	dicembre	Dezember	December
Domingo	domingo	dimanche	domenica	Sonntag	Sunday
edifício	edificio	édifice	edificio	Bauwerk	building
encosta	ladera	versant	versante	Abhang	hillside
engomagem	planchado	repassage	stiratura	Büglerei	pressing, ironing
envelopes	sobres	enveloppes	buste	Briefumschläge	envelopes
episcopal	episcopal	épiscopal	vescovile	bischöflich	episcopal
equestre	ecuestre	équestre	equestre	Reit-, zu Pferd	equestrian
escada	escalera	escalier	scala	Treppe	stairs
escultura	escultura	sculpture	scultura	Schnitzwerk	carving
esquadra de polícia	comisaría	commissariat de police	commissariato di polizia	Polizeistation	police headquarters
estação	estación	gare	stazione	Bahnhof	station
estância balnear	estación balnearia	station balnéaire	stazione balneare	Seebad	seaside resort
estátua	estatua	statue	statua	Standbild	statue
estilo	estilo	style	stile	Stil	style
estuário	estuario	estuaire	estuario	Mündung	estuary
estrada	carretera	route	strada	Straße	road
estrada escarpada	carretera en cornisa	route en corniche	strada panoramica	Höhenstraße	corniche road
faca	cuchillo	couteau	coltello	Messer	knife
fachada	fachada	façade	facciata	Vorderseite	façade
faiança	loza	faïence	maiolica	Fayence	china
falésia	acantilado	falaise	scogliera	Klippe, Steilküste	cliff, c' face
farmácia	farmacia	pharmacie	farmacia	Apotheke	chemist
fechado	cerrado	fermé	chiuso	geschlossen	closed

Português	Español	Français	Italiano	Deutsch	English
2ª. feira	lunes	lundi	lunedì	Montag	Monday
3ª. feira	martes	mardi	martedì	Dienstag	Tuesday
4ª. feira	miércoles	mercredi	mercoledì	Mittwoch	Wednesday
5ª. feira	jueves	jeudi	giovedì	Donnerstag	Thursday
6ª. feira	viernes	vendredi	venerdì	Freitag	Friday
ferro forjado	hierro forjado	fer forgé	ferro battuto	Schmiedeeisen	wrought iron
Fevereiro	febrero	février	febbraio	Februar	February
floresta	bosque	forêt	foresta	Wald	forest
florido	florido	fleuri	fiorito	mit Blumen	in bloom
folclore	folklore	folklore	folklore	Volkskunde	folklore
fonte, nascente	fuente	source	sorgente	Quelle	source, stream
fortificação	fortificación	fortification	fortificazione	Befestigung	fortification
fortaleza	fortaleza	forteresse, château fort	fortezza	Festung, Burg	fortress, fortified castle
fósforos	cerillas	allumettes	fiammiferi	Zündhölzer	matches
foz	desembocadura	embouchure	foce	Mündung	mouth
fronteira	frontera	frontière	frontiera	Grenze	frontier
garagem	garaje	garage	garage	Garage	garage
garfo	tenedor	fourchette	forchetta	Gabel	fork
garganta	garganta	gorge	gola	Schlucht	gorge
gasolina	gasolina	essence	benzina	Benzin	petrol
gorjeta	propina	pourboire	mancia	Trinkgeld	tip
gracioso	encantador	charmant	delizioso	reizend	charming
igreja	iglesia	église	chiesa	Kirche	church
ilha	isla	île	isola, isolotto	Insel	island
imagem	imagen	image	immagine	Bild	picture
informações	informaciones	renseignements	informazioni	Auskünfte	information
instalação	instalación	installation	installazione	Einrichtung	arrangement
interior	interior	intérieur	interno	Inneres	interior
Inverno	invierno	hiver	inverno	Winter	winter
Janeiro	enero	janvier	gennaio	Januar	January
janela	ventana	fenêtre	finestra	Fenster	window
jantar	cena	dîner	pranzo	Abendessen	dinner
jardim	jardín	jardin	giardino	Garten	garden
jornal	diario	journal	giornale	Zeitung	newspaper
Julho	julio	juillet	luglio	Juli	July
Junho	junio	juin	giugno	Juni	June
lago, lagoa	lago, laguna	lac, lagune	lago, laguna	See, Lagune	lake, lagoon

lavagem de roupa	lavado	blanchissage	lavatura	Wäsche, Lauge	laundry
local	paraje	site	posizione	Lage	site
localidade	localidad	localité	località	Ortschaft	locality
loiça de barro	alfarería	poterie	stoviglie	Tongeschirr	pottery
luxuoso	lujoso	luxueux	sfarzoso	prachtvoll	luxurious
Maio	mayo	mai	maggio	Mai	May
mansão	mansión	manoir	maniero	Gutshaus	manor
mar	mar	mer	mare	Meer	sea
Março	marzo	mars	marzo	März	March
marfim	marfil	ivoire	avorio	Elfenbein	ivory
margem	ribera	rive, bord	riva, banchina	Ufer	shore (of lake), bank (of river)
mármore	mármol	marbre	marmo	Marmor	marble
médico	médico	médecin	medico	Arzt	doctor
medieval	medieval	médiéval	medioevale	mittelalterlich	mediaeval
miradouro	mirador	belvédère	belvedere	Aussichtspunkt	belvedere
mobiliário	mobiliario	ameublement	arredamento	Einrichtung	furniture
moinho	molino	moulin	mulino	Mühle	mill
montanha	montaña	montagne	monte	Berg	mountain
mosteiro	monasterio	monastère	monastero	Kloster	monastery
muralha	muralla	muraille	muraglia	Mauern	walls
museu	museo	musée	museo	Museum	museum
Natal	Navidad	Noël	Natale	Weihnachten	Christmas
nave	nave	nef	navata	Kirchenschiff	nave
Novembro	noviembre	novembre	novembre	November	November
obra de arte	obra de arte	œuvre d'art	opera d'arte	Kunstwerk	work of art
oceano	océano	océan	oceano	Ozean	ocean
oliveira	olivo	olivier	ulivo	Ölbaum	olive-tree
órgão	órgano	orgue	organo	Orgel	organ
orla	linde	lisière	orlo	Waldrand	forest skirt
ourivesaria	orfebrería	orfèvrerie	oreficeria	Goldschmiedekunst	goldsmith's work
Outono	otoño	automne	autunno	Herbst	autumn
Outubro	octubre	octobre	ottobre	Oktober	October
ovelha	oveja	brebis	pecora	Schaf	ewe
pagar	pagar	payer	pagare	bezahlen	to pay
paisagem	paisaje	paysage	paesaggio	Landschaft	landscape
palácio, paço	palacio	palais	palazzo	Palast	palace

palmar	palmeral	palmeraie	palmeto	Palmenhain	palm grove
papel de carta	papel de carta	papier à lettre	carta da lettere	Briefpapier	writing paper
paragem	parada	arrêt	fermata	Haltestelle	stopping place
parque	parque	parc	parco	Park	park
parque de estacionamento	aparcamiento	parc à voitures	parcheggio	Parkplatz	car park
partida	salida	départ	partenza	Abfahrt	departure
Páscoa	Pascua	Pâques	Pasqua	Ostern	Easter
passageiros	pasajeros	passagers	passeggeri	Fahrgäste	passengers
passeio	paseo	promenade	passeggiata	Spaziergang, Promenade	walk, promenade
pelourinho	picote	pilori	gogna	Pranger	pillory
percurso	recorrido	parcours	percorso	Strecke	course
perspectiva	perspectiva	perspective	prospettiva	Perspektive	perspective
pesca, pescador	pesca, pescador	pêche, pêcheur	pesca, pescatore	Fischfang, Fischer	fisher, fishing
pia baptismal	pila de bautismo	fonts baptismaux	fonte, battistero	Taufbecken	font
pinhal	pinar, pineda	pinède	pineta	Pinienhain	pine wood
pinheiro	pino	pin	pino	Kiefer	pine-tree
planície	llanura	plaine	pianura	Ebene	plain
poço	pozo	puits	pozzo	Brunnen	well
polícia	guardia civil	gendarme	gendarme	Polizist	policeman
ponte	puente	pont	ponte	Brücke	bridge
porcelana	porcelana	porcelaine	porcellana	Porzellan	porcelain
portal	portal	portail	portale	Tor	doorway
porteiro	conserje	concierge	portiere, portinaio	Portier	porter
porto	puerto	port	porto	Hafen	harbour, port
povoação	burgo	bourg	borgo	kleiner Ort, Flecken	market town
praça de touros	plaza de toros	arènes	arena	Stierkampfarena	bull ring
praia	playa	plage	spiaggia	Strand	beach
prato	plato	assiette	piatto	Teller	plate
Primavera	primavera	printemps	primavera	Frühling	spring (season)
proibido fumar	prohibido fumar	défense de fumer	vietato fumare	Rauchen verboten	no smoking
promontório	promontorio	promontoire	promontorio	Vorgebirge	promontory
púlpito	púlpito	chaire	pulpito	Kanzel	pulpit
quadro, pintura	cuadro, pintura	tableau, peinture	quadro, pittura	Gemälde, Malerei	painting
quarto	habitación	chambre	camera	Zimmer	room
quinzena	quincena	quinzaine	quindicina	etwa fünfzehn	about fifteen
recepção	recepción	réception	ricevimento	Empfang	reception
recife	arrecife	récif	scoglio	Klippe	reef
registado	certificado	recommandé (objet)	raccomandato	Einschreiben	registered

relógio	reloj	horloge	orologio	Uhr	clock
relvado	césped	pelouse	prato	Rasen	lawn
renda	encaje	dentelle	trina	Spitze	lace
retábulo	retablo	retable	postergale	Altaraufsatz	altarpiece, retable
retrato	retrato	portrait	ritratto	Bildnis	portrait
rio	río	fleuve	fiume	Fluß	river
rochoso	rocoso	rocheux	roccioso	felsig	rocky
rua	calle	rue	via	Straße	street
ruínas	ruinas	ruines	ruderi	Ruinen	ruins
rústico	rústico	rustique	rustico	ländlich	rustic, rural
Sábado	sábado	samedi	sabato	Samstag	Saturday
sacristia	sacristía	sacristie	sagrestia	Sakristei	sacristy
saída de socorro	salida de socorro	sortie de secours	uscita di sicurezza	Notausgang	emergency exit
sala capitular	sala capitular	salle capitulaire	sala capitolare	Kapitelsaal	chapterhouse
salão, sala	salón	salon	salone	Salon	drawing room, sitting room
santuário	santuario	sanctuaire	santuario	Heiligtum	shrine
século	siglo	siècle	secolo	Jahrhundert	century
selo	sello	timbre-poste	francobollo	Briefmarke	stamp
sepúlcro, túmulo	sepulcro, tumba	sépulcre, tombeau	tomba	Grabmal	tomb
serviço incluído	servicio incluído	service compris	servizio compreso	Bedienung inbegriffen	service included
serra	sierra	chaîne de montagnes	giogaia	Gebirgskette	mountain range
Setembro	septiembre	septembre	settembre	September	September
sob pena de multa	bajo pena de multa	sous peine d'amende	passibile di contravvenzione	bei Geldstrafe	under penalty of fine
solar	casa solariega	manoir	maniero	Gutshaus	manor
tabacaria	estanco	bureau de tabac	tabaccaio	Tabakladen	tobacconist
talha	tallas en madera	bois sculpté	sculture lignee	Holzschnitzerei	wood carving
tapeçarias	tapices	tapisseries	tappezzerie, arazzi	Wandteppiche	tapestries
tecto	techo	plafond	soffitto	Zimmerdecke	ceiling
telhado	tejado	toit	tetto	Dach	roof
termas	balneario	établissement thermal	terme	Kurhaus	health resort
terraço	terraza	terrasse	terrazza	Terrasse	terrace
tesouro	tesoro	trésor	tesoro	Schatz	treasure, treasury
toilette, casa de banho	servicios	toilettes	gabinetti	Toiletten	toilets
tríptico	tríptico	triptyque	trittico	Triptychon	triptych
túmulo	tumba	tombe	tomba	Grab	tomb
vale	valle	val, vallée	val, valle, vallata	Tal	valley

ver	ver	voir	vedere	sehen	see
Verão	verano	été	estate	Sommer	summer
vila	pueblo	village	villaggio	Dorf	village
vinhedos, vinhas	viñedos	vignes, vignoble	vigne, vigneto	Reben, Weinberg	vines, vineyard
vista	vista	vue	vista	Aussicht	view
vitral	vidriera	verrière, vitrail	vetrata	Kirchenfenster	stained glass windows
vivenda	morada	demeure	dimora	Wohnsitz	residence

COMIDAS E BEBIDAS | COMIDA Y BEBIDAS | NOURRITURE ET BOISSONS | CIBI E BEVANDE | SPEISEN UND GETRÄNKE | FOOD AND DRINK

açúcar	azúcar	sucre	zucchero	Zucker	sugar
água gaseificada	agua con gas	eau gazeuse	acqua gasata, gasosa	Sprudel	soda water
água mineral	agua mineral	eau minérale	acqua minerale	Mineralwasser	mineral water
alcachofra	alcachofa	artichaut	carciofo	Artischocke	artichoke
alho	ajo	ail	aglio	Knoblauch	garlic
ameixas	ciruelas	prunes	prugne	Pflaumen	plums
amêndoas	almendras	amandes	mandorle	Mandeln	almonds
anchovas	anchoas	anchois	acciughe	Anschovis	anchovies
arroz	arroz	riz	riso	Reis	rice
assado	asado	rôti	arrosto	gebraten	roast
atum	atún	thon	tonno	Thunfisch	tunny
aves, criação	ave	volaille	pollame	Geflügel	poultry
azeite	aceite de oliva	huile d'olive	olio d'oliva	Olivenöl	olive oil
azeitonas	aceitunas	olives	olive	Oliven	olives
bacalhau fresco	bacalao	morue fraîche, cabillaud	merluzzo	Kabeljau, Dorsch	cod
bacalhau salgado	bacalao en salazón	morue salée	baccalà, stoccafisso	Laberdan	dried cod
banana	plátano	banane	banana	Banane	banana
bebidas	bebidas	boissons	bevande	Getränke	drinks
beringela	berenjena	aubergine	melanzana	Aubergine	egg-plant
besugo, dourada	besugo, dorada	daurade	orata	Goldbrassen	dory
batatas	patatas	pommes de terre	patate	Kartoffeln	potatoes
bolos secos	galletas	gâteaux secs	biscotti secchi	Gebäck	cakes
bolos	pasteles	pâtisseries	dolci	Süßigkeiten	pastries

cabrito	cabrito	chevreau	capretto	Zicklein	kid
café com leite	càfé con leche	café au lait	caffè-latte	Milchkaffee	coffee and milk
café simples	café solo	café nature	caffè nero	schwarzer Kaffee	black coffee
caldo	caldo	bouillon	brodo	Fleischbrühe	clear soup
camarões	camarones	crevettes roses	gamberetti	Granat	shrimps
camarões grandes	gambas	crevettes (bouquets)	gamberetti	Garnelen	prawns
carne	carne	viande	carne	Fleisch	meat
carne de vitela	ternera	veau	vitello	Kalbfleisch	veal
carneiro	cordero	mouton	montone	Hammelfleisch	mutton
carnes frias	fiambres	viandes froides	carni fredde	kaltes Fleisch	cold meat
castanhas	castañas	châtaignes	castagne	Kastanien	chestnuts
cebola	cebolla	oignon	cipolla	Zwiebel	onion
cerejas	cerezas	cerises	ciliege	Kirschen	cherries
cerveja	cerveza	bière	birra	Bier	beer
charcutaria	charcutería, fiambres	charcuterie	salumi	Aufschnitt	pork-butchers' meat
cherne, pregado	rodaballo	turbot	rombo	Steinbutt	turbot
chouriço	chorizo	saucisses au piment	salsicce piccanti	Pfefferwurst	spiced sausages
cidra	sidra	cidre	sidro	Apfelwein	cider
cogumelos	setas	champignons	funghi	Pilze	mushrooms
cordeiro	cordero lechal	agneau de lait	agnello	Lammfleisch	lamb
costeleta	costilla, chuleta	côtelette	costoletta	Kotelett	chop, cutlet
couve	col	chou	cavolo	Kohl, Kraut	cabbage
enguia	anguila	anguille	anguilla	Aal	eel
entrada	entremeses	hors-d'œuvre	antipasti	Vorspeise	hors d'œuvre
espargos	espárragos	asperges	asparagi	Spargel	asparagus
espinafres	espinacas	épinards	spinaci	Spinat	spinach
ervilhas	guisantes	petits pois	piselli	junge Erbsen	garden peas
faisão	faisán	faisan	fagiano	Fasan	pheasant
feijão verde	judías verdes	haricots verts	fagiolini	grüne Bohnen	French beans
fígado	hígado	foie	fegato	Leber	liver
figos	higos	figues	fichi	Feigen	figs
frango	pollo	poulet	pollo	Hähnchen	chicken
fricassé	pepitoria	fricassée	fricassea	Frikassee	fricassée
fruta	frutas	fruits	frutta	Früchte	fruit
fruta em calda	frutas en almíbar	fruits au sirop	frutta sciroppata	Früchte in Sirup	fruit in syrup
gamba	gamba	crevette géante	gamberone	große Garnele	prawns
gelado	helado	glace	gelato	Speiseeis	ice cream

grão	garbanzos	pois chiches	ceci	Kichererbsen	chick peas
grelhado	a la parrilla	à la broche, grillé	allo spiedo	am Spieß	grilled
lagosta	langosta	langouste	aragosta	Languste	craw fish
lagostins	cigalas	langoustines	scampi	Meerkrebse, Langustinen	crayfish
lavagante	bogavante	homard	gambero di mare	Hummer	lobster
legumes	legumbres	légumes	verdure	Gemüse	vegetables
laranja	naranja	orange	arancia	Orange	orange
leitão assado	cochinillo, tostón	cochon de lait grillé	maialino grigliato, porchetta	Spanferkelbraten	roast suckling pig
lentilhas	lentejas	lentilles	lenticchie	Linsen	lentils
limão	limón	citron	limone	Zitrone	lemon
língua	lengua	langue	lingua	Zunge	tongue
linguado	lenguado	sole	sogliola	Seezunge	sole
lombo de porco	lomo	échine	lombata, lombo	Rückenstück	spine, chine
lombo de vaca	filete, solomillo	filet	filetto	Filetsteak	fillet
lota	rape	lotte	rana pescatrice, pesce rospo	Aalquappe	eel-pout angler fish
lulas, chocos	calamares	calmars	calamari	Tintenfische	squids
maçã	manzana	pomme	mela	Apfel	apple
manteiga	mantequilla	beurre	burro	Butter	butter
mariscos	mariscos	fruits de mer	frutti di mare	„Früchte des Meeres"	sea food
mel	miel	miel	miele	Honig	honey
melancia	sandía	pastèque	cocomero	Wassermelone	water melon
mero	mero	mérou	cernia	Rautenscholle	brill
mexilhões	mejillones	moules	cozze	Muscheln	mussels
miolos, mioleira	sesos	cervelle	cervello	Hirn	brains
molho	salsa	sauce	sugo	Sauce	sauce
morangos	fresas	fraises	fragole	Erdbeeren	strawberries
nata	nata	crème fraîche	panna	Sahne	cream
omelete	tortilla	omelette	frittata	Omelett	omelette
ostras	ostras	huîtres	ostriche	Austern	oysters
ovo cozido	huevo duro	œuf dur	uovo sodo	hartes Ei	hard boiled egg
ovo quente	huevo pasado por agua	œuf à la coque	uovo al guscio	weiches Ei	soft boiled egg
ovos estrelados	huevos al plato	œufs au plat	uova fritte	Spiegeleier	fried eggs
pão	pan	pain	pane	Brot	bread

pato	pato	canard	anitra	Ente	duck
peixe	pescado	poisson	pesce	Fisch	fish
pepino	pepino, pepinillo	concombre, cornichon	cetriolo, cetriolino	Gurke, kleine Essiggurke	cucumber, gherkin
pêra	pera	poire	pera	Birne	pear
perú	pavo	dindon	tacchino	Truthahn	turkey
pescada	merluza	colin, merlan	merluzzo	Kohlfisch, Weißling	hake
pêssego	melocotón	pêche	pesche	Pfirsich	peach
pimenta	pimienta	poivre	pepe	Pfeffer	pepper
pimento	pimiento	poivron	peperone	Pfefferschote	pimento
pombo, borracho	paloma, pichón	palombe, pigeon	palomba, piccione	Taube	pigeon
porco	cerdo	porc	maiale	Schweinefleisch	pork
presunto, fiambre	jamón (serrano, de York)	jambon (cru ou cuit)	prosciutto (crudo o cotto)	Schinken (roh oder gekocht)	ham (raw or cooked)
queijo	queso	fromage	formaggio	Käse	cheese
raia	raya	raie	razza	Rochen	skate
rins	riñones	rognons	rognoni	Nieren	kidneys
robalo	lubina	bar	ombrina	Barsch	bass
sal	sal	sel	sale	Salz	salt
salada	ensalada	salade	insalata	Salat	green salad
salmão	salmón	saumon	salmone	Lachs	salmon
salpicão	salchichón	saucisson	salame	Wurst	salami, sausage
salsichas	salchichas	saucisses	salsicce	Würstchen	sausages
sopa	potaje, sopa	potage, soupe	minestra, zuppa	Suppe mit Einlage	soup
sobremesa	postre	dessert	dessert	Nachspeise	dessert
sumo de frutas	zumo de frutas	jus de fruits	succo di frutta	Fruchtsaft	fruit juice
torta, tarte	tarta	tarte, grand gâteau	torta	Torte, Kuchen	tart, pie
truta	trucha	truite	trota	Forelle	trout
uva	uva	raisin	uva	Traube	grapes
vaca	vaca	bœuf	manzo	Rindfleisch	beef
vinagre	vinagre	vinaigre	aceto	Essig	vinegar
vinho branco doce	vino blanco dulce	vin blanc doux	vino bianco amabile	süßer Weißwein	sweet white wine
vinho branco sêco	vino blanco seco	vin blanc sec	vino bianco secco	herber Weißwein	dry white wine
vinho « rosé »	vino rosado	vin rosé	vino rosato	„ Rosé "	" rosé " wine
vinho da região	vino corriente del país	vin courant du pays	vino nostrano	Landwein	local wine
vinho de marca	vino de marca	grand vin	vino pregiato	Prädikatswein	famous wine
vinho tinto	vino tinto	vin rouge	vino rosso	Rotwein	red wine

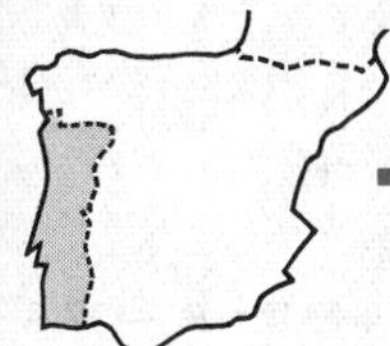

CIDADES

POBLACIONES

VILLES

CITTÀ

STÄDTE

TOWNS

ABRANTES 2200 Santarém 37 ⑤⑥⑮⑯ – 9 051 h. alt. 188 – ☎ 043.

Ver : Local★ – **Arred.** : Castelo de Almourol★★ (local★★, ✻★) O : 18 km.

ℹ Largo da Feira ☎ 555.

♦Lisboa 142 – Santarém 61.

- de Turismo, Largo de Santo Antonio ☎ 212 61, ← – wc wc ☎ P. AE ⓓ E VISA. ✻
  32 qto ▭ 1 900/2 500 – P 2 250/3 400.
- **O Pelicano,** Rua Nossa Senhora da Conceição 1 ☎ 223 17 – ▤. ✻
  fechado 5ª feira – Ref lista 250 a 530.

en Concavada, na estrada N 118 E : 15 km – ✉ 2200 Abrantes – ☎ 043 :

- A Nora, ☎ 92272, , Decoracão rústica, Fados aos sabados, – ▤.

B.L.M.C. (AUSTIN, MORRIS) Av. 25 de Abril ☎ 220 31
CITROEN Largo do Chafariz ☎ 221 27
DATSUN Av. Dr. António Silva Martins 33 ☎ 931 60
FIAT Av. Dr António Silva Martins ☎ 897
RENAULT Av. das Forças Armadas 2 ☎ 214 74
TOYOTA Av. Dr Augusto Silva Martins ☎ 279

ACHADA Lisboa – ver Mafra.

AGUÇADOURA Porto – ver Póvoa de Varzim.

ALBERGARIA-A-VELHA 3850 Aveiro 37 ⑬ – 3 623 h. alt. 126 – ☎ 0034.

♦Lisboa 259 – Aveiro 19 – ♦Coimbra 57.

- **Casa da Alameda,** Alameda 5 de Outubro ☎ 521 74 – wc P
  Ref 380/490 – ▭ 90 – **15 qto** 630/920.

na estrada N 1 – ☎ 0034 :

- **Pousada de Santo António,** S : 5 km, ✉ Mourisca do Vouga 3750 Águeda, ☎ 522 30, ← vale do Vouga e montanha, – wc ☎ P. E VISA. ✻ rest
  Ref 650/850 – **12 qto** ▭ 2 450/2 600 – P 4 150/6 000.
- **Motel Alameda,** sem rest, S : 2 km, ✉ Albergaria-a-Velha, ☎ 524 02, « Na orla dum bosque » – wc wc ☎ P – ▭ 90 – **18 qto** 1 900/2 200.

RENAULT Feira Nova

ALBUFEIRA 8200 Faro 37 ⑳ – 7 479 h. – ☎ 0089 – Praia.

Ver : Local★.

ℹ Rua 5 de Outubro ☎ 521 44.

♦Lisboa 326 – Faro 38 – Lagos 52.

- **Apart. Turial** sem rest e sem ▭, Av. 25 de Abril ☎ 533 12, Telex 18653, ← – wc ☎ . AE ⓓ E VISA
  72 apartamentos 3 000.
- **Estal. Do Cerro** ⛰, Rua B ☎ 521 91, ←, – wc wc ☎. ✻
  Ref 500 – **50 qto** ▭ 1 750/2 500.

XX Alfredo, 1° andar, Rua 5 de Outubro 9 ☎ 520 59 – ▤.

X António, av. 25 de Abril 8 ☎ 521 16.

X Bremen, com qto, Av. Sacadura Cabral 19 ☎ 556 59, ←, 佘 – wc wc
6 qto.

na Aldeia de Montechoro NE : 3,5 km – ✉ 8201 Albufeira – ✆ 0089 :

Montechoro ⛰, ☎ 526 51, Telex 56288, ←, 🏊 climatizada, 🎾 – 🛗 ▤ 🅟 – 🏛. AE ⓓ E VISA. 🐕
Ref 1 000 – **362 qto** 3 000/4 100 – P 3 600/7 300.

na Praia da Oura E : 3,5 km – ✉ 8200 Albufeira – ✆ 0089 :

XX **Borda d'Água,** ☎ 520 45, Telex 43764, ← praia e mar, 佘 – ▤. AE ⓓ E VISA. 🐕
fechado 2ª feira – Ref lista 770 a 1 530.

XX **Casa da Torre,** ☎ 532 43, Decoração neo-rústica, « Pequeno terraço na orla dum belo relvado com 🏊 » – 🅟
Abril-Outubro – Ref *(fechado 4ª feira)* (só jantar) lista 910 a 1 740.

na Praia Maria Luísa E : 6 km – ✉ 8200 Albufeira – ✆ 0089 :

Da Balaia ⛰, ☎ 526 81, Telex 18298, ← mar, 佘, « Relvado com 🏊 climatizada », 🌳, 🎾 – 🛗 ▤ 🅟 – 🏛. AE ⓓ E VISA. 🐕 rest
Ref 1 395 – **193 qto** 7 440/8 835 – P 6 745/10 230.

na Praia Dos Olhos d'Água E : 7,5 km – ✉ 8200 Albufeira – ✆ 0089 :

X La Cigale, ☎ 546 37, 佘, « Agradável terraço com ← » – 🐕.

ALCABIDECHE Lisboa 37 ⑫⑰ – 17 932 h. – ✉ 2765 Estoril.
♦Lisboa 36 – Cascais 4 – Sintra 12.

X **Pingo,** Rua Conde Barão 1 ☎ 269 01 37 – AE ⓓ E VISA
fechado 3ª feira e Março – Ref lista 630 a 1 180.

na estrada de Sintra NE : 2 km – ✉ 2765 Estoril - ☎ Alcabideche :

Sintra-Estoril Ⓜ, junto ao autódromo ☎ 269 07 20, Telex 16891, ←, 🏊, 🌳, 🎾 – 🛗 ▤ 🅟 – 🏛. AE ⓓ VISA. 🐕
Ref 750 – **192 qto** 2 750/3 700 – P 3 250/4 150.

ALCÁCER DO SAL 7580 Setúbal 37 ⑱ – 13 187 h. – ✆ 065.
♦Lisboa 100 – Faro 210 – Setúbal 52.

na estrada N 5 SE : 2,5 km – ✉ 7580 Alcácer do Sal – ✆ 065 :

Estal. da Barrosinha, ☎ 623 63 – wc 🅟
10 qto.

no Vale de Gaio - junto da barragem Trigo de Morais pela estrada N 5 SE : 26 km – ✉ 7580 Alcácer do Sal – ✆ 065 :

Pousada de Vale de Gaio ⛰, ☎ 66 100 Setúbal, ← – wc ☎ 🅟
6 qto.

ALCOBAÇA 2460 Leiria 37 ⑮ – 4 799 h. alt. 42 – ✆ 0044.
Ver : Mosteiro de Sta. Maria** (túmulo de D. Inês de Castro**, túmulo de D. Pedro**, igreja*, claustro e dependências da abadia*).
🅘 Praça 25 de Abril ☎ 423 77.
♦Lisboa 110 – Leiria 32 – Santarém 60.

Mosteiro, Rua Frei Estêvão Martins 5-A ☎ 421 83 – wc wc ☎
12 qto.

na estrada da Nazaré NO : 3,5 km – ✉ 2461 Termas da Piedade - Alcobaça – ✆ 0044 :

Termas da Piedade ⛰, ☎ 420 65 – 🛗 wc 🅟. AE ⓓ E VISA. 🐕
Maio-Outubro – Ref 350 – **60 qto** 1 165/2 750 – P 1 165/2 165.

B.L.M.C. (MORRIS) Praça 25 de Abril 48 ☎ 430 46
CITROEN Rua de Angola 6 ☎ 425 78
DATSUN Rua Fernão da Magalhães 3 ☎ 426 13
FIAT Av. Frei António Brandão 8 ☎ 428 02
FORD Rua Miguel Bombarda 131 ☎ 425 29
MERCEDES-BENZ Praça 25 de Abril 48 ☎ 421 75
PEUGEOT Praça 25 de Abril 48 ☎ 220 81
TOYOTA Rua Dr. Afonso Lopes Vieira 17 ☎ 425 09

ALDEIA DE MONTECHORO Faro 37 ⑳ – ver Albufeira.

ALMANSIL Faro 37 ⑳ – 3 692 h. – ✉ 8100 Loulé – ✆ 0089.
Ver : Igreja de S. Lourenço* (azulejos**).
18, 9 Club Golf do Vale do Lobo SO : 6 km ☎ 941 37 – 18, 9 Campo de Golf da Quinta do Lago ☎ 942 72.
♦Lisboa 306 – Faro 12 – Huelva 115 – Lagos 68.

em Vale do Lobo SO : 6 km – 8100 Loulé – 0089 :

Dona Filipa M, 941 41, Telex 18248, pinhal, campo de golf e mar, climatizada, 18 9 – AE E VISA.
Ref 1 550 – **129 qto** 5 400/7 930.

Rotunda, 941 45, –
Ref (só jantar).

Bistro Da Praça, 943 11, , Original decoração em estilo bistrot – . AE E VISA.
Ref lista 960 a 1 480.

O Alambique, estrada da Quinta do Lago, –

na Quinta do Lago S : 10 km – 8100 Loulé – 0089 :

Casa Velha com apartamentos 94 272, Telex 13293, , Rest. de estilo neo-rústico, 18 9 – wc
20 apartamentos.

ALMOUROL (Castelo de) Santarém 37 ⑮⑯.
Ver : Castelo** (local**, *)

Hotel e restaurante ver : Abrantes E : 18 km.

ALPEDRINHA Castelo Branco 37 ④ – 1 412 h. – 6230 Alpedrinha – 0052.
♦Lisboa 270 – Castelo Branco 31 – Guarda 76.

Estal. São Jorge, Estrada N 18 571 54, – wc wc . AE E VISA.
Ref *(fechado Outubro)* 350/450 – **10 qto** 700/1 200 – P 1 200/2 000.

ALTURA 8900 Faro 37 ⑩ – Praia.
♦Lisboa 352 – Ayamonte 6,5 – Faro 47.

na Praia da Alagôa S : 1 km – 8900 Altura – 0081 :

Eurotel-Altura , 954 50, Telex 56068, , , , – wc . AE E VISA.
Ref 525/600 – **132 qto** 2 100/2 550 – P 3 300/4 950.

A Chaminé, 954 14, .

na Praia da Manta Rota SO : 3 km – 8900 Altura – 0081 :

The Stable, 952 46, , –

ALVOR (Praia de) Faro 37 ⑳ – ver Portimão.

AMARANTE 4600 Porto 37 ② – 4 000 h. alt. 100 – 0025.
Ver : Local*, Mosteiro de S. Gonçalo (órgão*) – Igreja de S. Pedro (tecto*).
Arred. : Travanca : Igreja (capitéis*) NO : 18 km por N 15, Estrada* de Amarante a Vila Real *, picão de Sejarão**, **.
Rua Cândico dos Reis 429 80.
♦Lisboa 372 – ♦Porto 64 – Vila Real 49.

Silva sem rest, Rua Cândido dos Reis 53 42 31 10, – wc wc
22 qto 700/1 600.

na estrada N 15 SE : 26 km – 4600 Amarante – 0025 :

Pousada de São Gonçalo, com qto, Serra do Marão, alt. 885 461 23, Serra do Marão – wc wc
15 qto.

FIAT Rua João Pinto Ribeiro 77 420 44 TALBOT Rua Cândido dos Reis 437 29

ARMAÇO DE PÊRA Faro 37 ⑳ – 1 786 h. – 8365 Alcantarilha – 0082 – Praia.
Ver : passeio de barco** : grutas marinhas**.
Av. Marginal 321 45.
♦Lisboa 315 – Faro 47 – Lagos 41.

Garbe, Av. Marginal 321 87, Telex 18285, , climatizada – rest – **109 qto**.

Apart. Rosamar sem rest e sem , Rua Dom João II 323 77, Telex 43185, – wc . VISA.
42 apartamentos 3 000.

Vilalara, SO : 2,5 km 323 33, Telex 18260, , , paga, , – . AE E VISA.
Ref lista 1 080 a 1 900.

na Praia da Senhora da Rocha O : 3 km – 8365 Alcantarilha – 0082 :

Viking M , 323 36, Telex 18192, , climatizada, – – . AE E VISA.
Ref 900/1 100 – **184 qto** 4 000/5 000.

AVEIRO 3800 P 37 ⑬ – 19 460 h. – ☎ 0034.

Ver : Antigo Convento de Jesus : Igreja★ (coro★★, Túmulo de D. Joana★) Z **M** – Museo nacional★ (Retrato da Princesa D. Joana★) Z **M** – Canales★ Y.

Arred. : Ria de Aveiro★★ (passeio de barco★★).

Praça da República ☎ 236 80 – **A.C.P.** Av. Dr Lourenço Peixinho 89 - D ☎ 225 71, Telex 26020.

♦Lisboa 245 ③ – ♦Coimbra 54 ② – ♦Porto 78 ① – Vila Real 176 ① – Viseu 98 ①.

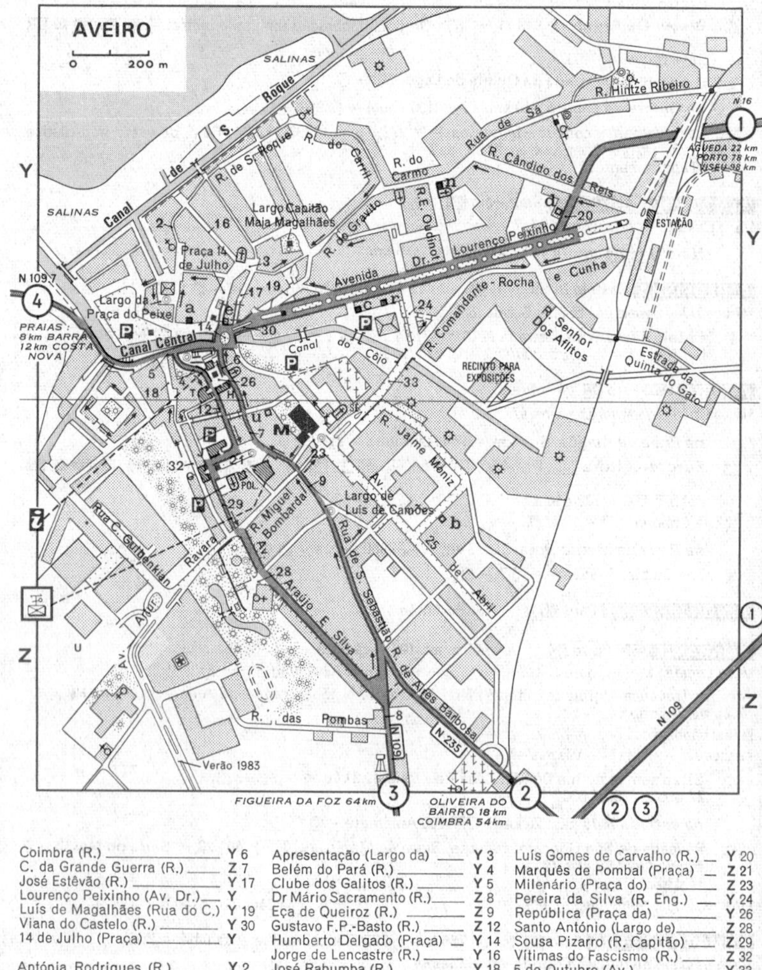

Coimbra (R.)	Y 6	Apresentação (Largo da)	Y 3	Luís Gomes de Carvalho (R.)	Y 20
C. da Grande Guerra (R.)	Z 7	Belém do Pará (R.)	Y 4	Marquês de Pombal (Praça)	Z 21
José Estêvão (R.)	Y 17	Clube dos Galitos (R.)	Y 5	Milenário (Praça do)	Z 23
Lourenço Peixinho (Av. Dr.)	Y	Dr Mário Sacramento (R.)	Z 8	Pereira da Silva (R. Eng.)	Y 24
Luís de Magalhães (Rua do C.)	Y 19	Eça de Queiroz (R.)	Z 9	República (Praça da)	Y 26
Viana do Castelo (R.)	Y 30	Gustavo F.P.-Basto (R.)	Z 12	Santo António (Largo de)	Z 28
14 de Julho (Praça)	Y	Humberto Delgado (Praça)	Y 14	Sousa Pizarro (R. Capitão)	Z 29
		Jorge de Lencastre (R.)	Y 16	Vítimas do Fascismo (R.)	Z 32
Antónia Rodrigues (R.)	Y 2	José Rabumba (R.)	Y 18	5 de Outubro (Av.)	Y 33

Imperial, Rua Dr Nascimento Leitão ☎ 221 41, Telex 24494 – AE E VISA. rest Ref 480/600 – **52 qto** 1 570/2 260 – P 2 030/2 470. Z **u**

Afonso V sem rest, Rua Dr Manuel das Neves 68 ☎ 251 91, Telex 26034 – E VISA **80 qto** 1 500/2 260. Z **b**

Arcada sem rest, Rua Viana do Castelo 4 ☎ 230 01, Telex 16060 – wc wc. AE E VISA **52 qto** 1 450/2 100. Y **e**

Paloma Blanca sem rest, Rua Luís Gomes de Carvalho 23 ☎ 260 39 – wc wc. **21 qto** 1 700/2 050. Y **d**

Bota Rota, Rua do Carmo 28 ☎ 286 88 – P Y **n**

Centenário, Largo do Mercado 9 ☎ 227 98 – Y **r**

✗ **Galo d'Ouro** com snack-bar, Travessa do Mercado 2 ☎ 234 56 – AE ⓓ E VISA. ✱ Y **c**
fechado 5ª feira, do 15 ao 30 Junho e do 15 ao 30 Outubro – Ref lista 355 a 720.

✗ Cravo, com snack-bar, Rua João Mendoça 27 ☎ 243 61 – ▤ Y **a**

em Cacia por ① : 7 km – ✉ 3800 Aveiro – ⊕ 0034 :

Albergaria de Cacia de João Padeiro, ☎ 913 06, « Elegante decoração » – |‡| Ⓟ
27 qto.

na Praia da Barra por ④ : 8 km – ✉ Gafanha da Nazaré 3830 Ilhavo – ⊕ 0034 :

Barra ⛱, Av. Fernandes Lavrador ☎ 391 75, Telex 24130, ⩽ – |‡| ▤ rest. AE ⓓ E VISA. ✱
Ref 650/750 – **64 qto** ▭ 2 500/2 650 – P 2 525/3 150.

B.L.M.C. (AUSTIN) Av. 5 de Outubro 18 ☎ 220 31
BMW Rua Vasco de Gama 62 ☎ 221 67
CITROEN Rua Cândido dos Reis 118 ☎ 236 41
DATSUN Rua do Batalhão de Caçadores 10 ☎ 261 61
FIAT Av. Dr Lourenço Peixinho 46 ☎ 220 01
FORD Estrada de Cacia ☎ 914 53
G.M. (OPEL-VAUXHALL) Av. 25 de Abril ☎ 235 93
MERCEDES-BENZ Rua Conselheiro Luís de Magalhães 15 ☎ 230 11
RENAULT Rua Luís Gomes de Carvalho 14-16 ☎ 270 25
TALBOT Rua Hintze Ribeiro 63 ☎ 273 43
TOYOTA Rua dos Andoeiros ☎ 251 57
VW Rua Visconde Granja 8 ☎ 231 16

AVELAR Leiria 37 ⑮ – 1 694 h. alt. 275 – ✉ 3240 Ansião – ⊕ 0036.

Arred. : Penela ✳★ N : 15 km.

♦Lisboa 191 – ♦Coimbra 41 – Leiria 60.

Larsol, Rua Nova ☎ 322 87 – ▥ ⌂wc ☎ Ⓟ
11 qto.

BARCELOS 4750 Braga 37 ⑪ – 4 150 h. alt. 39 – ⊕ 0023.

Ver : Interior★ da igreja paroquial.

ℹ Rua Duques de Bragança - Esplanada de Turismo ☎ 828 82.

♦Lisboa 366 – Braga 18 – ♦Porto 48.

Albergaria Condes de Barcelos, Av. Alcaides de Faria ☎ 820 61, Telex 32532 – |‡| ▤ rest. E VISA. ✱ rest
Ref 650 – **30 qto** ▭ 1 800/2 650 – P 2 625/3 100.

B.L.M.C. (MORRIS), MERCEDES-BENZ Rua Filipa Borges ☎ 820 08
FIAT Campo 5 de Outubro 44 ☎ 821 66
RENAULT Av. Combatentes da Grande Guerra 168 ☎ 820 19
TALBOT Campo 25 de Abril ☎ 835 97
TOYOTA Rua Dr Manuel Pais ☎ 833 96

BATALHA 2240 Leiria 37 ⑮ – 6 673 h. alt. 71 – ⊕ 0044.

Ver : Mosteiro★★★ : Claustro Real★★★, Sala do Capitulo★★ (abóbada★★★, vitral★), Capelas Imperfeitas★★ (pórtico★★), Igreja★★ (vitrais★) – Capela do Fundador★, Lavabo dos Monges★, Claustro de D. Alfonso V★.

Arred. : Cruz da Légua e Cumeira (loiça de barro★) SO : 8 km.

ℹ Largo Paulo VI ☎ 961 80.

♦Lisboa 120 – ♦Coimbra 82 – Leiria 11.

Estal. do Mestre Afonso Domingues Ⓜ, ☎ 962 60, « Decoração elegante » – ▤ Ⓟ
21 qto.

na estrada N 1 SO : 11 km – ✉ Juncal 2480 Porto de Mós – ⊕ 012 :

✗ Santa Teresa, ☎ 427 86 – Ⓟ.

TOYOTA L. Goa, Damão e Diu ☎ 962 66

BEJA 7800 Ⓟ 37 ⑧ – 19 187 h. alt. 277 – ⊕ 0079.

ℹ Rua Capitão João Francisco de Sousa 25 ☎ 236 93.

♦Lisboa 186 – Évora 80 – Faro 154 – Huelva 178 – Santarém 182 – Setúbal 143 – ♦Sevilla 225.

Cristina sem rest, Rua de Mértola 71 ☎ 230 35 – |‡| ▥ ⌂wc ☎. AE ⓓ E VISA. ✱
31 qto ▭ 1 205/1 790.

Santa Bárbara, sem rest, Rua de Mértola 56 ☎ 220 28 – |‡| ▥ ⌂wc ⌂wc ☎
26 qto.

Bejense, sem rest, Rua Capitão João Francisco de Sousa 57 ☎ 250 01 – ▥ ⌂wc ⌂ ☎
28 qto.

✗ Luís da Rocha, 1° andar, Rua Capitão João Francisco de Sousa 63 ☎ 231 79 – ▤.

B.L.M.C. (MORRIS) Av. Miguel Fernandes 27 ☎ 221 91
B.M.W. Av. Miguel Fernandes 27 ☎ 221 91
CITROEN Rua 5 de Outubro 30 ☎ 241 99
DATSUN Rua Cap. João Francisco de Sousa ☎ 250 16
FIAT Largo Escritor Manuel Ribeiro 13 ☎ 231 74
FORD Av. da Boavista ☎ 230 31
G.M. (OPEL, VAUXHALL) Rua 5 de Outubro 7 ☎ 245 78
MERCEDES-BENZ Estrada Internacional ☎ 231 92
PEUGEOT, RENAULT Terreiro dos Valentes 5 ☎ 231 91
TALBOT Rua 5 de Outubro 24 ☎ 250 16
TOYOTA Terreiro dos Valentes 3 ☎ 220 90
VW Rua Infante D. Henrique 6 ☎ 244 05

BEMPOSTA Bragança 37 ⑭ – ver Alfândegas p. 14 - 15.

BOM JESUS DO MONTE Braga 37 ①⑪ – ver Braga.

BOTICAS 5460 Vila Real 37 ① – 1 121 h. alt. 490 – ☎ 0091.

Arred. : Estrada de Montalegre ≤** N : 10 km.

⛳9 em Carvalhos ☎ 962 20 67.

ℹ Posto de Turismo Chaves ☎ 422 03.

♦Lisboa 471 – Vila Real 62.

em Carvalhelhos O : 9 km – ✉ 5460 Boticas – ☎ 0091 :

ⅩⅩ Estal. de Carvalhelhos 🐎 com qto, ☎ 421 16, Num quadro de verdura, 🏞 – ⛟wc ☎ Ⓟ. 🚫 qto
Julho-Setembro – **10 qto**.

BRAGA 4700 Ⓟ 37 ⑪ – 37 633 h. alt. 190 – ☎ 0023.

Ver : Sé Catedral★ : Imagem de Na. Sra. do Leite★, interior★, abóbada★, altar-mor★, órgãos★, Tesouro★, (azulejos★), – Capela da Glória★ (túmulo★), Capela dos Coimbras (esculturas★) **B**.

Arred. : Bom Jesus do Monte★★ (perspectiva★) 6 km por ② – Monte Sameiro★ (☀★★) 9 km por ②.

Excurs. : NE : Cávado (Vale superior do)★ 171 km por ②.

ℹ Av. da Liberdade 1 ☎ 225 50 – **A.C.P.** Av. da Liberdade 466 - 1° - D° ☎ 270 51.

♦Lisboa 365 ④ – Bragança 227 ② – Pontevedra 122 ② – ♦Porto 50 ④ – ♦Vigo 103 ②.

🏨 **Turismo Dom Pedro,** Praceta João XXI ☎ 270 91, Telex 32132, 🏊 climatizada – 🛗 ▤ – 🏔. AE ⓓ E VISA. 🚫 **e**
Ref 600/700 – **93 qto** e **39 apartamentos** ☕ 2 600/3 300 – P 4 000/6 100.

🏨 **João XXI,** Av. João XXI - 849 ☎ 221 46 – 🛗 ▥ ⛟wc 🚿wc ☎. AE ⓓ E VISA. 🚫 **k**
Ref 300/450 – **28 qto** ☕ 1 800/2 100 – P 1 850/2 900.

🏨 **Centro Avenida** sem rest, Av. Central 27 ☎ 757 22 – 🛗 ▥ ⛟wc ☎. E VISA. 🚫 **d**
☕ 50 – **22 apartamentos** 1 300/1 800.

🏨 Grande Avenida, sem rest, 3° andar, Av. da Liberdade 738 ☎ 229 55 – 🛗 ▥ ⛟wc 🚿wc ☎ **a**
21 qto.

XX Espacial, 7° andar, com snack bar, Rua 25 de Abril 457 ☎ 255 50, ← **c**

X **Inácio,** Campo das Hortas 4 ☎ 223 35, Rest. típico – ✻ **b**
fechado do 1 ao 15 Outubro – Ref lista 510 a 1 010.

no Bom Jesus do Monte por ② : 6 km – ✉ 4700 Braga – ☎ 0023 :

Do Elevador ⑤, ☎ 250 11, ← vale e Braga, – Ⓟ
25 qto.

Sul Americano ⑤, ☎ 225 15 – wc ☎ Ⓟ
28 qto.

no Sameiro por Avenida 31 de Janeiro : 9 km – ✉ 4700 Braga – ☎ 0023 :

X Sameiro, ☎ 231 14, Ao lado do Santuário – Ⓟ.

B.L.M.C. (AUSTIN) Av. da Liberdade 618 ☎ 241 05
B.L.M.C. (MORRIS) Rua Conselheiro Lobato 461 ☎ 224 50
B.L.M.C. (MORRIS) Rua do Raio 316 ☎ 242 15
CITROEN Rua do Caires 124 ☎ 223 01
DATSUN Tanque da Veiga-Ferreiros ☎ 223 08
FIAT R. Conselheiro Lobato 219 ☎ 223 89
FORD Av. da Liberdade 20 ☎ 229 12
FORD Ferreiros ☎ 270 53
G.M. (OPEL, VAUXHALL) Av. da Liberdade 520 ☎ 250 04
G.M. (OPEL, VAUXHALL) Av. da Liberdade 547 ☎ 231 47
MERCEDES-BENZ Av. da Liberdade 446 ☎ 220 86
RENAULT Tanque da Veiga, Estrada N 14-Ferreiros ☎ 260 71
TALBOT Rua Conselheiro Lobato 479 ☎ 260 01
TOYOTA Av. da Liberdade 356 ☎ 260 77
VW Rua da Restauração ☎ 241 61

BRAGANÇA 5300 P 37 ⑬ – 10 971 h. alt. 660 – ☎ 0092.

Ver : Cidade antiga★.

Av. 25 de Abril ☎ 222 71.

♦Lisboa 515 – Ciudad Rodrigo 235 – Guarda 202 – Orense 191 – Vila Real 138 – Zamora 112.

Bragança, Av. Arantes Oliveira ☎ 225 78, ← – |‡| – . E VISA. ✻ qto
Ref 500/650 – **42 qto** ☕ 1 300/1 900 – P 1 900/2 200.

Pousada de São Bartolomeu ⑤, Estrada de Turismo SE : 0,5 km ☎ 224 93, ← cidade, castelo e monte – wc wc ☎ Ⓟ. AE ⊙ E VISA. ✻
Ref 650/750 – **16 qto** ☕ 2 450/2 600.

Albergaria Santa Isabel sem rest, Rua Alexandre Herculano 67 ☎ 224 27 – |‡| wc ☎. AE ⊙ E VISA
14 qto ☕ 2 500.

na estrada N 15 SO : 2 km – ✉ 5300 Bragança – ☎ 0092 :

Plantorio ⑤ sem rest, com snack bar, ☎ 224 26 – wc ☎ Ⓟ
29 qto.

B.L.M.C. (AUSTIN, MORRIS) Cruzamento do Vale d'Álvaro ☎ 238 51
CITROEN Rua Alexandre Herculano 15 ☎ 226 54
DATSUN Rua Guerra Junqueiro 28 ☎ 234 78
FIAT Av. João da Cruz ☎ 227 20
FORD Av. do Sabor ☎ 228 23
RENAULT Rua Alexandre Herculano ☎ 224 78
TALBOT Rua Alexandre Herculano 232 ☎ 226 54
TOYOTA Largo das Beatas ☎ 236 94

BUARCOS Coimbra 37 ⑭ – ver Figueira da Foz.

BUÇACO Aveiro 37 ⑭ – alt. 545 na Cruz Alta – ✉ 3050 Mealhada – ☎ 0031.

Ver : Parque★★★ : Cruz Alta ※★★, Obelisco ←★.

Rua António Granjo, Luso ☎ 931 33.

♦Lisboa 233 – Aveiro 47 – ♦Coimbra 31 – ♦Porto 109.

Palace H. do Buçaco ⑤, Floresta do Buçaco alt. 400 ☎ 931 01, Telex 26349, ←, « Luxuosas instalações num imponente palácio de estilo manuelino no centro de uma magnifica floresta », , – |‡| Ⓟ. AE E VISA. ✻ rest
Ref 1 000 – **60 qto** ☕ 4 000/6 000 – P 5 000/6 000.

BUCELAS Lisboa 37 ⑫ e ⑰ – 5 955 h. alt. 100 – ✉ 2670 Loures.

♦Lisboa 24 – Santarém 62 – Sintra 40.

X **Barrete Saloio,** Rua Luís de Camões 28 ☎ 985 40 04, Decoração regional – ✻
fechado 3ª feira e Agosto-4 Setembro – Ref lista 480 a 935.

X A Forja, Praça Tomás José Machado ☎ 985 41 78, Decoração regional.

BUDENS Faro 37 ⑳ – 1 888 h. – ✉ 8650 Vila do Bispo – ☎ 0082.

Arred. : Percurso de Vila do Bispo a Falesia do Castelejo ←★ O : 12 km.

♦Lisboa 284 – Faro 95 – Lagos 15.

na Praia da Salema S : 4 km – ✉ 8650 Praia da Salema – ☎ 0082 :

Estal. Infante do Mar ⑤, ☎ 651 37, ← praia e mar, , – wc ☎ Ⓟ
30 qto ☕ 2 200/2 350.

CACIA Aveiro 37 ⑬ – ver Aveiro.

CACILHAS Setúbal 37 ⑫ e ⑰ – ✉ 2800 Almada.

Posto de Turismo ℘ 276 92 30 (ext. 52).

♦Lisboa 10 – Setúbal 42.

XX Floresta do Ginjal, 1° andar, Rua do Ginjal 7 ℘ 275 00 87, ≤ Lisboa e porto.

CAIA Portalegre 37 ⑦ – ver alfândegas p. 14 e 15

Hotéis ver : Elvas O : 12 km.

CALDAS DA FELGUEIRA Viseu 37 ③④ – alt. 200 – ✉ 3520 Nelas – ☎ 0032 Nelas – Termas.

Edifício da Câmara, Nelas ℘ 943 08.

♦Lisboa 284 – ♦Coimbra 82 – Viseu 40.

Grande Hotel ⛰, ℘ 942 99, ⛱, 🌳 – ⇅ Ⓟ. ✕ rest
Junho-15 Outubro – Ref 600 – **101 qto** ☕ 1 500/2 000 – P 2 500/4 000.

CALDAS DA RAINHA 2500 Leiria 37 ⑯ – 15 010 h. alt. 50 – ☎ 062 – Termas.

Ver : Parque da Rainha D. Leonor★ – Igreja de Na. Sra. do Pópulo (tríptico★).

Praça da República ℘ 224 00.

♦Lisboa 92 – Leiria 59 – Nazaré 29.

Portugal, Rua Almirante Cândido dos Reis 24 ℘ 221 80 – ▥ ⛀wc ⛆wc ☎
28 qto.

Central sem rest, Largo Dr José Barbosa 22 ℘ 220 78 – ▥ ⛀wc. ✕
40 qto ☕ 700/1 800.

B.L.M.C. (MORRIS) Rua Heróis da Grande Guerra 128 ℘ 228 56
B.L.M.C. (MORRIS), CITROEN, MERCEDES-BENZ Rua Raul Proença-Lote 33 ℘ 245 78
B.M.W. Lavradio ℘ 223 83
FIAT Edifício Autoeste ℘ 240 35
FORD Rua Capitão Filipe de Sousa 89 ℘ 225 61
G.M. (OPEL, VAUXHALL) Rua 31 de Janeiro 42 ℘ 225 90
PEUGEOT, RENAULT Rua Heróis da Grande Guerra 104 ℘ 230 11
TOYOTA Rua da Rosa 7 ℘ 235 36
TOYOTA Hemiciclo Guiné Cabo Verde 11-B ℘ 235 36
VW Lavradio ℘ 223 83

CALDAS DE MANTEIGAS Guarda – ver Manteigas.

CALDAS DE VIZELA Braga 37 ② – 6 714 h. alt. 150 – ✉ 4800 Guimarães – ☎ 0023 – Termas.

Rua Dr Alfredo Pinto ℘ 482 68.

♦Lisboa 358 – Braga 33 – ♦Porto 40.

Sul Americano, Rua Dr Abílio Torres ℘ 48 12 37 – ⇅ ⛀wc ⛆wc Ⓟ. ✕
Ref 620 – **64 qto** ☕ 1 700/2 000 – P 2 940/4 480.

B.L.M.C. (AUSTIN) Rua Ferreira Caldas ℘ 482 53

CALDELAS Braga 37 ⑪ e ① – 1 081 h. alt. 150 – ✉ 4720 Amares – ☎ 0023 – Termas.

Av. Afonso Manuel ℘ 361 24.

♦Lisboa 385 – Braga 17 – ♦Porto 67.

Grande H. da Bela Vista ⛰, ℘ 361 17, « Amplo terraço com árvores e ≤ vale », 🌳, 🎾 – ⇅ 🚗 Ⓟ. ✕
15 Julho-10 Outubro – Ref 865 – **70 qto** ☕ 1 560/2 460.

De Paços ⛰, Av. Afonso Manuel ℘ 361 01 – ⛀wc ⛆wc Ⓟ
temp. – **50 qto**.

Grande H. de Caldelas ⛰, Av. Afonso Manuel ℘ 361 14 – Ⓟ
temp. – **61 qto**.

Corredoura ⛰, Av. Afonso Manuel ℘ 361 10 – ⛀wc Ⓟ. E
Junho-10 Outubro – Ref 500 – **32 qto** ☕ 570/1 580 – P 1 750/3 700.

CAMINHA 4910 Viana do Castelo 37 ⑪ – 1 684 h. – ☎ 0028.

Ver : Igreja Matriz (tecto★).

Av. Eng. Couto dos Santos, Moledo do Minho ℘ 921 77 e 924 61.

♦Lisboa 411 – ♦Porto 93 – ♦Vigo 60.

X Albergaria Santa Rita, 1° andar, com qto, Rua de São João 28 ℘ 924 36 – ▥ ⛀wc ⛆wc. AE VISA. ✕ qto
fechado 2ª feira e 27 Setembro-Outubro – **5 qto** 700/1 250 – P 1 300/1 400.

X **Remo,** Av. Dr Dantes Carneiro ℘ 924 59, ≤ – Ⓟ. AE E VISA. ✕
Ref lista 440 a 710.

X Galo d'Ouro, 1° andar, com qto, Rua da Corredoura 15 ℘ 921 60 – ▥ ⛆wc
4 qto.

em Seixas NE : 2,5 km – ✉ 4910 Caminha – ☎ 0028 :

São Pedro ⛰ sem rest, ℘ 924 75, ⛱, 🌳 – ▥ ⛆wc Ⓟ – **36 qto**.

CAMPO MAIOR 7370 Portalegre 37 ⑥ – 8 131 h..
♦Lisboa 244 – ♦Badajoz 16 – Evora 105 – Portalegre 50.

Albergaria Progresso, Av. Combatentes da Grande Guerra ℘ 68 657 – wc wc
18 qto.

CANAS DE SENHORIM Viseu 37 ③ – ver Nelas.

CANIÇO Madeira – ver Madeira (Ilha da).

CARAMULO 3475 Viseu 37 ③ – alt. 800 – 0032.
Arred. : Caramulinho★★ (miradouro★★) SO : 4 km – Pinoucas★ : ★ NO : 3 km.
Estrada Principal do Caramulo ℘ 864 37.
♦Lisboa 280 – ♦Coimbra 78 – Viseu 38.

na estrada N 230 E : 1,5 km – 3475 Caramulo – 0032 :

XX **Pousada de São Jerónimo** com qto, ℘ 862 91, ≤ vale e Serra da Estrela, « Belo jardim », – rest wc . AE E VISA.
Ref 650/850 – **6 qto** 2 450/2 600 – P 3 750/5 200.

CARCAVELOS Lisboa 37 ⑫ e ⑰ – 7 298 h. – 2775 Parede – Praia.
♦Lisboa 21 – Sintra 15.

na praia :

Praia-Mar, Rua do Gurué 16 ℘ 247 31 31, Telex 42283, ≤ mar, – rest . E VISA. rest
Ref 800 – **158 qto** 3 565/3 850 – P 3 280/4 925.

São Julião sem rest, praça do Junqueiro 16 ℘ 247 21 02 – wc wc . VISA.
20 qto 2 195/2 340.

XX Fateixa, Estrada Marginal ℘ 247 02 40, ≤, – .

CITROEN Praceta de Junqueiro ℘ 247 34 70 RENAULT Rua Dr Manuel Arriga 5 ℘ 247 00 98

CARVALHELHOS Vila Real 37 ① – ver Boticas.

CARVOEIRO (Praia do) Faro 37 ⑳ – ver Lagoa.

CASCAIS 2750 Lisboa 37 ⑫ e ⑰ – 20 541 h. – Praia.
Ver : Estância balnear★.
Arred. : SO : Boca do Inferno★ (abismo★) AY – Praia do Guincho★ NO : 9 km AY.
18, 9 do Estoril E : 3 km ℘ 268 01 76 BX.
♦Lisboa 30 ② – Setúbal 72 ② – Sintra 16 ④.

Plano página seguinte

Estoril Sol M, Parque Palmela ℘ 28 28 31, Telex 15102 e 12642, ≤ baia e Cascais, , – – BX **h**
404 qto.

Aparthotel Equador, Alto de Pampilheira ℘ 284 05 24, Telex 42144, ≤, – rest . VISA. AX **d**
Ref 600 – 135 – **117 qto** 2 300/2 730 – P 2 700/3 635.

Cidadela, Rua 25 de Abril ℘ 282 921, Telex 16320, ≤, , , – AZ **c**
140 qto e 18 apartamentos.

Baía, Av. Marginal ℘ 28 10 33, ≤ – wc wc . AZ **u**
Ref 500 – **87 qto** 1 900/2 900 – P 2 450/2 900.

Nau, Rua Dra. Iracy Doyle 14 ℘ 28 28 61, Telex 42289 – wc AZ **r**
60 qto.

Albergaria Valbom sem rest, Av. Valbom 14 ℘ 286 58 01 – wc . AE E VISA. AZ **y**
40 qto 2 000/2 640.

XXX **Baluarte,** Av. D. Carlos I-6 ℘ 286 54 71, ≤ – . AE E VISA. AZ **t**
Ref lista 880 a 1 800.

XX **O Pipas,** Rua das Flores 18 ℘ 286 45 01, Peixes e mariscos – . AE E VISA AZ **f**
Ref lista 640 a 1 400.

XX O Retiro de João Padeiro, Rua Visconde da Luz 126 ℘ 28 02 32 – AZ **x**

XX **Frango Real,** Av. 25 de Abril 17 C ℘ 286 81 86 – E VISA. AZ **b**
fechado 4ª feira e 16 Outubro-15 Novembro – Ref lista 610 a 1 280.

XX Reijos, Rua Frederico Arouca 35 ℘ 28 03 11 – . AE E VISA. AZ **s**
fechado Dezembro.

XX **Visconde da Luz,** Jardin Visconde da Luz ℘ 286 68 48, Peixes e mariscos – . AE E VISA AZ **d**
fechado 3ª feira – Ref lista 580 a 1 255.

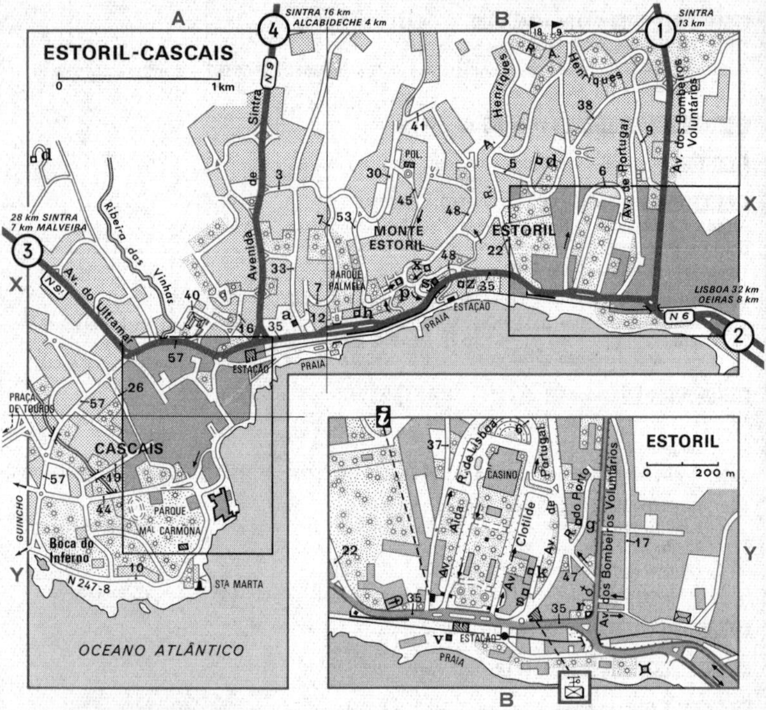

ESTORIL-CASCAIS

0 1 km

ESTORIL

0 200 m

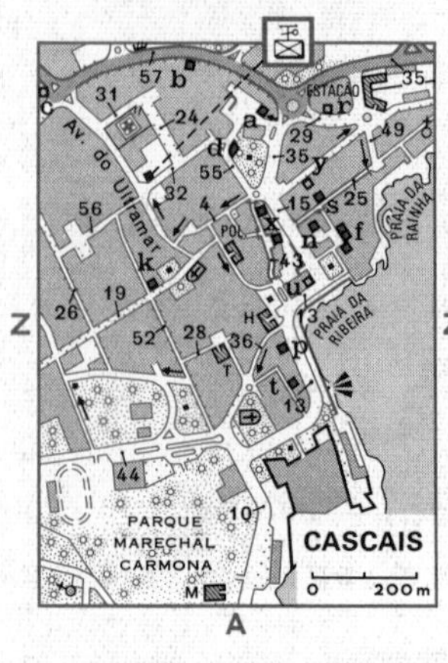

Frederico Arouca (R.) — AZ 25
Marginal (Estrada) — AZ, BY 35
Regimento de Inf. 19 (R.) — AZ 43
Sebastião J. de Carvalho e Melo (R.) — AZ 49
25 de Abril (Av.) — AYZ 57

Alcaide (R. do) — AX 3
Alexandre Herculano (R.) — AZ 4
Algarve (R. do) — BX 5
Almeida Garret (Pr.) — BY 6
Argentina (Av. da) — ABX 7
Beira Litoral (R. da) — BX 9
Boca do Inferno (Est. da) — AYZ 10
Brasil (Av. do) — AX 12
Carlos I (Av. D) — AZ 13
Combatentes G. Guerra (Alameda) — AZ 15
Costa Pinto (Av.) — AX 16
Dr António Martins (R.) — BY 17
Emídio Navarro (Av.) — AZ 19
Fausto Figueiredo (Av.) — BY 22
Francisco de Avilez (R.) — AZ 24
Freitas Reis (R.) — AZ 26
Gomes Freire (R.) — AZ 28
Iracy Doyle (R.) — AZ 29
Itália (Av. de) — BX 30
José Maria Loureiro (R.) — AZ 31
Manuel J. Avelar (R.) — AZ 32
Marechal Carmona (Av.) — AX 33
Marquês Leal Pancada (R.) — AZ 36
Melo e Sousa (R.) — BY 37
Nuno Álvares Pereira (Av. D) — BX 38
Padre Moisés da Silva (R.) — AX 40
Piemonte (Av.) — BX 41
República (Av. da) — AZ 44
S. Pedro (Av. de) — BX 45
S. Remo (Av.) — BY 47
Sabóia (Av.) — BX 48
Vasco da Gama (Av.) — AZ 52
Venezuela (Av. da) — BX 53
Visconde da Luz (R.) — AZ 55
Vista Alegre (R. da) — AZ 56

XX **Sol e Mar,** Av. D. Carlos I ☎ 284 02 58, Telex 13773, ≤ – AE ① E VISA. ✻ — AZ **p**
fechado 2ª feira – Ref lista 650 a 1 335.

XX **Pimentão,** Rua das Flores 16 ☎ 284 09 94, Peixes e mariscos – ▤. AE ① E VISA — AZ **f**
Ref lista 900 a 1 660.

XX **Dom Leitão,** Av. Vasco da Gama 36 ☎ 286 54 87 – AE ① E VISA — AZ **k**
Ref lista 740 a 1 460.

X **O Batel,** Travessa das Flores 4 ☎ 28 02 15 – ▤. AE ① E VISA — AZ **n**
Ref lista 520 a 1 280.

X **Beira Mar,** Rua das Flores 6 ☎ 28 01 52, Decoração rústica – E VISA. ✻ — AZ **f**
fechado 5ª feira e 15 Outubro-15 Novembro – Ref lista 690 a 1 510.

✗ **Adega do Morgado,** Av. Marechal Carmona 1 ☎ 286 71 98 – Ⓟ. AE ⓓ E VISA — AX **a**
fechado 2ª feira e do 13 ao 28 Dezembro – Ref lista 590 a 1 230.

✗ Sagres, Rua das Flores 10-A ☎ 28 08 30 – ▤ — AZ **f**

✗ Alaúde, Largo Luís de Camões 8 ☎ 28 02 87 – ▤ — AZ **x**

✗ **Estribinho,** Largo das Grutas 3 ☎ 28 19 01, Rest. típico – ▤ — AZ **a**
Ref lista 440 a 740.

***em Oitavos** - na estrada do Guincho* O : 5 km – ✉ 2750 Cascais :

✗ Oitavos, ☎ 28 92 77, ≤, 🏠 – Ⓟ. AE ⓓ E VISA
fechado 3ª feira e Outubro.

na Praia do Guincho NO : 9 km – ✉ 2750 Cascais :

🏰 **Mar Do Guincho** 🐦, ☎ 285 02 51, ≤, « Num promontório rochoso - Antiga fortaleza transformada em hotel elegante » – |≑| ▤ Ⓟ. AE ⓓ E VISA. ✗ rest — AY
Ref 600 – **13 qto** ☕ 2 000/2 500 – P 3 200/3 500.

✗✗ **Estal. Muchaxo** 🐦 com qto, ☎ 285 02 21, ≤, Decoração rústica, 🏊 – ▥ ▤ rest ⛀wc ☎
Ⓟ – 🎪. AE ⓓ E VISA
Ref 800/3 000 – **24 qto** ☕ 3 340/3 540 – P 4 940/6 740.

✗ Porto de Santa Maria, ☎ 285 02 40, ≤, Peixes e mariscos – ▤ Ⓟ. AE ⓓ E VISA. ✗
fechado 2ª feira e Novembro-2 Dezembro.

✗ Estal. Mar do Guincho 🐦 com qto, ☎ 285 02 51, ≤ – ▥ ⛀wc ☎ Ⓟ
13 qto.

✗ O Faroleiro, ☎ 285 02 25, ≤ – Ⓟ.

B.L.M.C. (MORRIS) Rua das Amoreiras ☎ 28 90 45
DATSUN Largo das Grutas ☎ 28 51 11
FIAT Rua Iracy Doyle 14-A ☎ 28 13 33
FORD Av. 25 de Abril ☎ 28 05 31
G.M. (OPEL-VAUXHALL) Rua Camilo Castelo Branco ☎ 322 33
TOYOTA Av. 25 de Abril ☎ 286 61 50
VW Av. Valbom 9 ☎ 269 09 40

*Nehmen Sie Ihren Urlaub nach Möglichkeit nicht immer im **Juli-August ;** manche Gegenden sind während anderer Monate viel erholsamer und preiswerter.*

CASTELO BRANCO 6000 P 37 ⑤ – 21 730 h. alt. 375.
Ver : Jardim do antigo paço episcopal★.
ℹ Alameda da Liberdade ☎ 210 02.
♦Lisboa 253 ③ – ♦Cáceres 137 ② – ♦Coimbra 155 ① – Portalegre 81 ③ – Santarém 176 ③.

CASTELO BRANCO

João C. Abrunhosa ____ 12
Liberdade (Alameda da) ____ 14
Rei D. Dinis ____ 25
Sidónio Pais ____ 35
1º de Maio (Av.) ____ 38

Amato Lusitano (R.) ____ 3
Arco (R. do) ____ 4
Arressário (R. do) ____ 5
Camilo Castelo Branco (R. de) ____ 6
Espírito Santo (R. do) ____ 7
Ferreiros (R. dos) ____ 8
Formosa (R.) ____ 9
Frei Bartolomeu da Costa (R. de) ____ 10
José Bento da Costa (Jardim) ____ 13
Luís de Camões (Pr.) ____ 15
Mercado (R. do) ____ 18
Olarias (R. das) ____ 20
Pátria (Campo da) ____ 22
Prazeres (R. dos) ____ 23
Quinta Nova (R. da) ____ 24
Relógio (R. do) ____ 26
Saibreiro (L. e R. do) ____ 27
S. Marcos (L. de) ____ 29
S. Sebastião (R.) ____ 30
Santa Maria (R. de) ____ 31
Senhora da Piedade (L. e R. da) ____ 33
Sé (L. e R. da) ____ 34
Vaz Preto (Av.) ____ 37

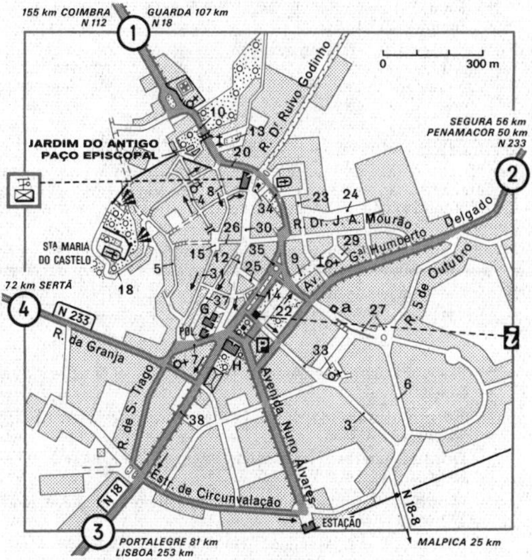

🏨 **Caravela** sem rest, Rua do Saibreiro 24 ☎ 239 39 – ▥ ⛀wc ⛆wc ☎. E VISA. ✗ — **a**
fechado 5ª feira, do 15 ao 30 Maio e do 15 ao 30 Setembro – **26 qto** ☕ 400/790.

cont. →

B.L.M.C. (AUSTIN), TOYOTA Rua do Saibreiro ☎ 216 91
B.L.M.C. (MORRIS) Av. General Humberto Delgado 75 ☎ 218 94
B.M.W Av. General Humberto Delgado ☎ 216 41
CITROEN Av. General Humberto Delgado 16-A ☎ 219 43
DATSUN Rua de Santo António 1 ☎ 226 22
FIAT Av. General Humberto Delgado 74 ☎ 225 01
FORD Av. 1° Maio 111 ☎ 244 62
G.M. (OPEL, VAUXHALL) Rua Camilo Castelo Branco ☎ 229 11
MERCEDES-BENZ Av. General Humberto Delgado 75 ☎ 218 94
RENAULT Av. 28 de Maio 8 ☎ 243 32
TALBOT Rua Pedro de Fonseca 12 D ☎ 231 72
TOYOTA Rua 5 de Outubro 11 ☎ 241 57
VW Av. General Humberto Delgado 25-29 ☎ 245 94

CASTELO DA MAIA Porto 37 ⑫ – ver Porto.

CASTELO DE BODE Santarém – ver Tomar.

CASTELO DE VIDE 7320 Portalegre 37 ⑥ – 3 417 h. alt. 575 – 0045 – Termas.

Ver : Castelo ←★ – Judiaria★ – Arred. : Capela de Na. Sra. de Penha ←★ S : 5 km – Estrada★ escarpada de Castelo de Vide a Portalegre por Carreiras S : 17 km.

Rua Bartolomeu Álvares da Santa 81 ☎ 913 61.

♦Lisboa 213 – ♦Cáceres 126 – Portalegre 22.

- Albergaria Jardim y Estal. São Paulo, Rua Sequeira Sameiro 6 ☎ 912 17, ← – wc wc – **44 qto**.
- **Casa do Parque**, Av. da Aramenha 37 ☎ 912 50 – wc wc. qto
  Ref 390/450 – **23 qto** 850/1 300 – P 1 600/2 800.
- D. Pedro V, Praça D. Pedro V ☎ 912 36.

CERDEIRINHAS Braga – ver Vieira do Minho.

CHAVES 5400 Vila Real 37 ① – 11 465 h. alt. 350 – 0091 – Termas.

Ver : Igreja da Misericordia★.

9 de Vidago SO : 20 km ☎ 971 06 Vidago.

Rua de Santo António 213 ☎ 29 e Balneário das Termas ☎ 10 15.

♦Lisboa 475 – Orense 99 – Vila Real 66.

- **Trajano,** Travessa Cândido dos Reis ☎ 224 15 – wc wc. AE ◑ E VISA.
  Ref 420/450 – **39 qto** 1 250/1 800 – P 2 050/3 450.
- Estal. Santiago, Rua do Olival ☎ 225 45, ← – wc
  temp. – **31 qto**.

B.L.M.C. (MORRIS), MERCEDES-BENZ Largo do Tabolado ☎ 232 57
DATSUN Av. 5 de Outubro ☎ 221 33
FIAT Av. 5 de Outubro ☎ 222 55
RENAULT Rua Cândido dos Reis ☎ 231 56
TOYOTA Av. do Brasil ☎ 234 96
VW Rua Cândido de Sotto Mayor ☎ 226 98

COIMBRA 3000 P 37 ⑭ – 69 882 h. alt. 75 – 0039.

Ver : Local★ – Museu Machado de Castro★★ (estátua equestre★) Z M1 – Velha Universidade★★ Z: biblioteca★★, capela★ (órgão★★), ←★ – Sé Velha (retábulo★, capela★) Z E – Mosteiro de Santa Cruz (púlpito★) Y L – Mosteiro de Celas (retábulo★) X P – Convento de Santa Clara-a-Nova (túmulo★) X V.

Arred. : Ruínas de Conímbriga★ (Casa dos jogos de água★★ : mosaicos★★, Casa de Cantaber★) 17 km por ③ – Miradouro de Na. Sra. da Piedade ←★ 27 km por ② e N 237.

Largo da Portagem ☎ 255 76, 237 99 e 238 86 – A.C.P. Av. Navarro 6 ☎ 268 13, Telex 13170.

♦Lisboa 199 ③ – ♦Cáceres 292 ② – ♦Porto 116 ① – ♦Salamanca 336 ②.

Plano página seguinte

- Bragança, Largo das Ameias 10 ☎ 221 71 – rest wc wc – **83 qto**. — Z t
- **Kanimambo** sem rest, Av. Fernão de Magalhães 484 ☎ 271 51 – wc. VISA – **45 qto** 610/920. — X s
- **Domus** sem rest, Rua Adelino Veiga 62 ☎ 285 84 – wc wc. – **15 qto** 1 195/2 400. — YZ f
- **Moderna** 2° andar, sem rest, Rua Adelino Veiga 49 ☎ 254 13 – . – **17 qto** 750/910. — Z r
- XXX **Piscina,** Rua D. Manuel ☎ 770 13 – . AE ◑ E VISA — X d
  fechado 2ª feira – Ref lista 595 a 965.
- XXX Dom Pedro, Av. Emídio Navarro 58 ☎ 291 08 — Z k
- XX **Tritão** com snack-bar, Praça da República 25 ☎ 208 14, Decoracão moderna – . AE ◑ E VISA — X b
  fechado 4ª feira – Ref lista 330 a 980.

COIMBRA

Fernão de Magalhães (Av.) Y
Ferreira Borges (R.) Z 25
Sofia (R. da) Y
Visconde da Luz (R.) Y 43

Ameias (Largo das) Z 2
Antero de Quental (R.) X, Y 3
António Augusto Gonçalves (R.) X 4
Augusta (R.) X 6
Aveiro (R. de) X 7
Borges Carneiro (R. de) Z 8
Combatentes da Gde Guerra (R.) X 10
Dom Afonso Henriques (Av.) X 12
Dr Augusto Rocha (R.) X 13
Dr B. de Albuquerque (R.) X 15
Dr João Jacinto (R. do) Y 16
Dr José Falcão (R.) Z 17
Dr Júlio Henriques (Alameda) X 19
Dr L. de Almeida Azevedo (R.) X 20
Dr Marnoco e Sousa (Av.) X 21
Fernandes Tomás (R. de) Z 23
Figueira da Foz (R.) X 27
Guerra Junqueiro (R.) X 28
Guilherme Moreira (R.) Z 29
Jardim (Arcos do) X 32
João das Regras (Av.) X 33
Portagem (Largo da) Z 36
Quebra-Costas (Escadas de) Z 37
República (Praça da) X 38
Santa Teresa (R. de) X 39
Sobre-Ripas (R. de) Z 40
8 de Maio (Praça) Y 44

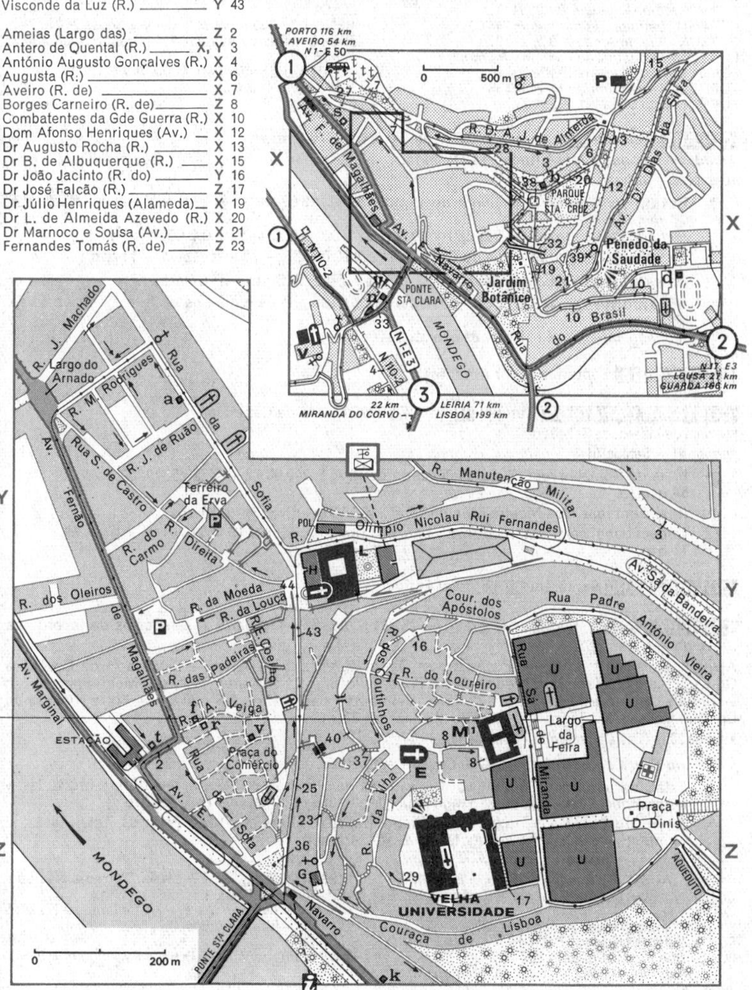

✗ **Império,** 1° andar, Rua da Sofia 165 ☎ 242 39 – ▤. AE ⓓ VISA — Y **a**
fechado Domingo.

✗ **O Alfredo,** Rua João das Regras 32 ☎ 232 88 — X **n**
Ref lista 780 a 990.

✗ Pinto d'Ouro, Av. João das Regras 70 ☎ 250 08 — X **n**

✗ **Funchal,** Rua das Azeiteiras 20 ☎ 241 37 – AE. ⊗ — Z **v**
fechado Sábado – Ref lista 310 a 460.

em Santa Luzia - estrada N 1 por ① : 11 km – ✉ Barcouço 3500 Mealhada – ⊕ 0039 :

Estal. Santa Luzia, sem rest, ☎ 912 21 – ▥ ▭wc ⋒wc ☎ **P**
8 qto.

cont. →

COIMBRA

B.L.M.C. (AUSTIN) Av. Fernão de Magalhães 216 ☎ 255 78
B.L.M.C. (MORRIS) Rua Dr Almeida e Sousa 297 ☎ 364 22
B.M.W. Monte Formoso ☎ 201 71
CITROEN Estrada de Coselhas ☎ 244 60
DATSUN Rua do Arnado 19 ☎ 290 97
FIAT Zona Industrial da Pedrulha ☎ 255 82
FORD Estrada Nacional ☎ 313 38
FORD Largo das Ameias 11 ☎ 220 38
FORD Rua da Sofia 171 ☎ 254 93
FORD Av. Fernão de Magalhães 133 ☎ 256 96
G.M. (OPEL, VAUXHALL) Av. Fernão de Magalhães ☎ 271 23
MERCEDES-BENZ Estrada Nacional-Loreto ☎ 255 04
RENAULT Rua Manuel Almeida e Sousa ☎ 270 71
TALBOT Rua Combatentes da Grande Guerra 96 ☎ 759 28
TOYOTA Rua Infanta D. Maria ☎ 723 17
VW Loreto ☎ 220 31

COLARES Lisboa **37** ⑫ e ⑰ – 5 499 h. alt. 50 – ✉ 2710 Sintra.
Arred. : Azenhas do Mar★ (local★) NO : 7 km.
♦Lisboa 36 – Sintra 8.

- **Estal. do Conde**, Quinta do Conde ☎ 929 16 52, ← – wc wc. AE E VISA. rest
  fechado Dezembro – Ref 580/650 – **10 qto** 1 500/2 500 – P 2 350/2 600.
- Da Várzea, com qto, Várzea de Colares ☎ 299 00 08, – rest wc – **11 qto**.

na estrada da Praia das Maçãs **NO : 2 km – ✉ 2710 Sintra - ☎ Colares :**

- **Miramonte**, ☎ 929 12 30, , « Jardim florido sob os pinheiros », – wc P.
  fechado Janeiro – Ref 540 – **89 qto** 2 200.

CONCAVADA Santarém – ver Abrantes.

COSTA DA CAPARICA Setúbal **37** ⑰ – ✉ 2825 Monte da Caparica.
Praça da Liberdade ☎ 240 00 71.
♦Lisboa 21 – Setúbal 51.

- Praia do Sol, sem rest, Rua dos Pescadores 12 A ☎ 240 00 12 – wc wc **54 qto**.
- Real, sem rest, Rua Mestre Manuel 18 ☎ 240 17 01 – wc – **10 qto**.
- Copacabana, sem rest, com snack-bar, Rua dos Pescadores 19 ☎ 240 01 03 – wc **11 qto**.

COVA DA IRIA Santarém **37** ⑮ – ver Fátima.

COVILHÃ 6200 Castelo Branco **37** ④ – 25 281 h. alt. 675 – 0075 – Desportos de Inverno na Serra da Estrela : 3.
Arred. : Estrada★★ da Covilhã a Seia (←★, Torre ★★★, ←★★) 49 km – Estrada★★ da Covilhã a Gouveia (vale glaciário de Zêzeu★★ (←★), Poço do Inferno★ : cascata★, ←★) por Manteigas : 65 km – Unhais da Serra (local★) SO : 21 km – Belmonte : castelo ←★ NE : 20 km – Torre romana de Centum Céllas★ N : 24 km – Praça do Município ☎ 221 70.
♦Lisboa 301 – Castelo Branco 62 – Guarda 45.

na Serra da Estrela **– ✉ 6200 Covilhã – 0059 :**

- Estal. Varanda dos Carqueijais, estrada das Penhas da Sáude, NO : 5 km ☎ 240 71, ← montanhas e vale, Decoração moderna, climatizada – rest P – **49 qto**.
- **Serra da Estrela**, nas Penhas da Sáude, NO : 11 km, alt. 1 550 ☎ 240 91, Telex 18129, ← montanhas e vale – rest P. AE E VISA. rest
  Ref 660 – **38 qto** 1 520/2 200.

B.L.M.C. (AUSTIN) Caminho do Biribau ☎ 245 18
CITROEN Rua Marquês d'Ávila e Bolama 233 ☎ 220 48
FIAT Largo das Forças Armadas ☎ 230 15
FORD Estrada Nacional ☎ 227 46
FORD Rua Rui Faleiro 37 ☎ 227 46
G.M. (OPEL, VAUXHALL) Largo da Infantaria 21 n° 29 ☎ 220 45
MERCEDES-BENZ, TOYOTA Estrada Nacional 18-Refúgio ☎ 253 43
RENAULT, TALBOT Av. Frei Heitor Pinto 20 ☎ 238 85
TOYOTA Rua Marquês d'Ávila e Bolama 191 ☎ 253 43
VW Quinta da Várzea - Estrada Estação 114 ☎ 235 09

CURIA Aveiro **37** ⑯ – alt. 40 – ✉ 3780 Anadia – 0031 – Termas.
Largo da Rotunda ☎ 522 48.
♦Lisboa 229 – ♦Coimbra 27 – ♦Porto 93.

- **Das Termas**, ☎ 521 85, Telex 26354, « Num belo parque com árvores », – rest P. AE E VISA.
  Ref 550/800 – **38 qto** 1 650/2 600 – P 2 950/5 200.
- **Do Parque** sem rest, ☎ 520 31 – wc P
  Maio-Setembro – **25 qto** 1 000/1 700.
- **Santos**, ☎ 524 13 – wc wc P.
  Junho-Setembro – Ref 450 – **40 qto** 630/920.
- **Lourenço**, ☎ 522 14, Telex 3780 – wc. AE.
  Ref *(fechado de Outubro a Maio)* 450/550 – **42 qto** 550/1 550 – P 1 900/3 500.
- Imperial, ☎ 523 25 – wc wc P – *temp.* – **37 qto**.

ELVAS 7350 Portalegre 37 ⑦ – 14 548 h. alt. 300.

Ver : Muralhas – Aqueduto da Amoreira* – Largo de Santa Clara* (pelourinho*) – Igreja de Na. Sra. da Consolação* (azulejos*).**

Praça da República ☎ 222 36 – A.C.P. Estrada Nacional 4 Caia ☎ 641 27.

♦Lisboa 222 – Portalegre 55.

- **D. Luis,** Av. de Badajoz-Estrada N 4 ☎ 627 56 – VISA.
  Ref 750 – **50 qto** 2 000/2 500 – P 2 750/3 500.
- D. Sancho II, Praça da República 20 ☎ 626 84 – wc wc. AE E VISA. rest
  24 qto 1 650/2 250 – P 2 275/2 750.
- **Pousada de Santa Luzia** com qto, Av. de Badajoz-Estrada N 4 ☎ 621 94 – wc. AE E VISA.
  Ref 750 – **11 qto** 2 450/2 600 – P 3 950/5 600.
- Estal. Aqueduto, Av. de Badajoz-Estrada N 4 ☎ 636 76, –.

CITROEN Sete Cruzes ☎ 621 72
DATSUN Estrada Nacional 2 ☎ 221 29
FIAT R. Mousinho de Albuquerque 7-A ☎ 876
FORD Rua de Olivença 3 ☎ 224 92
G.M. (OPEL, VAUXHALL) Av. de Badajoz 143 ☎ 623 41
PEUGEOT Rua dos Chilões 36 B ☎ 227 61
RENAULT Av. Garcia da Horta ☎ 225 38
TALBOT Rossio do Meio ☎ 327
TOYOTA Rua do Tabolada 10 ☎ 225 48
VW Largo Nª Sª de Oliveira 11 ☎ 627 71

ENTRE-OS-RIOS 4575 Porto 37 ⑫ – alt. 50 – 0025.

Praça Municipal ☎ 220 11.

♦Lisboa 331 – ♦Porto 49 – Vila Real 96.

- Miradouro, com qto, ☎ 624 22, ≤
  5 qto.

ERICEIRA 2655 Lisboa 37 ⑪ e ⑯ – 2 565 h. – 061 – Praia.

Rua Eduardo Burnay 33 A ☎ 541 22.

♦Lisboa 51 – Sintra 24.

- **Estal. Morais** sem rest, Rua Dr Miguel Bombarda 3 ☎ 626 11, – wc wc. AE E VISA
  fechado Novembro – **40 qto** 1 300/2 600.
- Estal. Pedro o Pescador, Rua Dr Eduardo Burnay 22 ☎ 625 04 – wc wc
  Ref *(só no verão)* – **18 qto**.
- Poço, Calçada da Baleia 10 ☎ 636 69, – AE E VISA.
  fêchado 4ª feira e 15 Setembro-15 Outubro.
- Parque dos Mariscos, Rua Dr Eduardo Burnay 28 ☎ 621 62.
- **Parreirinha,** Rua Dr Miguel Bombarda 12 ☎ 621 48
  fechado 4ª feira e do 2 ao 30 Novembro – Ref lista 425 a 1 110.

ESPINHO 4500 Aveiro 37 ⑫ – 11 637 h. – 02 – Praia.

Oporto Golf Club ☎ 92 90 08.

Ângulo das Ruas 6 e 23 ☎ 92 09 11.

♦Lisboa 308 – Aveiro 54 – ♦Porto 16.

- **Praiagolfe,** Rua 6 ☎ 92 06 30, ≤ – rest – . AE E VISA.
  Ref 750 – **119 qto** 2 560/3 200 – P 3 100/4 060.
- Mar Azul, sem rest, Avenida 8 n° 676 ☎ 92 08 24 – wc
  24 qto.
- A Cabana, Praia da Seca ☎ 29 13 22, ≤.
- Onda, Esplanada do Mar ☎ 92 25 26.
- Cartuxa, Rua 21 ☎ 92 28 02 – .
- Aquário, Rua 19 n° 28 ☎ 92 03 77
  fechado 4ª feira.

B.L.M.C. (AUSTIN) Rua 14 n° 623 ☎ 92 11 04
FIAT Rua 62 n° 372 ☎ 72 10 26
RENAULT Rua 20 n° 642 ☎ 92 33 34
TOYOTA Rua 23 n° 318 ☎ 92 00 62

ESPOSENDE 4740 Braga 37 ⑪ – 1 534 h. – 0023 – Praia.

Rua 1° de Dezembro ☎ 893 54.

♦Lisboa 367 – Braga 33 – ♦Porto 49 – Viana do Castelo 21.

- Nélia, Av. Valentin Ribeiro ☎ 892 44 – rest wc
  42 qto.
- **Suave Mar**, Av. Eng. Arantes e Oliveira ☎ 894 45, ≤, – wc wc. E VISA. rest
  Ref 450 – **46 qto** 1 800/2 100 – P 2 000/2 700.
- **Estal. Zende** com qto, Estrada N 13 ☎ 898 55, – wc. AE E VISA. rest
  Ref 360/525 – **14 qto** 1 350/1 980 – P 2 050/3 300.

ESTEFÂNIA Lisboa 37 ⑫ – ver Sintra.

ESTORIL 2765 Lisboa 37 ⑫ e ⑰ – 15 740 h. – Praia.

Ver : Estância balnear ★.

18 9 Club de Golf do Estoril ☎ 268 01 76.

Arcadas do Parque ☎ 268 01 13.

♦ Lisboa 28 ② – Sintra 13 ①.

Ver plano de Cascais

Palácio, Rua do Parque ☎ 268 04 00, Telex 12757, ≤, ⛱, – |‡| ▤ rest ℗ – ⛳. AE ⓘ E VISA. ✻ rest — BY **k**
Ref 1 600 – **200 qto** ☐ 7 200/7 600 – P 6 520/9 920.

Cibra, Estrada Marginal ☎ 268 18 11, ≤ – |‡| ℗. AE ⓘ E VISA. ✻ rest — BY **s**
Ref 600/800 – **89 qto** ☐ 3 300/3 550 – P 4 650/6 250.

Lido, Rua do Alentejo 12 ☎ 268 41 23, Telex 15287, ≤, ⛱ – |‡| ▤ rest ℗ — BX **d**
55 qto.

Paris, Av. Fausto de Figueiredo ☎ 268 05 31, Telex 16071, ≤, ⛱, – |‡| wc ☎ ℗. ✻ — BY **r**
Ref 550 – **100 qto** ☐ 2 250/2 950 – P 2 525/3 230.

Inglaterra, Av. Portugal 2 ☎ 268 44 61, ≤, ⛱, – |‡| wc wc ☎ ℗ — BY **g**
43 qto.

XXX Varanda do Estoril, no Club do Golfe por ④ - Av. República ☎ 268 01 76, ≤, – ℗.

X **Tamariz** com snack-bar, na praia ☎ 268 16 65, ≤, ⛱ paga – ▤. AE ⓘ E VISA. ✻ — BY **v**
Ref *(só almoço)* lista 650 a 1 305.

no Monte Estoril - BX – ✉ 2765 Estoril :

Atlântico, Estrada Marginal 7 ☎ 268 02 70, Telex 18125, ≤, ⛱ – |‡| ▤ ℗ – ⛳. AE ⓘ E VISA. ✻ — BX **z**
Ref 700 – **175 qto** ☐ 3 000/3 500 – P 3 050/4 300.

Grande Hotel, Av. Sabóia ☎ 268 46 09, Telex 13807, ≤, – |‡| ▤ rest. AE ⓘ E VISA. ✻ — BX **x**
Ref 600 – **73 qto** ☐ 2 800/3 200 – P 2 250/3 950.

Zenith, Rua Belmonte 1 ☎ 268 02 02, ≤, ⛱ – |‡| wc ☎ — BX **p**
48 qto.

XXX **English-Bar,** Estrada Marginal ☎ 268 12 54, ≤, «Decoração rústica inglesa» – ▤ ℗. ⓘ E VISA — BX **s**
fechado Domingo – Ref lista 570 a 1 540.

B.L.M.C. (AUSTIN) Largo Ostende 4 Monte Estoril ☎ 26 00 21
G.M. (OPEL, VAUXHALL) Av. de Nice ☎ 26 33 96
RENAULT Rua de Lisboa, Edifício Horizonte ☎ 268 40 20
TALBOT Av. de Nice 4 ☎ 268 33 96

ESTREMOZ 7100 Évora 37 ⑦ – 9 565 h. alt. 425.

Ver : ≤★.

Arred. : Evoramonte : Local★, castelo★ (✻★) SO : 18 km.

♦Lisboa 179 – ♦Badajoz 62 – Évora 46.

Pousada da Rainha Santa Isabel, Largo D. Diniz - no Castelo de Estremoz ☎ 226 18, Telex 43885, ≤, «Luxuosa pousada instalada num belo castelo medieval» – |‡| ▤. AE ⓘ E VISA. ✻
Ref 950 – **23 qto** ☐ 3 880/4 100.

Carvalho, sem rest, Largo da República 27 ☎ 227 12 – wc ☎
16 qto

XX **Águias d'Ouro** 1° andar, Rossio Marquês de Pombal 27 ☎ 221 96 – ▤. AE ⓘ E VISA. ✻
fechado Fevereiro-2 Março – Ref lista 640 a 1 150.

CITROEN Estrada Nacional 4 ☎ 222 15
PEUGEOT Rua Tomaz de Alcaide 25 ☎ 223 93
RENAULT Rossio Marquês de Pombal 47 ☎ 228 37
TALBOT Rossio Marquês de Pombal 56 ☎ 588
VW Largo São José 25 ☎ 227 72

ÉVORA 7000 P 37 ⑦ – 35 406 h. alt. 301 – 0069 – Praça de touros.

Ver : Sé★★ BZ: interior★ (cúpula★), tesouro★ (Virgem★★), claustro★, cadeiras do coro★ – Convento dos Lóios★ : igreja★, dependências do convento (porta★) BCY – Museu de Évora★ (baixo-relevo★, Anunciação★) BZ **M1** – Templo romano★ BY **A** – Largo das Portas de Moura★ (fonte)★ CZ – Igreja de São Francisco (Casa dos Ossos★) BZ **N** – Fortificações★.

Arred. : Convento de São Bento de Castris (claustro★) 3 km por ⑤.

Praça do giraldo 71 ☎ 226 71.

♦Lisboa 145 ④ – Badajoz 108 ① – Portalegre 101 ① – Setúbal 101 ④

Pousada dos Lóios, Largo Conde de Vila Flor ☎ 240 51, Telex 43288, «Pousada elegante instalada num convento do século XVI, decoração de grande estilo» – AE ⓘ E VISA. ✻ — BY **a**
Ref 750/950 – **32 qto** ☐ 3 880/4 700 – P 5 780/7 900.

Riviera sem. rest, Rua 5 de Outubro 49 ☎ 233 04 – wc ☎. ✻ — BZ **r**
22 qto ☐ 1 700/2 000.

Santa Clara, Travessa da Milheira 19 ☎ 241 41 – wc ☎. AE ⓘ E VISA. ✻ — AZ **p**
Ref 500/650 – **22 qto** ☐ 1 500/1 950 – P 2 500/3 950.

ÉVORA

Giraldo (Pr. do) .... BZ 9
João de Deus (R.) .... BYZ 10
República (R. da) .... BZ
5 de Outubro (R.) .... BZ 34

Álvaro Velho (L.) .... BZ 2
Aviz (R. de) .... BY 3
Caraça (Trav. da) .... BZ 4
Cenáculo (R. do) .... BZ 5
C. de Vila-Flor (L.) .... BY 6
Diogo Cão (R.) .... BZ 7
Fr. de Baixo (R. da) .... BZ 8
J. E. Garcia (R.) .... ABY 13
Lagar dos Dizim (R. do) .... BZ 15
L. de Camões (L.) .... BY 16
M. de Marialva (L.) .... BZ 19
Menino Jesus (R. do) .... BY 20
Mercadores (R. dos) .... ABZ 21
Misericórdia (L. e R.) .... BZ 22
Penedos (L. dos) .... AZ 24
Portas de Moura (L. das) .... CZ 25
Santa Clara (R. de) .... AZ 26
S. Manços (R. de) .... BZ 28
Senhor da Pobreza (L.) .... CZ 29
Torta (Trav.) .... BZ 31
Vasco da Gama (R.) .... BZ 32
28 de Maio (Pr.) .... BZ 35

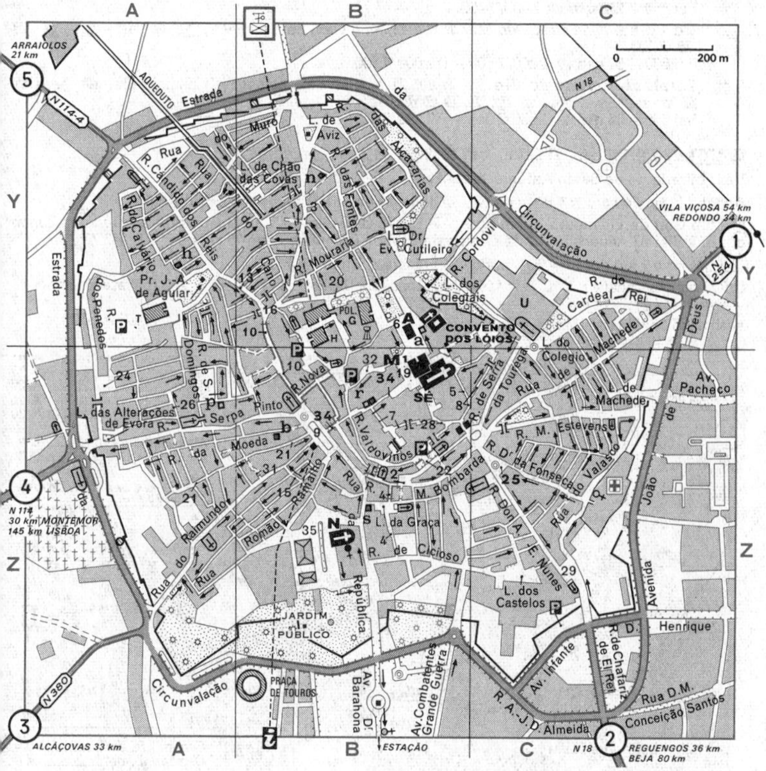

✗ **Cozinha de Sto. Humberto,** Rua da Moeda 39 ☎ 242 51, Decoração original com motivos regionais — BZ **b**
fechado 5ª feira e 15 ao 30 Agosto – Ref lista 635 a 985.

✗ **Fialho,** Travessa das Mascarenhas 14 ☎ 230 79, Decoração regional – ▤. AE ⦿ E VISA — AY **h**
fechado 2ª feira e do 1 ao 21 Setembro – Ref lista 485 a 895.

✗ Gião, Rua da República 81 ☎ 230 71, Decoração regional — BZ **s**

✗ **Portalegre,** Rua 5 de Outubro 51 ☎ 246 14 – AE E VISA — BZ **r**
fechado 4ª feira e Outubro – Ref lista 460 a 780.

✗ Luar de Janeiro (Prates), Travessa de Janeiro 13 ☎ 24895 – ▤ — BY **n**

B.L.M.C. (MORRIS) Zona Industrial Talhão ☎ 225 42
CITROEN Av. S. Sebastião 12 A ☎ 240 97
CITROEN Rua do Raimundo 99 ☎ 240 96
DATSUN Rua Joaquim A. de Aguiar 30 ☎ 231 66
FIAT Praça do Sertório 5 ☎ 243 30
FORD Zona Industrial ☎ 254 14
FORD Rua D. Isabel 13 ☎ 238 03
G.M. (OPEL, VAUXHALL) Rua do Raimundo 93 ☎ 240 11
MERCEDES-BENZ Av. Combatentes da Grande Guerra 34 B ☎ 233 97
PEUGEOT Praça Joaquim António de Aguiar 30 ☎ 224 42
RENAULT Praça Joaquim António de Aguiar 20 ☎ 221 91
TALBOT Rua Dr António José d'Almeida 5 ☎ 220 83
TOYOTA R. Serpa Pinto 72 ☎ 241 16
VW Av. São Sebastião ☎ 233 18

Se procura um hotél tranquilo,
não consulte únicamente os mapas p. 64 a 67,
Olhe também no texto do guia para os estabelecimentos que têm o símbolo ⛇

FAIAL Madeira – ver Madeira (Ilha da).

FÃO Braga **37** ⑪ – 1 960 h. – ✉ 4740 Esposende – ☎ 0023 – Praia.
♦Lisboa 365 – Braga 35 – ♦Porto 47.

na praia de Ofir – ✉ 4740 Esposende – ☎ 0023 :

Ofir 🔇, Av. Raul Sousa Martins ☎ 893 83, Telex 32492, ≤, ⛱, 🌳, 🎾 – |‡| 🅟 – 🏗. AE ⓓ E VISA. ✻ rest
Ref 750 – **220 qto** ☕ 2 400/3 400.

Do Pinhal 🔇, Estrada do Mar ☎ 894 73, ≤, « Num belo pinhal », ⛱, 🌳, 🎾 – |‡| – 🏗. AE ⓓ E VISA. ✻ rest
Ref 600 – **90 qto** ☕ 1 800/2 500 – P 2 800/4 500.

Estal. do Parque do Rio 🔇, ☎ 895 21, « Num belo pinhal », ⛱ climatizada, 🌳, 🎾 – |‡| 📺 ▤ rest ⛀wc ⛆wc ☎ 🅟. AE ⓓ E VISA. ✻
Ref 650 – **36 qto** ☕ 1 630/2 540 – P 2 390/2 750.

FARO 8000 Ⓟ **37** ⑩ – 21 581 h. – ☎ 0089 – Praia.
Ver : Miradouro de Santo António ✻★ B F.
Arred. : Praia de Faro ≤★ 9 km por ① – Olhão (campanário da igreja ✻★) 8 km por ③.
⛳18 Club Golf de Vilamoura 23 km por ① ☎ 652 75 Quarteira – ⛳18 Club Golf do Vale do Lobo 20 km por ① ☎ 941 37 Almansil – ⛳18, ⛳9 Campo de Golf da Quinta do Lago 16 km por ① ☎ 942 72.
✈ de Faro 7 km por ① – T.A.P., Rua D. Francisco Gomes 8 ☎ 221 41.
ℹ Rua da Misericórdia 8 a 12 ☎ 254 04 e Rua Ataide de Oliveira 100 ☎ 240 67 – A.C.P. Praça D. Francisco Gomes ☎ 247 53, Telex 18206.
♦Lisboa 305 ② – Huelva 113 ③ – Setúbal 262 ②.

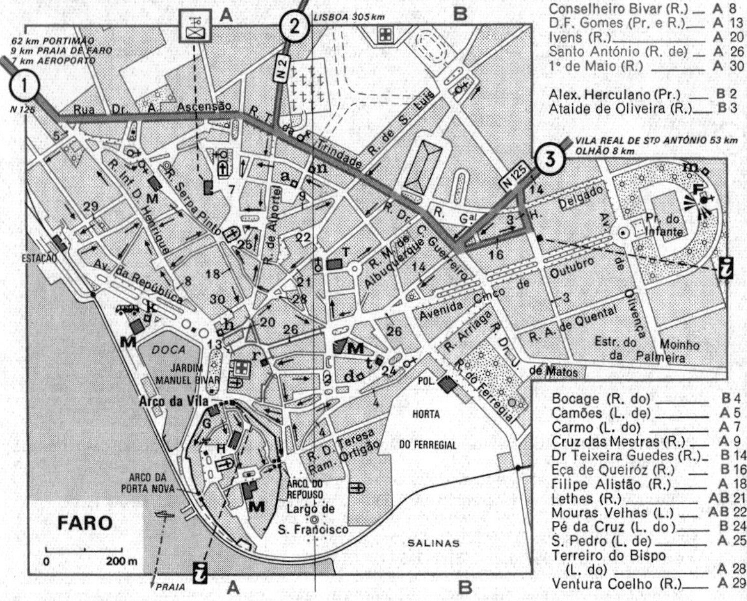

Eva, Av. da República ☎ 240 54, Telex 18224, ≤, ⛱ – |‡| ▤ – 🏗 — A **k**
150 qto.

Faro, Praça D. Francisco Gomes 2 ☎ 220 76 – |‡| 📺 ▤ rest ⛀wc ⛆wc ☎. AE ⓓ E VISA. ✻ — A **h**
Ref 650 – **52 qto** ☕ 1 955/2 785 – P 3 155/5 185.

Albacor sem rest, Rua Brites de Almeida 25 ☎ 220 93 – |‡| 📺 ⛀wc ☎. AE ⓓ E VISA. ✻ — B **d**
38 qto ☕ 1 430/1 500.

York 🔇 sem rest. Rua de Berlim 37 ☎ 239 73 – ⛀wc ☎. ✻ — B **m**
15 qto ☕ 1 750.

Condado, sem. rest, Rua Gonçalo Barreto 14 ☎ 220 81 – ⛀wc ⛆wc ☎ — AB **n**
17 qto.

Marim, sem rest, Rua Gonçalo Barreto 1 ☎ 240 63 – ⛀wc ⛆wc — A **a**
29 qto.

XX Kappra, Rua Brites de Almeida 45 ℗ 233 66 – ▤. VISA. ✈ — B t
fechado Domingo.

XX **Lady Susan,** Rua 1° de Dezembro 28 ℗ 288 57 – ▤. E VISA — A r
fechado Sábado, Domingo e 17 Dezembro-17 Janeiro – Ref lista 750 a 1 480.

na Praia de Faro por ① : 9 km – ✉ 8000 Faro – ☎ 0089 :

Estal. Aeromar, ℗ 235 42, ≤, ☂ – ⌂wc ☎. AE ⦿ E VISA. ✈ rest
fechado 15 Dezembro-15 Janeiro – Ref 510 – **20 qto** ☕ 2 130/2 250.

X Roque, ℗ 248 68, ≤, ☂, Cozinha regional.

em Santa Bárbara de Nexe por ① : 12 km – ✉ 8000 Faro – ☎ 0089 :

La Réserve M ⑤ sem rest, Estrada de Esteval ℗ 914 74, Telex 56790, ≤, « Rodeado dum belo jardim com ⛱ », ✂ – ▤ Ⓟ. AE ⦿ E VISA. ✈
20 apartamentos ☕ 5 000/9 000.

XXX **La Réserve** ⑤, estrada de Esteval ℗ 912 34, Telex 13633, « Elegante vila rodeada dum belo jardim com ⛱ », ✂ – ▤ Ⓟ. ✈
fechado 3a feira e Novembro – Ref lista 910 a 1 885.

XX **A Portada,** ℗ 914 30, ☂, Actuações musicais aõs jantares – AE ⦿ E VISA. ✈
Ref lista 460 a 935.

B.M.W. Largo do Mercado ℗ 236 08
CITROEN Rua do Alportel 119 ℗ 230 71
DATSUN Rua General Teófilo da Trindade ℗ 250 71
FIAT Rua 1° de Dezembro 24 ℗ 240 31
FORD Largo do Mercado 2 ℗ 230 61
G.M. (OPEL, VAUXHALL) Largo do Mercado ℗ 230 32
PEUGEOT Largo do Mercado 54 ℗ 250 45
RENAULT Rua General Teófilo da Trindade ℗ 249 36
TALBOT Rua Sebastião Teles 42 ℗ 223 53
TOYOTA Estrada Da Sra da Saude 41 ℗ 250 91
TOYOTA Av. 5 de Outubro 202 ℗ 226 22
VW Largo São Sebastião 10 ℗ 247 34

FÁTIMA 2495 Santarém 37 ⑮ – 6 433 h. alt. 346 na Cova da Iria – ☎ 0049.
Arred. : SO : Grutas de Mira de Aire★.
Rua Jacinto Marto ℗ 971 39.
♦Lisboa 135 – Leiria 26 – Santarém 64.

na Cova da Iria NO : 2 km – ✉ 2495 Fátima – ☎ 0049 :

De Fátima, Rua Jacinta Marto ℗ 977 51, Telex 43750 – |$| ▤ rest Ⓟ – 🏛. AE ⦿ E VISA
Ref 600 – **76 qto** ☕ 1 500/2 200 – P 2 700/4 600.

Santa Maria, Rua de Santo António ℗ 976 15, Telex 43801 – |$| ▤ rest 🚗 Ⓟ. AE ⦿ E VISA. ✈
Ref 550 – **60 qto** ☕ 1 100/1 500 – P 2 200/2 600.

Três Pastorinhos, ℗ 976 29 – |$| ▥ ▤ rest ⌂wc ☎ 🚗 Ⓟ. AE ⦿ E VISA
Ref 450 – **92 qto** ☕ 1 250/1 980 – P 1 890/2 150.

Pax ⑤, ℗ 978 12 – |$| ▥ ⌂wc ⌂wc ☎ Ⓟ – 🏛
76 qto.

D. Gonçalo, Rua Jacinta Marto 100 ℗ 972 62 – |$| ▥ ▤ ⌂wc ☎ Ⓟ. AE ⦿ E VISA. ✈ rest
Ref 500/600 – **42 qto** ☕ 1 350/2 070 – P 2 000/2 380.

Casa das Irmãs Dominicanas, Rua Francisco Marto 50 ℗ 975 17 – |$| ▥ ⌂wc ☎ Ⓟ – 🏛. ✈
Ref 400 – **60 qto** ☕ 1 600 – P 1 600/3 000.

Casa Beato Nuno, Av. Beato Nuno 51 ℗ 972 22, Telex 43273 – |$| ▥ ⌂wc ⌂wc ☎ Ⓟ – 🏛. ✈
Ref 400 – **94 qto** 850/1 200 – P 1 300/1 550.

Cinquentenário, Rua Francisco Marto 175 ℗ 971 41, Telex 14873 – |$| ▥ ⌂wc ⌂wc ☎ 🚗 Ⓟ. VISA
fechado Janeiro-Fevereiro – Ref 460/540 – **52 qto** ☕ 1 120/1 780 – P 1 700/1 900.

Regina, Rua Dr Gonego Manuel Formigão ℗ 973 03 – |$| ▥ ▤ rest ⌂wc ⌂wc ☎ Ⓟ
30 qto.

Estrela de Fátima, Rua Dr Gonego Manuel Formigão ℗ 971 50 – ▥ ⌂wc ⌂wc Ⓟ. E VISA. ✈
Ref 400/500 – **32 qto** ☕ 820/1 350 – P 1 400/1 550.

Dávi, Estrada de Leiria ℗ 977 78 – ▥ ⌂wc ⌂wc Ⓟ
14 qto.

RENAULT ℗ 978 46

FERMENTELOS Aveiro 37 ⑬ – 2 361 h. – ☎ 0034.
♦Lisboa 244 – Aveiro 20 – ♦Coimbra 42.

na margem do lago NE : 1 km – ✉ 3750 Agueda – ☎ 0034 :

Estal. da Pateira ⑤, ℗ 722 19, ≤ – |$| ▥ ⌂wc ☎ Ⓟ. VISA. ✈
Ref 450/520 – **14 qto** ☕ 1 800/2 600 – P 2 500.

FERREIRA DO ZÊZERE 2240 Santarém 37 ⑮ – 1 941 h. – 0049.

♦Lisboa 166 – Castelo Branco 107 – ♦Coimbra 61 – Leiria 66.

na margem do rio Zêzere pela N 348 SE : 8 km – ✉ 2240 Ferreira do Zêzere – 0049 :

Estal. Lago Azul M, ☎ 364 41, ≤, « Num quadro de verdura na margem do rio Zêzere », – rest wc ☎ – **20 qto**.

FIGUEIRA DA FOZ 3080 Coimbra 37 ⑭ – 14 558 h. – 0033 – Praia.

Ver : Localidade★.

Arred. : Montemor-o-Velho : castelo★ (※★) 17 km por ②.

Esplanada Dr Oliveira Silva Guimarães ☎ 229 35 e Rua 25 de Abril ☎ 226 10.

♦Lisboa 181 ③ – ♦Coimbra 44 ②.

Grande H. da Figueira, Av. 25 de Abril ☎ 221 46, Telex 16086, ≤ – rest. AE E VISA. rest — A **v**
Ref 830 – **91 qto** 2 230/3 270 – P 3 730/6 270.

Costa de Prata sem rest, esplanada Silva Guimarães 1 ☎ 266 10, ≤ – wc ☎. AE E VISA — A **r**
66 qto 1 900/2 200.

Internacional sem rest, Rua da Liberdade 20 ☎ 220 51, Telex 16086 – wc wc ☎ – . AE E VISA — A **a**
55 qto 1 130/2 140.

Wellington sem. rest, Rua Dr Calado 25 ☎ 267 67 – wc ☎. AE E VISA. — A **b**
34 qto 2 000/2 200.

Estalagem da Piscina sem rest, Rua de Santa Catarina 7 ☎ 224 20, Telex 16086, ≤, – wc wc ☎. AE E VISA — A **v**
Abril-Setembro – **20 qto** 2 260.

Nicola sem rest, com snack-bar, Rua Bernardo Lopes 59 ☎ 223 59, Telex 16086 – wc wc ☎. AE E VISA — A **b**
24 qto 1 960/2 090.

Hispania sem rest, Rua Dr Francisco Dinis 61 ☎ 221 64 – wc wc . VISA — A **d**
34 qto 1 000/1 800.

Portugal, sem. rest, Rua da Liberdade 41 ☎ 221 76 – wc wc ☎ — A **k**
52 qto.

Rio-Mar sem rest, Rua Dr Francisco Dinis 90 ☎ 230 53 – wc . AE E VISA — A **t**
Julho-Setembro – **23 qto** 1 200/1 670.

Bela Vista sem rest, Rua Joaquim Sotto Maior 6 ☎ 224 64 – wc — A **g**
23 Junho-Setembro – **18 qto** 990/1 550.

Peninsular, Rua Bernardo Lopes 35 ☎ 223 20 — A **c**
temp. – **21 qto**.

✗ **Tubarão,** Av. 25 de Abril ☎ 234 45 — A **r**
Ref lista 550 a 960.

✗ Júlio, com qto, Rua Dr Francisco Dinis 30 ☎ 225 53 — A **n**
10 qto.

✗ Johnny Ringo, na cave, Av. 25 de Abril 1 ☎ 239 57 — A **h**

em Buarcos – ✉ 3080 Figueira da Foz – ☎ 0033 :

Tamargueira, Estrada do Cabo Mondego, NO : 3 km ☎ 225 14, ≤ – wc Ⓟ. E VISA. qto
Ref 400/650 – **20 qto** ☕ 750/1 500 – P 1 700/3 500.

✗ Teimoso, com qto, Estrada do Cabo Mondego, NO : 5 km ☎ 227 85, ≤ – wc Ⓟ –
14 qto.

CITROEN Estrada de Coimbra ☎ 248 87
FIAT Rua dos Combatentes da Grande Guerra 3 ☎ 232 05
MERCEDES-BENZ, TALBOT Bairro da Estação ☎ 243 01
RENAULT Rua Dr Luís Carriço 20 ☎ 244 73
TALBOT Bairro da Estação ☎ 227 95
TOYOTA Rua Miguel Bombarda 7 ☎ 223 96

FIGUEIRÓ DOS VINHOS

3260 Leiria 37 ⑮ – 4 811 h. alt. 450 – ☎ 0036.
Arred. : Percurso★ de Figueiró dos Vinhos a Pontão 16 km – Barragem do Cabril★ (desfiladeiro★, ≤★) E : 22 km – N : Estrada da Lousã (≤★, descida★).
Av. Padre Diogo de Vasconcelos ☎ 421 78.
♦Lisboa 205 – ♦Coimbra 59 – Leiria 74.

FOZ DO DOURO

Porto 37 ⑫ – ver Porto.

FUNCHAL

Madeira 990 ㉛ – ver Madeira (Ilha da).

GALEGOS

Portalegre 37 ⑥ – ver alfândegas p. 14 e 15.

Hotel ver : Marvão NO : 14 km.

GANDARA DE ESPARIZ

Coimbra 37 ④ – ver Tábua.

GERÊS

4845 Braga 37 ① – alt. 400 – ☎ 0023 – Termas.
Ver : Parque nacional de Penedageres★★.
Excurs. : NO : Serra do Gerês★★ (vestigios da Jeira : ≤★) – Barragem da Vilarinho das Furnas : local★ – Miradouro da Fraga Negra★, ≤★.
Rua Manuel Ferreira da Costa, Vilar da Veiga, Terras do Bouro ☎ 651 33.
♦Lisboa 412 – Braga 44.

Do Parque, Av. Francisco da Costa ☎ 651 12, – wc – *temp* – **60 qto**.

Das Termas sem rest, Av. Francisco da Costa ☎ 651 43 – wc wc – **31 qto**.

GOUVEIA

6290 Guarda 37 ③ – 2 826 h. alt. 650 – ☎ 0037.
Arred. : Estrada★★ de Gouveia a Covilhã (≤★, Poço do Inferno★ : cascata★, val glaciário do Zêzere★★, ≤★) por Manteigas : 65 km.

Hoteis ver : Manteigas SE : 38 km.

GOUVEIA

Lisboa – ver Praia das Maças.

GRÂNDOLA

7570 Sétubal 37 ⑱.
Rua Dr José Pereira Barradas ☎ 420 51.
♦Lisboa 121 – Beja 69 – Setúbal 75.

Vila Morena sem rest, Av. Jorge Nunes ☎ 420 95 – wc wc. E VISA.
23 qto ☕ 1 550.

FIAT Rua Infante D. Henrique ☎ 422 52
RENAULT estrada Nacional 10 ☎ 424 76
TALBOT Av. Jorge Nunes ☎ 424 58

GUARDA

6300 P 37 ③ – 14 592 h. alt. 1 000 – ☎ 0051.
Ver : Catedral★.
Praça Luís de Camões, Edificio da Câmara Municipal ☎ 222 51.
♦Lisboa 365 – Castelo Branco 107 – Ciudad Rodrigo 81 – ♦Coimbra 166 – Viseu 85.

De Turismo, Av. Coronel Orlindo de Carvalho ☎ 222 06, Telex 18760, ≤ – rest. AE E VISA. rest
Ref 750/900 – **102 qto** ☕ 2 350/2 500 – P 2 250/3 850.

Filipe, Rua Vasco da Gama 9 ☎ 226 59, Telex 17146 – wc wc. AE E VISA
Ref 470/580 – **32 qto** ☕ 750/1 830 – P 1 690/2 770.

✗✗ O Telheiro, estrada N 16, E : 1,5 km ☎ 213 56 – Ⓟ. AE E VISA.

cont. →

B.L.M.C. (AUSTIN) Av. Dr Gonçalves Proença ℗ 227 44
CITROEN, MERCEDES-BENZ Rua Batalha Reis 2 ℗ 229 47
DATSUN Póvoa do Mileu ℗ 216 43
FIAT Rua Serpa Pinto 13 ℗ 227 44
FORD Rua Dr Afonso Costa ℗ 229 57
FORD Rua da Fontainha ℗ 229 57
G.M. (OPEL, VAUXHALL) Rua Dr Manuel Arriaga ℗ 225 27
RENAULT Rua Vasco de Gama ℗ 222 59
TALBOT Rua Vasco de Gama 8 ℗ 222 60
TOYOTA Av. Afonso Costa ℗ 227 66
VW Rua Augusto Gil 8 ℗ 211 21

GUARDEIRAS Porto 37 ⑫ – ver Porto.

GUIMARÃES 4800 Braga 37 ①②⑪⑫ – 10 646 h. alt. 175 – 0023.

Ver : Paço dos Duques★ (tectos★, tapeçarias★) – Castelo★ – Igreja de São Francisco (azulejos★, sacristia★) – Museu Alberto Sampaio★ (ourivesaria★, cruz★, tríptico★).

Arred. : Trofa (localidade★) SE : 7,5 km – Penha ✻★ SE : 8 km.

Av. de Resistência ao Fascismo 83, Local de Penha ℗ 424 50.

♦Lisboa 364 – Braga 22 – ♦Porto 49 – Viana do Castelo 70.

Pousada de Santa Maria de Oliveira, Largo de Oliveira ℗ 41 21 57, Telex 32875 – rest. AE E VISA.
Ref 750 – **16 qto** 3 350/3 550 – P 4 150/6 550.

Fundador Dom Pedro sem rest, Av. Afonso Henriques 740 ℗ 41 37 81, Telex 32866 – AE E VISA
63 qto 2 100/2 500.

Toural, sem rest, Largo do Toural 15 ℗ 41 12 50 – wc – **40 qto**.

B.M.W., RENAULT Av. Conde de Margarida 616 ℗ 41 59 96
CITROEN Rua de S. Gonçalo 517 ℗ 417 68
FIAT Rua de São Gonçalo ℗ 41 29 97
TALBOT Rua de São Gonçalo 517 ℗ 41 17 68
TOYOTA Av. Conde de Margaride 638 ℗ 422 37
VW Av. D. João IV ℗ 41 14 49

GUINCHO (Praia do) Lisboa 37 ⑫ – ver Cascais.

LAGOA 8400 Faro 37 ⑳ – 5 694 h. – 0082 – Praia.

Arred. : Silves (Castelo★) N : 6,5 km – Praia do Carvoeiro : Algar Seco : sitio maritimo★★ S : 5 km.

Largo da Praia, Praia do Carvoeiro ℗ 573 28.

♦Lisboa 300 – Faro 54 – Lagos 26.

Motel Alagoas sem rest, estrada N 125 ℗ 522 43, – wc wc . AE E VISA
160 – **22 apartamentos** 1 850.

O Lotus, Rua Marquês de Pombal 11 ℗ 52098.

na praia do Carvoeiro S : 5 km – 8400 Lagoa – 0082 :

Aparthotel Solferias, ℗ 574 01, Telex 18781, climatizada, – . AE E VISA.
Maio-Autubro – Ref *(fechado 4ª feira)* – 150 – **60 apartamentos** 3 400.

Dom Sancho, sem rest, ℗ 573 50, ← – – **47 qto**.

O Pátio, ℗ 573 67, Decoração rústica – – *fechado 2ª feira e 1 Novembro-15 Dezembro* – Ref *(só jantar)* lista 755 a 1 475.

Togi, Algar Sêco ℗ 571 07, Decoração regional –
fechado 2ª feira e 16 Novembro-14 Março – Ref (só jantar) lista 630 a 1 620.

na Aldeia de Porches por N 125 E : 5 km – 8400 Lagoa – 0082 :

O Leão de Porches, ℗ 523 84, « Instalado numa antiga alcaria »
Março-Setembro e fechado Domingo – Ref lista 480 a 1 045

LAGOS 8600 Faro 37 ⑳ – 10 359 h. – 0082 – Praia.

Ver : Local ←★ – Museu regional (interior★ da igreja de Santo Antonio) Z **M**.

Arred. : Ponta da Piedade★★ (local★★ ←★), Praia de Dona Ana★ S : 3 km – Barragem de Bravura ←★ 15 km por ②.

18, 9 Campo de Palmares ℗ 629 53 Meia Praia por ② – Largo Marquês de Pombal ℗ 630 31.

♦Lisboa 267 ① – Beja 163 ① – Faro 80 ② – Setúbal 224 ①.

Plano página seguinte

De Lagos, Rua Nova da Aldeia ℗ 620 11, Telex 18277, climatizada, – Y **e**
287 qto.

São Cristóvão, sem rest, Rossio de São João ℗ 630 51 – Y **a**
77 qto.

Cidade Velha, sem rest, Rua Dr. Joaquim Tello 7 ℗ 620 41 – wc wc Z **k**
temp. – **17 qto**.

Lagosmar, sem rest, Rua Dr. Faria e Silva 13 ℗ 635 23 – wc wc – **21 qto**. Y **c**

Marazul sem rest, Rua 25 de Abril 13 ℗ 621 81 – wc Y **u**
fechado Dezembro – **17 qto** 600/800.

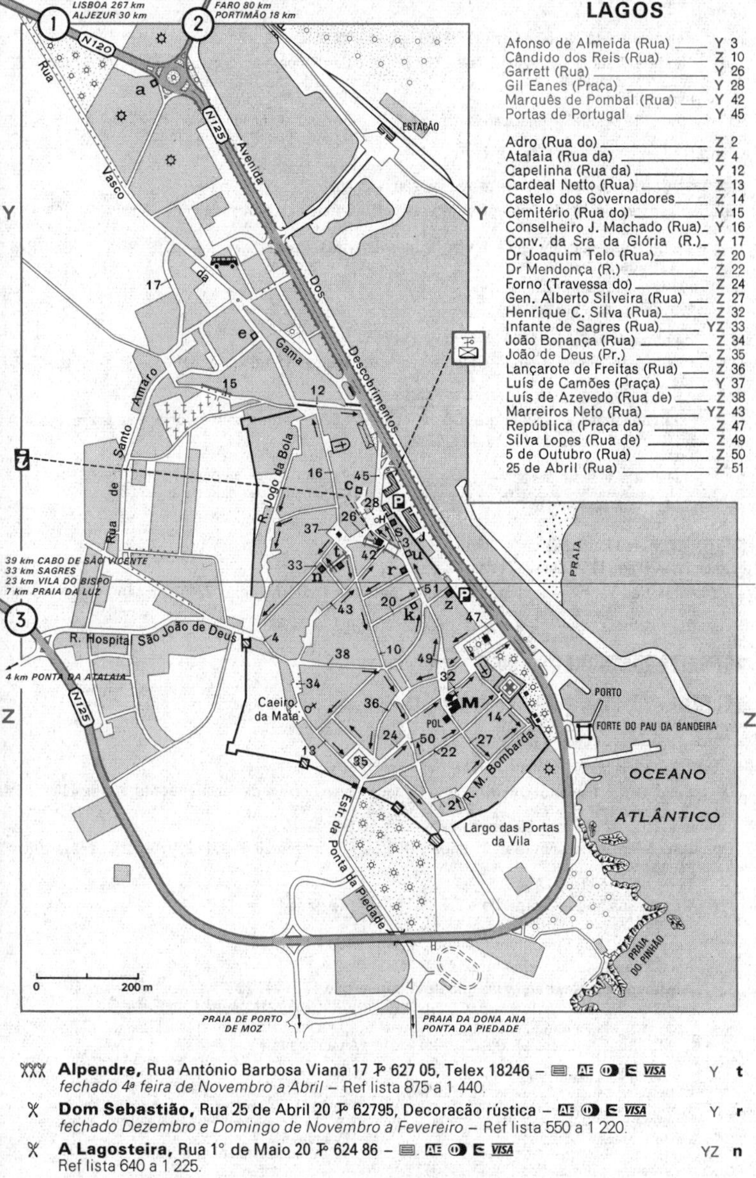

XXX **Alpendre,** Rua António Barbosa Viana 17 ☎ 627 05, Telex 18246 – ▤. AE ⊕ E VISA — Y **t**
fechado 4ª feira de Novembro a Abril – Ref lista 875 a 1 440.

X **Dom Sebastião,** Rua 25 de Abril 20 ☎ 62795, Decoracão rústica – AE ⊕ E VISA — Y **r**
fechado Dezembro e Domingo de Novembro a Fevereiro – Ref lista 550 a 1 220.

X **A Lagosteira,** Rua 1° de Maio 20 ☎ 624 86 – ▤. AE ⊕ E VISA — YZ **n**
Ref lista 640 a 1 225.

X **Pouso do Infante,** Rua Afonso de Almeida 11 ☎ 628 62 — Y **s**
fechado 4ª feira e 15 Dezembro-Janeiro – Ref lista 590 a 1090.

X Barroca, Travessa Senhora de Graça 1, ≤ — YZ **z**
temp. – Ref *(só jantar).*

na Praia de Dona Ana S : 2 km – ✉ 8600 Lagos – ⊚ 0082 :

Golfinho ♘, ☎ 620 81, Telex 18289, ≤, ⛱ climatizada – |‡| ▤ ⇔ Ⓟ – 🏔. AE ⊕ E VISA
Ref 900 – **259 qto** ☕ 3 530/4 510 – P 5 180/7 810.

cont. →

na Meia Praia NE : 3,8 km – ✉ 8600 Lagos – ☎ 0082 :

Da Meia Praia, ☎ 620 01, Telex 182 89, ←, « Jardim com árvores », climatizada, – rest wc
temp. – **66 qto**.

B.L.M.C. (AUSTIN, MORRIS) Rua João Bonança 1 ☎ 631 75
CITROEN Rua João Bonança 1 ☎ 631 75
RENAULT Ponte do Molião ☎ 624 39
TOYOTA Rua Dr Joaquim Tello 32-A ☎ 633 27

LAMEGO 5100 Viseu 37 ② – 10 350 h. alt. 500 – ☎ 0095.

Ver : Museu regional★ de Lamego (pinturas sobre madeira★ tapeçarias★) – Igreja do Desterro (tecto★).

Arred. : Miradouro da Boa Vista★ ←★ N : 5 km – São João de Tarouca : Igreja (S. Pedro★) SE : 15,5 km – N : Estrada da Régua ←★.

Av. Dr Alfredo de Souza ☎ 620 05.

♦Lisboa 369 – Viseu 70 – Vila Real 40.

na estrada N 2 – ✉ 5100 Lamego – ☎ 0095 :

Parque, no Santuario de Na. Sra. dos Remédios, S : 1,5 km ☎ 621 05 – wc. AE E VISA
Ref 400 – **32 qto** 700/1 600 – P 2 400/3 300.

Estal. de Lamego com qto, SO : 2 km ☎ 621 62, « Parque com árvores » – wc wc
7 qto.

CITROEN Relógio de Sol ☎ 634 38
DATSUN Rua dos Bancos ☎ 620 55
FIAT Rua da Columela ☎ 629 92
RENAULT Largo do Desterro ☎ 621 56
TALBOT Rua da Columela ☎ 623 83

LAUNDOS 4490 Porto 37 ⑪ – 1 551 h. – ☎ 0022.

♦Lisboa 358 – ♦Porto 40 – Viana do Castelo 33.

Estal. São Félix com qto, no monte São Félix ☎ 611 76, Telex 22453, ← campo com o mar ão fundo, – wc – . AE E VISA.
Ref *(fechado 2ª feira)* – **8 qto** 1 800/2 400 – P 2 700/4 200.

LEÇA DA PALMEIRA Porto 37 ⑫ – ver Porto.

LEIRIA 2400 P 37 ⑮ – 10 286 h. alt. 50 – ☎ 0044.

Ver : Castelo★ (local★).

Largo de Goa, Damão e Diu ☎ 227 48.

♦Lisboa 128 – ♦Coimbra 71 – Portalegre 161 – Santarém 81.

Euro-Sol e Eurosol Jardim, Rua D. José Alves Correia da Silva ☎ 241 01, Telex 42031, ←, – rest – . AE E VISA.
Ref 700 – **92 qto** 1 800/2 700 – P 3 200/5 500.

São Francisco sem rest, 9° andar, Rua São Francisco 26 ☎ 251 42, ← – wc wc
. VISA.
18 qto 1 400/2 000.

Capri, Rua Miguel Torga-Lote 2 ☎ 266 02 – . E VISA
fechado Sábado – Ref lista 390 a 840.

Verde Pino, Rua Comandante Almeida Henrique 11 ☎ 226 26.

Reis, Rua Wenceslau de Morais 17 ☎ 248 34

Aquário, Rua Capitão Mouzinho de Albuquerque 17 ☎ 247 20
fechado do 1 ao 15 Outubro e 6ª feira salvo em Julho e Agosto – Ref lista 400 a 735.

B.L.M.C. (AUSTIN) Rua de Tomar ☎ 226 43
B.L.M.C. (MORRIS), MERCEDES-BENZ Alto do Vieiro ☎ 243 38
B.L.M.C. Rua de Tomar ☎ 226 43
B.M.W. Francisco Batista Russo e Irmão ☎ 233 65
CITROEN Rua Tenente Valadim 68 ☎ 239 69
DATSUN Av. Herois de Angola 74 ☎ 258 27
FIAT Rua de Tomar 11-A ☎ 225 20
FORD Av. dos Combatentes ☎ 241 91
FORD Rua Machado dos Santos 10-B ☎ 241 91
G.M (OPEL, VAUXHALL) Rua Capitão Mouzinho de Albuquerque ☎ 240 61
PEUGEOT Av. Combatentes da Grande Guerra 12 ☎ 250 07
RENAULT Av. Heróis de Angola ☎ 231 00
TALBOT Rua Na. Sra. de Fátima ☎ 220 36
TOYOTA Rua Capitão Mousinho de Albuquerque 111 ☎ 229 54
VW Arrabalde da Ponte ☎ 232 60

Os hotéis e restaurantes agradáveis são assinalados no guia por um símbolo vermelho
Ajude-nos, indicando-nos os estabelecimentos que, na sua opinião, podem proporcionar uma estadia agradável.
O seu guia do próximo ano será ainda melhor.

LISBOA

LISBOA 1100 P 37 ⑫ e ⑰ – 859 200 h. alt. 111.

Ver : Vista sob a cidade : ★★do Ponte 25 de Abril (p. 2) BV, ★★do Cristo-Rei por ②.

CENTRO

Ver : Rossio★ (Praça) p. 5 GY – Avenida da Liberdade★ (p. 4) FX – Parque Eduardo VII★ (Estufa fria) p. 4 EX – Igreja São Roque★ (p. 4) FY **M1** – Terreiro do Paço (Praça) p. 5 GZ.

CIDADE MEDIEVAL

Ver : Castelo de São Jorge★★ (p. 5) GY – Sé★ (p. 5) GZ – Miradouro de Santa Luzia★ (p. 7) JY – Alfama★★ (p. 7) JYZ.

CIDADE MANUELINA

Ver : Mosteiro dos Jerónimos★★ (igreja, claustro) p. 2 AV – Torre de Belém★★ (p. 2) AV – Padrão dos Descobrimentos★ (p. 2) AV **F**.

MUSEUS

Nacional de Arte Antiga★★ (poliptico de Nuno Gonçalves★★★) p. 2 BV **M6** – Calouste-Gulbenkian★★★ (coleções de arte) p. 3 CU **M7** – do Azulejo★ e Igreja de Madre de Deus★★ (p. 3) DU **N** – Nacional dos Coches★★ (p. 2) AV **M12** – de Marinha★★ (p. 2) AV **M4**.

18, 9 Club de golf do Estoril 25 km por ③ ☎ 268 01 76 Estoril – 18 Lisbon Sports Club 20 km por ⑤ ☎ 96 00 77 – 18 Club de Campo de Lisboa 15 km por ② ☎ 24 57 17 Aroeira, Fonte da Telha.

✈ de Lisboa, 8 km do centro (CDU) – T.A.P., Praça Marquês de Pombal 3, ✉ 1200, ☎ 53 88 52 e no aeroporto ☎ 89 91 21.

🚗 ☎ 86 46 75.

⛴ para a Madeira : C.T.M., Rua de São Julião 63 ☎ 87 89 81, Telex 12440, Av. 24 de Julho 132 ☎ 60 71 81 e Roche Conde de Óbidos ☎ 60 22 21 – E.N.M., Rua de São Julião 5, ✉ 1100, ☎ 87 01 21 e Rocha Conde de Óbidos, ✉ 1300, ☎ 6625 47, Telex 13669.

ℹ Palácio Foz, Praça dos Restaudores ☎ 36 36 24, jardim de Regedor ☎ 36 35 21 e no aeroporto ☎ 89 42 48 – A.C.P. Rua Rosa Araújo 24, ✉ 1200, ☎ 56 39 31, Telex 12581 – A.C.P. Av. Barbosa do Bocage 23, ✉ 1000, ☎ 77 54 75, Telex 14070.

Madrid 646 ① – Bilbao 897 ① – Paris 1814 ① – Porto 315 ① – Sevilla 411 ②.

Planos de Lisboa

LISBOA

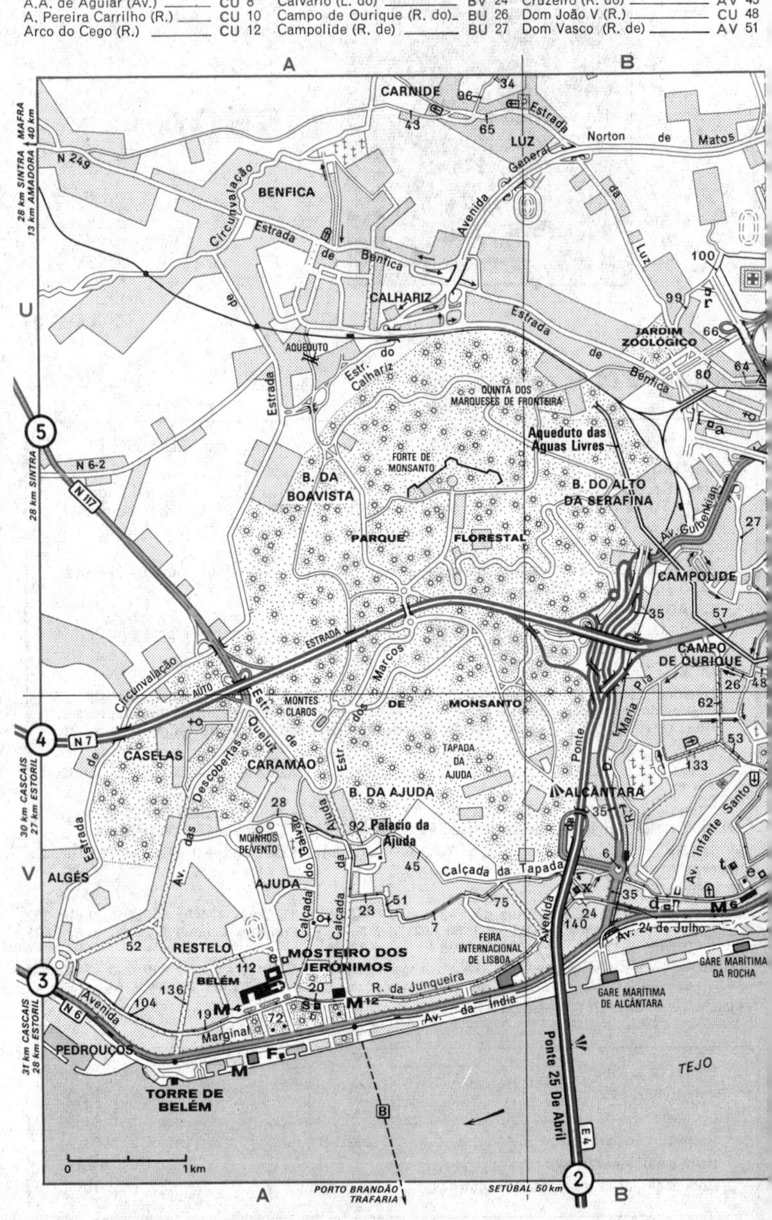

A
B
U
V
CARNIDE
LUZ
BENFICA
CALHARIZ
AQUEDUTO
JARDIM ZOOLÓGICO
QUINTA DOS MARQUESES DE FRONTEIRA
Aqueduto das Águas Livres
FORTE DE MONSANTO
B. DA BOAVISTA
B. DO ALTO DA SERAFINA
PARQUE FLORESTAL DE MONSANTO
CAMPOLIDE
CAMPO DE OURIQUE
MONTES CLAROS
CASELAS
CARAMÃO
TAPADA DA AJUDA
B. DA AJUDA
ALCÂNTARA
MOINHOS DE VENTO
Palácio da Ajuda
AJUDA
ALGÉS
RESTELO
BELÉM
MOSTEIRO DOS JERÓNIMOS
FEIRA INTERNACIONAL DE LISBOA
GARE MARÍTIMA DA ROCHA
GARE MARÍTIMA DE ALCÂNTARA
PEDROUÇOS
TORRE DE BELÉM
TEJO
Ponte 25 De Abril
Av. 24 de Julho
R. da Junqueira
Av. da Índia
Calçada da Tapada
Av. Gulbenkian
Av. Infante Santo
28 km SINTRA
13 km AMADORA
MAFRA 40 km
28 km SINTRA
30 km CASCAIS
27 km ESTORIL
31 km CASCAIS
28 km ESTORIL
PORTO BRANDÃO TRAFARIA
SETÚBAL 50 km
N 249
N 6-2
N 117
N 7
N 6
E 4
0
1 km

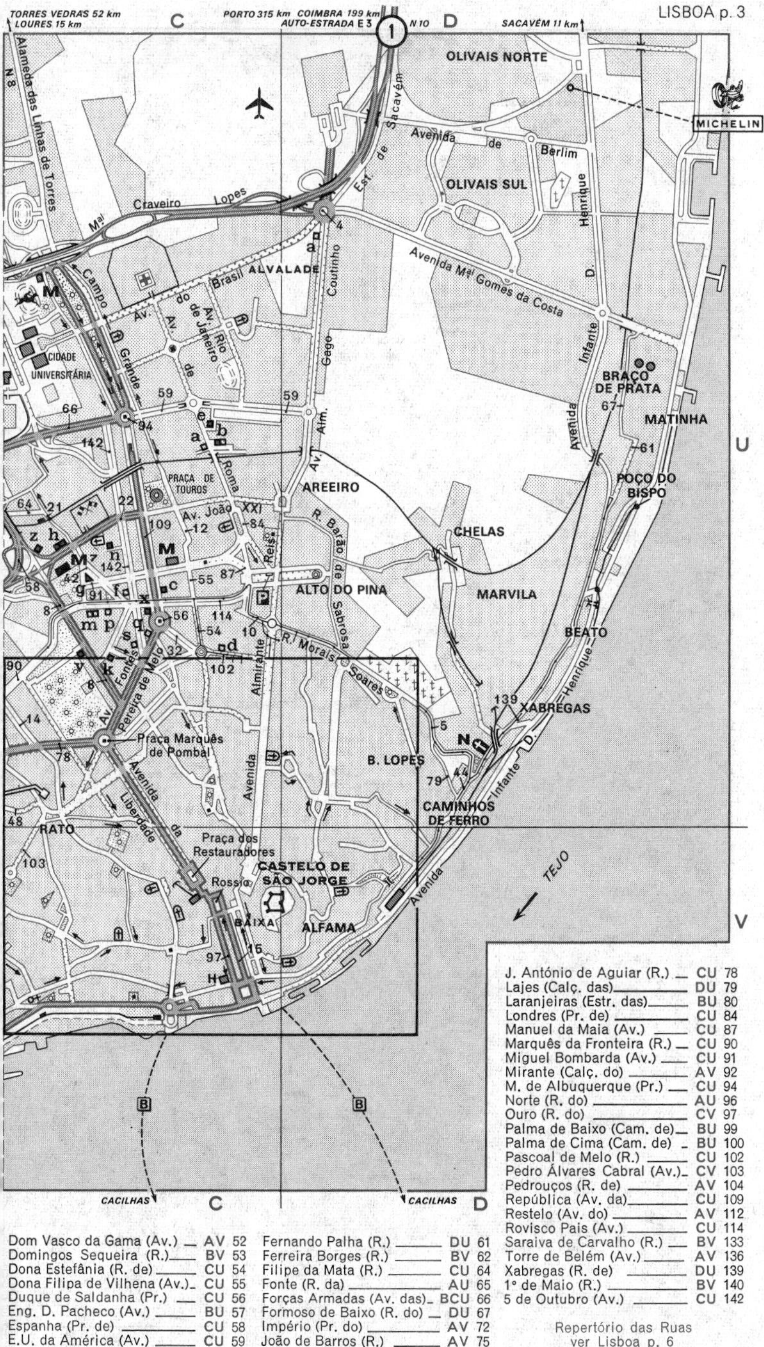

- J. António de Aguiar (R.) — CU 78
- Lajes (Calç. das) — DU 79
- Laranjeiras (Estr. das) — BU 80
- Londres (Pr. de) — CU 84
- Manuel da Maia (Av.) — CU 87
- Marquês da Fronteira (R.) — CU 90
- Miguel Bombarda (Av.) — CU 91
- Mirante (Calç. do) — AV 92
- M. de Albuquerque (Pr.) — CU 94
- Norte (R. do) — AU 96
- Ouro (R. do) — CV 97
- Palma de Baixo (Cam. de) — BU 99
- Palma de Cima (Cam. de) — BU 100
- Pascoal de Melo (R.) — CU 102
- Pedro Álvares Cabral (Av.) — CV 103
- Pedrouços (R. de) — AV 104
- República (Av. da) — CU 109
- Restelo (Av. do) — AV 112
- Rovisco Pais (Av.) — CU 114
- Saraiva de Carvalho (R.) — BV 133
- Torre de Belém (Av.) — AV 136
- Xabregas (R. de) — DU 139
- 1° de Maio (R.) — BV 140
- 5 de Outubro (Av.) — CU 142

- Dom Vasco da Gama (Av.) — AV 52
- Domingos Sequeira (R.) — BV 53
- Dona Estefânia (R. de) — CU 54
- Dona Filipa de Vilhena (Av.) — CU 55
- Duque de Saldanha (Pr.) — CU 56
- Eng. D. Pacheco (Av.) — BU 57
- Espanha (Pr. de) — CU 58
- E.U. da América (Av.) — CU 59

- Fernando Palha (R.) — DU 61
- Ferreira Borges (R.) — BV 62
- Filipe da Mata (R.) — CU 64
- Fonte (R. da) — AU 65
- Forças Armadas (Av. das) — BCU 66
- Formoso de Baixo (R. do) — DU 67
- Império (Pr. do) — AV 72
- João de Barros (R.) — AV 75

Repertório das Ruas
ver Lisboa p. 6

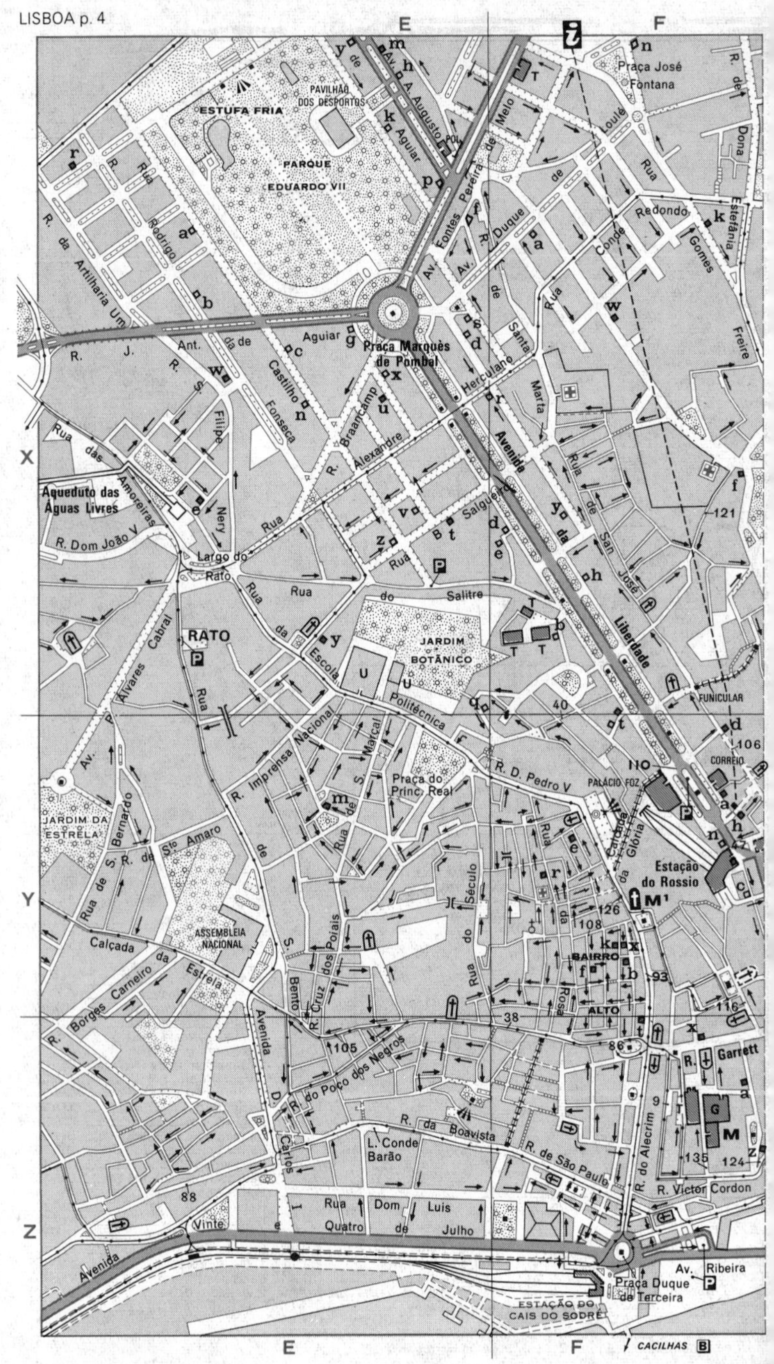
E
F
ESTUFA FRIA
PAVILHÃO DOS DESPORTOS
PARQUE EDUARDO VII
Praça José Fontana
Praça Marquês de Pombal
Aqueduto das Águas Livres
Largo do Rato
RATO
JARDIM BOTÂNICO
FUNICULAR
CORREIO
PALÁCIO FOZ
Estação do Rossio
JARDIM DA ESTRELA
ASSEMBLEIA NACIONAL
Praça do Princ. Real
BAIRRO ALTO
L. Conde Barão
Praça Duque de Terceira
ESTAÇÃO DO CAIS DO SODRÉ
CACILHAS
Avenida da Liberdade
Rua Dom Luis
Vinte e Quatro de Julho
R. Garrett
R. Victor Cordon
R. do Alecrim
Rua da Escola Politécnica
R. D. Pedro V
R. de São Paulo
R. da Boavista
Calçada da Estrela
X
Y
Z

LISBOA

Street	Square	No.
António M. Cardoso (R.)	FZ	9
Augusto Rosa (R.)	GZ	16
Barão (R.)	GZ	17
B. de Gusmão (R.)	GY	18
Carmo (R. do)	GY	30
Chão da Feira (R. do)	GY	37
Combro (Calç. do)	FZ	38
Comércio (Pr. do) ou Terreiro do Paço	GZ	39
Conceição da Glória (R.)	FX	40
Cruzes da Sé (R.)	GZ	46
Dom João da Câmara (Pr.)	FY	47
Dom Pedro IV (Pr.) ou Rossio	GY	50
Febo Moniz (R.)	GX	60
Figueira (Pr. da)	GY	63
Funil (Trav. do)	GY	68
Graça (C. da)	HY	71
Infante D. Henrique (R.)	HY	73
Inst. Bacteriólogico (R.)	GX	74
Limoeiro (L. do)	HZ	82
Lóios (L. dos)	GZ	83
Luís de Camões (Pr.)	FZ	86
M. de Abrantes (Calç.)	EZ	88
Misericórdia (R. da)	FY	93
Poiais de S. Bento (R.)	EZ	105
Portas de Sto Antão (R. das)	FY	106
Portas do Sol (L. das)	HY	107
Queimada (Trav. da)	FY	108
Restauradores (Pr. dos)	FY	110
Rodrigues de Freitas (L.)	HY	113
Saco (R. do)	GX	115
Sacramento (Calç. do)	FY	116
Santa Justa (R. de)	GY	118
Sto Ant. da Sé (R. de)	GZ	120
Sto Ant. Capuchos (R.)	FX	121
S. Domigos (L. de)	GY	123
S. Francisco (Calç. de)	FZ	124
S. João da Praça (R.)	GZ	125
S. Pedro de Alcântara (R.)	FY	126
S. Tiago (R. de)	GZ	128
S. Vicente (Calçada de)	HY	130
Sapadores (R. dos)	HX	132
Serpa Pinto (R.)	FZ	135

Repertório das Ruas ver Lisboa p. 6

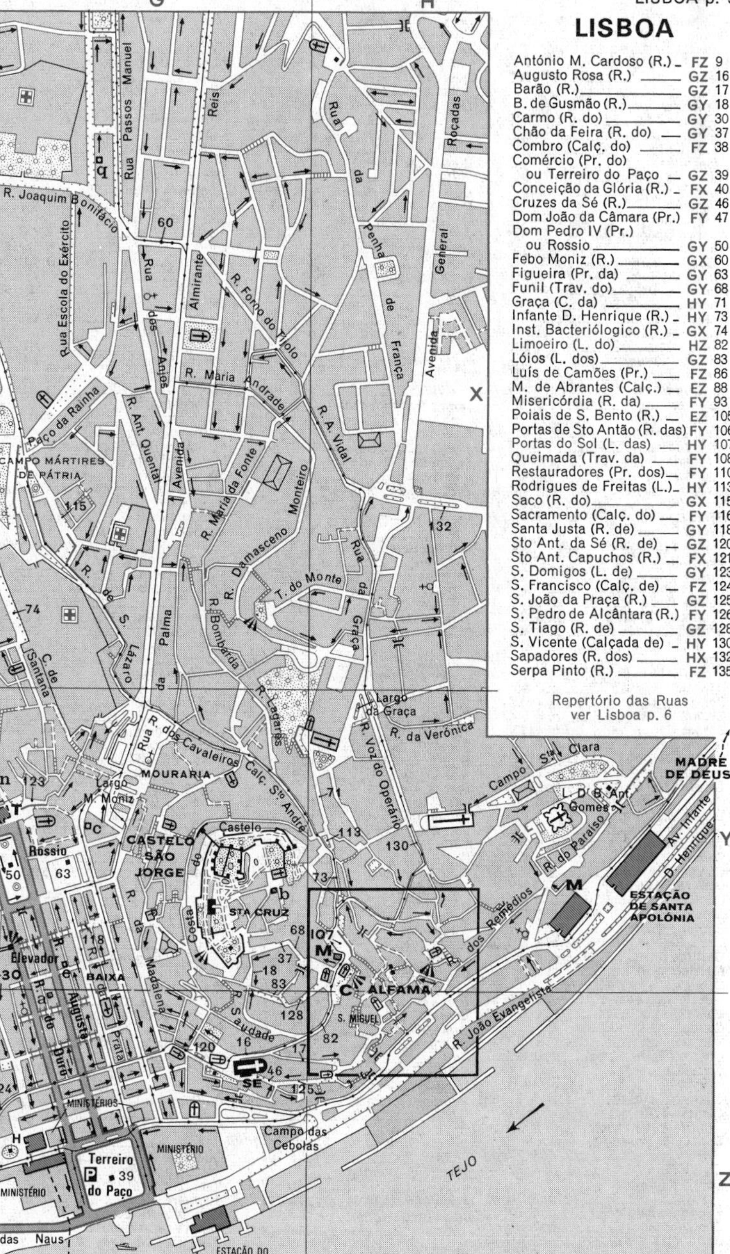

Augusta (R.) p. 5 **GZ**
Carmo (R. do) p. 5 **GY** 30
Garrett (R.) (Chiado) p. 4 **FZ**
Ouro (R. do) p. 5 **GZ**
Prata (R. da) p. 5 **GZ**

Aeroporto (Rotunda do) p. 3 **DU** 4
Afonso III (Av.) p. 3 **DU** 5
Ajuda (Calç. da) p. 2 **AV**
Alcaçarias (L. das) p. 7 **JZ**
Alcântara (L. de) p. 2 **BV** 6
Alecrim (R. do) p. 4 **FZ**
Alexandre Herculano (R.) p. 4 **EX**
Aliança Operária (R.) p. 2 **AV** 7
Almirante Gago Coutinho (Av.) p. 3 **DU**
Almirante Reis (Av.) p. 3 **CU**
Amorerias (R. das) p. 4 **EX**
Angelina Vidal (R.) p. 5 **HX**
Anjos (R. dos) p. 5 **GX**
Antero de Quental (R.) p. 5 **GX**
António Augusto de Aguiar (Av.) p. 3 **CU** 8
António Maria Cardoso (R.) p. 4 **FZ** 9
António Pereira Carrilho (R.) p. 3 **CU** 10
Arco do Cego (R.) p. 3 **CU** 12
Artilharia Um (R. da) p. 4 **EX**
Augusta (R.) p. 5 **GZ**
Augusto Rosa (R.) p. 5 **GZ** 16
Barão (R.) p. 5 **GZ** 17
Barão de Sabrosa (R.) p. 3 **DU**
Barata Salgueiro (R.) p. 4 **EX**
Barrelas (Beco das) p. 7 **JZ**
Bartolomeu de Gusmão (R.) p. 5 **GY** 18
Bartolomeu Dias (R.) p. 2 **AV** 19
Belém (R. de) p. 2 **AV** 20
Beneficência (R. da) p. 3 **CU** 21
Benfica (Estrada de) p. 2 **BU**
Berlim (Av. de) p. 3 **DU**
Berna (Av. de) p. 3 **CU** 22
Bica do Marquês (R. da) p. 2 **AV** 23
Boavista (R. da) p. 4 **EZ**
Bombarda (R.) p. 5 **GX**
Borges Carneiro (R.) p. 4 **EY**
Braancamp (R.) p. 4 **EX**
Brasil (Av. do) p. 3 **CU**
Calhariz (Estr. do) p. 2 **AU**
Calvário (L. do) p. 2 **BV** 24
Campo das Cebolas p. 5 **GZ**
Campo de Ourique (R. do) p. 2 **BU** 26
Campo de Santa Clara p. 5 **HY**
Campo Grande p. 3 **CU**
Campolide (R. de) p. 2 **BU** 27
Caramão (Estr. do) p. 2 **AV** 28
Cardosa (Beco da) p. 7 **JZ**
Carmo (R. do) p. 5 **GY** 30
Carneiro (Beco do) p. 7 **JY**
Casal Ribeiro (Av.) p. 3 **CU** 32
Castilho (R.) p. 4 **EX**
Cavaleiros (R. dos) p. 5 **GY**
Cerveiras (Azinhaga das) p. 2 **AU** 34
Ceuta (Av. de) p. 2 **BU** 35
Chafariz de Dentro (L. do) p. 7 **JZ**
Chão da Feira (R. do) p. 5 **GY** 37
Circunvalação (Estr. de) p. 2 **AU**
Combro (Calç. do) p. 4 **FZ** 38
Comércio (Pr. do) (Terreiro do Paço) p. 5 **GZ** 39
Conceição da Glória (R.) p. 4 **FX** 40
Conde Barão (L.) p. 4 **EZ**
Conde de Valbom (Av.) p. 3 **CU** 42
Conde Redondo (R.) p. 4 **FX**
Contador Mor (L.) p. 7 **JY**
Correia (Estr. da) p. 2 **AU** 43
Costa do Castelo p. 5 **GY**
Cruz da Pedra (Calç. da) p. 3 **DU** 44
Cruz dos Poiais (R. da) p. 4 **EY**
Cruzeiro (R. do) p. 2 **AV** 45

Cruzes (Beco das) p. 7 **JY**
Cruzes da Sé (R.) p. 5 **GZ** 46
Damasceno Monteiro (R.) p. 5 **GX**
Descobertas (Av. das) p. 2 **AV**
Dom Carlos I (Av.) p. 4 **EZ**
Dom João da Câmara (Pr.) p. 4 **FY** 47
Dom João V (R.) p. 4 **EX**
Dom Luís I (R.) p. 4 **EZ**
Dom Pedro IV (Pr.) (Rossio) p. 5 **GY** 50
Dom Pedro V (R.) p 4 **FY**
Dom Vasco (R. de) p. 2 **AV** 51
Dom Vasco da Gama (Av.) p. 2 **AV** 52
Domingos Sequeira (R.) p. 2 **BV** 53
Dona Estefânia (R. de) p. 4 **FX**
Dona Filipa de Vilhena (Av.) p. 3 **CU** 55
Dona Maria Pia (R.) p. 2 **BV**
Dr Bernardino António Gomes (L.) p. 5 **HY**
Duque de Loulé (Av.) p. 4 **FX**
Duque de Saldanha (Pr.) p. 3 **CU** 56
Duque de Terceira (Pr.) p. 4 **FZ**
Engenheiro Duarte Pacheco (Av.) p. 2 **BU** 57
Escola do Exército (R.) p. 5 **GX**
Escola Politécnica (R.) p. 4 **EX**
Escolas Gerais (R. das) p. 7 **JY**
Espanha (Pr. de) p. 3 **CU** 58
Espírito Santo (R. do) p. 7 **JZ**
Estados Unidos da América (Av.) p. 3 **CU** 59
Estrela (Calç. da) p. 4 **EY**
Febo Moniz (R.) p. 5 **GX** 60
Fernando Palha (R.) p. 3 **DU** 61
Ferreira Borges (R.) p. 2 **BV** 62
Figueira (Pr. da) p. 5 **GY** 63
Filipe da Mata (R.) p. 3 **CU** 64
Flores (Pátio das) p. 7 **JY**
Fonte (R. da) p. 2 **AU** 65
Fontes Pereira de Melo (Av.) p. 4 **EX**
Forças Armadas (Av. das) p. 3 **CU** 66
Formosa (Beco da) p. 7 **JY**
Formoso de Baixo (R. do) p. 3 **DU** 67
Forno do Tijolo (R.) p. 5 **GX**
Funil (Trav. do) p. 5 **GY** 68
Galvão (Calç. do) p. 2 **AV**
Garrett (R.) p. 4 **FZ**
General Norton de Matos (Av.) p. 2 **BU**
General Roçadas (Av.) p. 5 **HX**
Glória (Calç. da) p. 4 **FY**
Gomes Freire (R.) p. 4 **FX**
Graça (C. da) p. 5 **HY** 71
Graça (L. da) p. 5 **HY**
Graça (R. da) p. 5 **HX**
Guilherme Braga (R.) p. 7 **JY**
Gulbenkian (Av.) p. 2 **BU**
Império (Pr. do) p. 2 **AV** 72
Imprensa Nacional (R.) p. 4 **EY**
India (Av. da) p. 2 **AV**
Infante D. Henrique (Av.) p. 3 **DU**
Infante D. Henrique (R.) p. 5 **HY** 73
Infante Santo (Av.) p. 2 **BV**
Instituto Bacteriológico (R.) p. 5 **GX** 74
Jardim do Tabaco (R. do) p. 7 **JZ**
João da Praça (R. de) p. 7 **JZ**
João de Barros (R.) p. 2 **AV** 75
João Evangelista (R.) p. 5 **HZ**

João XXI (Av.) p. 3 **CU**
Joaquim António de Aguiar (R.) p. 4 **EX**
Joaquim Bonifácio (R.) p. 5 **GX**
José Fontana (Pr.) p. 4 **FX**
Judiaria (Rua da) p. 7 **JZ**
Junqueira (R. da) p. 2 **AV**
Lagares (R.) p. 5 **GY**
Lajes (Calç. das) p. 3 **DU** 79
Laranjeiras (Estr. das) p. 2 **BU** 80
Liberdade (Av. da) p. 4 **FX**
Limoeiro (L. do) p. 7 **JZ**
Linhas de Torres (Al.) p. 3 **CU**
Lóios (L. dos) p. 5 **GZ** 83
Londres (Pr. de) p. 3 **CU** 84
Luís de Camões (Pr.) p. 4 **FZ** 86
Luz (Estrada da) p. 2 **BU**
Madalena (R. da) p. 5 **GY**
Manuel da Maia (Av.) p. 3 **CU** 87
Marcos (Estr. dos) p. 2 **AU**
Marechal Craveiro Lopes (Av.) p. 3 **CU**
Marechal Gomes da Costa (Av.) p. 3 **DU**
Marginal (Av.) p. 2 **AV**
Maria Andrade (R.) p. 5 **GX**
Maria da Fonte (R.) p. 5 **GX**
Marquês de Abrantes (Calç. do) p. 4 **EZ** 88
Marquês da Fronteira (R.) p. 3 **CU** 90
Marquês de Pombal (Pr.) p. 4 **EX**
Martim Moniz (L.) p. 5 **GY**
Mexias (Beco do) p. 7 **JZ**
Miguel Bombarda (Av.) p. 3 **CU** 91
Mirante (Calç. do) p. 2 **AV** 92
Misericórdia (R. da) p. 4 **FY** 93
Monte (Trav. do) p. 5 **HX**
Morais Soares (R.) p. 3 **DU**
Mouzinho de Albuquerque (Pr.) p. 3 **CU** 94
Norberto de Araújo (R.) p. 7 **JZ**
Norte (R. do) p. 2 **AU** 96
Ouro (R. do) p. 5 **GZ**
Palma (R. da) p. 5 **GX**
Palma de Baixo (Cam.) p. 2 **BU** 99
Palma de Cima (Cam.) p. 2 **BU** 100
Paraíso (R. do) p. 5 **HY**
Pascoal de Melo (R.) p. 3 **CU** 102
Passos Manuel (R.) p. 5 **GX**
Pedro Álvares Cabral (Av.) p. 4 **EX**
Pedrouços (R. de) p. 2 **AV** 104
Penha de França (R. da) p. 5 **HX**
Poço dos Negros (R. do) p. 4 **EZ**
Poiais de S. Bento (R.) p. 4 **EZ** 105
Ponte (Av. da) p. 2 **BV**
Portas de Santo Antão (R.) p. 4 **FY** 106
Portas do Sol (L. das) p. 7 **JY**
Prata (R. da) p. 5 **GZ**
Príncipe Real (Pr. do) p. 4 **EY**
Queimada (Trav. da) p. 4 **FY** 108
Queluz (Estr. de) p. 2 **AV**
Rainha (Paço da) p. 5 **GX**
Rato (L. do) p. 4 **EX**
Regueira (R. da) p. 7 **JY**
Remédios (R. dos) p. 5 **HY**
República (Av. da) p. 3 **CU** 109
Restauradores (Pr. dos) p. 4 **FY** 110
Restelo (Av. do) p. 2 **AV** 112
Ribeira das Naus (Av.) p. 4 **FZ**
Rio de Janeiro (Av.) p. 3 **CU**

Rua	Página	Quadrícula	N.º
Rodrigues de Freitas (L.)	p. 5	HY	113
Rodrigo da Fonseca (R.)	p. 4	EX	
Roma (Av. de)	p. 3	CU	
Rosa (R. da)	p. 4	FY	
Rovisco Pais (Av.)	p. 3	CU	114
Sacavém (Estr. de)	p. 3	DU	
Saco (R. do)	p. 5	GX	115
Sacramento (Calç. do)	p. 4	FY	116
Salitre (R. do)	p. 4	EX	
Salvador (L. do)	p. 7	JY	
Salvador (R. do)	p. 7	JY	
Santa Helena (Beco de)	p. 7	JY	
Santana (Calç. de)	p. 5	GX	
Santa Justa (R. de)	p. 5	GY	118
Santa Luzia (Trav. de)	p. 7	JY	
Santa Marta (R. de)	p. 4	FX	
Santo Amaro (R. de)	p. 4	EY	
Santo André (Calç. de)	p. 5	GY	
Santo António da Sé (R.)	p. 5	GZ	120
Santo António dos Capuches (R.)	p. 4	FX	121
Santo Estêvão (L. de)	p. 7	JY	
S. Bento (R. de)	p. 4	EY	
S. Bernardo (R. de)	p. 4	EY	
S. Domingos (L. de)	p. 5	GY	123
S. Filipe de Nery (R.)	p. 4	EX	
S. Francisco (Calç. de)	p. 4	FZ	124
S. João da Praça (R.)	p. 5	GZ	125
S. José (R. de)	p. 4	FX	
S. Lázaro (R. de)	p. 5	GX	
S. Marçal (R. de)	p. 4	EY	
S. Miguel (L. de)	p. 7	JZ	
S. Miguel (Rua de)	p. 7	JZ	
S. Paulo (R. de)	p. 4	FZ	
S. Pedro (R. de)	p. 7	JZ	
S. Pedro de Alcântara (R. de)	p. 4	FY	126
S. Rafael (L. de)	p. 7	JZ	
S. Tiago (R. de)	p. 5	GZ	128
S. Vicente (Calç. de)	p. 7	JY	
Sapadores (R. dos)	p. 5	HX	132
Saraiva de Carvalho (R.)	p. 2	BV	133
Saudade (R.)	p. 5	GZ	
Século (R. do)	p. 4	EY	
Serpa Pinto (R.)	p. 4	FZ	135
Tapada (Calç. da)	p. 2	BV	
Terreiro do Trigo (L. do)	p. 7	JZ	
Terreiro do Trigo (R. do)	p. 7	JZ	
Tijolo (Calç. de)	p. 7	JY	
Torre de Belém (Av.)	p. 2	AV	136
Verónica (R. da)	p. 5	HY	
Victor Cordon (R.)	p. 4	FZ	
Vigário (R. do)	p. 7	JY	
Voz do Operário (R.)	p. 5	HY	
Xabregas (R. de)	p. 3	DU	139
1° de Maio (R.)	p. 2	BV	140
5 de Outubro (Av.)	p. 3	CU	142
24 de Julho (Av.)	p. 2	BV	

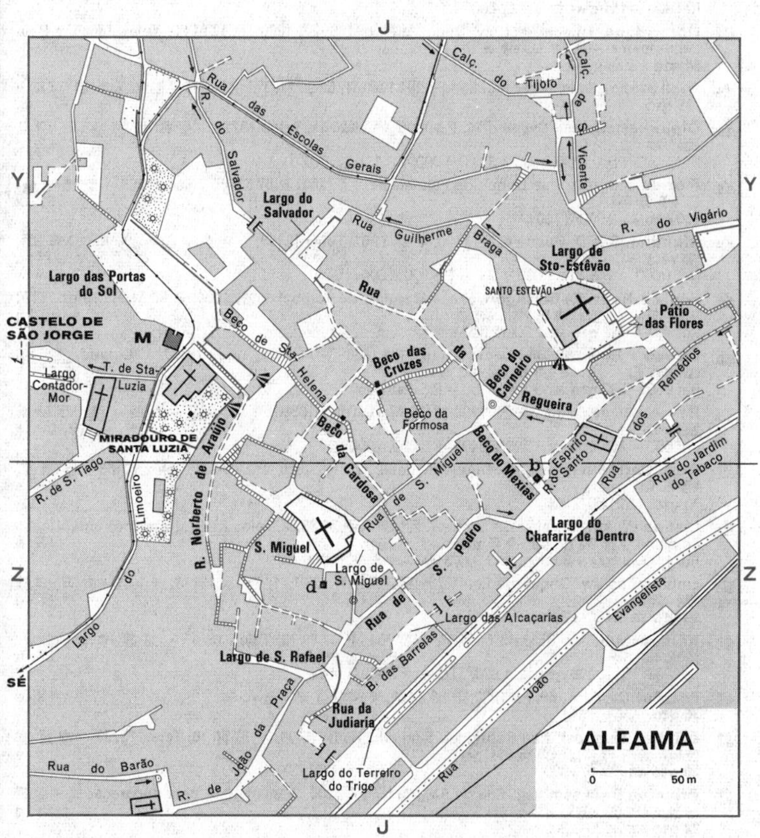

Ritz Inter-Continental, Rua Rodrigo da Fonseca 88, 1000, 68 41 31, Telex 12589, – rest EX **b**
300 qto 6 800/8 200.

Sheraton M, Rua Latino Coelho 1, 1000, 57 57 57, Telex 12774, climatizada – rest CU **s**
Ref 850 – **387 qto** 5 200/6 600.

Altis M, Rua Castilho 11, 1200, 56 00 71, Telex 13314 – EX **z**
Ref 850 – **225 qto** 5 500/6 600.

Tivoli, Av. da Liberdade 185, 1200, 53 99 71, Telex 12172, – FX **d**
Ref 750 – **119 qto** 4 800/5 000.

Alfa Lisboa, Av. Columbano Bordalo Pinheiro 73 21 21, Telex 18477, climatizada – rest BU **a**
Ref 600 – **270 qto** 5 100/6 300.

Avenida Palace, sem rest, Rua 1° de Dezembro 123, 1200, 36 01 51, Telex 12815 – FY **n**
100 qto.

Lutécia, Av. Frei Miguel Contreiras 52, 1700, 80 31 21, Telex 12457, – CU **b**
Ref 900 – **151 qto** 3 000/4 000.

Dom Manuel I sem rest, av. Duque d'Ávila 189, 1000, 57 61 60, Telex 13665, « Bela decoração » – CU **p**
64 qto 2 500/3 000.

Tivoli Jardim, Julio Cesar Machado 7, 1200, 53 99 71, Telex 12172 – FX **e**
119 qto.

Diplomático, Rua Castilho 74, 1200, 56 20 41, Telex 13713 – EX **c**
Ref 1 000/1 500 – **90 qto** 3 500/4 000 – P 4 000/5 500.

Flórida sem rest, Rua Duque de Palmela 32, 1200, 57 61 45, Telex 12256 – EX **x**
120 qto 2 900/3 700.

Mundial, Rua D. Duarte 4, 1100, 86 31 01, Telex 12308, – rest GY **c**
Ref 1 000 – **146 qto** 3 000/4 000 – P 5 000/8 000.

Fénix e Rest. El Bodegón, Praça Marquês de Pombal 8, 1200, 53 51 21, Telex 12170 – EX **g**
Ref 750 – **112 qto** 2 300/2 900.

Lisboa Penta, Av. dos Combatentes, 1600, 74 01 41, Telex 18437, Cidade, – rest BU **r**
Ref 950 – **592 qto** 3 350/4 150 – P 5 250/7 950.

Roma, Av. de Roma 33, 1700, 76 77 61, Telex 16586, – CU **a**
Ref 650 – **263 qto** 1 700/2 640 – P 3 000/4 900.

Dom Carlos sem rest, Av. Duque de Loulé 121, 1000, 53 90 71, Telex 16468 – EX **s**
73 qto 2 050/2 900.

Lisboa Plaza, Travessa do Salitre 7, 1200, 36 39 22, Telex 16402, Refeiçoēs amenizadas ao piano – FX **b**
Ref 1 000/1 500 – **93 qto** 3 200/3 900 – P 5 200/7 900.

Embaixador, Av. Duque de Loulé 73, 1000, 53 01 71, Telex 13773, – rest FX **a**
96 qto 2 400/3 200 – P 3 000/3 800.

Miraparque, Av. Sidónio Pais 12, 1000, 57 80 70, Telex 16745 – rest wc wc EX **k**
Ref 600/750 – **100 qto** 1 800/2 500 – P 2 400/4 900.

Rex, Rua Castilho 169, 1000, 68 21 61, – wc EX **a**
70 qto.

Britânia sem rest, Rua Rodrigues Sampaio 17, 1100, 57 50 16, Telex 13733 – wc – FX **y**
30 qto 2 300/2 880.

Príncipe Real sem rest, Rua da Alegria 53, 1200, 36 01 16, « Bela decoração » – wc EX **q**
24 qto 2 650/3 800.

Eduardo VII, Av. Fontes Pereira de Melo 5, 1000, 53 01 41, Telex 18340, – wc wc EX **p**
Ref 750/900 – **110 qto** 2 850/3 600 – P 3 300/4 350.

York House, Rua das Janelas Verdes 32, 1200, 66 24 35, « Instalado num convento do século XVI decorado num estilo português » – wc wc BV **e**
63 qto.

Vip, sem rest, Rua Fernão Lopes 25, 1000, 57 89 23, Telex 14144 – wc –
54 qto. FX **n**

Principe, Av. Duque d'Ávila 201, 1000, 53 61 51 – wc wc P. AE E VISA.
CU **m**
Ref 500 – **60 qto** 1 700/2 500 – P 2 700/4 300.

Do Reno sem rest, Av. Duque d'Ávila 195, 1000, 54 81 81, Telex 15893 – wc wc P. AE E VISA CU **m**
54 qto 1 785/2 300.

Excelsior, Rua Rodrigues Sampaio 172, 1100, 53 71 51, Telex 14223 – rest wc wc. AE E VISA. EX **d**
Ref 550 – **80 qto** 1 900/2 400.

Presidente sem rest, Rua Alexandre Herculano 13, 1100, 53 95 01 – wc
59 qto 2 050/2 900. FX **r**

Capitol, Rua Eça de Queiroz 24, 1000, 53 68 11, Telex 13701 – rest wc. AE E VISA. EX **f**
Ref 760 – **58 qto** 2 550/3 440 – P 4 070/6 440.

Da Torre, Rua dos Jerónimos 8, 1400, 63 73 32 – wc. AE E VISA AV **e**
Ref 420 – **49 qto** 1 500/2 200 – P 1 940/2 340.

Jorge V, sem rest, Rua Mouzinho da Silveira 3, 1200, 56 25 25 – wc EX **v**
49 qto.

Flamingo, Rua Castilho 41, 1200, 53 21 91, Telex 14736 – wc wc. AE E VISA. EX **n**
Ref 700 – **39 qto** 2 650/2 750 – P 3 500/5 550.

Infante Santo sem rest, Rua Tenente Valadim 14, 1300, 60 01 44, Telex 42798, ← – wc. AE E VISA. BV **d**
27 qto 2 300.

Albergaria Términus sem rest, Av. Almirante Gago Coutinho 153, 1700, 89 11 06, – wc wc P. AE E VISA. DU **a**
23 qto 1 500/1 900.

Nazareth, 4° andar, sem rest, Av. António Augusto de Aguiar 25, 1000, 54 20 16 – wc P EX **y**
32 qto.

São Pedro sem rest, Rua Pascoal de Melo 130, 1000, 57 87 65 – wc wc. CU **d**
50 qto 1 200/1 500.

Insulana, 2° andar, sem rest, Rua da Assunção 52, 1100, 32 76 25 – wc wc
32 qto. GY **e**

Imperador sem rest, Av. 5 de Outubro 55, 1000, 57 48 84 – wc wc.
43 qto 1 660/1 790. CU **f**

Roma 1° andar, sem rest, Travessa da Glória 22-A, 1200, 36 05 57 – wc wc. AE. FY **t**
24 qto 1 600/2 250.

Americano sem rest, Rua 1° de Dezembro 73, 1200, 32 75 19 – wc wc
49 qto 600/1 700. FY **c**

Lis sem rest, Av de Liberdade 180, 1200, 56 34 34 – wc wc. E VISA.
62 qto 920/2 300. FX **h**

Albergaria Pax sem rest, Rua José Estévão 20, 1100, 56 18 61, Telex 18520 – wc. AE E VISA GX **q**
30 qto 1 600/2 000.

Horizonte, sem rest, Av. António Augusto de Aguiar 42, 1000, 53 95 26 – wc wc EX **h**
53 qto.

Lisbonense, 3° andar, sem rest, Rua Pinheiro Chagas 1, 1000, 54 46 28 – wc CU **q**
30 qto.

Aviz, Rua Serpa Pinto 12-B, 1200, 32 83 91 – FZ **x**

Tágide, Largo da Biblioteca Pública 18, 1200, 32 07 20, ← – . AE E VISA.
fechado Domingo – Ref lista 1 260 a 2 200 FZ **z**
Espec. Pate de salmão, Crepes de bacalhãu, Carne de porco com ameijoas.

Clara, Campo dos Martires da Patria 49 55 73 41 – . AE E VISA. FX **f**
Ref lista 1 240 a 2 060.

Tavares, Rua da Misericórdia 37, 1200, 32 11 12, Estilo fim do século XIX – . AE E VISA. FZ **t**
fechado Sábado e Domingo – Ref lista 1 560 a 2 560.

Algarve, 1° andar, Estação do Rossio, 1200, 36 90 13, ←, Refeições amenizadas ao piano, « Antigos Saloēs nobres da Companhia Real Dos Caminhos de Ferro » – . AE E VISA. FY

Cota D'Armas, Beco de São Miguel 7, 1100, 86 86 82, Decoração elegante, Fados e folclore ao jantar – . AE E VISA. JZ **d**
fechado Agosto, Domingo e 2ª feira meiodia.

XXX **Gambrinus,** Rua das Portas de Santo Antão 25, ✉ 1100, ☎ 32 14 66 – ▤. AE VISA. ⊘ GY **n**
Ref lista 1 520 a 2 580.

XXX **Escorial,** Rua das Portas de Santo Antão 47, ✉ 1100, ☎ 36 44 29, Decoração moderna – ▤. AE ◐ E VISA GY **n**
Ref lista 1 340 a 1 940.

XXX **Pabe,** Rua Duque de Palmela 27-A, ✉ 1200, ☎ 53 56 75, Pub inglês – ▤. AE ◐ E VISA
Ref lista 1 330 a 2 100. EX **u**

XXX ❀ **Casa da Comida,** Travessa das Amoreiras 1, ✉ 1200, ☎ 65 93 86 – ▤. AE ◐ E VISA
fechado Domingo – Ref lista 1 130 a 2 190 EX **e**
Espec. Pâté de ovas, Pregado pimenta verde, Pato com cepes.

XXX **Chester,** Rua Rodrigo de Fonseca 87-D, ✉ 1000, ☎ 68 78 11, Carnes – ▤. AE ◐ E VISA. ⊘
fechado Domingo – Ref lista 870 a 1 800. EX **w**

XXX Saraiva's, Rua Eug. Canto Rosende 3, ✉ 1000, ☎ 53 19 87, Decoração moderna – ▤ CU **v**

XXX Conventual, Praça das Flores, ✉ 1200, ☎ 60 91 96, Ambientação decorativa conventual, Cozinha antiga portuguesa – ▤ EY **m**

XX A Góndola, Av. de Berna 64, ✉ 1000, ☎ 77 04 26, ⛱ – ▤ CU **z**

XX ❀ **Michel,** Largo de Santa Cruz do Castelo 5, ✉ 1100, ☎ 86 43 38, Rest. francês – AE ◐ E VISA GY **b**
fechado Domingo e feriados – Ref lista 1 040 a 1 930
Espec. Salade au "chèvre chaud", Medaillons de lotte au poivre rose, Medaillon de veau a la julienne de citron confite.

XX Petite Folie, Av. António Augusto de Aguiar, ✉ 1000, ☎ 41948, Rest. francês – AE ◐ E VISA EX **m**

XX **Sancho,** Travessa da Glória 14, ✉ 1200, ☎ 36 97 80 – ▤. AE E VISA FX **t**
fechado Domingo – Ref lista 800 à 1 165.

XX **Fred** na cave, Av. da República 9-A, ✉ 1000, ☎ 53 04 11, Decoração moderna – ▤. AE ◐ E VISA. ⊘ CU **x**
fechado Domingo – Ref lista 1 400 a 2 250.

XX O Polícia, Rua Marquês Sá da Bandeira 112, ✉ 1000, ☎ 76 35 05 – ▤. ⊘ CU **g**
fechado Sábado noite e Domingo.

XX Frei Papinhas, Rua D. Francisco Manuel de Melo 32, ✉ 1000, ☎ 65 87 57 – ▤. AE ◐ E VISA. ⊘ EX **r**

XX O Funil, Av. Elias Garcia 82 A, ✉ 1000, ☎ 76 60 07 – ▤ CU **n**

X **Sua Excelência,** Rua do Conde 12, ✉ 1200, ☎ 60 36 14 – ▤. AE ◐ E VISA BV **t**
fechado 4ª feira e Setembro – Ref lista 1 020 a 1 825.

X **António,** Rua Tomás Ribeiro 63, ✉ 1000, ☎ 53 87 80 – ▤. AE ◐ E VISA. ⊘ CU **k**
Ref lista 890 a 1 460.

X Mestre Cuco, Rua Nova S. Mamede, ✉ 1200, ☎ 67 57 23 EX **y**

X Macau, Rua Barata Salgueiro 37-A, ✉ 1200, ☎ 55 88 88, Telex 13073, Rest. chinês – ▤. AE ◐ E VISA. ⊘ EX **t**
fechado Domingo, 2ª feira meio dia e feriados.

X Dragão de Ouro, 1° andar, Av. Frei Miguel Contreiras 54-B, ✉ 1700, ☎ 89 45 03, Rest. chinês – ▤ CU **b**

X Ibéria, Rua Ivens 28, ✉ 1200, ☎ 32 82 18 – ▤ FZ **a**

X **Celta,** Rua Gomes Freire 148-C e D, ✉ 1100, ☎ 57 30 69 – ▤. AE E VISA. ⊘ FX **k**
Ref lista 620 a 1 350.

X **Quim Vuá** (Mandarim), Rua Luciano Cordeiro 34-A, ✉ 1100, ☎ 57 68 91, Rest. chinês – ▤. ⊘ FX **w**
Ref lista 375 a 865.

X Arraial, Rua Conde Sabugosa 13-A, ✉ 1700, ☎ 89 73 43, Decoração rústica – ▤ CU **e**

X Adega do Teixeira, Rua do Teixeira 39, ✉ 1200, ☎ 32 83 20, ⛱ – ▤ FY **e**

X Caseiro, Rua de Belem 35, ✉ 1300, ☎ 63 88 03, Decoração rústica AV **s**

X **Galeto** com snack bar, Av. da República 14, ✉ 1000, ☎ 53 39 10 – ▤. ⊘ CU **c**
fechado 1 Maio – Ref lista 650 a 1 230.

X **Galão,** com snack-bar, Rua 1° de Maio 2, ✉ 1300, ☎ 64 06 13 – ▤. ⊘ BV **x**
Ref lista 570 a 960.

X **Arameiro,** Travessa de Santo Antão 21, ✉ 1100, ☎ 36 71 85 – ▤. ⊘ FY **a**
Ref lista 540 a 940.

X A Lota, 1° andar, Rua Jardim do Regedor 15, ✉ 1100, ☎ 32 33 55, ⛱ – ▤ FY **h**

X **Paris,** Rua dos Sapateiros 126, ✉ 1100, ☎ 36 97 97 – ▤. AE ◐ E VISA. ⊘ GZ **a**
Ref lista 700 a 1 230.

X O Paco, Av. de Berna 44B, ✉ 1000, ☎ 77 06 42, Decoração rústica CU **h**

X Cortador Oh Lacerda, Av. de Berna 36-A ☎ 77 40 57, Decoração rústica CU **h**

*Em **Julho** e **Agosto** os hotéis estão quase sempre cheios.*
Será melhor para si se escolher outros meses.

Restaurantes tipicos.

XX **O Faia,** Rua da Barroca 56, ✉ 1200, ☎ 32 67 42, Telex 13649, Fados – ▤. AE ⓓ E VISA. ✂ Ref (só jantar) lista 1 125 a 1 925. FY f

XX **A Severa,** Rua das Gáveas 51, ✉ 1200, ☎ 36 40 06, Fados – ▤. AE ⓓ E VISA. ✂ FY b *fechado 5ª feira* – Ref lista 1 350 a 1 850.

XX Lisboa à Noite, Rua das Gáveas 69, ✉ 1200, ☎ 36 85 57, Fados – ▤ FY x Ref (só jantar).

X **Adega Machado,** Rua do Norte 91, ✉ 1200, ☎ 36 00 95, Fados – ▤. AE ⓓ E VISA. ✂ *fechado 2ª feira* – Ref (só jantar) lista 940 a 1 360. FY k

X O Forcado, Rua da Rosa 221, ✉ 1200, ☎ 36 85 79, Fados – ▤ FY r Ref (só jantar).

X Parreirinha de Alfama, Beco do Espírito Santo 1, ✉ 1100, ☎ 86 82 09, Fados JZ b Ref (só jantar).

MICHELIN, Companhia Luso-Pneu, Lda Av. Dr Francisco Luís Gomes, ✉ 1800, letras SIFG DU ☎ 31 40 21, Telex 13439

B.L.M.C (AUSTIN-MORRIS) Azinhaga do Serrado-Qta Camareiras ☎ 79 40 95
B.L.M.C (AUSTIN) Rua António Patrício 11 ☎ 76 70 94
B.L.M.C. (AUSTIN) Rua Marquês Sá da Bandeira 120-A ☎ 77 47 73
B.L.M.C (AUSTIN-MORRIS) Av. Visconde Valmor 70-A ☎ 77 45 57
B.L.M.C. (MORRIS) Rua Saraiva de Carvalho 210 ☎ 60 80 71
B.L.M.C. (MORRIS) Rua de Campolide 181 ☎ 65 14 80
B.M.W. Av. Infante D. Henrique II Circular ☎ 85 25 41
B.M.W. Rua de Campolide 33 ☎ 65 41 14
CITROEN Av. Manuel da Maia 22-A ☎ 54 75 84
CITROEN, G.M. (OPEL, VAUXHALL) Rua Dr José Espírito, Cabo Ruivo ☎ 85 35 06
CITROEN Av. Guerra Junqueiro 7 ☎ 89 25 52
CITROEN Rua Nova S. Mamede 3 ☎ 68 11 37
CITROEN Rua Filipe Folque 12-A ☎ 56 34 41
FIAT Estrada Nacional 117 ☎ 97 50 01
FIAT Rua Filipe Folque 10-L ☎ 55 73 96
FIAT Rua Andrade Corvo 15 ☎ 41 39 1
FIAT Rua dos Lusíadas 6-A ☎ 63 88 26
FIAT Rua Sto António á Estrela 31-A ☎ 67 10 91
FIAT Av. Marconi 8-A ☎ 80 13 62
FIAT Av. João XXI - 68-A-C ☎ 77 10 14
FORD Rua São Sebastião da Pedreira 122 ☎ 56 25 01
FORD Av. Miguel Bombarda 6-A ☎ 77 70 93
FORD Rua João Saraiva 15 ☎ 89 10 65
FORD Rua Carlos Mardel 12 ☎ 56 20 61
FORD Rua Gomes Freire 5-A ☎ 53 98 01
FORD Av. João Crisóstomo 15-B ☎ 55 38 33
FORD Estrada da Luz 230-A ☎ 78 31 73
FORD Rua do Instituto Industrial 18 ☎ 67 26 92
G.M. (OPEL, VAUXHALL) Rua Alexandre Herculano 66 ☎ 68 20 41
G.M. (OPEL, VAUXHALL) Av. Manuel da Maia 22-A ☎ 54 75 84
G.M. (OPEL, VAUXHALL) Estrada da Circunvalação, Portela de Ajuda ☎ 21 00 92
G.M. (OPEL, VAUXHALL) Av. Visconde Valmor 68 ☎ 77 05 84
G.M. (OPEL, VAUXHALL) Rua Dr José Espírito Santo, Cabo Ruivo ☎ 85 37 56
G.M. (OPEL, VAUXHALL) Rua Filipe Folque 12 ☎ 56 34 41
G.M. (OPEL, VAUXHALL) Av. Dr Ant. José de Almeida 32-A ☎ 77 64 44
MERCEDES-BENZ Rua do Proletariado 18 - Portela de Ajuda ☎ 210 10 73
MERCEDES-BENZ Rua de Campolide 437 ☎ 73 41 61
MERCEDES-BENZ Largo do Campo Pequeno 37 AC ☎ 77 13 30
PEUGEOT Av. 5 de Outubro 35 ☎ 54 57 65
RENAULT Rua Barão de Monte Pedral 5-A ☎ 83 04 03
RENAULT Rua Gregório Lopes, Lote 1512-B ☎ 61 42 60
RENAULT Rua Cidade da Beira 20, Olivais Sul ☎ 31 76 51
RENAULT Av. Frei Miguel Contreiras 16-A ☎ 88 61 11
RENAULT Rua Possidónio da Silva 104-A ☎ 60 73 06
RENAULT Rua Francisco Metrasse 32-B ☎ 65 09 24
RENAULT Rua D. Estefânia 118 ☎ 55 32 71
RENAULT Rua Luís de Camões 139 ☎ 63 78 20
TALBOT Rua Alves Redol 3-A ☎ 54 45 80
TOYOTA Rua Aquiles Monteverde 26 A ☎ 56 23 48
TOYOTA Av. da Igreja ☎ 77 90 34
TOYOTA Rua Martins Ferrão 21 ☎ 57 23 20
TOYOTA Rua dos Arneiros 92 ☎ 70 97 36
VW Rua João Saraiva 1 ☎ 88 38 40
VW Santo António à Estrela 33 ☎ 66 66 74
VW Av. Padre Manuel da Nóbrega 8 ☎ 89 41 85

LOMBO DE BAIXO Madeira – ver Madeira (Ilha da) : Faial.

LOULÉ 8100 Faro **37** ⑩⑳ – 36 070 h. – ✪ 089.
♦ Lisboa 299 – Faro 16.

X **O Avenida,** Av. José da Costa Mealha 13 ☎ 62106 – AE ⓓ E VISA
Ref lista 580 a 1 170.

na estrada de Faro N 125 - 4 SE : 4 km – ✉ 8106 Loulé :

XXX Outside In (Le Gastronome), – Ⓟ – Ref (só jantar).

LOURINHA 2530 Lisboa **37** ⑯ – 7 340 h. – ✪ 061 – Praia.
⛳9 Club Golf Vimeiro, S : 11 km ☎ 281 57 – 🅑 Praia da Areia Branca ☎ 421 67.
♦ Lisboa 74 – Leiria 94 – Santarém 81.

na Praia da Areia Branca NO : 3,5 km – ✉ 2530 Lourinhã – ✪ 061 :

🏨 Apartamentos Turisticos São João, sem rest e sem ☕, ☎ 42491, 🏊 – ▥ 🛁wc Ⓟ – **18 apart.**

🏨 Dom Lourenço, sem rest e sem ☕, ☎ 42809 – ▥ 🚿wc – **11 qto**.

RENAULT Av. Antônio José de Almeida ☎ 421 94

LUSO Aveiro 37 ⑭ – 2 478 h. alt. 200 – ✉ 3050 Mealhada – ☎ 0031 – Termas.

ℹ Rua António Granjo ☎ 931 33.

♦ Lisboa 230 – Aveiro 44 – ♦ Coimbra 28 – Viseu 69.

- **Grande H. das Termas** ⛰, ☎ 934 50, Telex 26350, ⛱, 🌳, 🎾 – 🛗 ▤ rest 🅿 – 🏛. E. 🚫
  Abril-Outubro – Ref 700 – **157 qto** ☐ 1 500/2 300 – P 2 350/2 700.
- Estal. do Luso, sem rest, Rua Dr Lúcio Pais Abranches ☎ 931 14, ≤, 🌳 – 🛗 ⛀wc ☎ 🅿
  7 qto.
- Serra ⛰, Rua Costa Simões ☎ 932 76 – ⛀wc ⛆wc 🅿
  temp. – **44 qto**.
- ✕ O Cesteiro, Rua Dr Lúcio Pais Abranches ☎ 933 60.

MACEDO DE CAVALEIROS 5340 Bragança 37 ① – 3 237 h. alt. 580 – ☎ 0093.

♦ Lisboa 510 – Bragança 42 – Vila Real 101.

- Estal. do Caçador, Largo Manuel Pinto de Azevedo ☎ 423 56 – 🛗 ⛀wc ☎
  20 qto.
- Monte Mel, Praça Agostinho Valenta 26 ☎ 423 78 – 🛗 ⛆wc ☎. AE ⓓ E VISA
  12 qto ☐ 500/1 220.

TOYOTA Rua Alexandre Herculano ☎ 423 79

MACHICO Madeira – ver Madeira (Ilha da).

MADEIRA (Ilha da) 990 ㉛ – 249 293 h.

MADEIRA

Caniço – 5 631 h. – ✉ 9125 Caniço.

Funchal 8.

- ✕ Girassol, Sítio da Vargem ☎ 93 22 29.
- ✕ A Lareira, Sítio da Vargem ☎ 93 24 94.

na antigua estrada do Funchal O : 1 km – ✉ 9125 Caniço ☎ Funchal :

- ✕✕ Jardim do Sol, ☎ 93 21 23, ≤, Decoração típica – 🅿.

Faial – 2 987 h. – ✉ 9225 Porto da Cruz.

Arred. : Santana★★ (estrada ≤★) NO : 8 km – Estrada do Porto da Cruz (≤★) SE : 8 km.

Funchal 54.

na estrada do Funchal - em Lombo de Baixo S : 2,5 km – ✉ Faial 9225 Porto da Cruz ☎ Funchal :

- ✕ Casa de Chá do Faial, ☎ 572 23, ≤ vale e montanha – 🅿.

Funchal – 43 768 h. – ✉ 9000 – ☎ 064 – Praia.

Ver : Sé★ (tecto★) Z **B** – Museu de Arte Sacra★ (colecção de quadros★) Y **M1** – Quinta das Cruzes★ Y **M3** – Capela da Nazaré★ (azulejos★) por ④ – Pontinha ☼★★ X – Jardim Botânico ≤★ V.

Arred. : Miradouro do Pináculo★★ 4 km por ② – Pico dos Barcelos★★ (☼★★) 3 km por ④ – Monte (localidade★) 5 km por ① – Quinta do Palheiro Ferreiro★ (parque★) 5 km por ② pela estrada de Camacha – Terreiro da Luta ≤★ 7 km por ① – Câmara de Lobos (local★, estrada ≤★) 9 km por ③ - Eira do Serrado ☼★★★ (estrada ≤★★, ≤★) NO : 13 km pelo Caminho de Santo António – Flora da Madeira (jardim botânico★) 15 km por ① – Curral das Freiras (local★ - ≤★) NO : 17 km pelo Caminho de Santo António - Miradouro dos Balcões★★ 18 km por ① e 30 mn a pé – Miradouro do Juncal★ 19 km por ① – Cabo Girão★ (≤★) 20 km por ③ – Miradouro do Pico Arieiro ☼★★ 20 km por ①.

Excurs. : Pico Ruivo★★★ (☼★★★) 21 km por ① e 3 h a pé.

⛳9 do Santo da Serra 25 km por ② ☎ 551 39.

✈ do Funchal 23 km por ② ☎ 522 88 - T.A.P. Rua Dr António José d'Almeida 17 ☎ 301 51 e Av. do Mar 8 ☎ 224 15.

⛴ para Lisboa : C.T.M. Rua Dr António José Almeida 17-3°, ✉ 91 ☎ 300 47 – E.N.M. Rua da Praia 45 ☎ 301 95 Telex 721 84.

ℹ av. Arriaga 18 ☎ 209 57, 256 58 – A.C.P. Av. Arriaga 43 ☎ 221 09.

Plano página seguinte

- **Reid's H.**, Estrada Monumental 139 ☎ 230 01, Telex 72129, ≤ baía do Funchal, « Magnífico jardim semi-tropical sob um promontório rochoso », ⛱ climatizada, 🎾 – 🛗 ▤ 🅿. AE E VISA. 🚫 rest X **z**
  Ref 1 600 – **168 qto** ☐ 5 900/9 200.
- **Savoy** Ⓜ, Av. do Infante ☎ 220 30, Telex 72153, ≤, « Belo terraço com ⛱ climatizada á beira-mar », 🌳, 🎾 – 🛗 ▤ 🅿 – 🏛. AE ⓓ E VISA. 🚫 X **n**
  fechado Domingo – Ref 1 370 – **350 qto** ☐ 3 725/5 615 – P 5 200/6 115.

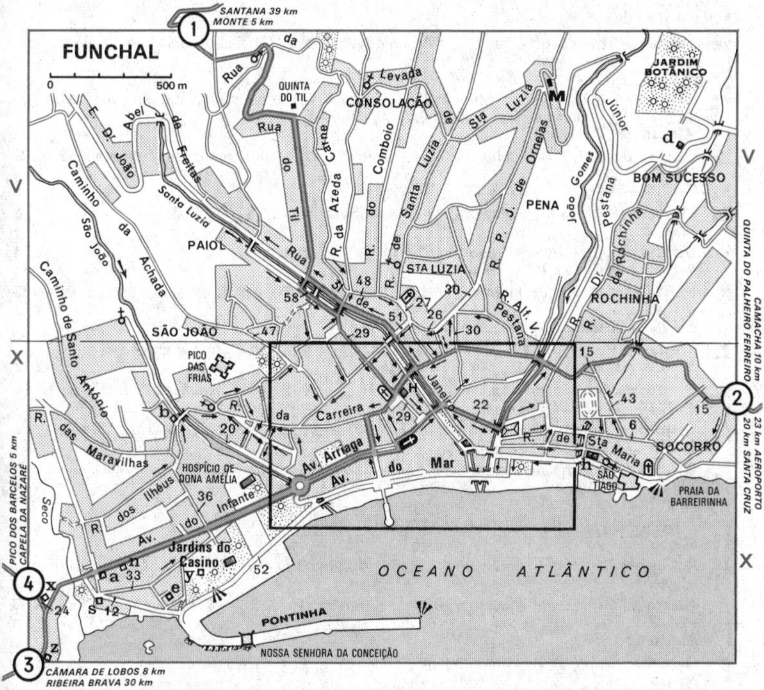

FUNCHAL

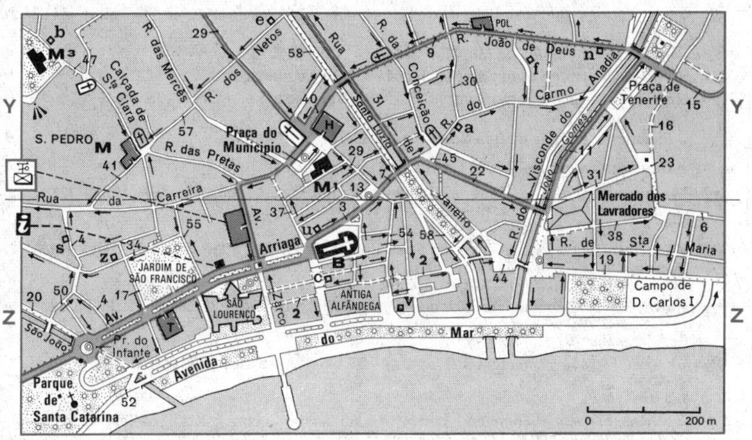

Praça do Município
Praça de Tenerife
Mercado dos Lavradores
JARDIM DE SÃO FRANCISCO
SÃO LOURENÇO
ANTIGA ALFÂNDEGA
Campo de D. Carlos I
Parque de Santa Catarina
S. PEDRO
Rua da Carreira
Av. Arriaga
Avenida do Mar
R. João de Deus
R. das Pretas
R. das Mercês
R. dos Netos
Calçada de Sta Clara
Visconde do Anadia
R. de Sta Maria
Pr. do Infante
POL
0 200 m

Madeira-Sheraton H. M, Largo António Nobre ☎ 310 31, Telex 72122, <, climatizada, – P – . AE E VISA. rest — X **s**
Ref 1 200 – **292 qto** 3 600/4 800 – P 4 300/5 500.

Casino Park H. M, Av. do Infante ☎ 331 11, Telex 72118, < montanha, cidade e mar, « Jardim florido », climatizada, – P – . AE E VISA. — X **y**
400 qto 3 000/4 000.

Quinta do Sol, Rua Dr Pita 6 ☎ 311 51, Telex 72182, <, climatizada – P. AE E VISA. — X **x**
Ref 680 – **116 qto** 2 000/3 000 – P 3 300/5 600.

São João, Rua das Maravilhas 74 ☎ 411 24, Telex 72248, <, – P — X **b**
104 qto.

Do Carmo, Travessa do Rego 10 ☎ 290 01, – rest. — Y **f**
Ref 420 – **80 qto** 1 300/1 850.

Santa Isabel, Av. do Infante ☎ 231 11, Telex 72168, – rest wc . AE E VISA. rest — X **a**
Ref 700 – **68 qto** 1 350/2 580 – P 2 350/2 450.

Madeira, Rua Ivens 21 ☎ 300 71, Telex 72242, – wc . AE E VISA. rest — Z **z**
Ref 500 – **31 qto** 1 300/1 800 – P 2 200/3 600.

Santa Maria, Rua João de Deus 26 ☎ 252 71, – rest wc wc . VISA. — Y **n**
Ref 420 – **83 qto** 900/1 300.

Orquidea sem rest, Rua dos Netos 71 ☎ 260 91 – wc P. AE E VISA. — Y **e**
70 qto 1 300/2 000.

Quinta da Penha de França sem rest, com snack-bar, Rua da Penha de França 2 ☎ 290 87, « Lindo jardim », – wc wc — X **e**
22 qto 3 500.

A Torre, sem rest, Rua dos Murças 42 ☎ 300 31, Telex 72127 – wc — Z **c**
41 qto.

Albergaria Catedral, 1° andar, sem rest, Rua do Aljube 13 ☎ 300 91 – wc — Z **u**
25 qto.

Greco sem rest, com snack-bar, Rua do Carmo 16 ☎ 300 81 – wc wc . AE E VISA. — Y **a**
28 qto 1 350.

Flamenga, sem rest, Rua das Aranhas 45 ☎ 290 41 – wc — Z **s**
35 qto.

Santa Clara sem rest, Calçada do Pico 16-B ☎ 241 94, <, , – wc — Y **b**
15 qto.

XX Caravela, 3° andar, Av. do Mar 15 ☎ 284 64, < – AE E VISA — Z **v**

XX Golfinho, Largo de Corpo Santo 21 ☎ 267 74, Peixes e mariscos – — X **h**

X **Romana,** Largo do Corpo Santo 15 ☎ 289 56, Decoração neo-rústica – AE E VISA — X **h**
Ref lista 670 a 1 280.

X O Espadarte, Estrada da Boa Nova 5 ☎ 280 65 — V **d**

a Oeste da cidade – ✉ 9000 Funchal-☎ Funchal :

Madeira Palácio M, Estrada Monumental, por ③ : 4,5 km ☎ 300 01, Telex 72156, <, climatizada, – P – . AE E VISA.
Ref 1 300 – **260 qto** 3 500/5 000 – P 4 400/5 400.

Vila-Ramos M , Azinhaga de Casa Branca 7, por ③ : 3 km ☎ 311 81, Telex 72168, <, climatizada, – P. AE E VISA. rest
Ref 700 – **105 qto** 1 510/1 760 – P 2 590/2 720.

Raga, Estrada Monumental 302, por ③ : 3 km ☎ 330 01, Telex 72168, <, climatizada – P. AE E VISA. rest
Ref 700 – **158 qto** 1 350/2 580 – P 2 380/2 450.

Girassol, Estrada Monumental 256, por ③ : 2,5 km ☎ 310 51, Telex 72176, <, climatizada – rest P
129 qto.

Do Mar, Estrada Monumental, por ③ : 3,5 km Quinta Colaça ☎ 311 01, Telex 72168, < mar, climatizada – wc P. AE E VISA.
Ref 700 – **137 qto** 1 410/2 220 – P 2 510/4 420.

B.L.M.C. (AUSTIN) Rua Nova de Quinta Deão 5 ☎ 320 99
B.L.M.C (MORRIS) Rua Dr João Brito Camara 13 ☎ 221 01
CITROEN Rua da Rochinha 68-A ☎ 214 45
DATSUN Rua do Hospital Velho 19 ☎ 300 85
FIAT Rua Dr Fernão de Ornelas 38 ☎ 235 40
FORD Rua de Ribeira de São João ☎ 221 01
G.M (OPEL, VAUXHALL) Rua 5 de Outubro 92 ☎ 205 84
MERCEDES-BENZ Rua das Hortas 101 ☎ 220 67
MERCEDES-BENZ Caminho novo de São João ☎ 275 06
RENAULT Rua São João 48-A ☎ 48 21 63
TOYOTA Rua Visconde de Anadia 4 ☎ 211 91
VW Rua das Hortas 101 ☎ 218 54

Os nomes das principais ruas comerciais figuram a vermelho no início da lista das ruas dos planos das cidades.

Machico – 10 905 h. – ✉ 9200 Machico.

Arred. : Miradouro Francisco Álvares da Nóbrega★ SO : 2 km – Santa Cruz (Igreja de S. Salvador★) S : 6 km.

Funchal 29.

Dom Pedro da Madeira, ☎ 96 27 51, Telex 72135, ≤ mar e montanha, climatizada, – rest. AE VISA.
Ref 600 – **218 qto** 2 000/2 500.

O Facho, ☎ 96 27 86 – AE E VISA.
fechado Junho.

na estrada do Funchal S : 2 km – ✉ 9200 Machico ☎ Funchal :

Atlantis Madeira M, Agua de Pena, Urbanização Matur ☎ 96 28 11, Telex 72154, ≤ mar e montanha, – AE E VISA.
Ref 900/1 100 – **290 qto** 2 250/3 200 – P 3 450/4 400.

Matur-Piscina, Agua de Pena, Urbanização Matur ☎ 96 25 11, Telex 72461, ≤ – AE E VISA.
Ref 750/900.

Luigi, Agua de Pena, Urbanização Matur ☎ 96 25 11, ≤, Cozinha italiana – AE E VISA.

Porto Moniz – 2 579 h. – ✉ 9270 Porto Moniz – Praia.

Ver : Recifes★.

Arred. : Estrada de Santa ≤★ SO : 6 km – Seixal (local★) SE : 10 km – Estrada escarpada★ (≤★) de Seixal a São Vicente SE : 18 km.

Funchal 106.

Cachalote, ☎ 741 80, ≤, Piscinas naturais entre os rochedos vulcânicos
Ref (só meiodia).

São Vicente – 10 053 h. – ✉ 9255 São Vicente – Praia.

Funchal 55.

Calamar, Estrada da Ponte Delgada ☎ 642 18, ≤ falésias e mar –
Ref (só almoço).

PORTO SANTO

Vila Baleira – ✉ 9400 Porto Santo

Pensão Central, Rua Abel Magno Vasconcelos ☎ 822 26 – wc wc
12 qto.

ao Suloeste : 2 km – ✉ 9400 Porto Santo – 064 :

Porto Santo , ☎ 823 81, Telex 72210, ≤, – rest. AE E VISA.
Ref 800 – **93 qto** 2 300/3 100 – P 3 800/6 100.

Keine bezahlte Reklame im Michelin-Führer.

MADORNA Lisboa – ver Parede.

MAFRA 2640 Lisboa 37 ⑪ e ⑯ – 7 149 h. alt. 250 – 061.

Ver : Mosteiro★ – Basílica★ (cúpula★).

Av. 25 de Abril ☎ 250 23.

♦Lisboa 40 – Sintra 23.

em Achada-estrada da Ericeira NO : 6 km – ✉ 2640 Mafra – 061 :

O Pinhal, ☎ 521 36, –

B.L.M.C. (AUSTIN) Rua Al. Gago Coutinho ☎ 521 52

CITROEN Av. Movimento das Forças Armadas 11 ☎ 522 67

MANGUALDE 3530 Viseu 37 ③ – 4 839 h. alt. 545 – 0032.

Ver : Palacio dos Condes de Anadia★ (azulejos★★).

♦Lisboa 317 – Guarda 67 – Viseu 18.

Onda sem rest e sem , Rua do Colegio ☎ 622 46 – wc wc
15 qto 600/1 000.

Aviz, Largo Dr Couto 94 ☎ 623 59, Decoração rústica.

na estrada N 16 O : 1,5 km – ✉ 3530 Mangualde – 0032 :

Estal. Cruz da Mata, ☎ 625 56 – wc wc
Ref *(fechado 4ª feira)* 410 – **11 qto** 1 200/1 830.

CITROEN Estrada de Viseu ☎ 626 33

RENAULT Av. da Liberdade 36 ☎ 622 50

MANTEIGAS 6260 Guarda 37 ④ – 3 834 h. alt. 775 – ☎ 0059 – Desportos de Inverno na Serra da Estrela : ⛷3.

Arred. : Poço do Inferno★ (cascata★) S : 9 km – S : Val glaciário do Zêzere★★, ≤★.

Praça Dr José Maria Bote 1 ☎ 471 29.

♦Lisboa 355 – Guarda 49.

em Caldas de Manteigas S : 2,5 km – ✉ Manteigas – ☎ 0032 :

De Manteigas ⛰, ☎ 471 14, ≤ – |‡| ▥ ⇔wc ⋒wc ☎ Ⓟ. AE ⓓ E VISA. ❧ rest
Ref 625 – **54 qto** ☕ 2 100/2 220 – P 3 350/4 720.

na estrada de Gouveia N : 13 km – ✉ 6260 Manteigas – ☎ 0059 :

Pousada de São Lourenço ⛰, ☎ 471 50, ≤ vale e montanha – ▥ ⇔wc ⋒wc ☎ ⇔ Ⓟ. AE ⓓ E VISA. ❧
Ref 650/850 – **12 qto** ☕ 2 450/2 600 – P 3 750/3 900.

MARINHA GRANDE 2430 Leiria 37 ⑮ – 18 548 h. alt. 70 – ☎ 0044 – Praia em São Pedro de Moel.

São Pedro de Moel ☎ 591 52.

♦Lisboa 143 – Leiria 12 – ♦Porto 199.

Albergaria Nobre, Rua Alexandre Herculano 21 ☎ 522 26 – ▥ ▤ rest ⋒wc ☎. AE E VISA. ❧
Ref 500 – **25 qto** ☕ 1 200/1 850 – P 1 900/2 900.

Paris, Av. Victor Gallo 13 ☎ 521 21 – ▥ ⇔wc ⋒wc ☎ – **30 qto**.

em São Pedro de Moel O : 9 km – ✉ 2430 Marinha Grande – ☎ 0044 :

São Pedro, Rua Dr Adolfo Leitão ☎ 591 20 – ▥ ⇔wc ⋒wc ☎ ⇔ Ⓟ – **53 qto**.

Mar e Sol, Av. Marginal ☎ 591 82, ≤ – ▥ ▤ rest ⇔wc ⋒wc ☎ Ⓟ
fechado 2ª feira – Ref 480 – **33 qto** ☕ 2 000 – P 3 900.

FIAT Rua 25 de Abril ☎ 533 30
FORD Rua Machado dos Santos ☎ 523 44
RENAULT Av. Vitor Galo
TALBOT Rua Diogo Stephens 25 ☎ 531 35
TOYOTA Rua Marquês de Pombal 96 ☎ 529 26

MARVÃO 7330 Portalegre 37 ⑥ – 888 h. alt. 865 – ☎ 0045.

Ver : Local★★ – Aldeia★ (balaustradas★) – Castelo★ (≤★★).

Fronteira de Galegos ☎ 942 63.

♦Lisboa 226 – ♦Cáceres 127 – Portalegre 22.

Pousada de Santa Maria ⛰, ☎ 932 01, Telex 42360, ≤ vale, Santo António das Areias e Espanha, Decoração regional – ▥ ⇔wc ☎. AE ⓓ E VISA. ❧
Ref 650/750 – **8 qto** ☕ 3 950/5 800.

MATOSINHOS Porto 37 ⑫ – ver Porto.

MEALHADA 3050 Aveiro 37 ⑭ – 2 509 h. alt. 60 – ☎ 0031.

♦Lisboa 221 – Aveiro 35 – ♦Coimbra 19.

na estrada N 1 N : 1,5 km – ✉ 3050 Mealhada – ☎ 0031 :

✗ Pedro dos Leitões, ☎ 220 62, Espec. leitão assado – ▤ Ⓟ.

MEIA PRAIA Faro 37 ⑳ – ver Lagos.

MIRA 3070 Coimbra 37 ⑬ – 12 740 h. – ☎ 0031 – Praia.

Arred. : Varziela : Capela (retábulo★) SE : 11 km.

♦Lisboa 221 – ♦Coimbra 38 – Leiria 90.

na praia de Mira NO : 7 km – ✉ 3070 Mira – ☎ 0031 :

Do Mar, sem rest, com snack-bar, Av. do Mar ☎ 471 44, ≤ – ▥ ⋒wc ☎ – **14 qto**.

MIRAMAR Porto 37 ⑫ – ✉ 4415 Carvalhos – ☎ 02 – Praia.

⛳9 Club Golf Miramar ☎ 96 10 67.

Parque da Gândara, Arcozelo, Vila Nova de Gaia ☎ 96 14 73.

♦ Lisboa 315 – ♦ Porto 9.

na Praia – ✉ Miramar 4415 Carvalhos – ☎ 02 :

Mirassol ⛰, Av. Vasco da Gama ☎ 762 26 65, ≤ – ▥ ▤ rest ⇔wc ☎ ⇔ Ⓟ – **26 qto**.

MIRANDA DO DOURO 5210 Bragança 37 ⑭ – 1 563 h. alt. 675.

Ver : Antiga Catedral (retábulos★).

Arred. : Barragem de Miranda do Douro★ E : 3 km – Barragem de Picote★ SO : 27 km.

♦ Lisboa 524 – Bragança 85.

Pousada de Santa Catarina ⛰, ☎ 55, ≤ – ▥ ⇔wc ☎ ⇔ Ⓟ – **12 qto**.

MONÇÃO 4950 Viana do Castelo 37 ⑪ – ☎ 0021.
ℹ Largo do Loreto ☎ 523 07.
♦ Lisboa 451 – Braga 71 – Viano do Castelo 69 – ♦ Vigo 48.

- Albergaria Atlântico, Rua General Pimenta de Castro 13 ☎ 523 55 – wc wc
  24 qto.
- Mané, Rua General Pimenta de Castro 5 ☎ 524 90 – wc wc
  8 qto.

RENAULT Lugar de Gandra ☎ 521 64

MONCHIQUE 8550 Faro 37 ⑳ – 8 155 h. alt. 458 – ☎ 0082 – Termas.
Arred. : Estrada★ de Monchique à Fóia ≤★ – Percurso★ de Monchique à Nave Redonda.
♦ Lisboa 260 – Faro 86 – Lagos 42.

na estrada da Fóia SO : 2 km – ✉ 8550 Monchique – ☎ 0082 :

- XX **Estal. Abrigo da Montanha** com qto, ☎ 921 31, ≤ vale, montanha e mar, « Terraços floridos » – wc
  Ref 500/600 – **10 qto** 2 000.

MONFORTINHO (Termas de) 6075 Castelo Branco 37 ④⑤ – 878 h. alt. 473 – ☎ 0053 – Termas.
ℹ Termas de Monfortinho ☎ 442 23.
♦ Lisboa 310 – Castelo Branco 70 – Santarém 229.

- Fonte Santa, ☎ 441 04, « Num parque » – wc wc
  temp. – **50 qto**.
- **Portuguesa**, ☎ 442 18 – wc wc. AE E VISA.
  Maio-15 Novembro – Ref 350/450 – **74 qto** 600/900 – P 1 200/1 300.

MONSARAZ Évora 37 ⑧ – 1 575 h. alt. 342 – ✉ 7200 Reguengos de Monsaraz – ☎ 0069.
Ver : Rua Direita★.
ℹ Rua Direita ☎ 551 36.
♦ Lisboa 194 – Évora 52.

- X Estal. de Monsaraz com qto, Largo de São Bartolomeu ☎ 551 12, « Casa de campo decorada em estilo regional, terraços com ≤ campo » – wc
  7 qto.

MONTALVO Santarém 37 ⑮ – 840 h. – ✉ 2250 Constância – ☎ 0049.
♦Lisboa 141 – Portalegre 92 – Santarém 64.

- X Mira Abrantes, com qto, Estrada N 3, E : 1 km ☎ 935 71 – wc
  6 qto.

MONTE DO FARO Viana do Castelo 37 ⑪ – ver Valença do Minho.

MONTE ESTORIL Lisboa 37 ⑫ – ver Estoril.

MONTE GORDO Faro 37 ⑩ – ver Vila Real de Santo António.

MONTEMOR-O-NOVO 7050 Évora 37 ⑰ – 9 284 h. alt. 240 – ☎ 0069.
♦Lisboa 112 – ♦Badajoz 129 – Évora 30.

- Monte Alentejano, Av. Gago Coutinho 8 ☎ 821 41 – wc wc
  10 qto.
- **Sampaio** sem rest, Av. Gago Coutinho 12 ☎ 824 80 – wc wc. AE E VISA.
  fechado 1-15 Março e 1-15 Julho – 100 – **7 qto** 1 000/1 500.
- X Sampaio, Rua Leopoldo Nunes 2 ☎ 822 37, Decoração rústica regional.

na estrada N 4 O : 7,5 km – ✉ 7050 Montemor-o-Novo – ☎ 0069 :

- X O Chaparral, ☎ 824 84 –.
  fechado 3ª feira.

B.L.M.C. (MORRIS) Av. Gago Coutinho 74 ☎ 823 38 DATSUN Av. Gago Coutinho ☎ 821 39

MONTE REAL 2425 Leiria 37 ⑮ – 1 950 h. alt. 50 – ☎ 0044 – Termas.
ℹ Parque Municipal ☎ 621 67.
♦Lisboa 147 – Leiria 16 – Santarém 97.

- **Monte Real,** Parque das Termas ☎ 621 63, – wc.
  Junho-4 Outubro – Ref 500 – **103 qto** 970/1 495 – P 1 970/2 375.
- Santa Rita, Rua de Leiria ☎ 621 47 – wc wc
  temp. – **27 qto**.

MOURA 7860 Beja 37 ⑧ – 9 351 h. alt. 180 – ☎ 0085 – Termas.
Ver : Igreja de São João Baptista★.
🅸 Praça Sacadura Cabral ☎ 225 89.
♦Lisboa 250 – Beja 58 – Évora 103.

🏨 **De Moura** sem rest, Praça Gago Coutinho 1 ☎ 224 94 – 🛗 🛁wc 🚿wc ☎ 🚗 🅿. ✗
37 qto ☕ 600/1 200.

CITROEN, VW Rua das Forças Armadas 30 ☎ 221 79
G.M. (OPEL, VAUXHALL) Rua do Sequeiro 1 ☎ 222 60
RENAULT Rua da Estalagem 2 ☎ 222 60
TALBOT Rua das Forças Armadas ☎ 221 79

MURTOSA 3870 Aveiro 37 ⑬ – 4 131 h. – ☎ 0034 – Praia.
Arred. : Bico : porto★ SO : 2 km.
🅸 Edifício da Câmara Municipal, Torreira ☎ 462 03.
♦Lisboa 283 – Aveiro 30.

na estrada N 327 SO : 15 km – ✉ 3870 Murtosa – ☎ 0034 :

XX **Pousada da Ria** 🐎 com qto, ☎ 483 32, ≤ ria de Aveiro, 🏊, 🌳 – 🛗 🛁wc ☎ 🅿. AE ⓓ E VISA. ✗
Ref 650/850 – **10 qto** ☕ 2 450/2 600.

NAZARÉ 2450 Leiria 37 ⑮ – 8 553 h. – ☎ 062 – Praia.
Ver : O Sítio ≤★★ A, **farol : sitio marinho★★** A – **Bairro dos pescadores★** B.
🅸 Rua Mouzinho de Albuquerque 72 ☎ 461 20.
♦Lisboa 123 ② – ♦Coimbra 103 ① – Leiria 32 ①.

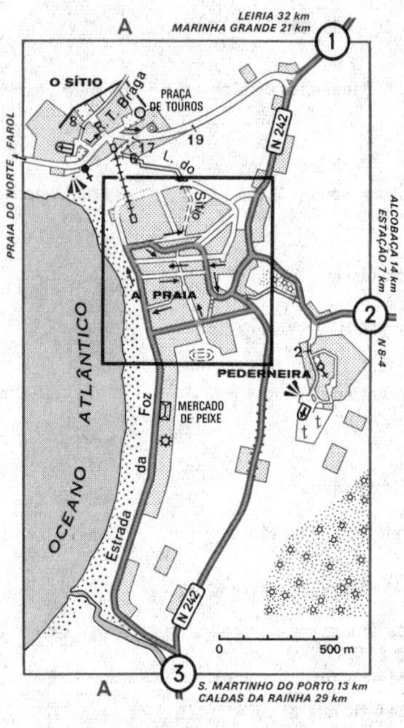

NAZARÉ

República (Av. da) B
Sousa Oliveira (Pr.) B 16
Sub-Vila (R.) B
Vieira Guimarães (Av.) B

Abel da Silva (R.) A 2
Açougue (Trav. do) B 3
Adrião Batalha (R.) B 4
Azevedo e Sousa (R.) A 6
Carvalho Laranjo (R.) B 7
Dom F. Roupinho (R.) A 8
Dr Rui Rosa (R.) B 9
Gil Vicente (R.) B 10
M. de Arriaga (Pr.) B 12
M. de Albuquerque (R.) B 14
Vasco da Gama (Pr.) A 17
28 de Maio (R.) A 19

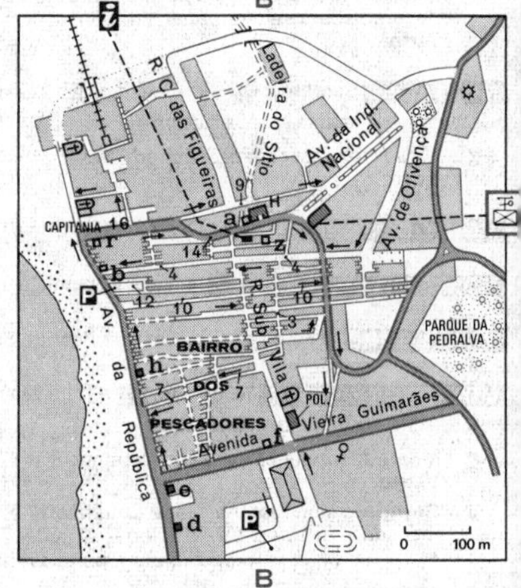

🏨 **Praia** sem rest, Av. Vieira Guimarães 39 ☎ 464 23, ≤ – 🛗 🛁wc ☎. AE ⓓ E VISA — B f
40 qto ☕ 2 380/2 540.

🏨 **Da Nazaré,** Largo Afonso Zuquete ☎ 463 11, Telex 16116, ≤ – 🛗 🛁wc 🚿wc ☎. AE ⓓ E VISA. ✗ rest — B z
Ref 480/580 – **52 qto** ☕ 1 450/2 150 – P 2 235/2 610.

🏨 **Ribamar,** Rua Gomes Freire 9 ☎ 461 58, Telex 43383, ≤, Decoração regional – 🛗 🛁wc 🚿wc. AE ⓓ E VISA — B b
Ref 500/620 – **20 qto** ☕ 1 900/2 300 – P 2 200/2 600.

🏨 **Pensão Madeira,** 1° andar, Praça Sousa Oliveira 74 ☎ 461 80, ≤ – 🛗 🛁wc. AE ⓓ E VISA — B r
Ref 460/575 – **10 qto** ☕ 1 220/1 585 – P 1 150/1 955.

🏠 **Central,** Rua Mouzinho de Albuquerque 85 ☎ 465 10 – 🛗 🛁wc 🚿wc. ✗ rest — B a
Ref 455/575 – **20 qto** ☕ 585/1 485 – P 1 495/3 305.

X **Beira Mar** com qto, Av. da República 40 ℱ 464 58 – wc wc. AE ⓓ E VISA B **h**
Março-Novembro – Ref lista 380 a 750 – **16 qto** 1 500/1 700.

X **Mar e Sol,** Av. da República ℱ 463 52 – AE ⓓ E VISA B **e**
Março-Novembro – Ref lista 600 a 930.

X Maresía, av. Manuel Remigio ℱ 462 01 B **d**

NELAS 3520 Viseu 37 ③ – 2 857 h. alt. 441 – 0032.
♦Lisboa 289 – Guarda 80 – Viseu 22.

em Canas de Senhorim - na estrada N 234 SO : 4 km – ✉ Canas de Senhorim ✉ 3520 Nelas – 0032 :

Urgeiriça, ℱ 672 67, ← – Ⓟ. AE E VISA. rest
Ref 450/600 – **53 qto** 2 000/2 300 – P 3 200/4 700.

CITROEN Estrada N 234 ℱ 662 91

ÓBIDOS 2510 Leiria 37 ⑯ – 4 718 h. alt. 75 – 062.
Ver : A Cidadela★★ (muralhas★★, rua principal★) – Igreja de Sta. Maria (túmulo★).
Arred. : Lagúna de Óbidos ←★ N : 21 km.
Largo de São Pedro ℱ 951 02 e Rua Direita ℱ 952 31.
♦Lisboa 92 – Leiria 66 – Santarém 56.

Estal. do Convento, Rua Dr João de Ornelas ℱ 952 17, « Decoração estilo antigo » – wc. AE E VISA. rest
Ref 720/930 – **13 qto** 2 400/2 600 – P 2 740/3 840.

Martin de Freitas sem rest, Arrabalde - estrada Caldas da Rainha ℱ 951 85 – wc
6 qto 1 000/1 200.

XX **Pousada do Castelo** com qto, Paço Real ℱ 951 05, « Belas instalações nas muralhas do castelo - mobiliáro de estilo » – wc. AE ⓓ E VISA.
Ref 750/900 – **6 qto** 4 100 – P 3 950.

X Alcaide, Rua Direita ℱ 952 20, ←.

OFIR (Praia de) Braga 37 ⑪ – ver Fão.

OITAVOS Lisboa 37 ⑫ – ver Cascais.

OLIVEIRA DE AZEMÉIS 3720 Aveiro 37 ⑬ – 0026.
Edifício da Câmara ℱ 620 77.
♦Lisboa 275 – Aveiro 38 – ♦Coimbra 76 – ♦Porto 40 – Viseu 98.

Dighton, 4° andar, Dr Albino dos Reis ℱ 621 91, « Rest. giratório com ☼ vila, vale e montanha » – wc Ⓟ. AE ⓓ E VISA.
Ref 580/950 – **28 qto** 1 800/2 400 – P 2 700/4 500.

B.L.M.C. (AUSTIN-MORRIS) Rua do Cruzeiro ℱ 631 96
CITROEN Rua Manuel José da Silva ℱ 623 66
DATSUN Estrada Nacional N I ℱ 62 22 72
FORD Rua Frei Caetana Brandão ℱ 620 57
G.M. (OPEL, VAUXHALL) Av. José d'Almeida ℱ 620 61

OLIVEIRA DO HOSPITAL 3400 Coimbra 37 ④ – 2 256 h. alt. 500 – 0037.
Ver : Igreja Matriz★ (estátua★, retábulo★).
♦Lisboa 284 – ♦Coimbra 82 – Guarda 88.

São Paulo, Rua Dr Antunes Varéla ℱ 523 61, Telex 43140, ← – wc wc Ⓟ. rest
Ref 400/600 – **43 qto** 1 600/1 700.

na Póvoa das Quartas - na N 17 E : 7 km – ✉ 3400 Oliveira do Hospital – 0037 :

Pousada de Santa Bárbara, ℱ 522 52, ← vale e Serra da Estrela – Ⓟ. AE ⓓ E VISA.
Ref 650/850 – **16 qto** 2 600.

B.L.M.C. (AUSTIN-MORRIS) Rua Prof. Antunes Varela ℱ 523 18
FIAT Catraia de S. Paio ℱ 523 45
RENAULT Largo de Sta Ana ℱ 523 02

OVAR 3880 Aveiro 37 ⑬ – 16 004 h. – 0026 – Praia.
Edifício da Câmara, Praça da República ℱ 522 15.
♦Lisboa 294 – Aveiro 36 – ♦Porto 40.

em Torrão do Lameiro - na estrada N 327 SO : 5 km – ✉ 3880 Ovar – 0026 :

X Vela Areinho, ℱ 528 48, ← ría de Aveiro.

RENAULT Rua do Temido ℱ 533 95

PALMELA 2950 Setúbal 37 ⑰ – 1 605 h. – ☎ 0065.
ℹ Largo do Chafariz ☎ 235 00 89.
♦Lisboa 43 – Setúbal 8.

Pousada do Castelo ⛰, no Castelo de Palmela ☎ 235 12 26, Telex 42290, ≤, « Instalado num convento do século XIV, nas muralhas dum antigo castelo », – ▤ 🅿. AE ⓓ E VISA. ⚔
Ref 750/950 – **27 qto** ☕ 3 880/4 100 – P 5 780/7 900.

PARCHAL Faro – ver Portimão.

PAREDE 2775 Lisboa 37 12.
♦Lisboa 22 – Cascais 7 – Sintra 15.

XX **Dom Pepe,** Rua Sampaio Bruno 1°, ✉ na Estrada Marginal, ☎ 247 06 36, ≤ – ▤. AE ⓓ E VISA. ⚔
fechado 2ª feira – Ref lista 750 a 1 250.

na Madorna NO : 1 km – ✉ 2775 Parede

X **Peixe Vivo,** Rua 12 de Junho ☎ 247 67 26, Peixe e mariscos – VISA. ⚔
Ref lista 710 a 1 100.

PEDRAS SALGADAS 5450 Vila Real 37 ① – alt. 575 – ☎ 0099 – Termas.
♦Lisboa 441 – Braga 111 – Verin 44 – Vila Real 35.

Das Pedras Salgadas ⛰, no Parque ☎ 441 56, « Num parque », 🎾 – ⛀wc 🅿
temp. – **104 qto**.

PENACOVA 3360 Coimbra 37 ⑭ – 3 914 h. alt. 240 – ☎ 0039.
♦ Lisboa 225 – ♦ Coimbra 23 – Viseu 66.

Avenida, Av. Abel Rodrigues da Costa ☎ 471 42, ≤ – ⛆wc 🚗. AE VISA. ⚔
Ref 300 – **19 qto** ☕ 410/890 – P 1 010/2 090.

PENICHE 2520 Leiria 37 ⑯ – 12 496 h. – ☎ 062 – Praia.
Ver : O Porto : volta de pesca★.
Arred. : Cabo Carvoeiro (≤★) – Papoa (✲★) – Remédios (≤★, Nossa Senhora dos Remédios : azulejos★).
Excurs. : Ilha Berlenga★★ : passeio em barco★★★, passeio a pé★★ (local★, ≤★) 1 h. de barco.
⛴ para a Ilha Berlenga : Viamar, no porto de Peniche ☎ 991 53.
ℹ Rue Alexandre Herculano ☎ 992 71.
♦ Lisboa 92 – Leiria 89 – Santarém 79.

Félita, sem rest e sem ☕, Largo Professor Francisco Freire ☎ 991 90 – ⛀wc ⛆wc – **9 qto**.

X Gaivota, 1° andar, Largo da Ribeira ☎ 992 02, Decoração regional.

B.L.M.C. (AUSTIN) Av. 25 de Abril 14 ☎ 992 33
CITROEN Estrada Nacional ☎ 996 77
TOYOTA Estrada Nacional ☎ 996 77

PINHÃO 5085 Vila Real 37 ② – 847 h. alt. 120 – ☎ 0095.
Arred. : N : Estrada de Sabrosa ≤★ – São João da Pesqueira (Praça Principal★) SE : 20 km.
♦Lisboa 399 – Vila Real 30 – Viseu 100.

Ponto Grande, Largo da Estação ☎ 424 56 – ▥ ⛀wc. ⚔ qto
Ref 300/400 – **20 qto** 700/1 250 – P 1 900/2 500.

Douro, Largo da Estação ☎ 424 04 – ⛀wc ⛆ – **15 qto**.

PINHEL Santarém 37 ⑮ – ver Vila Nova de Ourém.

PORCHES (ALDEIA DE) Faro – ver Lagoa.

PORTALEGRE 7300 🅿 37 ⑥ – 13 143 h. alt. 477 – ☎ 0045.
Arred. : Pico São Mamede ✲★ – Circuito★ de Portalegre a Castelo de Vide por Carreiras (✲★) N : 17 km – Flor da Rosa (Antigo Convento★ : igreja★) O : 23 km.
ℹ Rua 19 de Junho 40 ☎ 218 15.
♦Lisboa 234 – ♦Badajoz 74 – ♦Cáceres 135 – Mérida 136 – Setúbal 193.

D. João III, Av. da Liberdade ☎ 211 92, ⛱ – ▥ ⛀wc ☎ – 🏊. ⚔
Ref 580 – **54 qto** ☕ 1 400/1 800 – P 1 800/3 000.

XX Alpendre, Rua 31 de Janeiro 19 ☎ 216 11 – ▤.

X O Tarro, Av. das Forças Armadas ☎ 229 01, ⛱ –.

B.L.M.C. (MORRIS), DATSUN Rua Guilherme G. Fernandes 22 ☎ 214 74
CITROEN, TALBOT Parque Miguel Bombarda 10 ☎ 216 53
FIAT Estrada de Penha ☎ 226 15
FORD Rua 1° de Maio 94 ☎ 235 40
G.M. (OPEL, VAUXHALL) Rua Alexandre Herculano ☎ 220 53
PEUGEOT Av. Frei Amador Arrais, lote 11 ☎ 220 54
RENAULT Rua General Jorge Avilez 2 ☎ 222 75
TOYOTA Boavista ☎ 225 13

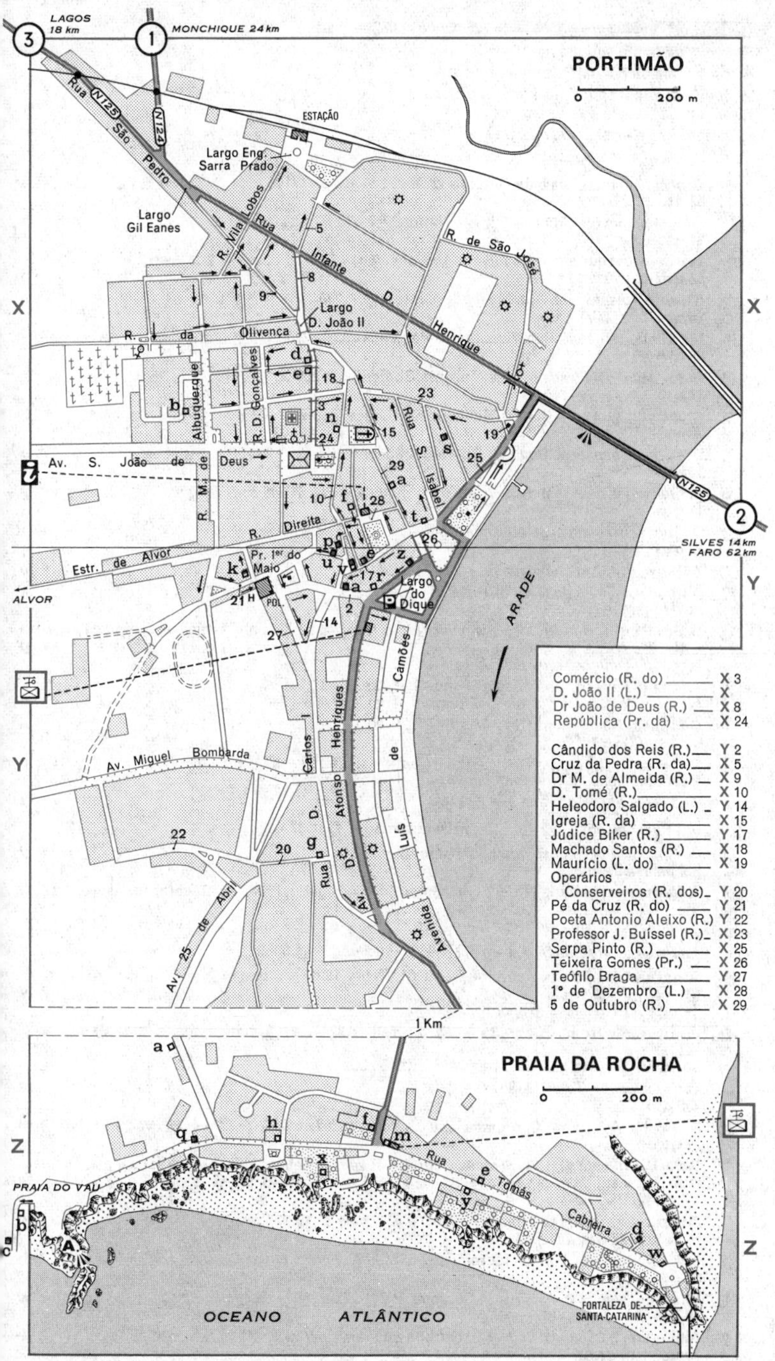

PORTIMÃO
0 200 m
LAGOS 18 km
MONCHIQUE 24 km
SILVES 14 km
FARO 62 km
ALVOR
ESTAÇÃO
Largo Eng. Sarra Prado
Largo Gil Eanes
Rua São Pedro
R. Vila Lobos
Rua Infante D. Henrique
R. de São José
Largo D. João II
R. da Olivença
Albuquerque
R. D. Gonçalves
Av. S. João de Deus
R. M. de
R. Direita
Estr. de Alvor
Pr. 1er do Maio
Largo do Dique
Rua S. Isabel
ARADE
Camões
Av. Miguel Bombarda
Carlos
Henriques
Rua D. Afonso
Av. D.
Luís
Avenida
Av. 25 de Abril
1 Km
Comércio (R. do) X 3
D. João II (L.) X
Dr João de Deus (R.) X 8
República (Pr. da) X 24
Cândido dos Reis (R.) Y 2
Cruz da Pedra (R. da) X 5
Dr M. de Almeida (R.) X 9
D. Tomé (R.) X 10
Heleodoro Salgado (L.) Y 14
Igreja (R. da) X 15
Júdice Biker (R.) Y 17
Machado Santos (R.) X 18
Maurício (L. do) X 19
Operários Conserveiros (R. dos) Y 20
Pé da Cruz (R. do) Y 21
Poeta Antonio Aleixo (R.) Y 22
Professor J. Buíssel (R.) X 23
Serpa Pinto (R.) X 25
Teixeira Gomes (Pr.) X 26
Teófilo Braga Y 27
1° de Dezembro (L.) X 28
5 de Outubro (R.) X 29
PRAIA DA ROCHA
0 200 m
PRAIA DO VAU
Rua Tomás Cabreira
FORTALEZA DE SANTA-CATARINA
OCEANO ATLÂNTICO

PORTIMÃO 8500 Faro 37 ⑳ – 18 205 h. – ✆ 0082 – Praia.

Ver : ≤★ da ponte sobre o rio Arade X.

Arred. : Praia da Rocha★★ (miradouro★ Z A).

18 Golf Club Penina por ③ : 5 km ✆ 220 51.

Largo 1° de Dezembro ✆ 236 95 e 220 65.

♦Lisboa 290 ③ – Faro 62 ② – Lagos 18 ③.

Plano página anterior

Globo sem rest, Rua 5 de Outubro 26 ✆ 221 51, Telex 17106, ≤ – |♦|. AE ⓓ E VISA — X **a**
68 qto ⊡ 2 070/2 200.

Pimenta, sem rest, Rua Dr Ernesto Cabrita 7 ✆ 232 03 – wc — X **f**
31 qto.

Nelinanda sem rest, Rua Vicente Vaz das Vacas 22 ✆ 231 56 – |♦| wc wc. — X **d**
32 qto ⊡ 770/1 600.

Miradoiro sem rest, Rua Machado Santos 13 ✆ 230 11 – wc. — X **n**
26 qto ⊡ 1 600/1 850.

Mira Fóia, sem rest, Rua Vicente Vaz das Vacas 33 ✆ 220 11 – |♦| wc wc — X **e**
25 qto.

Arabi, sem rest, Praça Manuel Teixeira Gomes 13 ✆ 260 06 – wc wc — X **t**
17 qto.

Afonso III, sem rest, Rua Dr. Bento Jesus Caraça ✆ 242 82 – wc wc — X **b**
30 qto.

D. Carlos I, sem rest, Rua dos Operários Conserveiros 2 ✆ 231 09 – wc — Y **g**
19 qto.

Santa Isabel, sem rest, Rua Dr José Joaquim Nunes 4 ✆ 248 85 – wc — Y **v**
11 qto.

Do Rio, sem rest, Largo do Dique 20 ✆ 230 41 – wc — Y **r**
12 qto.

7 Mares, Rua Júdice Bicker 10 ✆ 221 77 – — Y **e**

Alfredo's, Rua Pé da Cruz 10 ✆ 229 54 — Y **k**
Ref (só jantar).

O Pai Paulo, Rua Dr José Joaquim Nunes 5 ✆ 244 53, Cozinha francêsa, Decoração rústica – . — XY **p**
fechado Domingo – Ref lista 780 a 1 430.

The Old Tavern, Rua Júdice Fialho 43 ✆ 233 25 – E VISA. — X **s**
fechado Domingo e do 1 ao 7 Novembro – Ref lista 465 a 940.

Cascata, Rua Cândido dos Reis 14 ✆ 229 38 — Y **a**
Ref lista 705 a 1 150.

O Pescador, Rua Damião L. Faria e Castro 4 ✆ 242 99 – AE ⓓ E VISA. — Y **u**
fechado 5ª feira e Dezembro-Janeiro – Ref lista 325 a 580.

Piedade, Largo do Dique 8 ✆ 223 18 — Y **z**

em Parchal por ② : 2 km – ✉ 8500 Portimão – ✆ 0082 :

O Típico, Rua Dr José Joaquim Nunes 6 ✆ 266 01 — Y **v**
Ref lista 490 a 850.

A Lanterna, Estrada N 125 - cruzamento de Ferragudo ✆ 239 48, Decoração rústica – . E VISA
fechado Domingo e do 15 Dezembro ao 28 Fevereiro – Ref (só jantar no verão) lista 670 a 1 160.

na Praia da Rocha S : 2,3 km – ✉ 8500 Portimão – ✆ 0082 :

Algarve, Av. Tomás Cabreira ✆ 240 01, Telex 18247, ≤ praia, climatizada, – |♦| P – . AE ⓓ E VISA. rest — Z **y**
Ref 1 000/1 700 – **213 qto** ⊡ 5 900/6 600.

Júpiter, Av. Tomás Cabreira ✆ 220 41, Telex 18246, ≤, climatizada – |♦| P. AE ⓓ E VISA. — Z **f**
Ref 900 – **144 qto** ⊡ 3 900/4 400 – P 5 700/8 200.

Tarik, ✆ 221 61, Telex 13185, ≤ – |♦| P — Z **a**
296 qto.

Da Rocha, Av. Tomás Cabreira ✆ 240 81, Telex 18287, ≤ – |♦| rest wc — Z **m**
77 qto.

Bela Vista sem rest, Av. Tomás Cabreira ✆ 240 55, Telex 13185, ≤ rochedos e mar, « Instalado numa antiga casa senhorial » – |♦| wc wc P. AE ⓓ E VISA. — Z **x**
27 qto ⊡ 2 590/3 040.

Alcalá, Av. Tomás Cabreira ✆ 240 62 – wc P. rest — Z **e**
Ref 650 – **22 qto** ⊡ 2 500.

Sol, sem rest, Av. Tomás Cabreira ✆ 240 71 – wc P — Z **h**
32 qto.

Vila Lido, sem rest, Av. Tomás Cabreira ✆ 241 27, ≤, – wc P — Z **w**
10 qto.

Albergaria 3 Castelos, sem rest, Estrada da Praia do Vau ✆ 240 87 – wc P — Z **b**
temp. – **10 qto**.

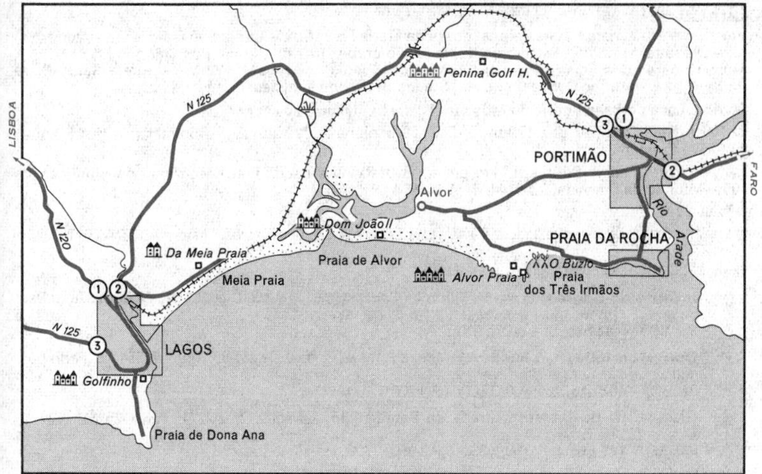

✕ **René,** Estrada da Praia do Vau ☎ 232 17, ≤, , Cozinha francêsa e italiana — Z **c**
fechado 2ª feira e Novembro-Fevereiro – Ref (só jantar salvo no verão) lista 655 a 1 190.

✕ **Le Montmartre,** Av. Tomás Cabreira ☎ 243 07, ≤, , Cozinha francêsa — Z **d**
Abril-Outubro – Ref (só jantar) lista 940 a 1 125.

✕ **Paquito,** Av. Tomás Cabreira ☎ 241 75 – AE ⓓ E VISA — Z **q**
Ref lista 700 a 1 180.

na Praia dos Três Irmãos SO : 4,5 km – ✉ 8500 Portimão – ☎ 0082 :

Alvor Praia , ☎ 240 20, Telex 18299, ≤ praia e baía de Lagos, climatizada, , – ▤ ⓟ –
241 qto.

✕✕ **O Búzio,** aldeamento da Prainha ☎ 205 61, Telex 18214, ≤ – ▤ ⓟ. AE ⓓ E VISA.
Ref lista 580 a 1 000.

✕ **Alvila,** na estrada Rocha - Alvor ☎ 203 43, Decoração rústica, , – ⓟ. AE ⓓ E VISA
fechado 2ª feira – Ref lista 700 a 1 320.

na Praia de Alvor SE : 5 km – ✉ 8500 Portimão – ☎ 0082 :

Dom João II , ☎ 201 35, Telex 18121, ≤ praia e baía de Lagos, climatizada, , – ▤ ⓟ – . AE ⓓ E VISA.
Ref 900 – **214 qto** 3 910/5 060 – P 5 560/8 350.

na estrada N 125 por ③ : 5 km – ✉ 8500 Portimão – ☎ 0082 :

Penina Golf H., ☎ 220 51, Telex 18207, ≤ golfe e campo, climatizada, , , 18 9 – ▤ ⓟ – . AE ⓓ E VISA. rest
Ref 2 750 – **213 qto** 8 000/10 500.

B.L.M.C. (MORRIS) Av. D. Afonso Henriques
CITROEN, VW Av. D. Afonso Henriques ☎ 222 28
DATSUN Av. N° 2, Zona do Porto ☎ 241 24
FIAT Av. N° 2 - Zona do Porto ☎ 264 50
FORD Largo Mercado de Gado ☎ 221 07
FORD Rua Serpa Pinto 11 ☎ 221 07
G.M. (OPEL, VAUXHALL) Rua D. Carlos I ☎ 230 83
MERCEDES-BENZ Av. N° 2, Zona do Dique ☎ 231 21
RENAULT Av. D. Afonso Henriques 3 ☎ 251 50
TALBOT Av. D. Afonso Henriques ☎ 227 66
TOYOTA Rua do Comércio 67 ☎ 221 56

PORTINHO DA ARRÁBIDA Setúbal 37 ⑰ – ☎ 019 – Praia.

Ver : Localidade★.

Arred. : Estrada escarpada★★ de Setúbal.

♦Lisboa 43 – Setúbal 13.

Santa María de Arrábida sem rest, ✉ 2900 Setúbal, ☎ 208 05 27, ≤ – wc wc ⓟ.
Abril-15 Outubro – **33 qto** 2 200/2 350.

Pour les , , , nous ne donnons pas le détail de l'installation,
ces hôtels possédant, en général, tout le confort.

wc wc ☎

PORTO 4000 P 37 ⑫ – 333 300 h. alt. 90 – ✪ 02.

Ver : Local★ – A vista★ – As Pontes (ponte da Maria Pia★) BCX – Igreja São Francisco★ (interior★★) AZ – Sé (altar★) BZ **A** – Palácio da Bolsa (salão árabe★) AZ **B** – Igreja dos Clérigos (※★) BZ **C** – Museu Soares dos Reis (primitivos★, obras de Soares dos Reis★) AYZ **M1** – Igreja Santa Clara (talha★) BZ **E** – Antigo Convento de Na. Sra. da Serra do Pilar (claustro★) CX **K.**

Arred. : Leça do Balio (Igreja do Mosteiro★ : pia baptismal★) 8 km por ②.

18 Porto Golf Club por ⑥ : 17 km ☎ 72 20 08 Espinho – 9 Club Golf Miramar por ⑥ : 9 km ☎ 96 10 67 Miramar.

✈ do Porto-Pedras Rubras, 17 km por ① ☎ 94 82 90 – T.A.P., Praça Mouzinho de Albuquerque 105 - Rotunda da Boavista, ✉ 4100, ☎ 69 60 41 e 69 98 41.

🚗 56 56 45.

ℹ Praça General Humberto Delgado, ✉ 4000, ☎ 31 27 40 – A.C.P. Rua Gonçalo Cristóvão 2, ✉ 4000, ☎ 292 72, Telex 22383.

♦Lisboa 315 ⑥ – ♦La Coruña 303 ② – ♦Madrid 598 ⑥.

Infante de Sagres, Praça D. Filipa de Lencastre 62, ✉ 4000, ☎ 281 01, Telex 22378, « Bela decoração interior » – |♦| ▤ rest. AE ◑ E VISA. ⚘ BZ **b**
Ref 1 300 – **84 qto** ☕ 4 800/5 200.

Dom Henrique, Rua Guedes de Azevedo 179, ✉ 4000, ☎ 257 55, Telex 22554, ≤, Fado pela noite salvo 2ª feira – |♦| ▤ rest. ⚘ CY **b**
Ref 900 – **102 qto** ☕ 2 900/3 500 – P 4 700/7 100.

Grande H. da Batalha, Praça da Batalha 116, ✉ 4000, ☎ 205 71, Telex 25131, ≤ – |♦| ▤ rest. AE ◑ E VISA. ⚘ rest BZ **f**
Ref 700 – **147 qto** ☕ 2 750/3 300 – P 3 950/5 700.

Inca, sem rest, com snack-bar, ☎ 38 41 51, Telex 23816, Decoração moderna – |♦| ▤ BY **r**
62 qto.

Pour un bon usage des plans de villes, voir les signes conventionnels p. 39.

PORTO

Alegria (R. da) CVX 2
Álvaro Castelões (R. de) CV 6
Amial (R. do) CV
Amparo (R. do) CX 7
Antero Ant. Albuquerque (R.) CV 8
Antero de Quental (R. de) CVX 10
Boavista (Av. da) AVBX
Bonfim (R. do) CX 16
Brasil (Av. do) AX
Campo Alegre (R. do) BX 17
Carlos Malheiro Dias (R. de) CV 18
Carvalhido (R. do) BV 20
Circunvalacão (Estr. da) ABCV
Constituição (R. da) BCV
Coronel Raul Peres (R. do) AX 25
Costa Cabral (R. de) CV
Diu (R. de) AX 26
Dom Carlos I (Av. de) AX 28
Dom João II (Av. de) CV 32
Dom Pedro V (R. de) BX 33
Dr Antunes Guimarães (Av. do) AV
Dr Manuel Laranjeira (R. do) CV 36
Dr Roberto Frias (R. do) CV
Faria Guimarães (R. de) CVX 40
Fernão de Magalhães (Av. de) CVX
Freixo (R. do) CX 43
Galiza (Pr. da) BX 44
Gonçalves Zarco (Pr. de) AV 47
Heroísmo (R. do) CX 48
Império (Pr.) AX 49
Júlio Dinis (R. de) BX 52
Marechal Carmona (Av.) CX 59
Marechal Carmona (Via) AV
Marechal Gomes da Costa (Av.) AVX
Marquês de Pombal (Pr. do) CV 60
Monchique (R. de) BX 62
Monte dos Burgos (R. do) BV 63
Montevideo (Av. de) AV 64
Mouzinho de Albuquerque (Pr.) BX 65
Oliveira Monteiro (R. de) BVX 67
Ouro (R. do) ABX
Paiva Couceiro (Av.) CX
Pedro Hispano (R. de) BV
Pinto Bessa (R. de) CX 71
Prelada (R. da) BV 73
Restauração (R. da) BV 77

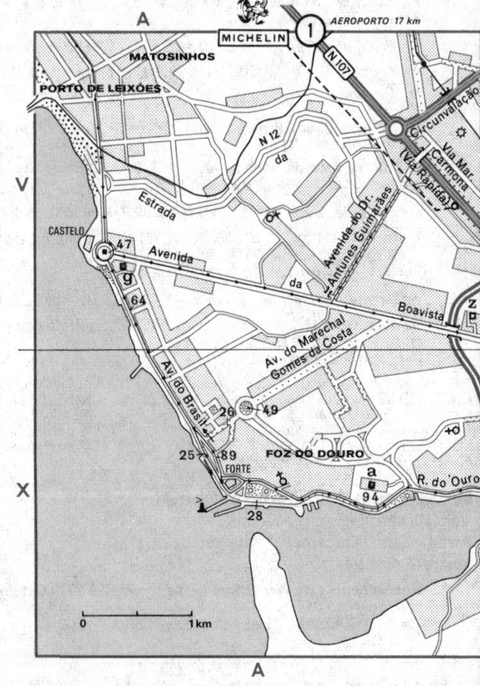

São Dinis (R. de) BV
São Roque da Lameira (R.) CVX
Senhora da Luz (R. da) AX 89
Serpa Pinto (R. de) BV 90
Sidónio Pais (Av.) BV 91
Sobreiras (R. de) AX 94
Vale Formoso (R. do) CV 95
5 de Outubro (R. de) BV 97

Castor, Rua das Doze Casas 17, ✉ 4000, ℡ 57 00 14, Telex 22793, Mobiliário antigo – ||| – . AE . rest CY **g**
Ref lista 900 a 1 250 – **63 qto** 3 600/4 500 – P 5 600/8 600.

Grande H. do Porto, Rua de Santa Catarina 197, ✉ 4000, ℡ 281 76, Telex 22553 – rest – . AE VISA. rest CZ **q**
Ref aprox. 700 – **100 qto** 2 000/2 400 – P 3 400/5 200.

Albergaria São José, sem rest, Rua da Alegria 172, ✉ 4000, ℡ 38 02 61 – wc wc CY **a**
43 qto.

Corcel sem rest, Rua de Camões 135, ✉ 4000, ℡ 38 02 68 – wc . AE E VISA. BY **v**
60 qto 2 705/2 880.

Albergaria Miradouro 10° andar, sem rest, Rua da Alegria 598, ✉ 4000, ℡ 57 07 17, Telex 25368, ≤ cidade e arredores – wc . AE E VISA. CY **d**
30 qto 1 480/2 100.

Castelo Santa Catarina sem rest, Rua Santa Catarina 1347 ℡ 49 55 99, Antiga casa senhorial, – wc wc CY **w**
24 qto.

São João 4° andar, sem rest, Rua do Bonjardim 120, ✉ 4000, ℡ 216 62 – wc wc BZ **r**
14 qto.

Nave, Av. Fernão de Magalhães 247, ✉ 4300, ℡ 55 61 31, Telex 221 88 – wc . VISA. CY **m**
48 qto 1 750/2 250.

Do Vice-Rei 4° andar, sem rest, Rua Júlio Dinis 779, ✉ 4000, ℡ 601 24, Telex 22751 – wc wc . AE E VISA. BX **c**
38 qto 2 100/2 500.

Tuela, sem rest, Rua do Arquitecto Marques da Silva 180, ✉ 4100, ℡ 66 71 61 – wc wc – **43 qto**. BX **f**

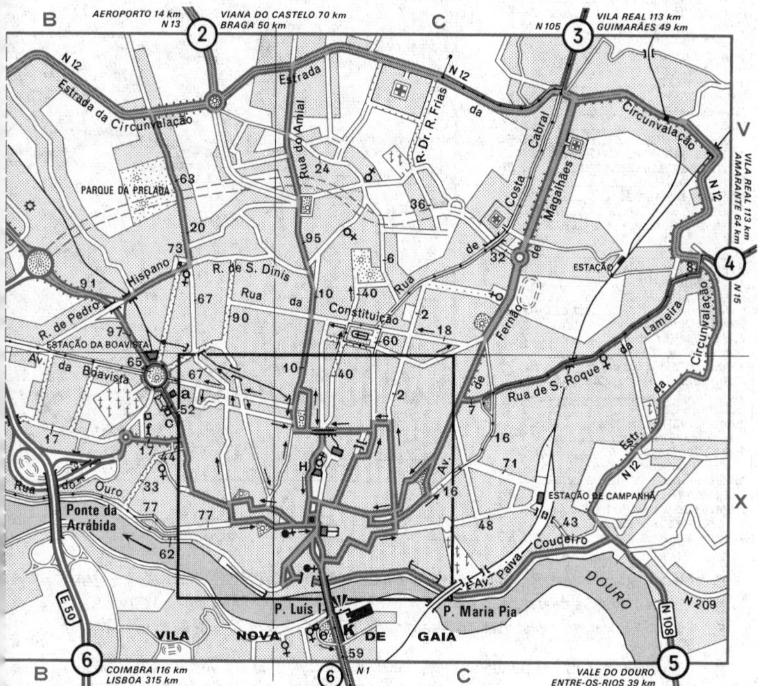

Per usare bene le piante di città, Vedere i segni convenzionali a p. 47.

PORTO

Almada (R. do) BY
Clérigos (R. dos) ABZ 23
Passos Manuel (R. de) CZ 69
Sá da Bandeira (R. de) CY
31 de Janeiro (R. de) BZ 98

Alegria (R. da) CYZ
Alexandre Herculano (R. de) CZ
Almeida Garrett (Pr. de) BZ 3
Alberto Aires de Gouveia (R.) AZ 4
Álvares Cabral (R. de) AY
Aníbal Cunha (R. de) AY
Antero de Quental (R. de) BY
Augusto Rosa (R. de) CZ 12
Batalha (Pr. da) CZ 13
Boa Hora (R.) AY 15
Boavista (Av. e R. da) AY
Bonfim (R. do) CY
Bonjardim (R. do) BCY
Camões (R. de) BY
Carmo (R. do) AZ 19
Cedofeita (R. de) AY
Cimo da Vila (R. do) BZ 21
Coronel Pacheco (Pr. do) AY
Dom Afonso Henriques (Av.) BZ 27
Dom João I (Pr. de) BZ 31
Dom João IV (R. de) CY
Dom Manuel II (R. de) AZ
Dona Filipa de Lencastre (Pr.) BZ 34
Dr Magalhães Lemos (R. do) BZ 35
Dr Tiago de Almeida (R. do) AZ 37
Duque de Saldanha (R. do) CZ
Entreparedes (R. de) CZ 39
Faria Guimarães (R. de) BY
Fernandes Tomás (R. de) CY
Fernão de Magalhães (Av.) CY
Fonseca Cardoso (R.) BY 41
Fontainhas
(Al. e Passeio das) CZ
Formosa (R.) CZ
General H. Delgado (Pr. do) BY 45
Gomes Teixeira (Pr. de) AZ 46
Gonçalo Cristóvão (R. de) BCY
Infante D. Henrique (Pr. et R.) AZ 51
Júlio Dinis (R. de) AY
Lapa (R. da) BY 53
Liberdade (Pr. da) BZ 55
Lisboa (Pr. de) AZ 56
Loureiro (R. do) BZ 57
Mártires da Liberdade (R. dos) BY
Mártires da Pátria (Campo) AZ 61
Monchique (R. de) AZ
Morgado Mateus (R. de) CZ
Mouzinho da Silveira (R.) BZ
Nova da Alfândega (R.) AZ
Oliveira Monteiro (R. de) AY
Oliveiras (R.) AY 68
Paiva Couceiro (Av.) CZ
Pedro Nunes (Pr. de) AY 70
Prof. Vicente José
de Carvalho (R.) AZ 75
Rainha Dona Amélia (Pr. da) CY
República (Pr. da) BY
Restauração (R. da) AZ
Ribeira (Cais e Pr. da) BZ 78
Rodrigues de Freitas (Av. de) CZ
Rosário (R. do) AY
Sacadura Cabral (R.) AY 79
Santa Catarina (R. de) CY
Santa Isabel (R.) AY 81
Santo Ildefonso (R. de) CZ
Santos Pousada (R. de) CY
São Domingos (L. de) AZ 83
São João (R. de) BZ 85
Saraiva de Carvalho (R.) BZ 87
Sé (Terreiro da) BZ 88
Soares dos Reis (L. de) CZ 93
Taipas (R. das) AZ
Torrinha (R. da) AY
Vimara Peres (Av.) BZ 96
24 de Agosto (Campo de) CY

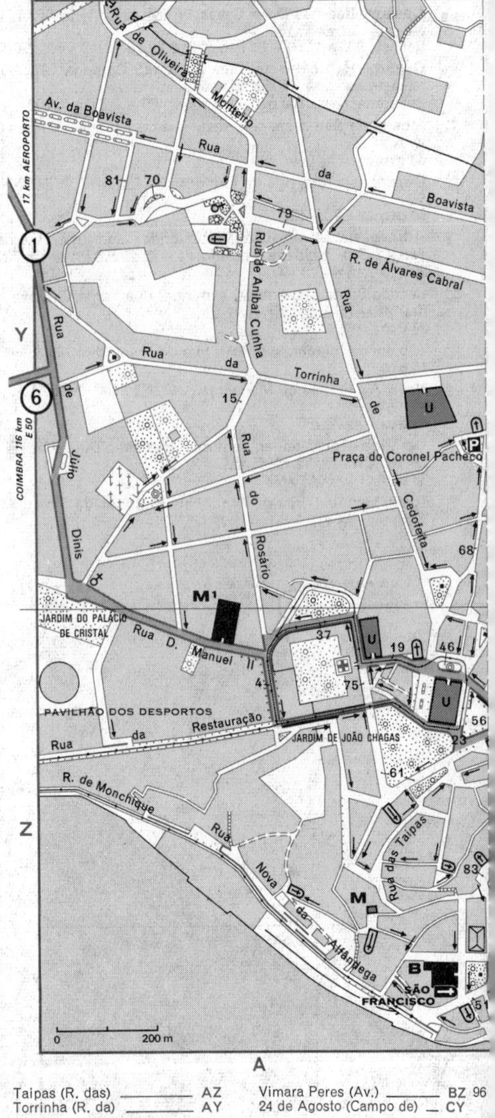

Malaposta sem rest, Rua da Conceição 80, ✉ 4000, ☎ 262 78 – |≡| ▥ ⇔wc ☎ – **37 qto**. BY **e**

Girassol, Rua Sá da Bandeira 133, ✉ 4000, ☎ 218 91 – |≡| ▥ ⇔wc ☎ – **18 qto**. BZ **r**

Pão de Açúcar, sem rest, Rua do Almada 262, ✉ 4000, ☎ 224 25 – |≡| ▥ ⇔wc ⫚wc ☎ **50 qto**. BY **s**

Peninsular, Rua Sá da Bandeira 21, ✉ 4000, ☎ 230 12 – |≡| ▥ ⇔wc ⫚wc ☎ – **55 qto**. BZ **e**

Solar São Gabriel, sem rest, Rua da Alegria 98, ✉ 4000, ☎ 299 47 – |≡| ▥ ⇔wc ⫚wc ☎ 🚗 **28 qto**. CZ **k**

De Paris, Rua da Fábrica 27, ✉ 4000, ☎ 210 95, 🌳 – |≡| ▥ ⇔wc ⫚ ☎ BZ **c**
Ref *(fechado 2ª feira)* 500 – **41 qto** ☐ 700/1 800 – P 1 700/1 900.

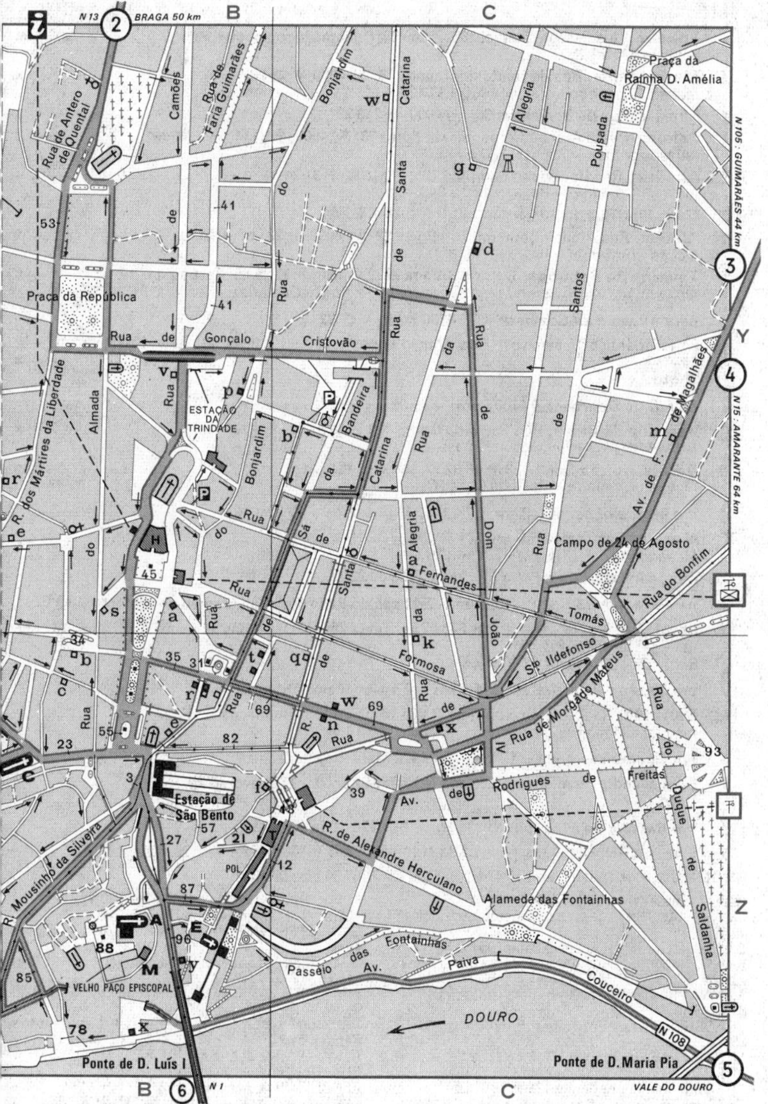

No hotel não ponha o rádio muito alto, pois pode incomodar os vizinhos.

XXX **Portucale** 13° andar, Rua da Alegria 598, ✉ 4000, ☎ 57 07 17, Telex 25368, ≤ cidade e arredores – ▤ Ⓟ. AE ⦿ E VISA. ⛔ — CY **d**
Ref lista 1 130 a 1 770.

XX Orfeu, com snack-bar, Rua de Júlio Dinis 928, ✉ 4000, ☎ 643 22 – ▤. AE ⦿ E VISA — BX **a**

XX Escondidinho, Rua Passos Manuel 142, ✉ 4000, ☎ 210 79, Decoração regional — CZ **n**
fechado Domingo.

XX **Chinês,** Av. Vímara Peres 38, ✉ 4000, ☎ 289 15, Rest. chinês – VISA — BZ **y**
Ref lista 615 a 1 000.

XX King Long, Largo Dr Tito Fontes 115, ✉ 4000, ☎ 31 39 88, Rest. chinês – ▤. VISA — BY **p**
fechado 2ª feira.

X **Tripeiro,** Rua Passos Manuel 195 ☎ 258 86, Decoração regional – ▤ — CZ **w**
Ref lista 670 a 1 160.

X **Mesa Antiga,** Rua de Santo Ildefonso 208, ✉ 4000, ☎ 264 32 – ▤ — CZ **x**
fechado Domingo – Ref lista 630 a 1 040.

X 3 Irmãos, Rua do Bonjardim 99, ✉ 4000, ☎ 213 23 — BZ **r**

X **Palmeira,** Rua Ateneu Comercial do Porto 36, ✉ 4000, ☎ 31 56 01 – ▤. ✈ — BZ **t**
fechado 5ª feira – Ref lista 420 a 710.

X **Aquário,** Rua Rodrigues Sampaio 165, ✉ 4000, ☎ 31 24 44 — BY **a**
fechado Domingo – Ref lista 660 a 940.

X Maria Rita, Rua do Bonjardim 140 ☎ 210 78 – E VISA — BZ **r**

X **Abadia,** Rua Ateneu Comercial do Porto 22, ✉ 4000, ☎ 287 57 – ✈ — BZ **t**
fechado Domingo – Ref lista 420 a 700.

X **Taverna do Bebobos,** Cais da Ribeira 25, ✉ 4000, ☎ 31 35 65, Rest. típico — BZ **x**
fechado do 1 ao 16 Setembro, do 15 Março ao 1 Abril e Domingo – Ref lista 550 a 960.

pela Avenida da Boavista – ✉ 4100 Porto – ✆ 02 :

🏨 Porto Atlântico M sem rest, Rua Afonso Lopes Vieira 66 ☎ 69 49 40, Telex 23159, ⛱, ▢ – |♦| ▤ – ♿ — AV **z**
57 qto.

na Foz do Douro – ✉ 4100 Porto – ✆ 02 :

XX **Varanda da Barra,** Rua Paulo da Gama 470 ☎ 68 53 67, ← – ✈ — AX **a**
fechado 4ª feira e feriados – Ref lista 650 a 1 150.

XX **O Bule,** Rua do Timor 128 ☎ 68 87 77, ☂ – E VISA. ✈ — AV **g**
fechado Domingo – Ref lista 685 a 885.

em Matosinhos NO : 9 km – ✉ 4450 Matosinhos – ✆ 02 :

XX **Marujo,** Rua Tomaz Ribeiro 284 ☎ 093 37 32
fechado 3ª feira – Ref lista 720 a 1 250.

X Proa, com snack-bar, Praia Moderna ☎ 93 00 22.

na estrada N 13 por ② : 10,5 km – ✉ Leça do Balio 4465 São Mamede de Infesta – ✆ 02 :

XXX **Estal. Via Norte** com qto, ☎ 948 02 94, Telex 26617, ⛱ climatizada – ▤ rest ⌂wc ☎ 🚗 P – ♿. AE ◑ E VISA. ✈
Ref 1 100 – **12 qto** ⊐ 3 000/3 700.

em Leça da Palmeira NO : 11,5 km – ✉ 4450 Matosinhos – ✆ 02 :

XX **Garrafão,** Rua António Nobre 53 ☎ 995 16 60, Peixes e mariscos – ✈
fechado Domingo e Dezembro – Ref lista 810 a 1 340.

em Guardeiras por ② : 12 km – ✉ 4470 Maia – ✆ 02 :

X Estal. Lidador, com qto, na estrada N 13 ☎ 948 11 09 – ▥ ⌂wc ☎ P
7 qto.

em Castelo da Maia por ② : 14 km – ✉ 4470 Maia – ✆ 02 :

X Estal. do Galo, com qto, na estrada N 14 - S : 1 km ☎ 948 18 72 – ▥ ⌂wc P – **5 qto**.

MICHELIN, Rua Delfim Ferreira 474, ✉ 4100 AV ☎ 67 30 53 e 67 49 75

B.L.M.C (AUSTIN) Via Rapida ☎ 67 51 44
B.L.M.C (AUSTIN) Rua da Constituição 225 ☎ 48 40 71
B.L.M.C (MORRIS) Rua Costa Cabral 954 ☎ 49 50 45
B.L.M.C (MORRIS) Rua Alexandre Herculano 385 ☎ 230 24
B.M.W. Rua Manuel Pinto de Azevedo 510 ☎ 67 60 45
CITROEN Travessa Anselmo Braancamp 40 ☎ 55 54 05
CITROEN Rua do Gondim 777 ☎ 56 22 02
CITROEN Rua Aval de Cima 233 ☎ 49 05 95
CITROEN Rua Cunha Júnior 128 ☎ 48 01 56
DATSUN Rua Alexandre Herculano 351 ☎ 253 21
FIAT Rua de Santa Catarina 1232 ☎ 48 81 23
FIAT Rua Faria Guimarães 883 ☎ 49 40 51
FIAT Rua da Boavista 868 ☎ 69 44 03
FIAT Rua Latino Coelho 89 ☎ 56 65 78
FORD Rua do Heroísmo 291 ☎ 541 55
FORD Travessa da Prelada 177 ☎ 69 30 41
FORD Rua Delfim Ferreira 176 ☎ 673 45
G.M. (OPEL, VAUXHALL) Rua da Alegria 853 ☎ 48 50 11
G.M. (OPEL, VAUXHALL) Rua Manuel Pinto de Azevedo 574 ☎ 67 40 61
G.M. (OPEL, VAUXHALL) Rua Clemente Menéres 76 ☎ 290 93
MERCEDES-BENZ Av. Marechal Carmona-Via Rápida ☎ 67 51 44
RENAULT Rua do Breiner 106 ☎ 203 71
RENAULT Rua Serpa Pinto 185 ☎ 48 60 74
RENAULT Rua do Heroismo 237 ☎ 56 67 17
TALBOT Av. Ferão de Magalhães 981 ☎ 267 96
TALBOT, VW Rua Fernandes Tomás 71 ☎ 500 08
TOYOTA Rua Morgado Mateus 242 ☎ 584 22
VW Patio do Bolhão 128 ☎ 31 65 35
VW Rua Santos Pousada 1101 ☎ 48 67 88

PORTO MONIZ Madeira 990 ㉛ – ver Madeira (Ilha da).

PÓVOA DAS QUARTAS Coimbra 37 ④ – ver Oliveira do Hospital.

PÓVOA DE VARZIM 4490 Porto 37 ⑫ – 21 165 h. – 0022 – Praia – **Ver** : Porto de pesca★.
Arred. : Rio Mau : Igreja de S. Cristóvão (capitéis★) O : 12 km.
Av. Mouzinho de Albuquerque 166 ☎ 646 09.
♦ Lisboa 348 – Braga 40 – ♦ Porto 30.

Vermar Dom Pedro, Av. dos Banhos - NO : 1,5 km ☎ 610 41, Telex 25261, ≤, climatizada, – – **208 qto**.

Grande Hotel, Passeio Alegre ☎ 620 61, Telex 22453, ≤ – wc. AE E VISA.
Ref 350/450 – **106 qto** 1 300/1 900 – P 2 100/3 500.

Leonardo, Rua Tenente Valadim 75 ☎ 623 49, Peixes e mariscos.

Tourigaldo, na estrada N 13-N : 1 km ☎ 628 67, Grelhados – .

em Aguçadoura - pela estrada N 13 NO : 7 km – ✉ 4490 Póvoa de Varzim – 0022 :

Estal. Santo André, ☎ 641 81, ≤, climatizada – . AE E VISA.
Ref 450/600 – **50 qto** 1 800/2 200 – P 2 700/3 100.

FIAT Praça do Almada 9-A ☎ 642 52
FORD Praça Marquês de Pombal 1 ☎ 620 51
RENAULT Fontes Novas-A Ver-o-mar ☎ 606 78

PRAIA DA ALAGOA Faro – ver Altura.

PRAIA DA AREIA BRANCA Lisboa 37 ⑯ – ver Lourinhã.

PRAIA DA BARRA Aveiro 37 ⑬ – ver Aveiro.

PRAIA DA LUZ Faro 37 ⑳ – ✉ 8600 Lagos – Praia.
♦Lisboa 273 – ♦Faro 86 – ♦Portimão 24.

The Duke of Holland, Rua da Praia 19, Decoração rústica –
fechado 2ª feira e Fevereiro-15 Novembro – Ref (só jantar) lista 725 a 1 250.

PRAIA DA MANTA ROTA Faro – ver Altura.

PRAIA DA OURA Faro 37 ⑳ – ver Albufeira.

PRAIA DA ROCHA Faro 37 ⑳ – ver Portimão.

PRAIA DA SALEMA Faro 37 ⑳ – ver Budens.

PRAIA DA SENHORA DA ROCHA Faro 37 ⑳ – ver Armação de Pêra.

PRAIA DAS MAÇAS Lisboa 37 ⑰ e ⑫ – ✉ 2710 Sintra.
♦Lisboa 38 – Sintra 10.

em Gouveia - pela estrada N 375 NE : 6 km – ✉ 2710 Sintra

A Lanterna, ☎ 929 21 17 – – *fechado 2ª feira e Outubro.*

PRAIA DE DONA ANA Faro 37 ⑳ – ver Lagos.

PRAIA DE FARO Faro 37 ⑩ – ver Faro.

PRAIA DE LAVADORES Porto 37 ⑫ – ver Vila Nova de Gaia.

PRAIA DE MIRA Coimbra 37 ⑬ – ver Mira.

PRAIA DE SANTA CRUZ Lisboa 37 ⑯ – ✉ 2560 Torres Vedras – 063 – Praia.
♦Lisboa 70 – Santarém 88.

Santa Cruz, Rua José Pedro Lopes ☎ 971 48 – wc wc – **32 qto**.

PRAIA DO MARTINHAL Faro 37 ⑳ – ver Sagres.

PRAIA DO PORTO NOVO Lisboa 37 ⑯ – ver Vimeiro (Termas do).

PRAIA DOS OLHOS D'ÁGUA Faro – ver Albufeira.

PRAIA DOS TRÊS IRMÃOS Faro 37 ⑳ – ver Portimão.

PRAIA MARIA LUÍSA Faro 37 ⑳ – ver Albufeira.

QUARTEIRA Faro 37 ⑳ – 3 263 h. – ✉ 8160 Loulé – ☎ 0089 – Praia – Club Golf de Vilamoura NO : 6 km ☎ 652 75.
Av. Infante Sagres ☎ 322 17.
♦Lisboa 308 – Faro 22.

XX **O Elegante,** Av. Infante de Sagres ☎ 343 39, – ■.
fechado 3ª feira e Novembro – Ref lista 725 a 1 325.

XX Alphonso's, Centro Comercial Abertura Mar ☎ 346 14 – Ⓟ.

X Belo Horizonte, largo do Mercado ☎ 337 39 – ■.

em Vilamoura – ✉ Quarteira 8160 Loulé – ☎ 0089 :

Atlantis Vilamoura Ⓜ, ☎ 325 35, Telex 43748, ≤, – ■ Ⓟ – AE ① E VISA.
Ref 1 200/1 750 – **305 qto** ☐ 4 750/6 000.

Do Golfe, NO : 6 km ☎ 352 75, Telex 56833, « Relvado repousante com », – Ⓟ.
AE ① E VISA. rest
52 qto ☐ 1 805/2 460.

Dom Pedro, O : 3 km ☎ 354 50, Telex 16870, ≤, climatizada, – ■
Ⓟ – AE ① E VISA.
Ref 900 – **261 qto** ☐ 4 000/4 600 – P 5 800/8 200.

XX O Vapôr, O : 3 km ☎ 656 46, « Instalado num antigo vapôr ancorado no porto desportivo »

XX Estal. da Cegonha, NO : 7 km ☎ 662 71, « Instalado numa antiga prensa de azeite » – Ⓟ.
AE ① E VISA.
fechado 3ª feira no inverno.

QUELUZ 2745 Lisboa 37 ⑫ e ⑰ – 28 862 h. alt. 125.
Ver : Palácio Real★ (sala do trono★) – Jardins do Palácio★ (escada dos Leões★).
♦Lisboa 12 – Sintra 15.

XXXX **Cozinha Velha,** Largo do Palácio ☎ 95 02 32, « Instalado nas antigas cozinhas do palácio » – AE ① E VISA.
Ref lista 1 130 a 2 350.

TALBOT, TOYOTA Rua D. Pedro IV nº 35-A ☎ 95 18 63

QUINTA DO LAGO Faro 37 ⑳ – ver Almansil.

QUINTANILHA Bragança 37 ⑬ – ver alfândegas p. 14 e 15.

RIBA DE AVE Braga 37 ⑫ – 2 796 h. – ✉ 4760 Vila Nova de Famalicão – ☎ 0022.
♦Lisboa 361 – Braga 37 – Guimarães 15.

XX **Estal. São Pedro** com qto, Av. da Fábrica ☎ 933 38 – wc. VISA.
Ref 480/530 – **8 qto** 1 400/1 900 – P 2 900.

RIO DE MOINHOS Santarem 37 ⑮ – ✉ 2200 Abrantes – ☎ 043.
♦Lisboa 137 – Portalegre 88 – Santarem 69.

X Cristina, na estrada N 3 ☎ 98177 – Ⓟ.

RIO DE MOURO Lisboa 37 ⑫ e ⑰ – 10 406 h. – ✉ 2735 Cacém – ☎ 063.
♦Lisboa 21 – Sintra 7.

Na estrada de Sintra – ✉ 2735 Cacém – ☎ 063 :

X Estal. Gruta do Rio, com qto, Av. Gago Coutinho 1 ☎ 296 05 35 – wc wc Ⓟ. VISA
8 qto ☐ 900/1 800.

ROMEU 5370 Bragança 37 ① – 520 h. – ☎ 0093.
♦Lisboa 467 – Bragança 59 – Vila Real 85.

X **Maria Rita,** ☎ 931 34, Decoração rústica regional – ■
fechado 2ª feira – Ref 395/480.

SAGRES Faro 37 ⑳ – 1 197 h. – ✉ 8650 Vila do Bispo – ☎ 0082 – Praia.
Arred. : Ponta de Sagres★★ (≤★) SO : 1,5 km – Cabo de São Vicente★★ (≤★).
Promontório de Sagres ☎ 641 25.
♦Lisboa 286 – Faro 113 – Lagos 33.

Baleeira, ☎ 642 12, Telex 57467, ≤ falésias e mar, – wc Ⓟ. rest
Ref 800 – **114 qto** ☐ 1 650/2 650 – P 2 325/2 650.

Pousada do Infante, ☎ 642 22, Telex 42291, ≤ falésias e mar – wc Ⓟ – **21 qto**.

Dom Henrique, Sitio de Mareta ☎ 641 33, ≤ – wc wc. AE E VISA. rest
fechado Dezembro – Ref 550/750 – **17 qto** ☐ 1 050/2 100 – P 2 150/2 200.

na Praia do Martinhal NE : 3,5 km – ✉ 8650 Vila do Bispo – ☎ 0082 :

Motel Gambozinos, ☎ 641 08, ≤ praia, falésias e mar – wc Ⓟ. AE ① E
fechado Março – Ref *(aberto 10 Maio-Setembro e fechado 2ª feira excepto Julho-Agosto)* 530
17 qto ☐ 1 870 – P 2 035.

na estrada do Cabo São Vicente NO : 5 km – ✉ 8650 Vila do Bispo – ☎ 0082 :

✕ **Fortaleza do Beliche** 🔇 com qto, ☎ 641 24, Telex 42291, ⛱, « Instalado numa fortaleza sobre uma falésia dominando o mar » – 🛗 🛁wc 🅿. 🐕
Ref 500 – **4 qto** 🛏 1 880/2 000 – P 2 880/3 000.

SAMEIRO Braga – ver Braga.

SANGALHOS Aveiro **37** ⑬ – 3 129 h. – ✉ 3780 Anadia – ☎ 0034.
♦Lisboa 234 – Aveiro 25 – ♦Coimbra 32.

🏨 **Estal. Sangalhos** 🔇, ☎ 746 48, ≤ vale e montanha, 🏊 – 🛗 ▤ rest 🛁wc ☎ 🅿. VISA. 🐕 rest
Ref 650 – **32 qto** 🛏 1 900/2 600 – P 3 000/4 800.

SANTA BÁRBARA DE NEXE Faro **37** ⑩ – ver Faro.

SANTA-CLARA-A-VELHA 7665 Beja **37** ⑲ – 2 570 h. alt. 50 – ☎ 0083.
♦Lisboa 222 – Beja 96 – Faro 115.

na Barragem de Santa Clara SE : 5 km – ✉ 7630 Santa Clara-a-Velha – ☎ 0083 :

✕✕ **Pousada de Santa Clara** 🔇 com qto, ☎ 522 50, ≤, « Parque com árvores », 🏊 – 🛗 🛁wc 🚿wc ☎ 🅿. AE ⓓ E VISA. 🐕 rest
Ref 650/850 – **6 qto** 🛏 2 600 – P 3 000.

SANTA LUZIA Coimbra **37** ⑭ – ver Coimbra.

SANTANA Setúbal **37** ⑰ – ver Sesimbra.

☛ *Neste guia não há publicidade paga.*

SANTARÉM 2000 **P** **37** ⑯ – 20 030 h. alt. 103 – ☎ 0043.
Ver : Miradouro de São Bento ☀★ B C – Igreja de São João de Alporão (museu arqueológico★) B M¹ – Igreja da Graça (nave★) B F.
Arred. : Alpiarça : Museu★ (tapeçarias★, faianças e porcelanas★) 10 km por ②.
ℹ Rua Capelo Ivens 63 ☎ 221 40, Praça do Municipio ☎ 221 30 e Portas do Sol ☎ 231 41.
♦Lisboa 77 ③ – Évora 115 ② – Faro 301 ② – Portalegre 157 ② – Setúbal 126 ③.

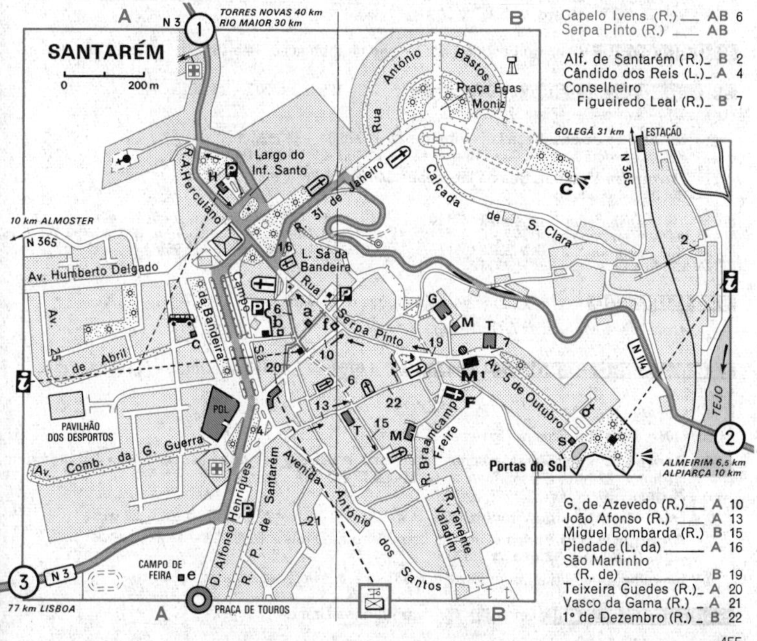

Abidis, Rua Guilherme de Azevedo 4 ☎ 220 17, Decoração regional – rest wc
Ref 650/800 – **28 qto** 950/2 200 – P 3 500/5 000. AB **f**

Muralha, sem rest, Rua Pedro Canavarro 12 ☎ 223 99 – wc – **10 qto**. A **b**

Ribatejano, 1° andar, Av. do Brasil 43 ☎ 225 50 – A **c**

Caravana, Capelo Ivens 144 ☎ 225 68 A **a**

Portas do Sol, no Jardim das Portas do Sol ☎ 231 41, « Situado num agradável jardim » B **s**

O Mal Cozinhado, Campo da Feira ☎ 235 84, Decoração rústico regional, cozinha regional A **e**

B.L.M.C. (AUSTIN) Portela das Padeiras ☎ 240 56
B.L.M.C. (MORRIS), MERCEDES-BENZ Rua Pedro de Santarém 141 ☎ 227 91
B.M.W. Av. D. Afonso Henriques 63 ☎ 220 77
CITROEN Rua Alexandre Herculano 11 ☎ 231 15
DATSUN Rua Pedro de Santarem 47 ☎ 240 77
FIAT Largo da Piedade 8 ☎ 230 61
FORD Portela das Padeiras ☎ 221 57
FORD Cerco de S. Lázaro ☎ 241 25
G.M. (OPEL, VAUXHALL) Av. António dos Santos 42 ☎ 221 76
PEUGEOT Rua Pedro Canavarro 31 ☎ 220 40
RENAULT Rua Duarte Pacheco Pereira 2 ☎ 220 57
TALBOT Av. do Brasil ☎ 220 12
TOYOTA Praceta Alves Redol 41 ☎ 251 96
VW Av. D. Afonso Henriques ☎ 220 62

SANTO AMARO DE OEIRAS Lisboa 37 ⑫ – ✉ 2780 Oeiras.
♦Lisboa 18 – Cascais 12.

na praia pela Estrada Marginal E : 0,5 km – ✉ 2780 Oeiras

Saisa, ☎ 243 06 34, ←, , Peixes e mariscos.

SANTO TIRSO 4780 Porto 37 ⑫ – 10 138 h. alt. 75 – 0022.
Praça do Município ☎ 529 14.
♦Lisboa 345 – Braga 29 – ♦Porto 22.

São Rosendo 1° andar, Praça do Municipio 6 ☎ 530 54 – AE E VISA
fechado 2ª feira de Julho à Setembro – Ref lista 560 a 830.

FIAT Centro Cívico de Santo Tirso 4-A ☎ 528 99
TOYOTA Rua Ferreira de Lemos ☎ 523 00

SÃO BRAS DE ALPORTEL 8150 Faro 37 ⑩ – 7 220 h. alt. 0 089.
♦Lisboa 293 – Faro 19 – Portimão 63.

na estrada de Lisboa N 2 : N : 2 km – ✉ 8150 São Bras de Alportel – 0089 :

Pousada de São Brás, ☎ 423 05, ← cidade, campo e colinas, – wc **P**. AE E VISA. rest
Ref 650/750 – **16 qto** 2 450/2 600 – P 1 950/3 100.

SÃO GREGÓRIO Viana do Castelo 37 ⑪ – ver alfândegas p. 14 e 15.

SÃO JOÃO DA MADEIRA 3700 Aveiro 37 ⑬ – 14 105 h. alt. 205 – 0026.
♦Lisboa 286 – Aveiro 46 – ♦Porto 32.

Solar São João, Praça Luís Ribeiro 165 ☎ 226 64 – wc .
Ref *(fechado Sábado)* 300 – **16 qto** 630/1 460 – P 1 190/2 040.

Mutamba 1° andar, Rua da Liberdade 345 ☎ 236 26 – VISA
Ref lista 495 a 890.

B.L.M.C. (AUSTIN) Praça 25 de Abril ☎ 238 10
FIAT Rua das Travessas 265 ☎ 222 19
FORD Rua Oliveira Júnior 137 ☎ 230 93
RENAULT Rua Oliveira Júnior ☎ 230 12
TALBOT Rua Oliveira Júnior ☎ 225 47
TOYOTA Av. dos Combatentes do Ultramar ☎ 246 75
VW Arrifana-Fiera ☎ 221 25

SÃO LEONARDO Évora 37 ⑧ – ver alfândegas p. 14 e 15.

Hotel ver : Monsaraz NO : 15 km.

SÃO MARTINHO DO PORTO Leiria 37 ⑮ – 1 616 h. – ✉ 2465 Alfeizerão – 062 – Praia.
Ver : ←★.
Av. 25 de Abril ☎ 981 10.
♦ Lisboa 108 – Leiria 51 – Santarém 65.

Parque sem rest, Av. Marechal Carmona 3 ☎ 985 05, « Antiga casa senhorial rodeada dum jardim », – wc wc **P**. AE E VISA.
36 qto 1 390/2 200.

Estal. Concha, Largo Vitorino Fróis ☎ 982 20 – rest wc wc – **27 qto**.

Albergaria São Pedro sem rest, Largo Vitorino Fróis 7 ☎ 983 28 – wc.
Abril-Outubro – **12 qto** 1 500.

Carvalho, Rua Miguel Bombarda 6 ☎ 981 12 – wc wc – *temp.* – **34 qto**.

SÃO PEDRO DE MOEL Leiria 37 ⑮ – ver Marinha Grande.

SÃO PEDRO DE SINTRA Lisboa 37 ⑫ e ⑰ – ver Sintra.

SÃO PEDRO DO SUL 3660 Viseu 37 ③ alt. 169 – ☎ 0032 – Termas.
Estrada N 16 ☎ 723 20.
♦ Lisboa 321 – Aveiro 76 – Viseu 22.

nas Termas SO : 3 km – ✉ 3660 São Pedro do Sul – ☎ 0032 :

Lafões, sem rest, Rua do Correio ☎ 726 16 – wc wc
temp. – **24 qto**.

David, ☎ 723 05 – wc wc – **17 qto**.

Avenida, Rua Dr Veiga de Macedo ☎ 722 88 – wc – **33 qto**.

SÃO VICENTE (Termas de) Porto 37 ⑫ – alt. 50 – ✉ 4575 Entre-os-Rios – ☎ 0025 – Termas.
Lugar da Várzea ☎ 623 60.
♦ Lisboa 332 – Braga 66 – ♦ Porto 39.

São Vicente, na estrada N 106 ☎ 622 03 – wc wc.
15 Junho-Setembro – Ref 480 – **76 qto** 700/1 800 – P 1 200/1 600.

SEGURA Castelo Branco 37 ⑤ – ver alfândegas p 14 e 15.

SEIA 6270 Guarda 37 ④ – 4 162 h. alt. 532 – ☎ 0037.
Arred. : Estrada** de Seia à Covilhã (≤**, Torre ***, ≤*) 49 km.
Largo do Mercado ☎ 222 72.
♦ Lisboa 303 – Guarda 69 – Viseu 45.

Estal. de Seia, Av. Dr Afonso Costa ☎ 226 66 – wc – **35 qto**.

Camelo sem rest, Estrada de São Romão ☎ 225 30 – . E VISA
13 qto 1 100/1 400.

Camelo, Largo Marquês da Silva 86 ☎ 225 30 – wc. E VISA
Ref 400/600 – **18 qto**.

FIAT Quintela ☎ 226 83 RENAULT Av. Afonso Costa 33 ☎ 226 61

SEIXAS Viana do Castelo 37 ⑪ – ver Caminha.

SERPA 7830 Beja 37 ⑨ – 7 991 h. alt. 230 – ☎ 0079.
Largo D. Jorge de Melo 2 e 3 ☎ 523 35.
♦ Lisboa 221 – Beja 29 – Évora 111.

Pousada de São Gens, S : 1,5 km ☎ 523 27, « Terraço com ≤ oliveiras e campo » –
wc. AE E VISA. rest
Ref 650/850 – **17 qto** 2 450/2 600 – P 4 150/6 000.

RENAULT Rua Eng. Fernandes de Oliveira ☎ 523 52

SESIMBRA 2970 Setúbal 37 ⑰⑱ – 16 614 h. – Praia – **Ver** : Porto*.
Arred. : Castelo ≤* NO : 6 km – Cabo Espichel (local*) O : 15 km.
Largo do Município ☎ 223 33 04.
♦Lisboa 43 – Setúbal 26.

Do Mar, Rua Combatentes do Ultramar 10 ☎ 223 33 26, Telex 13883, ≤ mar, « Grande relvado com rodeado de árvores » – rest. AE E VISA.
Ref 900 – **119 qto** 3 100/4 700 – P 3 950/4 700.

Espadare, Av. 25 de Abril ☎ 223 31 89, Telex 14699, ≤ – wc wc. AE E VISA.
Ref aprox. 660 – **80 qto** 1 100/1 800 – P 2 000/3 600.

Ribamar, Largo da Fortaleza 6 ☎ 223 31 07, Decoração neo-rústica – . E VISA.
fechado 4ª feira e do 1 ao 26 Dezembro – Ref lista 715 a 1 000.

em Santana N : 3,5 km – ✉ 2970 Sesimbra – ☎ 065 :

Angelus, ☎ 223 13 40 – . VISA.
fechado 2ª feira – Ref lista 380 a 985.

SETÚBAL 2900 P 37 ⑰ – 58 581 h. – ☎ 065.
Ver : Museu da Cidade* (quadros*) **M1** – Igreja de Jesus* **A** – Castelo de São Filipe * por Rua São Filipe.
Arred. : Serra da Arrábida (estrada escarpada**) por ② – Palmela (castelo* * – Igreja de São Pedro : azulejos*) por N 252 : 7,5 km – Quinta da Bacalhoa : jardims (azulejos*) por ③ : 12 km.
18 Club de Golf de Tróia, Tróia.
para Tróia, Praça da República 36 ☎ 247 34.
Largo do Corpo Santo ☎ 242 84 e Praça do Bocage, Edifício da Câmara ☎ 242 04.
♦Lisboa 50 ③ – ♦Badajoz 200 ① – Beja 143 ① – Évora 101 ① – Santarém 126 ③.

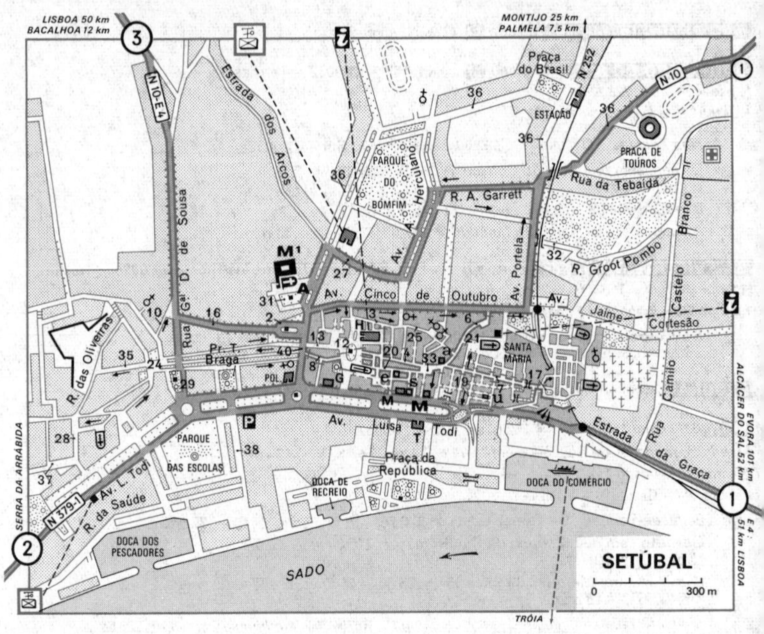

Álvaro Castelões (R.)	4	Bela Vista (Travessa da)	10	Mariano de Carvalho (Av.)	27
Antão Girão (R.)	6	Bocage (Praça do)	12	Marquês da Costa (R.)	28
Augusto Cardoso (R.)	8	Combatentes da Grande Guerra (Av. dos)	16	Marquês de Pombal (Praça)	29
Bocage (R. do)	13	Defensores da República (L. dos)	17	Miguel Bombarda (Praça)	31
Dr Paula Borba (R.)	20	Dr António J. Granjo (R.)	19	Mirante (R. do)	32
Misericórdia (R. da)	33	Exército (Praça do)	21	Paulino de Oliveira (R.)	35
Almirante Reis (Praça)	2	Machado dos Santos (Praça)	24	República de Guiné-Bissau (Av.)	36
Almocreves (R. dos)	3	Major Afonso Pala (R.)	25	S. Filipe (R.)	37
Arronches Junqueiro (R.)	7			Trabalhadores do Mar (R. dos)	38
				22 de Dezembro (Av.)	40

Esperança, Luisa Todi 220 ☎ 251 51, Telex 17158, ← – |‡| ▤ **s**
Ref 400/600 – ☕ 80 – **76 qto** 1 800/2 000 – P 1 300/1 800.

Bocage sem rest, Rua de São Cristovão 14 ☎ 215 98 – wc. **e**
20 qto ☕ 1 540/1 600.

O Beco, Rua da Misericórdia 24 ☎ 246 17 – AE ◑ E VISA **a**
fechado 15 ao 30 Março e do 15 ao 30 Setembro – Ref lista 600 a 1 060.

A Roda, Trav. Postigo do Cais 7 ☎ 292 64, – AE ◑ E VISA. **u**
fechado 2ª feira – Ref lista 590 a 1 230.

no Castelo de São Filipe O : 1,5 km – ✉ 2900 Setúbal – ☎ 065 :

Pousada de São Filipe ☎ 238 44, ← Setúbal e foz do Sado, Decoração rústica, « Dentro das muralhas de uma antiga fortaleza » – AE ◑ E VISA. rest
Ref 950 – **15 qto** ☕ 3 880/4 100 – P 5 780/7 900.

B.L.M.C. (AUSTIN, MORRIS) Est. da Graça 282 ☎ 225 66
B.M.W. Rua Jorge de Sousa 10 ☎ 271 51
DATSUN Av. Luisa Todi 222 ☎ 267 51
FIAT Rua José Pereira Martins 23 ☎ 227 00
FORD Av. dos Combatentes da Grande Guerra 81 ☎ 231 31
G.M. (OPEL, VAUXHALL) Estrada da Graça 222 ☎ 290 12
RENAULT Rua António José Batista 1 ☎ 264 17
TALBOT Av. 5 de Outubro 37 ☎ 253 13
TOYOTA Rua Mártires da Pátria ☎ 230 22
VW Rua Almeida Garrett 48 ☎ 225 71

SINES 7520 Setúbal **37** ⑱ – 6 996 h. – ☎ 0017 – Praia.
Arred. : Santiago do Cacem ←* SE : 23 km.
♦Lisboa 165 – Beja 97 – Setúbal 117.

Búzio sem rest, Av. 25 de Abril 14 ☎ 621 14 – wc. AE ◑ E VISA.
33 qto ☕ 1 290.

Malhada sem rest, Av. 25 de Abril ☎ 621 05 – wc. AE ◑ E VISA
fechado Domingo – **32 qto** ☕ 1 000/1 500.

FIAT Estrada da Ferreira 9 ☎ 622 35
TALBOT Rua dos Pescadores ☎ 636 52

SINTRA 2710 Lisboa 37 ⑫ e ⑰ – 15 994 h. alt. 200.

Ver : Palácio Real★ (azulejos★★, tecto★★) Y.

Arred. : S : Parque da Pena★★ Z, Cruz Alta★★ (★★) Z, Castelo dos Mouros★ (≤★) Z, Palácio da Pena ≤★ Z – Parque de Monserrate★ O : 3 km – Peninha ≤★★ SO : 10 km – Azenhas do Mar★ (local★) 16 km por ①.

Golf Estoril Sol por ④ ☎ 293 24 61 – Praça da República 3 ☎ 293 11 57.

♦Lisboa 28 ③ – Santarém 101 ③ – Setúbal 71 ③.

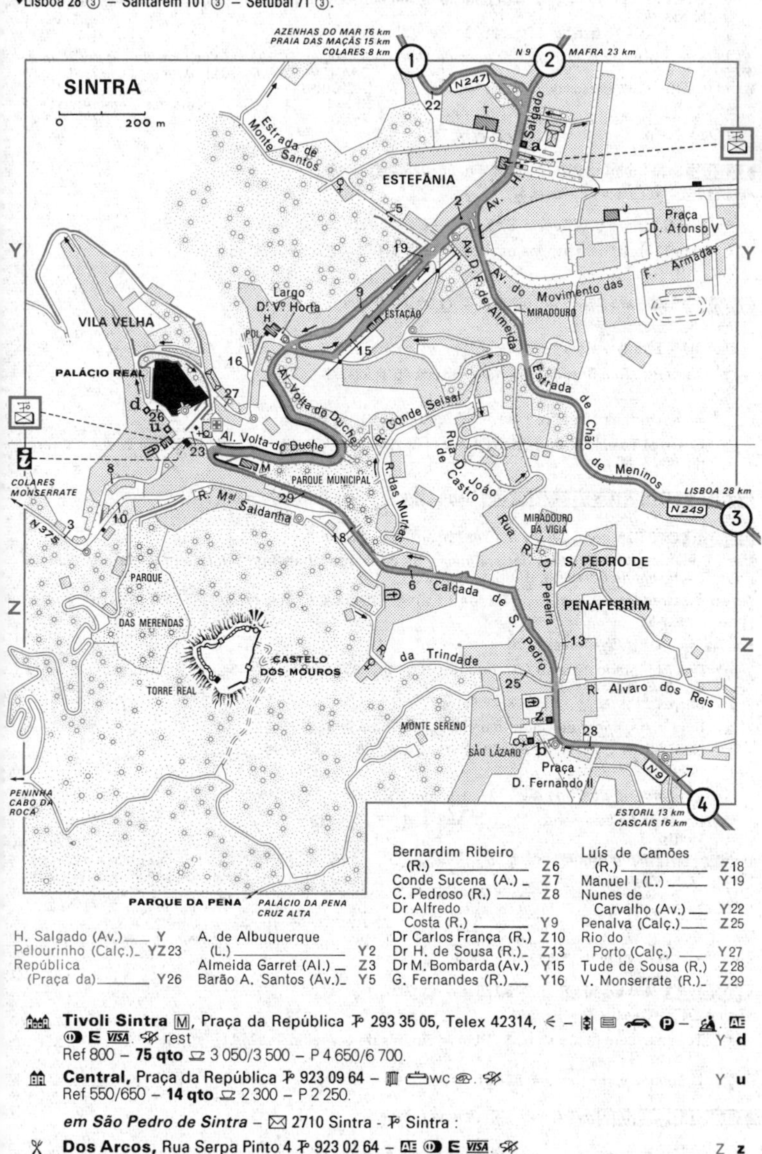

H. Salgado (Av.) ____ Y
Pelourinho (Calç.) ____ YZ 23
República (Praça da) ____ Y 26

A. de Albuquerque (L.) ____ Y 2
Almeida Garret (Al.) ____ Z 3
Barão A. Santos (Av.) ____ Y 5

Bernardim Ribeiro (R.) ____ Z 6
Conde Sucena (A.) ____ Z 7
C. Pedroso (R.) ____ Z 8
Dr Alfredo Costa (R.) ____ Y 9
Dr Carlos França (R.) ____ Z 10
Dr H. de Sousa (R.) ____ Z 13
Dr M. Bombarda (Av.) ____ Y 15
G. Fernandes (R.) ____ Y 16

Luís de Camões (R.) ____ Z 18
Manuel I (L.) ____ Y 19
Nunes de Carvalho (Av.) ____ Y 22
Penalva (Calç.) ____ Z 25
Rio do Porto (Calç.) ____ Y 27
Tude de Sousa (R.) ____ Z 28
V. Monserrate (R.) ____ Z 29

Tivoli Sintra M, Praça da República ☎ 293 35 05, Telex 42314, ≤ – AE ⓓ E VISA. rest — Y **d**
Ref 800 – **75 qto** 3 050/3 500 – P 4 650/6 700.

Central, Praça da República ☎ 923 09 64 – wc. — Y **u**
Ref 550/650 – **14 qto** 2 300 – P 2 250.

em São Pedro de Sintra – ✉ 2710 Sintra - ☎ Sintra :

Dos Arcos, Rua Serpa Pinto 4 ☎ 923 02 64 – AE ⓓ E VISA. — Z **z**
fechado 4ª feira noite, 5ª feira, do 1 ao 15 Junho e do 1 ao 15 Outubro – Ref lista 470 a 815.

Cantinha de S. Pedro, Praça D. Fernando II - 18 ☎ 923 02 67 – — Z **b**
fechado 2ª feira, 5ª feira noite e Setembro – Ref lista 750 a 1 345.

na Estefânia – ✉ 2710 Sintra - ☎ Sintra :

✗ Ad Hoc, com snack-bar, Rua Capitão Mário Pimentel 1 ☎ 293 34 62 Y **a**

na estrada de Colares pela N 375 O : 1,5 km – ✉ 2710 Sintra - ☎ Sintra :

Palácio dos Seteais , Rua Barbosa do Bocage 8 ☎ 923 32 00, ≤ campos em redor, « Luxuosas instalações num palácio do século XVIII rodeado de jardins » – . AE . VISA.
Ref 1 100 – **18 qto** 4 000/4 500.

B.L.M.C. (AUSTIN) Av. D. Francisco de Almeida 37-A ☎ 293 16 69
B.L.M.C. (MORRIS) Estrada de Chão de Meninos 21 ☎ 293 04 34
CITROEN Rua Dr. Felix A. Pereira 9 ☎ 923 16 01
FIAT Rua Dr Alfredo da Costa 32 ☎ 293 07 67
FORD Av. D. Francisco de Almeida 1 ☎ 293 26 75
G.M. (OPEL, VAUXHALL) Av. Eng. José Fred. Ulrich ☎ 293 16 01
RENAULT Av. do Movimento das Forças Armadas 3 ☎ 293 25 58

TÁBUA 3420 Coimbra 37 ④ – 1 824 h. alt. 225 – 0035.
♦Lisboa 254 – ♦Coimbra 52 – Viseu 47.

em Gândara de Espariz S : 7 km – ✉ 3420 Tábua – 0035 :

✗ Estal. Tabriz, com qto, na estrada N 17 ☎ 911 53 – wc
11 qto.

TAVIRA 8800 Faro 37 ⑩ – 10 263 h. – 0081 – Praia.
Praça de República ☎ 225 11.
♦Lisboa 314 – Faro 31 – Huelva 72 – Lagos 111.

✗✗ Beira Rio, Rua Borda d'Água da Asseca 46 ☎ 221 88 –
temp.

na estrada N 125 NE : 3 km – ✉ 8800 Tavira – 0081 :

Eurotel Tavira, Quinta das Oliveiras ☎ 220 42, ≤, , , – . AE VISA. rest
Ref 600 – **80 qto** 2 550 – P 3 750.

TERMAS DO VALE DOS CUCOS Lisboa 37 ⑯ – ver Torres Vedras.

TOMAR 2300 Santarém 37 ⑮ – 16 467 h. alt. 75 – 0049.
Ver : Convento de Cristo** : dependências do convento* (janela**), Igreja (charola dos Templários**) – Igreja de São João Baptista (portal*).
Arred. : Barragem do Castelo do Bode* (≤*) SE : 15 km – Atalaia (azulejos*) SO : 16 km.
Av. Dr Cândido Madureira ☎ 330 95.
♦Lisboa 145 – Leiria 45 – Santarém 65.

Dos Templários, Largo Cândido dos Reis 1 ☎ 331 21, Telex 14434, ≤, , , – . AE VISA. rest
84 qto 2 180/3 390 – P 3 595/4 080.

✗ Bela Vista, Fonte do Choupo 6 - na ponte velha ☎ 328 70, .

✗ Nun. Alvares, Av. Nuno Alvares Pereira 3 ☎ 328 73, –
fechado 3ª feira.

em Castelo do Bode SE : 14 km – ✉ 2300 Tomar – 0049 :

Pousada de São Pedro , ☎ 381 59 – wc
15 qto.

B.L.M.C. (AUSTIN, MORRIS) Av. D. Nuno Álvares Pereira 92 ☎ 335 25
CITROEN Av. D. Nuno Álvares Pereira 411 ☎ 327 19
CITROEN, G.M. (OPEL, VAUXHALL) Rua de Coimbra ☎ 330 37
DATSUN Av. D. Nuno Álvares Pereira 8 ☎ 336 37
FIAT Av. D. Nuno Álvares Pereira 69 ☎ 336 37
FORD Av. D. Nuno Álvares Pereira 9 ☎ 331 44
PEUGEOT Av. D. Nuno Álvares Pereira 87 ☎ 328 79
RENAULT Estrada Nacional 110 - Alvite ☎ 314 50
TALBOT Av. D. Nuno Álvares Pereira 25 ☎ 324 44
TOYOTA Av. Norton de Matos 22 ☎ 327 08
VW Av. D. Nuno Álvares Pereira 2 ☎ 331 05

TONDELA 3460 Viseu 37 ④ – 3 165 h. – 0032.
♦Lisboa 271 – ♦Coimbra 72 – Viseu 24.

Tondela, sem rest e sem , Rua Dr Simões de Carvalho ☎ 824 11 – wc
23 qto.

✗ O Solar, Av. do Tiatro ☎ 822 31.

TORRO DO LAMEIRO Aveiro 37 ⑬ – ver Ovar.

lista

Dans les hôtels et restaurants
cités avec des menus à prix fixes,
il est généralement possible de se faire servir également à la carte.

TORRES VEDRAS 2560 Lisboa 37 ⑯ – 14 833 h. alt. 30 – 061 – Termas.

Club Golf Vimeiro NO : 16 km ℡ 3 A-dos-Cunhados – Rua 9 de Abril ℡ 230 94.

♦Lisboa 55 – Santarém 74 – Sintra 62.

Moderna sem rest, Av. Tenente Valadim 26 ℡ 231 46 – wc wc. 115 – **28 qto** 615/1 550.

Barrete Preto, Rua Paiva de Andrada 27 ℡ 220 63 – AE E VISA. *fechado 5ª feira e Setembro* – Ref lista 350 a 730.

nas Termas do Vale dos Cucos - na estrada N 248 E : 2 km – ✉ 2560 Torres Vedras – 061 :

Das Termas do Vale dos Cucos, ℡ 231 27, Num parque, – wc wc – **35 qto**.

B.L.M.C. (AUSTIN) Bairro Vila Morena ℡ 229 66
B.L.M.C. (MORRIS) Nicho-Riachos ℡ 231 82
CITROEN Av. 5 de Outubro 47 ℡ 230 82
DATSUN Av. Tenente Valadim ℡ 220 18
FIAT Av. 5 de Outubro 1 ℡ 230 47
FORD Parque do Choupal ℡ 231 15
G.M. (OPEL, VAUXHALL) Av. Circular ℡ 228 00
G.M. (OPEL, VAUXHALL) Av. 5 de Outubro 47 ℡ 230 82
MERCEDES-BENZ, VW Av. Gen. Humberto Delgado 1 ℡ 221 55
PEUGEOT Rua 9 de Abril 53 ℡ 220 81
RENAULT Rua Cândido dos Reis 62 ℡ 220 81
TALBOT Praça 25 de Abril ℡ 220 21
TOYOTA Rua Cândido dos Reis JN-2 ℡ 221 94

TRÓIA (Península de) Setúbal 37 ⑰ – ✉ Doca do Comércio – 065 – Praia.

Club de golf de Tróia.

para Setúbal, Ponta do Adoxe ℡ 442 21.

♦Lisboa 181 – Beja 127 – Setúbal 133.

Troiamar, ℡ 441 51 Setúbal, Telex 18138 Ref (no verão só jantar excepto fins semana).

Bico das Lulas, ℡ 441 51 Setúbal, ≤, paga – .

VALE DE GAIO Setúbal 37 ⑱ – ver Alcácer do Sal.

VALE DO LOBO Faro 37 ⑲⑳ – ver Almansil.

VALE DOS CUCOS (Termas do) Lisboa – ver Torres Vedras.

VALENÇA DO MINHO 4930 Viana do Castelo 37 ⑪ – 1 811 h. alt. 72 – 0021 – ver alfândegas p. 14 e 15.

Ver : Fortificações★ (≤★) – Arred. : Monte do Faro ✻★★ E : 7 km e 10 mn a pé.

℡ 221 82 – A.C.P. Estrada N 13 ℡ 224 68.

♦Lisboa 440 – Braga 88 – ♦Porto 122 – Viana do Castelo 52.

Pousada de São Teotónio com qto, ℡ 222 52, Telex 32837, ≤ vale do Minho, Tuy e montanhas de Espanha, – wc . AE E VISA. rest Ref 700/900 – **12 qto** 3 350/3 550.

no Monte do Faro E : 7 km – ✉ 4930 Valença do Minho – 0021 :

Estal. Monte do Faro com qto, alt. 600, ℡ 224 11 – wc wc . AE E VISA Ref lista 780 a 1 250 – **6 qto** 1 600/1 800 – P 2 560/3 720.

B.L.M.C. (MORRIS) Av. Miguel Dantas ℡ 223 07

VIANA DO CASTELO 4900 P 37 ⑪ – 13 781 h. – 0028 – Praia.

Ver : Praça da República★ B – Museu Municipal (azulejos★) A M.

Arred. : Monte de Santa Luzia ✻★★ N : 6 km.

Av. Cândido dos Reis - Palácio dos Távoras ℡ 226 20.

♦Lisboa 388 ② – Braga 48 ② – Orense 159 ③ – ♦Porto 70 ② – ♦Vigo 83 ③.

Plano página seguinte

Do Parque, Parque de Galiza ℡ 241 51, Telex 32511, ≤, climatizada – – . AE E VISA. — B **h**
Ref 700/850 – **120 qto** 2 950/3 950 – P 3 375/4 350.

Afonso III, Av. Afonso III - 494 ℡ 241 23, Telex 32599, ≤ – rest. AE E. rest — B **k**
Ref 650/750 – **89 qto** 2 380/3 580 – P 3 880/6 580.

Rali sem rest, Av. Afonso III - 180 ℡ 221 76, – wc wc . VISA — B **d**
39 qto 1 180/1 840.

Aliança sem rest, Av. dos Combatentes da Grande Guerra ℡ 230 01, ≤ – wc wc — B **n**
29 qto 550/1 630.

Laranjeira, sem rest, Rua General Luis do Rego 45 ℡ 222 61 – wc — B **a**
27 qto.

Viana-Mar, sem rest, Av. dos Combatentes da Grande Guerra 215 ℡ 230 54, Telex 22629 – wc — B **b**
35 qto.

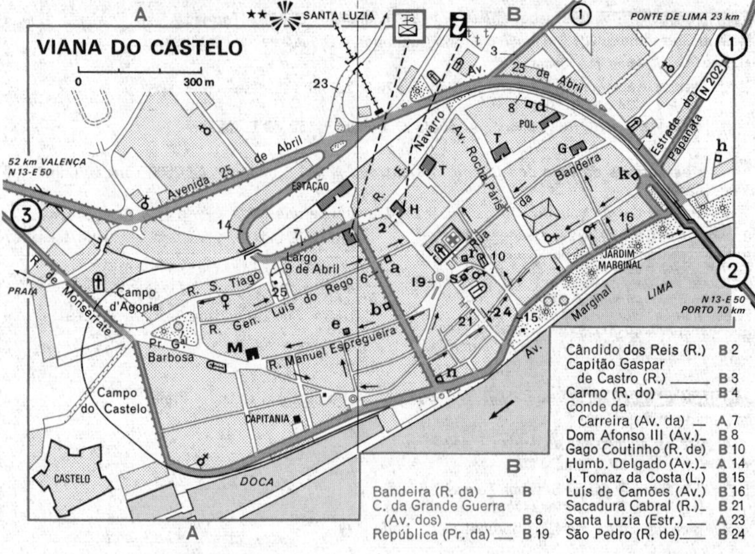

✗ Alambique, Rua Manuel Espregueira 86 ℡ 268 94, Decoração rústico regional – AE ⓓ E VISA.
A e
fechado 3ª feira no inverno.

✗ Arcadas do Fernando, rua Gago Coutinho 23 ℡ 262 18, Fados a noite em fins de semana
B r

✗ **Os 3 Potes,** Beco dos Fornos 7 ℡ 234 32, Fados a noite em fins de semana, Decoração rústico regional – ▤. E VISA
B s
fechado 2ª feira – Ref lista 415 a 895.

B.L.M.C. (AUSTIN) Rua de Aveiro 156 ℡ 227 49
CITROEN, DATSUN Av. Luís de Camões 110 ℡ 223 46
DATSUN Av. Luís de Camões 110 ℡ 223 46
FIAT Av. dos Combatentes da Grande Guerra 233 ℡ 227 20
FORD Av. Combatentes da Grande Guerra 232 ℡ 220 27
FORD Praça 1° de Maio 28 ℡ 285 82
MERCEDES-BENZ Rua de Monserrate 384 ℡ 259 51
RENAULT Areosa ℡ 226 05
TALBOT, VW Av. Luís de Camões 27 ℡ 220 92
TOYOTA Largo Infante D. Henrique ℡ 233 28

☛ *Benutzen Sie den Hotelführer des laufenden Jahres.*

VIDAGO 5425 Vila Real 37 ① – 1 186 h. alt. 350 – ✆ 0091 – Termas.
Club de Golf de Vidago ℡ 971 06.
🅸 Largo Miguel Carvalho ℡ 974 70.
♦Lisboa 456 – Bragança 116 – Vila Real 47.

Palace Hotel (Hotel Escola), no parque ℡ 973 56, Telex 23888, « Num belo parque com », – P
124 qto.

Do Parque , Av. Conde de Caria ℡ 971 57 – P
temp. – **29 qto.**

VIEIRA DO MINHO 4850 Braga 37 ① – 1 906 h. alt. 390 – ✆ 0023.
♦Lisboa 402 – Braga 34 – ♦Porto 84.

✗✗✗ Pousada de São Bento , com qto, NO : 7 km ℡ 571 90, ≤ Serra do Gerês e rio Cávado, , – wc P
10 qto.

em Cerdeirinhas NO : 5 km – ✉ Vieira do Minho – ✆ 0023 :

Aldeamento Turístico da Pedra Verde , ℡ 574 44, ≤ barragem da Caniçada e serra do Gerês e Amarela, Em moradias independentes, – wc P. AE ⓓ E VISA
Ref *(fechado 2ª feira)* 320 – **10 qto** 2 000/2 500.

VILA BALEIRA Madeira – ver Porto Santo (Ilha do).

VILA DA FEIRA Aveiro 37 ⑫⑬ – 5 222 h. alt. 125 – ✉ 4520 Feira – ☎ 0026.
Ver : Castelo★.
Praça da República ☎ 326 11.
♦Lisboa 295 – Aveiro 47 – ♦Porto 29.

Estal. Santa Maria, Rua dos Condes de Feijó ☎ 324 11 – wc ☎ – **18 qto.**

RENAULT Rio Meão ☎ 92 33 49

VILA DO CONDE 4480 Porto 37 ⑫ – 15 871 h. – ☎ 0022 – Praia.
Ver : Mosteiro de Santa Clara★ (tumulus★).
Rua 25 de Abril 103 ☎ 634 72.
♦Lisboa 342 – Braga 40 – ♦Porto 27 – Viana do Castelo 42.

na praia – ✉ 4480 Vila do Conde – ☎ 0022 :

Praia Azul, Av. do Brasil ☎ 648 92, ≤.

B.L.M.C. (AUSTIN-MORRIS) Rua 5 de Outubro ☎ 633 28
CITROEN Rua 5 de Outubro 284 ☎ 634 80
FIAT Av. Baltazar do Couto ☎ 648 53
G.M. (OPEL, VAUXHALL) Rua 5 de Outubro ☎ 633 28

VILA FRANCA DE XIRA 2600 Lisboa 37 ⑯ – 16 280 h. – ☎ 013.
♦Lisboa 31 – Évora 111 – Santarém 49.

Flora, rua Noel Perdigão 12 ☎ 231 27 – rest wc wc ☎. VISA.
fechado Domingo e do 1 ao 15 Setembro – Ref lista 580 a 1 060 – **21 qto** 750/1 300.

O Redondel, praça de Touros, Estrada de Lisboa ☎ 229 73, Debaixo das bancadas da praça de touros – . AE ⓓ E VISA.
fechado 2ª feira e do 1 ao 20 Agosto.

Estrela do Ribatejo, Rua Serpa Pinto 10 ☎ 229 13, Decoração regional.

pela estrada do Miradouro de Monte Gordo N : 2 km – ✉ 2600 Vila Franca de Xira – ☎ 013 :

São Jorge , Quinta de Santo Andre ☎ 227 76, ≤, , « Bela decoração », , – wc . . qto
Ref 700 – **8 qto** 1 500/2 500.

B.L.M.C (AUSTIN, MORRIS) Praceta de Justiça 14 ☎ 228 13
CITROEN Rua António Lúcio Baptista 1 ☎ 231 22
DATSUN Cais de Povos ☎ 240 73
FIAT Rua Joaquim Pedro Monteiro 35 ☎ 221 27
FORD Rua Alves Redol 78 ☎ 224 25
PEUGEOT Praceta da Justiça ☎ 232 95
RENAULT Av. Combatentes de Grande Guerra 53-A ☎ 229 30
TOYOTA Rua Palha Blanco ☎ 221 07

VILAMOURA Faro 37 ⑳ – ver Quarteira.

VILA NOVA DE FAMALICÃO 4760 Braga 37 ⑫ – 3 986 h. alt. 88 – ☎ 0022.
♦Lisboa 350 – Braga 18 – ♦Porto 32.

Francesa, sem rest, General Humberto Delgado ☎ 230 18 – wc wc ☎ – **40 qto.**

Tanoeiro, Campo Mouzinho de Albuquerque 207 ☎ 221 62.

na estrada N 206 E : 1,5 km – ✉ 4760 Vila Nova de Famalicão – ☎ 0022 :

Moutados, ☎ 235 00 – wc wc ☎ – **18 qto.**

CITROEN Rua Narciso Ferreira 26 ☎ 233 07
FIAT Rua Narciso Ferreira 26 ☎ 233 07
G.M. (OPEL, VAUXHALL) Rua Conselheiro Santos Viegas ☎ 229 61
RENAULT Rua Adriano Pinto Basto ☎ 220 01
TOYOTA Rua Vasc. e Castro 99 ☎ 232 73

VILA NOVA DE GAIA 4400 Porto 37 ⑫ – ☎ 02 – Praia.
♦Lisboa 316 – ♦Porto 2.

Ver plano de Porto aglomeração

Solar das Caves, Av. Diogo Leite 402 ☎ 39 07 68, Decoração rústica, Fado no jantar CX **e**

na praia de Lavadores O : 7 km – ✉ 4400 Vila Nova de Gaia – ☎ 02 :

Casa Branca, Rua da Bélgica ☎ 781 02 69 – . AE ⓓ E VISA
fechado 2ª feira e 19 Setembro-14 Outubro – Ref lista 620 a 1 150.

FIAT Praça 25 de Abril 63 ☎ 39 82 41
FORD Av. da República 754 ☎ 39 78 52
RENAULT Rua Parque da República ☎ 39 30 03
TOYOTA Av. da República ☎ 39 75 00

VILA NOVA DE OURÉM 2490 Santarém 37 ⑮ – 3 770 h. – ☎ 049.
Av. Nuno Álvares Pereira 12 ☎ 421 94.
♦ Lisboa 140 – Leiria 25 – Santarém 63.

em Pinhel O : 3 km – ✉ 2490 Vila Nova de Ourém – ☎ 049 :

Cruzamento, ☎ 423 52 – . – *fechado 2ª feira.*

B.L.M.C. MERCEDES-BENZ Quinta da Sapateira ☎ 426 95
TOYOTA Av. Nuno Álvares Pereira ☎ 422 72

VILA PRAIA DE ÂNCORA Viana do Castelo 37 ⑪ – 3 222 h. – ✉ 4910 Caminha – ☎ 0028 – Praia.

ℹ Rua Miguel Bombarda ☎ 913 84.

♦ Lisboa 403 – Viana do Castelo 15 – ♦ Vigo 68.

- **Meira,** Rua 5 de Outubro 56 ☎ 911 11, – wc wc Ⓟ. AE ⓓ E VISA. rest
  fechado férias e Novembro – Ref 500/950 – **45 qto** 2 000 – P 2 000.
- **Verde Pinho,** em Moledo do Minho-estrada N 13 N : 1,5 km ☎ 915 44, ← – Ⓟ. E VISA
  fechado 2ª feira – Ref lista 455 a 910.

RENAULT Rua 31 de Janeiro ☎ 911 96

VILA REAL 5000 Ⓟ 37 ② – 13 245 h. alt. 425 – ☎ 0099.

Ver : Igreja de São Pedro (tecto★).

Arred. : Mateus★ (solar★ dos Condes de Vila Real : fachada★★) E : 3,5 km – Estrada de Vila Real a Amarante ←★ – Estrada de Vila Real a Mondim de Basto (←★, descida escarpada ★).

ℹ Av. Carvalho Araújo ☎ 228 19.

♦ Lisboa 409 – Braga 104 – Guarda 157 – Orense 164 – ♦ Porto 113 – Viseu 110.

- **Albergaria Cabanelas,** Rua D. Pedro de Castro ☎ 231 53 – rest wc. AE ⓓ E VISA
  Ref 640 – **24 qto** 1 530/2 480 – P 2 730/4 570.

B.L.M.C. (AUSTIN, MORRIS) Av. 1° de Maio-Bloco A ☎ 248 57
B.M.W. Av. Almeida Lucena ☎ 231 42
CITROEN, FIAT Av. D. Dinis 14 A ☎ 237 34
FIAT Praça Diogo Cão ☎ 230 35
FORD Rua Visconde de Carnaxide 22 ☎ 221 51
G.M. (OPEL, VAUXHALL) Rua Marechal Teixeira Rebelo 17 ☎ 230 07
MERCEDES-BENZ Minas de Parada ☎ 230 77
RENAULT Rua Santa Sofia 55 ☎ 244 10
TALBOT Entroncamento da Timperia ☎ 231 08
TOYOTA Rua da Noruega ☎ 222 00
VW Av. Marginal ☎ 229 44

*Para viagens compridas e rápidas, utilize os **mapas Michelin** a 1/1 000 000.*

VILA REAL DE SANTO ANTÓNIO 8900 Faro 37 ⑩ – 10 320 h. – ☎ 0081 – Praia - ver alfândegas p. 14 e 15.

⛴ para Ayamonte (Espanha).

ℹ Praça Marquês de Pombal ☎ 444 95.

♦ Lisboa 314 – Faro 53 – Huelva 50.

em Monte Gordo O : 4 km – ✉ 8900 Vila Real – ☎ 0081 :

- Alcazar Ⓜ, Rua de Ceuta ☎ 421 84, Telex 13128, ←, –
  95 qto.
- **Dos Navegadores**, Rua Gonçalo Velho ☎ 424 90, Telex 18254, ←, – . AE ⓓ E VISA.
  Ref 700 – **192 qto** 2 000/2 700.

RENAULT Rua Eça. de Queirós 8 ☎ 430 92

VILAR FORMOSO Guarda 37 ③ – 1 395 h. – ✉ 6350 Almeida – ☎ 0051 – ver alfândegas p. 14 e 15 – A.C.P. Estrada Nacional 16 ☎ 522 01.

♦ Lisboa 143 – Ciudad Rodrigo 27 – Guarda 54.

- De Turismo, fronteira ☎ 252 04.

RENAULT ☎ 521 05

VILA VERDE DA RAIA Vila Real 37 ① – ver alfândegas p. 14 e 15.

Hotéis ver : Chaves S : 7 km.

VILA VERDE DE FICALHO Beja 37 ⑨ – ver alfândegas p. 14 e 15.

VIMEIRO (Termas do) Lisboa 37 ⑯ – 935 h. alt. 25 – ✉ 2560 Torres Vedras – ☎ 061 – Termas.

na Praia do Porto Novo ☎ 981 57.

♦ Lisboa 67 – Peniche 28 – Torres Vedras 12.

- **Das Termas**, Maceira ☎ 981 03, de água termal – wc Ⓟ.
  Julho a Setembro – Ref 600 – **88 qto** 2 500/3 500 – P 3 000/4 000.

na Praia do Porto Novo O : 4 km – ✉ 2560 Torres Vedras – ☎ 061 :

- **Golf Mar**, ☎ 981 57, Telex 43353, ←, , , , – Ⓟ – . AE ⓓ E VISA.
  Ref 700 – **278 qto** 3 000/4 000 – P 3 500/4 500.

em Toledo - na estrada de Lourinhá NE : 2,5 km – ✉ 2530 Lourinhá – ☎ 0032:

- O Pão Saloio, ☎ 983 55 –
  fechado 2ª feira e Outubro.

VISEU 3500 P 37 ③ – 19 527 h. alt. 483 – ☎ 0032.

Ver : Cidade Antiga★ : Museu Grão Vasco★★ Y **M** (Trono da Graça★, primitivos★★) – Sé★ Y **A** (liernes★, retábulo★) – Adro da Sé★ Y – Igreja de São Bento (azulejos★) Y **F**.

ℹ Av. Gulbenkian ☎ 222 94.

♦Lisboa 296 ④ – Aveiro 98 ① – ♦Coimbra 97 ④ – Guarda 85 ② – Vila Real 110 ①.

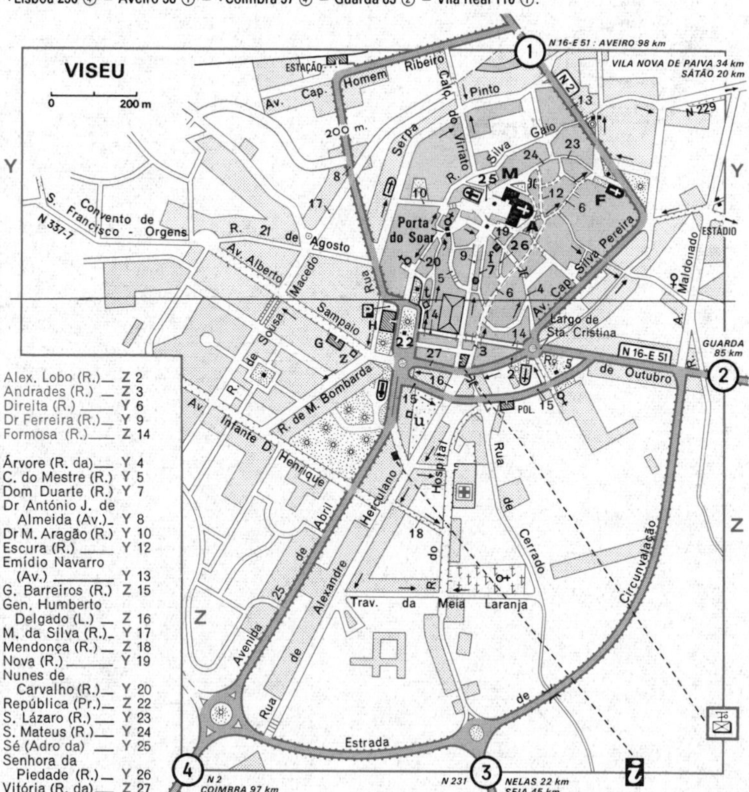

Grão Vasco, Rua Gaspar Barreiros ☎ 235 11, « Grande relvado com ⛱ » – 🛗 ▤ P. AE ⦿ E VISA. ✂ rest — Z **u**
Ref 700 – **86 qto** ☕ 2 000/3 200.

Avenida, Av. Alberto Sampaio 1 ☎ 234 32 – 🛗 ▥ 🛁wc 🚿wc ☎ — Z **z**
51 qto.

Rossio Parque, Soar de Cima 55 ☎ 222 85 – ▥ 🛁wc 🚿wc ☎ — YZ **t**
Ref 420 – **14 qto** ☕ 915/1 950 – P 1 340/1 755.

O Cortico, rua Augusto Hilário 43 ☎ 238 53, Rest. típico – AE ⦿ E VISA — Y **f**
Ref lista 335 a 765.

na estrada de Coimbra N 2 - bairro de Santa Eulália por ④ : 1,5 km – ✉ 3500 Viseu – ☎ 0032 :

Churrasqueira Santa Eulália, ☎ 262 83.

na estrada N 16 por ② : 4 km – ✉ 3500 Viseu – ☎ 0032 :

Albergaria Filipe I sem rest, via Caçador ☎ 261 43, Telex 12044 – 🛗 ▥ 🛁wc ☎ P. AE ⦿ E. ✂
19 qto ☕ 1 500/2 500.

B.L.M.C. (AUSTIN, MORRIS) Av. da Bélgica 54 ☎ 251 51
B.M.W. Av. Emidio Navarro ☎ 229 66
CITROEN Estrada Nacional 2 - Repezes ☎ 237 96
DATSUN Av. Alberto Sampaio 87 ☎ 234 11
FIAT Abrevezes - Estrada Viseu Lamego ☎ 231 54
FORD Rua da Paz 21 ☎ 235 61
G.M. (OPEL, VAUXHALL) VW Av. da Bélgica ☎ 251 61
G.M. (OPEL, VAUXHALL), PEUGEOT Rua Pedro Alvares Cabral 228 ☎ 234 56
MERCEDES-BENZ Av. da Bélgica 52 ☎ 251 51
RENAULT Rua João Mendes 2 ☎ 234 91
TALBOT Rua 5 de Outubro 79 ☎ 239 05
TOYOTA Rua Nova do Hospital ☎ 220 09
VW Av. Emidio Navarro ☎ 237 25

NOTES

MANUFACTURE FRANÇAISE DES PNEUMATIQUES MICHELIN

Société en commandite par actions au capital de 1 000 000 000 de francs

R.C. Clermont-Ferrand B 855 200 507 — Siège social : Clermont-Ferrand (France)

Dépôt légal 4-83

ISBN 2 06 006 333-7

Printed in France, 2-83-55

Photocomposition : S.C.I.A., La Chapelle-d'Armentières — Impression : Mame Imprimerie Nouvelle à Tours — nº 9561

NOVEDADES

1/400000

445 CENTRO ESTE DE ESPAÑA
Levante - Valencia - Murcia

446 SUR DE ESPAÑA
Andalucía

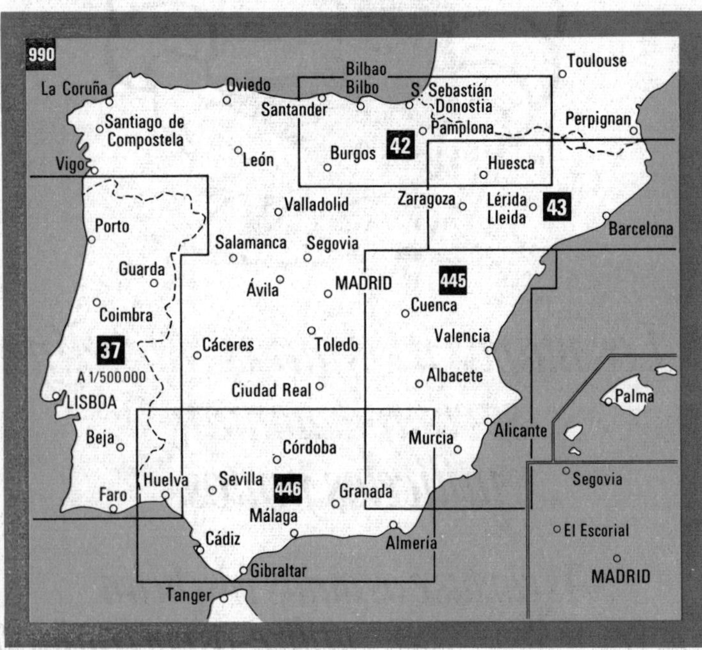

990 ESPAÑA.PORTUGAL 1/1000000

37 PORTUGAL 1/500000

42 BURGOS.SAN SEBASTIÁN 1/400000

43 ZARAGOZA.BARCELONA 1/400000

GUÍAS VERDES TURÍSTICAS

ESPAÑA
ESPAGNE
SPAIN
SPANIEN

PORTUGAL
Madère

PORTUGAL
Madeira

Africa

mapas de los grandes itinerarios

mapas dos grandes itinerários

cartes des grands itinéraires

main cross country roads

Karten der Hauptverkehrsstrecken

carte dei grandi itinerari

153 154 155 1/4000 000

169 172 1/1000 000

175 1/800 000

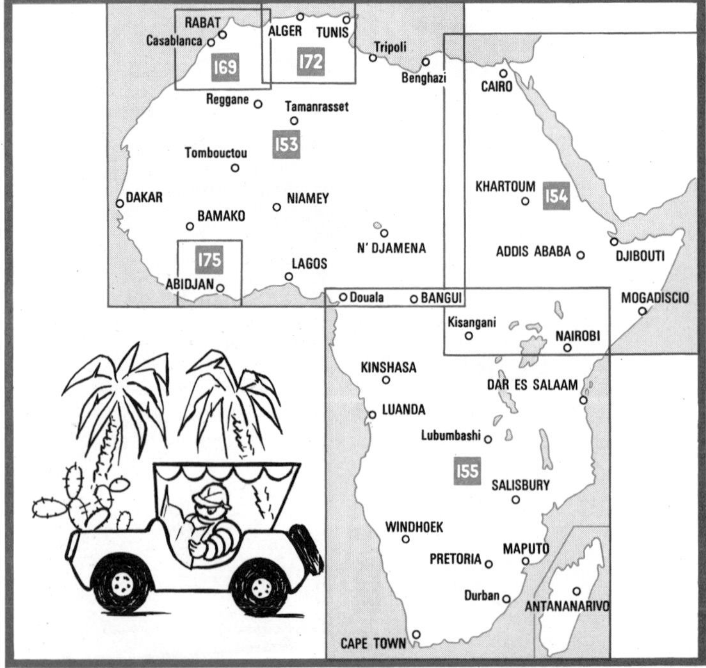